L'ENCYCLOPÉDIE DU POTAGER

Pierre Aucante, Robert Bistolfi, Aïté Bresson, Jean-Luc Danneyrolles, Françoise Decloquement,

Thierry Delahaye, Jérôme Goust, Antoine Jacobsohn, Farouk Mardam-Bey, Dominique Michel,

Claudine Rabaa, Chantal de Rosamel, Jean-Paul Thorez, Pascal Vin

Préface de Michel Bras

Illustrations de Fabien Seignobos

ACTES SUD

SOMMAIRE

Préface : Chaque matin, je découvre, je redécouvre tous mes légumes,
par Michel Bras 13

L'AIL ET L'OIGNON, *par Jean-Luc Danneyrolles* 17
Introduction 17
I. Ails et oignons : 6 000 ans d'histoire 18
II. Bulbes magiques 23
III. Quelques éléments de botanique 25
IV. L'ail et l'oignon côté jardin 30
V. Ail et oignon : une riche pharmacopée 36
VI. L'ail et l'oignon côté cuisine 38

L'ARTICHAUT ET LE CARDON, *par Aïté Bresson* 43
Introduction 43
I. Histoire d'un chardon cultivé 44
II. Le clan de l'artichaut 49
III. La culture des chardons domestiques 55
IV. Les vertus de l'amer 62
V. L'artichaut et le cardon au menu 65

L'ASPERGE, *par Chantal de Rosamel* 71
Introduction 71
I. Un peu de botanique 72
II. Une très longue histoire 76
III. L'asperge au potager 81
IV. L'imaginaire de l'asperge 87
V. L'asperge remède et l'asperge gourmande 91

L'AUBERGINE, *par Claudine Rabaa* 97
Introduction 97
I. Des aubergines et des hommes 98
II. L'album de famille des aubergines 103
III. L'art de cultiver les aubergines 107
IV. Mythes et traditions de l'aubergine 112
V. Usages médicinaux et recettes gourmandes 115

BASILIC, MARJOLAINE ET ORIGAN, *par Jérôme Goust* 123
Introduction 123
I. Des mythes antiques aux réalités modernes 124
II. Pour bien nommer basilics et origans 130

III. Du sol à la table	134
IV. Simples bienfaisants	139
V. Herbes savoureuses	144

LA BLETTE ET LA BETTERAVE, *par Robert Bistolfi* 151

Introduction	151
I. Une histoire de famille…	152
II. Du botaniste à l'horticulteur	156
III. Au jardin potager	161
IV. Au pays des simples	166
V. Les plaisirs du palais	170

LA CAROTTE ET LE PANAIS, *par Jérôme Goust* 177

Introduction	177
I. Parlons racines	178
II. Légume phare et passager clandestin	183
III. Les racines en mots	185
IV. Lentes graines	189
V. La bonne carotte et le méchant panais	196
VI. Racines de table	200

LES CÉLERIS, *par Aïté Bresson* 207

Introduction	207
I. De l'ache des marais au céleri des potagers	207
II. Le céleri, emblème d'une famille très aromatique	211
III. Une culture délicate	213
IV. Le céleri dans tous ses états	217

LES CHOUX, *par Jean-Paul Thorez* 221

Introduction	221
I. Espèces de choux	223
II. Histoire et géographie des choux	229
III. Le chou et la santé	234
IV. Savez-vous planter les choux ?	238
V. Autour d'une soupe aux choux	244

LE CONCOMBRE ET LE CORNICHON, *par Thierry Delahaye* ... 251

Introduction	251
I. Histoire et légendes	252
II. Les concombres au jardin	257
III. Les concombres à la cuisine	261

L'ÉPINARD, L'ARROCHE ET LA TÉTRAGONE, *par Jérôme Goust* .. 267
  Introduction 267
  I. Les épinards à travers le monde 268
  II. Mots d'épinards 272
  III. Savez-vous semer les brèdes ? 276
  IV. Une économie florissante 280
  V. Des légumes bons pour la santé 283
  VI. Avec ou sans béchamel ? 288

L'ESTRAGON ET LE ROMARIN, *par Thierry Delahaye* 295

FENOUIL, ANETH ET ANGÉLIQUE, *par Jérôme Goust* 299
  Introduction 299
  I. Des jumeaux et une cousine 299
  II. Cultures du Nord et du Midi 303
  III. Les vertus des simples 307
  IV. Saveurs sucrées ou anisées 310

LA FÈVE, *par Claudine Rabaa* 315
  Introduction 315
  I. Des fèves et des hommes 316
  II. L'album de famille des fèves 321
  III. L'art de cultiver les fèves 325
  IV. Mythes et traditions de la fève 329
  V. Usages médicaux et recettes gourmandes 334

LA FRAISE, *par Thierry Delahaye et Pascal Vin* 343
  Introduction 343
  I. Les fraises de M. Frézier 344
  II. *Fragaria* : baies sauvages, des marchés et des potagers .. 349
  III. Une fraiseraie dans votre potager 356
  IV. Le fruit des beaux jours 362
  V. Le chariot des desserts 366

LES FRUITS ROUGES, *par Thierry Delahaye* 373
  Introduction 373
  I. Cassis et groseilles 374
  II. Mûres et framboises 382
  III. Airelles et myrtilles 391
  IV. Sucré, acide : les saveurs de l'été 394

LE HARICOT, *par Jérôme Goust* 401
  Introduction 401
  I. Nom d'un haricot 401

II. Mais d'où sort-il donc ?	404
III. Variété et sélection : un peu de botanique et de physiologie	407
IV. Le savoir-semer des haricots	412
V. Le marché du haricot	416
VI. Le haricot dans l'alimentation de l'humanité	419
VII. Saveurs de haricots	423

LE MAÏS DOUX, *par Aïté Bresson* 427

LE MELON ET LA PASTÈQUE, *par Thierry Delahaye et Pascal Vin* . 435
Introduction	435
I. La piste africaine	436
II. Légendes de melons, pastèques de tradition	441
III. Espèces et variétés	445
IV. La melonnière au jardin	450
V. Melons et pastèques, fruits de soleil	455

LA MENTHE ET LA MÉLISSE, *par Jérôme Goust* 461
Introduction	461
I. Au fil des siècles	461
II. Cultures aromatiques	467
III. Pour la santé	470
IV. En cuisine	473

LA MOUTARDE ET LE RAIFORT, *par Françoise Decloquement* . . . 477
Introduction	477
I. Mythes et histoire ancienne	478
II. *Brassica* et *Sinapis*	482
III. Le raifort, cet inconnu	486
IV. Moutarde et raifort en leurs usages	490
V. Les très riches heures d'un engrais vert : la moutarde	497
VI. Du jardin à la cuisine	500

LE NAVET ET LE RADIS, *par Aïté Bresson* 505
Introduction	505
I. Généalogie et botanique	506
II. Histoires de raves	510
III. Aux bons soins du jardinier	513
IV. Des saveurs à redécouvrir	517

PERSIL, CORIANDRE ET CERFEUIL, *par Jérôme Goust* 523
Introduction	523
I. Sur un air de famille	524

II. Des siècles de mots 529
III. Au carré des petites herbes 533
IV. Populaires et médicinales 539
V. Petites herbes et grands plats 544

LE PETIT POIS, *par Antoine Jacobsohn et Dominique Michel* 553
Introduction 553
I. Histoire d'un pois qui devient petit 554
II. La petite muse de Gregor Mendel 562
III. Dialogue de jardiniers 567
IV. Pois à lire, pois à dire 570
V. Cuisiner les pois 574

LE PIMENT ET LE POIVRON, *par Jean-Luc Danneyrolles* 581
Introduction 581
I. Piments et poivrons : de grands voyageurs 582
II. Observations botaniques 587
III. Le piment dans la pharmacopée 593
IV. La culture des poivrons et piments 596
V. Cuisiner avec les piments 601
VI. En écho à André Gide 607

LE POIREAU, *par Thierry Delahaye* 609
Introduction 609
I. Un légume né dans les vignes 610
II. Pas de potager sans poireaux 614
III. Les poireaux au fourneau 620

LE POIS CHICHE, *par Robert Bistolfi et Farouk Mardam-Bey* 625
Introduction 625
I. Histoire, cheminement, noms 626
II. Mythes et croyances 630
III. Les sciences du pois chiche 634
IV. Agriculture et économie 636
V. Le goût du pois chiche 642

LA POMME DE TERRE, *par Jean-Paul Thorez* 651
Introduction 651
I. Une plante appelée morelle tubéreuse 652
II. Parmentier ne l'a pas découverte... 659
III. De 'Vitelotte' à 'Charlotte' 665
IV. Cultiver ses pommes de terre 671

V. L'aliment parfait ? 677
VI. La pomme de terre en cuisine 681
VII. Divers aspects, souvent insolites 688

LE POTIRON, *par Aïté Bresson* 693
Introduction 693
I. Des potirons et des hommes 694
II. L'album de famille des potirons 699
III. L'art de cultiver les potirons 705
IV. Mythes et traditions du potiron 712
V. Usages médicinaux et recettes gourmandes 716

LA RHUBARBE, *par Thierry Delahaye* 725

LE SAFRAN, *par Pierre Aucante* 729
Introduction 729
I. L'épice de légende 730
II. L'épice, la couleur, la santé 735
III. Le jardin de safran 738
IV. L'épice en or 745
V. L'art et la manière d'accommoder le safran 749

LES SALADES, *par Jean-Paul Thorez* 757
Introduction 757
I. Botanique des salades 758
II. Racontons des salades 761
III. Aliments ou plantes médicinales ? 768
IV. Faire pousser ses salades 773
V. Dans le saladier 780

LE SALSIFIS ET LA SCORSONÈRE, *par Aïté Bresson* 785

LA SAUGE, *par Thierry Delahaye* 789

LE THYM ET LA SARRIETTE, *par Jérôme Goust* 797
Introduction 797
I. Herbes des dieux et des hommes 798
II. Pour mieux connaître le thym et la sarriette 803
III. La culture et la récolte 807
IV. La médecine des herbes 813
V. A table 818

LA TOMATE, *par Jean-Luc Danneyrolles* 825
Introduction 825

    I. Les aventures de la pomme d'amour 826
    II. D'un point de vue botanique 830
    III. Petite histoire génétique de la tomate 835
    IV. Jardiner la tomate 839
    V. Le goût de la tomate 847
    VI. La sensualité de la tomate 851

UN JARDIN EXTRAORDINAIRE, *par Jean-Luc Danneyrolles* 853
    Introduction 853
    I. Quelques légumes-racines 854
    II. Quelques légumes-feuilles 869
    III. Quelques légumes-fruits 876
    IV. Des fleurs à manger 885
    V. Un banquet potager 889

Les mots du potager 891
Les livres du potager 899
Le calendrier du potager 905
Index des plantes potagères 909
Table des recettes 929
Les adresses du potager 937
Les auteurs 941

PRÉFACE

Chaque matin, je découvre, je redécouvre tous mes légumes

Les auteurs de cette encyclopédie ont su avec beaucoup de bonheur retracer la fabuleuse histoire des plantes potagères. L'enchantement que j'ai ressenti à sa lecture m'a entraîné dans un parcours de mémoire.

Avec mon frère, nos jeux d'enfant nous conduisaient souvent vers le Batut. Un terrain qui se situait près du clocher de Laguiole, à l'abri des vents dominants. Dès les premiers jours de chaleur, une activité fébrile animait ce coin où s'alignaient les jardins. La terre battue par la neige et le vent était amendée comme il se devait. Et au fil des semaines, les potagers se structuraient – au cordeau – pour recevoir les plants des Coustoubis*.

Dans ce pays de traditions, des gestes séculaires, justes, transmis de génération en génération, avaient façonné surtout une cuisine de mijotage dans laquelle le jus de viande profitait aux légumes. Le légume en tant que tel était bien le parent pauvre de nos tables, même si, comme dans toutes les campagnes, la nourriture était guidée par le fil des saisons. Les premières verdures issues du jardin avaient pour nom *tanous* – pousses de chou montées –, celles qui étaient issues des fossés se nommaient tamier – herbe aux femmes battues –, pissenlit…

Alors, ici en Aubrac, où le bœuf est seigneur, le fromage refuge, et la cochonnaille festive, comment suis-je tombé dans la marmite des légumes ? Si aujourd'hui le légume est indispensable, indissociable de ma cuisine, c'est le fruit d'un long cheminement où se mêlent mes souvenirs familiaux et les émotions que me communiquait l'énergie de la nature.

Je garde de ma vie d'écolier, parmi tant d'autres, deux rencontres insolites avec des légumes de notre quotidien, les radis et les tomates. Un rituel immuable marquait les premiers jours du printemps et, pour rejoindre la boutique de Sélinou où nous achetions les œufs de Pâques à un franc – des anciens francs –, nous passions devant l'épicerie de Josette. Elle proposait de la morue sèche, pour

---

* Habitants de la vallée du Lot, qui cultivent de la vigne et des légumes. Ils alimentent le marché de Laguiole en plants de légumes.

convenir aux jours maigres de carême. Une forte odeur de marée embaumait l'étal ! Cette caisse de bois effleurait le panier de jeunes radis que Dédé, son frère, avait ramené du jardin. Je ne comprenais pas comment ces perles de nature supportaient l'odeur forte du poisson séché.

Quant à la tomate, ma première rencontre avec cette étrangère s'est faite avec affliction. Dans un temps lointain, papa réparait les machines agricoles. Par un après-midi de canicule, il nous avait emmenés avec lui dans une ferme avoisinante ; sur place, pour nous préserver de la chaleur, la fermière lui avait proposé de nous garder à la maison pour "faire quatre heures". Quelle fut notre déconvenue de nous voir présenter un plat de tomates du jardin comme unique casse-croûte ! Nous n'aimions pas les tomates – comme tous les enfants, nous ne savions pourquoi –, et le chien qui nous guettait sous la table, non plus...

Pour nous, le destin de cette grande voyageuse était, les jours de kermesse paroissiale, de rejoindre un banc où, alignées, mûres à point, elles s'offraient en amusement pour être lancées à la tête d'un bamboula impassible. Les scènes étaient ponctuées d'explosions de rire quand le pitre passait la langue sur ses babines maculées de pulpe.

Aujourd'hui où, avec mon épouse, nous revenons d'un voyage au territoire des Solanacées, je sais que cette pomme d'amour ne pouvait surgir que de ces vallées. Le pays est tout en couleur. Les gens qui y vivent sont à l'unisson. Les carnavals sont même goûteux. Comment imaginer ailleurs ces tomates en peinture, blanc ivoire, violettes, rouges, roses, vertes, et quel enchantement de découvrir ces anciennes variétés à la belle saison, parfumées, goûteuses, que j'ai plaisir à croquer à la façon d'un fruit.

A peine sorti de l'enfance, l'Aubrac m'a invité à sa découverte, et c'est d'un long apprentissage rythmé par le fil des saisons que j'ai acquis les fondamentaux de la nature. Aux premiers bourgeons, dans les rigoles gravées par la fonte de la neige, les mottes de terre s'architecturaient pour piéger les torrents destructeurs. Parallèlement, je guettais avec frénésie la montée de la sève des branches de noisetier que j'avais déjà repérées, choisies. Je les ciselais, je les gravais pour façonner des instruments qui égayeraient de notes musicales le printemps proche. Dans la forêt, les branches de hêtre aux contours noués, dénoués étaient propices à des ramassages pour repérer la forme qui répondrait aux passe-temps de l'instant : jeux d'adresse, frondes, arc... ; sculptures minimalistes, tandis que les baies rouges et noires cueillies dans les ronces baignées de soleil donnaient lieu à des goinfreries que maman réprimandait d'une mine faussement fâchée. Quand les tapis des feuilles d'alisier offraient les rectos et les versos, le fragile et le précieux, je filais à quatre pattes dans la hêtraie pour déterrer les conopodes*.

Quand je me lassais de l'amertume des endives (nous en mangions fréquemment), je courais les prairies, les pâtures. Je relevais les bouses de vache sèches pour découvrir les jeunes pousses de pissenlit blanches et tendres, aux dents-de-lion assagies. C'est beaucoup plus tard que je découvris un petit opuscule, *Nouveaux légumes d'hiver* (Paris, 1879), où les auteurs faisaient part d'expériences sur des plantes alimentaires qui étaient soustraites à l'action de la lumière.

A la sortie de l'hiver, mes distractions se dirigeaient vers l'éveil de la nature. Le bocal où quelques têtards vagabondaient jouxtait l'assiette calotte garnie de mousse humide. Haricots, lentilles y germaient à leur rythme... J'observais, j'arrachais, je glissais les doigts, je comptais les jours.

Aujourd'hui, relever mon gargouillou** de ces graines germées qui respirent la vie, la santé, me séduit toujours avec autant de force, et l'emprise du plateau, sa quiétude sont là au quotidien, qui me régénèrent. La complicité du plateau m'est indispensable, et dans cet univers de végétal, de la racine à la tige, de la feuille et de la fleur aux fruits, à la semence, que de découvertes !

Jeune, mâchouiller l'oseille *acetosa,* croquer la branche de silène enflé suffisait à me réjouir. Puis un temps vint où une approche du cuit s'est imposée. Démarche empreinte de mon terroir, de mon vécu : en un mot, un rapport d'affection. Avec l'aide de quelques amis, dont la famille

---

* Racine tubéreuse d'une Ombellifère, au goût vert de noisette.
** Composition végétale qui est le reflet de ma symbiose avec la nature. L'élégance mêlée de mouvement, les couleurs, les odeurs, les saveurs explosives, la sensualité : toutes ces "choses" traduisent ma façon d'être.

Roualdès, nous avons épluché des revues, rencontré des amateurs, ramené des graines d'autres terres.

C'est nourri de ces jardins extraordinaires qu'intuitivement, sans ambages, j'ai posé les premiers jets de mes créations. Les parfums de l'herbe à curry, *Helichrysum italicum*, m'ont conduit vers les marchés de l'Inde pour accompagner l'agneau ; de la margose, *Momordica charantia,* trop amère à mon goût, je n'ai retenu que les graines couleur de rubis, belles et suaves ; j'ai réuni la saveur carnée de l'amarante, *Amarantus gangeticus,* au poisson de roche ; l'aspérule odorante, *Galium odoratum*, aux flaveurs de coumarine s'architecture en millefeuille ; l'oxalis, *Oxalis acetosella*, est si frêle que je n'ose l'utiliser que sorti du bois, en touche d'acidité ; que dire du chou-rave, *Brassica oleracea gongyloides,* qu'on croirait venu d'une autre galaxie, avec sa racine aérienne et ses antennes : il me fait décoller dans des compositions inédites ; enfin, comment ne pas associer à une fraîcheur la ficoïde, *Mesembryanthemum cristallinum,* riche de perles glaciales…

Et dès le milieu des années quatre-vingt, riche de cette collection, de ces découvertes – un peu hors du temps et des usages –, je composais déjà un menu "tout légume" que j'accompagnais de béatilles*, car j'ai toujours pensé que le respect des saisons allié à la main de l'homme, cultivé, sage, peut mettre en scène de belles gourmandises.

Dans le livre de Désiré Bois, *Les Plantes alimentaires*, qui faisait suite au *Potager d'un curieux*, j'ai retrouvé le haricot mange-tout de Saint-Fiacre. Ma tante en faisait une soupe qui virait au mauve. Je préfère faire abstraction de ma tête d'enfant ! Aujourd'hui, j'ai le privilège que deux passionnés me le cultivent, car il reste à mes yeux le meilleur des haricots verts. Certaines pratiques professionnelles m'encombrent et je passe outre, car elles ne conviennent pas à ma sensibilité. En effet, je déteste tirer les fils des pois mange-tout – car, cueillis à point, ils n'ont pas de fils –, tout comme je ne les équeute que du côté de l'attache. Autrement, je les trouve déshabillés.

Au marché, je trouve rarement les petits pois qui me conviennent. Pour les choisir, j'ouvre les gousses, je les cueille et je les goûte. Je les aime tendres, sucrés. De la même façon, gamin, j'ai fait connaissance avec le genre *Vicia* en fouillant les talus. Je récupérais les gousses de graines que j'écossais pour jouer au cuisinier.

Quand j'ai découvert les mille et une merveilles que nous proposait la nature, j'ai exploré des productions insensées. J'allais, jeune apprenti féru de nouveauté et épris de nouveaux horizons, les mains gantées, ramasser des chardons. Ces mêmes chardons qu'ensuite je tournais** pour en recueillir les fonds.

Je me souvenais qu'à la maison, effeuiller la feuille d'artichaut amusait la tablée. Nous écopions la vinaigrette, nous croquions le talon de chair plus par amusement que par goût pour nous jeter sur le fond*** qui nous rassasiait si peu. Jeune cuisinier, je ne connaissais pas la structure de la fleur d'artichaut. Accompagné de mon épouse, j'ai découvert mes premiers champs d'artichauts en Bretagne. Etendues de boutons, ponctuées çà et là d'inflorescences. Séduit, j'avais coupé des fleurs – sous la surveillance du propriétaire qui, quelques centaines de mètres plus loin, nous a interpellés pour nous réprimander de cette cueillette qu'il croyait inopportune. Il fut indulgent lorsque, relevant le coffre de la voiture, il se rendit compte qu'il contenait uniquement des boutons bleu-violet. Sensible et généreux, il finit de garnir la malle d'artichauts joufflus, bien en chair.

Dans mon métier, traditionnellement l'artichaut était tourné pour en recueillir le cul qu'on citronnait pour éviter l'oxydation, puis il était cuit dans un blanc. De mes "tubes à essai", j'ai eu l'idée de cuire le fond de ce bouton dans un bouillon aromatisé sur lequel je glissais un film de gras. Cette lichette d'huile empêchait l'oxygène de tacher la chair. L'artichaut avait un goût d'artichaut, et de plus le bouillon perlé ne s'en laissait pas conter.

Dans ma démarche de cuisinier, j'ai toujours voulu comprendre pour manger bon. Qui n'a jamais mangé une laitue cueillie de l'instant ne connaît pas le goût de la laitue. J'ai des souvenirs démesurés de la salade des fenaisons. De cette famille des Composées, j'ai rencontré une parenté, la

---

* Petits morceaux d'abats de volaille.

** Tourner : donner à des légumes une forme arrondie.
*** Après avoir retiré toutes les feuilles, partie charnue qui reste de l'artichaut.

Lactuca sativa var. *augustana,* sur les marchés en Chine. J'aime préparer la moelle de cette laitue-asperge accompagnée de peau de lait. Aujourd'hui, j'ai décliné ce travail sur les moelles de chou-fleur, de brocoli…

Faire le marché fait partie de ma vie. Le jour où je ne pourrai plus accomplir ce rituel, je pense que je ne ferai plus la cuisine. Quel enchantement de rencontrer ces gracieuses, de saisir le crissement des courgettes, de se piquer à la belle indienne au pédoncule ardent ! Que de bonheur d'écouter les maraîchers conter leurs dernières aventures ! Je fais rouler ; j'effeuille ; je grappille ; je butine dans les paniers. Je saisis le parfum des saisons dans les cagettes.

De retour dans mon Aubrac, auprès de mes cuisiniers, je partage avec eux mes dernières trouvailles, surtout quand leur évocation nous emporte dans des ailleurs : pain de sucre, plantain corne de cerf, ail des ours… Je leur offre mes nouvelles corolles tout en senteur.

Mes légumes ne sont jamais de la même veine. Le temps, le terroir, la lune – eh oui ! – jouent de leurs éléments pour me présenter des palettes de couleurs et de goûts, des textures qui ne sont jamais à l'identique.

Quotidiennement, j'aborde toujours ces nouvelles rencontres avec une certaine réserve. J'appréhende, j'observe, je hume, je touche, je goûte… j'y reviens. En fait, je suis toujours intimidé par les nouvelles entrevues. Chaque matin, je découvre, je redécouvre…

Michel Bras
Cuisinier

L'ail et l'oignon

Jean-Luc Danneyrolles

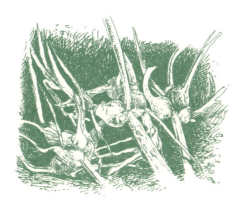

INTRODUCTION

Lorsque Satan quitta le jardin d'Eden, de ses premiers pas naquirent l'ail, puis l'oignon. Cette légende islamique traduit bien la puissance symbolique qui associe ces deux bulbes au cours de leur histoire.

Depuis plus de cinq mille ans – presque la nuit des temps –, ail et oignon ont entrepris de séduire tour à tour les continents et les peuples. Ils appartiennent tous deux à cette famille de plantes à bulbes qu'on nomme Liliacées, et partageraient le même lieu d'origine : l'Asie centrale. Cultivés probablement pour la première fois vers le quatrième millénaire avant Jésus-Christ, l'ail et l'oignon poussent actuellement sur tous les continents.

Presque toutes les cuisines en font usage. L'ail est un condiment, et l'oignon, presque un légume. Ce dernier semble avoir plus facilement séduit les peuples par ses qualités gustatives plus douces ; l'ail fut davantage l'objet de rejets, notamment de la part des populations du Nord, et des couches sociales plus aisées.

Aliment ou médicament ? Ail et oignon évoluent entre ces deux usages. "Brûlant et sec" pour l'ail, "chaud et humide" pour l'oignon pourraient être les qualificatifs qui résument leur caractère. Et au-delà de leurs usages spécifiques en cuisine comme en phytothérapie, il semble bien que l'un et l'autre possèdent une forme d'énergie. Rien de surprenant à cela, car le bulbe est la forme concentrée d'une plante entière, la réserve pour terminer le cycle végétatif qu'un état qualifié de dormance interrompt des fortes chaleurs d'été jusqu'aux premiers froids.

A l'évidence, l'ail et l'oignon accompagnent l'aventure humaine. Un riche et exceptionnel patrimoine ethnobotanique gravite autour de ces deux bulbes. Et dans les nombreuses civilisations qui en ont fait ou en font usage, l'oignon et peut-être plus encore l'ail ont parfois atteint une dimension mythique.

I. AILS ET OIGNONS : 6 000 ANS D'HISTOIRE

C'est au Néolithique que débutent la pratique de l'agriculture et du jardinage, et la mise en culture de plantes alimentaires sauvages. L'ail et l'oignon ont fait partie du cortège des premières plantes que l'homme allait ainsi, peu à peu, domestiquer et améliorer.

Les origines

C'est au sud de la Sibérie occidentale, sur le territoire actuel de la république du Kirghizistan, que l'ail commun *(Allium sativum)* croît spontanément, et il est probable que sa mise en culture est une des plus anciennes. La facilité avec laquelle les têtes d'ail se transportent et se conservent explique peut-être sa précoce expansion en Asie et en Europe.

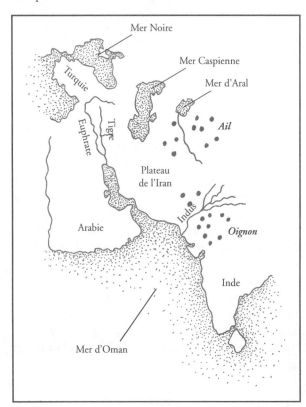

A la fin du XIXe siècle, Alphonse de Candolle s'interrogeait, dans l'*Origine des plantes cultivées*, sur l'origine unique de l'ail. Il serait arrangeant, dit-il, que l'ail fût spontané de la Tartarie à l'Espagne, ce qui expliquerait la très ancienne diversité des mots qui nomment l'ail : *schoum* en hébreu, *baratchouria* en basque... ou encore *suan* en chinois – où l'emploi d'un signe unique dénote d'ailleurs une très ancienne culture.

Si la patrie de l'ail est bien le Kirghizistan, il est possible d'imaginer une conquête rayonnante. Depuis quatre, cinq ou même six millénaires, la culture de l'ail se répand dans toutes les directions, au-delà des mers, sur tous les continents : Asie, Europe, Amérique, Afrique, Océanie.

L'origine de l'oignon est moins sûre. Plusieurs auteurs précisent qu'on ne le rencontre qu'à l'état cultivé. Selon A. de Candolle, une forme sauvage de l'oignon pourrait avoir existé en Asie occidentale, "de la Palestine à l'Inde", ce qui expliquerait l'expansion très rapide de la culture de l'oignon chez les peuples de Méditerranée.

L'ail et l'oignon dans l'Antiquité

Les anciens Sumériens auraient cultivé l'oignon plusieurs millénaires avant notre ère ; plus près de nous, les auteurs grecs et latins nous renseignent sur la culture et l'usage de ces deux bulbes dans l'Antiquité.

C'est à Hérodote que l'on doit la première source documentaire concernant l'usage de l'ail, mais aussi de l'oignon. On a gravé, dit-il, sur la grande pyramide de Gizeh (2 500 ans avant J.-C.) la somme dépensée pour fournir aux ouvriers radis, oignons et ails : 1 600 talents d'argent, ce qui est considérable et témoigne à coup sûr du goût des anciens Egyptiens pour ces deux bulbes – mais ne permet pas d'affirmer, comme l'ont fait certains satiristes romains, que ce peuple rendait un véritable culte à l'ail et à l'oignon, au point d'en soumettre la consommation à des règles précises et de les invoquer dans les serments, comme des divinités.

Depuis longtemps, les potagers des anciens Egyptiens recelaient en grandes quantités ails, oignons et poireaux, à côté de Cucurbitacées d'Asie (pastèques, concombres, melons) et de Légumineuses. Et l'on a retrouvé à l'intérieur de tombes des offrandes alimentaires constituées d'ails, d'oignons et autres denrées de longue conservation : pain, viande séchée, dattes, raisins…

Les Hébreux durant leur séjour en Egypte découvrirent l'usage de l'ail, de l'oignon, du poireau, qu'ils appréciaient beaucoup. A leur établissement en Palestine, ils n'oublièrent pas d'en ramener bulbes et semences, et rapidement la culture de l'ail et de l'oignon s'étendit au Proche-Orient.

Les Grecs de l'Antiquité furent eux aussi de grands consommateurs d'ail et d'oignon, et les cultivaient dans leurs potagers, avec les raves, le cresson, le pourpier, l'arroche, et des condiments comme la marjolaine ou le thym. L'aristocratie grecque appréciait pourtant peu l'odeur de l'ail, qu'on nommait aussi "rose puante" – intéressante contradiction olfactive qui laisse apparaître déjà une forme d'attraction-répulsion.

Les Romains, comme les autres civilisations du monde méditerranéen, accordaient une grande importance aux légumes et à leur culture. Leurs jardins *(hortus)*, cultivés tout au long de l'année, produisaient choux, cardons, salades, panais, herbes, et naturellement ails, oignons et poireaux. Les jardiniers romains avaient développé des techniques très élaborées. Ainsi l'oignon, très prisé, était cultivé sur des planches particulières, les *cepinæ*, et les jardiniers spécialisés dans cette culture étaient appelés *ceparii*. De nombreuses variétés étaient déjà cultivées : oignon d'Afrique, des Gaules, d'Amiterne, des Marses, de Pompéi. Deux millénaires plus tard, il existe toujours une variété d'"Oignon blanc de Pompéi".

Dans les sphères aristocratiques romaines, l'usage de ces deux bulbes était mal vu. Fi des vertus, on n'en retenait que l'haleine exécrable qu'ils procurent. Mais le peuple romain a toujours consommé de l'ail et de l'oignon : on aimait par exemple répandre de l'oignon émincé *(cepa concisa)* sur les plats ; l'*aleatum* était le plat des pauvres, fait de gousses d'ail et d'huile d'olive, que l'on disait très nourrissant. Il est très probable que l'ail ainsi utilisé était l'ail d'Orient, dont la douceur et surtout la taille laissent davantage imaginer un légume qu'un condiment.

Virgile, dans un poème des *Bucoliques*, glorifie l'usage de l'ail, et décrit un plat populaire, ancêtre de l'aïoli, le *moretum*. La recette est simple : prendre quatre gousses d'ail, du sel, de l'ache, de la coriandre, de la rue, des croûtes de fromage, de l'huile d'olive et du vinaigre. Après avoir dénudé les gousses d'ail, piler le tout dans un mortier, ajouter huile et vinaigre pour liquéfier un peu la pâte, et consommer avec du pain et des légumes.

L'ail, devenu très commun, constituait l'aliment de base des légionnaires. Pour décourager les hommes qui voulaient faire le choix des armes, on leur disait : *"Allia ne comedas."* ("N'allez pas manger de l'ail.")

Au Moyen Age, aliments ou remèdes ?

La fin de l'Empire romain ne semble pas avoir affecté la réputation et l'usage de l'ail et de l'oignon. Vers le VIIe siècle, ils sont présents dans le potager du monastère bénédictin Saint-Théodore-de-Tarse, en Suisse. Et deux

---

DE L'USAGE DES BULBES SAUVAGES

Apicius, le célèbre cuisinier de l'Antiquité, tout comme Pline et Caton, a décrit des bulbes *(bulbus)* qui étaient consommés dans l'Antiquité, et que les traducteurs ont trop souvent confondus avec les oignons *(cepae)*.

On apprend ainsi que le muscari à toupet, l'ornithogale, le glaïeul, l'asphodèle étaient consommés comme le bulbe d'oignon. En Grèce, on consomme encore le muscari à toupet. Particulièrement prisé dans l'Antiquité, il fut alors l'objet de créations variétales.

Ces bulbes au goût fort étaient cuits longtemps pour en atténuer l'amertume. Ces traditions culinaires prennent très certainement leurs origines dans la période néolithique où l'homme invente l'agriculture, tout en continuant à cueillir les plantes sauvages. Aujourd'hui, à la lumière des recherches actuelles, on sait que certains de ces bulbes peuvent être toxiques, voire cancérigènes.
(D'après Jacques André, *L'Alimentation et la Cuisine à Rome*, 1961.)

Le muscari à toupet

siècles plus tard (au début du IXe siècle), l'*alium* et l'*unio* tiennent une bonne place dans le capitulaire *De villis*, qui recense quatre-vingt-huit plantes que l'empereur Charlemagne fit cultiver dans les fermes impériales. Ails et oignons sont alors autant cultivés comme aliment (condiment ou légume) que comme médicament. Selon Pierre Lieutaghi, l'ail, "thériaque des pauvres", était "réputé comme antidote des venins, vermifuge, vulnéraire..." mais "passait pour nuire à la vue". L'oignon, "remède universel", soignait "aussi bien les maux d'oreilles que les morsures de chiens enragés".

Au XIVe siècle, l'ail était cultivé et très consommé même dans le nord de la France. Des marchands ambulants (qu'on nommait des aillers) vendaient à la criée une sauce composée de mie de pain, d'amandes et d'ail, à manger avec du pain, comme une moutarde : l'aillée.

L'ail (d'après une gravure ancienne)

L'oignon est à cette époque largement employé, souvent plus comme un légume que comme un condiment. Il constitue aussi par son goût un puissant aromate facile à cultiver, et, tout comme l'ail, est d'usage populaire. Les classes plus riches préfèrent les épices importées et plus chères, comme le poivre et le girofle.

Les potagers provençaux des XIVe et XVe siècles, où choux, poireaux et oignons constituaient une "trinité de base", avaient des surfaces spécialement consacrées à la culture des différentes variétés d'oignons, que l'on dénommait ainsi :
– les *aostencas*, récoltés au mois d'août ;
– les *miqueletas*, récoltés à la Saint-Michel (29 septembre) ;
– les *martinencas*, récoltés à la Saint-Martin (11 novembre).

Et l'on comprend mieux l'intense production potagère au Moyen Age lorsque l'on sait que cette dernière, contrairement aux cultures des champs (céréales et légumineuses), n'était soumise à aucun impôt ou prélèvement de la part du propriétaire.

A la Renaissance

A la naissance d'Henri IV, en 1553, son grand-père lui frotta les lèvres avec une gousse d'ail, puis lui versa quelques gouttes d'un vin de Jurançon. L'enfant ne sembla pas détester ce curieux rite et le grand-père, ravi, s'écria : "Va, va, tu seras un vrai Béarnais."

Et en 1560, le peuple gascon inspire à Bruyerin Champier, ancien médecin de François Ier, ces quelques lignes : "Habitants de Narbonne, de Toulouse, de Bordeaux, tous gens d'un tempérament chaud et bilieux, n'aiment rien tant que l'ail dans leurs aliments. Les aulx les échauffent fortement et tous ces peuples sont déjà bien assez chauds."

Les écrits disponibles semblent en effet indiquer une régression géographique de l'usage de l'ail vers le XVIe siècle. Le Nord, peu à peu, s'en désintéresse au contraire des régions du Sud : Languedoc, Provence, Gascogne, qui en développent fortement la culture et l'usage. Peu avant la Révolution, la dîme de l'ail rapportait annuellement plus de trois mille francs à l'archevêché d'Albi : l'importance de la somme laisse imaginer celle de la culture de l'ail dans le Sud-Ouest.

Il est intéressant de constater que l'oignon se substitue à l'ail dans l'usage culinaire au fur et à mesure qu'on remonte vers le nord : dans le Sud, une soupe à l'ail ; dans le Nord, une soupe à l'oignon. C'est vers le milieu du XVIIIe siècle qu'apparaît l'aïoli en Provence. Dès lors, sa renommée n'aura de cesse d'augmenter.

La culture de l'oignon va connaître au XIXe siècle un important développement, et de nombreuses variétés vont être créées. La "route des oignons" rappelle l'importance de cette culture en Bretagne au siècle dernier, de même que la cèbe de Lézignan ou l'oignon doux des Cévennes, qui ont su traverser le XXe siècle.

La route des oignons

Il était une fois un village breton nommé Roscoff. Nous sommes au début du XIXe siècle. En Bretagne, on est par tradition marin et paysan, sur la terre et sur la mer à mi-temps. Les relations franco-anglaises sont enfin redevenues cordiales après le Blocus continental interminable. En cette année 1828, les récoltes sont abondantes. Les granges regorgent de réserves de pommes de terre et d'oignons ; des oignons qu'un maraîcher-marin breton, à l'esprit aventurier, entreprend d'aller exporter chez les Anglais. Son aventure fera école : l'"Oignon rosé de Roscoff" plaît aux ménagères anglaises.

En 1860, deux cents marchands bretons d'oignons sillonnent l'Angleterre. Ils seront mille cinq cents en 1930 – et ne sont plus aujourd'hui qu'une trentaine de représentants d'une corporation en voie d'extinction, les *Johnnies*, appelés ainsi en raison du nombre élevé de prénommés Jean dans la profession.

Après la traversée, ils débarquent des centaines de kilos d'oignons, louent un local où un des membres va les tresser en "torches". Les vendeurs chargent leurs vélos, et vont vendre les torches de porte en porte.

Cette pratique s'inscrit dans une tradition très ancienne, où le paysan (cultivateur, expéditeur, transformateur et enfin commerçant) suit le produit agricole du début à la fin. Mais d'autres raisons semblent également expliquer cette pratique originale, comme la difficulté qu'avaient les Anglais au XIXe siècle à produire suffisamment d'oignons, le relatif abandon de pratiques agricoles au profit de l'industrialisation massive – et, à n'en point douter, un goût de l'aventure qui semble encore animer le peuple breton.

L'"Oignon doux des Cévennes" et la cèbe de Lézignan

L'"Oignon doux des Cévennes" (arrondi et de poids moyen) est cultivé depuis le début du XIXe siècle sur des terrasses en pierres sèches : les traversiers.

Les paysans des Cévennes ont dû s'adapter aux différentes crises qui ont frappé le monde rural : les mûriers qui servaient à nourrir les vers à soie ont peu à peu disparu, et les pommiers les ont remplacés. Les terrasses ont accueilli l'oignon doux, d'abord pour nourrir les hommes sur place.

Sélectionné d'année en année, adapté au terroir, accompagné d'un savoir-faire, l'"Oignon doux des Cévennes" connaît aujourd'hui son heure de gloire dans les vallées de Valleraugue, de Taleyrac, de Saint-Martial… C'est un oignon tellement doux qu'on peut le croquer (presque) comme une pomme. Sa conservation exceptionnelle (d'août à avril) a rendu possibles une reconnaissance et une commercialisation nationales.

En 1996, les agriculteurs cévenols en ont ainsi produit neuf cents tonnes. Pour éviter les fraudes ou les origines douteuses, mais aussi et surtout pour pouvoir "vivre et travailler au pays", les jardiniers de l'"Oignon doux des Cévennes" envisagent la création d'une appellation d'origine contrôlée.

Ce fait n'est pas isolé, et il en va de même pour la cèbe de Lézignan (Gard). Ici encore, l'oignon est doux et réputé. De forte taille (jusqu'à un kilo), il y est cultivé depuis le XVIIIe siècle. Il a même donné en partie son nom au village : Lézignan-la-Cèbe. Le sol léger, perméable et un peu caillouteux de Lézignan offre à cette culture toutes les conditions de la réussite, et les possibilités d'irrigation augmentent les rendements.

Ici aussi, les producteurs (une quinzaine) s'organisent pour maintenir cette culture et son identité, et envisagent la création d'une appellation.

UN TRICOT EN L'HONNEUR DE L'AIL : LE CHANDAIL

La fin du XIXe siècle est marquée en France par un pic de démographie, de production et de diversité rurales sans précédent. Rien de surprenant alors à ce que les Halles de Paris témoignent vers 1880 d'un intense commerce de légumes. Depuis quelque temps déjà, des marchands d'ail de plus en plus nombreux (probablement venus du sud de la France) font apprécier l'ail aux habitants de la capitale. Ils sont vêtus d'un tricot propre à leur origine sociale et géographique, qui va rapidement séduire la profession des vendeurs de légumes qui se l'attribuent et abrègent "marchand d'ail" en "chandail". Quelques années plus tard, le fabricant Damart, installé à Amiens, allait le commercialiser.

Culture d'oignons en terrasses (Cévennes)

Ces initiatives sont à encourager, et il faut espérer que soient aussi reconnus l''Oignon rouge de Villemagne' (Castelnaudary), l''Oignon jaune de Citou' (Carcassonne) et la cèbe de Toulonges (Pyrénées-Orientales).

Les fêtes de l'ail

Aïoli monstre en Provence, fêtes folkloriques dans le Sud-Ouest annonçant l'arrivée de la production, festivités au Caire en Egypte aux premiers ails cueillis… En Angleterre, au Canada, en Arizona, en Californie, partout dans le monde, le bulbe légendaire ne manque pas une occasion d'être célébré, voire glorifié.

En Amérique, une petite ville de Californie, récemment conquise par la cause de l'ail (1979), organise le plus grand rassemblement des passionnés et adorateurs de ce petit bulbe. Fidèles à leur réputation de gigantisme et d'innovation, les Américains envahissent Gilroy en Californie chaque printemps. Plus de cent mille personnes déambulent au milieu d'étals de toutes sortes exhalant l'odeur vive de l'ail. Des chefs de cuisine y préparent en direct des mets à base d'ail.

Toutes sortes de produits sont proposés : un vin blanc aillé, une glace à l'ail, des sauces, des moutardes, des sirops. La Californie, premier exportateur d'ail au monde, célèbre à sa façon un peu extravagante les bienfaits de l'ail.

Un bal de l'ail, un tour de garlique (épreuve sportive cycliste) s'y déroulent, une miss Garlic est élue chaque année non seulement pour son charme, mais pour la qualité du discours sur l'ail qu'elle prononcera.

Dictons de l'ail et de l'oignon

Evoquant un riche passé rural, les expressions et les dictons mettant en scène le jardin, les fleurs, les légumes, les saisons, la nature en général sont nombreux – et l'ail et l'oignon n'ont pas manqué à cette tradition.

Les dictons avaient pour objectif de conseiller les jardiniers dans leurs travaux. Intégrés dans la mémoire collective rurale, ils se transmettaient oralement, constituant d'innombrables fragments d'une poésie populaire, une sorte de grand livre de jardinage vivant, un lien sensible et harmonieux avec les saisons, les plantes et la terre, qui a perduré jusqu'à notre siècle. Aujourd'hui, seule la prise de conscience d'un patrimoine rural en train de disparaître permet à ces dictons de survivre.

Le calendrier religieux constitue un repère pour les dictons potagers. Les saints et leurs fêtes étaient associés à des

---

L'OIGNON ET LA LANGUE FRANÇAISE

Etre aux oignons : être bien.
Aux petits oignons : dans les meilleures conditions possible.
S'occuper de ses oignons : s'occuper de ses affaires.
Plantés en rang d'oignons : être rangés à la file, les uns derrière les autres.
Attraper l'oignon : attraper un coup destiné à un autre.
Etre vêtu comme un oignon : avoir plusieurs épaisseurs.
Il y a de l'oignon : il y a quelque chose qui ne va pas.
Fi donc l'oignon, vous sentez la ciboule : exclamation de rejet.
Prendre un gnon : prendre un coup (*gnon* est dérivé d'oignon).
Ne pas se moucher avec des pelures d'oignons : être prétentieux (expression québécoise).
Les petits oignons : les testicules.

travaux agricoles : par exemple, à la Saint-Thibaut, le 8 juillet, "sème tes raves, arrache tes aulx". Pendant peu de temps, le calendrier devint révolutionnaire et laïc, et chaque jour était directement associé à une plante, un animal d'élevage, un outil agricole. Ainsi le 27 messidor (15 juillet) était le jour de l'ail – ce début du mois de juillet était donc bien le temps de la récolte des ails.

De nombreux dictons jalonnent la culture de l'ail et de l'oignon :

"A Saint-Pierre, plante les aulx (18 janvier)."

"A Saint-Pierre, lie les aulx (29 juin)."

"A Saint-Pierre, arrache tes aulx (Ier septembre)."

"Sème tes oignons à la Sainte-Agathe, ils deviendront comme le cul d'une gatte [chèvre] (5 février)."

"Ail mince de peau, hiver court et beau."

"Oignons bien habillés, verras forte gelée."

Ails et oignons aujourd'hui

Aujourd'hui, l'ail et l'oignon recouvrent des milliers d'hectares à travers le monde. Les plus gros producteurs d'ail sont la Chine, la Turquie, l'Inde, l'Espagne, la Californie – et cette production connaît une forte augmentation.

En France, les régions de forte production sont la Provence, particulièrement la Drôme et le Vaucluse (10 000 tonnes environ), et le Sud-Ouest – héritage oblige. Le Puy-de-Dôme et le Pas-de-Calais font figure de départements producteurs isolés, et il serait intéressant d'en étudier les raisons (origines culturelles, sols...).

Nous importons beaucoup plus d'ail que nous n'en exportons – soit nous n'en produisons pas assez, soit il est plus intéressant de le vendre cher et de l'acheter bon marché à d'autres producteurs comme la Turquie...

Enfin, un Français consomme en moyenne six cents grammes d'ail par an – mais un Italien, un kilo, et un Espagnol, quatre kilos...

L'oignon, quant à lui, est l'objet d'une forte demande annuelle. Les pays du Nord et de l'Est en consomment beaucoup. En France, la Côte-d'Or et la région Sud-Est sont de gros producteurs ; mais on importe beaucoup d'oignons en provenance des Pays-Bas, d'Italie, d'Espagne et d'Egypte.

II. BULBES MAGIQUES

Qu'elles soient égyptiennes, grecques, gallo-romaines, judéo-chrétiennes ou orientales, de nombreuses civilisations ont attribué à l'ail comme à l'oignon un pouvoir magique et symbolique puissant. Et non contents d'être aliments et médicaments, l'ail et l'oignon sont l'objet de nombreuses coutumes encore vivantes dans certaines régions du monde.

Le souper d'Hécate

Hécate était une divinité lunaire et infernale dans l'Antiquité grecque. Elle était figurée par une statue à trois corps adossés, représentant les trois âges d'Hécate : la jeune fille, la mère, la vieille dame. Ces statues étaient souvent placées au carrefour de trois chemins. Les Grecs avaient coutume, la veille de la pleine lune, de venir à la nuit déposer des offrandes – dont des têtes d'ail – à ses pieds et de s'en retourner rapidement sans la regarder. Hécate gouvernait le ciel nocturne, le monde souterrain. Ses pouvoirs étaient expiatoires et purificateurs. Elle protégeait troupeaux et sorciers. Les marins sous sa protection pensaient que l'ail préservait leur bateau des naufrages.

Etroitement mêlé à l'élément feu, pour ses propriétés qui réchauffent, l'ail était aussi associé à Mars, dieu de la guerre et du feu. C'est peut-être pour cette raison que les légionnaires, avant de partir au combat, se munissaient d'un collier pourvu d'une tête d'ail.

Hécate n'est plus célébrée, et doit se reposer quelque part avec tous les dieux oubliés, mais le judéo-christianisme est loin d'avoir rejeté les pouvoirs symboliques et magiques de l'ail. Au contraire, il en a perpétué la tradition en se l'appropriant, créant même pour l'occasion de nouveaux monstres de la nuit que l'ail est censé combattre : les vampires.

L'ail contre les vampires

C'est vers le XVIe siècle que le mythe du vampire va se propager à partir des Balkans. Dracula, le plus populaire des vampires, est né en Transylvanie, inspiré d'un voïvode de Valachie qui vécut au XVe siècle, Vlad Tepes.

Le mot *vampir*, d'origine serbe, désigne un corps animé qui quitte nuitamment son cercueil dans un but nuisible et maléfique. De savants érudits ont publié des traités sur les vampires. Grâce à ces écrits, on sait que les vampires détestent l'ail, qui agit sur eux comme un répulsif, les empêchant de s'adonner à leur passion nocturne : boire le sang des femmes. (Le mot sanscrit qui désigne l'ail signifierait d'ailleurs littéralement "pourfendeur de monstres".)

La victime potentielle peut donc se prémunir d'une attaque de vampires en mangeant beaucoup d'ail, mais la présence d'ail frotté sur les bords des fenêtres, sur les poignées des portes, déposé autour du lit ou bien encore en collier autour du cou est également une prévention efficace pour résister aux assauts de Dracula ou de l'un de ses confrères.

A travers les légendes universelles sur les vampires qui firent particulièrement sensation au XIXe siècle, on remarque qu'Hécate, divinité de la nuit, n'a pas tout à fait disparu. Elle est occultée en tant que déesse mais l'ombre de ses pouvoirs semble encore régner. La nuit a toujours intrigué et inquiété les hommes. Ils la peuplent depuis l'aube de l'humanité de monstres, d'êtres maléfiques. La blancheur nacrée de l'ail contraste avec l'obscurité de la nuit. Le blanc et le noir, le mal et le bien. La couleur, ici, prend valeur de symbole.

Représentation d'un vampire (XIXe siècle)

Des coutumes liées à la magie de l'ail

Les pouvoirs protecteurs de l'ail ne s'appliqueraient pas aux seuls vampires, comme en témoignent de nombreuses coutumes.

Ainsi, à Draguignan, dans le Var, on faisait rôtir des gousses d'ail sur les feux de la Saint-Jean allumés çà et là dans la ville, puis on les répartissait ensuite entre toutes les familles, en guise de protection contre la fièvre ou la vermine.

QUELQUES CROYANCES ET LÉGENDES

Des écrivains de l'Antiquité ont cru et répandu l'idée que l'ail annulait les forces magnétiques des aimants. Cette croyance s'inscrit directement dans l'idée que l'ail détient des pouvoirs énergétiques.

Juvénal, poète latin, écrit que chaque gousse d'ail possède une fleur sacrée. Les gitans d'Europe donnent à l'ail doré *(Allium moly)* un caractère sacré.

Des Indiens végétariens refusent de consommer l'oignon, parce que celui-ci aurait des pouvoirs sulfureux, et une légende raconte que lorsque Vishnu coupa la tête du démon Râhu, quelques gouttes de son sang, en touchant le sol, se transformèrent en oignon blanc et en oignon rouge.

En Sicile, une gousse d'ail était déposée dans le lit des femmes accouchant : jusqu'au baptême du nouveau-né, l'ail était censé protéger la mère et le nourrisson.

On mettait également les pouvoirs protecteurs de l'ail à profit lors des cérémonies de mariage : la future mariée glissait dans sa poche une gousse d'ail pour se prémunir contre les imprévus… On suspendait des tresses ou des couronnes d'ail aux portes des maisons, des étables, pour éloigner les mauvais sorts.

Dans les Carpates, les bergers, avant de traire, se frottaient les mains avec de l'ail béni pour protéger les bêtes des serpents. Pline y faisait déjà allusion il y a deux mille ans.

Et au XVIe siècle, un botaniste flamand a décrit la descente des mineurs dans les entrailles de la terre : ils étaient munis d'une tête d'ail pour repousser les forces maléfiques.

L'oignon du temps

Si l'ail éloigne les mauvais esprits, le mauvais œil, l'oignon semble lui aussi détenir des pouvoirs magiques : des coutumes de l'est de la France lui confèrent une capacité à lire le temps à venir, que traduit bien le dicton "Oignon à trois pelures, grande froidure".

En Alsace comme en Lorraine, en Franche-Comté ou en Champagne, de nombreuses variantes procèdent d'une même coutume qui consiste à rassembler six oignons, à les couper par moitié, à les creuser et mettre du sel dedans. Cette pratique a lieu le soir de Noël, et on lit le lendemain la sécheresse ou l'humidité des mois à venir en fonction de l'état du sel dans les coupelles d'oignons.

"On consulte l'oignon du temps", écrit un ethnologue – et là encore l'oignon accompagne son cousin l'ail en empruntant des voies parallèles ou complémentaires. Cette coutume autrefois largement répandue nous rappelle la reconnaissance des gens du Nord pour l'oignon, et aussi le curieux hasard qui fait que l'on appelait les montres attachées à une chaînette des oignons…

III. QUELQUES ÉLÉMENTS DE BOTANIQUE

Allium et liliacées

Dans la classification botanique, ail, oignon, poireau, ciboule, ciboulette, échalote (pour ne citer que les potagères) appartiennent au genre des *Allium*, qui comprend plus de trois cents espèces sur la terre, principalement réparties dans les régions tempérées et méditerranéennes de l'hémisphère nord. Le genre des *Allium* est lui-même classé dans la grande famille des Liliacées, où évoluent aussi les lis, les tulipes, le muguet, les jacinthes…

C'est à partir de l'architecture florale des plantes que les botanistes ont entrepris la classification du règne végétal. Peu de points communs semblent rapprocher la fleur de la tulipe et celle de l'oignon. Mais à bien y regarder, le jardinier s'apercevra vite que la fleur de la tulipe, même solitaire, ressemble beaucoup aux dizaines (voire centaines) de petites fleurs qui constituent l'inflorescence sphérique d'un ail ou d'un oignon. C'est une règle de trois qui définit botaniquement cette grande famille végétale : 3 + 3 pièces colorées qui sont les sépales et les pétales ; 3 + 3 étamines, et un pistil formé de 3 stigmates et 3 loges.

Des plantes à bulbes

Un autre point commun à cette grande famille botanique est la production d'un bulbe qui peut être unique – notre mot "oignon" vient d'ailleurs du latin *unio*, unique – ou bien divisé en gousses ou caïeux, comme la "tête" d'ail.

Ce dernier va développer au cours de son cycle végétatif des bourgeons axillaires qui se répartissent autour de la tige centrale, et dont chacun peut redonner un plant. On compte de cinq à quinze caïeux par tête d'ail. En périphérie du bulbe, on parle de caïeux extérieurs, en général plus volumineux que ceux de l'intérieur, comprimés et gênés dans leur croissance entre tige et gousses périphériques.

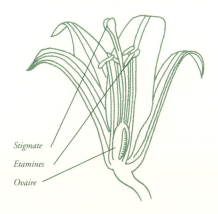

Coupe d'une fleur de Liliacée : le lis

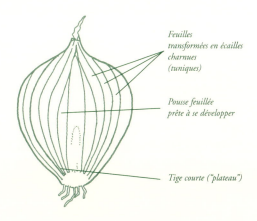

Coupe d'un bulbe d'oignon

Le bulbe de l'ail, comme celui de l'oignon, n'est pas une racine, mais une partie souterraine de la tige – les racines sont ce chevelu bien visible à la base du bulbe. L'observation de la coupe transversale d'un bulbe d'oignon indique que les multiples tuniques qui le constituent ne sont en fait que des feuilles charnues, souterraines, embrassantes et rattachées à une tige très courte.

La coupe transversale d'un caïeu ne fait pas apparaître, dans sa structure, les couches que l'on observe chez l'oignon. La gousse est pleine, sans autre enveloppe que celle, extérieure, qui la protège et celle, très fine, qui recouvre l'ensemble de la tête.

Le bulbe de l'ail, comme celui de l'oignon, constitue la réserve de la plante pour la poursuite de son cycle végétatif.

Le sommeil des bulbes ou l'état de dormance

L'ail, l'oignon et l'échalote sont en fait consommés pendant leur période de repos végétatif : le bulbe ne croît plus, se dessèche et entre dans un état qu'on pourrait qualifier d'inactif. Les botanistes nomment ce comportement du bulbe "état de dormance". Les bulbes ne bougent pas durant des mois, pour certains jusqu'au printemps. Cet état existe pour tous les bulbes, qu'ils soient tulipes, glaïeuls, muscaris et bien d'autres encore.

Le réveil des bulbes, encore qualifié de levée de l'état de dormance, est provoqué par l'action du froid. Ce réveil est variable selon les espèces, les variétés et l'intensité du froid.

L'ail, *Allium sativum*

L'ail cultivé – celui des potagers – atteint en général 60 centimètres de hauteur. Ses feuilles embrassantes, plates, terminées en pointe, sont d'un vert glauque presque bleu pour certaines variétés.

L'inflorescence de l'ail est une ombelle sphérique, allant du blanc au rose violacé selon les variétés. On observe quelquefois la formation de bulbilles aériennes mêlées aux petites fleurs étoilées. Sous notre climat, l'ail ne produit pas de graines. On le cultive donc en replantant les caïeux détachés de la tête.

L'oignon, *Allium cepa*

Plante bisannuelle, l'oignon accumule des réserves dans son bulbe la première année, puis la seconde année fleurit et fructifie. Ses feuilles vertes sont rondes et creuses ; sa fleur est portée par une hampe renflée en son milieu et effilée aux extrémités.

L'inflorescence, parfaite et sphérique, se compose de nombreuses petites fleurs supportées par un long pédicelle.

Allium, cousins, cousines

Il existe, parmi les Liliacées alimentaires, quelques plantes que leurs caractéristiques botaniques et leur utilisation en cuisine rapprochent de l'ail commun ou de l'oignon. Ces plantes méritent sans aucun doute une place dans le coin du potager réservé aux herbes condimentaires.

• *L'oignon perpétuel : une curiosité botanique*
La nature n'est pas avare de particularités, voire d'exceptions botaniques. L'oignon perpétuel (*Allium cepa* var. *proliferum*) confirme l'extraordinaire richesse du règne végétal. A première vue, la plante développe un feuillage d'un joli vert glauque spécifique à la famille des oignons. Ses tiges sont rondes et creuses.

Si le jardinier découvre un peu la base du pied, en ôtant délicatement ses enveloppes sèches, il s'apercevra que la tunique a une coloration rouge.

En fait, le bulbe ne grossit pas vraiment. Au mieux on peut observer un léger renflement qui se produit pendant le printemps. Le pied se multiplie assez rapidement. Un plant mis en terre donnera au fil des années une forte touffe. Elle pourra rester en place pendant trois ou quatre ans,

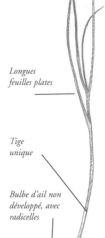

Longues feuilles plates

Tige unique

Bulbe d'ail non développé, avec radicelles

Un plant d'ail

Un plant d'oignon

à la façon d'un pied de ciboulette. Mais il est de coutume de diviser la souche lorsque celle-ci a pris une taille considérable et que les tiges centrales semblent un peu serrées, voire étouffées.

Certains jardiniers trouveront dans cette description l'évocation de la ciboule. Ils n'ont pas tort puisque l'autre nom vernaculaire de l'oignon perpétuel est la ciboule Catawissa. L'originalité de cet oignon vivace, dont l'origine serait la Chine, est d'être bulbifère. Il émet en guise de fleurs de nombreux petits oignons dont les premiers se forment à cinquante centimètres du sol. La vigueur, la rusticité de cette plante sont telles qu'après la formation d'une première série de bulbilles, l'oignon perpétuel va émettre plus haut une seconde génération d'oignons encore plus petits.

Les plantations en carré, en ligne ou en bordure de cette ciboule que les Chinois appellent "oignons à étages" sont d'un effet remarquable dans le jardin potager. En cuisine, la ciboule Catawissa tient une place originale car elle est disponible tôt au printemps. On utilise le vert comme la partie bulbeuse qui se trouve sous la terre, et son goût spécifique diffère de celui des oignons classiques.

Les bulbilles feront l'objet d'un traitement culinaire particulier qu'on applique en général aux cornichons en les confisant au vinaigre, ce que les Anglais appellent *pickles*.

Il est tout naturellement possible de replanter les petites bulbilles à la manière d'un repiquage d'oignons. On peut disposer ainsi assez rapidement des tiges ou de la plante entière pour aromatiser omelettes, salades ou toute autre recette que le goût de la ciboule améliore.

• *L'échalote*, Allium ascalonicum
D'un goût particulièrement fin, l'échalote doit son nom latin à l'ancienne ville d'Ascalon en Palestine, où elle aurait été découverte au IIe siècle par l'empereur romain Marc Aurèle, au cours de ses conquêtes. Incommodé par l'haleine des Hébreux qui en faisaient grande consommation (tout comme de l'ail et de l'oignon), l'empereur, qui avait vaincu les peuples germaniques et parthes, aurait déclaré : "O Marcomans, Quades et Sarmates, j'ai réussi à trouver pire ennemi que vous !"

Bien des siècles se sont écoulés depuis, et il semble qu'il faille attendre les croisades pour que l'échalote soit redécouverte et introduite en Europe. Aujourd'hui, l'échalote est une garniture aromatique très prisée, et la cuisine française tout particulièrement lui a donné ses lettres de noblesse.

Au jardin, elle se cultive à la manière de l'ail, en plantant un bulbe à l'automne ou au printemps qui produira de cinq à huit bulbes allongés, ovoïdes et recouverts d'une tunique rougeâtre. Elle a donné quelques variétés, comme la 'Cuisse de poulet', l''Echalote de Jersey' et l''Echalote grise' au goût très parfumé, mais de courte conservation.

• *La ciboulette commune*, Allium schœnoprasum
La petite sœur de la ciboule est une des herbes condimentaires les plus populaires. C'est bien d'elle qu'il s'agit lorsqu'on parle de "fines herbes", auxquelles elle ressemble visuellement – comme une petite graminée –, avec en prime un délicat goût d'oignon doux. Au jardin, elle est vivace ; elle se divise facilement à l'automne, au printemps, en petits éclats de touffes que l'on replante tous les vingt centimètres. Elle fait des bordures potagères remarquables, aime les arrosages,

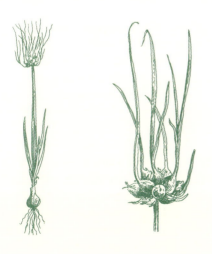

L'oignon perpétuel

La ciboulette

et qu'on la coupe pour qu'elle repousse. Elle fleurit si on la laisse en paix et ses petits pompons sphériques rose violacé sont charmants. Ces fleurs peuvent être consommées, et garnir une salade, par exemple.

En cuisine, on fait avec les feuilles de la ciboulette une omelette délicieuse, et elle aromatise d'innombrables plats lorsqu'elle est finement découpée et déposée au dernier moment pour profiter de la fraîcheur de son arôme.

La ciboulette a donné quelques variétés aux feuilles plus ou moins larges, aux fleurs allant du blanc au rose violacé. Etrangement, elle n'a pas connu les voyages de ses cousins (ail, oignon, ciboule…) puisqu'elle croît spontanément en Europe, en Asie, en Amérique, et fut longtemps cueillie dans la nature.

• *La ciboule de Saint-Jacques*, Allium fistulosum
"Ciboulette" n'étant que le diminutif de "ciboule", cette dernière en a toute l'apparence, à la différence cependant que toutes les parties de la plante sont plus fortes. On appelle la ciboulette "civette", tout comme la ciboule de Saint-Jacques porte l'autre nom de "cive". Le civet est d'ailleurs, étymologiquement, un ragoût aux cives.

La ciboule, vivace, se multiplie par éclats de touffes que l'on peut planter en bordure de potager, en carré, ou associées à d'autres plantes condimentaires. C'est une plante potagère indispensable et de bel effet, qu'il est utile de renouveler tous les trois ou quatre ans.

On en consomme la tige et les feuilles en vert, mais dès qu'une petite culture a été installée au potager, on peut aussi en employer le bulbe au goût délicat. La ciboule est précieuse en fin d'hiver et au début du printemps, car elle offre au cuisinier son goût et sa fraîcheur, et, consommée à l'état d'oignon sans feuillage, remplace l'oignon de conservation qui viendrait à manquer.

Les jardiniers d'Asie cultivent de nombreuses variétés de ciboule, vivaces ou annuelles, car la cuisine de ce continent en fait un usage important depuis des millénaires. Et l'Europe – où elle est arrivée par la Russie – semble n'avoir découvert cette plante que tardivement, vers le Moyen Age.

La ciboule, ou cive

• *L'ail rocambole,* Allium scorodoprasum
Les jardiniers ont toujours été amateurs de curiosités. Avec l'ail rocambole, petit ail qui pousse à l'état sauvage, cette curiosité est comblée. Toute la plante présente des particularités botaniques rares. Elle produit tout comme l'ail commun des caïeux de petite taille, que l'on consomme à la manière de l'ail habituel. Mais en plus de cette tête faite de nombreux caïeux, la plante va émettre une tige centrale qui laisse supposer a priori une floraison à venir. Cette tige, par un phénomène botanique extrêmement rare, va développer une boucle, un tour sur elle-même, pour repartir ensuite à la verticale.

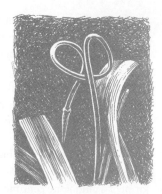

L'ail rocambole

Enfin, au lieu de la floraison attendue, une dizaine de bulbilles vont se former en haut de la tige, procurant à cette plante un effet botanique hors du commun. Ces bulbilles, après maturité, vont tomber au sol pour s'enraciner et donner un an plus tard un bulbe plein.

Cette espèce, dont le lieu d'origine est inconnu, et qui détient donc deux modes de multiplication par voie végétative, est d'une saveur prononcée. Les petites bulbilles écrasées sur une salade ont un goût particulièrement fort.

• *L'ail d'Orient,* Allium ampeloprasum
L'ail d'Orient (encore appelé "ail à cheval", "pourrat" ou "pourriole"), connu dès la plus haute Antiquité, est un ail de forte taille qui peut devenir aussi volumineux qu'un oignon. Il se cultive comme l'ail ordinaire, mais son goût est plus doux, et son usage en cuisine le rapproche davantage du légume que du condiment.

• *L'ail à fleurs comestibles,* Allium tuberosum
Encore appelée ciboulette chinoise, cette plante vivace et rustique produit de nombreuses petites feuilles plates. Son goût aillé traduit clairement son appartenance au groupe des ails. Elle convient parfaitement pour parfumer salades ou fromages battus. Elle produit de ravissantes fleurs en ombelles comme d'innombrables petites étoiles blanches.

L'ail des ours   *L'alliaire*

Ces fleurs sont comestibles et égaient salades, potages et toute autre préparation.

• *L'ail des ours,* Allium ursinum
Il s'agit d'un petit ail sauvage à larges feuilles, très ornemental, que l'on rencontre dans les sous-bois et dont on consomme les fleurs, mélangées aux salades de printemps.

• *Le poireau perpétuel*
Cette espèce particulière illustre le voisinage botanique entre l'ail et le poireau. Il s'agit d'un poireau sauvage dont la multiplication s'effectue par la plantation des gousses. Son goût délicat l'apparente au poireau.

• *L'alliaire officinale,* Alliaria petiolata
Cette plante à floraison printanière n'appartient pas à la famille des Liliacées, mais à celle des Crucifères où elle évolue parmi les choux et les radis. Son nom nous rappelle qu'elle a quelques points en commun avec l'ail. Il suffit de froisser une de ses feuilles presque rondes et dentelées ou bien une de ses fleurs en forme de croix (typique des Crucifères) pour s'apercevoir (avec le nez) qu'elle dégage un fort parfum aillé. Cet arôme, moins puissant que celui de l'ail, lui vaut d'être utilisée (fleurs et jeunes feuilles) pour garnir les salades. Elle croît çà et là, exposée au nord, dans les jardins, les haies, les sous-bois du Midi. D'un point de vue médicinal, l'alliaire, antiseptique et expectorante, s'utilise à l'état frais.

Entre ail et poireau, plus qu'un air de famille

Il est difficile de ne pas reconnaître à l'ail une allure de poireau, et inversement. L'un et l'autre se ressemblent sur bien des critères : feuilles plates, embrassantes, et d'un vert glauque presque bleu, inflorescence sphérique rose foncé, et goût proche, quoique beaucoup plus prononcé pour l'ail, plus doux et diffus pour le poireau. Un jeune plant d'ail qui n'a pas encore "bulbé" ressemble d'ailleurs à s'y méprendre à un jeune plant de poireau.

Une espèce d'ail (*A. ampeloprasum,* l'ail d'Orient), produit une très grosse tête composée de gros caïeux. Ses différents noms vernaculaires ("pourrat", "pourriole") évoquent sa ressemblance avec le poireau. Sa culture est celle de l'ail, sa saveur, plus douce, rappelle celle du poireau.

Le poireau perpétuel, encore appelé "poireau-gousse", détient la particularité de produire de nombreux rejets périphériques, que l'on consomme de l'hiver au printemps. Vers l'été, comme de nombreuses bulbeuses potagères, la partie aérienne se dessèche pour former un bulbe d'un beau blanc juste sous la terre. La culture de cet étrange poireau (est-ce une variété, ou un ancêtre du poireau cultivé ?) se rapproche très nettement de celle de l'ail. Le poireau perpétuel a développé ce que les jardiniers ont tenté d'éliminer dans les variétés améliorées de poireau : les rejets. Mais il n'est pas rare de voir un pied de poireau "classique" émettre juste vers la floraison (dans la deuxième année) un ou plusieurs rejets à la base, comme poussé par un désir de vivacité.

Un poireau qui ressemble à un ail et un ail qui ressemble à un poireau… Une confusion s'installe dans l'esprit du jardinier – à moins que les deux plantes n'aient une origine presque commune. Il semble que l'ail d'Orient soit à l'origine de toutes les variétés de poireau cultivées. Ce dernier a été sélectionné au fil des siècles pour son fût long et de bonne circonférence. Pour l'ail, c'est la taille des gousses que la sélection a améliorée. Deux voies de sélection pour des critères différents sur deux plantes aux origines botaniques très proches.

IV. L'AIL ET L'OIGNON CÔTÉ JARDIN

La culture de l'ail au jardin

Nous n'aborderons pas dans ce chapitre la culture industrielle de l'ail, mais celle des jardins. Les méthodes culturales appliquées aux grandes productions maraîchères n'ont guère de point commun avec la petite plantation entreprise par le jardinier, qui n'est pas soumis aux lois du marché et sera satisfait que sa dizaine de mètres carrés d'ail lui procure sept ou huit kilos de têtes pour l'hiver – alors qu'en culture maraîchère intensive, cette même surface a un rendement d'environ vingt kilos, mais à quel prix ?

• *La terre*
L'observation de la terre d'un jardin constitue la première étape pour tout projet de plantation, de préparation du sol. Cette première phase traduit une règle universelle du jardinage : le jardinier est avant tout un observateur averti.

C'est dans les terres argilo-siliceuses que l'ail pousse le mieux. On parle de terre franche, qualificatif qui traduit un équilibre entre argile et sable. La terre franche est la terre idéale des jardiniers, mais ces terres de grande qualité se trouvent très souvent dans les plaines limoneuses, et les jardiniers n'ont pas toujours la chance de posséder un potager en terre franche. Nombreux sont ceux qui cultivent des jardins accrochés au flanc des collines et des montagnes qui bordent la Méditerranée. L'ail s'accommodera cependant des terres argilo-calcaires si fréquentes dans le sud de la France : il suffira pour cela d'effectuer un travail du sol adapté.

On bêche le sol puis on casse les mottes avec un croc. Enfin, on émiette et on nivelle à l'aide d'un râteau. Quand la main pénètre sans difficulté le sol travaillé, le jardinier peut être satisfait de sa préparation : la terre est ameublie, aérée, prête à accueillir les caïeux.

Pour ameublir la terre, le croc

• *La nourriture du sol*
L'ail redoute la fumure organique qui n'est pas décomposée (fumier frais). Il conviendra donc d'utiliser un fumier composté, c'est-à-dire un fumier vieux de plusieurs mois. Le fumier de cheval est un excellent apport organique, assez complet, utilisé depuis toujours par les jardiniers. Il est préférable d'épandre ce fumier quelque temps avant la préparation du sol et la plantation.

• *La plantation*
Après avoir détaché les caïeux du bulbe, on plante à 20 centimètres de distance entre les lignes et 10 centimètres sur la ligne. Il est conseillé d'utiliser un cordeau, ou bien de creuser à l'aide d'un piochon un léger sillon dans lequel les caïeux seront disposés pointe en haut. On enfonce les caïeux à 3 centimètres de profondeur.

Environ une semaine après la plantation, de jeunes pousses vertes apparaissent. Sous la terre, le caïeu s'est enraciné tout aussi rapidement. Il arrive quelquefois que le caïeu remonte si la terre est trop légère. Une simple pression du doigt sur la gousse pour l'enfoncer lui permettra de s'enraciner définitivement.

L'ail redoute l'excès d'humidité. Dans les régions à hiver sec, on peut planter dès octobre-novembre, et en février-mars dans les terres humides.

• *L'entretien d'une culture d'ail*
Comme toutes les plantations dans un potager, la culture de l'ail nécessite quelques sarclages et binages en avril et en mai. Ces interventions ont pour objectif de désherber le sol de plantation mais aussi de l'aérer et d'éviter l'évaporation de l'eau contenue dans la terre. "Un binage vaut deux arrosages", dit un des dictons les plus populaires du monde des jardiniers.

Les besoins en eau d'une culture d'ail sont très limités. Même en climat méditerranéen, cette culture n'est pas irriguée : car l'ail est une espèce très résistante à la chaleur qui s'adapte particulièrement bien au climat méditerranéen ; et l'ail planté en novembre ou en février

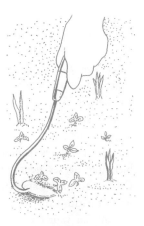

Sarclage au printemps

bénéficie toujours des pluies d'automne et de printemps. Il n'y a donc pas d'utilité à irriguer cette plante, copieusement arrosée par les averses du ciel.

• *La récolte*
Vers le mois de juin, le jardinier peut effectuer le nouage des feuilles. Cette opération consiste à faire un nœud avec la tige et déterminerait la fin de la période de végétation – ce "truc" de jardinier est cependant remis en question de nos jours.

Il est toutefois conseillé, faute de nouage des feuilles, de soulever à l'aide d'une fourche les plants, en général lorsqu'ils commencent à jaunir. On les laisse ressuyer ensuite, couchés sur le côté, sur place. Ils peuvent rester ainsi trois ou quatre jours, en prenant soin de les retourner tous les jours.

Si le soleil chauffe trop, ce qui n'est pas rare en début d'été, stockez la récolte dans un endroit ombragé et aéré. Elle pourra sécher sur des grillages ou des claies.

La conservation de l'ail nécessite une température située entre 0 °C et 2 °C. Au-delà, il y a un risque de réveil végétatif qui se traduit par l'apparition d'une petite pousse verte.

L'ail et sa tige séchée se prêtent facilement à la mise en bottes. Rassemblant chacune une vingtaine de têtes, puis suspendues dans un local frais, aéré, à l'abri du gel, elles sauront satisfaire durant tout l'hiver et une partie du printemps les cuisiniers et cuisinières alliophiles.

Une tresse d'ail

La tresse d'ail, réputée en Provence, est une autre manière de stockage qui ajoute un souci esthétique à celui d'une bonne conservation. Il est quelquefois de coutume d'associer, au cours de la réalisation de la tresse, des petits bouquets secs qui égaieront l'ensemble suspendu dans la cuisine.

• *"Un artifice pour engrossir les aulx"*
C'est à Olivier de Serres que l'on doit une expérience particulièrement intéressante, relatée dans son *Théâtre de l'agriculture* : "Ce secret ai-je trouvé par accident, lequel rédigé en art est aujourd'hui reçu et pratiqué par plusieurs habiles jardiniers."

Bien des jardiniers ont fait l'expérience de planter des caïeux d'ail vers le printemps, souvent par faute de temps. A priori, plantés en bonne terre, ces caïeux vont croître normalement, sans toutefois développer une forte partie aérienne.

C'est à la récolte que la surprise est entière, tout comme le sont ces caïeux qui ne se sont pas multipliés. Bien au contraire, le caïeu est devenu une tête pleine, entière, sans division en gousses. Elle est ronde comme un oignon blanc. Le phénomène trouve probablement son explication dans la durée du jour. L'ail n'a plus le temps de se diviser et de croître. Il semble accélérer son développement et vouloir "mûrir" prématurément.

C'est à partir de ce constat accidentel qu'il convient de prolonger l'expérience – ce qu'Olivier de Serres, observateur infatigable et expérimentateur novateur, s'empresse de faire. Que se passera-t-il si l'on replante les têtes entières ? Notre agronome entreprend deux méthodes.

La première consiste à replanter à la bonne saison les têtes entières (novembre à février). Les résultats seront spectaculaires puisque la tête normalement divisée en caïeux sera d'un poids considérable et "merveilleusement grosse".

La deuxième expérience consiste à replanter ces têtes entières en jour long, c'est-à-dire au printemps. Le bulbe deviendra de plus en plus gros, d'autant que l'expérience sera poursuivie sur trois ou quatre années. Et l'ail ainsi obtenu, entier, sans caïeux, prendra la forme d'un gros oignon "d'une grandeur presque monstrueuse".

• *Les différentes variétés d'ail*
En raison d'un mode de multiplication dit végétatif ou asexué, l'ail, au cours de son expansion planétaire, n'a pas essaimé en d'innombrables variétés. A l'inverse, par exemple, de l'oignon qui se reproduit par semis et dont la diversité variétale se compte en centaines de variétés, l'ail, sous notre climat, est dans l'impossibilité de produire des graines. On ne sème pas l'ail, on le plante. Or, le semis est facteur de diversité génétique, car il met en jeu une part de hasard, une part d'inconnu. Qu'elle soit sauvage ou cultivée, la biodiversité est

L'ail à caïeu unique

> ### LES MANOUILLES DE LAUTREC
>
> A Lautrec, près de Castres, le pays a offert sa qualité et son nom à l'Ail rose de Lautrec'. Depuis une trentaine d'années, dix-huit communes bénéficient d'un label pour la production de cette variété. Après l'arrachage de juillet, l'on tresse des paquets d'ail entre eux : c'est la manouille. Elle peut peser de deux à quatre kilos, et un bon manouilleur en produit trente à l'heure. Cette tradition s'inscrit dans la longue histoire de la culture de l'ail : entre Espagne et Provence, le Sud-Ouest aime beaucoup l'ail, et ce depuis longtemps. Rien d'étonnant à ce que l'on y fabrique les manouilles depuis cinq générations, plus d'un siècle.
>
>

probablement née dans cet espace d'inconnu non maîtrisé où l'"accident" génétique prend valeur d'enrichissement. C'est précisément dans ce territoire d'expérimentation que les jardiniers cultivateurs ont entrepris l'histoire de la sélection des variétés.

Pour l'ail, on ne connaît qu'une douzaine d'anciennes variétés : 'Ail blanc argenté', 'Ail rose hâtif', 'Ail rouge de Provence', 'Ail rouge d'Alger', 'Ail d'Arleux', 'Ail de Beaumont', 'Ail rose de Lautrec', 'Ail violet de Cadours', 'Ail blanc de Lomagne', 'Ail rouge de Vendée', 'Ail d'Italie'.

La couleur est un critère visuel de classement des différentes variétés de l'ail. Ail blanc ou violet, ail rose et moins souvent aujourd'hui ail rouge sont proposés chez les grainetiers. De façon générale, les ails blancs produisent de très grosses têtes et donnent par conséquent des rendements importants. Seulement, leur conservation est mauvaise. C'est pourquoi l'ail blanc, vendu en bottes, est en général utilisé en frais au printemps. Il est planté en automne.

Les ails roses détiennent une très bonne conservation mais la taille de leurs caïeux est plus petite. Leur faible rendement s'explique par une période de végétation plus courte : huit mois pour les ails blancs et six mois pour les ails roses.

Ainsi le jardinier pourra planter deux variétés : l'ail blanc lui procurera de gros bulbes à consommer durant l'été et l'automne alors que l'ail rose sera disponible jusqu'au printemps, en se conservant tout l'hiver.

• *Culture associée, culture dérobée*
On a coutume d'associer en culture certains légumes pour combattre d'éventuels parasites, ou simplement parce qu'ils "s'entendent" bien. Pour cette raison, on plante l'ail, par exemple, entre des rangs de carottes. L'ail parvient à maturité avant la carotte ; plutôt que de sarcler les nombreuses herbes sauvages qui envahissent généralement les semis de carottes, il paraît donc judicieux d'intercaler l'ail qui, une fois récolté en juillet, laissera toute la place aux carottes en pleine croissance foliaire et racinaire. On parle alors aussi de culture dérobée – qui vient s'intercaler entre deux cultures principales.

Autrefois, il était également de coutume de planter l'ail au pied des fruitiers, des oliviers, pour éloigner les ravageurs.

L'ail blanc ou ail commun

La culture de l'oignon au jardin

Il existe deux manières de cultiver l'oignon : le semis et/ou le repiquage de petits bulbes.

• *Semer les oignons*
Le semis de graines d'oignon est réalisé en été (pour les oignons de printemps ou d'été) ou au début du printemps (pour les oignons d'hiver). Les graines, fines et noires,

seront semées sur une terre préparée à l'avance, que l'on aura pris soin d'affiner le mieux possible en surface. La semence d'oignon, en raison de sa petite taille, doit être juste recouverte d'une fine couche de terre. Naturellement, un apport de compost de fumier mûr assurera la nourriture de ce bulbe plutôt vorace, qui apprécie les terres meubles, plutôt légères que lourdes, et les arrosages de printemps si l'eau du ciel vient à manquer.

Pour réaliser un semis d'oignons d'hiver destinés à la conservation, il faut semer une variété adaptée ('Jaune paille des Vertus', 'Doré de Parme', 'Doux des Cévennes'…) en février-mars, sur place, en lignes espacées de 25 ou 30 centimètres, ou bien en planches qui seront éclaircies à 8-10 centimètres quelques semaines après leur levée. On récolte de cette façon-là vers le mois de juillet des oignons pas très gros, mais de longue garde pour l'hiver.

Pour réaliser un semis d'oignons de printemps (à consommer au printemps ou en été), c'est en septembre que l'on dépose la semence dans la terre. Parmi toutes les variétés possibles, on peut choisir 'Blanc de Pompéi', 'Blanc de Vaugirard', 'Rouge de Florence' ou 'De Barletta'…

Il sera toujours intéressant de semer ou repiquer différentes variétés d'oignons de printemps ou d'hiver : une manière de se prémunir d'une mauvaise récolte de l'une ou l'autre variété, et d'observer quelle sera la variété la mieux adaptée à son sol et à son climat.

Repiquer les oignons : seul le sommet du bulbe doit être visible.

• *Repiquer les oignons*
Les jardiniers moins expérimentés ou qui ont moins de temps à consacrer à leur potager se procureront des oignons-grelots (de la taille d'une cerise) chez un pépiniériste maraîcher, par exemple. Les petits bulbes, qui s'achètent au kilo, ont été conservés à la chaleur pour inhiber leur floraison possible en deuxième année. On les plante de février à avril. La variété la plus répandue est le 'Jaune de Mulhouse'.

On peut aussi trouver, au printemps, des plants d'oignons fraîchement déracinés et prêts à repiquer.

• *L'entretien d'une oignonière*
Il se réduit à des désherbages et sarclages au printemps. Au début de l'été, des dessèchements apparaissent sur les feuilles, qui indiquent la maturité à venir des bulbes. On a coutume de coucher (ou "casser") les tiges pour accélérer la maturation, mais cette opération n'est pas obligatoire.

Il arrive que quelques sujets émettent précocement une fleur. (La floraison est facile à observer chez l'oignon : une tige centrale ronde et creuse se forme, laissant deviner à l'extrémité le bouton floral.) Il est utile de pincer cette fleur en formation pour réorienter le flux d'énergie vers le bulbe.

Le jardinier pourra cependant laisser quelques oignons monter en graine – on les appelle des porte-graines. Quelques semaines après la complète floraison, on peut observer, à la place des petites fleurs, une sorte de capsule renfermant quelques graines noires qui, une fois mûres, serviront aux prochains semis. Leur durée germinative est de trois à sept ans, et il y a environ 250 graines dans un gramme de semences d'oignon.

• *La récolte*
Au printemps, on cueille les oignons blancs primeurs, puis durant tout l'été les oignons blancs ou rouges à consommer dans la saison.

Dans l'été également, on récolte les variétés à conserver pour l'hiver. Il faut arracher les oignons de longue garde, puis les laisser ressuyer sur le sol pendant un ou deux jours. La conservation hivernale se fait dans un local aéré et sec, à l'abri de la lumière, hors gel, mais à une température assez fraîche.

Comme l'ail, on tresse l'oignon, on le lie, on le suspend, ou on le dépose sur des claies grillagées.

• *Les différentes variétés d'oignon : un inventaire à la Prévert*
'Oignon d'Abbeville rouge', 'Oignon de Barletta', 'Oignon de Bergerac jaune', 'Oignon de Bâle gros paille', 'Oignon blanc gros plat d'Italie', 'Oignon blanc hâtif de Paris', 'Oignon blanc très hâtif de Vaugirard'…

La récolte des oignons

Ce début de liste de variétés d'oignon ne constitue qu'un infime fragment de cette grande famille qui a essaimé sur la planète entière ; car chaque pays du monde où il a été introduit en a développé de nombreuses variétés.

Tout comme l'ail, l'oignon se classe par couleurs : en règle générale, les oignons jaunes et rouges sont des oignons de longue garde, alors que les blancs se consomment frais. Mais on classe aussi les différentes variétés selon leur précocité, leur forme, leur durée de conservation, leur utilisation, leur origine… Il faut d'ailleurs noter que, souvent, le nom de la variété renseigne sur ces différents paramètres.

L'inventaire des plantes potagères édité en 1900 par Vilmorin dénombre plus de trois cents variétés. Mais cette liste présente peut-être une certaine démesure, car deux localités pouvaient donner deux noms différents à une même variété – ce que l'on appelle "doublon" dans le vocabulaire des jardiniers.

• *L'oignon et la lune*
Il est conseillé de semer ou de planter les oignons en phase avec les lunaisons, comme l'écrivait déjà Olivier de Serres : "En lune vieille de janvier, sous la bonasse de quelque beau jour, en terre doucement préparée, sèmerons derechef de la graine d'oignon." (Le mois de janvier est tôt pour entreprendre les premiers semis, mais à bonne exposition, ce peut être du temps gagné, une précocité pour la cueillette.)

C'est en lune descendante (lorsqu'elle réduit son arc de cercle autour de la terre) qu'il est conseillé de repiquer les oignons – et toute autre plante. C'est en lune ascendante que l'on sème de nombreuses graines – dont celles de l'oignon.

En écrivant "lune vieille", Olivier de Serres désigne en fait un autre rythme lunaire : le soleil éclaire la lune progressivement ; on parle de lune croissante ou décroissante. L'oignon étant considéré comme un légume-racine – bien que la partie consommée soit des feuilles charnues souterraines –, c'est en lune décroissante qu'il faudra le semer ou le repiquer.

• *Les conseils d'un grand agronome*
Olivier de Serres, dans son *Théâtre de l'agriculture*, nous indique la meilleure façon de cultiver l'oignon. Le célèbre agronome en fait même une des principales plantes potagères des jardins d'hiver. (Qui dit jardin d'hiver comprendra aisément qu'il se doit d'être entrepris et préparé l'été.)

Sur la préparation de la terre :
"En terre doncques, souple et déliée, par la main, par le fumier et par la faveur du temps, semons la graine des oignons, au mois d'août, étant la lune pleine ou en sa descente, à ce qu'avant l'arrivée de l'hyver, les nouveaux oignons soyent fortifiés pour résister à l'injure de la saison."

Sur le repiquage des petits plants d'oignons :
"Les oignons seront arrangés en lignes droites, non tant pour le respect de la beauté, bien que considérable, que pour l'aisance du jardinier et pour le profit avec, car la

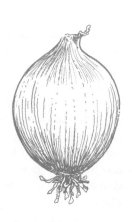

L'oignon 'Blanc gros de Rebouillon'

Le 'Rouge long de Florence'

QUELQUES VARIÉTÉS D'OIGNON		
	Provenance	Période de disponibilité
Oignons blancs		
'Blanc de Paris'	Sud-Est	03-09
'Blanc de Vaugirard'	Sud-Est	03-09
'Blanc de Naples'	Campanie	03-04
'Blanc gros de Rebouillon'	Sud-Est	04-08
Oignons jaunes		
'Jaune de Mulhouse'	Bourgogne	07-10
'Oignon de Mazé'	Anjou	09-04
'Doré de Parme'	Italie	09-04
Oignons rouges		
'Bronzé d'Amposta'	Sud-Est	08-10
'Rosé de Roscoff'	Bretagne	09-03
'Rouge de Florence (Simiane)'	Sud-Est	07-10

(D'après le *Larousse gastronomique*, 1996.)

viande qui s'esgare de la droicture de la ligne est facilement rompue par la rencontre de la bêche du jardinier passant par là en travaillant."

Sur l'entretien de l'oignonière :

"Toutes sortes d'oignons désirent la bonne culture et opportun arrosement, traitement qu'il ne faut épargner, si on désire en avoir contentement."

• *La cébette, un savoir-faire très provençal*
La cébette – dont le nom est le diminutif de cèbe, de *cepa*, oignon – est un petit oignon blanc (quelquefois jaune) que l'on consomme à l'état jeune. C'est comme un oignon primeur dans sa jeunesse. Elle est très prisée en Provence et dans le Sud-Ouest, et les maraîchers usent d'un savoir-faire particulier pour proposer dès le début du printemps des bottes de trois à cinq cébettes habillées – en fait, dont on a retiré la première tunique.

Deux méthodes sont possibles pour cette petite production : la première consiste à réaliser un semis d'oignons blancs en août-septembre, puis à l'éclaircir au début du printemps pour ne laisser qu'un plant d'oignon tous les dix centimètres. On coupe les racines et on fait alors apparaître le blanc immaculé du jeune oignon en lui ôtant sa première peau. Enfin, l'on réunit le produit de la cueillette en bottes.

La deuxième méthode consiste à semer au printemps de la semence d'oignons blancs. Les plus gros sujets seront consommés dans l'été, mais les bulbes plus petits, qu'on appelle les "grelots", seront transplantés pour être arrachés au début du printemps, avant qu'ils ne montent en graine – car ils entrent dans leur deuxième année et s'apprêtent à fleurir.

La cébette

Cette tradition ancienne de produire la cébette pourrait s'apparenter à l'usage important qui est fait de la ciboule dans la cuisine asiatique.

Une recette de la région marseillaise associe pain, roquefort, févettes crues (jeunes fèves décortiquées) et cébettes à la croque au sel.

Quelques rares ravageurs de l'ail et de l'oignon

La nature a développé au cours de son évolution des systèmes écologiques imbriqués, riches et complexes. Des interactions de toute sorte (prédation, symbiose, parasitisme, commensalisme…) orchestrent la vie sur la terre.

L'homme cueilleur devenu peu à peu cultivateur extrait les plantes de la nature pour les mettre en culture. Nécessairement, cette domestication va fragiliser la plante d'origine sauvage. Au XXe siècle, l'avènement de la culture dite "agro-industrielle" a contribué à affaiblir encore le potentiel de résistance de l'ail, de l'oignon, comme des autres légumes. Nos deux bulbes sont donc quelquefois sujets à des attaques de parasites.

La teigne du poireau est un petit papillon qui aime aussi l'ail. Il pond sur ses feuilles des œufs qui, se transformant en larves, vont miner la tige centrale jusqu'au cœur des caïeux dont elles se nourrissent. Une mouche *(Hylema)* vient faire quelquefois la même intrusion sur l'ail comme sur l'oignon. Quelques charançons (les Brachycères) aiment aussi

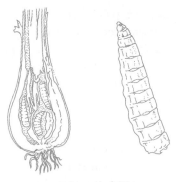

La mouche de l'oignon

déposer leurs œufs dès le printemps sur l'ail, et les larves investissent le caïeu par l'intérieur, véritable garde-manger.

De nombreux produits chimiques ont été utilisés en grande culture de l'ail et de l'oignon (même du DDT…), mais une approche plus respectueuse de l'environnement est à envisager dans son potager. Il semble bien d'ailleurs que les maladies et le parasitisme soient plus rares dans un potager composé d'une grande diversité de plantes potagères, et cultivé écologiquement (usage de compost, d'engrais verts, rotation des cultures…).

Pour que l'ail et l'oignon, en général très rustiques, ne soient pas sujets à des maladies qui affecteraient la récolte, il est toutefois conseillé :
– d'utiliser des caïeux, bulbes ou plants de bonne qualité ;
– de s'abstenir de l'emploi de fumier frais (six mois minimum) ;
– d'éviter de cultiver ails et oignons sur des sols ressuyant mal (culture en butte possible) ;
– d'ameublir la terre avant la plantation ;
– de respecter les rotations : les bulbes ne doivent pas revenir avant trois ou quatre années au même emplacement.

Si un traitement s'avérait nécessaire, en cas de ponte observée de teignes, de mouches, de charançons…, utiliser un insecticide à base de roténone ou de pyrèthre, qui sont d'origine naturelle.

V. AIL ET OIGNON : UNE RICHE PHARMACOPÉE

L'ail et l'oignon auraient-ils été créés pour illustrer la maxime du célèbre Hippocrate : "Que ton aliment soit ton premier remède" ? Car l'un comme l'autre n'en finissent pas de décliner des propriétés thérapeutiques nombreuses et variées – leur réputation en ce domaine remonte à l'Antiquité. Qu'ils soient consommés (en usage interne) ou appliqués sur le corps (en usage externe : pommade, cataplasme…), l'ail et l'oignon constituent donc des médicaments d'une très grande utilité et – ce n'est pas le moindre avantage – à la portée de tous.

La thériaque des pauvres

La légende raconte que Mithridate avait inventé un médicament miracle composé de nombreuses drogues végétales, animales et minérales : une thériaque utilisée autant pour prévenir certains maux, combattre les poisons que soigner des maladies.

L'ail fut quant à lui baptisé "thériaque des pauvres" dans les campagnes – signe que les herboristes de l'Antiquité et du Moyen Age avaient largement diffusé ses propriétés. Et il est vraisemblable que son usage très répandu pour prévenir la peste a encore renforcé sa popularité.

Au XXe siècle, de nombreuses études scientifiques sont venues confirmer les propriétés thérapeutiques de l'ail : une ultime reconnaissance pour la thériaque des pauvres.

Qu'y a-t-il dans l'ail ?

Les principaux constituants de la petite gousse d'ail sont du zinc, du manganèse, du soufre, de l'iode, et 0,7 % d'alliine, une substance antibiotique et antiseptique, sorte de composé soufré qui se décompose à l'air en allicine, à qui l'on doit les principales propriétés de l'ail. On y trouve aussi des vitamines B et C, et de la provitamine A.

En usage interne, selon Pierre Lieutaghi, l'ail est antiseptique (au niveau pulmonaire, intestinal) et bactéricide.

Qu'y a-t-il dans l'oignon ?

Environ 88 % d'eau, 10 % de sucres, des vitamines A, B et C, des sels minéraux (sodium, potassium), du fer, du soufre, de l'iode, le fameux disulfure d'allyle (responsable de nos larmes), et encore des enzymes, des acides, des huiles essentielles : tels sont les constituants de l'oignon.

En usage interne, l'oignon est un stimulant du système nerveux, hépatique et rénal. C'est aussi un excellent diurétique qui dissout l'acide urique – Pierre Lieutaghi conseille la "recette" de P. Carles : prendre 300 grammes d'oignon cru, 100 grammes de miel et 600 grammes de vin blanc. Réduire l'oignon en pulpe, la mélanger au miel et au vin après l'avoir tamisée. En prendre 2 à 4 cuillerées à soupe par jour.

Toujours en usage interne, l'oignon est hypoglycémiant ; c'est un bon antiseptique, un anti-infectieux et un anti-scorbutique.

En usage externe, on emploie des cataplasmes d'oignon cru haché contre les piqûres d'insectes, sur les plaies, les coupures, les brûlures (particulièrement la fine couche qui sépare deux tuniques, qui constitue un pansement antiseptique). Les rhumatismes, les migraines, les verrues, les panaris peuvent également se soigner par l'application de cataplasmes d'oignon cru haché.

Jean Valnet rappelle que les Bulgares, grands consommateurs d'oignon, comptent de nombreux centenaires : l'oignon du temps qui dure, symbole de vitalité et de longévité.

L'oignon, aliment-remède

LE VINAIGRE DES QUATRE VOLEURS

Les grandes épidémies qui frappèrent la France au Moyen Age et à la Renaissance firent de l'ail un des remèdes les plus usités. Paracelse, médecin qui fut à l'origine de la théorie des signatures, a décrit l'ail comme un préservatif spécifique de la peste. Mais ce n'est qu'au XVIIIe siècle que fut popularisé et généralisé l'emploi de la préparation dite "vinaigre des quatre voleurs".

L'histoire mérite d'être détaillée : nous sommes en 1726, à Marseille où sévit le fléau de la peste qui provoque la mort de centaines de personnes.

Quatre personnages sans scrupules décident de profiter de cette hécatombe pour piller les maisons où la Faucheuse est passée. Les quatre voleurs seront arrêtés et jugés pour leurs méfaits ; mais la justice s'intéresse à la méthode qui les a préservés de l'épidémie. En échange de leur peine, il leur sera proposé qu'ils délivrent le secret de leur immunité : un vinaigre antiseptique à base d'ail, l'*acetum antisepticum*.

On conseille une décoction dans du lait, ou un sirop d'ail (faire bouillir 100 grammes d'ail dans 200 grammes d'eau et 200 grammes de sucre).

L'ail est un stimulant général de l'organisme, diurétique et hypotenseur. C'est aussi un bon vermifuge que le docteur Valnet conseille en sirop (laisser infuser 500 grammes de gousses écrasées dans 1 litre d'eau bouillante et 1 kilo de sucre ; prendre 2 à 3 cuillerées à soupe à jeun le matin).

En usage externe, l'ail est également un bon coricide, un vulnéraire, et un résolutif. Il est réputé contre les piqûres d'insectes (on frotte la gousse d'ail sur le point de piqûre après avoir enlevé le dard).

La puissance de l'ail, ses propriétés actives font qu'il est contre-indiqué dans certaines affections (dermatose, dartre, irritation de l'estomac et des intestins), et déconseillé aux nourrices dont le lait provoque alors des coliques chez le nourrisson.

Le bulbe lacrymogène

L'oignon comme l'ail sont composés d'essences sulfurées (entre autres) qui s'évaporent lorsqu'ils sont épluchés, coupés, hachés. Cette essence, particulièrement riche dans le bulbe d'oignon, entre en réaction avec un enzyme lors de la coupe, et il se produit un composé volatile et lacrymogène qui vient piquer les yeux et faire pleurer celui ou celle qui a entrepris de détailler des oignons en rondelles.

Plusieurs parades à cet inconvénient peuvent être employées :
– mettre les oignons une dizaine de minutes au congélateur ;
– les éplucher dans l'eau, dans le bac de l'évier ou dans une bassine ;
– ou sous un sac plastique assez long dont on aura pris soin de percer le fond pour y passer les mains.

Les hypersensibles peuvent porter un masque, ou s'abstenir, non point d'en consommer, mais d'en éplucher…

L'ail, l'oignon et l'amour

> *L'ail pilé avec coriandre vert et pris en breuvage en vin pur rend l'homme plus gentil compagnon envers les dames.*
>
> Pline l'Ancien

> *Et l'ail sert aussi quand vous n'avez pas,*
> *Mesdames… ce que vous savez…*
> *Rend vos maris chauds comme braise*
> *Et fait que, bien mieux à votre aise,*
> *Il vous caresse dans le lict.*
>
> Vers français sur l'école de Salerne, 1671.

A la lecture de ces deux extraits, l'ail, plus encore que l'oignon, semble s'imposer comme un puissant aphrodisiaque, et il n'est pas surprenant que cette qualité vienne enrichir encore les multiples bienfaits qui lui sont attribués.

Ces vertus n'ont pas de preuves scientifiques admises. On peut seulement observer ce qui rapproche un paysan égyptien bâtisseur de pyramides, un légionnaire romain prêt pour le combat, un galérien qui rame dur, un amant de la Renaissance préparé à un rendez-vous un peu plus que galant ou encore un paysan "réchauffé" par une soupe et reprenant sa tâche un jour d'hiver du XIXe siècle.

Le point commun est l'ail qu'ils ont tous consommé. Ces hommes semblent exprimer un manifeste besoin, celui d'une énergie particulière qui doit compenser une forte activité physique. Le petit bulbe de l'ail s'impose alors comme un remède miracle : le légionnaire fera mieux la guerre, l'amant mieux l'amour, et vogue la galère.

Mythe ou réalité ? On serait tenté d'accepter la deuxième hypothèse pour l'ail comme pour l'oignon, qui nous offraient déjà une riche pharmacopée.

En guise de modeste conseil à des usagers néophytes, il faut rappeler que l'ail cuit conserve ses vertus et est plus digestible, et que l'ail cru est mieux digéré écrasé que coupé. Nous ne connaissons pas de recette qui atténuerait les effets peu engageants de l'haleine, mais y a-t-il du plaisir s'il n'y a pas de gêne ?

Priape, dieu des jardins chez les Romains, a peut-être abusé de l'usage de l'ail, puisqu'il est atteint de priapisme, maladie qui se traduit par une érection permanente et douloureuse. Nous n'en saurons jamais rien.

Aujourd'hui, mieux que la petite gousse millénaire, on nous propose une pilule, du concentré qui nous rapproche un peu de Priape. Certaines vertus se cultivent au jardin, d'autres s'achètent en pharmacie.

VI. L'AIL ET L'OIGNON CÔTÉ CUISINE

La cuisine à l'ail

Alliophiles, alliophobes, pourfendeurs et adorateurs, l'ail ne laisse pas indifférent. Existe-t-il deux cuisines ? Celle à l'ail et l'autre sans ? Longtemps, les aristocrates et les bourgeois ont rejeté l'ail pour l'haleine qu'il procure. Nourriture des pauvres et des rustres… Et pourtant, au regard de l'inventaire des mots qui indiquent la présence de l'ail, la reconnaissance semble totale.

L'usage de l'ail dans la cuisine est un acte culturel du Sud, à nouveau en cours d'expansion vers le Nord – en fait,

Pilon et mortier

planétaire. Tout naturellement, le Méditerranéen en use (et quelquefois en abuse). Il en met dans tous les plats, et il faut bien admettre que la cuisine méditerranéenne serait un peu orpheline sans le puissant arôme de l'ail.

Pourtant, imaginer l'ail et ses usages culinaires essentiellement méditerranéens serait une vision réductrice, compte tenu de son expansion géographique. Là où l'on cultive l'ail, on le mange.

La richesse de la cuisine à l'ail en Méditerranée comme en Asie exprime aujourd'hui cinq ou six millénaires d'usage quotidien. La migration latine en Amérique du Sud a développé là-bas l'usage de l'ail. Il en va de même pour l'Australie. Quand il y a brassage des hommes, il y a brassage des plantes, et les traditions culinaires sont le fruit de ces échanges.

• *L'ail dans la cuisine asiatique*
Depuis au moins quatre millénaires, la Chine connaît les multiples usages de ce natif de l'Asie centrale qu'est l'ail. Ses vertus médicinales sont depuis longtemps appréciées, et la pharmacopée en fait un usage régulier. En Asie, on achète l'ail au marché en vrac, mais aussi préparé en saumure ou au vinaigre en bocal dans des épiceries. En cuisine, on emploie des variétés plus petites et plus douces que celles de l'Occident, et on l'associe souvent aux haricots de soja fermentés et au gingembre. En Chine, on a coutume d'écraser une gousse d'ail dans l'huile chaude du wok (plat en métal utilisé pour faire sauter les aliments). Lorsque l'huile s'est imprégnée du puissant arôme de l'ail, le cuisinier retire la gousse écrasée et la jette. En Corée, beaucoup de plats marinés sont également "aillés". Enfin, en Inde, comme en Thaïlande, c'est un ingrédient indispensable de toutes les cuisines.

• *Petit lexique gastronomique de l'ail*
La langue française a donné un verbe à l'opération qui consiste à ajouter de l'ail en cuisine : "ailler". Elle ne l'a pas fait pour l'oignon. Ailler un gigot, c'est, à l'aide d'un couteau, insérer des gousses épluchées dans la viande. La cuisson va permettre aux caïeux de diffuser leur arôme dans la viande.

"Éplucher" l'ail est une opération qui consiste à décoller la petite peau qui enveloppe et protège le caïeu à l'aide d'un couteau. Cette opération est obligatoire, à l'exception des gousses déposées entières avec leur peau dans un plat.

"Battre" l'ail signifie que le caïeu épluché est disloqué en une seule fois sans réellement écraser la gousse. L'ail battu est intégré directement dans le plat.

"Émincer" l'ail consiste à découper finement l'ail épluché en lamelles, en rondelles translucides.

"Écraser" l'ail est peut-être l'opération la plus intéressante pour celui qui veut profiter pleinement de son parfum. Plusieurs méthodes sont utilisées pour ce faire. A l'aide de la pointe d'un couteau assez souple, on écrase peu à peu la gousse épluchée. Une autre méthode, largement employée, est intéressante : à l'aide d'une fourchette sous laquelle on dépose le caïeu, on presse la gousse qui, peu à peu, se transforme en une sorte de pommade. Pour la préparation d'un aïoli, c'est le pilon que l'on utilise pour écraser l'ail au fond du mortier. Et "l'homme moderne" utilisera le presse-ail dont les formes sont nombreuses. Garni de gousses épluchées, le presse-ail est présent bien souvent sur la table de mes repas de famille ; chacun peut à sa convenance écraser la quantité d'ail qu'il juge nécessaire pour agrémenter son plat, quel qu'il soit.

Enfin, il ne faut pas oublier que l'usage de l'ail en cuisine est plus qualitatif que quantitatif. Il ne sert à rien d'abuser de l'ail. Seule la manière de le préparer semble donner plus ou moins de saveur au plat. Par exemple, une gousse épluchée et écrasée dans un ragoût dégage plus d'arôme que plusieurs gousses laissées entières.

On peut aussi "rôtir" l'ail : c'est la tête entière qui est rôtie à température douce.

Le presse-ail

L'ail ainsi préparé cuit peu à peu et les gousses, une fois épluchées, prennent une consistance moelleuse et une saveur particulière.

Et pour finir, "fumer" l'ail ne consiste bien sûr pas à se rouler une cigarette à base d'ail, mais, à la manière dont on fume le poisson ou le jambon, à exposer la tresse d'ail, au-dessus d'un feu de bois, à la chaleur et surtout à la fumée parfumée qui va imprégner les têtes d'ail et leur procurer une saveur particulière, appréciée par certains.

• *L'aïoli*
Il semble que l'on prononça le mot "aïoli" pour la première fois en Provence en 1744. L'aïoli, sauce condimentaire relevée par une forte dose d'ail, dont la consistance ressemble à celle de la mayonnaise, et symbole gastronomique de la Provence, a un ancêtre antique : le *moretum* des Latins.

Voici la recette de l'aïoli : prendre 2 à 3 gousses d'ail par personne. Les déposer au fond d'un mortier, et en faire une pâte avec le pilon. Ajouter du sel puis un jaune d'œuf. Verser l'huile d'olive à petit filet en tournant avec le pilon (un demi-litre d'huile et 2 jaunes d'œufs sont nécessaires pour un aïoli de 6 à 8 personnes).

Après le premier verre d'huile, ajouter une cuillerée à café d'eau et le jus d'un citron. Puis continuer de verser l'huile. Le mélange obtenu ne doit pas être trop épais.

L'aïoli se sert entouré de morue, d'escargots, de petits poulpes, de carottes, de pommes de terre en robe des champs, de haricots verts, d'artichauts, d'œufs durs… En Catalogne, on le sert avec du lapin rôti. D'innombrables variantes sont imaginables.

"Relever l'aïoli" signifie redonner sa consistance à l'aïoli quand celui-ci est tombé, passant de l'état solide à l'état liquide. On le relève à l'aide d'un jaune d'œuf et d'un jus de citron, en y rajoutant peu à peu l'aïoli retombé.

• *L'aigo boulido*
"*L'aigo boulido sauvo la vido* (l'eau bouillie sauve la vie)", disent les Provençaux. Certains ajoutent : "*Au bout d'un tèms, tuio li gènt* (au bout d'un temps, elle tue les gens)" – car ce n'est pas une soupe très substantielle, mais plutôt celle des lendemains de fête ou des convalescents.

En voici la recette : prendre trois gousses d'ail, une feuille de laurier-sauce ou plusieurs de sauge, un jaune d'œuf, une cuillerée à soupe d'huile d'olive, un litre d'eau.

Porter à ébullition l'eau, les gousses d'ail (écrasées ou pas), les feuilles de sauge et l'huile, et laisser cuire pendant un quart d'heure. Déposer le jaune d'œuf au fond d'une soupière. Verser l'eau filtrée et battre le mélange. Enfin, servir avec des tranches de pain coupées finement.

• *Anchoïade*
Laver sept ou huit anchois pour les dessaler, séparer et nettoyer les filets de leurs arêtes. Les déposer dans une assiette, avec quelques cuillerées d'huile d'olive, du poivre, deux ou trois gousses d'ail coupées en petits dés, et laisser macérer quelques instants. Couper des tranches de pain et déposer trois filets par tranche.

Avec l'huile restant de cette préparation, la tradition était de tremper le pain et de le faire griller au feu. "Il se dégage alors un parfum tout caractéristique, qui met en jubilation tout amateur de cuisine provençale et ferait les délices de maints gastronomes." (J.-B. Reboul, *La Cuisinière provençale*, Tacussel, 1998, 1re éd. 1897.)

• *Poulet aux quarante gousses d'ail*

1 poulet ; thym, sauge, laurier, romarin ; 40 gousses d'ail ; huile d'olive ; pain grillé, sel, poivre.

Farcir l'intérieur du poulet d'un beau bouquet de thym, saler, poivrer. Huiler le fond d'une cocotte allant au four, y disposer les gousses d'ail (avec leur peau) et les herbes. Coucher le poulet sur ce lit d'herbes, le retourner plusieurs fois pour l'imprégner de leur parfum. Luter la cocotte – ce qui revient à la fermer hermétiquement à l'aide d'un cordon de pâte faite de farine et d'eau.

Enfourner à four moyen pendant 1 h 30. On sert le poulet avec du pain grillé sur lequel on tartine l'ail.

• *Crème d'ail*

50 gousses d'ail ; huile d'olive ; sel, poivre.

Faire bouillir les gousses entières et non épluchées pendant une vingtaine de minutes. Les débarrasser de leur peau, les réduire en une purée épaisse à laquelle on ajoute l'huile d'olive (quelques cuillerées à soupe), le sel et le poivre.

Verser la crème d'ail dans un bocal en verre, le fermer hermétiquement et conserver au réfrigérateur. La crème d'ail se conserve ainsi plusieurs jours ; on peut aussi la congeler par petites quantités. Elle relève la saveur des sauces, des soupes, des ragoûts.

La cuisine à l'oignon

L'oignon accompagne l'ail dans l'histoire de la cuisine, mais son usage devenu universel semble n'avoir que rarement rencontré de détracteurs. Moins fort que l'ail, quelquefois même très doux, l'oignon a su séduire très vite les cuisines de nombreuses civilisations. Et en France, les gens du Nord ont davantage intégré l'usage de l'oignon que celui de l'ail.

A la manière de l'ail, l'oignon décloisonne les disciplines : entre cuisine et phytothérapie, l'oignon est à la fois légume, condiment et médicament naturel.

Une illustration de ces usages superposés nous est fournie par une recette très ancienne qui farcit l'oignon d'ail. Encore réputée en Provence (voir ci-contre), elle est aujourd'hui considérée comme une recette culinaire. En 1762, *L'Economie générale de tous les biens de campagne* la proposait en ces termes : "L'oignon est stomacal, pectoral, apéritif, sudorifique. On le fait cuire sous la braise après en avoir ôté le cœur qu'on a rempli de thériaque [nom populaire de l'ail]."

L'expression populaire "être aux petits oignons" traduit peut-être tout l'intérêt que portent les cuisines à ce légume-condiment. Que serait un steak tartare sans les oignons crus hachés, un gigot d'agneau braisé sans la garniture de petits oignons qui font saliver les convives ?

En cuisine, l'oignon constitue souvent ce qu'on appelle la "base d'apprêt", le fond de la garniture. Haché, émincé, glacé, confit, farci, au vinaigre, à la grecque, l'oignon tient à l'évidence une place de choix dans les cuisines. Il a même donné une expression à la langue française : faire une oignonade, c'est hacher cru un oignon pour confectionner une vinaigrette, une marinade, une garniture froide.

On le dit indigeste cru, mais une certaine habitude de le consommer atténue ce petit inconvénient. Enfin, les oignons blancs ont une saveur plus douce que les oignons de couleur.

• *Oignons farcis à l'ail*

4 gros oignons blancs ; une tête d'ail ; 3 cuillerées à soupe d'huile d'olive, sel, poivre.

Eplucher les oignons, les faire blanchir pendant 2 minutes, puis les creuser délicatement pour ne pas abîmer la couche extérieure. Faire alors revenir à l'huile d'olive l'ail épluché et coupé en morceaux, et l'intérieur des oignons. Garnir les oignons évidés de cette farce, et mettre à four moyen 10 minutes. Une salade verte ou des crudités peuvent accompagner ce plat qui consacre l'ail et l'oignon, et que l'on connaît depuis le XVIIe siècle autant comme remède que comme aliment.

• *Salade d'oignons*

Prendre un bel oignon par personne, et faire cuire pendant une heure à four moyen.

Puis éplucher les oignons, les couper en rondelles, assaisonner d'une vinaigrette à l'huile d'olive, au citron ou au vinaigre, et déguster.

• *Soupe à l'oignon*

La soupe à l'oignon est une spécialité parisienne qui connaît des variantes suivant les régions : en voici la version lyonnaise.

1 litre de bouillon ; 1 verre de vin blanc sec ; 6 oignons moyens ; 100 g de gruyère râpé ; 8 tranches de pain ; 50 g de beurre ; sel, poivre.

Eplucher, émincer les oignons, et faire griller le pain. Puis mettre les oignons à cuire très doucement avec le beurre. Quand ils sont fondus (ne pas les faire roussir !), mouiller avec le bouillon et le vin blanc. Porter à ébullition, puis laisser cuire 30 minutes à feu doux. Déposer 4 tranches de pain au fond d'une terrine, la moitié du gruyère râpé, et verser une partie du bouillon d'oignon. Puis faire un deuxième lit avec le pain restant, l'arroser de bouillon. Mettre à four chaud pendant 15 minutes : c'est gratiné.

• *Petits oignons au vinaigre*
Choisir de jolis petits oignons blancs grelots. Les éplucher et les faire blanchir en salant un peu l'eau. Laisser refroidir un peu puis mettre les oignons dans un bocal. Verser dessus du vinaigre blanc de bonne qualité bouillant, et laisser jusqu'au lendemain. Egoutter, faire à nouveau bouillir le vinaigre, et le reverser sur les oignons. Cette préparation se conserve longtemps au réfrigérateur.

• *Jardinière de primeurs*
Cette recette constitue le prolongement d'une cueillette faite au jardin aux mois de mai et juin. Le savoir-faire du jardinier est à l'honneur, autant que celui du cuisinier.

Récolter et réunir les premiers petits pois, les premières jeunes carottes, les premières pommes de terre nouvelles ('Belle de Fontenay'), les premiers oignons blancs et deux ou trois cœurs de laitue. Gratter, écosser, laver les légumes.

Dans une sauteuse, mettre 2 cuillerées à soupe d'huile (d'olive, pourquoi pas ?). Y faire revenir les oignons en rondelles (avec quelques lardons si on veut), puis déposer tous les légumes (sauf les pommes de terre qu'on n'ajoute que 10 minutes avant la fin).

Saler, poivrer, sucrer, et verser un demi-verre d'eau. Couvrir et porter à ébullition. Baisser le feu et laisser cuire 30 minutes. Servir dans un légumier chaud.

• *Chutney aux oignons d'Espagne*
Le chutney est un condiment aigre-doux, composé de fruits ou de légumes, ou d'un mélange des deux. On en prépare plusieurs petits bocaux à la fois, qui se conservent quelque temps au réfrigérateur. "Chutney" vient du mot indien *chatni*, qui signifie : "épice forte". C'est une spécialité anglaise qui date de l'époque coloniale.

2 kg de gros oignons doux ; 700 g de cassonade ; 400 g de raisins de Smyrne ou de Malaga ; 4 dl de vin blanc sec ; 4 dl de vinaigre blanc ; 2 gousses d'ail ; 300 g de gingembre ; 5 clous de girofle ; une pincée de cari en poudre.

Eplucher, émincer les oignons et les déposer dans une cocotte en compagnie des autres ingrédients. Porter à ébullition, et faire cuire environ 2 heures. Laisser refroidir avant de mettre en bocaux.

Le chutney d'oignons se sert avec toutes sortes de viandes, de poissons, le riz, les salades, dont il rehausse les saveurs.

• *Tarte à l'oignon doux*

250 g de pâte brisée ; 750 g d'oignons doux ; 3 œufs ; 2 cuillerées à soupe de farine ; 3 cuillerées à soupe de crème fraîche ; sel, poivre.

Eplucher et émincer les oignons ; les faire fondre (et non roussir) dans du beurre ou de l'huile d'olive pendant environ un quart d'heure. Lorsqu'ils ont blondi, les mélanger dans un bol avec les œufs entiers, la crème fraîche, la farine, sel et poivre. Disposer la pâte dans un moule à tarte, y verser la garniture et mettre à four moyen pendant une demi-heure. Servir avec une salade du jardin.

L'artichaut et le cardon

Aïté Bresson

INTRODUCTION

L'âne était alors dans un pré
Dont l'herbe était fort à son gré.
Point de chardons pourtant ;
Il s'en passa pour l'heure :
Il ne faut pas toujours être si délicat.
  Jean de la Fontaine, *L'Ane et le Chien.*

L'homme et l'âne ont en commun un goût très prononcé pour les chardons. Mais alors que l'âne doit se contenter des plantes qu'il trouve çà et là dans les champs, bien épineuses, et assez peu charnues, l'homme dispose de chardons cultivés, débarrassés de leur armure redoutable, tendres et savoureux : l'artichaut et le cardon.

Assurément, le chemin est long qui relie ces deux beaux légumes, qui sont de très proches cousins, à leur ancêtre sauvage, un grand chardon fort épineux des bords de la Méditerranée, et il a fallu toute la patience et l'art des jardiniers pour transformer ce dernier. En le cultivant dans une terre riche, en le sélectionnant, ils ont peu à peu obtenu, il y a environ deux mille ans, des plantes moins épineuses, dont les côtes épaisses et charnues faisaient les délices des riches Romains du temps de Pline et de Columelle.

Puis les jardiniers ont concentré leurs efforts sur la fleur du chardon cultivé, et ont ainsi créé l'artichaut au cœur tendre, que l'on mange en bouton. C'est dans les jardins de l'Andalousie musulmane, vers le XIIe siècle, qu'ont été cultivés les premiers vrais artichauts, et c'est de là qu'ils sont partis à la conquête de l'Italie, puis de la France.

Curieusement, l'artichaut et plus encore le cardon ne se sont jamais beaucoup aventurés hors des pays riverains de la Méditerranée. Et même sur leurs terres d'élection, il semble qu'ils aient amorcé un lent déclin : le cardon est un légume presque oublié, et la consommation d'artichauts diminue régulièrement. Les hommes perdraient-ils le goût des chardons cultivés ? Peut-être, simplement, les méconnaissent-ils : nous allons donc redécouvrir, à travers leur histoire, leur culture, leurs usages, ces deux belles créations potagères que sont l'artichaut et le cardon.

I. HISTOIRE D'UN CHARDON CULTIVÉ

Le goût du chardon

Tout commence donc par le goût que manifestent les hommes, depuis des temps très anciens, pour les chardons – pour leurs têtes (les capitules), pourtant protégées par une armure d'épines, et pour la moelle que recèlent leurs tiges quand elles sont épluchées.

On peut s'interroger sur ce qui a poussé les hommes à s'intéresser à des végétaux à l'allure aussi redoutable, et à les apprécier. En premier lieu, sans doute, la nécessité de trouver à se nourrir, qui leur faisait tester puis ramasser les plantes de leur environnement ; mais peut-être aussi déjà le plaisir de découvrir, au-delà des épines, la tendreté des cœurs de chardon.

Des fouilles dans des habitats préhistoriques des bords des lacs alpins ont ainsi permis de découvrir des capitules de cirses et de différents autres chardons. Dans les Alpes, les Pyrénées, les Cévennes, et jusqu'en Pologne, les hommes ont longtemps fait leurs délices des carlines, qui épanouissent au ras du sol leurs belles fleurs solitaires, et que l'on rencontre parfois clouées sur les portes, en guise de baromètre. On mangeait le cœur de ces "cardousses" cru ou confit au miel, on le faisait sécher en lamelles pour pouvoir en consommer toute l'année.

Sur les bords de la Méditerranée, le goût du chardon s'est aussi manifesté avec force, mais ce sont d'autres espèces qui ont attiré l'attention des hommes : l'*akkoub* (*Gundelia tournefortii*), chardon vivace aux capitules pourpres et aux longues feuilles épineuses, qu'on appréciait particulièrement en Syrie et dans les pays du Levant ; et, au Maghreb notamment, de beaux chardons du genre *Cynara*, les ancêtres du cardon et de l'artichaut, dont on consommait les côtes et les cœurs. On trouve encore au Maroc de nos jours, sur les marchés au printemps, des cardons sauvages parmi d'autres plantes de cueillette : asperges sauvages, feuilles de mauve…

La carline acaule

GOETHE DÉCOUVRE LE GOÛT DU CHARDON

"Il nous fallut cependant remarquer, à notre grande confusion, que les chardons n'étaient pas totalement inutiles. Dans une auberge solitaire, où nous nous arrêtâmes pour nourrir les chevaux, étaient arrivés en même temps deux gentilshommes siciliens qui traversaient le pays et s'en allaient à Palerme pour un procès. Avec étonnement, nous vîmes ces deux hommes graves debout avec leurs couteaux tranchants devant une de ces touffes de chardons, ils coupèrent les parties supérieures de ces plantes, saisirent ensuite de la pointe de leurs doigts ce butin piquant, pelèrent la tige et en mangèrent l'intérieur avec grand plaisir."

Goethe, *Voyage en Italie* (30 avril 1787), trad. de J. Naujac, Aubier, Paris, 1961.

Du chardon sauvage au cardon cultivé

Des textes de l'Antiquité grecque et latine mentionnent d'ailleurs ce goût des hommes pour les chardons. Parmi les premiers, Théophraste, au IIIe siècle av. J.-C., consacre un long passage de ses *Recherches sur les plantes* aux végétaux épineux sauvages : chardon béni, carthame, scolyme… et cardon, qu'il nomme *cactos*. Bien plus tard, les botanistes de la Renaissance donneront ce nom à une famille de végétaux du Nouveau Monde, fort épineux eux aussi, mais sans aucun lien avec le cardon.

Théophraste affirme que le cardon ne se trouve qu'en Sicile – ce en quoi il se trompe sans doute, car le cardon sauvage était largement répandu sur d'autres rivages méditerranéens, dont certaines régions de Grèce. Mais ce qu'il dit de l'utilisation du cardon est particulièrement intéressant. On en consomme, écrit-il, à la fois la tige centrale (ou *pternix*), la nervure centrale des feuilles (les cardes, "comestibles, avec une pointe d'amertume") et le réceptacle (l'équivalent du fond de l'artichaut) : "Il est comestible et rappelle le cœur de palmier ; on lui donne le nom de *skalias*."

Ce sont précisément ces deux parties du cardon sauvage que les jardiniers vont bientôt s'employer à améliorer.

Au Ier siècle de notre ère, Columelle, au livre XI de son *De re rustica*, est un des premiers agronomes à donner des conseils pour la culture des *cinara*, pour obtenir non des cardes, mais de beaux capitules. Il recommande de les semer en septembre ou en mars, ou d'en planter des rejets à l'automne – ce qui, dans les régions méridionales protégées, correspond bien au cycle de culture de l'artichaut, et permet d'en récolter les fleurs en bouton au printemps.

Pline, enfin, toujours au Ier siècle, mentionne dans son *Histoire naturelle*, aux alentours de Carthage et de Cordoue, de très lucratives cultures de *carduus* pour leurs capitules. Ils étaient sans doute destinés à être exportés vers Rome, et réservés aux tables les plus riches. Pline se montre un peu choqué que tant d'efforts soient déployés pour cultiver ces "monstruosités" qui ne sont après tout que des mauvaises herbes "que fuient tous les quadrupèdes" – sauf l'âne, qu'il oublie.

Columelle était originaire de Cadix, ancien comptoir phénicien, puis carthaginois et enfin romain. Il a peut-être eu l'occasion d'y observer la culture du *cinara*. Pline cite Carthage et Cordoue, autre ville carthaginoise. Ce n'est peut-être pas un hasard si la culture et l'amélioration du cardon semblent avoir débuté sur des territoires longtemps marqués par l'influence carthaginoise : comme les Phéniciens, les Carthaginois étaient de grands consommateurs de légumes – leurs potagers recelaient quantité d'ail, d'oignons, de choux, de concombres et, on peut l'imaginer, de cardes et d'"artichauts". Il y eut également parmi eux de grands agronomes, mais nous ne les connaissons qu'à travers les auteurs latins. Il est donc difficile d'en savoir plus sur les origines de la culture du cardon, mais on peut supposer que les jardiniers de Carthage et de la région du cap Bon n'y sont pas étrangers.

De même, en l'absence de représentations, on ne sait pas exactement ce que recouvrent les mots qu'emploient Pline et Columelle, *carduus* et *cinara* : sans doute une plante déjà marquée par l'empreinte de l'homme, aux capitules souvent encore épineux, beaucoup plus petits que les artichauts que nous connaissons, et aux cardes moins charnues qu'aujourd'hui.

On sait par contre un peu mieux, grâce à *L'Art culinaire* d'Apicius, comment les Romains accommodaient les cardes et les fleurs en bouton du *carduus*. Apicius conseille de préparer les cardons avec du garum, de l'huile et des œufs durs hachés, ou encore avec un hachis d'herbes (rue, menthe, coriandre, fenouil, livèche…). Quant aux "fonds", pour lesquels il donne d'ailleurs beaucoup plus de recettes, il les recommande frits, ou bouillis avec de la coriandre verte, du poivre en grains et du vin pur…

Deux siècles plus tard, l'Empire romain va se disloquer. Les hommes vont oublier le goût du chardon domestique, et les savoirs agronomiques et culinaires qui lui sont attachés. Il ne sera plus fait mention, en Italie ou en France, de cardon ni d'"artichaut" : on ne retrouvera le premier qu'au XIIIe siècle, dans le traité de Pietro de' Crescenzi, et le second au XVe siècle. Presque mille ans d'éclipse – dans cette partie de l'Europe, tout du moins.

Les jardins d'Al-Andalus et d'Italie

Les cardons vont en effet trouver refuge, plus au sud et plus à l'ouest, là où, aux beaux jours de l'Empire romain, leur culture s'avérait si lucrative : dans l'actuelle Tunisie, aux environs de Carthage, et en Andalousie. Cette région assure alors la continuité de l'héritage latin, auquel va venir s'adjoindre, quelques siècles plus tard, l'influence arabe : les Arabes pénètrent en Andalousie au début du VIIIe siècle, avec – en ce qui nous concerne ici – de nouvelles plantes, de nouvelles techniques de culture, et d'autres habitudes alimentaires.

Mosaïque du IIe siècle apr. J.-C., musée du Bardo, Tunis

C'est ainsi que l'Europe doit aux jardiniers arabes qui ont exercé leur art en Andalousie l'acclimatation du riz et de la canne à sucre, en provenance de l'Irak. D'Afrique *via* l'Inde est venue la pastèque, de Perse le citronnier et le bigaradier, d'Afrique encore le sorgho, et, parmi les légumes, l'épinard du Népal et l'aubergine de l'Inde. Toutes ces plantes étaient cultivées dans des jardins clos, à la fois potagers et vergers, divisés en carrés irrigués par un réseau complexe de canaux.

Les jardiniers arabes avaient peut-être déjà remarqué les cardons cultivés dans les potagers des environs de Carthage ; la consommation de "chardons" était sans doute familière à ceux qui, parmi eux, connaissaient l'*akkoub* levantin. Installés en Andalousie, ils vont s'employer à cultiver le cardon et à en créer de nouvelles variétés. D'après les témoignages des agronomes, il semble que leurs efforts aient surtout visé la production de capitules de belle taille : "On aura soin de bien arroser au cours de l'été, écrit Ibn al-'Awwâm. Par ce moyen, on aura de gros fruits." Peu à peu, la différence entre le cardon et l'artichaut va ainsi s'affirmer, de même qu'entre le "*kenguer* des jardins" et celui des champs, pour reprendre le terme qu'emploie Ibn al-Baytâr dans son *Traité des simples* où il recense, entre autres, toutes les propriétés médicinales attribuées aux chardons sauvages ou cultivés.

On peut imaginer que l'artichaut et le cardon ont facilement voyagé d'Andalousie jusqu'en Sicile – qui appartenait au même empire et fut pour l'Italie le point de rencontre avec la culture arabe – d'où se diffusèrent le riz, sans doute la fabrication des pâtes, et sûrement l'artichaut. Car on retrouve la trace de celui-ci dans les potagers siciliens dès 1400, et celle du cardon à Palerme dès 1300.

Il suffira alors de peu pour que notre chardon domestique prenne pied dans les jardins italiens et, de là, s'aventure plus au nord de l'Europe. La petite histoire raconte qu'un certain Filippo Strozzi aurait le premier, en 1466, rapporté de Naples à Florence quelques pieds d'artichaut. Le succès est rapide, dans les jardins et sur les tables : dès la fin du XVe siècle, l'artichaut est abondant en Toscane, on le cultive à Gênes, à Florence, et Francesco Colonna, l'auteur du *Songe de Poliphile*, lui attribue déjà des pouvoirs aphrodisiaques.

Les Italiens vont s'enthousiasmer pour le chardon domestique : pour le cardon, qui reste toujours un peu dans l'ombre, et surtout pour l'artichaut, dont ils vont poursuivre l'amélioration. Car dès lors les chemins de ces deux légumes, issus d'un même ancêtre sauvage, vont nettement se séparer, et la fleur de l'artichaut va être l'objet de soins particulièrement attentifs.

S'il est déjà loin du *Cynara* sauvage, l'artichaut se présente encore sous de multiples aspects, comme en témoigne Matthiole au milieu du XVIe siècle : "Aucuns ont leurs espines droites et les autres panchent contre terre et y en a qui n'ont point d'espines, les uns sont longs et les autres sont ronds ; aucuns bâillent, les autres sont tellement resserrez qu'on les diroit escaillez comme une pomme de pin."

Le "cactus de Matthiol", d'après Daléchamps (1615)

Les jardiniers italiens vont s'attacher à sélectionner les plants dont les capitules sont les plus beaux, les moins épineux, à les multiplier, et à en répandre la culture et l'usage.

L'artichaut et le cardon sont donc aux portes de la Provence, et, du côté de l'Espagne, probablement au pied des Pyrénées : nous n'allons pas tarder à les retrouver dans les jardins languedociens et provençaux.

La grande vogue de l'artichaut

Ce n'est pas Catherine de Médicis, comme le voudrait la petite histoire, qui a introduit en France l'artichaut, dont elle raffolait particulièrement. Mais c'est bien plutôt à partir des potagers de la région nîmoise et du Vaucluse, au carrefour des influences ibérique et italienne, que l'artichaut et le cardon se sont implantés dans notre pays, vers le milieu du XVIe siècle.

C'est une période de grands bouleversements dans les potagers méridionaux : on y cultivait des choux, des poireaux, de l'ail et des oignons, quelques herbes, et voici qu'arrivent, *via* l'Italie ou l'Espagne, des légumes inconnus – le melon, l'artichaut et le cardon, les "blete-raves", les salades "romaines" –, et tous ceux venus d'Amérique : piments, courges, tomates, haricots, pommes de terre... Les échanges de graines et de plants sont actifs sur la route des légumes, et le Midi est à cette époque un relais important entre la Méditerranée et le Nord : les jardiniers du Sud reçoivent leurs graines d'Italie ou d'Espagne, et fournissent à leur tour les foires de la région de Lyon, qui diffusent les nouveaux légumes ou les nouvelles variétés vers d'autres foyers : la Touraine, l'Ile-de-France... Deux siècles plus tard, le sens du voyage va s'inverser, et l'influence des grainetiers de la région parisienne, du Nord et de Hollande s'avérera déterminante – mais cela est une autre histoire.

On trouve donc des "tables à carchofas" près d'Avignon et de Cavaillon dès 1530, et en Languedoc vers 1580. Les artichauts qu'on y cultive sont encore bien petits, mais très prisés, et rares : on les considère comme des denrées de luxe, on les offre précieusement, et on ne manque pas de leur attribuer quelques propriétés aphrodisiaques.

Vers 1650, l'artichaut quitte les jardins pour rejoindre les cultures de plein champ : dès lors, il n'est plus cantonné

L'"artichaut sans épines de Dodon", d'après Daléchamps (1615)

aux tables les plus luxueuses, riches et moins riches le goûtent également, et le succès de la fleur de chardon ne se dément pas.

Le cardon accompagne l'artichaut dans sa conquête des jardins et des tables – mais il nous a laissé moins de traces de son histoire. Il est probable qu'il nous est venu d'Espagne plutôt que d'Italie, sous une forme encore très piquante que décrit Olivier de Serres en 1600 : "La carde, comment qu'on la manie, demeure tous-jours en son état garnie de forts et aigus piquerons." Il faudra attendre la fin du XVIIe siècle pour qu'une variété sans épines franchisse à son tour les Pyrénées – mais en perdant leurs piquerons, les cardes étaient curieusement devenues moins charnues.

Comme l'artichaut, le cardon a remonté la vallée du Rhône, et conquis la région de Lyon, "vrai pays de cardes", dit encore Olivier de Serres – c'est encore le cas de nos jours, d'ailleurs. Enfin, toujours accompagné de l'artichaut, le cardon va traverser la Manche et gagner l'Angleterre : le premier va y susciter beaucoup d'enthousiasme, et la création de variétés adaptées au climat océanique ; alors que le second, considéré surtout comme une belle plante ornementale, ne s'y établira jamais vraiment.

Le cardon et l'artichaut, qui semblent avoir toujours fait l'unanimité parmi ceux qui les ont goûtés, ont probablement bénéficié de l'engouement pour les légumes qui apparaît à la Renaissance, surtout dans les milieux aisés, à l'imitation du goût italien, et concerne particulièrement les "pousses" (les asperges, les jets de houblon…), les "chardons" et les champignons.

On a cependant quelque temps hésité sur le statut à accorder à l'artichaut, et il fut, jusqu'au début du XVIIe siècle, souvent considéré comme un fruit. On comprend mieux dès lors pourquoi Rabelais, qui fait figurer les "artichaulx" au très long menu des Gastrolâtres dans *Pantagruel*, les place au dessert parmi le "beurre d'amendes", la "neige de beurre", les figues, les raisins, les pruneaux et bien d'autres fruits. Dès le XVIIe siècle, la distinction entre aliments salés et sucrés va devenir plus stricte, et les artichauts ne tarderont pas à rejoindre le rang des légumes.

Les siècles suivants confirment le goût pour la fleur de chardon et ses cardes. La Quintinie les cultive tous deux au Potager du roi, en même temps que l'"artichaut d'hiver", ou topinambour, depuis peu arrivé d'Amérique et dont le goût rappelle celui des fonds d'artichaut. Le topinambour connaîtra alors, grâce à sa familiarité avec l'artichaut si prisé, une gloire éphémère, et sera l'un des rares légumes américains facilement acceptés sur les tables françaises – mais pour peu de temps.

Le XIXe siècle marque l'apogée du chardon cultivé. A cette époque, la Provence fournit à elle seule la moitié de la production française. Elle sera bientôt rejointe par les pays du Maghreb sous domination française, où les colons vont planter des champs d'artichauts à proximité de la mer, pour alimenter en hiver les marchés de Paris et du Nord de la France. L'artichaut figure alors parmi les légumes verts préférés, aux côtés du haricot et de l'asperge. Et Grimod de la Reynière déclare en 1803 dans *L'Almanach des gourmands* que la carde est "le *nec plus ultra* de la science humaine, et [qu']un cuisinier en état de faire un plat de cardes exquis peut s'intituler le premier artiste de l'Europe". Notre siècle va voir la popularité de ces deux beaux légumes décroître peu à peu.

Le cardon 'Epineux de Tours'

> ### LES NOMS DU CHARDON DOMESTIQUE
>
> Les mots par lesquels sont désignés le cardon et l'artichaut reflètent assez fidèlement l'histoire de ces deux légumes. Le *carduus* des Latins – qui ont, parmi les premiers, mentionné la culture du cardon – a donné, sans grande transformation, notre mot cardon, et l'italien et l'espagnol *cardo*. *Cinara*, par contre, qu'emploie Columelle, n'a pas eu de descendance.
>
> Pour désigner l'artichaut, les langues ouest-européennes ont préféré des mots forgés sur le terme arabe *al-kharchâf* ou *al-harchaf*, qui désigne le chardon. L'espagnol en a tiré *alcarchofa*, et le toscan *carciofo*, qui est la forme italienne moderne, et a donné les mots qu'employaient, jusqu'au XVIIIe siècle, les jardiniers de langue d'oc : *carchofo, carchofle*. Les bourgeois du Midi et les Français du Nord ont préféré la forme *artichaut*, dérivée du lombard *articcioco*, qui a également donné l'anglais *artichoke*.

Le déclin des chardons cultivés

Dans leur sécheresse, les chiffres témoignent du lent déclin des chardons domestiques dans notre pays. Ils semblent se maintenir un peu plus facilement dans les autres pays du bassin méditerranéen – car, si l'on excepte la Californie, l'Argentine et le Chili, c'est autour de la Méditerranée que se concentrent presque toute la culture d'artichauts et de cardons, et leurs amateurs.

Les chiffres nous rappellent donc qu'après avoir culminé dans les années soixante, la production française d'artichauts ne cesse de décliner, et ne représente plus que 95 000 tonnes environ (on ne connaît pas la production des jardins potagers). La Bretagne est la nouvelle terre d'élection de l'artichaut, et la Provence est aujourd'hui reléguée loin derrière, bien après les Pyrénées-Orientales et l'Aquitaine. La production de ces régions ne suffirait cependant pas à notre consommation, et nous mangeons aussi des artichauts d'Espagne et d'Italie. Car nous consommons encore quelque 1,5 kilo d'artichauts par an – mais ce chiffre baisse lui aussi régulièrement.

Quant au cardon, la France n'en produit plus qu'une centaine de tonnes, presque exclusivement dans la région lyonnaise – mais leur réputation demeure inégalée. Il s'agit principalement de variétés sans épines, dites "inermes". Seuls les jardiniers passionnés cultivent encore des variétés épineuses, au goût plus délicat, mais plus douloureuses à manipuler. Il existe également un petit îlot de résistance autour de Genève, où des maraîchers suisses cultivent encore le cardon 'Epineux argenté de Plainpalais' pour le marché local et quelques conserveries.

Les maraîchers lyonnais tentent depuis quelques années de réhabiliter le cardon, et organisent à Vaulx-en-Velin, chaque 8 décembre, une dégustation de ce beau légume, qui réunit plusieurs milliers d'amateurs.

Nos voisins italiens et espagnols semblent mieux lotis en ce qui concerne la production d'artichauts et de cardons : l'Italie se place au premier rang mondial, en produisant plus de 500 000 tonnes d'artichauts, surtout pour le marché intérieur. Car les Italiens consomment en moyenne des artichauts trois fois par semaine, par petites quantités – soit environ 6 kilos par personne et par an. On ne sera donc pas étonné que l'Italie abrite également la collection internationale de variétés d'artichauts, près de Bari : elle comprend plus d'une centaine de cultivars (ou variétés cultivées). L'Italie est également le premier pays producteur de cardons. Elle partage ce titre avec l'Espagne, qui de son côté produit de plus en plus d'artichauts, souvent destinés à l'exportation. Enfin, la production des pays du Maghreb demeure importante, de même que celle des pays de Méditerranée orientale : Grèce, Egypte, Chypre, Turquie, Israël…

II. LE CLAN DE L'ARTICHAUT

Quiconque observe la nature d'un œil attentif et curieux ne manquera pas de remarquer, en se promenant au bord des chemins, dans les prairies sèches, les jachères, de belles plantes souvent épineuses dont les fleurs rappellent, en plus petit, l'artichaut des potagers. Car les membres du clan de l'artichaut – que les botanistes nomment "tribu des Cynarées" – sont nombreux : carlines, cirses, centaurées, carthames, chardons-maries… et cardons. Il y a entre tous ces "cynarocéphales", originaires de l'Ancien Monde et, pour la plupart, des bords de la Méditerranée, un air de famille très prononcé.

La tribu des Cynarées

Les Cynarées appartiennent à la grande famille botanique des Composées, qui rassemble près de vingt mille espèces, dont des plantes alimentaires bien connues : le cardon et l'artichaut, bien sûr, mais aussi les "salades" (laitue, chicorée, pissenlit…), le salsifis, la scorsonère, le topinambour, le tournesol… Beaucoup de Composées sont aussi de belles ornementales : dahlias, zinnias, œillets d'Inde, chrysanthèmes…, et quelques-unes souffrent d'une réputation

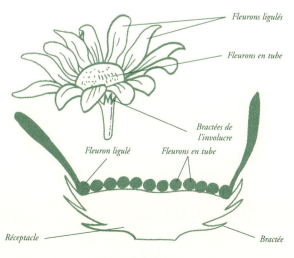

Le capitule des Composées

franchement mauvaise, due à leur pouvoir colonisateur : les cirses, les séneçons, la vergerette, que l'on classe sans hésiter parmi les "mauvaises herbes".

Les Composées se reconnaissent facilement à leur "fleur", qui en fait n'en est pas une, mais plutôt une assemblée de centaines de petits fleurons, ligulés (en forme de langue, comme les pétales blancs de la marguerite) ou tubulés (en tube, comme les fleurons jaunes qui en constituent le cœur). Les fleurons sont rassemblés sur un réceptacle (le fond de l'artichaut, par exemple), et protégés par une collerette de bractées le plus souvent vertes, et parfois épineuses (chez les chardons). Cette "fleur composée", à laquelle la famille doit son nom, s'appelle "capitule" – et atteint, dans le cas de l'artichaut ou du tournesol, une taille respectable.

Nombre d'insectes apprécient les "fleurs" des Composées, et les visitent abondamment. Ce sont eux qui se chargent de transporter le pollen d'un fleuron à l'autre, ou d'un capitule à l'autre. En effet, les fleurons des Composées sont hermaphrodites, mais allogames : ils ne peuvent se féconder eux-mêmes, car leur pollen est mûr bien avant que leurs stigmates ne soient réceptifs – on parle dans ce cas de fleurs protandres (les organes mâles sont fonctionnels avant les organes femelles) et de pollinisation entomophile (par les insectes). Plus tard, ce sera le vent qui se chargera de disséminer les graines, souvent pourvues d'une aigrette plumeuse pour les aider à voler. Le "brassage" que les insectes opèrent explique la diversité des individus végétaux que l'on peut obtenir lors d'un semis, et l'apparition de nouvelles variétés.

Les Composées qui nous intéressent particulièrement ici, le cardon et l'artichaut, appartiennent au genre botanique *Cynara*, qui ne rassemble que quelques membres qui, à l'état sauvage, vivent sur les bords de la Méditerranée.

Les botanistes s'accordent en général à distinguer trois espèces de *Cynara*, et de nombreuses sous-espèces. Car les membres de ce genre sont particulièrement polymorphes, et s'entendent à brouiller les cartes de la classification botanique : ils n'hésitent pas, quand la proximité le leur permet, à se croiser entre eux – ou avec leurs descendants domestiques –, et leur progéniture s'avère souvent fertile. Les barrières entre les différentes espèces de *Cynara* ne sont donc pas étanches ; peut-être vaudrait-il mieux parler d'un réseau complexe de formes sauvages et cultivées, étroitement liées entre elles.

Tout cela ne simplifie bien sûr pas la recherche des parents de l'artichaut et du cardon. On attribue cependant le plus souvent au cardon sauvage de l'ouest du bassin méditerranéen (*C. cardunculus* subsp. *sylvestris*) la paternité de nos deux légumes – avec le concours ultérieur des jardiniers.

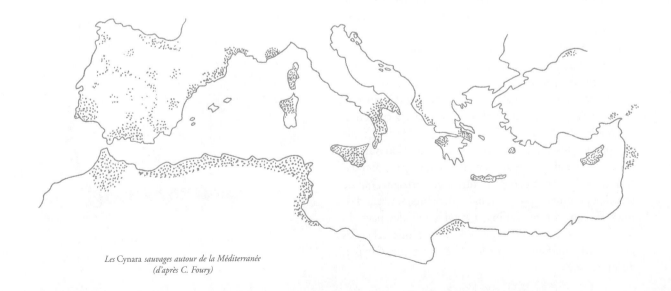

Les Cynara *sauvages autour de la Méditerranée
(d'après C. Foury)*

QUAND LE CARDON ENVAHIT LA PAMPA

Le cardon, quand il rencontre un lieu et un climat qui lui conviennent, retrouve vite les habitudes colonisatrices des chardons. C'est ce qui s'est produit au XIXe siècle dans la pampa des environs de Buenos Aires, où le cardon s'est naturalisé au point de "gêner les communications", relate Alphonse de Candolle dans l'*Origine des plantes cultivées* (1883). Le cardon ne semble pas s'en être tenu à l'Argentine puisque, poursuivant sa conquête de l'Amérique du Sud, on le retrouve à la même époque en train d'envahir le Chili, et d'y devenir "incommode".

Le cardon sauvage, plante vivace au port altier que l'on rencontre dans les stations chaudes, sur des sols riches en substances nutritives, est un végétal bien protégé contre la dent de certains quadrupèdes ou bipèdes amateurs de chardons : ses feuilles, profondément divisées, sont munies de féroces épines jaunes, et les capitules, qui atteignent 4 à 5 centimètres de diamètre, sont enveloppés de bractées à la pointe piquante. Le cardon sauvage est également bien adapté à la sécheresse, car la surface d'évaporation de ses feuilles est réduite, et protégée par une cuticule dure : le végétal transpire moins, et de ce fait consomme moins d'eau. Les poils laineux qui recouvrent la face inférieure des feuilles jouent un rôle similaire.

Le cardon des potagers

De son ancêtre sauvage, le cardon cultivé a conservé l'allure, le port dressé, la grande taille : il peut atteindre 1,50 mètre, et plus encore lorsqu'il est en fleur. Mais il porte l'empreinte des hommes qui l'ont domestiqué et amélioré – à leur goût. Ses feuilles, très longues, profondément découpées, gris-vert dessus et blanchâtres dessous, ne sont plus épineuses que dans quelques variétés reliques. Mais ce sont surtout le pétiole et la nervure centrale des feuilles qui ont été les plus transformés, pour devenir une carde tendre, pleine et charnue, de section presque triangulaire.

Le cardon, bien que vivace, est cultivé comme une plante annuelle, et on le laisse rarement fleurir dans les potagers – sauf pour en récupérer les graines. Plus petites que celles de l'artichaut, mais beaucoup plus nombreuses, ses fleurs sont pourtant très ornementales lorsque les bractées s'écartent pour laisser s'épanouir les fleurons bleu-violet.

On ne trouve de nos jours que quelques variétés de cardons – il est probable que le déclin de ce beau légume a entraîné l'extinction de variétés locales.

Le cardon le plus estimé est celui de Tours, déjà cité au XVIIe siècle, et dont le nom nous rappelle que la Touraine fut le berceau de nombreuses améliorations potagères. Petit par la taille (0,80 mètre), le 'Cardon de Tours' est le plus épineux de tous et celui dont les côtes sont les plus savoureuses ; mais il est pratiquement introuvable de nos jours. La variété genevoise 'Epineux argenté de Plainpalais', introduite en Suisse à la fin du XVIIe siècle par les huguenots chassés du Midi, en serait issue.

La première variété inerme apparaît à la fin du XVIIe siècle : le 'Cardon d'Espagne'. Mais ses côtes sont souvent creuses. On lui préférera au cours du XIXe siècle le 'Cardon Puvis', variété lyonnaise non épineuse aux feuilles peu découpées, au goût délicat, et surtout le 'Cardon plein inerme', encore courant de nos jours.

On rencontre encore parfois dans les jardins le 'Cardon d'Alger', très ornemental par ses feuilles rougeâtres et ses côtes rouge vineux, mais peu prisé car ses cardes ne sont souvent qu'à demi pleines. Enfin, c'est en Italie que l'on cultive encore le géant de la famille, le 'Cardon de Chieri' ou 'Gigante di Romagna' : il peut atteindre 2,50 mètres, et un pied de cette variété peut peser à lui seul plus de 15 kilos…

Le cardon 'Puvis'

L'artichaut, une fleur qui se mange

Le jardinier qui plante une artichautière pourra observer chaque année la renaissance des pieds d'artichaut au printemps. Car l'artichaut est vivace par sa souche, si toutefois l'hiver n'est pas trop rude. C'est dans sa racine charnue qu'il stocke son énergie, ses réserves d'inuline qui lui permettront d'émettre au printemps de nouveaux bourgeons.

L'artichaut a gardé bien des points communs avec le cardon : son port dressé, ses longues feuilles vert cendré, duveteuses à la face inférieure ; mais elles sont moins profondément découpées, souvent simplement lobées, ou même entières, et non épineuses en règle générale – l'uniformité n'est pas de mise chez l'artichaut.

C'est à la floraison que les différences entre les deux chardons domestiques s'affirment plus nettement, car c'est la fleur de l'artichaut que les jardiniers ont peu à peu améliorée, pour en accroître la taille, en épaissir le réceptacle (le fond), rendre la base des bractées plus charnue, et leur faire perdre l'épine dont elles étaient pourvues à l'origine. Leurs efforts ont été couronnés de succès : dans certaines variétés, les capitules atteignent 400 grammes, les fonds plus de 10 centimètres de diamètre... On est loin de la fleur de chardon sauvage.

Jusqu'au XVIIe siècle, l'artichaut était surtout reproduit par semis – propice, comme on l'a vu, à l'émergence de nouvelles variétés. L'habitude de replanter les œilletons

LA FLEUR PRÉFÉRÉE DE FREUD

Freud, raconte-t-on, oubliait souvent le goût de sa femme pour les cyclamens, alors qu'elle ne manquait jamais de lui offrir sa fleur préférée, quand elle en trouvait : un artichaut. On peut s'interroger sur les raisons de cette préférence. Freud fournit au moins un début d'explication : lorsqu'il avait cinq ans, son père lui avait offert un livre d'images ; le jeune Sigmund et sa sœur s'étaient aussitôt employés à le déchirer, et Freud se rappelle "la joie infinie avec laquelle nous arrachions les pages de ce livre, feuille à feuille comme s'il s'était agi d'un artichaut". A ce souvenir d'enfance, Freud reliait sa passion pour les livres, et son goût pour la fleur d'artichaut.

d'artichaut a permis de fixer les variétés les plus intéressantes. Par la multiplication végétative, on conserve en effet intacts les caractères de la plante mère, que ce soit la précocité, la résistance aux maladies, la spinosité, la forme et le volume des capitules... Cependant, il faut dire qu'avec l'artichaut, ce n'est pas toujours aussi simple : il existe à l'intérieur de chaque variété une grande diversité due au lieu, au climat, aux conditions de culture, à la saison de récolte. Le milieu semble parfois compter presque autant que le patrimoine génétique, et rend souvent délicate l'identification des différentes variétés d'artichaut.

Comme pour de nombreuses espèces légumières, la fin du XIXe siècle marque l'apogée de la diversité de l'artichaut : on en cultivait une vingtaine de variétés. Aujourd'hui, l'amateur d'artichaut doit se contenter d'une diversité fort réduite.

La plus nordique de nos variétés est le 'Gros vert de Laon', bien adapté à la région parisienne et au Nord, qu'on reconnaît à ses bractées vert pâle, déjetées : à mi-hauteur, elles s'ouvrent et se renversent en arrière, laissant parfois entrevoir un fond particulièrement large et tendre, et très réputé. "Sa base, qu'on appelle plus communément le cul, porte jusqu'à cinq pouces de diamètre", écrivait M. de Combles en 1749. C'est donc, on le voit, une variété ancienne, qui remonte peut-être à la fin du XVIe siècle.

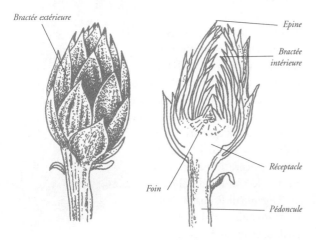

Une fleur d'artichaut en coupe

L'artichaut 'Gros vert de Laon'

L'artichaut 'Camus de Bretagne'

Très populaire au XIXᵉ siècle, elle n'est plus aujourd'hui qu'une relique, mais pourrait reconquérir les jardins septentrionaux : elle se reproduit assez fidèlement par semis, assure-t-on.

Le 'Camus de Bretagne' est, lui, bien implanté dans les potagers, notamment dans l'Ouest et le Sud-Ouest, et chez les maraîchers : il représente près de 80 % de leur production. C'est une plante vigoureuse, qui forme de grosses pommes globuleuses vert amande, légèrement déprimées au sommet, au fond charnu. Il se pourrait que le 'Camus' ait pris pied dans les potagers de Bretagne, à Roscoff notamment, à la suite d'échanges avec des jardiniers anglais. C'est en tout cas une variété très ancienne (une gravure de 1581 représente un capitule qui lui ressemble fortement), et qui semble promise à un bel avenir.

Les Méridionaux préfèrent des têtes d'artichaut un peu plus petites, mais très goûteuses, et qu'on peut manger crues, à la poivrade : le 'Vert de Provence', à la pomme verte un peu allongée, cultivé autour d'Hyères, mais en net déclin ; et surtout le 'Violet de Provence', qui remonte peut-être au début du XVIIᵉ siècle, et fit les beaux jours des maraîchers provençaux au XIXᵉ. C'est une plante basse, au feuillage gris et aux capitules violets, qui se marbrent de vert en grossissant. Ils sont petits ; mais à un article paru dans *Le Gastronome* en 1830, qui les décrivait comme "avortés", un Provençal répondit qu'"en affaire de bouche, la qualité vaut mieux que la quantité". L'une n'empêche pas toujours l'autre, d'ailleurs : le 'Violet de Provence' se montre très productif – et aussi très variable en fonction du milieu où il est cultivé.

Les artichauts 'Cuivré de Bretagne', 'Noir d'Angleterre', 'Violet de Saint-Laud', 'Violet de Camargue'…, décrits par Vilmorin à la fin du XIXᵉ siècle, ont peut-être trouvé refuge dans des potagers accueillants. Une ancienne variété de l'Aude, le 'Capitoul', a vu sa culture renaître grâce à des maraîchers dynamiques. Mais il ne reste plus de trace du 'Sucré de Gênes', présenté au XVIIIᵉ siècle comme le *nec plus ultra* de l'artichaut. L'Italie a pourtant su conserver une diversité d'artichauts assez extraordinaire. Une soixantaine de variétés y sont encore couramment cultivées : 'Romaneschi', 'Ogni mese', 'Mazzaferata', 'Catanesi'… et le très réputé 'Liscio sardo', variété ancienne que l'allégorie de l'Eté d'Arcimboldo arbore en guise de fleur à la boutonnière.

> ### LE LEXIQUE DE L'ARTICHAUT
>
> Signe de l'intérêt que l'homme porte à ce végétal, le lexique de l'artichaut est riche de termes spécifiques souvent imagés : le capitule qui se développe au sommet de la hampe florale est le maître (en italien, la *mamma*), les suivants, plus petits, sont les ailerons. Maître et ailerons sont des pommes ou têtes d'artichaut dont on apprécie particulièrement les fonds, culs ou talons, en évitant les fleurs immatures, appelées foin, barbe ou coton. Enfin, les rejets que l'artichaut émet au printemps ont pour noms œilletons, mais aussi filles ou filleules, cabosses ou bâtons (s'ils sont à l'état dormant), et, en Bretagne, *drajin*, ou drageons.

Les artichauts sauvages

Il est assurément plus commode de cultiver les chardons domestiques (ou de les acheter) que de partir à la recherche de leurs cousins sauvages. Mais la curiosité peut pousser à parcourir le chemin qui ramène de la plante cultivée à la plante sauvage, pour découvrir le goût du "vrai" chardon, et comprendre encore mieux la persévérance des jardiniers à domestiquer ces végétaux armés.

La plupart des chardons sont comestibles. Seules deux espèces sont à proscrire : le chardon à glu *(Atractylis gummifera)*, qui peut être mortel, et le chardon béni *(Cnicus benedictus)*, aux propriétés médicinales importantes, mais qui peut s'avérer purgatif et vomitif si l'on en abuse.

Ramasser des plantes sauvages suppose de savoir les identifier, les cueillir sans les déraciner, sans prélever plus que nécessaire, et de choisir les stations où la plante pousse en abondance, à l'écart des routes et des champs où ont été épandus trop de pesticides et d'herbicides.

Des chardons sauvages, on peut manger les jeunes tiges crues pelées, croquantes et sucrées, les réceptacles des capitules en bouton – après en avoir retiré les bractées épineuses, ce n'est pas une mince affaire –, et les nervures centrales des grandes feuilles. Pour les préparer, il est utile de se munir de gants, et d'une paire de ciseaux pour débarrasser les feuilles de leurs piquants.

Enfin, il ne sera pas question ici des carlines ; non qu'elles ne soient pas bonnes à manger, mais leur rareté exige qu'on les laisse terminer leur vie là où elles ont choisi de croître – notamment la carline à feuilles d'acanthe, celle qu'on clouait sur les portes pour éloigner le mauvais œil ou comme fleur-baromètre : elle ne fleurit qu'une fois, et meurt après avoir produit les graines qui assureront la survie de l'espèce.

• *L'onopordon, ou pet-d'âne*
Ce chardon spectaculaire – l'*Onopordium acanthium* peut atteindre 1,80 mètre de haut – se plaît dans les friches, les prairies sèches, près des lieux habités et enrichis par les hommes. On peut aussi le cultiver en en récoltant les graines. C'est une bisannuelle, qui fleurit donc la deuxième année.

Tout en lui est particulièrement épineux : ses bractées, ses feuilles, ses tiges ailées. Une fois dépouillés de leur armure, les jeunes réceptacles sont comestibles – mais demandent à être blanchis pour perdre leur amertume –, de même que les côtes des feuilles, qui se préparent comme des cardons.

• *Le cirse maraîcher, ou chardon des potagers*
Il semble que ce cirse *(Cirsium oleraceum)* ait jadis été cultivé dans les potagers d'Irlande, pour en consommer les jeunes pousses. On le rencontre à l'état sauvage dans le nord et l'est de la France, dans les marécages, les lieux humides. Ce grand chardon peu piquant se reconnaît à ses feuilles molles, embrassantes, profondément découpées, et à ses capitules jaune pâle, enveloppés de feuilles entières vert-jaune.

Les feuilles du cirse maraîcher se consomment à la manière de celles de la blette ; leur nervure, comme des cardons ; et les petits réceptacles, crus ou cuits, avant leur épanouissement.

• *Le chardon-marie*
Il doit son nom à une légende qui associe les marbrures blanches de ses feuilles au lait de la Vierge, mais ceux qui le recherchent pour ses cardes ou ses capitules de belle taille (5 à 8 centimètres) l'appellent simplement "artichaut sauvage".

Le chardon-marie *(Silybum marianum)* était très apprécié sur les bords de la Méditerranée, où il pousse spontanément au bord des chemins, près des lieux habités. En Algérie, on le vendait sur les marchés. Il faut cependant du courage pour s'attaquer aux feuilles et aux capitules de ce grand chardon ornemental : leurs bractées se terminent par une longue épine acérée, et les piquants des feuilles sont particulièrement féroces.

L'onopordon   *Le chardon-marie*

III. LA CULTURE DES CHARDONS DOMESTIQUES

Il a sans doute fallu aux jardiniers carthaginois, andalous, italiens… bien des tâtonnements, des expérimentations pour parvenir à tirer le meilleur des chardons domestiques. Car bien qu'elle ne soit pas difficile, la culture de l'artichaut et du cardon demande certains savoir-faire – dont bénéficient les jardiniers d'aujourd'hui.

L'artichaut, un légume vivace

L'artichaut, comme l'asperge ou la fraise, est une plante qui s'installe durablement au potager. En pratique, on renouvelle l'artichautière tous les quatre ou cinq ans, pour éviter de voir la production décliner trop fortement, mais dans des conditions idéales, on pourrait la conserver bien plus longtemps. Il importe donc de choisir avec soin sa place, et de bien la préparer.

• *L'artichautière*
La culture de l'artichaut demande de la place : un mètre carré par pied. Mais dans les petits jardins, il est toujours possible de n'installer que quelques pieds – au fond d'un massif de plantes à feuillage gris, par exemple.

Ceux qui disposent de plus d'espace choisiront pour leur artichautière un lieu bien exposé, au sol profond, riche et bien drainé – l'artichaut est un légume gourmand et très sensible à l'asphyxie racinaire. Il tolère bien le sel, par contre – comme le cardon, on pourrait le cultiver presque jusqu'en bord de mer –, et ne souffre pas trop du vent. En terrain sableux ou calcaire, les capitules resteront plus petits ; en terrain argileux, la maturité sera plus tardive. Mais l'artichaut saura modérer ses exigences si le jardinier lui offre un sol bien préparé, bien fumé, et suffisamment d'eau.

La préparation du sol est d'autant plus importante que l'artichaut séjourne plusieurs années au même endroit : il faudra donc supprimer toutes les racines d'herbes vivaces (liseron, chiendent…) qui lui feraient concurrence, et tâcher d'obtenir, à la grelinette ou à la bêche, un sol meuble sur 40 centimètres environ. Ce travail sera effectué assez tôt pour que le sol ait le temps de se tasser : l'artichaut redoute les sols "creux". Si le sol est lourd ou mal drainé, le mieux sera d'établir l'artichautière sur des planches en butte – les sillons, fermés aux deux bouts, permettent dans ce cas d'irriguer.

"L'artichaut ne profite sans graisse et bonne nourriture", écrit Olivier de Serres. Le jardinier veillera donc à lui en apporter en suffisance : 5 kilos au mètre carré de fumier bien décomposé lors des travaux de préparation du sol, et tous les ans, au moment de l'œilletonnage (en mars), 3 kilos de compost à chaque pied. En cours de croissance, des fertilisations foliaires à base de purin de plantes ou d'algues seront bienvenues si la plante montre des signes de faiblesse.

Il ne faudra pas négliger non plus les apports d'eau : l'artichaut, plante vigoureuse au feuillage abondant, en consomme beaucoup, surtout quand la température s'élève au-dessus de 20 °C, et son enracinement relativement peu profond ne lui permet pas d'aller chercher très loin les réserves en eau du sol.

• *L'hiver, une saison redoutable*
L'artichaut souffre de la sécheresse, mais l'hiver est également pour lui un moment difficile, car il ne supporte ni les grands froids ni l'humidité stagnante. Les premiers dégâts apparaissent dès que le thermomètre tombe au-dessous de 0 °C, et la souche meurt si les températures se maintiennent plusieurs jours autour de - 10 °C. Par chance, l'artichaut entre en repos à la fin de l'automne, et le jardinier peut l'aider à passer le cap de la mauvaise saison.

En novembre ou décembre – le plus tard sera le mieux, car "le moins qu'on peut tenir emmentelées ces plantes-ci, est le meilleur", dit Olivier de Serres –, on coupe donc les grandes feuilles de l'artichaut à 25 centimètres du sol, on recouvre le cœur de la plante de feuilles bien sèches (chêne, châtaignier…) ou de paille, puis on butte le

Un pied d'artichaut en fleur

> ### LE FROID QUI FAIT FLEURIR
>
> Le cardon et l'artichaut, comme beaucoup d'autres plantes, ont besoin de froid pour fleurir – ce processus s'appelle la vernalisation. L'exposition au froid des bourgeons entraîne une modification de l'équilibre hormonal d'où résulte l'aptitude à fleurir. La période de froid nécessaire varie selon chaque espèce, et peut être mesurée : l'artichaut a ainsi besoin d'environ 200 heures de températures inférieures à 10 °C.
>
> Il en découle des conséquences importantes pour le jardinier désireux de semer cardons et artichauts. Pour obtenir des côtes tendres, il sèmera assez tard le cardon, pour que ses besoins en froid ne soient pas satisfaits et qu'il ne fleurisse pas – à moins qu'il ne le cultive pour le plaisir des yeux et des papillons. Pour l'artichaut dont, au contraire, on recherche les fleurs, le jardinier impatient essaiera de semer assez tôt pour que la jeune plante, exposée à un froid suffisant, fleurisse dans l'année.
>
> L'aptitude à fleurir se transmet à tous les bourgeons issus par multiplication végétative de la plante qui a subi la vernalisation : le jardinier qui plante des œilletons d'artichaut n'a donc pas à s'en soucier – mais ne doit pas oublier que la floraison dépend aussi d'autres facteurs : la maturité de la plante et la satisfaction de ses besoins alimentaires.
>
>

pied sur 15 centimètres de haut, en prenant garde que la terre ne pénètre pas jusqu'au cœur, car elle risquerait de le faire pourrir. Si le temps se radoucit, il est bon de découvrir la plante dans la journée, et de la recouvrir la nuit.

En mars, quand le temps redevient doux, on débutte les pieds d'artichaut, progressivement, car la plante qui a passé l'hiver sans lumière est encore fragile.

Un hiver particulièrement rigoureux peut cependant détruire l'artichautière : il ne reste plus au jardinier qu'à se procurer des œilletons pour renouveler sa plantation – ou à essayer le semis d'artichaut.

• *Le hasard du semis*

Le semis d'artichaut a mauvaise presse : on lui reproche de donner des plants parfois épineux, peu conformes à la variété désirée, qui mettent longtemps à produire. Il est vrai qu'il y a toujours une part d'incertitude puisque l'artichaut, plante allogame, se croise facilement avec d'autres variétés d'artichaut ou avec le cardon. On a déjà vu comment avancer la mise à fleur de l'artichaut, en semant suffisamment tôt pour assurer la vernalisation. Et il reste que le semis donne des plants vigoureux et rustiques, et parfois l'heureuse surprise d'une variété nouvelle et intéressante. Il permet aussi de reconstituer à moindres frais une artichautière décimée par le gel et, dans les régions vraiment froides, en cultivant l'artichaut comme une plante annuelle, de récolter des capitules à la fin de l'été. On trouve ainsi des témoignages de jardiniers des environs de Moscou ou du Canada qui n'épargnent pas leurs efforts pour satisfaire leur goût du chardon domestique.

On peut semer sous abri dès janvier ou février, en godets, à une température de 18 à 20 °C. Les plants apparaissent au bout d'une dizaine de jours. Ils seront mis en place en mai, bien au large (on compte environ un mètre en tous sens), après avoir été exposés à un froid relatif (moins de 10 °C) pendant plus de deux semaines.

Si le semis a lieu avant le début d'avril en Bretagne, le jardinier a toutes chances de récolter ses premiers artichauts à l'automne. En région méditerranéenne, il est souvent plus difficile de satisfaire les besoins en froid du jeune

Un pied d'artichaut butté

artichaut, et d'obtenir des capitules l'année du semis. Le jardinier doit se montrer plus patient, de même que celui qui préfère semer en pleine terre, en avril ou en mai, trois ou quatre graines dans des poquets de compost également espacés d'un mètre en tous sens, pour ne garder ensuite que le plus beau plant : la récolte débutera au printemps suivant.

Au XVIe siècle, Estienne et Liébault affirmaient que pour obtenir des artichauts non épineux, il suffisait de rogner la pointe de la graine avant de la mettre en terre. Mais les lois de la génétique n'ont pas confirmé cette pratique : le caractère épineux, récessif, est plus profondément ancré au cœur de l'embryon.

• *L'œilletonnage, ou les filleules de l'artichaut*
Le plus souvent, c'est en prélevant les rejets qui naissent chaque année au pied de l'artichaut – les œilletons, ou filleules – que le jardinier agrandit son artichautière, la renouvelle, ou approvisionne en plants les jardins de ses voisins ou amis. Car il est de toute façon nécessaire de "chastrer l'artichau, c'est-à-dire, le descharger ou retrancher des jettons inutiles qui s'y multiplient", comme l'explique

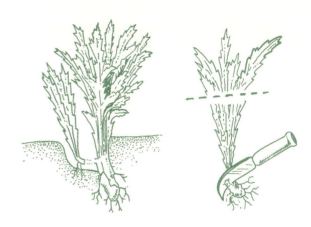

Une filleule d'artichaut

Olivier de Serres – sous peine de voir les pieds s'épuiser rapidement. En dernier recours, les côtes des œilletons superflus peuvent être consommées, après qu'on a éliminé le limbe des feuilles, extrêmement amer.

L'œilletonnage a lieu en mars ou, dans le Midi et en terrain bien drainé, à l'automne. Les jardiniers impatients peuvent aussi placer des œilletons dans des godets de compost à l'automne, leur faire passer l'hiver à l'abri du gel, et les replanter dès les premiers beaux jours : ils récolteront plus tôt.

Cette opération requiert certaines précautions : au sortir de l'hiver, après que les plants ont été débarrassés de leur couverture et lorsque les feuilles atteignent 20 à 30 centimètres, le jardinier doit déchausser délicatement la souche pour découvrir la naissance des nouvelles pousses, et prélever celles-ci au couteau ou à la serpette, avec un talon pourvu de quelques racines, sans blesser le vieux pied. Il aura soin de conserver à ce dernier deux ou trois rejets bien répartis autour de la souche, pour en assurer la renaissance.

On conseille en général d'éliminer les œilletons trop petits, qui ne fleuriraient pas la première année, ou trop gros, qui reprendraient difficilement. Ceux qui émergent plus tardivement seraient les meilleurs – car ils prennent naissance sur la partie la plus profonde de la souche.

Ensuite, le jardinier doit "habiller" l'œilleton : raccourcir les feuilles à 15 centimètres environ, nettoyer ou araser la plaie du talon si nécessaire, et praliner les racines dans un mélange de bouse, de terre et d'eau pour assurer une meilleure reprise.

LA MAISONNETTE DE L'ARTICHAUT

"J'ai vu manœuvrer un jardinier d'après des principes plus réfléchis : il ne buttoit point, mais il environnoit les pieds d'artichaut dont les feuilles étoient liées, avec des briques & des carreaux. Le côté du midi étoit plus élevé ; un large carreau servoit de porte, & la partie supérieure étoit recouverte par de longues tuiles. Dès que le temps étoit doux, il ouvriroit la porte de la maisonnette, la plante recevoit les rayons du soleil ; s'il pleuvoit, s'il faisoit froid, la porte étoit refermée, & la maisonnette recouverte de paille […]. C'est par ce procédé qu'on traitera de minutieux, qu'en 1776 il ne perdit pas un seul pied d'artichaut, malgré le froid excessif de cette année : il fut de seize à dix-sept degrés [au-dessous de zéro]."
Abbé Rozier, *Cours complet d'agriculture*, Paris, 1785.

Il ne lui reste plus qu'à planter sans tarder les œilletons dans le sol bien préparé et bien fumé, toujours à bonne distance les uns des autres, de préférence en quinconce, en ménageant une petite cuvette à chaque pied. Un arrosage permet de bien plomber le sol, et un paillage d'offrir au jeune plant un milieu protégé. Il faudra continuer à arroser régulièrement jusqu'à ce que les œilletons montrent des signes de reprise – au bout d'un mois environ.

• *Les bons soins du jardinier*
Une fois les plants bien installés, l'entretien de l'artichautière se résume à des sarclages et des arrosages réguliers.

Tant que le feuillage ne couvre pas le sol, le jardinier doit donc veiller à limiter la concurrence des herbes non désirées par des sarclages superficiels – pour ne pas blesser les pieds. Il sera peut-être tenté, la première année, d'intercaler entre ses jeunes plants des cultures de radis, de salades, d'oignons, qui n'occuperont pas le sol trop longtemps.

En matière d'eau, le chardon cultivé ne se satisfait plus de la sécheresse du climat méditerranéen. Il n'aime pas non plus l'excès inverse, d'ailleurs. L'idéal serait un sol en permanence frais et humide, mais non détrempé. On comprend que l'artichaut se plaise particulièrement en Bretagne. Ailleurs, le jardinier arrosera souvent, mais peu à la fois, et surtout quand les capitules commencent à se former : leur qualité en dépend.

Un bon paillage organique permet tout à la fois de maintenir le sol frais entre deux arrosages et de prévenir l'invasion des mauvaises herbes – mais ne saurait dispenser le jardinier de surveiller attentivement son artichautière.

• *Le mulot, la mouche et le puceron*
Par chance, les animaux, insectes ou petits champignons amateurs d'artichaut ne sont pas très nombreux au potager, et les auxiliaires du jardinier peuvent se charger de les limiter.

"Le mulot, la mouche et le puceron, écrivait M. de Combles en 1749, tourmentent beaucoup l'artichaut chacun dans sa saison." Pour éviter les dégâts du premier, qui parfois élit domicile en hiver dans les artichautières et ronge les racines charnues, il conseille de planter quelques pieds de blette, dont la racine serait encore plus tendre – la blette et la betterave sont de proches cousines –, ou encore de détourner l'attention des petits rongeurs avec des graines de potiron, dont ils sont friands… Deux solutions assurément moins dangereuses que les appâts empoisonnés qui sont souvent proposés au jardinier d'aujourd'hui.

Contre la mouche et le puceron, M. de Combles conseille de fréquents arrosages. La mouche de l'artichaut, dont les larves minent les feuilles, surtout dans le Midi, ne semble plus être de nos jours une ennemie redoutable dans les potagers. Par contre, les pucerons suceurs de sève sont parfois très offensifs, surtout en climat océanique, et peuvent transmettre à l'artichaut de graves virus. Les maraîchers professionnels disposent, avec une chrysope nommée *Chrysoperla lucasina*, d'un allié efficace – les jardiniers se procureront plus facilement des larves de coccinelles, grandes prédatrices de pucerons, ou auront recours à des poudrages de lithothamne, qui asphyxient les pucerons.

Quelques champignons s'intéressent également à l'artichaut : le "meunier" (*Bremia lactucae*), qui prospère dans les situations abritées et humides, et l'oïdium (*Leveillula taurica*), qui, au contraire, se développe dans une atmosphère sèche. Leurs symptômes sont assez proches – des taches jaunes ou brunes sur la face supérieure des feuilles, et un feutrage blanchâtre. Des poudrages de lithothamne peuvent circonscrire les attaques d'oïdium – le soufre, remède habituel dans ce cas, est particulièrement toxique pour l'artichaut. Mais ces attaques sont surtout des signes de faiblesse : les plants sont trop rapprochés et l'air circule mal, ou ont souffert d'un stress (sécheresse, froid…), d'une carence. Les soins attentifs du jardinier permettent la plupart du temps d'éviter ces écueils. Dans les potagers, le gel et l'eau stagnante sont plus meurtriers que le mulot, la mouche et le puceron.

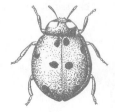

La coccinelle et sa larve

COMMENT OBTENIR DE GROS ARTICHAUTS

"Ceux qui aiment le merveilleux & qui réfléchissent peu, ont donné comme un moyen assuré de faire grossir les fruits, de couper les feuilles à leur sommet ou par moitié lorsque le fruit commence à paraître. Ce conseil ressemble à celui-ci : coupez les doigts des pieds de l'homme, il en marchera plus vite. Eh quoi, toujours contrarier la nature ! Ces auteurs ne savent donc pas que les feuilles tiennent lieu de poumons dans les plantes […] ?"

Abbé Rozier, *Cours complet d'agriculture*, Paris, 1785.

Un peu plus loin, l'abbé Rozier conseille une autre méthode, pourtant étonnante, mais que d'autres auteurs semblent avoir expérimentée avec succès : fendre la tige en croix sous le fruit, glisser dans les fentes des "brins de feuilles" pour les maintenir entrouvertes, et les protéger du soleil. "Cette opération, toute simple qu'elle est, fait doubler & tripler le volume de l'artichaut." A essayer, mais avec prudence…

La récolte

Au printemps, mieux vaut ne pas laisser trop grossir les capitules si on veut assurer une récolte automnale. Et dans tous les cas, il est conseillé, dès que les capitules sont cueillis, de rabattre sans délai les tiges le plus près de la souche, pour permettre au pied d'artichaut de commencer à préparer la production future.

Enfin, si, lorsque les gelées menacent, les pieds portent encore des capitules, il est possible de couper les tiges sur toute leur longueur, et de les planter dans 20 centimètres de sable, dans une serre ou un abri bien éclairé. Elles se conserveront ainsi un à deux mois, et il arrive même parfois que les capitules continuent à grossir.

Ainsi va l'artichautière pendant quelques années. Puis elle commence à donner moins de beaux capitules : il est temps de choisir un nouvel emplacement et de le préparer. On y plantera au printemps des filleules détachées des anciens pieds, ou des plants issus de semis. Et puisque "tout s'emploie en ce mesnage", comme l'écrit Olivier de Serres, il reste encore à lier les cardes d'artichaut, et à les blanchir comme on le fait pour celles du cardon. Au dire de M. de Combles, elles ont "beaucoup plus de finesse et de goût".

• *Le plaisir de la récolte*
C'est en été, de juin à septembre, que le jardinier, en Bretagne et dans l'Ouest, connaît le plaisir de la récolte, tandis que dans le Midi, il peut cueillir les premiers artichauts au printemps, et continuer à en récolter de plus petits à l'automne, s'il a pu irriguer pendant l'été. Selon le lieu, la variété, les soins qui lui ont été prodigués, un pied d'artichaut donne de quatre à dix capitules par an, de façon échelonnée.

On cueille l'artichaut en bouton, juste avant que les bractées ne s'écartent et que les fleurons n'apparaissent – il serait alors trop tard pour le consommer. La récolte a lieu le matin, au fur et à mesure des besoins. A l'aide d'un couteau bien aiguisé, on tranche la tige à 15 ou 20 centimètres au-dessous du capitule – pour pouvoir conserver quelques jours l'artichaut dans un vase rempli d'eau, et aussi parce que la moelle des tiges est savoureuse.

Le cardon, "fruit du jardin d'hiver"

Le jardinier amateur de chardon domestique trouvera à satisfaire ses goûts même en hiver : car c'est à ce moment-là que se récoltent les cardons, "jusqu'à ce que l'abondance des pommes d'artichau les oste de quartier", dit encore Olivier de Serres. Du semis à la récolte, six mois se seront écoulés, pendant lesquels le cardon croît, d'abord lentement, à la lumière, puis s'attendrit dans le noir.

• *Un sol riche pour des côtes tendres*
Le cardon sauvage montrait déjà une prédilection pour les terrains enrichis en substances organiques. Elle s'est encore renforcée chez le cardon des potagers, qui est un légume

vorace. Le jardinier apportera donc, lors des travaux de préparation du sol (en début d'hiver en sol argileux, en fin d'hiver en sol léger), du fumier bien décomposé (5 kilos au mètre carré) ou du compost mûr (3 kilos au mètre carré), et soutiendra en été la croissance du cardon par des arrosages au purin de plantes (de consoude, notamment, riche en potasse). Le cardon préfère également les sols profonds – sa racine pivot peut plonger jusqu'à 50 centimètres – et peu calcaires – la qualité des côtes s'en ressent. Mais il est cependant assez accommodant, et se contentera d'un sol caillouteux ou plus pauvre si celui-ci est bien drainé, et si les arrosages ne lui font pas défaut.

De sa Méditerranée natale, le cardon a conservé une certaine hantise du froid : il supporte de petites gelées à l'automne, mais au-dessous de - 5 °C, il est définitivement perdu. Il faudra donc le récolter avant les fortes gelées, ou l'arracher avec une motte de terre et l'abriter dans une cave. A la différence de son cousin l'artichaut, le cardon n'a donc pas à affronter les rigueurs de l'hiver en pleine terre : on peut le cultiver presque partout en France.

Comme pour toutes les cultures potagères, on conseille d'attendre deux ou trois ans avant de replanter le cardon au même endroit, et d'éviter de le cultiver là où ont poussé précédemment d'autres membres de sa famille botanique : l'artichaut, bien sûr, mais aussi les laitues, scaroles... Il peut succéder à tout légume peu exigeant, et apprécie tout particulièrement le sol meuble et enrichi que laissent les engrais verts qui ont poussé de l'automne au printemps.

• *Chi va piano...*
Contrairement à l'artichaut, le cardon se cultive presque toujours à partir de la graine. La multiplication par œilleton permettrait d'obtenir chaque été de petits capitules, ou de belles fleurs, mais il semble que ce soit au détriment de la tendreté des cardes.

Pour que les besoins en froid du cardon ne soient pas satisfaits, et qu'il ne fleurisse donc pas dans l'année du semis, le jardinier ne doit pas se montrer trop pressé. Deux solutions s'offrent à lui : il peut semer sous abri, à la température de 18 à 20 °C, en godets de compost. La levée a lieu en une dizaine de jours, et les plants sont mis en place en mai, lorsqu'ils atteignent 15 centimètres, espacés d'1 mètre en tous sens.

LA RÉCOLTE DES GRAINES

Pour recueillir des graines de cardon, mieux vaut ne laisser fleurir qu'une seule variété, pour éviter les risques d'hybridation.

Il faut d'abord choisir un pied vigoureux, correspondant bien à la variété désirée, et lui laisser passer l'hiver en pleine terre, sans oublier de le protéger du froid, comme un pied d'artichaut.

Au début de l'été, il va fleurir. On peut en consommer les capitules en bouton, sauf deux ou trois qu'on laisse s'épanouir et qu'on protège de la pluie dès qu'ils ont perdu leur belle couleur.

En septembre, les graines seront mûres, il ne restera plus qu'à les récolter et à les stocker dans un endroit sec. Elles conservent facilement leur faculté de germination 5 à 7 ans.

Les graines d'artichaut se recueillent de la même façon et restent viables aussi longtemps.

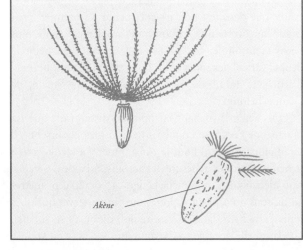

Le jardinier peut également semer en pleine terre – dans ce cas, la préparation du sol en surface devra être particulièrement soignée. Au début de mai, il installera donc trois ou quatre graines dans des poquets de compost espacés eux aussi d'1 mètre en tous sens, et arrosera pour faciliter la levée. Il suffira ensuite d'éclaircir les plants lorsqu'ils atteignent quelques centimètres, pour n'en conserver qu'un par poquet.

Au début, la croissance du cardon paraît bien lente. Pour éviter que le grand espace qui lui est réservé ne se couvre d'herbes non désirées, il est bon de pailler le sol, dès que celui-ci est assez réchauffé. Il est possible de profiter de l'espace libre pour implanter des cultures intercalaires à la croissance plus rapide, qui laisseront place nette à la fin de juillet, quand le cardon commence à prendre une taille imposante. Olivier de Serres conseille de le semer en ligne parmi des rangs d'oignons, mais on peut aussi intercaler des radis, des salades, des épinards…

Sans eau, le cardon ne donnerait que des côtes dures et amères, et comme il effectue la plus grande partie de sa croissance en été, le jardinier doit être particulièrement exact à lui en donner : ni trop, ni trop peu, mais régulièrement. La réussite du cardon dépend beaucoup d'une croissance sans à-coups, donc d'un bon approvisionnement en eau et en éléments nutritifs.

Le paillage permet de maintenir en été le sol plus frais, et dispense le jardinier de la nécessité de sarcler. Par ailleurs, le cardon n'a que peu d'ennemis dans les potagers : il peut arriver parfois que des chenilles de noctuelle s'attaquent au collet des plantes, ou que des pucerons viennent sucer la sève des feuilles. Mais les dégâts ne justifient pas en principe une intervention du jardinier. Il ne reste donc plus à celui-ci qu'à soigner ses autres légumes – pourvu qu'il n'oublie pas les arrosages réguliers.

• *L'art du blanchiment*

En octobre, lorsque le cardon a fini sa croissance, il est temps de le blanchir, pour l'attendrir et lui ôter son amertume. Le blanchiment est une opération traditionnelle, où se révèle le savoir-faire du jardinier. Il consiste à priver la plante de lumière en la cultivant dans un milieu obscur (on parle alors plutôt d'étiolement) ou en l'enveloppant dans un écran opaque. La fonction chlorophyllienne ne s'accomplit

> ### LE BLANCHIMENT, UNE OPÉRATION PÉRILLEUSE
>
> "Pour éviter les épines du cardon de Tours, deux hommes en face l'un de l'autre, le saisissent & l'embrassent par le pied, chacun avec une fourche de bois. Ils font glisser leur fourche jusque vers l'extrémité des feuilles ; alors ils serrent les fourches le plus qu'ils peuvent contre la plante, en les fixant en terre par l'autre bout ; ensuite ils approchent du cardon & placent leurs liens. Un seul homme peut faire cet ouvrage [mais] l'opération se fait mieux par deux hommes, dont l'un embrasse et arrange les feuilles du cardon, & l'autre met les liens ; mais il faut que le premier soit vêtu et ganté de bonne peau."
>
> Abbé Rozier, *Cours complet d'agriculture*, Paris, 1785.
>
>

plus, et le goût amer disparaît. Cela ne va pas sans une contrepartie : dans le même temps, la plante devient particulièrement sensible à la pourriture, et perd aussi une partie de ses vitamines et de ses sels minéraux.

Les jardiniers qui souhaitent blanchir leurs céleris, endives, cardons, scaroles… ont à leur disposition tout un petit matériel : pots, assiettes, tuyaux en terre cuite, disques de bois… Pour les cardons, Olivier de Serres conseillait, mais seulement "en pays d'abeilles", de les enfermer dans des ruches vides emplies d'un mélange de terre et de fumier, puis couvertes pour empêcher la pluie de pénétrer.

On utilise aujourd'hui des méthodes plus simples. Après avoir supprimé les feuilles jaunies ou abîmées, on lie les feuilles bien sèches en deux ou trois points. (Avec les variétés inermes, cette opération est assez simple. Les variétés épineuses ne se laissent pas faire aussi facilement.) Ensuite, on enveloppe le cardon d'un paillasson ou d'un carton fort – le plastique provoquerait trop de condensation, et augmenterait les risques de pourriture –, et on butte la plante sur 30 centimètres, car le pied ainsi emmailloté est très sensible au vent. Il suffira de trois à quatre semaines pour que les cardes, devenues blanc ivoire, soient prêtes à être consommées.

D'autres procédés sont utilisés : en Italie, dans les régions à climat doux, les maraîchers couchent les cardons contre le sol après avoir lié leurs feuilles, puis les recouvrent de terre. Les plantes prennent alors un aspect déformé caractéristique. Et dans le nord de l'Espagne, les cardons sont buttés sur près d'un mètre de hauteur.

Là où le gel n'est pas trop fort, il est bon de prévoir des blanchiments successifs, car un légume blanchi ne se conserve pas longtemps. Dans les régions moins clémentes, mieux vaut arracher les derniers pieds avec une grosse motte de terre avant les fortes gelées, et les placer dans une cave à l'abri du gel, à l'obscurité. Les cardons blanchiront lentement, et peuvent se conserver jusqu'en mars. C'est ainsi que les maraîchers lyonnais "travaillent" leurs cardons : tout l'art consiste à apporter l'air, la température et l'obscurité nécessaires pour obtenir un légume blanchi à point.

Le blanchiment du cardon

IV. LES VERTUS DE L'AMER

L'artichaut et le cardon partagent avec les chardons, qu'a longtemps employés la médecine populaire, des propriétés thérapeutiques aujourd'hui confirmées : ils sont dépuratifs, diurétiques, stimulent le foie et la vésicule biliaire. Ces vertus n'ont pourtant pas été toujours reconnues ; on préférait parfois attribuer aux chardons domestiques des qualités aphrodisiaques plus précieuses aux yeux des humains. Les unes et les autres ne résident d'ailleurs pas dans les mêmes parties de nos deux légumes : les secondes auraient eu leur siège dans les capitules tendres et charnus, alors que les premières se concentrent dans la racine et le limbe de la feuille, extrêmement amer et assurément moins plaisant.

De curieuses propriétés

Parmi les vertus qui ont été attribuées aux chardons domestiques depuis que les hommes ont entrepris de les cultiver, certaines paraissent bien curieuses aujourd'hui : Pline rapportait par exemple que le suc du *carduus*, "pilé et exprimé avant la floraison", faisait repousser les cheveux. Quelque douze siècles plus tard, Ibn al-Baytâr, botaniste et médecin de Malaga, dans son *Traité des simples*, cite encore cette propriété qu'aurait la décoction d'artichaut, mélangée à du cérat, de lutter contre l'alopécie.

Plus étonnant encore, sans doute : Pline rapporte, avec un peu de scepticisme, que le *carduus* "a quelque influence sur la procréation des garçons" – jusqu'à la fin du Moyen Age, plusieurs auteurs vont reprendre à leur compte cette croyance, qu'aucun élément n'est venu étayer.

Les propriétés "échauffantes" de l'artichaut et du cardon ont quant à elles accompagné la grande vogue de l'artichaut, qui s'est fait jour à la Renaissance. On en trouvait déjà trace dans le *Traité des correctifs des aliments* de Rhazès, au Xe siècle, mais c'est entre le XVIe et le XVIIIe siècle que les vertus aphrodisiaques des chardons domestiques ont suscité le plus d'espoirs et de commentaires.

Ainsi, un médecin du XVIIe siècle, Bauderon, conseillait la consommation des tiges de cardon confites dans du sucre

D'après Basile Besler, 1613

pour "émouvoir au jeu des dames les plus couards et maléficiés". Les cris des marchands ambulants et les chansons populaires se chargeaient alors de répandre cette réputation auprès du plus grand nombre :

> *Colin mangeant des artichaux*
> *Dit à sa femme : Ma mignonne*
> *Goûtes-en, ils sont tout nouveaux ;*
> *[…] La belle avec un doux maintien*
> *Lui dit : Mange-les, toi que mon cœur aime,*
> *Car ils me feront plus de bien*
> *Que si je les mangeois moi-même.*

L'artichaut et le cardon rejoignent là d'autres légumes auxquels les hommes ont voulu prêter des vertus aphrodisiaques : l'ail, le céleri, l'asperge, la tomate (lors de son introduction en Europe) ont joui de la même réputation, que rien ne vient vraiment justifier, au-delà du plaisir gustatif que ces légumes procurent. L'*Encyclopédie* de Diderot et d'Alembert l'affirmait d'ailleurs avec prudence à propos des chardons domestiques, dès la fin du XVIIIe siècle : "On a prétendu que les têtes d'artichaut étaient aphrodisiaques ; cette propriété n'est rien moins que prouvée, quoi qu'en dise le préjugé, & tout au moins s'il est permis de les regarder comme tels, ce n'est que par la vertu excitante très générale qui leur est commune avec une infinité d'aliments."

L'artichaut, ou l'amer qui tonifie

Si l'avis de l'*Encyclopédie* en ce qui concerne les propriétés aphrodisiaques de l'artichaut et du cardon semble assez raisonnable, ses rédacteurs ont eu cependant tort d'affirmer que "l'usage médicinal de cette plante est presque nul". Les vertus des capitules et des cardes ne vont pas au-delà du plaisir gustatif ; mais dans les racines et les feuilles résident des principes actifs, connus depuis longtemps et aujourd'hui reconnus.

La médecine populaire a ainsi longtemps eu recours aux chardons, sauvages ou cultivés, pour leurs vertus diurétiques, dépuratives, stimulantes de l'appétit et de la digestion. Les racines des carlines, du chardon-marie, les feuilles du chardon béni étaient ainsi employées en France. Au Maroc, où pousse en abondance l'ancêtre sauvage du cardon et de l'artichaut, la pharmacopée traditionnelle faisait appel au *Cynara cardunculus* var. *sylvestris* : pour soigner les affections du foie, on recommandait la consommation de côtes crues ou cuites, ou la décoction de racines.

Les chardons rejoignent ainsi d'autres Composées à saveur amère (la bardane, le pissenlit, la chicorée, l'eupatoire…) que la médecine populaire utilise aussi comme dépuratifs de l'organisme humain.

Ces plantes ne doivent pas seulement leurs propriétés aux principes amers qu'elles contiennent, mais il semble que les hommes ont très tôt établi une analogie entre l'amertume du végétal et le fiel animal ou humain, qui les a poussés à tester ces "biles végétales", pour reprendre l'expression de Pierre Lieutaghi, et à reconnaître leurs propriétés dépuratives.

On associe souvent aussi à l'amer des propriétés fébrifuges : le chardon béni

Le chardon béni

était employé pour combattre la fièvre, de même que le fut, à partir du XVIe siècle, la racine d'artichaut macérée dans du vin blanc, ou, dans le Berry, la poudre de feuilles séchées. L'introduction de la quinine – extraite de l'écorce amère d'un arbre tropical – mit fin peu à peu à ces usages traditionnels.

De nos jours, l'analyse des constituants de l'artichaut a permis à ce dernier de prendre place parmi les plantes médicinales importantes, en confirmant ses propriétés dépuratives. Elles sont dues d'abord à un principe actif nommé cynarine, qui aide les cellules du foie à se régénérer, stimule la sécrétion de la bile et possède la propriété d'abaisser le taux de cholestérol.

Par un phénomène de synergie, c'est associée aux autres constituants de l'artichaut (des acides, des sels de potassium qui stimulent les fonctions rénales, un principe amer nommé cynaropicrine…) que l'action de la cynarine se révèle la plus efficace.

Les feuilles et la racine de l'artichaut, récoltées en été puis séchées, entrent aujourd'hui dans la composition d'un certain nombre de spécialités pharmaceutiques dépuratives, ou sont utilisées sous forme de teinture mère ou d'extrait. Elles sont conseillées à ceux dont le foie se montre paresseux, qui sont atteints d'ictère, de goutte, d'arthritisme, ou dont le taux de cholestérol est trop élevé. Secondairement, les vertus dépuratives de l'artichaut aident à soigner les dermatoses (eczéma, prurit, urticaire…). Par contre, il n'est pas recommandé aux femmes qui allaitent d'avoir recours à l'artichaut : il entrave la sécrétion lactée.

L'infusion de feuilles d'artichaut ou la décoction de racines furent d'abord les seules façons de bénéficier des vertus de l'artichaut. Mais leur amertume puissante faisait de cette médication une épreuve redoutée. On a aujourd'hui plutôt recours à des gélules de poudre de feuilles, à l'extrait hydro-alcoolique ou à la teinture mère : Pierre Lieutaghi conseille l'extrait à raison de 0,6 à 1 gramme par jour, et la teinture à la dose de 50 à 100 gouttes par jour, dans un peu d'eau, en trois fois, un quart d'heure avant chaque repas.

Si les vertus de l'artichaut sont aujourd'hui prouvées, il ne faut bien sûr pas y avoir recours sans l'avis et le diagnostic d'un médecin. Il est bon également de s'interroger sur la qualité des plantes aujourd'hui offertes à notre consommation : on sait que l'artichaut, plus encore que d'autres plantes semble-t-il, a la propriété de stocker les nitrates, ainsi que les pesticides et herbicides utilisés au cours de sa culture. Il serait dommage que l'absorption d'un végétal pour ses vertus dépuratives aboutisse à l'effet contraire : l'intoxication de l'organisme par des résidus de substances dangereuses. Il est donc important de connaître la provenance des plantes employées, et d'avoir recours de préférence à des plantes issues d'une culture plus respectueuse du végétal et de celui qui le consomme.

Enfin, ceux qui n'apprécient que moyennement les saveurs amères pourront profiter des vertus apéritives de l'artichaut en préparant du vin d'artichaut. En voici la recette :

1 litre de bon vin blanc sec ; 150 g de feuilles et de tiges d'artichaut sèches et en morceaux ; 1 petit verre d'alcool à 90° ; sucre selon le goût.

Faire macérer les feuilles et tiges d'artichaut dans le vin pendant deux semaines. Filtrer, ajouter l'alcool, le sucre pour atténuer l'amertume. Bien mélanger, mettre en bouteilles et laisser vieillir au frais deux mois avant de consommer.

Cet apéritif peut également se préparer avec du vin rouge, et une dose moindre de feuilles d'artichaut (75 grammes).

L'artichaut 'Violet de Venise'

V. L'ARTICHAUT ET LE CARDON AU MENU

*Ainsi se termine
en paix
cette carrière
du végétal armé
qu'on appelle artichaut
[...] une écaille après l'autre
nous dévêtons
le délice
et mangeons la pâte pacifique
de son cœur vert.*

Pablo Neruda, "Ode à l'artichaut", *Odes élémentaires*, Gallimard, 1974.

Des légumes plutôt modestes

Modestes, l'artichaut et le cardon ne le sont assurément pas par la taille, ni par les plaisirs qu'ils procurent – mais d'un simple point de vue calorique. Mangé seul, l'artichaut ne procure en effet que 40 calories pour 100 grammes, et le cardon, 10 calories… car le blanchiment lui fait perdre une partie de ses substances nutritives (les protéines, notamment) et augmente sa teneur en eau. Le cardon conserve toutefois des sels minéraux précieux pour l'organisme humain (du potassium, du calcium…), mais bien moins de vitamines que la fleur d'artichaut ; celle-ci se distingue par une forte teneur en vitamines B1, B9 (ou acide folique) et C, et par la présence de fer, de manganèse, de phosphore, de potassium…

Le cardon 'Blanc ivoire'

Enfin, l'artichaut et le cardon renferment tous deux un glucide original, l'inuline, auquel ils doivent leur goût sucré et délicat, qui rappelle celui du salsifis, de la scorsonère ou du topinambour – autres membres de la famille des Composées qui en sont également gorgés. L'inuline, qui se décompose en fructose au cours de la digestion, est facilement assimilée par les diabétiques : pour ces derniers, l'artichaut et le cardon sont donc aussi des mets de choix.

Le savoir-faire du cuisinier

A ceux qui jugent la préparation de l'artichaut et du cardon longue et difficile, quelques conseils permettront d'aborder avec sérénité la cuisine des chardons domestiques.

• *Des mariages heureux*
En bons Méditerranéens, le cardon et l'artichaut se marient avec bonheur aux saveurs du Sud : le cardon s'accorde bien aux pois chiches, aux olives noires, aux anchois… – mais ne refuse cependant pas la compagnie de la crème fraîche ou de la sauce béchamel, comme dans la recette lyonnaise des cardons à la moelle : on les sert mêlés à de petits morceaux de moelle de bœuf pochée, et noyés dans une béchamel onctueuse. Les artichauts, eux, se marient particulièrement bien avec les fèves, les tomates, la saveur un peu acide de l'orange ou des citrons confits. Par contre, l'union du vin et de l'artichaut est souvent malheureuse. Crus ou cuits puis dégustés nature, les artichauts ne laissent pas le choix : on ne peut que les accompagner d'eau fraîche. Cuisinés, ils admettent avec plus de souplesse des vins blancs ou rosés, voire des vins rouges jeunes.

• *Choisir et conserver les artichauts*
C'est en arrachant une des bractées extérieures que le cuisinier reconnaît un bon artichaut : elle doit se détacher facilement, avec un bruit sec. On dit aussi qu'un bon artichaut doit être lourd par rapport à son volume, ses bractées, bien serrées, et sa tige, exempte de marques brunes.
On peut conserver les artichauts crus quelques jours, en les plaçant, comme toute fleur, dans un vase rempli d'eau légèrement sucrée et changée régulièrement. Cuits, par contre, il faut les consommer sans attendre, car des bacilles

> ### LA CARDONNETTE, UNE PRÉSURE VÉGÉTALE
>
> Les fleurons épanouis de l'artichaut et du cardon comme ceux de quelques autres chardons – possèdent la propriété de faire cailler le lait, et ont longtemps servi de présure végétale sur le pourtour méditerranéen, notamment en Espagne et en Languedoc. Olivier de Serres cite encore cet usage à titre de curiosité, mais préfère à la cardonnette la présure d'agneau ou de chevreau.
>
> Les curieux, donc, pourront essayer la recette suivante : pour 1 litre de lait, prendre une poignée de fleurons séchés. Les faire macérer quelques heures dans très peu d'eau tiède. Pendant ce temps, faire bouillir le lait, et le laisser refroidir jusqu'à 45 °C environ. Exprimer alors le jus des fleurons, le filtrer et l'ajouter au lait. Bien remuer et maintenir le tout à une température tiède : le lait caille en quelques heures.
>
> Selon une vieille recette andalouse, on peut ajouter du miel au lait avant de le faire cailler dans de petits moules, puis le déguster accompagné de figues.

Un fleuron d'artichaut

peu recommandables pour l'organisme humain s'y développent, qui leur donnent une teinte verdâtre, et occasionneraient des crampes d'estomac ou des diarrhées.

Juste avant de préparer les artichauts (crus ou cuits), il restera à casser leur tige à la main, pour entraîner les fibres dures qui, sinon, resteraient ancrées aux fonds. Enfin, une dernière précaution s'impose : l'artichaut s'oxyde rapidement ; on ne le travaillera qu'avec des couteaux en inox, et dans l'attente de la cuisson ou de la dégustation, on le plongera dans une bassine d'eau vinaigrée, ou l'on frottera de citron les parties coupées.

• *Les artichauts crus*
C'est ainsi qu'ils conservent intactes leurs substances nutritives, et que les gourmets retrouvent (ou découvrent) le goût délicat du chardon cultivé, teinté d'une pointe d'amertume. On choisira, pour les manger crus, de petits artichauts très frais : les 'Violet de Provence' conviennent particulièrement bien, assaisonnés d'huile d'olive et de sel, dégustés "feuille" à "feuille", ou coupés en très fines lamelles arrosées de jus de citron.

Le cardon peut d'ailleurs lui aussi se manger cru. Dans le Piémont, on le prépare à la *bagna cauda* : on sert d'une part, dans une jatte d'eau fraîche et vinaigrée, les cardons en morceaux, et d'autre part, sur un petit réchaud de table, une sauce à base d'ail, d'anchois pilés et d'huile d'olive – on peut y ajouter une truffe émincée. Il ne reste plus alors qu'à plonger les tronçons de cardon dans la sauce…

• *Cuire l'artichaut*
Ceux qui préfèrent cuire les artichauts pour les déguster à la vinaigrette auront de préférence recours à la cuisson à la vapeur, ou à défaut les plongeront dans l'eau bouillante, puis les laisseront s'égoutter la tête en bas, avant de les savourer encore tièdes. Dans un cas comme dans l'autre, l'artichaut est cuit lorsqu'une lame de couteau en transperce facilement le cœur.

De nombreuses recettes n'utilisent pas les artichauts entiers, mais n'en retiennent que les fonds ou les cœurs. Les fonds d'artichaut (le réceptacle charnu) s'obtiennent en effeuillant des artichauts cuits et en leur ôtant le foin. Ils s'utilisent principalement pour confectionner des entrées (mousses, salades composées…). On ne les confondra pas avec les cœurs d'artichaut, dont la préparation est différente.

• *Cœurs d'artichaut*
Avoir un "cœur d'artichaut", c'est être un peu volage, avoir le cœur trop tendre et le donner à autant de personnes qu'il y a de "feuilles" sur un artichaut… D'un point de vue strictement culinaire, c'est une façon de préparer les artichauts pour les farcir ou les cuisiner, en ne conservant que les parties les plus tendres.

Voici comment l'on procède : après avoir cassé la tige de l'artichaut, on arrache les premières rangées de bractées, qui seraient trop coriaces. Puis, à l'aide de ciseaux, on coupe la pointe des "feuilles" pour n'en conserver que la moitié inférieure. Enfin, on rogne au couteau le haut des bractées, encore un peu trop dur. Si l'artichaut doit être farci, il faudra encore lui retirer les bractées centrales et le foin, pour ne conserver qu'une couronne. Pour les autres recettes, on se contentera de couper les cœurs en quartiers ou en fines lamelles, après avoir retiré le foin s'il est trop développé.

• *Préparer le cardon*

Le cardon, avant d'être cuisiné, doit également faire l'objet d'une préparation spécifique. Il faut tout d'abord penser à se protéger : car le cardon laisse les doigts noirs, et des taches sur les vêtements, que le citron fait heureusement disparaître. On commence par dépouiller les cardes du limbe qui est, comme celui de l'artichaut, très amer, puis on les coupe en tronçons de 8 à 10 centimètres, dont on retire les peaux blanches et les fils, à l'aide d'un couteau économe. Pour éviter d'avoir à effiler le cardon, on peut préférer le couper en morceaux d'1 à 2 centimètres. Mais dans tous les cas, pour éviter que le cardon ne s'oxyde, on plongera les tronçons dans une bassine d'eau vinaigrée ou citronnée.

On fait cuire le cardon de 30 à 45 minutes dans de l'eau bouillante à laquelle on aura ajouté un peu de vinaigre ou de lait – le *nec plus ultra* étant de préparer un "blanc" (50 grammes de farine délayée dans un jus de citron et 1,5 litre d'eau), pour conserver aux côtes leur blancheur. Dès qu'il est cuit, le cardon doit être égoutté – et il ne reste plus qu'à l'accommoder suivant la recette choisie.

Recettes des bords de la Méditerranée

• *Cardons à la catalane*

> *1 kg de cardons coupés en tronçons et cuits ; 0,5 l de bouillon de poule ; 1 gousse d'ail hachée ; 30 g de pignons ; 30 g de raisins secs ; 1 cuillerée à soupe de farine ; sel, poivre, huile d'olive.*

Faire dorer à feu doux l'ail dans l'huile, puis ajouter la farine. Bien mélanger, puis délayer avec le bouillon. Ajouter les pignons et laisser cuire 15 minutes. Filtrer la sauce.

Placer les cardons dans une cocotte, parsemer des raisins secs et des pignons, napper de sauce, et laisser le tout mijoter encore 15 minutes. Vérifier l'assaisonnement et servir.

• *Cardons au cumin (Maghreb)*

> *1 kg de cardons coupés en tronçons et cuits ; 3 pommes de terre ; 4 cuillerées à soupe d'huile d'olive ; 1 cuillerée à café de piment doux ; 1 piment rouge sec ; 6 gousses d'ail ; 1 cuillerée à café de cumin ; citron, sel.*

Piler le piment sec égrené avec le cumin, le sel, puis l'ail, jusqu'à obtenir une pâte. Délayer avec très peu d'eau, puis verser cette pâte dans une sauteuse où l'on aura fait revenir le piment doux dans l'huile. Laisser mijoter à feu doux 10 minutes. Ajouter un verre d'eau, les pommes de terre en rondelles, puis, 5 minutes plus tard, les cardons. Laisser mijoter environ une demi-heure, et servir relevé d'un filet de jus de citron.

• *Cardons à l'anchois*

En Provence, on servait autrefois ces cardons le soir du 24 décembre, lors du "gros souper" dont le menu comportait des escargots, de la morue frite, des cardons, de la salade de céleri, de la fougasse à l'huile et les treize desserts.

> *750 g de cardons coupés en tronçons et cuits ; 1 oignon émincé ; 2 gousses d'ail hachées ; 4 filets d'anchois (ou plus, selon le goût) ; 50 g d'olives noires ; 50 g de farine ; 0,5 l de lait (ou de bouillon de volaille) ; fromage râpé ; sel, poivre, huile d'olive.*

Faire revenir dans une sauteuse l'ail et l'oignon, puis l'anchois. Ajouter la farine en remuant bien, puis le lait ou le bouillon chaud. Laisser cuire jusqu'à ce que la sauce épaississe. Y verser les cardons bien égouttés et, juste avant de servir, les olives et le fromage râpé.

• *Carciofini sott'olio (Italie)*

On emploie traditionnellement, pour préparer cette conserve d'artichauts à l'huile, de tout petits capitules très tendres, dont on ne conserve que les cœurs.

1 kg de cœurs de petits artichauts ; 4 verres de vin blanc ; 1 verre de vinaigre d'alcool ; 1 verre d'eau ; 1 cuillerée de sel fin ; 2 clous de girofle ; laurier ; poivre en grains ; huile d'olive ; des bocaux à fermeture hermétique lavés avec soin à l'eau chaude et au vinaigre.

Porter à ébullition le vin blanc, le vinaigre, l'eau et les aromates. Y plonger une dizaine de minutes les cœurs d'artichaut, puis les retirer à l'aide d'une écumoire et les laisser s'égoutter sur un torchon, la tête en bas.

Lorsqu'ils sont refroidis et bien secs, les placer très serrés dans les bocaux. Rajouter à chaque couche une feuille de laurier, des grains de poivre… Quand les bocaux sont pleins, verser l'huile d'olive sans couvrir complètement les artichauts. Fermer les bocaux et attendre le lendemain. Finir alors de recouvrir les artichauts d'huile, placer les bocaux bien fermés dans un lieu frais et sombre, et attendre 2 mois avant de consommer les petits artichauts.

• *Salade d'artichauts aux oranges*
Cette entrée se mangeait traditionnellement le jour de la fête juive de Tou Bichvat (en janvier), qui marque le renouveau de la nature, et où l'on consomme de nombreux plats à base de fruits.

12 cœurs de petits artichauts violets ; 4 oranges ; 1 citron ; 2 gousses d'ail émincées ; 1 cuillerée à soupe de sucre ; sel, poivre, huile d'olive.

Couper 2 oranges en tranches, et les mettre à glacer dans une cocotte avec le sucre, le jus d'1 citron et de 2 oranges, l'ail, le sel, le poivre et un peu d'huile.

Retirer les oranges au bout de 10 minutes, et les remplacer par les cœurs d'artichaut coupés en quartiers. Laisser cuire à feu doux 45 minutes, en rajoutant un peu de jus d'orange si nécessaire.

Bien mêler le tout et servir froid.

• *Artichauts à la barigoule (Provence)*
Cette très ancienne recette provençale a évolué au fil des siècles : la "barigoule" désignait en fait un champignon proche de l'agaric, et la recette originelle consistait, dit-on, à cuire l'artichaut sur le gril, en l'arrosant d'un peu d'huile d'olive, comme on le faisait pour ce champignon.

8 cœurs d'artichauts violets ; 1 oignon ; 2 gousses d'ail hachées ; 1 carotte ; 1 tranche fine de lard salé ; 25 cl de vin blanc sec ; thym, laurier, sel, poivre, huile d'olive.

Dans une sauteuse, faire d'abord revenir dans l'huile l'oignon et la carotte émincés, l'ail, le lard salé coupé en très fins morceaux. Déposer sur ce lit les cœurs d'artichaut.

Ajouter les herbes, saler, poivrer, puis arroser d'un peu d'huile, du vin blanc et d'autant d'eau.

Couvrir et laisser cuire très doucement pendant au moins 1 heure.

On peut ajouter à cette recette quelques pommes de terre nouvelles, ou encore une poignée de feuilles d'oseille.

• *Soupe aux artichauts (Italie)*

4 cœurs d'artichaut tendres ; 2 tomates pelées et hachées ; 1 gousse d'ail hachée ; persil ; 30 g de beurre ; 2 cuillerées à soupe de farine ; 0,5 l de lait ; parmesan ; huile d'olive, sel, poivre.

Couper les cœurs d'artichaut en tranches très fines. Faire revenir dans une sauteuse à feu très doux le hachis d'ail et de persil, puis les lamelles d'artichaut. Ajouter 0,5 litre d'eau, et laisser mijoter environ une demi-heure.

Préparer une béchamel assez liquide avec le beurre, le lait et la farine. Ajouter aux artichauts les tomates hachées, puis la béchamel. Porter rapidement à ébullition, vérifier l'assaisonnement et servir accompagné de parmesan et de petits croûtons.

• *Lasagnes aux artichauts (Italie)*

300 g de lasagnes précuites ; 8 cœurs d'artichaut ; 500 g de tomates pelées ; 1 oignon ; 50 g de beurre ; 2 cuillerées à soupe de farine ; 0,5 l de lait ; fromage râpé ; sel, poivre, huile d'olive.

Couper les cœurs d'artichaut en très fines tranches. Les faire revenir quelques minutes dans l'huile avec un oignon haché.

Ajouter ensuite les tomates grossièrement écrasées à la fourchette, assaisonner et laisser mijoter 20 minutes. La sauce doit rester assez liquide.

Préparer à part une béchamel avec le beurre, la farine et le lait.

Il ne reste plus qu'à disposer les différentes couches dans un plat à four : d'abord un peu de sauce aux artichauts, puis des lasagnes, encore de la sauce aux artichauts, de la béchamel, du fromage râpé, des lasagnes, et ainsi de suite, sans oublier de poivrer et de saler. On termine par de la béchamel et du fromage. La cuisson se fait à four moyen, pendant 40 minutes.

• *Artichauts farcis au brocciu (Corse)*
On peut farcir les artichauts avec de la viande, du jambon cru et des herbes, des champignons, de l'ail et du persil, ou, comme dans cette recette corse, avec du fromage de brebis frais : le brocciu.

8 cœurs d'artichauts moyens ; 400 g de brocciu ; 2 œufs ; 500 g de tomates pelées ; 1 tranche de lard salé ; 2 gousses d'ail hachées ; persil, thym, laurier ; sel, poivre, huile d'olive.

Préparer les cœurs d'artichaut pour les farcir en retirant les bractées centrales et le foin, pour ne garder qu'une couronne.

Battre le brocciu et les œufs, saler, poivrer.

Avec les tomates, le lard coupé finement, l'ail et les herbes, préparer un coulis assez liquide.

Introduire la farce dans les artichauts en tassant bien. Les disposer dans une cocotte. Verser la sauce tomate jusqu'à mi-hauteur des artichauts. Recouvrir la cocotte d'un linge humide maintenu par le couvercle. Faire cuire à feu très doux une heure et demie, en rajoutant de temps en temps de la sauce si nécessaire.

• *Seiches aux artichauts (Italie)*

6 cœurs d'artichaut coupés en quartiers ; 1 kg de seiches parées ; 2 gousses d'ail hachées ; 4 filets d'anchois ; 1 verre de vin blanc sec ; sel, poivre, huile d'olive.

Faire blondir l'ail dans une sauteuse, y jeter les seiches lavées et coupées en tronçons et les anchois pilés. Bien mélanger, saler et poivrer, puis mouiller avec le vin blanc. Laisser évaporer quelques minutes à feu vif, puis rajouter de l'eau pour recouvrir les seiches. Laisser mijoter un quart d'heure, puis ajouter les artichauts. Continuer la cuisson à feu doux. Saupoudrer de persil haché juste avant de servir.

• *Tajine d'agneau aux artichauts et aux fèves (Maroc)*

750 g d'épaule d'agneau ; 8 cœurs d'artichaut ; 1 kg de fèves ; 1 citron confit ; 1 gousse d'ail hachée ; 10 olives confites ; 1 cuillerée à café de gingembre en poudre ; safran ; sel, huile d'olive.

Ecosser les fèves, les ébouillanter quelques secondes pour les éplucher et leur conserver ainsi leur belle couleur verte.

Placer la viande, l'ail, le gingembre, le safran et un peu d'huile dans le plat à tajine. Couvrir d'eau et faire cuire à feu doux au moins 1 heure.

Réserver la viande, et faire cuire les fèves 5 minutes à couvert dans la moitié de la sauce. Dans l'autre moitié, faire cuire 15 minutes les cœurs d'artichaut coupés en quartiers.

Rassembler alors dans le plat à tajine la viande, les fèves, les artichauts, le citron confit, les olives, la sauce, et laisser cuire doucement 15 minutes avant de servir.

L'asperge

Chantal de Rosamel

INTRODUCTION

L'asperge revendique une place à part dans les légumes du potager : cette belle captive longue et fine, rapportée d'Asie Mineure par les Romains, doit être courtisée quatre ans avant qu'elle n'accorde ses faveurs, et encore bien peu de temps dans l'année. Elle exige un espace bien à elle, des égards, et n'apprécie pas qu'on lui marche sur les pointes. Par contre, elle est d'une fidélité exemplaire en échange de bons soins.

Si sa morphologie de légume-tige permet une comparaison péjorative – "c'est une asperge", dit-on de quelqu'un de trop maigre pour sa haute taille –, elle a laissé longtemps croire à ses vertus aphrodisiaques. On sait que les Anciens attribuaient aux végétaux les pouvoirs que suggérait leur forme. Double intérêt, on s'en doute. Car cet étonnant légume printanier fait l'unanimité quant à ses qualités gustatives. Mme de Maintenon, qui s'en délectait à la table de Louis XIV, répétait souvent que "l'asperge est la première invitation à l'amour".

Plus que jamais considérée comme un véritable régal, l'asperge fait honneur à une table de fête. Et sa maigreur est toute relative, puisque grâce aux constants progrès de la sélection et de l'agriculture, on s'en procure facilement partout aujourd'hui de bien dodues à chair nacrée, lisse et fondante, délicieuses et fruitées.

Curieusement, en France, la culture de l'asperge (qu'on mangeait verte jusqu'au XIXe siècle) est longtemps restée confidentielle ; il n'en était pas de même aux Pays-Bas, qui l'appréciaient blanche, comme en témoignent les natures mortes des peintres flamands des XVIe et XVIIe siècles, où l'asperge apparaît telle qu'on la connaît aujourd'hui. Mais c'est bien de France, au XIXe, et de la petite commune d'Argenteuil, qu'est partie son ascension fulgurante vers une conquête de l'Europe, puis du monde. Car il n'est pas de pays au climat tempéré où l'on ne produise aujourd'hui l'asperge. Et de jardinier gastronome qui ne tienne à la mettre en bonne place dans son potager.

I. UN PEU DE BOTANIQUE

L'asperge a grande allure, un port magnifique surmonté d'un feuillage léger : "un petit bois de plumes", comme la décrit joliment Flaubert. Déjà comestible à l'état sauvage, la culture a su en tirer un étonnant parti.

Portrait de l'asperge

L'asperge est une plante vivace de la famille des Liliacées, bien connue pour le grand nombre de plantes utiles et ornementales qu'elle renferme : les tulipes, les lis, mais aussi l'ail, l'oignon, le poireau… Le genre *Asparagus* comprend une centaine d'espèces originaires d'Europe ou d'autres parties du monde, dont l'une des plus connues, nommée *Asparagus officinalis* par Linné, est à l'origine de toutes les variétés potagères d'asperge. Chez les Liliacées, beaucoup d'espèces ont un bulbe souterrain (l'oignon, l'ail, le lis), mais l'asperge a un rhizome charnu – en fait, une tige souterraine – d'où se ramifient latéralement de nombreuses racines. On le nomme "griffe" ou "patte". Comme le bulbe, cet organe de réserve assure la pérennité de la plante. Les bourgeons se forment en automne, mais ne reprennent leur croissance qu'au printemps pour monter vers la lumière en jeunes pousses charnues, ou "turions", qui seules intéressent les gourmets. Chaque année, le rhizome fournit de nouveaux turions. Non cueillis, ils montent en tige et meurent vers la fin de l'été.

Hautes de plus d'un mètre cinquante, droites, très ramifiées et touffues, ces tiges ne possèdent que des semblants de feuilles "comme des brins de soie", à fines écailles ténues et fasciculées, nommées "cladodes" (de *clados* : rameau). Ces feuilles qui n'en sont pas, mais forment une sorte de tissage végétal vert, léger et harmonieux, très apprécié en ornementation florale, assurent la nutrition de la plante à travers la photosynthèse. Les vraies feuilles, minuscules écailles translucides, n'en sont pas capables.

Griffe d'asperge de sept ans

Plant fleuri, avec détail de la fleur et du fruit

Les fleurs, petites, possèdent six tépales jaunâtres striés de vert sur le dos, et forment de longues clochettes. Elles sont unisexuées. Les fleurs mâles et les fleurs femelles sont portées sur des pieds séparés. La plante est donc dioïque. Les pieds mâles, a-t-on constaté, sont plus productifs et donnent plus tôt et plus longtemps que les pieds femelles. Ces critères ont conditionné les étapes de la sélection au cours des siècles.

Le fruit est une baie rouge vif, ronde et pulpeuse, qui blanchit en vieillissant, et ses graines noires anguleuses, dures et lisses, de la taille d'un grain de poivre, conservent leur faculté germinative pendant au moins dix ans.

Une sauvage apprivoisée

L'asperge sauvage est mince, nerveuse, verte, au goût plus prononcé de plein vent, "tordue et aigrelette". Cultivée, elle prend de la chair et du bourgeon, devient plus tendre et peut acquérir une belle taille. L'asperge blanche, protégée par sa couverture de terre, est dodue, nacrée, fondante, avec une tête blanche, rosée, violet pâle ou verte, selon son origine et son exposition à la lumière.

• *Les variétés cultivées*
Toutes nos variétés passées et présentes sont issues de l'asperge sauvage, *Asparagus officinalis* L., la seule qui soit cultivée dans les jardins. Il existe en gros deux types d'asperges déterminés principalement par la culture : la verte et la blanche, et une multitude de variétés issues principalement de la variété hollandaise, adaptées aux régions qui leur ont donné leur nom. Les recherches de l'INRA ont permis des obtentions successives de populations améliorées ('Argenteuil', 'Darbonne', 'Jacq. ma verte', 'Lorella'), d'hybrides doubles : 'Junon' (productive), 'Minerve' (précoce), 'Larac' (précoce et productive), 'Mira' et des hybrides de clones ('Desto', 'Cito', 'Anéto'). Mais le point de départ reste toujours le même. En somme, comme le remarquait déjà Ch. Gibault en 1912, "quoique cultivée depuis plus de deux mille ans, l'asperge est une plante qui n'a pas varié notablement".

• *L'asperge verte*
La variété la plus proche de la plante sauvage est l'asperge commune verte, dite "asperge d'Aubervilliers", à turions longs, grêles et verts, dite aussi "asperge aux petits pois", sans doute parce qu'on la cultivait entre les rames de primeurs. On ne connaissait qu'elle jusqu'au milieu du XIXe siècle, et elle était très recherchée par les gastronomes. C'est un M. Quentin, maraîcher à Saint-Ouen, qui introduisit sa culture dans cette région dont il fit la fortune, car à cette époque le village d'Aubervilliers fournissait en asperges vertes, très appréciées, la presque totalité de la consommation parisienne.

En culture, les avantages de l'asperge verte ne sont pas négligeables : elle est moins exigeante sur la nature du sol, s'obtient sans buttage, se cueille plus aisément, donc plus rapidement, lorsqu'elle atteint une vingtaine de centimètres. En cuisine, elle ne s'épluche pas. Son goût plus prononcé, sa saveur, plus tonique que celle de sa sœur, lui obtiennent de nombreux amateurs inconditionnels, tel James de Coquet qui affirme haut et fort que pour lui "une verte vaut trois blanches". De plus, elle est moins chère – mais également plus fragile en raison de son bourgeon plus ouvert, donc plus sensible à la déshydratation. On la cultive en France en Languedoc-Roussillon, dans la région Rhône-Alpes, le Val de Loire, la Provence, et plus récemment en Beauce en tant que substitut à la production céréalière. La production française occupe de 1 500 à 1 800 hectares, elle vient derrière celle de la Grèce, de l'Espagne et de l'Italie. L'Allemagne encourage la production de l'asperge verte dans les jardins. Mais le plus gros producteur est l'Amérique (50 % du marché mondial), où elle a été probablement amenée autrefois par les navigateurs espagnols et portugais, puis au cours des diverses migrations de population. Elle est cultivée en grand sur des terres assez pauvres, mais amendées.

L'asperge verte 'Mary Washington'

Dans le Midi de la France, et en particulier dans la région niçoise, on cultive une variété "verte" de couleur violet sombre au bourgeon presque noir, de même goût exactement que la verte, mais permettant des plats insolites et décoratifs associant les trois couleurs d'asperges, qui la font apprécier des chefs. Le nom de cette curiosité est 'Jacq. ma pourpre'.

• *La blanche*
C'est à Argenteuil, vers 1830, qu'on commence à se passionner pour la culture de l'asperge blanche, sous l'impulsion d'un cultivateur, M. Lhérault-Salbœuf. La grosse asperge blanche de Hollande était déjà connue, mais comme le constatait M. de Combles en 1794, à l'époque, "elle ne s'est point encore multipliée au point d'en voir paraître dans les marchés publics : il n'y a que les gens qui en élèvent pour eux-mêmes qui en jouissent", car sa culture était fort coûteuse. Mais elle valait la peine, si l'on en croit M. Fillassier qui en fait un éloge enthousiaste dans un ouvrage paru en 1783, *Culture de la grosse asperge dite de Hollande* : "Elle a un volume trois ou quatre fois plus considérable, une saveur plus exquise, une chair plus succulente, une vertu médicinale plus complète ; elle est plus précoce, plus hâtive, plus féconde, plus durable, et sa culture n'est guère plus dispendieuse…"

Introduite à Argenteuil dont le sol alluvionnaire lui convenait parfaitement, cette grosse asperge ronde à tête un peu aplatie, rose ou violacée, charnue, moelleuse, fondante, et de délicieuse saveur, a fait pendant plus d'un siècle la réputation de cette région maraîchère.

Longtemps cantonnée dans ce lieu privilégié, la culture de l'asperge blanche s'est, dès 1877, développée dans l'Orléanais, près de Vineuil, et par la suite rapidement étendue vers d'autres régions, en Alsace, et plus récemment dans les Landes.

Elle est récoltée dès qu'elle sort de terre pour éviter le verdissement à la lumière ; juste quelques heures après si l'on désire une pointe teintée de violet-rose ou de vert. Il en existe de nombreuses variétés classiques qu'on peut facilement se procurer en graines ou en griffes auprès des pépiniéristes spécialisés : 'Violette hâtive d'Argenteuil', plus grosse et plus précoce encore que la 'Hollande', au bourgeon très serré. 'Argenteuil améliorée tardive', très productive et aux turions énormes, au bourgeon plus ouvert. 'Alexandre Marionnet', 'Lucullus', 'Francullus' sont adaptées au Nord et à l'Est de la France. 'Larac', hâtive, d'excellent rendement, se cultive blanche (ou verte, sans buttage). On peut encore citer 'Orella', précoce, rustique à bout violet, 'Alexandra', 'Superprolifique', 'Blanche d'Allemagne'…

'Larac', asperge blanche

Un produit type de l'art du jardinage

En fait, la sélection, en améliorant l'asperge, l'a cependant peu modifiée. Le mode de culture et les soins qu'on lui donne demeurent déterminants. On peut toujours reconnaître sa filiation, comme l'affirmait déjà en 1785 le très

> ### L'ASPERGE COLOSSALE DE CONOVER
>
> Cette énorme asperge, dont le diamètre atteignait presque 4 centimètres, fut créée par S. B. Conover à partir d'une variété européenne introduite aux Etats-Unis en 1863. Il sélectionna les semences des plus beaux plants sur plusieurs années. Ses expériences se déroulèrent dans le Queens, sur le domaine d'un certain Van Siclen, déjà bien connu pour ses légumes, et spécialement pour l'"Oyster Bay Asparagus", variété très populaire chez les New-Yorkais. Les débuts de l'asperge de Conover furent difficiles, car le plant ne produisait que de temps en temps de gros turions, et aucun agriculteur ne croyait une telle amélioration vraisemblable. Dans un article paru en 1870 dans l'*American Agriculturalist*, le journaliste Peter Henderson, qui s'était rendu sur place et avait pu comparer la 'Conover' à l'asperge de Van Siclen, affirma que non seulement l'asperge était bien colossale, mais qu'elle avait sur sa voisine l'avantage de produire entre quinze et quarante turions… Dès lors on ne jura plus que par elle.

pertinent abbé Rozier : "L'asperge qui croît naturellement dans les îles sablonneuses du Rhône, de la Loire, du Rhin, etc., que Bauhin a appelée *asparagus sylvestris*, a fourni par succession de temps et par les semis l'asperge commune, *asparagus sativa*. La semence de celle-ci, et même de la première, charriée par les eaux des fleuves et des rivières à la mer, rejetée sur les rivages, a produit l'asperge maritime, *asparagus maritima*. Comme le terrain sablonneux des bords de la mer est sans cesse recouvert par des débris de plantes, d'animaux qu'elle rejette, il s'y est formé un terreau, un sol plus substantiel […] ; dès lors l'asperge est devenue plus grosse dans sa racine, les feuilles ont été plus épaisses, et la tige mieux nourrie : *asparagus altitis*. Voilà la seule différence qui existe entre les trois. Les riverains ont cueilli la graine ; ils l'ont transportée dans leur jardin, où le travail et les engrais ont ajouté au premier degré de perfection que la plante avait acquis sur les bords de la mer. Je sais que l'asperge maritime est restée toujours la même dans le Jardin des plantes à Paris, et qu'elle n'a pas été sensiblement améliorée. […] Mais quelle différence de ce sol, de cette culture, avec le sol des jardins de Hollande, de

Flandre ou des maraîchers de Paris, qui est presque tout terreau, et où les engrais sont si multipliés que les plantes ne sentent que l'eau et le fumier !"

Les pousses consommées comme l'asperge

Si le jardinage est un plaisir, la cueillette l'est également, le suspens en plus... Autrefois elle représentait la seule possibilité de se procurer des végétaux comestibles, et les hommes ont toujours apprécié, depuis les temps préhistoriques, les jeunes pousses tendres et juteuses. Parmi celles-ci, très nombreuses, nous ne citerons, outre les asperges sauvages, que quelques espèces dont les pousses comestibles se dégustent de la même façon.

L'*Asparagus officinalis* est toujours cueilli à l'état sauvage. Les Provençaux l'appellent "balayette". Et c'est toujours une agréable surprise de le découvrir lors d'une balade à la campagne, généralement sur les terres sablonneuses du littoral. Mais les jeunes turions de l'asperge à feuilles ténues (*Asparagus tenuifolius*) et ceux de l'asperge à feuilles aiguës (*Asparagus acutifolius*), très savoureux, ont été également consommés dès l'Antiquité et le sont encore aujourd'hui en Provence, en Italie, en Espagne, et en Afrique du Nord, où les gamins les vendent en bottes sur le bord de la route.

Autre Liliacée, le fragon (*Ruscus aculeatus* L.) ou petit houx, sous-arbrisseau persistant de 30 à 80 centimètres, aux cladodes épineux, aux tiges nues à la base et très rameuses vers le haut, vert foncé et striées, forme une touffe dense, à l'intérieur de laquelle se trouvent les jeunes pousses à ramasser. Ces pousses sont d'un beau violet foncé luisant et cassent comme du verre. Elles sont amères, sucrées et aromatiques. Cuites, elles se préparent comme les asperges. Gibault affirme dans son *Histoire des légumes* (1912) qu'elles étaient vendues sur les marchés romains sous le nom d'*asparagi*.

Le tamier (*Tamus communis* L.), dit "herbe aux femmes battues", est une belle plante flexible – plutôt une liane – montant jusqu'à trois mètres, aux feuilles en forme de cœur, luisantes et pointues. Ses fruits vénéneux sont rouges et globuleux, groupés. La plante aime les endroits frais et se plaît un peu partout en Europe. Les pousses (seule partie de la plante qui ne soit pas toxique), de goût agréable et parfois un peu amer, ressemblent à celles des asperges et se consomment de la même façon, cuites à l'eau ou en omelette. Le surnom du tamier vient du fait, nous dit François Couplan dans son *Guide des plantes sauvages et comestibles*, que sa racine frottée sur les bleus les fait rapidement disparaître, et il ajoute que le tamier, très prisé dans l'Antiquité, puis oublié, connaît un renouveau spectaculaire dans le Tarn, où la cueillette des *respunchu* est devenue un important rituel printanier.

Enfin, les pousses ou "jets" du houblon (*Humulus lupulus* L.) ressemblent à une asperge miniature. La saveur en est légèrement plus acidulée. Ces jets sont très prisés, notamment en Belgique, où ils figurent au menu des restaurants gastronomiques, cuits à la vapeur et servis accompagnés de crème fraîche et d'un œuf mollet.

Asparagus acutifolius

Le houblon

Le fragon

On peut constater qu'à la fin du XXe siècle, l'intérêt pour les plantes sauvages connaît un véritable renouveau, du moins dans la gastronomie. François Couplan a ainsi publié avec Marc Veyrat un *Herbier gourmand* (Hachette, 1997), donnant cent recettes à base de cinquante plantes sauvages et aromatiques.

Les *Asparagus* en décoration florale

Originaires d'Afrique du Sud et d'Inde, certains *Asparagus* non comestibles sont fort recherchés comme plantes ornementales, ou dans la confection des bouquets, qu'ils "étoffent" de leur feuillage si particulier. On en rencontre quatre dans le commerce :
– l'*Asparagus setaceus* (soyeux), ou *plumosus*, est le type le plus cultivé pour les bouquets, pour le côté "plumes" de ses feuilles très fines. Il se vend peu en pot ;
– l'*Asparagus densiflorus* est caractérisé par des feuilles semblables à des aiguilles de sapin. Deux variétés se vendent en pot : 'Sprengeri', dont le port est retombant, et 'Meyeri', dont les tiges compactes ont l'aspect de queues de renard ;
– l'*Asparagus falcatus* (en lame de faux) possède des feuilles arquées et aplaties, et des épines plus fortes que les autres espèces. Cette plante est aussi plus massive et forme avec le temps un buisson imposant ;
– l'*Asparagus umbellatus* présente des ombelles, sorte de touffes étagées comme des pompons. C'est une plante rare d'entretien difficile.

Toutes sont de belles plantes, rustiques, demandant une température allant de 18 à 25 °C, le plein air en été, de la lumière et un arrosage copieux ; en période hivernale, un minimum de 10 °C. Un apport d'engrais est nécessaire tous les 15 jours entre le printemps et l'automne. La plante se multiplie par semis ou division de touffe.

II. UNE TRÈS LONGUE HISTOIRE

L'asperge est une belle Méditerranéenne éprise de soleil qui peu à peu a étendu son territoire vers le nord en remontant les vallées du Rhône, puis du Rhin, et s'y est implantée sans s'étioler, devenue plus ou moins apatride comme nombre de plantes cultivées.

Une pousse d'origine asiatique

L'asperge officinale, que nous trouvons aujourd'hui couramment sur le littoral de France et d'Europe, est née dans les régions plus chaudes de l'Asie Mineure, et existait très probablement déjà sur le pourtour du Bassin méditerranéen. Certaines espèces d'*Asparagus* faisaient partie, depuis les temps les plus reculés, des pousses "bonnes à manger". On les trouve mentionnées pour la première fois dans l'*Histoire des plantes* de Théophraste (320 av. J.-C.), et bien plus tard par le médecin Dioscoride (Ier siècle après J.-C.). Mais il faut savoir que le terme *asparagus*, qui signifie "jeune pousse", désignait aux yeux des Anciens tout jeune turion comestible, qu'il provienne de l'asperge, du tamier, du houblon ou d'une autre plante. Lorsque Pline parle d'une "autre espèce plus douce que l'asperge sauvage qui croît çà et là même dans les montagnes et qui ressemble fort à l'asperge", il décrit le houblon, qu'on appréciait apparemment. Mais lorsqu'il affirme que "l'espèce spontanée de l'île de Nésis passe pour être de loin la meilleure", il s'agit bien de l'asperge sauvage, dont le goût ne devait pas être différent de celle qu'on trouve encore aujourd'hui en Provence, en Italie et en Afrique du Nord. Petites, très vertes et quelque peu amères, ces asperges sauvages étaient très prisées, et Juvénal, dit-on, les estimait, fraîchement cueillies, cuites à point, accompagnées d'un chevreau bien gras…

Son rôle dans l'Antiquité

Très tôt, l'asperge a donc retenu l'attention des anciens Egyptiens, des Grecs et des Romains, qui l'appréciaient pour diverses raisons. En Egypte comme en Grèce, c'était, on l'a vu, une plante qu'on cueillait pour l'alimentation. Rien ne permet d'affirmer qu'elle y ait été cultivée. Si elle figure parmi la flore de certaines fresques pharaoniques, notamment celles de la pyramide de Djoser à Saqqara (2800 ans av. J.-C.), où elle fait partie des offrandes aux dieux, "peinte en vert clair et soigneusement bottelée", on ne lui connaît pas de hiéroglyphe. Aux yeux des Grecs antiques, elle possédait des vertus sacrées et des pouvoirs aphrodisiaques, si bien qu'ils avaient ajouté à son nom habituel le mot "désir". Très tôt, ils s'interrogèrent sur les qualités biologiques et pharmacologiques de cette herbe, et Hippocrate, le célèbre médecin de l'Antiquité grecque (460-377 av. J.-C.), la décrit pour la première fois comme une plante médicinale à prescrire contre les diarrhées, les douleurs de l'urètre et autres maux bénins ou graves.

Les Romains, eux, ayant goûté l'asperge sauvage, s'intéressèrent essentiellement à ses qualités gastronomiques. Ils en étaient si friands qu'ils possédaient, dit-on, une "flotte d'asperges", bateaux spéciaux chargés de les rapporter du Proche-Orient. Ils la dégustaient en entrée ou en accompagnement de poissons et de fruits de mer, comme on peut encore le voir sur une fresque de Pompéi. A cette époque, l'asperge n'était encore qu'une "herbe", mais déjà assez prometteuse pour que Caton (234-149 av. J.-C.) lui consacre un chapitre entier dans son ouvrage *De agricultura*, et préconise sa culture en tranchée, pour lui donner un enracinement profond, procédé qu'on continua à pratiquer jusqu'au milieu du XIXe siècle avant qu'on ne la cultive en buttes. On peut dire, à défaut d'autre source, que Caton a été le premier à établir les grands principes de base de la culture des asperges. Peut-être les tenait-il d'une colonie lointaine ? Quoi qu'il en soit, les Romains qui voulaient avoir à portée de main ce délicieux légume se sont empressés de le cultiver largement, selon Pline déjà avant le IIe siècle, et en particulier près de Ravenne, où les asperges atteignaient une belle taille puisqu'il affirme qu'on en vendait trois à la livre, et qu'elles étaient succulentes, un prodige de la gourmandise *("prodigia ventris")*.

Asparagus officinalis

On suppose que la plante fut introduite en France déjà à l'époque gallo-romaine, mais elle connut ensuite une longue éclipse puisqu'on ne mentionne de nouveau sa culture qu'à partir du XVe siècle.

Une panacée contre de nombreux maux

Durant la période austère du Moyen Age, notre asperge, "qui ne devait guère dépasser les dimensions d'une grosse plume de cygne" d'après la description que nous en donne Dalechamps dans son *Histoire des plantes* (1615), est confinée

D'après Dalechamps, XVIe siècle

dans les jardins des monastères. On l'utilise pour ses vertus médicinales et elle figure dans de nombreux herbiers et autres traités confidentiels à l'usage des médecins et pharmaciens. Les propriétés qu'on lui attribue sur la foi des Anciens en font une panacée universelle. On les retrouve dans *Le Livre de l'agriculture* de l'écrivain et savant andalou Ibn al-'Awwâm, mort en 1145.

Car si l'asperge se morfond au couvent, elle fait, en Andalousie notamment, l'objet de tous les intérêts et de soins particuliers. Entre le Xe et le XVe siècle, en effet, les Arabes créent en Espagne des jardins d'agrément et des vergers-potagers, véritables œuvres d'art, où ils vont acclimater en Europe des plantes intéressantes, ornementales ou alimentaires, rapportées des pays conquis lors de leur expansion entreprise dès 622 en direction de l'ouest.

Agronomes et jardiniers arabo-andalous se passionnent pour la culture de l'asperge, améliorent la plante par sélection des graines. Ils s'intéressent encore à bien d'autres végétaux, tels l'oignon, l'épinard, l'artichaut et l'aubergine. Et c'est bien grâce à eux que nous avons pu conserver et développer le précieux capital botanique que nous a légué l'Antiquité.

Le chemin de la table du roi

On peut émettre l'hypothèse que l'asperge ait pris ensuite le chemin de l'Italie pour nous revenir par les grands ports commerçants. Quoi qu'il en soit, elle refait surface, et bien améliorée, à peine un siècle plus tard.

Car à la Renaissance, et sous l'influence italienne qui donne une place importante aux légumes, il devient à la mode, parmi les classes nanties, de manger des aliments frais, plus sains, comme l'affirment d'éminents docteurs de Venise et de la faculté de médecine de Padoue. Lorsque Catherine de Médicis a fait son entrée à la cour, elle a amené dans ses bagages ses jardiniers et leurs plantes, ses cuisiniers qui savent préparer les légumes à la perfection. La cour et l'aristocratie – qui jusqu'alors laissaient les végétaux aux paysans – se prennent de passion pour les soupes d'herbes, les champignons et autres "curiosités". L'asperge connaît une grande vogue, de même que les artichauts, pois et fèves, et devient prétexte à la fureur des Ligueurs ultracatholiques, et des protestants quand Henri III, lors de repas somptueux, en régale ses mignons, qui mangent ces légumes en salade, à l'aide de la fourchette à deux dents pointues rapportée de Venise, et que rendait indispensable, pour porter les aliments jusqu'à la bouche, l'énorme fraise empesée qui entourait à cette époque le cou des hommes. Les châteaux mettent leur point d'honneur à posséder un jardin, et, au cœur de ce jardin idéal, un bon potager où doivent pousser toutes sortes de légumes. Et la France découvre les plaisirs d'une table simple, savoureuse et légère. Un engouement qui dure : si la reine se régalait d'artichauts au XVIe siècle, un siècle plus tard Mme de Sévigné fait, elle, toujours grand cas des petits pois. Quant au roi Louis XIV, il prise si fort les primeurs qu'il demande à Jean-Baptiste de La Quintinie de concevoir à Versailles un magnifique espace pour ses jardins potagers. Et lorsqu'il se prend de passion pour les asperges, il exige de son jardinier qu'il se débrouille pour lui en procurer à satiété…

D'après Hieronymus Bock, XVIe siècle

Le grand jardinier sera le premier à pratiquer la culture forcée des végétaux en les réchauffant avec les moyens de l'époque : le fumier pour les racines, et la cloche de verre ou le châssis pour conserver l'air chaud. Dans son ouvrage posthume *Instructions pour les jardins fruitiers et potagers* (1690), il s'explique sur la façon dont il procède pour obtenir des asperges en dehors de la saison :

"On peut commencer à la fin du mois de novembre à réchauffer les asperges qui aient au moins trois ou quatre ans, et ce réchauffement se fait, soit en place dans la planche, ce qui est le meilleur, soit sur couche [...], mais communément on attend à faire ces sortes de tentatives vers le commencement du mois qui suit [...]. La manière est premièrement d'ôter la terre du sentier d'environ deux pieds de creux et d'un bon pied et demi de large [...]. Ce sentier ainsi vidé on le remplit de grand fumier chaud bien pressé et bien trépigné en sorte que d'abord il soit plus haut d'un grand pied que la superficie de la planche. Ensuite de

Une culture qui prend de l'ampleur

Il semblerait que l'asperge soit restée longtemps en France une culture de potager, réservée à une certaine élite ; et que la production à grande échelle n'ait commencé qu'assez tard en Europe, et, nous précise Gibault dans son *Histoire des légumes*, probablement dans les alluvions sablonneuses et fertiles des vallées du Rhin et de l'Escaut, comme en témoignent les noms des vieilles races perfectionnées de l'asperge de Hollande : asperge d'Allemagne, de Pologne, d'Ulm, de Darmstadt. On la trouve en 1600 dans le Westland hollandais. La ville de Marchiennes (Nord), autrefois centre important de culture de l'asperge, et qui a donné son nom à une race locale issue elle aussi de la variété 'Hollande', a sans doute reçu ce légume de la Belgique. Gibault appuie ses dires sur le plus ancien document que nous connaissions mentionnant l'asperge dans les temps modernes – il remonte au XVe siècle –, et qui appartient à la région Nord de la France. Le Midi, ajoute-t-il, la cultivait au commencement du XVIe siècle. Mais cette culture ne prendra vraiment son essor en France que deux siècles plus tard.

Débarrassée de ses connotations médicinales, servie pour sa délicatesse gastronomique sur les tables des grands de ce monde, l'asperge offre un véritable marché lorsque la bourgeoisie s'y intéresse. Un marché qui ira croissant du XVIIIe siècle à notre époque. Les ouvrages de spécialistes ou d'amateurs français et étrangers traitant de sa culture sont légion, mais bien peu apportent, depuis Caton et La Quintinie, d'éléments nouveaux et utiles dans la culture de l'asperge. On remarque un ouvrage publié à Amsterdam en 1783 par M. Fillassier, *Culture de la grosse asperge dite de Hollande*, et surtout le *Cours complet d'agriculture* publié en 1785 par l'abbé Rozier, ouvrage sérieux, qui amène quelques lumières sur le sujet. C'est, à notre connaissance, le premier ouvrage à l'époque qui envisage l'asperge sous les angles de la botanique, de la culture, et des soins à donner à l'aspergeraie. Dix ans plus tard (1794), *L'Ecole du jardin potager*, par M. de Combles, consacre tout un chapitre à la culture de ce légume sur les "bonnes qualités" duquel il ne tarit pas, sans rien apporter de plus.

Asperge de Hollande

LE POTAGER DU ROI

Créé entre 1678 et 1683 par La Quintinie, le Potager du roi, proche du château de Versailles, occupait une dizaine d'hectares sur l'emplacement d'un marais. Vingt-neuf jardins cernaient le Grand Carré et son bassin central, étagés en terrasses et protégés d'espaliers, qui formaient une succession de chambres abritées, de microclimats, multipliaient les expositions, permettant d'étaler la production des fruits et des légumes. Ni l'argent ni la main-d'œuvre ne manquaient pour que la réussite soit totale. Poussé par les exigences royales, La Quintinie parvint à obtenir des fruits et des légumes à contre-saison, offrant au roi des figues en juin, des fraises en décembre, et des asperges pratiquement toute l'année. Louis XIV aimait se promener à travers les plantations, et s'intéressait de près au travail de son éminent jardinier. Le potager actuel a conservé presque à l'identique le plan d'origine. Confié à l'Ecole nationale supérieure du paysage, qui continue parallèlement l'expérimentation horticole, il est ouvert au public.

---

quoi il faut remuer le fumier au bout de quinze jours. On y mêle d'autre fumier neuf pour renouveler la chaleur dans les deux planches voisines, si elle paraît trop amortie […] ; ce même renouvellement du sentier se doit faire ensuite autant de fois qu'il est nécessaire, et pour l'ordinaire cela s'en va environ tous les dix ou douze jours… Par ce moyen les asperges venant à sortir de cette terre réchauffée et rencontrant un air chaud sous les cloches, viennent rouges et vertes et de même grosseur et longueur que celles des mois d'avril et de mai, et même beaucoup meilleures, en ce que non seulement elles n'ont senti aucune des injures de l'air mais qu'elles ont acquis leur perfection en bien moins de temps que les autres. Je puis dire sans vanité que j'ai été le premier qui, par de certains raisonnements plausibles, me suis avisé de cet expédient pour donner au plus grand roi du monde un plaisir qui lui était inconnu."

Les sillons de la gloire

Jusqu'alors notre belle était dégustée dans sa robe verte et brillante. On l'avait rendue plus savoureuse à force de soins, plus charnue, mais sans lui changer la couleur de la peau. Le savant Louis Lémery résume bien le choix des Français à l'époque en la matière : "On doit les choisir grosses, tendres, vertes, et cultivées dans les jardins."

Lorsqu'on commence à la cultiver largement à Argenteuil au XIXe siècle pour alimenter les restaurants parisiens, c'est de Hollande, de Belgique et du Nord de la France que les maraîchers importent les plants, qui donnent des asperges à saveur plus douce que les asperges vertes cultivées à Aubervilliers. Jusqu'alors, la culture se faisait toujours "en fosse". Mais, le sol sablonneux et alluvionnaire s'y prêtant, à partir de 1850, on procède à une culture "à plat", c'est-à-dire en sillons, qui permet un allègement du travail et un plus grand développement de la production. On abandonne presque partout la voie des semis pour planter de préférence des griffes élevées en pépinière pendant un an ou deux. Et on espace les pieds largement pour leur permettre un développement maximal. On expérimente, on sélectionne afin d'obtenir des légumes de plus en plus charnus.

On ne sait pas exactement quand on a découvert le procédé de buttage permettant d'obtenir l'asperge blanche ; tous les auteurs sont muets sur ce point. Sans doute cela s'est-il fait progressivement, à travers la culture forcée qui maintenait la plante à l'abri du jour. Et sans doute le goût a-t-il évolué.

Car le moment vient où l'asperge blanche commence à être connue en tant que culture forcée. Apparemment elle ne convient pas à tous les goûts : "Les asperges que l'on mange à Paris dans l'hiver, qui sont venues à force de fumier, sont toutes blanches et fort tendres, mais elles n'ont presque aucune saveur et point du tout de bonnes qualités. Elles servent plutôt de montre sur les grandes tables. Il n'y a que la sauce qui les fasse manger"… Cela n'empêchait Brillat-Savarin de faire l'éloge du "divin légume" dans son célèbre ouvrage *Physiologie du goût*.

Vers 1865-1870, les agriculteurs Lhérault parviennent à obtenir une variété à pointe rose qui révolutionne le marché, et fait la réputation en France et à l'étranger de la petite ville. Le savoir-faire des maraîchers a permis d'obtenir là des asperges d'une taille étonnante, et parfois même phénoménale.

Aujourd'hui la culture des asperges a totalement disparu d'Argenteuil, mais la variété à laquelle cette commune a donné son nom existe toujours, et quelques agriculteurs d'Ile-de-France poursuivent la tradition, notamment dans le Val-d'Oise et la région de Cergy, et commercialisent ces asperges grosses, tendres et blanches à bourgeon rosé, préférées des Parisiens. Le petit musée du Vieil Argenteuil possède de nombreux documents sur cette époque pionnière. Une gravure célèbre montre "la petite femme de Paris" portant sur la tête son plateau de bottes d'asperges avec cette légende : "Ah ! mes belles asperges." On peut encore voir, sur le boulevard Jeanne-d'Arc, un fronton en céramique décoré d'asperges et portant l'inscription "Plants d'asperges d'Argenteuil Fleury et Gendre". Une rue Louis-Lhérault rappelle à ceux qui savent l'importance de cet agriculteur dans le développement de la culture de l'asperge.

Puis la culture forcée mise au point à Argenteuil se développe à travers la France et l'Europe. En Alsace, on commence à la pratiquer largement dans la région de Strasbourg, vers 1873, avec l'asperge de Hoerdt, hybride de l''Argenteuil' et de l''Erfurt'. Puis vient le tour de la Provence dans les années 1880 : une culture en grand, et plus tard sous "bâches vitrées" le long de la Durance et près de Cavaillon. Les produits, excellents, suscitaient l'éloge de Curnonsky qui inclut l'asperge de Lauris dans son *Trésor gastronomique de la France*. Puis les cultures, après la Seconde Guerre mondiale, se sont déplacées vers le Gard et l'Hérault.

"Ah ! mes belles asperges"

L'asperge sur toutes les tables

Aujourd'hui, l'asperge s'est démocratisée. Bien qu'elle ne soit pas un légume de tout premier plan dans l'alimentation humaine, mais un aliment raffiné, d'autant plus précieux que sa période est brève, l'asperge n'a cessé d'être l'objet de recherches et d'améliorations, dans le but de la cultiver largement. Elle présentait un trop excellent produit pour qu'on la cantonne dans les jardins. Argenteuil avait ouvert la voie. En 1910, le grand centre de sa culture se situe à Bergen op Zoom, en Hollande, et s'étend en 1945 au Limbourg. Partout en Europe l'asperge se développe. On a laissé entrevoir aux agriculteurs de nouvelles utilisations pour les terres sablonneuses inexploitées et de nouveaux débouchés. D'autant que l'industrialisation permet de quitter le travail artisanal pour la machine – sauf pour la récolte qui se fera toujours à la main –, que les transports offrent la possibilité d'ouvrir des marchés, que la conserverie s'intéresse au produit. La demande toujours plus pressante, le marché très porteur ont donc poussé les agriculteurs à développer la culture de l'asperge sur de grandes surfaces, en plein champ ou sous de vastes tunnels froids ou chauffés, pour en allonger la saison. Aujourd'hui l'élan est donné, l'asperge a pris son essor. Des jardins particuliers aux établissements horticoles puis aux champs, elle a gagné du terrain et conquis une partie du monde. La France possède à l'heure actuelle 10 500 hectares d'aspergeraies. Au niveau de l'Europe, la production se monte chaque année à plus de 200 000 tonnes, et la France se place en deuxième position après l'Espagne, avec 27 000 tonnes en 1999, dont 6 000 portent le label "asperges de France" : asperges de qualité en provenance des quatre grandes régions productrices : Rhône-Méditerranée, Sud-Ouest, Val de Loire et Nord-Est. Sans compter toutes les petites exploitations et les jardins privés.

La majeure partie de cette production est vendue sur le marché national, le reste est exporté. La culture abondante à travers l'Europe a allongé le temps des asperges et en a fait baisser le prix. Elles nous viennent, selon le climat, déjà fin mars d'Andalousie, puis de Grèce et d'Italie, jusqu'aux tardives du Nord mi-juin.

III. L'ASPERGE AU POTAGER

Si Pline constatait en son temps que "de toutes les plantes potagères, les asperges réclament le plus de soins", plus proche de nous, M. de Combles affirme, lui, tout le contraire : "Sa culture ne demande que peu de soins." Et il ajoute : "L'asperge est, de tous les légumes, celui qui a le plus de bonnes qualités, sans mélange de mauvaises ; elle est saine, agréable au goût, et l'empressement que tout le monde a pour elle en fait assez éloge : elle est d'ailleurs d'un bon rapport, fournit abondamment pendant trois mois…" De quoi mettre l'eau à la bouche des jardiniers potentiels.

Nous pouvons lui donner entièrement raison, d'autant qu'à notre époque les progrès constants en biologie et en agronomie ont bien amélioré les variétés. L'asperge est un légume peu difficile, qui s'adapte bien sur les sols pauvres, qui ne craint ni la sécheresse ni le gel, et qu'on peut aisément forcer.

Ses besoins

L'asperge est une plante dont le rhizome demande un sol profond pour développer ses racines (au bout d'une dizaine d'années, il devient énorme), de l'espace, de la terre légère et de la nourriture. Il faut, du moins au début, suivre le conseil de Pline et la "rassasier de fumier".

Elle garde de ses origines l'amour des sols légers, arrosés modérément, qui se réchauffent rapidement, bien qu'elle s'accommode plutôt bien de sols plus lourds à condition qu'ils soient parfaitement drainés, allégés par un apport de sable ; et de climats moins cléments mais offrant quelques journées de bon soleil, puisqu'on la cultive avec succès dans pratiquement toute l'Europe. Mais avant de se lancer dans cette culture à long terme, il est prudent de s'enquérir si d'autres jardiniers de la région ont réussi dans ce domaine, et de connaître la nature de la terre où l'on désire l'installer ; tout en sachant que l'asperge – qui ne commence à produire qu'au bout de la quatrième année – a besoin d'un coin qui lui soit réservé dans le potager, de 30 à 50 mètres carrés pour une consommation familiale de quatre personnes (soit de 15 à 25 kilos par an).

La préparation du terrain

Elle est très importante et doit être parfaitement soignée. C'est un investissement à long terme, puisqu'on peut espérer voir fructifier son aspergeraie pendant au moins vingt ans.

Une fois choisie, pour son maximum d'ensoleillement, la parcelle réservée aux asperges (sans exclure la possibilité de cultures entre les planches : choux, pois et haricots, salades, comme on le faisait autrefois pour utiliser le terrain), il est bon, en attendant les griffes, de nettoyer déjà le sol en profondeur, en enlevant les pierres et les racines des herbes vivaces, et en surface, soit en le recouvrant pendant plusieurs mois d'un plastique opaque, soit en y cultivant des engrais verts comme le sarrasin, le ray-grass italien, le trèfle violet, la moutarde blanche ou la phacélie. La culture du poireau, qui permet de limiter les attaques du rhizoctone, offre un bon précédent cultural. Autant mettre toutes les chances de son côté.

L'asperge est une grande dévoreuse d'azote, et, sauvage, pousse spontanément là où le sol lui en fournit, c'est-à-dire auprès des déjections des bestiaux. Ce qui avait ancré dans l'esprit de Pline et de quelques autres qu'elle pouvait naître de la pourriture de corne de bélier. Il conseillait même d'enfouir sous les racines un amas de cornes… Plus simplement, le compost et le fumier feront parfaitement l'affaire. Quant aux engrais verts, ils offrent un excellent moyen de maintenir le sol vivant en attendant la culture. Ils l'enrichissent, le rendent plus meuble, tout en luttant contre les mauvaises herbes.

Semez les graines d'engrais vert en début d'été à la volée, recouvrez d'une fine couche de compost, même non mûr, il terminera sa décomposition sur le sol. Protégez-le d'un peu de paille, de feuilles, de fougères ou de tontes de gazon séchées. A l'automne, on retourne profondément la terre en enfouissant le tout, on l'aère. On pourra la nourrir encore de fumier de vache bien consommé ou de compost bien mûr (40 à 50 kilos pour 10 mètres carrés). On l'ameublit, on l'aplanit et on la laisse passer l'hiver.

La moutarde, un engrais vert

Le choix de la graine

L'asperge se reproduit par des graines issues des baies qui se récoltent sur les plants femelles arrivés à maturité. Les plants mâles étant plus productifs, on leur donne la préférence dans l'aspergeraie. Nous verrons plus loin comment nous y prendre.

Une fois semées, les graines donnent des griffes la première année. Ces griffes seront retirées de terre pour être replantées dans l'aspergeraie. Mais si vous voulez gagner du temps, rien ne vous empêche de vous procurer des griffes de deux ans prêtes à mettre en place.

Certes, aujourd'hui graines et griffes se trouvent dans le commerce, mais les jardiniers affirment que la graine d'asperge ne s'achète pas : elle se demande à un voisin, dont on connaît la beauté et l'excellence de ses asperges, et personne ne refuse ce cadeau dont deux poignées suffisent à remplir tout un champ. On cueille en octobre les baies sur les asperges montées, en choisissant sur les plus belles touffes celles qui sont le plus proches de la tige, et on les laisse un peu se friper. On obtient facilement les graines en écrasant les baies à la moulinette sur la plus grosse grille : elles passeront au travers. Le tout est versé dans une bassine d'eau ; les graines tombent au fond. On les récupère, on les met à sécher sur un papier absorbant pour les semer de mars à mai suivants.

Le semis en pépinière

Envisageons donc la voie du semis, en sachant que la première semence est importante pour la qualité et la longévité de vos asperges. Si vous avez bien choisi, vous pouvez espérer voir fructifier vos plants de vingt à vingt-cinq ans.

Préparez alors parfaitement, en la labourant et en la fumant au fumier de vache bien amorti, une bande de terre autre que celle destinée à l'aspergeraie, propre et lisse, et déposez les graines une à une, au printemps, dans un petit trou d'à peine 1 centimètre de profondeur, tous les 10 centimètres, puis recouvrez légèrement de terre. Arrosez si le temps est sec, et maintenez la planche très nette. Au bout de deux mois sortent les turions que vous couperez et brûlerez en automne, sans toucher au reste. Au printemps

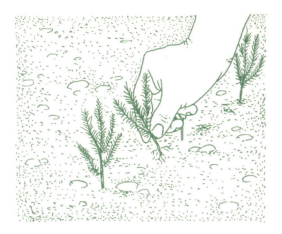

Jeunes plants d'asperges

à température idéale. En très peu de temps se forme la griffe qui aura exactement les mêmes caractéristiques que l'original.

Toutes les griffes qu'on se procure aujourd'hui chez les grainetiers et les horticulteurs donnent des plants mâles. On s'en rend compte à voir en automne les aspergeraies touffues mais dépourvues de leurs baies rouges. Le kilo de graines coûte de 4 000 à 4 500 euros. On les achète par sachets de 50 ou 100 grammes. La griffe d'un an coûte environ 0,20 euro.

suivant, il faudra retirer du sol à l'aide d'une fourche, plutôt qu'à la bêche qui peut les blesser, les plants devenus des griffes : une petite touffe de racines chevelue partant d'un centre où l'on voit distinctement les bourgeons des asperges à naître. Laisser sécher une semaine, le temps que la terre se détache. Et tenir bien au sec dans un lieu très propre.

• *Choisir les plants mâles*

Ils sont plus productifs (de 40 %), plus hâtifs, et donnent plus longtemps que les plants femelles qui utilisent une partie de leur énergie pour la reproduction. Ce sont ceux qui ne portent pas de fruits. On ne peut s'en rendre compte que lorsque le turion est monté en tige. Un aspergiculteur du Limbourg procède ainsi : il plante les griffes de la première année sous serre froide en janvier, et laisse monter les tiges. L'été, elles portent déjà des fleurs et l'on distingue parfaitement la baie en formation. C'est le moment de sélectionner les plants avant de les planter définitivement dans l'aspergeraie. Il conserve quelques plants femelles pour les graines.

On a découvert un moyen de n'obtenir que des plants mâles à partir d'hermaphrodites existant dans la nature. En les croisant avec des plants femelles, le résultat ne donne que des mâles.

La reproduction des griffes se fait aujourd'hui en laboratoire, par clonage du plus beau plant, qu'on découpe en d'innombrables parcelles, mises en éprouvettes dans un liquide composé de glucose et d'autres nourrissants,

La plantation des griffes

Le printemps installé (du 15 mars à la fin d'avril), et lorsque la parcelle réservée à l'aspergeraie définitive a séché, on creuse des sillons de 30 centimètres de large sur 25 de profondeur, séparés les uns des autres par un espace de 1,50 mètre – appelé sentier, ados ou allée – où l'on rejette la terre qui resservira plus tard. Les griffes, choisies parmi les plus belles et les plus fortes, sont déposées bien à plat tous les 50 centimètres au fond de la tranchée sur une grosse poignée de terreau afin qu'elles adhèrent bien au sol, les racines à droite et à gauche ; les bourgeons naissants qu'on distingue sur le collet sont orientés vers le haut et alignés dans le sens où ils vont grandir. En effet, si le rhizome forme un cercle, il ne se développe pas en rond mais produit ses turions selon une certaine diagonale. Cela

La plantation des griffes

permet donc d'éviter de se retrouver avec des asperges poussant dans tous les sens, gênant en outre le plant voisin.

On se repère en s'aidant d'un cordeau afin de bien aligner les plants, puis on les recouvre de 15 centimètres de terre. La tranchée doit rester en partie ouverte pour que les rhizomes profitent mieux du soleil et de la pluie, comme du compost à venir.

Les deux premières années

Les deux premières années sont consacrées aux travaux d'entretien habituels : binage, sarclage en surface, ou, pour éviter ce travail fastidieux, semis d'engrais vert au printemps, qui entretient le sol et évite les mauvaises herbes. Il sera fauché plusieurs fois avant l'hiver et pourrira sur place, fournissant un surplus de fertilisation. A l'automne, on coupe juste après une gelée tout ce qui sort de terre. On apporte de nouveau du compost mélangé de terre sur une épaisseur de 2-3 centimètres. Les sillons sont presque comblés.

Les troisième et quatrième années

En mars ou avril de la troisième année, on profitera d'un temps beau et sec pour procéder au "buttage", qui consiste à monter une butte sur la longueur de la tranchée avec la terre des sentiers, en deux ou trois passages, jusqu'à ce qu'elle atteigne 25 à 30 centimètres. On buttait autrefois simplement "à la touffe". C'est une opération qu'il faudra désormais pratiquer chaque année. Le buttage est la façon naturelle de protéger les turions en voie de développement et d'obtenir des asperges blanches, puisqu'elles se trouvent sous terre à l'abri de la lumière. Il est particulièrement important de bien soigner la butte dont la terre doit être meuble (y mélanger du sable si nécessaire) et bien lisse afin que les tiges montantes puissent la fendiller et la percer aisément.

C'est l'année de la toute première récolte, qui sera modérée, pas plus de trois ou quatre asperges par pied, et pas plus de trois semaines pour ne pas épuiser prématurément la plantation encore faible. Les conditions sont encore favorables pour ressemer de l'engrais vert, qui sera fauché à

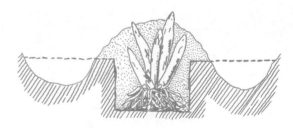

Plant d'asperges butté

l'automne et laissé sur place. Les tiges desséchées seront coupées après le premier gel. On enfouira l'engrais vert avec un peu de compost par un bêchage en surface avant l'hiver, qu'on laissera passer. Et au printemps suivant le cycle recommencera.

La quatrième année, le jardinier récolte enfin le fruit de son travail. Il n'est plus tenu, comme la troisième année, à un faible quota. Les plants se sont fortifiés et l'aspergeraie est en plein rendement. La récolte s'étale en général sur six à huit semaines entre avril et juin, mais cela diffère selon les régions et les climats : on trouve les premières asperges de jardin fin février en Provence, mi-mars dans la vallée de la Loire, fin avril dans l'Est et le Nord. On les cueille deux fois par jour, matin et soir.

Dès qu'il aperçoit les fêlures sur la butte, le jardinier peut procéder de deux façons : soit il creuse autour de la tige, tâte là où la pousse devient tendre et la casse à cet endroit d'un coup sec. Il faut une certaine habileté. Le néophyte risque d'endommager la plante mère et de blesser les autres asperges à venir (blessées, elles pourrissent) ; soit il utilise un couteau spécial, ou une gouge. Il dégage la tête à la main, descend son outil au long de la tige jusqu'à une vingtaine de centimètres, et la coupe. Ainsi il obtient toutes les asperges de la même taille, et blanches d'un bout à l'autre. Le trou est refermé et la terre bien lissée. Si le jardinier les préfère à tête colorée, il attend, après l'apparition des fêlures, que les asperges aient gagné quelques centimètres et que le soleil ait agi, et les cueille de la même façon.

Dès sa cueillette, il est nécessaire d'abaisser rapidement la température de l'asperge par un bain d'eau fraîche, et de laver la plaie de coupe inévitablement souillée de terre. A moins de les déguster dans l'heure qui suit, on conseille d'envelopper les asperges dans un linge humide et de les déposer au frais.

La récolte est terminée après la Saint-Jean. A ce moment-là, on ne laisse sur chaque pied que la tige la plus forte, suffisante pour que par la photosynthèse le rhizome se régénère. Si l'aspergeraie comporte des pieds femelles et si l'on ne désire pas recueillir les semences, il est bon de détacher les baies au fur et à mesure qu'elles s'arrondissent, pour concentrer l'énergie de la plante sur ses racines.

Gouge à asperges

L'entretien de l'aspergeraie

Dès la récolte faite, certains jardiniers procèdent au "débuttage" (d'autres le font en automne, d'autres ne débuttent pas). Les buttes sont aplanies avec précaution, découvrant quelques turions qui seront utilisés pour la cuisine. L'avantage est que, la saison étant encore belle, les griffes vont donner aussitôt naissance à des pousses très vigoureuses, qui ne chercheront pas à remonter puisque la terre qui les recouvrait aura été ôtée. Après le premier gel, toute la végétation flétrie sera coupée à quelques centimètres du sol, et brûlée. La terre piétinée des sentiers sera ameublie.

Les soins sont simples et répétitifs : désherbage, semis d'engrais vert, compost et fumier enfouis superficiellement à l'automne, surveillance des ravageurs et maladies, et au printemps suivant, buttage.

Une telle plantation va fructifier de façon croissante durant une quinzaine d'années, se maintenir à un bon niveau, puis elle ira en décroissant. Les plants se renouvellent tranchée par tranchée, jamais un par un, mais il convient d'attendre plusieurs années avant de replanter des asperges sur le même terrain. Ce serait ouvrir la porte aux maladies, et même en continuant à fertiliser, le rendement serait plus que médiocre. Mieux vaut changer d'emplacement et laisser la place à tous autres légumes qui prospéreront sur cette terre excellente.

Ceci est la culture idéale, préconisée par les puristes, mais de nombreux jardiniers affirment qu'une seule chose est réellement importante : la préparation du sol, qui doit être nettoyé à fond et bien fumé avant toute plantation.

Certains plantent directement les graines en sillons et éclaircissent, quitte à monter les buttes au fur et à mesure des années qui passent pour bien enraciner le rhizome. Ils disent récolter plus tôt. D'autres plantent les griffes d'un ou deux ans en tranchées et ne débuttent jamais. Si la butte s'effondre par endroits avec le temps, ils "remontent la terre, mélangée à du sable pour la rendre plus meuble". Ils se contentent de désherber régulièrement et d'ouvrir la tranchée tous les deux ans pour y mettre du compost ou du fumier bien consommé, et de la refermer aussitôt. Une jardinière normande possède ainsi une aspergeraie de plus de cinquante ans, qui continue à bien fournir sa table. D'autres jardiniers encore affirment que couvrir la planche d'un plastique avance la production de deux semaines. Nous avons même vu une culture d'intérieur en caisse de bois remplie de tourbe et de terre de champignonnière, recouverte d'un plastique et chauffée par un tuyau d'eau, qui donnait des asperges à Noël…

Bref, à chacun de faire ses expériences, c'est aussi un plaisir, et tous les conseils ne feront rien contre des habitudes bien enracinées…

Travaux d'automne

La culture de l'asperge verte

On parle de plus en plus de cette culture pour les jardins, et elle se répand assez vite car elle demande moins de soins, exige un sol moins profond, mais sableux de préférence, en tous les cas bien drainé et meuble, et ne nécessite pas de buttage. Elle ne diffère pas beaucoup de celle de l'asperge blanche, mais la récolte commence la troisième année.

Sur un terrain débarrassé de ses pierres et autres mauvaises herbes, bien préparé et ameubli, on creusera une tranchée de 1 mètre de large et 25 centimètres de profondeur pour un double rang d'asperges. Le fond de cette tranchée est bien retourné, et soigneusement mélangé à une bonne couche de fumier ou de compost bien décomposés (on peut y ajouter de l'amendement calcaire et du phosphate naturel, selon le sol). Au printemps, on plante directement les griffes, espacées de 40 centimètres sur la ligne, de 50 centimètres entre les deux rangées, et à 1,50 mètre du deuxième double rang, si on en prévoit un. On recouvre les griffes d'à peine 15 centimètres de terre, afin qu'elles aient un maximum d'air et d'humidité. En juin de la première année, conseille Helmut Steiner, on pratique une fertilisation de couverture, avec par exemple du purin d'orties. On maintient le sol propre et meuble. En novembre, on supprime toutes les pousses flétries et on apporte du compost.

La troisième année, en mai, commence la récolte qui se terminera début juin pour ne pas épuiser les plants. A partir de la quatrième année elle pourra se prolonger jusqu'à fin juin. Les asperges sont coupées lorsqu'elles atteignent environ 20 centimètres. Aussitôt la récolte faite, il est impératif de nourrir abondamment le sol avec du compost, du fumier ou un engrais organique complet. C'est le moment aussi de soutenir les tiges hautes et fournies en feuillage avec des tuteurs. On coupe les tiges après le gel. Le rendement augmente jusqu'à la sixième année, puis va en déclinant.

Les principaux ravageurs et maladies

Si le jardinier se montre vigilant lors de la préparation du sol, n'utilise que du fumier bien décomposé, plante des griffes saines, il n'a pas trop à craindre les maladies ni les ravageurs. Ils constituent cependant une menace bien réelle, et tout jardinier doit savoir les repérer à temps, sous peine de voir son travail réduit à néant.

Parmi les maladies, la rouille de l'asperge *(Puccinia asparagi)*, très répandue, attaque notre légume à partir de juillet. Elle est provoquée par un champignon qui forme des taches brunes sur les tiges. Elle s'évite en coupant les tiges aussi bas que possible sous la terre en automne, et en les brûlant loin de l'aspergeraie. Et se traite préventivement avec un produit à base de cuivre.

Le rhizoctone violet *(Rhizoctonia crocorum)* est un champignon qui s'attaque aux racines, les recouvrant d'un mycélium rouge violacé. Le fusarium *(Zopfia rhizophila)* est provoqué par un petit champignon blanc qui se développe sur les racines, jaunit les pousses, et colore en rougeâtre l'intérieur des tiges. Les étés humides et des plants trop rapprochés favorisent la pourriture grise *(Botrytis cinerea)*, mortelle pour la plante.

En ce qui concerne ces maladies, les jardiniers biodynamistes recommandent, en plus des précautions concernant la fumure (n'employer que du fumier parfaitement décomposé), de pulvériser préventivement sur les plants une décoction de prêle.

Parmi les ravageurs, les larves de la mouche de l'asperge se nourrissent des tiges qu'elles évident, le bourgeon terminal se fane, devient bleuâtre, se courbe. Heureusement, cette mouche ne forme qu'une seule génération qui n'apparaît que durant la période de cueillette. Il faut couper le plus bas possible et brûler les tiges tordues ou celles qui se fanent soudain par temps chaud.

Le criocère de l'asperge, un petit coléoptère noir rayé de blanc, ou encore le criocère à douze points (on les voit sur son dos) attaquent par centaines les plantes montées en tiges. Le criocère pond ses œufs en avril-mai, puis les larves descendent jusqu'à la racine qu'elles attaquent. Pour s'en débarrasser, on secoue les feuilles sur une toile étendue au pied, tous les mois à partir du printemps. Généralement, cela peut suffire. La roténone ou des produits à base de pyrèthre peuvent,

Le criocère de l'asperge

en dernier recours, vous aider à vous débarrasser de ces nuisibles.

Restent les chenilles, les limaces et autres escargots qu'on suit à la trace et élimine tous les jours, si l'on veut éviter les pesticides et autres produits chimiques.

IV. L'IMAGINAIRE DE L'ASPERGE

À l'origine, l'asperge n'avait pas de nom bien à elle. Plante obscure, elle ne se distinguait pas de ses sœurs végétales. Ayant peu à peu occupé le devant de la scène au cours des âges, elle a suscité quelques passions, mais pas au point d'en faire un roman. On s'est contenté de la peindre avec amour, avec des teintes et dans des poses alanguies qui mettaient l'eau à la bouche. Mais pour la préparer au festin, pour la déguster en beauté, on sut imaginer de beaux objets, et inventer d'innombrables recettes plus exquises les unes que les autres.

Un nom qui évoque le printemps

S'il n'est pas très romantique en français, il faut l'avouer, son nom grec *aspargos*, *asparagos* ou *aspharagos*, est mille fois plus joli. Et plus encore *krikonalia* ou simplement *alia*, qu'on lui donne dans les lexiques copto-arabes. Tous évoquent la jeune pousse pleine de sève… mais la pousse tendre d'un végétal quelconque, aussi bien de chou que de bette ou de laitue, affirme froidement le médecin Galien.

Notre asperge n'a donc pas d'abord de nom bien à elle. Du XIIe au XVIe siècle, le nom latin *asparagus* va évoluer d'*esperge* à *esparge*, *sparge*, puis *asparge*. Rabelais nous apprend que parmi les victuailles sacrifiées par les gastrolâtres "à leur dieu ventripotent ès jours maigres" figuraient des "salades de esparges" dont se régalait d'ailleurs Pantagruel.

Vipère lubrique, bonne fille ou créature céleste ?

Plus tard restera donc "asperge". Il existe peu d'expressions concernant ce légume : l'asperge ne stimule guère l'imagination, sauf celle de Jules Renard, qui lui trouve une tête de serpent ou de vipère (*Journal*, 1898) – idée qui aurait pu inspirer Palissy en son temps, ou plus tard Gaudí –, et celle de Jean-Luc Hennig, qui la voit surtout comme "une fille attachante, mais qui a un peu trop tendance à se monter le bobéchon". Et telle est l'image populaire qu'on s'est donné de l'asperge, image qui fait couramment dire d'un adolescent poussé trop vite qu'il est monté en graine ou qu'il a tout d'une grande asperge.

Certes, sa forme suggestive a laissé supposer qu'elle pouvait "induire au déduit", voire "porter à luxure". S'il n'en est rien, on le croyait fermement autrefois, et cette certitude suffisait peut-être à en obtenir l'effet ! La croyance grecque selon laquelle on ferait merveille dans la culture de l'asperge en employant comme engrais des cornes de bélier donna à Rabelais une bonne occasion de se moquer des infortunés maris à travers le procédé vanté à Panurge par Dindenault : "Prenez moy, dit-il, ces cornes là et les concassez un peu, puis les enterrez en veue du soleil et souvent les arrouzez. En peu de moys vous en verrez naistre les meilleures asperges du monde. Allez moy dire que les cornes de vous aultres, messieurs les coqus, ayent vertus telles et propriétés tant mirificques"…

Et de fil en aiguille, l'érotique asperge s'est vue assimilée au sexe masculin. Dans ce contexte, l'expression argotique de Le Breton "aller aux asperges" ne doit pas évoquer l'image d'une jeune fille à capeline de paille, se rendant au jardin un panier à la main. Il signifie moins poétiquement "gagner sa vie sur le trottoir". Par contre lorsque A. Dauzat parle de "mettre ses asperges en bottes" (*L'Argot de la guerre*, 1918), il évoque simplement le soldat qui, fataliste, roule ses bandes molletières avant de partir au front.

Heureusement pour l'asperge, elle inspire de plus belles et de plus surprenantes images. L'imagination de Michel Leiris lui permet d'évoquer, à travers sa saveur, "un paradis terrestre, sorte de potager sentant bon le terreau, et à la forme extérieure des asperges, tuyaux d'orgues rassemblés en botte ou cierges crêtés d'une flamme mauve, qui font penser à des anges enveloppés du fourreau blanc d'une longue robe hiératique et portant aux épaules un plumage d'arc-en-ciel, aux tons rompus et mélangés" (*Biffures*, 1948). Quant à Proust, qui avait l'œil d'un peintre, il a saisi et immortalisé merveilleusement ce légume assez peu exaltant : "Mon ravissement était devant les asperges, trempées d'outremer et de rose, et dont l'épi, finement pignoché de mauve et d'azur, se dégrade insensiblement jusqu'au pied – encore souillé pourtant du sol de leur plant – par des irisations qui ne sont pas de la terre. Il me semblait que ces nuances célestes trahissaient les délicieuses créatures qui s'étaient amusées à se métamorphoser en légumes et qui, à travers le déguisement de leur chair comestible et ferme, laissaient apercevoir en ces couleurs naissantes d'aurore, en ces ébauches d'arc-en-ciel, en cette extinction de soirs bleus, cette essence précieuse que je reconnaissais encore, quand, toute la nuit qui suivait un dîner où j'en avais mangé, elles jouaient, dans leurs farces poétiques et grossières, comme une féerie de Shakespeare, à changer mon pot de chambre en un vase de parfum." *(Du côté de chez Swann.)* Puis il nous brosse le tableau "d'un plant de dix mille délicieuses asperges, dressant en liberté sur leur corps bleuâtre et rosé leur tête verte et bouclée, enracinée dans la terre qui salissait de son limon leur tronc rosé" *(Jean Santeuil).* Voilà qui modifie notre regard sur l'asperge…

Un sujet de choix dans la conversation…

Ailleurs, bien sûr, on parle çà et là de l'asperge – de la manière de la faire cuire, de la manger : nous le verrons au chapitre suivant. Toujours de façon prosaïque, mais rarement aussi expéditive que celle des Romains : ils la jetaient quelques minutes seulement dans l'eau bouillante. Une cuisson si prompte, raconte Suétone dans sa *Vie d'Auguste*, qu'elle était passée en proverbe. *"Citius quam asparagi coquantur"* : aussi vite que la cuisson des asperges…

Sur la manière de l'accommoder, l'asperge nous vaut une anecdote très célèbre, maintes fois racontée : Fontenelle qui recevait à dîner son ami l'abbé Terrasson avait prévu au menu des asperges, que tous deux adoraient. Une partie pour être dégustée au beurre selon le goût de Fontenelle, l'autre à la vinaigrette comme le préférait l'abbé. Au moment de passer à table, voilà que l'abbé meurt, frappé d'apoplexie. Et Fontenelle, sans se démonter, de crier à sa cuisinière : "Toutes au beurre, Adèle, toutes au beurre"…

Fontenelle a inventé la recette gourmande qui a gardé son nom : les asperges sont trempées successivement dans le beurre fondu et l'œuf à la coque. Les Italiens le font avec l'asperge verte et nomment ce mets "asperges à la Bismarck".

… et pour la création

Bien peu de légumes peuvent se vanter d'avoir suscité une telle recherche dans les objets destinés à leur culture, à leur présentation et à leur dégustation.

Pour récolter sans le blesser le légume délicat, les jardiniers ont mis au point une sorte de couteau, la gouge (apparentée à l'outil du menuisier), pourvue d'un long manche dont le bas s'élargit en une lame concave épousant la forme du turion. Elle se glisse le long de la tige souterraine jusqu'au rhizome et la coupe net.

Mettre ce produit fragile en bottes calibrées et liées posait un problème de manipulation : on a inventé un support en bois au format exact, livre ou kilo. Rempli, il donne le volume attendu, permet d'égaliser les tiges, et de ficeler le tout sans toucher aux légumes.

Éplucher les asperges paraissait présenter une somme de travail, même avec le couteau économe classique. Il s'en guillotinait tant et plus. Les Allemands, qui adorent les asperges et n'entendaient pas s'en trouver privés par ce problème pratique, nous ont apporté un couteau à éplucher spécial : une pince tient fermement la tige tandis qu'un rasoir la "plume" d'un bout à l'autre à l'épaisseur voulue. Ainsi ne se casse-t-elle pas, et peut-elle se manger entièrement. Quant à Geneviève Lethu, elle a trouvé une petite brosse spéciale pour gratter les asperges dans le sens du poil, y compris la pointe.

Pour les servir, il existe des pinces et des pelles spéciales, souvent en argent. Pour les

Couteaux à asperges

Pour mettre les asperges en bottes

manger élégamment sans se salir les doigts, les Hollandais avaient eu l'idée d'un étrange "mange-pince", sorte de longue pince arrondie pourvue de trois anneaux fixes où passer les doigts essentiels à une bonne prise.

Pour la cuisson classique, on se contentait autrefois d'une grande casserole d'eau dans laquelle on déposait les asperges avec un peu de sel. Aujourd'hui il existe un cuiseur d'asperges où elles tiennent debout dans très peu d'eau, la tête à la vapeur. Cela permet non seulement une cuisson parfaite, mais aussi de conserver tous les principes nutritifs de la plante.

Présenter ce plat succulent demande quelques raffinements. Au moins de déposer les asperges dans un plat habillé d'une serviette blanche censée absorber le surplus d'eau. On trouve encore pour remplacer cette serviette une plaque de faïence percée de trous. Mais pour les gourmands d'asperges, rien n'est trop beau. Et il existe encore, au fond des placards des familles ou chez les antiquaires, les charmantes barbotines qui fleurirent en quantité innombrable du milieu du XIXe siècle à 1930. L'asperge fut l'un des grands classiques de cette production décorative. "C'est à se demander si la saison des asperges ne durait pas plus longtemps autrefois qu'aujourd'hui ! Car apparaît, en cette Belle Epoque, une floraison peu commune de plats à asperges et à artichauts, tout aussi variés que séduisants ! [...] Le service à asperges, rare auparavant, se multiplie et envahit alors les intérieurs bourgeois. Il se compose généralement d'une douzaine d'assiettes, d'un plat (banc ou berceau), voire de deux plats, l'un pour servir, l'autre pour desservir, et d'une saucière. Chaque pièce formant un assemblage d'asperges aussi vraies que nature, finement colorées et vernissées." (Pierre Faveton, *Les Barbotines*, éd. Massin, Paris, 1990.)

La fraternité de l'asperge

Apprécier une même chose peut créer de solides liens, surtout lorsqu'on entretient le plaisir de la gastronomie à travers la promotion de ce que l'on aime.

Dans quelques anciennes régions productrices d'asperges se sont créées des confréries qui se donnent pour but de mieux faire connaître l'histoire, la culture, les traditions, et bien entendu les possibilités culinaires de cette exceptionnelle ressource locale.

Fondés en 1955, les Compagnons de l'asperge d'Argenteuil rassemblent producteurs et consommateurs, propagent le folklore, et font la promotion de l'asperge d'Argenteuil et des autres productions de l'endroit. La Confrérie des mangeux d'esparges de Sologne, fondée en 1968, encourage les producteurs à maintenir la qualité de leurs asperges réputées et en fait la promotion. Une dernière vient de naître à Mormoiron dans le Vaucluse. En Europe on connaît aussi la Confrérie des Limbourgondiens, dont le siège est en Hollande dans la province du Nord-Limbourg à Melderslo (près de Vanlo).

La Confrérie de l'asperge d'Alsace est la plus ancienne et la mieux connue. Elle siège à Village-Neuf en haute Alsace, village qui regroupe plus de la moitié des maraîchers du département du Haut-Rhin, et où fut récoltée,

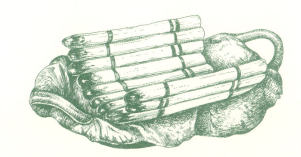

Berceau à asperges, XIXe siècle

dit-on, la plus grosse asperge du monde : elle mesurait 1,22 mètre et pesait 6,225 kilos. Un Grand Chapitre, qui se tient une fois l'an à la saison des asperges, réunit le Grand Conseil en costume historique alsacien, coiffé du légendaire tricorne, pour introniser les postulants.

"Nul n'est admis à la Confrérie de l'asperge s'il n'est gai, friand d'asperges, connaisseur de bons vins, galant homme, ou pour les dames, admiratrices de la gent masculine." Voici l'article premier du règlement de la Confrérie de l'asperge qui ouvre la préface du beau livre de recettes *L'Asperge sans frontières*, que nous offrent André-Paul Weber et le Grand Conseil de la Confrérie de l'asperge d'Alsace.

"Pour être admis apprenti aspergier, l'impétrant aura subi avec succès les épreuves d'admission du premier degré : [...] distinguer l'asperge matinale de l'asperge vespérale. [...] Après un an d'exercice [...], il pourra être présenté à l'épreuve d'intronisation d'aspergier. Il lui faudra arriver à distinguer une asperge d'Alsace d'une asperge «barbare». Après trois ans d'exercice [...], il pourra être présenté [...] au rang de grand aspergier ; il lui faudra alors arriver à distinguer l'asperge de haute Alsace de celle de la moyenne et de la basse Alsace."

Musées et fêtes

Dans les régions qui ont basé leur économie sur la culture de l'asperge, quelques musées lui sont consacrés. Le plus important est le musée européen de l'Asperge, situé en Bavière dans la région très productive de Schrobenhausen-Waidhoffen (à une trentaine de kilomètres au nord d'Augsbourg). Il est installé dans un château médiéval. Toute l'asperge nous y est contée, de l'histoire de la plantation au marché annuel des pays d'Europe. Sa collection de tableaux et d'objets se rapportant à l'asperge est vraiment impressionnante. La région donne depuis 1975 chaque année, en août, une grande fête populaire au cours de laquelle est élue "la reine des asperges".

En Hollande, le musée national de l'Asperge et des Champignons s'appelle le "museum De Locht". Il est installé dans une vieille ferme depuis 1990. Explications et vidéos donnent un bon aperçu de la culture de l'asperge. Pour les groupes, des visites sont organisées chez des producteurs.

Le musée reçoit plus de trente mille visiteurs par an et touche une subvention non négligeable de l'Europe pour son action éducative et la promotion de l'asperge dans la région.

Enfin, le musée du Vieil Argenteuil est rempli des souvenirs de la grande époque.

L'asperge magnifiée

Si, rigide, froide, d'allure quelque peu austère, l'asperge tient peu de place dans l'imaginaire des hommes, il n'en est pas de même dans le domaine des arts plastiques. De la fresque de Pompéi (au musée de Naples) à Andy Warhol, en passant par les illustrations des codex, la superbe fresque du palais des Papes au Vatican, elle est à l'honneur dans un grand nombre de natures mortes de peintres italiens et flamands des XVIe et XVIIe siècles, et dans quelques œuvres modernes. Pour les artistes, l'asperge est un sujet de choix : en botte, d'un vert tendre ou vif, d'un blanc translucide ou nacré, elle jaillit en bouquet floral dans les tableaux de Paulo Bonzi (1600), d'Augustin Bouquet (1680) et de bien d'autres. Ou se donne des airs d'odalisque, chair lumineuse se détachant sur la couleur des fruits, des légumes, du gibier, jouant de ses blancs et de ses verts avec subtilité.

Parfois même, elle se trouve être l'unique sujet de l'œuvre, dans les admirables tableaux de Coort (1697), et celui de Manet resté célèbre par l'anecdote suivante : le peintre avait vendu 800 francs à Charles Ephrussi une huile représentant une botte d'asperges. Pour arrondir la somme, l'acheteur fait parvenir 1 000 francs à Manet, lequel, dans un geste plein d'élégance et d'esprit, peint un petit tableau représentant une asperge solitaire, et le lui envoie avec ce mot : "Il en manque une à votre botte." De ce premier tableau de 1880, sur fond noir, peint à la façon des natures mortes hollandaises du XVIIe, où jouent les bleus et les gris des asperges avec quelques touches de couleur vive sur la pointe, Georges Bataille disait : "Ce n'est pas une nature morte comme les autres, morte elle est en même temps enjouée"...

V. L'ASPERGE REMÈDE ET L'ASPERGE GOURMANDE

Si l'on admettait toutes les propriétés médicales que les auteurs, depuis deux mille ans, ont attribuées à l'asperge, on ne pourrait que la considérer comme le plus précieux des présents de la nature. Elle l'est… pour la cuisine. C'est là qu'elle fait merveille.

Les vertus de l'asperge

Dans l'Antiquité, médecins et botanistes étaient unanimes à la recommander en préparations contre quantité de maux les plus divers : "Ses tiges tendres pilées et infusées dans du vin blanc composent un breuvage qui apaise les douleurs des reins ; bouillies ou grillées, elles sont efficaces contre les difficultés d'uriner et la dysenterie. Sa racine cuite dans du vin ou du vinaigre calme la douleur des dislocations, guérit de l'éléphantiasis. Mélangée à des figues et des pois chiches et prise en breuvage, elle guérit la jaunisse et allège les douleurs de la sciatique ; avec addition de cumin, elle dissipe les flatuosités de l'estomac et du côlon ; elle éclaircit la vue, relâche doucement le ventre et se révèle excellente contre les douleurs de la poitrine et de l'épine dorsale, comme dans les affections des intestins", etc. Et n'oublions pas son important rôle aphrodisiaque…

Au Moyen Age, si elle n'apparaît nulle part dans les manuels de cuisine, elle figure en bonne place dans tous les traités de botanique, prescrite contre calculs et palpitations, rhumatismes et goutte, douleur de la rate et du foie, avec l'accent mis sur les vertus purificatrices et diurétiques du jus d'asperge, par ailleurs riche en sels minéraux. Elle entre aussi dans le traditionnel "sirop des cinq racines".

Qu'en est-il aujourd'hui ? Il ne semble pas que l'asperge soit encore employée en pharmacologie. Ses vertus médicinales n'ont pas résisté aux temps modernes. Mais en tant qu'aliment, on la recommande pour son côté légèrement laxatif et dépuratif, sans contre-indication véritable. Cependant on déconseille par prudence d'en trop manger aux goutteux et aux insuffisants rénaux. Riche en eau, en fibres, elle contient 1,61 % de matières azotées, et 0,14 % de matières grasses, des saponines, des vitamines A, B1 et B2, de la vitamine C dans la pointe, des sels minéraux, du tanin. Sa valeur énergétique est de 17 calories pour 100 grammes. L'asperge verte, du fait de son exposition à la lumière, contient plus de vitamines A et C que la blanche.

L'asperge est apéritive, dépurative, et doit ses propriétés à un principe azoté cristallisable, soluble dans l'eau : l'asparagine, qui donne une odeur caractéristique à l'urine. Si elle n'augmente pas la diurèse, elle augmente les fréquences des mictions.

> **REMÈDES D'HIER ET D'AUJOURD'HUI : LES CINQ RACINES**
>
> Ces cinq racines associées sont à la fois apéritives et diurétiques, et donc utilisées pour ces deux usages sous deux formes : tisane et sirop. La tisane est un mélange à parts égales de racines sèches de fenouil, de fragon, d'ache, d'asperge et de persil, à utiliser en infusion à raison de 20 g par litre. Le sirop se prépare avec 100 g de ce mélange de racines sèches pour environ 2 kg de sucre.
>
> (Dr G. Debuigne, *Dictionnaire des plantes qui guérissent*, Larousse, 1972.)

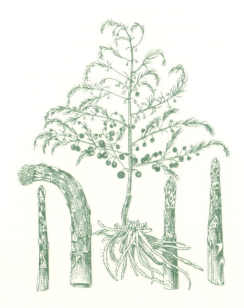

D'après Besler, XVIe siècle

Enfin, l'asperge est recommandée dans les régimes à basses calories à condition de l'assaisonner d'un peu d'huile d'olive crue et de jus de citron.

Les saveurs de l'asperge

L'asperge a toujours été, et reste encore, un légume de luxe à servir les jours de fête. Sauf évidemment pour ceux qui la cultivent, son prix dépasse celui de tout autre primeur, si l'on souhaite s'en procurer de très fraîches et de très bonne qualité. Mais d'abord, comment les choisir ?

Qu'elles soient vertes, blanches ou violettes, elles doivent avant tout être fraîchement cueillies, ce qui est un gage de tendreté. C'est le pied qui est à examiner : humide, vivant, sans tache, le produit est frais. La tige doit être un peu humide et casser net en jutant ; le bourgeon bien fermé, net, de forme régulière. Les blanches doivent être nacrées, presque rosées. Plus elles ont poussé vite, plus elles sont tendres. Le paquet qui les enveloppe doit indiquer la région d'où provient la botte, la date de la cueillette.

Vertes ou blanches ? Là est toute la question. "On ne saurait aimer les deux sortes, paraît-il. Il faut choisir, affirme James de Coquet. D'ailleurs toutes sont bonnes, mais nulle part ailleurs que dans l'asperge ne sévit pareil ostracisme. Les partisans des blanches méprisent les vertes à l'égal d'une nourriture pour les lapins. Les adorateurs des vertes, dont je suis, prétendent que les blanches, si onctueuses, leur donnent l'impression de mordre dans du savon, en quoi ils ont tort. Dans le Midi et en Italie, l'asperge a choisi d'être violette, ce qui met tout le monde d'accord."

• *Comment les préparer ?*
Si la cuisinière de Proust "plumait les asperges", moins poétiquement nous les épluchons. Avec un couteau économe, un rasoir à légumes, avec l'éplucheur allemand ou, dernier chic, la "brosse à gratter" de Geneviève Lethu. Mais l'asperge blanche, on le sait, ne doit pas être simplement "ratissée". Elle a besoin qu'on la déshabille de sa peau blanche et légèrement coriace, et il ne faut pas hésiter à la tailler jusqu'à la pulpe, puis à couper le talon. Ainsi peut-on la manger de bout en bout.

L'épluchage n'est pas difficile si l'on prend soin d'aller doucement de haut en bas, en commençant sous la tête. On ne touche pas au bourgeon. Si l'asperge casse, on met les deux morceaux dans la casserole.

Couteau à éplucher les asperges

• *Comment les cuire ?*
Il suffit de quelques minutes de cuisson dans l'eau bouillante pour leur donner le moelleux voulu, pour développer leur saveur et leur parfum.

Cette manière de procéder met presque tout le monde d'accord : "Tirez-les le moins cuites que vous pourrez, c'est le meilleur", conseillait en 1651 le *Cuisinier français*, et en 1674, on trouve dans *L'Art de bien traiter* : "Souvenez-vous que l'asperge doit croquer sous la dent et qu'elle ait tout son vert, à moins de quoi elle n'est que filasse." Courtine la voulait "craquante en son corselet, la pointe seule attendrie, attendrissante comme un bouquet de printemps"… James de Coquet défend une opinion inverse : "Ça ne leur va pas du tout d'être croquantes. Elles sont faites pour l'onctuosité, pour fondre sous la langue, ce qui permet aux gourmands d'en manger les deux tiers…"

De toute façon, à part les toutes jeunes asperges vertes qu'on peut manger crues en salade, il faut les cuire. Et les manger tout de suite. Elles ne se conservent pas au réfrigérateur.

La cuisson classique consiste à déposer les asperges dans une grande casserole remplie d'eau salée bouillante, un peu citronnée pour les garder blanches. Mais pour que les asperges perdent le moins possible de leurs qualités, et qu'elles ne se gorgent pas d'eau, surtout si on les fait cuire "fondantes", les placer dans le panier d'un autocuiseur est une bonne solution.

• *Comment les manger ?*
Au temps de nos grands-parents, et encore de nos parents, on mangeait les asperges avec les doigts, trempées dans la sauce, et jamais jusqu'au bout, car elles étaient grattées et non véritablement épluchées. On tirait le meilleur avec les

Cuiseur à asperges

dents, et on déposait la fibre restante dans son assiette. C'est de cette façon, nous rapporte Proust, que les mangeaient les Verdurin, tandis que les Guermantes se servaient ostensiblement de la fourchette et du couteau. Là-dessus, Grimod de la Reynière est formel, nous rappelle Jean-Luc Hennig : "On les sert avec la main, et ce serait un manque de savoir-vivre que d'y employer la cuiller." Il ajoute que Courtine, lui aussi, revendique avec force le droit de manger son asperge à la main : "Osons manger les asperges avec nos doigts, mais reconnaissants, caressants, frémissants ! Nos doigts respectueux, ambassadeurs de cette parcelle divine qu'est notre âme. Nos doigts courtisans."

Aujourd'hui, comme les asperges sont parfaitement tendres, et parfois accommodées de telle manière que les prendre à la main est quasi impossible, on admet d'utiliser la fourchette et même le couteau.

Le tour d'Europe de l'asperge

En Belgique on aime les grosses asperges blanches, cuites juste à point à l'eau bouillante, accommodées "à la flamande" : arrosées généreusement de beurre fondu citronné et nappées d'un hachis d'œufs durs. Ou encore juste au beurre, accompagnées de petites pommes de terre nouvelles, ou d'une tranche de saumon fumé et d'une sauce hollandaise.

En Allemagne, on se régale aussi d'asperges blanches bien dodues, mais la verte fait une percée fulgurante. On les trempe dans de la sauce béchamel ou une sauce à la crème.

En Grande-Bretagne, on préfère les petites vertes. Surtout au breakfast sur toasts aux œufs brouillés, avec le thé.

En Italie, on mange des deux sortes : les blanches servies avec huile d'olive et citron, ou parmesan râpé ; les vertes à la Bismarck (trempées dans un œuf à la coque) ou coupées en tronçons pour accompagner les pâtes, avec huile d'olive, parmesan et pulpe de tomate.

En Espagne, patrie des asperges vertes, on les aime petites et moyennes à la vinaigrette : huile d'olive, vinaigre de Xérès, et pointe d'ail.

En Grèce, ce sont aussi les vertes que l'on préfère – et qu'on a sous la main. On les accommode comme en Espagne, sauf qu'on remplace le vinaigre par un jus de citron. On y ajoute parfois des olives noires.

En Pologne, enfin, on a un faible pour les grosses blanches moelleuses, avec un accompagnement d'œufs durs hachés, de persil et de mie de pain frits au beurre.

Les conserves

Pour profiter le plus longtemps possible de ce légume, on peut le conserver très facilement par stérilisation en bocal : éplucher les asperges, les plonger une minute dans l'eau bouillante, les mettre dans le bocal pointe en haut dans un fond d'eau légèrement salé. Stériliser pendant 40 minutes. Lorsque l'on ouvre le bocal, les remettre quelques minutes à l'eau bouillante. Mieux vaut le faire soi-même que d'acheter la conserve déjà préparée. Le bocal est généralement rempli d'eau et les asperges, mollasses et sans goût.

La congélation est un procédé qui marche assez bien avec les asperges. Les laver et les peler, les cuire à peine à la vapeur. Egoutter et sécher au maximum. Refroidies, les aligner sur un plateau quelques heures au congélateur pour les durcir ; puis les y remettre aussitôt regroupées en sachets. Pour les manger, il suffit de les plonger gelées dans

Assiette à asperges, XIXᵉ siècle

une marmite d'eau froide et de chauffer à feu vif quelques minutes. Dès frémissement, baisser le gaz, et surveiller la cuisson. Elles se préparent comme des fraîches.

Quelques idées de recettes

Dans la cuisine de nos grands-parents, sauf en entrée où elles se servaient nature – chaudes avec une sauce mousseline, ou hollandaise ; froides, assaisonnées d'une classique vinaigrette –, on trouvait les asperges parfaites en accompagnement d'un plat de résistance.

Elles rehaussaient le rôti, les ris de veau. On les mettait en purée. On les coupait en tronçons qu'on sautait au beurre. On les mettait aussi en gratin avec une sauce au fromage. On cuisinait les pointes en omelette, et les tiges passées au moulin, additionnées de crème fraîche, composaient un délicieux potage.

De nos jours, les asperges ayant pris du galon dans le monde des légumes, la tendance s'est inversée : elles sont servies en plat principal qu'on accompagne, selon son goût et selon le lustre que l'on veut donner au repas dont elles deviennent le point culminant, des très bonnes choses qui se présentent : au printemps, pourquoi pas de morilles fraîches ramassées dans les bois (on les trouve au même moment de l'année) ? Les morilles sont lavées soigneusement, ouvertes, déposées dans un poêlon avec du beurre. On laisse cuire jusqu'à évaporation de l'eau, puis on fait un peu dorer avec quelques têtes d'échalote hachées qui donnent une petite pointe acidulée. On ajoute assez de beurre pour allonger la sauce, sel, poivre, et l'on verse brûlant sur les asperges bien chaudes dressées sur le plat.

On peut, suivant la même recette, les accompagner de coquilles Saint-Jacques ; de filets de sole ou de turbot, cuits les uns au beurre, les autres à la vapeur, rehaussés d'une sauce au beurre et au citron ; de queues de crevettes grises, de pommes noisettes vivement passées à la vapeur, ou rôties au beurre. Ou encore les déposer tièdes sur quelques feuilles de roquette, parsemées de lamelles de parmesan, avec huile d'olive et vinaigre aromatique…

Il faut reconnaître que si les asperges s'associent parfaitement aux produits de saveur délicate, elles s'accordent merveilleusement avec l'œuf (à la coque, dur ou brouillé), et d'autres aliments plus forts en goût (tel le parmesan) en petite quantité. Les Alsaciens les font cuire avec un morceau de jambon qu'ils dégustent en accompagnement. L'association est exquise. Mais cuites à point, juste au sortir de l'eau, toutes fumantes dans l'assiette, arrosées de beurre fondu salé et poivré, elles sont parfaites.

Les chefs se sont emparés de l'asperge pour des recettes très élaborées et délicieuses qui font leur succès. Nous ne les citerons pas ici. Mais dans son livre *L'Asperge sans frontières*, André-Paul Weber nous livre les secrets des meilleures tables d'Alsace. On peut s'en inspirer… De même que des recettes de chefs français que chaque année nous communiquent les magazines féminins dans leur rubrique "cuisine".

• *Crème d'asperges*
Elle utilise les tiges seules, si vous avez choisi d'utiliser les pointes en omelette, et l'eau de cuisson des asperges.

Mettez les tronçons d'asperges dans une cocotte avec un peu d'huile d'olive, sel, poivre, et remuez avec une cuiller en bois. Au bout de quelques minutes, ajoutez 2 verres d'eau de cuisson et un cube de bouillon de volaille. Mélangez bien, couvrez, et laissez mijoter 15 minutes. Puis passez le tout au mixeur. Sur la purée obtenue, versez l'eau de cuisson maintenue bouillante, jusqu'à obtention de la consistance voulue. Ajoutez enfin de la crème fraîche, quelques brins de cerfeuil ou quelques pointes d'asperges conservées pour cet usage.

• *Purée d'asperges vertes*
Cuisez un bon kilo d'asperges à l'eau salée. Réservez les pointes, passez les tiges au mixeur. Ajoutez à la purée un peu de farine délayée dans du lait, un bon morceau de beurre, une pointe de muscade, et laissez cuire en tournant. Servez en accompagnement de côtelettes d'agneau grillées, décorées de quelques pointes en bouquet. Les autres serviront pour la recette suivante.

• *Salade de pointes d'asperges vertes*
Décortiquez 200 grammes de crevettes grises bien fraîches, hachez 3 échalotes. Mélangez délicatement aux pointes d'asperges, et assaisonnez d'huile d'olive fruitée, de vinaigre balsamique, de sel et de poivre.

• *Asperges farcies aux œufs brouillés*
Choisissez de belles grosses asperges, et faites-les cuire à l'eau bouillante salée, tandis que vous préparez les œufs brouillés à la crème au bain-marie (avec muscade, sel et poivre). Lorsqu'elles sont à point, déposez les asperges sur une serviette chaude afin qu'elles s'égouttent, fendez-les du col jusqu'au pied, et fourrez-les avec la brouillade. Servez immédiatement très chaud, en entrée.

• *Asperges à la façon de M. de Jarente*
Grimod de la Reynière rapporte la recette d'un certain M. de Jarente, ministre de Louis XV, qui accommodait les asperges ainsi : "On tranche en biais le col des asperges préalablement pochées. On met ces têtes dans une serviette chaude. Dans une casserole d'argent, on verse, cuillerée par cuillerée, deux cents grammes de beurre. Celui-ci étant fondu, on ajoute sel, poivre, muscade, deux jaunes d'œufs, une cuillerée de farine, un jus de citron. On met le tout au bain-marie. Lorsque cette préparation est bien liée, on y plonge les têtes d'asperges et l'on sert dans la casserole."

• *Foie gras frais poêlé aux asperges caramélisées*
Mettez dans un poêlon vos asperges entières, crues, accompagnées de beurre, de sel et de poivre. Surveillez la cuisson, qui doit être modérée afin que le beurre ne noircisse pas. Tournez les asperges de temps en temps. Lorsqu'elles sont encore bien fermes sous le couteau, caramélisez-les en ajoutant du miel. Remettez dans le poêlon un gros morceau de beurre salé frais pour allonger la sauce, et servez sur les asperges croquantes avec le foie gras tout juste poêlé. A déguster brûlant sur des assiettes chauffées au préalable. Cette recette d'asperges caramélisées est également exquise avec une tranche d'excellent foie de veau cuit rosé. Une petite salade de mâche l'accompagne alors.

• *Asperges vertes en friture*
Elle se servent soit comme entrée (et on les mange avec les doigts), soit comme accompagnement d'une viande. Les asperges vertes, légèrement grattées, sont simplement jetées dans une bassine d'huile bouillante, et servies bien chaudes en buisson, comme des frites, salées et poivrées.

• *Beignets d'asperges*
Jetez quelques minutes dans de l'eau bouillante salée les asperges blanches. Essorez-les dans du papier absorbant une à une, et roulez-les dans la pâte à frire (qu'un peu de bière fera gonfler), puis mettez-les dans la friture très chaude jusqu'à ce qu'elles dorent. Elles se servent ainsi en entrée avec un demi-citron, poivre et sel, ou accompagnent un rôti.

• *Tajine d'agneau aux têtes d'asperges*
Faites fondre à feu doux un bon morceau de beurre dans le plat de terre. Lorsqu'il est bien chaud, mettez-y à dorer vivement les "noisettes" que vous avez prélevées sur les côtelettes d'agneau. Retournez-les et ajoutez les têtes d'asperges crues délicatement coupées en quatre dans le sens de la hauteur (cinq par noisette). Salez, poivrez au moulin, couvrez et laissez mijoter de cinq à dix minutes.

L'aubergine

Claudine Rabaa

INTRODUCTION

Kastallides ! Chantez l'enfant aux brunes tresses
Dont la peau lisse et ferme a la couleur du miel [...]
Dites son rire frais plus doux que l'aubergine,
Le rayon d'or qui nage en ses yeux violets…
Leconte de Lisle, *Poèmes antiques*, 1852.

Étonnant légume que l'aubergine qui, depuis des millénaires, triomphe savoureusement d'une tenace mauvaise réputation. Aucun légume n'inspire des sentiments aussi mitigés que la replète aubergine. Sa carte d'identité la déclare Solanacée, elle appartient donc à une famille qui regorge de plantes vénéneuses et inspire la méfiance. Cette suspicion n'a pourtant pas empêché d'autres plantes de la même lignée, telles les pommes de terre nourricières, les tomates rutilantes et les fringants piments, de prendre d'assaut nos cuisines. Ces trois belles-là sont venues des Amériques, terre d'élection de leur famille, tandis que l'aubergine, marginale, vient d'Asie où les Solanacées ne se sont guère multipliées.

Sa culture est plutôt récente, en Inde et en Birmanie elle a débuté il y a moins de trois millénaires. Il lui a fallu presque mille ans pour séduire la Chine et elle n'est parvenue au monde méditerranéen que sur les routes de l'Islam.

Précédée par une aura maléfique, accusée d'être porteuse de tous les maux, il a été souvent difficile à l'aubergine d'obtenir droit de cité. Pourtant, sitôt admise, son succès sur les tables, des plus populaires aux plus raffinées, a été assuré : l'on raconte que certains goûtèrent l'aubergine jusqu'à la pâmoison et que d'autres firent de leur penchant excessif un instrument de mortification.

L'aubergine, à laquelle ses turgescences coquines ont valu bien des surnoms, mérite infiniment mieux que sourires ou mépris. C'est un légume qu'il faut apprivoiser et savoir bien traiter en cuisine afin qu'elle dévoile sa douceur moelleuse et sa saveur épicée. Promesse de délices végétariennes, l'aubergine règne discrètement sur les tables sobres ou modestes. Son histoire est celle de l'irrésistible ascension d'une mal-aimée.

I. DES AUBERGINES ET DES HOMMES

Une belle Indienne

L'aubergine s'est glissée dans les jardins du golfe du Bengale voici trois millénaires. C'est une culture récente, car les tubercules crus ont sans doute été les premiers légumes consommés puis, la cuisson maîtrisée, les céréales et les légumineuses ont eu la vedette, avant que les légumes-feuilles et les légumes-fruits ne soient convoités et semés. Leur entrée dans les potagers marque un tournant pour les civilisations humaines, celui du passage de l'aliment cuit à l'aliment cuisiné.

Deux espèces sauvages des montagnes birmanes et de Madras, *Solanum insanum* et *Solanum incanum*, nous rapprochent de l'ancêtre de l'aubergine, *Solanum melongena*. De nombreux caractères les lient aux variétés locales de l'aubergine, si bien que certains botanistes en font deux formes de la même espèce. Il est probable que ces formes sauvages, gourmandes de nitrates, se sont furtivement installées autour des villages aux terres abondamment fumées par les hommes et le bétail. D'autres plantes spécialistes du squat des jardins, comme le toxique datura, en sont chassées impitoyablement, mais la belle aubergine, précautionneusement goûtée, a été adoptée. On l'a admise et choyée dans les jardins enserrés dans les innombrables bras de fleuves, sur les côtes indiennes de Madras, dans le vaste delta du Gange, de l'Inde de Calcutta au Bangladesh, et dans le delta birman de l'Irrawaddy baignant Rangoon. Dans ces jardins bien irrigués, l'aubergine a dû être, comme elle l'est aujourd'hui, cultivée en culture *rabi*. Plantée en saison sèche et fraîche, qui correspond au début de notre hiver, elle fleurit et mûrit en saison sèche et chaude entre mars et juin, avant les pluies de mousson qui arrosent les cultures humides dites de *kharif*.

La multitude des noms qu'a portés l'aubergine dans son périple autour du monde est une sorte de fil d'Ariane qui, inlassablement, nous conduit au cœur de l'Inde orientale, et à ses appellations en sanscrit (*bhantâki*, *varttaka* ou *vangana*), hindi (*bangana*) ou bengali (*bong*, *bartakou*), autant de mots dérivant de la racine *bangha*, "plante vénéneuse". L'anathème était dans le berceau de la belle aubergine !

Avec les courants de l'océan Indien

Quand les rivalités des premiers clans humains ont poussé les groupes dominés à affronter la mer pour gagner des terres promises ou rêvées, l'océan Indien a offert un espace d'échanges. Plus que la Méditerranée, changeante et imprévisible, il a ouvert, à ceux qui ont su le sonder, des routes marines tracées par les vents de mousson et conduisant vers l'ouest ou vers l'est, selon la saison et la latitude. Une navette maritime s'est peu à peu établie entre l'Asie du Sud-Est et les côtes orientales de l'Afrique, en particulier la côte des Somalis et le golfe d'Aden où portent ces courants. La route des alizés est devenue celle des épices, puis de quelques plantes cultivées en Asie qui ont trouvé, non loin des côtes africaines, une terre accueillante, base de départ de variétés nouvelles qui ont investi le vieux continent. L'Ethiopie est le berceau de l'aubergine africaine, et les *Solanum æthiopicum*, *Solanum incanum* ou *Solanum macrocarpum*

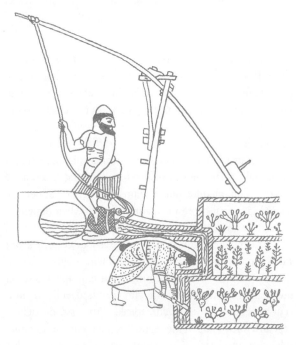

*Jardin potager du Cachemire,
d'après un manuscrit persan du XIVe siècle*

consommés ou cultivés en Afrique sous les noms de *djakatou*, *koumba*, *dagatou* ou *diakatou* appartiennent à la descendance des immigrantes éthiopiennes, elles-mêmes sans doute issues des *bartakou* du Bengale.

A la conquête des pays du soleil levant

La moisson fauchée a été rentrée ;
Laissez-nous dresser la table du festin sous la treille de calebasses ;
Boire du vin dans les coupes de terre et les pots de porcelaine ;
Dévorer les tendres aubergines dans leur peau ;
Engloutir les petits melons entiers, graines et pulpe ;
Les navets en tranches dans leur sauce de saumure ;
Et le vin de pays descendu par pleines coupes.
Kuan Han Ch'ing, *Ku-Peu*, fin du XIIIe siècle.

L'aubergine indienne, lentement améliorée par la culture et son amertume quelque peu corrigée, s'en est allée à la conquête des pays d'Extrême-Orient. Elle est apparue en Chine au VIe siècle. Au VIIe siècle, ce fruit tropical est une curiosité exotique que les chroniques de l'empereur Sui Yangdi présentent sous le nom de *kun-lun tsu kua*, "melon pourpre de Malaisie".

Elle reste longtemps une rareté dont l'usage est un signe de raffinement. Les nobles maisons de l'époque Sung mettent un point d'honneur à servir les premières aubergines de la saison. Sous les empereurs Tang, qui régneront sur la Chine jusqu'au Xe siècle, l'aubergine, *ch'ieh*, est cultivée et on en connaît plusieurs variétés qui sont consommées cuites ou crues, preuve de leur succès, car les légumes de la cuisine Tang sont, traditionnellement, des feuilles, des bulbes, des racines ou des gousses, et non des légumes-fruits telle la baie d'aubergine. Sous la dynastie Ming, qui régnera du XIVe au XVIIe siècle, l'aubergine fait partie des offrandes à l'empereur.

L'aubergine gagne ensuite la Corée, puis le Japon où les goûts insulaires particuliers influencent le choix des variétés retenues, peaux sombres, petits fruits, ronds ou très allongés, parfois arqués comme des dagues.

Sur la route de la soie

Au IIe siècle avant notre ère, l'aubergine a dû gagner les hautes terres iraniennes alors que l'Iran des Parthes, échappant à l'influence grecque assise en Asie après les conquêtes d'Alexandre le Grand, s'ouvrait vers l'Inde et la Chine et devenait, pour des siècles, le lieu de passage obligé de la route de la soie. Ses noms persans, *patangan*, *badangan*, devenus les modernes *badinyan*, *badindjan* ou *badjemon*, signent bien les ascendances indiennes de ce légume. L'aubergine s'est acclimatée aisément dans les terrasses irriguées des fonds de vallée fertiles. Sur ces terres cernées par les steppes s'est scellée la rencontre de l'aubergine et du brasero nomade, et si la gastronomie iranienne accommode de cent façons raffinées ce légume, sa cuisson commence presque toujours par une confrontation avec les braises ou la flamme. Nulle part mieux qu'en Iran on n'exalte avec autant de savoir-faire les saveurs de l'aubergine.

En suivant les bannières de l'Islam

Si l'aubergine a été introduite par quelque colporteur de soie dans les terres d'Occident, aucun écho n'en signale la présence avant les conquêtes musulmanes et les vastes mouvements de populations qui ont suivi l'islamisation, au levant vers le Moyen-Orient et l'Iran, et au couchant vers l'Egypte, le Maghreb, l'Andalousie et les îles de Méditerranée occidentale. Curieusement, l'histoire de l'aubergine est intimement mêlée aux luttes de pouvoir qui secouent les premiers siècles du califat musulman. La première dynastie islamique, la dynastie des Omeyades, assura l'expansion de l'Islam et l'organisation des conquêtes. Ce pouvoir issu de la grande aristocratie mecquoise et installé à Damas restait encore profondément lié à l'Arabie, qui ignorait probablement l'aubergine. En 750, alimentée par des arguments à la fois religieux et claniques, une véritable révolution ouvre le califat à la dynastie abbasside. Cette prise de pouvoir s'appuie sur une armée en grande partie composée de soldats

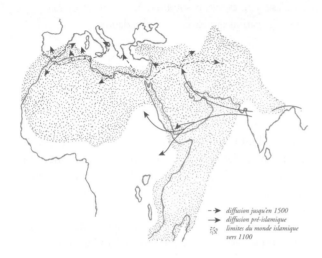

Les voyages des plantes de l'époque romaine au début du XVᵉ siècle, d'après A. Watson

→ diffusion jusqu'en 1500
→ diffusion pré-islamique
▒ limites du monde islamique vers 1100

du Khorassan, province du nord-est de l'Iran, et le califat soutenu par les provinces orientales s'installe à Bagdad et se lie pour plusieurs siècles à l'Iran. Ce lien durable a permis à l'aubergine d'entrer dans les mœurs du monde musulman et le nom arabe de l'aubergine, *badendjan*, dévoile la source culinaire du *badangan* prisé par les Perses. C'est sans doute au IXᵉ siècle que, depuis la capitale abbasside, l'aubergine a pris son essor vers le pourtour méditerranéen.

Jardins d'El-Andalous

Le jardin en Andalousie musulmane est le reflet terrestre du paradis et les poètes célèbrent, dans des vers eux-mêmes appelés "jardins", les charmes des arbres, herbes, fleurs ou même légumes. Voici ce que dit de notre légume un poème anonyme andalou du XIᵉ siècle : "Les aubergines se dressent au bout des pétioles comme des cœurs de brebis dans des serres d'aigles."

L'Andalousie musulmane a été le second paradis de l'aubergine et son entrée en grâce sur les tables d'El-Andalous nous ramène, une fois encore, aux affrontements entre Omeyades et Abbassides. Un survivant de marque, le propre petit-fils du calife déchu, échappe aux massacres qui accompagnent la chute du califat. Il se réfugie au Maghreb,

dans la tribu berbère dont est issue sa mère, puis, en 756, s'empare de Cordoue où il installe, en dissidence avec Bagdad, un pouvoir omeyade que ses descendants vont maintenir deux siècles et demi durant, donnant à Cordoue puissance et rayonnement culturel. En 822, la cour cordouane accueille Ziryâb. Musicien de cour à Bagdad, il en avait été exilé, son talent ayant porté ombrage à son maître. Virtuose, compositeur, musicologue et expert en tous les arts de vivre, Ziryâb introduit en Espagne l'usage de la *nouba* (genre poétique chanté alliant musique savante et poésie strophique, encore vivace au Maghreb), mais aussi l'art du vêtement, l'ordonnance d'un repas élégant et la gastronomie de Bagdad. C'est à Ziryâb que l'on doit le goût de l'aubergine sur les tables royales, où on l'apprête avec un luxe d'ingrédients et d'accommodements jamais égalé.

Savoureuse dans des apprêts plus populaires, l'aubergine a conquis l'Espagne dès le Xᵉ siècle. Dans les potagers des environs de Cordoue, la culture prospère de la *berenjena* alimente alors légumiers et poètes. Si aujourd'hui les poètes ne chantent plus guère l'aubergine, la tradition de sa culture s'est maintenue sur les terres chaudes de la plaine du Guadalquivir, au point que l'on appelle familièrement les Cordouans *berenjeneros*.

Brasero, Murcia, XIIIᵉ siècle

Balkanisation de l'aubergine

Entre la fin du XIVᵉ siècle et le début du XVIIᵉ siècle, l'Empire ottoman triomphant va régner sur la Méditerranée méridionale et orientale, s'étendre du détroit de Gibraltar à l'Italie et grignoter, campagne après campagne, les territoires des Balkans, de l'Adriatique à la mer Noire, de la mer d'Azov aux abords de la Caspienne. La résistance balkanique à la domination politique et religieuse des Turcs émailla de révoltes le règne de la Sublime Porte, mais les Balkans ne résistèrent pas à l'aubergine, fille des faubourgs d'Istanbul.

Aussitôt adoptée, l'aubergine fut balkanisée, et son origine ottomane dissimulée, car, si les avatars balkaniques du nom turc, *patlijan*, existent, ils sont presque toujours remplacés par des mots plus imagés, comme en Roumanie où les aubergines, *patlagele*, sont plus communément appelées *vinete*, qui pourrait se traduire par "ecchymoses" !

De Palos de Moguer, routiers et capitaines…

Avant même que l'aubergine ne s'installe dans le nord de l'Europe, le sud-ouest de la péninsule Ibérique changeait de cap : le XVIe siècle allait tout entier se tourner vers les terres nouvelles des Indes occidentales. Sur les caravelles parties à la recherche de l'or ont voyagé bien des graines, bulbes et tubercules. Des Amériques nous sont arrivés haricots et pommes de terre, tomates et poivrons, qui allaient modifier à tout jamais la gastronomie du Vieux Monde et celle de la Méditerranée. Mais certaines des denrées accompagnant les navigateurs dans leur voyage, des aubergines séchées par exemple, ont fait souche dans les îles tropicales.

Aux Antilles, où, en souvenir des Espagnols, on les appelle *bélangères* ou *bérangères*, elles ont trouvé un climat convenant à leur nature tropicale, et peuvent peser plus de trois livres. Dans l'île de la Réunion, où elles ont une égale vigueur, on peut s'interroger sur leur provenance. Sont-elles apparues au passage des Portugais qui y firent escale au début du XVIe, venant des Indes orientales, et y semèrent le *brinjal* malais qui devint une *bringelle* bourbonienne ? Sont-elles, au contraire, un apport plus récent des *malabars* et des *zarabes*, ainsi que l'on appelle, dans la société multiraciale de l'archipel des Mascareignes, les Indiens tamouls ou musulmans ?

Assiette au cavalier, céramique ottomane, XIIIe siècle

Quand la colonisation française s'installe en Guadeloupe au XVIIe siècle, le va-et-vient espagnol vers cette tête de pont de la "route des Indes" a déjà marqué la vie des populations caraïbes. Ainsi l'aubergine, alors largement cultivée en Andalousie, s'est acclimatée dans les îles des Antilles. Voici ce qu'en dit, dans son *Histoire naturelle des Antilles*, le père Dutertre, chroniqueur et éclaireur des colons français : "Plusieurs habitants cultivent dans leurs jardins une grande plante qu'ils appellent mélongène ou pélongène, qui a de grandes feuilles, larges comme la main, elle est de la hauteur de deux pieds, porte des fruits lisses blancs et violets. Leur chair, de l'épaisseur d'un doigt, est pleine de petites graines, plates comme celles du piment. Nos habitants la font bouillir et l'ayant coupée en quartiers, la mangent avec de l'huile et du poivre, bien que ce soit un peu insipide."

L'Occident redécouvre l'aubergine

Ceux de Gênes usent fort de ce fruit qu'ils appellent melzane.

Anonyme, *Le Thresor de santé*, 1607.

L'Europe occidentale a sans doute assez tôt fait la connaissance de l'aubergine, mais il est probable que celle-ci a multiplié les fausses entrées, dont seules quelques mentions désinvoltes conservent le souvenir. Au XIIe siècle, sainte Hildegarde de Bingen, abbesse d'une communauté de moniales bénédictines du sud-ouest de l'Allemagne, mystique et scientifique au vaste savoir, cite parmi les légumes une *megilana* qui peut être assimilée à *melongena*, l'aubergine. De fait, à Venise puis à Gênes, ses graines figurèrent à plusieurs reprises dans les chargements venus d'Orient. Elles furent plantées, mais sans succès : son âcreté, son amertume en détournèrent les palais occidentaux et leur propension à noircir les fit soupçonner de maléfices. Soupçons encore aggravés par une confusion avec sa proche parente la mandragore, tant et si bien qu'on la nomma *mala insana*, la pomme qui rend fou.

La mandragore, d'après l'Erbario Aldini, XIVᵉ siècle

Arnaud de Villeneuve, médecin, traducteur des classiques de la médecine arabe et expérimentateur novateur, est l'un de ceux qui, au XIIIᵉ siècle, ont donné un nouvel élan à l'école de médecine de Montpellier. Il est l'un des premiers à citer clairement l'aubergine, qu'il appelle *melongena*, dans *Regimen sanitatis*, le "Régime de santé", et à lui donner le rang d'un légume consommable.

La plus ancienne représentation connue de l'aubergine figure dans le manuscrit d'un *Tacuinum sanitatis* italien du XIVᵉ siècle. Le *Tacuinum*, version latine d'un ouvrage arabe, transforme le nom oriental de l'aubergine en *melongiane*. L'origine même du terme *melongena* suscite des discussions. Certains y voient un glissement phonétique à partir de l'arabe *badendjan*, comme c'est le cas pour le sicilien *petonciano*. Pour d'autres, l'aubergine, associée par sa forme aux Cucurbitacées, était une sorte de melon, *melonis genus*, association qui existe aussi en chinois où l'on désigne concombres, melons et courges ainsi que l'aubergine par le terme *kwa* accompagné d'un adjectif en précisant la couleur ou la caractéristique. De ces rencontres successives avec notre légume, l'Italie conserve pour l'aubergine les noms de *melanzana*, évoquant celui de *melongiana* et la *mala insana*.

Dans les régions conquises par l'Islam où on l'avait importée avec son mode d'emploi, l'aubergine a été rapidement adoptée. D'Andalousie, l'aubergine devient *alberginia* en Catalogne, puis *aubergino* en Languedoc. De Sicile, elle remonte jusqu'au comté de Nice où subsiste une frontière linguistique entre le *melounjaino*, inspiré de l'italienne *melanzana*, et l'*aubergino* gardant la marque catalane. Mais ce rappel des origines importe peu, puisque de Gascogne en Val-d'Aoste, sur toutes les terres d'oc, l'aubergine porte cent petits noms, tous évocateurs du noble membre viril de l'âne.

Ses percées dans des régions plus septentrionales ont été lentes et laborieuses. Les Espagnols l'ont introduite sans succès en Flandre, les Flamands lui ayant préféré la pomme de terre. Les Anglais ont ramené des Indes une variété blanche qu'ils ont nommée *egg plant*. Cette "plante aux œufs" ou "pondeuse" a fait une entrée timide dans la région parisienne au début du XIXᵉ siècle. Elle y resta longtemps une curiosité et seul le grand brassage gastronomique des trente dernières années en a fait, un peu partout, un légume à part entière.

D'après le Tacuinum sanitatis, *XIVᵉ siècle*

II. L'ALBUM DE FAMILLE DES AUBERGINES

La fleur emblème des Solanacées

L'aubergine appartient à la grande famille tropicale des Solanacées, ou Solanées, qui compte 90 genres et 2 500 espèces, dont environ 900 du genre *Solanum*, celui de l'aubergine. C'est une famille très homogène et bien qu'elle regroupe plantes herbacées, arbustes, arbres et parfois lianes, épineuses ou sans épines, toutes possèdent la même fleur.

Ces fleurs sont immortalisées par la traditionnelle fleur de pomme de terre qui signe les faïences de Moustiers. Réguliers, leur calice et leur corolle sont respectivement formés de sépales et de pétales dont la base soudée en tube s'évase en cinq lobes, discrets ou largement étalés. Avec d'autres familles à fleurs en tube, celles du liseron ou du bignonia, les Solanacées appartiennent à l'ordre des Tubiflorales. Le chiffre cinq les caractérise : cinq sépales, cinq pétales, cinq étamines désignent une fleur pentamère. Leurs étamines, de taille égale, sont fixées à la corolle entre deux lobes.

L'ovaire supère présente deux loges, plus ou moins complètement subdivisées, contenant des ovules nombreux fixés au placenta axial, charnu et volumineux.

Le fruit, qui résulte du développement de l'ovaire après fécondation des ovules, est soit une baie charnue, soit une capsule s'ouvrant par des valves ou un couvercle. Les graines plates, en forme de rein ou de lentille, renferment une plantule courbée ou enroulée en spirale.

Rustiques potagères ou empoisonneuses de charme

Toutes les Solanacées contiennent des alcaloïdes et sont vénéneuses, du moins sur une partie de la plante ou à un stade de son développement. Si certaines Solanacées ont servi des desseins criminels, elles sont, pour la plupart, des médicinales utilisées traditionnellement à des fins curatives, ce que proclame *Solanum*, qui vient du latin *solari*, soulager. L'industrie pharmaceutique leur emprunte de nombreuses matières premières. On tire l'hyocyamine et la scopolamine de la jusquiame et de la mandragore, tandis que la belladone fournit hyocyamine et atropine. Le datura, pour sa part, contient les trois alcaloïdes réunis. Le tabac élabore dans ses racines un alcaloïde toxique, la nicotine, et l'accumule dans ses feuilles. Même la pomme de terre peut être nocive, car son tubercule verdi par une exposition à la lumière accumule la solanine, dont la consommation est parfois mortelle.

La jusquiame noire

Certaines Solanacées à très belles fleurs sont des classiques des jardins ou des balcons, comme le pétunia, le datura, le *Cestrum*, le *Schizanthus* ou le *Francisea*. D'autres doivent leur vocation décorative aux éclatantes couleurs de leurs fruits, tel le *Physalis* ou amour en cage, les innombrables piments décoratifs ainsi que l'aubergine présentée parmi les annuelles ornementales par le catalogue 1760 de Vilmorin-Andrieux.

Parmi les Solanacées alimentaires, les pommes de terre, les tomates et les piments sont américains, tandis que les aubergines, *Solanum melongena*, *Solanum gilo* ou *Solanum macrocarpum*, viennent d'Asie ou d'Afrique.

Solanum melongena

Le genre *Solanum* se distingue par quelques traits de la fleur et du fruit. Le tube court du calice s'ouvre en étalant cinq lobes plissés dont le bord trace une élégante accolade. Les étamines, robustes sur un filet court, ont des anthères étroitement rapprochées en une pyramide qui surmonte la

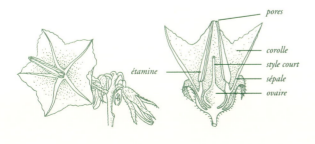

Fleur pentamère typique d'une Solanacée

corolle et masque le style et l'ovaire. Le fruit, charnu, est une baie.

L'aubergine est un *Solanum* de l'espèce *melongena*. Annuelle dans les régions tempérées, elle est vivace sous les tropiques et sa tige, destinée à durer, est ligneuse et dure. Elle mesure de cinquante centimètres à un mètre de haut. Ses feuilles, alternes, sont simples et pétiolées, vertes ou violacées, et recouvertes de minuscules poils en forme de parapluie qui les rendent rugueuses au toucher. Ses fleurs, généralement solitaires, apparaissent aux bifurcations des branches. Leur corolle, blanche, mauve ou violette selon les variétés, juponne autour de la pyramide jaune vif des étamines s'ouvrant à leur sommet par un pore d'où s'échappe le pollen. La baie de l'aubergine, recouverte d'un épicarpe luisant, est pleine et ses graines, enrobées dans la chair du fruit.

Les fruits, jouant sur leur taille, leur forme et leur couleur, sont d'une extraordinaire diversité. Pourtant, les méthodes d'analyse modernes révèlent une grande homogénéité entre toutes ces variétés et les espèces spontanées ancêtres de l'aubergine, tandis que d'importantes différences les séparent des autres *Solanum*.

Les Solanacées, d'après Lamarck, Botanica *(1783)*

Coloris haute couture

Pour parfaire ses coloris, l'aubergine va, jusqu'à maturité complète, jouer des nuances de son épiderme translucide et de la teinte de sa chair. Deux types de fruits s'offrent à notre consommation : des aubergines à chair verte et saveur amère et piquante, et des aubergines à chair blanche plus douce.

Les épidermes peuvent être incolores et laisser apparaître le ton de la chair, comme c'est le cas pour les aubergines vertes ou blanches. Mais ils peuvent aussi, comme un drapé de mousseline sur un jupon de taffetas, donner à l'aubergine des robes haute couture. Quand l'épiderme est mauve, la robe est brune sur une chair verte et mauve rosé sur une chair blanche. Quand l'épiderme est violet, on joue pareillement sur des teintes noires ou violettes. D'autres fantaisies peuvent être permises, des stries, des chamarrures, des bariolures qui mêleront le violet-noir et le vert, le violet et le blanc. Enfin, dernier raffinement, certaines aubergines ne laissent s'exprimer la couleur de leur peau qu'à la lumière et, tout en haut du fruit, des chevrons noirs ou verts révèlent la trace des pointes protectrices du calice.

Ces nuances sont au point à l'heure de la cueillette, mais, si on laisse s'achever la maturation pour récolter les graines, les fruits blancs ou verts deviennent jaunes ou orangés et les fruits mauves, violets ou noirs prennent une teinte caramel.

Aubergines

D'innombrables variétés d'aubergine existent de par le monde et les horticulteurs en proposent sans cesse de nouvelles. Voici un pot-pourri qui, s'il n'est pas exhaustif, illustre du moins cette exceptionnelle diversité.

• *Aubergines ancestrales : cultivars primitifs épineux*
De nombreuses variétés des Indes orientales sont très proches de la

Fruits épineux des cultivars primitifs

forme ancestrale, *Solanum incanum*. Ces *brinjal* sont des aubergines fortement épineuses, aux petits fruits ronds ou ovoïdes, à chair verte et âcre.

• *Aubergines rondes et ovoïdes*

Jaune et chinoise, la 'Sian Tsi' est une petite aubergine luisante, violette, pomponnée de jaune au sommet. Son calice lie-de-vin laisse sa trace blanche sur le fruit.

Verte et indienne, la 'Brinjal Round' est un peu plus dodue que la chinoise, sa peau est mate, vert lavé de violet.

Blanche et asiatique, la plante aux œufs a la forme, la taille et la couleur d'un œuf de poule.

Violette et méditerranéenne, la 'Ronde d'Avignon' est une grosse aubergine ronde dont la robe d'un beau violet brillant est marquée de sillons. Sa chair verte et son calice épineux limitent le nombre de ses inconditionnels.

• *Aubergines en poire*

Lisse et espagnole, la 'Listada da Gandia' est un fruit replet, long de quinze centimètres, panaché violet et blanc. Sa chair blanche est très ferme quand on a soin de la cueillir assez jeune. Elle a été introduite au milieu du XIXᵉ siècle de Guadeloupe, où elle résultait d'une hybridation entre blanche et violette.

Côtelée et japonaise, l'Aomaru' est une très grosse aubergine fessue, côtelée et entièrement verte : verte de peau et de chair, elle est coiffée d'un calice vert.

• *Aubergines longues*

Blanche et satinée, la 'Dourga' est parfaite, presque cylindrique, lisse, à chair blanche. Elle a été mise au point pour la production industrielle de ratatouille niçoise.

Vert strié de mauve, la 'Gélivée à chair verte' est un beau fruit à chair verte, sa robe est coiffée d'un grand calice vert, très lisse.

Mauve lavé de vert pâle, la 'Sinanpiro' des Philippines est longue et effilée, sa robe terne a des tons métalliques où se fondent un mauve éteint et un vert pâle. Sa chair est verte et son calice a l'allure d'un bonnet pointu.

• *Aubergines très longues*

Grecque, verdâtre finement strié de mauve, la 'Longue d'Argos', longue aubergine fuselée, cache une chair verte à saveur légèrement piquante.

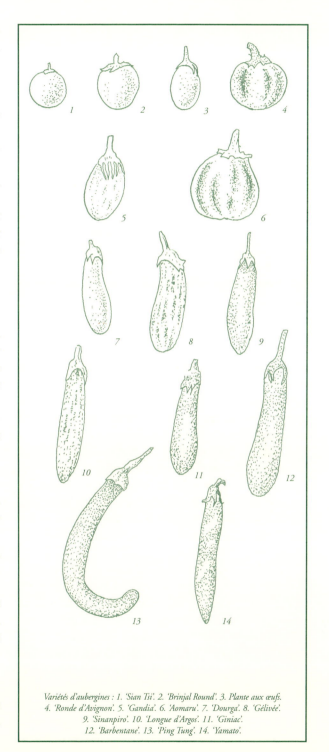

Variétés d'aubergines : 1. 'Sian Tsi'. 2. 'Brinjal Round'. 3. Plante aux œufs. 4. 'Ronde d'Avignon'. 5. 'Gandia'. 6. 'Aomaru'. 7. 'Dourga'. 8. 'Gélivée'. 9. 'Sinanpiro'. 10. 'Longue d'Argos'. 11. 'Giniac'. 12. 'Barbentane'. 13. 'Ping Tung'. 14. 'Yamato'.

Provençales et sombres, les 'Giniac' et les 'Barbentane' sont deux variétés d'un beau violet uni et brillant, de forme allongée, légèrement renflée à l'extrémité, et leur calice vert et lisse est marqué d'anthocyanes violettes. Leur fruit régulier, à la chair verte et ferme, se prête à la cuisson des tranches frites, des beignets ou des gratinées.

Japonaise, vert et violet, la 'Yamato' est longue, mince, pointue à son extrémité. Sa peau mate verte, lavée de violet suivant des taches spiralées, lui donne une allure vrillante.

Chinoise et noire à fruit arqué, la 'Ping Tung' est très sombre, sauf sous le calice où elle reste blanche. Cette très longue et très fine aubergine à l'allure de cimeterre est l'une des plus savoureuses variétés chinoises.

Cousines germaines comestibles ou immangeables

Quelques *Solanum* sont très proches de l'aubergine, certains d'entre eux sont consommés comme des aubergines, d'autres, toxiques, sont dangereux en raison de leur ressemblance avec ce légume. Les comestibles, souvent amers et âcres, sont cuisinés dans des régions où la gamme des goûts admis en gastronomie est infiniment plus vaste et variée qu'en Europe. On peut les acheter sur les marchés vendant les légumes et les fruits d'Afrique et d'Asie.

• *L'aubergine amère* (Solanum incanum)
Proche de l'ancêtre probable de l'aubergine, cette bisannuelle cultivée sur la côte est de l'Afrique a de longues feuilles velues et des grappes de petits fruits jaune orangé à maturité. Ils sont consommés verts, crus, en ragoût ou séchés.

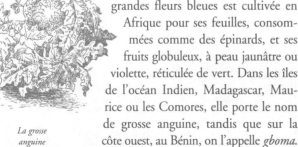
La grosse anguine

• *La grosse anguine* (Solanum macrocarpum)
Cette plante vivace à feuilles glabres et à grandes fleurs bleues est cultivée en Afrique pour ses feuilles, consommées comme des épinards, et ses fruits globuleux, à peau jaunâtre ou violette, réticulée de vert. Dans les îles de l'océan Indien, Madagascar, Maurice ou les Comores, elle porte le nom de grosse anguine, tandis que sur la côte ouest, au Bénin, on l'appelle *gboma*.

• *La tomate des juifs de Constantinople* (Solanum æthiopicum)
C'est la plus commune des "aubergines" africaines. Cette espèce regroupe plusieurs formes cultivées ou sauvages s'hybridant entre elles. Les *cumba*, sans épines ni poils, sont cultivés pour leurs gros fruits plats et côtelés. Les *iizuka* s'en distinguent par leurs feuilles poilues et leurs tiges épineuses. Les *gilo*, d'origine éthiopienne, ont un fruit arrondi semblable à une tomate miniature. Populaires dans toute l'Afrique de l'Ouest, où on les appelle *djakatou*, ou *dagatou* au Sénégal et *n'drowa* en Côte-d'Ivoire, les fruits de ces trois formes sont cueillis au moment où ils virent du vert au rouge. Enfin les *shum*, cultivés ou sauvages, ont des petits fruits très amers, utilisés comme condiments pour les sauces.

• *Le borodina ou morelle des cannibales* (Solanum anthropophagorum)
Une bien fâcheuse réputation a propulsé la baie rouge de cette morelle dans l'histoire. En 1862, le docteur Seeman, en visite aux îles Fidji sur ordre de Sa Majesté la reine Victoria, mentionne l'utilisation des baies de cette Solanacée dans son rapport aux chambres du Parlement britannique. Les fruits du *borodina*, écrit-il, sont cuits avec les morceaux de chair humaine qu'ils rendent digestes.

• *L'olivaire du Congo* (Solanum olivare)
Cette grande plante à fleurs blanches est cultivée au Congo pour ses petits fruits oblongs consommés comme condiments. Leurs très belles grappes d'un rouge écarlate leur donnent une vocation décorative.

• *L'olombé du Gabon* (Solanum pierrearum)
Ses tiges et ses feuilles, violettes quand elles sont jeunes, verdissent à maturité. Ses très petits fruits pendants, de forme conique, sont rouge vermillon, flammés de violet-brun. Légumes médiocres, servant à assaisonner des sauces, ils sont aussi très décoratifs.

• *Le bringellier marron* (Solanum torvum)
Ce n'est pas la couleur de ses fruits qui a donné son nom à cet arbuste vivace des zones tropicales, mais le fait qu'il "marronne" hors des plantations. Il est utilisé comme porte-greffe de l'aubergine aux Antilles, où l'on se méfie de ses

Aubergines africaines

fruits, petites billes vert terne, jaunissant à maturité, qu'on appelle "mélongènes-diables". A Java, à Maurice et à la Réunion, par contre, ses baies sont cueillies vertes et cuisinées avec du poisson et des patates douces, tandis que ses jeunes pousses sont consommées crues ou cuites.

• *La pomme de Sodome* (Solanum sodomea)
Ce buisson touffu aux tiges et aux feuilles armées de forts piquants jaunes est commun en région méditerranéenne. Ses baies, semblables à de petites aubergines, sont panachées de blanc et de vert et jaunissent en mûrissant. Non comestibles, elles contiennent en quantité assez élevée plusieurs alcaloïdes et leur consommation accidentelle provoque des intoxications.

• *La mandragore* (Mandragora autumnalis)
Le fruit de la mandragore est semblable à une petite aubergine blanc ivoire, embrasé de vermillon à maturité. Toxique, elle contient une forte proportion d'alcaloïdes : atropine, scopolamine et hyocyamine. Dans l'Occident chrétien, vouée à la magie d'amour, elle a servi à préparer des philtres aphrodisiaques. Dans le monde arabe, la mandragore appartient aussi au monde surnaturel, mais c'est surtout une médicinale qui entrait dans un mélange narcotique et anesthésique employé par les chirurgiens médiévaux pour les amputations.

La mandragore en fleur

III. L'ART DE CULTIVER LES AUBERGINES

Partout où le printemps est doux et l'été assez chaud, l'aubergine se plaît au jardin. Mais il faut bien connaître cette émigrante pour réussir sa culture. Native de l'Inde tropicale, elle s'est acclimatée dans deux régions peu faites pour elle, la Chine et le Japon au froid humide, et la Méditerranée à la chaleur sèche. Malgré cette intégration réussie, elle n'a pas renoncé à certains de ses goûts exotiques.

Nostalgie des tropiques

L'aubergine craint le froid et le gel lui est fatal. Vivace dans ses régions d'origine, elle est cultivée comme une annuelle dans les pays tempérés. La température est le facteur limitant pour l'aubergine, comme pour la plupart des Solanacées, et les termes du contrat qu'elle souscrit pour s'installer dans votre jardin sont précis : sol à 20 °C pour sa germination ; température ambiante dépassant 15 °C pour le développement de sa plantule ; air stabilisé autour de 20 °C pour sa floraison ; températures oscillant entre 18 et 25 °C pour le mûrissement de ses fruits ; température maximale : 30 °C !

Pour avoir des récoltes hâtives, on est donc tenté de l'installer, dès la fin de l'hiver, sous l'abri d'une serre. Or, en dehors de quelques variétés spécifiquement créées pour ce type de culture, le microclimat pourtant tropical de la serre ne plaît guère à l'aubergine méditerranéenne. Elle s'y étiole, prend une allure frêle et exagérément allongée, ses feuilles deviennent larges et peu colorées, sa tige est molle et ses premières fleurs chutent à divers stades de leur développement.

Boire pour transpirer !

L'aubergine aime l'eau et l'irrigation régulière, mais ne supporte pas d'être gorgée d'eau et doit utiliser et rejeter rapidement tout liquide absorbé. C'est pourquoi les conditions de la serre ne lui conviennent pas. En effet, le sol des serres, humide et souvent riche, augmente le développement des racines, ce qui active l'absorption d'une eau qui ne peut être évacuée, car l'atmosphère saturée d'eau de la serre empêche l'ouverture des stomates et bloque la transpiration. Les variétés d'aubergines créées et sélectionnées pour supporter la culture sous serre doivent donc avoir, d'une part, une transpiration restant importante dans un air humide et, d'autre part, des racines peu développées ; de plus, elles doivent porter des fruits au goût des acheteurs souhaitant manger l'aubergine à contre-saison…

Qui cultive, qui mange l'aubergine ?

Aubergines d'Asie
Les raisins (à dr.) donnent l'échelle

Selon la très officielle source de la FAO, l'aubergine, avec cinq millions et demi de tonnes produites chaque année, se place au neuvième rang de la production mondiale de légumes. Une telle cote sur le marché est quelque peu dopée par les pays grands consommateurs de notre légume. Le Sud-Est asiatique produit 60 % de ce chiffre, le Moyen-Orient 25 % et la Méditerranée occidentale 8 %. Les 7 % restants représentent la production du reste de la planète.

En Europe, le récent mixage des cultures gastronomiques stimule la production d'aubergines. L'Italie tient le premier rang, suivie de l'Espagne, puis, plus modestement, de la Grèce et des Pays-Bas qui, surprise, sont en pleine ascension, alors que la France stagne en dernière position depuis plusieurs décennies. Ces aubergines voyagent : les Hollandais exportent les trois quarts de leur production et l'Espagne en vend un dixième hors de ses frontières. Par contre, les Italiens consomment avec délectation la quasi-totalité des trois cent mille tonnes d'aubergines qu'ils produisent, ce qui les place au niveau des Japonais, plus gros consommateurs orientaux d'aubergines, avec cinq kilos par habitant et par an, mais les laisse encore loin derrière les fervents amateurs de Méditerranée orientale, hors catégorie, avec dix kilos par habitant et par an.

Dans le Sud de la France, on cultive l'aubergine en plein champ, comme la tomate et le piment. En Provence, les principaux centres de culture sont les Bouches-du-Rhône, le Vaucluse et le Gard. Dans le Sud-Ouest, les champs d'aubergines émaillent les campagnes du Lot-et-Garonne, de la Haute-Garonne et du Tarn-et-Garonne.

Greffons et porte-greffes

Les aubergines sont particulièrement sensibles à certaines maladies et ravageurs du sol, que nous traquerons un peu

Plant d'aubergine

plus loin. Pour les protéger, on peut greffer un greffon de la variété choisie d'aubergine sur un porte-greffe résistant qui, dans les régions tempérées, est généralement sélectionné parmi certaines souches de tomates. Pour les cultures tropicales, le *Solanum incanum* ou le bringellier marron *(Solanum torvum)* sont souvent adoptés comme porte-greffe. C'est une pratique onéreuse qui, si elle peut se justifier dans des cultures à grande échelle, ne mérite pas d'être adoptée pour un potager.

Faire pousser l'aubergine

Cultiver les aubergines demande un certain savoir-faire que l'on acquiert après quelques saisons de culture qui auront permis de trouver le coin du jardin le plus propice, le stade de repiquage et le rythme d'arrosage qui leur convient en fonction du sol.

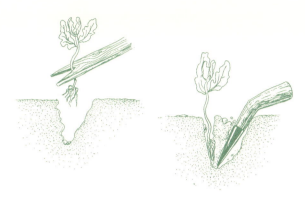
Planter l'aubergine

• *Semer et repiquer*
Le semis est à réserver aux professionnels ou aux mains vertes trois-étoiles. Le pouvoir germinatif des graines d'aubergine est capricieux. Elles ne doivent pas être conservées plus d'un an et il faut souvent lever leur dormance par un passage d'une semaine entre 2 et 4 °C, au réfrigérateur. Le semis en plein champ a été abandonné et se fait, même pour les variétés de saison, sous abri chauffé. La plupart des jardiniers ont renoncé à semer l'aubergine et achètent des plants. Pour ceux qui veulent tenter l'expérience : semis en terrine, sur un mélange de sable et de tourbe, avec des graines distantes de 3,5 centimètres et recouvertes d'1 centimètre de terre. Température de l'abri : 28 °C pendant la journée, 20 °C pendant la nuit. La levée a lieu au bout de cinq jours. Le repiquage des semis se fait lorsque les cotylédons sont bien déployés et avant la sortie de la première feuille, c'est-à-dire une semaine après la levée. La plantule est installée dans des godets et maintenue un mois dans l'abri chauffé à 22-25 °C pendant la journée et 16-18 °C pendant la nuit. Les plantules sont arrosées mais ne doivent recevoir aucune fumure.

• *Planter*
C'est, vraisemblablement, à cette étape que vous rejoindrez les rangs des cultivateurs d'aubergines. Quand le plant a développé quatre feuilles, il peut être mis en terre, mais la plantation peut être repoussée jusqu'à la première floraison. On plante les plants à racines nues dans un sol ameubli en profondeur, espacés d'un demi-mètre et la base de leur tige enterrée. Le sol est laissé à plat si l'arrosage se fait au goutte-à-goutte, ou en billons si l'on arrose à la raie.

• *Pailler, arroser et fumer*
Les racines de l'aubergine sont très superficielles et craignent la concurrence des mauvaises herbes. Si la terre de votre jardin est chargée de graines d'adventices, il sera bon de pailler le sol autour des plants d'aubergine. En région fraîche, on pourra poser sur le paillis un film opaque qui élève la température du sol.

L'arrosage de l'aubergine doit être modéré mais extrêmement régulier ; elle réclame de l'eau souvent, mais à doses réduites. L'alternance de manque d'eau et d'inondation lui convient mal et entraîne la chute des fleurs.

Enfin, dans un jardin au sol régulièrement travaillé et ayant reçu un compost mûr ou un fumier décomposé en début d'hiver, il suffira d'une fumure "coup de fouet", mais modérée, au moment de la première nouaison, c'est-à-dire à la formation des premiers fruits, avec un fumier riche en phosphore, tel le fumier de basse-cour.

• *Pincer, tailler et palisser*
A l'apparition du premier bourgeon floral, il faut éliminer, par pincement, les bourgeons terminaux des rameaux inférieurs, afin que le plant utilise ses réserves pour la floraison et la croissance des fruits, plutôt que pour l'élaboration du

Pincer l'aubergine

feuillage. Cette technique s'appelle aussi l'égourmandage, car on supprime ainsi les "gourmands", tiges feuillées qui sont des tire-sève stériles.

L'aubergine à la tige ligneuse peut se tailler comme un arbre ou un arbuste. Deux types de taille se pratiquent. Pour la taille à deux bras, après avoir pincé les bourgeons au-dessous de la première fleur, on laisse se développer deux rameaux secondaires, dits "usurpateurs", sur lesquels se développeront des rameaux axillaires qui seront à leur tour ébourgeonnés au-dessus du premier fruit. Sur un plant vigoureux, on peut laisser, sur chacun des deux bras formés, se développer le premier rameau. On a alors une taille dite "à quatre bras" que l'on traite, ensuite, comme la taille à deux bras. La taille, si elle favorise la floraison et la formation de fruits, va transformer la plante. Le buisson trapu, capable de porter sa récolte, se transforme en lianes chargées de lourdes baies, et il va falloir aider la plante à porter sa pesante récolte en la soutenant avec des tuteurs et en guidant les bras grâce à des fils de raphia fixés à des fils de fer horizontaux. C'est cette installation sur des palissades qui porte le nom de palissage.

> "Dès la fin du printemps, Sétrak mettait tout son soin à préparer ses plants ; lorsque la tige grimpait, il la renforçait en supprimant régulièrement les pousses qui se développaient au collet. Ses gros doigts noueux se montraient parfois gauches au travail délicat qu'exigeait chaque tige, mais sa patience entretenue quotidiennement par la prière compensait l'agilité défaillante : inspiré par les imageries de l'Eden, il prenait son temps pour pincer la tige unique et vérifier l'état des fleurs ; il observait ensuite au fil des semaines la croissance des bras latéraux et les délicates floraisons mauves ; il lui fallait alors à nouveau pincer chaque bras au-dessus de la seconde fleur, en prenant garde à conserver la feuille première."
>
> Nina Kehayan, *Voyages de l'aubergine*, éditions de l'Aube, 1988, p. 13.

• *Récolter et conserver les aubergines*
L'aubergine est récoltée bien avant sa maturité physiologique, stade auquel elle n'est plus guère qu'un sac de graines ! On considère que lorsque le calice, demeuré vert sur le fruit, commence à se fendiller, l'aubergine, ferme, bien colorée et brillante, est à point pour la récolte. La cueillette se fait le matin au sécateur. Ces fruits charnus supportent mal les manipulations brutales qui les meurtrissent. Ils doivent être conservés au frais, entre 12 et 14 °C, car le froid provoque des dépressions brunes sur la peau et le brunissement de la pulpe. Les aubergines se flétrissent très vite et si la récolte est trop abondante, mieux vaut les cuisiner et les conserver sous cette forme dans un congélateur.

Protéger l'aubergine

L'aubergine, particulièrement sensible aux attaques par les champignons, est menacée par des ennemis spécifiques des régions où elle pousse.

• *La fonte des semis*
En région tempérée, le champignon du sol *Rhizoctonia solani* provoque la fonte des semis : on l'évite en désinfectant les graines et les planches, caisses ou poteries où se fait le semis.

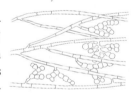

Les filaments du Rhizoctonia

• *Les nématodes*
Après le repiquage, les racines traumatisées sont particulièrement vulnérables au ver nématode *Meloidogynes*. Ce minuscule ver rond, dont la "tête" est réduite à une bouche entourée de crochets de fixation, survit dans le sol sous forme de larve lovée dans la coque de l'œuf. Les sécrétions racinaires provoquent son éclosion à proximité des racines dans lesquelles il pénètre immédiatement. Sa survie dans la plante dépend du sexe du ver. Les mâles, peu nombreux, restent filiformes et retournent au sol après une rapide copulation. Les femelles se fixent à proximité des vaisseaux conducteurs de la sève et provoquent la formation de cellules géantes dont elles se nourrissent, devenant bientôt d'énormes sacs pleins d'œufs qu'elles expulsent hors de la

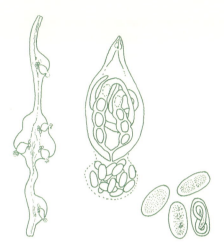

Galles, femelle et œufs de Meloidogynes

racine en une masse mucilagineuse. La racine de la plante infestée, boursouflée de galles, cesse d'être fonctionnelle, dépérit et meurt. De plus, les nématodes transportent des virus qui se répandent de plante en plante. Dans des terrains envahis de nématodes, il peut être nécessaire d'utiliser des plants greffés sur porte-greffes résistants.

• *Champignons destructeurs de récoltes*
La plante adulte peut être attaquée au milieu de l'été par un champignon, le *Verticillium*. Des plages molles apparaissent sur les feuilles qui se nécrosent puis se dessèchent. Si certaines variétés, comme la 'Violette de Barbentane', sont moins sensibles à la verticilliose, aucune ne lui est résistante. Dans un jardin infesté, il faut éviter de cultiver des aubergines plusieurs années de suite.

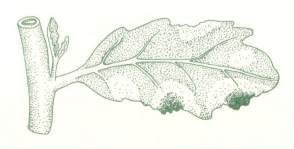

Verticilliose de l'aubergine

Deux champignons sont particulièrement dangereux en zone tropicale. Fréquente aux Antilles et au Brésil, l'anthracnose est une maladie redoutable pour l'aubergine. Cette pourriture du fruit due à *Colletotrichum gloesporioides* a causé l'arrêt des exportations d'aubergines de la Guadeloupe vers l'Europe et fait péricliter cette culture. Quant au *Phomopsis vexans*, il sévit aux Etats-Unis et dans les régions tropicales américaines ou asiatiques. Absent de la zone méditerranéenne, il fait l'objet d'un embargo sur les productions des pays contaminés.

• *Les insectes ravageurs*
L'aubergine attire les ravageurs de Solanacées sévissant dans le monde entier. Aleurodes, thrips, pucerons, mouches mineuses s'installent avec ardeur sur les pieds d'aubergine en pleine production. Les seules méthodes de lutte pour épargner le plant sans nuire à la récolte sont des méthodes douces : aspersion d'eau savonneuse ou d'infusion de plantes non toxiques.

• *Les doryphores*
Qui se souvient des doryphores ? *Leptinotarsa decemlineata*, coléoptère américain, boulimique et prolifique, a mis quatre siècles pour rejoindre la pomme de terre sur le sol européen, mais quelles retrouvailles ! Il a débarqué discrètement en 1917, mais en 1922 débute une invasion sans précédent qui durera plusieurs décennies. Aujourd'hui, des variétés résistantes de pommes de terre l'ont détourné de ses anciennes amours, mais il fréquente sans déplaisir l'aubergine malgré ses feuilles coriaces et rugueuses. S'il se montre au jardin, vous reconnaîtrez aisément ce coléoptère aux élytres à bandes noires sur fond jaune éclatant, s'empiffrant à longueur de journée en compagnie de sa larve à l'énorme abdomen mou. Retrouvez alors les gestes anciens : armé d'une boîte de conserve vide, parcourez vos rangs d'aubergines en cueillant les doryphores, hélas condamnés à mort, et n'oubliez pas, pour que le génocide soit complet, de détruire les grappes d'œufs orangés qui tapissent la face inférieure des feuilles.

Le doryphore

IV. MYTHES ET TRADITIONS DE L'AUBERGINE

Pour l'aubergine, point de vénération, point de mythes sacrés, mais toujours ce balancement entre sourire, gourmandise et répulsion.

Répulsions et délices

Ce sont ceux qui en parlent le moins qui la dégustent le mieux, et vice versa… Aussi la littérature est-elle riche en propos péjoratifs sur l'aubergine. Quelques-uns restent neutres et se veulent objectifs : *"Melongena fructu oblongo violaceo"* (autrement dit : aubergine, fruit violet et oblong), note le *Dictionnaire raisonné d'histoire naturelle* de 1768. Certains font la moue : "Melonges ce sont fruitz d'une herbe ainsi appelée qui pourte fruitz grans et gros comme poire. Ils valent plus pour manger que comme médecine, toutefois ont mauvaise qualité", dit *Le Grant Herbier*, encyclopédie médicale du XVe siècle. D'autres la déconseillent avec vigueur, comme Fuchs qui écrit dans l'édition de 1616 d'*Historia stirpium* : "Les fruits de la vérangère apportent peu de nourriture au corps et sont même mauvais, malfaisants." D'aucuns peuvent même passer à la calomnie, tel le médecin maghrébin Abderrazzaq el-Djazaïri, contemporain de Fuchs, qui déclare dans sa *Révélation des énigmes* : "C'est un légume connu. Il est chaud et sec à la fin du second degré. Il se transforme en atrabile, gâte le teint, noircit la peau, engendre le lentigo, le cancer, l'éléphantiasis, les tumeurs indurées et des obstructions." Puis les temps changent et le *Bon Jardinier* de 1809 admet, sourire en coin, que l'on puisse mettre sur la table de tels plats : "On sert les aubergines en entremets, c'est un ragoût de fantaisie."

Ces détracteurs de l'aubergine, de tous lieux et de tous temps, ont laissé dans l'âme des peuples des traces indélébiles et il n'est pas d'adage mentionnant notre légume qui n'en fasse fi. Pour les Persans, qui l'honorent pourtant sur leurs tables, "l'aubergine ne craint aucun dommage", objet sans valeur qui ne risque rien. Pour les Catalans, dire n'importe quoi c'est "conter des aubergines". Quant aux Castillans, ils "se fourrent dans une aubergine" en entamant des négociations peu claires, et les Italiens pour leur part vont "confire une aubergine" en faisant quelque chose pour rien…

Si ceux qui en font leurs délices n'en disent rien, les chroniques arabes ont incidemment démasqué quelques gourmands. Combien sont éloquentes ces aubergines farcies d'oignon et de tomate et longuement confites dans leur jus dont le nom, "évanouissement de l'imam", célèbre une passion gourmande. Comment ne pas interpréter les livres d'intendance de ce calife qui en consommait quarante à un seul repas ou se laisser impressionner par l'histoire de ce théologien ascétique qui, cherchant une pénitence suffisamment amère pour le conduire à la contrition, choisit de renoncer à jamais aux plats d'aubergines dont il se délectait…

Les aubergines de la princesse Buran

La marraine de l'aubergine fut une princesse des Mille et Une Nuits. Ce ne fut pas Schéhérazade, qui en aurait sans doute vanté les charmes polissons si elle les avait connus, mais la princesse Buran qui épousa, le 23 décembre 825, Al-Mamoun, second fils de Haroun al-Rachid. Les chroniques des nuits de Bagdad ont célébré longtemps le faste des noces de Buran, mais c'est à une disgrâce de son royal époux que Buran doit sa postérité et celle de l'aubergine. Al-Mamoun fut écarté au profit de son frère et envoyé dans les lointaines terres du Khorassan où Buran rencontra le *patlagan* aimé des Iraniens. Initiée aux secrets de sa cuisine, elle l'introduisit à Bagdad où Al-Mamoun était devenu calife, à la place du calife son frère. Un ragoût d'aubergines, la *buraniya*, fit que la renommée de Buran survécut à celle de son royal époux. Cent ans après la mort de Buran, les livres de cuisine citent une dizaine de versions de la *buraniya* tandis qu'un poète de Bagdad célèbre la princesse cuisinière dans une ode, *Les Aubergines de Buran*. Aujourd'hui encore, de l'Iran à l'extrême Maghreb, on savoure toujours, à sa mémoire, la *buraniya,* parfois appelée *baraniya,* l'étrangère.

La Révélation des énigmes

Mandarin, évêque ou contractuelle...

Bien des symboles se sont attachés à l'aubergine, et sa couleur, son éclat, son embonpoint ont suscité des comparaisons quelquefois flatteuses, parfois moins. Ainsi, au siècle dernier, les artistes, étouffés par le carcan de l'académisme, qualifiaient de "raclure d'aubergine" le ruban académique, comme le signale le *Dictionnaire de l'argot français* de 1896.

Une allusion plus ambiguë vient à l'esprit des habitants de la Chine impériale : qu'est-ce qui peut être digne, ventripotent, vêtu de soie pourpre et coiffé d'un chapeau à cornes ? Un fonctionnaire lettré, bien sûr, un de ces mandarins qui "jour et nuit exercent vertueusement leur charge", ou... une aubergine. C'est pourquoi ce personnage craint et envié portait, dans le langage populaire, le nom de *Qie-Zi*, aubergine. Reproduit en image ou brodé sur une pièce de soie, notre légume était offert en guise de vœux de réussite, sans raillerie mais non sans un brin de flagornerie, à ceux qui postulaient à cette charge.

C'est la même idée de dignité, attachée à la prestance et au sérieux de la couleur, qui a inspiré plusieurs tournures populaires de la langue française. L'aubergine désigne ainsi au XIXe siècle un évêque, ou, en 1977, cette auxiliaire féminine de police à la tenue pourpre qui arpentait les rues de Paris en guettant le contrevenant. Cette "aubergine" porteuse de papillons a d'ailleurs rapidement mué, car au printemps suivant elle est devenue "pervenche".

Offrandes rituelles et primeurs réservées

En Chine, l'aubergine, en raison de son origine lointaine, a d'abord été un légume d'exception. Il y a dix siècles, les intendants des riches maisons de l'époque Song mettaient un point d'honneur à présenter sur la table des maîtres les premières aubergines de la saison. Plus tard, aux époques Yuan, puis Ming, entre les XIIIe et XVIIe siècles, les cuisines impériales étaient alimentées par des dons rituels. Aux anniversaires et au premier jour de chaque lune devaient être déposées au palais des offrandes dont la nature et la quantité étaient rituellement fixées. Les offrandes de la cinquième lune comportaient des courges, des courgettes, des laitues sauvages, des aubergines, des pommes-cannelle, des pêches, des prunes, des grains d'orge et d'avoine. Ces offrandes, qui réservaient aux tables seigneuriales les primeurs et les productions rares, relevaient, malgré le cérémonial qui présidait à leur remise, plus de la dîme que de l'offrande religieuse.

En Corée, on consomme traditionnellement l'aubergine le quinzième jour du sixième mois. Les "jours du chien", correspondant à notre canicule, sont consacrés aux légumes et les bonzes font offrande dans les temples de cent sortes de fruits, légumes et céréales, parmi lesquels l'aubergine. En Asie du Sud-Est par contre, les légumes ne figurent jamais dans les nourritures rituellement consacrées aux ancêtres ou aux génies.

Le vent de l'aubergine

La Turquie est l'une des terres de prédilection de l'aubergine. On la prépare surtout grillée sur les braises d'un brasero, cuisson rapide qui exalte le moelleux de sa chair et la relève d'un léger goût de brûlé inimitable. Cette technique culinaire qui s'est répandue partout où la bannière de

Yongle, 3e empereur Ming (1403-1424)

l'Empire ottoman a flotté, des Balkans au Maghreb en passant par le Moyen-Orient, a pourtant été âprement combattue à Istanbul… Il faut dire que des braseros brûlant devant chaque demeure s'échappaient, les jours de grand vent, des brandons qui provoquèrent dit-on plus de cinq cents incendies et ravagèrent la capitale. Le vent d'été garde l'empreinte de ces grillades tragiques et porte encore le nom de *patlican meltemi*, vent de l'aubergine.

La clé de la pièce aux réserves

Pickles, sambal, magdous, torchis, légumes séchés : de l'Inde aux rivages de la Méditerranée orientale, les légumes sont mis en réserve pour les mois inclément, mois d'été ou d'hiver selon le climat. Dans les maisons traditionnelles, une pièce fraîche et fermée à clé est dévolue à ces réserves qui prolongent durablement le temps des verdures et des crudités. La possession de la clé dans ces maisons polygynes, quand ce n'est polygames, représente la prise suprême du pouvoir sur la maisonnée.

C'est ce pouvoir, conjugué aux délices qui s'alignent sur des étagères garnies de jarres et de bocaux, qui fait de la pièce aux réserves, le *bit el mouna* des pays arabes, le point névralgique de la maison, celui où se nouent les jalousies, les gourmandises et les malveillances. On rôde devant la porte close et, comme la jeune épouse de Barbe-Bleue, on n'y pénètre par effraction qu'au péril sinon de sa vie, du moins de sa réputation. L'aubergine tient une place honorable dans ce saint des saints et le *magdous* libanais fait partie des joyaux gastronomiques de ces cavernes d'Ali Baba.

Coquine aubergine

De tous les légumes de forme phallique, l'aubergine est sans conteste le plus évocateur. De plus, native de régions tropicales où le métissage des teints est souvent de règle, elle bénéficie de ce partage des charmes parant la femme vraiment féminine d'un visage blanc, et l'homme d'une virilité sombre.

Dans les expressions populaires ou la littérature érotique, on retrouve fréquemment une aubergine coquine, mais

Liban, jarres dans la pièce aux réserves

elle n'atteint jamais au caractère sacré du phallus antique. "Elle a envoyé son mari au marché et lui a demandé de rapporter une aubergine", affirme un proverbe tunisien qui dit bien la place laissée à cette évocation.

En français, si on cherche une expression imagée pour désigner un nez boursouflé et violacé, on pense bien sûr à l'aubergine, et le pas est bien vite franchi qui fait amalgame sur les appendices. Cette chansonnette coquine, comme on les aimait au début du siècle, l'exprime sans détour : "Elle avait dû, j'imagine/Tiquer sur mon aubergine/Je suivis la demoiselle/Mais en arrivant chez elle/Mon nez était détrempé/Et pendait comme une loque…"

En Chine et en Corée, l'aubergine symbolise le pénis. Certains haïkus, ces poèmes japonais en dix-sept syllabes, esquissent des évocations érotico-pornographiques de l'aubergine, tandis que les contes coréens en font un usage franchement obscène.

En Provence, Languedoc et Béarn, entre pudeur et malice, on préfère, pour l'aubergine, évoquer l'attribut de l'âne, et même dans les bouches les plus prudes, *Solanum melongena* est un *viédase* ou une *biatase* dont on peut feindre d'avoir oublié l'étymologie.

V. USAGES MÉDICINAUX ET RECETTES GOURMANDES

Là non plus, pas d'unanimité pour notre beau fruit pourpre ! Comme dans les autres domaines, il faut savoir sélectionner, au milieu de très conformistes affirmations diffamatoires, les marques de gratitude pour services rendus, car ils existent et dépassent même la reconnaissance du ventre.

Médecine : décriée mais pourtant prescrite

La galénique moderne ignore totalement l'aubergine et la plupart des traités anciens de médecine n'en parlent qu'en accumulant réserves et critiques. Pourtant, elle a été prescrite par les tenants des différentes écoles de médecine chinoise, hindoue et arabe, et fait partie des traitements par les légumes recommandés par la phytothérapie moderne.

Les textes sacrés hindouistes désignent vingt-deux plantes capables de supprimer la douleur et permettant d'atteindre l'immortalité. "Comme les dieux vivent au ciel exempts de douleur et dans la joie, ainsi vivent dans la joie sur la terre les hommes qui ont trouvé les plantes salutaires", dit le *Sucruta Samhita*. Six de ces vingt-deux plantes salutaires ont été identifiées, et parmi elles figure l'aubergine.

La diétothérapie chinoise, proche de la macrobiotique zen japonaise, est toujours pratiquée de nos jours. Elle est héritée du *Nei Jing*, ou *Classique de l'empereur sur la médecine interne*, qui date du Ve siècle avant Jésus-Christ – il est donc antérieur à l'arrivée en Chine de l'aubergine. Les traités actuels de diétothérapie chinoise mentionnent l'aubergine qu'ils classent dans les aliments frais et doux, et signalent, parmi ses constituants actifs, la choline, substance présente dans la bile, de l'acide nicotinique (vasodilatateur artériel et veineux), des vitamines du groupe B qui jouent un rôle important dans l'utilisation des lipides, de la vitamine C et du carotène (précurseur de la vitamine A active au niveau des épidermes et permettant la régénération du pigment rétinien indispensable pour la vision). Ses propriétés astringentes et son action sur les muqueuses sécrétantes la font prescrire, sous forme de décoction de fleurs, dans les cas de catarrhe bronchique ou de leucorrhée. La consommation du légume est conseillée comme diurétique léger et, après l'ingestion d'une substance toxique, pour neutraliser le poison grâce à ses pectines.

La médecine arabe n'a pas grande considération pour les vertus curatives de l'aubergine. Le médecin persan Rhazi, le Rhazès des Occidentaux, conserve un certain dogmatisme vis-à-vis de l'aubergine, mais propose néanmoins un traitement culinaire qui optimise notre noir légume, et lui donne même certaines qualités médicinales. Dans son

D'après Dalechamp, XVIe siècle

très moderne traité de diététique, le *Traité des correctifs des aliments* où il propose une prévention des indispositions légères, voici ce qu'il dit de l'aubergine : "Bouillie d'abord puis rôtie avec de l'huile, du vinaigre et des amandes, l'aubergine perd son aigreur et son âcreté ; ces deux dernières propriétés persistent dans celle qui a été bouillie si on ne la prépare pas avec de l'huile. Il en est de même, toutefois à un degré moindre, quand on la fait entrer, sans l'avoir préalablement fait bouillir, dans la préparation alimentaire appelée *bourany*. Rôtie, elle convient aux estomacs qui rejettent les aliments ; bouillie avec du vinaigre, elle est bonne pour les tempéraments chauds ainsi que les sujets dont le foie est chaud ou la rate tuméfiée, et même son action est très marquée."

Hygiène : dentifrices inattendus

L'aubergine est vouée à la santé et à la beauté buccodentaire. Côté santé, les macrobioticiens, partisans d'une hygiène de vie basée sur un régime alimentaire à base de céréales et de légumes et proscrivant tout ingrédient issu de transformations chimiques ou industrielles, ont en effet proposé une poudre dentaire entièrement naturelle pour garantir des dents saines et prévenir les gingivites. La poudre qui rend les dents blanches est un mélange noirâtre à base de cendres d'aubergines et de sel marin natif déshydraté. Son utilisation en massages quotidiens des gencives et des dents est, dit-on, d'une grande efficacité. Côté beauté, il ne s'agit plus de dents blanches, mais de dents noires... celles des élégantes de la haute société de la Chine impériale qui faisaient préparer, grâce aux teintures extraites de la peau noire et luisante de l'aubergine, une laque destinée à noircir leurs dents et à leur donner un sourire aristocratique.

Diététique : l'aubergine et le régime crétois

Dans certaines régions, l'aubergine servie en salade, en ragoût ou en gratin donne de la vie à bien des repas d'été maigres en viande. C'est le cas dans les Balkans et de certaines îles de Méditerranée orientale où les centenaires sont nombreux et souvent alertes. L'étude de l'alimentation, dans ces régions où la longévité est exceptionnelle et préservée des maladies séniles de plus en plus fréquentes en Occident, a conduit à donner en exemple ce qu'on a défini comme la diète méditerranéenne, ou régime crétois, comportant plus de pain, de légumes secs ou frais et de fruits, beaucoup moins de viandes rouges et de l'huile d'olive remplaçant les graisses animales. A l'heure des fast-food et du rythme métro-boulot-dodo, ce texte d'Henri Blackburn, extrait de l'ouvrage de Serge Renaud *Le Régime santé* (1995), devrait nous donner à penser : "Laissez-moi vous décrire l'homme qui vit sur l'île de Crète. Il est berger, agriculteur. [...] Son repas à la maison est composé d'aubergines, de champignons, de légumes croquants accompagnés de pain trempé dans de l'huile d'olive. Une fois par semaine il mange un peu d'agneau ou de poulet, deux fois par semaine du poisson. [...] Il a le risque le plus bas d'accident coronarien, le taux de mortalité le plus bas et l'espérance de vie la plus longue du monde occidental."

L'aubergine, on le voit, a sa place dans ce triomphe de la diététique frugale et cette réhabilitation a permis de s'intéresser de plus près à sa teneur en éléments et en nutriments. C'est un légume très peu calorique : 100 grammes d'aubergine apportent moins de 30 kilocalories. Ses apports en potassium et magnésium sont importants. L'aubergine est très pauvre en protides et, si sa valeur gustative permet de préparer sans viande des plats savoureux, le régime doit tenir compte d'autres sources protéiques. Elle ne contient que très peu de lipides et ses glucides sont essentiellement des pectines, dont l'effet est rassasiant et a une action hypocalorique en absorbant les sucres et le cholestérol, ainsi qu'une action sur la régulation du transit intestinal. Pour cet ensemble de raisons, l'aubergine est recommandée aux personnes ayant un risque cardiovasculaire, aux diabétiques et aux obèses. Sa richesse en pectines et en fibres est bénéfique à ceux qui souffrent de constipation chronique. Il faut cependant signaler un inconvénient majeur des pectines, qui se comportent comme des éponges et absorbent l'huile de cuisson. L'aubergine n'aura donc d'impact sur l'élimination du cholestérol que si l'on évite de la frire ou, pire, de la mijoter dans une graisse animale.

Gastronomie : les délices de la table

Les plats d'aubergine sont aussi variés que les régions où ils sont dégustés : on y cherchera avec autant de gourmandise l'empreinte de la cuisine de l'Asie du Sud-Est et de celle des Antilles, le raffinement du Japon et la rusticité de la Provence ; on y suivra les traces des cuisines arabe et ottomane tout autour de la Méditerranée.

• *Inde : purée d'aubergines* (baigan bharta)
Rapide et facile à préparer, ce plat d'aubergines est un grand classique du nord de l'Inde. Laissons la romancière indienne Bulbul Sharma le présenter : "Comme elle avait trouvé ce matin-là dans son jardin deux grosses aubergines violettes et luisantes, elle avait préparé un plat d'aubergines *bharta* pour accompagner le curry de viande au yaourt. Elle les avait fait griller sur un feu de bois dans la cour derrière la maison avant d'ajouter les tomates et les piments verts hachés fin, mais brièvement. Elle n'aimait pas les laisser trop longtemps sur le feu comme le font la plupart des gens car une longue cuisson, selon elle, émoussait le goût de grillade*."

> *2 aubergines rondes ; 1 cuillerée à soupe d'huile ; 1 oignon finement haché ; 1/2 cuillerée à café de graines de coriandre grillées et pilées ; 1 piment vert épépiné et finement haché ; 1 grosse tomate pelée et coupée en petits morceaux ; sel.*

* *La Colère des aubergines*, éditions Picquier, Arles, 1998.

Faire griller les aubergines sur un brasero, un barbecue ou directement sur la flamme d'une cuisinière à gaz, en les tournant soigneusement afin que toute la peau soit calcinée. Les tremper dans l'eau froide pour les peler. Les écraser avec une fourchette. Faire chauffer l'huile, y verser en remuant les graines de coriandre puis l'oignon, laisser dorer. Ajouter tomate et piment, cuire quelques instants. Ajouter enfin les aubergines. Mélanger, laisser cuire quelques minutes, saler et servir chaud avec des *chapati*, fines galettes de farine de blé ou, à la rigueur, des pains *pita*.

• *Inde du Sud : aubergines épicées au yaourt* (baigan pachchadi)
Ce plat franchement épicé se sert en Inde en accompagnement du plat principal. Vous pourrez le préparer, comme le plat précédent, dans une sauteuse.

3 cuillerées à soupe d'huile ; 3 cuillerées à café de graines de moutarde noire ; 1 oignon finement haché ; 2 piments frais épépinés ; 1 aubergine pelée et coupée en cubes ; 1 petite tomate concassée ; sel ; 1 cuillerée à café de garam masala ; 1/2 cuillerée à café de piment fort en poudre ; 1/4 de tasse d'eau ; 2 cuillerées de feuilles de coriandre fraîche hachées ; 1 yaourt.

Chauffer l'huile et y faire revenir les graines de moutarde jusqu'à ce qu'elles éclatent. Ajouter oignon et piment, puis les aubergines qu'on laisse revenir et enfin la tomate. Assaisonner alors avec sel et épices en poudre, mélanger, verser l'eau, couvrir et laisser mijoter jusqu'à obtenir une purée. Servir froid après avoir incorporé yaourt et coriandre.

• *Sri Lanka : curry de poisson aux aubergines* (karavadu vambotu curry)
Riz et curry composent rituellement le menu de midi sri-lankais. Les cuisinières multiplient les currys, chaque variété étant cuisinée dans une cassolette de terre ou *chattie* spécifique qui s'imprègne du goût du plat qui y mitonne. Ce curry d'aubergines au poisson est typiquement insulaire.

Indienne à sa cuisine

250 g de poisson séché et salé ; 2 aubergines ; 12 piments doux frais ; 10 gousses d'ail épluchées ; 1 gros oignon émincé ; 3 tasses de lait de coco ; 1 cuillerée à café de curcuma ; 1 cuillerée à café de sel ; 3 cuillerées à café de curry de Ceylan ; 1 bâton de cannelle ; 1 noix de pulpe de tamarin ; 1 à 2 cuillerées à café de sucre ; 1/4 de tasse de vinaigre ; huile pour friture.

Laver et égoutter le poisson séché, le couper en morceaux de 5 centimètres de côté. Découper les aubergines en grosses rondelles, les frotter de sel et de curcuma, laisser dégorger 30 minutes, puis égoutter et sécher. Laver les piments, les fendre et les épépiner. Faire revenir séparément dans l'huile le poisson séché, le piment, l'ail, l'oignon et les aubergines. Mettre dans une casserole le lait de coco, les épices, le tamarin délayé, le vinaigre et le sel. Porter à ébullition en remuant, puis ajouter les ingrédients que l'on a fait revenir. Laisser cuire à découvert en remuant fréquemment. Quand la sauce a épaissi, ajouter le sucre et servir chaud avec un riz blanc.

• *Indonésie : soupe d'aubergine aux crevettes* (terung lodeh)
Cette soupe rapide se prépare dans une grande poêle hémisphérique, un *wok*, que l'on appelle *kuali* ou *wajan*

en indonésien. Très épicée, elle accompagne du riz et des currys.

1 aubergine ; 1 cuillerée à soupe de crevettes séchées ; 1 oignon haché ; 2 gousses d'ail haché ; 2 piments rouges hachés ; 1 tomte pelée et concassée ; 2 tasses de bouillon de poulet ou 1 cube de bouillon déshydraté dilué dans de l'eau ; 1 tasse de lait de coco ; 1 cuillerée à café de sucre roux ; 2 cuillerées à soupe d'huile ; sel.

Faire tremper les crevettes séchées 10 minutes dans de l'eau chaude. Chauffer l'huile et faire revenir l'oignon, l'ail et les piments, ajouter la tomate et, lorsque le mélange a épaissi, le bouillon et l'aubergine épluchée débitée en petits dés. Laisser mijoter 15 minutes. Verser le lait de coco, les crevettes, le sucre et le sel avant de servir.

• *Chine : aubergines à la sauce pimentée* (dow bun kei ji)
Gastronomie et diététique régissent le repas chinois composé du *fan*, aliments essentiels (riz, pâtes ou pains cuits à la vapeur) constituant la base du repas, qu'agrémente le *cai*, légumes, fruits et viandes diversement apprêtés. Le menu doit aussi tenir compte de l'équilibre *yin-yang*, les plats fades et les céréales, *yin*, apportant la masse et l'inertie, les plats gras et épicés, *yang*, apportant la force active.

4 aubergines moyennes ; 250 g de viande de porc hachée ; 2 cuillerées à soupe de gingembre frais émincé ; 6 à 10 gousses d'ail émincées ; 2 brins de ciboulette hachés ; 1 cuillerée à café de pâte de piment ; 3 cuillerées à soupe d'huile ; 1 tasse de bouillon ; 3 cuillerées à soupe de sauce de soja ; 1 pincée de poivre blanc moulu ; 1 cuillerée à café de sucre en poudre ; 1 cuillerée à café de fécule de maïs.

Trancher les aubergines en deux, puis en bâtonnets. Plonger les aubergines dans de l'eau bouillante, mener à ébullition, égoutter et rafraîchir sous l'eau froide, puis réserver. Faire chauffer l'huile dans un wok ou une sauteuse. Quand elle commence à fumer, y faire revenir la viande, ajouter le gingembre, l'ail et la ciboulette, puis la pâte de piment et la fécule délayée dans un peu d'eau froide. Mélanger, verser les aubergines et laisser cuire brièvement à feu vif. Ajouter le bouillon et les assaisonnements, cuire en remuant jusqu'à ce que la sauce épaissie enrobe les bâtonnets d'aubergines. Servir chaud en accompagnement d'un riz à la vapeur.

• *Japon : aubergines farcies au poulet* (nasu hasami-age)
La présentation d'un plat japonais est un exercice raffiné, qui transcende la nourriture présentée comme une composition élégante et symbolique. Aussi les plats de jeunes légumes sont-ils très appréciés pour leur aspect gracieux et leur goût délicat. Pour ce plat, choisir de très petites aubergines rondes et violettes.

4 petites aubergines rondes ; 200 g de blanc ou de cuisse de poulet, sans peau ; partie verte d'un brin de ciboule finement hachée ; 1 cuillerée à soupe de sauce de soja foncée ; 1 cuillerée à soupe de sherry ; 1 cuillerée à café d'huile de sésame ; sel ; 1 cuillerée à soupe de graines de sésame ; huile de friture. Pour la sauce : 4 cuillerées à soupe de sauce de soja foncée ; 4 cuillerées à soupe de bouillon de légumes ; 3 cuillerées à soupe de sherry.

Préparer la farce en mixant le poulet et la ciboule avec le soja, le sherry, l'huile de sésame et le sel. Fendre les aubergines en croix sans entamer le pétiole, introduire la farce en écartant les aubergines, enrober la farce qui dépasse dans les graines de sésame. Préparer la sauce en mélangeant les ingrédients et réserver. Frire les aubergines à feu moyen et bien dorer chaque face. Servir chaud sur une branche de cresson avec la sauce dans de petites saucières individuelles.

• *Viêtnam : aubergines sautées* (ca tim xao)

*Ciel fais tomber la pluie
Pour qu'on mange du riz blanc
Et de l'aubergine en morceaux.*
(Chanson enfantine vietnamienne.)

Le repas végétarien vietnamien, digeste et léger, est un repas à part entière, aussi raffiné que le repas carné. Sa ration protéique est assurée par le soja sous toutes ses formes, sauce, fromage, crêpes ou jeunes pousses, et le *nuoc mam*, sauce de poisson fermenté. La cuisson, dans une large poêle huilée, est très brève pour conserver aux légumes saveur et vitamines.

3 aubergines coupées en dés ; 1 oignon haché ; 1 morceau de gingembre finement haché ; 3 cuillerées à soupe de sauce de soja ; 2 cuillerées à soupe d'huile.

Chauffer l'huile et y faire revenir l'oignon, puis les aubergines en remuant constamment. Quand les aubergines sont cuites, ajouter le gingembre. Saler avec la sauce de soja et servir chaud avec du riz blanc.

• *Iran : aubergines au fromage blanc* (kachke badjemon)
Les règles d'or pour préparer de l'aubergine appartiennent à la cuisine iranienne. Les voici : faire dégorger les aubergines en morceaux une demi-heure à une heure dans de l'eau salée ; bien sécher les morceaux avant de les cuire ; laisser reposer, après friture, sur du papier absorbant.

300 g d'agneau ; 6 aubergines longues ; 3 gros oignons ; 1/4 de verre de pois cassés ; 3 cuillerées à soupe de concentré de tomates ; 1 verre d'huile ; 1 verre d'eau ; sel ; poivre. Pour la garniture : 1 verre de fromage blanc (kachke) ; quelques dattes dénoyautées ; quelques cerneaux de noix ; 1 cuillerée à café de menthe séchée pulvérisée ; 2 gousses d'ail ; 1 pincée de safran diluée dans très peu de lait.

Peler et couper les aubergines en deux dans le sens de la longueur, les faire dégorger dans de l'eau salée. Dans une cocotte, faire dorer la viande coupée en petits dés, les oignons et les pois cassés lavés et égouttés. Ajouter un verre d'eau, couvrir et cuire 30 minutes à feu moyen, puis ajouter le concentré de tomates, le sel et le poivre. Rincer et sécher les aubergines. Les faire dorer lentement des deux côtés dans la poêle.

Dans un plat allongé, ranger les aubergines tête-bêche, ajouter la viande, couvrir le plat et cuire à four moyen pendant une heure. Faire dorer dans un peu d'huile les gousses d'ail pelées et écrasées, retirer du feu et ajouter la menthe en poudre. Démouler le fromage blanc sur le plat, garnir avec l'ail et la menthe, le safran dilué et décorer avec les dattes dénoyautées et les cerneaux de noix. Déguster avec du pain et un plat de fines herbes (radis, oignons frais, menthe, basilic, persil, estragon et cresson coupés fin).

• *Arménie : aubergines confites*
Cette recette inattendue de confiture d'aubergines est inspirée du *Voyage de l'aubergine* de Nina Kehayan, livre d'ethno-cuisine incontournable pour tout amateur d'aubergine. Les plats d'aubergines bien mitonnés sont nombreux dans la cuisine arménienne, et si mon choix se porte sur cette douceur, c'est en souvenir de Guldéné Kehayan, experte en aubergines douces ou acides, farcies ou gratinées, et d'une belle soirée d'août autour de sa table, il y a presque quarante ans.

1 kg de très petites aubergines rondes ; 1 kg de sucre ; 4 clous de girofle ; jus d'un demi-citron ; 100 g d'amandes mondées entières.

Oter le pédoncule des aubergines, les piquer à la fourchette et les mettre à tremper 12 heures dans une bassine d'eau. Les blanchir 5 à 10 minutes dans de l'eau bouillante, puis les égoutter dans une passoire en les pressant pour éliminer l'excédent d'eau. Farcir les aubergines avec les amandes mondées introduites par une fente ouverte sur le côté, les couvrir de sucre et les laisser macérer une nuit dans la bassine à confitures. Ajouter les clous de girofle et cuire une trentaine de minutes, arrêter la cuisson avant que le sucre ne perle et verser, en remuant, le jus de citron. Remplir les pots avec la confiture encore chaude et fermer immédiatement.

• *Liban : aubergines en saumure* (magdous)
Ces aubergines confites aux noix peuvent se servir en hors-d'œuvre ou figurer parmi les nombreux plats d'un *mézé*, ce repas convivial qui se poursuit des heures autour d'une table, offrant à chacun des bouchées aux saveurs variées pour ponctuer les conversations. Le mot *magdous*, qui désigne au Liban les légumes farcis aux noix, est de fait réservé au

magdous d'aubergines, le plus apprécié de tous et l'un des joyaux de la fameuse pièce aux réserves.

1 kg de très petites aubergines ; 100 g de cerneaux de noix ; 1 tête d'ail épluchée ; 1 piment sec émietté ; sel ; huile d'olive.

Enlever le pétiole des aubergines, les plonger entières dans de l'eau bouillante jusqu'à ce qu'elles soient souples, les égoutter puis les fendre en deux dans le sens de la longueur et introduire dans la fente une bonne pincée de gros sel. Les disposer dans une passoire et les presser, pendant 24 heures, avec un poids posé sur une assiette. Les farcir avec les noix grossièrement pilées, l'ail écrasé et le piment sec émietté. Empiler les aubergines farcies dans un bocal et couvrir d'huile d'olive.

• *Turquie, Moyen-Orient, Balkans : l'imam évanoui* (imam bayeldi)
Cette préparation végétarienne des aubergines, si succulente qu'elle fit, dit-on, tomber en pâmoison un imam trop gourmand, est un des souvenirs les plus vivaces de l'Empire ottoman. Pour les Albanais, qui en agrémentent la farce de persil haché, de laurier et de vinaigre, le *patëllxhanë të mbushur* ou *imam bajalldi* est l'un des meilleurs plats. Quant aux Roumains, ils glorifient un *vinete impanate* ou *imam baildi* plus riche en légumes, sa garniture contenant poivron vert, carottes, céleri-rave et chou vert râpés.

Liban, préparation des aubergines pour le séchage

6 aubergines longues ; 4 oignons émincés ; 6 gousses d'ail ; 3 tomates pelées ; une grande tasse d'huile d'olive ; sel ; poivre ; une petite tasse de bouillon.

Equeuter les aubergines et retirer trois rubans de peau, un sur le dessus et deux sur les côtés. Entailler profondément la partie supérieure dans le sens de la longueur sans ouvrir les deux extrémités. Laisser dégorger les aubergines dans de l'eau salée. Les cuire légèrement dans une poêle couverte. Les ranger dans un plat creux et les creuser comme un bateau en retirant à la petite cuillère la chair portant les pépins.

Faire fondre les oignons sans les laisser dorer dans l'huile d'olive, ajouter la chair retirée à l'aubergine puis la tomate et l'ail écrasé. Saler et poivrer. Farcir les aubergines avec ce mélange, napper avec le reste de farce allongée d'un peu de bouillon. Arroser d'huile d'olive et d'ail écrasé, poivrer. Cuire une heure en arrosant régulièrement de jus de cuisson. Servir froid.

• *Roumanie : moussaka d'aubergines violettes* (musaka de patlagele vinete)
La moussaka a fait admettre l'aubergine sur les tables françaises, sans doute grâce au nappage de sauce béchamel qui l'accompagne dans sa version grecque et la rend moins exotique. Comme le précédent, ce plat a une répartition géopolitique liée à l'Empire ottoman et chaque région en revendique la "vraie" recette. La base de la moussaka, aubergine et viande hachée, est commune à tous ces gratins, le liant pouvant être une purée de tomates, du lait et des œufs, ou de la béchamel. Voici la version roumaine.

6 aubergines ; 500 g de viande hachée (échine de porc et macreuse) ; 4 tomates pelées ; 2 oignons hachés ; 2 carottes ; 2 pommes de terre ; 1 gousse d'ail ; 1 œuf ; 1 cuillerée à soupe de crème fraîche ; 3 cuillerées à soupe de concentré de tomates ; chapelure ; sel ; poivre ; noix muscade râpée.

Oter le pédoncule des aubergines, enlever une lanière de peau sur deux, les trancher en rondelles épaisses, saler et laisser dégorger. Dans une poêle, faire dorer à l'huile ail et oignon, ajouter la viande et laisser cuire à feu doux. Quand la viande est cuite, ajouter hors du feu l'œuf battu, le sel, le poivre et la noix muscade râpée. Râper les carottes et les pommes de terre crues et les ajouter à la viande, ainsi que la crème fraîche. Faire frire les rondelles d'aubergines, les laisser dégorger l'huile en excédent. Dans un plat à gratin, alterner couches d'aubergines saupoudrées de chapelure et couches de viande, finir avec des aubergines que l'on couvre de tranches de tomates. Délayer le concentré de tomates avec deux fois son volume d'eau, recouvrir le plat et cuire au four 40 minutes.

• *Balkans : caviar d'aubergines*
L'odeur âcre de la peau des aubergines se calcinant sous la braise est l'odeur de l'été de Méditerranée orientale. La purée légèrement fumée et piquante que l'on prépare, diversement assaisonnée selon les régions, est présente sur toutes les tables.

Aubergines ; sel ; poivre ; huile.

Cuire les aubergines entières sur la braise ou directement sur la flamme en les retournant sans arrêt pour que toute la chair soit cuite et très tendre. Peler les aubergines, ôter le pédoncule et les laisser longuement s'égoutter dans une passoire. Les écraser ensuite avec une fourchette, sinon les hacher au hachoir ou les mixer, selon la consistance que l'on préfère. Battre le mélange avec de l'huile incorporée lentement avec une cuillère en bois. Saler et poivrer. Servir tiède ou froid.

On peut utiliser de l'huile d'arachide, d'olive, de noix ou de sésame. On peut aussi assaisonner avec l'un ou l'autre des ingrédients suivants : de l'ail écrasé, des oignons finement hachés, de la purée de sésame ou *tahiné*, du persil haché très fin ou du jus de citron.

• *Italie : caponata*
La caponata sicilienne, qui réunit les ingrédients majeurs de la cuisine méditerranéenne, est un des plaisirs de l'été. Elle se déguste à toute heure accompagnée de pain et d'un petit verre de rosé très frais.

1 kg d'aubergines ; 1 kg de poivrons verts ; quelques piments forts ; 1/2 kg de tomates bien mûres ; 2 gros oignons ; 100 g de câpres ; 100 g d'olives dénoyautées ; quelques branches de céleri ; huile d'olive ; vinaigre ; sel ; poivre.

Les légumes doivent être cuits séparément à l'huile d'olive dans une sauteuse. Découper les aubergines non pelées en dés et les cuire à feu doux en remuant avec une spatule en bois pendant une quinzaine de minutes. Les égoutter, saler et réserver. Nettoyer et découper les poivrons et les piments, les cuire de la même façon, saler et réserver. Faire ensuite dorer l'oignon émincé, lui ajouter les tomates pelées et concassées, laisser cuire en remuant. Quand la tomate a fondu, ajouter les olives, les câpres et le céleri coupé en dés. Poursuivre la cuisson en remuant une dizaine de minutes. Ajouter les aubergines et les poivrons, laisser cuire encore quelques minutes. Hors du feu, arroser de vinaigre, poivrer. Placer une nuit au réfrigérateur avant de servir.

• *France : aubergines au feu provençales*
On serait tenté, s'il ne s'agissait d'un anachronisme, de parler de plat biblique ! Les vrais amoureux de l'aubergine se laisseront sûrement séduire par la rusticité savoureuse de ce plat et les effluves de soirée au cabanon que libère sa cuisson.

6 aubergines longues ; 2 têtes d'ail ; huile d'olive ; gros sel ; poivre.

Eplucher l'ail et couper les gousses en deux dans le sens de la longueur. Laver les aubergines, ôter le pédoncule et les larder d'ail. Poser les aubergines sur la braise d'un barbecue ou, à défaut, sur la flamme d'un fourneau à gaz. Surveiller la cuisson en tournant les aubergines jusqu'à ce que leur chair soit tendre et leur peau brûlée. Retirer du feu, sur une planche inciser les aubergines dans la longueur en trois ou quatre tranches. Disposer sur un plat en ouvrant les fruits en éventail, saler, poivrer, arroser d'huile d'olive et servir très chaud.

• *Algérie, Maroc : gratin d'aubergines* (baraniya batendjel)
C'est bien la recette de Buran, la *buraniya* de Bagdad, devenue *baraniya*, l'étrangère, que l'on retrouve dans la gastronomie citadine d'Algérie, du Maroc et, encore aujourd'hui, d'Andalousie.

> *6 aubergines ; 500 g de viande d'agneau (gigot ou épaule) ; 1 oignon haché fin ; 3 gousses d'ail pilées ; 5 œufs ; 1 verre de pois chiches mis à tremper la veille ; 1/4 de cuillerée à café de cannelle ; 1/2 cuillerée à café de carvi ; 1 bol de mie de pain trempée dans du lait ; 50 g de fromage râpé ; 3 cuillerées à soupe de vinaigre ; sel ; poivre ; huile de friture.*

Peler les aubergines en retirant une lanière de peau sur deux, les débiter en rondelles et les faire dégorger dans de l'eau salée. Dans une cocotte, placer la viande débitée en morceaux, l'oignon haché, l'ail pilé, les pois chiches égouttés, le sel, le poivre, la cannelle et le carvi. Faire mijoter à feu très doux pendant un quart d'heure, couvrir à demi d'eau et laisser cuire une heure. Essorer les aubergines, les faire frire à la poêle puis les placer sur un papier absorbant. Quand la viande est bien tendre, la retirer, la désosser et placer les morceaux dans un plat à four, les recouvrir des tranches d'aubergines, répartir les pois chiches et arroser de sauce après en avoir réservé un bol. Faire un mélange homogène avec la sauce, les œufs, le fromage, la mie de pain trempée et essorée et le vinaigre, puis en recouvrir le plat. Enfourner et laisser gratiner environ un quart d'heure.

• *Andalousie : crêpes d'aubergines* (isfiriya)
La date d'introduction de l'aubergine en Occident a fait l'objet de maintes controverses. Cette recette tirée d'un ouvrage anonyme, *Livre sur la cuisine au Maghreb et en Andalousie au temps des Almohades*, et citée par Lucie Bolens, nous montre une aubergine déjà populaire en Espagne musulmane dès le XIIe siècle. L'adaptation de la recette de ce plat rustique évoque *tortillas* ou *tortitas* espagnoles et diverses galettes aux légumes du Maghreb.

> *3 aubergines ; 3 œufs ; 1 tasse de mie de pain trempée ; 1 gros bouquet de coriandre ; 1/4 de cuillerée à café de cannelle ; 1/2 cuillerée à café de sauce de poisson macéré (nuoc mam) ; sel ; poivre ; huile.*

Equeuter et peler les aubergines, les échauder dans de l'eau salée et cuire jusqu'à ce qu'elles soient tendres. Mixer la coriandre et en exprimer le jus. Egoutter les aubergines et les écraser dans un plat. Ajouter la mie de pain, les œufs, le poivre, la cannelle, le nuoc mam (qui remplace ici le garum traditionnel), le jus de coriandre et une cuillerée à soupe d'huile. Traditionnellement cuite sur la braise dans une cocotte huilée, avec un couvercle rempli de braise, l'*isfiriya* pourra être cuite à la poêle et retournée comme une omelette, ou au four dans un plat à gratin.

• *Réunion : aubergines à la morue* (bringelle morue)
Quand la cuisine insulaire s'ouvre au monde, elle brasse sans réticence les influences et les goûts. Cette bringelle morue est un carrefour gastronomique mélangeant l'aubergine, bringelle voyageuse de l'océan Indien, et la morue venue des eaux arctiques.

> *2 grosses bringelles (1,5 kg) ; 400 g de morue séchée et dessalée ; 1 oignon ; 2 tomates bien mûres ; 6 gousses d'ail ; gingembre frais émincé ; 2 piments verts forts ; 1/4 de cuillerée à café de safran ; 4 cuillerées à soupe d'huile ; sel.*

Couper la morue en tranches fines et les mettre à dégorger dans de l'eau salée. La blanchir pendant 10 minutes, l'égoutter, retirer les peaux et les arêtes puis l'émietter. Chauffer l'huile dans une cocotte et y faire dorer la morue quelques minutes. Hacher et piler l'oignon, l'ail, le gingembre, le piment, le safran et les tomates, et verser le mélange sur la morue. Poivrer. Laisser cuire quelques minutes puis ajouter les bringelles coupées en tranches fines. Arroser d'un verre d'eau avec laquelle on a rincé mortier et pilon. Couvrir et laisser cuire en remuant, sans que la sauce réduise trop.

Basilic, marjolaine et origan

Jérôme Goust

INTRODUCTION

Herbes des dieux et du soleil

Le basilic, la marjolaine et l'origan accompagnent l'homme depuis des temps immémoriaux. Quelles vertus magiques nos lointains ancêtres ont-ils découvertes au basilic pour que celui-ci se soit retrouvé au panthéon hindou, puis ait participé aux légendes fondatrices du christianisme ? Quelles aventures ont fait des origans une plante d'Osiris et lui ont donné le nom d'un prince mythique de Chypre ?

Nous ne le saurons jamais, mais ce qui est sûr, c'est que ces herbes ont accompagné le développement de l'humanité dans ce qu'elle a de plus profond : l'alimentation, la médecine, la religion.

Peut-être même le basilic et l'origan étaient-ils connus avant l'hominisation, quand nos prédécesseurs étaient omnivores ou végétariens. En tout cas, il s'agissait originellement d'herbes sauvages : leurs utilisations médicinales, la force de leur parfum – qui leur interdisait le statut de légume pour les réserver à des usages condimentaires – les ont fait rester proches de ce qu'elles étaient à l'état naturel.

Herbes sacrées, elles ont gagné les jardins. Et c'est là qu'elles ont traversé les siècles, réfugiées près des humbles qui les ont préservées de la disparition dont les menaçaient les triomphes de la science et de la technique.

C'est de là qu'elles repartent au secours de nos santés et à l'assaut de nos tables… C'est là qu'assoiffés de soleil et cherchant à renouer avec nos racines paysannes, nous les avons retrouvées, pour notre plus grand plaisir.

A nous de redécouvrir ces plantes de soleil que sont les basilics et les origans, sans nous contenter de quelques recettes mais en faisant de leurs saveurs des compagnes de tous les jours. Que d'une pincée de feuilles, elles transforment simplement une triste pitance quotidienne en repas parfumé. Bref, que l'esprit des dieux qui ont présidé à leur naissance s'immortalise dans nos assiettes, et y apporte tout au long de l'année les rayons de soleil qu'elles ont emmagasinés pendant leur développement.

I. DES MYTHES ANTIQUES AUX RÉALITÉS MODERNES

Herbes sacrées, le basilic, la marjolaine et l'origan occupent une place de choix dans la mythologie et les religions de nombreuses régions du monde, preuve s'il en est qu'elles surent se distinguer assez tôt des plantes "simplement" alimentaires.

Aux sources du basilic

• *L'herbe sacrée des Indiens*
Sous le nom féminin de *tulasî,* c'est le basilic sacré, *Ocimum sanctum*, qui est au cœur du panthéon indien, comme le signale Angelo de Gubernatis dans *La Mythologie des plantes.* Nombre de dieux, ou leurs incarnations populaires, y font référence, ce qui rend assez complexes les cultes auxquels le basilic participe. Ses différents noms en témoignent : on le nomme *Sitâhvaya*, parce que Sitâ, personnification épique de la déesse Laksmî, se transforme en *tulasî* ; mais le basilic est aussi rattaché directement à cette déesse sous le nom de *Lakshmîpriyâ*. Le basilic participe également aux cultes de Vishnou et de Krishna (qui est la huitième incarnation de Vishnou), où on le retrouve sous les appellations de *Vishnupriyâ* et de *Krishnatulasî*.

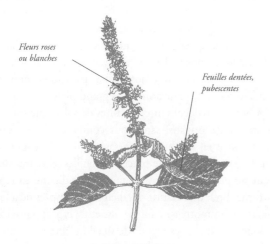

Fleurs roses ou blanches

Feuilles dentées, pubescentes

Le basilic sacré des hindous

Un certain nombre de traditions nous rappellent l'importance du basilic. Au Bengale, par exemple, le dieu domestique est parfois la *tulasî*, parfois la pierre phallique. Elle ouvre la porte du ciel aux hommes pieux, et c'est dans ce but que l'on place sur la poitrine de celui qui vient de mourir une feuille de *tulasî*. Ailleurs, on lave la tête du mort avec une eau où ont baigné, pendant que le prêtre récitait les prières, feuilles de *tulasî* et graines de lin.

Mais le basilic est surtout considéré comme plante de Vishnou. Ses adorateurs portent un collier de *tulasî* et un chapelet constitué de *tulasî* et de lotus. On le cultive beaucoup autour des sanctuaires, et cette culture donne le privilège de monter au palais du dieu Vishnou entouré de dix millions de parents.

Gare à celui qui maltraite la plante sacrée : Vishnou s'irrite des mauvais traitements infligés ainsi à son épouse ("ô *tulasî*, chère au cœur de Vishnou..."), et punit les coupables en les privant de bonheur... et d'enfants. Car la plante sacrée est aussi symbole de fécondité, comme le rappelle l'invocation rituelle qu'il fallait prononcer en la cueillant : "Mère *tulasî*, sans toi, toute œuvre est stérile ; c'est pourquoi je te cueille..."

Lorsque, au XVIe siècle, l'empereur mogol Akbar fit construire un palais pour une princesse hindoue, il fit aménager au centre de la cour un espace où poussait la *tulasî*. On trouve encore souvent devant les maisons hindoues des petits bâtiments peints en blanc où pousse la *tulasî* ; ces constructions sont autant de temples dédiés à Vishnou.

• *Une origine mythologique et féconde*
Ces croyances se retrouvent dans nombre de légendes occidentales liées en particulier à la naissance et à la mort du Christ.

Ainsi ce conte bulgare : au commencement, Dieu et le diable se répartirent l'univers, le premier prit le monde des vivants et le second celui des morts. Comme le royaume des morts se peuplait plus que celui des vivants, Dieu envoya des espions auprès du diable ; ceux-ci lui rapportèrent que son concurrent se moquait de son incapacité à mettre un fils au monde, et lui donnèrent la solution : il fallait que Dieu dorme sur une couche de basilic. Aussitôt dit, aussitôt fait ; le lendemain, ces branches de basilic furent présentées

Le basilic grand vert

par l'archange Gabriel à la Vierge Marie qui les respira... et c'est ainsi que fut conçu le fils de Dieu venu sur terre pour racheter les hommes et empêcher les morts de peupler trop systématiquement le royaume du diable.

Un deuxième conte, rapporté par Sébillot dans *Le Folklore de France*, relate comment la Vierge Marie fut protégée par le basilic. Fuyant Hérode avec son enfant dans les bras, Marie dit à un paysan qui était en train de semer son blé d'aller chercher sa faux ; le temps que celui-ci revienne, un miracle s'était produit : le blé était déjà mur, et le paysan le faucha. La Vierge et l'Enfant Jésus se cachèrent dans les herbes, sous les gerbes ; les branches de basilic et de sauge se penchèrent pour cacher un bout de robe qui dépassait. Lorsque les soldats d'Hérode survinrent et interrogèrent le paysan, celui-ci répondit qu'il avait vu la femme et l'enfant "au moment des semailles". La soldatesque s'éloigna, pensant qu'ils étaient maintenant loin. Pour remercier le basilic, la Vierge lui dit : "Basilic, Dieu te sauve, tu fleuriras et tu porteras des graines."

Une autre légende, d'origine byzantine, décrit la découverte de la vraie croix. On sait que la conversion de l'empereur Constantin entraîna l'institution du christianisme comme religion d'État dans l'Empire romain. La mère de l'empereur, sainte Hélène, décida alors d'aller à Jérusalem rechercher la croix du Christ. Elle avait fouillé partout en vain autour du Golgotha et allait repartir lorsqu'un rêve lui conseilla de revenir vers le lieu du supplice et de se laisser guider par un parfum divin. De retour sur les lieux, elle trouva l'air embaumant d'une odeur inconnue qui émanait d'une modeste plante... et c'est sous cette plante qu'on découvrit la croix qui resplendissait d'une lumière surnaturelle. Cette légende explique tout à la fois le caractère sacré et les rites qui entourent la plante.

Il existe même une synthèse des traditions hindoues et chrétiennes : en Inde, on affirme que le basilic se mit à croître spontanément sur la tombe de saint François Xavier, missionnaire qui évangélisa le sous-continent indien.

UN REPTILE FABULEUX

Le basilic est aussi un animal fabuleux, sorte de reptile qui tue par son regard ou son haleine quiconque l'approche sans l'avoir vu et ne l'a pas regardé le premier. On le représente généralement sous la forme d'un serpent aux ailes de coq ou d'un coq à queue de dragon.

Le basilic mythique (d'après une gravure de 1648)

L'origine du basilic est assez fantastique, puisqu'il doit être issu de l'œuf rond d'un coq vieux de sept à quatorze ans, déposé dans du fumier et couvé par un crapaud ou une grenouille. La légende assure que le seul moyen de le neutraliser est de lui présenter un miroir qui, renvoyant au basilic son terrible regard, le tue.

Au Moyen Âge, beaucoup croyaient que le Christ avait réellement terrassé les quatre animaux, dont le basilic, cités au Psaume XC :

*Les anges vous porteront dans leurs mains,
de peur que vous ne heurtiez votre pied contre la pierre,
vous marcherez sur l'aspic et le basilic,
et vous foulerez au pied le lion et le dragon.*

Symboliquement, le basilic représentait le pouvoir royal qui terrasse celui qui cherche à lui faire face, mais aussi la femme qui corrompt ceux qui ne peuvent l'éviter... Pour les alchimistes, le basilic figurait le feu dévastateur qui prélude à la transmutation des métaux. On retrouve cet animal légendaire dans des contes populaires, comme celui d'*Oudelette et le basilic*, en Gascogne.

Aux sources des origans

En Inde, les origans sont eux aussi consacrés à Krishna, mais sans avoir pour autant le caractère divin du basilic.

Une légende les fait naître à Chypre : Amaracus, serviteur du roi, renversa un jour un vase rempli de parfums précieux ; craignant la colère du monarque, il tomba sans connaissance... et se transforma en une plante aromatique.

Le dictame de Crète

Baptisée *amaracon* par les Grecs, celle-ci est devenue notre marjolaine, et correspond peut-être au dictame, ou origan de Crète. Une autre version fait d'Amaracus un prince de Chypre, passionné de parfums : c'est en créant un arôme nouveau qu'il tomba mort en le respirant, et fut alors transformé en plante par les dieux.

Dans l'Egypte ancienne, la marjolaine était consacrée à Osiris et aurait fait partie des sept fleurs préférées, en compagnie du lotus, du lis, du narcisse, de la rose, de la violette blanche et d'un papyrus.

La Bible mentionne une plante médicinale appelée *êzôb*, aux vertus purifiantes : "Le prêtre jettera aussi dans le feu qui brûle la vache, du bois de cèdre, de l'*êzôb* et de l'écarlate" (Nombres, XIX). Dans un psaume, David implore le pardon de ses péchés : "Vous m'aspergerez avec l'*êzôb* et je serai purifié." On assimile souvent l'*êzôb* à l'hysope. Pline l'Ancien écrit d'ailleurs que l'espèce *onitis* est assez semblable à l'hysope. En fait, il semblerait qu'il s'agisse plutôt d'un origan (*Origanum maru* Benth., ou *Majorana syriaca*).

En Grèce, la déesse Aphrodite allait, dit-on, cueillir la marjolaine sur le mont Ida pour guérir les blessures d'Enée. La présence très ancienne de la marjolaine a en tout cas été démontrée par la découverte, dans les fouilles d'Ano Englianos en Messénie, parmi quatre cents tablettes d'argile, de l'inscription suivante : "La confrérie de la déesse souveraine envoie au seigneur Dieu de l'huile de marjolaine."

Origan et marjolaine ont donc eux aussi une origine légendaire, mais surtout liée à des vertus purificatrices.

Coutumes d'hier et d'aujourd'hui

En dehors des usages médicinaux que nous étudierons plus loin, de nombreux usages populaires sont attachés à ces plantes, plus ou moins liés aux légendes de leurs origines.

• *Basilic : à l'amour, à la mort*
Le basilic est ainsi souvent associé à des rites mortuaires. Dans de nombreux pays, on glisse un brin de basilic dans les mains des morts pour les accompagner dans l'au-delà. En Grèce, on brûlait du basilic tous les samedis en l'honneur des morts. Dans le Sud de la Roumanie, on jetait des graines de basilic dans le feu, et on observait leur façon de brûler pour connaître le sort d'une personne disparue ; cette coutume était reprise par un chant funèbre :

Parsème des grains de basilic,
Mère, dans l'âtre,
Les bourgeons sont brûlés,
Meila ne va plus rentrer...

Ce sentiment se retrouve dans un chant populaire crétois que cite Angelo de Gubernatis :

Basilic, herbe de deuil, fleuris sur ma petite fenêtre ;
Moi aussi je vais me coucher dans la douleur,
Et je m'endors en pleurant.

Paradoxalement, le basilic fait aussi partie des plantes de vie, liées à la naissance ou à l'amour. Ainsi, en Roumanie, on ajoute des feuilles de basilic au premier bain du nouveau-né, trois jours après sa naissance, pour que l'enfant soit aimable, séduisant et mène une vie honnête et respectable. Pour la même raison, on plonge du basilic dans l'eau du baptême, qui s'effectue par immersion totale dans la religion orthodoxe.

On peut d'ailleurs rapprocher cette coutume de celle de la Théophanie, fête orthodoxe du baptême du Christ, célébrée le 6 janvier : après la liturgie, l'évêque se rend en procession jusqu'au port, et s'embarque sur un bateau qui s'éloigne ; il récite les bénédictions, puis prend sa croix, à laquelle est attaché un brin de basilic, et la jette à l'eau.

Dans certaines régions des Balkans, on glisse un brin de basilic dans le corsage de la mariée, voire dans sa coiffure, pour souligner sa pureté et garantir ses qualités d'épouse. De même, le basilic se retrouve dans les bouquets de la mariée, sur la ceinture du marié ou dans les paniers de gâteaux. C'est ce que rappelle un conte roumain, *Le Basilic et le petit sureau*, qui se termine ainsi : "Et du cœur de la mère de Dieu surgit le basilic, pour que les jeunes gens le portent à leurs chapeaux, les filles sur leur sein, et pour que les peuples bénissent et aspergent d'eau bénite les unions de ceux qui se marient."

Dans les îles grecques, on offre un brin de basilic à celui qui débarque en signe de bienvenue et de paix. Ce signe de bienvenue est aussi employé dans le folklore amoureux, de façon parfois contradictoire. Ainsi placer un pot de basilic à la fenêtre signifierait que la voie est libre pour l'amant, coutume proche d'une tradition grecque qui voudrait que les jeunes gens libres d'amour en portent un brin à l'oreille lorsqu'ils vont courir les belles, pour marquer leur disponibilité. Dans le même sens, celle qui accepte un bouquet de basilic de son soupirant s'engage à l'aimer et à lui être fidèle.

Par contre, une coutume italienne fait enlever le basilic de la fenêtre lorsque la voie amoureuse est libre, peut-être pour montrer que le travail domestique étant achevé, la belle peut se laisser conter fleurette.

Le basilic se trouve plus souvent lié à l'homme qu'à la femme. Au Maroc, les jeunes mariés en portent un gros bouquet sur la tête, et les hommes en mettent un brin dans leur chéchia pour la parfumer. Chez les berbères nomades, en cas de conflit, le conseil des tribus désignait un chef, qui se voyait mettre un bouquet de basilic dans les plis de son turban.

Enfin, en Italie, le basilic symbolise par son parfum magique le signe zodiacal du bélier et l'origan, les gémeaux.

• *Origans : senteurs amoureuses*

Origan et marjolaine sont eux aussi l'objet de nombreuses coutumes liées à la vie amoureuse, à la séduction. Dans l'Antiquité déjà, ils étaient un emblème de l'amour : Grecs et Latins couronnaient les jeunes époux de marjolaine.

Ne reculant devant aucune subtilité, Albert le Grand, au XIIIe siècle, donnait la recette suivante pour faire danser une fille en chemise : "Prenez de la marjolaine sauvage ; [...] tout cela sera cueilli la veille de la Saint-Jean, avant le soleil levé. Il faut souffler cette poudre en l'air dans l'endroit où est la fille ; [...] l'effet sera encore plus infaillible si cette expérience gaillarde se fait dans un lieu éclairé de lampes allumées avec de la graisse de lièvre ou de jeune bouc."

Paradoxalement, Perrot rapporte qu'en Sicile, la marjolaine est considérée comme éloignant les séducteurs – au profit des "amants authentiques" ?

Le fait est que les femmes firent le succès de la marjolaine. Dès le XIIIe siècle avant J.-C., les parfumeurs chypriotes faisaient fortune en fabriquant et en exportant de l'huile de marjolaine, aussi bien pour les dieux que pour les élégant(e)s.

Antiphane, dans une comédie écrite vers 375 av. J.-C., se moque ainsi d'une coquette : "Elle se passe les pieds et les jambes au parfum d'Egypte, la gorge et les tétons au parfum phénicien, le bras gauche à la citronnelle, les sourcils et le cou à la marjolaine, la nuque et le genou au serpolet..." Ce n'est plus une carte de Tendre, mais un catalogue digne de Prévert, et qui devait faire le bonheur des parfumeurs de l'époque... Quant au mélange de fragrances, nul ne dit s'il avait vraiment un pouvoir érotique. Mais il est vrai que pendant des siècles une des principales fonctions des parfums fut de couvrir les odeurs corporelles.

Rolland, dans sa *Flore populaire*, rapporte quelques expressions anciennes marquant la disposition tonique et amoureuse des origans : "réveiller les pots de marjolaine" s'employait au sens de "donner la sérénade à sa belle", car les fenêtres des jeunes filles étaient ordinairement garnies de pots de cette plante. On disait également : "Un bouquet de marjolaine, voilà la dot d'une jolie fille" ; "au 1er mai, un bouquet de marjolaine mis à la fenêtre d'une fille signifie qu'elle est aimable et jolie" ; "une image représentant un porc flairant la marjolaine signifie : Ce n'est pas pour toi que je sens bon !"

Le *Nouveau Dictionnaire du langage de l'amour* (1836) signale que dans le langage des fleurs "marjolaine signifie : toujours heureuse". Enfin, au Maroc, on

L'origan (d'après une gravure ancienne)

préparerait encore avec l'*Origanum compactum* un mets *(rfissa)* réputé fortifiant et aphrodisiaque.

Origans et marjolaines sauront-ils un jour retrouver cette place parmi les parfums… et dans les cœurs ?

• *Des plantes et des sorciers*
Frédéric Vernet, dans son livre *Plantes médicinales et sorcellerie dans le Midi*, nous rapporte des faits de magie populaire. Ainsi le basilic absorberait les mauvaises ondes et les radiations nocives. Si les hommes en mettent dans la poche gauche de leur pantalon ou les femmes dans le bonnet gauche de leur soutien-gorge, il empêchera ceux qui approchent de mentir…

Quant à la marjolaine et l'origan, ils ont pouvoir d'amour : si vous offrez un bouquet de leurs fleurs séchées à l'être désiré au printemps qui suit la cueillette, il tombera dans vos bras quelques jours plus tard – et ce d'autant plus que vous aurez accompli ce geste le 14 février, date où les oiseaux commencent à faire leur nid…

• *En littérature et en chansons*
Chargées d'histoires et de coutumes, nos herbes ont bien naturellement trouvé place dans la littérature et les chansons populaires.

On retrouve le basilic dans une nouvelle du *Décaméron*, où Boccace le place au cœur d'un drame, symbole d'amour et de deuil à la fois. Il s'agit de l'histoire de Lisabetta de Messine, jeune fille tombée amoureuse du commis de ses frères, riches marchands ; ces derniers tuent l'amoureux, qui apparaît en songe à Lisabetta pour lui indiquer sa sépulture clandestine ; elle retrouve le corps de son amant, et en conserve la tête au fond d'un pot dans lequel elle sème du basilic, qu'elle arrose de ses larmes… Le basilic prospère, et l'amoureuse dépérit ; ses frères découvrent le contenu du pot, le font définitivement disparaître. Mais les lamentations de Lisabetta deviennent si fortes qu'ils prennent peur, liquident leurs affaires, et quittent Messine pour Naples.

La popularité de la marjolaine, sa gentille réputation lui ont donné une place de choix dans les poèmes et les chansons. Tout le monde connaît *Les Compagnons de la marjolaine*. Composée au XVIIe siècle, cette chanson fait allusion à la confrérie des parfumeurs qui portait ce surnom ; comme les autres confréries, elle assurait son tour de guet (civil)

dans la nuit parisienne, en complément du guet militaire assuré par les hommes du chevalier du Guet, chef de la police de la capitale. Ces compagnons ont eu une longue carrière, y compris dans une pièce de Marcel Achard jouée par Arletty.

Il est une autre chanson populaire bien connue qui mentionne la marjolaine : *En passant par la Lorraine*.

La marjorlaine

*Puisque le fils du roi m'aime,
Avec mes sabots. […]
Il m'a donné pour étrennes
Un bouquet de marjolaine,
Avec mes sabots dondaine
Oh, oh, oh, avec mes sabots.
S'il fleurit je serai reine […]
Mais s'il meurt j'y perds ma peine […].*

La popularité de la marjolaine, entretenue par les chansons, allait pourtant connaître une éclipse. Quand les enfants chantent aujourd'hui ces chansons, combien savent encore ce qu'est la marjolaine ?

L'éclipse des simples et leur grand retour

Installées au jardin, sur les fenêtres et les balcons, nos herbes auraient pu éternellement soigner nos petits maux et parfumer la cuisine de tous les jours… C'est ce qu'elles firent jusqu'au XVIIIe siècle. Elles continuaient à régner sur les tables populaires et sur la médecine, même si l'apparition des épices venues de contrées lointaines avait déjà conduit les tables les plus riches à leur préférer ces exotiques.

Les révolutions des deux derniers siècles ont bien failli leur être fatales. En cuisine, l'ascension des classes bourgeoises généralisa l'utilisation des épices : la cuisine des gens comme il faut ne pouvait plus se faire avec des herbes vulgaires. La révolution industrielle, en vidant les campagnes, entraîna la disparition d'un savoir ancestral basé sur la connaissance des plantes. Et notre siècle vit le triomphe de la médecine moderne. Tout le savoir médical populaire fut

> **L'ORIGAN DU COMTAT**
>
> Origan et marjolaine sont à l'origine d'une liqueur dont l'histoire vaut d'être contée. Fierté provençale, l'Origan du Comtat fut immortalisé par ces vers de Frédéric Mistral :
>
> *Où vas-tu, fière Comtadine ?*
> *Je vais au Ventoux,*
> *Cueillir des fleurs*
> *Pour la liqueur que fait Blachère.*
>
> C'est à Avignon que la maison Blachère inventa vers 1870 l'Origan du Comtat, liqueur qui acquit vite une grande renommée. Elle fait appel à une soixantaine de plantes, dont la plupart sont connues pour leurs vertus médicinales, en particulier la marjolaine et l'origan. La Provence était régulièrement atteinte par des épidémies de choléra, comme celle que traverse Angelo, le héros du *Hussard sur le toit* de Jean Giono. Lors de l'épidémie de 1884, le docteur Georges Taulier, adjoint au maire d'Avignon, fit distribuer du rhum vierge et de l'Origan du Comtat aux volontaires pour en frictionner les malades.
>
> Elaborée maintenant à Châteauneuf-du-Pape, elle a donné naissance en 1960 à un bonbon à la liqueur, les Papalines d'Avignon.

affublé du terme péjoratif de "remède de bonne femme", chargé de valeurs négatives d'empirisme et de superstition face à une science triomphante.

Chassés de la table, interdits de soins, les simples disparurent peu à peu des jardins. On ne les trouvait plus guère que dans quelques survivances locales, préparations ou liqueurs comme l'Origan du Comtat. A tel point qu'à la fin des années soixante-dix, la présence de plants de basilic ou de marjolaine suscitait une curiosité amusée et condescendante, même sur les marchés de campagne : ils apparaissaient au mieux comme le témoignage d'un passé définitivement révolu pour le plus grand nombre. Mais on assiste depuis peu à une recomposition des savoirs populaires... et parmi eux, celui des herbes. Ce retour est bien glorifié, et leur accorde rétroactivement une place supérieure à celle qui était la leur, en particulier dans l'art culinaire des siècles passés. Mais ne boudons pas notre plaisir et notre chance, profitons de ce retour en grâce des simples !

Les herbes, un marché porteur

Le retour du naturel, coïncidant avec l'apogée de notre société de consommation, a transformé les herbes en un marché prometteur. L'industrie pharmaceutique et la parapharmacie sont les principaux utilisateurs d'herbes, mais la production à usage alimentaire s'est considérablement développée. La présence des aromates s'est ainsi généralisée sur les étalages de fruits et légumes, en frais, en godet, en sachet, en bouquet, en barquette, et même sous une forme lyophilisée ou congelée.

En mai 1997, une revue professionnelle estimait que ce marché représentait entre 2 000 et 2 500 tonnes (dont 40 % en grandes et moyennes surfaces). En France, le premier producteur conditionne 300 tonnes de 8 plantes : basilic, estragon, ciboulette, menthe, coriandre, aneth, cerfeuil et thym. Produites sous 7 hectares de serres près de Nice, elles sont emballées en sachets : après cueillette, elles subissent une débactérisation, un rinçage et un égouttage pour respecter les normes d'hygiène. Le basilic représente 15 % du marché des herbes fraîches, où il côtoie la ciboulette (15 %), la menthe, l'oseille, l'aneth, l'estragon (10 %).

Le basilic fin vert

Pour satisfaire la clientèle douze mois sur douze, les petites et moyennes entreprises qui approvisionnent les grandes surfaces ont largement recours à l'importation. Les Canaries sont réputées pour leur basilic, le Maroc pour la menthe et l'aneth, Israël pour la ciboulette ; mais on en importe aussi de Colombie, d'Espagne… Pour des produits aussi frais et aussi périssables, une logistique aérienne adéquate a dû être créée. Cette exigence de fraîcheur a permis de maintenir et de développer une production hexagonale, assurée dans des serres "high-tech", bien éloignées du jardin de curé.

Du côté des herbes sèches, par contre, la production commercialisée est originaire en grande partie de pays en voie de développement : l'Egypte assure 90 % des besoins en basilic à des prix trois à cinq fois inférieurs à ceux pratiqués en Europe ; pour l'origan, la Grèce, qui a vu ses coûts de main-d'œuvre augmenter, a été détrônée par la Turquie, et le Chili se met sur les rangs.

Les gammes surgelées apparaissent et se développent sous le slogan "Tous les avantages du frais sans les inconvénients". Il reste à savoir si des herbes produites avec des techniques intensives peuvent se hisser gustativement au niveau des quelques plantes que chacun peut faire amoureusement pousser dans son jardin, sur sa terrasse, sur le bord de sa fenêtre ou dans sa véranda.

II. POUR BIEN NOMMER BASILICS ET ORIGANS

En 1539, Jérôme Bock publie le *Neu Kräuterbuch* ("Nouvel Herbier") dans lequel il regroupe les plantes selon leur aspect, les formes de leurs racines, de leurs feuilles et de leurs fleurs ; il réunit ainsi le basilic, le thym, la sarriette, l'origan, qui se retrouveront deux siècles plus tard, au sein de la classification de Linné, dans la famille botanique des Labiées.

La forme des fleurs constitue le principal signe de reconnaissance visible des plantes de cette famille. Les fleurs sont en effet irrégulières, leurs pétales sont soudés entre eux sauf dans leur partie supérieure où ils forment des lèvres, d'où le nom de Labiées. Leur autre point commun est la présence très fréquente, au niveau des feuilles, de poils glanduleux qui contiennent des essences aromatiques. On a décrit 2 700 espèces de Labiées un peu partout dans le monde, avec parmi elles un grand nombre d'aromates : thym, hysope, lavande, mélisse, menthe, romarin, sauge, sarriette…

Mais si le basilic et l'origan ont depuis longtemps été associés au sein d'une même famille, il est difficile de bien

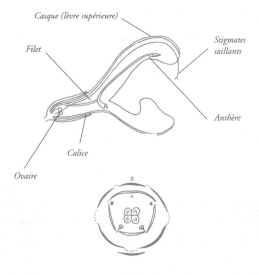

Une fleur de Labiée : la sauge des prés

nommer chaque plante. Les confusions concernant les simples sont en effet nombreuses, car leurs multiples dénominations recouvrent des réalités différentes : d'abord, les appellations populaires, variables selon les régions et les époques ; ensuite, la classification botanique, compliquée par le fait que certaines plantes proches se sont retrouvées sous plusieurs noms de genre au fil des siècles et au gré des botanistes ; enfin, les termes techniques et culinaires.

Sans prétendre démêler cet écheveau, nous examinerons donc les différentes dénominations du basilic et de l'origan, botaniques, géographiques et populaires.

Noms de basilics

Plantes des régions tropicales et chaudes, en particulier d'Afrique et d'Asie, les basilics, regroupés dans le genre *Ocimum*, comptent environ 150 espèces ; il n'y a aucune espèce d'*Ocimum* dans la flore spontanée de nos régions, où elles furent introduites comme plantes cultivées au Moyen Age. Le traité de Vilmorin-Andrieux consacré aux fleurs (1909) décrit ainsi le basilic : "Annuel. Tige très rameuse dès la base, touffue. Feuilles opposées ; fleurs insignifiantes, réunies par 5-6, formant un épi allongé."

On distingue particulièrement :

– *Ocimum basilicum* L. : c'est notre basilic à grandes ou petites feuilles, qui comprend de nombreuses variétés sauvages et créations horticoles, se distinguant par leur couleur (vert, rouge), la taille de leurs feuilles, et leur parfum. Nous les présenterons de façon plus détaillée au chapitre III.

– *Ocimum minimum* L. : très proche du précédent, on le considère parfois comme une sous-espèce de celui-ci ; c'est un basilic nain, très compact et parfumé.

– *Ocimum sanctum* L. : originaire d'Asie et d'Océanie, c'est le basilic sacré de l'Inde, petit arbrisseau très ramifié à fleurs roses ou blanches.

– *Ocimum gratissimum* L. : appelé basilic en arbre, baumier ou basilic de Ceylan, il peut dépasser 2 mètres. Il est cultivé partout en zone tropicale, de son Inde natale à l'Afrique (Côte-d'Ivoire).

– *Ocimum viride* Willd. (ou thé de Gambie) : cet arbrisseau de 60 centimètres à 2 mètres, aux fleurs blanc

Le basilic en arbre

verdâtre, était cultivé au début du siècle aux Seychelles, à Madagascar, au Cameroun.

– *Ocimum canum* : cette plante herbacée, à fleurs blanches ou roses, est originaire d'Asie et d'Océanie.

Une autre plante est appelée "grand basilic sauvage" : il s'agit en fait d'un calament, *Calamintha clinopodium* Benth. (= *Clinopodium vulgare* L.), très commun dans notre pays.

Les noms français du basilic sont variés : oranger des savetiers, herbe royale, basilic romain, pistou, fabrègue. En Provence, le pistou désigne le basilic à grandes feuilles ; il s'agit là d'une confusion populaire entre une plante et son utilisation. En effet, "pistou" vient de l'ancien italien *pista*, qui signifie "broyer". Cela correspond à un usage ancestral, quand on écrasait le basilic dans un mortier avec un pilon : mortier et pilon de marbre pour les apothicaires, de pierre ou de bois (d'olivier) pour les ménagères.

Dans le Sud-Ouest, on appelle parfois "fabrègue" le basilic à grandes feuilles ; mais on trouve aussi sous ce nom en Provence la sarriette vivace. Pour le dictionnaire de Littré, la fabrègue est une "plante dont les feuilles ressemblent à celles du serpolet". Cette définition ferait donc plutôt penser à la sarriette ou à un basilic à petites feuilles...

Le calament

> Outre l'herbe et le reptile légendaire, le dictionnaire de Littré donne d'autres sens au mot "basilic" :
> – genre de Sauriens à crête dorsale (reptiles et lézards), originaires d'Amérique tropicale et inoffensifs, ainsi nommés par Linné (1768) à cause de leur ressemblance avec le reptile fabuleux ;
> – très gros canon portant 160 livres de balles, nommé (comme la couleuvrine) d'après le serpent ;
> – nom d'une étoile fixe de première grandeur de la constellation du Lion, dite aussi Regulus.
>
>

La terminologie arabe montre également quelques confusions possibles. Ainsi Ibn al-Baytar (médecin du XIII siècle) distingue plusieurs espèces de basilic : *châhsiferem* serait l'*Ocimum minimum*, et *basroudj* l'*O. basilicum*. Dans la pharmacopée traditionnelle marocaine, on emploie plusieurs termes : *lahbaq*, qui désigne le basilic au Maroc, mais d'autres Labiées au Moyen-Orient ; *hbaq sagîr* (petit basilic) et *hbaq kabîr* (grand basilic), *hbaq el-'aynin* (le *hbaq* des yeux, pour le collyre) ; et *na'na leftôr* (variété culinaire).

Noms d'origans

Si nos basilics font référence à deux espèces très proches, le cas des origans est plus compliqué, en particulier dans nos régions où l'on confond allégrement origan et marjolaine. Cette confusion est due aux dénominations croisées que l'on retrouve dans les langues latines : la plante que le français a baptisée marjolaine se retrouve sous le nom d'*origano* ou *oregano* en espagnol et en italien, au moins pour les usages culinaires. On a décrété de plus que l'origan est l'herbe des pizzas, circonstance aggravante, à notre époque où ce plat italien est en train de détrôner nos régionales galettes de sarrasin ou quiches lorraines !

Une mise au point s'impose donc. L'origan est chez nous une plante sauvage rustique au feuillage vert bouteille et à fleurs roses, alors que la marjolaine a un petit feuillage d'un vert laiteux et des fleurs (en coquilles) blanches.

Venons-en à la botanique : la grande flore de Bonnier mentionne 28 espèces du genre *Origanum* qui poussent en Europe, en Asie tempérée et dans le Nord de l'Afrique. Si la dénomination d'*Origanum* est la plus courante, quelques espèces ont été rattachées à d'autres genres par certains botanistes.

Les principales espèces du genre sont :

– *Origanum majorana* L. (= *Majorana hortensis* Mœnch.) : c'est la marjolaine de la chanson. Certains distinguent une espèce annuelle (*O. onites*) et une vivace (*O. majorana*), appelée aussi marjolaine à coquilles, marjolaine vraie, grand origan... C'est elle qui a le parfum de l'oregano des Italiens. On la retrouve sous le nom de *merdedûs* ou *merdaqûs* en Afrique du Nord, de *bardaqûs* en Egypte.

– *Origanum vulgare* L. : c'est notre origan des prés et des talus, encore appelé marjolaine bâtarde ou sauvage, thé rouge, grande marjolaine, pied-de-lit, marjolaine d'Angleterre.

– *Origanum dictamnus* L. (= *Amaracus dictamnus* Benth.) : avec ses tiges rougeâtres, le dictame de Crète ressemble à

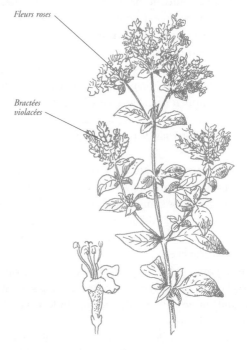

L'origan commun

La marjolaine italienne, O. onites

> **D'AUTRES ORIGANS**
>
> Un certain nombre d'*Origanum* sont plus ou moins communs sur le pourtour méditerranéen : l'origan de Trieste *(Origanum hirtum)* est abondant en Crète, dans les îles grecques et dalmates, alors qu'*Origanum maru* se trouve surtout en Syrie, en Palestine et en Tripolitaine.
>
> Au Maroc, le plus commun est *Origanum compactum* qu'on appelle *za'tar*, *sa'tar* (nom qu'il partage avec des thyms et la sariette), *za'tar tadlawî* ("origan du Tadla"). On trouve aussi deux autres espèces au nord du Maroc : *O. elongatum* et *O. grosii* – la première est nommée *za'tar riffî*, et la seconde *za'tar* –, tandis qu'*Origanum glandulosum* loge dans les contreforts de l'Atlas algérien.
>
> On trouve enfin *O. majoranoides* à Chypre, *O. smyrnaeum* à Smyrne.

notre origan ; on a décrit une sous-espèce, *O. tomentosum*, qui serait le vrai dictame de Crète de l'Antiquité.

Une herbe vivace des régions méditerranéennes est appelée "marjolaine de l'Hérault" ; il s'agit en fait d'un calament, *Calamintha nepeta* Link (= *Satureia calamintha* L.), dont on extrait une essence qualifiée à tort d'"huile de marjolaine de l'Hérault", riche en pulégone et proche de l'essence de menthe pouliot.

De l'origine des mots

Le *Dictionnaire historique de la langue française* nous donne de précieux renseignements sur l'origine et la date d'apparition des mots.

Ainsi, "basilic" apparaît en 1425, emprunté au bas latin *basilicum*, lui-même issu du grec *basilikon* (pour Aristote, "plante royale"). Ce nom est le pluriel neutre substantivé de *basilikos* ("royal"), qui servait également dans l'Antiquité à désigner le trésor royal. La forme "bazeillecoq" (1393) serait une adaptation d'un type provençal. Le sens reptilien (basilisc, 1120 ; baselique, 1250) apparaît dans les psautiers anglo-saxons pour désigner l'animal mythique.

"Marjolaine" serait une altération, apparue vers 1393, de l'ancien français *majorane*, emprunté au latin médiéval *maiorana* (1250) ; au-delà, son origine est obscure. S'agirait-il d'une altération du latin populaire *mezurana* (du grec *medzourano*) ? Le rapport avec le nom latin usuel *amaracus* n'est pas éclairci.

L'origine d'"origan" est plus claire : le mot français apparaît au XIIIe siècle, issu du latin *origanum*, lui-même calqué sur le grec *origanon*. Ce dernier est interprété comme l'union de *oros* ("montagne") et de *ganos* ("éclat, aspect riant") et signifierait "qui se plaît sur la montagne". Il s'agirait donc d'une étymologie populaire ; l'obscurité des origines demeure cependant, puisque la patrie de l'origan est l'Afrique.

III. DU SOL A LA TABLE

Si les herbes aromatiques ont de tout temps fait l'objet de cueillette à l'état sauvage, elles ont aussi sans doute très vite rejoint les cultures jardinées du Néolithique.

L'une des premières références à la culture du basilic figure dans le *De re rustica* de Columelle (Ier siècle avant J.-C.), et l'on sait que les origans étaient sinon cultivés, du moins entretenus, dans les îles méditerranéennes. Dans nos régions, les herbes aromatiques ont pénétré peu à peu au jardin : d'abord les Apiacées (persil, coriandre, anis, carvi...), puis quelques Labiées.

HISTOIRE D'UNE CULTURE

• *Au temps de Pline l'Ancien*
Le livre XIX de l'*Histoire naturelle* de Pline l'Ancien, écrit au Ier siècle de notre ère, est consacré aux plantes alimentaires et à leur culture. Il s'agit en fait d'une compilation des connaissances de l'époque.

Pline cite ainsi Théophraste : "C'est le basilic qui donne le plus de fruit [de graines]." Il précise qu'il faut le semer au moment des Palilies, fêtes en l'honneur de Palès qui se déroulaient le onzième jour avant les calendes de mai (le 21 avril), et indique aussi que le basilic est la seule plante qu'il faut arroser à midi – ce qui semble un peu risqué. Il signale enfin que le basilic germe en trois jours, et qu'on peut le multiplier "de graine ou de plançon [bouture]", comme l'origan.

• *Dans les jardins du Moyen Age*
Les travaux de Claude-Charles Mathon et de son équipe de l'université de Poitiers nous fournissent de précieux éléments sur les jardins et les cultures du Moyen Age. Dans les calendriers et les textes de l'époque, les aromates sont représentés par des herbes de la famille des Apiacées (ou Ombellifères) et des Labiées. Ainsi, dans le capitulaire de Charlemagne, les Labiées sont désignées de façon plus ou moins claire : on trouve trois menthes (*mentam* et *mentastrum*, non identifiées, et *pulegium*, la menthe pouliot), deux sauges (*salviam* et *sclareaiam*), ainsi que *satureiam* et

La marjolaine (d'après une gravure ancienne)

diptamnum. Ce dernier est-il le dictame, l'origan ou la marjolaine ? C'est un origan, mais, faute de description de la plante, il est difficile de préciser lequel.

Il faut attendre *Le Livre des profits champêtres* de Pierre de Crescens (1305), calendrier des travaux de la terre, pour y trouver de façon sûre nos herbes : le basilic apparaît au mois d'avril, et l'origan en octobre, mais le dictame n'y figure pas. Puis, pendant la guerre de Cent Ans, paraît le *Calendrier de courtillage du ménagier de Paris* (1393), dans lequel figurent la marjolaine, la sarriette et le basilic, sous l'appellation de "bazeillecoq".

• *Les conseils d'Olivier de Serres*
La Renaissance marque un tournant important pour l'agriculture européenne, puisque avec la découverte des Amériques, un flot de nouvelles plantes va arriver dans nos jardins ; mais aussi parce que cette époque marque le début de l'agronomie moderne, associé au règne d'Henri IV ("la poule au pot"), à son ministre Sully ("labourage et pâturage sont les deux mamelles de la France")... et authentifié

dans le premier grand traité d'agronomie, celui d'Olivier de Serres : *Le Théâtre d'agriculture et mesnage des champs*, immense ouvrage de 1 400 pages qui en consacre plus de 300 aux "jardinages". Ces premières instructions explicites méritent d'être reproduites :

La marjolaine, "pour sa grande délicatesse, ne peut vivre sous aer beaucoup froid, et encore quel qu'il soit, n'y dure-elle que quelques années. [...] En terre desliée et vigoureuse, sera semée la graine de marjolaine, la lune estant nouvelle, le jour beau et l'hyver du tout escoulé, pour en transplanter l'herbe au mois de Mai en semblable lieu et poinct de lune."

Quant au basilic, il "souffre d'estre semé à l'automne, hyver et printemps : mais avec plus d'advancement est-il eslevé en ceste saison-ci, qu'en autre de l'année, le semant en lune nouvelle. [...] Requiert le terroir bon, et d'estre souvent arrousé, plustost sur le chaud du jour, qu'en la frescheur du matin ne du soir, contre le commun naturel de toute herberie. Le coupper souvent avec l'ongle le faict rejetter abondamment."

Olivier de Serres conclut en rappelant les confusions sur les plantes et la croyance de l'Antiquité en leur capacité de se transformer l'une en autre : "Les anciens tiennent que la plante de basilic enviellie, se convertit en serpoulet."

Une plante de l'herbier d'Olivier de Serres nous pose néanmoins problème, puisqu'il fait de la "fabrègue" une plante à part entière, alors que ce nom désigne généralement, comme on l'a vu précédemment, le basilic dans le Sud-Ouest ou la sarriette en Provence.

• *Les temps modernes*
Une fois installées au jardin, les herbes y ont traversé les siècles. Et même lorsque la gastronomie, au siècle dernier, leur préféra les épices coloniales, elles sont restées en terre, dernier carré des braves témoignant de la gloire passée des "herbes de curé". A la fin du siècle dernier, *Le Livre de la ferme* (aux éditions La Maison rustique) donnait les indications suivantes : "Il faut au basilic beaucoup de chaleur à la tête et beaucoup d'eau au pied. [...] Comme on ne l'emploie que très rarement dans les préparations culinaires, on fera bien de lui accorder une place parmi les plantes médicinales ; [...] en l'associant à d'autres plantes, on peut composer l'eau spiritueuse vulnéraire."

Quant à la marjolaine, "il n'est point de jardin où on ne soit empressé d'en avoir quelques bordures. Elle n'est difficile ni sur le climat ni sur le terrain ; on n'a pas à s'en inquiéter en hiver" – il doit donc s'agir de notre origan commun.

Pour tous les goûts : espèces et variétés horticoles

Le *Dictionnaire d'agriculture* de 1860 distingue plusieurs types de basilic : le basilic commun ou grand basilic, à feuilles vertes ou violettes ; le basilic à feuilles bulbées (que nous appelons aujourd'hui "à feuilles de laitue") ; le petit basilic ; le basilic de Ceylan *(O. gratissimum)* ; et le basilic à grandes fleurs *(O. grandiflorum)* ; mais il ajoute à cette liste deux "étrangers" : le clinopode commun, affublé du nom de "grand basilic sauvage", et le thym commun, qu'il appelle "petit basilic sauvage".

En ce qui concerne les *Origanum*, il distingue l'origan commun, la marjolaine *(maru)*, le dictame de Crète *(Dictamnus)*, l'origan d'Egypte ou marjolaine à coquilles ; sa marjolaine serait-elle alors un origan ?

Aujourd'hui, le retour des plantes aromatiques au jardin les a remises à l'honneur sur les catalogues des graine-tiers et des pépiniéristes spécialisés, qui offrent à l'amateur un large choix.

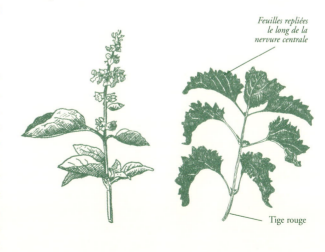

Le basilic à grandes feuilles *Basilic 'Purple Ruffles'*

> **UN VOILE NUPTIAL POUR LE BASILIC ?**
>
> Entretenir une collection de basilics au jardin et récolter les graines pour les ressemer est assez difficile. En effet, le basilic est une plante allogame, c'est-à-dire qu'il pratique la fécondation croisée : les fleurs sont fécondées par le pollen d'autres fleurs. Dès qu'il y a plusieurs variétés à proximité les unes des autres, elles s'hybrident facilement entre elles. D'autant plus que, comme toutes les Labiées, le basilic est très mellifère, et attire nombre d'insectes qui s'empressent de transporter le pollen de fleur en fleur.
>
> Le Conservatoire national des plantes aromatiques de Milly-la-Forêt a pour tâche de conserver les variétés. Pour arriver à maintenir la diversité des basilics, il fallait isoler les pieds de chaque variété et assurer leur fécondation. Pour cela, le Conservatoire a mis au point une méthode simple : les pieds de chaque variété sont isolés sous un voile non tissé. Ce matériau laisse passer l'air et l'eau, retient la chaleur mais constitue, s'il est bien fixé au sol, une barrière étanche contre les insectes. Si le voile touche presque le feuillage, l'action du vent entraîne une certaine fécondation, mais le taux de graines fertiles reste réduit. Pour augmenter ce taux, le Conservatoire introduit sous le voile des mini-ruchettes contenant un groupe d'abeilles. Mais on peut aussi introduire des bourdons, voire des mouches. L'amateur devra se satisfaire d'une fécondité moindre et d'un taux moyen de graines fertiles... mais peut profiter néanmoins des vertus de ce voile nuptial !

Le basilic est ainsi représenté par plusieurs dizaines d'espèces et de variétés. Les deux plus courantes sont des basilics verts à fleurs blanches :

– le basilic à grandes feuilles, avec ses variétés plus ou moins géantes ou à feuilles de laitue (gaufrées). Il peut dépasser 60 centimètres de haut et constituer de somptueuses touffes.

– le basilic à petites feuilles : 'Nain compact' pour potées décoratives (25 centimètres), 'Fin vert' (40 à 50 centimètres.)

Mais il en existe bien d'autres espèces ou variétés :

– le basilic rouge avec ses feuilles pourpre foncé, parfois panachées de vert, à fleurs roses. Contrairement à ce qu'on pense souvent, il ne s'agit pas d'une création horticole récente : il était déjà cultivé au début du siècle (et sans doute bien avant) en Poitou et dans d'autres régions. Son goût est plus poivré.

– les basilics à odeurs particulières : *americanum* (camphré), 'Cinnamon' (cannelle), *citriodorum* (citron), 'Suave' (clou de girofle), *gratissimum* (thym), niçois (ou italien, anisé).

Il faut encore ajouter à cette liste les basilics asiatiques : *komange* indonésien (citronné), basilic sacré de Thaïlande (*kha prao*, menthe et clou de girofle), *horapha* (anisé)... Le choix est vaste.

Les *Origanum* sont moins divers : la variété classique est l'*Origanum vulgare*, avec ses feuilles vert foncé à reflets rougeâtres et ses fleurs lilas. La marjolaine à coquilles (*O. majorana*) avec ses feuilles d'un vert laiteux et ses petites fleurs blanches en coquilles, présentée comme annuelle, peut vivre plusieurs années si elle est protégée des gelées. On trouve aussi un origan doré (*O. majorana aurea*), rampant, à feuillage doré, ainsi que le dictame de Crète (*Origanum dictamnus*).

Culture d'aujourd'hui

Nos belles savoureuses savent ce qu'elles veulent : la réussite de leur culture demande que l'on respecte certaines conditions – et chaque plante a les siennes.

• *Le basilic, amateur d'eau et de soleil*
De l'eau et du soleil : le basilic a des airs de gentil membre de village de vacances ! Car le conseil que donne *Le Livre de la ferme* reste pleinement valable : "Il faut au basilic beaucoup de chaleur à la tête et beaucoup d'eau au pied." Mais il les lui faut en même temps : un excès d'eau en période couverte et fraîche risque de le faire pourrir, un excès de soleil sans arrosage le fera vite monter en graine et limitera donc le développement de son feuillage. Il faut ajouter à cela la frilosité du basilic qui "éternue" bien avant les gelées : il succombe dès que la température descend durablement au-dessous de 5 °C.

A partir du moment où l'on a bien intégré ces données, la culture du basilic est simple : c'est un bon vivant qui aime les bonnes terres, assez consistantes et pas trop lourdes, les expositions ensoleillées à l'abri des coups de froid et de vent.

Comme il est assez délicat à transplanter, on le sème en godets ou en petites mottes pour le repiquer sans abîmer les racines. Pour une bonne germination, il faut mettre le semis au chaud (18 °C) ; lorsque les jeunes plants se développent, on les habitue peu à peu à des températures plus basses, pour atteindre environ 12 °C avant la plantation.

"Rien ne sert de courir, il faut planter à temps", pourrait-on dire à l'endroit du basilic. En effet, il faut absolument attendre que la chaleur du printemps soit bien installée avant de le mettre en plein air ou en pleine terre. Combien de jardiniers, tentés par de superbes potées de basilic sur les marchés ou en jardinerie, n'ont eu que le temps de les voir s'affaisser et périr ? Si vous non plus ne pouvez résister avant la mi-mai (mi-avril dans le midi de la France), gardez votre basilic en pot et au chaud ; il vous en saura gré et vous récompensera de son abondant feuillage.

Si la terre est lourde, il est bon de former une butte d'un mélange de terre et de cailloux pour éviter tout excès d'eau, ou de garder les pieds de basilic dans de grands pots.

Le basilic a une fâcheuse tendance, pour qui veut récolter ses feuilles, à fleurir prématurément. Heureusement, on peut y remédier facilement en supprimant les fleurs au fur et à mesure de leur apparition – nous y reviendrons plus loin ; et si, au retour d'un déplacement ou de vacances, on retrouve des pieds complètement fleuris, il ne faut pas hésiter à raccourcir énergiquement au-dessous des tiges fleuries : les pieds de basilic émettront vite de nouveaux rameaux.

Lorsque l'automne arrive, que les températures nocturnes baissent, il est temps de songer à protéger le basilic. Pour cela, on peut déployer au-dessus de sa tête des arceaux recouverts de voiles non tissés qui lui garderont la nuit un peu de la chaleur du soleil... et les remplacer ensuite par des plastiques : les basilics resteront beaux quelques semaines de plus. Mais si l'on veut en profiter tout

La marjolaine à coquilles

Un plant de basilic

l'hiver, il faut en rentrer quelques potées à la cuisine ou dans tout endroit recevant un bon éclairement naturel, à une température comprise entre 16 et 20 °C. Et si le basilic est considéré, en extérieur, comme une plante annuelle, on peut cependant garder des pieds plusieurs années comme plantes d'intérieur – et de balcon l'été – si on les empêche de fleurir et qu'on les retaille assez court chaque printemps : ils repousseront chaque année sur le même "tronc".

• *Simple marjolaine*
Tout comme les basilics, on sème la marjolaine en godets ou en petites mottes, puis on la plante en terre ou on la rempote dans de grands pots. Les graines de la marjolaine sont aussi fines que sa saveur est douce. Il faut donc les semer délicatement pour que les plantules ne s'étouffent pas les unes les autres en sortant de terre. Le semis ne doit pas être recouvert de terre mais simplement protégé par une vitre ou un voile, et l'arrosage assuré par brumisation. Dès que les plantules commencent à se développer, il faut éclaircir le semis pour qu'elles puissent croître harmonieusement.

La marjolaine est moins frileuse que le basilic, puisqu'elle peut supporter les gelées blanches. Mais il n'est quand même pas question de la sortir ou de la mettre en pleine terre avant que les derniers froids ne soient passés.

• *Robuste origan*
L'origan, que l'on rencontre jusqu'en moyenne montagne et qui supporte bien la gelée, est le costaud du groupe. Dans les régions les plus douces, il conserve sa végétation l'hiver ; sous les climats plus rudes, sa souche résiste et redémarre à partir d'une rosette. Comme il constitue des souches touffues, on peut facilement le multiplier par division de souche en fin d'hiver.

• *Potées parfumées*
Le basilic et la marjolaine se développent très bien en pot – pour peu qu'on leur assure correctement le gîte et le couvert.

Côté gîte, il leur faut un habitat individuel assez grand, avec des pots d'au moins 15 centimètres de diamètre pour le basilic nain ou la marjolaine, et de 18 à 20 centimètres au minimum pour le grand basilic ; on peut en mettre plusieurs pieds dans une jardinière ou un grand bac pourvu qu'on les espace d'au moins 25 à 30 centimètres. Enfin, il ne faut pas utiliser de bacs à réserve d'eau, ni placer les pots dans des soucoupes pleines d'eau, surtout pour le basilic.

Côté couvert, on emploiera un terreau bien drainant. Pour éviter tout compactage, on peut mélanger environ 10 % de sable au terreau. Celui-ci ne doit pas être trop acide : on n'utilisera donc pas de tourbe ni de terre de bruyère, ni même de terreau pour plantes vertes, mais un terreau de rempotage. Même enrichis, les terreaux ne nourriront convenablement nos hôtes végétaux que quelques semaines, surtout si nous consommons régulièrement leurs feuilles. On ajoutera donc de temps en temps un peu de compost au pied. Enfin, on aura soin d'abreuver les plantes régulièrement en tenant compte de l'évolution de la météo : toute annonce de pluie ou de rafraîchissement de l'atmosphère doit faire modérer les apports d'eau.

De la terre au sachet

• *La récolte*
On peut cueillir des feuilles pendant toute la période de développement des plants de basilic ou de marjolaine : quoi de plus agréable en effet qu'un plat parfumé avec une herbe fraîchement cueillie ? Mais pour permettre à la plante de continuer son développement, il faut respecter certaines règles.

Sur les basilics à grandes feuilles, on cueillera celles-ci une à une en partant du bas, de manière à stimuler l'apparition de nouveaux rameaux – sauf au moment de la floraison, où l'on coupera le haut des tiges au fur et à mesure de l'apparition des fleurs.

Sur les basilics à petites feuilles, on coupera des petits brins, tout comme pour la marjolaine ou l'origan.

On agira différemment lorsqu'on récoltera les feuilles pour les faire sécher pour la consommation d'hiver. Pour qu'elles soient le plus parfumées possible, il faut les cueillir après quelques jours de beau temps sans arrosages, en fin de matinée, une fois toute trace de rosée disparue.

• *L'art du séchage*
Pour assurer à la récolte une bonne conservation, il faut d'abord la trier soigneusement et éliminer avant séchage toute feuille tachée ou salie de terre ; il est également préférable de supprimer – au moins pour le basilic – le bourgeon terminal, plus difficile à sécher.

Un bon séchage doit se faire dans un endroit très aéré, à l'abri des rayons du soleil et à température douce (20 à 30 °C, jamais au-delà de 40 °C). L'air doux doit circuler le mieux possible tout autour des parties de végétaux à sécher, qu'ils soient suspendus ou étalés. On peut utiliser comme claies des cageots au fond desquels on met un papier propre peu épais. Chaque cageot est posé sur un autre cageot, renversé celui-là. Les feuilles sont sèches lorsqu'elles deviennent craquantes sans pour autant tomber en poudre.

Les feuilles de basilic, surtout les plus grandes, sont charnues et moisissent facilement si elles sont séchées dans de mauvaises conditions. Il faut donc les cueillir une à une ou effeuiller les rameaux. Après quoi on les étale sur des claies bien ventilées, en une faible épaisseur, en les remuant régulièrement pour qu'elles sèchent uniformément.

Le basilic à petites feuilles, la marjolaine ou l'origan peuvent être séchés étalés ou en bouquets. A l'horizontale,

Un séchoir à herbes

IV. SIMPLES BIENFAISANTS

Plantes médicinales et condimentaires à la fois, le basilic, la marjolaine et l'origan ont connu une fortune variable, mais des usages comparables, tant autrefois qu'aujourd'hui. Ceci s'explique par leur parenté au sein de la famille des Labiées et par le fait qu'ils contiennent certains principes actifs communs.

Vieilles herbes à soigner

Médecins officiels, guérisseurs, prêtres de toutes les religions ou simples paysans les ont de tout temps utilisées. Et si certains de ces usages ancestraux se retrouvent dans notre phytothérapie moderne, d'autres ont disparu, et certains emplois contradictoires sont apparus au cours des temps ou selon les pays.

Au fil des siècles, quelques auteurs nous rendent compte des usages en vigueur à leur époque. Ainsi Pline l'Ancien (23-79 ap. J.-C.), dans son *Histoire naturelle* (livre XX), résume les préconisations de la Rome et de la Grèce antiques. Au Moyen Age, la médecine était dominée par la science judéo-arabe : Avicenne, philosophe et médecin, surnommé "le Prince des médecins" (980-1037), écrivit le *Quanun fi't-Tibb* ("Les Lois de la médecine"). Un peu plus tard, Ibn al-Baytâr, médecin arabe qui vécut à Malaga au début du XIIIe siècle, nous légua son *Traité des simples*. Du IXe au XIVe siècle, ces différents enseignements imprègnent l'école de Salerne, la plus importante d'Europe, qui accordait elle aussi une large place aux simples.

• *Basilic : vertus d'hier et d'ailleurs*
Les Egyptiens avaient déjà découvert les vertus bactéricides du basilic qu'ils employaient pour conserver les aliments, mais aussi dans les préparations d'herbes qui servaient à embaumer les morts.

Pline rapporte que Chrysippe considérait le basilic comme très nocif, mauvais

---

> **RITES DE CULTURE ET DE RÉCOLTE**
>
> Pline l'Ancien rapporte dans son *Histoire naturelle* (livre XIX, 120) qu'"on recommande de semer le basilic en proférant des malédictions et des injures pour qu'il vienne mieux ; on bat la terre après l'avoir semé". Il indique aussi que d'après Sabinus Tiro *(Des travaux des jardins)*, il ne faut pas toucher le basilic avec du fer, coutume que l'on retrouve à propos de la cueillette.
>
> Dans son *Herbarius* (1938), A. Delatte rapporte cette supplique, citée par le Pseudo-Apulée, qui devait être adressée à la plante au moment de sa récolte : "Basilic, je te prie, par la divinité suprême qui t'a fait naître, de guérir tous ces maux, de venir à notre secours en apportant les remèdes qu'avec confiance je te demande." A Byzance, seul le souverain (le *Basileus*) avait le droit de cueillir le basilic, selon un rite immuable : après s'être aspergé de la main droite avec l'eau de trois sources, il coupait le basilic avec une faucille d'or. On retrouve cette coutume dans l'*Herbarius* qui précise que pour cueillir le basilic, il faut revêtir des vêtements propres, n'avoir de rapport ni avec une femme impure, ni avec un homme souillé, et s'asperger de la main droite avec de l'eau prise à trois fontaines différentes.
>
> Les jours et heures propices à la cueillette varient aussi selon les auteurs. Le lunaire du *Codex atheniensis* considère que le septième jour de la lune, qui correspond à la naissance d'Apollon, est un jour faste pour les plantes médicinales.

les petits rameaux seront posés à plat, bien séparés les uns des autres. A la verticale, les bouquets devront être petits, débarrassés de leurs feuilles au point d'attache. Enfin, si les bouquets suspendus sont très jolis dans une cuisine rustique, ce sont de vrais nids à poussière ; mieux vaut les garder comme décoration, et utiliser pour les usages alimentaires des herbes protégées.

Une fois sèches, les herbes se conservent très longtemps dans des sacs en papier kraft à l'abri de la lumière, sur lesquels on aura pris soin de noter le nom de l'herbe et son année de récolte.

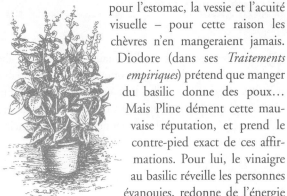

Le basilic sacré de Thaïlande

pour l'estomac, la vessie et l'acuité visuelle – pour cette raison les chèvres n'en mangeraient jamais. Diodore (dans ses *Traitements empiriques*) prétend que manger du basilic donne des poux... Mais Pline dément cette mauvaise réputation, et prend le contre-pied exact de ces affirmations. Pour lui, le vinaigre au basilic réveille les personnes évanouies, redonne de l'énergie aux léthargiques et apaise les inflammations. En cataplasme, il arrête les diarrhées. La graine de basilic pilée serait efficace contre les éternuements et les rhumes de cerveau (on retrouve cet usage en Asie), et fait disparaître les verrues si on la mélange à du noir de cordonnier. Il précise enfin que ces graines sont puissamment aphrodisiaques et qu'on en fait manger aux ânes et aux chevaux au moment de la monte.

Ibn al-Baytâr cite plusieurs auteurs. Pour Masserdjouih, le basilic est bénéfique contre les brûlures, la chaleur, les céphalées. Pour Ibn Amrân, la graine guérit le "dévoiement chronique". El-Basry affirme que la feuille est astringente, qu'elle fortifie les membres. Pour Avicenne, le basilic est astringent et échauffant, avec la propriété de réjouir ; il calme l'odontalgie et l'éternuement, dessèche le poumon, son suc arrête les saignements de nez et les crachements de sang, il est efficace contre les piqûres de guêpe. Le Chérif, enfin, conseille de mâcher du basilic quand le soleil entre dans le signe du bélier pour être préservé de l'odontalgie toute une année.

A notre époque, le basilic reste encore très utilisé dans diverses pharmacopées traditionnelles.

En Afrique, les feuilles de basilic sont utilisées en infusion dans le traitement des fièvres, des dysenteries, comme stimulant de la digestion et antispasmodique, ainsi qu'en usage externe contre les aphtes et les piqûres de moustiques. Pour avoir de l'inspiration et de l'aplomb, les orateurs du pays fang mastiquent des feuilles de basilic avant de "parler les palabres". Un autre *Ocimum* (*O. viride*, la menthe gabonaise) connaît de nombreux usages : il sert à préparer des infusions pectorales, toniques et calmantes, et ses feuilles sont utilisées contre la lèpre et comme cicatrisant ; sèches, on les brûle pour désinfecter les chambres mortuaires ou éloigner les moustiques.

L'Asie fait aussi largement usage du basilic. Dans la pharmacopée traditionnelle chinoise, le basilic (*O. basilicum, Lou Le*) est utilisé entier, avec ses racines. Il agit sur les méridiens des poumons (*Shou Tai Yin*), de la rate (*Zu Tai Yin*), du gros intestin (*Shou Yang Ming*) et de l'estomac (*Zu Yang Ming*), mais il faut en user avec modération car des excès peuvent provoquer des effets négatifs. Dans le centre du Viêt-nam, on utilisait les graines d'une variété violette comme sédatif et pour chasser la fièvre. Cet usage des graines se retrouve dans tout l'Extrême-Orient, en Inde, en Indonésie, en Thaïlande... Le jus des feuilles, qui produit un effet narcotique, est employé en Malaisie contre les maux de gorge, et en douche nasale en Inde. Au Cambodge, la plante entière est considérée comme stimulante, astringente et antifébrile. Le basilic sacré (*O. sanctum*) est aussi utilisé au Viêt-nam contre les migraines (placé entre la coiffure et les tempes), les congestions ou les insolations ; en Malaisie, on l'emploie en frictions antirhumatismales.

L'usage du basilic contre la dysenterie et les troubles intestinaux se retrouve dans les Balkans et au Proche-Orient.

Au Brésil, l'absorption de suc de basilic, suivie d'une dose d'huile de ricin, est considérée comme efficace contre tous les vers, quel que soit leur stade de développement.

La pharmacopée traditionnelle marocaine en fait également bon usage. Le suc de basilic est utilisé en instillation oculaire. L'infusion est préconisée contre la sinusite, la tachycardie, les hémorroïdes, les maux de ventre. On préparait autrefois une eau distillée de basilic que l'on employait en aspersion ou en lotion pour combattre les fièvres.

• *Les origans au fil des siècles*

Les Egyptiens utilisaient déjà la marjolaine contre les migraines et certains troubles nerveux. Au Ier siècle, Pline distingue plusieurs espèces d'origan. Il préconise le *prassion* (la marjolaine ?) contre les brûlures d'estomac, les indigestions (dans du vin blanc), les piqûres d'araignées et de scorpions ; contre les luxations, il conseille de l'écraser dans de la farine, de l'huile et du vinaigre, et d'en imprégner des compresses. Une autre espèce – l'origan des chèvres ou *tragorigan* – est employée comme diurétique et résorbe les tumeurs ; avec du miel, on l'utilisait contre la toux. Pline préconise aussi le suc d'origan (le dictame de Crète ?) mêlé à du lait de femme instillé dans les oreilles ou contre les inflammations des amygdales. Mélangé avec du nitre et du miel, il le considère comme radical contre les maux de dents – dont par ailleurs il renforcerait la blancheur.

Au Moyen Age, l'origan fut une plante médicinale importante. Ibn al-Baytâr distingue l'origan *(sa'ter)* de la marjolaine *(merzedjouch)*.

Les feuilles d'origan macérées dans du vin guérissent les morsures venimeuses, d'après Dioscoride. La plante combat la pesanteur causée par l'humidité (pour Ibn Massouîh), est carminative, digère les aliments grossiers, fait couler urines et règles (pour Massîh), et ses fleurs évacuent doucement l'atrabile et la pituite (d'après Ibn Sérafouin)…

Quant au *merzedjouch*, Dioscoride et Massîh le conseillent contre les céphalées dues au froid et à l'humidité, la migraine, le tic facial, et Eïssa ibn Massa contre les obstructions de la tête et des narines.

Pour Ibn al-Baytâr, l'huile de marjolaine *(dohn el-merzedjouch)* est échauffante, atténuante et âcre. Il attribuait à celle de basilic *(dohn el-bâdroudj)* les mêmes propriétés, mais atténuées.

D'autres auteurs citent les vertus de l'origan et de la marjolaine : pour sainte Hildegarde, abbesse de l'abbaye de Rupertsberg près de Bingen (1098-1179), toucher à l'origan ou en manger donne la lèpre, mais les lépreux qui en consomment guérissent ! Saint Albert le Grand (1193-1280) préconise l'huile de marjolaine (sauvage ?) en friction contre la paralysie décroissante, et une décoction de cette plante contre l'hydropisie à ses débuts. Enfin, les écrits de l'école de Salerne énoncent à propos de l'origan (en vers latins) :

Son suc de la poitrine apaise la douleur,
D'un long enfantement abrège la lenteur
Et de l'utérus vide expulse la délivre.
Des douleurs de côté ce suc aussi délivre.

De la Renaissance aux Temps modernes, nombre de médecins ont également décrit les propriétés de l'origan et de la marjolaine.

Ambroise Paré (1509-1590), simple barbier devenu médecin des derniers souverains de la lignée des Valois, écrivait : "La tortue, lorsqu'elle a mangé de la chair de serpent, mange de l'origan, autrement marjolaine sauvage."

Au XVIe siècle, Matthiole, qui dirigeait le jardin botanique de Florence créé par Cosme de Médicis, disait que la marjolaine était "souveraine contre les douleurs de tête ou de nerfs procédant d'humeurs froides", et que les femmes appréciaient tellement son parfum que pas une ne manquait de la cultiver en pot.

La marjolaine figure dans un tableau baroque allemand du XVIIe siècle, actuellement au Germanische Nationalmuseum de Nüremberg, *Le Christ médecin*. A l'origine, ce tableau faisait sans doute partie de la décoration d'une boutique d'apothicaire.

Toujours au XVIIe siècle, le médecin allemand Fabricius guérit le général (et banquier) Albrecht von Wallenstein d'un rhume du cerveau avec de la marjolaine, et s'en vit récompensé de deux cents écus d'or, puis fut raccompagné dans un carrosse tiré par quatre chevaux blancs…

Enfin, Jean-Baptiste Chomel, botaniste français et médecin du roi (1671-1740), cite la recette du médecin

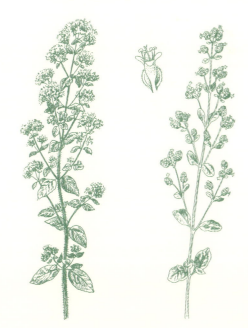

Origan et marjolaine

> **LE VINAIGRE DES QUATRE VOLEURS**
>
> La marjolaine sauvage faisait partie de la recette originale du vinaigre des quatre voleurs, mentionné à Toulouse lors de la grande peste de 1628 à 1631. En voici l'histoire : arrêtés en flagrant délit, quatre pilleurs qui détroussaient les cadavres pestiférés sans être atteints avouèrent qu'ils se préservaient grâce à une recette préparée avec du vinaigre de vin blanc, de l'absinthe, de la reine-des-prés, du genièvre, de la marjolaine sauvage, de la sauge, des clous de girofle, de la racine d'*Inula campana*, de l'angélique, du romarin, du marrube, du camphre. Cet aveu ne les sauva pas de la mort mais leur assura un supplice raccourci : une simple pendaison sans tortures préalables. En 1720, lors de l'épidémie de peste de Marseille, d'autres détrousseurs de cadavres furent eux aussi arrêtés, avouèrent une recette proche et se virent accorder la vie sauve. Le corps médical modifia un peu la formule et l'inscrivit en 1758 au Codex, où elle figura jusqu'en 1884.
>
>

marseillais Chesneau qui "mettoit sur deux pincées de Marjolaine demi-dragme d'Hellébore blanc, et faisoit bouillir le tout dans 10 onces d'eau pour le réduire à 4. On passoit cette liqueur et on en mettoit dans le creux de la main pour la tirer par le nez, pour le rhume de cerveau et l'enchifrènement." Cette recette se retrouve dans *La Médecine et la chirurgie du pauvre, qui contiennent les remèdes choisis, faciles à préparer et sans dépenses pour la plupart des maladies internes et externes qui attaquent le corps humain*. Ce traité de cinq cents pages, très populaire, fut écrit en 1714 par dom Nicolas Alexandre, moine bénédictin de l'abbaye Saint-Faron de Meaux.

De nos jours, la pharmacopée traditionnelle marocaine considère l'*Origanum compactum* comme une panacée contre de nombreux maux, ainsi qu'*O. elongatum* et *O. grosii* ; la marjolaine quant à elle y est utilisée en infusion comme calmant.

Les basilics et les origans, non contents de participer aux médecines traditionnelles dans de nombreux pays, sont aussi utilisés depuis très longtemps de façon plus industrielle ; et l'extraction des huiles essentielles est connue depuis très longtemps, par fixation dans de l'huile ou de l'alcool, mais aussi par distillation.

Phytothérapie moderne

L'essor des chimiothérapies au début du XXe siècle faillit être fatal aux simples. Mais le renouveau des médecines naturelles les a fait revenir sur le devant de la scène. On s'aperçoit aujourd'hui que les prescriptions actuelles des phytothérapeutes recouvrent nombre de propriétés observées depuis des siècles, justifiées bien souvent par l'analyse chimique des plantes.

• *Les Labiées et leurs essences*
La famille des Labiées occupe une place importante parmi les plantes médicinales et aromatiques : elle la doit aux essences que les plantes de cette famille contiennent.

Cependant, la composition et la teneur en principes actifs des plantes varient de façon importante, non seulement d'une espèce ou d'une variété à l'autre, mais aussi selon le climat, le temps qu'il a fait, le stade de développement et les sols où on les cultive. Ainsi Charabot et Laloue ont montré que, pour le basilic, la quantité d'essence diminue lors de la floraison dans les feuilles et augmente dans les inflorescences, puis que l'inverse se produit lorsque les graines mûrissent.

Les Labiées doivent surtout leurs propriétés aux sécrétions des poils glanduleux présents sur leur feuillage, qui renferment de nombreux principes actifs : alcools, aldéhydes, cétones, phénols…

E. Perrot, dans son traité *Matières premières usuelles du règne végétal*, considère les basilics selon les principales essences de chacun et distingue ainsi les *Ocimum* à thymol (*gratissimum, viride*), à cinnamate de méthyle (*viride*), à linalol (*sanctum*), à citral (*pilosum*), à estragol (*basilicum, minimum, sanctum*).

Quant aux *Origanum*, la marjolaine est riche en camphre et en bornéol, tandis que l'origan se rapproche du thym par ses teneurs en thymol et carvacrol. Comme on le voit, les essences des Labiées jouent un ballet qui explique que leurs vertus se recoupent parfois.

La distillation des herbes (d'après une gravure du XVe siècle)

• *Des propriétés reconnues*

A tout seigneur tout honneur, c'est auprès du docteur Jean Valnet que nous puiserons la base de cet usage moderne des plantes médicinales. Avant de devenir le refondateur de la phytothérapie, il fut chirurgien militaire en Indochine, où il pansait les blessés avec des solutions aromatiques.

Reconnaissant au basilic (*O. basilicum*) des propriétés tonique et antispasmodique, il le préconise principalement dans les cas de surmenage intellectuel, d'insomnie nerveuse et de spasmes gastriques, ainsi que contre les migraines et la goutte. Il le conseille en tisane digestive ou à raison de 2 à 5 gouttes d'essence trois fois par jour dans du miel (comme tonique). En usage externe, Valnet signale l'action sternutatoire des feuilles sèches pulvérisées, dans le cas des pertes d'odorat du coryza chronique.

Comme antispasmodique, il l'associe à la marjolaine. Celle-ci possède en effet cette même propriété, à laquelle s'ajoutent ses effets sédatif, carminatif… et anaphrodisiaque. En tisane du soir, la marjolaine combat les insomnies, "freine l'anxiété et rassure le cœur". J. Valnet signale également que l'essence de marjolaine à 0,4 % neutralise le bacille de la tuberculose.

Henri Leclerc, dans son *Précis de phytothérapie*, préconise 5 gouttes d'essence de basilic sur un morceau de sucre dans les cas de dyspepsie nerveuse et, contre les insomnies, 1 à 3 cuillerées à soupe du mélange suivant : hydrolats de marjolaine (50 g), de valériane (25 g) et de laitue (25 g).

Usages maison

Dans le Midi, on place un pot de basilic sur l'appui de la fenêtre pour éloigner les insectes – mais cela ne suffit pas si l'on se trouve à côté d'une étable envahie de mouches ou d'un plan d'eau fréquenté par les moustiques ! On peut alors calmer la douleur d'une piqûre d'insecte (si on a enlevé le dard) en frottant avec de l'essence de basilic ou des feuilles écrasées, tout du moins tant que les piqûres ne provoquent pas de réactions allergiques.

L'onguent de marjolaine est depuis longtemps utilisé en massage contre les douleurs rhumatismales et musculaires ; on le prépare en faisant macérer une heure au bain-marie 100 grammes de plante fleurie fraîche : soit dans 0,5 litre d'huile d'olive (préparation liquide) ; soit dans 500 grammes de graisse (beurre ou saindoux). On filtre la préparation avant de laisser refroidir et de l'utiliser.

L'effet relaxant et sédatif de la marjolaine peut être obtenu en bains : il suffit de mettre quelques gouttes d'essence de marjolaine quand on fait couler l'eau du bain ; faute d'essence, on obtient le même résultat avec une décoction de marjolaine.

QUELQUES DÉFINITIONS UTILES

Infusion : ébouillanter la théière, y placer la plante puis verser l'eau bouillante. Laisser infuser une dizaine de minutes.

Décoction : mettre la plante dans une casserole d'eau froide, porter à ébullition une quinzaine de minutes, puis filtrer. On l'utilise pour les racines ou les écorces, ou pour les préparations à usage externe.

Teinture : placer la plante dans un récipient en verre, couvrir d'alcool et remuer. Laisser à l'obscurité dans un endroit frais une quinzaine de jours. Presser et filtrer. Mettre dans des flacons sombres, fermer et étiqueter.

V. HERBES SAVOUREUSES

La gastronomie d'antan

Comme la plupart des herbes sauvages, le basilic, la marjolaine et l'origan ont dû être très tôt consommés par nos lointains ancêtres, qui testaient les plantes de leur environnement. Devenus des êtres sociaux, ils ont domestiqué le feu, puis sont passés du statut de cueilleur-chasseur à celui de cultivateur-éleveur, et ont intégré les herbes à la gastronomie naissante.

Un des premiers "livres de cuisine" que nous connaissons, écrit au XIIIe siècle avant J.-C., le *Yinshan Zhengyao* ("Les Justes Principes du boire et du manger") de Hu Sihui, diététicien impérial, témoigne de l'utilisation des herbes aromatiques : il contient par exemple une recette de salade de poisson *(yukaï)* faite de tranches de carpe crue macérées avec du radis, du gingembre, de la ciboulette, du basilic et de la renouée poivrée.

Une des premières fonctions des aromates fut d'aider à conserver les aliments. Ainsi les cervoises, bières originelles sans houblon, étaient initialement des bouillies fermentées plus ou moins liquides qui moisissaient vite. Pour les améliorer et les conserver, on y ajoutait des plantes variées, selon la force et le parfum désirés : marjolaine, laurier, sauge, raifort, trèfle, pouliot, écorce de chêne, absinthe, menthe…

On dit souvent que les herbes ont toujours été des vedettes de la grande cuisine : la réalité historique est plus modeste. Elles ont certainement toujours été présentes dans la cuisine populaire, ces herbes à pot qui mijotaient dans la marmite en compagnie de nombreux autres végétaux et de quelques morceaux animaux. Mais la "grande" cuisine les a souvent reléguées au second plan – tout bonnement à cause de leur simplicité : la cuisine des grands de ce monde a toujours accordé sa préférence à ce qui était rare (et cher), épices lointaines plutôt que plantes ordinaires des campagnes et des jardins locaux.

Au fil des siècles, elles ont connu des utilisations culinaires variables.

On sait peu de chose des cuisines mésopotamienne et grecque, mais notre cuisine actuelle est la descendante incontestable de la cuisine romaine, symbolisée par *L'Art culinaire* d'Apicius. On considère généralement que Marcus Apicius est né vers l'an 25 avant J.-C., mais il se pourrait que sous ce nom plusieurs auteurs aient réuni un florilège du raffinement culinaire de la Rome impériale.

Le condiment de base des recettes de l'époque est le garum, à base d'intestins de poissons fermentés, que les aromates accompagnent dans les recettes d'Apicius : telle cette sauce pour arroser le poisson frit, avec cumin, coriandre, origan et rue.

Après l'ère d'Apicius, il faut attendre le Moyen Age pour retrouver des livres de cuisine. Taillevent, premier écuyer de cuisine du roi Charles VI, nous a laissé *Le Viandier*. On y emploie beaucoup d'épices comme la cannelle, le safran, la noix muscade et le gingembre, et, parfois, nos aromates ; ainsi ce bouillon de veau et de poulet, intitulé "Pour faire cretonnée d'Espagne", qui utilise marjolaine et persil "si vous pouvez en trouver". A la même époque, le *Ménagier de Paris* fait lui aussi grand usage des épices importées.

La Renaissance est marquée, sur le plan culinaire comme dans les autres arts, par l'apport des Italiens, avec en particulier l'arrivée de Catherine de Médicis à la cour de France, qui introduit de nouvelles coutumes, comme l'usage de la fourchette, et des légumes, comme le haricot.

Les aromates sont toujours présents, mais l'emprise des épices est de plus en plus forte ; et si au XVIIe siècle, Nicolas de Bonnefons, valet de chambre de Louis XIV, prend la défense des légumes et prône un retour à la simplicité, ses recettes contiennent plus d'épices que de simples.

A partir de la Révolution française, les herbes vont quasiment disparaître des livres de cuisine, réduites à quelques feuilles de persil décoratives ou au triste bouquet garni : pas un mot sur elles dans le dictionnaire gastronomique d'Alexandre Dumas, ni chez Brillat-Savarin.

Nous arrivons ainsi aux années soixante-dix sous le règne presque absolu des épices, dont témoignent les ouvrages de

Ginette Mathiot, grande égérie de l'enseignement ménager et des cuisines françaises.

C'est seulement le retour du naturel, la nostalgie d'une société coupée de ses origines paysannes, qui a redonné récemment de la valeur à ces herbes des jardins ordinaires – et a remis à l'honneur des recettes traditionnelles (ou supposées telles) faisant la part belle aux aromates.

Des divers modes de conservation

Le séchage n'est pas la seule façon de préserver le parfum des herbes aromatiques, comme en témoignent les recettes suivantes :

– les herbes fraîches : on peut bien sûr conserver quelques jours un bouquet dans un verre avec un peu d'eau, en veillant à ce qu'aucune feuille ne trempe dans l'eau. On peut aussi placer le bouquet dans un sac plastique, gonfler celui-ci, le fermer et le placer en bas du réfrigérateur.

– les sels : pour restituer toute la finesse des arômes, mieux vaut utiliser de la fleur de sel des paludiers de l'Atlantique (Guérande, Ré ou Noirmoutier). Après avoir haché les herbes le plus finement possible, il suffit de les mélanger intimement au sel en malaxant bien l'ensemble. On remplit de petits bocaux, puis on attend deux à trois semaines avant de les utiliser, le temps que le sel soit bien imprégné des parfums.

– les vinaigres : avec les basilics et les origans, on prépare surtout des vinaigres aromatisés. Pour cela, on introduit dans une bouteille de vinaigre une branche de la plante choisie ; après deux à trois semaines de macération, on peut l'utiliser pour préparer des vinaigrettes.

– les huiles : sur le même principe, on peut préparer, avec de l'huile d'olive ou de tournesol (au goût plus neutre), des huiles parfumées que l'on emploie pour les grillades, les rôtis, les sautés, ou pour les assaisonnements.

– les glaçons : ils se révèlent très pratiques pour les herbes fraîches et tendres comme le basilic ou la marjolaine. Les herbes sont coupées menu puis placées dans des cubes à glaçons ; on recouvre d'eau en tassant bien, puis on place au congélateur. On peut alors les démouler et les conserver dans des sacs en plastique, et s'en servir au fur et à mesure des besoins pour les potages, les ragoûts…

A chaque herbe selon ses mérites

Le basilic est vraiment l'herbe à tout faire, que l'on peut accommoder à toutes les sauces : des salades et des crudités aux grillades, des pâtes aux potées ou aux plats en sauce, avec les légumes, les céréales, les laitages, les poissons ou la viande. Sa recette emblématique est la soupe au pistou, dont il existe de nombreuses versions, souvent bien compliquées… alors qu'un simple plat de pâtes prend un autre relief, assaisonné de basilic haché et d'un filet d'huile d'olive !

La marjolaine est par excellence l'herbe des tomates cuites : pizzas, ratatouille, coulis, pâtes, etc. Mais elle accompagne de nombreux autres mets : viandes, légumes, céréales, produits laitiers. Si la présence de tiges dures (boisées) n'est pas gênante pour les usages de santé, elle est désagréable en cuisine ; mieux vaut donc utiliser la marjolaine mondée. On peut séparer les tiges des feuilles et des fleurs soit à la récolte (avant le séchage), soit au moment de les utiliser.

L'origan, enfin, a un goût plus rustique que la marjolaine, mais il se plaît bien avec viandes et poissons.

Le basilic, la marjolaine et la tomate

La gastronomie du basilic et des origans est très marquée par la cuisine méditerranéenne, et plus spécialement italienne : salades d'été (tomates, concombres, poivrons), pizzas, osso bucco, minestrone, pesto, caponata. Et on ne peut parler d'elle sans penser à l'ingrédient de base que constituent les conserves de tomates.

Selon l'usage, il faut choisir des tomates de forme et de consistance différentes. Pour du coulis de tomates bien épais, on prend des tomates ayant peu d'eau et de graines comme la 'Tomate des Andes' (en forme de poivron, sans acidité), ou la 'Cœur de bœuf', ou la plus classique 'Saint-Pierre'. Pour des tomates pelées au jus, les plus classiques restent l''Olivette' (rare), la 'Roma', ou des petites tomates rondes sans collet vert. Pour des *tomata* bien liquides, la plupart des variétés feront l'affaire... mais il faut choisir des tomates bien mûres.

• *Coulis de tomates aux herbes*

5 kg de tomates fermes ; 500 g à 1 kg d'oignons ; 3 à 5 gousses d'ail ; 1 beau bouquet de marjolaine ou de basilic (au choix) ; gros sel gris de l'Atlantique ; huile d'olive.

Effeuillez les bouquets d'herbe si ce n'est déjà fait, pour éviter de mettre des morceaux de tiges dures dans la sauce. Lavez les tomates ; selon votre goût, vous les couperez en morceaux avec la peau, ou après les avoir épluchées. Faites revenir à l'huile oignons et ail avec une partie des herbes. Puis ajoutez les tomates et le reste des herbes. Amenez doucement à ébullition puis faites cuire pour éliminer une partie de l'eau, jusqu'à obtenir la consistance désirée.

Vous pouvez mettre la sauce en bocaux telle quelle ou après l'avoir passée au mixeur. Remplissez vos bocaux et stérilisez une heure à 100 °C.

Si les basilics s'utilisent indifféremment crus ou cuits, la marjolaine et l'origan sont des herbes de cuisson, et nombre de recettes nécessitant une cuisson peuvent se faire indifféremment avec du basilic ou de la marjolaine. A chacun d'essayer et d'attribuer à chaque recette l'herbe de son choix ; c'est pourquoi les recettes **sont classées par catégorie de plat, et non par herbe.**

Sauces

• *Pesto de Ligurie*
Bataille d'origine : la Ligurie revendique la recette originelle qui a donné naissance au vrai pistou provençal.

80 g de pignons ; 4 gousses d'ail ; 1 gros bouquet de basilic ; parmesan ; huile d'olive ; fleur de sel.

Dans un mortier, pilez soigneusement les pignons et l'ail avec une pincée de fleur de sel. Pilez séparément le pistou avec un peu d'huile d'olive jusqu'à obtenir un mélange crémeux. Ajoutez du parmesan et mélangez l'ensemble en ajoutant une cuillerée à soupe d'huile d'olive.

Faites cuire *al dente* les pâtes de votre choix et incorporez-y le pesto.

LA SOUPE AU PISTOU

Pour la soupe : *300 g de haricots verts mange-tout ; 300 g de haricots secs (ou 1 kg de haricots à écosser) ; 3 pommes de terre ; 500 g de courgettes ; 500 g de tomates ; 1 branche de céleri ; 150 g de macaronis ; 1 bel oignon ; 2 feuilles de sauge sèches ; huile d'olive, sel, poivre.*
Pour le pistou : *1 poignée de basilic ; 4 gousses d'ail ; 150 g de parmesan ; huile d'olive, sel, poivre.*

Si on utilise des haricots secs, les faire tremper la veille.
Faire revenir à la cocotte dans 2 cuillerées à soupe d'huile d'olive, l'oignon, les courgettes, puis les tomates. Ajouter 1,5 litre d'eau, faire bouillir ; puis mettre les haricots, les pommes de terre (en petits dés), le céleri, la sauge, saler et poivrer. Faire cuire au moins 45 minutes à petits bouillons.
Pendant ce temps, faire le pistou : piler au mortier ail, sel, poivre en incorporant le basilic peu à peu ; lorsque le tout forme une pâte, ajouter doucement le parmesan et de l'huile d'olive jusqu'à obtenir une pommade.
Ajouter au bouillon les pâtes et cuire encore 15 minutes. Au moment de servir, verser la soupe dans la soupière, et servir le pistou à part, délayé dans une louche de bouillon bien chaud.

• *Basilic à l'huile d'olive*

Basilic à grandes feuilles ; huile d'olive.

Récoltez des feuilles de basilic et faites-les sécher (ou plutôt faner) 12 à 24 heures. Hachez-les menu, puis disposez-les dans des petits pots propres et bien secs en versant de l'huile dessus au fur et à mesure. Faites bien attention à évacuer toutes les bulles d'air qui pourraient favoriser les moisissures. Couvrez largement d'huile et fermez soigneusement. Conservez à l'obscurité dans un endroit frais. Une fois ouvert, gardez le pot au réfrigérateur et consommez-le dans les semaines qui suivent.

Entrées et plats uniques

• *Tarte aux épinards et à l'origan*

250 g de pâte brisée ; 300 g d'épinards ; 200 g de fromage blanc bien ferme ; 1 œuf ; 1 pincée d'origan ; sel.

Faites cuire les épinards, égouttez-les soigneusement puis hachez-les fin. Lorsqu'ils sont tièdes, mélangez avec le fromage blanc, l'œuf et l'origan. Salez.

Dans un plat à tarte beurré, profond et large (30 cm), étalez la pâte en la piquant avec une fourchette. Disposez la garniture et faites cuire à four chaud 30 à 45 minutes.

• *Tourte à la carotte et à la marjolaine*

400 g de pâte brisée ; 500 g de carottes ; 2 oignons moyens ; 2 caïeux d'ail ; une poignée de feuilles de marjolaine ; 150 g de fromage blanc fermier ; 3 œufs ; sel ; 1 cuillerée à soupe de crème fraîche.

Emincez carottes, oignons et ail en lamelles fines et faites-les revenir dans un peu d'huile, avec la moitié de la marjolaine. Couvrez et laissez mijoter 15 à 20 minutes. Puis ajoutez le fromage blanc, la crème fraîche, les œufs et le reste de la marjolaine. Gardez un jaune d'œuf qui servira à enduire la croûte pour la faire dorer.

Garnissez un moule à tarte d'un papier sulfurisé, étendez-y une partie de la pâte ; versez la préparation et recouvrez avec le reste de pâte étalée de manière à former un couvercle ; pratiquez quelques trous pour que la vapeur puisse s'échapper. Délayez le jaune d'œuf avec une cuillerée à soupe d'eau tiède et enduisez-en le couvercle avec un pinceau.

Faites cuire à four chaud environ 40 minutes.

• *Poivrons farcis au quinoa et au basilic*
Une manière originale de découvrir cette petite graine appelée "le riz des Incas".

5 beaux poivrons ; 1 verre de quinoa ; 2 oignons ; 2 tomates fermes ; 200 g de fromage blanc fermier ; 2 œufs ; basilic ; sel.

Faites cuire 10 minutes le quinoa dans deux fois son volume d'eau salée. Enlevez le chapeau de 4 poivrons et retirez toutes les graines.

Coupez menu le dernier poivron et les oignons. Mélangez dans un saladier avec les œufs, les tomates en petits morceaux, le fromage blanc et le basilic haché. Salez. Garnissez les poivrons et remettez leurs couvercles.

Placez dans un plat à four profond et huilé. Couvrez de papier aluminium et faites cuire 20 à 30 minutes à four moyen.

• *Spaghettis carbonara à la marjolaine*

250 g de spaghettis ; 150 g de lard maigre ; marjolaine ; huile olive ; 10 cl de crème fraîche ou de l'huile d'olive.

Faites cuire les spaghettis dans 2 litres d'eau bouillante salée avec une pincée de marjolaine. Faites revenir le lard coupé en petits dés dans l'huile d'olive avec une petite cuillerée de feuilles de marjolaine.

Egouttez les spaghettis et mettez-les dans un plat ; versez dessus le lard et ajoutez la crème fraîche ou l'huile d'olive.

Légumes

• *Artichauts à la barigoule*
Cette recette provençale traditionnelle connaît de nombreuses variantes qui toutes utilisent des petits artichauts violets de Provence qui doivent être extrêmement frais.

Petits artichauts poivrade ; huile d'olive ; oignon ; ail ; carotte ; basilic ; sel ; vin blanc sec.

Enlevez les feuilles extérieures des artichauts, qui sont dures, et coupez le bout des autres. Faites revenir à la cocotte oignon, ail et carotte, puis ajoutez les artichauts et le basilic haché. Continuez à faire revenir en remuant, puis ajoutez un bon verre de vin blanc sec et un verre d'eau, salez. Faites mijoter à couvert et à feu doux 1 heure à 1 h 30. La sauce doit être réduite et les artichauts cuits à point doivent se traverser facilement avec un couteau pointu. Au moment de servir, jetez sur les artichauts un peu de basilic haché fin.

• *Caponata (Sicile)*
Ce nom vient sans doute d'un des principaux ingrédients traditionnels, le poisson *capone*. Chez les riches, le poisson était l'élément le plus important, tandis que la *caponata* des pauvres était à base de légumes ; en voici une recette paysanne.

1 kg d'aubergines ; 500 g de tomates ; 3 branches de céleri ; 100 g de câpres ; 100 g d'olives vertes dénoyautées ; 2 oignons ; 1 bouquet de basilic ; 40 g de sucre ; 10 cl de vinaigre ; sel ; huile d'olive.

Coupez les aubergines en dés et faites-les revenir dans l'huile d'olive. Faites une sauce avec les tomates, les oignons émincés et le basilic. Faites revenir à la poêle olives, câpres et céleri ; ajoutez-y la sauce tomate, et assaisonnez avec le vinaigre et le sucre. Ajoutez ensuite les aubergines et laissez mijoter à feu doux. Servez froid.

• *Fèves mange-tout à l'origan*
Une manière délicieuse de découvrir les fèves jeunes et fraîches, avant que les graines ne forment une peau épaisse ; il faut les choisir lorsque l'intérieur de la gousse est encore recouvert d'un épais feutrage blanc, et que les graines n'ont qu'une peau fine.

1 kg de jeunes fèves ; origan ; huile d'olive ; sel.

Enlevez les fils en passant sur chaque côté des fèves un couteau fin et bien aiguisé. Coupez les fèves entières en gros morceaux. Faites cuire à la vapeur 15 à 20 minutes avec une bonne pincée d'origan. Ajoutez avant de servir une cuillerée à soupe d'huile d'olive.

• *Petits navets sautés à la marjolaine*

500 g de petits navets nouveaux ; oignon et ail ; huile ; sel ; marjolaine.

Il faut choisir des petits navets nouveaux bien tendres et les brosser sous l'eau sans les éplucher. Faites revenir à l'huile les navets coupés en petits cubes, avec oignon et ail, et une bonne pincée de marjolaine. Salez. Couvrez et faites cuire à feu doux une vingtaine de minutes.

• *Chou braisé*

1 beau chou (vert ou rouge) ; 300 g de carottes ; 2 oignons ; origan ; huile d'olive ; sel.

Faites revenir à la cocotte dans un peu d'huile le chou coupé en quatre avec l'oignon. Ajoutez un verre d'eau, les carottes coupées en petits morceaux, l'origan, le sel. Faites cuire une bonne heure à l'étouffée, en rajoutant un peu d'eau si nécessaire.

Poissons et viandes

• *Morue à la marjolaine*

500 g de morue dessalée et parée ; 100 g d'échalotes ; 500 g de tomates ; 800 g de pommes de terre ; 1 cuillerée à soupe d'huile d'olive ; marjolaine ; 1 verre de vin blanc sec ; sel.

A la cocotte, faites blondir l'échalote dans l'huile avec la marjolaine. Ajoutez les tomates coupées en 2 et les pommes de terre en gros morceaux.

Au bout de 5 minutes, ajoutez la morue, le vin blanc, salez.

Couvrez et laissez mijoter 10 à 15 minutes à feu doux (comme tous les poissons conservés au sel, la morue ne doit pas bouillir).

• *Filets de poisson à l'origan en papillote*

500 g de filet de lieu noir (ou d'un autre poisson blanc) ; 1 gros panais (ou 1 carotte) ; 1 bel oignon ; 1 cuillère à soupe d'origan ; huile ; sel.

Coupez menu l'oignon et le panais. Etalez les filets badigeonnés d'huile dans une assiette, garnissez-les des légumes et des feuilles d'origan. Roulez les filets. Entourez-les de papier d'aluminium, puis faites cuire au four ou à la vapeur une quinzaine de minutes.

• *Dorade au basilic*

1 dorade ; huile d'olive ; vinaigre de miel ou citron ; basilic ; sel.

Dans un plat à four huilé, mettez le poisson après avoir glissé dans son ventre un brin de basilic (ou quelques feuilles) ; arrosez de vinaigre de miel ou du jus d'un citron.

Faites cuire à four moyen 20 à 30 minutes selon la taille de la dorade.

• *Gigot d'agneau à l'origan*

1 gigot d'agneau ; 4 ou 5 gousses d'ail ; origan ; huile d'olive ; sel.

Incisez le gigot et mettez dans les fentes les brins d'origan et l'ail ; glissez de l'origan sous la peau. L'idéal est de badigeonner le gigot d'une huile d'olive aromatisée à l'origan, puis de le saupoudrer de feuilles d'origan. Faites cuire à four chaud (15 minutes par livre).

Pour servir en compagnie de pommes de terre sautées, coupez celles-ci en morceaux et installez-les, saupoudrées d'origan, autour du gigot, avec des gousses d'ail non épluchées. Il faut alors compter 15 minutes de cuisson supplémentaires.

• *Rôti de veau au basilic*

Un rôti de veau de 750 g ; 1 cuillère à soupe d'huile d'olive ; 750 g de carottes ; 1 gros oignon ; 1 bouquet de basilic ; sel.

Coupez oignon et carottes en lamelles fines. Incisez le rôti dans le sens de la longueur et glissez-y des brins de basilic, de même que sous la barde de lard. Faites revenir le rôti à la cocotte dans l'huile d'olive. Ajoutez oignon et carottes, salez.

Faites cuire à feu doux 30 minutes (pour un rôti saignant), à 1 heure (pour une viande bien cuite).

• *Osso buco*
Le plat emblématique de la marjolaine.

> *1 kg de jarret de veau coupé en tranches de 5 cm d'épaisseur ; 4 à 6 oignons moyens ; 0,5 l de coulis de tomates ; marjolaine ; 1 verre de vin blanc sec (facultatif) ; eau selon consistance du coulis ; sel.*

Dans une cocotte, faites revenir les tranches de jarret de veau sur leurs deux faces. Ajoutez les oignons puis recouvrez du coulis délayé avec le vin ou un peu d'eau. Salez, ajoutez un bouquet de marjolaine. Amenez à petite ébullition puis faites mijoter au moins une heure.

A servir l'été avec des légumes de saison, et l'hiver tout simplement avec des pommes vapeur.

La blette et la betterave

Robert Bistolfi

INTRODUCTION

Reconnaissons-le d'entrée de jeu : d'ordinaire plus avertis, certains beaux esprits affectent de dédaigner la blette et sa cousine germaine, la betterave potagère. La blette, première apparue dans la famille, croît discrètement dans le carré des herbes potagères. Malgré ses feuilles charnues et ses côtes juteuses, elle ferait pauvre figure face au solide épinard ou à l'oseille aigrelette… Mais il y a là méconnaissance, et elle prive ceux qu'elle affecte de plaisirs de table valant largement ceux procurés par d'autres légumes à l'enseigne plus tapageuse. On l'aura compris, c'est d'abord à la réfutation des préjugés qui pèsent sur l'un des hôtes les plus anciens de nos potagers que ce petit livre sera consacré.

Dieu merci, nombre de provinces de France n'ont pas cédé à l'ingratitude : de la Vendée au comté de Nice, de l'Auvergne au Roussillon catalan, plusieurs recettes du terroir témoignent de la subtilité des préparations auxquelles se prête l'antique poirée. Sa culture, toujours à l'honneur dans ces régions, mérite d'être développée : nous verrons qu'elle est aisée. Nous verrons aussi que, au-delà de ses emplois dans la cuisine, la blette peut être une plante ornementale. A ce titre, elle est de plus en plus souvent présente dans les jardins publics où, avec ses grandes feuilles vert bronze bordées de violet, ses côtes écarlates, une de ses variétés sud-américaines fait merveille dans un massif.

Enfin – mais faut-il dans ce cas parler encore de réhabilitation ? – nous évoquerons une proche parente de la blette : la betterave. Elle renvoie bien sûr, cultivée pour son sucre, aux grandes cultures industrielles de la Picardie pluvieuse. Mais, rouges et savoureusement sucrées, certaines variétés potagères sont à la base d'un hors-d'œuvre bien connu lorsqu'elles sont taillées en petits cubes, nappées d'huile d'olive et parsemées d'ail haché… Mais ce n'est pas seulement à cette préparation populaire qu'elle se prête : du Maroc à la Russie, en passant par le Liban, la betterave se révèle un légume apte aux apprêts délicats.

Le voyage culturel auquel la poirée et la betterave nous invitent ne saurait ignorer les terres de la magie, des philtres et de la médecine traditionnelle : l'une comme l'autre y ont trouvé là de bien étranges – et parfois poétiques – emplois…

Blettes et betteraves potagères méritent-elles, en définitive, qu'on s'attarde sur elles ? N'est-il pas temps, surtout pour les premières, de rejoindre le conservatoire des légumes oubliés ? Tout le pari de ce petit livre est de relever le défi de la désuétude, en donnant des conseils de culture, en évoquant une histoire que jalonnent des péripéties culturelles inattendues, enfin en donnant la recette de préparations culinaires anciennes et originales… Car, en dernière instance, n'est-ce pas notre palais qui doit décider ?

I. UNE HISTOIRE DE FAMILLE…

De nombreux légumes familiers peuvent se prévaloir d'ancêtres lointains. Cette origine leur confère un attrait exotique, un parfum d'aventure : l'ail nous vient de la Kirghizie où il croît encore spontanément, le potiron et la tomate des Amériques, l'aubergine de l'Inde… Rien de tel avec la blette et la betterave potagère, qui dérivent d'une banale plante indigène, bien ancrée dans la terre de la vieille Europe.

C'est sans doute pour cela qu'elles sont considérées avec quelque dédain. Faites l'expérience : demandez autour de vous de citer dix légumes. Sauf dans quelques rares régions, il y a peu de chances que la blette figure dans l'énumération. Cendrillon des légumes, celle-ci passe le plus souvent inaperçue : fréquemment, ne la dénomme-t-on pas, tout simplement, "herbe" ? Comme si, fondue dans la foule anonyme des talus et des landes, elle ne méritait même pas d'être individualisée par un nom propre. Telle Cendrillon, elle sera cependant, ici et là, transformée en princesse par la baguette de laurier de fées cuisinières. Mais ceci au terme d'un long et incertain cheminement qui mérite d'être conté. Tout comme mérite d'être rappelée l'histoire de la betterave, sa voisine botanique, dont l'aventureuse progression a parfois touché – sous Napoléon – à la grande Histoire…

La blette

C'est chez les Grecs – qui la nommaient *teutlion* – et chez les Romains que nous trouvons la première mention de notre blette européenne. Dans l'*Origine des plantes cultivées*, Alphonse de Candolle estime que leur entrée en culture ne remonte pas à plus de quatre à six siècles avant l'ère chrétienne. Des découvertes archéologiques récentes sembleraient prouver que les Celtes, près de 2 000 ans av. J.-C., donc bien avant les Romains, avaient déjà domestiqué la blette. On prétend que le nom *beta* a été emprunté par les Romains à la lettre grecque *bêta*, en raison de l'analogie des formes entre la lettre et la tige inclinée de la plante chargée de graines. Olivier de Serres affirme quant à lui que les feuilles de blette figuraient parmi les offrandes du sanctuaire de Delphes : "Les Grecs aussi avaient en grande réputation les jardins, du fruict desquels, superstitieusement, chacun an faisoient présent à Apollo de Delphes, assavoir, le raifort d'or, la poirée d'argent, et la rave de plomb : en quoi aussi peut-on reconoistre, en quel degré ils tenoient ces fruicts-là."

Nous sommes dans l'Antiquité, le grand Linné n'est pas encore intervenu pour introduire de l'ordre dans la taxinomie botanique, les dénominations fleurissent et il est souvent malaisé de les rattacher à nos classifications rationnelles. Ainsi, chez Pline et Dioscoride, on trouve *beta siluestris* et *beta siluatica*, la blette de mer sauvage (*Beta vulgaris* subsp. *maritima*), dont nos modernes blettes et betteraves sont issues. Chez Celse, Pline ou Apicius, *beta alba*, *beta candida* ou *beta sicula* désignent la blette cultivée à nervures blanches et charnues (notre *Beta vulgaris* subsp. *cicla*). Toujours chez Pline, mais aussi chez d'autres auteurs latins, *beta nigra*, *beta rubra*, *rubea* ou *purpurea* désignent la blette commune à nervures rougeâtres non charnues, qui est cultivée alors. Depuis Plaute et Caton, les formes *beta* et, à un degré moindre, *bleta* se sont imposées. Le légume est commun, et les variétés cultivées sont déjà nombreuses.

La blette maritime

La blette figure ainsi sur la liste des "herbes" cultivées dans le potager de l'empereur Auguste. Athénée, écrivain grec d'Egypte qui, aux IIe et IIIe siècles de notre ère, compilera dans le *Banquet des sophistes* de nombreuses citations d'auteurs anciens, nous apprend aussi que "Théophraste [...] appelle regain la blette, la laitue, la roquette, la moutarde, la patience, la coriandre, l'aneth et le cresson".

En revanche, les jardiniers d'alors n'ont pas encore obligé la blette de mer à se transformer en betterave. Ce que, de sélection en sélection, leurs successeurs parviendront à réaliser de nombreux siècles plus tard…

Pour l'instant, de potager en potager, la blette poursuit sa progression. Charlemagne la distinguera avec quelques dizaines d'autres légumes lorsque, en 812, il en prescrira la culture dans les fermes de l'empire par le capitulaire *De villis*.

La fortune de la blette commence alors. En France, en effet, elle ne devint vraiment populaire qu'au haut Moyen Age, et cela pour plusieurs siècles. Ce succès s'est accompagné d'une diversité de noms auxquels les grammairiens, comme toujours hélas, mirent progressivement bon ordre. Ils ne réussirent cependant pas complètement, et aujourd'hui encore la blette est un des légumes-feuilles du potager qui, sans parler des savoureuses désignations régionales, possède en français le plus grand nombre de synonymes : blette, bette, poirée, poirée à cardes, bette-poirée…

Longtemps, il n'y eut pas de repas sans *porée*. Il s'agissait là d'une soupe de légumes à laquelle notre blette – ou poirée – a donné son nom, et qui pouvait aussi être à base de choux, d'épinards, de poireaux, d'autres "herbes" encore… Mais *Le Ménagier de Paris* affirme que la seule vraie porée était celle de blettes. N'oublions pas, aussi, qu'à la fin du XIIe siècle, longtemps avant la construction de halles dans la capitale, la blette avait donné son nom au marché aux légumes, qui s'appelait "Marché-à-la-Poirée". Durablement, elle sera offerte en abondance sur les marchés parisiens. C'est ce qu'affirme encore le voyageur anglais Lister à la fin du XVIIe siècle, dans son *Voyage à Paris* (1698). Elle sera également cultivée dans la plupart des provinces. Le nombre des variétés augmente. Au XVIe siècle, Rembert Dodoens oppose *bete blanche* et *bete rouge commune*, toutes deux consommées. Beaucoup plus tard, vers 1830, une autre variété de blette colorée sera introduite et connue sous le nom de "poirée à cardes du Chili".

Du Languedoc à la Normandie, de la Provence à la Lorraine, du Limousin à la Franche-Comté…, on a souvent donné à la blette des noms fleurant bon le terroir. Dans sa *Flore populaire, ou Histoire naturelle des plantes dans leurs rapports avec la linguistique et le folklore*, publiée en 1910, Eugène Rolland en recense une cinquantaine. Citons la *joutte* champenoise ou poitevine, qu'on retrouve aussi dans l'Ouest, le *maringou* de la Suisse romande, ou encore la *réparada* dauphinoise…

Beta candida,
d'après C. Egelnoff, 1550

UNE ÉTYMOLOGIE SINUEUSE

Beta, bete, bette… : l'orthographe a longtemps hésité. Dans son *Dictionaire françois-latin* (1549), Robert Estienne adopte la graphie *betes*, de même que J. Thierry (1564) et J. Nicot, dans son *Thresor de la langue françoyse tant ancienne que moderne* (1606). Olivier de Serres utilise *betes* ou *bette* (mais *poirée* prévaut chez lui). Le *Dictionnaire de l'Académie française* donne la forme *bete* (1694), avant de retenir *bette* en 1740 : la consonne double note le timbre ouvert du premier *e* du mot, et différencie celui-ci de son homonyme *bête*. *Blette*, dérivé du latin *blitum*, apparaît au milieu du XVIIIe siècle.

Présente dès le XIIIe siècle, la plus ancienne dénomination est cependant *porée*, dérivée du latin *porrum*. Au siècle suivant, *porrée* désignera la blette comme le poireau, et par extension une soupe de légumes.

Connue plus tardivement en France, la betterave n'apparaît dans notre vocabulaire qu'à la fin du XVIe siècle : Olivier de Serres nous parle de la *bette-rave*, mais le mot n'est pas repris par Estienne, Thierry ou Nicot. La forme *beterave* prévaudra ensuite. A partir de 1740, *betterave* s'impose.

La récolte des blettes, d'après le Tacuinum sanitatis, *XIVe siècle*

Un voyage dans le passé réserverait d'autres surprises linguistiques, de la *poirada* narbonnaise (signalée en 1127) à la *lombardette* tournaisienne (XVIe siècle), en passant par la *bette-carde* de Picardie (1654)… Sans doute la plupart de ces noms ont-ils disparu avec les vieux parlers. Sans doute l'apparition de nouveaux légumes et l'amélioration des connaissances horticoles ont-elles provoqué un recul de la rustique poirée. Mais plusieurs régions – comté de Nice, Auvergne, Vendée… – lui sont restées fidèles : à partir d'elles, une reconquête est amorcée. Déjà, sur les marchés parisiens, renouant avec la tradition médiévale, les marchands de quatre-saisons offrent plus souvent ses bouquets opulents.

La betterave

Avant d'aboutir à la betterave que l'on connaît, la blette sauvage a subi de lentes transformations. Dans son cas, les sélections successives ont porté sur la racine, conduite à l'hypertrophie. La forme, variable, rappelle celle des raves, d'où son nom. Elle est charnue, volumineuse. Sa couleur et son goût varient.

Les avis différent sur le moment de son entrée en culture. Abusés sans doute par sa provenance italienne, au XVIe siècle, époque de son introduction en France, certains ont pensé que la betterave avait été obtenue dès l'Antiquité. Mais alors que les blettes, comme on l'a vu, avaient de multiples dénominations latines, la betterave n'apparaît jamais dans le recensement que Jacques André a fait des *Noms des plantes dans la Rome antique* (1995). Il est vraisemblable qu'elle a été sélectionnée en Allemagne au XVe siècle, d'où elle aurait été introduite en Toscane au début du siècle suivant, avant de passer en France. Cette origine allemande de notre légume est soulignée par Matthiolus qui, dans ses *Commentarii*, qui datent de 1558, la décrit ainsi : "En Allemagne, il y en a de rouges et feuilles et racines, lesquelles sont grosses comme des raves, et sont si rouges qu'on estimerait leur jus être du sang. Les Allemands mangent leurs racines en hiver, cuites entre deux cendres : et, les dépouillant de leur pelure, petit à petit ils les mangent en salade."

En pratique, trois sortes de betteraves ont été développées à partir d'un type initial : les potagères, les sucrières et les fourragères. Seule la potagère nous intéresse ici, mais on évoquera néanmoins succinctement les deux dernières en raison de leur parenté et de leur importance économique.

La betterave, d'après Dalechamp, XVIe siècle

• *La betterave potagère*
Un grand nombre de variétés potagères ont tôt été fixées par les horticulteurs. Elles apparaissent comme les ancêtres de nos betteraves actuelles. Les botanistes de la Renaissance avaient déjà distingué :

– la bette rouge romaine *(beta rubra romana)*, ancêtre de la 'Rouge longue' des marchés ;

– une variété de cette *beta rubra,* qui aboutira, entre autres, à la 'Rouge naine' ;

– la *beta rubra radice crassa* à racine globuleuse, type primitif des 'Ronde précoce' ;

– enfin, la *beta quarta radice buxea*, la plus ancienne des variétés à chair jaune.

Le développement de chacune de ces variétés a été fonction des goûts : ainsi, au début du XIXe siècle, les betteraves à chair jaune foncé ont été préférées pour la cuisine : très sucrées, on en confectionnait les "fricassées de betteraves" qui, depuis, ont été délaissées au profit de la bien connue "salade de betteraves" qui requiert des légumes à la chair rouge caractéristique.

On ne se hasardera pas dans le suivi des variétés mises au point au fil des années, et des abandons liés aux changements des préférences culinaires : on s'y perdrait. Il suffira d'indiquer, par exemple, que trente-trois variétés (trente à chair rouge, trois à chair jaune) sont décrites en 1925 par Vilmorin dans *Les Plantes potagères.* Au chapitre suivant, nous reviendrons sur les principales variétés actuellement cultivées.

• *Les cousines campagnardes*
C'est en haute Silésie, vers 1750, qu'est apparue la betterave sucrière. Dès 1757, le chimiste Marggraf identifia la substance sucrée comme étant du saccharose. Longtemps, le miel avait été la matière sucrante d'utilisation courante. Aisément produit sur place, moins cher que le sucre de canne produit dans de lointaines contrées – Tripolitaine, Antilles… –, le miel ne fut que très progressivement et partiellement détrôné. La découverte que la canne à sucre et la betterave contenaient les mêmes sucres amena une comparaison des coûts de l'une et de l'autre : leur mise en concurrence joua en faveur de la betterave. Le roi de Prusse encouragea financièrement sa culture et, à la veille de la Révolution française, le sucre de betterave répondait déjà à une partie significative des besoins de l'Europe de

La betterave 'Rouge naine'

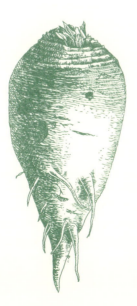
La betterave blanche à sucre

La 'Disette mammouth'

l'Est. Au même moment, la France demeurait la première productrice de sucre en Europe grâce à ses colonies antillaises. Mais les guerres napoléoniennes vont modifier la donne et provoquer une extension de la culture de la betterave : à partir de 1806, avec les péripéties du Blocus continental, la régularité de l'approvisionnement en sucre des Antilles fut compromise. Tout naturellement, malgré un surprenant avis défavorable de l'Académie des sciences, le sucre de betterave apparut comme l'alternative. Sa production se développa d'autant plus vite que l'administration impériale encouragea à son sujet la formation et la recherche, aussi bien agronomiques qu'industrielles. D'autant plus, également, qu'il continua à être protégé de la concurrence étrangère après les hostilités. La betterave sucrière ayant ainsi été promue au rang de grande culture industrielle, elle ne cessa d'élargir son emprise pour couvrir aujourd'hui 450 000 hectares.

Comme ses proches parentes, la potagère et la sucrière, la betterave fourragère est apparue outre-Rhin, et cela dès le milieu du XVIᵉ siècle. C'est dans la basse vallée du fleuve qu'elle a été sélectionnée, là où les riches terres alluviales se prêtent particulièrement à sa culture. Celle-ci s'est beaucoup et rapidement développée à partir de là, en Allemagne d'abord (où ses variétés sont tôt connues sous la dénomination générale de *Mangelwurzel*), en Europe ensuite, puis plus tard en Amérique.

On signalera enfin, à titre de curiosité, une grosse betterave fourragère des Etats-Unis : la *turnip beet*. Cette "betterave-navet" peut dépasser les 7 kilos, et sa culture exige de vastes champs, des terres à la fois riches, profondes et sableuses pour que les racines atteignent leur dimension maximale. Comme toutes les betteraves fourragères, et plus encore que d'autres, elle est menacée par le progrès technologique et par la concurrence des farines animales, plus économiques. Quelques amateurs obstinés la cultivent encore, en particulier une variété de Pennsylvanie, la 'Deacon Dan's'. La crise de la vache folle invitant à tirer certains enseignements, ces originaux indiquent peut-être la voie d'un retour à la sagesse…

II. DU BOTANISTE A L'HORTICULTEUR

Très tôt dans l'histoire de l'humanité, alors que nos ancêtres vivaient de la cueillette, nombreuses sont les plantes qui ont été sélectionnées. Plusieurs familles de végétaux ont été mises à contribution. Avec l'invention de l'agriculture, le travail de sélection a pu s'intensifier. Les caractéristiques initiales des plantes ont été modifiées en vue d'accroître leurs qualités nutritionnelles et gustatives. Les variétés se sont multipliées, les formes ont évolué, à tel point qu'il est parfois impossible de remonter avec certitude à la plante "sauvage" qui a donné naissance à une lignée de végétaux cultivés. C'est le cas par exemple du pois chiche, domestiqué il y a plusieurs millénaires, sans qu'on puisse aujourd'hui rattacher avec certitude notre "petit cul" à une espèce spontanée. Parfois aussi, les avantages offerts par les espèces mises en culture se sont révélés tels que des espèces proches, jadis consommées dans une économie de cueillette, ont été délaissées.

La famille des Chénopodiacées, dont relèvent la blette et la betterave, ne comporte, elle, aucun chaînon manquant. Leur ancêtre commun, une bette sauvage (*Beta maritima*, dite aussi *Beta vulgaris*, subsp. *maritima*), se rencontre encore aujourd'hui dans les terrains sablonneux ou caillouteux du bord de la mer, de la Manche à l'Océan, et de la Méditerranée à la Caspienne. Le genre *Beta* comprend au total une douzaine d'espèces qui sont toutes originaires de l'Ancien Monde. Plusieurs de ces blettes sauvages ont également abouti à des légumes. Ainsi de *Beta bengalensis*, ou bette du Bengale, que l'on consomme toujours dans le sous-continent indien. Il en fut de même, sans doute, des blettes qui semblent avoir déjà été présentes, entre la cardamome, la coriandre et l'hysope, dans les jardins de Babylone, sous le roi assyrien Merodachbaladam… En Chine, enfin, une poirée est cultivée

La blette sauvage : rameau et inflorescence

> ### BETA ET BABEL
>
> Blettes et betteraves ont été accueillies par les jardins potagers de nombreux pays d'Europe et du Nouveau Monde. Les désignations varient d'une langue à l'autre, et les synonymes abondent. Voici un tableau des principales dénominations (e : en anglais, a : en allemand, i : en italien).
> - *Beta vulgaris maritima* : bette sauvage, bette maritime
>   - e : sea beat
>   - a : Wildrübe, Wildbete, Seemangold
>   - i : bieta, bietola, bietola marina
> - *Beta vulgaris cicla* : bette, bette à cardes, blette, poirée, carde-poirée, bette à côtes, bette à couper, bette-épinard…
>   - e : Swiss chard, foliage beet, chard, leaf beat, sea-kale, spinach beat, white beat, sea-kale beet, green chard, green sea-kale beet, silvery sea-kale beet, perpetual spinach leaf beet…
>   - a : Bete, Rippenmangold, Stielmangold, Beetkohl, Schnittmangold, Blattmangold, Mangold…
>   - i : bietola, bietola da orto, bietola da coste, bietola comune, beta…
> - *Beta vulgaris esculenta* ou *hortensis* : betterave potagère, betterave rouge
>   - e : garden beet, red beet, red garden beet, beetroot…
>   - a : rote Rübe, Salatrübe, Speiserübe, rote Bete…
>   - i : barbabietola rossa
>
>

depuis le VIIe siècle, surtout dans le Sud, où elle constitue une des cultures d'hiver.

Proches des blettes, plusieurs autres Chénopodiacées continuent à croître en toute liberté et à être consommées comme elles le furent jadis : c'est le cas de certaines arroches, ou encore du chénopode bon-henri (*Chenopodium bonus-henricus*) qui est parfois préparé en salade et dont les noms populaires (on l'appelle aussi "épinard sauvage" ou "toute-bonne") disent la succulence.

La blette sauvage est une plante bisannuelle ou vivace, dont la racine dure et grêle n'annonce en rien la betterave charnue qu'elle a pu donner. Ses feuilles sont un peu charnues, les radicales (feuilles du bas) étant ovales ou en forme de losange, et les caulinaires (proches du sommet de la tige) ovales ou lancéolées. Elles non plus ne laissent pas prévoir qu'elles aboutiront aux larges limbes de certaines blettes actuelles. Tiges et feuilles sont vertes, mais certaines plantes montrent des traces rougeâtres, annonciatrices de la couleur de la betterave potagère.

Qui aurait parié sur la descendance de cette plante banale ? Elle a pourtant donné une gamme de légumes aussi variés que ceux engendrés par le chou sauvage. Deux parties essentielles de la plante (la feuille et la racine) ont été profondément modifiées. On a déjà énuméré les types de légumes obtenus et leur apparition dans l'histoire : il convient maintenant de découvrir les principales variétés cultivées et leurs caractéristiques botaniques.

La blette : photo de groupe I

A partir de la blette sauvage, la sélection a d'abord porté sur les feuilles et les pétioles. *Beta vulgaris* subsp. *cicla* est le nom savant du groupe de légumes obtenus. Chez certains, le pétiole et la nervure principale des feuilles ont été développés jusqu'à donner leur nom au légume : bette à cardes, ou poirée à cardes. Dans d'autres cas, la sélection a porté surtout sur la partie verte des feuilles, ce que reflète le nom populaire de "bette-épinard".

Décrire la plante type est difficile, car son aspect peut varier beaucoup de l'une à l'autre. En 1856, Vilmorin et Andrieux (*Description des plantes potagères*) caractérisaient ainsi la poirée blonde : "Cette variété se distingue par l'élargissement de son pétiole qui a communément 4 à 5 centimètres de large et qui en atteint souvent 8 à 9 dans les races perfectionnées ; la partie foliacée est ordinairement longue de 0,25 mètre à 0,30 mètre, large de 0,15 mètre à 0,20 mètre, linguiforme, cloquée, décurrente le long du pétiole ou carde, d'un vert plus ou moins intense ; les nervures sont blanches." Avec quelques adaptations, la description peut être reprise pour les variétés les plus significatives d'aujourd'hui : feuilles souvent plus grandes, pétioles blancs, dont la largeur peut dépasser 10 centimètres, coloration des feuilles allant du vert pâle au vert intense (sans parler des formes décoratives, aux couleurs variées, avec des feuilles lisses, cloquées, gaufrées ou fripées)…

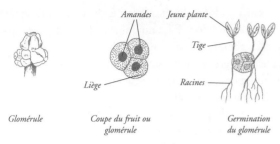

Glomérule   *Coupe du fruit ou*   *Germination*
glomérule   *du glomérule*

La germination du glomérule

Pendant sa période de croissance, la blette produit des feuilles en grand nombre. Les pétioles, resserrés, sont disposés en rosette sur un axe très court. Au moment de la floraison, la plante émet une longue hampe florale qui peut atteindre 1,80 mètre, voire 2 mètres, avec des ramifications. La fleur, insignifiante, est verdâtre, sans pétales. Elle est hermaphrodite. La semence comprend 2 à 4 akènes regroupés dans un glomérule. Celui-ci, qui donne en germant de 2 à 4 plantules, appelle un démariage. La faculté germinative des graines est de l'ordre de 5 ans. On compte de 60 à 90 glomérules par gramme.

En dehors des blettes-épinards cultivées uniquement pour leurs feuilles ('Blonde à couper' et 'Verte à couper'), on distinguera deux types de poirées dont les côtes et les feuilles sont également consommées.

• *'Blonde à cardes blanches'*
La race de Lyon est la plus connue : la plante, d'un port assez ouvert, présente des feuilles vert-jaune avec des côtes très charnues, d'un blanc pur, de 5 à 6 centimètres de large en moyenne, et longues de 35 à 40 centimètres. Certaines côtes peuvent atteindre jusqu'à 10 centimètres de large. Leur saveur est légèrement acidulée. Chez une variété proche, une partie des côtes – 30 % ou plus – sont rosées.

• *'Verte à cardes blanches'*
C'est la plus fréquemment cultivée. Elle a pour caractéristiques d'ensemble des feuilles d'un vert soutenu (vert franc à vert foncé), des côtes de 5 à 8 centimètres de large, de plus de 40 centimètres de long. Leur saveur est plus marquée que celle des cardes de la poirée blonde. Plusieurs races se sont imposées :
– la race de Nice est très précoce et résistante au froid ; la plante a un port dressé, des feuilles allongées et un peu cloquées, ses côtes sont très larges ;
– la race d'Ampuis a un port semi-dressé, une forme incurvée ; les feuilles sont larges, très vertes, peu cloquées ; les côtes ont de 4 à 5 centimètres de large ;
– la race de Paris est une plante à port dressé, aux côtes longues et très plates, aux feuilles très vertes et cloquées.

Les variétés de 'Verte à cardes blanches' de ce groupe sont parmi les plus cultivées, largement en dehors de leur région de référence. Mais il convient également de citer la race bressane (à feuilles cloquées) ou la race du Languedoc (port légèrement ouvert, feuilles de taille moyenne). La 'Paros' ou encore la race de Genève (verte frisée à cardes blanches, aux feuilles très cloquées) peuvent aussi être mentionnées.

La blette à couper

Poirée 'Blonde à cardes blanches'

Poirée à cardes du Chili

On ne saurait terminer cette présentation des principales blettes cultivées sans évoquer les variétés colorées. Comme on l'a vu, elles sont connues en France sous le nom de "poirées à cardes du Chili" depuis le début du XIXe siècle. En fait, la mise au point de ces variétés est beaucoup plus ancienne : les Grecs cultivaient déjà la poirée à cardes rouges, et il est vraisemblable que sa culture s'est toujours maintenue. Quoi qu'il en soit, elle est attestée en Angleterre dès la fin du XVIe siècle. Elle passera aux Etats-Unis, où de nouvelles variétés seront obtenues. De manière générale, on doit indiquer que ces blettes colorées connaissent une faveur particulière dans les pays anglo-saxons. Bien que leurs qualités gustatives soient analogues aux blettes communes, nous avons eu plutôt tendance, en France, à les réserver à l'ornementation des jardins où – il est vrai – elles peuvent faire merveille. Parmi ces variétés ornementales très prisées outre-Atlantique, et qui rehaussent parfois nos massifs, 'Lucullus' et ses proches offrent de grandes feuilles aux limbes larges et frisés comme ceux de certains choux. Quant aux blettes colorées, elles offrent une large palette : cardes pourpres et feuilles vertes ('Rhubarb Chard') ; feuilles rouge pourpré ('Burgundy Chard') ; cardes de diverses couleurs, rouges, jaunes, orange… ('Rainbow Chard').

La betterave : photo de groupe II

On a précédemment souligné la diversité des betteraves obtenues à partir d'une simple racine. On traitera désormais de la seule betterave potagère (au demeurant, elle partage un grand nombre de caractéristiques avec ses cousines, sucrières ou fourragères). L'espèce est bisannuelle. Elle développe la première année une rosette de feuilles au long pétiole, ainsi qu'un tubercule à partir de la racine pivotante et du collet. Cette tubérisation (globuleuse, aplatie ou allongée) se fait partiellement hors du sol. Racines et feuilles (à un moindre degré) contiennent des pigments qui donnent sa couleur rouge typique à la betterave. Parfois, en coupe transversale, des cercles concentriques apparaissent, alternativement rouges et rose clair ou blancs. Cette particularité, que l'on appelle "zonation" et qui est parfois liée à un excès d'azote, disparaît largement à la cuisson, la betterave devenant alors rose pâle.

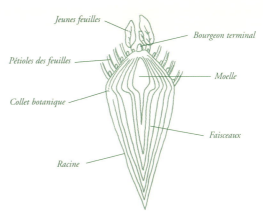

Une betterave en coupe

Elle est typique d'une vieille variété italienne, la 'Barbabietola di Chioggia' (ou 'Chioggia'), très appréciée outre-Roya. En France, on préfère généralement les variétés rouge foncé, unicolores.

Au moment de la floraison, la betterave développe une hampe florale d'1,5 mètre environ. Très ramifiée, elle porte des petites cymes comportant quelques fleurs uniovulées. La fructification est analogue à celle de la blette : les fleurs, soudées au niveau des calices, aboutissent à un glomérule composé de plusieurs akènes liés. Sous cette forme de glomérule, chaque "semence" de betterave produit donc plusieurs plantules, obligeant ici encore à un démariage. Cette opération, qui requiert patience et précision, a un coût élevé en main-d'œuvre pour des cultures potagères autres que familiales. C'est pourquoi on s'est efforcé de la supprimer : on y est parvenu par traitement physique (sectionnement des glomérules aboutissant à des semences mono- ou bigermes), et surtout par voie génétique (obtention de variétés monogermes).

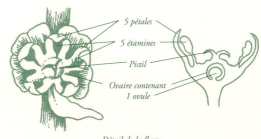

Détail de la fleur

L'espèce s'hybride facilement. L'hybridation, en particulier avec des betteraves fourragères, peut intervenir entre plantes distantes de plusieurs centaines de mètres. Si l'on veut obtenir des porte-graines, il convient d'isoler soigneusement les plants.

Plusieurs qualités sont recherchées dans la mise au point des variétés : goût, précocité, feuillage réduit, coloration rouge foncé résistant à la cuisson, régularité de la forme et du calibre, montée en graine tardive… Sphérique, aplatie, demi-longue, longue : dans chacune des catégories auxquelles se réfère la classification de base, une ou quelques variétés se sont imposées, parfois depuis très longtemps.

• *La 'Crapaudine'*
Une des 'Rouge longue' classiques, sous-variété de la 'Petite Rouge de Castelnaudary', elle est la plus ancienne variété répertoriée. Elle a traversé l'Atlantique avec succès : aux Etats-Unis, dès 1868, le catalogue Gregory en a proposé des semences en précisant que "les Français estiment que c'est la meilleure des betteraves pour la table". Et l'auteur américain d'aujourd'hui qui rapporte le fait ajoute que "c'est entièrement vrai, car la 'Crapaudine' a une saveur inégalable". Son succès durable est dû en effet à l'excellente qualité de sa chair très rouge, foncée, très sucrée (et également à sa robustesse, sa résistance au froid, ses possibilités de conservation…).

La racine, profondément enfoncée dans la terre, est demi-longue. Sa forme conique évoque une toupie. Le collet est élargi, les feuilles sont vert foncé, un peu lavées de rouge. Les nervures et les pétioles sont rouge violacé. La peau de la racine est brune, rugueuse, gerçurée comme celle du batracien auquel renvoie son nom. Elle peut aussi être marquée de stries comme certaines écorces, d'où les synonymes : betterave 'Ecorce de chêne', ou encore 'Noire écorce de sapin'…

C'est une variété moins précoce que certaines de celles qui suivent. Si on la laisse atteindre sa dimension maximale, elle peut dépasser les 30 centimètres. Afin de préserver au maximum leurs qualités gustatives, les 'Crapaudine' sont récoltées assez jeunes, dès qu'elles atteignent une quinzaine de centimètres de long.

La betterave 'Crapaudine'

Moins adaptées que les betteraves rondes aux exigences des industries alimentaires, les 'Crapaudine' ne sont plus cultivées comme elles l'ont été jadis. Toutefois, elles conservent et doivent conserver les faveurs du jardinier amateur, et certaines régions de l'Ouest – l'Anjou en particulier – lui demeurent fidèles.

• *La 'Noire ronde hâtive'*
L'évolution de la demande est affectée par le goût des consommateurs, et presque autant par les exigences du conditionnement. Les entreprises ayant un équipement standardisé, les variétés rondes et de taille moyenne se sont imposées. Parmi celles-ci, la 'Noire ronde hâtive' (ou 'De Détroit améliorée', ou encore 'Globe') est devenue la variété de référence. Elle est précoce, ronde et lisse. Elle a un feuillage peu développé et un collet réduit. Enfin et surtout, sa chair sucrée, rouge sombre, a un grain fin. A partir d'elle, et présentant les mêmes qualités de base, d'autres variétés très nombreuses, telles que 'Faro', 'Boltardy', 'Warrior', 'Préco', 'Short Top'… ont été développées, chacune adaptée à des exigences culturales particulières.

• *La 'Rouge-noir plate d'Egypte'*
Elle a été mise sur le marché en 1879, et son succès, rapide, a été durable en raison de sa précocité, de sa résistance à la montée en graine, de son bel aspect (peau très lisse, chair rouge sang foncé). Sa racine – arrondie, aplatie, de la grosseur du poing – se développe presque totalement hors de terre. Ses qualités de base se retrouvent dans une de ses formes améliorées, la 'Noire d'Egypte'.

La betterave 'Rouge-noir d'Egypte'

• *La 'Rouge grosse'*
Comme la 'Crapaudine', elle est une des plus anciennes betteraves françaises. Dans la variété type, elle peut atteindre 45 centimètres de long et est assez régulièrement cylindrique sur presque toute sa longueur, avec un diamètre maximal de 10 centimètres. Le collet sort de terre de 15 à 20 centimètres. Les feuilles, rouge-noir, sont nombreuses, larges, dressées. Les pétioles sont rouge sang.

Différents types de betteraves potagères : plate, ronde et longue

III. AU JARDIN POTAGER

Parentes, la blette et la betterave partagent plusieurs caractéristiques culturales. Elles doivent à leur ancêtre commun, qui croît à la limite des marées, de tolérer des taux de salinité supérieurs à ceux supportés par d'autres légumes. Toutes deux aiment des terres profondes. Elles affrontent pour l'essentiel les mêmes ravageurs et les mêmes maladies… Les différences sont cependant suffisantes pour que l'on traite séparément de leurs exigences culturales.

La blette

Bisannuelle pouvant être cultivée comme annuelle (et évitant dans ce cas les risques de montée prématurée en graine), la blette est de culture facile à condition que soient prises quelques précautions. Si elle aime les expositions ensoleillées, avec un climat tempéré humide, elle supporte aussi un climat un peu froid, mais redoute la sécheresse. C'est dire qu'elle peut croître partout dans l'Hexagone.

• *Le sol*

La blette aime les sols frais, humifères, profonds, de préférence argilo-siliceux. Avec des apports d'eau et de fumure, elle s'accommode toutefois de terres diverses. Elle apprécie la présence d'humus et des arrosages réguliers pendant tout son cycle. Il est souhaitable que la terre ait une consistance finement grumeleuse et soit suffisamment raffermie pour faciliter l'ancrage des plants. Entre deux plantations de Chénopodiacées (blettes, betteraves, épinards…), une rotation de trois, voire de quatre ans est nécessaire.

A privilégier dans une culture familiale, la fumure organique a les effets les plus bénéfiques. Le mieux est de procéder aux apports lors de la préparation de la terre en automne. Il faut compter 4 à 5 kilos de fumier de ferme bien mûr, ou 2 kilos de marc de raisin composté au mètre carré. Cet apport de fumure organique introduit en outre un minéral indispensable, le bore (une carence provoque une nécrose du cœur). Les défenseurs d'une agriculture douce préconisent aussi des arrosages fréquents au purin d'ortie.

La peau de la racine est noir violacé. La chair rouge foncé, devenant plus claire à la cuisson, est de bonne saveur.

Pendant longtemps, ce fut la betterave la plus ordinairement cultivée dans le Bassin parisien, et on la vendait cuite sur les marchés de la capitale. La variété moderne 'Cylindra', à racine longue et régulièrement ronde, à chair rouge foncé, mériterait plus d'attention des producteurs. D'autant plus que la régularité de sa forme faciliterait le travail de conditionnement et, dans la restauration, autoriserait une présentation du légume plus originale que celle, banale, en petits cubes.

Nombreuses sont les variétés mises au point par les horticulteurs depuis des siècles. Une certaine fermeture hexagonale a parfois fait ignorer ou ne pas accueillir comme il aurait convenu des variétés étrangères. Citons par exemple 'Albina Vereduna' (à racine sphérique blanche, très sucrée), 'Burpee's Golden' (également sphérique, jaune doré, de saveur comparable aux rouges), 'Mac Gregor's Favorite' (ancienne variété écossaise, à racine longue et rouge, aux feuilles étroites et rouge brillant).

Des modes changeantes et souvent injustes ont également fait oublier ou négliger des variétés françaises intéressantes. Dans son livre de référence *(Les Légumes…)*, Désiré Bois nous dit ainsi de la 'Jaune ronde sucrée', à racine arrondie en forme de toupie, qu'elle a "la peau jaune orangé et la chair jaune vif, zonée de jaune pâle ou de blanc", qu'elle "prend une belle teinte orangée à la cuisson", et surtout qu'elle est très sucrée et d'excellente qualité.

En bref, des introductions et des restaurations sont à souhaiter…

• *Le semis*
Les graines peuvent germer dans une fourchette de températures assez large, de 5 à 25 degrés. L'époque du semis dépendra en conséquence de la période de production souhaitée ; ceci en choisissant des variétés adaptées à la région, et en tenant compte du fait que des feuilles aptes à la récolte pourront geler facilement. Les jeunes plantes peuvent en revanche traverser un hiver doux, en supportant des chutes momentanées de température pouvant aller jusqu'à - 2 ou - 5 degrés (à condition d'avoir été buttées ou protégées par des feuilles mortes).

La profondeur d'enfouissement des graines (glomérules) est de 2 à 3 centimètres. Le semis peut s'effectuer de deux façons, soit en pépinière (avec une transplantation ensuite), soit en place.

Dans le semis direct, en place et en ligne, il faut prévoir une quinzaine de graines au mètre linéaire, à planter en poquets. La levée a lieu au bout d'une dizaine de jours. L'éclaircissage, effectué au stade où les plantules ont 2 ou 3 vraies feuilles, et 4 centimètres de haut environ, ne conserve qu'une plantule tous les 20, 30 ou 40 centimètres. Les lignes, quant à elles, doivent être espacées de 40 à 70 centimètres. La taille de la variété est évidemment à prendre en considération.

Il est surtout recouru au semis en pépinière, en mottes, lorsqu'on vise une production précoce ou une installation tardive en place, après une autre culture. Suivant le cas, c'est donc en février (sous châssis), ou encore en mai-juillet, qu'il est procédé à ce type de semis. La production en mottes permet de réduire les chocs à la reprise d'une transplantation à racines nues. La production des plants appelle une plantation de 2 graines par motte de 4 à 5 centimètres, une température de 15 à 17 degrés pour assurer la levée, un démarrage précoce (au stade de 1 à 2 vraies feuilles).

• *Les saisons de la culture*
Pour une culture précoce, on sème sous châssis dès février-mars, en vue d'une plantation en avril. La récolte a lieu de juin à septembre.

Dans la culture de saison, culture que l'on peut qualifier d'ordinaire, les semis sont faits directement en place, entre avril et juin ; la récolte se fait jusqu'à l'entrée de l'hiver. Conviennent particulièrement les 'Blonde' et les 'Verte à cardes blanches' (Ampuis, Bressane, de Paris).

Dans la culture méridionale d'arrière-saison, les semis ont lieu en pépinière en août-septembre, et la mise en place a lieu avec les pluies d'automne, en octobre ou début septembre : récolte – parfois inégale en raison des conditions atmosphériques – en hiver et au printemps. Variété recommandée, la 'Verte à cardes blanches', race de Nice.

Le sarcloir

La culture hivernée est plus aléatoire. Elle réclame un sol très sain, sans humidité stagnante. Le semis, début juillet, en pépinière, permet d'affecter le terrain à d'autres légumes en attendant la transplantation des plantules, fin août ou début septembre. La production a lieu en automne et – les pieds ayant été protégés pour traverser l'hiver – reprend au début du printemps.

• *Les soins culturaux et la récolte*
Les blettes supportent très mal la sécheresse, aussi est-il nécessaire de compléter les précipitations par des arrosages qui devront pénétrer la terre en profondeur. Il est nécessaire de sarcler et de biner régulièrement. Afin d'améliorer l'épaisseur des cardes et de favoriser leur blanchiment, on pourra butter les pieds.

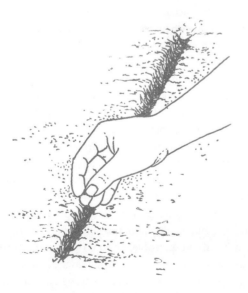

Semis de blettes

La récolte commence 60 à 70 jours après le semis. Les feuilles extérieures sont seules prélevées, une à une, près du pied. L'opération s'effectue de préférence le matin, lorsque les tissus sont bien gorgés de sève.

Trop de facteurs pèsent sur les résultats d'une culture pour qu'on puisse donner un chiffre précis de rendement. Pour le type de production envisagé ici, la fourchette pourra varier de 6 à 9 ou 10 kilos au mètre carré.

Il est d'usage dans plusieurs régions, en particulier à Nice, de conditionner les blettes en bouquets de huit à dix feuilles, nouées par un brin de raphia.

• *Les maladies*
Des précautions de base sont nécessaires pour limiter leur menace : désinfection du terreau destiné à recevoir un semis (prévention de la fonte), plantation assez espacée et aérée, désherbages réguliers pour limiter l'humidité stagnante…

La cercosporiose et la ramulariose provoquent des petites taches rondes, bordées de rouge et nécrosées au centre. Puis la feuille jaunit et se dessèche. Un air doux et humide les favorise. Les cultures sous abri sont donc plus menacées que le jardin potager familial. Des arrosages le matin permettront d'éviter que le feuillage ne reste trop longtemps humide, ce qui est un facteur de développement des maladies cryptogamiques.

Le mildiou est lui aussi favorisé par une atmosphère douce et humide. Il développe des taches jaunâtres, irrégulières, cloquées, sur la face externe des feuilles, et un feutrage violacé caractéristique sur leur face interne. Les feuilles se dessèchent ensuite. En cas d'infection, un arrachage suivi d'une ample rotation des cultures (pour éliminer les spores infectant les débris organiques) sont nécessaires.

D'autres maladies, encore moins fréquentes, peuvent encore compromettre une culture de blettes : phoma, oïdium, rouille… Leur menace étant marginale dans un simple potager, elles ne nécessitent pas, le plus souvent, le recours à des produits dont certains jardiniers auraient tendance à abuser.

• *Les ravageurs*
Les risques, avec chacun, sont variables. Ils diffèrent en outre d'une région à l'autre. Leur énumération ne traduit donc pas une particulière sensibilité de la blette à leurs attaques :

– mineuses : nécroses ponctuelles des feuilles liées aux piqûres nutritionnelles de l'insecte, puis galeries dans le limbe (surtout dans le Sud-Est) ;

– noctuelles défoliatrices : attaques et grave dépréciation des feuilles ;

– altises : piqûres et perforations des feuilles ;

L'altise

– pégomyie, ou "mouche mineuse" : galeries entre les deux épidermes des feuilles, qui jaunissent et se nécrosent ;

– pucerons verts et noirs : ce dernier peut en outre être vecteur de viroses (jaunisse de la betterave) ;

UNE CULTURE TRADITIONNELLE

Comme dans le reste du comté de Nice, la blette est à l'honneur dans le pays de la Roya. C'est "le" légume par excellence : entre Breil et Tende, on ne compte pas moins de sept recettes où elle est présente. Elle est cultivée aussi bien dans l'*ort*, jardin irrigable plus ou moins proche du village, que dans le *caïroun*, potager jouxtant la maison et dépassant rarement l'are.

La blette dite "breilloise", au feuillage vert clair, tendre, exige après cueillette un emploi immédiat. Un autre type, au feuillage vert sombre, à larges côtes, s'apparente à la blette de Nice.

Les semis ont lieu de février à avril, avec repiquage en mai. Mais à côté de cette culture "classique", une tradition culturale, à Breil, laisse croître les blettes de manière semi-spontanée. Est-ce pour cela qu'elles sont appelées ici "erbe" ? Lors des labours, quelques pieds sont conservés au bord des planches pour fructification. Les graines, ensuite, essaiment et les plantes qui en sont issues sont conservées au milieu des nouvelles plantations. Les "anciens" étaient persuadés que ces plantes redevenues à moitié sauvages acquéraient une plus grande vigueur.

– acariens : sclérose du cœur de la plante et changement de couleur des feuilles, qui virent au gris plombé.

Différents produits, généraux ou spécifiques d'une maladie ou d'un ravageur, existent dans le commerce. Une bonne prévention et des traitements naturels doivent, autant que faire se peut, leur être préférés. Ainsi, s'agissant des mouches mineuses, on pourra se borner à couper et brûler les feuilles atteintes dès les premières attaques.

LA BLETTE : UNE ÉCONOMIE ARTISANALE

En France, la blette évoque d'abord le jardin familial. Il est de ce fait difficile d'indiquer précisément les surfaces cultivées. Il y a quelques années, elles étaient estimées à 2 000 hectares.

Les grandes zones de production sont la région Rhône-Alpes et le Sud-Est, en particulier les Alpes-Maritimes. La vallée du Var, dans le pays niçois, et celle de la Siagne, à l'ouest de Cannes, produisent au total 7 000 à 8 000 tonnes de blettes à grosses côtes. Il s'agit essentiellement de 'Verte à cardes blanches de Nice', dont la hauteur peut dépasser 70 centimètres, et les côtes atteindre 15 centimètres de large ! De soixante-dix à quatre-vingts maraîchers assurent cette production, qui est expédiée à Grenoble et Saint-Etienne, Lyon et Paris ou Lille, et écoulée sur les marchés de gros. Une autre partie de la production niçoise est constituée par de la blette à petites feuilles ("presque sauvage", dit-on), privilégiée dans la cuisine traditionnelle du comté. Elle n'atteint qu'une trentaine de centimètres, possède un limbe plat, des côtes peu développées et une couleur vert tendre. Nombre de petits maraîchers la cultivent, et produisent bon an mal an 500 à 800 tonnes aisément écoulées sur les marchés de la région.

Dans l'Union européenne, les principaux producteurs autres sont, d'une part l'Espagne avec 1 200 hectares, et surtout l'Italie (avec 250 hectares sous abri et 4 000 hectares de plein champ).

La betterave

La betterave est une bisannuelle, mais la récolte intervient avant la phase reproductrice, c'est-à-dire au cours de la première année de plantation. La racine a pris alors l'allure du tubercule que l'on connaît, qui a atteint – partie dans le sol, partie hors sol – une taille et une maturité suffisantes.

• *Le sol*

La betterave a une préférence pour les terres assez fortes, riches, argilo-siliceuses et faiblement calcaires. Elle est cependant assez accommodante, pour autant que des matières organiques soient présentes en quantité suffisante dans le sol. Sa tolérance à la salinité a déjà été soulignée. Des pH de 5,8 à 7,5 sont acceptés. Rappelons également qu'une rotation d'au moins trois ans est nécessaire, et qu'une culture de betteraves ne doit jamais suivre celle de blettes ou d'épinards.

Durant l'automne précédant un semis, il est conseillé d'enfouir 4 à 5 kilos de fumier bien décomposé par mètre carré. Les prélèvements que la betterave fait dans le sol sont concentrés sur une période de végétation assez courte, de l'ordre de 2 mois à 2 mois et demi, et il est donc important que les éléments nutritifs nécessaires soient immédiatement disponibles dans la terre et facilement assimilables.

• *Le semis*

Le semis en ligne, directement en pleine terre, est traditionnel. L'espacement entre les lignes doit être de l'ordre de 30 centimètres environ. Les glomérules seront enterrés sous 2 ou 3 centimètres de terre fine, plombée afin d'assurer une levée régulière.

La date du semis variera en fonction du lieu et du type de récolte recherché. De manière générale, il faut compter un peu moins de 3 mois entre semis et récolte. Dans les régions à hiver doux (Midi), les semis peuvent commencer dès février-mars. Dans ce cas, en choisissant des variétés hâtives, la production peut intervenir dès mai, et se poursuivre en juin-juillet. En revanche, dans le Centre, au nord du Massif central, c'est à partir de mars que des semis permettront d'étaler la récolte de juin à octobre. Enfin, dans le Nord et dans l'Est, les semis devront être décalés en mai et juin. Dans ce dernier cas, ce sont des variétés destinées à la conservation qui seront préférées.

Le démariage des betteraves

La levée intervient en une quinzaine de jours. Les semences étant normalement multigermes, il faut procéder à un démariage. Celui-ci, qui intervient lorsque les plantules ont 2 ou 3 feuilles, s'effectue en deux temps. Dans un premier temps, à la binette, on isole des bouquets de plantules espacés d'une vingtaine de centimètres. Dans un deuxième temps, lorsque les plantules ont 4 ou 5 feuilles, on enlève à la main dans chaque bouquet les plantules surnuméraires en ne laissant que le plus beau sujet. Un arrosage doit suivre pour ramener la terre autour du pied (rechaussage).

Signalons qu'on trouve désormais dans le commerce des semences monogermes génétiques qui n'exigent plus ou simplifient le démariage. Un semis en pépinière peut aussi être pratiqué. Il permet des mises en place tôt dans la saison, mais nécessite alors des précautions : pour éviter une déformation de la future betterave, la racine doit être soigneusement insérée, bien en long, dans le trou de plantation.

• *Les soins culturaux et la protection phytosanitaire*

Les soins culturaux consisteront pour l'essentiel en binages. La betterave est nettement moins exigeante en eau que la poirée, mais des arrosages s'imposent en cas de sécheresse car le légume doit croître de manière continue pour acquérir toutes les qualités recherchées. Dans le Midi, pour recevoir ces arrosages, la betterave était située au sommet de petits ados (sortes de talus destinés à protéger les plantes des intempéries), les ados étant séparés par des sillons dans lesquels on faisait arriver l'eau.

Plusieurs ravageurs (altises, noctuelles, pégomyie, pucerons noirs et verts) et maladies s'attaquant au feuillage sont communs à la blette et à la betterave. Plus spécifiques de la betterave, on citera la jaunisse (un virus provoque une chlorose de couleur jaune à cuivrée entre les nervures, et rend cassant le limbe), les cassides et les silphes (coléoptères brouteurs), ou encore la teigne dont les attaques se traduisent par la présence de filaments et de chenilles roses dans le cœur de la plante.

Le collet et/ou la racine ont d'autres ennemis. Outre les rhizoctones, communs à la blette et à la betterave, on peut mentionner la sclérotiniose, les atomaires, les scutigerelles, les nématodes à kystes. Cette inquiétante énumération ne doit surtout pas accréditer l'idée que la culture de la betterave tient du parcours du combattant. Les ennemis cités ne sont pas également menaçants. Une politique appropriée de prévention (respect des rotations, assainissement des sols, maîtrise de l'humidité, choix des variétés, binages et sarclages…) permettra de les écarter du potager. Certains auteurs vont même jusqu'à affirmer que "la betterave craint peu de ravageurs ou de maladies"…

• *La conservation*

Pour une consommation pendant la belle saison, les betteraves seront si possible maintenues en terre, au potager, et ne seront arrachées qu'au moment de leur préparation. La conservation dans un local frais s'impose, sinon, entre les deux opérations.

Le vieillissement en terre est à déconseiller, surtout à l'approche de gelées. Pour les betteraves de garde, l'arrachage intervient au début de l'automne, par temps sec. Si le temps le permet, elles sont laissées pendant deux ou

Le sarclage des betteraves

trois jours sur le sol. Elles sont ensuite triées (les racines blessées étant écartées), puis ressuyées, tandis que les fanes sont coupées au-dessus du collet. Si les quantités sont assez importantes, la conservation peut avoir lieu en meule, dans une cave obscure par exemple. Pour de petites quantités, les betteraves seront disposées dans des caisses (sans qu'elles se touchent), recouvertes de sable, puis les caisses seront rangées dans un local frais, à l'abri du gel.

L'ÉCONOMIE DE LA BETTERAVE

Face à l'agro-industrie sucrière, il est malaisé d'évoquer l'économie de la seule betterave potagère : on songe à Gulliver confronté aux géants de Brobdingnag.

La première concerne 450 000 hectares environ, soit 2,5 % des terres labourables, et se concentre dans le quart nord-est du pays.

Rien de tel avec notre betterave potagère : inférieure à 100 000 tonnes, sa production est mieux répartie, avec de forts ancrages (Centre et Ile-de-France, Nord, Bretagne, côte atlantique…) et des bassins maraîchers régionaux. Petits maraîchages et culture familiale occupent une place significative. Au total, 3 000 à 3 500 hectares sont concernés.

En Provence, le pays de Gardanne est typique d'une longue tradition culturale. On y produisait une solide 'Crapaudine' qui fut très appréciée à Marseille. Curnonsky la mentionne dans son Trésor gastronomique de la France. Elle a cédé la place à des variétés adaptées à une nouvelle demande et, surtout, aux exigences des conserveurs.

La France et l'Angleterre assurent à elles deux les deux tiers de la production de l'Union européenne, soit 300 000 tonnes environ. Des pays comme l'Italie, l'Allemagne et les Pays-Bas oscillent, chacun, entre 20 000 et 30 000 tonnes. La Grèce, enfin, produit un peu moins de 20 000 tonnes.

IV. AU PAYS DES SIMPLES

Apollon, on le sait, appréciait qu'on lui fît offrande de "poirées d'argent". En raison de cette élection divine, la blette devrait occuper une place de choix dans l'imaginaire collectif. Or, lorsqu'elle est mentionnée, c'est en général avec une connotation dépréciative. La tonalité est la même pour la betterave (on retrouve là, d'ailleurs, une réserve qui a longtemps été associée à d'autres "humbles" du jardin, tel le pois chiche). L'injustice est manifeste car, comme on le verra, la cuisine s'est montrée plus avisée. Elle est d'autant plus grande que, quoique très différents, les deux légumes figurent parmi les plus anciens hôtes de nos potagers. Nous devons leur être reconnaissants d'avoir toujours fidèlement alimenté la marmite paysanne. Et ceci en lui ajoutant parfois la touche de finesse nécessaire : ainsi, lorsque *Le Ménagier de Paris* ou le *Viandier*, deux de nos anciens traités de cuisine, donnent la recette de la porée de cresson, une préparation jadis très appréciée, ils recommandent expressément d'y joindre une poignée de blettes…

Dictons et proverbes : des légumes prolétaires…

La betterave, et la poirée avant elle, ne constitue pas une référence valorisante dans les citations où on l'évoque. "Avoir un nez de betterave" : l'expression, rapportée par Claude Duneton dans son pittoresque *Bouquet des expressions imagées*, date du XVIIe siècle et se passe de commentaires. De même pour le québécois "devenir rouge comme une blette". Le proverbe de chez nous affirmant que faute de grives on mange des merles devient en Perse : "Là où on manque de fruits, la betterave est la reine des agrumes"… Dans son *Trésor du félibrige*, Frédéric Mistral cite l'expression provençale "estre court de blédo", pour "être dans le dénûment". En Béarn, on trouve également "non baon pas u blétt" ("ça ne vaut pas une blette"). Dans la même veine, en Provence encore, "tremoular coumo uno blédo" ("trembler comme une blette") ou "cagar de blédo" (la traduction est inutile) ne renvoient pas précisément à la vaillance. Dans le Morvan, "tomber dans les blettes", c'est s'évanouir.

Cette image négative, on en trouve la trace dans un lointain passé, et déjà chez Dioscoride, dans l'Antiquité, ou chez un auteur médiéval arabe comme Masserdjouih. Elle transparaît même dans le traité de jardinage de La Quintinie, *Instructions pour les jardins fruitiers et potagers*, où, après avoir donné des conseils de culture pour la poirée, l'illustre jardinier de Louis XIV conseille d'en planter "des rangées parmi les artichauts, tant pour profiter de la place que pour y servir pendant l'hiver de nourriture aux mulots, qui sans cela rongeraient les pieds d'artichaut, dont la perte est plus grande que celle des pieds de poirée".

Redescendons en Provence, et nous retrouvons le même dédain : ainsi, dans un contrat passé par l'abbaye Saint-Victor de Marseille au début du XVe siècle, il est spécifié que de carême-prenant à Pâques le laboureur contractant devra livrer des épinards à la cuisine de l'abbé et du couvent, et s'il est accepté qu'un jour sur deux ces épinards puissent être mêlés de blettes, on perçoit qu'il n'y a là que simple tolérance… Dieu merci, on ne trouve pas semblable réserve dans toutes les régions occitanes.

Si la betterave doit à sa rusticité une image en général moins mièvre, elle lui doit aussi d'être associée à l'animalité, au sang et à une sexualité vigoureuse. Dans le langage populaire, autrefois en Grèce, une betterave désignait un membre viril particulièrement développé. Est-ce pour cela qu'aujourd'hui encore, à Moscou, il serait impoli, voire injurieux, de féliciter une jeune fille aux joues rougies par le froid en lui disant qu'elle a un teint de betterave ?

Souvent, lorsqu'on intègre la betterave à un autre aliment, n'est-ce pas surtout pour exploiter son joli rouge ? Il en allait ainsi dans la Rome antique où, d'après Pline, les gargotiers l'utilisaient pour redonner une apparence de tonus à des vins trop baptisés. En Alsace, le cervelas régional ne lui doit-il pas son rose soutenu ? Et la coloration de certaines préparations de harissa, ce condiment cher aux Tunisiens, n'est-elle pas parfois rehaussée par du suc de betterave ?

Superstitions et pratiques magiques

Animaux et plantes interviennent souvent dans les rituels magiques. Par ailleurs, entre magie et médecine, la frontière a longtemps été floue. La blette et, dans une moindre mesure, la betterave apparaissent tout au long de cet itinéraire culturel.

Savoir-faire paysan et superstitions sont au départ étroitement liés. Lorsqu'on affirmait, en Touraine, que "pour avoir de la belle poirée, il faut biner le 1er mars avant le lever du soleil", ce conseil de culture trop précis relevait-il de la patiente observation du jardinier ou d'anciennes croyances liées au niveau du soleil sur l'horizon, à ce moment précis de l'hiver finissant ? Le précepte breton qui conseillait de planter des blettes le 24 juin, jour de la Saint-Jean proche du solstice d'été, suscite une interrogation analogue.

D'autres affirmations sont plus proches de la seule expérience paysanne, tel le conseil que reprend Olivier de Serres de semer la poirée "en croissant de lune". Tel, également, le constat que "des feuilles de blettes molles à la Toussaint annoncent un hiver froid", ou encore que "des betteraves montrant l'envers de leurs feuilles annoncent la pluie".

Pure magie, en revanche, dans une superstition du XVe siècle que rapporte Paul Sébillot (*Le Folklore de France*,

La blette, d'après Fuchs, XVIe siècle

la Flore). Prise à une certaine heure, telle ou telle plante potagère pouvait devenir funeste. C'est ainsi que *Les Evangiles des quenouilles* affirment : "Qui cueille ou eslit la porée le samedy après nonne pour le dimanche cuire et mengier, il en vient de legier, à celles qui ce font, le mal que l'on dist le joyel Nostre Dame." En revanche, ces mêmes "évangiles" prêtent une vertu bénéfique à la blette : "Quand poix ou poirée boueillent au pot qui est mis jus du feu, sachiez pour vray que en cestui hostel n'y a nulles sorcières."

La symbolique, qui elle aussi touche souvent à la magie, n'a pas oublié la blette : on découvre ainsi dans un *Traité curieux des couleurs* de 1647 que la bette blanche annonce : "Le temps se perd", alors que la bette rouge signifie : "N'y pensez plus…"

Ainsi qu'on l'a vu, la betterave est plus directement évocatrice de l'amour. Les pactes d'envoûtement amoureux sont souvent rédigés avec son jus, peut-être parce que sa couleur évoque, ou se substitue, à l'échange des sangs. Dans son *Encyclopédie des herbes magiques*, Scott Cunningham rapporte la croyance suivante : "Si un homme et une femme légèrement plus âgée que lui mangent ensemble d'une même betterave, en se regardant dans les yeux, ils éprouveront une violente passion l'un pour l'autre." C'est sans doute un vœu destiné à susciter l'amour, également, que prévoit une autre procédure magique : elle consiste à mettre une betterave sur un récipient en cristal à moitié rempli d'eau, à placer l'ensemble dans la pénombre et à invoquer le nom de "Sheva" tout en formulant le vœu. Si le rituel a été scrupuleusement respecté, la betterave va bourgeonner et le vœu se réalisera… Mircea Eliade rapporte une croyance nordique selon laquelle seules les betteraves ensemencées par une femme seraient douces : il était autrefois d'usage, en Finlande, que les femmes apportent les semences au champ dans leur chemise menstruelle.

Du philtre au clystère

Molière, qui a férocement traité les médecins de son temps, a imposé l'image de médicastres ne sachant que saigner ou administrer des clystères. Le clystère, symbole d'une médecine démunie de moyens, était préconisé dans mille cas. Chaque fois, la composition variait, mais la blette était

L'herboriste (d'après une gravure du XVᵉ siècle)

souvent présente. Dès le XVIᵉ siècle, Rembert Dodoens affirmait qu'entre autres bienfaits, "la bete mise au fondement amollit le ventre". Olivier de Serres poursuivra dans la même voie. S'il s'agit de soulager la colique, "maladie des boyaux, dont la douleur s'estend par tout le ventre, avec grande violence, et aspres passions, fort difficiles à supporter, pour desquelles deslivrer le patient, est nécessaire d'employer prompts remèdes", il préconise "un clystère molificatif, faict de la décoction de betes, mauves, violes, anis, fenugrec, avec casse, miel et huile d'olive". Un emplâtre fait avec toutes les herbes résiduelles, "chaudes ou fricassées", doit être appliqué entre deux linges "sur la partie dolente". On n'entrera bien sûr pas dans le détail des autres clystères : que l'un soit destiné à soulager l'"iliaque passion" ("quand la colique est causée de ventosité, […] les boyaux menant bruit, avec torture et grande douleur"), que l'autre vise à traiter la constipation, toujours la blette est requise.

N'ironisons pas trop, aujourd'hui, sur cette médecine "de bonne femme" : il y a quelques dizaines d'années encore, l'*escudet* nissart, qu'on plaçait sur le nombril des enfants et qui était censé chasser les vers intestinaux, se présentait comme un emplâtre d'étoupe recouvert d'un onguent fait de blanc d'œuf, d'encens et d'eau-de-vie…

Quand on sait ce qu'étaient les disettes et la mortalité infantile de jadis, on comprend que l'allaitement des bébés était une préoccupation première : pour "abonder en laict", les nourrices devaient entre autres absorber "du jus de betes exprimé, après avoir escraché ces herbes au mortier". Les conditions d'hygiène de l'époque expliquent aussi "les grattelles et démangeaisons générales de la personne" : pour les traiter, il était recommandé de se plonger dans un bain préparé avec différentes "herbes", dont la blette, en ajoutant du sel et du nitre… Le rapprochement est-il forcé si l'on rappelle qu'au siècle dernier, dans certaines parties du Dauphiné, la teigne était encore traitée par des emplâtres de choux ou de blettes ?

En observant ce qu'affirmaient les médecins et apothicaires grecs de l'Antiquité, puis les Arabes qui ont repris et développé leur savoir, on découvre un immense fonds commun de croyances et de pratiques plus ou moins fondées sur l'expérience, fonds commun dans lequel il a été puisé pour nombre des "traitements" évoqués plus haut. Comment résister au plaisir anecdotique de citer quelques pratiques qui paraissent surprenantes à l'observateur d'aujourd'hui ? Elles sont décrites par Ibn al-Baytâr, au tout début du XIIIe siècle. Dans son *Traité des simples*, ce botaniste et médecin arabe a compilé le savoir médical de l'époque tout en renvoyant aux auteurs. La betterave n'est pas mentionnée, et l'humble blette – *silk*, en arabe – prend sa revanche dans le champ de la thérapeutique des humiliations subies ailleurs. Lorsque la racine de la blette noire est cuite avec des lentilles, il nous est dit qu'elle resserre le ventre, alors que la blette blanche le relâche (c'est ce qu'affirmaient déjà Dioscoride et Galien, au début de notre ère). Le jus de blettes employé en friction tuera les poux et guérira les dartres, disait-on aussi. Autour de l'an mille, Avicenne recommandait un cataplasme de feuilles de blettes pour "faire tomber" les verrues. Le même Avicenne affirmait aussi qu'une décoction de blettes mélangée avec du fiel de grue et injectée dans le nez pouvait réduire les tics faciaux… En raison des perspectives directement pratiques qu'il ouvre, un autre auteur médiéval arabe, El Ghafeky, doit encore être cité : il affirmait en effet que "la blette excite quelquefois au coït", et aussi que, "versé dans le vin, le suc de sa feuille le fait tourner en vinaigre au bout de deux heures, et versé dans du vinaigre, il le change en vin au bout de quatre heures"…

Sans surprendre, des traitements proches sont préconisés en terre chrétienne comme en pays d'Islam : à défaut d'exprimer des références communes à une médecine expérimentale encore balbutiante, ils traduisent sans doute des emprunts parallèles aux mêmes compilations. Ainsi, reprenant *Le Livre des expériences*, Ibn al-Baytâr préconise-t-il d'injecter du suc de blette dans les narines pour les désobstruer, et ajoute qu'il est "utile dans les afflux d'humeurs à

DU DIÉTÉTICIEN AU CHIMISTE

La blette et la betterave ont une valeur diététique reconnue. La première contient des vitamines A et C. Elle est riche en éléments minéraux (potassium, magnésium, calcium, soufre et fer). Ses vertus rafraîchissantes, émollientes et laxatives sont appréciées en herboristerie. Seul point noir : avec la laitue de serre et le radis, elle figure parmi les légumes riches en nitrates. Ceci doit inciter à la prudence dans le recours aux engrais azotés.

La betterave, comme la blette, apporte vitamines et sels minéraux. Des diététiciens vont jusqu'à recommander une cure d'un mois, à raison d'un verre tous les matins, de jus de betterave fraîche.

Dans des domaines inattendus, la betterave trouve des emplois nouveaux et croissants. Ainsi dans l'industrie des détergents, où elle présente évidemment l'avantage de constituer un matériau de base biodégradable. Sa pulpe renferme des substances tensioactives qui augmentent le pouvoir d'étalement et de mouillage des produits de lavage pour la vaisselle, les sols ou les vitres. Cette pulpe peut entrer aussi dans la composition de dentifrices, de bains moussants, ou encore de shampooings… La liste n'est pas close.

la poitrine, en détournant les matières par la voie des narines". Olivier de Serres, quelques siècles après, affirmera pour sa part : "Le nés étant fermé par humeur empeschant la respiration, s'ouvrira par les sucs de bete et de marjolaine, incorporés en huile d'amandes amères, meslés ensemble et tirés par le néz."

Douceurs d'autrefois

On n'achèvera pas notre tour d'horizon des croyances et pratiques populaires sur les bizarreries qui précèdent. Des utilisations moins déroutantes furent en effet réservées à la blette et à la betterave, et cela en cuisine. A ce titre, elles pourraient figurer au chapitre suivant ; mais ces utilisations sont tombées en désuétude, et leur rappel renvoie d'abord à des modes de conservation des aliments aujourd'hui abandonnés pour la plupart. Rien n'interdit, au demeurant, d'en essayer expérimentalement certaines recettes.

Au XVIIe siècle, "la façon des confitures", dont le sens était beaucoup plus large que de nos jours, recouvrait plusieurs modes de conservation. Comme aujourd'hui, la conservation dans le vinaigre était pratiquée. Olivier de Serres la préconise pour les côtes de blettes, pour les câpres, le fenouil, le pourpier… De manière plus originale, il recommande des confitures au moût de raisin : "Au moust, sont faictes de fort bonnes confitures, ne cédans de beaucoup à celles du miel, pourveu que le moust procède de raisins exquis, crus en vigne vieille, size en pays sec, exposée au soleil." Pour cette préparation, "les costes de poirée seront choisies grosses et tendres, coupées de la longueur de demi-pied". Le moût mis à bouillir, écumé, ne reçoit les côtes (précuites à l'eau) que lorsqu'il est réduit de moitié. En fin de cuisson, de la cannelle en poudre est ajoutée. L'ensemble – côtes "confites" et moût concentré – peut être conservé en pots bien clos.

V. LES PLAISIRS DU PALAIS

Reconnaissons-le d'entrée de jeu : Ménandre, Pline l'Ancien, Martial, et aussi – hélas ! – Apicius, ont contribué très tôt à la réputation de fadeur de la blette. A Rome, il était fortement conseillé de la relever avec du cumin, de la coriandre et, surtout, du garum. Lorsque la betterave survint, à son tour d'aucuns la trouvèrent rustaude.

Sélectionnées parmi cent autres, les recettes données ci-après s'efforceront de réduire ces préjugés. En fait, les qualités de nos deux légumes ont été découvertes très tôt. Dans une lettre à un ami, Cicéron évoque une malheureuse indigestion de blettes et de mauves : si notre chénopodiacée avait eu aussi peu de goût qu'on le prétend, Cicéron se serait-il empiffré comme il l'a fait ?

Sautons quelques siècles, pour retrouver au Moyen Age plusieurs préparations qui honorent la bette : il y a la porée bien sûr, mais également tel plat de carême où, mêlée d'épinards et de bourrache, la blette cuit dans un lait d'amandes avant d'accueillir un hachis de tanche, des épices, du safran et du sucre…

Quelques siècles encore, et nous arrivons au XVIIIe pour découvrir aux Etats-Unis la *Pennsylvania Dutch pie* qui associe blette, oseille et sucre roux.

Longtemps, la betterave a eu un emploi qui s'est malheureusement perdu, en accompagnement d'un rôti : "La racine est rengée entre les viandes délicates, dont le jus qu'elle rend en cuisant, semblable au syrop au succre, est très beau à voir pour sa vermeille couleur." Au milieu du XIXe siècle, cet emploi était encore fréquent et des variétés à chair jaune étaient souvent utilisées. Mais c'est en salade que la betterave a été dès lors apprêtée pour l'essentiel. Il était recommandé d'effectuer la cuisson sous la cendre ou dans un four à pain. Coupée en dés, la racine est accompagnée de mâche ou de barbe-de-capucin. Une pointe d'ail introduira un contraste savoureux…

Ces évocations, pas plus que les recettes à venir, n'épuisent l'inventivité des cuisiniers : en laissant aux curieux le soin d'en découvrir l'origine ainsi que la composition, citons *trulles, ralholas, cigrons amb bledes, calhetas, piech, quicous, barba-jouan, medfouna*…

Comme le montrent deux "créations", l'une australienne, l'autre américaine, l'inventivité ne s'est pas tarie. Le sandwich national australien, qui est un empilement hasardeux de viandes, fromages, œuf frit, bacon, tomate et crudités…, auprès duquel le *Super-Mac* tient de la crêpe, n'est complet *("with the lot")* que si une épaisse tranche de betterave, rouge et juteuse, vient couronner l'empilement. Aux Etats-Unis, un glacier à la mode new-yorkais a introduit l'année dernière de nouvelles saveurs dans ses crèmes glacées : on découvre ainsi une glace à la betterave, création bien raisonnable à côté des glaces au cumin ou à l'ail qui figurent aussi sur sa carte… Mais, on va le constater, des préparations plus classiques peuvent aussi être sophistiquées.

• *Galettes vertes*
De la Tinée à l'Aveyron, dans plusieurs pays occitans où l'on cultive la blette, cette dernière est à la base d'une préparation simple et rapide. Accompagnées d'une salade, par exemple de pissenlits frais, les galettes vertes constitueront un repas du soir savoureux. La recette ci-après est celle du *farcous* rouergat.

1 bouquet de blettes à grandes feuilles ; 1 bouquet de persil ; 1 oignon ; 1 à 2 gousses d'ail ; 4 verres de farine ; 4 verres de lait ; 2 ou 3 œufs ; sel et poivre.

Laver soigneusement les feuilles de blettes avant d'ôter les côtes (à réserver pour un autre emploi). Egoutter le "vert" avant de le ciseler sommairement. Hacher finement le persil, l'oignon et l'ail. Mettre le tout dans une terrine. Battre séparément les œufs avant de les incorporer. Ajouter le lait et la farine (saupoudrer en tournant). Bien mélanger. La consistance finale de l'appareil doit être celle d'une pâte à crêpes très épaisse. Saler et poivrer. Faire chauffer de l'huile dans une poêle avant d'y déposer de grosses cuillères à soupe de farce, à étaler afin de former des petites galettes. Les retourner à l'aide d'une spatule jusqu'à ce qu'elles soient cuites, dorées sur les deux faces, et croustillantes (compter au total une dizaine de minutes). Servir chaud.

• *Blettes sautées aux pignons*
Les *bledes amb panses* nous viennent de Catalogne. Elles peuvent être servies telles quelles, ou encore comme complément d'une viande (dans leur région d'origine, elles accompagnent souvent des saucisses grillées ou du boudin noir). Avec d'autres saveurs, on trouve ailleurs en Méditerranée une préparation proche où l'on fait simplement sauter à l'ail pendant quelques minutes, dans de l'huile d'olive, à la poêle, le vert des blettes préalablement blanchi.

1,5 kg de feuilles de blettes ; 150 g de raisins secs ; 150 g de pignons décortiqués ; 150 g de lard.

Oter les côtes des blettes (à réserver pour un autre plat) et blanchir les feuilles (le "vert") pendant quelques minutes dans de l'eau salée. Les égoutter soigneusement et les presser pour en extraire l'eau. Réhydrater pendant ce temps les raisins secs. Couper le lard en dés et le faire revenir dans une poêle avec un peu d'huile d'olive. Rajouter les raisins et les pignons, mélanger. Lorsque les pignons prennent une couleur dorée, rajouter les blettes et mélanger. Saler (s'il y a lieu) et poivrer. Faire sauter pendant quelques minutes.

• *Betteraves à la scordalia*
On connaît le goût des Méditerranéens pour les "herbes" cuites, simplement relevées d'un jus de citron et généreusement arrosées d'huile d'olive. Les Grecs, en particulier, aiment à consommer ainsi les jeunes feuilles de betteraves, à côté des racines coupées en tranches. L'ensemble est généralement accompagné d'une crème à l'ail appelée *scordalia*. Le substrat peut en être une pomme de terre ou – et c'est de loin préférable – du pain.

1 kg de betteraves ; 5 à 6 gousses d'ail ; 1 dl de vinaigre ; la mie de 5 ou 6 tranches de pain ; 1/2 tasse d'huile d'olive ; sel.

Eplucher les gousses d'ail et les mettre à tremper dans une partie du vinaigre pendant une nuit. Les écraser dans un mortier (de préférence) ou les broyer dans un mixer. Tremper les tranches de pain dans de l'eau, ôter la croûte et bien presser. Ajouter 2 à 3 cuillerées à soupe de vinaigre, l'huile, un peu de sel et quelques cuillerées à soupe d'eau. Bien malaxer l'ensemble. Si la consistance est trop épaisse, rajouter un peu d'eau. Inversement, si la consistance est trop liquide, rajouter une biscotte broyée. Joindre en dernier lieu, après les avoir pilés ou broyés, 1/2 tasse de cerneaux de noix (facultatif).

• *Sauce orientale à la betterave*
La réputation du *mezzé* n'est plus à faire. Parmi ses innombrables plats, celui qui suit – où l'on retrouve nombre d'ingrédients familiers de la cuisine syro-libanaise – fait de la betterave rouge son substrat original. Il s'agit d'une sauce aux saveurs mêlées qui accompagnera le plus souvent un *kebbe*. Mais elle pourra tout aussi bien – et plus simplement – être dégustée avec une feuille de laitue ou un brin de roquette, saisie à l'aide d'un morceau de pain.

3 grosses betteraves cuites ; 1 grand verre de yaourt ; 10 cl de crème de sésame (t'hiné) ; 4 gousses d'ail finement hachées (ou, mieux, pilées au mortier) ; 1 botte de persil ; 1 citron ; sel.

Râper les betteraves cuites à l'aide d'une râpe à gros trous. Mélanger dans une terrine le yaourt, la crème de sésame, l'ail pilé, le jus du citron. Saler. Rajouter les betteraves râpées. Bien mélanger avant de rectifier s'il y a lieu l'assaisonnement, puis disposer dans un plat long. Hacher le persil et en saupoudrer la préparation au moment de servir.

• *Salade de betteraves à la marocaine*
On connaît la classique salade de betteraves qu'offrent en entrée de nombreux bistrots. Elle est délicieuse, mais celle qui suit l'est également et joue sur une alliance de saveurs des plus nuancées.

1 kg de betteraves ; 1 cuillerée à café de piment doux ; 1 grosse pincée de cannelle ; 1 grosse pincée de cumin ;
2 cuillerées à soupe de sucre en poudre ; 4 cuillerées à soupe d'eau de fleur d'oranger ; 1 citron pressé.

Laver soigneusement les betteraves avant de les mettre à cuire en les recouvrant d'eau. Réserver ensuite un verre d'eau de cuisson. Découper les betteraves en fines rondelles (éventuellement coupées en deux ou en quatre). Disposer ces dernières dans un plat. Saler légèrement. Verser le verre d'eau de cuisson avant de saupoudrer avec les divers ingrédients. Verser en dernier lieu le jus de citron. Mélanger et laisser refroidir.

• *Feuilles de blettes farcies*
C'est une préparation typique de la période de carême chez les chrétiens du Liban et de Syrie. On l'appelle *Sel' mahchi siyâmî* chez les paysans chrétiens du Nord-Liban, et *Yabrack siyâmî bil selek* en Syrie.

1,5 kg de blettes ; 3 citrons ; 1 verre 1/2 de riz rond ; 1 verre de pois chiches ; 2 bouquets de persil ; 1 bouquet de menthe ; 1 bouquet de ciboulette ; 2 oignons ; 1/2 verre d'huile d'olive ; piment de Cayenne en poudre (facultatif) ; sel, poivre, cannelle.

Laver et égoutter le riz avant de le verser dans une grande terrine. Laver, essuyer et hacher finement toutes les herbes, ainsi que les oignons, avant de les ajouter au riz dans la terrine. Ajouter les pois chiches (préalablement mis à tremper et débarrassés de leur peau), l'huile d'olive, du sel et du poivre. Bien mélanger le tout. Blanchir les feuilles de blettes, en veillant à ce qu'elles ne se déchirent pas, puis les passer à l'eau froide et les égoutter. Farcir les feuilles en les roulant autour d'un cylindre de farce. Disposer au fond d'une cocotte, en les entrecroisant, les côtes de blettes coupées en tronçons et débarrassées de leurs fibres (ceci est destiné à éviter que les feuilles farcies ne collent ensuite au fond du récipient : les côtes peuvent être remplacées par des rondelles de tomates). Ranger ensuite les feuilles farcies par couches successives, en les serrant les unes contre les autres. Lorsque toutes les feuilles farcies sont ainsi disposées, les caler avec une assiette renversée. Couvrir d'eau, saler et verser dessus le jus de 3 citrons et 4 cuillerées à soupe d'huile d'olive. Couvrir la marmite, porter lentement à ébullition et faire cuire à feu doux pendant 40 minutes. Servir tiède ou froid, avec une décoration de rondelles de citron.

• *Soupe aux blettes*
C'est une soupe rafraîchissante, que l'on préparait dans les campagnes du Midi au début du printemps, quand les légumes nouveaux n'étaient pas encore disponibles.

2 bouquets de blettes ; 2 petits oignons verts ou un oignon moyen ; 2 œufs ; une poignée de vermicelles ; 2 cuillerées à soupe d'huile d'olive ; une bonne râpée de parmesan ; sel, poivre, et autres épices suivant le goût.

Laver soigneusement les feuilles de blettes avant d'ôter les côtes (à réserver pour un autre emploi). Egoutter le "vert", le serrer en rouleau et le ciseler sommairement. Couper finement les oignons verts. Déposer le tout dans un saladier, avant d'ajouter l'huile, le parmesan et les œufs bien battus. Saler légèrement, poivrer et ajouter éventuellement les autres épices. Bien mélanger et réserver. Mettre à bouillir 2 litres d'eau légèrement salée. Verser par petites quantités le mélange, en tournant sans cesse, dans l'eau bouillante. Reporter progressivement à ébullition et laisser cuire à feu doux une dizaine de minutes. Rajouter alors une poignée de vermicelles. Rectifier éventuellement l'assaisonnement au moment de retirer du feu.

• *Bortch d'été*
De même que les Russes ont le *chtchi*, les Ukrainiens ont le *bortch*. Oser en donner la recette, c'est encourir le reproche de n'en pas connaître la vraie préparation. Cette préparation diffère en effet d'une région à l'autre, d'une famille à l'autre. Il semble cependant que tous les bortchs aient en commun d'associer, à un bouillon de viande, la betterave et la crème *smetana* (cette crème aigre, qu'on ne trouve chez nous que dans des épiceries d'Europe de l'Est,

pourra être remplacée par de la crème fraîche complétée par un jus de citron). La recette ci-après présente l'originalité d'utiliser ensemble la feuille et la racine de la betterave.

5 grosses betteraves avec leurs feuilles ; 3 à 4 pommes de terre ; 1 carotte ; 1 à 2 tomates ; 3 l de bouillon de viande de bœuf ou de poulet ; 100 g d'oignons verts frais ; 1 branche de céleri ; 200 g de moelle de bœuf ; 2 clous de girofle (éventuellement) ; 2 feuilles de laurier ; sel et poivre ; crème fraîche ; 1 citron.

Peler et couper les betteraves en fins bâtonnets, ainsi que la carotte. Les faire cuire 15 minutes environ dans le bouillon préalablement préparé. Ajouter les feuilles de betterave et les tiges coupées en morceaux de 2 à 3 centimètres, ainsi que la moelle. Ajouter également les tomates, les pommes de terre, les oignons frais, le céleri, le tout coupé en petits cubes. Joindre enfin le laurier et les épices. Laisser mijoter jusqu'à ce que les légumes soient tendres. Ajouter la crème fraîche, en fonction du goût, avant de servir. *Pirojki* et *kwas* (boisson aigre-douce et fermentée, à base de seigle) accompagnent d'ordinaire le bortch.

• *Côtes de blettes à la mode de Voiron*
En Dauphiné, où elle est le plus souvent appelée "bette", la poirée est appréciée à la fois pour son "vert" et pour ses côtes. Si les feuilles sont présentes dans les "caillettes", les côtes, elles, font l'objet d'une préparation simple et goûteuse, appréciée bien au-delà de Voiron où elle a été mise au point.

1,5 kg de blettes à larges côtes ; 1 citron ; 120 g de beurre ; 120 g de fromage râpé (ordinairement de l'emmenthal) ; 3 œufs ; vinaigre, sel et poivre.

Eplucher les côtes en enlevant soigneusement les fibres et la pellicule superficielle. Les tronçonner en morceaux de 3 à 4 centimètres, et les mettre tout de suite dans de l'eau vinaigrée. Porter à ébullition de l'eau légèrement salée. Y ajouter le jus du citron avant d'y plonger les côtes. Laisser bouillir une demi-heure. Egoutter. Dans une sauteuse, faire revenir les côtes au beurre pendant 7 à 8 minutes, en les retournant. Ajouter le fromage râpé et remuer. Rectifier l'assaisonnement en sel, puis poivrer. Battre les œufs avant de les verser en mince filet sur le contenu de la sauteuse tout en remuant avec une spatule. Retirer du feu lorsque les œufs ont pris. Servir bien chaud.

• *Far de jottes*
En Vendée, les blettes sont appelées "jottes". Dans une variante de la recette donnée ici, le mélange est introduit et tassé dans un boyau ficelé à intervalles réguliers. Les saucissons ainsi obtenus sont cuits au four au moment du repas.

1,5 kg de blettes ; 1 cœur de chou pommé ; 2 blancs de poireaux ; 3 oignons ; 150 g de lard maigre et demi-sel ; 1 petit bouquet de cerfeuil ; 1 petit bouquet de persil ; 3 œufs ; 2 cuillerées à soupe de saindoux ; 20 cl de crème fraîche ; sel et poivre.

Après avoir ôté les côtes (à réserver pour un autre emploi), ciseler les feuilles des blettes et les feuilles du chou. Emincer les poireaux. Faire blanchir pendant quelques minutes tous ces légumes. Les passer à l'eau froide pour les raffermir et raviver les couleurs. Les égoutter et les essorer. Faire fondre le saindoux dans un petit poêlon, et ajouter les oignons hachés. Faire blondir pendant quelques minutes en remuant souvent. Mettre le lard dans une casserole, le recouvrir d'eau, et – à feu doux – porter jusqu'à frémissement. Retirer le lard, l'égoutter, le hacher et l'ajouter à l'oignon. Remuer pendant 3 à 4 minutes. Incorporer les légumes blanchis, la crème, le sel et le poivre. Laisser mijoter à feu doux, très lentement, jusqu'à ce que tout soit tendre (le lard en particulier). Allumer le gril du four. Mêler au contenu du poêlon les œufs battus. Rectifier l'assaisonnement s'il y a lieu, puis faire dorer au four.

• *Troucha*
De toutes les préparations où la blette est l'ingrédient central, la *troucha* niçoise – ou omelette aux blettes – est la plus anciennement connue. Dès le XVe siècle, le célèbre Maestro Martino, auteur du *Libro de arte coquinaria*, donne de cette *frictata* une recette détaillée riche de deux versions. Mais, comme la plupart des recettes d'alors, celle-ci ne comporte pas des indications de quantités. Voici la recette de la *troucha* d'aujourd'hui, qui est normalement consommée tiède et accompagnée d'une salade (un "mesclun" de préférence).

4 kg de blettes ; 1 bouquet de cerfeuil ; 1 bouquet de persil ; 1 gousse d'ail ; 8 œufs ; 200 g de parmesan ; quelques feuilles de basilic ou, mieux, de marjolaine ; huile d'olive ; sel et poivre.

Laver les blettes et ôter les côtes (à réserver pour un autre plat). Ciseler les feuilles en rubans d'un demi-centimètre de large. Joindre le persil, l'ail et le cerfeuil hachés fin. Réserver. Battre les œufs dans une terrine, et y râper le parmesan, avant de mélanger le tout. Ajouter la blette, le persil, l'ail et le cerfeuil. Selon le goût, aromatiser à la marjolaine ou au basilic. Bien mélanger l'ensemble des ingrédients. Saler (en tenant compte de la salaison introduite par le fromage). Poivrer généreusement. Choisir une poêle en fonction de l'épaisseur souhaitée pour l'omelette (celle-ci doit toujours être épaisse : de 2 à 4 centimètres). Napper d'huile – généreusement – et préchauffer avant de verser le mélange. Etaler régulièrement ce dernier, et le tasser avec une spatule en bois avant de couvrir soigneusement la poêle. Cuire à feu doux pendant une vingtaine de minutes (vérifier de temps à autre que l'omelette n'attache pas). Retourner l'omelette d'un geste vif à l'aide du couvercle ou d'un plat au diamètre adapté. Verser de l'huile dans la poêle, y faire glisser l'omelette, couvrir, et remettre à feu doux pour une demi-heure environ (en surveillant la cuisson).

La *troucha* étant préparée à partir de blettes crues, la difficulté de sa confection réside dans la cuisson : elle doit être assez longue pour assurer celle de la blette, sans que l'omelette attache ou noircisse. On y parviendra en soulevant de temps à autre ses bords à l'aide de la spatule et en rajoutant si nécessaire un peu d'huile.

• Blettes aux cornilles

Outre qu'elle donne un plat original, cette recette qui nous vient du Levant a le mérite de proposer l'emploi, dans une même préparation, du "vert" et des côtes de blettes. La présence des cornilles, petits haricots à "œil" noir, ajoute au bel aspect du plat final.

1 kg de blettes ; 1 grand verre de cornilles ; 4 oignons ; 1/2 cuillerée à café de paprika ; 1/2 verre d'huile d'olive ; sel et poivre.

Laver soigneusement les feuilles de blettes avant d'ôter les côtes. Eplucher celles-ci en enlevant soigneusement les fibres et la pellicule superficielle, puis les couper en tronçons de 1 à 2 centimètres (les mettre en attente dans de l'eau vinaigrée). Laver à l'eau les cornilles (bien que secs, ces haricots ne demandent pas un trempage préalable). Mettre à cuire dans de l'eau salée, séparément, "vert" des blettes, côtes et cornilles. Egoutter les trois ingrédients après cuisson, et presser les blettes pour en extraire l'eau de cuisson restante. Dans une poêle, faire blondir à l'huile les oignons coupés en fines lamelles. Remuer sans cesse jusqu'à ce qu'ils soient dorés. Retirer alors le tiers environ de ces oignons, en les égouttant et en pressant afin de recueillir dans la poêle toute l'huile aromatisée qu'ils contiennent. Jeter dans la poêle le "vert" des blettes, les côtes et les cornilles. Mélanger. Saler et poivrer. Chauffer à feu vif, en tournant, pendant quelques minutes. Servir chaud, en saupoudrant de paprika.

• Tebikha de blettes

Ce simple et subtil ragoût de blettes nous vient de Tunisie. C'est un plat végétarien qui requiert d'abord des légumes de première fraîcheur. C'est dire qu'il aura toute sa saveur au printemps, avec des légumes primeurs. On notera la présence des pois chiches : ils sont souvent associés à la blette, comme dans les feuilles de blettes farcies que nous offre le Proche-Orient. Au moment où elles arrivent sur le marché, on peut substituer de jeunes fèves aux pois chiches.

1 kg de blettes ; 250 g de cardons ; 2 grosses carottes ; 2 navets ; 1 poignée de pois chiches (mis préalablement à détremper) ; 1 pomme de terre moyenne ; 1 oignon moyen ; 1 bouquet de persil ; 1 dl d'huile d'olive ; 1 cuillerée à soupe de purée de tomate ; 1 cuillerée à soupe de piment en poudre ; 1 cuillerée à soupe de tabel (coriandre en grains) ; 1 citron ; sel.

Après avoir ôté les côtes (à réserver pour un autre emploi), ciseler grossièrement les feuilles de blettes. Réserver. Dans une cocotte, faire revenir à feu moyen l'oignon émincé dans l'huile. Lorsqu'il commence à roussir, ajouter les blettes avec les carottes (en tronçons), les navets (coupés en gros morceaux), les cardons (en tronçons) et les pois chiches. Joindre le piment et le tabel. Saler et mélanger. Attendre que les blettes soient ramollies avant de rajouter la purée de tomate délayée dans un grand verre d'eau tiède. Laisser cuire à couvert et à feu doux pendant 45 minutes, en remuant de temps à autre et en versant un peu d'eau chaude si nécessaire. Ne rajouter qu'à ce moment-là le persil, haché, ainsi que la pomme de terre coupée en gros dés. Retirer du feu lorsque la pomme de terre est cuite, et servir chaud avec un quartier de citron par personne.

• Pounti

Le pounti est une préparation auvergnate qui présente la particularité, assez rare dans nos cuisines, de marier salé et sucré. Préparation familiale, on la trouve néanmoins dans quelques restaurants. Elle s'accommode de variantes, mais la blette et le pruneau doivent toujours être présents...

2 bouquets de grandes blettes vertes ; 10 à 12 pruneaux dénoyautés ; 250 g de viande maigre hachée ; 2 oignons moyens ; 4 œufs ; 200 g de lard maigre frais ; 1 bouquet de persil ; 1 bouquet de cerfeuil ; 2 ou 3 brins d'estragon ; 50 g de farine de sarrasin (ou, à défaut, de froment) ; 1 dl de lait ; 5 g de levure de boulanger ; sel et poivre.

Ciseler finement le "vert" des feuilles de blettes crues (réserver les côtes pour un autre emploi). Hacher le persil, le cerfeuil et l'estragon. Hacher finement les oignons. Faire revenir dans une cocotte le lard coupé en petits morceaux et en extraire soigneusement le gras en pressant avec une fourchette. Retirer les lardons pressés, avant de mettre dans la cocotte les blettes, les "herbes" et les oignons hachés. Saler, poivrer et mélanger, avant de faire fondre le hachis à feu doux. Battre les œufs dans un saladier et incorporer la farine. Rajouter le hachis fondu, après l'avoir laissé refroidir. Joindre enfin la levure, préalablement délayée dans le lait tiédi. Mélanger. Verser l'appareil dans un moule beurré (sa consistance doit être celle d'une pâte à crêpes épaisse). Y enfoncer régulièrement les pruneaux. Mettre au four, préalablement chauffé, et cuire à feu moyen (thermostat 6) pendant 45 minutes environ. Démouler (en couvrant quelques instants le plat au sortir du four, le démoulage sera facilité). Le pounti, coupé en tranches, se consomme chaud ou tiède.

• *Tourte de blettes*
Avec la pissaladière, la socca et le pan-bagnat, la *tourta de blea* rappellera la Côte d'Azur à nombre de ses visiteurs. A Nice où elle a été conçue et fait depuis longtemps les délices des autochtones, c'est une préparation sucrée. Dans le haut comté, on confectionne également une tourte salée dans laquelle l'ingrédient de base qu'est la blette est complété par du jambon cru haché, du fromage de chèvre frais, des œufs et du riz. La recette donnée ici est celle de la tourte sucrée. Elle tolère mille variantes : l'un ne mettra pas de pommes reinettes, l'autre ajoutera du citron (un zeste ou 2 cuillerées de confiture), tel autre encore préférera le fromage de Hollande au parmesan… A vous de choisir.

400 g de vert de blettes ; 500 g de farine ; 200 g de beurre ; 150 g de sucre fin ; 150 g de cassonade ; 5 œufs ; 50 g de parmesan râpé ; 6 pommes (des reinettes) ; 50 g de raisins de Corinthe ; 50 g de raisins de Málaga ; 100 g de pignons ; 5 cl d'eau-de-vie (marc) ; 5 cl de rhum ; 1 cuillerée d'huile d'olive ; sel et poivre.

Préparation de la pâte : Tamiser la farine dans un saladier, puis creuser une fontaine au centre. Verser deux œufs (préalablement battus), le beurre (préalablement ramolli), le sucre fin, une pincée de sel. Mélanger vivement l'ensemble (sans pétrir plus que nécessaire pour homogénéiser la pâte, et en humectant éventuellement celle-ci avec un peu d'eau tiède). Laisser reposer une heure environ.

Préparation de la farce : Laver les blettes et ôter les côtes (à réserver pour un autre plat). Egoutter et sécher les feuilles avec un linge, avant de les rouler et de les ciseler grossièrement. Dans une terrine, mélanger les pignons, les raisins de Corinthe et de Málaga (préalablement détrempés dans de l'eau tiède parfumée au rhum), la cassonade, le parmesan râpé, 2 des 3 œufs restants (et préalablement battus). Rajouter au mélange l'huile d'olive et l'eau-de-vie, puis les blettes préparées. Bien mélanger l'ensemble.

Préparation de la tourte : Partager la pâte en deux parties légèrement inégales. Abaisser la plus grosse des deux parties au rouleau à pâtisserie. Déposer la feuille de pâte dans une tourtière à bord haut, de 30 à 35 centimètres de diamètre (à huiler préalablement). Veiller à ce que cette feuille déborde légèrement de la tourtière. Etaler ensuite la farce sur la pâte, en versant également le jus formé dans la terrine. Recouvrir régulièrement la farce avec les pommes coupées en fines tranches. Etaler au rouleau la seconde partie de la pâte jusqu'aux dimensions de la tourtière. L'étendre sur la farce et ourler soigneusement les deux feuilles de pâte tout autour de la tourtière. Battre le dernier œuf avec une petite pincée de sel et une cuillerée à café d'eau, puis badigeonner au pinceau la surface de la tourte avec le mélange. Piqueter régulièrement cette surface avec une fourchette avant de mettre la tourte au four (celui-ci aura été préchauffé à 200-210 degrés). Laisser cuire une demi-heure avant de ramener la température à 180 degrés et de laisser cuire encore une demi-heure. En fin de cuisson, saupoudrer généreusement de sucre fin. La *tourta de blea* est habituellement servie tiède ou froide.

La carotte et le panais

Jérôme Goust

INTRODUCTION

*J'entends Gavotte
Portant sa hotte
Crier : Carottes,
Panais et choux-fleurs !
Son cri se mêle
A la voix grêle
Du noir ramoneur.*

Antoine Desaugiers (1772-1827),
Paris à cinq heures du matin.

La petite crieuse de légumes d'Antoine Desaugiers, célèbre chansonnier du début du XIXe siècle, associait à juste titre carottes et panais, deux commères de racines qui faisaient bon ménage au jardin et dans les assiettes depuis des siècles. La vive orangée et la blanche étaient parmi les racines les plus utilisées.

Ce compagnonnage s'est maintenu jusqu'à la fin du XIXe siècle. Mais alors que la carotte s'épanouissait en de multiples variétés tendres et juteuses, le panais a régressé au profit de la pomme de terre, à tel point qu'il y a quarante ans, on ne le trouvait plus guère que dans les bouquets garnis destinés aux pot-au-feu.

Curieusement, cette disgrâce semble spécifique à la France. Panais et carottes sont restés tous deux des légumes majeurs en Grande-Bretagne, où j'ai découvert la racine blanche au début des années soixante-dix. Et lorsque, il y a vingt-cinq ans, j'apportais sur les marchés mes premiers légumes de maraîcher biologique, tous mes clients français regardaient les panais d'un œil plutôt soupçonneux. Un jour, pourtant, un Portugais, surpris et ravi de découvrir un légume qu'il n'avait plus goûté depuis son départ du pays natal, les remarqua sur l'étalage : *"Pastinaga, pastinaga !"* – la péninsule Ibérique a su, elle aussi, garder au panais une place de choix.

Sans vouloir détrôner la reine carotte, nous allons essayer de la faire mieux connaître. Et, à l'heure où les nutritionnistes nous conseillent une alimentation plus végétale, puisse ce livre contribuer à réhabiliter le panais. Qu'il rejoigne quelques autres beaux fleurons des étalages actuels de légumes : le potimarron, le chou de Chine, le physalis…, légumes nouveaux ou remis en grâce.

I. PARLONS RACINES

Si tous les végétaux cultivés dans les jardins sont aujourd'hui pour nous des légumes, cette terminologie n'est apparue qu'au XVIIIe siècle. Pour les Latins, le verbe *lego* signifiait "cueillir, ramasser". Il a donné naissance au terme *legumen*, employé pour "toute graine comestible qui vient dans des gousses et peut se manger en bouillie ou réduite en purée". Devenu *leum* puis *légume*, ce mot désignait ce que nous appelons maintenant les "légumineuses" ou "légumes secs". Les autres plantes potagères étaient feuilles ou racines. C'est dans cette dernière catégorie que concourent nos deux plantes.

Carottes et panais sont de proches parents, tant au niveau botanique que géographique. En effet, tous deux appartiennent à la famille des Apiacées, autrefois nommées Ombellifères, et sont originaires d'Europe. Ils comptent à ce titre parmi les plus anciens légumes cultivés dans nos contrées.

Portrait de famille

Est-ce parce que la plupart des Ombellifères préfèrent une exposition mi-ombragée qu'elles déploient leur floraison comme des ombrelles ? Elles ont en effet, comme point commun, leurs inflorescences constituées en ombelles (du latin *umbella*, parasol), formées d'une multitude de petites fleurs au bout de rayons qui divergent successivement, semblables à ceux d'une ombrelle. Les fleurs se situent toutes sur une même surface, plane, sphérique ou ellipsoïdale. Leurs coloris varient du vert au blanc et au jaune.

On les appelle maintenant Apiacées, du nom de leur chef de file botanique : le céleri, dont le nom latin est *Apium*. Cette famille regroupe environ 1 600 espèces. La plupart habitent les contrées tempérées et froides de l'hémisphère nord.

Parmi elles, on rencontre nombre de plantes utilisées par l'homme depuis des temps immémoriaux. Dans sa grande flore, Gaston Bonnier les divise en plusieurs catégories : "Les espèces alimentaires sont celles dont la racine a une odeur qui n'est ni très aromatique ni fétide ; certaines Ombellifères sont narcotiques ou vénéneuses ; ce sont souvent celles dont la racine a une odeur fétide ou vaseuse. D'autres sont usitées comme stomachiques ou excitants ; ce sont celles dont la racine a une odeur aromatique prononcée."

La famille des Apiacées comprend des légumes bisannuels, qu'il s'agisse de feuilles comme le fenouil ou le céleri en branches, ou de racines comme la carotte, le panais, le céleri-rave, le persil-racine. Nombre de nos petites aromatiques en font partie : le persil bien sûr, mais aussi le cerfeuil, la coriandre, le carvi, le cumin, l'aneth, l'anis vert, l'angélique… sans oublier quelques vivaces : la livèche (ou ache des montagnes), la myrrhe odorante (ou cerfeuil vivace), le fenouil.

Parmi les plantes familières de nos jardins, on ne compte qu'une seule Apiacée ornementale : il s'agit de l'*Eryngium*, ou panicaut.

Le panicaut

Deux racines d'Apiacées

A l'état sauvage, la carotte et le panais sont deux plantes bien différenciées. Le genre *Daucus*, qui héberge la carotte, compte une cinquantaine d'espèces qui ne sont vraiment spontanées que dans l'hémisphère nord. Parmi celles-ci, on peut citer le Daucus épineux *(muricatus)* dont l'extrémité des feuilles inférieures se termine en pointe ; très rare en France, on le rencontrait il y a cinquante ans en quelques points de la côte provençale. On trouve également le Daucus élevé *(maximus)*, qui peut atteindre 1,50 mètre, avec des ombelles d'un diamètre de 15 centimètres ! Plusieurs variétés cultivées en seraient issues. Enfin, le Daucus cerfeuil *(gingidium)*, à feuilles épaisses et charnues, croît sur les rochers des côtes méditerranéennes.

Et puis, bien sûr, il y a notre Daucus carotte *(carota)*, qui est présent partout en Europe (sauf dans la zone arctique), en Asie centrale et occidentale, en Sibérie, et dans le nord de l'Afrique. Sa forme sauvage est bien connue, avec ses feuilles vert foncé finement dentelées et sa hampe florale surmontée d'ombelles blanches, blanchâtres, ou encore à nuances rosâtres. Bonnier en indique trois sous-espèces, cinq races et vingt-deux variétés.

Ces espèces et variétés sauvages aux racines blanchâtres ne sont pas toujours faciles à identifier. On les confond fréquemment avec d'autres plantes de la même famille, dont certaines sont toxiques. C'est le cas de la grande ciguë. Celle-ci est fréquente en bordure des chemins ou dans les décombres. Les principaux signes qui permettent de les différencier sont l'aspect et l'odeur des feuilles : glabres chez la ciguë, elles sont couvertes de poils chez la carotte ; de plus, le feuillage de cette dernière sent… la carotte. Mais mieux vaut s'abstenir de cueillettes sauvages risquées !

D'autres Apiacées toxiques peuvent prêter à confusion avec des espèces comestibles : la petite ciguë, qui ressemble au persil, la ciguë véreuse, la phellandrie aquatique ou encore l'œnanthe safranée.

Les *Pastinaca*, eux, comptent quatorze espèces qui habitent l'Europe, le Caucase et la Sibérie. La principale est le panais cultivé *(P. sativa)*. Témoin des proximités botaniques, on le trouve aussi sous les noms de *Seisnum pastinaca* ou d'*Anethum pastinaca* ; Désiré Bois le présente sous le nom principal de *Peucedanum sativum*, qui lui a été attribué par les botanistes Bentham et Hooker.

S'il n'y a pas de confusion possible, d'un point de vue botanique, entre *Daucus* et *Pastinaca*, il n'en va pas de même lorsqu'on plonge dans leur histoire.

La période où ils sont apparus en culture ou dans l'alimentation est incertaine, et une grande confusion règne souvent entre les deux racines. Elle est principalement due, sans doute, au fait qu'à l'état sauvage carottes et panais ont une racine fort semblable : blanchâtre, fibreuse, avec un fort axe principal, plus ou moins ramifié. Ce ne sont pas les auteurs anciens qui nous permettront d'y voir plus clair : leur terminologie est floue, que ce soit dans les textes originaux ou dans leurs traductions.

Racine de carotte sauvage

De la préhistoire au Moyen Age

On aurait trouvé trace de la consommation de panais sauvages dès le mésolithique final, soit 2 000 ans avant J.-C. Bien plus tard, Pline l'Ancien (qui vécut entre 29 et 73 après J.-C.) cite le panais au livre XX de son *Histoire naturelle* : "Le panais de Syrie, également appelé *gyngidion*, est plus grêle et plus amer que ceux que nous connaissons, mais il possède les mêmes propriétés médicinales. […] Le *siser* est encore une autre variété de panais […]." Plus loin, Pline mentionne un *pastinaca gallica*, souvent interprété comme étant la carotte.

D'après le *Robert historique*, *pastinaca* dériverait de *pastinum*, "petite houe", par analogie entre la forme de l'outil et celle de la fleur. Selon d'autres, par contre, *pastinaca* proviendrait de *pastus*, qui signifie "aliment" : cela attesterait son importance dans l'alimentation populaire, et ce terme au sens très large expliquerait peut-être la confusion qui règne entre carottes et panais.

La carotte sauvage

Henri Leclerc, dans *Les Légumes de France*, cite plusieurs noms grecs et latins qui pourraient également renvoyer au panais. C'est le cas de deux légumes cités par Dioscoride : *staphylinos* ou *élaphoboschon* – ce dernier signifie "nourriture de cerf", parce que ceux-ci en mangeraient pour se prémunir des morsures de serpent. Leclerc signale aussi que certains érudits identifient au panais le *siser*, légume favori de l'empereur Tibère (42 avant J.-C.- 37 après J.-C.) qui en lança la mode en les faisant venir de Germanie. Mais d'autres affirment qu'il s'agirait peut-être plutôt de *Sium sisarum*, le chervis (le *sisaron* de Dioscoride). Au gré des textes, cependant, "chervis" semble désigner aussi bien le chervis lui-même que le panais… ou la carotte.

Les citations anciennes qui mentionnent la carotte ne sont malheureusement pas plus sûres que celles qui concernent le panais. Selon Leclerc, la carotte que connaissaient les Grecs et les Romains était encore de type sauvage, avec une racine grêle et ligneuse. Elle apparaît chez Apicius, qui en donne des recettes où elle est frite ou servie en salade. Des archéologues l'ont également reconnue, figurant en botte sur des fresques domestiques d'Herculanum.

D'après l'*Agriculture nabatéenne*, compilation réalisée en Syrie au IVe siècle de notre ère et citée par Ibn al-'Awwâm dans son *Livre de l'agriculture*, il existait alors deux espèces de carottes : la rouge, plus succulente et plus agréable au goût, et une autre, plus grosse, d'un vert tirant sur le jaune. Ibn al-'Awwâm cite aussi Abû l-Khayr, agronome arabo-andalou du XIe siècle, selon lequel il existe trois carottes, "la carotte cultivée, la carotte sauvage, et une troisième espèce mâle qui pousse beaucoup de tiges au pied".

Les manuscrits médiévaux de tradition occidentale continuent à mettre en évidence la confusion des deux racines. La plus ancienne référence provient du manuscrit dit "Plan du monastère de Saint-Gall", qui remonte au IXe siècle et reproduit le manuscrit de saint Théodore de Tars, plan des monastères bénédictins édicté au VIIe siècle. On y trouve mention d'un *pastinachus*.

Dans le capitulaire *De villis imperialibus*, qui donne la liste de quatre-vingts plantes à cultiver dans les domaines de Charlemagne, on retrouve nos deux compères : cinquante-deuxième dans l'ordre d'apparition, *carvitas* serait la carotte. Il est suivi de *pastinacas*, le panais. Il semble donc que nos deux légumes sont, à cette date, bien différenciés.

LE CHERVIS, CET AUTRE COUSIN

Le chervis apprécié par Tibère fut effectivement souvent cultivé pour sa racine, de l'ère romaine jusqu'au Moyen Age. On le retrouve cité dans plusieurs des textes de cette époque.

Sium sisarum est une plante vivace aux nombreuses racines blanc grisâtre, fasciculées comme celles du dahlia ; leur chair est blanche. Ses feuilles ressemblent à celles du panais. Il se multiplie par semis ou par division de souche au printemps. On le récolte à l'automne. Tout comme le panais, son goût est sucré, et se rapproche de celui de la patate douce.

Le Ménagier de Paris (1393) en donne plusieurs recettes. Plus tard, le chervis fut mis à l'honneur par Olivier de Serres (1600), puis dans *Le Cuisinier françois* (1651), et fut accueilli sur les grandes tables. Il a commencé à disparaître des jardins au XVIIIe siècle. Premiers à entreprendre la réhabilitation des légumes menacés de disparition, Paillieux et Bois, dès 1879, recommandent de forcer ses racines en hiver pour obtenir de jeunes pousses étiolées, qui seraient délicieuses en salade.

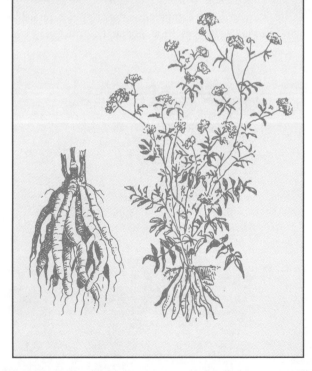

Cependant, au XIIe siècle, Hildegarde de Bingen ne mentionne que le *pastinaca*. De même, le *Livre des profits champêtres* de Pierre de Crescens, publié en 1305, cite deux fois le *pastinaca* dans son calendrier de travaux, en mars et en octobre. On serait tenté de n'y voir que le panais…

Presque un siècle plus tard, *Le Ménagier de Paris* cite les deux légumes. Ce texte, écrit vers 1396, est également connu sous le titre de "courtil et courtillage du bourgeois parisien pendant la guerre de Cent Ans". On y trouve donc mention d'un *panoit*, dont on pourrait penser qu'il s'agit du panais, et le bourgeois en question, s'adressant à sa femme, écrit : "A la toussains, vous prendrez des garroites", en précisant que "les garroites sont racines rouges que l'on vend ès Halles par poingnées".

Pour compliquer le tout, les carottes étaient encore récemment, et ce depuis des siècles, appelées "pastenades" dans certaines régions, comme nous le verrons plus loin. Et n'oublions pas le *Quart Livre* de Rabelais, où les gastrolâtres (au chapitre LX) offrent à leur dieu de la "pasquenade" en même temps que l'"escherviz"…

> ### COMMENT LA CAROTTE DEVINT-ELLE ROUGE ?
>
> L'hypothèse la plus vraisemblable nous renvoie à la variété de carotte rouge que cite l'*Agriculture nabatéenne*. Cela laisse penser qu'une carotte rouge était présente en Syrie au IVe siècle et que, suivant les agronomes arabes, elle fit le tour du bassin méditerranéen pour arriver dans l'Andalousie arabisée du Moyen Age.
>
> Dans un tout autre registre, Leclerc rapporte une légende divine du Midi de la France, selon laquelle la métamorphose de la carotte blanche en carotte rouge se serait produite lors des persécutions des premiers chrétiens. Dans une ville de Gaule, une servante chrétienne, nommée Marie, fut poignardée par un païen. Son sang se répandit sur les carottes qu'elle était en train d'éplucher. Depuis, les carottes sont rouges, comme les habits que l'Eglise catholique revêt pour commémorer les martyrs de la foi…
>
>

Le panais d'après une gravure ancienne (XVIe siècle)

Quels légumes désignent exactement tous ces termes ? En l'absence de représentations, il est difficile de le savoir, mais la plupart des auteurs s'accordent aujourd'hui à dire que jusqu'à la fin du Moyen Age, les deux racines étaient bien plus proches des types sauvages que des organes charnus que nous consommons maintenant. Jusqu'au XVe siècle environ, seuls deux points sont sûrs : les carottes rouges existent déjà, comme l'attestent l'*Agriculture nabatéenne* et *Le Ménagier de Paris*. Mais comme la carotte blanche reste prédominante, panais et carottes ne sont pas encore bien identifiés.

De la Renaissance à nos jours

La Renaissance et le Grand Siècle marquent réellement l'âge d'or des légumes, qui quittent les tables des manants pour devenir mets de roi. Deux souverains en furent très friands et contribuèrent à les populariser. Catherine de Médicis fit connaître haricots et artichauts, et Louis XIV fit cultiver au potager du Roi à Versailles, par La Quintinie, petits pois frais, laitues pommées et melons de châssis. Henri IV, quant à lui, se préoccupait de la modernisation des cultures ; et c'est à son contemporain Olivier de Serres que nous devons le premier grand traité français d'agronomie. Ce dernier

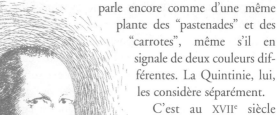

parle encore comme d'une même plante des "pastenades" et des "carrotes", même s'il en signale de deux couleurs différentes. La Quintinie, lui, les considère séparément.

C'est au XVIIe siècle qu'est apparue en Hollande la première carotte moderne, la 'Longue orange'. Il s'agissait de la première carotte à racine vraiment charnue. Sa popularité fut immédiate et sa culture gagna les pays voisins. Cette 'Longue orange' fut le point de départ des sélections modernes. En France, elle s'imposa au début du XVIIIe siècle, grâce, entre autres choses, aux petits soupers libertins du régent Philippe d'Orléans.

Dès lors, le travail de sélection a pris son essor. Et tandis que des dizaines de variétés de carottes allaient voir le jour, le panais a connu une diversification nettement plus limitée… puis a complètement régressé au cours du XXe siècle, au point que certaines variétés ne semblent plus exister que dans la mémoire des jardiniers.

> **UNIS JUSQUE DANS LA RÉVOLUTION**
>
> Philippe Nazaire François Fabre, né à Carcassonne en 1750 et lauréat des Jeux floraux de Toulouse, reçut en trophée une églantine en métal précieux, qu'il accola à son nom. Devenu "Fabre d'Eglantine", il monta à la capitale où il acquit une certaine renommée comme auteur dramatique et poète. Son plus grand succès demeure *Il pleut, il pleut bergère…*, romance populaire tout à fait dans le style bucolique et naturaliste en vogue à l'époque.
>
> Révolutionnaire, il fut élu député montagnard à la Convention. C'est à ce titre qu'il participa à l'élaboration du calendrier révolutionnaire destiné à effacer toute trace de religion. Les semaines y étaient remplacées par des décades, qui constituaient douze mois de trente jours auxquels on ajoutait cinq (ou six) jours complémentaires. Les mois portaient des noms en accord avec la saison. Pour remplacer les noms des saints, chaque jour se vit affecté d'un nom naturel – de plante, d'animal, de minéral ou d'objet.
>
> Le premier mois du calendrier républicain est vendémiaire ; il commençait le 22 ou le 23 septembre. Nous y retrouvons très vite nos racines, proches l'une de l'autre, puisque Carotte est le 7 vendémiaire, et Panais le 9.
>
> Cette nomenclature établie par Fabre d'Eglantine fut adoptée en octobre 1793. Cela ne l'empêcha pas d'être guillotiné avec Danton quelques mois plus tard, en avril 1794.

II. LÉGUME PHARE ET PASSAGER CLANDESTIN

Dans les halles de Paris

Pour vendre sa hotte, Gavotte criait : "Carottes, panais et choux-fleurs !" Son cri témoigne au moins de la présence de nos deux racines dans le Paris du XIXe siècle. Dans un ouvrage de cette époque, Husson donne les quantités de légumes consommées à Paris pour l'année 1853. La carotte et le panais figurent dans la rubrique "gros légumes". Les chiffres sont précis. Pour la carotte, 8 059 200 bottes, d'un poids de 255 kilos pour 100 bottes, soit 20 550 960 kilos. Pour le panais, les quantités sont bien moindres, mais quand même encore respectables : 495 400 bottes, d'un poids de 250 kilos pour 100 bottes, soit 1 238 500 kilos ; respectivement, donc, 20 550 et 1 238 tonnes ! Les autres légumes qui comptent dans l'alimentation des Parisiens sont alors les pommes de terre (26 051 tonnes), les choux (20 490 tonnes), les navets (3 871 tonnes), les poireaux (12 600 tonnes), les salades (6 050 tonnes), les oignons (3 024 tonnes) et enfin les choux-fleurs (2 475 tonnes) – ces derniers provenaient déjà en partie du Finistère. Comme on le voit, le marché est d'importance, et les carottes s'en taillent une belle part.

Leur provenance est indiquée. Elles viennent en majeure partie de la région parisienne (Neuilly, Bonneuil, La Celle, Gonesse, Quincy-en-Brie, Marais de Paris) et de la banlieue, notamment des Vertus (Aubervilliers), de Pantin, de Croissy, de Versailles… mais aussi de plus loin : de Sologne et même de Lyon. Ce sont ces convois de charrettes banlieusardes que Zola décrit dans *Le Ventre de Paris*, descendant sur les nouvelles Halles centrales, à la fin du siècle.

Carotte 'Blanche à collet vert'

Un marché mondial

Si le XIXe siècle a vu l'apparition d'un secteur marchand structuré, le XXe siècle, pour sa part, a été marqué par de profonds bouleversements. La production maraîchère est devenue marginale, réduite à une distribution locale. La mécanisation a entraîné la création de grandes cultures légumières.

La production mondiale de carottes s'élevait, en 1997, à 14 millions de tonnes. Six pays, seulement, en assurent la moitié : il s'agit de la Chine, des Etats-Unis, de la Russie, du Royaume-Uni, de la Pologne et du Japon. Il s'agit là, bien sûr, des quantités mises sur le marché. Y échappent les productions autoconsommées des jardins, ainsi que celles qui sont vendues directement par les petits producteurs aux consommateurs.

La production européenne atteint 3 millions de tonnes. En dix ans, elle a augmenté de 25 %, principalement aux Pays-Bas, en Italie et en Espagne. Après le Royaume-Uni, la France vient en deuxième position avec 566 000 tonnes, suivie de l'Italie, des Pays-Bas, de l'Espagne, de l'Allemagne…

A titre de comparaison, en 1991, la production des Etats-Unis était de 1,25 million de tonnes. Cela représente une consommation de 4,5 kilos par habitant et par an.

La production française

Après un record en 1988 (7,8 kilos par habitant et par an), la consommation de carottes en France a chuté à 5 kilos en 1992… pour remonter à 6,7 kilos par habitant et par an en 1997, hors produits transformés. C'est donc nettement plus qu'outre-Atlantique.

En France, la production de carottes est concentrée sur un nombre limité de départements. Les Landes ont fait une percée remarquable dans les années quatre-vingt-dix, pour se placer au second rang (63 500 tonnes), et au premier pour les carottes primeurs. La Manche reste en tête (95 000 tonnes), et l'Aisne est troisième (53 000 tonnes). On trouve ensuite des départements où la culture de la carotte est traditionnelle : Gironde, Vaucluse, Finistère, Loiret, Pas-de-Calais, Loire-Atlantique, Somme, Ille-et-Vilaine, Marne. Cela dessine globalement trois grandes zones : le

Nord et l'Ouest pour les productions de pleine saison, le Sud-Ouest (et le Sud-Est) pour les primeurs.

La carotte transformée

La mécanisation des récoltes entraîne un pourcentage non négligeable de rejets : racines cassées ou tordues, qui n'entrent pas dans la chaîne de normalisation. Pour ne pas perdre ainsi une partie de la récolte, les grands groupes de commercialisation ont créé des unités de surgélation, où ces racines rejetées sont traitées en rondelles ou en cubes. De même sont ainsi apparues des carottes râpées préconditionnées.

La carotte en conserve, quant à elle, est restée marginale, cantonnée principalement aux jardinières de légumes et autres macédoines.

Des crus locaux

La tradition maraîchère a permis à certaines zones de production de jouir d'une réputation de qualité, et de se distinguer ainsi du tout-venant. Certaines de ces régions ont gardé et valorisé ces traditions ; d'autres les ont perdues.

Ainsi, la carotte 'Ronde de Paris', obtenue il y a bien longtemps par les maraîchers franciliens, était autrefois cultivée en fin d'hiver sur couche, sous châssis vitrés. Elle était la première à apparaître en bottes. La disparition des zones maraîchères autour de Paris et la mécanisation ont entraîné sa fin.

Au contraire, les carottes du littoral du Cotentin bénéficient depuis peu d'un label rouge. Cette production est limitée aux sols sableux du littoral de la Manche, à la longue bande de terre qui va d'Agon-Coutainville à Bretteville-sur-Ay. On distingue la carotte de Créances (cultivée sur huit communes) et la carotte des sables (cultivée sur dix-huit communes). Elles reçoivent une fertilisation à base d'algues marines, de varech et de fumier et passent l'hiver dans le sable, leur collet protégé sous la paille. L'arrachage se fait au fur et à mesure des ventes. En 1996, les carottes du Cotentin mobilisaient environ 200 producteurs, réunis en trois groupements, pour une production d'environ 40 000 tonnes.

L'Inventaire du patrimoine culinaire (aux éditions Albin Michel) cite également, parmi les crus locaux, la carotte des sables de Santec, dans le Finistère : cultivée sur 70 hectares, elle représente une production de 2 000 tonnes environ. Une partie du village aurait été engloutie sous les sables, par une tempête, au XVII siècle, et c'est sur ces terrains que l'on cultive aujourd'hui la carotte de Santec.

La renaissance du panais ?

Qu'en est-il du panais ? Sa production reste anecdotique. Il fait partie de ces légumes "oubliés" qui font régulièrement l'objet d'études, de ces produits guettés pour faire naître de nouveaux créneaux commerciaux. Ainsi, des tests ont été effectués auprès de consommateurs au début des années quatre-vingt-dix. Celui qui concerne le panais n'est guère encourageant.

Présenté sous forme de cubes ou de chips, en sachets, le panais a attiré les jugements suivants : son aspect est jugé banal et manquant de naturel ; sa préparation est facile, mais son goût, controversé. Les intentions d'achat sont mitigées. Les testeurs en concluent que la clientèle du panais est difficile à cerner et que, concurrencé par la carotte et la pomme de terre, il restera marginal, sa mise sur le marché nécessitant la proposition de recettes adaptées.

Que cela ne vous arrête pourtant pas : recherchez le panais nature, bien large et pointu, pour le cuisiner vous-même et tester nos recettes… appropriées.

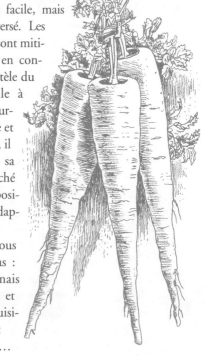

Panais 'Long à couronne creuse'

III. LES RACINES EN MOTS

Souvent offertes en alternative au bâton, les carottes sont-elles cuites ? Au fil des siècles et des contrées, les mots varient et les expressions populaires ou littéraires témoignent de l'importance de telle ou telle plante. A ce jeu, le panais est à coup sûr perdant : souvent, d'autres racines ont usurpé sa place, et les citrouilles l'ont même délogé de la fête d'Halloween !

Noms croisés

Penchons-nous d'abord sur le chassé-croisé auquel se livrent nos deux racines. La *Flore populaire* d'Eugène Rolland (1908) est, en la matière, la source la plus précieuse, qui rend compte de l'état des lieux au début du XXᵉ siècle.

Le panais, *Pastinaca sativa*, reste la plupart du temps proche de l'orthographe de son nom botanique, nous l'avons déjà vu à propos de ses appellations anciennes. Cela demeure vrai à travers l'Europe : il se nomme *pastinak* en allemand, *pastinaak* en flamand, *pastinaga* en portugais, *parsnip* en anglais. Il en va de même pour ses appellations locales, très nombreuses. En voici quelques exemples : *pastonado* dans la Drôme, *pasterna* à Douai, *pat'nay* dans la Nièvre, *pètline* dans les Vosges ou en Alsace, *panère* dans le Loiret, *pana* dans l'Orne ou en Saône-et-Loire, *panesenn* ou *pastounadezen* en Bretagne...

Quelques dénominations sortent pourtant de cet ordinaire : *xirividsi* dans les Pyrénées-Orientales, *marange* dans l'Aube, *girouyo* dans le Var et les Alpes-de-Haute-Provence, *escarbehle* ou *escarabic* en Occitanie (Toulouse, vallée d'Aspe).

Signe des amalgames faits avec d'autres racines, on le trouve appelé "pastenade blanche" en ancien français (Bretonneau, 1583), "grand chervis" chez Loiseleur, *escrabisso blanco* ou *carotto blanco* dans le Tarn-et-Garonne, ou encore "racine blanche" en Suisse (1776).

Le panais sauvage, que Rolland appelle *Pastinaca sylvestris*, se retrouve sous les noms de *daucia* dans *Le Grand Herbier en françois* (vers 1520), de *sarum silvestre* ou de *chervilla* dans l'ancienne nomenclature (Solerus, 1549). En Franche-Comté, il était désigné sous le nom de *quetiot*.

Le panais sauvage

En ce qui concerne la carotte, les dénominations sont encore plus nombreuses, et Rolland leur consacre plus de quatre pages. Elles sont plus variées aussi, qu'il s'agisse de la carotte sauvage ou de la "domestique", et se répartissent principalement entre trois groupes de noms.

Le premier fait référence au terme "pastenade". S'agit-il de l'ancienne confusion avec le panais ou d'une dérivation étymologique via *pastus*, l'aliment ? Avec le "pastinaque rouge" cité dans un mémoire de l'académie de Nîmes en 1882, on pencherait plutôt pour la première hypothèse. On trouve de même *paskénade* dans le Calvados, *poustonada* dans le Rhône, *pascanado* dans le Puy-de-Dôme, *postenagre* dans le Lot, *pat'nalha* dans le canton de Vaud, ou encore *pastenayo* dans le Vaucluse.

Le second groupe est rattaché au nom officiel de la carotte, sous ses diverses formes successives. De *garoitte* en ancien français, on aboutit à *gorota* en Haute-Savoie, *galroub* en Alsace, *garotto* à Marseille. Et "carotte" se décline sous toutes les orthographes : *carëta* dans le Jura, *coroto* dans l'Aveyron, *couro* dans l'Yonne, *careoto* dans le Gard.

Le troisième groupe de noms rend compte de l'importance que la carotte a prise dans les jardins, puisque dans de nombreuses régions, elle est tout bonnement appelée

Fleur de carotte sauvage

"racine" : "racine jaune" à Lyon et dans le canton de Vaud, *rocino* en Corrèze, ou *racène* en Meuse.

Les dénominations différentes semblent rares. Rolland en relève deux du même type : *gnif* en pays niçois, et *gniffo* en lombard. Enfin, on peut noter qu'en Franche-Comté, le feuillage de la carotte était appelé *feuilleri* ou *fuilleri*, sans doute en raison de son utilisation particulière : fourrage pour les lapins ou herbe à soupe pour les humains.

Le dire des panais

Le panais a pâti de son image de légume de pauvre : son nom était employé dans des locutions franchement péjoratives. "Panais pourri" (*panai purri*, en Côte-d'Or) était une injure ; en breton, *panesennec* signifiait "imbécile", sens que l'on retrouve en argot, chez le chansonnier Aristide Bruant : dans *Ricard le tapageur* (1841), "tu es un panais gelé" veut simplement dire "tu es un niais".

De cette réputation misérable du panais a découlé la notion d'objet de mauvaise qualité, sans valeur marchande : "Elle nous a aidés aussi longtemps qu'elle a pu, avec ce qui restait de son fonds, de la brocante. On allumait une seule vitrine, une seule qu'on pouvait garnir… C'était ingrat comme bibelots, des trucs qui vieillissent de travers, du rossignol, du panais, avec ça on était fleurs." (L.-F. Céline, *Mort à crédit*, 1936). Le mot devait plaire à Céline puisque, dans le même livre, il l'emploie sous un sens très nettement grivois : "Je la vois dans le blanc du réverbère ! En chemise de nuit… toute redressée !…. Ses cheveux qui flottent. Je reste là, moi, en berloque avec mon panais tendu." Plus souvent, c'est la carotte qui est employée avec cette connotation – nous y reviendrons.

Mais la blanche racine, qui résiste aux fortes gelées, est aussi réputée pour sa rusticité. D'où cette bravade relevée en Haute-Saône : "Je ne te crains pas plus que patenailles ne craignent le froid."

Par un de ces mystères dont la langue parlée a le secret, le substantif masculin "panais", ou "panet," se retrouve, dans un autre registre, pour désigner un pan de chemise : "Elle restait des heures en chemise […] et comme toute la maison pouvait la voir par la fenêtre, sa mère se fâchait, lui demandait si elle n'avait pas bientôt fini de se promener en panais", écrit Zola dans *L'Assommoir* (1877). Goncourt dans son *Journal* (1884) et Henry de Montherlant dans *Les Célibataires* (1934) emploient tous deux "panais" dans ce même sens.

Panais long

Le panais d'Halloween

Inconnue il y a quelques années, la fête d'Halloween a fait une percée remarquable dans nos habitudes. Noël a ses sapins, Pâques ses œufs et ses poissons, la Toussaint a maintenant ses sorcières et ses citrouilles d'Halloween, plus récréatives que les chrysanthèmes. Dans tous les cas, les symboliques païenne et chrétienne se mêlent.

Si la fête celte d'Halloween est vieille de plus de deux mille cinq cents ans, la citrouille n'y est apparue que récemment, lors de l'adoption de la fête par les Etats-Unis d'Amérique après l'émigration irlandaise provoquée par la famine de 1846-1848.

Il y a deux mille cinq cents ans, pour les Gaulois, principal peuple celte, l'année se terminait à une date correspondant à notre 31 octobre. Ce jour-là, les troupeaux étaient ramenés des pâtures vers les étables, et il était temps de remercier les dieux pour les récoltes, et de s'assurer de leur soutien pour l'année à venir : c'était la fête de Samain. Les feux étaient éteints dans les âtres domestiques comme dans les foyers sacrés, et les druides faisaient naître un nouveau feu à partir des branches du chêne sacré. Ses braises allaient rallumer dans chaque maison une flamme qui devait brûler toute l'année. Samain était aussi la fête des morts… et pour effrayer les esprits malins, les Gaulois étaient grimés et portaient des costumes effrayants.

Au VIIIe siècle, le pape Grégoire III déplaça la fête des saints en novembre ; et en 840, Grégoire IV instaura la Toussaint. L'abbé Odilon de Cluny choisit en 1048 le 2 novembre comme jour des morts. La civilisation latine et catholique finit par avoir raison des coutumes celtes et païennes, qui se maintinrent cependant dans les îles Britanniques. La Toussaint y était All Hallows' Day ; la nuit qui précède devint All Hallows' Even, puis Halloween.

Deux coutumes y étaient particulièrement respectées : la première était liée à la lumière, qui était transportée dans des racines évidées (aujourd'hui, des citrouilles) ; la seconde concernait un plat spécifique, le *colcannon*. Au XIXe siècle, il s'agissait d'un ragoût de pommes de terre, de panais et d'oignons frits. Les patates étant d'introduction relativement récente, on peut supposer que la recette originelle n'en comprenait pas. On plaçait dans le *colcannon* plusieurs objets qui déterminaient le sort de ceux qui les trouvaient dans leurs assiettes. Qui tirait une bague se mariait dans l'année. Qui trouvait une pièce verrait la richesse. Qui gagnait un dé jamais ne se marierait… et la petite poupée en porcelaine (comme les fèves des Rois) annonçait un enfant à celui ou celle qui la trouvait dans sa part de *colcannon*.

Ces coutumes ne précisent cependant pas clairement s'il s'agissait de panais ou de navets. La racine creusée porteuse de lumière était-elle un panais rond ou une rave ? Peut-être est-ce là que se perdirent les variétés rondes de panais.

Un panais-lanterne d'Halloween

Le dire des carottes

Le mot "carotte", quant à lui, désigne bien d'autres choses que notre racine potagère, comme le signale en particulier *Le Trésor de la langue française*, dictionnaire de la langue des XIXe et XXe siècles.

Par une transposition facilement compréhensible, "carotte" est devenu une couleur et désigne souvent, à ce titre, une chevelure rousse. On pense, bien sûr, au roman de Jules Renard *Poil de carotte*, publié en 1894, dont furent tirées en 1900 une pièce de théâtre jouée par le grand comédien Antoine, puis plusieurs adaptations cinématographiques :

"Poil de carotte, va fermer les poules !

Elle donne ce petit nom d'amour à son dernier-né, parce qu'il a les cheveux roux et la peau tachée."

En référence à la forme de la racine potagère, le mot "carotte" a également connu d'autres dérivations.

Ainsi, les géologues désignent par ce mot un "échantillon cylindrique de terre ou de roche extrait par des instruments de sondage" – tant il est vrai que la meilleure carotte prélevée est celle qui donne un maximum d'informations pour un minimum de volume. Dans le même ordre d'idées, la carotteuse (ou le carotteur) est l'appareil qui prélève ces extraits ; on parle aussi à son sujet de carottier (ou parfois carottière).

Un autre produit végétal a hérité de ce vocable, du fait de sa forme : il s'agit du tabac. Si on le connaît surtout aujourd'hui sous forme de cigarettes, de cigares ou de tabac à pipe, il n'en était pas de même autrefois. On l'utilisait alors principalement sous forme de rouleaux serrés de feuilles de tabac à chiquer. Cette forme est même devenue l'emblème des bureaux de tabac. Les chiques ont aujourd'hui disparu, mais la carotte demeure l'enseigne des buralistes.

Sans doute est-ce aussi à cause de sa forme pointue que le mot "carotte" en est venu à désigner un jeu où on lance le couteau : "Un de ses camarades, dis-je, qui jouait à la carotte – lançant son couteau d'un geste bref pour le planter dans le bois d'une table." (Michel Leiris, *L'Age d'homme*, 1939.)

La fausseté de la carotte

Du mot "carotte", on est passé au verbe "carotter", avec une connotation de fraude et de fausseté. Comment ce sens est-il apparu ? Plusieurs hypothèses se partagent nos faveurs.

Certains prétendent que c'est parce que le tabac était, de longue date, l'objet d'une active contrebande que l'on s'est mis à "carotter", c'est-à-dire à frauder. Aucun texte ne confirme pourtant cette dérivation. De plus, il semble que l'expression "tirer une carotte à quelqu'un" ait d'abord signifié "tirer des aveux ou des révélations d'un malfaiteur" (1784).

Une autre version, celle de Littré, indique que "tirer une carotte" viendrait de ce que, à Carmagnole, le gouverneur savoyard avait frappé chaque botte de carottes mise en vente au marché d'un impôt équivalant à un demi-liard de notre ancienne monnaie ; mais il était admis qu'on le paie en nature, à raison de deux carottes par botte. De cette extorsion serait issue la notion de fraude.

Dans tous les cas, c'est petit. En effet, aux XVIIe et XVIIIe siècles, notre racine avait mauvaise presse : "ne manger que des carottes" (Le Roux, 1752) signifiait "faire mauvaise et piètre chère". Dans l'Aude, dire de quelqu'un *"es un manjo carottos"* ("c'est un mangeur de carottes") revenait à le désigner comme un naïf, facile à tromper. D'autres étaient plus habiles : "tourner carotte" équivaut à tourner sa veste, c'est-à-dire à changer de camp au milieu de la bataille. Dans un registre toujours négatif, Delveau indique (dans *L'Argot*, 1883) qu'"avoir une carotte dans le plomb" signifie "chanter faux" ou "sentir mauvais de la bouche" !

Le *Dictionnaire de l'Académie* (1740) rappelle que "carotter", c'est "jouer très petit jeu, en ne risquant presque rien". Un siècle plus tard, on dira, dans le même sens, "jouer la carotte" ; d'où le mot "carottier" qui désigne celui qui joue timidement, mais aussi, par une autre dérivation, "celui qui cherche par tous les moyens possibles à se soustraire à ses obligations militaires" (*Le Petit Journal*, 1891).

La plupart du temps, les carotteurs sont les bons vieux tapeurs, ceux qui s'installent chez vous en toute amitié. Cette escroquerie se joue parfois sous le couvert de relations amoureuses. Les cocottes et les demi-mondaines de la société bourgeoise du XIXe siècle furent des carotteuses exemplaires. "Voilà la manière dont les femmes pieuses s'y prennent pour vous tirer des carottes de deux cent mille francs", écrit Balzac dans *La Cousine Bette* (1846). Le sexe fort n'est d'ailleurs pas en reste – gigolos et dragueurs savent aussi carotter. "Alors un soir il me dit : «Alice, avant de me lier à toi pour la vie, je veux éprouver la confiance que tu as en moi, et surtout ton dévouement. Tu vas me donner trente mille francs que je garderai chez moi jusqu'au jour de notre mariage.» Eh bien, monsieur Goron, devinez à quel point je suis tourte : non seulement je ne flairai pas la carotte, mais je n'hésitai pas une seconde." (Goron, *L'Amour à Paris*). Dans ces deux exemples, la carotte est de taille !

Est-ce à ces usages que l'on doit un net glissement de sens vers des connotations érotiques – glissement, on l'a vu, partagé par le panais, et auquel tout légume long et dur peut prétendre ? "Je lui mets ma pastenade dedans son

Carottes 'Rouge demi-longue de Danvers'

petit bassin", trouve-t-on dans un texte du XVIe siècle. Ou encore, dans la chanson d'Aristide Bruant *Ricard le tapageur* (1841) : "Je me brûle l'œil au fond d'un puits/Avec une carotte de Flandre."

On rejoint là certaines coutumes populaires d'autrefois dont la connotation sexuelle est évidente. En Saintonge, "on apporte à la nouvelle mariée, sur un plat, une grosse carotte avec deux œufs d'oie. C'est une facétie symbolique". Dans le Doubs ou en Haute-Saône, "au 1er mai, une carotte placée devant la fenêtre d'une jeune fille indique symboliquement qu'elle se livre à la masturbation". Dans l'Aisne, "au 1er mai, on fiche devant la maison des filles légères un bâton muni d'une carotte et de deux pommes de terre"…

On ne saurait oublier, pour terminer, l'expression "la carotte et le bâton", dont l'origine serait des plus simples, puisqu'elle fait tout bonnement référence au fait qu'un âne rétif se décide à avancer si on lui présente une carotte – le bâton représentant la façon autoritaire d'obtenir le même résultat.

On le voit, la carotte est assaisonnée à toutes les sauces par le langage. Tous ces usages ont de quoi tourner la tête… jusqu'au sens final : "Les carottes sont cuites." Lorsqu'on en arrive là, il n'y a plus rien à tenter, c'est la fin. Nul ne sait d'où vient cette expression… la carotte garde son mystère !

Carottes 'Rouge longue lisse de Meaux'

IV. LENTES GRAINES

La culture de nos deux racines offre beaucoup de points communs – ce qui représente une difficulté supplémentaire pour les différencier dans les textes anciens. Avant de nous plonger dans l'art de les faire pousser, examinons donc d'une part ce qu'en disent ces textes, et d'autre part les coutumes et traditions rurales.

Cultures anciennes

Les *Géoponika*, recueil de règles concernant les cultures dans l'Empire byzantin écrit au VIe siècle de notre ère, font référence aux carottes, de même que, on l'a vu, l'*Agriculture nabatéenne* qui leur est un peu antérieure. Ils précisent tous deux qu'on les sème en février.

Bien plus tard, au XIIe siècle, l'Arabo-Andalou Ibn al-'Awwâm détaille les conditions de culture préconisées par les agronomes qui l'ont précédé. Selon Ibn Hajjâj, la carotte se sème dans les premiers jours d'*âb* (août) jusqu'en *aylûl* (septembre) : il faut profiter de la saison froide, car la carotte craint la chaleur, qui la rend âcre. Cette différence de saison par rapport à nos habitudes s'explique simplement par le fait que les climats ne sont pas les mêmes.

Par contre, les conseils de culture sont toujours valables : "Suivant Ibn Bassâl, la terre douce convient à la carotte *(isfinâriyya)*, comme les terres légères, celles qui sont sableuses, les noires meubles ; elle n'aime point la terre rude ni celle qui est compacte, parce que dans la première elle monte à tige, et dans la seconde n'est point facile à arracher. Le sol doit être cultivé avec grand soin […] elle a besoin d'une terre meuble et profonde pour que sa racine puisse y plonger, s'étendre et grossir."

En 1600, Olivier de Serres publie *Le Théâtre d'agriculture et mesnage des champs*, premier traité d'agronomie en langue française, dans lequel le potager occupe une bonne place. Dans sa revue des racines, on lit à propos des "pastenades et carrotes" : "Convient les semer en terre profondément labourée […]. Désirent aussi la terre bien engraissée, mais de longue main et de vieux fumier. En la lune vieille du mois d'avril, semera-on, estant aussi bon par tout celui de mai [...]. La difficulté de les faire profiter cause qu'on les sème fort druement, sans épargner la graine en intention d'arracher le superflu [...] quelques fois avient les longues pluies et gelées de l'hyver, pourrir les pastenades dans terre : laquelle perte prévenant, par l'arrivée du mauvais temps, conviendra arracher toutes les pastenades, et après les avoir effeuillées, les reposer en caveau sec parmi du sablon, et là se conserveront tout l'hyver."

Traditions d'ici et d'ailleurs

De tout temps, l'agriculture s'est accompagnée de pratiques et de gestes destinés à favoriser les récoltes. Nos racines n'y ont pas échappé.

Ainsi dans les Vosges, où celui qui sème des carottes se touche de temps en temps la cuisse pour que ces légumes deviennent "gros comme la cuisse". Certains paysans prononçaient en même temps les mots "gros comme ma cuisse, long comme ma cuisse". Ailleurs, on faisait le signe de croix, et on s'empoignait la cuisse droite à deux mains en disant : "Dieu veuille que les carottes que je sème soient aussi grosses, grosses, grosses que ma cuisse."

D'autres gestes à vocation magique sont attachés à la culture de nos racines. Par exemple : "Pour en avoir une récolte abondante, il faut, quand on les sème, mettre une chemise neuve." Ailleurs, on conseillait de rouler les graines dans du sel, sinon les racines seraient fourchues.

Ces précautions peuvent paraître des superstitions, comme les traditions de culture que rappelle la *Flore populaire de Franche-Comté* : semées sous le signe des Poissons, les carottes deviennent rouillées, et sous le signe du Cancer, elles deviennent "raiceleuses" (fourchues). On peut cependant avancer une explication liée aux saisons. Les semis de mars (sous le signe des Poissons) sont précoces, soumis à l'humidité, et le feuillage peut se trouver attaqué par la rouille ; alors que les semis de juin-juillet (sous le signe du Cancer) risquent de souffrir de la sécheresse, et les carottes de fourcher.

Comme pour toutes les cultures, l'influence de la lune et de la météorologie entrait en ligne de compte : "les carottes semées au décours de la lune ne lèvent pas" (Loiret) ; "quand on sème des carottes en jeune lune, elles viennent toutes en jambes [filiformes]" (Deux-Sèvres) ; "en ce cas, la racine devient fourchue" (Lot). Il était aussi conseillé d'éviter le vent : "ne pas semer pendant le vent du Nord, sans quoi elles fourcheraient" (Harou, *Folklore de Godarville*) ; "si l'on sème des *carottos* pendant que souffle le vent d'autan, elles deviennent *pastanargos* [carottes sauvages]", disait-on dans le Tarn-et-Garonne.

Enfin, les maximes traditionnelles rendent compte de l'importance que revêtait cette culture pour les paysans : "jardinier propriétaire ne sème carottes chez son voisin" (1790) ; "si l'homme savait ce que carotte vaut, il en sèmerait un journau [mesure de terre]".

Variétés d'hier et d'aujourd'hui

Jusqu'au XIXe siècle, on savait peu de chose des variétés de légumes, qui n'étaient pas répertoriées comme aujourd'hui. La circulation des graines restait locale, et leur passage d'une région à l'autre ne se faisait guère que par des colporteurs. Le grand précurseur en la matière fut Vilmorin qui publia dès le XVIIIe siècle un catalogue de graines. Il s'adressait surtout aux jardiniers des grandes maisons aristocratiques et bourgeoises.

C'est plus tard donc, entre 1850 et 1914, que de nombreuses variétés locales furent identifiées et proposées par les graineteries qui se développèrent dans tout le pays. Cela coïncidait avec le vaste mouvement de vulgarisation qui vit fleurir des milliers de brochures et de livres à la gloire du "progrès".

Le traité de Vilmorin paru en 1900, *Les Plantes potagères*, nous donne de précieuses indications sur les variétés appréciées à l'époque. On y trouve ainsi les panais 'Long' (ou 'd'Aubervilliers'), 'Amélioré de Brest', 'Long à couronne creuse', 'Demi-long de Guernesey', 'Rond hâtif'. Le catalogue Vilmorin de la même année ne propose que les trois dernières variétés. Dans le guide Clause de 1930 est également cité le panais 'De Montesson à courtes feuilles'. Aujourd'hui, seul demeure le 'Demi-long de Guernesey'... qui peut cependant atteindre des tailles plus que respectables et friser le kilo !

Panais 'Demi-long de Guernesey'   *Carotte 'Blanche des Vosges'*   *Carottes 'Rouge très courte à châssis'*

Les variétés de carottes sont nettement plus nombreuses, et leur description occupe treize pages du traité de Vilmorin. Elles sont classées selon différentes catégories :

– parmi les petites à forcer, on trouve au début du XXe siècle les carottes 'Rouge à forcer parisienne', 'Rouge très courte à châssis' (encore appelée 'Carline' ou 'Grelot'), la 'Rouge courte hâtive' ('De Hollande', 'Bellot', 'De Crécy', 'Queue de souris'…), la 'Rouge demi-courte obtuse de Guérande'…

– parmi les demi-longues, l''Intermédiaire de James', l''Obtuse', la 'Nantaise', les carottes 'De Carentan', 'De Luc', 'De Chantenay', 'De Danvers'…

– parmi les longues, Vilmorin cite les carottes 'De Croissy' (ou 'De Toulouse'), 'Obtuse sans cœur' (ou 'Des Ardennes'), 'Lisse de Meaux', 'D'Altringham', 'Rouge sang', 'Pâle de Flandre', 'A collet vert', 'Jaune longue' ou encore 'Jaune obtuse du Doubs', auxquelles il faut ajouter les blanches fourragères.

Nombre de ces variétés ont aujourd'hui disparu. Depuis quelques décennies, les variétés hybrides ont fait leur apparition, appréciées des professionnels pour leur homogénéité qui permet une mécanisation maximale des récoltes. Pour l'amateur, cette caractéristique ne présente que peu d'intérêt, et les variétés traditionnelles donnent d'excellents résultats : une raison de plus pour les préférer aux hybrides, et contribuer ainsi à leur maintien.

Une bonne terre

"Terre caillouteuse donne racines fourchues !" Pour éviter que ce dicton ne se réalise, il faut donc cultiver carottes et panais dans une terre bien ameublie en profondeur, souple et bien nourrie. Les variétés de carotte les plus réputées s'épanouissaient dans des terres maraîchères ; les sols légers, les terres sableuses ou d'alluvions constituaient leurs jardins de prédilection.

Les terres argileuses, moins favorables, doivent être travaillées à l'automne en grosses mottes, et reprises avant les semis pour être affinées.

Ceux qui travaillent de grands jardins à l'aide d'un motoculteur doivent y passer les fraises à vitesse moyenne. En effet, un passage rapide risque d'émietter la couche superficielle, et de constituer au-dessous une semelle sur laquelle les racines se casseront le nez… ou deviendront fourchues.

Pour obtenir une bonne structure du sol, un dernier passage de griffe et de râteau juste avant le semis permettra d'obtenir un beau lit de semence.

CAROTTES SAUVAGES ET CAROTTES CULTIVÉES

Quels rapports y a-t-il entre les carottes cultivées et les carottes sauvages ? Peut-on obtenir des variétés cultivées à partir des espèces sauvages ?

Il n'est pas facile de répondre à ces questions, mais voici ce que rapporte Vilmorin dans son ouvrage *Les Plantes potagères* (édition de 1890) : "Vers 1830, M. Vilmorin père a fait plusieurs essais ayant pour but d'obtenir de la carotte sauvage des racines plus renflées et plus comestibles, analogues à celles des races cultivées. Au bout de quelques années, ses semis lui ont donné une certaine proportion de plantes à racines charnues de diverses couleurs. Quelques-unes de ces formes ont été conservées pendant plusieurs années, se reproduisant semblables à elles-mêmes d'une manière assez régulière. [...] Cependant ces variétés, conservées quelque temps à titre de curiosité scientifique, n'ont pas pris place dans la culture usuelle, et ont été par la suite abandonnées."

Cette expérience prouve donc que la chose est possible. Mais face à des variétés qui ont été sélectionnées des siècles durant, il apparaît illusoire de vouloir repartir de l'espèce sauvage.

Nos deux Apiacées aiment les terres non seulement meubles, mais bien fumées. Mais là aussi, le mieux est l'ennemi du bien. Certains jardiniers apportent de grosses quantités de fumier frais qu'ils enfouissent. Bonjour les dégâts ! Cette matière organique fraîche attire les parasites – comme le taupin, dont la larve est appelée ver fil de fer. Dans un premier temps, ces vers se multiplient pour avaler les déchets végétaux, les digérer et restituer au sol leurs déjections. Malheureusement, ils ne savent pas faire la différence entre la paille du fumier et les racines des légumes, et lorsque celles-ci se développent, ils vont creuser des galeries dans les carottes et les panais.

Il ne faut donc enfouir dans le sol que des matières organiques bien décomposées. Pour les carottes et les panais, on apportera donc une bonne dose de compost bien mûr : de 30 à 50 kilos pour 10 mètres carrés. Le compost doit ressembler à l'humus des sous-bois : grumeleux, brun foncé à noir, on n'y reconnaît plus les éléments de départ. Si l'on dispose de cendre de bois, elle sera appréciée, car elle apporte de la potasse ; mais surtout il ne faut employer ni cendre de charbon ni suie de ramonage.

De même, il faut éviter les engrais riches en azote, qu'il s'agisse de produits minéraux ou organiques : fientes de volaille, colombine, poudre de sang, etc. Par contre, on peut apporter un engrais organo-minéral plus riche en phosphore et en potasse : par exemple, un produit contenant 4 % d'azote pour 6 % de phosphore et 10 % de potasse.

Le taupin et sa larve, le ver fil de fer

De graines en semis

Les semences des carottes et des panais ne sont guère difficiles en matière de température, puisqu'elles germent à partir de 12 degrés, mais cela leur demande du temps : quinze à vingt jours pour les carottes, et souvent plus de trois semaines pour les panais. Ajoutez à cela qu'une fois sorties de terre, les plantules démarrent lentement : pendant ce temps-là, les mauvaises herbes ont largement le temps d'envahir les carrés amoureusement semés.

Il est donc vital, pour la récolte à venir, de passer cette étape délicate. Pour gagner les herbes de vitesse, le jardinier doit jouer sur tous les tableaux en misant sur le quarté gagnant : faux-semis, prégermination, graines marqueuses et couverture.

Le faux-semis assure un sol aussi propre que possible. Pour ce faire, on prépare le carré "comme si on semait" : il faut ameublir la terre, la ratisser, l'arroser et recouvrir le tout d'un plastique transparent ou d'un voile non tissé. Au bout de quelques jours, lorsque la terre se couvre de petites pousses vertes, on fait un désherbage rapide (par un sarclage manuel ou avec un désherbeur thermique), puis on sème les "vraies" graines.

La prégermination consiste, elle, à mettre les graines dans de la gaze hydrophile et à placer l'ensemble dans du sable humide pendant quarante-huit heures, à une température comprise entre 15 et 20 degrés, avant de semer. On gagne ainsi de précieuses journées.

Les graines marqueuses permettent de désherber plus vite : on mélange quelques graines de petits radis à celles de carottes ou de panais. Germant très vite, les radis indiquent les lignes de semis. On peut alors sarcler entre les lignes et faciliter le démarrage des carottes.

Enfin, le fait de recouvrir le semis avec un voile non tissé (nous en reparlerons) présente, entre autres avantages, celui de gagner quelques degrés sur la fraîcheur nocturne, avec comme résultat une levée et un démarrage plus rapides.

En combinant ces quatre techniques, le jardinier assure à ses graines des conditions optimales.

Les graines de panais présentent une spécificité – ou un inconvénient ? – supplémentaire : il faut impérativement utiliser des semences de l'année, car elles perdent vite leurs capacités germinatives.

Les semis se font dans des sillons profonds de 2 centimètres et distants de 25 à 35 centimètres. Lorsque les jeunes plants ont 3 à 4 centimètres de hauteur, il faut les éclaircir : comptez 3 à 5 centimètres pour les variétés hâtives de petit calibre, 5 à 8 centimètres pour les grosses variétés d'hiver, et 10 à 15 centimètres pour les panais.

Réussir le désherbage

La culture dure deux mois et demi pour les variétés hâtives de carottes cultivées sous abris, trois à quatre mois pour les variétés demi-longues, et cinq à six mois pour les grosses variétés d'hiver et les panais. Nos deux racines démarrent assez lentement, c'est pourquoi il faut être vigilant sur la propreté des carrés.

Pour désherber les carottes, on trouve dans le commerce des désherbants sélectifs "spécial carottes" qui, paraît-il, font aussi l'affaire pour les panais. Il faut cependant faire très attention et respecter strictement les règles d'utilisation et les doses prescrites figurant sur les emballages, afin de réduire au minimum les résidus présents dans les légumes. Ceux qui veulent récolter des légumes naturels dans leur potager préféreront le cultiver de manière biologique, et se passeront des pesticides et herbicides chimiques.

Les techniques présentées ci-dessus pour les semis permettent de limiter les mauvaises herbes et de se passer de désherbage chimique. Pour cela, le jardinier doit être vigilant et intervenir le plus tôt possible.

Une nouvelle technique semble prometteuse : le désherbage thermique. Contrairement à ce qu'on pense souvent, il ne s'agit pas de brûler les herbes, ce qui demanderait énormément d'énergie. Il suffit de passer rapidement une flamme sur elles, de manière à élever la température jusqu'à 80 degrés. A cette température, les protéines contenues dans les cellules végétales coagulent, ce qui entraîne la mort de la plante. On utilise pour ce type de désherbage des chalumeaux adaptés à ce travail. Il faut naturellement faire attention : ne pas les utiliser à proximité de matériaux plastiques ou inflammables, et tenir les enfants éloignés du matériel pendant son emploi et lorsqu'il refroidit.

Après le désherbage, il faut biner soigneusement entre les lignes, puis pailler copieusement. Le paillage empêchera

Eclaircissage des panais

Un désherbeur thermique

la repousse des mauvaises herbes, maintiendra la terre fraîche et souple, tout en limitant les besoins d'arrosage. Enfin, pour obtenir des racines tendres, il est important de maintenir la fraîcheur du sol par des arrosages réguliers.

Faire ses graines

Carottes et panais sont des bisannuelles, qui fleurissent la seconde année de leur culture. Pour récolter des graines de qualité, il faut sélectionner de belles racines à la fin de la première année. Celles-ci peuvent passer l'hiver en terre dans les régions douces, et s'il n'y a pas trop de rongeurs. Sinon, on les rentrera en cave, dans du sable. Pour qu'elles puissent repartir et fleurir au printemps, il ne faut pas couper le feuillage trop ras.

En fin d'hiver, replantez, espacées de 60 centimètres, les racines sélectionnées : elles doivent être assez grosses sans être monstrueuses, régulières et non fourchues, et bien s'être conservées pendant l'hiver. Lorsque les tiges florales apparaissent, tuteurez-les.

Les graines sont mûres lorsque les ombelles virent du vert au brun. Pour le vérifier, frottez-les : chacune dégage l'odeur caractéristique de son espèce. On cueille les ombelles une à une avant de les mettre à sécher à l'ombre. Il ne reste plus ensuite qu'à séparer graines et déchets, et à les conserver à l'abri de l'humidité et de la chaleur.

Récolter ou laisser les racines en terre ?

Dans la plupart des situations, carottes et panais peuvent sans problème rester en terre, où on les récolte au fur et à mesure des besoins. Il y a cependant trois cas où il faut impérativement arracher les racines avant l'hiver et les rentrer en silo : si la terre est très humide, car elles risqueraient de pourrir ; si le jardin est visité par les rongeurs, car les racines sont destinées à notre table et non à la leur ; enfin, en cas de fortes gelées, surtout pour les carottes – en effet, les panais sont très rustiques et il suffit de protéger leur collet d'une couche de feuilles.

La récolte se fait à l'automne, par un matin ensoleillé. On arrache les racines à la fourche-bêche, ou mieux encore avec une grelinette ; cet outil inventé et commercialisé par un artisan savoyard, Olivier Grelin, permet de soulever la terre sans effort.

Après avoir coupé les feuilles au ras du collet, on laisse les racines ressuyer quelques heures sur le sol. Il faut ensuite les trier, en mettant de côté, pour les consommer rapidement, celles qui se sont abîmées. Les autres seront stockées dans un endroit frais, à l'abri de la lumière, du dessèchement, de l'humidité et des rongeurs. Vous pouvez les mettre dans des caisses, ou récupérer un vieux tambour de machine à laver où vous les installerez dans un matériau sec qui les maintiendra fraîches (sable, paille, tourbe…).

La grelinette

Du papillon à la mouche

Les feuilles de la carotte et d'autres Apiacées sont parfois attaquées par une superbe chenille vert cru, avec des bandes transversales noires ponctuées d'orange brillant. Il s'agit de la larve d'un grand et superbe papillon de jour, le machaon, alias "queue d'hirondelle" *(Papilio machao)*. Se multipliant sur les Apiacées sauvages ou cultivées, il était autrefois considéré comme le principal parasite de la carotte. Les papillons ont bien régressé sous nos cieux : aujourd'hui, le machaon constitue rarement une menace pour les cultures.

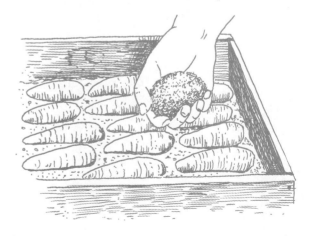

Conserver les carottes

Il a été remplacé dans son rôle d'ennemi public numéro un par la mouche de la carotte, autrement plus redoutable puisque sa larve creuse des galeries à la surface des racines.

Il s'agit d'une petite mouche de 4 à 5 millimètres. Ses larves passent l'hiver dans la couche superficielle du sol et se transforment en adultes au printemps. Ceux-ci sortent de terre et sont attirés par l'odeur des cultures d'Apiacées (carottes, panais, céleris, etc.). Les femelles pondent en fin de journée à proximité des cultures. Après l'éclosion des œufs, ce sont les jeunes larves qui vont pénétrer dans les racines de carottes.

Pour combattre la mouche, il faut savoir que son activité dépend étroitement des températures. Si à 20 degrés elle se reproduit en 25 jours environ, elle arrête toute activité au-dessous de 15 degrés et au-delà de 22 degrés. Dans la plupart des régions, il apparaît ainsi une première génération de parasites d'avril à juin, puis il se produit un arrêt d'activité en juillet-août, avant que la seconde génération ne ponde lorsque les chaleurs estivales sont passées.

Pour empêcher la mouche de la carotte de causer ses ravages, deux techniques sont possibles.

La première consiste à épandre un insecticide anti-mouche au moment du semis. Si cette technique a paru la panacée dans les années soixante, il est temps de la remettre en cause. D'abord, parce que son efficacité n'est pas garantie contre la seconde génération en fin d'été. Et surtout parce que c'est une solution de facilité qui ajoute une dose de pesticides à notre environnement, déjà suffisamment pollué. N'oublions pas que si les jardins utilisent moins de polluants que les grandes cultures, ce sont eux qui reçoivent les doses les plus fortes au mètre carré.

La seconde méthode consiste à empêcher la mouche de pondre près des carottes en recouvrant les cultures d'un

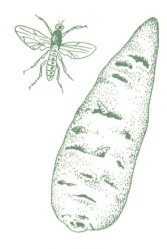

La mouche de la carotte

voile non tissé "anti-insectes". Il s'agit de voiles légers (10 grammes au mètre carré) qui ne provoquent pas de surchauffe. On les pose de manière lâche sur les semis, on les ôte pour désherber, biner ou pailler ; mais on les remet en place tant que les températures oscillent entre 15 et 22 degrés. On peut les enlever l'été et les remettre à la fin d'août.

Comme la mouche repère les carottes à l'odeur, certains préconisent de pulvériser sur les carottes des décoctions d'absinthe ou de tanaisie, dont l'odeur masquerait celle de la carotte. L'inconvénient de cette méthode est qu'on ne sait pas combien de temps ces odeurs demeurent efficaces, et donc à quel moment il faut répéter les pulvérisations.

Des carottes toute l'année

Pour récolter des carottes presque toute l'année, vous pouvez pratiquer plusieurs types de semis, en choisissant pour chaque période des variétés adaptées à la saison correspondante.

Pour une culture précoce, dans les régions les plus douces, semez des variétés à forcer en janvier-février sous serre ou sous tunnel plastique, en ajoutant un voile non tissé sur le semis ; par exemple, vous pourrez choisir des variétés courtes à forcer, ou des demi-longues : 'De Carentan', 'Nantaise à forcer', 'D'Amsterdam à forcer'.

Attention : les feuilles des panais sauvages ou cultivés sont pourvues de vésicules urticantes. Leur contact avec la peau, surtout après avoir transpiré, provoque chez certaines personnes des réactions dermatologiques qui peuvent aller jusqu'à la formation de cloques très désagréables, qui disparaissent sans laisser de traces mais peuvent persister plusieurs semaines. Nous y reviendrons au chapitre V.

Vous pouvez aussi semer dans les mêmes conditions en octobre. Dans les deux cas, la récolte de carottes primeurs en bouquet se fera à partir de mai.

Pour récolter en début d'été, semez des variétés à forcer en février-mars sous la protection d'un simple voile non tissé en région douce, doublé d'un tunnel plastique ailleurs. Les variétés demi-longues indiquées ci-dessus conviendront bien.

Pour la récolte d'été, semez en mars-avril, avec un simple voile de forçage, des variétés demi-longues, de type 'Nantaise' ou 'Chantenay'.

Enfin, pour les récoltes d'automne et d'hiver, semez en plein air, à partir de la mi-mai jusqu'au début de juillet, des variétés de conservation : carottes demi-longues de type 'Nantaise' ou 'Chantenay', ou longues de type 'Colmar' ou 'Saint-Valéry'.

En ce qui concerne les panais, longs à lever et à démarrer, vous les sèmerez assez tôt pour qu'ils soient bien implantés avant l'arrivée de la chaleur : en février-mars dans le Midi, jusqu'en avril dans les régions fraîches.

Carottes 'Rouge de Chantenay'

V. LA BONNE CAROTTE ET LE MÉCHANT PANAIS

Si la carotte est unanimement considérée comme un bienfait pour l'organisme, le panais a connu des détracteurs : faut-il opposer la carotte miracle au panais déprécié ? Il paraît nécessaire de faire le point, et de délimiter l'intérêt respectif de nos deux racines.

Au temps jadis

Du fait de la confusion qui a longtemps régné entre la carotte et le panais, il est parfois difficile de distinguer, dans les textes anciens, les vertus prêtées à chaque racine. Il est cependant intéressant d'en faire le tour, car ces indications de base donnent une idée assez juste de l'intérêt de nos deux légumes.

A propos du panais, Pline écrit : "Mangé cuit ou cru, il est excellent pour l'estomac, car il absorbe toutes les humeurs mauvaises qui peuvent se trouver dans cet organe." Il mentionne également une autre variété de panais, le *siser*, dont plusieurs auteurs ont chanté les pouvoirs : Ophion le disait diurétique et aphrodisiaque, de même que Dioclès, qui ajoutait qu'il fortifie le cœur des convalescents, et qu'il faut en consommer après des vomissements répétés– mais peut-être s'agit-il ici du chervis. Artémidore d'Ephèse, quant à lui, classait le panais parmi les végétaux qui procurent d'heureux songes, "pourvu que le dormeur ne soit pas en procès au sujet d'une pièce de terre, car il n'aurait rien à attendre de bon d'un légume qu'on cueille en le déracinant".

Au XIIe siècle, sainte Hildegarde jugeait le panais tout juste bon à remplir le ventre. Est-ce pour cela que le poète Gauthier de Coinci, presque à la même époque, le considère comme nourriture à cochons :

"Car une truie, une basnaie aime mieux que marc d'argent."

Le recueil en vers de l'école de Salerne – la plus fameuse école de médecine, qui acquit sa réputation dès le IXe siècle – fut si célèbre qu'on en a dénombré deux cent quarante éditions entre 1474 et 1846. Il encense le panais, dont il fait dériver le nom de *panis*, le pain. Voici ce que ses préceptes énoncent :

Légèrement acide, et peu substantiel,
Il excite à l'amour, et aide au flux menstruel.
Sur toute racine il prend le pas ; on l'aime :
Sa vertu nutritive engendra son nom même.

Les commentaires attachés à ces vers donnent quelques précisions sur nos deux racines ; cela semble indiquer que la carotte et le panais ont été regroupés dans les prescriptions :

"Le panais est sain, peu nourrissant, facile à digérer. C'est une bonne nourriture pour le bétail. Les vaches qui s'en nourrissent donnent du bon lait ; il était autrefois employé comme diurétique, emménagogue, aphrodisiaque, et ses graines comme fébrifuge." L'auteur des commentaires précise cependant : "Nous ne croyons pas à ces prétendues vertus." Pour la carotte, il ajoute : "La racine de carotte est précieuse, étant douce et nourrissante. On l'emploie en médecine comme adoucissant et fondant. On l'applique aussi avec succès sur les ulcères cancéreux ou putrides."

Paracelse, qui professait la médecine à Bâle au XVIe siècle, considérait la carotte comme propre à conserver les esprits vitaux et à combattre la manie, la frénésie, la mélancolie, l'hallucination et l'ébriété… Dans le *Traité de l'entretenement de santé* (1556), Prosper Calamo signale que "les femmes en usent souvent avec miel pour provoquer leurs besognes". A la même époque, Balthazar Pisanellei dit qu'elle accroît le lait et la semence, mais conseille de la soumettre à une double cuisson, car le sang qu'elle engendre n'est pas sans malice. Enfin, le médecin Crato (1591) la tenait pour supérieure à la thériaque et au mithridate contre les empoisonnements.

Croyances populaires

Les médecins célèbres d'antan ne sont pas seuls à s'être penchés sur les vertus des carottes et des panais. Les croyances populaires leur accordaient aussi une certaine importance.

La croyance la plus répandue concerne la carotte, dont on affirmait qu'elle pouvait guérir la jaunisse. Cette croyance est liée à la théorie des signatures. Celle-ci consiste à établir un rapport d'analogie entre un élément et une partie du corps. Ici, c'est la couleur jaune orangé de

PANAIS : ATTENTION, ÇA BRÛLE

La sève du panais contient des substances qui peuvent provoquer des brûlures. Cela est particulièrement vrai pour le panais sauvage, mais les variétés cultivées peuvent entraîner les mêmes réactions. Il s'agirait de furanocoumarines (ou psoralènes) qui sont activées sous l'action des rayons du soleil, et font réagir la peau à la lumière solaire. Elles sont libérées par des vésicules urticantes situées sur la face inférieure des feuilles.

Lorsque l'on se frotte à la plante en plein soleil, surtout si l'on a transpiré, des réactions cutanées peuvent apparaître en quelques heures. La peau devient rouge et gonflée, puis des cloques se forment ; elles crèvent, puis peuvent se reformer ; la réaction peut durer ainsi plusieurs semaines. Après guérison, des taches brunes peuvent persister plusieurs mois : il s'agit d'une hyperpigmentation résiduelle.

D'autres plantes peuvent produire les mêmes effets, en particulier la berce géante ou berce du Caucase (*Heracleum mantegazzanium*), le grand ammi (*Ammi majus*) ou encore le millepertuis (*Hypericum perfoliatum*).

Panais
'Rond hâtif'

la carotte qui est mise en rapport avec le symptôme de la jaunisse.

Dans les Vosges, par exemple, voici ce que l'on conseillait : "Si vous avez une jaunisse, prenez une carotte, creusez-la avec soin et remplissez-en l'intérieur de votre urine. Cela fait, suspendez la carotte dans une cheminée et, à mesure qu'elle séchera, votre jaunisse s'en ira."

Rolland, dans sa *Flore populaire*, relève d'autres propriétés – assez fantaisistes, celles-là – attribuées autrefois à nos deux racines. Dans les Deux-Sèvres, on affirmait que "manger des carottes crues donne des poux" ; à Saint-Pol, dans le Pas-de-Calais, on disait que "manger trop de carottes rend les fesses dures". Et enfin à Naintré, dans la Vienne, on prétendait que "manger de la carotte amène une fièvre lente qui finit par rendre amoureux"...

La nature des racines

Tombé en désuétude, le panais n'est aujourd'hui guère cité en phytothérapie.

Pour un légume, il contient peu d'eau : 80 %, soit une teneur comparable à celle de la pomme de terre, mais inférieure à celle de la carotte, qui en contient 88 %. De ce fait, il est plus énergétique : il apporte 83 kilocalories pour 100 grammes, contre 43 pour la carotte.

Comme toutes les racines, il contient essentiellement des glucides (18 %, contre 10 % pour sa rouge cousine). Il est également riche en fibres (3 grammes pour 100 grammes). Du côté des minéraux, il est bien pourvu en potassium (400 milligrammes), en calcium (45 milligrammes), en fer et en magnésium. Il contient également une bonne palette de vitamines du groupe B : B3 (ou PP), B5, B6... ainsi qu'une quantité intéressante de vitamine C. Sans être une panacée, tout cela en fait un excellent légume, dont les constituants sont utiles à de nombreuses fonctions de l'organisme – ce que confirme le docteur Valnet : "Légume très nutritif, autrefois considéré comme un aliment de base. Par ailleurs, diurétique, détoxiquant, antirhumatismal et emménagogue. L'utiliser fréquemment dans les potages. La soupe à base de panais, oignon et poireau est recommandée comme diurétique. Les personnes sujettes à l'embonpoint en feront leur profit."

LE CAROTÈNE

Il n'est pas offert à tous les légumes de donner leur nom à une vitamine, mais les quantités contenues dans la carotte justifient bien cette attention. En fait, le pigment de la carotte constitue le précurseur-provitamine A. D'autres pigments de la même famille, les caroténoïdes, colorent certains animaux (crustacés, anémone de mer...).

Son apport nous est d'autant plus précieux que nous ne pouvons pas la synthétiser. C'est également le cas de la plupart des animaux.

Provitamine A, le carotène est transformé en vitamine de plein exercice dans le foie. La vitamine A est indispensable à la vision ; elle entre dans la composition des pigments rétiniens, qui augmentent la sensibilité de la rétine. A ce titre, elle améliore la vision nocturne.

Elle joue également un rôle essentiel dans la nutrition et le développement des tissus, en particulier des épithéliums. Ceux-ci constituent les membranes protectrices des organes et de notre peau. C'est ainsi qu'ils peuvent assurer une certaine protection de cette dernière, aussi bien contre le soleil que contre le froid. Si une cure de carottes facilite le bronzage et protège du froid, elle ne constitue cependant pas une garantie qui exclurait coups de soleil ou engelures.

Au sens figuré, comme au sens propre, le panais fait pourtant pâle figure à côté de sa cousine. La carotte est en effet un aliment record pour la santé. Peu pourvue en lipides et en protides, elle contient essentiellement des glucides, dont une part importante de fibres (3,4 %), et de nombreux micronutriments : minéraux (potassium, calcium, phosphore, sodium), oligoéléments et vitamines. Ses fibres sont à la fois riches en pectine, qui absorbe l'eau dans l'intestin en cas de diarrhée, et en cellulose, qui accélère le transit intestinal en cas de constipation. Sa principale richesse est cependant constituée par la provitamine A, à laquelle elle a donné son nom de carotène : 100 grammes de carotte crue en contiennent environ 12 milligrammes, l'apport journalier conseillé étant de 5 milligrammes. Ainsi, la carotte contribue à renforcer les défenses immunitaires, et favorise le bon état de la peau. Surtout, elle est un antioxydant dont le rôle est reconnu dans la prévention du cancer et des maladies cardiovasculaires.

Le docteur Valnet, rénovateur de la phytothérapie, ne consacre pas moins de huit pages à la carotte dans son livre *Se soigner par les légumes, les fruits et les céréales*. Il conseille fortement d'en consommer régulièrement du jus, ainsi que de la soupe, remarquable régulateur de la fonction intestinale, efficace aussi bien contre la constipation que contre la diarrhée. Pour une bonne minéralisation des nourrissons, il préconise de cuire leurs céréales dans du bouillon de fanes de carottes.

En usage externe, la carotte connaît plusieurs utilisations intéressantes. Sa décoction peut être appliquée sur les abcès, les brûlures, les furoncles, les dartres, les ulcères des jambes... La décoction de feuilles permet de lutter contre les aphtes (en gargarisme) et contre les engelures et les gerçures (en bains et en lavages). Des lotions de jus de carotte frais redonnent souplesse et fraîcheur à la peau – les jus de concombre, de laitue, de tomate ou de fraise partagent ces mêmes vertus.

Les conclusions du docteur Valnet sont catégoriques : "Si nous nous rappelons que la carotte augmente le nombre de globules rouges et le taux d'hémoglobine, qu'elle renouvelle, rajeunit en somme les cellules et les tissus, qu'elle stimule les fonctions hépatiques [...] nous comprenons du même coup qu'elle représente un puissant facteur d'équilibre et qu'elle puisse, à certains, redonner la joie de vivre."

D'autres usages ont cours dans d'autres contrées. Dans *La Pharmacopée marocaine traditionnelle* (aux éditions Ibis), Jamal Belekdhar signale que les graines de carotte sont utilisées pour soigner les maladies de l'appareil urinaire. Les enfants diarrhéiques sont soignés avec une purée de carottes à l'eau, et le jus des racines sert pour les soins du visage et contre les brûlures.

Les auteurs de *La Médecine traditionnelle chinoise* (aux éditions Présence) situent quant à eux l'action de la carotte sur les méridiens de la rate et du poumon, et sur ceux de l'estomac et du gros intestin. Ils la préconisent donc contre les troubles de la digestion, les diarrhées et la toux chroniques. Ses mécanismes d'action sont ainsi expliqués : "La saveur piquante de la carotte explique son rôle légèrement dispersant ; sa saveur douce permet son action de réunion, et sa nature neutre assure son pouvoir d'abaissement. Pour ces raisons, la carotte peut tonifier le milieu et abaisser l'énergie", et contribue ainsi à supprimer les troubles de l'estomac et de l'intestin.

Carottes 'Longue rouge sang'

VI. RACINES DE TABLE

Nous l'avons vu, les pastenades étaient déjà présentes en cuisine tout au long de l'Antiquité – mais sans qu'on sache toujours de quelle racine il s'agit.

Ibn al-'Awwâm rapporte plusieurs usages alimentaires anciens de la carotte. Il cite l'*Agriculture nabatéenne*, qui indique qu'"on fait avec la carotte des préparations alimentaires qu'on mange avec du vinaigre, de la saumure, de l'huile d'olive, et certains légumes ou graines. On en fait aussi des électuaires en la préparant avec du miel et du dibs, qui est sirop de dattes, et avec du sucre." Ibn al-'Awwâm mentionne également un certain Yanbûchâd, qui raconte que le peuple de son pays faisait du pain avec la carotte : "Ils la coupaient en menus morceaux, la faisaient sécher, ajoutaient une certaine quantité de farine de froment, d'orge, de riz ou de millet. On complétait la panification, et on obtenait un pain de bonne qualité, sain et nourrissant. On le mangeait aussi avec des préparations sucrées et des choses salées ; seulement il avait une saveur plus agréable avec les premières ; il était plus convenable et plus nourrissant pour le corps."

On vante parfois la qualité gastronomique de la cuisine médiévale : n'oublions pas qu'il s'agit là de recettes qui ne concernaient qu'une infime minorité de la population – aristocratie et bourgeoisie naissante. Epices et viandes ne concernaient pas la paysannerie ; pour elle, la pastenade faisait partie des herbes à pot.

L'alimentation populaire médiévale consistait surtout en produits végétaux : les *leum* correspondaient à nos légumes secs. Il s'agissait principalement de fèves et de pois ; dans le Midi, s'y ajoutaient le pois chiche et les ancêtres du haricot : les fasioles, ou doliques. Ces *leum* constituaient la principale source de protéines. Ils avaient également un autre intérêt, celui de n'être pas soumis à l'impôt. Les herbes à pot, classées en racines et en feuilles, constituaient le deuxième type d'aliment. Ces herbes, souvent encore proches des types sauvages, coriaces et plus ou moins amères, cuisaient longtemps dans le pot, marmite suspendue dans l'âtre. Enfin, les céréales constituaient la troisième catégorie ; mais leurs rendements étaient faibles, et les taxes réduisaient considérablement la part disponible pour la consommation familiale. Elles permettaient de faire du pain, le plus souvent consommé dur comme pierre, pour "tremper la soupe". Selon les régions, s'ajoutaient à cela les fruits de certains arbres : glands, châtaignes, faînes du hêtre… Quant à la viande, il n'y en avait guère : quelques volailles et du cochon (gras, si possible) apparaissaient de temps en temps sur les tables populaires. La soupe constituait donc l'aliment de base. Après tout, la potion magique d'Abraracourcix n'était sans doute qu'une soupe aux herbes médicinales, et contenait peut-être du panais…

A partir de la Renaissance, l'influence italienne – avec l'arrivée de Catherine de Médicis – et les apports sud-américains vont considérablement modifier la cuisine. Des plantes de longue conservation apparaissent – haricots et courges ; les racines prennent de la chair. Les classes dominantes considéraient souvent ces racines comme mets de pénitence, pour faire maigre le vendredi ou en temps de carême ; en 1560, Matthiole écrivait : "En caresme, au deffault de poisson, on mange les pastenailles frites en Italie, convient que ce ne soit viande propre au temps de jeûne, car elle incite au jeu d'amour."

Les gens bien nés consommaient aussi les graines de carotte comme épice. Le *Trésor de santé* (1607) signale que "les Allemands […] usent de semences en sausses et potages de goust étrange comme carvi, libistie [livèche ?], semences de *daucus*, commin [cumin]…".

Le cumin

La mode des "douceurs" fut introduite dans la bonne société à la Renaissance : on vit se développer les sucreries, au miel ou au sucre de canne. Le livre *Six siècles de confitures* rassemble des recettes du Moyen Age à nos jours. On y trouve ainsi une compote de carottes au vin rouge extraite du *Jardinier françois* de Nicolas de Bonnefons (1651) et une confiture de Bourgogne aux carottes et au moût de raisin.

Presque deux siècles plus tard, le *Dictionnaire pittoresque d'histoire naturelle* de F. E. Guérin (1838) signale encore une pâte sucrée que les Allemands de Thuringe consommaient comme une confiture. La recette en question est fort longue : il faut couper les racines en morceaux, les faire cuire, les écraser, en extraire un jus, recommencer... "Après quatorze à seize heures de cuisson, la liqueur prend la consistance d'un sirop épais." Ce même ouvrage signale également que les Irlandais préparaient, pour remplacer la bière, une boisson avec des racines de panais et des cônes de houblon.

Puis la carotte est peu à peu devenue rouge, sucrée et juteuse – au point que les Irlandais l'ont appelée "miel de terre" –, alors que le panais était cantonné aux soupes ou aux plats bouillis ; dans les années cinquante, on ne le trouvait plus guère que dans le triste bouquet garni pour aromatiser le pot-au-feu. Depuis, le navet l'y a remplacé.

Comment accommoder carottes et panais

Très parfumé, d'un goût très doux, presque sucré, le panais est un légume à part entière. S'il reste délicieux dans les soupes et les potages, il peut aussi se préparer seul ou avec des pommes de terre. Comme il contient beaucoup moins d'eau que les autres racines (80 % au lieu de 90 % en moyenne), il risque d'attacher plus vite à la cuisson. On le cuit à la vapeur, à l'étouffée, en purée ou en potée, et même en soufflé ou en tourte. Il accompagne très bien les viandes en sauce, et peut remplacer le navet pour servir avec un canard.

La carotte est bien connue... peut-être trop connue, d'ailleurs. Des recettes originales éviteront des utilisations trop limitées et répétitives.

La douceur de nos deux racines permet de les marier avec de nombreux aromates. Elles apprécient les Alliacées

UN ALIMENT DE CONSERVATION

Jusqu'au XIXe siècle, la conservation des aliments est restée un problème majeur. Les racines présentaient l'avantage de pouvoir être conservées en silo, mais le résultat n'était pas parfait, et le déchet parfois considérable.

Le sel permettait de mieux conserver les aliments. Mais il était rare, cher, et soumis à la gabelle. On l'employait à petites doses, dans certaines régions, pour la lactofermentation. Comme nombre de légumes, carottes et panais se prêtent à ce mode de conservation, dont la technique de base est celle de la choucroute.

En voici une recette simple : il faut laver les racines et les couper en rondelles fines, en petits dés ou les râper grossièrement. Légumes et aromates sont mis dans un pot, tassés puis couverts d'eau salée (avec 30 grammes de sel par litre). Le pot doit être hermétiquement fermé.

Comme aromates, Claude Aubert, dans son livre *Les Aliments fermentés traditionnels*, conseille :

– pour 5 kilos de carottes : 3 oignons, 2 gousses d'ail, une dizaine de feuilles de laurier, estragon et fenouil ;

– pour la même quantité de panais : 2 cuillerées à soupe de cumin et 2 de coriandre, quelques pommes et 3 oignons.

L'ensemble est placé une semaine à température ambiante (20 °C environ), puis dans un endroit frais, si possible au-dessous de 10 °C.

– ail, échalote, oignon, ciboule et ciboulette – dont le piquant apporte un contraste bienvenu. Les herbes de garrigue s'allient bien avec leur douceur : thym, sarriette, romarin, sans oublier marjolaine et basilic. Il en va de même des petites Ombellifères : persil, cerfeuil, aneth, coriandre, cumin... Par contre, mieux vaut éviter d'associer carottes et panais à des légumes doux comme les courges. Préférez dans ce cas poireaux et choux pommés.

Halte à la noyade !

Le sort des légumes en cuisine n'est guère enviable. Ils sont souvent cuits à gros bouillons et leur saveur est noyée dans un flot d'eau salée. Lorsqu'ils ont droit à la vapeur, c'est sous pression, à plus de 100 degrés. Quant aux crudités, elles nagent souvent dans une vinaigrette trop abondante. Ne parlons pas des carottes râpées sous vide, ou préparées des heures à l'avance. Ces traitements font perdre aux légumes une grande partie de leur intérêt diététique : les nutriments sont dilués dans l'eau, détruits par la vapeur bouillante, ou oxydés à l'air. Pitié pour les légumes ! Retrouvons le chemin d'accommodements et d'assaisonnements qui préservent leurs qualités et leurs saveurs.

Mieux vaut donc préférer les cuissons courtes ; comme c'est au-dessous de 65 degrés et au-dessus de 100 degrés que les destructions sont les plus massives, on préférera la cuisson à l'étouffée. Pour que carottes et panais soient vite fondants, on les coupera fin, en lamelles ou en petits cubes. On pourra, par exemple, employer les paniers de cuisson en bambou qu'utilise la cuisine asiatique : en une dizaine de minutes, carottes et panais seront prêts, préservés par une cuisson à moins de 100 degrés. On peut aussi les cuire dans un faitout dont le fond est pourvu d'un panier : cela permet de mettre peu d'eau et de n'en rajouter que s'il en manque.

Un cuiseur en bambou

Les crudités se préparent au dernier moment, sans excès. Si l'assaisonnement doit se diffuser partout, il ne doit pas goutter. Et pour sortir des chemins battus, essayez d'assaisonner les carottes râpées avec des laitages ; dans ce cas, commencez par mettre un vinaigre doux (de cidre ou de miel) ou un jus de citron pour limiter l'oxydation.

Enfin, pour faire aimer les légumes aux enfants, pensez à la purée nature, aux tourtes, aux soufflés… et si vous êtes jardinier, gardez les petites carottes lorsque vous les éclaircissez : lavez-les et faites-les grignoter… en racontant, bien sûr, une histoire de Jeannot Lapin.

CAROTTE ET NITRATES

Légume diététique par excellence, la carotte est un des premiers légumes servis aux bébés, sous forme de jus ou de purée… mais, nous l'avons vu, c'est aussi une des cultures les plus industrialisées, pour laquelle se pose le problème des résidus, et en particulier celui des nitrates.

En fait, ce ne sont pas les nitrates en eux-mêmes qui sont dangereux, mais les nitrites qui en sont issus. Cette transformation suppose la réunion de plusieurs facteurs : concentration en nitrates de la racine, prolifération de bactéries à enzyme dite "nitrate-réductrice", ambiance favorable (humidité, chaleur). La plupart du temps, le risque apparaît entre le stockage en chambre froide et notre assiette, d'autant qu'à la récolte, le nettoyage automatique des carottes élimine souvent les facteurs naturels de protection, situés au niveau de l'épiderme.

L'idéal reste bien sûr de pouvoir produire ses carottes de façon biologique dans son jardin. Sinon, la meilleure précaution consiste à acheter des carottes biologiques, et à les conserver au frais. Jusqu'en avril ou en mai (selon les régions), mieux vaut préférer les carottes de conservation et éviter les primeurs en bottes, qui viennent alors de cultures trop intensives sous serres.

Cahier de recettes

Nombre des recettes qui suivent peuvent se faire indifféremment avec carottes ou panais… offrant ainsi deux fois plus de saveurs à découvrir.

• *Potage au panais et à l'estragon*

> *500 g de panais ; quelques belles feuilles de chou vert ; 1 bel oignon ; estragon ; huile d'olive ; 1 cuillerée à soupe de crème fraîche ; sel.*

A la cocotte, faites revenir 5 minutes, dans un peu d'huile d'olive, le chou, l'oignon et les panais coupés menu, ainsi qu'une petite branche d'estragon. Salez et couvrez bien d'eau. Faites cuire à petite ébullition une heure. Passez au mixeur en ajoutant une cuillerée à soupe de crème fraîche pour augmenter l'onctuosité.

• *Croquettes de panais aux noisettes*

1 kg de panais ; 50 g de farine type 80 (semi-complète) ; 1 oignon moyen ; 2 gousses d'ail ; 100 g de noisettes ; 3 œufs ; 1 verre de lait ; 50 g de beurre ; huile (tournesol ou olive) ; sel ; poivre.

Epluchez les panais et coupez-les en petits morceaux. Faites-les cuire à l'étouffée avec l'ail et l'oignon hachés, salez et poivrez. Une fois cuits, passez-les au mixeur et incorporez-leur la farine, les œufs, le beurre et le lait. Concassez les noisettes grossièrement et ajoutez-les au mélange.

Faites cuire à la friteuse ou dans une poêle profonde remplie d'huile. Jetez la pâte par grosses cuillerées dans l'huile bien chaude. Faites dorer, puis sortez les croquettes avec une écumoire et égouttez-les sur du papier absorbant.

• *Soufflé de panais*

700 à 800 g de panais ; 100 g de comté râpé ; 4 œufs ; sarriette ; 1 cuillerée à soupe de crème fraîche ; sel.

Faites cuire les panais émincés à l'étouffée, avec une pincée de feuilles de sarriette, jusqu'à ce qu'ils s'écrasent. Ecrasez-les en purée ferme, salez puis mélangez avec les jaunes d'œufs, la crème fraîche et le comté râpé. Laissez refroidir.

Lorsque le mélange est tiède, incorporez doucement les blancs d'œufs montés en neige. Faites cuire 20 à 25 minutes à four moyen. Pour donner une allure croustillante, saupoudrez de comté râpé.

• *Tourte aux panais*

400 g de pâte brisée ; 500 g de panais ; 3 à 4 échalotes ; fromage blanc fermier (150 g) ; 3 œufs ; huile ; 1 cuillerée à soupe de crème fraîche ; sel.

LES CAROTTES VICHY

La recette emblématique de la carotte reste la "Vichy" : prenez des carottes nouvelles, coupées en rondelles, et faites-les cuire dans un peu d'eau de Vichy, avec une pointe de sucre et un peu de "sel de Vichy", c'est-à-dire de bicarbonate… le tout jusqu'à absorption du liquide. On les servait avec un peu de beurre et de persil ciselé. Elles sont maintenant, beaucoup plus souvent, cuites avec l'eau du robinet.

Emincez les panais en lamelles fines et faites-les revenir dans un peu d'huile, avec les échalotes hachées. Salez. Couvrez et laissez-les cuire à feu doux 15 à 20 minutes, en rajoutant un ou deux verres d'eau pour éviter qu'ils n'attachent.

Passez fromage blanc, crème fraîche et œufs au mixeur (gardez un jaune d'œuf qui servira à enduire la croûte pour la faire dorer). Ajoutez-les en fin de cuisson aux légumes.

Divisez la pâte en deux parts : une pour le fond de tarte, une pour le dessus.

Garnissez un moule à tarte d'un papier multicuisson, étendez-y une partie de la pâte ; puis versez la préparation et recouvrez avec le reste de pâte étalée de manière à former un couvercle. Pratiquez 3 à 4 trous dans ce couvercle pour que la vapeur puisse s'échapper. Délayez le jaune d'œuf avec une cuillerée à soupe d'eau tiède et enduisez la pâte de ce mélange avec un pinceau.

Faites cuire à four chaud environ 40 minutes.

• *Tofu aux carottes*

250 g de tofu ; 250 g de carottes ; raifort râpé ; thym ; huile de tournesol.

Coupez le tofu en minces lanières et mettez-le à revenir dans de l'huile de tournesol. Lorsqu'il est doré, ajoutez les carottes coupées en fines lamelles et le raifort. Mélangez bien, saupoudrez de feuilles de thym, couvrez et faites cuire à feu très doux 15 minutes.

Servez avec une salade verte.

• *Carottes au yaourt à l'échalote*

> *300 à 500 g de carottes ; vinaigre doux (de cidre ou de miel) ; 1 yaourt ; 1 échalote ; sel ; 1 cuillerée à café de moutarde.*

Mélangez yaourt et moutarde, en diluant avec un peu d'eau, éventuellement, pour obtenir un liquide épais (de la consistance d'une pâte à crêpes). Salez.

Mélangez les carottes râpées et l'échalote hachée finement avec un peu de vinaigre pour limiter l'oxydation.

Ajoutez l'assaisonnement et mélangez bien. Pour donner une touche orientale au plat, vous pouvez ajouter au choix cumin, curcuma, curry, coriandre en poudre, etc.

• *Carottes au cumin (Maroc)*

> *500 g de carottes ; 4 gousses d'ail ; 6 c. à soupe d'huile d'olive ; 2 c. à soupe de jus de citron ; 1/2 c. à café de piment doux ; 1 c. à café de cumin ; sel.*

Coupez les carottes en bâtonnets ou en rondelles. Placez-les dans une casserole avec l'ail écrasé, un peu de sel et l'huile d'olive. Recouvrez à peine d'eau.

Faites cuire à couvert à feu doux jusqu'à ce que l'eau ait été absorbée et que les carottes soient tendres.

Ajoutez alors le jus de citron et les épices. Remuez délicatement et laissez mijoter encore quelques minutes. Servez frais.

• *Boulghour aux carottes*

> *Par personne : 1/2 verre de boulghour ; 100 g de carottes ; 1 petit oignon ; huile ; sel.*

Faites revenir à la cocotte, dans un peu d'huile d'olive, le boulghour avec l'oignon haché. Ajoutez les carottes coupées en lamelles, salez, mouillez de 2 à 3 fois le volume de boulghour. Amenez à ébullition, puis faites mijoter à feu doux une demi-heure environ jusqu'à absorption du liquide. Surveillez la cuisson pour ajouter éventuellement un peu d'eau.

Servez avec un mélange de salade verte et de carottes râpées.

• *Panais à la coriandre*

> *1 kg de panais ; un petit bouquet de feuilles de coriandre ; 2 oignons moyens ; ail ; huile de tournesol ; sel gris de l'Atlantique.*

Coupez les panais en lamelles. Faites-les revenir à la cocotte 5 minutes dans l'huile de tournesol, avec l'ail et l'oignon. Salez, ajoutez la moitié de la coriandre hachée, puis un verre d'eau. Faites cuire à l'étouffée une trentaine de minutes, en ajoutant de l'eau si nécessaire. Saupoudrez du reste de coriandre hachée.

Servez nature, ou avec un filet d'huile d'olive ou de tournesol, ou un peu de crème fraîche.

• *Lapin à la sarriette*

> *1 lapin coupé en morceaux (1,2 à 1,5 kg) ; 1 kg de carottes ; 1 cuillerée à soupe d'huile d'olive ; 3 belles gousses d'ail ; 4 à 5 oignons moyens ; 1 bouquet de sarriette ; 1/2 verre d'eau (ou de vin blanc sec) ; sel.*

Découpez le lapin. Faites-en dorer les morceaux à la cocotte dans un peu d'huile d'olive avec l'ail haché, l'oignon émincé et la sarriette. Coupez finement les carottes et ajoutez-les. Salez, mettez à feu doux, couvrez et remuez régulièrement. Au bout de 5 à 10 minutes, ajoutez éventuellement un peu d'eau. Faites cuire le tout 1 heure à 1 h 30, selon la taille du lapin.

Pour relever le goût, vous pouvez remplacer l'eau par du vin ; choisissez alors un bon vin blanc sec dont vous ajouterez un verre avant de couvrir.

• *Gâteau de carottes et de noix*

500 g de carottes ; 300 g de farine type 80 (semi-complète ; 300 g de sucre roux de canne ; 100 g de cerneaux de noix ; 4 œufs ; sel ; 30 cl d'huile douce ; 1 sachet de levure chimique.

Préchauffez le four à 200 °C.

Dans un saladier, mélangez au fouet les œufs, le sucre, l'huile et une pincée de sel. Mélangez ensuite farine et levure et incorporez-les au mélange. Ajoutez pour finir les carottes râpées et les noix broyées.

Beurrez un moule et versez-y la pâte. Faites cuire 45 minutes au four.

Les céleris

Aïté Bresson

INTRODUCTION

Peu de légumes ont donné leur nom à une ville. Tel est pourtant le cas du céleri – ou plutôt de son ancêtre, l'ache des marais (*selinon* en grec) : vers 650 avant notre ère, les Grecs de Megara Hyblea, en Sicile, cherchaient de nouvelles terres et décidèrent de s'établir à la pointe ouest de l'île, près d'un fleuve qu'ils nommèrent Selinos. Ils y fondèrent Sélinonte, une cité prospère qui fut, quelques siècles plus tard, détruite par les Carthaginois et dont il ne reste aujourd'hui que des ruines.

L'ache abondait sans doute dans les environs de Sélinonte, mais peut-être n'est-ce pas la seule raison qui a poussé les Grecs à en faire l'emblème de leur cité et à orner leurs pièces de monnaie de feuilles d'ache. Peu de plantes, en effet, ont joui dans l'Antiquité d'une aussi grande considération que l'ache, "universellement estimée", selon Pline.

Bien plus tard, au XVIe siècle, sont apparus les céleris que nous connaissons aujourd'hui, céleri en branches aux côtes juteuses et charnues et céleri-rave à la "pomme" aromatique. Tous deux sont le fruit d'un long travail d'amélioration mené par les horticulteurs italiens. En gagnant l'estime des gastronomes, les céleris ont cependant perdu bon nombre de leurs vertus médicinales et ne font plus l'objet d'aucune vénération. On peut seulement espérer qu'ils aient conservé la curieuse propriété que Pierre de Crescens attribuait à l'ache au début du XIVe siècle : "Ache sauvage est appelée ache de ris pour ce qu'elle purge les humeurs mélencolieuses dont est engendrée tristesse."

I. DE L'ACHE DES MARAIS AU CÉLERI DES POTAGERS

On peut s'interroger sur ce qui a poussé les hommes, au cours de l'Antiquité, à domestiquer l'ache des marais, plante parfois toxique (au dire de certains auteurs), en tout cas excessivement amère et filandreuse. Sans doute certains jardiniers gastronomes avaient-ils perçu, en dépit de cette âcreté, les qualités aromatiques qui allaient faire le succès des céleris quelque quinze siècles plus tard.

L'ache médicinale et condimentaire

Alors qu'on rencontre parfois le chou ou la betterave sauvages sur les falaises des bords de mer, l'ache, ancêtre du céleri, préfère les marécages ou les sols saumâtres du littoral. D'origine méditerranéenne, elle a peu à peu essaimé vers le nord, jusqu'en Suède, et vers l'est, jusqu'en Asie occidentale.

L'ache était déjà bien connue des anciens Egyptiens et Grecs : Homère cite dans l'*Odyssée* un pré où croissent l'ache *(selinon)* et la violette, et Théophraste lui a consacré quelques pages de son *Histoire des plantes*. Loin encore de toute préoccupation gastronomique, dans l'Antiquité, l'ache était particulièrement liée aux rites funéraires. On a retrouvé dans des tombes égyptiennes des guirlandes d'ache mêlée de pétales de lotus bleu *(Nymphaea caerulea)*, et il semble qu'en Grèce, on couronnait également les morts d'ache ; d'où l'expression "il ne lui manque plus que l'ache" pour évoquer un malade dont l'état était désespéré. L'*apium* des poètes latins avec lequel étaient tressées les couronnes offertes aux vainqueurs des jeux de Némée et dont on décorait les tables des festins est-il l'ache, plante liée à la mort ? Il se pourrait qu'il s'agisse plutôt d'une autre Ombellifère, le persil, longtemps confondu avec l'ache.

A côté de ces usages rituels, les Anciens reconnaissaient à l'ache un grand nombre de propriétés médicinales, dont certaines sont confirmées aujourd'hui (Hippocrate et Dioscoride la citaient déjà comme diurétique), et d'autres non : Pline rapporte ainsi qu'elle "nuit à la vue" ou que ceux qui en mangent "deviennent stériles".

La frontière qui sépare les plantes médicinales des plantes aromatiques est ténue, et l'ache l'a facilement franchie. C'est donc comme condiment qu'elle s'est d'abord introduite en cuisine. Au début de notre ère, les Romains se servaient de ses graines pour relever sauces et plats – mais aussi de celles d'autres Ombellifères : le fenouil, la coriandre, le cumin, le carvi et, plus encore, la livèche, qui remplaçait alors le poivre. Ils décoraient et parfumaient leur pain de graines de nigelle, d'anis ou d'ache. Ils appréciaient le lait

> ### LES NOMS DU CÉLERI
>
> En l'absence de représentations, il est souvent difficile d'identifier avec certitude les plantes que citent les textes antiques. Ainsi, le grec *selinon*, d'origine inconnue, désigne l'ache, mais aussi parfois le persil, voire le macéron ou d'autres Ombellifères. Il en va de même du latin *apium* (probablement dérivé d'*apis*, l'abeille, en raison des propriétés mellifères de la plante) : les Romains ont longtemps confondu en une seule espèce l'ache des marais et le persil, "ache à feuille frisée".
>
> Quoi qu'il en soit, la grande diversité des noms de l'ache depuis l'Antiquité et à travers le monde (*selinon*, *apium*, *karafs* en arabe ou encore *ch'intsaï* en chinois) atteste qu'il s'agit d'une plante connue de longue date, alors que la relative monotonie des noms européens du céleri, dérivés de *selinon* via le lombard *seleri* ou le toscan *sedano* (*scellerin* puis *seleris* et *céleri* en français, *sellery* et *celeriac* en anglais, *Sellerie* en allemand…), rappelle qu'il s'agit d'un légume d'introduction relativement récente.

dans lequel quelques tiges d'ache avaient mariné. Enfin, pour masquer les défauts ou la mauvaise odeur du vin, souvent rance et amer, ils plaçaient dans les chausses utilisées pour le filtrer de l'ache, ou parfois de l'anis et des amandes amères. La cuisine byzantine, héritière des traditions romaines, a d'ailleurs longtemps conservé l'habitude d'ajouter au moût du céleri, du fenouil ou même des pétales de rose.

Au Ier siècle de notre ère, Pline décrit une ache améliorée par la culture, à la tige plus ou moins charnue, "tantôt blanche, tantôt rouge, tantôt bigarrée". Reprenant les conseils de Théophraste, Columelle et Pline conseillent, pour obtenir des plants à larges feuilles, de placer la graine d'ache dans un morceau d'étoffe puis de la semer dans un trou rempli de fumier. Il semble bien cependant que les tiges de l'ache cultivée étaient encore dures et assez amères. Même si Apicius donne la recette d'une purée d'ache, son emploi comme légume demeure exceptionnel. A l'époque, les Romains lui préfèrent pour cet usage une autre Ombellifère, le macéron *(Smyrnium olusatrum)*, dont ils apprécient les pétioles blanchis et la racine aromatique, et qui ne disparaîtra des tables qu'à la Renaissance, supplanté alors par le céleri.

Dans les jardins du Moyen Age

En Occident, tout au long du Moyen Age, l'ache demeure une médicinale importante, reconnue pour ses propriétés diurétiques et désopilatives (propres à désopiler, c'est-à-dire à détruire les obstructions, et non désopilantes, au sens où Pierre de Crescens le suggérait). Le capitulaire *De villis* (vers 795) conseille de la cultiver, de même que le *levisticum*, la livèche. Le plan de l'abbaye de Saint-Gall (vers 820), qui représente entre autres installations le potager *(hortus)*, le verger et le jardin de simples *(herbularius)*, place l'*apium* au potager, à côté du poireau, de la coriandre et de l'aneth, mais mentionne la livèche à l'*herbularius*, signalant peut-être ainsi un usage plutôt condimentaire pour le premier, et plutôt médicinal pour la seconde. Aucun document de l'époque, par contre, ne paraît attester l'emploi de l'ache cultivée comme légume à part entière.

La tradition arabe, héritière de l'Antiquité gréco-latine, connaît bien l'ache dont, au XIIe siècle, l'Andalou Ibn al-'Awwâm décrit la culture "dans le voisinage des canaux d'irrigation et dans tous les endroits frais et humides", ainsi que quelques propriétés : elle "fortifie l'estomac et facilite la digestion", et "incite les deux sexes aux plaisirs vénériens". La cuisine arabe la considère alors comme un condiment, au même titre que le persil ou le fenouil. A la même époque, la cuisine juive emploie également l'ache, mais en salade, de la même façon que la laitue. Cependant, la valeur symbolique de ces deux plantes était bien différente : à Pessah, la laitue était signe de joie, mais le pain non levé et l'ache étaient symboles de tristesse. L'ache cultivée devait être encore bien amère.

> "Faites cuire de l'ache à l'eau avec du carbonate de soude, égouttez-la et hachez-la finement.
> Pilez dans un mortier du poivre, de la livèche, de l'origan, de l'oignon, du vin, du garum et de l'huile.
> Faites cuire dans un plat à bouillie et mélangez-y alors l'ache."
> Apicius, *De re coquinaria*, III, XV, 104.

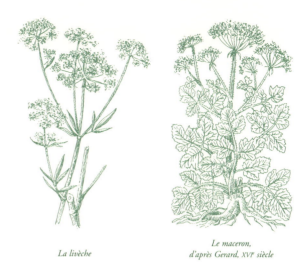

La livèche

Le maceron, d'après Gerard, XVIe siècle

L'apogée du céleri*

Bien que la mise en culture de l'ache ait débuté au cours de l'Antiquité, ce n'est qu'au XVIe siècle qu'apparaissent les deux formes que nous connaissons aujourd'hui – le céleri à côtes et le céleri-rave –, en Italie d'abord, où elles ont été obtenues, puis en France et dans le reste de l'Europe. Les céleris viennent ainsi s'ajouter à la longue liste de légumes dont nous devons l'amélioration au savoir-faire et à la patience des jardiniers italiens : artichauts, fenouils, betteraves, melons, salsifis…

Il semble bien que le céleri-rave ait précédé (de quelques dizaines d'années seulement) le céleri à côtes dans les jardins et sur les tables, puisqu'on en trouve mention dès la fin du XVIe siècle : le botaniste Rauwolff, lors d'un voyage au Levant dans les années 1575, observe que les racines de l'ache, cuites et assaisonnées, sont servies sur les tables de Tripoli et d'Alep. Le Napolitain Giambattista Della Porta rapporte en 1592 qu'on cultive dans les potagers d'Apulie l'*apium capitatum*, aux gros bulbes doux et parfumés. Le céleri-rave mettra cependant bien plus longtemps à s'imposer que le céleri en branches – peut-être parce qu'il est encore, à l'époque, très irrégulier, souvent fourchu et racineux. C'est en Allemagne et en Europe centrale que ce nouveau légume va être adopté et largement amélioré, ce dont

---

* Titre d'un poème de Pablo Neruda paru dans *Résidence sur terre*, 1958 – dans un tout autre registre qu'ici, bien sûr.

témoigne encore le nom de quelques variétés ('D'Erfurt', 'Géant de Prague'). En France, aux XVIIᵉ et XVIIIᵉ siècles, le céleri-rave semble n'être connu que dans les provinces de l'Est et de quelques curieux qui en apprécient une variété veinée de rouge, décrite par l'abbé Rozier en 1785 dans son *Dictionnaire d'agriculture* – si bien que le catalogue de Vilmorin, à la fin du XVIIIᵉ, le présente encore comme un légume nouveau.

Le céleri à côtes va connaître un succès plus rapide. Bien qu'en 1600, Olivier de Serres ne mentionne l'ache que parmi "la corne-de-cerf, le cerfeuil, le nazitor ou cresson alenois, targon [estragon], coq [balsamite] (…) et autres menues herbes", on cultive déjà à ce moment-là l'*api* à Nîmes et dans le Vaucluse. Dès 1641, les Parisiens peuvent le découvrir au Jardin du roi. Un traité de cuisine de 1659, *Le Maistre d'hôtel*, donne une recette pour accommoder ces "cottons d'apuy" qu'auparavant on ne mangeait guère que crus, en salade, ou cuits avec un peu d'huile, de poivre et de sel.

A la fin du XVIIᵉ siècle, La Quintinie cultive le céleri en branches à Versailles et si, dans son *Instruction pour les jardins fruitiers et potagers* (1690), il le considère encore comme "une sorte de salade", il n'en détaille pas moins la technique du blanchiment qui permet d'obtenir des côtes tendres et peu amères. Un siècle plus tard, les deux céleris ont définitivement pris pied dans les potagers et ne sont plus considérés comme des plantes médicinales ou condimentaires, mais bien comme des légumes, qu'il faut encore améliorer pour obtenir des côtes plus charnues ou des bulbes plus réguliers.

Le XIXᵉ siècle marque, pour les céleris comme pour beaucoup d'autres légumes, l'apogée de la diversité variétale. En 1890, Vilmorin cite une vingtaine de variétés françaises

Céleri 'Corne de cerf'

de céleri à côtes, auxquelles il faut ajouter de nombreuses variétés américaines et anglaises (celles-ci sont souvent teintées de rose, de rouge ou de violet) et une petite dizaine de variétés de céleri-rave – dont le céleri 'D'Erfurt Tom Thumb', de la taille d'une noix, que Vilmorin juge "plutôt curieux que recommandable".

Les horticulteurs avaient surtout visé à faire disparaître la tendance au "drageonnement" que manifeste encore le céleri à couper (des pousses se développent à l'aisselle des feuilles, au détriment de la taille des côtes) et à obtenir des côtes pleines, s'étiolant facilement. Dans ce contexte, la variété obtenue en 1875 par G. Chemin, un maraîcher d'Issy, marque un réel progrès : le céleri 'Plein blanc doré Chemin' a des côtes naturellement jaune pâle, qui n'ont pas besoin d'être soumises à un long étiolement. Un peu plus tard apparaît la variété vert clair 'Pascal', une sélection du céleri 'Plein blanc doré' qui, au dire de Charles Gibault, "réunit peut-être toutes les conditions pour un céleri parfait : étiolat rapide, côtes épaisses et charnues, longue conservation". A côté de ces variétés qui représentent une réelle amélioration pour les maraîchers et les gastronomes, on trouve pourtant quelques céleris plus fantaisistes, aujourd'hui disparus : le 'Corne de cerf', aux côtes très courtes et au feuillage découpé comme celui d'une chicorée frisée, ou le 'Scarole', où la "partie utile", selon Vilmorin, se trouve "réduite à presque rien".

> "Prenez des cottons d'apuy bien blancs, ratissez-les comme des raves et coupez-les en longueur environ de six doigts. Liez-les par petites bottes et faites-les cuire dans l'eau avec un peu de sel. Lorsqu'ils seront cuits, tirez et égouttez. Faites-les ensuite sécher entre deux serviettes ; étant secs, dressez-les sur une assiette et garnissez-la de citrons, de grenades et betteraves cuites."
> *Le Maistre d'hôtel*, 1659.

Tendances actuelles

Aujourd'hui, comme pour la plupart des autres légumes, la gamme des variétés proposées à l'amateur de céleris s'est singulièrement réduite. Le céleri à côtes et le céleri-rave sont d'ailleurs bien peu cultivés dans les potagers, car l'exercice est délicat – nous y reviendrons.

Il n'est pas surprenant que l'Italie soit encore le premier producteur européen de céleris à côtes, suivie de la Grande-Bretagne, de l'Espagne et de la France. Dans ce dernier pays, la culture du céleri est surtout concentrée dans les régions sous influence maritime : bords de l'Atlantique ou de la Méditerranée, telle la région d'Elne, dans les Pyrénées-Orientales, qui produit chaque année près de 5 000 tonnes de 'Vert d'Elne', soit près de 8 % de la production nationale. La culture du céleri-rave, par contre, est très nettement localisée au-dessus du 46e parallèle : Pays-Bas, Allemagne, Belgique et, pour la France, Nord, Ouest et région parisienne. Même loin de la Méditerranée, les deux céleris ont donc gardé une prédilection pour les sols humides, lointain héritage de leur ancêtre, l'ache des marais.

II. LE CÉLERI, EMBLÈME D'UNE FAMILLE TRÈS AROMATIQUE

Le genre botanique auquel appartient le céleri (*Apium*) est suffisamment représentatif pour qu'on ait choisi de donner son nom à la famille auquel on le rattache, les Apiacées ou Ombellifères. Il n'en est pas à proprement parler le chef, car cette hiérarchie n'a pas lieu d'être dans les familles botaniques, mais plutôt l'emblème.

Une famille pleine d'arômes

La famille des Apiacées est relativement homogène, et l'un des signes qui permettent de les identifier à coup sûr est leur inflorescence en ombelle où tous les rameaux porteurs de fleur (les pédicelles), d'une longueur sensiblement égale, s'élèvent en rayonnant à partir d'un même point de la tige – un peu comme les baleines d'un parapluie à l'envers. Toutes les fleurs sont donc situées sur un même plan. Chacune d'elles, formée de cinq pétales, cinq étamines et deux carpelles (les sépales sont souvent absents), est très petite mais, rassemblées, elles forment une large plate-forme accueillante pour les insectes pollinisateurs.

La plupart des Apiacées sont des herbes dotées d'un puissant appareil souterrain – qualité dont les hommes ont tiré parti pour obtenir carottes, panais et autres racines comestibles. Leurs feuilles, souvent très découpées, sont alternes et engainantes : on observe facilement ce dernier caractère sur le céleri à côtes.

Enfin, un grand nombre d'Ombellifères sécrètent des gommes-résines ou des huiles essentielles. Elles sont de ce fait, et souvent tout à la fois, aromates et herbes médicinales : tel est le cas du persil, du fenouil ou encore de l'ache. Beaucoup servent aussi en parfumerie, mais toutes, cependant, ne sont pas inoffensives : on compte parmi les Apiacées la grande ciguë, d'autant plus dangereuse qu'elle est souvent confondue avec d'autres Ombellifères, et d'autres plantes toxiques.

L'ache, ou herbe aux abeilles

L'ache des marais (*Apium graveolens*), ancêtre des céleris cultivés, affectionne les lieux humides, les fossés ou sols saumâtres près du littoral – son habitat tend malheureusement à se raréfier. Cette herbe bisannuelle forme des touffes trapues de 60 à 80 centimètres de hauteur, qui dégagent une forte odeur de... céleri. Ses tiges, parfois teintées de rouge à la base, sont robustes et cannelées, mais creuses. Ses feuilles d'un vert brillant, aux folioles en losange, sont pétiolées à la base, et sessiles plus haut. Ce sont elles qui forment, stylisées, les

L'ache des marais

couronnes ducales des blasons. La racine de l'ache, enfin, est très aromatique, mais ligneuse et relativement mince.

L'ache cultivée : le céleri

Au cours d'un long processus de culture et de domestication, l'ache des marais a donné naissance à trois variétés botaniques que nous connaissons sous le nom de céleri à couper, céleri-rave et céleri à côtes (ou en branches).

• *Le céleri à couper*
Un auteur américain, William Woys Weaver, a défini avec justesse le céleri à couper (*A. graveolens* var. *secalinum*) comme un "céleri sauvage asservi". En effet, bien que moins amer, il est resté très proche du type sauvage. On peut supposer que le céleri cultivé dans l'Antiquité lui ressemblait sensiblement.

Ses côtes sont creuses et fines, et ses feuilles ressemblent à celles du persil simple. Il pousse en touffes qui ne dépassent pas 60 centimètres et exhalent un parfum fort, un peu salé. Elles émettent de nombreux rejets chaque fois que l'on prélève quelques tiges pour aromatiser soupes ou ragoûts.

Céleri-rave 'De Paris'

• *Le céleri-rave*
De son ancêtre sauvage, le céleri-rave (var. *rapaceum*) a conservé les tiges creuses et relativement amères. Il forme une rosette de feuilles d'environ 40 centimètres de haut sur un axe court, et un système racinaire très ramifié qui s'étend parfois jusqu'à 50 centimètres de profondeur. C'est au collet (entre l'axe court qui tient lieu de tige et les racines) que la transformation de la plante a été spectaculaire : l'accumulation de réserves glucidiques par la plante (ou tubérisation) a entraîné une hypertrophie de l'axe caulinaire ou, en termes plus simples, la formation d'une "pomme" sphérique et assez grosse, à la chair ferme et aromatique. On observe à sa base la trace des racines et à son sommet celle des feuilles.

Le céleri-rave, comme ses proches cousins les céleris à couper et à côtes, est bisannuel : s'il n'est pas récolté, il fleurit au cours de la deuxième année de culture et ses ombelles jaune verdâtre sont alors visitées par de nombreux insectes pollinisateurs. C'est une plante allogame, susceptible donc de s'hybrider avec toute autre variété de la même espèce qui serait en fleur au potager au même moment.

LA LIVÈCHE, OU ACHE DES MONTAGNES

Bien qu'elle n'appartienne pas au genre *Apium*, la livèche (*Levisticum officinale*) est souvent appelée "ache des montagnes" ou "céleri bâtard", en raison de la parenté aromatique qui la lie au vrai céleri – son parfum est cependant plus fort encore et plus épicé. Les Allemands la nomment parfois Maggikraut, "herbe Maggi", car sa saveur rappelle celle des célèbres petits cubes.

La livèche est une grande herbe vivace de 1 à 2 mètres de haut, à la tige rameuse. Ses feuilles sont glabres, vert foncé, profondément divisées en losange. Ses ombelles sont jaune verdâtre. Elle serait originaire d'Iran, mais on peut la rencontrer à l'état subspontané dans les Alpes, les Pyrénées et les régions montagneuses de l'Europe centrale et orientale.

LE CÉLERI CHINOIS, OU *SERI*

Le céleri chinois *(Œnanthe stolonifera)*, au parfum proche de notre céleri mais plus âcre, appartient également à la famille des Apiacées, mais à un genre botanique qui compte en Europe quelques membres particulièrement vénéneux, tels *O. crocata* ou *O. aquatica*.

Comme l'ache, le *seri*, qui croît au Japon, en Chine et en Inde, est originaire des marais. Sa culture en a d'ailleurs gardé quelques particularités : il ne se cultive pas à partir de graines, mais de tronçons de racines que l'on plante dans un sol boueux, couvert d'eau, et qui émettent rapidement des feuilles. Pendant toute la durée de la culture, le terrain reste inondé ; seules les feuilles émergent au-dessus de l'eau.

• *Le céleri à côtes*

Le benjamin des céleris, si l'on peut qualifier ainsi un légume qui compte tout de même près de quatre cents ans d'existence, est le céleri à côtes (var. *dulce*). Bisannuel, il forme au cours de la première année de culture une rosette de feuilles dorées à vert foncé (selon les variétés) et profondément divisées, puis fleurit la deuxième année, s'il n'a pas été consommé entre-temps. Par rapport à l'ache des marais, c'est le pétiole qui a connu les plus grandes transformations : au lieu d'être creux, fin et amer, il est charnu, juteux et tendre. Les feuilles du centre, étroitement serrées les unes contre les autres, peu chlorophylliennes, forment le cœur du céleri.

On distingue trois grands types parmi les variétés de céleri en branches : les rouges, rustiques, plus faciles à cultiver et au goût prononcé ; les vertes, qui doivent souvent être blanchies ('Vert d'Elne', 'Tall Utah') ; et enfin les dorées, qui n'ont pas besoin d'être blanchies, mais sont plus sensibles au froid et aux maladies ('Géant doré amélioré' ou 'Plein blanc doré Chemin').

III. UNE CULTURE DÉLICATE

Autant le dire d'emblée : la culture du céleri à côtes et du céleri-rave n'est pas des plus faciles, et peu de potagers sont en mesure d'offrir à ces légumes exigeants des conditions idéales. Pour obtenir des céleris aux côtes pleines et des "pommes" régulières, le jardinier devra mettre en œuvre patience et doigté, qualités dont l'acquisition ne va pas sans quelques déboires.

Des légumes exigeants

Un climat doux et humide, sans fortes chaleurs ni gelées trop précoces ; un sol profond, riche et frais, sans excès de calcium, qui induirait une carence en bore ou en magnésium ; des apports d'eau abondants et surtout réguliers ; aucun stress ni à-coup pendant les sept mois que dure la culture : voici, brièvement résumées, les exigences des céleris.

S'il est impossible d'agir sur un certain nombre de ces facteurs, le jardinier aura cependant tout intérêt à bien travailler son sol en profondeur et à y incorporer du compost mûr ou du fumier bien décomposé à raison de 3 kilos par mètre carré : ceci devrait fournir aux céleris une nourriture suffisante.

Pour mettre toutes les chances de réussite de son côté, mieux vaut ne pas planter de céleris sur une planche où l'on a cultivé une autre Ombellifère et attendre quatre années avant d'en replanter au même endroit. Les céleris apprécieront par contre de succéder à une planche de choux, d'épinards ou encore à un engrais vert (Légumineuse ou moutarde). Enfin, il semble que l'association du céleri et de la tomate soit bénéfique pour les deux partenaires.

Faire ses premières armes

Le jardinier qui n'a jamais cultivé de céleris gagne à faire ses premiers pas dans ce domaine en compagnie du céleri à couper, qui est d'un abord bien plus facile que ses deux cousins. On le sème en pleine terre, assez clair, d'avril à

Le céleri à couper

juin (ou sous abri, en godets, en février-mars), en veillant à maintenir toujours le sol humide. Au bout de deux mois, la première récolte peut commencer. Elle permet, si nécessaire, d'éclaircir les plants pour les espacer d'environ 20 centimètres en tous sens. On prélève les feuilles en coupant les pétioles au niveau du sol, puis on arrose abondamment pour faciliter la repousse du feuillage. Les soins se limitent ensuite à des arrosages réguliers, surtout par temps chaud, et à des sarclages si le sol n'est pas paillé.

Ce céleri est prolifique : plus on le récolte, plus il produit de feuilles. En général, quelques pieds suffisent largement à couvrir les besoins d'une famille. La récolte peut se poursuivre jusqu'aux premiers froids, voire jusque pendant l'hiver si l'on a pris soin de protéger ce céleri peu frileux d'un châssis froid.

Cultiver le céleri en branches

Parce que la germination du céleri à côtes est capricieuse et que sa croissance démarre lentement, certains jardiniers préfèrent acheter des plants et éviter ainsi le premier écueil de cette culture délicate. Ceux qui veulent néanmoins tenter le semis opéreront sous abri, au mois d'avril : on sème alors les petites graines en godets ou en terrine, en les recouvrant de très peu de terreau ou de sable, et l'on maintient la terre humide par des pulvérisations en pluie fine et en la recouvrant de plusieurs épaisseurs de papier journal. Mieux vaut s'armer de patience (la levée prend deux à trois semaines) et pouvoir maîtriser la température de l'abri : si elle est trop fraîche (au-dessous de 10 °C), les jeunes plants risquent de monter en graine prématurément au lieu de produire des côtes charnues ; si, par contre, il fait trop chaud, il se produit un phénomène de dormance qui empêche la levée. Idéalement, la température devrait se situer autour de 18 à 20 °C.

Dans le cas d'un semis en motte ou en godet, le repiquage n'est pas nécessaire. Il est par contre indispensable, mais délicat, dans le cas d'un semis en terrine, dès l'apparition de la deuxième feuille. Lorsque les petits plants atteignent une vingtaine de centimètres et sont pourvus de quatre à six feuilles, il faut envisager leur installation au potager. C'est à ce stade que les jardiniers qui ont acheté des plants (en les choisissant trapus et sains) rejoignent ceux qui ont préféré semer leurs propres graines. Les plants en godet ne demandent pas de préparation particulière, si ce n'est de bien arroser la motte avant la plantation. Les plants à racines nues, par contre, devront être légèrement habillés – c'est-à-dire qu'on en raccourcit un

> Certains jardiniers cultivent le céleri dans des tranchées d'environ 30 centimètres de profondeur, qui recueillent l'eau de pluie et d'irrigation et rappellent ainsi, de loin, le milieu humide dont l'ache est originaire. Ces tranchées facilitent également le blanchiment des côtes à l'automne, puisqu'il suffit de les combler peu à peu.
>
> D'autres jardiniers, pour gagner de la place, intercalent un rang de céleri entre deux rangs de pommes de terre buttées : en comblant peu à peu le sillon où croissent les céleris, ils consolident les buttes des pommes de terre.
>
> Dans l'un et l'autre cas, cependant, le nettoyage des pieds de céleri peut se révéler assez fastidieux.

peu l'extrémité des feuilles. Au moment où a lieu la plantation (en général en juin), il peut déjà faire chaud : si tel est le cas, on opérera de préférence en fin d'après-midi, en arrosant aussi tôt que possible et en paillant le sol pour en conserver l'humidité. Les plants doivent être espacés d'environ 40 centimètres en tous sens, et leur collet légèrement enterré.

Pendant l'été, le jardinier devra surtout faire preuve de ponctualité (pour arroser régulièrement) et de vigilance (pour surveiller sa planche de céleris). A ce stade, plusieurs problèmes peuvent apparaître : par exemple, des piqûres brunâtres sur les côtes et les feuilles, qui peuvent gagner le cœur, signalent une carence en bore à laquelle il est trop tard pour remédier. Outre les dégâts visibles, la plante, affaiblie, devient plus sensible aux attaques des mouches mineuses et autres ravageurs.

Un autre danger guette les jeunes céleris, qui a pour nom *Septoria apiicola*. Il s'agit d'un champignon qui se conserve dans le sol ou dans les graines et qui est responsable de la septoriose, maladie dont les symptômes sont assez proches de ceux de la rouille : des taches brun clair apparaissent sur le feuillage, piquetées de petits points noirs qui sont les spores du champignon ; le limbe jaunit puis se dessèche. Là encore, seule la prévention est efficace. On conseille de ne pas planter trop serré, d'arroser le matin, et de préférence au pied, pour que le feuillage ne reste pas humide trop longtemps (ce qui favoriserait le développement du champignon). Surtout, il ne faut pas toucher le feuillage mouillé, sous peine de se transformer en vecteur de la maladie, et supprimer puis brûler toute partie atteinte. Les variétés vertes sont plus résistantes que les dorées à la septoriose, et il semble qu'en semant des graines âgées de quelques années, on diminue les risques de contamination.

Au début de l'automne, le jardinier qui a franchi avec succès les deux étapes précédentes doit encore, avant de passer à la récolte, faire blanchir les pieds de céleri, à moins qu'il n'ait planté des variétés qui ne nécessitent pas d'étiolement : tel est le cas des céleris dorés, au feuillage peu chlorophyllien. Le blanchiment consiste à priver la plante de lumière : la chlorophylle ne se forme plus et les côtes deviennent plus tendres et moins amères (au détriment cependant de la valeur nutritive du légume). Cette opération

Blanchiment du céleri

demande un certain doigté car la plante devient alors plus sensible à la pourriture.

Les maraîchers ont recours à différentes techniques (blanchiment par buttage, en tranchée ou dans un local obscur). Au potager, la méthode la plus simple consiste à lier les pieds de céleri en deux ou trois endroits, puis à les entourer d'un tube de carton, de papier épais ou d'un paillasson, en buttant légèrement la base du plant pour assurer la stabilité de l'ensemble. Il faut compter de quelques jours à trois semaines, selon la variété – là encore, rien ne remplace l'expérience acquise au fil des années. Mieux vaut bien sûr, pour récolter les céleris au fur et à mesure des besoins, ne pas blanchir tous les pieds à la fois.

Réussir les céleris-raves

Le céleri-rave requiert de la part du jardinier les mêmes attentions et la même vigilance que son cousin le céleri en branches. Sa culture est tout aussi longue, mais sa récolte est plus rapide, puisqu'il ne nécessite pas de blanchiment.

On procède de la même façon du semis jusqu'à la plantation – mais on installe les plants en plaçant le collet juste au ras du sol, sans l'enterrer. Les mêmes carences et les mêmes maladies guettent ; seuls les symptômes diffèrent : une pomme creuse ou brune signale une carence en bore et/ou un manque d'eau. Le céleri-rave est également sensible à la septoriose, mais quelques variétés y sont plus résistantes : 'Boule de marbre' ou 'Monarch', par exemple.

La "pomme" de céleri se forme en partie dans le sol et en partie à l'air libre : il est bon de la recouvrir de terre au fur et à mesure pour éviter qu'elle ne se dessèche. Il est également conseillé, en septembre, d'éliminer les vieilles feuilles ou les pousses qui se seraient formées à l'aisselle de celles-ci pour concentrer l'énergie de la plante sur la "pomme".

La récolte se fait généralement en octobre. Elle peut intervenir avant que la rave n'ait atteint son plein développement – d'ailleurs, des céleris-raves laissés trop longtemps en terre ont tendance à durcir. Les "pommes" sont arrachées, puis laissées à ressuyer sur le sol pendant un ou deux jours. On coupe ensuite les feuilles en conservant 1 centimètre de pétiole environ, et on enlève la terre en excès, sans laver les céleris-raves. De cette façon, ils se conservent aisément dans du sable. Avant de les consommer, il suffit de trancher les racines et les pétioles afin d'obtenir des boules plus régulières.

La livèche, une plante facile

Les jardiniers qui auraient échoué à cultiver les céleris adopteront avec plaisir la livèche : une fois installée au potager, cette grande vivace prospère sans problèmes pendant de longues années.

Les plants peuvent être obtenus par semis (en février-mars sous abri, en place en avril-mai, ou encore à l'automne) ou plus facilement (car la germination des graines est lente et irrégulière) à partir d'un morceau de racine de quelques centimètres muni d'un bourgeon et planté en pleine terre. On installe les plants de livèche à 60 centimètres en tous sens – en fait, un ou deux pieds sont largement suffisants –, dans un sol de préférence frais et surtout bien drainé. La plante ne demande que peu de soins : des arrosages réguliers et un peu de compost au pied chaque année. On récolte les feuilles au fur et à mesure des besoins. Si l'on n'envisage pas de recueillir les graines (pour les ressemer ou préparer du sel de livèche, par exemple), mieux vaut supprimer la hampe florale qui se développe au début de l'été. Dès les premières gelées, les parties aériennes de la plante meurent, mais cette dernière repart de la souche fidèlement au printemps si le sol ne reste pas détrempé pendant l'hiver.

GRAINES DE CÉLERI

Le céleri, on l'a vu, est une plante allogame, susceptible donc de s'hybrider avec toute variété de la même espèce cultivée à proximité, qu'il s'agisse de céleri à couper, en branches ou encore de céleri-rave.

Le jardinier qui voudrait faire ses propres graines ne peut donc laisser fleurir qu'une variété chaque année. Cependant, comme les graines de céleri conservent leurs facultés germinatives assez longtemps (5 ans pour le céleri-rave, 8 ans pour le céleri à côtes), il lui est possible de laisser chaque année monter en graine une variété différente.

Voici la façon de procéder : il faut, la première année, sélectionner quelques pieds parmi les plus beaux et les plus typiques de la variété, afin de garantir un bon brassage des gènes. Ces pieds passeront l'hiver à l'abri (dans une cave, par exemple), avec une bonne motte de terre autour de leurs racines. Au printemps, dès qu'il ne risque plus de geler, ils seront replantés au potager et ne tarderont pas à fleurir. Les ombelles se récoltent quand elles virent au brun. On les laisse sécher une quinzaine de jours sur du papier ou de la toile, puis l'on stocke les graines dans des sachets en papier, sans oublier de les étiqueter et de les dater.

IV. LE CÉLERI DANS TOUS SES ÉTATS

Petite pharmacopée potagère

En devenant plus charnu et moins amer, le céleri des potagers a perdu nombre des vertus attribuées à son ancêtre sauvage. Il n'en demeure pas moins apéritif, tonique et reminéralisant. Très léger cuit, il est nettement moins digestible cru – on le déconseille d'ailleurs aux dyspeptiques.

Il n'apporte que peu de calories (20 à 40 calories pour 100 grammes, selon qu'il s'agit de céleri à côtes ou de céleri-rave). Il renferme en fait beaucoup d'eau (90 % environ), peu de graisses et de protéines, un peu plus de glucides (notamment dans la "pomme" du céleri-rave), des vitamines A, B et C en quantités modestes et des sels minéraux (calcium, magnésium et fer, principalement). En quantités plus infimes encore, il recèle, entre autres, une huile essentielle et des substances phototoxiques : des furanocoumarines.

Le céleri est donc, comme beaucoup de légumes améliorés par la culture, un bon aliment. Pour se soigner, cependant, mieux vaut recourir si besoin à l'ache sauvage qui a conservé tous ses principes actifs. La tradition populaire qui affirme que "l'ache de tous maux détache" exagère quelque

L'ache cultivée, d'après Fuchs (XVIᵉ siècle)

peu, car la plante est avant tout un bon diurétique. On emploie à cet effet le suc de la plante fraîche ou la racine en décoction. Cette même racine forme, associée à celles de l'asperge, du persil, du fenouil et du petit-houx, la catégorie des "cinq racines majeures", apéritives en tisane et diurétiques en sirop.

L'ache renferme également des principes actifs à l'action sédative et anticonvulsivante. L'huile essentielle extraite des graines serait, quant à elle, tranquillisante. C'est du moins ce qu'ont révélé des essais menés sur des rongeurs. Voilà qui vient mettre à mal la réputation aphrodisiaque de l'ache dont le céleri a largement hérité, si l'on en croit de nombreux dictons : "Si l'homme savait l'effet du céleri, il en planterait dans son courtil" et, parallèlement : "Si la femme savait ce que le céleri vaut à l'homme, elle irait en chercher jusqu'à Rome." Sans doute vaut-il mieux se fier simplement aux vertus d'un bon repas.

Il en va probablement de même des vertus aphrodisiaques attribuées de longue date à la livèche, et dont témoignent ses noms anglais *(lovage)* et allemand *(Liebstöckel)*.

FURANOCOUMARINES ET PHOTOTOXICITÉ

Beaucoup d'Ombellifères (le céleri et la livèche, mais aussi le persil, le panais ou l'angélique), des Rutacées (la famille de l'oranger) et le figuier peuvent être à l'origine d'une hyperpigmentation de la peau due à la présence de furanocoumarines. Ces accidents cutanés surviennent après un contact avec la plante suivi ou accompagné d'une exposition au soleil. L'application d'un produit dermatologique à base d'huile essentielle de bergamote ou d'un autre *Citrus* peut avoir le même effet (plus rares sont les lotions qui emploient le céleri ou le persil !). L'ingestion de la plante suivie d'une exposition au soleil ne semble entraîner aucun risque – sauf peut-être, justement, dans le cas du céleri.

> ## LA MÉDECINE CHINOISE ET LE CÉLERI
>
> La médecine chinoise a toujours reconnu le pouvoir thérapeutique des aliments (végétaux ou animaux), qui peuvent prévenir et soigner les déséquilibres du Yin et du Yang, tonifier l'énergie vitale (le Qi) et harmoniser les fonctions des organes. Un régime alimentaire bien conçu permet de retrouver la santé, voire de prolonger l'existence. Depuis les premiers textes médicaux (*Shan Hai Jing*, entre le VIIIe et le Ve siècle avant notre ère, ou *Huang Di Nei Jing*, entre le Ve et le IIIe siècle avant notre ère), une large part est donc réservée dans ces écrits aux aliments, notamment végétaux.
>
> Les différentes propriétés reconnues aux végétaux tiennent à leur nature (froide, fraîche, chaude, tiède ou encore neutre), à leur saveur (piquante, douce, acide et âpre, amère ou salée), à leur relation avec les différents méridiens et aux mouvements qu'ils entraînent.
>
> La médecine chinoise considère le céleri comme une plante de nature fraîche, de saveur douce et un peu amère, qui agit sur les méridiens de l'estomac et du foie. Elle le conseille particulièrement en cas d'hypertension.

Cependant, la plante, peu modifiée par la culture, a gardé intactes ou presque ses propriétés médicinales : elle est stomachique, carminative et diurétique. Des recherches récentes ont, de plus, mis en évidence la présence d'une substance antibiotique commune à d'autres Ombellifères, le falcarindiol.

Le céleri des gastronomes

Le céleri, qui fut d'abord un condiment, est sans doute l'un des légumes les plus parfumés. On peut d'ailleurs en faire sécher les feuilles pour aromatiser tout au long de l'année soupes, bouillons ou ragoûts.

La préparation du céleri à côtes est simple : il suffit de couper la base du pied pour séparer les côtes et de supprimer celles du pourtour si elles paraissent trop dures, puis de les détailler en tronçons de quelques centimètres. Les côtes se mangent crues ou cuites – dans ce cas, il est conseillé de les blanchir quelques minutes à l'eau bouillante, puis de les rafraîchir avant de les accommoder selon la recette choisie. Cela permet de dissiper l'amertume qu'elles pourraient encore renfermer. La saveur forte des côtes de céleri (crues ou cuites) se marie bien au goût prononcé des anchois, des fromages à pâte persillée (roquefort, gorgonzola…) ou de la brandade de morue, par exemple.

Pour cuisiner le céleri-rave, il faut d'abord l'éplucher, puis, selon la recette, le couper en tranches ou en morceaux, ou encore le râper. On peut confectionner d'excellentes chips de céleri-rave en le pelant assez largement et en plongeant ces lanières quelques minutes dans une friture chaude. Si l'on consomme le céleri-rave cru, il faut l'arroser sans attendre de jus de citron, pour éviter qu'il ne noircisse. Il se consomme également cuit : sa saveur devient alors plus douce et sucrée, et se marie bien aux fruits secs (noix, noisettes ou pruneaux, par exemple).

Salades et rémoulade

Pour ouvrir l'appétit, rien de mieux qu'une salade de céleri en branches cru. Très appréciée des Provençaux, elle figurait jadis invariablement au "gros souper" de Noël (le 24 décembre au soir), en compagnie des escargots, de la morue frite, des cardons et de quelques douceurs : fruits secs et fouace à l'huile.

Pour la confectionner, il suffit de détailler les côtes les plus tendres en fine julienne et de les assaisonner de sel, de poivre, d'huile d'olive et d'un peu de jus de citron. On peut également servir cette salade avec une sauce aux anchois.

- *Salade de céleri à l'anchoïade*

    1 pied de céleri ; 2 gousses d'ail ; 15 filets d'anchois à l'huile ; 1 dl d'huile d'olive ; sel ; poivre.

Ne conserver que les côtes les plus tendres et les couper en fins tronçons. Piler ou mixer ensemble l'ail haché, les anchois et l'huile jusqu'à l'obtention d'une sauce onctueuse. Assaisonner puis verser la sauce sur le céleri. Servir sans attendre pour que les côtes restent croquantes.

Les côtes de céleri forment naturellement de petites barquettes qui peuvent être servies en amuse-gueule, farcies d'anchoïade, de tapenade ou encore, selon une recette italienne, de crème de gorgonzola.

• *Côtes de céleri au gorgonzola*

1 demi-pied de céleri ; 80 g de gorgonzola ; 40 g de crème fraîche épaisse ; ciboulette ; poivre.

Ne conserver que les côtes les plus larges, et les couper en tronçons de 10 centimètres environ. Mixer la crème et le fromage pour obtenir une pommade assez épaisse. La poivrer, puis en farcir les petites barquettes de céleri. Décorer de ciboulette et mettre au frais avant de servir.

Enfin, on ne saurait oublier le célèbre céleri rémoulade. Cette sauce relevée doit en fait son nom à un autre légume, le radis noir (*remola* ou *ramolas* en picard, auquel on a adjoint le suffixe *-ade*, comme dans "salade").

• *Céleri-rave sauce rémoulade*

1 céleri-rave ; 1 citron ; 1 jaune d'œuf ; 1 dl d'huile ; 1 c. à café de moutarde ; quelques cornichons et quelques boutons de câpres ; persil, cerfeuil et estragon ; sel ; poivre.

Eplucher le céleri et le râper en fines lanières. L'arroser de jus de citron pour éviter qu'il ne noircisse. Préparer une mayonnaise avec le jaune d'œuf, la moutarde et l'huile. La parfumer avec les cornichons, les câpres et les herbes, le tout finement haché. Saler et poivrer, puis mélanger la sauce au céleri.

Soupes et plats de résistance

Cuits, les céleris ont plus souvent un rôle d'accompagnement, qu'il s'agisse du très classique "céleri au jus", de la purée de céleri-rave ou encore du gratin de céleri en branches (dont quelques filets d'anchois mêlés à la béchamel pourront relever agréablement la saveur). Il arrive pourtant que les céleris soient appelés à jouer les premiers rôles, comme en témoignent les recettes suivantes.

• *Soupe aux céleris*

1 céleri-rave ; 1 demi-pied de céleri ; 1 oignon ; 2 pommes de terre ; 1 l de bouillon de légumes ou de volaille ; 0,5 l de lait ; huile d'olive ; 2 c. à soupe de crème fraîche (facultatif) ; sel ; poivre.

Faire revenir à l'huile l'oignon émincé, les feuilles et côtes de céleri coupées en petits tronçons ainsi que le céleri-rave et les pommes de terre épluchés et coupés en morceaux. Mouiller ensuite avec le bouillon, puis ajouter le lait. Saler, poivrer et faire cuire à feu vif. Mixer la soupe lorsque les légumes sont bien cuits. Ajouter un peu de crème fraîche (selon le goût), vérifier l'assaisonnement et servir aussitôt.

• *Ragoût d'agneau au céleri*
Ce plat iranien, *tchelow khoresht-é karafs*, s'accompagne d'un cône de riz cuit à l'étouffée et décoré de riz safrané.

600 g de viande d'agneau sans os ; 1 beau pied de céleri ; 2 oignons ; 1 jus de citron ; 1 bouquet de persil et de menthe ; pistils de safran ; sel ; poivre.

CONSERVER LES CÉLERIS

Le céleri-rave se conserve entier quelques semaines dans un lieu frais (cave ou bas du réfrigérateur), sans rien perdre de ses qualités gustatives, tandis que le céleri à côtes a besoin de plus d'humidité : on conseille de l'envelopper d'un torchon humide avant de le placer au frais, ou d'un sac en plastique si l'on ne souhaite pas que son arôme se communique aux autres aliments.

Céleri 'Pascal'

Découper la viande en morceaux. Hacher les oignons et les mettre à revenir dans l'huile. Ajouter la viande puis, après quelques minutes, couvrir d'eau. Faire cuire à feu doux et à couvert 30 minutes environ.

Pendant ce temps, faire infuser le safran dans un peu de bouillon et découper les côtes de céleri en petits tronçons. Conserver les feuilles pour les hacher avec le persil et la menthe. Faire revenir le tout à l'huile, puis ajouter les légumes, le jus de citron, le sel, le poivre et l'infusion de safran dans la cocotte où cuit la viande. Laisser mijoter jusqu'à ce que l'ensemble soit bien cuit.

• *Céleris-raves farcis à la roumaine*

4 petits céleris-raves ; le jus de 2 citrons ; 4 gousses d'ail ; 10 c. à soupe d'huile d'olive ; persil ; sel ; 1 c. à café de poivre en grains.

Peler les céleris et les creuser en ne conservant que 2 centimètres de chair environ. Les plonger sans tarder dans un saladier contenant de l'eau citronnée. Hacher la chair des céleris, ajouter l'ail et le persil hachés, le poivre fraîchement moulu et le sel. Avec cette farce, remplir les céleris. Les placer bien droits dans une cocotte. Les arroser d'huile d'olive et d'eau citronnée jusqu'à mi-hauteur. Faire cuire à feu doux. Décorer de persil haché et de quartiers de citron, et servir aussitôt.

Crème de céleri et autres boissons fortes

Dans *Là-bas* (1891), Huysmans fait goûter à ses personnages une crème de céleri, "épaisse, sucrée autant que l'anisette, mais encore plus féminine et douce". "Ce n'est pas mauvais", s'exclame l'un des personnages, "mais c'est bien moribond" – et il verse dans son verre une "vivante lampée de rhum".

Les graines, feuilles et tiges de céleri, de même que celles de la livèche, permettent pourtant de préparer des boissons toniques et parfumées, telle cette liqueur de céleri.

• *Liqueur de céleri*

200 g de tiges de céleri à couper ; 50 g de graines de céleri ; 1 l d'eau-de-vie de fruits à 45° ; 1 sirop préparé avec 0,5 l d'eau et 500 g de sucre ; 2 clous de girofle ; 1 zeste d'orange ; 1 gousse de vanille ; quelques graines de coriandre.

Faire macérer les tiges et les graines de céleri, les épices, la vanille fendue en deux et le zeste d'orange dans l'eau-de-vie pendant une semaine. Filtrer, puis compléter avec le sirop de sucre. Mettre en bouteilles et attendre quelques mois avant de déguster.

DU CÉLERI AU DESSERT ?

Cet emploi inattendu du céleri surprendra moins si l'on se souvient que l'angélique, dont on apprécie surtout les tiges confites au sucre, est une assez proche cousine de notre légume. Quelques recettes traditionnelles mentionnent d'ailleurs des tiges de livèche confites en accompagnement de crèmes ou de gâteaux. Pour les préparer, il faut tout d'abord les couper en tronçons, puis les ébouillanter et bien les égoutter. Ensuite, on les plonge trois jours de suite dans un sirop de sucre de plus en plus concentré, avant de les saupoudrer de sucre et de les faire sécher à four très doux.

Dans le registre des desserts, d'ailleurs, Michel Bras propose du céleri confit pour accompagner une crème glacée à la vanille, ainsi qu'un sorbet à la feuille de céleri, tandis que Thierry Thorens donne la recette d'un céleri rôti au miel et aux amandes dans *Etonnants légumes* (Actes Sud, 2001) et d'une crème de riz sauvage au céleri dans *Le Riz dans tous ses états* (Actes Sud, 2002).

Les choux

Jean-Paul Thorez

INTRODUCTION

Le chou est *le* légume. Ceci apparaît comme une évidence lorsqu'on s'intéresse à la destinée de cette espèce végétale omniprésente sur la planète et à travers les âges. Tous types confondus – chou pommé, chou-fleur, brocoli, chou de Bruxelles, chou de Chine, rutabaga, etc. –, il est, avec 37 millions de tonnes de production annuelle, le deuxième légume mondial derrière la tomate (64 millions de tonnes). Mais si l'on tient compte du passé, nul doute que la première place lui revient : c'est le légume de base le plus ancien dans l'ensemble des pays de l'Ancien Monde. Et depuis plusieurs siècles, il a conquis l'Amérique. La tomate, elle, est de développement récent ; de plus, elle est industrielle avant d'être vivrière. Rien à voir, donc, avec le chou, qui peut prétendre au statut de véritable objet culturel. Quel autre végétal a pris, dans le langage, autant de place que lui ?

Les raisons d'un succès

"Le chou est bon à tout", peut-on lire dans un dictionnaire d'économie domestique de 1732. Il est d'abord le légume vert précieux qui peut être consommé tout au long de l'année sous pratiquement tous les climats. Il se prête, cru ou cuit, à d'innombrables et savoureuses préparations dont beaucoup remontent sans doute à la nuit des temps. Ses caractéristiques biochimiques en font un remède à bien des maux de la vie quotidienne, toujours à portée de main. C'est également un excellent fourrage.

Certains voudraient nous faire croire que le chou est démodé. En fait, en considérant la tribu des choux tout entière, ce n'est pas le cas. Il y en a forcément un qui colle aux besoins de l'époque. Si le chou pommé et le chou de Bruxelles connaissent actuellement, en Europe, une certaine stagnation, le relais est pris par le chou-fleur et le brocoli. Ce qui a fait – et fera encore longtemps – le succès du chou, c'est sa plasticité. La richesse de ses gènes a permis à des générations de paysans et de jardiniers, et maintenant de sélectionneurs, de créer de toutes pièces des "organismes génétiquement modifiés" très différents de l'espèce sauvage. Et cela, sans risque pour la santé et pour l'environnement.

LES MOTS ET LE FOLKLORE DES CHOUX

Le mot "chou" apparaît dans la langue française dès le XIIe siècle. Il dérive du grec *caulos*, "tige de légume", et du latin *caulis*, "tige" et "chou". "Choucroute" vient de l'alsacien *sûrkrût*, "chou sur" ou "chou acide", avec attraction du mot "chou". Enfin, "cabus", qui désigne une sorte de chou pommé, se disait autrefois *capu*, ou "chou en tête". Il dériverait du latin *caput*, "tête".

• *Expressions imagées*

"Aller à travers choux" (vieille expression tombée en désuétude qui veut dire "avancer sans précaution, sans ménagement"), "être dans les choux", "bête comme chou", "rentrer dans le chou", "en faire ses choux gras", "aller planter ses choux", "ménager la chèvre et le chou", "mi-chèvre, mi-chou"…

"Mon chou" n'a rien à voir avec le chou ! Le mot, terme de tendresse, a ici la même origine que "choyer" et "chouette". De même, "faire chou blanc" signifie "faire coup blanc, ne rien abattre au jeu de quilles, échouer". Là encore, il ne s'agit pas de notre Crucifère.

• *Folklore*

Le chou est un symbole de fécondité : pendant longtemps, on a fait croire aux enfants qu'ils étaient nés dans un chou.

Redécouvrir le chou

Au seuil de cette modeste monographie, il est permis de s'interroger sur l'avenir du chou. Que peut-on *réellement* lui reprocher ? A l'opposé, quelles qualités pourrait-on découvrir ou redécouvrir ? A la première question, certains seront tentés de répondre : l'odeur. Le chou, légume soufré, n'est pas neutre à la cuisson. Mais il s'agit là d'un problème culturel – notre époque est avide d'asepsie – que la technique culinaire peut aisément résoudre, nous le verrons plus loin.

Quant à trouver d'autres vertus aux choux, pourquoi pas ? Nos ancêtres ont bien su multiplier leurs usages. Les feuilles de chou ont ainsi servi à envelopper le beurre et les fromages. Les grands choux cavaliers ont fourni autrefois des piquets de clôture et du bois de chauffage. Et qui sait que la célèbre canne de Charlot est un pur produit de l'artisanat du "chou à cannes" de l'île de Jersey ? Non, le chou n'a pas fini de nous surprendre.

I. ESPÈCES DE CHOUX

L'idéal serait de commencer la lecture de ce chapitre assis dans l'herbe sur les falaises d'Etretat, en mai. La station balnéaire normande offre alors le spectacle d'innombrables touffes jaune soufre parsemant l'herbe rase. Des choux ! L'occasion rare de prendre à son début l'histoire d'un légume tellement bien "de chez nous" qu'il y vit encore dans son état primitif.

Les choux cultivés, en effet, même d'apparences aussi différentes que peuvent l'être le chou pommé, le chou-rave, le chou de Bruxelles ou le chou-fleur, se rapportent tous à la même espèce botanique baptisée par Linné *Brassica oleracea* L., ce qui signifie littéralement en latin "chou utilisé comme légume". Le genre *Brassica* – les choux au sens large – a donné son nom à l'importante famille des Brassicacées, anciennement Crucifères.

Plutôt que "des" choux, parlons plutôt du chou, ramené à son archétype botanique. Il est facile de reconnaître le chou sauvage : feuilles larges, vert glauque, disposées en rosette. La floraison printanière est spectaculaire. Les fleurs possèdent quatre pétales jaunes disposés en croix comme celles des autres Crucifères (du latin *crucifer*, "qui porte une croix"). Elles sont portées par des hampes formant grappes pour atteindre jusqu'à un mètre de hauteur. Plus tard en saison, elles cèdent la place aux fruits, sortes de gousses cylindriques (en réalité des siliques, comportant deux loges et non une seule), très fines, sèches, renfermant les graines.

L'espèce présente une variabilité exceptionnelle, clé – nous le verrons plus loin – de l'extrême diversité de sa descendance cultivée : les feuilles des choux sauvages peuvent être entières ou découpées, veinées de blanc ou de rose, insérées sur un court trognon ligneux ou sur un véritable tronc… Le jaune des pétales est vif ou, au contraire, pâle, presque blanc. Quant au système racinaire, il est à la fois pivotant, ramifié et puissant.

Bisannuel et barochore

Le chou sauvage est localisé, en France, sur les rochers maritimes. On n'en compte qu'une dizaine de populations entre le Pas-de-Calais et la Charente-Maritime, dont certaines, toutefois, abritent plus de dix mille individus.

Il lui faut le sel des embruns, la douceur et l'humidité ambiante du bord de mer et l'alcalinité d'un substrat rocheux à base de calcaire. Rien qui laisserait présager que ses descendants prendraient pied dans les jardins de la terre entière… Notons cependant que l'interface écologique entre terre et mer, au sol humide et riche en sels minéraux, a été le berceau de quelques autres légumes, comme le céleri, la bette ou la betterave.

Le chou est bisannuel : il naît de la germination d'une graine au cours de la première année de son cycle de vie. Il grossit ensuite, formant une rosette de feuilles, et ce n'est que lors de la deuxième – ou troisième – année qu'il fleurit, fructifie, puis meurt. Quelques populations sont vivaces.

> ### LES LOINTAINS ANCÊTRES DU CHOU
> Le berceau de l'espèce collective "chou" serait la Sicile, cette île abritant quatre taxons (unités de classification), soit davantage que d'autres territoires bien plus grands. D'autre part, ces espèces présentent des caractères archaïques, comme la présence de poils. Elles auraient évolué de différentes manières tout en se propageant, il y a très longtemps, le long des côtes méditerranéennes et européennes.

Le chou sauvage

La fécondation de ses fleurs est assurée par les insectes attirés par le nectar, notamment les abeilles. Comme son cousin le colza, le chou est mellifère.

Les spécialistes expliquent l'isolement relatif dans lequel vivent les populations de choux sauvages par la faible capacité de dispersion de l'espèce : en effet, à la différence d'autres qui sont propagées sur de grandes distances par le vent ou les animaux, les semences de chou sont "barochores". Elles sont entraînées par leur seul poids, donc nécessairement à proximité immédiate – et en contrebas – du pied mère.

Soufre, cire et anthocyanes

Sur le plan biochimique, les choux manifestent quelques fortes spécificités, qu'ils partagent avec d'autres Crucifères. Une des plus évidentes est l'importance du soufre dans leur métabolisme, qui transparaît sur le plan olfactif : l'odeur de "chou pourri" est causée par les mercaptans, dérivés du sulfure d'hydrogène. Le fumet caractéristique du chou cuit provient, lui aussi, du dégagement de composés soufrés. Les graines de chou contiennent, comme celles de la moutarde – en moindre quantité cependant –, de la sinigrine, un hétéroside soufré à l'odeur très forte. D'ailleurs, les choux manifestent pour leur culture des exigences particulières en soufre, qu'ils satisfont pour partie grâce aux simples retombées atmosphériques liées aux éruptions volcaniques lointaines ou à… la pollution par le dioxyde de soufre.

Les choux se caractérisent également par la présence de grandes quantités d'anthocyanes en solution dans leur suc cellulaire. Ces pigments bleus, violets ou rouges, sans fonction biologique, peuvent plus ou moins colorer feuilles et nervures, allant parfois jusqu'à masquer le vert de la chlorophylle. On les remarque notamment chez le chou rouge, mais ils contribuent plus généralement à donner à tous les choux leur coloration typique d'un vert bleuté. Dépourvue de chlorophylle, la pomme de chou – gros bourgeon ou ébauches florales ne recevant pas la lumière – est en général blanche.

Enfin, l'aspect particulier des choux tient à la présence, à la surface de l'épiderme, d'une cuticule cireuse qui aurait pour fonction de limiter les déperditions de vapeur d'eau.

Dix-huit chromosomes

Les choux cultivés sont apparentés à un certain nombre de populations sauvages réparties dans des aires isolées les unes des autres, situées sur les côtes européennes de la mer du Nord, de la Manche et de l'Atlantique, ainsi que sur le littoral de l'ensemble du Bassin méditerranéen. Les botanistes distinguent une douzaine d'espèces distinctes de choux sauvages. On parle à propos de ces plantes, à la fois sœurs et cousines, d'"espèce collective" appartenant au genre *Brassica*. Entre ces plantes et le chou cabus ou le chou-fleur, que de chemin parcouru ! Et que de temps a passé !

Les biodynamistes, disciples en agriculture du philosophe autrichien Rudolf Steiner, voient dans les métamorphoses du chou l'influence de l'animal sur la croissance végétale : la pomme de chou serait une sorte de galle, et l'évolution de la plante aurait été bloquée au stade bourgeon par la mise en culture. N'oublions pas qu'élevage et agriculture sont nés ensemble, et que le fumier a joué – et joue encore – un rôle déterminant dans les productions végétales.

La génétique est une approche beaucoup plus communément admise de l'amélioration des plantes. Ce qui réunit les différents membres de l'espèce collective "chou", c'est le nombre de leurs chromosomes, égal à 18, soit 9 paires, même si l'on rencontre parfois des individus originaux porteurs de 9, 27 ou 36 chromosomes. Les différents choux sauvages sont capables de s'hybrider. Cette grande souplesse génétique explique sans doute la riche variabilité exprimée par le groupe au cours de son évolution naturelle, puis lors de son amélioration par les paysans. On peut sans risque de se tromper affirmer que le chou est l'espèce cultivée qui possède les formes les plus différentes.

Classification

Plusieurs classifications ont été proposées pour mettre un peu d'ordre dans le clan des choux cultivés. En voici une inspirée de celle qu'a donnée J. Helm, un chercheur allemand, en 1962.

• *Première branche : les choux à bourgeons multiples*
Chou branchu : très proche du type sauvage quoique plus haut (1 mètre) et à feuilles plus grandes et très nombreuses (buisson). Il ne donne pas de fleurs, craint peu les maladies et le gel. Cultivé en France comme chou fourrager ('Branchu du Poitou'). On en consomme les jeunes feuilles en soupe. Plante de disette.

Chou vivace de Daubenton : aux rameaux grêles, retombants, se marcottant lorsqu'ils touchent le sol.

Chou de Bruxelles (*B. oleracea* subsp. *oleracea* var. *gemmifera*) : on consomme ses bourgeons axillaires bien développés.

Il existe également dans cette branche quelques monstres comme le chou à plusieurs têtes ou les choux à feuilles en entonnoir.

Le chou de Bruxelles

• *Deuxième branche : les choux à un seul axe plus ou moins développé*
– Non pommés : *B. oleracea acephala*
Chou vert commun : un axe et des feuilles réparties régulièrement. Exemples : 'Cavalier', 'Caulet de Flandre' (choux fourragers).

Chou de Jersey : pouvant atteindre 5 mètres, il sert, outre de fourrage pour les vaches, de matériau pour faire des cannes ("canne de Jersey", "canne à chou"), des poutres d'abri de jardin ou des haies.

Chou plume : très voisin du chou vert commun, aux feuilles découpées comme des plumes d'autruche, surtout ornemental, parfois mangé en hiver, diversement coloré ; pratiquement disparu.

Chou frisé : vert, rouge ou panaché de blanc, grand ou nain, consommé surtout dans les pays du Nord.

Chou palmier ou chou noir : originaire du Portugal, autrefois légume en Italie, ornemental.

Chou de Brême : chou de faible développement dont on consomme les feuilles. Cultivé en Allemagne.
– Pommés : *B. oleracea capitata*

Chou à grosses côtes, chou beurre, chou portugais ou chou de Beauvais (*B. o.* subsp. *capitata* var. *costata*) : à axe court et côtes renflées. Très cultivé au Portugal, introduit de ce pays en France au Moyen Age.

Chou de Milan (*B. o.* subsp. *capitata* var. *sabauda*) : pommé avec des feuilles cloquées, axe très réduit. Très

---

POUR S'Y RETROUVER...

Crucifères ou Brassicacées : moutarde, cresson, giroflée, chou...

Brassica : le genre "chou", au sens large, qui comprend notamment les choux proprement dits (*Brassica oleracea*), mais aussi de nombreuses autres espèces sauvages (choux sauvages méditerranéens, etc.) ou cultivées, à feuilles non charnues, comme le navet (*B. rapa* = *B. campestris*) ou la navette (*B. rapa* ssp. *oleifera*).

Brassica oleracea : espèce à laquelle appartiennent les choux proprement dits, sauvages ou cultivés.

Brassica oleracea subsp. *capitata* : sous-espèce "chou pommé".

Brassica oleracea subsp. *capitata* var. *sabauda* : variété chou de Milan (à feuilles cloquées).

Brassica oleracea subsp. *capitata* var. *sabauda* cultivar 'Hâtif d'Aubervilliers' : variété cultivée.

cultivé. Originaire d'Italie. 'Pancalier de Touraine' est une des variétés françaises les plus anciennes.

Chou cabus (*B. o.* subsp. *capitata* var. *capitata*) : axe très court, grandes feuilles disposées en pomme. Cultivé dans le monde entier.

• *Troisième branche : les choux à axe charnu*
Chou moellier : feuilles à longs pétioles, axe renflé, mince en haut et en bas, haut de 2 mètres, gris, gris-vert ou violet. Fourrager. Cultivé dans les régions maritimes.

Chou-rave (*B. o.* subsp. *acephala* var. *gongyloides*) : axe court et renflé en forme de boule (partie consommable). Cultivé comme légume, notamment dans les pays du Nord et de l'Est de l'Europe.

• *Quatrième branche : les choux à jets ou fleurs*
Brocoli branchu (*B. o.* subsp. *botrytis* var. *cymosa*) : axes et bouquets floraux renflés, de même que les branches ; diversement coloré (vert, bleu, jaune, violet). Descend directement du chou sauvage. Originaire du Bassin méditerranéen (Italie, Crète, Chypre…). Peu connu en France, mais apprécié par les Anglais, qui le nomment *sprouting*.

Brocoli à jets (*B. o.* subsp. *botrytis* var. *italica*) : l'inflorescence est tubérisée, d'un vert glauque ou bleuâtre du fait de sa richesse en anthocyanes, mais l'hypertrophie, limitée à l'axe principal et aux ramifications, ne concerne pas les pédoncules floraux, à la différence du chou-fleur.

Chou-fleur (*B. o.* subsp. *botrytis* var. *botrytis*) : une sorte de brocoli branchu qui aurait toutes les fleurs groupées, avec une tige énorme. Date de l'Antiquité. Originaire de Chypre, d'Italie du Sud. Dans le type 'Romanesco', la pomme est verte ou violette, et les bouquets sont disposés en étoiles.

Bouquet brocoli : mi-brocoli branchu, mi-chou-fleur.

'Late Purple Sprouting', un brocoli branchu

Echanges de gènes

Les *Brassica* ignorent superbement la barrière de l'espèce, généralement peu perméable. Ainsi, le chou-navet ou

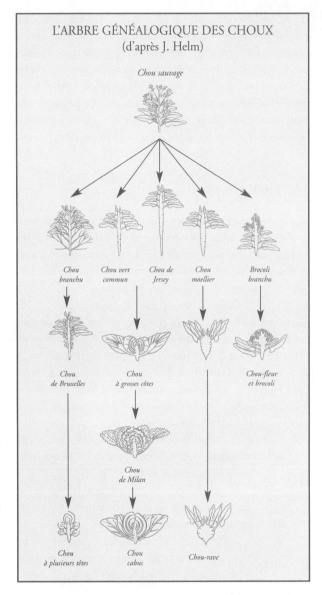

rutabaga (*Brassica napus*) serait né dans les jardins, au Moyen Age, de la cohabitation des navets dits "raves", à racine courte et sphérique, et des choux. On distingue un type à chair blanche (chou-navet proprement dit) et un autre à chair jaune (rutabaga). Le colza, plante de grande culture, est lui aussi un hybride de chou et de navette. Le navet et la navette appartiennent à une espèce pourtant bien distincte du chou, *Brassica rapa = B. campestris*.

Comme pour compliquer les choses, les choux asiatiques – pe tsaï *(Brassica pekinensis)* et pak choï *(B. chinensis)* – se rattachent, eux aussi, à *Brassica rapa* !

Retenons que, de tout temps, les différentes espèces de *Brassica* ont échangé des gènes librement. Cela ne laisse pas d'inquiéter ceux qui s'intéressent aux OGM : *a priori*, rien n'empêcherait un colza transgénique de disséminer, par exemple, un gène de résistance aux herbicides parmi ces "mauvaises herbes" très proches sur le plan génétique que sont navettes, ravenelles, moutardes et roquettes.

Le navet

Sélection

Brassica oleracea est autostérile et allogame : une fécondation croisée entre deux pieds de la même variété est indispensable pour obtenir des graines de la variété en question. Un chou isolé reste stérile.

En pratique, pour obtenir des semences d'une variété donnée de chou, on commence par en cultiver ensemble un certain nombre de pieds à l'écart d'autres *Brassica* pouvant fleurir au même moment, afin d'éviter toute dégénérescence. On choisira les plus beaux, les plus typés comme porte-graines, et on les laissera accomplir leur cycle jusqu'au bout.

Cette "sélection massale" doit être renouvelée à chaque génération. Elle s'intéresse à des caractères essentiels – forme, taille, précocité, etc. – et en néglige d'autres, ce qui fait que les choux d'un même carré diffèrent les uns des autres par des détails. On parle, à propos des choux, de variétés-populations, par opposition aux lignées pures, très homogènes, propres aux espèces potagères autogames (haricot, tomate, etc.).

Bien que le chou ne soit pas naturellement autogame, les sélectionneurs savent obtenir des lignées pures en réalisant une autofécondation dans les fleurs en bouton. Cela leur permet, ensuite, de réaliser des hybridations. Les graines qui en sont issues sont celles de variétés dites "hybrides F1", qui donnent des choux très homogènes, productifs, parfois plus précoces ou résistants à certaines maladies.

Champignons parasites et insectes ravageurs

Les choux cultivés étant en France dans leur aire d'origine, on ne s'étonnera pas qu'ils soient pourvus de tout un cortège d'organismes parasites : virus, bactéries, champignons microscopiques, insectes, trop nombreux pour être tous présentés ici. Citons tout de même parmi les cryptogames le rhizoctone brun et *Pythium*, qui attaquent les graines dans le sol. *Phoma lingam*, transmis par les semences, provoque des taches foliaires sur les plantules. *Xanthomonas campestris*, également transmis par les semences, fait apparaître la nervation noire et des nécroses.

Causée par *Plasmodiophora brassicae*, la hernie se manifeste par une hypertrophie des racines. Les choux restent petits ou meurent. Les feuilles se flétrissent légèrement par temps sec et ensoleillé. Et lorsqu'on arrache le plant, on observe à la place des racines une masse charnue composée de galles. Le champignon se conserve dans le sol sous forme de spores pendant plus de dix ans. Il peut également accomplir son cycle grâce à des "mauvaises herbes" telles que la bourse-à-pasteur ou la ravenelle. Il ne se manifeste qu'en sol humide et surtout acide.

CHOU-FLEUR ET MATHÉMATIQUES

La pomme d'un chou-fleur se compose d'innombrables petits choux-fleurs, eux-mêmes composés de choux-fleurs plus petits, eux-mêmes composés de choux-fleurs plus petits, etc. C'est particulièrement évident avec les choux-fleurs colorés du type 'Romanesco', où les fleurons sont disposés en spirales. On peut donc dire qu'un chou-fleur est une fractale, objet mathématique qui a comme propriété première d'être identique à lui-même quelle que soit l'échelle à laquelle on l'observe.

Le puceron cendré

Les insectes vivant exclusivement aux dépens du chou ou de plantes apparentées repèrent leur plante-hôte à son odeur. Sur les cotylédons et jeunes feuilles, on remarque aisément les perforations causées par un minuscule coléoptère sauteur : l'altise. Nichés sous les feuilles, les pucerons du chou (*Brevicoryne brassicae*) causent déformations et décolorations. Plus connues sont les chenilles, notamment celles de la piéride du chou (*Pieris brassicae*) et de la piéride de la rave (*Pieris rapae*), papillons blancs tachetés de noir. Les noctuelles gamma et *Plutella xylostella* sont également redoutées par les jardiniers : migratrices, elles arrivent avec le vent en juin. La mouche du chou (*Delia brassicae*), quant à elle, pond au pied de la plante, et ses asticots colonisent le pied du chou. N'oublions pas l'aleurode, ou mouche blanche, qui peut pulluler s'il fait chaud.

Ces phytophages possèdent eux aussi tout un cortège d'entomophages, ennemis naturels qui les empêchent de proliférer... sauf accident. Dans leurs rangs, on compte de nombreuses petites guêpes, des mouches prédatrices ou parasites, des punaises chasseresses, des coccinelles, etc.

Carences

Les choux trouvent dans la plupart des sols tous les éléments nutritifs nécessaires à leur croissance, notamment s'il s'agit de jardins régulièrement amendés. Cependant, pour le chou-fleur, l'excès relatif d'azote, par rapport au phosphore et au potassium, produit de petites pommes. Le même chou-fleur développe parfois les symptômes d'une carence en molybdène, un oligo-élément. La pomme est alors inexistante et les jeunes feuilles gaufrées et réduites à leur nervure principale.

Le rutabaga, le chou-fleur et le chou pommé peuvent également souffrir d'un manque de bore, autre oligo-élément. Chez le premier apparaissent alors des taches translucides dans la racine, chez le deuxième des taches brunes sur la pomme, alors que le troisième présente sur sa tige une craquelure interne entourée de tissus brunâtres et aqueux.

VRAIS FAUX CHOUX

Bien que n'appartenant pas au genre *Brassica*, certaines plantes bénéficient de l'appellation de "chou" du fait d'une convergence de certains de leurs caractères et de ceux des choux véritables.

Le chou marin ou crambé (*Crambe maritima*) est une plante sauvage des cordons littoraux d'Europe. Comestible, il a été cultivé pour la première fois par La Quintinie, l'illustre jardinier de Louis XIV. C'est un légume de luxe et d'intérêt anecdotique.

Le chou de Kerguelen (*Pringlea antiscorbutica*) est une Crucifère originaire de l'archipel des Kerguelen, dans l'hémisphère sud, à port de chou cavalier, mais ressemblant plutôt aux *Cochlearia*. Ses feuilles peuvent être consommées, de même que sa moelle et ses graines. Selon Désiré Bois, c'est au *Pringlea* (riche, sans doute, en vitamine C) que le navigateur Cook doit la survie de ses équipages atteints par le scorbut lors de son voyage vers l'Antarctique.

Les choux palmistes, enfin, sont des palmiers dont on consomme la partie tendre du bourgeon terminal ("cœur de palmier").

Ces carences en oligo-éléments peuvent être traitées par des apports d'engrais ou en jouant sur le niveau d'acidité ou de basicité (pH) du sol. Mais ceci est une autre histoire...

II. HISTOIRE ET GÉOGRAPHIE DES CHOUX

Au carrefour de la rue des Halles, les choux faisaient des montagnes ; les énormes choux blancs, serrés et durs comme des boulets de métal pâle ; les choux frisés, dont les grandes feuilles ressemblaient à des vasques de bronze ; les choux rouges que l'aube changeait en des floraisons superbes, lie-de-vin, avec des meurtrissures de carmin et de pourpre sombre.

Emile Zola, *Le Ventre de Paris*, 1873.

Les gens simples n'ont pas d'histoire, affirme la sagesse populaire. C'est sans doute pourquoi le chou, personnage modeste s'il en est, n'égalera jamais la romanesque pomme de terre dans l'Histoire avec un grand H. Il semble qu'il n'ait jamais eu d'importance stratégique. Simplement, il a toujours été là pour nous nourrir. D'abord sous la forme du chou sauvage, sans doute répandu beaucoup plus largement aux temps préhistoriques qu'il ne l'est maintenant, le long des rivages de la mer du Nord, de la Manche, de l'Atlantique, de la Méditerranée septentrionale, des mers Noire et Caspienne. Son aire se serait morcelée par la suite. Tout porte à penser que ce chou spontané a été d'abord cueilli par nos ancêtres du paléolithique – l'âge de la pierre taillée – avant d'être mis en culture. Une tradition reste attachée à la consommation de pousses de choux, sauvages ou cultivés.

Le chou est sans doute un des premiers légumes qui aient été cultivés en Europe au néolithique, âge de la pierre polie et de la naissance de l'agriculture. On le propage même très tôt loin de ses rivages d'origine, puisqu'on en retrouve les graines dans les gisements lacustres suisses, aux côtés des premières céréales.

Faute d'autres vestiges, on en est réduit à des approches indirectes pour reconstituer la protohistoire de la plus fameuse des Crucifères. Selon Candolle, auteur de l'*Origine des plantes cultivées* (1883), on pourrait déduire de la multiplicité des racines celtiques désignant le chou – *kab, kal* ou *kol, bresic…* – que "les peuples aryens, voyant le chou indigène et peut-être employé déjà en Europe par les Ibères ou les Ligures, ont créé des noms ou se sont servis de ceux des peuples plus anciens dans le pays". Ce qui milite pour une origine locale et très ancienne plutôt que pour une introduction à l'occasion de mouvements de populations.

Domestiqué il y a plus de cinq mille ans

Il est permis de penser que la domestication de *Brassica oleracea* a pu se produire il y a au moins sept mille ans dans l'ouest du Bassin méditerranéen, où l'agriculture a été précoce, puis sur la façade atlantique. L'ancienneté de cette culture sous des climats variés est corroborée par l'extrême diversité des formes et variétés de choux qui sont arrivées jusqu'à nous. On en recensait près de deux cent cinquante au début du XXe siècle en France. Des lignées différentes ont pu évoluer indépendamment les unes des autres en fonction de leur lieu d'origine, façade atlantique ou méditerranéenne. La première a donné des variétés relativement rustiques tels les choux fourragers, les choux frisés, les choux branchus, etc., tandis que sur la seconde naissaient des sélections plus sophistiquées comme le chou-fleur, le brocoli, le chou pommé, etc. On a également amélioré les choux sauvages à des fins fourragères, oléagineuses, voire tinctoriales.

Brassica sessilis, *d'après l'herbier de Christian Egelnoff, vers 1550*

Le chou ne semble pas connu dans l'ancienne Egypte, ni en Asie Mineure, berceau de l'agriculture et d'un grand nombre de végétaux cultivés à partir de 8000 av. J.-C. Il est également absent de l'Amérique précolombienne et d'Océanie. Quant à l'Asie, on peut imaginer que ses cousins *Brassica chinensis* et *B. pekinensis* ont connu une histoire analogue sur les rivages de la mer de Chine…

Très tôt, dans les pays périarctiques et autres contrées à hiver très froid, on apprend à conserver le chou dans les habitations en le faisant fermenter, d'abord entier dans la saumure, puis râpé : c'est la choucroute. Cette préparation deviendra très populaire en Russie, en Pologne, en Allemagne et en Suisse. Notons que les Chinois et les Coréens inventent eux aussi une choucroute qui devient une base de leur alimentation, respectivement le *hum-choy* et le *kimchi*.

De Théophraste à Olivier de Serres

L'histoire écrite du chou commence dans la Grèce antique : le philosophe Théophraste le cite, trois cents ans avant J.-C. A Rome, un siècle plus tard, Caton en fait l'apologie. Avant qu'elle ne soit détruite par une éruption du Vésuve en l'an 79, Pompéi était réputée pour ses oignons et ses choux. Il semble bien que la Grèce et la péninsule italienne soient le berceau de la plupart de nos choux actuels, notamment les choux pommés et les choux-fleurs. C'est donc sans doute à la faveur de la colonisation romaine qu'ils se répandent dans le reste de l'Europe, rejoignant dans les champs et les jardins les choux locaux.

Au Moyen Age, le chou, en tant qu'"herbe à pot", tient une grande place dans l'alimentation, avec panais et navets. Productif, facile à conserver, apprécié, il devient une des bases de l'alimentation paysanne et, plus tard, de la gastronomie française traditionnelle. Dans toutes les régions de France – et d'Europe –, on trouve une version de la soupe aux choux. Le chou est le légume vert de l'hiver. On le consomme volontiers bouilli avec de la viande de porc fumée ou salée, ou farci, dans des plats roboratifs et généreux en lipides.

A la Renaissance, on vante sur les marchés "les choux gelez, les bons choux gelez, ils sont plus tendres que rosée". Olivier de Serres, précurseur de l'agronomie moderne, leur accorde une place de choix dans son "Jardin Potager d'Esté". Il distingue trois catégories : les choux cabus ou pommés – dont le chou rouge –, les "blancs" et les "verts", sans doute proches de nos choux fourragers ou frisés actuels. Le maître du Pradel précise qu'à l'époque (vers 1600), la culture du chou est répandue un peu partout dans le royaume de France, et que la bonne semence vient soit d'Espagne, soit d'Italie, ou encore de Briançon ou d'Aubervilliers.

"De Chypre" ou "de Bruxelles"

L'histoire ultérieure du chou est marquée par l'apparition du type dit "de Bruxelles", à la fin du XVIII\ :sup:`e` siècle. Selon les auteurs, il dériverait soit des choux fourragers de la façade atlantique, soit de lignées italiennes de chou de Milan. Rapidement adopté en Grande-Bretagne, aux Pays-Bas, en Allemagne et, bien sûr, dans le Brabant, il ne se développe en France qu'à partir des années 1840, notamment à Rosny-sous-Bois, près de Paris.

La carrière du chou-fleur en France est également tardive. Olivier de Serres, en 1600, ne fait qu'évoquer dans ses écrits la délicatesse des *cauli-fiori* italiens, encore assez rares en France. Ce n'est que vers 1830 que la culture de cette sorte prend son essor dans la région d'Angers avec les fameux "brocolis extra-hâtifs". Présumé natif d'Italie, son ancêtre serait un type ancestral de brocoli à jets. Il est attesté dès le XII\ :sup:`e` siècle, notamment grâce aux écrits de l'agronome arabe Ibn al-'Awwâm, mais pourrait être beaucoup plus vieux. Son ancienne appellation de "chou de Chypre" laisse supposer qu'il s'est répandu très tôt dans le Bassin méditerranéen.

Le brocoli – lui aussi italien de naissance – connaît un franc succès à partir de 1925 sur la côte est des Etats-Unis,

D'après le Tacuinum sanitatis, *XIV*ᵉ *siècle*

Le chou-navet

où a émigré une forte colonie issue de la péninsule transalpine. Il colonise ensuite la côte ouest, puis le Mexique. Diffusé dans l'ensemble de l'Europe dès le XVIIIe siècle, le brocoli n'y connaît qu'un développement limité. Si l'introduction du pe tsaï (chou de Chine) en Europe remonte au XVIIIe siècle, la maîtrise de sa culture ne serait pas antérieure à 1904, année où Curé, maraîcher parisien, comprit comment échelonner les semis si l'on voulait éviter l'écueil de la montée en graine. Le pe tsaï se développe aux Etats-Unis à partir de 1920, en Autriche dès 1940, puis en Europe du Nord. En France, il reste anecdotique. Rappelons qu'il constitue un légume de base en Chine, en Corée et au Japon, où on le produit par millions de tonnes.

L'histoire du chou-navet, alias rutabaga, est, quant à elle, plutôt lacunaire. On imagine qu'il serait né dans un jardin médiéval de la rencontre fortuite du pollen d'un navet avec l'ovule d'un chou… à moins que ce ne soit l'inverse. Le seul vrai chou qui soit une racine connaîtra ensuite la destinée d'un légume rural. Ce modeste a vraisemblablement sauvé bien des vies durant les périodes de disette. Les Français les plus âgés, qui ont connu la Seconde Guerre mondiale, en conservent un souvenir contrasté.

Culture paysanne

L'histoire du chou, en France, est liée à la culture paysanne. Beaucoup de variétés sont locales et portent le nom de leur contrée d'origine. Pendant des siècles, ce légume aura marqué le quotidien des Normands, Auvergnats, Alsaciens, Provençaux, Béarnais, Parisiens… Il figurera longtemps parmi les légumes les plus cultivés dans les jardins. En Normandie, par exemple, une des patries du chou, "la tradition, codifiée en usages locaux, réglementait même l'importance des choux dans le jardin des fermes louées à bail. Ceux d'Avranches, en 1930, indiquaient de réserver un quart du jardin aux choux communs (fourragers), un quart aux choux pommés (légumes), un quart aux pois et un quart aux légumes variés*." Un agriculteur retraité

témoigne que, dans les années 1920 encore, "on mangeait de la soupe aux choux tous les jours, et même plusieurs fois par jour… Vous savez, un repas de choux, c'était du chou cuit avec du lard, où il y avait plus de chou que de lard*."

Au XIXe siècle, les "ceintures vertes" des villes, notamment celle de Paris qui alimente les Halles, consacrent au chou une large place ; en témoigne l'appellation de nombreuses

Le chou de Milan

variétés réputées, comme celles d'Aubervilliers, de Vaugirard ou de Saint-Denis. Les hortillonnages de Saint-Omer et d'Amiens sont réputés pour leurs choux-fleurs (tous les choux apprécient la terre grasse et fraîche des marais). Criquebeuf, près de Rouen, produit, paraît-il, les meilleurs choux de Bruxelles…

Est-ce parce que la société française est devenue plus citadine ? En tout cas, c'est un fait : on consomme moins de choux pommés et de Bruxelles qu'autrefois. Le chou-fleur, lui, fait mieux que résister, tandis que le brocoli se développe. La surgélation industrielle, en pleine expansion, se révèle être la planche de salut des choux.

* Michel Vivier, *Jardins ruraux en Basse-Normandie*, Centre régional de culture ethnologique et technique de Basse-Normandie, Caen, 1998.

Les choux occupent dans les potagers français une place notable, mais non prépondérante. L'enquête alimentaire de 1991 les place au septième rang, derrière les pommes de terre, les salades, les tomates, les carottes, les haricots verts et les poireaux, avec une consommation moyenne de 8 kilos par jardin. Les potagers couvrent le quart de la consommation à domicile. Il semble bien qu'on consomme plus de chou quand on a un jardin.

Sur la Terre entière

La géographie des choux est évidemment planétaire. En effet, leur ancienneté a multiplié les possibilités d'introduction sur tous les continents. Les navigateurs espagnols ont, à ce sujet, joué un rôle déterminant. D'autre part, la capacité d'adaptation des choux est telle qu'on peut les cultiver sur la Terre entière, de l'Europe du Nord aux îles des Caraïbes et à l'océan Indien, en passant par l'Afrique subsaharienne, les Etats-Unis, le Bassin méditerranéen.

Leur centre de gravité se situe quelque part entre l'Asie et l'Europe. En effet, la Chine, le Japon et leurs pays satellites représentent près de la moitié des tonnages mondiaux. L'Inde et la Chine sont les leaders planétaires du chou-fleur ! L'autre pôle regroupe la Russie, la Pologne, la Roumanie et l'ex-Yougoslavie, l'ensemble de ces pays

Le pe tsaï

LE CHOU DE SAINT-SAËNS

Imaginez un beau monstre végétal de 20 kilos pour 1 mètre de diamètre, aux larges feuilles vernissées et à la pomme légèrement pointue et lavée de violet. C'est le chou cabus dit "de Saint-Saëns", du nom d'un bourg du pays de Bray, cultivé et consommé en abondance dans les fermes brayonnes jusque dans les années 1970. Les plants se vendaient par milliers sur les marchés. Pour le conserver en hiver, il suffisait de le "crocher" dans la cave. La production des plants était le monopole des horticulteurs qui semaient dans la première quinzaine d'août, puis "planchonnaient" les jeunes choux au cours de l'automne. Les fermiers plantaient à demeure au printemps suivant, à 1 mètre en tous sens, pour récolter en octobre.

La variété aurait fort bien pu disparaître sans l'intervention de Gérard Mallet, un jardinier natif de Saint-Saëns qui l'avait longtemps cultivée lorsqu'il était au service d'un horticulteur. Il eut l'intelligence d'en conserver la semence et d'en relancer la culture auprès des jardiniers, au début des années 1990.

Le chou de Saint-Saëns est maintenant inscrit comme variété d'amateur au catalogue officiel : sa semence peut être commercialisée légalement. Planté en massif, il décore maintenant l'entrée de son bourg natal, et il a eu plusieurs fois les honneurs de la télévision !

---

pesant à peu près cinq fois plus lourd que l'Europe occidentale tout entière. En revanche, l'Afrique, l'Amérique et l'Océanie ne sont que de modestes producteurs et consommateurs de choux.

En Europe, chaque pays a sa spécialité : la France le chou-fleur, l'Italie le brocoli, l'Allemagne le chou à choucroute, le Royaume-Uni le chou de Bruxelles, l'Espagne le chou de Chine, etc. Mais chacun fait aussi "un peu de tout". Les différents types de choux se distribuent géographiquement en fonction des possibilités offertes par le sol et le climat, et, parfois, les débouchés locaux. Ainsi, en France, on observe une certaine spécialisation par région.

Patrimoine génétique

Certains s'inquiètent de voir changer l'assortiment des variétés cultivées, et les hybrides remplacer les variétés traditionnelles. L'érosion de la biodiversité est réelle : un simple coup d'œil aux catalogues montre qu'en un siècle à peine, le nombre de variétés disponibles a notablement diminué chez les grainetiers de référence comme chez les grainetiers ordinaires, mais que le nombre de sortes – chou pommé, brocoli, chou-rave, etc. – n'a pratiquement pas bougé. Il est également vrai qu'on observe, depuis les années 1970, un remplacement progressif des "variétés-populations" traditionnelles par des hybrides F1.

Ces mutations rendent compte des nouvelles exigences de la production et de la distribution des légumes et, dans une moindre mesure, de celles des consommateurs. Bref, c'est la loi de l'offre et de la demande.

La persistance d'une production d'amateurs permet heureusement de maintenir la commercialisation de la semence des variétés maintenant délaissées par les professionnels. Mais les variétés purement locales ont pratiquement disparu, sauf en ce qui concerne le chou-fleur, pour lequel la production de semences fermières est encore très active.

La conservation du patrimoine génétique des choux a donc pris un caractère d'urgence : entre 1981 et 1984 a eu lieu en Europe une opération de conservation des

LA PRODUCTION DE CHOUX EN FRANCE ET EN EUROPE

Types de choux	Principaux pays producteurs en Europe	Rang de la France	Principales régions productrices	Consom. moyenne en France (kg/hab.)
Chou pommé	Allemagne, Royaume-Uni, Espagne, Italie, Pays-Bas	6ᵉ	Bretagne, Nord, Bouches-du-Rhône	2,7
Chou-fleur	France, Italie, Royaume-Uni, Espagne	1ᵉʳ	Bretagne, Manche, Bouches-du-Rhône	5
Chou de Bruxelles	Royaume-Uni, Pays-Bas	4ᵉ	Nord-Pas-de-Calais, Pays-de-Loire, Ile-de-France	0,3
Brocoli	Italie		Bretagne, Sud-Ouest	
Chou de Chine (pe tsaï)	Espagne, Pays-Bas, Allemagne, Danemark			

Choux ornementaux

ressources génétiques des Crucifères. En France, elle a été conduite par l'Institut national de la recherche agronomique, et plus précisément par la station d'amélioration des plantes de Rennes-Le Rheu et le laboratoire d'amélioration des plantes légumières de Plougoulm-Saint-Pol-de-Léon. Ainsi, notre pays détient maintenant dans ses laboratoires une importante collection de semences de choux conservées au froid : 115 variétés de choux pommés, 375 de choux-fleurs, 13 de choux de Bruxelles et 360 de choux fourragers.

Au terme d'une histoire si longue et si riche, on aimerait évoquer une actualité révolutionnaire. Mais quoi ? Il n'est pour l'instant pas question de faire des choux génétiquement modifiés. Alors pourquoi pas cette mode du chou ornemental, née du renouveau des jardins anciens "à la française" comme ceux de Villandry ou Saint-Jean-de-Beauregard ? Inconcevable, certes, pour nos ancêtres du néolithique, mais pas vraiment nouveau comme tendance : on raffolait déjà des choux comme plantes ornementales au XIXe siècle. L'histoire des choux bégaie.

LE CHOU, MYTHES ET RÉALITÉS

Dans *La Maison rustique*, livre publié en 1564, Charles Estienne place les choux en tête de la liste des "herbes potagères". A côté de conseils de culture fort pertinents, on en trouve d'autres qui, aujourd'hui, font sourire. Ainsi, "les choux rouges viennent naturellement parce qu'on les arrose de lie de vin". Et gare aux semences trop vieilles, "elles produiront des raiforts" ! D'autres prescriptions, en revanche, témoignent d'un sens aigu de l'observation : planté près de l'origan, de la rue ou du "pain de pourceau" (le cyclamen), le chou "ne profite aucunement". Et, surtout, "le chou ne doit être planté près de la vigne, ni la vigne près du chou : il y a si grande inimitié entre ces deux plantes, que les deux plantées en un même terroir […] se retournent arrière l'une de l'autre, et n'en sont tant fructueuses." Là où il n'y a qu'incompatibilité biochimique, les Anciens ont vu l'intervention divine : le chou serait né des larmes de Lycurgue, roi de Thrace, mis à mort par ses sujets. Rendu fou par Rhéa, déesse de la terre, il avait attaqué son fils à coups de serpe, le prenant pour… un cep de vigne. Ajoutons que de toute éternité il est recommandé à ceux qui ont bu trop de vin de consommer du chou pour échapper aux désordres liés à l'ivresse. Logique.

III. LE CHOU ET LA SANTÉ

Soupe au chou au médecin ôte cinq sous.
La sagesse populaire

C'est une évidence pour les médecins et tous ceux qui se préoccupent de nutrition depuis les temps les plus reculés : manger du chou aide non seulement à se maintenir en vie, mais aussi à rester en bonne santé. Dans la Grèce et la Rome antiques, le chou jouissait d'une excellente réputation. Le philosophe Diogène ne se nourrissait, paraît-il, que de chou, ce qui ne l'empêcha pas – ou lui permit ? – de vivre jusqu'à quatre-vingts ans passés dans le tonneau qui lui servait de demeure. Mais c'est surtout Caton l'Ancien, homme d'Etat et écrivain, qui, au IIe siècle av. J.-C., se fit l'apôtre de la Crucifère. Lui aussi vécut jusqu'à un âge avancé.

Il n'est pas difficile de trouver de multiples raisons de donner au chou, sous toutes ses formes, une part plus grande dans notre assiette. D'une manière générale, une alimentation équilibrée fait partie de la prévention de nombreuses maladies et, partant, d'une existence heureuse et prolongée. De ce point de vue, le chou est l'aliment préventif par excellence.

"Légume vert"

A quelque sorte qu'il appartienne, le chou est d'abord un "légume vert" et, à ce titre, il n'est intéressant ni par sa densité énergétique ni par sa teneur en protéines, mais plutôt pour sa relative richesse en vitamines, minéraux et autres micronutriments. Il est notamment riche en provitamine A, vitamines C et E, fibres et autres composés qui, agissant en synergie, jouent un rôle protecteur au niveau cellulaire et possèdent une action préventive vis-à-vis du cancer.

Une portion de 200 grammes de chou pommé couvre ainsi une bonne partie de l'apport journalier recommandé (AJR) en vitamines : 40 à 50 % pour la vitamine C, qui stimule les défenses de l'organisme ; 35 à 50 % pour la vitamine B9, indispensable à la formation des globules rouges

> Comparés au chou pommé, les autres types sont en général plus riches en micronutriments, avec quelques spécificités :
> • chou-fleur : teneur élevée en vitamines, notamment en vitamine C ; meilleure tolérance digestive ; présence de sucres (pentanes et hexanes) accélérant le transit intestinal ;
> • chou de Bruxelles : teneur élevée en toutes les vitamines ;
> • brocoli : teneur élevée en calcium et en soufre, et exceptionnelle en vitamine C (plus de 100 mg pour 100 g) ;
> • chou frisé : teneur exceptionnelle en vitamines et en minéraux ;
> • chou-rave : teneur élevée en vitamine PP ;
> • chou de Chine : teneur élevée en calcium.

et au bon développement du fœtus ; 35 % pour la vitamine E, aux puissantes propriétés antioxydantes ; et 15 % pour la provitamine A, antioxydante et détoxicante.

Parmi les légumes, le chou se distingue par sa relative richesse en calcium et en magnésium, une portion de chou de 200 grammes couvrant 7 à 9 % de l'AJR. Ce taux passe à plus de 20 % pour les fibres dont le chou est excellemment pourvu, ce qui lui permet de stimuler les intestins les plus paresseux.

Ce qui fait la spécificité des choux, ce sont les quantités importantes de composés soufrés complexes qu'ils renferment, en bonnes Crucifères qu'ils sont, et qui leur donnent leur saveur particulière : indoles, isothiocyanates, dithiolthiones, etc. L'action préventive de ces molécules vis-à-vis du cancer a été largement étudiée. On sait, par exemple, que les personnes qui mangent au moins deux fois par semaine des légumes bien colorés, notamment du chou, présentent deux fois moins de cancers du poumon que les autres.

Bonne digestion !

En dépit de la diversité de leurs vertus nutritionnelles, les choux suscitent quelques réserves. Ainsi, au XXᵉ siècle, le docteur Carton, apôtre d'une alimentation naturiste, dans la ligne d'Hippocrate, classait le chou pommé, le chou de Bruxelles et les choux rustiques comme le chou vert et le chou 'Branchu du Poitou' parmi les meilleurs légumes. Mais il déconseillait le chou rouge, selon lui trop fermentescible, le chou-fleur et le chou-navet ("appauvris" car blancs). Il faut dire que la déminéralisation était alors considérée comme un des troubles de la nutrition les plus répandus et une des manifestations les plus fréquentes de l'arthritisme, comme une cause de moindre résistance aux infections, de rachitisme, etc. Ce n'est plus le cas.

Point faible beaucoup plus patent : le chou cuit est parfois mal toléré par les personnes sensibles au niveau de l'intestin ou du foie, à cause de ses composés soufrés et de sa richesse en fibres. C'est là que l'art culinaire doit venir corriger ce que la nature a voulu. Faisons jouer les épices qui, outre qu'elles aiguisent l'appétit et augmentent le

Un chou non pommé, d'après Dalechamp, XVIᵉ siècle

plaisir du palais, facilitent la digestion : moutarde, grains de genièvre, cumin, laurier, etc. Blanchissons tout chou pendant environ cinq minutes dans un grand volume d'eau bouillante salée afin d'éliminer une partie des composés soufrés volatils. Evitons, enfin, l'excès de matière grasse de cuisson, souvent responsable de l'allongement du temps de digestion.

Goitrine et nitrates

Comme de nombreux autres aliments par ailleurs très sains, le chou renferme des substances antivitales. La thio-oxazolidone, substance soufrée typique des Crucifères, est capable, en cas d'absorption régulière et massive, de s'opposer à l'action de l'hormone thyroïdienne, au point de provoquer un goitre. D'où le nom de "goitrine" donné au composé. On a établi une relation entre la soupe aux choux abondamment consommée par certaines populations et l'assez fort taux de goitres qu'elles présentent. La diversification du régime alimentaire et l'addition d'iode au sel mettent à l'abri de ce genre de désagrément.

Les choux pommés, choux-fleurs et choux de Bruxelles renferment en général peu de nitrates, de quelques dizaines à quelques centaines de milligrammes par kilo. Seuls le chou-rave et le chou de Chine, avec un peu plus de 1 000 milligrammes par kilo, se rapprochent des légumes les plus chargés que sont les laitues de serre (3 000 à 4 000 milligrammes par kilo). Rappelons que l'excès de nitrates entraîne la présence dans l'organisme de nitrites, dérivés pouvant causer la méthémoglobinémie chez les nourrissons et suspectés d'être cancérogènes. Notons que les légumes provenant de culture biologique et ceux qui poussent en pleine terre renferment en général moins de nitrates que les autres.

Le chou et la ligne

Sa teneur élevée en fibres fait qu'en consommant du chou, on a très vite une sensation de satiété, ce qui conduit à limiter la prise d'aliments dans la suite du repas. Ce légume aide donc à garder la ligne. De plus, son apport

> ### PALETTE ET CHOU BRAISÉ, UNE BELLE INVENTION
>
> Dans la cuisine traditionnelle, le chou est souvent associé à de la viande de porc, notamment la palette. Ce morceau renferme peu de lipides, mais des protéines de bonne qualité, ainsi que du fer héminique indispensable à la synthèse des globules rouges. Le chou renforce cette action grâce à la vitamine B9 (anti-anémique). La présence de fibres stimule le transit dans ce plat d'apport calorique modéré.

énergétique est modique, et ne s'élève qu'en fonction des matières grasses ajoutées :
 – chou cuit à la vapeur (200 g de chou) : 44 kcal ;
 – chou braisé (200 g de chou, 10 g de margarine) : 120 kcal ;
 – chou farci à la viande (150 g de chou, 100 g de farce, 10 g de matière grasse) : 315 kcal.

A comparer avec l'apport global quotidien de 1 800 à 2 500 kilocalories, selon le sexe et l'activité physique. Dans ces trois préparations, la teneur en minéraux est préservée, car la cuisson se fait sans eau, de même que la teneur en fibres. La perte en vitamine C est de 30 à 40 % lors de la cuisson, et davantage encore pour le chou farci, de cuisson plus longue. Ce dernier apporte beaucoup de lipides (25 grammes), mais aussi des protéines (15 grammes).

Une plante médicinale

"Le chou favorise la digestion et dissipe l'ivresse. Si, dans un repas, vous désirez boire largement et manger avec appétit, mangez auparavant des choux crus, confits dans du vinaigre, et autant que bon vous semblera, mangez-en encore après le repas. Le chou entretient la santé. On l'applique, pilé, sur les plaies et les tumeurs. Il guérit la mélancolie, il chasse tout, il guérit tout." Tout, ou presque, est dit dans ces quelques lignes extraites de Caton ! Mais ce dernier a eu des successeurs dans le dithyrambe. En 1960, Raymond Dextreit, promoteur de la médecine naturelle, consacre au chou un petit livre, *Comment utiliser le chou pour se guérir*, qui deviendra un véritable best-seller. Preuve qu'il a existé une demande pour un remède naturel, universel, peu coûteux, pour les bobos de tous les jours ou même des maux plus graves. Le chou – au même titre, par exemple, que l'argile – rend ce service. Bien sûr, il ne dispense pas de consulter le médecin si nécessaire. Considérons donc le chou – et singulièrement le chou pommé, vert ou rouge – comme une plante médicinale.

La feuille simplement posée sous la casquette du cycliste a un effet rafraîchissant. Mais l'usage externe du chou va beaucoup plus loin. C'est un topique, que l'on applique sous forme d'emplâtre ou de compresse : prendre de trois à cinq feuilles propres, fraîches, charnues, colorées, les débarrasser de leurs grosses nervures, puis les écraser à l'aide d'un rouleau à pâtisserie ou d'une bouteille. On améliore l'efficacité du remède en le chauffant à l'aide d'un fer à repasser juste avant de l'appliquer. Maintenir avec une bande et renouveler deux fois par jour. Les indications sont nombreuses : rhume, bronchite, goutte, rhumatisme, névralgie, sciatique, brûlure légère, ulcère variqueux, plaie tardant à se cicatriser… La feuille de chou fait également un excellent masque de beauté !

En usage interne, le chou est une véritable panacée de l'appareil digestif. Le simple fait d'en consommer au repas régularise les fonctions intestinales, à condition de ne pas le préparer avec un excès de matière grasse ou, mieux, de l'accommoder cru, râpé, avec un peu d'huile, de sel et de jus de citron. Riche en sels minéraux et en vitamines, il est précieux dans les cas d'anémie. Les diabétiques devraient l'apprécier davantage, car il contient un principe hypoglycémiant.

Le jus fraîchement extrait à la centrifugeuse ou en broyant des feuilles au mixeur est plus actif que le légume brut. C'est un remède souverain dans les affections de l'estomac (dyspepsie) et celles de l'intestin, notamment du fait de la présence d'un principe antiulcéreux. Il est également vermifuge (20 à 30 grammes par jour).

Si l'on ajoute au suc de chou le double de son poids de sucre et qu'on le cuit au bain-marie, en écumant de temps en temps, on obtient le sirop de chou. Avec du chou rouge, c'est un excellent pectoral. On l'utilisait autrefois dans les cas de catarrhes bronchiques et pulmonaires, et même de phtisie. Ses propriétés béchiques peuvent être redécouvertes à l'occasion de rhumes ou de bronchites.

La choucroute, qui n'est que du chou qui a subi une fermentation lactique, possède des propriétés médicinales spécifiques. Elle est très digeste, et donc précieuse pour les estomacs paresseux. Son acide lactique est un bon désinfectant du tube digestif. Selon Claude Aubert, spécialiste des aliments fermentés, en Europe, au XIXe siècle, les médecins prescrivaient la choucroute contre de nombreuses maladies : engorgement du foie et de la rate, hémorroïdes, constipation, troubles nerveux, hystérie… En Allemagne et en Pologne, le jus de choucroute serait toujours utilisé pour le traitement des entérites.

Si le chou mérite d'être mieux connu pour ses qualités nutritionnelles et médicinales, ne lui demandons toutefois pas plus qu'il ne peut donner : ainsi, si une consommation régulière de ce légume peut à l'évidence faciliter la perte de poids chez les personnes obèses, considérons avec circonspection les régimes qui promettent jusqu'à sept kilos en moins en une semaine en consommant… de la soupe aux choux.

IV. SAVEZ-VOUS PLANTER LES CHOUX ?

> *C'est [...] le non-presser, le fort-fumer, et le bien-labourer, avec l'opportun-arrouser, qui advance les choux, traictement qu'on ne leur épargnera, pour avoir plaisir de la chaulière [lieu planté de choux].*
>
> Olivier de Serres, *Le Théâtre d'agriculture et mesnage des champs*, 1600.

Il y a des légumes qui se contentent d'être semés en place. Ce n'est pas le cas des choux, qui, sauf exceptions, exigent d'être cultivés en deux ou trois temps. Premier temps : on les sème en pépinière, c'est-à-dire relativement serrés. Deuxième temps : lorsqu'ils ont quelques feuilles, on les arrache de la pépinière et on les plante en place. En ce qui concerne les choux pommés et les choux-fleurs, on intercale un repiquage à faible espacement entre le semis et la plantation proprement dite ; cela oblige les petits plants de choux à développer un dense "chevelu" de racines favorable à leur croissance.

Le sol et l'engrais

Il est possible de faire pousser toutes les sortes de choux partout en France (ou presque). Mais, à l'exception du frugal chou de Bruxelles, les choux ont besoin d'un sol riche. C'est pourquoi, dans la succession des cultures sur une même parcelle, le chou pommé, le chou-fleur et les choux asiatiques viennent en "tête de rotation". Ils bénéficient ainsi de l'abondante fumure organique qui doit intervenir tous les trois ans. S'il s'agit de fumier, incorporer celui-ci à l'automne précédent, à la dose d'environ 30 kilos pour 10 mètres carrés. En revanche, un compost bien mûr peut être appliqué à volonté au moment de la plantation, lors du griffage. Faire revenir trop vite des choux ou d'autres Crucifères exposerait à une recrudescence de maladies ou à une mauvaise croissance.

Les choux préfèrent un sol neutre (pH entre 6,5 et 7,5). Sur substrat acide (sable, granite, schiste, limon...), corriger ce défaut par des apports réguliers de calcaire broyé, dolomie, lithothamne ou maerl.

Graines et plants

Le succès repose avant tout sur la bonne adéquation entre la variété, le calendrier de culture envisagé et la région. Variétés traditionnelles ou hybrides (dites "F1") ? Les premières ont l'avantage d'être moins coûteuses, et de donner des produits dont la récolte peut être échelonnée. Les hybrides ont pour eux une grande homogénéité, une vigueur souvent supérieure et une certaine tolérance aux maladies. C'est pourquoi ils tendent à être préférés par les professionnels.

Faire soi-même ses plants à partir de graines permet de bénéficier d'un large choix de variétés, et se révèle plus économique si l'on a un grand potager et pas mal de temps pour s'en occuper. En revanche, acheter des plants est bien pratique.

Un gramme de semence représente environ 300 graines. Les graines de choux conservent leur faculté germinative pendant environ cinq ans.

Semis, repiquage, plantation

La pépinière est un petit coin de jardin soigneusement travaillé afin que la terre soit fine. Pour les premiers semis de février-mars, elle sera située à l'abri d'un châssis ou d'un tunnel. Tracer un sillon très peu profond (1-2 centimètres) et y faire tomber les graines de façon qu'elles soient espacées d'environ 2-3 centimètres, pour que les petits plants aient la place de se développer. Un mètre de rang est largement suffisant pour approvisionner un potager en un type de chou et... partager avec les amis et les voisins.

LES CHOUX ET LA LUNE

Si l'on en croit les Anciens, il faut semer en décours (lune décroissante, donc entre pleine lune et nouvelle lune) les choux formant des pommes. Ceux qui ne donnent que des feuilles non resserrées seront semés en croissant. Effectuer les plantations dans la même configuration lunaire. A chacun de vérifier cette influence de notre satellite !

Les choux se prêtent à une contre-plantation avec des laitues, ce qui permet de gagner de la place : les laitues sont récoltées avant que les choux ne couvrent le terrain. Ils profitent du voisinage de la betterave, du céleri, du concombre, du haricot, du poireau, du pois, de la pomme de terre et de la tomate. En revanche, ils craignent celui du radis noir, des chicorées et du fraisier.

La suite est sans surprise : arrosages et binages. Ou bien encore : paillage. Les choux, largement espacés et amateurs de sol frais, se prêtent bien au "mulching" à l'aide de tous les matériaux possibles : herbes sèches, paille, feuilles mortes, compost grossier, épaisseurs de papier journal ou de carton ondulé, paillettes de lin du commerce, etc. Cette couverture évite les déperditions d'eau et la prolifération des mauvaises herbes.

Insectes et maladies

Si certains choux flétrissent en été au soleil, c'est qu'ils sont victimes de la hernie. Le système racinaire, transformé en tumeur, devient inefficace. Il n'y a plus qu'à arracher le plant et le détruire (ne pas le jeter sur le tas de compost). Les remèdes sont préventifs : maintenir le pH du sol supérieur ou égal à 7 (voir p. 238), utiliser des plants provenant de l'extérieur et respecter un intervalle de sept ou huit années entre deux cultures de choux au même endroit du jardin. Les autres maladies sont relativement

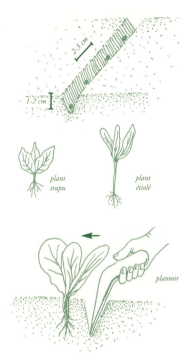

Planter les choux

Sauf, bien sûr, si les graines étaient trop vieilles pour germer ou si les limaces sont passées par là (protéger à l'aide de quelques granulés au métaldéhyde). Si la température est suffisante (entre 7 et 30 °C) et le sol humide, la levée a lieu en moins d'une semaine.

Chou pommé et chou-fleur se trouvent bien d'un repiquage au stade 2-3 feuilles, à l'aide du plantoir. On les espace alors de 10 centimètres en tous sens.

Lorsque les plants sont pourvus de 4 ou 5 feuilles, il est temps de les planter à demeure à 50 centimètres de distance sur des lignes largement espacées (60-65 centimètres), sauf indication contraire. Bêchage, fumure d'appoint naturelle à dominante d'azote (guano de poisson, par exemple), griffage en guise de préalables. Arroser la pépinière avant d'arracher les plants, de manière à conserver une petite motte de terre autour des racines. Eliminer les plants borgnes (absence ou déformation du bourgeon) et malingres. Sur une ligne matérialisée par un cordeau, enterrer les plants jusqu'aux feuilles en s'aidant d'un plantoir, borner, arroser.

Plants de choux contre-plantés de salades

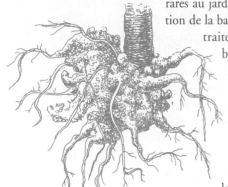
La hernie des Crucifères

rares au jardin. Pour éviter l'apparition de la bactériose ou du mildiou, traiter la pépinière à la bouillie bordelaise. Les algues marines solubilisées sont également "bonnes pour tout".

Quant aux insectes nuisibles, il est rare que l'armée des auxiliaires naturels suffise à les contenir. Une bonne façon de les tenir à l'écart est de placer sur les choux un filet spécial à mailles très fines. A défaut, faire la chasse aux chenilles ou les asperger d'insecticide microbiologique à base de *Bacillus thuringiensis*. Celui-ci étant généralement associé au pyrèthre – un insecticide végétal –, les éventuels pucerons seront éliminés du même coup. Surveiller également la mouche blanche des Crucifères, de même que les altises qui perforent les feuilles des très jeunes choux (traitement avec une spécialité à base de roténone, autre insecticide naturel).

Un geste qui ne coûte rien : parsemer la pépinière de choux de brindilles de genêt ou de romarin pour en éloigner les altises, et faire de même avec des "gourmands" de tomate, des ramilles de thuya ou de sureau afin de repousser piérides et pucerons des carrés de choux.

A chaque chou sa culture

• *Le chou brocoli à jets*
Le brocoli a les mêmes exigences que le chou-fleur en ce qui concerne le sol et le climat, mais il est plus sensible à l'excès d'humidité. Les "jets" doivent être cueillis avant l'épanouissement des fleurs, le bouquet terminal d'abord, puis les bouquets latéraux.

Semer de mars à juin pour récolter de juin à novembre selon les variétés. Pour les plus précoces ('Green Valiant F1', etc.), compter trois mois de culture, dont un mois et demi entre la plantation et la récolte, et pour les plus tardives ('Shogun F1', par exemple) quatre mois de culture, dont deux en pleine terre.

• *Le chou de Bruxelles*
En sol très riche, ou bien s'il fait chaud et sec en fin d'été, les pommes deviennent petites et lâches. Il faut donc arroser dès que nécessaire et éviter tout apport d'engrais. Le chou de Bruxelles est typiquement un légume d'hiver, dont les variétés tardives résistent jusqu'à - 15 °C. Son cycle est relativement long : 130 jours et plus entre semis et récolte pour les variétés précoces et semi-précoces comme 'Oliver F1', une des plus cultivées, et jusqu'à 260 jours pour les plus tardives.

Semer en avril-mai pour récolter pendant la fin de l'automne et l'hiver. Les gelées améliorent la qualité des pommes. Récolter d'abord les pommes de la base. Etêter le chou de Bruxelles permet de grouper la récolte d'un même pied de variété traditionnelle, mais rend celui-ci sensible au froid tout en étant de peu d'intérêt pour l'amateur. Cette pratique est sans objet avec les hybrides.

• *Le chou-fleur*
La pommaison est soumise à des "besoins en froid" très spécifiques.

Le chou-fleur d'été, récolté de juin à septembre, n'a pas besoin de froid du tout. Il vient mieux en sol lourd et sous les climats frais et humides de la moitié nord de la France, où il constitue, d'ailleurs, le seul chou-fleur possible.

On peut semer en septembre-octobre une des nombreuses races d''Erfurt nain très hâtif', ou opter pour le semis de février-mars avec 'Merveille de toutes saisons', 'Alpha race Succès' ou 'Hormade'. La plantation a lieu en avril-mai.

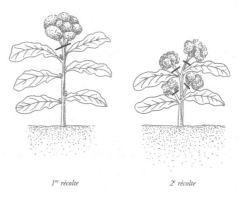
1re récolte   *2e récolte*

Récolter le brocoli à jets

Le chou-fleur

Les régions où l'hiver arrive tard, comme les plaines de la moitié sud de la France ou la façade atlantique, jusqu'au Cotentin, sont le domaine du chou-fleur d'automne. On distingue alors des variétés précoces, comme 'Erfurt nain très hâtif', 'Alpha race Succès', 'Hormade', 'Stella F1', ou les variétés à pomme verte 'Romanesco' et 'Minaret', à semer en mai-juin, et des tardives que l'on démarre plus tôt, fin avril, début mai ('Merveille de toutes saisons', 'Géant d'automne', 'Igea', 'Flora Blanca', etc.). On récolte entre septembre et décembre.

Seules les régions littorales de Normandie, Bretagne, Languedoc-Roussillon et Provence, au climat privilégié, permettent la production des choux-fleurs d'hiver, qui arrivent à maturité au printemps. La pomme de ces variétés gèle vers - 1 à - 2 °C. Les variétés tardives (récolte en mai-juin) sont plus résistantes au froid que les variétés hâtives arrivant à partir de décembre-janvier. Citons, parmi les classiques, 'Extra-hâtif d'Angers', 'Tardif d'Angers', 'Demi-hâtif d'Angers', les différentes races d''Armado' ou de 'Walcheren Winter'. Les brocolis branchus – peu connus en France – se rattachent à cette catégorie.

Le chou-fleur exige un sol très fertile et une humidité régulière : arroser à fond et régulièrement en été. Butter légèrement en cours de végétation. Quand les pommes se forment, les couvrir en cassant une feuille afin de préserver leur blancheur. Les cueillir avant qu'elles n'éclatent.

• *Le chou frisé*

Ce chou "à feuilles", non pommé, est très résistant au froid, tolérant à la maladie de la hernie, et n'est pas attaqué par les insectes. On le cueille feuille à feuille en fonction des besoins, ce qui est un avantage par rapport au chou pommé, souvent trop volumineux. Toujours très sain, il ne nécessite aucun épluchage. Il est idéal pour les soupes, en hiver, après que les premières gelées l'ont attendri. Il en existe des variétés "grandes" ou "naines", vertes ou rouges, toutes très ornementales avec leur feuillage compact et frisé. A semer en avril-mai.

• *Le chou pommé*

Les choux de printemps se récoltent d'avril à juin, période de "soudure" où il y a peu de légumes frais disponibles. On les sème fin août ou début septembre de l'année précédente, ce qui permet de les mettre en place en octobre-novembre (fin février sous climat rude). Plus petits que les autres choux pommés, et souvent pointus, ils peuvent être espacés de 40 sur 50 centimètres. On distingue différents groupes en fonction de la précocité et de la résistance au froid hivernal : 'Pointu de Châteaurenard' est propre au Midi ; dans l'Ouest, on choisit 'Nantais hâtif Colas', 'Bacalan hâtif de Saint-Brieuc' ou 'Bacalan de Rennes' ; ailleurs, pour peu que l'hiver ne soit pas trop rigoureux, on retrouvera les classiques 'Précoce de Louviers' et 'Express' (les plus précoces), ou 'Cœur de bœuf moyen de la Halle', 'Cœur de bœuf des Vertus', 'Acre d'or', etc. Ce sont presque tous des cabus.

Pour la production d'été (juillet-août), 'Marché de Copenhague', 'Tête de pierre F1', 'Minicole F1', 'Acre d'or', 'Ruby Ball F1' (rouge), 'Rébus F1' (rouge) et 'De la Saint-Jean' (chou de Milan) prennent le relais. On sème en mars et on plante en avril.

La plupart de ces variétés, semées en avril-mai et plantées de mai à juillet, peuvent assurer une récolte d'automne. On peut leur ajouter des Milan comme 'Hâtif d'Aubervilliers', 'Gros des Vertus', 'De la Saint-Jean', 'De Pontoise', 'Roi de l'hiver' et de nombreux hybrides F1. Pour la choucroute, il faut semer dès mars 'Brando F1', 'De Brunswick', 'Quintal d'Alsace', 'Rotan F1' et autres variétés donnant des pommes très blanches et lourdes (5 à 7 kilos).

Vient ensuite le temps des choux d'hiver comme 'De Vaugirard', 'Hidena F1', 'De Noël', 'Tête noire' (rouge), 'Rodon' (rouge) pour les cabus, 'De Pontoise', 'Alaska F1', 'Icequeen F1', 'Tasmania F1', 'Roi de l'hiver', 'Wintessa F1', 'Hiversa F1', etc. pour les Milan. C'est une production de conservation, en pleine terre jusqu'à - 10 °C. On sème en mai-juin et on plante en juin-juillet pour récolter à partir d'octobre.

Il est bon, pour les gros choux d'été, d'automne ou d'hiver, de pratiquer un repiquage intermédiaire, comme expliqué plus haut, quatre semaines après le semis, et de ne mettre en place que trois semaines plus tard. Un chou est bon à récolter dès que sa pomme devient ferme au toucher. En fin de cycle, des températures supérieures à 15 °C favorisent l'éclatement des choux pommés, premier stade du développement de la hampe florale.

• *Le chou-rave*
Semer de mars à juillet et mettre en place quatre à cinq semaines plus tard à 20 centimètres d'espacement sur des rangs distants de 30 centimètres (30 sur 40 centimètres pour la variété 'Super-Schmeltz'). Les deux classiques sont 'Blanc hâtif de Vienne' et 'Violet hâtif de Vienne', améliorées en 'Lanro' (blanche et précoce) et 'Blaro' (violette et tardive).

Il est bon de butter légèrement à la formation de la pomme, et d'arroser régulièrement pour éviter d'avoir un produit fibreux. Récolter à plein développement, sans attendre que les tubercules se fendent ou se creusent, deux mois et demi à trois mois après la plantation.

Le chou-rave se conserve en silo ou en cave, débarrassé de ses feuilles et de sa racine, comme n'importe quel légume-racine un peu sensible au gel.

• *Le chou fourrager*
Le "chou à vache" peut constituer, avec la betterave fourragère, la base de l'alimentation hivernale en fourrage frais des bovins, en complément du foin. Il stimule la lactation. Les lapins en sont également friands. On leur en distribue des feuilles trois fois par semaine – en toute saison, mais spécialement en hiver –, de même que des trognons fendus.

Dans les conditions les plus favorables, la récolte peut dépasser 60 kilos pour 10 mètres carrés. Semer en place en mai-juin en lignes espacées de 50 centimètres (3-4 grammes de semence pour 10 mètres carrés). Ou bien semer en pépinière en avril-mai, pour planter en juin-juillet à une distance de 50 sur 80 centimètres.

Le type 'Cavalier vert' donne des choux à tige rameuse et feuillue, résistants au gel. 'Prover' en est un des meilleurs représentants. Le type 'Branchu du Poitou', buissonnant, est moins rustique que le précédent. Le 'Moellier', quant à lui, est intéressant pour sa tige renflée très nutritive. On le récolte à l'approche des froids, on fait consommer ses feuilles, puis on conserve les tiges en silo (tas à demi enterré recouvert d'une épaisse couche de paille). 'Protéor' en est une variété.

• *Le chou de Chine*
Si la culture du pe tsaï, fort délicate, est très pratiquée en Europe du Nord, c'est qu'il réussit particulièrement bien en serre. Il exige, en effet, chaleur et sol riche. En plein air,

'Quintal d'Alsace'

Le chou-rave

Le chou cavalier

c'est une culture d'été dont le résultat est quelque peu aléatoire. On le sème de juin-juillet (dans la moitié nord) à mi-septembre (dans le Midi) pour le récolter d'octobre à décembre. Il vaut mieux l'élever en place, ce qui impose un ou, de préférence, plusieurs éclaircissages successifs. On ne laisse finalement qu'un seul plant tous les 50 centimètres. Arroser régulièrement et pailler pour éviter la montée en graine, écueil fréquent de cette culture. Attention également aux limaces, altises et chenilles, très friandes du tendre feuillage du chou de Chine.

Selon la précocité de la variété, la récolte intervient deux à trois mois après le semis. Le pe tsaï donne une pomme plus ou moins grosse (jusqu'à 2-3 kilos), allongée et ouverte pour le type 'Granaat F1' (tardif), ou ronde et serrée pour 'Tip Top F1', 'Kido F1', 'Spectrum F1', 'Tonkin F1', etc. Véritable chou d'automne, il supporte des gels modérés. On peut le conserver en cave pendant plusieurs semaines, à condition de l'arracher avec une motte de terre.

Le pak choï est un cousin du pe tsaï qui ne donne pas de pomme, mais des feuilles à large côte dilatée, blanche ou vert clair.

• *Le chou-navet, ou rutabaga*
Le 'Blanc d'Aubigny à collet vert' résiste mieux au froid que les variétés jaunes 'Champion jaune à collet rouge' ou 'Jaune à collet vert'. La culture est des plus simples : on sème en place en mai-juin, on éclaircit après la levée en ne laissant qu'un plant tous les 20 centimètres, et l'on récolte en automne ou en hiver. Il peut passer l'hiver en pleine

> ### VERSION MARINE : LE CRAMBÉ
>
> Les Anglais ne répugnent pas, paraît-il, à faire pousser dans leurs jardins cette Brassicacée sauvage, hôte peu commun des cordons de galets sur le littoral. On peut faire blanchir ses pousses comme celles des endives dans une butte de sable ou sous un pot renversé. On le sème donc l'année d'avant. La graine ne conserve qu'un an sa faculté germinative, mais cette plante se multiplie volontiers par boutures.

terre sous climat océanique ou méditerranéen. Ailleurs, il est plus prudent de le conserver en silo.

Le chou-navet, particulièrement adapté aux climats frais et humides (littoral et montagne), est un des légumes-racines les plus rustiques et les plus productifs...

• *Le chou d'ornement*
Ce type de chou se cultive comme le chou pommé d'hiver. Il sert notamment à réaliser de magnifiques massifs qui résistent au vent et aux rigueurs de l'hiver. On peut l'utiliser également dans des compositions d'intérieur.

• *Choux divers*
Certains grainetiers proposent des variétés de choux peu connues en France : le chou palmier ('Noir de Toscane'), très ornemental ; le chou de Brême, qui donne rapidement des feuilles s'utilisant comme les épinards ; ou encore le chou vivace, que l'on s'échange entre amateurs, et qui forme une touffe à tiges multiples résistante au gel comme aux chenilles.

Le pak choï

Le chou-navet

Le chou palmier

V. AUTOUR D'UNE SOUPE AUX CHOUX

Il y a différentes façons d'aborder le chou en cuisine, qui correspondent à autant de philosophies face à l'aliment en général. La tradition européenne est basée sur les plats longuement bouillis ou mijotés où ce légume – nous parlons là du chou pommé et de quelques choux "à feuilles" – est souvent associé à de la viande de porc. L'approche contemporaine privilégie les cuissons courtes à la vapeur, parfaites pour traiter le chou de Bruxelles, le brocoli ou le chou-fleur. Le légume est alors cuit *al dente,* comme l'est, par ailleurs, le chou de Chine sauté tel que le préparent les Asiatiques. Enfin, la modernité a fait du chou pommé, blanc ou rouge, une crudité appréciée.

Entendons-nous bien : le vocabulaire des cuisiniers et des marchands de légumes ignore les classifications botaniques ou horticoles. C'est ainsi que le "chou blanc" des recettes est plus précisément un chou à grosse pomme ronde peu colorée appartenant indistinctement à la catégorie des cabus ou à celle "de Milan". Le "chou vert" est le plus souvent un chou à petite pomme pointue bien colorée, récolté au printemps. Quant au "chou frisé", c'est en réalité un chou de Milan, au feuillage cloqué. Les autres catégories de choux ne posent, en général, pas de problème de vocabulaire.

Si l'art culinaire a pour vocation d'exalter les qualités gustatives du produit, il ne peut faire fi des qualités nutritionnelles. La première règle consiste donc à bien profiter des ressources propres à chaque saison et à la région ou au pays dans lequel on vit.

Acheter et conserver

Acheter un chou bien frais – qualité primordiale – est facile : ses feuilles doivent être fermes, non décolorées, et, en ce qui concerne le chou-fleur, la pomme ne peut être que bien blanche ou ivoire. Après achat ou récolte au jardin, il est indispensable de le conserver au frais (si possible à 3-4 °C dans le bac du réfrigérateur), pendant quelques jours, pas plus. Les gros choux pommés d'automne ou d'hiver supportent un séjour de quelques semaines en cave. Si les feuilles du pourtour peuvent s'abîmer, le cœur, lui, reste intact.

SUIVRE LES SAISONS

Type de chou :	Saison de consommation :
Chou blanc (chou cabus)	Toute l'année
Chou vert (chou pointu)	Printemps
Chou frisé (chou de Milan)	Automne, hiver
Chou rouge	Automne, hiver
Chou-fleur	Toute l'année
Chou-rave	Automne, hiver
Chou de Bruxelles	Automne, hiver
Chou de Chine (pe tsaï, pak choï)	Automne, hiver
Chou-navet	Automne, hiver

Tous les choux se congèlent fort bien, après blanchiment : en feuilles détachées pour le chou pommé, en bouquets pour le chou-fleur, tels quels pour les choux de Bruxelles ou les brocolis.

Juste avant de le cuisiner, laver rapidement le chou sans le faire tremper, afin d'éviter la fuite des minéraux et des vitamines dans l'eau de lavage. Un peu de vinaigre dans l'eau de lavage fait sortir les éventuelles chenilles, signes d'une production naturelle.

Dans le même esprit diététique, préférer la cuisson à la vapeur (25 minutes, quel que soit le type de chou) ou à l'étouffée (chou braisé) à la cuisson à l'eau. Consommer dans les douze heures le chou cru râpé.

Il est indispensable, pour bien travailler le chou, de disposer d'un couteau pointu bien affûté, d'une planche à découper, d'une râpe fonctionnant sur le principe du rabot, d'un cuit-vapeur, d'une cocotte en fonte et d'un grand faitout.

Le chou pommé

• *Potée ou soupe aux choux*
Chaque région en possède une ou plusieurs variantes.

Pour 6 personnes : 1 beau chou pommé de 700 g environ (ou l'équivalent en feuilles de chou frisé) ; 6 pommes de terre ; 6 carottes ; 6 navets ; 3 poireaux ; 2 oignons ;

250 g de haricots blancs secs ; 500 g de viande de porc demi-sel pas trop maigre (jarret, poitrine) ; 6 saucisses fumées (ou une saucisse de Morteau) ; poivre noir en grains ; clous de girofle ; laurier ; moutarde.

Dans un grand faitout, mettre environ 3 litres d'eau froide, la viande demi-sel, les carottes, les navets, les poireaux épluchés, les oignons piqués de clous de girofle, les haricots secs trempés pendant la nuit précédente, une feuille de laurier, quelques grains de poivre. Ne pas saler, car la viande l'est déjà. Faire bouillir à petit feu pendant 1 heure environ. Ajouter alors le chou préalablement coupé en quatre et blanchi. Laisser de nouveau cuire 1 heure avant d'ajouter les pommes de terre épluchées et découpées en gros morceaux, ainsi que la (ou les) saucisse(s). Laisser au feu encore une vingtaine de minutes. Rectifier éventuellement l'assaisonnement.

Servir la viande et les légumes en plat principal (mettre de la moutarde à la disposition des convives). Le liquide et quelques éléments solides, versés sur des tranches de pain au fond d'une écuelle, constituent la soupe, qui sera servie le soir ou le lendemain.

TOUJOURS BLANCHIR

Le chou pommé et le chou de Bruxelles doivent être blanchis avant toute cuisson prolongée : cela consiste à plonger le produit dans l'eau bouillante salée et à l'y laisser 5 minutes environ. Le chou pommé aura été préalablement découpé en plusieurs quartiers. Cette brève et brutale montée en température a pour effet de détruire certaines enzymes, notamment celles qui sont responsables de la formation des composés odorants. Bénéfices supplémentaires : la digestion est plus facile, et la dégradation de la vitamine C est bloquée.

Ajouter un croûton de pain ou une biscotte à l'eau de cuisson du chou neutralise en partie les fragrances indésirables.

Un chou forcé aux engrais chimiques ou au fumier frais sera plus "fort" qu'un autre nourri de compost bien mûr.

• *Pintade au chou*

Pour 4 personnes : 1 pintade ; 1 chou pommé de 500 g environ ; 1 fine tranche de poitrine fumée ; 1 oignon ; matière grasse ; sel, poivre, baies de genièvre, laurier.

Faire dorer ensemble dans une cocotte beurrée ou huilée la pintade, l'oignon émincé et la poitrine fumée découpée en lardons. Ajouter ensuite un peu d'eau ou de bouillon, les aromates, le sel.

Éplucher le chou, le couper en quatre et l'ajouter à la préparation après l'avoir blanchi. Laisser mijoter pendant 1 heure.

On peut remplacer la pintade par 4 perdrix, 4 pigeons ou 4 paupiettes de veau, un jarret demi-sel ou un rôti de porc de 750 grammes.

• *Chou farci*

Pour 4 personnes : 1 beau chou pommé (700 g au minimum) ; 200 g de chair à saucisse ; 200 g de bœuf haché ; 1 œuf ; 1 oignon ; 1 carotte ; bouquet garni, cerfeuil, échalote ; sel, poivre ; huile ; 1 verre de vin blanc sec.

Faire blanchir le chou entier. Pendant ce temps, bien mélanger la chair à saucisse, la viande hachée, l'œuf, l'échalote et le cerfeuil hachés. Assaisonner cette farce, puis en garnir l'intervalle entre les feuilles du chou. Ficeler le chou farci.

Le faire revenir dans une cocotte huilée avec l'oignon émincé et la carotte découpée en rondelles. Mouiller ensuite avec le vin et un peu d'eau. Saler, poivrer puis laisser mijoter à couvert et à feu doux pendant environ 1 h 30.

Retirer la ficelle avant de servir.

• *Feuilles de chou farcies*

Plat d'origine méditerranéenne dont il existe plusieurs variantes.

Pour 4 personnes : 16 belles feuilles de chou ; 150 g de chair à saucisse ; 150 g de bœuf haché ; 100 g de riz ; 1 oignon ; 1 boîte de pulpe de tomates au naturel ; huile d'olive ; sel, poivre ; aromates au choix : paprika, cumin moulu, marjolaine, etc. ; facultatif : 10 olives noires dénoyautées, citron, ail, sucre en poudre.

Blanchir les feuilles de chou, les égoutter, enlever les plus grosses côtes.

Faire cuire le riz à part. Pendant ce temps, faire revenir dans l'huile l'oignon émincé, la chair à saucisse et la viande hachée. Ajouter ensuite 4 cuillerées à soupe de pulpe de tomate, les aromates, le sel, le poivre, éventuellement les olives hachées. Laisser cuire à feu doux pendant un quart d'heure.

Déposer au centre de chaque feuille de chou une belle cuillerée de farce, puis replier les bords de façon à former un petit paquet.

Déposer les paquets dans un plat allant au four. Mouiller avec un bouillon composé de 1/4 de litre d'eau (ou de bouillon de viande) et de 4 cuillerées à soupe de pulpe de tomates. Saler, poivrer, aromatiser éventuellement avec 2 gousses d'ail, le jus d'un demi-citron, un peu de sucre. Arroser le tout d'un filet d'huile d'olive et enfourner à feu moyen pour environ 1 heure de cuisson.

Variante végétarienne : remplacer la farce par des champignons poêlés dans le beurre, bien relevés d'échalote (ou d'ail) et de persil.

• *Chou cru râpé*

Le chou cru, râpé plus grossièrement que des carottes et assaisonné avec une vinaigrette, constitue une excellente entrée. Compter environ 400 grammes pour 6 personnes.

Chou blanc : ajouter, par exemple, des cacahuètes grillées ou salées, des cerneaux de noix, des noix de cajou.

Chou rouge : ajouter des cubes de pommes acidulées, utiliser du vinaigre de cidre et relever éventuellement d'une pointe de raifort.

La salade de chou accompagne très bien les filets de hareng fumé, assaisonnée de crème fraîche liquide et de moutarde forte.

• *Chou à la vapeur*

Pour 4 personnes : 1 petit chou ; sel ; facultatif : 4 gousses d'ail ou grains de genièvre.

Faire cuire le chou effeuillé ou découpé en quartiers pendant 15 à 25 minutes dans un cuit-vapeur, éventuellement avec les gousses d'ail épluchées ou les grains de genièvre. Saler l'eau. Le chou est cuit lorsqu'un couteau pointu y pénètre facilement.

Le chou cuit à la vapeur accompagne parfaitement les produits de la mer : filet de flétan (aromatiser avec du safran) ou de daurade, noix de Saint-Jacques, saumon, lotte, etc.

Ne pas oublier d'ajouter un peu de matière grasse (huile d'olive ou beurre) avant de servir.

• *Embeurrée de chou*

Cette préparation très riche peut garnir certains mets tels que le mignon de veau, le poulet sauté, etc.

Pour 4 personnes : 1 chou pommé ; 1 boîte de pulpe de tomates au naturel ; 250 g de beurre ; ail, sel, poivre.

Blanchir le chou préalablement découpé en quartiers. Retirer les plus grosses nervures, puis émincer très finement en roulant des paquets de feuilles. Mettre les lanières dans une cocotte avec 50 grammes de beurre et faire ressuer à feu moyen pendant quelques minutes en remuant bien. Ajouter ensuite un peu d'eau, de l'ail haché. Incorporer petit à petit le reste du beurre en retirant du feu quand il faut afin que l'embeurrée ne bouille pas. Assaisonner. Ajouter la pulpe de tomates égouttée. Mélanger.

• *Chou mijoté aux céréales*

Une préparation végétarienne particulièrement riche en fibres.

Pour 4 personnes : 1 chou pointu de printemps ; 2 verres de céréales précuites du commerce (pilpil, boulghour, blé, mélange de céréales) ; sel, poivre, thym, laurier ; huile d'olive ; facultatif : 1 tête d'ail violet nouveau.

Blanchir le chou coupé en deux, en conservant les plus belles feuilles vertes du pourtour. Le découper ensuite en lanières et faire fondre doucement celles-ci dans une cocotte huilée, à couvert, pendant 1 heure environ, en ajoutant régulièrement un peu d'eau. Assaisonner. Eventuellement, déposer sur les lanières de chou une tête d'ail nouveau entière, sans l'éplucher (elle cuira dans sa peau et on l'épluchera dans l'assiette).

Un quart d'heure avant de servir, faire cuire les céréales suivant le mode d'emploi propre à chacune d'elles. Ajouter un filet d'huile.

• *Darnes de cabillaud au chou et à la crème de cidre**

Pour 4 personnes : 1 chou blanc ou frisé ; 4 darnes de cabillaud ; 1/2 bouteille de cidre brut ;100 g de beurre ; 6 c. à s. de crème fraîche ; sel, poivre.

Oter les plus grosses côtes du chou, le découper en quartiers que l'on lavera et blanchira 10 minutes à l'eau bouillante salée. Egoutter et plonger à nouveau le chou dans une grande quantité d'eau bouillante salée pendant une quinzaine de minutes. Egoutter soigneusement, déposer le chou dans une cocotte avec un bon morceau de beurre et faire réchauffer tout doucement avant de servir avec le poisson.

Laver et éponger les darnes de cabillaud. Les faire cuire dans une poêle avec une noix de beurre. Surveiller la cuisson : elles doivent être légèrement colorées en surface et presque translucides au niveau de l'arête.

Préparer la sauce au cidre. Dans une petite casserole, faire réduire le cidre jusqu'à ce qu'il devienne légèrement sirupeux. Saler, poivrer, ajouter la crème fraîche. Porter à ébullition et servir aussitôt avec le poisson et le chou.

• *Chou rouge aux pommes et aux marrons*

Pour 4 à 6 personnes : 1 chou rouge ; 1 boîte de marrons au naturel (ou 750 g à 1 kg de marrons frais épluchés) ; 1 ou 2 pommes acidulées ; 1 gros oignon ; sucre en poudre ; gros sel ; vinaigre de cidre ; huile (ou graisse d'oie) ; laurier.

Découper le chou rouge en lanières, et mélanger celles-ci dans un saladier avec 1 cuillerée à soupe de vinaigre de cidre, autant de sucre, quelques pincées de sel. Ajouter les pommes épluchées et découpées en quartiers, et laisser macérer le tout pendant 1 heure environ en remuant de temps en temps.

Faire revenir l'oignon émincé dans l'huile au fond d'une cocotte (l'idéal : une cocotte en terre), puis verser le contenu du saladier. Ajouter une feuille de laurier. Laisser cuire à feu doux pendant 1 à 2 heures, en ajoutant éventuellement de l'eau. Ajouter les marrons en conserve en fin de cuisson. (S'il s'agit de marrons frais, les incorporer au début.)

Cette préparation constitue un plat végétarien relativement complet. Elle peut accompagner la viande de porc, l'oie, le canard, le faisan, le lapin (ne pas mettre de marrons, ajouter des mirabelles dénoyautées en fin de cuisson), des saucisses.

• *Chou rouge de Noël au vin rouge**
Spécialité catalane.

Pour 4 à 6 personnes : 1 chou rouge d'environ 1 kg ; 25 cl de vin rouge (vin conseillé : vin jeune de la Ribera del Duero, en Espagne) ; 4 c. à s. d'huile d'olive extra vierge ; 75 g de raisins secs ; 75 g de pignons ; sel et poivre.

Mettre les raisins secs à macérer dans le vin rouge. Laver le chou rouge et le découper en fines languettes. Faire chauffer l'huile dans un faitout, puis faire sauter les pignons quelques instants. Ajouter le chou rouge et faire revenir pendant 30 secondes. Verser le vin et les raisins. Saler et poivrer. Couvrir le plus hermétiquement possible et laisser cuire pendant une bonne heure.

* Recette de Mme Mallet, extraite de : *Les Recettes secrètes des jardiniers de Normandie*, de Brigitte Racine, éditions Ouest-France, Rennes, 2000.

* Recette extraite de Saveurs du monde : http://saveurs.sympatico.ca, direction Michèle Serre, 1998.

• *Choucroute*

> *Pour 6 personnes : 1 kg de choucroute crue ; 12 pommes de terre moyennes ; 1 oignon ; graisse d'oie (ou margarine) ; 10 baies de genièvre ; 800 g de porc demi-sel (jarret, poitrine ou palette) ; 6 saucisses de Strasbourg ; 6 saucisses fumées ; moutarde ; facultatif : vin blanc.*

Faire fondre la matière grasse dans une cocotte, à feu moyen. Faire revenir l'oignon émincé et ajouter la choucroute. Faire ressuer celle-ci en la remuant activement à l'aide d'une fourchette, et en prenant garde qu'elle ne brûle pas. Mouiller avec un peu d'eau ou du vin blanc. Ajouter le porc, le genièvre.

Faire cuire les pommes de terre à part pendant 25 minutes environ. Une demi-heure avant de servir, disposer les saucisses fumées dans la cocotte, puis faire pocher les saucisses de Strasbourg pendant quelques minutes et les garder au chaud dans la cocotte. Éplucher les pommes de terre et les réserver au chaud. Mettre de la moutarde forte à la disposition des convives. Servir avec de la bière ou du vin blanc d'Alsace (riesling, pinot blanc ou sylvaner).

Ne pas saler ce plat car la choucroute est naturellement salée.

La choucroute seule (sans la charcuterie ni les pommes de terre) peut accompagner des perdrix, un canard, une oie ou même du poisson (mélange de haddock, saumon frais, saumonette, lotte ou poisson blanc bien ferme, ajouté cru à la choucroute une demi-heure avant de servir).

Le chou fermenté cru constitue par ailleurs une excellente et très saine entrée, juste assaisonné d'un filet d'huile d'olive et de quelques olives noires.

Le chou de Bruxelles

Cuire tout simplement les choux de Bruxelles à la vapeur, ou bien les braiser pendant une demi-heure environ, non sans les avoir préalablement blanchis. Aromatiser avec du thym et du laurier, éventuellement quelques lardons. Ajouter une noisette de beurre, de saindoux ou de graisse d'oie.

Ils accompagnent merveilleusement le porc frais, fumé ou demi-sel, et la pintade.

Le chou-fleur et le brocoli

Cuire le chou-fleur à la vapeur ou à l'eau bouillante salée pendant environ une demi-heure, après l'avoir détaillé en gros fleurons. Éplucher le trognon et le faire cuire avec le reste.

Le chou-fleur est également excellent cru, découpé en petits bouquets, présenté avec des quartiers de tomates et de la laitue et assaisonné d'une "citronnette" au yaourt et de fines herbes.

Le brocoli, relativement fragile, sera cuit à la vapeur, entier ou découpé en gros fleurons, ce qui ne prend que 10 à 15 minutes. Il excelle sur tous les plans – saveur, présentation – en garniture de toutes les viandes peu apprêtées (grillades, rôtis) et de tous les poissons grillés ou cuits à la vapeur. On peut alors se contenter de l'assaisonner d'un filet d'huile d'olive et de quelques gouttes de vinaigre balsamique, éventuellement d'une pointe d'ail. Compter 2 têtes de 300 grammes environ pour 4 personnes.

• *Gratin de chou-fleur*

> *Pour 4 personnes : 1 chou-fleur ; 1/2 l de lait ; 4 c. à s. rases de farine ; 100 g de beurre ou de margarine ; emmenthal râpé ; sel, poivre, muscade.*

Faire cuire le chou-fleur à l'eau bouillante salée. Faire fondre la matière grasse à feu doux dans une casserole à fond épais. Quand elle frémit, y jeter la farine, et manier le tout à l'aide d'une spatule, en laissant sur le feu. Après quelques minutes, ajouter du lait peu à peu, tout en travaillant. Ajouter éventuellement du bouillon de cuisson du chou afin d'obtenir une consistance liquide. Assaisonner.

Graisser un plat à four, y déposer les morceaux de chou-fleur. Verser par-dessus la sauce béchamel. Saupoudrer de fromage râpé. Enfourner à four chaud pour environ une demi-heure.

- *Crème de brocoli*

   Pour 4 personnes : 1 tête de brocoli de 300 à 500 g ; 1 oignon ; 1 branche de céleri ; crème fraîche ; sel, poivre ; facultatif : bleu d'Auvergne découpé en dés, fines tranches de haddock ou blanc de poulet émincé.

Faire cuire le brocoli, y compris les tiges, avec l'oignon et le céleri. Mixer le tout avec de l'eau de cuisson. Ajouter la crème fraîche (et éventuellement un des ingrédients facultatifs) et assaisonner.

Le chou-rave et le chou-navet

Le chou-rave s'utilise un peu comme le navet dans les pot-au-feu, potées, couscous, etc. ou, cuit à l'étouffée, en accompagnement du canard. L'éplucher en enlevant la peau, puis le découper en dés plus ou moins gros. Ecarter les spécimens fibreux ou creux.

Le chou-navet se cuisine comme le navet. Il est particulièrement savoureux cuit au four, au diable ou sous la cendre.

FABRIQUER SA CHOUCROUTE

Le principe de cette conserve est naturel : le chou subit une fermentation lactique à l'abri de l'air. L'acide lactique produit par les bactéries sert de conservateur. On ajoute du sel pour inactiver certaines enzymes responsables de la décomposition des végétaux et favoriser l'extraction du jus.

Matériel : pot spécial en grès à joint d'eau muni de deux lests semi-circulaires, râpe à choucroute, cuve en plastique, couteau pointu bien aiguisé, balance.

Ingrédients : choux cabus à pomme bien serrée type 'Quintal d'Alsace' ou 'Tête de pierre' (éviter les choux de printemps, insuffisamment juteux) ; gros sel ; baies de genièvre.

Eplucher les choux de façon qu'il ne reste que la pomme bien blanche. Oter les trognons en incisant à l'aide du couteau. Peser les pommes. Il faut 10 kilos de chou pour remplir un pot de 10 litres. Préparer 100 grammes de sel pour 10 kilos de chou.

Râper les choux au-dessus de la cuve et, au fur et à mesure, mettre la râpure dans le pot en tassant fortement avec le poing. Saler chaque couche de chou et incorporer quelques baies de genièvre. Le jus doit commencer à sortir. Remplir ainsi le pot en laissant suffisamment de place pour les lests qui ont pour fonction de maintenir la râpure sous le niveau du liquide, donc à l'abri de l'air. Placer le couvercle et remplir le joint d'eau.

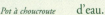
Pot à choucroute

Rabot à choucroute

Laisser le pot à température ambiante (idéalement entre 18 et 23 °C) pendant 2 ou 3 semaines. Des bulles de gaz s'échappent par le joint d'eau, signe que la fermentation est active. Du gaz carbonique prend la place de l'air dans le pot.

Ensuite, la fermentation se calme. Placer le pot au frais (cave ou dépendance), car c'est à basse température que se forment les arômes de la choucroute. Commencer à consommer 4 à 6 semaines plus tard.

Lors de chaque prélèvement de choucroute, exprimer le liquide, éliminer ce qui semble abîmé, bien replacer les lests, et renouveler l'eau du joint. La choucroute peut se conserver jusqu'à une année en cave.

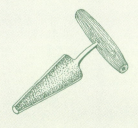
Creuse-choux

Les choux de Chine

De saveur moins prononcée que les choux européens, le pe tsaï ou le pak choï se mangent en crudité (comme le chou pommé) ou après une cuisson rapide (sautés).

• *Chou de Chine à la vietnamienne*

> *Pour 4 personnes : 1 beau chou de Chine (pe tsaï) ou 2 pak choï ; 1 ou 2 gousses d'ail (facultatif) ; 2 piments doux ou 1 poivron ; piment de Cayenne en poudre ; gingembre (frais ou en poudre) ; nuoc-mâm ; 1 c. à s. de maïzena ; huile. Pour la sauce aigre-douce : 1 c. à s. de sauce de soja ; 2 c. à s. de vinaigre ; 2 c. à s. de sucre en poudre ; sel.*

Laver et éplucher le chou. Découper chaque feuille en tronçons d'environ 4 centimètres. Epépiner les piments ou le poivron et les découper en lanières. Hacher l'ail. Mélanger les ingrédients de la sauce dans un bol.

Faire chauffer de l'huile dans une sauteuse. Y jeter l'ail et les piments (ou le poivron), puis le chou. Remuer le tout à feu vif de façon que tous les morceaux de chou aient été saisis, ajouter un peu d'eau. Après 2 minutes environ, verser la sauce. Poursuivre la cuisson encore 2 minutes en remuant. Assaisonner avec du nuoc-mâm, un peu de cayenne, éventuellement une tranche de gingembre frais ou quelques pincées de gingembre en poudre. Délayer la maïzena dans un peu d'eau et verser cette liaison dans la sauteuse. Laisser épaissir jusqu'à ce que la sauce devienne translucide et recouvre bien les morceaux.

Cette préparation peut accompagner du porc (par exemple en émincé), du blanc de volaille, des noix de Saint-Jacques, du poisson cuit à la vapeur ou grillé, etc.

Le concombre et le cornichon

Thierry Delahaye

INTRODUCTION

Le concombre et le cornichon, que tout éloigne *a priori* : taille, saveur, utilisation culinaire…, sont deux facettes d'une seule espèce botanique, *Cucumis sativus*. En fait, le cornichon est une variété de concombre, lequel, dans la grande famille des Cucurbitacées, est un proche cousin du melon *(Cucumis melo)*.

"Les botanistes n'ont probablement pas trouvé de différence assez grande entre le concombre et le melon pour les séparer l'un de l'autre ; mais les cultivateurs ne s'y trompent point et même, sans voir le fruit, ils distinguent fort bien le concombre, de tous les autres *Cucumis*, au seul aspect du feuillage." (M. Sageret, *Mémoire sur les Cucurbitacées, principalement sur le melon*, Paris, 1826.)

Les gourmets font aussi la différence assez aisément, encore que certains types de melon, récoltés immatures, se consomment crus ou cuits comme du concombre. C'est le cas du *tibish* soudanais, du *chate* italien, du *fakous* maghrébin et de l'*ajoub* turc (tous deux nommés "concombre d'Arménie" ou "melon-serpent"), et du *conomon* chinois que l'on confit comme des cornichons.

Le kiwano *(Cucumis metuliferus)* originaire du Kenya, surnommé "concombre à cornes", ne ressemble ni au melon, ni au classique concombre ; il se rapprocherait davantage, en apparence, du concombre des Antilles *(Cucumis anguria)*, voire du concombre amer, ou margose *(Momordica charantia)*. Notons que, pour simplifier les choses, la margose à piquants est également appelée "melon de San Gaetano" et qu'une espèce voisine aux fruits plus petits, *Momordica balsamina*, porte le surnom de "pomme de merveille".

Tout ceci nous rappelle que le concombre est un fruit, sauf le concombre de mer, qui n'est pas un canular mais une holothurie fort prisée dans la cuisine chinoise. Une dernière espèce de *Cucumis* a malheureusement disparu : le Concombre Masqué, dont les "aventures potagères" en bandes dessinées, écrites et illustrées par Mandryka, ont fait la joie des lecteurs de *Pilote* dans les années 1970.

I. HISTOIRE ET LÉGENDES

Le concombre est originaire de l'Inde, plus précisément des régions formant le piémont de l'Himalaya, "le Caboul ou quelque pays adjacent", selon Alphonse de Candolle, premier auteur à avoir formulé cette hypothèse (*Origine des plantes cultivées*, 1883). L'ancêtre de notre concombre serait le *Cucumis hardwickii* à petits fruits amers, décrit par le botaniste Royle dans ses *Illustrations of Himalayan Plants*. "Les tiges, feuilles et fleurs sont tout à fait celles du *C. sativus*", précise Candolle.

On le cultivait sous le nom sanscrit de *soukasa* il y a trois mille ans en Inde, d'où il se répandit en Chine (mais, selon d'autres sources, il y aurait été cultivé deux mille ans plus tôt qu'en Inde) et au Moyen-Orient. Au VIIe siècle avant J.-C., dans les jardins suspendus de Babylone situés près de la porte d'Ishtar, déesse de la fécondité, le concombre était planté au milieu des gourdes, des oignons, des lentilles et des pois chiches.

On cultivait aussi les *qissu im* en Egypte, dans des jardins divisés en petits carrés et irrigués par l'eau du Nil. C'était l'un des légumes préférés des mortels et des dieux depuis au moins la XIIe dynastie, c'est-à-dire deux mille ans avant notre ère. L'archéologue Flanders Petrie en a retrouvé des traces (fruits et parties de plantes) dans la région du Fayoum, au sud du Caire, pays de beaux crocodiles dont la peau hérissée d'écailles évoque (avec un peu d'imagination) les protubérances épineuses des concombres à cornichons.

Un concombre pour la soif

Ayant dû fuir, les Hébreux regrettaient durant leur traversée du désert les concombres "dont la chair aqueuse et fraîche les désaltérait pendant leur captivité en Egypte. Aussi, dès qu'ils furent établis en Palestine, en firent-ils l'objet d'une exploitation très active", rapporte Henri Leclerc dans *Les Légumes de France* (1927).

Les cultivateurs construisaient une cabane de branchages au milieu de leurs champs, afin de surveiller leurs plantations et de soustraire la récolte "aux déprédations des hommes, des chacals, des oiseaux et autres amateurs de

Concombre des Antilles

concombres" (H. Leclerc). La récolte faite, la cabane, n'ayant plus d'utilité, tombait en ruine. Le prophète Isaïe compara le sort de Jérusalem à celui de ces abris : "La fille de Sion reste comme une cabane dans une vigne, comme une hutte dans un champ de concombres."

Les concombres étant décidément fort convoités en Palestine, les paysans plaçaient également dans leurs plantations des épouvantails afin d'effaroucher les pillards, mais sans résultat notable. Un autre prophète, Baruch, fin observateur des pratiques culturales, en tira une métaphore quant au pouvoir des idoles : "De même que, dans un champ de concombres, un épouvantail ne protège rien, ainsi sont les dieux de bois, d'argent et d'or des païens."

Les Grecs connaissaient le concombre qu'ils nommèrent *sikua*, et le melon qu'ils désignaient par l'expression *sikyos pêpon*, "concombre mûr". Les Romains appréciaient pareillement le *melopepo*, avant qu'il ne devînt *cucumis*. L'empereur Auguste avait coutume de sucer un concombre pour se désaltérer, selon Suétone, et en faisait cultiver dans son jardin, avec, précise Virgile, le chou, la carotte, l'ail, la laitue, le radis noir, la bette et l'oseille.

Pline consacre aux concombres deux paragraphes dans son *Histoire naturelle* : "Ils sont du genre cartilagineux, et viennent hors de terre. L'empereur Tibère les aimait avec passion, et il en avait tous les jours [...]. Il est écrit dans les anciens auteurs grecs qu'il faut les semer après en avoir fait macérer les graines deux jours dans du lait miellé, ce

> ### POUR QUI SONT CES SERPENTS ?
>
> "Tantôt pendant aux tonnelles, tantôt comme un serpent sous le soleil d'été, à l'ombre fraîche des herbes, le concombre tordu et la gourde ventrue se glissent. [...] Quant au concombre verdâtre, qui vient pansu et rugueux et qui, comme le serpent, couvert d'une verdure noueuse, gît sur son ventre courbé, toujours ramassé sur lui-même, il est malfaisant et il aggrave les maladies de l'été malsain. Son jus est fétide, et il est bourré de graines visqueuses. Pour celui qui, sous une tonnelle, se traîne vers l'eau courante et s'épuise exagérément à la suivre dans sa course, il est blanc, plus flasque que la mamelle d'une truie qui a mis bas, plus mou que le lait qu'on vient de faire cailler et de verser dans les corbeilles ; il deviendra doux ; dans un champ bien arrosé, il jaunit en se gorgeant d'eau et il portera remède un jour aux maladies des hommes."
>
> Columelle, *De re rustica*, Ier siècle av. J.-C.

qui les adoucit. Les concombres prennent en poussant la forme qu'on leur impose. En Italie, on aime ceux qui sont verts et très petits, dans les provinces, les très gros, ceux qui sont couleur de cire ou noirs."

Il en existe aussi, écrit Pline, "d'un volume considérable", qui étaient vraisemblablement des melons, alors peu sucrés. Le cuisinier romain Apicius conseillait d'assaisonner les melons avec du poivre, du vinaigre et du *garum*, un condiment obtenu à partir d'intestins de poissons macérés, et de préparer les concombres au miel. Les deux *Cucumis* ont aujourd'hui interverti les rôles de fruit et de légume.

Des fruits froids et amers

De Palestine, le concombre passa en Syrie d'où les Arabes l'apportèrent en Espagne, dans la région de Valence conquise en 711. Du VIIIe au XIIe siècle, de nouvelles variétés de concombres (et de melons) furent ainsi introduites, en même temps que des améliorations techniques relatives à l'arrosage et à l'irrigation, indispensables à la culture des Cucurbitacées. La noria, roue à godets mue par un animal et permettant de puiser l'eau, perfectionna l'antique *chadouf* à balancier, déjà utilisé dans l'Egypte des pharaons. La notoriété du concombre était si grande que, dans le monde musulman, on comparait la banane à "une petite figue ou un petit concombre".

Le concombre andalou se répandit peu à peu dans les régions plus septentrionales de l'Europe. Sans doute le concombre remonta-t-il également de Sicile et d'Italie vers les pays rhénans. Christophe Colomb l'apporta en Amérique, avec le melon et la pastèque. Au Moyen Age et à la Renaissance, on tirait profit de ses vertus calmantes et fébrifuges, mais on se méfiait de son usage alimentaire : les médecins de l'époque considéraient le concombre comme un aliment particulièrement "froid", et donc indigeste (ils le prescrivaient d'ailleurs comme purgatif).

Malgré ce défaut, les concombres figuraient en bonne place parmi les "légumes fruits" du Potager de Versailles. Grâce à l'utilisation du fumier de cheval chaud, des cloches de verre et des châssis vitrés, Louis XIV pouvait se régaler de concombres au début d'avril. Son médecin, Fagon, dut cependant lui interdire, dans ses dernières années, les salades de laitues et de concombres relevées de fines herbes, de poivre, de sel et de force vinaigre dont il abusait.

Les variétés cultivées étaient encore souvent amères. Leur amélioration permit d'obtenir des concombres à la saveur plus douce, mais l'usage de les manger crus semble assez récent. En 1826, M. Sageret écrivait : "Le *Cucumis sativus*, notre véritable concombre, dont on fait à Paris une assez grande consommation, s'y mange ordinairement cuit et avant sa maturité [...] ; mais il paraît que dans les pays

Une noria

du Midi, notamment en Italie, le peuple mange le concombre cru, soit parce qu'on y est moins difficile qu'ici, soit que le climat lui donne plus de qualité, ou qu'on y cultive une variété préférable aux nôtres."
(Mémoire sur les Cucurbitacées, principalement sur le melon.)

On sait aujourd'hui que les substances amères, les cucurbitacéines, migrent de la plante vers les fruits quand la croissance est entravée par le froid, la sécheresse, la pauvreté du sol… Dans des conditions favorables, le concombre peut même être sucré, comme en témoigne cette scène qui se déroule à Tombouctou, au début du XXe siècle, et décrit un repas de noces : "Les agapes s'ouvrirent avec des melons nains et des concombres nouveaux, servis tout pelés et qu'on mangeait comme des pommes." (William Seabrook, *Yacouba*, Phébus, 1996.)

Concombre 'Vert long Télégraphe'

Aigruns et achards

Depuis plusieurs milliers d'années déjà, on consommait en Inde de petits concombres cueillis avant maturité et confits avec du sel ou du jus de citron. Ni les Grecs, ni les Romains n'ont laissé de texte évoquant ce petit concombre qui prendra le nom de cornichon ; il aurait été introduit en Europe à la fin du Moyen Age, voire à la Renaissance : la première mention écrite du cornichon comme condiment date de 1549.

On commença alors de préparer les cornichons au vinaigre et aux aromates, comme on le faisait avec d'autres condiments : les tiges de la salicorne et les feuilles charnues de la criste-marine, deux plantes du littoral au goût salé ; ou encore les câpres dans le sud de la France et les boutons floraux de capucine dans le Nord. Les petits légumes confits gagnèrent progressivement toutes les tables, et leur commerce se spécialisa. La moutarde et le vinaigre restèrent l'apanage d'une partie de la corporation des sauciers-maîtres queux, les vinaigriers-bufferiers-moutardiers. Les fines herbes, les échalotes, les cornichons et le citron relevaient des fruitiers-marchands d'aigruns, c'est-à-dire de "fruits aigres", ancien nom des agrumes.

Maguelonne Toussaint-Samat explique, dans son *Histoire naturelle et morale de la nourriture* (Larousse, 1997), que "la pratique des «herbes salées» (légumes en saumure) permit aux premiers colons d'Amérique de disposer tout l'hiver des verdures nécessaires aux soupes. Aujourd'hui encore, la cuisine acadienne, véritable répertoire des pratiques de l'ancienne France, emploie largement les herbes, le chou, le concombre et les *gousses vertes* (haricots) disposés entre des couches de sel dans de grands pots de grès appelés *croques*."

Chaque pays établit ses préférences culinaires. En Angleterre, les cornichons aromatisés à l'aneth et sucrés formèrent, avec les petits bouquets de chou-fleur ou les oignons, la catégorie des *pickles* ou des *piccalillis*. Dans les colonies françaises, ces conserves au vinaigre prirent le nom d'*achards* (mot anglo-indien, d'origine persane, employé aux Indes puis à la Réunion, d'où il se répandit) tandis qu'en métropole on recherchait des variétés de cornichon fines et croquantes. En Pologne et en Russie, les cornichons *malossol*, conservés dans la saumure avec des feuilles de chêne, de cerisier ou de cassissier, respectaient la tradition locale de la choucroute et de la lactofermentation.

Vers la fin du XIXe siècle, les cornichons et les concombres, reniant leur origine commune, affichaient des différences bien marquées. La création de variétés de cornichon bien typées encouragea les maraîchers et les industriels de la conservation à cesser de cultiver et de transformer les formes intermédiaires, petits concombres ou gros cornichons, que l'on redécouvre en partie actuellement dans les potagers et sur les marchés paysans.

Espèce de cornichon

Le mot "cornichon" figura d'abord, en 1547, dans le nom d'un jeu, "cornichon va devant", qui consistait à ramasser en courant des objets posés à terre. Un cornichon est, à

> **UNE ODEUR DE VIPÈRE**
>
> Le concombre ne se compare pas au serpent que par sa forme. Effet de l'imagination ou réalité, ceux qui en ont mangé jugent le goût du serpent fade, comme l'est le concombre cru sans assaisonnement. Quant au romancier Chris Offut, c'est par l'odeur qu'il rapproche le reptile du légume :
> "Je parcourais les collines, à passer en revue ce que je savais des bois. Je peux identifier un oiseau rien qu'à son nid et un arbre à son écorce. Une odeur de concombre veut dire qu'une vipère cuivrée est dans le secteur. Les mûres les plus sucrées sont celles du bas et c'est le bois de caroubier qui fait les meilleurs poteaux de clôture."
> (*Kentucky Straight*, Gallimard, 1999, rééd. Folio, 2002.)

strictement parler, une petite corne, ce qu'évoque la forme du fruit. Le mot prit rapidement un sens érotique (attesté dès 1549) : le cornichon, comme beaucoup de légumes, désigne le sexe masculin.

Les Grecs et les Romains croyaient que le concombre rendait intelligent. De nos jours, le mot "cornichon" est plutôt synonyme de niaiserie. Un cornichon est un niais, un imbécile (sens reconnu depuis 1808), voire un cocu, en faisant le rapprochement avec les cornes portées par les maris trompés, pour n'avoir peut-être pas employé à bon escient leur petite corne. En tout cas, l'insulte est inscrite au répertoire officiel des injures du capitaine Haddock, entre bachi-bouzouk et crétin des Alpes.

Un cornichon est également un élève de la classe de corniche, classe préparatoire à Saint-Cyr, l'école militaire étant elle-même surnommée "le bocal". Dur à porter, quand on est censé former l'élite de la nation… Car tout le monde n'a pas l'humour de Flaubert disant de lui-même en 1842 : "Mes livres et moi dans le même appartement, c'est un cornichon et du vinaigre."

Enfin, bien que cela soit difficile à imaginer en notre époque de téléphones cellulaires, "cornichon" a aussi désigné le téléphone, autrefois à cornet, d'où l'expression "souffler dans le cornichon" pour "téléphoner".

"Concombre" a été formé sur le latin *cucumis*, ou *cucumeris*. Les lettres ont changé de place à l'intérieur du mot pour donner *komkobre* (vers 1100), *cocombre* (graphie présente jusqu'au XVIIe siècle), puis *concombre* (1256) et parallèlement *cogombre* en provençal au XIVe siècle. La même origine a fourni le mot anglais *cucumber*, l'allemand *Kukummer*, le néerlandais *komkommer*, l'italien *cocomero* et l'espagnol *cohombro*.

Mais en grec moderne, on l'appelle soit *sikua* (comme le nommaient déjà Hippocrate et Théophraste), soit *aggouria*, mot qui a donné le français "angurie" qui s'applique aussi bien à la pastèque qu'au concombre des Antilles.

Un peu de magie

Palladius, dans son *Opus agriculturae*, prête une grande sensibilité au concombre : "dès que gronde le tonnerre, il se retourne comme frappé de terreur" et "telle est son aversion pour l'huile qu'à son contact il s'incurve comme un hameçon". Palladius propose une expérience qui montre,

Le concombre, d'après Fuchs (XVIe siècle)

selon lui, la dilection du concombre pour l'humidité : on dépose un vase empli d'eau "près de concombres à une distance de cinq à six doigts : le lendemain, ils se sont allongés d'autant".

Ces croyances seront en partie reprises en 1597 par Charles Estienne et Jean Liébault, dans *La Maison rustique* : "Il ne faut approcher près de la couche du concombre quelque vaisseau plein d'huile, parce que le concombre hait l'huile et ne peut profiter si celui qui le cultive a manié de l'huile." Le même ouvrage affirme également : "La femme estant en ses mois se pourmenant par les planches de pompons, courges et concombres, les fait seicher et mourir ; le fruit qui en rechappe sera amer."

Enfin, un utile conseil, repris d'A. Mizauld, auteur d'un *Culture et secrets des jardins* (1578), est donné aux parents : "Le concombre mis de son long près d'un petit enfant qui ait la fièvre, de même grandeur que l'enfant, le délivre entièrement de sa maladie." Reste à trouver le jardinier cultivant de si longues variétés.

Si *L'Arbolayre* médiéval stipule que "le nourrissement qui vient des courcoudres est moult fleumatique" et si Bruyerin-Champier qualifie encore en 1659 le concombre de "mets perfide", le *Dictionnaire des plantes usuelles* constate à la fin du XVIIIe siècle que "le concombre est plus d'usage en aliment que comme remède", précisant cependant : "On a recommandé sa pulpe appliquée sur la tête dans la phrénésie. Quant à sa semence, c'est l'une des quatre semences froides majeures ; on en prépare des émulsions rafraîchissantes dont on fait usage dans certaines fièvres, dans la néphrétique, l'ardeur de l'urine, etc." Les médecins de la Grèce antique attribuaient ainsi au concombre le pouvoir de calmer les élans érotiques, et les médecins chinois prescrivaient ses graines comme vermifuge.

En Egypte déjà, on employait le concombre comme adoucissant en cosmétique. Depuis la nuit des temps, on sait que des tranches fraîches de concombre appliquées en compresses ont un effet calmant pour les yeux, et que la chair écrasée permet de composer des masques hydratants, pour lutter contre les rougeurs, les dartres et les démangeaisons, ou pour apaiser les coups de soleil. Le concombre est donc conseillé en cas de couperose ou de taches de rousseur et comme antirides, si du moins l'on estime qu'il faille faire disparaître ces marques du temps.

On préparait autrefois une pommade de concombres avec des concombres, bien sûr, mais aussi du melon, des pommes de reinette (puisque c'était une pommade), du verjus, du lait de vache et de la graisse de porc. On obtient un résultat proche en mélangeant des amandes douces décortiquées et pilées avec du jus de concombre bouilli, de l'alcool et un peu d'essence de rose.

Jean-Baptiste de Vilmorin rapporte dans *Le Jardin des hommes* (Le Pré aux Clercs, 1996) une utilisation encore plus surprenante du concombre, celle d'insecticide. "Un biochimiste de l'université du Kansas a voulu savoir pourquoi, comme le dit une vieille recette de grand-mère, les cafards fuient un lieu dans lequel on a disposé des tranches de concombre, alors qu'ils ne craignent pas le fruit entier. A l'analyse, il a découvert que le fait de le couper oxyde, en l'exposant à l'air, une molécule qui agit comme un répulsif." Le même chercheur ayant trouvé dans la feuille de laurier une propriété équivalente, il les a combinées pour créer un produit répulsif "commercialisé par une société qui l'incorpore dans le papier des sacs d'épicerie".

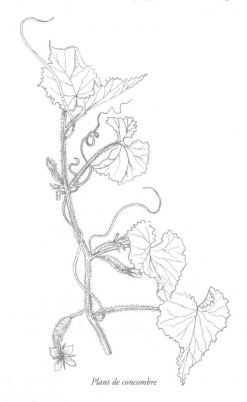

Plant de concombre

II. LES CONCOMBRES AU JARDIN

Une plante rampante

Plante annuelle herbacée, le concombre émet une tige ramifiée et rampante, qui peut courir sur plusieurs mètres et s'accrocher aux supports de culture ou grimper aux murs à l'aide de ses vrilles simples situées aux extrémités des jeunes tiges. Les feuilles alternes sont palmées, à trois ou cinq lobes de forme triangulaire, au bord découpé de dents larges et arrondies. Les feuilles, vertes au-dessus et grises en dessous, et les tiges, anguleuses, sont couvertes de poils. Les racines sont superficielles et, de ce fait, assez fragiles.

La floraison s'étend de juin à septembre. Le concombre porte des fleurs jaunes, dont certaines sont mâles et d'autres femelles : c'est une espèce monoïque. Dans les fleurs mâles, les cinq étamines sont regroupées de curieuse façon : l'une reste solitaire, les quatre autres sont réunies par deux.

Les fleurs femelles, plus tardives, ont un ovaire renflé à leur base. Elles sont fécondées soit par les fleurs mâles du même pied, soit par celles d'un pied voisin. Cette fécondation parfois croisée est effectuée par les insectes : le concombre est une plante entomophile. Les variétés récentes, cultivées par forçage sous abri, se reproduisent par parthénogenèse, c'est-à-dire sans intervention mâle ; elles ne portent que des fleurs femelles dont l'ovaire se transformera en fruit.

Les fruits sont charnus et juteux, parfois ovales et même ronds, le plus souvent allongés (ils peuvent mesurer jusqu'à une soixantaine de centimètres de longueur et 5 à 6 centimètres de diamètre) ; leur épiderme, autrefois plus ou moins épineux, est plus souvent lisse pour les variétés actuelles ; leur couleur varie du vert sombre au blanc jaunâtre. Ils renferment de nombreuses graines réparties en six rangées au cœur de la chair blanche ou verdâtre, dont le goût rafraîchissant se teinte d'amertume.

Certaines variétés anciennes sont toujours cultivées aux côtés d'obtentions plus récentes, dont plusieurs ne sont pas à dédaigner :

'Concombre brodé de Russie' : variété ancienne, très précoce, donnant en moins de trois mois de petits fruits de forme ovale, de la taille d'un œuf, à la peau lisse d'une teinte brun orangé veinée de blanc.

'Jaune hâtif de Hollande' : variété ancienne, précoce, à fruits longs et minces, d'un jaune légèrement orangé à maturité.

'Blanc long parisien' : variété ancienne, adaptée à la culture forcée, donnant des fruits cylindriques de 50 centimètres de longueur et de 8 centimètres de diamètre, blancs. De l'avis de Désiré Bois, "c'est le plus beau des concombres blancs", dont on cultivait encore dans la première moitié du XXe siècle plusieurs variétés autour de Paris, dont le 'Blanc de Bonneuil' destiné à la parfumerie.

'Vert long' : variété ancienne, donnant dans sa forme ordinaire des fruits longs et pointus, couverts de protubérances épineuses, d'un vert foncé. Les fruits du 'Vert long géant' peuvent atteindre 40 centimètres de longueur, ceux du 'Vert long Télégraphe' jusqu'à 60 centimètres.

'Raider' : hybride F1, obtention Clause, variété productive aux fruits demi-longs à la peau vert foncé couverte de protubérances, à récolter en mai-juin et à consommer crus.

'Marketer' : variété vigoureuse, assez peu productive ; fruits demi-longs à longs, verts à vert sombre, présentant quelques protubérances, de bonne qualité gustative, à cultiver en pleine terre ou sous châssis.

'Vert long de Chine', ou 'Yamato three feet', ou 'Concombre serpent' : variété originaire du Japon, grimpante, à cultiver sur des rames, en exposition ensoleillée, donnant des fruits pouvant atteindre 1 mètre de long mais à cueillir quand ils atteignent 50 centimètres, à chair blanche croquante et parfumée, très savoureuse.

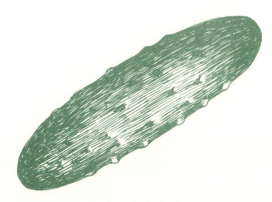

Concombre 'Marketer'

Concombres exotiques

• *Le concombre des Antilles*
"Le concombre arada *(Cucumis anguria)* porte un très-petit fruit épineux et porté sur un long pédoncule ; il est très-bon à manger en cornichons. Cette plante a les feuilles découpées, et ressemble d'ailleurs plus au melon qu'au concombre." (M. Sageret, *Deuxième mémoire sur les Cucurbitacées*, 1827.)

Mais, selon Désiré Bois et Auguste Paillieux *(Le Potager d'un curieux)*, l'angourie "figure depuis longtemps dans les catalogues sous le nom de concombre arada, qui ne lui appartient pas". Le véritable arada "tire son nom d'une conformation particulière qui le fait ressembler, en un certain point, aux femmes de la tribu des Nègres aradas". Quelle conformation ? Mystère…

Candolle relate que la plante, originaire d'Amérique, était appelée à la Jamaïque "petit concombre sauvage" et dans d'autres îles "concombre marron", comme l'on disait "nègre marron" pour un esclave évadé et redevenu libre. Il cite Descourtilz qui, dans sa *Flore médicale des Antilles*, écrivit au XIXᵉ siècle : "Le concombre croît partout naturellement, et principalement dans les savanes sèches et près des rivières dont les rives offrent une riche végétation."

Le concombre des Antilles y est également nommé concombre à épines, concombre cornichon, "ti-concombre", "massicis", concombre épineux d'Amérique. Aux États-Unis, il est qualifié de *Jerusalem cucumber*, ce qui fait douter que la terre soit vraiment ronde.

On le trouve sur tous les marchés, de Port-au-Prince à Cayenne, ainsi qu'au Brésil où on le cultive sous le nom de *pepinhodo mato*. Sa culture ne présente aucune difficulté, assure Désiré Bois, qui ajoute : "Sous le climat de Paris, c'est une plante d'amateur que nous avons pris grand plaisir à cultiver." Dans les fêtes des plantes et sur les marchés "bio" du sud de la France, on rencontre le concombre des Antilles de plus en plus fréquemment. Le jardinier curieux peut prélever les graines de fruits bien mûrs et les semer dans son potager (les graines sont aussi disponibles chez Baumaux, à Nancy).

• *La margose, ou concombre amer*
"J'ai cultivé, sous le nom de momordiques, plusieurs plantes, dont les fruits, assez petits, peuvent se manger, dans leur jeunesse, cuits et accommodés comme le concombre ; une d'elles, entre autres, est connue à l'Ile-de-France [île Maurice] et à celle de Bourbon [la Réunion], sous le nom de margose", écrit M. Sageret qui poursuit : "Au rapport de M. Du Petit-Thouars, cette dernière, ainsi que celles que j'ai désignées sous le nom de patole, ainsi que la papangaye, très légèrement amères, lui ont paru, au sortir des fièvres, offrir un mets en même temps sain et agréable." *(Deuxième mémoire sur les Cucurbitacées*, 1827.)

La margose à piquants

Dans *Les Légumes rares et oubliés* (Rustica, 1991), Victor Renaud conseille la culture de la margose à piquants *(Momordica charantia)*, dont les fruits "charnus, oblongs, verruqueux, de couleur orangée à maturité" se confisent jeunes dans le vinaigre, se consomment crus et encore verts en vinaigrette ou cuits en accompagnement des viandes et des poissons.

La pulpe en est "de couleur rouge sang", précise Désiré Bois, qui estime, à la suite de Charles Naudin, que la margose est une plante grimpante originaire d'Inde et indigène en Afrique, introduite au Brésil où elle porte "les noms de *herva* ou melon de San Gaetano" *(Les Plantes alimentaires chez tous les peuples et à travers les âges*, 1927).

Son nom de "momordique" évoque les marques ressemblant à des morsures que l'on peut observer sur le pourtour des graines quand l'écorce du fruit s'ouvre en trois parties à maturité. Son nom de "margose" dérive de l'espagnol *amargo*, "amer", l'amertume étant due à la présence de quinine dans l'écorce.

• *Le concombre du Sikkim*
Originaire d'Inde, cette variété de *Cucumis sativus* y est fort appréciée : "Tous les habitants du Sikkim, hommes, femmes et enfants, mangent de ces concombres à peu près du matin au soir", rapporte un article du *Botanical Magazine* de janvier 1876. Introduite en Europe, la plante y a été cultivée mais semble tombée dans l'oubli. Elle est remarquable, selon Charles Naudin, par sa taille et le

volume de ses fruits "à peu près de la grosseur de beaux melons de Cavaillon, ovoïdes-allongés, très réguliers, à contour arrondi ; la chair en est blanche et très épaisse et la peau finement marbrée de blanc jaunâtre et de roux" (*Annales des sciences naturelles*, 1859).

• *Le concombre musqué*
Cette Cucurbitacée ne relève pas du genre *Cucumis*, et porte donc improprement le nom de concombre même si ses longs fruits rouge orangé à maturité y ressemblent. Originaire du Brésil, *Sicana odorifera* y reçoit le nom vernaculaire de *curuba* et, en Amérique centrale, plus curieusement celui de *calabaza de China*. Désiré Bois en rapporte l'essai de culture à Antibes en 1889 et confirme que les fruits exhalent "une odeur pénétrante de pomme de reinette" (culture à réserver aux régions méridionales, graines disponibles chez Baumaux, à Nancy).

Les enfants nains des concombres

Les cornichons "sont les enfants nains des concombres", selon la belle formule de Jean-Marie Pelt (*Des Légumes*, Fayard, 1993). "Le concombre, jeune, est le cornichon", assure quant à lui le *Larousse ménager*. Les cornichons sont en fait les fruits de variétés de l'espèce *Cucumis sativus*, produits par des plantes qui ne se distinguent guère de celles qui donnent les concombres, si ce n'est par un port plus ramassé et un moindre allongement des tiges.

Pour les variétés anciennes, monoïques, chaque pied porte des fleurs mâles et des fleurs femelles. Les cornichons sont cueillis en plusieurs récoltes espacées de deux à trois

> ## UN CONCOMBRE EXPLOSIF
>
> Concombre sauvage, cornichon sauteur, cornichon du diable : *Ecballium elaterium* (famille des Cucurbitacées) doit ses surnoms vernaculaires à ses fruits en forme de prune, d'environ 4 centimètres de long et attachés à un pédoncule vertical, qui explosent à maturité comme de petites bombes, projetant leurs graines à grande distance (le mot grec *ecballein* signifie "lancer au-dehors") et dégageant une odeur peu agréable. La plante charnue, prostrée, couverte de poils drus, porte des feuilles au dessous vert pâle, des fleurs jaunes et ces fruits non comestibles. Vivace, elle fleurit de mars à septembre et préfère les climats ensoleillés de sa région d'origine, le littoral méditerranéen.
>
> Le *Dictionnaire des plantes usuelles*, publié à Paris l'an II de la République, décrit le concombre sauvage sous le nom d'espèce *Cucumis asinum*, littéralement "concombre des ânes" : "Cette plante, qui fleurit en été, croît en Italie, en Sicile, dans les pays méridionaux de la France, le long des chemins et dans les décombres. Toute la plante est amère ; elle contient beaucoup de soufre, de sel ammoniacal, et un peu de nitre. Séchée et jetée sur les charbons ardents, elle fuse et répand une odeur fétide. Sa racine, mêlée avec de la farine séchée au four, est très efficace pour résoudre les tumeurs [...]. Son suc, exprimé et épaissi, a été nommé *élaterion* par les Grecs qui en ont fait beaucoup d'usage ; ils le donnaient à la dose de dix ou vingt graines avec succès, pour évacuer les eaux des hydropiques."

semaines. Cette cueillette des fruits développés stimule la formation de jeunes fruits : la plante remonte et continue de fleurir. A l'inverse, si on laisse sur le pied les cornichons parvenus à maturité, la floraison s'arrête.

Les variétés hybrides cultivées à grande échelle, dites parfois "gynoïques", ne portent que des fleurs femelles, en nombre plus important, et ces fleurs sont parthénocarpes. Il y a donc davantage de cornichons récoltables au même moment, voire en une seule fois pour certains cultivars.

Parmi les variétés de cornichon les plus courantes, certaines se distinguent par leurs qualités gustatives, même si elles n'ont pas un rendement aussi important que les

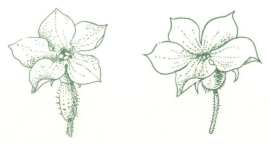

Fleurs de cornichon

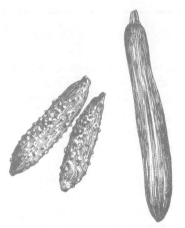
Cornichons 'Vert petit de Paris' et 'Amélioré de Bourbonne'

hybrides F1 ('Nib', 'Fortos', 'Régal'…). Il s'agit notamment de trois variétés anciennes, toujours diffusées par les grainetiers :

'Cornichon amélioré de Bourbonne' : variété assez productive, au fruit long et mince portant de fines épines, d'un vert intense, au goût très délicat, croquant et acidulé, à confire jeune ou à consommer frais à maturité.

'Vert petit de Paris' : variété vigoureuse et bien productive, pendant longtemps la plus employée (c'est "le" cornichon par excellence), petit fruit oblong épineux, tendre à croquer, à cueillir jeune quand il a "la grosseur d'un doigt", à confire.

'Cornichon de Meaux', ou 'Fin de Meaux' : variété vigoureuse et de culture facile, fruit allongé, vert, assez ferme, d'une saveur moins prononcée que les deux précédents, à confire jeune.

La culture des concombres et des cornichons

Le concombre préfère les climats chauds (la température optimale de culture est de 30 °C et le zéro de végétation à 10 °C) et les sols légers riches en matières organiques (terreau, fumier, compost bien décomposé…). Une exposition ensoleillée lui est profitable. Il redoute le froid, les gelées, mais aussi la sécheresse prolongée et les excès d'humidité : dans un terrain où l'eau risque de stagner, on cultive le concombre sur butte.

Quand ces conditions ne peuvent être remplies, on cultive le concombre sous serre ou sous tunnel, sur un film plastique noir qui concentre la chaleur. On peut aussi le palisser, puisque c'est une plante coureuse et grimpante.

Le cornichon se cultive en pleine terre. Lui aussi peut être ramé. Il est moins exigeant que le concombre en chaleur. Tous deux apprécient le voisinage des choux, des fèves, des haricots, de l'oignon, de la laitue, mais ne supporteront pas d'être plantés trop près des tomates, des melons, des radis et des pommes de terre. Le tournesol est pour le concombre un bon protecteur : il peut même lui servir de tuteur.

On sème les concombres et les cornichons à partir de mai en place, en rangs espacés de 50 centimètres, à 1,20 mètre sur le rang, à raison de trois à six graines par trou. Après la levée, au bout de 8 à 12 jours environ, on ne conservera qu'un ou deux plants. Les graines de cornichon lèvent mieux quand elles sont couvertes par une cloche. Celles de concombre ont besoin d'une température supérieure à 12 °C pour germer.

Le concombre se prête bien à la culture forcée. Il peut être semé en terrines conservées sous serre dès le mois de mars, et repiqué en avril-mai ; mais les variétés à forcer sont le plus souvent issues de plants achetés en pépinière et que l'on peut planter sous serre chauffée mi-mars pour une récolte en mai.

En culture traditionnelle, sans plastique pour limiter la pousse des mauvaises herbes, on paille le pied des concombres et des cornichons. Ce paillage permettra d'obtenir des fruits propres et de conserver un peu de fraîcheur pour la plante. Si une période sèche se prolonge, on arrose les concombres chaque jour au pied et, s'il fait vraiment très chaud, on peut arroser le feuillage le soir. Des maladies courantes au potager (oïdium, anthracnose) et des pucerons peuvent attaquer le concombre, mais cela compromet rarement la récolte.

Le concombre se taille, afin de favoriser la croissance des fruits : on pince la tige au-dessus des deux premières feuilles, puis chacune des tiges latérales obtenues au-dessus de la quatrième feuille, puis les tiges secondaires une feuille au-dessus de chaque fruit. Pour les cornichons, à l'inverse, on ne raccourcit pas les tiges, puisqu'en se développant elles freineront la croissance des fruits.

Chaque pied de concombre donnera, jusqu'à environ deux mois et demi après le semis, de trois à cinq fruits. Pour obtenir une trentaine de concombres, il faut donc dix à douze pieds. La végétation du cornichon court sur davantage de temps : trois mois entre le semis et la fin de la récolte.

On cueille le concombre avant complète maturité, quand le fruit a atteint les deux tiers de sa taille maximale, et toujours avant qu'il ne jaunisse. La récolte s'effectue tous les deux ou trois jours, au fur et à mesure des besoins, et elle s'échelonne ainsi sur environ six semaines. On tient le concombre d'une main et, de l'autre, on tranche le pédoncule au couteau. Les cornichons sont cueillis quand ils atteignent de 5 à 10 centimètres de long, en plusieurs fois.

Les limaces et, dans une moindre mesure, les escargots sont friands de concombres (les chacals aussi, mais ils fréquentent assez peu nos jardins). On protège la parcelle par un cordon de cendre ou de sciure, dispositif éventuellement renforcé par des pièges "à la bière" : de simples coupelles remplies de bière placées sur le chemin des gastéropodes alcooliques.

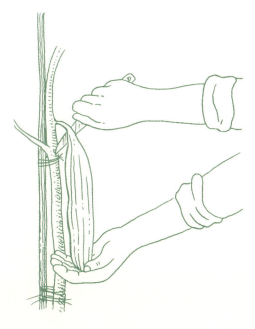

La cueillette des concombres

III. LES CONCOMBRES A LA CUISINE

Un fruit de longue vie

Sur l'île d'Okinawa, au Japon, vivent ceux que l'on appelle depuis fort longtemps les "Immortels heureux". L'île s'est fait une spécialité des centenaires et détient le record mondial de l'espérance de vie : 86 ans pour les femmes, 78 ans pour les hommes. Les vieillards y conservent une activité calme mais régulière, semblent ignorer la démence sénile, les maladies cardiovasculaires et la plupart des cancers.

L'un des facteurs de cette longévité serait une alimentation pauvre, notamment basée sur un concombre amer que l'on mange à presque tous les repas. Ceci dit, on consomme aussi fréquemment du concombre en Allemagne, et l'espérance de vie y est plus courte : le stress doit y être pour quelque chose.

Pour ce qui est d'être pauvre, le concombre est le légume le plus aqueux : il contient 98 % d'eau et ne fournit que 10 calories aux 100 grammes. Quelques fibres (environ 1 gramme de pectines pour 100 grammes de chair), du manganèse et de l'iode sont présents en plus du magnésium et du potassium, éléments dominants. La densité minérale du concombre est de ce fait plus élevée que celle des autres légumes frais. La pulpe claire renferme en outre un peu de toutes les vitamines du groupe B et de la vitamine C, à proportion de 8 milligrammes pour 100 grammes ; la peau verte contient paradoxalement de la provitamine A, ou carotène.

L'ensemble est désaltérant et diurétique, mais pas très digeste. Pour en faciliter la digestion, il faut bien mâcher le concombre ou, mais cela lui ôte de la saveur, le blanchir une minute dans de l'eau bouillante salée.

Afin de profiter au mieux de leur fraîcheur, l'idéal est de cueillir les concombres au jardin juste avant de les préparer. A défaut, on les conserve à l'abri de la lumière et dans une atmosphère légèrement humide pour éviter qu'ils ne se dessèchent, dans le bac à légumes du réfrigérateur ou à la cave, mais seulement quelques jours car ils flétrissent rapidement. On peut les congeler en morceaux après les avoir épluchés, tronçonnés et vidés de leurs graines ; ils serviront aux préparations cuites.

Les concombres de début de saison sont cueillis plus jeunes (et donc plus petits) que les variétés tardives. Un concombre pèse de 500 à 800 grammes, et donnera, après épluchage, 350 à 650 grammes de pulpe. En grossissant, le fruit devient plus ferme et moins goûteux tandis que les graines acquièrent du volume ; les concombres trop gros ou trop mûrs sont à réserver pour la cuisson.

Concombre cru

Pour la consommation crue, on épluche le concombre et on le coupe en rondelles, en tronçons, en dés… On peut le saupoudrer de sel et le faire dégorger si l'on veut en réduire l'amertume. Mais, dans ce cas, on ne consommera pas l'eau dite "de constitution" dans laquelle le concombre au cours de sa croissance a emmagasiné vitamines et minéraux. Les substances amères étant plus concentrées près du pédoncule, on peut aussi supprimer cette partie du fruit et se dispenser du salage qui ne se justifie que pour les variétés à la saveur très amère (ou pour les consommateurs au bec très sucré).

Si l'on emploie souvent le concombre en association avec du yaourt (de préférence au lait entier) ou du fromage blanc, c'est pour obtenir des plats peu caloriques et rafraîchissants, donc tout à fait adaptés au régime estival de la "ligne plage". Le plus connu de ces plats est le *tzatziki*, qui forme avec le tarama et le caviar d'aubergines *(melizano salata)* la trilogie des hors-d'œuvre grecs. Le malheur est que c'est encore plus délicieux avec quelques tranches de bon pain au levain et quelques verres de rosé (lirac ou tavel).

- *Tzatziki*

> 1 concombre ; 250 g de yaourt égoutté ; 2 gousses d'ail ; une pincée de sel ; 2 cuillères à soupe d'huile d'olive ; 1 cuillère à soupe de vinaigre ; menthe et aneth hachés.

Eplucher le concombre, le râper en gros morceaux et les égoutter ou les tamponner avec du papier absorbant. Broyer l'ail avec le sel. Dans un saladier, mélanger le yaourt avec le concombre, l'ail, l'huile d'olive et le vinaigre. Ajouter la menthe et l'aneth hachés. Conserver au réfrigérateur avant de servir.

On peut aussi préparer le *tzatziki* sans ail, en utilisant à la place de la ciboulette (légèrement) plus digeste, et remplacer menthe et aneth par du basilic. Dans son livre rond comme un picodon, *Du fromage de chèvre en général, et du banon en particulier* (Equinoxe, 1999), Gilbert Fabiani donne la recette d'une sorte de *tzatziki* sec, confectionné avec du fromage de chèvre blanc (caillé frais) battu et égoutté, puis additionné d'huile d'olive, de jus de citron, de moutarde, de sel et de poivre.

Et si l'on hésite entre la poire et le fromage, on mariera les deux avec le concombre. A l'instar du *pecorino con pere* toscan (fromage de brebis et poire), le fromage de chèvre et les petites 'Guyot' d'été font bon ménage. On y ajoute des tranches de concombre, un jus de citron ou un filet d'huile d'olive, quelques brins de ciboulette et un tour du moulin à poivre.

Le concombre cru se savoure "jaspé d'estragon et de pimprenelle" (Henri Leclerc), parsemé de persil ou de cerfeuil hachés, accompagné de petits oignons nouveaux ou de rondelles d'oignon rouge… Il se sert en salade : avec des belles feuilles de romaine et des olives noires, ou avec des petits dés d'avocat et de gruyère et une vinaigrette forte en moutarde, ou encore en petits morceaux mélangés à des cubes de melon. Les Américains raffolent de *cucumber jelly*, gelée de concombre mélangé avec de l'oignon, du persil, de l'estragon et des feuilles de gélatine.

Le concombre des Antilles, au goût plus doux, se croque sitôt cueilli, tel que la nature l'a donné, sans apprêt ni assaisonnement (il suffit de le peler et d'en recracher les graines). On peut cependant, par un effort à finalité gastronomique, le cuisiner avec des produits de la mer : morue, crabe, crevettes, poulpe… et des produits du rivage : noix de coco et citron vert. Dans ce cas, l'énergie déployée à l'office sera reconstituée avec un ti-punch.

• *Concombre à l'antillaise*

2 concombres des Antilles ; l'équivalent d'un quart de noix de coco ; 1 petite boîte de crabe, ou l'équivalent en chair de crabe frais ; 1 citron vert ; 2 yaourts ; 2 cuillères à soupe de crème fraîche ; coriandre ; sel ; poivre.

Éplucher les concombres, les couper en morceaux et en extraire les graines. Râper la noix de coco. Couper le citron en rondelles. Sur le plat de service, disposer le concombre, puis le parsemer de noix de coco et de miettes de crabe. Décorer avec les rondelles de citron et réserver au réfrigérateur. Préparer la sauce avec les yaourts, la crème fraîche et la coriandre ciselée, saler et poivrer. Servir la sauce à part. On peut ajouter du melon ou de la pastèque coupés en petits cubes pour rehausser la touche sucrée du plat.

Le concombre s'accommode en potages froids, tel le gaspacho à base de tomates, de poivrons, de concombres et d'oignons, pimenté et épicé, servi frais avec des croûtons de pain frotté d'ail et mouillé d'huile d'olive passés au four. Dans le gaspacho, la tomate et le concombre surnagent en petits morceaux. Dans d'autres recettes, les légumes sont mixés.

• *Potage glacé*

2 concombres ; 4 yaourts ; 2 échalotes ; 4 cuillères d'huile d'olive ; une dizaine de feuilles de menthe ; sel ; poivre.

Éplucher les concombres et les échalotes, les couper en morceaux. Les mixer avec l'huile d'olive, les yaourts, les feuilles de menthe, le sel et le poivre. Passer au tamis pour retenir les morceaux de pulpe non mixés. Placer au réfrigérateur 3 à 4 heures avant de servir très frais en début de repas.

Dans le même ordre d'idées, du concombre mixé avec un sirop de sucre, un blanc d'œuf et le jus d'un citron, puis versé dans une sorbetière ou placé au congélateur, fournira un sorbet au goût inusité.

Concombre cuit

Les Anglais préparent le concombre en soupe chaude, mais peut-être est-ce pour se venger de ne pouvoir le cultiver autrement que sous abri. Les chefs spécialisés dans la cuisine du saumon emploient le concombre en coulis, comme on le ferait avec de la tomate, ou en sauce avec de la crème fraîche. Dans la ratatouille, il peut remplacer la courgette mais n'en égale pas la bonté de goût. Même en ajoutant qu'on peut le gratiner, en garnir une tarte au fromage ou le cuire au beurre, les recettes ne sont donc pas nombreuses…

Au siècle dernier, pourtant, la cuisson du concombre était recommandée comme utile, voire impérative, pour en faciliter la digestion : "Il faut alors, écrit Henri Leclerc, tous les artifices de l'art culinaire pour en relever la saveur fade et douceâtre, pour donner une âme à sa chair insipide et molle : on atteint ce but en l'évidant et en le bourrant d'une farce composée, par exemple, de riz, d'olives, de champignons et aiguisée d'une pointe d'ail ou d'échalote."

C'est sans doute du côté de la farce qu'on doit chercher l'inspiration. On sait combien sont délectables les aubergines et les poivrons farcis, sans parler des tomates et des pommes de terre, tous légumes appartenant à la famille des Solanacées. Des Cucurbitacées, on ne farcit guère que la courgette, vague cousine du concombre. Une raison de plus pour essayer.

• *Concombre farci*

1 concombre ; 300 g de farce (mi-bœuf, mi-chair à saucisse) ; 1 oignon ; 1 œuf ; persil ; 1 filet d'huile ; sel ; poivre.

Eplucher le concombre et le tronçonner en morceaux de 2 à 3 centimètres, en vider la partie centrale. Mélanger la farce avec l'oignon et le persil hachés, incorporer l'œuf, saler et poivrer. Huiler un plat, y placer les tronçons de concombre puis les garnir de farce. Enfourner à four chaud et laisser cuire environ 30 minutes (thermostat 5). A mi-cuisson, arroser avec le jus additionné si besoin d'un peu d'eau.

On peut bien sûr préparer un combiné de petits farcis : tronçons de concombre, demi-courgettes, petites tomates… et ajouter dans la farce quelques centilitres de vin blanc sec. Les concombres de variété précoce, courts et tendres, se farcissent "en longueur" après avoir été fendus par le milieu et vidés de leurs graines. Le *Larousse ménager* conseillait de les cuire dans une casserole avec du beurre et du bouillon plutôt qu'au four et de les servir accompagnés d'une sauce espagnole (un roux de beurre et de farine, mouillé avec du jus de viande, additionné de petits légumes et de parures de viande, cuit trois quarts d'heure à petits bouillons et passé).

• *Concombre à la poulette*

1 concombre ; 40 g de beurre ; 30 g de farine ; 1 jaune d'œuf ; 1 cuillère de vinaigre.

Eplucher le concombre et le couper en deux dans le sens de la longueur. Débiter les deux moitiés en quartiers et enlever les graines. Faire cuire dans de l'eau bouillante salée. Egoutter le concombre et conserver l'eau de cuisson.

Pour préparer la sauce à la poulette, faire fondre le beurre dans une casserole, ajouter la farine, faire roussir puis mouiller avec un quart de litre de l'eau de cuisson du concombre. Laisser réduire. Ajouter les morceaux de concombre, puis lier la sauce avec un jaune d'œuf et une cuillère de vinaigre (on peut aussi ajouter une noix de beurre).

Cornichons au sel ou au vinaigre

Les cornichons sont verts (sauf les blancs), même quand ils sont mûrs, et cette couleur verte participe à leur attrait. "Il faudrait être bien peu épicurien, écrit Henri Leclerc, pour ne pas se sentir venir l'eau à la bouche rien qu'à les voir se tordre, verts et grenus, dans les bocaux, en compagnie des petits oignons blancs à la panse arrondie et satinée" (*Les Légumes de France*).

Quand on prépare ses cornichons, pour les avoir d'un beau vert presque luisant, il y a deux méthodes : soit on les frotte un à un dans un chiffon après les avoir brossés, soit on les passe deux fois au vinaigre bouillant avant de les mettre dans le vinaigre froid avec les aromates.

Cette seconde façon de faire est à l'origine de l'une des hantises de nos grands-mères, la présence de vert-de-gris dans les aliments, presque autant redoutée que les morsures de vipère… Il faut dire qu'autrefois les épiciers faisaient bouillir les cornichons avec du vinaigre dans des vases de cuivre non étamés, afin de leur donner une belle coloration encore plus verte. Cela avait pour conséquence que les cornichons renfermaient des sels de cuivre, dont le fameux et redouté vert-de-gris. Dans les vieux ouvrages de savoir-faire ménager, on conseillait un moyen d'en vérifier la présence : on pique les cornichons avec une aiguille d'acier, et si l'aiguille se couvre d'une couche de cuivre métallique, on jette les cornichons et on change d'épicier…

La préparation des cornichons (ou, à défaut, de petits concombres) est si simple qu'il serait dommage de s'en priver. On s'installe si possible à la table du jardin (cela évitera une fastidieuse séance d'aspirateur) et on brosse les cornichons pour en ôter les poils piquants. On les place dans une terrine, saupoudrés de gros sel, pendant vingt-quatre heures, afin qu'ils dégorgent. Puis on les rince et on les égoutte avant de les mettre en bocaux dans du vinaigre de vin blanc froid avec des petits oignons, des gousses d'ail coupées en quatre, des petits morceaux de tomate, des piments, du poivre en grains, de l'estragon, de l'aneth… On laisse reposer pendant un à deux mois avant de consommer.

Les cornichons *malossol*, ou cornichons à la russe, très prisés en Pologne notamment, sont de gros cornichons brossés et lavés, rangés verticalement dans un bocal et séparés par des feuilles de chêne (qui ont la propriété de raffermir les cornichons) et de cerisier ou de cassissier (pour les parfumer). On ajoute une bonne cuillerée de gros sel et l'on remplit à ras bord le bocal d'eau bouillante. On laisse reposer trois à quatre semaines avant consommation.

Ces conserves se gardent une année, guère davantage, puis deviennent trop aigres. Il est donc inutile d'en préparer une quantité supérieure à celle nécessaire pour attendre le prochain été, période de récolte.

Les cornichons coupés en fines rondelles ou hachés menu agrémentent les sauces miroton, tartare, gribiche et ravigote – où ils retrouvent leur compagnon de bocal, l'estragon – ainsi que la sauce charcutière sans laquelle on ne saurait servir une langue de bœuf.

L'épinard, l'arroche et la tétragone

Jérôme Goust

INTRODUCTION

L'injustice d'Aramis

Dans nos sociétés friandes de chair fraîche, les légumes ont rarement bonne presse… L'épinard ne déroge pas à cette règle. Il y a à cela une grande injustice, et la palme en revient peut-être à Aramis, au chapitre XXVI des *Trois Mousquetaires* d'Alexandre Dumas.

D'Artagnan y retrouve son ami Aramis, tout de gris vêtu, en conférence avec le supérieur des jésuites d'Amiens. L'heure est grave, notre mousquetaire, plongé dans le thème qu'il a choisi pour sa thèse de théologie, s'apprête à quitter la compagnie des mousquetaires pour la compagnie de Jésus… S'agit-il d'une crise mystique ?

Aramis propose à d'Artagnan de partager son repas :

"– … vous vous rappellerez que c'est aujourd'hui vendredi ; or, dans un pareil jour, je ne puis ni voir, ni manger de la chair. Si vous voulez vous contenter de mon dîner, il se compose de tétragones cuites et de fruits.

– Qu'entendez-vous par tétragones ? demanda d'Artagnan avec inquiétude.

– J'entends des épinards, reprit Aramis.

– Ce festin n'est pas succulent, mais n'importe, pour rester avec vous, je le subirai."

Or, il s'avère que d'Artagnan apporte à son ami un courrier de la duchesse de Chevreuse… Tout change : plus question de religion ni de vendredi. La crise mystique n'était que déprime d'un amant se croyant délaissé :

"En ce moment, Bazin (le valet dévot) entrait avec les épinards et l'omelette.

– Fuis, malheureux ! s'écria Aramis. Retourne d'où tu viens, remporte ces horribles légumes et cet affreux entremets ! Demande un lièvre piqué, un chapon gras, un gigot à l'ail et quatre bouteilles de vieux bourgogne."

Avec ce dialogue, "la messe est dite", et le sort que le triomphe de la cuisine bourgeoise au XIXᵉ siècle allait réserver aux légumes se trouve ici résumé. Ce n'est d'ailleurs pas un hasard si cette cuisine carnée est largement symbolisée par le *Dictionnaire de gastronomie* du même Alexandre Dumas, qui réduit les légumes à la portion congrue.

Lequel Dumas n'était pas à une erreur ou une approximation historique près, puisque la tétragone n'a été découverte, comme on le verra, que plus de cent cinquante ans après l'époque des Trois Mousquetaires, et que les XVIe et XVIIe siècles furent la grande époque des légumes : Catherine de Médicis les intronisa mets royaux, et Louis XIV en était tellement friand qu'au Potager du roi, à Versailles, La Quintinie développa la culture de beaucoup de nos légumes modernes (laitues, petits pois, asperge...).

De ce mauvais traitement, nous rendrons justice en évoquant toutes les plantes que l'homme a consommées sous le nom d'"épinard", et en célébrant leur gastronomie. En rendant ainsi leurs lettres de noblesse à ces bienfaiteurs du genre humain, nous espérons faire œuvre de salubrité... et en leur redonnant une place de choix dans notre alimentation, nous contribuerons à faire reculer les maladies de civilisation – du cancer à l'obésité –, tout comme ces plantes ont, des siècles durant, aidé l'humanité à faire face aux disettes.

I. LES ÉPINARDS A TRAVERS LE MONDE

Comme Aramis en témoigne, le terme "épinard" a servi à désigner toutes sortes de végétaux dont on consommait les feuilles cuites. L'histoire de ces "épinards" va nous entraîner dans un tour du monde à travers les plantes et les siècles.

Au commencement était le pot

L'histoire de ces plantes remonte sans doute aux débuts de l'humanité, lorsque nos prédécesseurs mâchaient des herbes pour se nourrir ; ils durent vite marquer leur préférence pour les plus charnues et les plus développées. Et lorsqu'ils eurent maîtrisé le feu et inventé le premier récipient de cuisson, la première casserole, nul doute qu'elles furent les premières à y mijoter, ces "herbes à pot".

Dans son *Histoire de l'alimentation végétale*, A. Maurizio consacre un chapitre aux plats d'"épinards", désignés comme flore anthropophile des jardins de villages. Leur point commun est de fournir un aliment consommé sous forme de bouillies plus ou moins épaisses, comme nos épinards. Maurizio recense de telles plantes dans de nombreuses familles botaniques. La plupart ont été cultivées à une époque ou une autre, mais leur utilisation ne subsiste qu'au niveau de la cueillette. Pour nombre d'entre elles, nous le verrons plus loin, nos ancêtres avaient bien visé : leur intérêt diététique est loin d'être négligeable.

C'est ainsi que l'on trouve parmi les herbes à pot des plantes de la même famille que l'épinard – chénopodes, arroche, salicorne –, mais aussi des Polygonacées (patiences, *Polygonum*), des Amarantacées, des Brassicacées (moutardes et ravenelles), la morelle (une Solanacée), l'ortie, la mauve ou encore la bourrache.

Commençons donc par nous pencher sur ces herbes à pot qui précédèrent l'épinard dans les estomacs de nos ancêtres.

• *L'arroche et les chénopodes*
L'arroche *(Atriplex hortensis)* est sans doute la plus ancienne des herbes à pot. C'était une plante très répandue, pourvue de multiples noms et consommée dans de nombreux pays. Henri Leclerc, dans *Les Légumes de France*, raconte qu'il découvrit l'arroche durant la Grande Guerre, pendant la retraite de la Marne. C'est au presbytère du village de Plancy qu'il en récolta une touffe ; chef de popote, il la rapporta au poilu responsable de la cuisine, qui lui répondit avec dédain : "C'est de la bonne-dame ; chez nous on la donne à manger aux cochons" – ce qui atteste quand même le caractère nourrissant de la plante, car les paysans ont toujours pris soin de nourrir le mieux possible ces bêtes qui constituaient leur plus grosse source de viande et de graisses.

On trouve mention de l'arroche chez de nombreux auteurs, depuis Hippocrate jusqu'à sainte Hildegarde. Elle est parfois confondue avec certaines espèces de chénopodes, en particulier *Chenopodium album*. En Russie, on l'appelait *natyna* : on récoltait ses feuilles en grande quantité au printemps, et on les consommait additionnées d'ail. D'autres espèces de chénopodes furent aussi employées de cette manière : le bon-henri, le *Chenopodium polyspermum*...

Parmi les chénopodes, il en est d'ailleurs un qui démarre une belle carrière sous nos cieux, c'est le quinoa. Il est cultivé depuis des millénaires en Amérique du Sud, dans les Andes, jusqu'à plus de trois mille mètres d'altitude. Les Aztèques en consommaient les feuilles, mais aussi les graines ; et il arrive chez nous comme graine alimentaire, encore plus riche et plus complète que nos céréales traditionnelles, pour rééquilibrer nos alimentations trop riches en protéines animales.

• *Les baselles*

Ces plantes sarmenteuses de la famille des Chénopodiacées, dont on consomme les feuilles épaisses et succulentes, sont originaires de l'Asie et de l'Afrique tropicales. Elles peuvent dépasser deux mètres de haut. C'est un certain Rheede, gouverneur hollandais du Malabar, qui fit découvrir aux Occidentaux en 1688 celle que les indigènes appelaient *basella*. De là, elle fut envoyée au jardin botanique d'Amsterdam ; on la retrouve en 1704 dans des jardins anglais, puis dans le reste de l'Europe. La baselle rouge est nommée épinard de Malabar (ou encore brède d'Angola). Au XIXe siècle, M. Trabut, botaniste du gouvernement, prônait son extension en Algérie. Quant à la baselle blanche, on l'appelle aussi épinard de Chine.

• *Les amarantes*

Les Amarantacées, dont nous connaissons comme plantes ornementales la célosie crête-de-coq ou l'amarante queue-de-renard, sont de proches parentes des Chénopodiacées. Les amarantes, qui sont aujourd'hui considérées comme de redoutables mauvaises herbes des jardins, étaient cultivées et consommées, en particulier dans les civilisations andines, mais aussi en Europe, pour leurs feuilles ou pour leurs graines.

Parmi elles, quelques-unes ont acquis ici ou là une certaine importance, comme le rapportait Désiré Bois en 1927. *Amarantus gangeticus* (alias *oleraceus* ou *spinosus*, la brède de Malabar) était à l'époque cultivé à grande échelle en Inde, où ses jeunes tiges se préparaient comme des haricots. A la même époque, deux variétés étaient présentes dans de nombreux jardins en Indochine, ainsi qu'une autre aux Antilles. *A. spinosus* était cultivé en Chine et connu en Martinique sous le nom d'épinard piquant ou épinard cochon, et appelé à Madagascar *anampatsa*.

Quant à Auguste Paillieux, auteur avec Désiré Bois du *Potager d'un curieux*, il cultivait dans son jardin de Crosne, dans la région parisienne, l'*Amarantus palmeri* originaire de Basse-Californie.

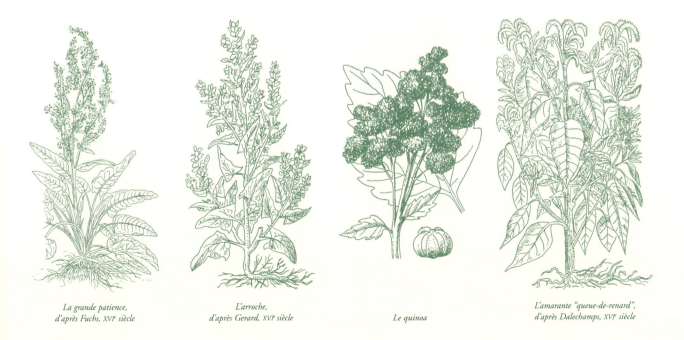

La grande patience, d'après Fuchs, XVIe siècle

L'arroche, d'après Gerard, XVIe siècle

Le quinoa

L'amarante "queue-de-renard", d'après Dalechamps, XVIe siècle

• *D'autres herbes à pot*
Dans cette énumération, il ne faudrait pas oublier une plante qui revient fort à la mode, mascotte des jardiniers biologiques : l'ortie. Nos ancêtres la consommaient en particulier au printemps, certains en faisaient même des cures revitalisantes. Cette vertu est confirmée aujourd'hui par l'analyse de la plante, qui révèle sa richesse en minéraux, en oligo-éléments et en substances de croissance. On retrouve également l'usage de l'ortie en Pologne, et dans une moindre mesure en Hongrie et dans l'est de l'Allemagne.

Figure également parmi ces herbes à pot une plante plus surprenante, la morelle noire, de la famille des Solanacées, comme la tomate. Surprenante, car elle est considérée à juste titre comme très toxique ; en fait, ce sont ses baies noires qui sont dangereuses, et les jardiniers doivent surveiller les enfants souvent attirés par les jolis petits fruits de cette mauvaise herbe. On la cultivait autrefois pour consommer uniquement ses feuilles. Le botaniste allemand Valerius Cordus (1514-1544) en parlait déjà au passé : "La morelle vulgaire était autrefois cultivée comme aliment. Mais à présent nous évitons d'en manger."

L'ortie, d'après Fuchs, XVIe siècle

De la Perse à Paris

Inconnu des Grecs et des Latins, le véritable épinard *(Spinacia oleracea)* est sans doute originaire de la région comprise entre le Caucase et l'Asie Mineure. Dans son *Histoire des légumes* (1912), Charles Gibault confirme son origine perse. Les Hindous l'appellent *isfany* ou *palak*, mais l'absence de nom sanscrit indique une culture peu ancienne dans ces régions. Il en est de même en Chine, où son nom, *po-sso-ts'ao*, signifie "herbe de Perse". Les légumes occidentaux ont pour la plupart été introduits en Chine un siècle avant l'ère chrétienne. On ne connaît pas de nom hébreu à l'épinard, ce qui semble également confirmer que sa culture ne s'est répandue en dehors de la Perse qu'au début de l'ère chrétienne. L'*Agriculture nabatéenne*, compilation rédigée en Syrie au IVe siècle, en fait mention, et les médecins arabes et persans du Xe siècle le citent.

La culture et l'utilisation de l'épinard se sont propagées avec l'essor de l'Islam ; le prophète Mahomet en était friand. Ce sont donc les Arabes qui l'ont répandu, d'abord au Moyen-Orient. A partir de là, deux hypothèses se font jour. Pour certains, l'épinard aurait avancé avec la civilisation arabe sur le pourtour méditerranéen, serait passé dans la péninsule Ibérique, et enfin dans toute l'Europe. En faveur de cette thèse, on invoque le fait qu'on retrouve l'épinard au XIIIe siècle dans le traité d'Ibn al-Baytâr, médecin de Málaga. Pour d'autres, ce sont les croisés qui auraient rapporté l'épinard. On dit même que cet apport serait involontaire : les graines de l'épinard originel, pourvues de crochets, se seraient fixées sur les habits des croisés ou leurs sacs, et auraient ainsi fait leur entrée chez nous.

L'épinard, d'après Dalechamps, XVIe siècle

Sans prétendre départager les différentes versions, on peut quand même mettre en doute l'hypothèse d'une introduction involontaire : en effet, la rapidité de l'extension de l'épinard au Moyen Age laisse penser que c'est en qualité de plante cultivée et consommée qu'il est arrivé, et non en passager clandestin. L'hypothèse de l'arrivée de l'épinard *via* l'Espagne est d'ailleurs confortée par Ibn al-'Awwâm, agronome andalou du XIIe siècle, qui signale que pour les musulmans, il est "el ra'îs", le prince des légumes. Mais du fait que de multiples plantes furent appelées épinards – en culture ou en cuisine –, il s'agit seulement là de son cheminement le plus vraisemblable, sans qu'aucune certitude absolue soit possible.

Les divers documents agricoles et domestiques du Moyen Age permettent de situer de manière assez précise l'apparition de l'épinard sous nos cieux. Il est absent du capitulaire *De villis* de l'empereur Charlemagne, dans lequel seule figure l'arroche. Par contre, il est présent au XIVe siècle (toujours avec l'arroche) aussi bien dans le *Livre des profits champêtres* de Pierre de Crescens (1305) que dans le *Calendrier de courtillage du ménagier de Paris* (1393). Dans ce dernier, il est signalé qu'"il y a une espèce de poirée qu'on appelle espinoche, et qui se mange au commencement du caresme". L'épinard semble donc s'être vite imposé, puisqu'on le trouve alors dans nombre d'écrits domestiques : en 1302, on mentionne un achat de semences d'épinard pour le château de la comtesse Mahaut d'Artois ; on le retrouve entre 1378 et 1389 dans les dépenses du château de Bouvre-lès-Dijon pour Mgr le duc de Bourgogne. Et l'épinard a aussi conquis d'autres pays, puisque Albert le Grand (moine bavarois du XIIIe siècle) le cite.

A la Renaissance, les épinards étaient déjà très populaires : des fillettes montées sur des ânes allaient dans les rues en vendre à la criée. Elles les vendaient tout préparés, cuits à l'eau, en boulettes dont on avait fait dégorger l'eau en les pressant à la main ou à l'aide d'un bâton.

Celle qui faillit détrôner l'épinard

En Europe, la plus récente de ces feuilles légumières est la tétragone *(Tetragonia expansa)*. Indigène dans les grandes îles de l'Océanie – Australie, Nouvelle-Zélande,

La tétragone cornue

Nouvelle-Calédonie –, on la trouve aussi dans de nombreux pays asiatiques (Chine, Japon) et au Chili, où elle a dû être naturalisée dans des temps très anciens. Elle présente la double particularité d'être la seule plante potagère européenne originaire d'Australasie, et le seul végétal alimentaire de la famille des Ficoïdes (Aizoacées), avec la ficoïde glaciale *(Mesembryanthemum cristallinum)*, au demeurant plus anecdotique dans nos jardins, mais cultivée à la Réunion.

L'introduction de la tétragone en Europe est assez récente, puisqu'elle date de la fin du XVIIIe siècle. C'est lors du premier voyage autour du monde du capitaine James Cook que Sir Joseph Banks remarqua en Nouvelle-Zélande cette herbe succulente dont les ramifications s'étalaient sur le sol. Au retour de l'expédition, en 1772, les graines qu'il avait rapportées furent semées dans les jardins de Kew. Mais c'est le botaniste Forster qui, lors du second voyage de Cook, eut l'intuition que ces feuilles charnues qui lui rappelaient l'arroche pourraient aider l'équipage à se prémunir contre le scorbut. La plante fut baptisée "tétragone" en 1783 par le professeur Murray, de Göttingen ; et "cornue" par un autre botaniste qui l'avait découverte dans un jardin… à Moscou.

En France, la tétragone fit sa première apparition dans le *Traité des végétaux* du grainetier Tollard en 1805, puis fut adressée comme nouveauté à la Société royale d'horticulture de Londres par M. de Vilmorin en 1820. Elle fit

II. MOTS D'ÉPINARDS

L'épinard et ses succédanés ont été traités de manières très diverses dans l'histoire et la littérature : loués par les uns, honnis par les autres, prince des légumes ou pitance obligatoire ! Alexandre Dumas n'est pas le seul à avoir trempé sa plume dans les épinards, le mot "épinard" est présent partout, des bandes dessinées à la psychanalyse, nous allons le voir.

Nommer les épinards

S'il fallait mesurer l'importance d'une plante au nombre de dénominations populaires qui la désignent, nul doute que l'épinard serait dans le peloton de tête. Eugène Rolland ne lui consacre pas moins de quatre pages dans sa *Flore populaire*. Dans cette longue énumération, on trouve autant de mots masculins que féminins, autant de singuliers que de pluriels.

Mais ce nom, d'où vient-il ? Pendant longtemps, on a considéré qu'il s'agissait d'un vocable descriptif, en rapport avec ses graines piquantes, épineuses, devenues *espinoches* dans la forme ancienne, puis "épinards".

Il n'en est rien, comme le montre le *Dictionnaire historique de la langue française*, qui fait dériver "épinard" du persan *ispanâk*, devenu en arabe oriental *'asfanâh* (au IXe siècle) ou *'isfinâh*, puis en arabe d'Andalousie *'isbinâh*. On retrouve *spinarchia* ou *spinargia* en latin médiéval, puis en ancien français *espinace*, *espinarde* (1256), *espinar* (1393), et *épinart* (1636). Le terme originel a donné naissance à de nombreuses appellations populaires où il demeure très reconnaissable... sauf dans quelques formes plus lointaines, comme *pêke* (Bourg), *'erbié* (Guernesey), *hecha* ou *houcho* dans les Vosges. On retrouve *spanach* en Silésie, *spinazie* en flamand, *spanac* en roumain.

Comme l'épinard a dominé les plantes de sa catégorie – celles que l'on mange au pot –, ces dernières ont souvent hérité de son nom : ainsi le chénopode bon-henri est appelé épinard sauvage, bâtard, champêtre, tandis que l'arroche devient faux épinard, épinard rouge (Nièvre), épinard roche (Seine-et-Marne), épinard carole (Orne) ou

---

LES BRÈDES

Le *Dictionnaire d'histoire naturelle* (1844) fait le tour de ces herbes légumières. Il signale ainsi plus de soixante espèces de chénopodes et quarante-neuf arroches. A la rubrique "épinard", il en cite quelques succédanés, tels l'épinard doux *(Phytolacca decandra)* et l'épinard-fraise *(Chenopodium capitatum* ou *virginatum)*.

Mais la notice la plus intéressante concerne les brèdes : "On appelle ainsi dans toute l'Asie méridionale, à Bourbon, à Maurice et aux Antilles, toutes les plantes herbacées qui se mangent comme des épinards." La brède par excellence est la brède morelle (brède Martin à la Réunion), qui est la morelle noire, "comme la morelle de notre pays ; le principe actif est plus fort, il faut la blanchir".

Suit alors une liste de brèdes, appartenant à des familles botaniques variées : brède bengale *(Chenopodium atriplex)* ; brède chevrette *(Illecebrum sessile)* ; brède chou caraïbe (jeune pousse d'*Arum esculentum*) ; brède cresson *(Sisymbrium nasturtium*, cresson de fontaine) ; brède Gandole *(Basella rubra*, baselle rouge) ; brède giraumon (jeunes pousses de *Cucurbita pepo*, courge) ; brède malabarre *(Amarantus spinosus, Atriplex bengalensis, Corchorus olitorius)* ; brède malgache *(Spilanthes moringa)* ; brède moutarde *(Sinapsis india)* ; brède puante *(Cleome pentaphylla*, perd son odeur à la cuisson) ; quant à notre épinard, c'est la brède... de France.

L'épinard-fraise

---

même partie des distributions de graines organisées par le Jardin royal des plantes à Paris sous l'impulsion du comte d'Ourches, qui s'en fit l'ardent propagandiste. Sa culture prit plus d'extension en Grande-Bretagne et aux Etats-Unis. Et en 1912, Charles Gibault signalait qu'"aujourd'hui, tous les jardiniers de château et de bonnes maisons bourgeoises cultivent la tétragone pour remplacer l'épinard pendant les grandes chaleurs, mais cette denrée horticole ne se voit jamais sur les marchés". La tétragone, cultivée par les jardiniers curieux, a depuis lors gardé cette notoriété.

encore épinard géant. La ficaire (de la famille des Renonculacées) est l'épinard des bûcherons, la pariétaire officinale (une Urticacée), l'épinard des murailles, et la grande patience (une Polygonacée), l'épinard immortel.

Le mot "arroche", quant à lui, provient du grec *atraphaxis*, qui signifie "qui n'est pas nourrissant". Il en est dérivé son nom botanique latin *atriplex*, devenu *atripica*. On trouve *atripia* dans le capitulaire *De villis* de l'empereur Charlemagne, *arreppe* au XIIe siècle, et "arroche" à partir du XVe siècle. Certains ont avancé qu'"arroche" était en rapport avec *arace*, *arrache*, par attraction d'"arracher". E. Rolland reconnaît de nombreux surnoms à l'arroche, selon les lieux : bonne-dame (Berry, Suisse, Aisne), prudes femmes, jouttes (Nord), payodes, herbe de Sainte-Gèvre (Lyonnais), poule grasse, et *hotcha* dans les Vosges. Dans le *Traité curieux des couleurs* (1647), l'arroche signifie "je n'ai que faire de vous" !

"Chénopode" nous vient du grec *khen* (oie) et *podos* (pied) – patte-d'oie, donc –, devenu *chenopodium* en latin puis dans la nomenclature botanique. Cette origine s'applique à l'ansérine *(Chenopodium murale)*, que l'on trouve appelée pied d'oie (Orne, 1630), *pi d'ony'* (Vaud, 1776), *pies d'oyson* (1557), *pata d'aouca* (Le Vigan, Gard), patte-d'oie (Eure) ou encore *p'ette d'oueye* (Vosges). On retrouve cette même origine en anglais *(wall-goosefoot)*, en allemand *(Mauergansefuss*, patte-d'oie des murs), en italien *(piede d'oca)*…

Le chénopode le plus consommé par nos ancêtres, remis au goût du jour par un auteur comme François Couplan, est le chénopode bon-henri, herbe courante dans nos régions, d'où ses nombreuses dénominations : oseille de Tours (XVIe siècle), *sarrous* dans les Pyrénées, "herbe à marcou" en Vendômois, *verdale* (Fribourgeois), et des formes proches en Suisse et en Savoie… jusqu'au nom de *cago-chi* (Cévennes, 1785), parce que les chiens aimeraient à déposer leurs excréments sur cette plante… Dans le langage des fleurs "le bon-henri est le symbole de la bonté", alors que la patte-d'oie *(Chenopodium murale)* est l'emblème de la peur.

L'arroche

Drôles d'épinards

Au fil des siècles, le mot "épinard" a servi à désigner d'autres choses que des plantes. Le *Dictionnaire de la langue française du XIXe et du XXe siècle* indique ainsi qu'en peinture, le vert épinard désigne un vert sombre et soutenu. Les références littéraires qui lui sont faites n'ont rien de positif : "Je commence à en avoir assez d'Infreville et du reste, tous ces petits coins vert épinard." (Proust, *Sodome et Gomorrhe*.) "Je m'avisais de ses ongles. Leur ordure, une ordure particulière, un peu épinard, me frappe d'une réminiscence particulière." (Audiberti, *Le mal court*, 1947.)

Ces connotations péjoratives disparaissent lorsqu'on passe au vocabulaire décoratif, où "épinard" désigne l'élément d'une frange ou d'un gland, en forme de graine d'épinard : "… l'évêque coiffé de son chapeau plat qui laissait passer par ses trois cornes trois glands d'or à graines d'épinards." (Hugo, *Les Misérables*.)

Le chénopode bon-henri, d'après Fuchs, XVIe siècle

Cet élément décoratif se retrouve dans l'armée, où il désigne un insigne torsadé représentant un grade supérieur, porté par les officiers généraux dans l'armée française : "Peut-il y avoir rien de plus déshonorant au monde, s'écria Leuwen, immobile à sa place, que de s'obstiner à lutter ainsi contre l'absence de rang ! Ce démon ne me pardonnera jamais l'absence des épaulettes à graines d'épinards." (Stendhal, *Lucien Leuwen*.)

L'épinard classe donc son homme, et donne son rang : "On doit voir qui vous êtes. Une femme de chambre est une femme de chambre. […] Pourquoi donc a-t-on des épaulettes à graines d'épinards dans le militaire ? A chacun son grade !" (Balzac, *Le Cousin Pons*.)

De ces qualifications plutôt décoratives, l'épinard est passé à des significations plus symboliques. Tout le monde connaît l'expression "mettre du beurre dans les épinards", qui donne d'ailleurs le mauvais rôle aux épinards puisque le beurre (l'argent) est ici censé améliorer l'ordinaire financier, comme il améliore l'ordinaire alimentaire. "Aller aux épinards" signifie gagner sa vie. Mais cela prend une autre tournure en argot, où "passer aux épinards" désigne un souteneur qui reçoit de l'argent d'une prostituée, ou un homme qui se fait entretenir par sa maîtresse.

Bien qu'il s'agisse également d'argot, Aristide Bruant donne un tout autre sens au mot "épinard", puisque pour lui, c'est une bouse de vache fraîchement expulsée (*Dictionnaire d'argot*, 1901).

On situe plus mal une autre signification, "raccommoder les épinards", qui désigne un rôle de médiateur : "Quoiqu'il soit dit que la poule ne doit pas chanter plus haut que le coq, je pacifie tant que je peux à c'te fin de raccommoder les épinards avant que ça se gâte définitivement." (Balzac.)

Il en va de même pour cette remarque de Capendu, dans *Le Pré catelan* : "Il ne faut pas reprendre une vieille liaison, il n'y a que les épinards qui soient bons réchauffés." On peut peut-être la rapprocher du proverbe provençal cité par Mistral, *"Fracassa lis espinarc"*, qui signifie "conter fleurette"…

Les grands auteurs et les épinards

Un des premiers grands "testeurs" d'épinards fut Rabelais, qui en fait un élément de l'éducation de Gargantua au chapitre XIII de son livre : "Comment Grandgousier congneut l'esprit merveilleux de Gargantua à l'invention d'un torche-cul."

Dans ce chapitre, Gargantua décrit à son père tous les essais qu'il a faits pour découvrir "un moyen de me torcher le cul, le plus seigneurial, le plus excellent, le plus expédient qui jamais fut vu". Et parmi les multiples procédés testés figurent les feuilles d'épinard ("le tout me fait grand bien à ma jambe"). Pour finir, Gargantua conclut : "Il n'y a tel torche-cul que d'un oison bien duveté, pourvu qu'on luy tienne la teste entre les jambes…"

Si de nombreux auteurs ont par la suite pris parti pour ou contre les épinards, ils s'en sont cependant tenus à son rôle alimentaire, à l'image d'Alexandre Dumas.

Parmi leurs partisans, on compte Stendhal, qui déclara : "Les épinards et Saint-Simon ont été mes seuls goûts durables, après celui toutefois de vivre à Paris avec cent louis de rente, faisant des livres." *(Vie de Henri Brulard.)* Ces sentiments étaient partagés par le roi Louis XVIII, qui était friand d'épinards et les consommait… sucrés. L'obésité du monarque et ses crises de goutte poussèrent ses médecins à les lui déconseiller, ce qui entraîna sa colère : "Quoi, je suis roi de France, et je ne pourrais pas manger des épinards"… Même les rois ont besoin de petites compensations !

Le camp des adversaires de l'épinard est plus étoffé. Maupassant en était un des piliers, au point de bien préciser à son valet de chambre François, lorsqu'il l'engagea : "Et surtout pas d'épinards !" Ce valet prépara néanmoins un plat d'épinards dont son maître se régala : il voulut savoir quel était ce plat… Le valet s'en tira en disant qu'il s'agissait d'une espèce spéciale d'épinards "de Tétragonie" : était-ce une pirouette, ou le valet François connaissait-il mieux l'histoire des légumes qu'Alexandre Dumas ?

Quant à Flaubert, dans son *Dictionnaire des idées reçues*, il rappelle le jugement de Joseph Prudhomme sur les épinards (*Mémoires de Joseph Prudhomme* par Henri Monnier) : "Je ne les aime pas, j'en suis bien aise, car si je les aimais, j'en mangerais et je ne puis les souffrir."

> **L'ÉPINARD ET LES GUERRES DE RELIGION**
>
> André-Louis Mercier nous rappelle dans *Jardins de France* (1961, n° 6) le rôle des épinards dans les guerres de Religion. Frédéric Mistral rapporte ainsi qu'en Provence, le 25 août 1562 fut appelé *"journado dis épinarc"* (journée des épinards) parce que ce jour-là, les huguenots d'Aix-en-Provence répandirent des graines d'épinards (épineuses) sur le chemin qui mène au Tholonet, où les catholiques de la ville se rendaient en pèlerinage à l'ermitage de Saint-Marc. Furieux de s'abîmer ainsi la plante des pieds, les catholiques s'en prirent aux parpaillots, et les deux communautés en vinrent aux mains, marquant ainsi le début d'une guerre de Religion en Provence !

Au pays d'Eros et Thanatos

C'est peut-être chez Freud qu'on peut trouver l'explication de ces avis si tranchés et des conflits que suscite l'épinard, et mettre ce dernier à sa place, au cœur du conflit entre Eros et Thanatos, entre le principe de plaisir et celui de réalité ! Tout le problème de la non-gratuité de l'amour parental se trouve résumé de manière magistrale dans une bouchée d'épinards, comme l'explique Bernard This dans un numéro de la revue *Autrement* consacré aux "Nourritures d'enfance" (1992).

C'est grâce au souvenir d'une assiette d'épinards que Sigmund Freud put, des années plus tard, découvrir que l'amour parental inconditionnel n'existait pas, pas plus que l'amour gratuit... Cela vaut la peine d'une description plus détaillée. Mme Freud mère s'efforçait donc de faire avaler – pour son bien – des épinards à son rejeton qui n'aimait pas ça, et elle mêlait amour et menace pour y arriver : "Estime-toi heureux d'avoir des épinards, disait-elle, bien des enfants seraient trop contents d'être à ta place." Autrement dit, elle pourrait se satisfaire de les donner à un autre enfant, de remplacer Sigmund... et donc d'apporter amour et épinards à un autre !

Quand on sait que l'épinard est "le balai de l'estomac", régularisateur de l'expulsion des excréments à l'autre bout du conduit digestif, là où se joue la "propreté", ce don fait par l'enfant en échange du don d'amour et de nourriture, on saisit l'ampleur de la contribution des épinards à l'élaboration de la pensée freudienne...

Gavage d'une nourriture qu'il faut avaler pour accéder à l'amour de la mère, nourriture qui force le don final en facilitant son évacuation : à partir de là, Bernard This tisse littéralement la toile (épinards-épine-pine) d'araignée (*Spinne* en allemand), tout comme la femme qui file est la *Spinnfrau*... araignée symbole de la mère phallique, castratrice. Pas d'amour sans épinard ! On pourrait presque considérer que l'épinard fut à Freud ce que la pomme fut à Newton.

Et Popeye survint

Doit-on en parler à propos de littérature ou de santé ? Le fait est que si les épinards sont aujourd'hui liés à l'image de force et de santé, la responsabilité en incombe pour une large part au héros de bandes dessinées créé aux Etats-Unis par Elzie Cirsler Segar : Popeye le marin.

La situation est d'autant plus cocasse que les épinards ne sont apparus qu'assez tard dans la saga popeyenne. L'histoire commence en fait en 1919, avec Olive Oil, la plate et laide fiancée du brave Ham Gravy... C'est plus tard (en 1929) que ce dernier achète un bateau commandé par un marin aux yeux en boules de loto *(popeyes)* : Popeye était né, mais il n'était pas encore dopé aux épinards. Sa potion magique lui venait d'une poule qui lui donnait une force surhumaine. C'est seulement lorsque Popeye passa du papier au film que les épinards apparurent dans les dessins animés. La poule était-elle trop coriace à avaler ? Etait-ce pour qu'il puisse entonner son refrain "C'est moi Popeye le marin, et si je leur rentre dans le lard, c'est grâce aux épinards" ? S'agissait-il d'une opération de marketing de fabricants de conserves (une statue de Popeye est érigée à Cristal City, Texas, capitale des conserves de légumes) ? Ou de l'initiative d'un freudien ? On se perd en conjectures... mais depuis ce temps-là chacun sait quels trésors de bienfaits se cachent dans les feuilles vertes. On verra par ailleurs à quel point ce type d'idées fausses peut avoir la vie dure.

III. SAVEZ-VOUS SEMER LES BRÈDES ?

Si la culture de l'épinard remonte donc à l'Empire perse, et la première mention qui en est faite au IVe siècle, avec le livre de l'*Agriculture nabatéenne*, dont nous avons fait état, il faut attendre le *Livre de l'agriculture* d'Ibn al-'Awwâm, agronome arabe qui vécut à Séville au XIIe siècle de l'ère chrétienne (Ve siècle de l'hégire), pour trouver des indications détaillées sur la culture des deux plantes qui nous intéressent ici, l'arroche et l'épinard. Les saisons et les dates de culture qui y figurent correspondent à des cieux plus cléments que les nôtres, l'Andalousie et le monde méditerranéen. Mais pour le reste, les indications n'ont guère varié.

L'arroche y est nommée *sarmaq*, légume roumain ou légume doré, ce qui laisse penser qu'il s'agit de l'arroche blonde. Ibn al-'Awwâm en signale deux périodes de culture : en fin d'hiver et au début du printemps (janvier à mai) et en fin d'été (août-septembre) : "Quand on sème l'arroche dans la saison froide, on la met à l'exposition du levant ; chaque carreau, après avoir été bien cultivé, reçoit un amendement de deux paniers d'engrais pourri de bonne qualité."

L'épinard, *ra'îs el bouqoul* (le prince des légumes), apprécie les mêmes terres que l'arroche : grasses, fumées, sableuses (drainées). Hâtif, il se sème du commencement du premier *tischerin* (octobre) au premier jour du second *kanoun* (janvier). Mais "les épinards peuvent se semer à tous les mois et dans toutes les saisons". Ibn al-'Awwâm conseille également de les semer en lune croissante : "Il ne faut jamais les semer au déclin…"

Quelques siècles plus tard, Olivier de Serres donne le même conseil dans son *Théâtre d'agriculture…* (1600) : "Le plustost qu'on pourra, l'hyver estant passé, semera-on des espinars, en lune nouvelle, pour le peu de profit que font les tardifs, s'en montant en tige dès estre levés de terre, quand on les sème passé le quinziesme de mars. C'est pourquoi après ce temps-là aucun conte n'en doit-on tenir, que la saison n'en soit revenue propre, qui est vers la fin du mois d'aoust. Dans le cueur de l'esté, en sème-on aussi, mais si peu, que c'est plus pour curiosité, que pour service."

Mais avant de dévoiler les secrets de la réussite des cultures d'épinards, penchons-nous sur l'évolution des différentes espèces et variétés disponibles sur le marché.

Portrait des herbes à pot

Les herbes à pot appartiennent à différentes familles botaniques, nous l'avons vu : Chénopodiacées pour l'arroche, les chénopodes, les épinards, les bettes, la salicorne, et Aizoacées pour la tétragone.

L'épinard *(Spinacia oleracea)* est une plante annuelle qui se développe en rosette avec de grandes feuilles vert foncé au pétiole marqué, charnues et plus ou moins gaufrées selon les variétés. Les pieds sont unisexués, à tige florale cannelée, rameuse, pouvant atteindre un mètre chez les pieds mâles.

L'arroche *(Atriplex hortensis)* est une plante annuelle qui peut dépasser un mètre de haut lorsqu'elle est en fleur. Ses feuilles sont triangulaires, épaisses et ternes, pourvues de pétioles, et recouvertes de minuscules poils glanduleux lorsqu'elles sont jeunes, ce qui leur donne alors un aspect farineux. Les fleurs bisexuées, verdâtres, composent de grandes inflorescences en grappes.

La tétragone *(Tetragonia expansa)* est une plante annuelle à feuilles entières, épaisses et charnues, triangulaires. Elle est rampante, et ses tiges ramifiées et étalées peuvent dépasser un mètre. Ses fleurs jaunes, bisexuées, sont disposées en grappes. Le fruit est recouvert d'une enveloppe quadrangulaire dure – d'où le nom "tétragone", à quatre angles.

Rameau fleuri d'épinard

Un choix limité de variétés

En ce qui concerne l'arroche et la tétragone, le tour des variétés est rapide. En effet, ces deux espèces ne sont guère cultivées que dans les potagers des curieux, et n'existent pas en grande culture légumière. La sélection variétale s'est quasiment arrêtée au début du XXe siècle et n'a guère connu de changements. On peut donc toujours s'en reporter aux informations très complètes que donne Désiré Bois dans sa monographie monumentale sur les plantes légumières (1927).

Pour l'arroche, on trouve donc encore les deux variétés qu'il cite : la blonde au feuillage vert pâle, et la rouge, dont le coloris, rouge violacé foncé, disparaît à la cuisson.

Pour la tétragone, il n'existe pas de variétés particulières : on cultive toujours le type originel, sans doute amélioré.

Par contre, les épinards ont beaucoup évolué et, comme pour tous les légumes d'importance majeure, la sélection a notablement modifié le choix proposé.

Désiré Bois distingue deux types de variétés apparus à la fin du XVIIIe siècle : d'une part, l'épinard d'Angleterre, à graines épineuses, présenté comme très rustique, résistant à la chaleur et à la montée en graine ; d'autre part, l'épinard de Hollande, à graines rondes et inermes, qui a donné naissance aux variétés cultivées en France au début du siècle : 'Epinard de Flandre', 'Gaudry', 'Epinard lent à monter', 'Epinard d'été vert foncé', 'Monstrueux de Viroflay'…

L'édition de 1932 du guide Clause indique encore les variétés suivantes : 'Monstrueux de Viroflay', 'Triomphe d'été de Rueil', 'Epinard d'été vert foncé', 'Epinard vert de Massy'. Ensuite, la révolution agricole du XXe siècle a tout bouleversé : l'épinard a bénéficié de tous les soins des sélectionneurs afin d'en faire une culture standardisable et mécanisable, industrielle – nous le verrons au prochain chapitre.

Pour les jardiniers amateurs, on distingue les variétés d'hiver, résistantes au froid, de celles de printemps-été, résistantes à la chaleur et à la montée en graine. Certaines variétés sont proposées comme alternatives, cultivables en toute saison ('Monstrueux de Viroflay', par exemple).

Parmi les variétés fixées, l'on retrouve des vétérans comme le 'Monstrueux de Viroflay' et le 'Géant d'hiver', en compagnie de variétés plus récentes telles que 'Junius' ou 'Viking' (alias 'Matador'). On retrouve aussi, sur les catalogues amateurs, quelques-unes des nombreuses variétés hybrides (F1) mises au point pour les professionnels, comme 'Symphonie', 'Lagos', 'Samos', 'Space', 'Impérial', 'Galan'. Mais le choix des variétés d'épinard reste cependant limité en comparaison d'autres espèces légumières comme les tomates, les courges ou les haricots.

La sexualité de l'épinard

Très intéressantes sont les indications d'Ibn al-'Awwâm sur la manière de produire les graines : "Les épinards semés en novembre se mangent en février ; c'est de ce semis qu'on tire la graine. Quand on sème avec cette intention, on éclaircit le plant, de façon à laisser entre chaque plant un intervalle d'un empan (0,23 mètre) environ. On donne de l'eau jusqu'à ce que la graine se montre ; alors on cesse les arrosements jusqu'à ce que le plant soit sec ; on l'arrache alors, on recueille la graine que l'on fait sécher complètement et on enserre dans des vases d'argile dont on bouche l'orifice avec de la glaise, et qu'on met en réserve jusqu'à ce qu'on ait besoin de la graine." Ces propos demeurent toujours valables.

L'arroche blonde

L'épinard 'Monstrueux de Viroflay'

L'épinard d'Angleterre

Fleur mâle et fleur femelle d'épinard

A la différence de la plupart des légumes, l'épinard est dioïque, c'est-à-dire qu'il existe des pieds mâles et des pieds femelles séparés. Les pieds femelles ouvrent leurs fleurs à disposition du pollen d'un partenaire de sexe opposé : la fécondation est donc obligatoirement croisée.

Au départ, rien ne différencie un pied mâle d'un pied femelle : il faut attendre la floraison et la montée en graine pour les distinguer. Les fleurs mâles ont un calice formé de quatre à cinq sépales et quatre à cinq étamines libres. Les fleurs femelles ont un calice en tube renflé, terminé par deux à quatre divisions, avec quatre styles fins et très allongés. Mais les fleurs mâles et les fleurs femelles sont très difficiles à distinguer à l'œil nu. Les pieds mâles fleurissent les premiers : quand on tapote leurs fleurs, il s'en dégage de petits nuages de pollen. Les pieds femelles sont plus ramassés.

Si l'on veut récolter les graines, il faut d'abord veiller à ce qu'il n'y ait pas d'autres variétés à proximité et laisser beaucoup de pieds fleurir. Une fois la floraison passée, on ne garde que quelques pieds femelles fécondés, que l'on marque, par exemple en plantant en terre un petit tuteur à proximité. Les pieds non sélectionnés peuvent être arrachés. On laisse ensuite les pieds choisis sécher avant de les récolter, comme l'indique Ibn al-'Awwâm ; mais pour les conserver, point n'est besoin de jarre d'argile, on se contente de les mettre dans du papier absorbant, sous enveloppe dûment étiquetée.

Une pompe à nitrates

L'épinard est un légume-feuille qui aime les sols riches. Sa capacité à profiter de l'azote du sol l'a conduit à bien des excès. Ses feuilles peuvent contenir des taux de nitrates très importants : on a relevé jusqu'à 4 000 milligrammes de nitrates par kilo d'épinard !

Ces nitrates se transforment en nitrites, hautement toxiques. D'une part, parce qu'ils se fixent sur l'hémoglobine du sang à la place de l'oxygène, donnant de la méthémoglobine : l'intoxication peut entraîner des troubles graves. Dans les années soixante, alors que les engrais chimiques solubles triomphaient, les épinards donnaient des récoltes record, et des taux également record de nitrates, et donc de nitrites… jusqu'à entraîner la mort de nourrissons soumis à ces nitrites à haute dose. Les aliments – et spécialement ceux destinés aux nourrissons – sont maintenant strictement réglementés. Mais comme ces nitrates légumiers s'ajoutent à ceux que nous ingérons par ailleurs – dans l'eau de boisson en particulier –, le problème est loin d'être réglé et requiert une grande vigilance.

D'autre part, les nitrites peuvent se lier aux acides aminés (éléments de base des protéines alimentaires) et donner des nitrosamines : or, il a été prouvé dès 1956 que ces derniers étaient cancérigènes chez l'animal.

Il faut donc faire attention à ne pas apporter trop d'azote au sol, que ce soit sous forme d'engrais chimique, mais aussi sous forme d'engrais organique, car des excès de compost peuvent entraîner des taux d'azote élevés, une partie de l'azote organique étant transformée en nitrates solubles. Il faut en particulier être vigilant avec les cultures sous serres de fin d'hiver.

Les secrets d'une bonne culture

Voyons donc comment faire pour obtenir des récoltes abondantes, mais saines. L'épinard aime les terrains consistants, frais, bien drainés, sans excès de sécheresse ni d'eau. Il pourra se contenter comme fumure de fond des apports faits à une culture précédente ; il se plaira par exemple à prendre la succession des choux ou des poireaux en fin d'hiver, ou des choux-fleurs ou choux pommés de printemps. En terrain pauvre, on peut apporter des doses modérées de compost très mûr avant le semis (10 à 15 kilos pour 10 mètres carrés).

L'épinard n'aime pas les sols tassés, mais ne supporte pas non plus qu'ils soient trop bouleversés. On se contentera donc d'un griffage en surface avant de semer à 1 ou 2 centimètres de profondeur, en lignes écartées de 25 à 30 centimètres, en plombant légèrement la terre après le semis.

Dans nos régions, on distingue deux périodes de semis :
– en fin d'hiver, lorsque la température du sol dépasse 5 °C, et jusqu'à l'arrivée des premières chaleurs, c'est-à-dire en moyenne de février à mai. En début de période, où le froid est encore bien présent, on effectue les semis sous protection, en les couvrant par exemple d'un voile non tissé que l'on trouve dans les magasins spécialisés ;
– en fin d'été (à partir du 15 août jusqu'en octobre), lorsque les grosses chaleurs sont passées.

Comme on l'a vu, à chaque période correspondent certaines variétés. Il faut donc vérifier avant de semer que l'on dispose d'une variété de saison.

Les épinards ont besoin d'un minimum de place pour se développer : on les éclaircit donc à 8-10 centimètres. Cela peut se faire en un passage, ou bien par passages successifs en utilisant les jeunes plants excédentaires en crudités.

On peut commencer à récolter les feuilles d'épinard au bout de quelques semaines. La plupart du temps, on les cueille feuille à feuille en prenant les plus grandes. Dans certaines régions – le Sud-Est en particulier –, on récolte tout le pied. On fait de même en fin de culture, lorsque les tiges florales apparaissent. Les jeunes feuilles tendres peuvent se manger crues, alors que les plus grandes sont meilleures cuites.

Si les épinards sont les plus importantes de nos herbes à pot, il serait pourtant dommage de négliger au potager arroches et tétragones.

L'arroche n'est guère exigeante : elle pousse bien en tous sols, mais préfère cependant les bonnes terres. On la sème de février à fin juillet, de la même manière que l'épinard, et on peut récolter les feuilles quelques semaines plus tard. Elle monte assez facilement en graine et se ressème toute seule aux quatre coins du jardin. Des semis mélangés des variétés blonde et rouge sont très esthétiques.

Eclaircir les semis

La tétragone est une plante d'été, résistante à la montée en graine. Si, à l'état naturel, elle supporte bien les terres légères et sèches, il lui faut quand même à manger et à boire si l'on veut une récolte de feuilles digne de ce nom. La tétragone se sème en mai, à raison de quatre à cinq graines par poquet. Sa graine est dure, il est donc préférable de la faire tremper vingt-quatre à quarante-huit heures avant le semis, pour qu'elle germe plus vite. Après la levée, on éclaircit en ne conservant que les deux plus beaux plants du poquet. La tétragone est une plante couvre-sol, il faut donc faire des binages réguliers avant qu'elle n'occupe le terrain. Des arrosages réguliers permettent de la récolter au bout de quelques semaines : on cueille les feuilles au fur et à mesure des besoins.

Les ennemis des épinards

Leurs premiers adversaires sont les gastéropodes – limaces et autres escargots –, qui raffolent des jeunes plants et peuvent nettoyer une planche en l'espace d'une nuit. Pour les neutraliser, on placera, dès que les premières plantules apparaissent, des pièges à intervalles réguliers. Il en existe deux types : à la bière (diluée dans de l'eau), dont on trouve plusieurs modèles dans le commerce, ou bien au métaldéhyde, en plaçant des granulés dans des morceaux de tubes en plastique.

Si le sol est trop humide et le semis trop dense, il peut aussi se produire la fonte des semis : les jeunes plants pourrissent sur pied au fur et à mesure de leur apparition. Pour l'éviter, il faut semer assez clair et, si le sol est très lourd et

CURIOSITÉS POTAGÈRES

Dans sa monographie *Les Légumes*, Désiré Bois présente d'autres herbes à pot qui furent, un jour ou l'autre, cultivées ou récoltées par nos ancêtres.

Les amarantes constituent à elles seules toute une gamme de plantes potagères. Dominique Guillet, grand défenseur de la biodiversité, a révélé leur importance. L'association Kokopelli qu'il anime leur réserve une place de choix dans les graines qu'elle propose à ses adhérents, avec des variétés à feuilles ou à graines, telles celles qui sont consommées par les populations des Andes depuis des siècles. Pour les variétés à feuilles, il conseille de semer après les dernières gelées et d'éclaircir de 30 centimètres à 1 mètre selon la hauteur des plants (jusqu'à 2,50 mètres), de récolter régulièrement les feuilles, mais de ne pas oublier les graines, pour soi ou pour nourrir les oiseaux en hiver.

Désiré Bois présente également les baselles comme susceptibles de remplacer les épinards dans les régions tempérées chaudes ou subtropicales, en faisant des semis successifs à partir d'avril.

La baselle blanche

---

facilement gorgé d'eau, dans des sillons plus profonds que l'on remplit de sable.

Les épinards sont parfois attaqués par le mildiou : les feuilles présentent des taches vert pâle puis jaunes avec un feutrage gris violacé au dos, puis elles se dessèchent et les plants meurent. On peut dans ce cas traiter les jeunes plants au cuivre.

Une autre attaque – redoutable – est celle du virus de la mosaïque du concombre, contre lequel il n'existe pas de moyens de lutte. Si les feuilles deviennent chlorotiques et se déforment, que la végétation reste chétive, il faut arracher et brûler les plants touchés pour limiter l'extension de l'attaque.

IV. UNE ÉCONOMIE FLORISSANTE

Sur le marché, le principal handicap de l'épinard réside dans sa précarité à l'état frais : il est volumineux, s'échauffe rapidement, est difficile à expédier, et tient mal sur un étalage. Tout cela fait de l'épinard un légume de proximité, à contre-courant de l'industrialisation des cultures qui aboutit à transporter les produits frais sur des distances de plus en plus importantes. C'est pourquoi la consommation de l'épinard en légume frais ne se développe pas, malgré toutes ses vertus diététiques, réelles ou supposées.

En 1992, le marché du frais n'absorbait que 15 % de la production (soit 15 000 tonnes), mais il faut y ajouter l'autoconsommation des jardins familiaux et la vente directe des petits producteurs sur les marchés locaux. Quoique en régression, ces deux catégories représentent une part importante de la consommation en frais.

C'est par contre grâce à la transformation que l'épinard a conquis son importance économique.

De la stérilisation à la surgélation

L'apparition de la stérilisation a bouleversé la culture et l'économie de l'épinard. Si la découverte en revient au Français Nicolas Appert, qui mit au point la technique en 1795, en travaillant en particulier sur le haricot, c'est aux Etats-Unis que le procédé se développa. L'Europe fut longtemps réticente devant les aliments en boîte.

Mais dès que l'industrie de la conserve se fut emparée du problème, tout changea très vite : la mécanisation avança à grands pas, avec la mise au point d'outils permettant de travailler à grande échelle pour le semis, la récolte, le nettoyage et le conditionnement. On passa rapidement des parcelles de maraîchage où les feuilles étaient ramassées à la main aux grands champs parcourus par des machines de plus en plus grosses. Cela entraîna aussi un changement de la nature de l'épinard au niveau de la sélection.

C'est dans ce contexte que les dessins animés de Popeye donnèrent aux boîtes d'épinards la place que l'on sait. Mais pour la plupart des consommateurs, les épinards en boîte ne jouissent pas de la meilleure réputation qui soit ; souvent plus fades, d'une texture et d'un goût pas toujours agréables, les feuilles y ont perdu nombre des vitamines qui font leur intérêt diététique.

C'est pourquoi l'apparition du froid comme facteur de conservation permit à l'épinard de conquérir des publics beaucoup plus larges, comme le rapporte Maguelonne Toussaint-Samat dans son *Histoire naturelle et morale de la nourriture* (Bordas).

C'est en 1859 que l'ingénieur Ferdinand Carré présenta à l'Exposition universelle de Londres une machine à faire des glaçons, qui remplaçait les énormes silos où l'on conservait la glace expédiée tout l'hiver depuis la haute montagne, comme à Paris… rue de la Glacière. En 1876, un autre ingénieur, Charles Tellier, fit traverser l'Atlantique à de la viande congelée, qui arriva en Argentine en parfait état – ce qui devait assurer une large prospérité aux éleveurs argentins.

Mais la congélation des légumes ne donnait pas de bons résultats : la plupart du temps, lors du dégel, cela tournait à la pourriture. En 1929, le Britannique Clarence Birdeye trouva la solution, après avoir constaté qu'au Labrador les Esquimaux conservaient les aliments en les soumettant à un froid très vif et très brutal : la surgélation était née. Si cette technique conquit rapidement les Etats-Unis, il fallut attendre plus de quarante ans pour qu'elle se développe réellement sous nos cieux : lorsque la quasi-totalité des foyers français, équipés d'un réfrigérateur, ajoutèrent à leur équipement électroménager un congélateur.

*Une ancienne variété, l'*Epinard lent à monter*'*

Un marché en expansion

Nous nous en tiendrons aux productions européennes, qui atteignaient 415 000 tonnes en 1991 (contre 300 000 tonnes en 1985), avec environ 25 % pour la France, 22 % pour l'Italie, de 10 à 15 % pour l'Espagne, les Pays-Bas, la Grèce et l'Allemagne, et environ 7 % pour la Belgique. Contrairement à ce que l'on pense souvent, il ne s'agit donc pas d'une culture du nord de l'Europe, mais bien plutôt d'une culture largement méditerranéenne.

L'épinard est un marché en expansion : en France la production est passée en quelques années de 80 000 à 106 000 tonnes. Les régions de production sont spécialisées : la Provence alimente le marché de frais de décembre à avril, tandis que l'Ile-de-France et le nord du Bassin parisien le fournissent en avril-mai et en octobre-novembre. Les épinards pour la transformation industrielle proviennent essentiellement de Bretagne au printemps et du Nord-Picardie en automne.

L'essor des deux dernières décennies correspond au décollage des surgelés ; en 1995, sur 91 500 tonnes d'épinards transformés, les conserves ne représentaient que 23 000 tonnes, contre 68 500 tonnes surgelées.

Les échanges import-export en frais sont limités : ils représentent moins de 10 % des quantités commercialisées, et se bornent aux pays limitrophes. En ce qui concerne les produits surgelés, les mouvements sont à peine plus importants, de l'ordre de 15 % des quantités commercialisées.

Une sélection intensive

L'épinard est cultivé dans de nombreuses parties du monde – Europe, Etats-Unis, Japon –, et chaque région a ses préférences pour un type précis. Ainsi, les épinards japonais ont des feuilles pointues, triangulaires ou sagittées, à bords très découpés et avec des pétioles très longs ; leurs graines sont épineuses, et l'ensemble se rapproche donc du type sauvage. Aux Etats-Unis et en Europe, on ne voit guère de variétés à graines épineuses : celles des variétés sélectionnées sont arrondies. Par contre, nous recherchons en France les épinards à grandes feuilles lisses ou légèrement gaufrées, alors que les Américains préfèrent les

L'épinard de Hollande

feuilles entièrement cloquées et boursouflées, tout comme les Italiens, d'ailleurs.

Ces préférences locales ont eu une influence importante sur la sélection. Certes, elles pourraient ne pas influencer l'industrie de la conserve, puisque la forme de la feuille n'est plus identifiable après transformation, mais le marché de frais tient encore une place suffisamment importante pour que cette préférence joue sur l'ensemble de la production.

Au fur et à mesure que la culture de l'épinard devenait de plus en plus industrielle, les critères de sélection ont donc évolué : il fallait obtenir des plantes le plus homogènes possible, qu'on puisse récolter à la machine en un seul passage, puis laver et conditionner avec le moins possible d'interventions humaines.

Les variétés hybrides se sont imposées sur le critère d'homogénéité : c'est en effet une spécificité des hybrides de première génération – les fameux F1 – d'homogénéiser les caractères des lignées parentales, aussi bien pour la précocité, pour l'aspect du feuillage, que pour la régularité du développement de la végétation. Mais les hybrides ont les inconvénients de leurs avantages : pour obtenir cette homogénéité, les plants demandent une grande régularité de conditions de culture (fertilisation, irrigation…).

Au contraire, l'amateur ou le petit maraîcher pratiquant la vente directe recherchent des plantes plus polyvalentes et plus rustiques. Prenons la vieille variété 'Géant d'hiver', par exemple : le froid ne l'empêche pas d'être productive, ce qui permet aux maraîchers de disposer d'épinards dès le début du printemps, quand leurs clients apprécient un bon légume vert. Mais le froid n'est pas un problème pour l'industrie qui fait produire en Bretagne au printemps, en Provence en hiver et dans le Nord en automne !

Par contre, un autre critère est important pour la conserverie : il faut des plantes au port bien érigé, sans feuilles qui se souillent et s'abîment au contact de la terre, afin que la machine puisse couper les feuilles sans ramasser de terre avec. Pour la vente de proximité en frais, ce critère perd de son importance, car la récolte est manuelle. En revanche, les traditions locales de présentation sont importantes pour la vente en frais : ainsi, dans certaines régions, les épinards ne sont pas vendus en feuilles séparées, mais par pied entier, comme des salades, pouvant peser plus de cinq cents grammes.

Bien d'autres critères entrent encore en ligne de compte : l'épaisseur des feuilles, suffisante pour qu'elles ne réduisent pas trop au blanchiment, mais pas trop importante pour qu'elles n'aient pas une consistance caoutchouteuse ; la couleur, qui doit être vert foncé et brillante pour la vente en frais ; la résistance à la montée en graine, surtout pour les variétés de printemps.

En Europe, la sélection de l'épinard est dominée par les grainetiers hollandais depuis des décennies : la société Royal Sluis a approvisionné en graines jusqu'à plus de

L'épinard F1 'Bengal'

60 % des surfaces cultivées en France. Le catalogue officiel français des variétés ne comporte qu'une douzaine de variétés (sur deux cents au niveau européen), dont seulement trois inscrites après 1990.

A l'heure actuelle, la recherche variétale se fait de plus en plus au niveau génétique ; on cherche ainsi à isoler puis imposer des gènes de résistance aux maladies, et en particulier au mildiou et aux virus. Le dernier problème auquel sont confrontés les sélectionneurs est celui des nitrates, tant pour la santé humaine que pour l'environnement. Or, des études menées aux Pays-Bas ont montré que les feuilles lisses retenaient moins les nitrates que les feuilles cloquées ou gaufrées. Les sélectionneurs cherchent donc maintenant à établir l'origine génétique de cette particularité, pour tenter de l'isoler et de la généraliser.

Mais si l'industrie est à la recherche de l'oiseau rare qui satisfera les industriels en produisant beaucoup de manière homogène sans absorber trop de nitrates, les vieilles variétés ont encore largement leur place dans les jardins potagers, en particulier le 'Monstrueux de Viroflay' et le 'Géant d'hiver'.

L'épinard à feuilles cloquées

V. DES LÉGUMES BONS POUR LA SANTÉ

Même si leurs vertus ont été surévaluées, comme nous le verrons plus loin, les herbes à pot restent un aliment précieux, digne de participer à notre équilibre nutritionnel.

Pline et l'arroche

Dans l'Antiquité, les épinards n'avaient pas encore quitté leur Perse originelle. C'est donc de l'arroche que parle Pline l'Ancien au livre XX de son *Histoire naturelle*, où il récapitule comme à son habitude les arguments des partisans et des adversaires de cette plante :

Feuille d'arroche

"Il existe de l'arroche sauvage et de l'arroche cultivée. Pythagore accuse cette plante de provoquer l'hydropisie, la jaunisse et la pâleur, et d'être très mauvaise pour la digestion. Dionysius et Dioclès ont affirmé qu'elle est cause de nombreuses maladies, et qu'il ne faut la faire cuire qu'en changeant l'eau souvent, qu'elle est néfaste pour l'estomac et qu'elle suscite l'apparition de lentigo et de papules.

Hippocrate traitait les affections de matrice en injectant dans le vagin une décoction d'arroche et de bette. Lycius de Naples [...] estimait que, crue ou cuite, appliquée en compresses, elle guérit les abcès cutanés, les furoncles naissants et toutes les indurations, et que, mêlée à du miel, du vinaigre et du nitre, elle est un bon remède dans les cas d'érysipèle ou de goutte. On dit qu'elle fait tomber les ongles raboteux sans causer d'ulcération. D'aucuns prescrivent aussi de la graine d'arroche avec du miel pour soigner la jaunisse, recommandent d'en frotter l'arrière-gorge et les amygdales après l'avoir broyée avec du nitre. On l'emploie aussi comme purgatif – en ayant fait vomir le patient au préalable –, cuite, soit seule, soit avec de la mauve et des lentilles. On utilise l'arroche sauvage pour tous les usages mentionnés ci-dessus, et aussi pour teindre les cheveux*."

---

* Pline, *Histoire naturelle*, livre XX, traduction de François Rosso, in *La Vertu des plantes*, éditions Arléa, 1995.

A lire ces informations, on peut cependant se demander si les différents auteurs parlent de la même plante…

Le *Traité des simples* et l'épinard

Une des plus anciennes références connues de l'épinard figure dans le *Traité des simples*, que nous avons mentionné précédemment. Ecrit en Egypte entre 1240 et 1248 sur commande du calife, par Ibn al-Baytâr, médecin et botaniste né à Málaga, dans l'Andalousie arabe de la fin du XIIe siècle, ce traité rassemble, sur les éléments des trois règnes – minéral, animal, végétal –, l'ensemble des connaissances anciennes et contemporaines disponibles à l'époque.

Au sujet de l'épinard *(isfénâkh)*, dont il précise qu'il est plus nourrissant que l'arroche, Ibn al-Baytâr cite plusieurs auteurs : pour Rhazès, l'épinard est émollient et convient contre les irritations de la poitrine ; il n'est pas, comme la plupart des légumes, tuméfiant. Pour Avicenne, il jouit de propriétés détersives et laxatives, neutralise la bile, et est utile contre les douleurs dorsales d'origine sanguine. Pour le Chériff, son usage prolongé est salutaire dans les cas de cuisson à la luette et à la gorge, et contre les fluxions chroniques : "C'est pour cela que les gens de Ninive dans le pays de Babylone en font grand usage contre les affections de la gorge et de la poitrine." Et il précise pour finir que "pris sous forme de sorbet, il est salutaire contre la fièvre compliquée de toux, surtout si on le fait cuire avec de l'huile d'amandes douces".

Ibn al-Baytâr mentionne également une plante proche, appelée *bersiâna*, et qui serait un chénopode ; il cite El-Gafeky, qui considère qu'elle est bonne pour l'estomac et le fortifie, ainsi que le foie ; elle est carminative et dissipe les flatulences avec lenteur et douceur ; elle fortifie le cerveau, la vue, l'esprit vital : que de vertus !

La médecine traditionnelle marocaine

Ces indications se retrouvent en grande partie dans la pharmacopée traditionnelle marocaine, qui a recours à l'épinard, et surtout à l'arroche.

Quoique peu cultivé au Maroc, l'épinard était employé, dans les régions de Fès et de Rabat, comme laxatif et pour combattre les affections de la gorge et de l'appareil pulmonaire.

L'arroche autochtone *(Atriplex halimus)*, commune sur les sols arides un peu salés et en bord de mer, y est par contre plus utilisée. Au Sahara occidental, on la fait brûler, puis les cendres reprises par l'eau sont employées contre l'acidité gastrique, tandis que les graines, crues et broyées, sont utilisées comme vomitif. Les racines servent aux soins de la bouche et des dents. Cette plante serait aussi utilisée par les Bédouins pour soigner les dromadaires. Avec d'autres Chénopodiacées, elle fait partie des plantes riches en sels dont on utilise les cendres *(qilî)* pour préparer des savons. L'ethnologue Monteil signale aussi que sa décoction donne une teinture rouge employée comme le henné.

La pharmacopée marocaine se sert également de plusieurs *Chenopodium (album, murale, vulvaria, ambrosioides)* sous divers noms : *blis, blîtû, talekutat, talgoda*, etc. A Marrakech, *Chenopodium ambrosioides* est employé – en infusion ou en jus frais – dans les affections gastro-intestinales, contre la typhoïde, la dysenterie et pour stimuler la lactation.

Chenopodium ambrosioides

En Europe, du Moyen Age à nos jours

L'école de Salerne, faculté de médecine médiévale qui fut peut-être la plus réputée de son époque, a publié ses préceptes (en vers latins), qui ont connu un immense succès puisque l'édition de 1880 ne signale pas moins de deux cent quarante éditions successives depuis 1474.

L'Arroche, un aliment, dit-on, peu nutritif
Guérit le rein malade et sert de vomitif […]
De l'épinard moelleux l'estomac est avide,
Lorsqu'il est enflammé par une bile acide.

Ces vers sont accompagnés des commentaires suivants :
"L'arroche, comme toutes les autres plantes aqueuses et mucilagineuses, est rafraîchissante, et fournit un aliment sain et facile à digérer.

Les épinards, originaires de Perse, sont tendres, légers, et d'une digestion très facile. Comme ils sont rafraîchissants et laxatifs, de même que tous les végétaux doux, ils peuvent être utiles dans les congestions gastriques. Pour la même raison, leur usage convient aux tempéraments sanguins, et ils sont contraires aux personnes qui ont l'estomac naturellement faible, à moins qu'on n'y mêle quelque assaisonnement tonique, comme de l'écorce d'orange, etc. La partie colorante des épinards passe dans les selles sans aucune altération, ce qui a fait croire que l'épinard est indigeste."

Enfin, dans sa *Flore populaire*, Eugène Rolland indique qu'en Savoie, "pour guérir les chutes de matrice, les femmes font des fumigations d'ansérine puante *(Chenopodium vulvaria)*, cuit avec de la fiente de corbeau dans de l'urine d'enfant"…

L'arroche, d'après Gerard, XVIe siècle

Les auteurs anciens et les traditions populaires préconisent donc, pour les herbes à pot, des usages extrêmement variés. Si tous ne sont pas justifiés, l'ensemble correspond cependant à des vertus aujourd'hui reconnues : nous allons le voir.

Les principes vertueux des épinards

Le plus sûr moyen de s'assurer des vertus des épinards est d'étudier leur composition : l'épinard contient, comme toutes les feuilles, énormément d'eau (plus de 90 % du poids frais), ce qui en fait un aliment faiblement énergétique, avec seulement 22 kilocalories pour 100 grammes. Il renferme une proportion équilibrée de protides (3 grammes) et de glucides (5 grammes) pour 0,4 gramme de lipides – toujours pour 100 grammes. Ses glucides sont constitués majoritairement de fibres assez tendres (cellulose et hémicellulose), qui sont très efficaces pour faciliter le transit intestinal, sans pour autant être agressives (comme le son). C'est ce qui a valu à l'épinard le qualificatif de "balai de l'estomac".

De plus, il est une source exceptionnelle de micronutriments : minéraux, oligo-éléments et vitamines, dont nous indiquons les quantités pour 100 grammes.

Côté minéraux, il est particulièrement riche en potassium (500 milligrammes), en calcium (100 milligrammes), en sodium (79 milligrammes), en phosphore (50 milligrammes), en magnésium (60 milligrammes). Il faut noter un rapport sodium/potassium (qui régule les échanges des parois des cellules vivantes) particulièrement équilibré.

Il contient 3 à 4 milligrammes de fer, quantité importante même si elle reste dix fois inférieure à la légende – nous y reviendrons. A noter également, la présence intéressante de sélénium, de zinc, de cuivre…

Côté vitamines, on compte 50 milligrammes de vitamine C dans l'épinard cru, mais il n'en reste que moins de 20 milligrammes une fois cuit. On trouve aussi 0,14 milligramme de vitamine B9 (acide folique), soit 50 % des apports journaliers conseillés, 4 milligrammes de provitamine A (100 % des apports journaliers recommandés), et 2,5 milligrammes de vitamine E.

	ÉPINARD	CHÉNOPODE	AMARANTE
Fer	3	3,5	5,5
Calcium	99	110	476
Phosphore	49	95	74
Potassium	557	730	410
Magnésium	78	66	55
Vitamine A (unités)	8 000	3 160	6 000
Vitamine C	50	184	80

Qu'en est-il des autres "épinards" ? François Couplan en donne la composition dans son *Guide nutritionnel des plantes* (Delachaux et Niestlé). Les chiffres ci-dessus concernent l'épinard et deux "mauvaises herbes" autrefois communément consommées, le chénopode bon-henri et l'amarante réfléchie.

Les deux "mauvaises herbes" constituent donc elles aussi des aliments fort intéressants sur le plan nutritionnel. En fait, si la sélection qui s'est effectuée au fil des siècles a modifié les plantes cultivées, les changements ont plus porté sur leur calibre et leur tendreté que sur leur teneur en éléments nutritifs. Ainsi, les herbes à pot du Moyen Age étaient sans doute des plantes plus fibreuses et plus coriaces, qui avaient effectivement besoin d'une longue cuisson pour qu'on puisse les digérer. Cultivés de manière traditionnelle, sans forçage, les légumes "modernes" (apparus entre le XVIe et le XIXe siècle) n'ont pas moins d'éléments précieux que leurs parents sauvages. C'est par contre entre deux modes de culture que la qualité a changé : on a vu à propos des nitrates qu'une culture forcée à coups d'engrais chimiques, d'irrigation et de chaleur dénaturait les plantes en les gorgeant d'eau et en provoquant une accumulation de sels solubles comme les nitrates, qui peut aller jusqu'à la limite de la toxicité.

Le chénopode bon-henri

Popeye ou l'erreur d'un zéro

La réputation des épinards comme source privilégiée de fer – et donc de force – pour l'organisme reposerait sur une magnifique faute de frappe. C'est ce qu'affirme le biologiste Jean-François Bouvet dans son livre *Du fer dans les épinards* (éd. du Seuil, 1997), recueil des vraies idées fausses en matière scientifique. La supercherie de l'épinard lui a paru suffisamment grosse pour qu'il en fasse le titre de son ouvrage.

Son jugement est catégorique : "Popeye est un imposteur. Un fier à bras sans vergogne. Un charlatan de l'élixir. Le plus célèbre des marines américains a une santé de fer, un moral d'acier et un avant-bras d'airain, mais, contrairement à ce qu'il a voulu nous faire croire pendant des années, il ne tire pas sa force exceptionnelle de la vertu alimentaire des épinards. Et celui qui serait tenté de l'imiter aurait tout intérêt à manger la boîte en fer-blanc plutôt que les feuilles qui se trouvent à l'intérieur."

L'imposture daterait de la fin du XIXe siècle : retranscrivant les résultats d'une des premières analyses de feuilles d'épinard, une secrétaire se trompa et ajouta un zéro au chiffre concernant le fer. L'épinard se vit ainsi attribuer la dose colossale de 30 milligrammes de fer pour 100 grammes de légumes.

Malgré des corrections ultérieures, le mal était fait et la réputation établie… qui aboutit à l'adoption de l'épinard comme potion magique dans les dessins animés de Popeye. Il paraît même que grâce à ce dernier, la consommation d'épinard augmenta de 33 % aux Etats-Unis. Et pendant la Seconde Guerre mondiale, les services de propagande chargés du moral des populations civiles claironnaient que l'Amérique était assez forte pour finir la guerre, puisqu'elle mangeait des épinards…

Bon ou mauvais fer ?

Le fer des épinards est-il vraiment le meilleur ? La question méritait d'être posée : c'est ce qu'a fait Jacques Fricker dans un article de *La Recherche* d'octobre 1991.

Quantitativement, 3 à 4 milligrammes de fer pour 100 grammes représentent une bonne quantité, comparable

> ## L'ÉPINARD ET LA CHLOROPHYLLE
>
> La chlorophylle est l'élément qui permet de convertir l'énergie solaire en énergie chimique, transformant eau (H_2O) et gaz carbonique (CO_2) en molécule organique ($C_6H_{12}O_6$) et en oxygène (O_2), et permettant ainsi à la fois la régénération de l'air qui nous entoure et l'élaboration de la matière végétale. Cette réaction, la photosynthèse, se produit, au sein des cellules végétales, dans les chloroplastes.
>
> Il se trouve qu'avec leurs feuilles charnues et turgescentes, les épinards sont un matériau particulièrement adapté à l'observation des mécanismes de la photosynthèse. Une expérience simple permet d'observer comment la lumière stimule la chlorophylle.
>
> Il suffit de découper quelques feuilles d'épinards et de les broyer au mixeur dans de l'alcool à brûler, puis de filtrer la solution obtenue. Riche en chlorophylle, elle apparaît verte car elle absorbe la plupart des radiations lumineuses, sauf les vertes.
>
> Mais si l'on met la solution devant un éclairage fort (halogène) et qu'on la regarde par réflexion, elle apparaît rouge ! En effet, l'énergie lumineuse est absorbée par certains électrons des molécules qui forment la chlorophylle, et qui se trouvent ainsi excités pendant dix milliardièmes de seconde, puis reviennent à leur état initial en libérant sous forme de lumière rouge l'énergie absorbée.
>
>

aux 2 à 6 milligrammes de la viande, 1 à 2 milligrammes des céréales, 8 à 18 milligrammes du foie ou des abats, et 3 à 10 milligrammes des coquillages.

Mais il faut aussi considérer la disponibilité de ce fer une fois ingéré, c'est-à-dire la capacité de notre organisme à l'utiliser. Or, le fer des animaux, lié pour 40 % à la myoglobine et à l'hémoglobine (ce fer est dit héminique), a une biodisponibilité élevée (25 %), alors que le fer végétal (dit non héminique) n'aurait une biodisponibilité que de 5 %.

Cette disponibilité augmente de manière importante lorsque les aliments contiennent des nutriments complémentaires : ainsi la vitamine C augmente jusqu'à trois fois l'absorption du fer non héminique, alors que d'autres éléments la réduisent : tannins des thés, phytates des céréales, calcium, son. Les épinards contiennent une bonne dose de vitamine C, qui augmente ainsi la biodisponibilité du fer qu'ils renferment.

Selon l'OMS, les carences en fer touchent cinq cents millions de personnes dans le monde ; ce serait la principale carence nutritionnelle. Elle concerne principalement les pays les moins développés, mais est aussi présente dans nos contrées industrialisées. C'est peut-être pour cette raison que l'on trouve dans le commerce alimentaire de nombreux produits supplémentés en fer, dont les corn flakes, autre symbole de l'alimentation américaine, et complément des épinards de Popeye.

Faut-il pour autant pratiquer systématiquement une supplémentation en fer ? Jacques Fricker met en garde contre cette attitude, et signale une étude américaine qui a mis en évidence un risque supérieur de cancer chez les personnes ayant des stocks de fer élevés.

L'alliance du fer et de la vitamine C réalisée dans les épinards est donc favorable à l'absorption du fer par notre organisme, pourvu que la vitamine C ne soit pas détruite par une cuisson prolongée à grande eau. D'autre part, mieux vaut s'assurer une alimentation équilibrée avant d'envisager une supplémentation systématique en fer.

Vertus et usages des épinards

Les nutritionnistes et les phytothérapeutes modernes s'accordent donc pour vanter les bienfaits de l'épinard. Ainsi, la revue *American medicine* le donnait déjà en 1927 comme "tout à fait indiqué dans les états d'anémie, de corruption de sang, de troubles cardiaques, de dérangement rénal, de dyspepsie, d'hémorroïdes".

Le docteur Valnet le considère comme un reminéralisant de grande valeur, antianémique et antiscorbutique, tonicardiaque, activateur de la fonction pancréatique et stimulateur des fonctions digestives. Il conseille de le consommer cru.

Il préconise également les cataplasmes de feuilles cuites dans de l'huile d'olive sur les brûlures, les dartres, les plaies atones.

Mais il précise aussi les contre-indications de l'épinard, dues en particulier à la présence d'oxalates : hépatisme, rhumatisme, arthritisme, gravelle, inflammations gastriques. Il signale que le chénopode bon-henri présente moins d'inconvénients à ce sujet.

Il nous apprend aussi que l'eau de cuisson des épinards peut remplacer le bois de Panama pour le nettoyage des lainages noirs.

Plusieurs auteurs donnent une recette de vin fortifiant obtenu en mélangeant 200 grammes de suc d'épinards fraîchement cueillis à 0,75 litre de vin rouge, à consommer à raison d'un verre en début de repas. Et comme laxatif doux, on peut avoir recours à une infusion de graines d'épinards.

Le double effet de reminéralisant et de "balai de l'estomac" fait de l'épinard un légume anti-fatigue ; on le retrouve dans les cures et les diètes végétales, en jus ou en bouillon. Il fait aussi partie des aliments à intégrer dans un régime équilibré pour prévenir l'ostéoporose, cette déminéralisation des os qui occasionne un million de tassements vertébraux et quarante mille fractures du col du fémur par an, et qui concerne une femme sur cinq.

L'apport psycho-affectif de l'épinard

Les aliments auraient-ils une influence sur la santé à un autre niveau que strictement nutritionnel ? Beaucoup le pensent, en particulier Bernard Vial et Biondetta Mandrant, auteurs de *La Médecine affective au jardin* (éd. Similia, 1997), qui affirment que "si les épinards continuent à bénéficier de la faveur du public [...], c'est en réalité parce qu'ils aident les hommes, submergés par leurs rôles sociaux, à se recentrer. Ils s'adressent, en tant que remède, à celui qui ne supporte plus les règles et usages en vigueur, car il finit par croire que tout est rôle, fonction, qu'il n'y a pas place pour l'affectivité (et la sincérité). Consommés régulièrement, les épinards jouent un rôle préventif et nous permettent de déterminer plus clairement les limites du jeu social."

VI. AVEC OU SANS BÉCHAMEL ?

Au commencement étaient donc les herbes sauvages, que les premiers hommes consommaient crues, comme ils consommaient crus, en bons omnivores qu'ils étaient, les produits de leurs chasses. Ce sont les brèdes dont nous avons fait la connaissance au début de ces pages. Il leur a fallu parcourir un long chemin avant de devenir des légumes charnus dignes de figurer sur les grandes tables.

Cueillette et subsistance

Si on baptisa ces plantes "herbes à pot", avant qu'elles ne deviennent plantes potagères au fil de la sélection, c'est parce qu'elles avaient effectivement besoin de cuire longuement avant qu'on puisse les manger. Sauvages, elles avaient des feuilles plus ou moins rêches et fibreuses, que seule la cuisson à l'eau pouvait attendrir. Il suffit d'observer leurs descendants directs, qui poussent encore à l'état sauvage dans les prés ou sur le bord des routes, pour s'en persuader.

On ne leur donnait certes pas un noble rôle. Ce n'est pas ces herbes que l'on convoquait lors des festins, elles devaient se contenter d'une humble place dans la piétaille des aliments de base. Cependant, tout au long des millénaires de l'histoire de l'humanité, elles n'ont jamais abandonné les bipèdes, et ont assuré leur subsistance dans les conditions les plus difficiles.

Dans son *Histoire de l'alimentation végétale*, le docteur A. Maurizio nous donne un aperçu des plantes que le peuple a utilisées dans divers pays et à diverses époques pour assurer sa survie. Il a ainsi étudié les aliments de misère en Pologne, où les paysans se nourrissaient traditionnellement de bouillies. En temps de disette, ils avaient recours aux végétaux sauvages. Ainsi, entre 1845 et 1847 se succédèrent en haute Silésie de mauvaises années pour les cultures de pommes de terre, qui entraînèrent la mort de milliers de personnes. Les survivants subsistèrent en consommant des arroches, des moutardes, des baies forestières et des gâteaux de lin et de chènevis. Il en fut de même dans d'autres régions du pays. En 1845, le peuple de Vilnius se nourrit de champignons et de légumes verts sauvages.

La romancière Eliza Orzeszkowa a décrit dans un de ses livres, *Image des années de famine* (1866), les famines de 1854 et de 1856 : "A l'automne, les paysans mangèrent du pain d'orge ; en hiver, du pain de paille. Au printemps, lorsque celui-ci aussi manqua, ils commencèrent à manger de l'herbe. Avec le seigle qu'ils reçurent de la charité, ils firent des soupes de farine. Mais il n'y en eut pas assez. Alors ils mangèrent des orties et des arroches."

Pendant la Grande Guerre, la majeure partie de l'Europe connut en 1916 et 1917 de sévères famines auxquelles les gouvernements tâchèrent de faire face en promulguant nombre de directives qui encourageaient et réglementaient les produits de substitution aux aliments habituels.

Entre juillet 1914 et juillet 1917, le Reich allemand ne promulgua pas moins de 892 lois ou règlements relatifs aux substances alimentaires, et l'Empire austro-hongrois, plus de mille ! Ainsi en 1917, le gouvernement autrichien publia un long catalogue intitulé *Que peut-on encore ramasser ?* qui prévoyait un prix réglementaire pour chaque plante concernée. On y retrouve la même logique qui présidait au vieil édit romain du "maximum" promulgué par l'empereur Dioclétien en l'an 301 de notre ère : prix maximal, répartition "équitable" des denrées…

Il est intéressant de faire le tour des différentes catégories d'aliments concernés. On trouve d'abord toutes les graines utilisables soit pour fournir des farines (glucides et protides), soit pour en extraire l'huile (lipides) : pépins de pommes, graines de cornouiller, etc. On a recensé également vingt-deux plantes pour soupes printanières, quarante-deux légumes sauvages pour plats d'épinards, dix-neuf végétaux utilisables comme asperges ou comme racines, douze salades, vingt-six fruits sauvages…, en tout cent soixante-quatre espèces propres au ramassage.

Le rôle salvateur des herbes à pot ne leur a pas laissé une bonne réputation dans la mémoire collective ; elles sont demeurées le symbole des horreurs vécues. Et même celles que l'on consommait traditionnellement disparurent ensuite, par répulsion, pourrait-on dire. C'est le même phénomène de psychologie collective qui fit bannir le topinambour après la Seconde Guerre mondiale.

Ajoutons à cela l'expérience vécue par des millions d'enfants comme le petit Sigmund Freud, les idées fausses communiquées par Aramis à des générations de jeunes lecteurs des *Trois Mousquetaires*, et l'on comprendra qu'il y a là une injustice fondamentale à réparer, et que ces herbes – épinards en tête – méritent une véritable réhabilitation.

Les épinards et l'art culinaire

Cette réhabilitation commence par un retour aux sources, par la légitimation qu'apportent les écrits anciens, qui montrent la place plus qu'honorable qu'occupait l'épinard sur les meilleures tables.

Dès 1256, Aldebran de Sienne en fait mention dans son *Régime du corps*. Et Taillevent, maître queux de Charles V (1338-1380), l'indique dans une recette de tourte : "Pour faire une tourte, prenez peressi, mente, bedtes, espinoches, letuces, marjoleine, basilique…"

Au XVIe siècle, les pâtissiers parisiens employaient les épinards pour préparer des petits pâtés ou des boulettes très prisés des étudiants. A la même époque, Liébault écrit dans *La Maison rustique* : "Les Parisiens savent assez combien sont utiles les épinards pour la nourriture en temps de caresme, lesquels en font divers appareils pour leurs banquets : maintenant les fricassent avec beurre et verjus ; maintenant les confisent à petit feu avec beurre en pots de terre ; maintenant en font des tourtes et plusieurs autres manières." Si le carême est un temps de pénitence, ces indications nous montrent que l'épinard était quand même jugé digne de faire d'un repas de carême un "banquet".

Amarantus blitum, *d'après Dalechamps, XVIe siècle*

Epinards de tous les pays

Bien souvent limitée aux épinards gratinés à la sauce béchamel, notre fabrique de chlorophylle mérite mieux… et les cuisines du monde entier ont su lui rendre hommage, en nous offrant un large choix de recettes savoureuses.

Au Cameroun, par exemple, on mange du *n'dole*, légume proche des épinards, préparé avec des arachides, de l'ail, des épices, et accompagné de poisson ou de viande. Nous verrons, par quelques recettes, que l'épinard fait aussi partie de la gastronomie méditerranéenne, par exemple avec les *kefalotori*, de délicieux feuilletés grecs.

Le beau livre consacré à *La Cuisine judéo-espagnole* par les éditions du Scribe (1984) donne une douzaine d'exemples de ces recettes traditionnelles : boulettes, rouleaux, beignets, gratin, ragoût de mouton, pâtés au fromage, chaussons, beureks… Cette cuisine traditionnelle est une cuisine économe, et les recettes indiquées utilisent soit les feuilles, soit les queues d'épinards : "Enlever les queues d'épinards, elles seront utilisées pour la confection d'autres plats."

Effectivement, des plats spéciaux emploient les queues des épinards : "Le jeudi, jour consacré à la cuisine du shabbat, lorsqu'on préparait des plats à base d'épinards, on en mettait de côté les queues avec lesquelles on confectionnait *los ravikos*. Ce soir-là, on se gardait d'entamer les mets du shabbat. *Los ravikos* venaient à point. D'ailleurs les enfants souvent appréciaient les queues plus que les feuilles elles-mêmes." On les accommodait également en boulettes *(komida de ravos)*.

Cette tradition d'enlever les queues persiste encore de nos jours. On peut penser qu'autrefois les queues n'étaient pas aussi tendres que maintenant, et qu'il fallait donc les séparer des feuilles. Les variétés actuellement cultivées ne nécessitent plus guère cette opération, si ce n'est peut-être lorsqu'on mange les épinards crus, en salade ; dès qu'elles sont un peu cuites, les queues se coupent facilement.

Choisir et préparer les épinards

Pour réussir la cuisine des épinards, il faut d'abord savoir les choisir bien frais, propres, d'un vert intense. Les feuilles ne doivent pas être jaunies ni tachées, et ne présenter aucun signe de flétrissement. La plupart du temps, les épinards sont vendus lavés, mais il ne faut pas pour autant qu'ils ruissellent d'eau. C'est un légume fragile, à protéger de la chaleur et à consommer rapidement. Ne le conservez pas plus de vingt-quatre heures, au casier à légumes du réfrigérateur.

Si vous désirez congeler les épinards, blanchissez-les en les plongeant trois minutes dans l'eau bouillante salée, puis égouttez fortement et laissez refroidir avant de mettre en sachets de plastique, datés et étiquetés.

Les feuilles tendres se consomment agréablement crues en salade, tandis que les grandes feuilles et les tiges se mangent cuites. Plutôt que de les cuire à grande eau, mieux

vaut les faire fondre doucement à l'étouffée, avec un peu de matière grasse ou un peu d'eau. On peut aussi ne pas égoutter les feuilles après lavage, mais les jeter dans une cocotte bien chaude et les cuire ainsi à cru.

Pour colorer une sauce ou une préparation, passez au mixeur une poignée d'épinards juste réduits. Dans certaines régions, on colorait les œufs de Pâques de multiples couleurs… dont celle de l'épinard.

Les grands chefs utilisent eux aussi les épinards : ainsi Roger Vergé (*Les Légumes*, éd. Flammarion, 1997) nous livre-t-il d'alléchantes recettes : bourride de légumes à l'orange, épinards aux croûtons en rigottes…

Potage à l'arroche

250 g de feuilles d'arroche ; 200 g de pommes de terre ; 1 oignon ; crème fraîche ; huile ; sel.

Dans une cocotte, faites revenir l'oignon et les feuilles d'arroche à l'huile. Ajoutez les pommes de terre coupées en dés et 1 litre d'eau bouillante salée. Faites cuire 15 minutes dans l'eau frémissante. Passez au mixeur pour obtenir la consistance désirée, en ajoutant une cuillerée de crème fraîche. Servez avec des croûtons grillés frottés d'ail.

• *Omelette à la tétragone*

Pour 4 personnes.
2 poignées de feuilles de tétragone ; 7 œufs ; 1/2 verre de lait ; huile ; sel.

Faites revenir 5 minutes à la poêle les feuilles de tétragone hachées finement. Battez énergiquement les œufs, le lait et le sel pour obtenir un mélange mousseux. Versez-le sur les tétragones, mélangez et faites cuire quelques minutes à couvert.

• *Tourte aux épinards*

400 à 500 g de pâte brisée ; pour la garniture : 300 g d'épinards ; 200 g de fromage blanc bien ferme (type saint-marcellin) ; 1 œuf ; 1 cuillerée à café de sarriette ; sel.

Faites fondre les épinards à la cocotte dans un peu d'huile jusqu'à ce qu'ils aient diminué de volume, puis hachez-les finement. Mélangez avec le fromage blanc, l'œuf et la sarriette. Salez.

Dans un moule à tarte beurré, profond et large (30 centimètres de diamètre), étalez la moitié de la pâte en la piquant avec une fourchette. Disposez la garniture et recouvrez avec le reste de la pâte, en ménageant une cheminée.

Faites cuire à four chaud 30 à 45 minutes.

• *Salade paysanne*

1 chicorée (frisée ou scarole) ; 3 pommes de terre moyennes ; filets fumés de magret de canard ; 1 bouquet de roquette ; 2 grosses poignées de feuilles tendres d'épinards ; huile de tournesol ; vinaigre de miel ou de cidre ; sel ; croûtons frits frottés d'ail.

Préparez à l'avance des petits croûtons de pain un peu rassis frottés d'ail et frits dans une poêle huilée.

Dans un saladier, préparez l'assaisonnement avec l'huile, le vinaigre et le sel, puis ajoutez la salade, les feuilles de roquette et d'épinards coupées en fines lamelles. Mêlez bien le tout.

Faites revenir à la poêle les pommes de terre en rondelles et le magret détaillé en lamelles un peu épaisses.

Versez le contenu de la poêle bien chaud sur la salade, disposez les croûtons dessus et servez.

• *Kacha aux épinards*

Pour 4 personnes.
3 tasses de kacha (sarrasin grillé) ; 200 g d'épinards ; 1 cuillerée à soupe d'huile d'olive ; sel ; 1 pincée de thym.

Lavez les épinards puis égouttez-les rapidement. Faites-les cuire à cru dans une cocotte avec l'huile d'olive et une pincée de thym. Ajoutez la kacha, le sel, 4 à 6 tasses d'eau, et faites cuire une dizaine de minutes.

Servez avec de la crème ou un laitage, et des cornichons aigres-doux.

• *Filets de poisson à la fondue d'épinards*

Pour 4 personnes.
1 kg d'épinards ; filets de poisson selon arrivage, en portions individuelles ; 1 cuillerée à soupe d'huile d'olive ; crème fraîche ; sel ; marjolaine.

Lavez les épinards puis égouttez-les rapidement. Faites-les fondre à cru dans une cocotte couverte avec l'huile d'olive, en surveillant pour qu'ils n'attachent pas, et laissez cuire pendant 5 à 10 minutes une fois qu'ils ont réduit.

Placez les filets de poisson sur des carrés de papier d'aluminium, après les avoir salés et saupoudrés de marjolaine. Fermez le papier pour former des papillotes et faites cuire à la vapeur 10 à 20 minutes selon l'épaisseur des filets.

Disposez les filets de poisson sur un lit d'épinards, avec un peu de crème fraîche, et servez.

• *Boulettes de viande aux épinards*

200 g de bœuf haché ; 200 g de chair à saucisse ; 150 g de pain sec (ou biscottes) ; 2 grosses poignées de feuilles d'épinards ; 1 œuf ; 1 bouquet de persil ; sel ; lait ; farine.

Emiettez le pain et faites-le gonfler dans du lait tiède. Faites fondre les épinards à la poêle dans un peu d'huile pendant quelques minutes, le temps qu'ils réduisent.

Dans un saladier, mélangez les viandes, le pain, l'œuf, les épinards et la moitié du persil hachés. Lorsque le mélange est bien homogène, formez des boulettes et passez-les dans la farine.

Faites revenir dans l'huile à la cocotte les boulettes, puis faites-les cuire doucement à couvert environ 15 minutes. Servez en saupoudrant avec le reste de persil haché.

• *Côtelettes de mouton à l'arroche*

Par personne : 1 côtelette de mouton ; 500 g d'arroche ; ail ; huile d'olive ; crème fraîche ; sel.

Faites fondre à la cocotte les feuilles d'arroche bien égouttées et finement hachées, salez. Couvrez et faites cuire une dizaine de minutes à feu doux. En fin de cuisson, ajoutez une grosse cuillerée à soupe de crème fraîche.

Pendant ce temps, faites saisir les côtelettes à feu vif avec un peu d'ail haché pendant cinq bonnes minutes, puis ajoutez la fondue d'arroche et laissez cuire encore quelques minutes à feu doux et à couvert.

Servez avec des pâtes fraîches.

• *Tofu à la tétragone*

250 g de tétragone ; 250 g de tofu ; basilic frais ; huile de tournesol ; sel.

Coupez le tofu en minces lanières, et mettez-le à revenir dans l'huile avec les feuilles de tétragone et de basilic hachées menu. Salez. Faites cuire une dizaine de minutes et servez avec une salade d'été à laquelle vous aurez mêlé de jeunes feuilles de tétragone crues.

• *Ravikos**

2 kg d'épinards dont on ne prélève que les queues ; 1 cuillerée à soupe rase de concentré de tomates ; 1 verre de bouillon de poule ; 1 cuillerée à soupe d'huile ; 1/2 tasse à café de riz ; le jus d'un citron ; 1/2 cuillerée à café de sucre ; sel ; paprika.

Mettez les queues d'épinards dans un faitout avec tous les autres ingrédients. Laissez cuire à découvert 1 heure à feu doux. Servez chaud.

• *Borek con espinaka**

16 feuilles de fila (dans les épiceries orientales) ; huile. Pour la farce : 500 g d'épinards ; 1 œuf ; 1 yaourt ; 100 g de fromage frais de brebis ; 100 g de fromage râpé ; poivre. Pour la décoration : 1 jaune d'œuf ; 2 cuillerées à soupe de grains de sésame blanc.

Lavez les épinards, ôtez-en les queues. Plongez les épinards dans de l'eau bouillante et laissez cuire 20 minutes à feu vif. Egouttez, puis essorez-les avec énergie et hachez-les. Dans un saladier, mélangez les épinards hachés, l'œuf cru, le yaourt, le fromage frais écrasé avec le dos d'une fourchette, le fromage râpé, le poivre.

Huilez un plat allant au four, de préférence rond, d'environ 30 centimètres de diamètre. Disposez d'abord une feuille de fila, étalez dessus une cuillerée à soupe de farce ; couvrez d'une feuille de fila, remettez de la farce, et terminez par une feuille de fila. Badigeonnez de jaune d'œuf, saupoudrez de grains de sésame. Rabattez les bords qui dépassent pour éviter qu'ils ne brûlent.

Faites cuire 15 minutes à four chaud, baissez le feu et continuez la cuisson 30 minutes à four moyen. Servez chaud en entrée, après avoir découpé des parts en triangles ou en carrés.

* L'auteur remercie les éditions du Scribe pour leur autorisation de reproduire ces deux recettes extraites de *La Cuisine judéo-espagnole* (1984, épuisé).

L'estragon et le romarin

Thierry Delahaye

Vladimir et le dragon

*"On attend.
– On attend quoi ?
– Ben, on attend Godot."*
Samuel Beckett, *En attendant Godot*, 1953.

Les répliques échangées par Vladimir et Estragon font de cette vivace éponyme la plante aromatique la plus célèbre du théâtre contemporain, même si elle ne se rencontre pas à l'état spontané en Europe où elle fleurit rarement et ne donne jamais de graines.

Né en Asie centrale (où existe aussi une espèce à feuilles pourpres), introduit en Espagne par les Arabes (et parallèlement en Europe du Nord par les croisés ?), l'estragon connut moins de succès dans la cuisine des pays islamisés que dans celle des régions chrétiennes. Depuis la fin du Moyen Age, on emploie ses jeunes tiges et ses feuilles qui servent aujourd'hui à parfumer vinaigre, cornichons, moutarde, beurre, œufs en gelée et en omelette, à aromatiser les sauces béarnaise, tartare et gribiche, à préparer l'estragonnade, liqueur apéritive et digestive, et à farcir le poulet.

L'estragon entrait dans les "fournitures" au potager du Roi à Versailles et figure toujours parmi le mélange de fines herbes. Il fut aussi utilisé comme plante médicinale, d'abord pour guérir les morsures d'animaux venimeux, puis avec des propriétés plus larges. On peut lire en effet dans le *Dictionnaire des plantes usuelles*, publié à Paris en l'an II de la République, qu'il combat "la faiblesse d'estomac, les indigestions et les envies de vomir (…). Son eau distillée empêche la contagion de la peste (…). On peut le prescrire dans les décoctions amères, fébrifuges et diurétiques : une légère teinture de cette plante peut entretenir une sueur actuelle ou annoncée par la moiteur de la peau."

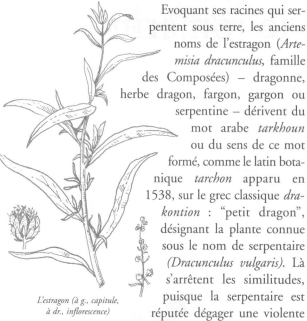

L'estragon (à g., capitule, à dr., inflorescence)

Evoquant ses racines qui serpentent sous terre, les anciens noms de l'estragon (*Artemisia dracunculus*, famille des Composées) – dragonne, herbe dragon, fargon, gargon ou serpentine – dérivent du mot arabe *tarkhoun* ou du sens de ce mot formé, comme le latin botanique *tarchon* apparu en 1538, sur le grec classique *drakontion* : "petit dragon", désignant la plante connue sous le nom de serpentaire (*Dracunculus vulgaris*). Là s'arrêtent les similitudes, puisque la serpentaire est réputée dégager une violente odeur de viande pourrie à la floraison afin d'attirer les mouches pollinisatrices !

Désiré Bois (*Les Plantes alimentaires chez tous les peuples et à travers les âges*, 1927) signale une autre plante qui a un rapport avec l'estragon, un cousin de l'œillet d'Inde, le *Tagetes lucida* du Mexique dont "les feuilles aromatiques ont la saveur de l'estragon auquel elles sont parfois substituées dans les pays chauds".

La rosée marine et le manteau marial

Si l'estragon était au XIXe siècle symbole de la durée des sentiments, le romarin (*Rosmarinus officinalis*, famille des Labiées) est tout à la fois symbole de jouvence et de fidélité. En Saintonge, une ballade relate l'histoire de la jolie fille d'un roi, qui s'amuse à laver son linge, comme Nausicaa dans l'*Odyssée*, et laisse tomber son anneau d'or à la mer ; un jeune homme s'y jette pour le chercher, mais il se noie. Elle le pleure et est changée en romarin sur le rivage. Est-ce ainsi que cette plante prit son nom de "rosée de mer" ?

Ennemi du mal puisqu'il pousse "à ciel ouvert", à l'opposé des plantes racines alliées des sorciers, le romarin est un végétal sacré. Les Grecs en brûlaient en offrande à leurs dieux, car il dégage une odeur d'encens (on le nomme d'ailleurs "encensier" dans certaines régions françaises). Les Romains en tressaient des couronnes, portées lors des mariages et des enterrements, et l'on en mettait jadis une branche dans la main des morts. Les chrétiens vénéraient eux aussi le romarin. La légende raconte que, lors de la fuite en Egypte, la vierge Marie perdit son manteau couleur d'azur. Le manteau tomba sur un arbuste en fleur, lesquelles prirent aussitôt la teinte céruléenne du manteau marial. Ces fleurs étaient celles du romarin et c'est pourquoi elles sont depuis ce temps d'un bleu si léger, comme le ciel. On les appelait autrefois en officine *anthos*, mot grec signifiant "fleur", autrement dit la fleur par excellence. Confites dans le sucre, ces fleurs fournissaient un remède aux troubles nerveux, aux affections grippales, à la jaunisse et même à la peste, selon le livre d'heures d'Anne de Bretagne.

Fort prisé dans l'Antiquité pour ses vertus aromatiques, le romarin fut cultivé dès le haut Moyen Age pour ses vertus médicinales, notamment dans les monastères du nord de la France. Le romarin est effectivement doué de grandes propriétés thérapeutiques en matière d'affections digestives et hépatiques. Il était en outre réputé souverain contre les pertes de mémoire : Shakespeare fait dire à Ophélie, dans *Hamlet* : "Voici le romarin, afin qu'il t'en souvienne", et les étudiants grecs révisaient leurs leçons en portant sur leur tête des couronnes de romarin. Mais c'est comme élixir de jouvence qu'il connut une très grande vogue à partir du XVIe siècle, avec la fameuse "Eau de la reine de Hongrie".

Romarin des reines et des campagnes

Isabelle de Hongrie affirmait en avoir reçu la recette d'un ange ou, suivant d'autres versions, "d'un ermite que je n'avais jamais vu". Elle avait soigné ses rhumatismes avec cette distillation d'une macération alcoolique de fleurs de romarin. Puis elle s'en servit pour se laver le visage et, dit la chronique, "âgée de soixante-douze ans, redevint jeune et belle". Ninon de Lenclos préparait de son côté une "eau magique" composée de fleurs de lavande, feuilles sèches de romarin, menthe, racines de consoude et de thym, qu'elle ajoutait dans son bain et qui lui permit de conserver jusqu'à un âge avancé sa peau de jeune fille. Plus prosaïquement, les enfants savent que des feuilles de romarin mâchées valent un bon dentifrice. Elles entrent aussi dans la composition de l'eau de Cologne.

Le romarin, localement appelé herbe des troubadours, fut longtemps considéré comme l'herbe de l'amour et de l'amitié. Lors de leur mariage, les jeunes couples plantaient une branche de romarin ; si elle poussait, c'était de bon augure pour la famille.

Paul Sébillot, dans son *Folklore de France*, a relevé d'autres coutumes. A Guernesey, "la superstition d'après laquelle certaines choses, pour procurer de la chance à leur possesseur, ne doivent pas être achetées, s'applique au romarin : pour qu'il ne soit pas funeste à celui qui l'a mis dans son jardin, il faut qu'il n'ait pas été payé, mais qu'il ait été élevé et offert par un ami bien intentionné". Est-ce pour cette raison que "ses branches font joyeux celui qui les porte sur soi" ?

H. Chauvet (*Légendes du Roussillon*, 1899) rapporte que, le matin de la Saint-Jean, les jeunes filles plaçaient en croix aux portes et aux fenêtres de leur maison, pour en interdire l'entrée aux mauvaises fées et aux démons, des bouquets de thym et de romarin cueillis la veille dans la montagne.

Au Moyen Age, on brûlait des rameaux de romarin pour lutter contre les épidémies. Cela se pratiquait encore dans les hôpitaux durant la Seconde Guerre mondiale, le romarin ayant des vertus antibactériennes. Placées dans les armoires, les fleurs de romarin, seules ou associées à la lavande et à la mélisse, éloignent les mites. On peut encore, à l'instar des jonchées odorantes de la Grèce, disposer des rameaux de romarin et de lavande sous les tapis afin qu'en marchant dessus on fasse s'exhaler leur parfum.

Les aromates au jardin

L'estragon et le romarin forment de petits arbustes qui ont tendance à se propager et qu'il faut donc pincer ou tailler (les rameaux supprimés sont mis à sécher et parfumeront les grillades de l'été). Tous deux apprécient une exposition ensoleillée et se satisfont d'un terrain maigre mais perméable et bien drainé. Le romarin aime le calcaire, mais l'estragon le tolère mal. Le romarin étant très mellifère, il attire les insectes pollinisateurs : on gagne à le planter au verger.

L'estragon se multiplie par division de touffe au printemps, moins fréquemment par bouture. On le plante au printemps quand il n'y a plus de risque de gel. Le romarin se bouture : on prélève en août des rameaux commençant à lignifier, on les conserve en pot dans du terreau (ou sous cloche en pleine terre) et on plante au jardin au printemps suivant. Il peut aussi être multiplié par marcottage de rameau au printemps, sevré du pied mère à l'automne.

La culture de ces plantes rustiques est réduite : elles ne souffrent d'aucun parasite. En terrain humide, l'estragon devient sensible au grand froid (couper les rameaux, butter la souche de terre et la couvrir de paille ou d'une cloche durant l'hiver). On renouvelle les plants d'estragon au bout de 3 à 4 ans ; ceux de romarin durent près de 10 ans.

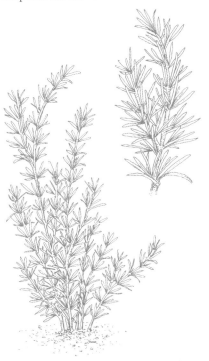

Le romarin

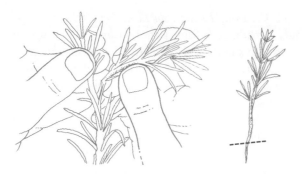

Bouturer le romarin

Chaque année, on apporte du compost bien mûr ou du terreau au pied des arbustes. Les arrosages ne sont utiles qu'en cas de sécheresse.

Outre l'estragon vrai, il existe une forme plus robuste et plus vigoureuse, l'estragon de Russie, mais dont les feuilles plus pâles n'ont pas un arôme aussi prononcé.

Plusieurs variétés de romarin sont commercialisées : une forme "prostrée", originaire de l'île de Capri, ne dépassant guère 20 centimètres de hauteur ; deux variétés qui font mentir la légende : 'Albus', à fleurs blanches, et 'Rose de Majorque', à fleurs roses ; 'Aureus', à feuilles dorées ; 'Punta di Canelle' et 'Corsican Blue', employés comme couvre-sol ; 'Pyramidalis', à port dressé, utilisé pour former des haies...

Les rameaux d'estragon et de romarin sont cueillis d'avril-mai à octobre. Ceux que l'on veut conserver doivent être prélevés avant la floraison, qui intervient de juillet à octobre pour l'estragon et de mai à juillet pour le romarin (en région bien ensoleillée, il peut fleurir toute l'année). Les feuilles sont alors mises à sécher à l'ombre ; celles du romarin sont conservées entières, celles de l'estragon peuvent être réduites en poudre (elles perdent de leur saveur avec la dessiccation). Les fleurs de romarin sont cueillies au printemps.

Cuisine du Nord, cuisine du Sud

L'estragon, à la saveur légèrement poivrée et anisée, est souvent présenté comme un ingrédient typique du goût français en matière de cuisine. On le trouve aussi bien dans des préparations élaborées comme la tête de veau sauce ravigote ou les "moules au vert", chères au peintre Claude Monet, que dans une simple salade qu'il aromatise avec quelques feuilles.

A Entrechaux, dans le Vaucluse, on prépare de l'estragonade sur le modèle de la tapenade, avec de l'huile d'olive, du sel marin et de l'estragon. On en mâchait autrefois les feuilles pour engourdir les papilles gustatives avant d'avaler une potion amère. L'estragon est conseillé dans les régimes sans sel car il redonne de la saveur aux aliments.

Le romarin, herbe de la garrigue, est plus prisé dans les régions méditerranéennes où il croît spontanément. En Provence, le *roumarin* ou *roumaniéou* parfume la ratatouille, l'agneau rôti, le gibier et le poisson, et il est bu en tisane bienfaisante après les repas copieux. En Italie, on le mange avec le riz. A Narbonne, un miel à la saveur de romarin était déjà très apprécié par les Romains.

En Grèce, l'huile d'olive parfumée à l'ail et au romarin accompagne traditionnellement les pommes de terre et les aubergines cuites au four, le gigot d'agneau et le poisson frit *savoré* (savoureux) : il s'agit de petits poissons, des rougets idéalement, dorés à la poêle puis mis à mariner dans une sauce composée d'huile d'olive, d'ail revenu à la poêle, de vinaigre et de romarin. Le romarin entre aussi dans la recette des salmis de poissons (mérou, mulet...) farcis de tomates séchées, persil et laurier, cuits au four avec une sauce composée d'oignons rissolés dans de l'huile d'olive, d'ail, de tomates, de vin blanc et de romarin.

• *Olives parfumées au romarin*

> 500 g d'olives vertes ; 1 gousse d'ail ; 2 piments forts ; 1 citron ; 1 cuillerée de romarin ; 2 cuillerées de vinaigre ; 25 cl d'huile d'olive.

Dans un grand bol, mélanger les olives avec l'ail, les piments, le citron coupé en morceaux et le romarin. Battre l'huile avec le vinaigre et verser cette vinaigrette sur les olives jusqu'à les couvrir. Conserver en bocal hermétiquement fermé ou quelques jours au réfrigérateur dans le bol.

Fenouil, aneth et angélique

Jérôme Goust

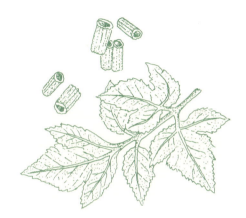

INTRODUCTION

L'angélique, l'aneth et le fenouil nous font pénétrer dans une famille botanique très unie, celle des Ombellifères (aujourd'hui appelées Apiacées). Les plantes de cette famille, qui sont souvent aromatiques et parfois difficiles à distinguer les unes des autres, sont toutes coiffées du même type d'inflorescence, des ombelles qui font penser à la Belle Epoque, celle des crinolines, des ombrelles et des vastes chapeaux de paille qui préservaient le teint des dames des outrages du soleil.

Cependant, le fenouil, l'aneth et l'angélique ont connu des destins et des usages bien différents. Les tiges d'angélique confites rappellent encore les confiseries de l'enfance et les fouaces de jadis. Le fenouil, qu'il soit aromate ou légume, évoque les parfums de la cuisine méditerranéenne, tandis que l'aneth est plutôt associé aux plats de poisson scandinaves. Puissent ces trois herbes, chacune dans son registre, participer au retour en grâce des saveurs végétales...

I. DES JUMEAUX ET UNE COUSINE

On distingue facilement la grande cousine angélique, à l'ampleur impressionnante, des deux jumeaux aneth et fenouil, qui étaient jadis parfois confondus. Nos trois herbes sont connues de longue date, mais, à la différence d'autres aromates, ne bénéficient pas pour autant d'une origine mythologique.

L'angélique (*Angelica archangelica*), plante nordique, est très souvent présente dans les sagas scandinaves : les populations hyperboréales en avaient fait l'emblème de l'inspiration et de la mélancolie. A ce titre, elle couronnait le front des poètes. Elle semble avoir été introduite en Europe continentale par les Vikings. On la trouve dans les monastères de Bohême au XIIIe siècle, où elle est utilisée pour combattre la peste. Les chartreux de Fribourg l'appréciaient pour ses divines propriétés contre "griefves maladies". Paracelse signale que l'angélique fut employée à Milan lors de la peste de 1510. C'est aussi au XVIe siècle qu'aurait été distillée par un dénommé Brunswig, à Strasbourg, la première eau d'angélique qui se répandit ensuite à travers l'Europe.

Pourquoi l'angélique a-t-elle été baptisée ainsi ? Une légende raconte que l'archange Raphaël aurait indiqué la plante à un ermite comme spécifique de la peste. Pour Olivier de Serres (1600), "tel nom a esté donné a ceste plante, a cause des vertus qu'elle a contre les venins". Plus récemment, et de façon plus prosaïque, P. Delaveau *(Les Epices)* expliquait le nom d'"angélique" par la présence d'ailes sur les graines.

L'aneth et le fenouil sont, eux, des Méridionaux. Le fenouil est originaire du pourtour méditerranéen et l'aneth, d'un large bassin comprenant l'Europe méridionale, l'Inde, la Perse et l'Egypte.

Les textes anciens qui mentionnent l'aneth et le fenouil ne doivent pas être pris pour parole d'évangile, car ces deux plantes étaient, on l'a vu, souvent confondues. Le meilleur exemple en est la Bible : "Malheureux êtes-vous, scribes et pharisiens hypocrites, vous qui versez la dîme de la menthe, du fenouil et du cumin, alors que vous négligez ce qu'il y a de plus sérieux dans la Loi : la justice, la miséricorde et la fidélité ; c'est ceci qu'il faut faire, sans négliger cela" (Matthieu, XXIII, 23). D'autres traductions mentionnent ici l'aneth : on ne peut savoir de quelle plante il s'agit vraiment.

Chez les Grecs, l'aneth était une plante magique et médicinale. Pythagore et Hippocrate enseignaient que tenir de l'aneth dans la main gauche empêchait l'épilepsie et éloignait les sortilèges. A Rome, l'aneth était symbole de joie, de plaisir, mais aussi de vitalité : les gladiateurs en recherchaient l'huile pour accroître leurs forces. Quant au fenouil aromatique, il aurait déjà été cultivé par les anciens Egyptiens et figurerait sur le papyrus d'Ebers.

Le nom de l'aneth vient du grec *anethon*. Le mot apparaît au XIIe siècle sous la forme *anet*. "Fenouil", quant à lui, provient du bas latin *foeniculum* (IIIe siècle). On rencontre la forme *fenoil* dès 1176 chez Chrétien de Troyes.

Un peu de botanique

Les flores contemporaines distinguent clairement nos trois plantes, notamment celle de Gaston Bonnier sur laquelle nous nous appuierons ici.

Le genre *Angelica* comprend 32 espèces de l'hémisphère nord et de Nouvelle-Zélande. Sous nos climats, les espèces sauvages sont au nombre de quatre : *Angelica pyrenaea, sylvestris, razulli* (subalpine) et *heterocarpa*. La plus commune est l'angélique sylvestre, qui croît dans les fossés, les bois et les lieux frais et ombragés.

Angelica archangelica, qui est l'espèce cultivée, ne pousse pas spontanément en France. C'est une plante bisannuelle qui atteint 1 à 2 mètres de hauteur, aux grandes feuilles divisées et dentelées, glauques sur leur face inférieure, et aux larges ombelles en forme de demi-sphère.

Dans sa grande *Flore*, Bonnier regroupe le fenouil et l'aneth dans le genre *Anethum*. Cependant, les botanistes rattachent plus souvent le fenouil à d'autres genres : *Carum, Meum, Peucedanum* et surtout *Foeniculum*.

Bonnier distingue l'aneth des moissons (*Anethum segetum*), une plante de 40 à 90 centimètres que l'on rencontre encore en région méditerranéenne, dans des endroits incultes, et l'aneth odorant (*A. graveolens*), plante annuelle de 20 à 50 centimètres, très aromatique. On reconnaît ce dernier à son feuillage très finement divisé et à ses ombelles jaunes. Il est quelquefois rattaché aux genres *Selinum* ou *Peudecanum*. Le fenouil (*Anethum foeniculum* pour Bonnier, mais plus souvent *Foeniculum vulgare*) est une grande vivace qui peut dépasser 2 mètres. Ses feuilles sont très finement divisées et ses tiges, robustes. Leurs bases engainantes, insérées en un même point, ont tendance à s'imbriquer les unes autour des autres, formant un bulbe charnu. C'est grâce à cette

Hippocrate

L'angélique

propriété qu'ont pu être sélectionnées les variétés potagères de fenouil.

Le fenouil-légume, ou fenouil doux de Florence au "bulbe" renflé et charnu, aurait été rapporté des Açores et de Syrie en Italie, où sa culture est attestée au XVIe siècle. Il aurait ensuite été introduit en France par la cour de Catherine de Médicis – et grâce aux échanges de graines entre jardiniers italiens et provençaux.

Noms, usages et croyances populaires

Si nos trois plantes n'ont pas laissé de traces importantes dans l'histoire, elles n'en sont pas moins présentes dans le parler populaire.

En latin du Moyen Age, les noms de l'angélique sont nombreux et reconnaissent les vertus de cette plante : *panax, panacus regius, rabendula, aureola, angelia, urtica malor* (1474), *sancti spiritus radix, imperatoria* (1544). Ils évoluent peu à peu vers la forme moderne qui semble bien installée à la fin du XVIe siècle. Les noms locaux que l'on rencontrait à la fin du XIXe siècle en étaient pour la plupart dérivés : *anj'lica* (Savoie), *ondzelico* (Lot), *ëjelick'* (Châteauroux), *anklik* (Vienne).

Eugène Rolland rapporte dans sa *Flore populaire* que, dans la tige creuse de l'angélique sauvage, "les enfants percent une cloison qui sert de corps de pompe comme une seringue ; ils appellent l'instrument *canne jilouëre* (en Mayenne)". Dans l'Aisne, les enfants fabriquaient des cornets et des mirlitons à base de tiges d'angélique.

Du fait de leur ressemblance, aneth et fenouil ont souvent été confondus par les parlers populaires : ce sont les noms du second qui dominent. Ainsi, au XIXe siècle, l'aneth était-il appelé *ani* dans la Marne, mais *fenoul bastar* dans la région de Montpellier. On rencontre également une autre dénomination, d'origine inconnue : *escarlato* (à Toulouse) ou écarlate (en Charente-Maritime).

Le fenouil se déclinait sous une large palette d'appellations locales : *fenohl* (Provence), *fanoué* (Charente), *fenoulha* (Jura), *fin-nouy* (Aisne), *fénéré* (Nièvre). Un lieu où pousse le fenouil était appelé *fënoulhado* dans le Lot ou *fenouilledo* en Cévennes. On en retrouve la trace dans le nom de plusieurs communes : Fenols (Tarn), Fenouillet (Haute-Garonne), Feniou (Deux-Sèvres), Saint-Paul-de-Fenouillet (Pyrénées-Orientales)…

BIEN DISTINGUER L'ANETH ET LE FENOUIL

Dans *Le Livre des bonnes herbes* (Actes Sud, 1996), Pierre Lieutaghi donne la clé suivante pour différencier les deux plantes :

"Aneth : plante annuelle d'un vert bleuté ; fruits plats à rebord élargi plus pâle ; feuilles supérieures à limbe généralement plus long que la gaine. Odeur forte, peu agréable.

Fenouil : plante vivace ou bisannuelle, verte ou glauque ; fruits ovoïdes-allongés sans marge ; feuilles supérieures à limbe généralement plus court que la gaine. Odeur fine, pénétrante d'anis."

Souvent associé à la mort, le fenouil figurait dans nombre de proverbes du Midi de la France : ainsi, dans la région de Toulouse, *"Fa de fenoul"* ("Il fait du fenouil") indiquait qu'une personne était morte depuis longtemps, car le fenouil pousse volontiers dans les cimetières. Dans le même registre, et comme pour le pissenlit, on disait aussi : "Il mange le fenouil par les racines" et, en Gascogne : "Il vaut mieux nourrir des poux que des fenouils, car il vaut mieux la misère que la mort."

Le fenouil était souvent utilisé pour combattre les sortilèges. On affirmait dans les Landes que "le fenouil qu'on a passé neuf fois dans le feu de la Saint-Jean protège des maléfices". En Béarn, la veille de la Saint-Jean, on plaçait du fenouil dans les trous de serrure pour empêcher les mauvais esprits d'entrer dans les maisons. En Charente-Maritime, le jour de la Fête-Dieu, on faisait des jonchées de fenouil dans les rues lors du passage de la procession, puis on le ramassait et on le mettait sur les toits pour garantir les maisons du tonnerre. Au contraire, cependant, à Niantré (Vienne), une coutume affirmait que "si vous portez du fenouil quand passent les bœufs, cela leur portera malheur".

Le fenouil a donné naissance à un verbe, "enfenouiller", au sens plutôt péjoratif : en Artois, "enfenouillé" se dit de celui qui ne sait pas prendre parti ou qui a l'esprit un peu dérangé. Dans le Pas-de-Calais, "s'enfenouiller" signifie "faire de l'embarras".

L'angélique n'a pas laissé beaucoup de traces dans le langage populaire, mais figurait dans le calendrier républicain de Fabre d'Eglantine : Angélique était le 4 prairial, et Fenouil le 11 fructidor. On n'y trouve pas mention de l'aneth, ce qui laisse penser que fenouil et aneth étaient alors encore confondus.

On fête toujours la Sainte-Angélique, le 17 juillet. Sainte Angélique – Angélique Rousset, en religion sœur Marie du Saint-Esprit, était une religieuse carmélite qui fut exécutée en juillet 1794 sous la Terreur.

Une littérature discrète

Les traces du fenouil, de l'aneth et de l'angélique dans la littérature sont pour le moins discrètes. L'angélique est souvent liée aux souvenirs des confiseries de l'enfance : "… cette plante d'une telle douceur me fit songer aux fruits de la contrée où coulent des ruisseaux de sirop de groseilles à travers des rochers de caramel. (…) Je me plaisais, comme Virgile, à des fictions enchanteresses, et mon esprit s'émerveillait, ignorant le traitement que les confiseurs font subir à un pied d'angélique pour le rendre plaisant au palais." (Anatole France, *Le Petit Pierre*, 1918.)

Quant au fenouil et à l'aneth, on ne les rencontre guère que dans des descriptions naturalistes ou quelques poèmes romantiques – par exemple chez Bernardin de Saint-Pierre (*Harmonies de la nature,* 1814) : "Ce sont de pâles violettes, des pavots funèbres ; le narcisse, dans lequel fut changé Narcisse, amant de lui-même ; de l'anet, espèce de fenouil dont les fleurs sont jaunes ; le vacciet, dont les grains sont noirs ; enfin des soucis. Toutes

Le fenouil, d'après Gerard, XVIᵉ siècle

ces fleurs ont des analogies avec les amours et les chagrins", ou encore chez Leconte de Lisle (*Poèmes antiques*, 1852) :

O blanche Tyndaris, les dieux me sont amis :
Ils aiment les muses latines ;
Et l'aneth et le myrte et le thym des collines
Croissent aux prés qu'ils m'ont soumis.

Cependant, incontournable compagnon des saveurs provençales, le fenouil joue un petit rôle dans un conte d'Alphonse Daudet, *Les Trois Messes basses*, qui rapporte une conversation, "une nuit de Noël de l'an de grâce mil six cent et tant, entre le révérend dom Balaguère, ancien prieur des Barnabites, présentement chapelain gagé des sires de Trinquelage, et son petit clerc Garrigou, ou du moins ce qu'il croyait être le petit clerc Garrigou, car vous saurez que le diable, ce soir-là, avait pris la face ronde et les traits indécis du jeune sacristain pour mieux induire le révérend père en tentation et lui faire commettre un épouvantable péché de gourmandise".

Garrigou décrit donc à son chapelain les merveilles qui se préparent dans les cuisines du château, et celui-ci expédie alors les trois messes qui se succédaient traditionnellement pour la nuit de Noël : "... et ces merveilleux poissons dont parlait Garrigou (ah ! bien oui, Garrigou !) étalés sur un lit de fenouil, l'écaille nacrée comme s'ils sortaient de l'eau, avec un bouquet d'herbes odorantes dans leurs narines de monstres. Si vive est la vision de ces merveilles, qu'il semble à dom Balaguère que tous ces plats mirifiques sont servis devant lui sur les broderies de la nappe d'autel, et deux ou trois fois, au lieu de *Dominus vobiscum !* il se surprend à dire le *Benedicite.*"

II. CULTURES DU NORD ET DU MIDI

Les manuscrits du Moyen Age qui traitent d'agriculture ou des usages médicinaux des plantes font souvent état de l'aneth et du fenouil, mais l'angélique en est absente, sans doute parce que sa présence n'était pas encore assez marquée dans nos contrées. Ainsi, elle n'est même pas signalée par Hildegarde de Bingen (1098-1179) qui vivait pourtant dans une des régions où l'angélique fut d'abord introduite – elle était abbesse de l'abbaye de Rupertsberg près de Bingen, en Rhénanie-Palatinat.

Du Moyen Age au XVIIIe siècle

Seuls le fenouil et l'aneth, donc, figurent dans les plans de jardins et les documents qui nous sont parvenus. Le plan du monastère de Saint-Gall, qui est une copie de celui qu'établit au VIIe siècle saint Théodore de Tarse pour les monastères bénédictins (dit plan de Canterbury), mentionne le *feniculum* parmi les plantes de l'*herbularius* (jardin d'herbes médicinales ou aromatiques), alors que l'*anetum* est classé parmi les plantes de l'*hortus* (le potager). L'*Hortulus* ("Petit jardin") du moine Strabo, poème composé entre 842 et 849, ne mentionne que le fenouil, sous le nom de *maratri*. Dans le capitulaire de Charlemagne, *fenicolum* et *anetum* figurent côte à côte parmi les plantes condimentaires et médicinales. Au XIIe siècle, Hildegarde de Bingen rassemble le *feniculo* et le *dille*, nom germanique de l'aneth.

En 1305, le *Livre des profits champêtres* de Pierre de Crescens propose un calendrier de culture : il y fait figurer en février le fenouil et l'aneth (il s'agit probablement de semis précoces), et précise qu'on sème également ce dernier à la fin de septembre et en octobre – nous verrons que ce conseil est assez proche des usages actuels.

Une autre tradition, celle des agronomes arabo-andalous, détaille également la culture de l'aneth et du fenouil. Dans son *Livre de l'agriculture (Kitâb al-filâha)*, Ibn al-'Awwâm, médecin et agronome andalou de la fin du XIIe siècle, traite séparément des deux plantes.

Le fenouil apparaît parmi les "plantes employées comme assaisonnement dans les préparations culinaires ou comme médicaments", avec le cumin, le carvi, la nigelle, l'anis, le cresson alénois, la moutarde et la coriandre. Ibn al-'Awwâm reprend les conseils de culture donnés par plusieurs autres auteurs et rappelle que le fenouil se multiple de pieds ou d'éclats dans le *tichrîn* premier (octobre) et de graines au mois d'*âb* (août). Il se sème également en janvier et en mars "dans des carreaux à

*L'angélique,
d'après Fuchs, XVIe siècle*

proximité des murailles, à la suite d'une culture énergique, d'une bonne fumure et d'une fraîcheur communiquée à la terre au moyen de l'arrosement".

Toujours dans le *Livre de l'agriculture*, l'aneth figure au chapitre des "diverses espèces de plantes qu'on élève dans les jardins pour divers usages", dans le même paragraphe que le liseron, le lierre et la fumeterre. "L'aneth se sème depuis le commencement de *kânun* second (janvier) jusque vers le milieu de *chubât* (la mi-février), et on donne de l'engrais." Il est précisé qu'on en utilise la graine pour assaisonner les viandes, surtout "des viandes grasses qui peuvent donner des nausées à ceux dont l'estomac est faible".

En 1600, dans son *Théâtre de l'agriculture*, Olivier de Serres est le premier à présenter l'angélique, parmi "la fourniture du jardin médicinal". Curieusement, il la classe parmi "les simples de l'Orient". Voici ce qu'il écrit : "S'en treuve de deux sortes, l'une sauvaige, l'autre domestique. La sauvaige croist par les lieux moites ; et la domestique se sème devant et après l'hyver, en jardin cultivé et arrousé en la sècheresse…" Omettant l'aneth, il cite le "fenoil" parmi les "herbes pour bordures et compartimens du parterre", avec la plupart des aromatiques : "Tout fenoil vient bien de plant enraciné, mais mieux de graine, la semant au printemps, la lune estant nouvelle. Le fenoil désire bonne terre."

Jean-Baptiste de La Quintinie, maître des jardins du roi Louis XIV à Versailles, ne s'intéressait qu'aux plantes alimentaires (potagères et fruitières), et non aux médicinales. Dans son *Instruction pour les jardins potagers et fruitiers* (1690), il classe le fenouil parmi les garnitures de salades, avec le baume (balsamite), l'estragon, la passe-pierre, la pimprenelle, la cive d'Angleterre, le cerfeuil, le basilic, etc. Il précise que "fenouil ne se multiplie que de graine qui est assez menue, longuette, en ovale, bossue, rayée d'un gris verdâtre".

La culture de l'angélique

Peu citée dans les textes des anciens agronomes, l'angélique est une plante qui préfère les sols riches et frais, copieusement fumés. Selon le climat, on la plantera à différentes expositions : dans les contrées septentrionales, elle apprécie le plein soleil, mais celui-ci se révèle excessif plus au sud. Mieux vaut alors la placer à mi-ombre ou orientée vers l'est, au soleil du matin, et protégée de la canicule de l'après-midi.

L'angélique est considérée comme une bisannuelle, mais elle peut ne fleurir que lors de la troisième année de plantation si l'on surveille son développement et que l'on interrompt dès le début la formation de sa hampe florale. Il est important de prendre en compte cette spécificité, puisque la cueillette des pétioles pour la confiserie doit se faire avant la montée en graine.

Pour un usage familial, un ou deux pieds d'angélique suffisent amplement. Il est alors plus simple d'acheter des plants. Bien que des sélections locales aient pu être obtenues, on ne connaît qu'un seul type d'angélique cultivée. La plante "en feuilles" peut atteindre 1 mètre, et 2 mètres à la floraison : il faut donc compter un espacement de 1 à 1,50 mètre entre les plants.

Avant de planter, apportez un bon seau de compost très décomposé au pied, que vous mélangerez bien à la

Feuille et pétioles d'angélique

terre. Binez et paillez copieusement pour maintenir le sol souple. Enfin, arrosez régulièrement pour obtenir des tiges tendres.

La récolte des feuilles et des tiges se fait selon les besoins, mais toujours avant la formation de la tige florale. La récolte des graines, quant à elle, nécessite une certaine surveillance : cueillies trop tôt, elles ne germeront pas et ne se conserveront pas ; mais lorsqu'elles arrivent à maturité, elles ont une fâcheuse tendance à se disperser aux quatre vents… ou à faire les délices des oiseaux ! Pour éviter ces désagréments, observez leur teinte ; dès qu'elles commencent à perdre leur couleur verte, entourez les ombelles d'un morceau de gaze fixé de manière lâche à leur base ou bien d'un sachet – tels ceux qui sont utilisés pour protéger les grappes de raisin. Lorsque les semences auront bruni, il suffira de couper l'ensemble et, après avoir ôté les enveloppes protectrices, de faire sécher le tout dans un endroit sec et ombragé.

Les graines d'angélique sont délicates à faire germer, car elles perdent vite leur faculté germinative ou entrent en dormance. Il faut en fait les semer rapidement après la récolte : le plus simple est de faire des semis en caissettes que l'on place à l'ombre. Si le temps est caniculaire, arrosez régulièrement et recouvrez d'un voile non tissé. Lorsque les plantules apparaissent, placez les caissettes progressivement à la lumière. Repiquez lorsque les jeunes plantes ont développé leur première paire de vraies feuilles.

Si vous détenez des graines moins fraîches, il vous faudra pratiquer la stratification hivernale pour lever la dormance. Pour cela, préparez vers le mois de novembre un semis en caissette, puis placez-le au nord, en le protégeant des rongeurs. A la sortie de l'hiver, les graines désinhibées germeront, et vous opérerez alors comme pour un semis classique.

Variétés d'aneth et de fenouil

Bien que les catalogues des grainetiers présentent plusieurs sélections d'aneth, une seule variété en a réellement été décrite.

Ce n'est pas le cas du fenouil, qu'il soit aromate ou légume. La variété la plus commune de fenouil condimentaire est verte, mais on en trouve également une variété "bronzée" ou pourpre ('Purpurascens'), de même culture et de même usage que l'autre. Comme il s'agit d'une plante vivace, le fenouil est plus souvent proposé sous forme de plants en godet, et plus difficile à trouver à l'état de graines.

Le fenouil doux de Florence, ce "bulbe" renflé et charnu présent presque toute l'année sur les tables italiennes, est

---

ATTENTION !

Comme le panais et la berce, l'angélique possède sur la face inférieure de ses feuilles de petites vésicules qui contiennent des molécules urticantes. Celles-ci peuvent provoquer des réactions cutanées (formation de cloques) chez certaines personnes. Il faut donc éviter de mettre la peau en contact avec les feuilles d'angélique, surtout par temps chaud et si l'on a transpiré, car les pores de la peau sont alors ouverts et réagissent d'autant plus fortement.

la plupart du temps proposé sous cette appellation par les grainetiers. Le catalogue officiel des espèces et variétés potagères (dans l'édition de 1997) en énumère un certain nombre de variétés, hybrides ('Amigo', 'Carmo'…) ou fixées ('Géant mammouth perfection', 'Fino race Selma', 'Doux précoce d'été'…), plus ou moins résistantes à la montaison, qui sont toutes des sélections du type de Florence.

Cultiver l'aneth

L'aneth, plante annuelle, est délicat à faire pousser : il redoute le froid et l'humidité qui peuvent le faire pourrir, mais, à l'inverse, l'excès de chaleur provoque une montée en graine prématurée. Il aime les sols riches et bien drainés, apprécie une exposition lumineuse mais redoute la canicule et la sécheresse. On le plantera donc plein sud dans les régions septentrionales, et à mi-ombre ou exposé à l'est dans les contrées plus chaudes.

Les semis de printemps (en avril) donneront surtout des graines ; il est préférable de les faire en godets (à raison de 4 ou 5 graines par godet) et à l'abri, puis de planter après les gelées, en espaçant les plants de 20 centimètres entre les rangs et de 15 centimètres sur la ligne. Les semis d'automne (en septembre) seront moins sujets à fleurir et donneront des feuilles jusqu'aux gelées. Ils seront faits en lignes espacées de 20 centimètres, avec un éclaircissage à 10-15 centimètres. La culture de l'aneth en pot peut se pratiquer toute l'année, en utilisant un terreau bien drainé auquel on ajoute une poignée de sable par pot de 1 litre.

On récolte les feuilles d'aneth au fur et à mesure des besoins. Elles conservent mal leur saveur au séchage – on peut par contre les congeler. Les graines se récoltent lorsqu'elles virent du vert au brun. Il faut ensuite les faire sécher, bien étalées, dans un endroit chaud et sec.

Cultiver le fenouil aromatique

Qu'il soit vert ou pourpre, le fenouil aromatique est facile à cultiver, car il est vivace. Ses préférences sont les

Récolter les pieds de fenouil

mêmes que celles de l'aneth, sans les risques liés au caractère annuel de celui-ci.

Vivace, le fenouil grossit en formant de nouveaux "bulbes" périphériques. Sa multiplication végétative est donc assez simple : il suffit de diviser une touffe en éclats comprenant à la fois des racines et des tiges. On plante ces éclats en février-mars, lors de la reprise de la végétation.

La multiplication par semis est également possible ; elle se pratique de février à avril, à raison de 3 ou 4 graines par godet. La plantation intervient après les dernières gelées. Les soins consistent à désherber, biner, pailler, et arroser pour garder la terre fraîche. La récolte est analogue à celle de l'aneth.

Cultiver le fenouil de Florence

On ne confondra pas la culture du fenouil aromatique avec celle de son dérivé, le légume au "bulbe" charnu et blanc. Ce dernier est cultivé comme une plante annuelle – et rencontre donc les mêmes problèmes que l'aneth face au froid et à la canicule.

Le fenouil-légume demande une terre ameublie et bien fumée : on apportera, avant le semis ou la plantation, 3 kilos de compost bien mûr par mètre carré. On le sème directement, en lignes espacées de 35 à 40 centimètres. Des semis en poquets de 4 ou 5 graines, tous les 20 centimètres, permettent un éclaircissage régulier (en ne laissant que le plus beau pied). On peut aussi semer en godets et planter 5 à 6 semaines plus tard.

Le calendrier de culture dépend du climat : dans les régions septentrionales et sur la côte atlantique, on sème fin avril pour un repiquage en juin ; dans les zones chaudes, mieux vaut semer à la fin de juillet ou en août et mettre en place les plants en septembre – on récolte alors jusqu'aux gelées sans risque de montée en graine. Le fenouil se récolte au fur et à mesure, dès que les bulbes sont assez gros. Si la récolte n'est pas achevée quand la période des froids survient, on peut arracher les pieds avec les racines et les mettre en jauge dans du sable ou de la tourbe humide, dans une cave ou sous un hangar abrité. On préconise parfois de butter les pieds pour les protéger du froid : cette pratique n'est pas sans risques, car l'humidité les fait facilement pourrir, et ne peut être envisagée que dans les terres les plus légères où l'eau ne s'accumule pas.

III. LES VERTUS DES SIMPLES

Un Niçois, décédé en 1759 à cent vingt et un ans passés, attribuait sa longévité à l'habitude qu'il avait de mâcher régulièrement de la racine d'angélique de son jardin. La recette n'est certainement pas infaillible, mais cette anecdote rappelle que ces simples herbes ont connu de multiples usages dans la pharmacopée populaire.

Thérapies anciennes

Au début de notre ère, Pline l'Ancien, au livre XX de son *Histoire naturelle*, consacre un paragraphe à l'aneth dont il assimile les propriétés à celles de l'anis : l'aneth "fait éructer et calme donc les coliques et les ballonnements de ventre". Il signale aussi que la graine d'aneth macérée dans l'eau ou le vin permet de préparer un collyre, et que respirer les graines chaudes stoppe le hoquet. Enfin, il affirme que la cendre des graines est mauvaise pour les yeux et ralentit la formation du sperme.

Pline mentionne plus longuement le fenouil qui, selon lui, "doit sa renommée aux serpents, qui en mangent lorsqu'ils se débarrassent de leur vieille peau, pour s'éclaircir la vue"… Il ajoute que le fenouil aurait le même effet bénéfique sur l'homme qui en consommerait le suc séché et mélangé à du miel. Pline décrit ensuite de multiples usages du fenouil : la graine pilée dans du vin peut être employée contre les morsures et les piqûres, le suc dans les oreilles contre les vers, la graine broyée dans l'eau contre les nausées, la racine macérée avec de l'orgeat comme dépuratif, les feuilles écrasées sur les tumeurs enflammées… Pline rappelle que (contrairement à l'aneth), "pris sous n'importe quelle forme, le fenouil active la sécrétion du sperme et est excellent pour toutes les affections des organes sexuels". Il n'oublie pas non plus ses vertus galactogènes.

De même que Pline offrait une compilation des auteurs qui l'avaient précédé, Ibn Al-Baytâr, dans son *Livre des simples* (1248), rappelle les écrits des grands auteurs. Il rapporte ainsi que pour Galien, Dioscoride et

---

ANGÉLIQUE ET LES QUATRE VOLEURS

Il ne s'agit pas ici de l'héroïne d'Anne et Serge Golon, immortalisée au cinéma par Michèle Mercier dans les films de Robert Borderie, mais du fameux vinaigre des quatre voleurs. Lors de la grande peste de Toulouse, en 1628, des détrousseurs de cadavres avouèrent se protéger de la contagion grâce à un vinaigre spécial. Un siècle plus tard, à Marseille, lors de la peste de 1720, d'autres pilleurs firent les mêmes aveux. On trouve encore au musée du Vieux Marseille la formule suivante :

Fort vinaigre de vin blanc : 3 pintes ; absinthe : 1 poignée ; reine-des-prés : 1 poignée ; marjolaine sauvage : 1 poignée ; sauge : 1 poignée ; clous de girofle : 50 clous ; racines de Nulla campana (Inula ?) *: 2 onces ; angélique : 2 onces ; romarin : 2 onces ; marrube : 2 onces ; camphre : 3 grains.*

Il existe de nombreuses autres formules de ce célèbre vinaigre, dont celle qui figura au Codex de 1758 à 1884 mais qui, elle, ne renferme pas d'angélique.

Avicenne, le suc d'aneth *(chebeth)* est salutaire contre les maux d'oreilles et en tarit l'écoulement, que pour Al-Ghafeky, sa décoction mélangée au miel fait vomir de la bile, et qu'Ibn Massa el-Basry le dit galactogène. Dans son *Traité des corrections des aliments*, le médecin d'origine iranienne Rhazès (v. 860-v. 923) considère l'aneth comme un aliment chaud propre à combattre les douleurs dorsales et les flatuosités, mais à éviter chez les sujets de tempérament chaud.

Dans la médecine occidentale, les commentaires de l'école de Salerne, édictés en 1474, reprennent nombre des vertus attribuées à l'aneth et à l'angélique par les auteurs anciens :

*L'aneth chasse les vents, amoindrit les tumeurs
Et d'un ventre replet dissipe les grosseurs.*

Ils distinguent deux espèces de fenouil, le *marathrum* et le fenouil proprement dit :

*L'agreste marathrum sert à d'utiles fins :
Il purge l'estomac, chasse fièvres et venins.
Il éclaircit les yeux, rend l'urine abondante
Et réprime des vents l'audace pétulante.
La graine de fenouil dans le vin détrempée
Ranime, excite une âme à l'amour occupée,
Du vieillard rajeuni sait réveiller l'ardeur,
Du foie et du poumon dissipe la douleur ;
De la semence encore le salutaire usage
Bannit de l'intestin le vent qui faisait rage.*

Premier auteur à mentionner les vertus de l'angélique, Olivier de Serres (1600) en fait une panacée : "Ceste herbe contrarie à toutes infections : est très-utile en temps de peste, tenant en la bouche de sa racine ; et à ce que cela soit agréablement, on la confit au sucre, au sec, corrigeant par ce moyen, la sauvaigine de son goust ; guérit les morsures de serpents et chiens enragés ; fait cracher les humeurs superflues, nettoyant l'estomach. L'eau qui en est distillée, sert aux choses susdites, et à tenir la personne joyeusement. Ses fueilles appliquées au front, chassent le mal de teste."

Près de trois siècles après Olivier de Serres, le docteur Lehamau, dans son ouvrage *Plantes, remèdes et maladies* (1891), signale que "l'angélique serait un des principaux

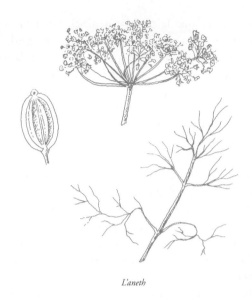

L'aneth

agents de la médecine si elle n'était dédaignée pour des substances exotiques beaucoup plus chères et de propriétés cependant bien moins certaines". Selon lui, la racine et les semences d'angélique sont indiquées dans tous les cas qui réclament des cordiaux et des toniques diffusibles. Il cite également un fascicule sur les vieux remèdes d'Aubrac qui conseille d'employer l'angélique en infusion pour soigner les catarrhes pulmonaires et l'asthme, ou des compresses de feuilles écrasées sur les contusions.

En ce qui concerne le fenouil, le docteur Lehamau rappelle la propriété qu'il a "d'augmenter considérablement le lait des nourrices. Bien des mères, obligées de remettre leurs enfants entre les mains de personnes étrangères par suite d'insuffisance de lait, pourraient les allaiter elles-mêmes si elles faisaient usage du fenouil..."

Aneth et fenouil au Maghreb

Si l'on se tourne vers d'autres traditions médicales, on peut constater que les propriétés de nos herbes y sont également reconnues. Le livre de Jamal Belakhdar *La Pharmacopée marocaine traditionnelle* offre à ce sujet des informations récentes sur les pratiques populaires, où l'on reconnaît parfois les conseils prodigués par les auteurs anciens. L'angélique n'y est pas mentionnée, mais l'aneth et le fenouil y figurent en bonne place – on constate d'ailleurs une certaine parenté entre les usages de ces deux plantes.

Ainsi l'aneth (*sibt* ou *sebt*) est-il utilisé à Salé en décoction de graines pour combattre les désordres gastro-intestinaux des nourrissons. On y pratique également des fumigations de graines. L'infusion concentrée de graines est employée comme vomitif et contre-poison. A Marrakech, ces mêmes graines entrent dans la composition de préparations en magie et en sorcellerie.

En ce qui concerne le fenouil (*nâfa, samar, wamsâ, âmsâ, tamsawt*), ce sont les fruits de l'espèce sauvage qui sont utilisés pour les usages médicinaux : en décoction ou en poudre pour traiter les embarras gastro-duodénaux et l'ictère, ainsi que pour stimuler la lactation. A Salé, les graines de fenouil sont associées aux graines de lin, de nigelle et de poivre blanc, au gingembre et à la gomme-mastic : elles soignent alors la dyspnée, l'asthénie et le prurit. On prescrit une cuillerée du mélange dans un verre de lait avant le coucher. La décoction est utilisée en gargarismes, et l'infusion comme collyre.

Le fenouil

Médecines extrême-orientales

Le fenouil, l'aneth et l'angélique figurent également, à des titres divers, dans la pharmacopée chinoise. A partir d'une étude des plantes et de leurs pouvoirs, la médecine traditionnelle chinoise élabore des "élixirs énergétiques". Chaque élixir est en relation avec un des cinq éléments – bois, feu, terre, métal et eau – et avec les principes du yin et du yang. Ainsi, l'élixir n° 3 est celui de l'angélique, yang du cœur, tonique et stimulant, en lien avec l'élément bois.

Dans leur ouvrage *Pharmacopée et médecine traditionnelle chinoise* (éditions Présence), les docteurs Guillaume et Mach-Chieu placent l'aneth et le fenouil parmi les remèdes qui réchauffent l'intérieur. L'aneth (*shi luo zi*) est de saveur piquante et de nature tiède ; on utilise le fruit qui agit sur les méridiens de la rate *(zu tai yin)* et des reins *(zu shao yin)*, ouvre l'appétit, dissipe le froid, fait circuler le Qi et neutralise les toxines des poissons et de la viande. L'aneth est préconisé dans les cas de nausées et de vomissements, de diarrhée, de douleurs abdominales ou encore de lumbago aigu.

Quant au fenouil (*hui xiang*), également de saveur piquante et de nature tiède, on en utilise les fruits qui agissent sur les méridiens du rein, de la vessie (*zu tai yang*) et de l'estomac (*zu yang ming*). Ils réchauffent les reins, dispersent le froid, équilibrent l'estomac et harmonisent l'énergie. Le fenouil est indiqué dans les cas de hernie de type froid, de gastralgie, de vomissements, de lombalgie par vide du rein, de polyurie nocturne avec soif, d'œdème des pieds ou d'incontinence urinaire.

Phytothérapie actuelle

Les vertus de l'angélique, de l'aneth et du fenouil sont aujourd'hui encore reconnues par les phytothérapeutes contemporains, comme en témoignent, par exemple, les ouvrages du docteur Jean Valnet.

L'aneth, d'après Fuchs, XVIᵉ siècle

L'angélique est considérée comme stimulante, tonique de la digestion, antispasmodique et carminative. En usage interne, le docteur Valnet la préconise dans les cas d'atonie digestive, d'aérophagie, de ballonnements et vomissements spasmodiques ou de migraines nerveuses.

L'aneth est un bon stomachique, employé en infusion dans les cas de dyspepsies et de hoquet.

Quant à la racine de fenouil, diurétique, carminative et emménagogue, elle est recommandée dans les cas d'oliguries et de lithiases urinaires ; les semences et l'essence de fenouil sont emménagogues et galactogogues. On peut y avoir recours contre le météorisme, l'atonie des voies digestives ou l'insuffisance lactée des femmes allaitantes. Le docteur Valnet préconise des décoctions de racines de fenouil à raison de 20 grammes par litre d'eau, ainsi que des infusions de graines (1 cuiller à café par tasse) ou de feuilles (30 grammes par litre)

Un légume bienfaisant

Le fenouil de Florence est un légume peu énergétique (25 kilocalories pour 100 grammes) et riche en fibres "douces" (3,5 grammes). Il se trouve très bien pourvu en potassium (430 milligrammes), en calcium (100 milligrammes), en phosphore (51 milligrammes) et en magnésium (40 milligrammes). Sa richesse en fer (2,7 milligrammes) est d'autant plus intéressante que celui-ci est rendu plus assimilable par la présence de vitamine C (52 milligrammes). Il renferme une quantité record de carotène (provitamine A : 3,7 milligrammes), ainsi que de l'acide folique (vitamine B9) et de la vitamine E (6 milligrammes). Cette composition lui assure un effet protecteur vis-à-vis de certains cancers et des troubles cardiovasculaires. Il est également, comme ses variétés aromatiques, réputé pour son action favorable à la lactation.

DES PLANTES APHRODISIAQUES ?

Le fenouil et l'aneth ont longtemps eu la réputation d'être aphrodisiaques. Mme de Sévigné raconte que Mme de Thianges, fort dévote, s'interdisait cette incitation à la luxure : "L'autre jour, je me trouvais à côté d'elle à dîner. Un laquais lui proposa un verre de fenouillette, et elle me dit : «Madame, ce garçon ne sait donc pas que je suis dévote.»"

IV. SAVEURS SUCRÉES OU ANISÉES

Riches de saveurs, le fenouil, l'aneth et l'angélique couvrent toute la gamme de l'alimentation : boissons apéritives ou digestives, plats salés, confiseries ou encore tisanes.

Dans la Grèce antique, les graines de fenouil et d'aneth parfumaient les *popana*, sortes de bouillies de céréales. A Rome, les graines d'aneth servaient à aromatiser les sauces, comme en témoigne une recette de poulet à l'aneth rapportée par le gastronome Apicius, et le fenouil parfumait le pain et les olives. Aujourd'hui, à Florence, le fenouil aromatise un salami dénommé *finnochiona*.

En Grande-Bretagne, dès le XVIIᵉ siècle, on ajoutait aux pickles (marinades au vinaigre) des branches d'aneth. En Inde, les graines d'aneth et de fenouil moulues entrent toujours dans la composition des mélanges d'épices connus sous le nom de "curry" ; ils aromatisent le *pan*, composé d'une feuille de bétel, d'un morceau de noix d'arec et d'autres ingrédients.

Les Norvégiens mangent du pain à l'angélique, les Lapons en consomment les racines et les fleurs bouillies dans du lait de renne, tandis qu'en Pologne et en Russie, l'angélique parfume les soupes et les ragoûts.

Comme tant d'autres aromates, l'aneth, le fenouil et l'angélique étaient tombés en désuétude chez nous ou cantonnés dans des rôles bien limités : bâtons d'angélique, rares recettes provençales pour le fenouil et quasi-disparition pour l'aneth. Ils retrouvent aujourd'hui, heureusement, un regain de faveur.

Eaux de santé

L'angélique parfume de nombreuses liqueurs : vespétro, bénédictine, élixir de la Grande-Chartreuse… et permettait jadis, de même que le fenouil et l'aneth, de préparer des eaux de santé très réputées.

• *Eau miraculeuse*
Cette "eau" est d'un effet souverain contre les indigestions, la constipation (à raison d'une demi-cuillerée à bouche tous les matins) ou les étourdissements.

Angélique, romarin, marjolaine, baume des jardins (balsamite), hysope, absinthe, menthe, thym : 30 g de chaque plante ; sauge : 45 g ; eau-de-vie : 2,5 l.

Placer le tout dans une grande bouteille et l'exposer au soleil une quinzaine de jours, puis filtrer et mettre en bouteilles en ayant soin de les tenir bien bouchées.

• *Eau carminative ou rossolis de six graines*

Semences de coriandre, fenouil, carotte, anis, carvi et aneth : 15 g de chaque plante ; eau-de-vie : 2 l.

Préparée comme la précédente, cette boisson permet, comme son nom l'indique, de combattre les gaz qui s'accumulent dans l'estomac et dans les intestins.

Plus simple et de saveur garantie, la recette suivante a sa place dans toutes les cuisines, en boisson apéritive ou digestive.

• *Vin d'angélique*

100 g de tiges fraîches ; 1 l d'eau-de-vie ; 5 l de bon vin blanc sec ; 1 kg de sucre.

Couper les tiges d'angélique en petits morceaux. Mélanger les différents ingrédients en s'assurant que le sucre est bien dissous. Faire macérer 2 à 4 mois dans des récipients fermés non hermétiquement (avec des bouchons de liège, par exemple), à l'abri de la lumière. Filtrer, mettre en bouteilles et laisser reposer au moins quelques semaines avant de consommer.

Culture du fenouil, culture du pastis

Le fenouil est lié de façon quasi incontournable à la culture méridionale du pastis – d'un mot occitan qui signifie tout à la fois "mélange" et "confusion", peut-être parce que le pastis se boit dilué d'eau qui le trouble, ou pour rappeler ses effets secondaires…

Les boissons alcoolisées à saveur d'anis sont connues de fort longue date : les Romains buvaient déjà du "vin d'anis" où se mêlaient vin et plantes aromatiques. Du Moyen Age au XVIIIe siècle, les connaisseurs apprécièrent les "piments" de Montpellier et autres vins d'armoise, d'absinthe ou d'épices. Les XVIIIe et XIXe siècles virent des cargaisons d'épices orientales arriver chez nous, et nombre de boissons à base d'anis étoilé ou d'anis vert furent alors élaborées.

C'est aussi en 1797 que l'absinthe fut créée par le groupe Pernod en Suisse, pour des usages théoriquement médicaux. Cette boisson, qui titrait entre 62 et 72 degrés d'alcool, fut interdite en 1915 en France du fait des ravages de l'alcoolisme. La loi limita alors la teneur en alcool à 30 degrés (puis 40 degrés en 1922) et celle en sucre à 10 grammes par litre et par degré d'alcool. En 1932, le Marseillais Paul Ricard eut l'idée de fabriquer une boisson qui rappelait "à peu de choses près" l'absinthe, en moins alcoolisé : le pastis moderne était né, composé d'un assortiment de plantes, dont du fenouil.

Le régime de Vichy interdit cependant la fabrication du pastis dès 1940, pour des raisons qui mêlaient le "redressement moral de la population" et les réquisitions d'alcool opérées par l'occupant nazi. La loi de Vichy ne fut abrogée qu'en 1951, date à laquelle le pastis put afficher une teneur en alcool de 45 degrés.

Niort, capitale de l'angélique

L'angélique est implantée de longue date en pays charentais, où elle fut très tôt utilisée en confiserie ou pour confectionner confitures, pâtisseries ou liqueurs. Au XVIIIe siècle, des religieuses de la ville de Niort eurent l'idée de ne plus cantonner l'angélique à une utilisation familiale et de faire des tiges confites une friandise réputée. Des générations de maraîchers niortais ont alors sélectionné la plante et lui ont prodigué des façons culturales attentives. Les sols en lisière de la Sèvre niortaise fournissaient à l'angélique une terre fertile et toujours fraîche, ensoleillée mais à l'ombre légère des peupliers. Aujourd'hui, Niort entretient la réputation de sa délicieuse spécialité, mais les champs d'angélique n'alignent plus leurs palmes jusqu'au pied du donjon. L'urbanisation a repoussé cette culture délicate en périphérie de la commune.

La confiserie de Pierre Thonnard perpétue la fabrication de l'angélique confite et veille sur les plantations de Magné et de Chanteloup, entre Niort et le Marais poitevin. On y trouve l'angélique confite sous différentes présentations : crèmes, bâtons et sujets divers où se révèle l'art du confiseur. Les tiges confites, retirées de leur dernier sirop de macération, sont fendues en épais rubans verts qui garnissent des moules représentant des sujets variés, empruntés le plus souvent à la flore et à la faune locales – mais la recette de l'angélique confite est tenue secrète.

• *Recette pour confire l'angélique*
"Prenez des tiges fraîches et assez grosses, dont vous aurez enlevé les feuilles, coupez-les en morceaux de 15 centimètres environ et jetez-les dans l'eau fraîche. Retirez-les de cette eau pour les mettre dans une autre qui devra être bouillante et laissez bouillir à gros bouillons jusqu'à ce qu'elles blanchissent et qu'elles s'écrasent entre les doigts : elles sont alors cuites à point. Si vous voulez les faire reverdir, il suffit de jeter une poignée de sel dans l'eau avant de les retirer, puis on les met à l'eau fraîche.

On prépare ensuite un sirop dans lequel il doit entrer autant de sucre que l'on a d'angélique, on y fait bouillir à gros bouillons les tiges que l'on a laissées égoutter préalablement, jusqu'à ce qu'il n'y ait plus d'écume, puis on verse le tout dans une terrine. Le lendemain, on sépare le sirop, on le fait bouillir et on le jette sur les tiges ; on répète la même opération 3 jours plus tard, puis on les met à sécher à l'étuve en les saupoudrant de sucre."
Dr Lehamau, *Plantes, remèdes et maladies*, Wargnies-le-Grand (Nord), 1891.

Recettes d'ici et d'ailleurs

Les jeunes feuilles d'angélique (les plus tendres) peuvent être utilisées crues, en salade. On ne confit, par contre, que les pétioles frais (les "tiges" qui prolongent les feuilles).

• *Salade de riz à l'angélique*

200 g de riz cuit ; 2 pommes ; 1 orange ou 1 mandarine ; jeunes feuilles d'angélique ; raisins secs trempés ; fruits secs au choix ; vinaigrette.

Ce plat salé doit être préparé quelques heures à l'avance. Assaisonner le riz, couper les fruits en morceaux et bien mêler le tout avant de laisser reposer.

• *Crudités au fromage blanc et à l'angélique*

Toutes crudités râpées : carotte, betterave rouge et radis noir, chou vert ou rouge ; 100 g de fromage blanc ; oignon (ou échalote, ou ciboule) ; 1 c. à c. de moutarde ; jeunes feuilles d'angélique ; sel ; poivre.

Mélanger le fromage blanc et la moutarde, en ajoutant éventuellement un peu d'eau pour obtenir la consistance

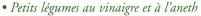

d'une pâte à crêpes. Assaisonner, ajouter l'oignon et l'angélique hachés très fin, puis les légumes râpés. Bien mélanger et servir.

Les feuilles fraîches d'aneth trouveront leur place aussi bien dans les salades que sur les grillades, dans les purées ou avec les poissons, tandis que les graines concassées ou moulues aromatiseront les cuissons.

• *Purée de carottes à l'aneth*
Cette purée, qui se sert chaude ou glacée (en entrée), peut accompagner des fromages de chèvre chauds sur des toasts grillés.

1 kg de carottes ; 2 oignons ; 1 bouquet d'aneth ; huile ; le jus d'1 demi-citron ; sel ; poivre.

Mettre de côté un peu d'aneth pour décorer la purée. Faire revenir les oignons hachés à l'huile, puis ajouter les carottes en petits morceaux et l'aneth, également haché. Faire revenir encore 5 minutes en remuant. Ajouter 2 verres d'eau, saler et faire cuire à l'étouffée 20 à 30 minutes. Les carottes cuisent en absorbant l'eau – mieux vaut en rajouter en cours de cuisson plutôt que de les noyer.

Lorsque le tout s'écrase à la fourchette, réduire en purée. Ajouter un peu d'huile pour obtenir un mélange onctueux (environ 1 cuillerée à soupe) et le jus de citron en mélangeant bien.

• *Œuf à la coque à l'aneth (Pologne)*

Par personne : 1 ou 2 œufs, sel, aneth.

Il suffit d'un brin d'aneth haché fin dans un œuf à la coque, avec un peu de sel, pour découvrir un tout autre parfum.

• *Petits légumes au vinaigre et à l'aneth*
Tous les petits légumes peuvent se préparer en pickles : petites racines récoltées lors de l'éclaircissage au jardin, pousses de chou-fleur ou de brocoli, tomates-cerises, mini-pâtissons, cornichons, petits oignons, ail, échalote, grains frais de légumineuses (pois, fèves), etc.

Petits légumes ; vinaigre d'alcool ; aneth (branches et graines) ; sel.

Ebouillanter rapidement les légumes les moins tendres (racines et grains). Placer tous les légumes dans un bocal avec l'aneth. Couvrir avec un bon vinaigre d'alcool salé et chaud. Attendre 2 à 3 semaines avant de consommer.

Ces pickles se conservent comme les cornichons. Pour obtenir un goût aigre-doux, rajouter du sucre (1 cuillerée à café pour 1 petit bocal de 450 grammes).

• *Salade d'automne à l'aneth*
Cette recette permet d'adoucir et de parfumer les salades un peu dures.

1 chicorée scarole ; huile de tournesol ; vinaigre doux (de miel ou de cidre) ; 1 c. à s. de tahin (purée de sésame) ; 1 petit bouquet d'aneth ; sel ; poivre.

Préparer une sauce fluide en délayant le tahin avec l'huile et le vinaigre. Saler et ajouter l'aneth haché menu. Couper la salade en lanières et bien mélanger avant de servir.

Le fenouil aromatique se récolte et s'utilise comme l'aneth. Quant au fenouil doux, il se consomme aussi bien cru, finement émincé en salade, que cuit. Il faut choisir des bulbes petits ou moyens, plus tendres que les gros, bien blancs, fermes et renflés.

• *Loup grillé au fenouil*

1 loup de 1,2 kg vidé et lavé mais non écaillé ; 12 branches de fenouil sec ; huile d'olive ; sel ; poivre.

Préparer une bonne quantité de braises ardentes.

Emplir de fenouil le ventre du poisson, puis faire mariner le loup dans un plat avec de l'huile d'olive salée et poivrée, de manière à bien imprégner sa peau. Poser ensuite le loup sur le gril et faire cuire 15 à 20 minutes sur chaque face. Pendant ce temps, préparer les légumes qui l'accompagneront – par exemple de jeunes courgettes (non épluchées) cuites à la poêle avec oignon, ail et fenouil.

• *Loubia*

250 g de pois chiches par personne ; 1 oignon piqué de girofle ; thym, sauge et fenouil. Pour la sauce : 0,5 l de purée de tomates ; 2 gousses d'ail ; 1 c. à c. de graines de fenouil moulues ; huile d'olive ; sel ; poivre.

Faire tremper les pois chiches 12 heures, puis les égoutter et les faire cuire 30 minutes dans 4 fois leur volume d'eau salée. Jeter l'eau et remettre à cuire 2 heures avec l'oignon et les herbes. A part, mélanger la purée de tomates, l'ail écrasé et les graines de fenouil dans l'huile d'olive jusqu'à obtenir une consistance onctueuse. Verser la sauce dans la cocotte lorsque les légumes secs sont cuits et servir. Il est possible d'épicer le plat en ajoutant du piment de Cayenne.

• *Salade anisée*

2 fenouils moyens ; 2 c. à s. d'huile de tournesol ; 1 c. à s. de vinaigre doux (de cidre ou de miel) ; 1 c. à c. de miso (pâte de soja fermentée).

Couper les fenouils en lamelles très fines. Préparer la sauce avec l'huile, le vinaigre et le miso, puis l'ajouter aux fenouils émincés.

• *Consommé de fenouil*

Côtes extérieures de 3 ou 4 gros fenouils ; 2 oignons ; 2 gousses d'ail ; 3 pommes de terre à purée ; huile d'olive ; sel.

Emincer les oignons et les côtes de fenouil. Les faire blondir à feu doux une dizaine de minutes à la cocotte, dans un peu d'huile d'olive, avec l'ail haché. Ajouter 1 litre d'eau bouillante, puis les pommes de terre en petits morceaux. Saler. Faire mijoter environ 30 minutes. Passer au mixer, puis à la passoire s'il y a trop de fibres, avant de servir.

• *Fenouil braisé*

4 fenouils moyens ; 2 oignons ; 8 pruneaux secs ; sel ; huile d'olive.

Couper les bulbes de fenouil en deux et les oignons en rondelles. Faire revenir à l'huile, dans une cocotte en fonte. Mettre ensuite à feu très doux, ajouter les pruneaux et le sel, et couvrir. Laisser cuire jusqu'à ce que les fenouils soient confits (30 à 45 minutes).

• *Compote de fenouil aux tomates*

4 fenouils moyens ; 2 oignons ; 4 belles tomates ; 1 verre de vin blanc sec ; sel ; huile d'olive.

Emincer les fenouils, ainsi que les oignons. Les faire blondir dans une cocotte, à l'huile d'olive. Mouiller avec le vin blanc et faire réduire à petit feu. Quand il n'en reste qu'un fond, ajouter les tomates coupées en gros morceaux et saler. Couvrir et faire cuire 45 minutes à feu doux. Ce plat se sert chaud, tiède ou froid, selon les goûts.

La fève

Claudine Rabaa

INTRODUCTION

Quand Adam fut chassé du Paradis terrestre, il envoya Eve courir les champs, à la recherche de leur pitance, et Eve en rapporta la fève… En vérité, la fève est l'une des premières nourritures des populations méditerranéennes. Aux temps les plus anciens, les cueilleuses parcourant les prairies en quête de nourritures et de remèdes remarquèrent la vesce, son ancêtre sauvage, dont les graines comestibles surpassaient en taille celles des autres herbes. Lorsque les tribus errantes se fixèrent et qu'il fallut constituer des réserves, les graines de vesce accompagnèrent celles des meilleures graminées pour remplir les greniers. Quand enfin les graines devinrent semences et qu'autour des refuges levèrent les premiers pieds de plantes cultivées, la vesce fut semée. De siècle en siècle, soigneusement sélectionnée et améliorée, la fruste vesce des champs fit place à la fève des jardins.

A l'apogée de la civilisation grecque, les fèves, bouillies ou grillées, étaient considérées comme une friandise. A Rome, malgré les délires gastronomiques de l'aristocratie, la fève reste une nourriture de base, car les Latins sont mangeurs de bouillies, *pultiphages*, ainsi que les définissait Plaute. Dans les cuisines romaines, on apprête trois sortes de nourritures végétales, *olera* : les racines et les parties vertes, *frumenta* : les céréales, et *legumina* : les gousses et les graines. La fève fait partie de ces *legumina* dont le nom, qui tire sa racine de *lego*, "je cueille", rend hommage aux cueilleuses des temps anciens.

L'Europe médiévale continue à déguster des fèves et le mot français "légume", qui plus tard englobera tout ce qui vient du potager, dit bien la place prépondérante que tenaient ces légumes, secs ou frais, sur les tables. Au XVIIe siècle, on méprise un peu ces légumes "venteux" jugés bons pour les pauvres. Au siècle des Lumières, on néglige les fèves pour les phasioles, ces haricots dont les "vents", plus exotiques, nous viennent du Nouveau Monde. Au début du XIXe siècle, le dédain est total et la fève est classée comme un "aliment ordinaire, peu estimé, une nourriture grossière".

Ce dédain continue à marquer d'un préjugé tenace l'inconscient collectif. Réhabilitée par la diététique, la fève devrait-elle ne rester que relique de prospérité pour gâteaux des Rois ?

I. DES FÈVES ET DES HOMMES

Les noms de la fève

Si l'on dit fève, le légume auquel chacun pense ne prête pas à confusion, qu'il soit, selon les goûts et les références, la gousse verte, fraîche, veloutée et promise à la croque au sel, la fève sèche dans sa robe brune et vernie, ou la fleur de fève, papillon blanc que sa macule noire ombre de maléfice.

Le nom de la fève, il est vrai, a un temps participé à la grande confusion linguistique qui suivit la conquête de l'Europe par le haricot des Amériques. C'est chose classée et il y a maintenant plus de trois siècles que l'on a remis de l'ordre dans les "phasioles", qu'ils soient authentiquement haricots et américains, autrement dits *Phaseolus*, fèves, févettes ou féveroles, c'est-à-dire *Vicia*, ou encore doliques de Chine, niébés africains, haricots berbères à œil noir ou tadelaghts sahariens, antiques haricots du vieux monde que les botanistes rangent dans le genre *Vigna*.

Pas d'erreur possible sur le nom de la fève, seules des nuances d'identité préoccupent parfois les jardiniers recherchant variétés précoces ou tardives, cultivars à gousses longues ou courtes. Aussi nous laisserons-nous entraîner par les autres noms de la fève, les noms d'usage qui nous parlent de son passé et ceux, plus savants, qui dévoilent l'architecture de la plante et sa parenté.

Les noms d'usage sont bavards et révèlent un peu de l'histoire des réalités qu'ils désignent. La fève appartint d'abord à ceux qui, l'ayant reconnue pour bonne, lui donnèrent un nom. Tel un fil d'Ariane, la succession des noms qu'elle porte, de région en région, d'âge en âge, permet de suivre les traces de son usage, car l'histoire des légumes, comme celle des civilisations qui les consommèrent, révèle des flux incessants d'échanges, qu'ils aient été généreux ou contraints.

Il existe un éventail de noms pour la fève, et leurs chemins convergent tous vers la Méditerranée. Le plus ancien nom européen semble être *vik*, d'où dérivent le latin *vicia* et le français "vesce", dont la fève est une espèce. *Vik* désigne toujours la fève en albanais, langue qui se souvient encore des Pélasges qui peuplèrent les Balkans et la Grèce avant les Hellènes. Les Grecs la nommèrent *kuamos* en précisant *kuamos ellenikos*, la fève grecque, pour la différencier de la fève d'Egypte, graine du nélumbo qui est une sorte de nénuphar.

Deux noms anciens de la fève ont eu une riche postérité, l'un sur la rive sud de la Méditerranée, l'autre sur sa rive nord. Le nom méridional est sémitique. La fève est citée dans la Bible et son nom hébreu, *pol*, est de même racine que le nom arabe, *foul* ou *fal*, encore utilisé dans tous les pays du Moyen-Orient et d'Afrique du Nord. Le nom septentrional est latin. Les Romains l'appelèrent *faba*. C'est la *faba* latine qui montre son nez derrière le nom de notre fève, ou encore le *haba* espagnol, le *fava* portugais ou italien, le *ffaves* catalan ou le *favenn* breton, tandis que le *baba* basque ou le *bob* russe ou polonais en gardent une plus lointaine assonance.

Le langage botanique a une autre ambition. Il se propose de donner aux plantes une identité sans ambiguïté, utilisant un vocabulaire descriptif qui distingue chacune d'entre elles. Le latin est encore le mode d'expression scientifique, espéranto des naturalistes permettant, par-delà les frontières des langues et des alphabets, de savoir qui est qui. Les plantes nommées par les Latins conservèrent donc leur nom, et *faba* fut la fève des classifications. Le premier à la cataloguer fut le botaniste Moench. Il l'appela *Faba vulgaris* selon la règle de la systématique qui veut que chaque plante soit nommée par un double vocable, le premier, portant majuscule, désignant le genre et le second plus modestement minuscule désignant l'espèce. Ainsi la fève reçut cette identité très plébéienne : genre : fève ; espèce : ordinaire. C'était trop vite vu. Linné, père des classifications modernes, y regarda de plus près et finit par admettre une identité commune à la fève et à… 187 autres espèces de

Fruit du nélumbo, le Nelumbium speciosum, *dont les graines sont les "fèves d'Égypte" des Grecs anciens*

vesces. *Faba* changea donc de genre et devint *Vicia*, une *Vicia* pas ordinaire : *Vicia faba*…

Rencontre

Où et quand les premières fèves ont-elles été cueillies ? Ce n'est pas chose facile à découvrir. Pour y parvenir, les chercheurs mènent leurs enquêtes en partant d'indices multiples dont les recoupements peuvent constituer des pistes.

L'enquête philologique a été mise à l'honneur, à la fin du XIXe siècle, par le botaniste Alphonse de Candolle qui détermina les premiers centres de culture en s'appuyant très largement sur des repères linguistiques. Ses travaux ont mis en évidence la présence de la fève cultivée tout autour de la Méditerranée et désigné les régions où la fève sauvage aurait été mise en culture. Un centre de primiculture semble exister au Moyen-Orient, un second dans la zone des Balkans et enfin un centre distinct en Afrique septentrionale où le nom berbère de la fève, *ibiou*, dépourvu de parenté avec les racines sémitique et latine *pol* et *vicia*, montre que la culture de la fève était, sur ce continent, antérieure aux invasions punique ou romaine.

L'enquête botanique recherche sur le terrain des descendants de l'hypothétique ancêtre sauvage. Beaucoup de marche pour souvent peu de résultats ! Ainsi, pour la fève, la plupart des échantillons récoltés, des rejetons ensauvagés, échappés de jardins, ont soulevé de savantes mais âpres querelles. Toutefois, le descendant de la lignée de l'ancêtre existe, on l'a rencontré dans un désert au sud de la mer Caspienne et sur les contreforts de l'Himalaya.

L'enquête archéologique révèle et date des vestiges de culture abondants tout autour de la Méditerranée et dans le Nord-Ouest asiatique.

Les spécialistes modernes de l'origine des plantes cultivées, s'appuyant sur tous ces résultats confortés par des enquêtes génétiques un peu semblables à des recherches de paternité, s'accordent à penser que les fèves sauvages furent mises en culture, puis améliorées, dans deux centres distincts : un centre asiatique pour les petites fèves à graines noires trouvées dans le Nord de l'Inde, l'Afghanistan, l'Ouzbékistan et le Tadjikistan ; un centre méditerranéen pour les fèves à grosses graines. Le Proche-Orient et la corne de l'Afrique, au sud de la mer Rouge, ayant reçu des fèves de culture, ont amélioré et diversifié les variétés de fèves.

Premières cultures

Les doyennes des fèves cultivées viennent d'Asie de l'Ouest où les premières semailles, datant de 9 000 ans, se firent souvent autour de grottes perchées aux flancs de montagnes sauvages. Ces refuges évoquent les hordes repliées dans les abris de pierre par des temps de froid et de grande insécurité, les étés de chasse et de cueillette, le patient va-et-vient des cueilleuses entre prairies et cavernes où s'amassent les réserves de survie. Quelques graines, échappées à une porteuse distraite, ayant germé devant la grotte ont sans doute révélé la magie du cycle de la plante, fille et mère de la graine, et préparé la consécration d'un nouveau magicien, l'agriculteur.

La grotte de l'Esprit, qui contient des vestiges d'habitats du VIIe millénaire avant J.-C., est l'un de ces refuges néolithiques. Elle est située au pied de l'Himalaya, dans les montagnes du Nord de la Thaïlande. Dans ce site préhistorique, l'un des plus importants du Sud-Ouest asiatique, et antérieur de deux millénaires à ceux du Triangle fertile au Moyen-Orient, deux sortes de fèves cultivées ont été retrouvées. Leurs graines, petites et noires, montrent déjà des caractères améliorés par rapport à celles d'espèces sauvages encore présentes dans l'Himalaya.

Soc de charrue néolithique (Espagne)

Conquérantes des vieux mondes

Les raisons du succès de ces graines sont évidentes, elles se conservent longuement dans les greniers et, soumises à la morsure des meules de pierre, se réduisent en farine que l'on mêle à de l'eau, du lait ou des graisses, puis se transforment, au gré des trouvailles culinaires, en galettes cuites sur des pierres brûlantes ou en bouillies touillées longuement dans les marmites de terre posées sur les braises. Ces cuisines premières sont, aujourd'hui encore, la nourriture de base de nombreuses populations.

Le succès de la fève fut planétaire, ou presque. Les grands berceaux de culture antique lui ont donné une place de choix aux côtés des céréales et d'autres légumineuses dont elle partage les qualités. En Asie centrale, on l'a retrouvée en Thaïlande, au Cachemire, en Afghanistan et au sud de la mer Caspienne. Au Moyen-Orient, des fèves à petites graines, provenant sans doute d'Asie, comptent parmi les premières espèces cultivées.

Dans l'Ouest du bassin méditerranéen où l'on cultive dès l'époque néolithique diverses vesces, des gesses et des lupins, apparaissent les premières fèves à grosses graines retrouvées dans divers sites d'Espagne et du Portugal. Seul un site espagnol, à Comarca de Requenia, dans la région de Valence, semble faire exception, il recèle des fèves de très petite taille. S'agit-il de graines venues du Moyen-Orient et révélant des échanges précoces entre l'Est et l'Ouest de la Méditerranée ?

En Amérique centrale, où la fève n'est plus guère mentionnée dans la suite des siècles, il faut indiquer la présence de graines de fèves cultivées au Mexique, près des grottes de Tamaulipas, dans le canyon du Diable, habitées il y a plus de 7 000 ans par des troglodytes jardiniers, ainsi que près des cavernes plus récentes de la vallée de Tehuacán, à Palo Blanco, où elles étaient semées dans les ravins et près des sources aux côtés de cinq espèces de haricots, légumineuse américaine par excellence.

Pierre à moudre (Burkina Faso)

Fèves de choix et choix de fèves

La fève sauvage, remarquée pour sa taille qui faisait d'elle la plus grosse des graines de cueillette, était cependant difficile à récolter. Toutes les vesces, dont la fève sauvage, assurent la dissémination de leurs semences grâce à la torsion de leurs gousses sèches qui, lorsque leur spirale a atteint un maximum de tension, s'ouvrent brusquement en projetant au loin leurs graines qui se dispersent au milieu des herbes hautes. L'entrée en culture de la fève semble s'être faite à la faveur d'une fantaisie de la nature, une mutation ayant fait apparaître des pieds de fèves dont les gousses séchaient sans se tordre et conservaient leurs graines. La descendance de ces mutants, moins bien armés dans la lutte pour la conquête de leur espace vital, aurait dû s'éteindre, cependant ce sont sans doute ces gousses, récoltées plus facilement, qui ont eu la faveur des cueilleuses et ont rempli les greniers des cavernes. Leurs graines semées, puis sélectionnées pour de futures semailles, ont pour progéniture nos fèves cultivées, les seules vesces conservant leurs semences.

Voyage dans les cuisines de l'histoire

La cannelle dit : Je suis dans le plat des rois, mais les fèves lui répondent : Nous sommes dans le plat des saints.
        Ramón Llull, *Proverbis del tout vegetal*,
                                            XIIIe siècle.

Si l'on ne peut qu'imaginer comment la fève a été consommée dans les cavernes et les huttes, son nom écrit nous livre l'itinéraire de la fève dans l'histoire, une histoire familière, celle des cuisines et des tables.

La fève tient une place importante dans les textes antiques. Le *pol* est nommé dans les tablettes chaldéennes et le *foul* dès la VIIe dynastie pharaonique en Egypte, où l'on cultive alors une petite variété dont les graines, déposées en offrande funéraire, sont tout à fait semblables à celles encore cultivées aujourd'hui.

La bouillie de fèves faisait aussi partie du quotidien des Hébreux et la Bible mentionne les fèves, grillées par mesure de conservation, comme un aliment figurant dans le viatique indispensable aux voyageurs.

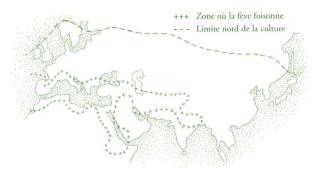

Répartition de la fève dans l'ancien monde

Les Phéniciens consommaient la fève sous toutes ses formes, feuilles, gousses vertes et graines, fraîches ou sèches. En Grèce, la fève, le *kuamos ellenikos*, connaît des fortunes diverses. Au Ve siècle avant notre ère, les Athéniens du peuple grignotent des galettes d'orge ou de blé trempées dans du vin et leur repas principal, pris à la nuit venue, se compose d'*etnos*, purée de fèves ou de lentilles agrémentée d'oignons frais, d'olives et parfois de poissons, sardines ou anchois. Dans les banquets, en revanche, tout en parlant de danse, de musique ou de philosophie, on faisait circuler les *tragemata*, fèves et pois chiches salés et grillés, amuse-gueule et pousse-à-la-soif qui accompagnaient les rasades de vin, de bière ou d'hydromel.

A Rome, les bouillies constituaient aussi l'ordinaire des repas et parmi les *puls*, on dirait aujourd'hui à Rome *polenta*, le *puls fabata*, la bouillie de farine de fèves, était coté au point d'être offert aux dieux, selon un rite très ancien. Mais si les bouillies ancestrales restaient la nourriture fondamentale des gens du peuple, ainsi que le suggère le jeu de mots *faba-faber*, c'est-à-dire "fève-ouvrier", la fève romaine se cuisinait dans tous ses états.

On apprêtait la fève en *concicula*, purée de graines sèches ou fraîches, selon les saisons, agrémentée de vin, d'huile d'olive et de *garum*, un extrait de poisson proche des sauces asiatiques tel le nuoc-mam. Pour Apicius, célèbre gastronome romain, il existe de nombreuses façons d'apprêter les gousses fraîches de fève. La fève avait assez de panache pour que des familles de notables lui empruntent leur patronyme, ainsi la famille Fabius célébrant notre légume comme d'autres le pois chiche, chez les Cicero, ou la lentille, chez les Lentulus. Ce sont les centuries romaines qui

> Le roi David fuit devant Absalon. Il franchit le fleuve Jourdain avec son peuple. Lorsqu'il gagne Mahanaïm, les chefs de tribus "apportèrent à David et au peuple qui était avec lui, des lits, des bassins, des vases de terre, du froment, de l'orge, de la farine, du grain rôti, des fèves, des lentilles et d'autres grains rôtis, du miel, du beurre, des brebis et des fromages de vache pour se nourrir car ils disaient : Ce peuple est affamé, il est las et il a soif dans ce désert."
>
> Livre de Samuel, XVII, 28.

Caton signale l'existence de deux sortes de mortiers, le pilum fariearium, *réservé au blé, et le* pilum fabarium, *utilisé pour piler les fèves.*

La fève, d'après Fuchs (XVIᵉ siècle)

ont semé la fève, comme Poucet ses cailloux, de campement en campement jusqu'aux limites de l'empire d'où elle a gagné l'Europe du Nord.

Au Moyen Age, serfs et seigneurs étaient pareillement grands mangeurs de fèves et seul l'accompagnement de la fève, oignon cru ou oie rôtie, traçait la démarcation entre les classes sociales. Ce sont bien sûr les recettes les plus raffinées, souvent à base de jeunes fèves tendres, qui sont parvenues jusqu'à nous, celles de l'Occident musulman d'Andalousie héritier des traditions culinaires raffinées de Bagdad et où les légumes accompagnent les viandes, le plus souvent d'agneau, celles de la Catalogne médiévale qui donne primauté aux légumes et verdures dans des plats savamment élaborés, ou encore celles de la riche, dans tous les sens du terme, cuisine française.

Mais sans doute, à trop manger de fèves, dans une époque où le vêtement coupé-cousu remplaçait progressivement le drapé-agrafé, les désagréments qui suivent les repas sont devenus plus gênants. Comment loger un ventre ballonné dans un pourpoint ajusté ou une robe à taille ? Si tous les traités médicaux depuis les plus anciens se penchent sur les moyens de remédier aux féculentes flatulences, le XIVᵉ siècle devient critique et n'admet plus guère que les fèves fraîches. Quant au XVᵉ siècle, il est franchement hostile aux légumes secs. En Europe, la renommée de la fève décline et ce légume réputé bourratif est dévolu aux rustres et aux travailleurs de force.

Au XIXᵉ siècle, la désaffection est presque totale et tous ceux qui peuvent manger autre chose font fi de ce légume venteux, que les Occitans nomment avec mépris le *gonfle gos*, "gonfle-chiens" ou "gonfle-pauvres" !

Aujourd'hui, la fève cependant est restée très présente dans l'alimentation des pays du Sud et de l'Est de la Méditerranée sous des formes culinaires héritées de ses plus belles heures. De Damas à Rabat, vous pourrez déguster la

---

FÈVES TENDRES ET RAFFINÉES

Recette de la ville côtière algérienne de Bougie, dont le prestige était grand à l'époque où la dynastie almohade régnait sur l'Andalousie et le Maghreb, cette préparation est servie sur une panade, pain sec émietté, comme on le fit par la suite sur de la semoule roulée, le couscous.

"On l'appelle chéchia d'Ibn Al Wadi. Prends de l'agneau tendre printanier, les côtelettes, la graisse ; on découpe et place au chaudron avec sel, oignon, poivre et coriandre sèche ; tu places à feu moyen et quand c'est cuit ou presque tu rajoutes pois chiches, épinards, brins de fenouil et navets tendres ; une fois cuit à point, tu joins des fèves fraîches pelées ; la cuisson finie tu places la panade et sur elle la verdure et les fèves et tout en haut, en dernier, du beurre qui doit se répandre sur les côtés parmi la verdure et qu'il ressemble à la chéchia d'Ibn Al Wadi, car le beurre blanc ressemble à la frange d'une chéchia qui retombe tout autour."

Anonyme andalou (XIᵉ siècle),
Le Livre de la cuisine au Maghreb et en Andalousie à l'époque almohade.
In Lucie Bolens, *La Cuisine andalouse, un art de vivre (XIᵉ-XIIIᵉ siècle)*, Albin Michel, 1990, p. 166-167.

---

gousse tendre ou la fève sèche diversement apprêtée, depuis la préhistorique bouillie jusqu'aux ragoûts savants que les musulmans d'Andalousie ont rapportés des cours de Bagdad et dont les goûts et parfois les noms chantent toujours dans les cuisines. En Europe, la fève est redécouverte par les diététiciens et leurs publications sur ses charmes biochimiques la parent de nouvelles vertus. Sa présence de plus en plus fréquente, bien qu'encore un peu modeste, dans les livres de cuisine la remet au goût du jour, pour notre plus grand plaisir.

II. L'ALBUM DE FAMILLE DES FÈVES

Les classifications botaniques regroupent par familles des plantes d'apparences parfois très différentes, ayant en commun l'organisation de leur appareil reproducteur, c'est-à-dire leur fleur et leur fruit. La fève appartient à la famille des Légumineuses ayant toutes un fruit en gousse. Cette vaste famille n'est cependant pas uniforme, et les classificateurs l'ont morcelée en trois sous-familles définies par leur type de fleurs : les Mimosées à fleurs minuscules réunies en duveteux pompons comme celles du mimosa, les Césalpinées à fleurs de type intermédiaire et enfin les Papilionacées, du latin *papilio*, "papillon", à fleurs rappelant cet insecte.

Légumineuse des jardiniers

Les Légumineuses, qui peuvent être des arbres, des buissons ou des herbes annuelles, sont toutes identifiées grâce à leur gousse. Ces gousses, que l'on appelle aussi cosses, sont des capsules généralement allongées qui s'ouvrent à maturité par deux fentes. Les graines contenues dans la gousse sont attachées au bourrelet qui borde la suture dorsale. La gousse type est celle du petit pois, dont la dissection culinaire porte le nom d'écossage. C'est cette gousse, dont les graines souvent comestibles étaient appelées en latin *legumina*, qui a valu son nom à la famille des Légumineuses.

Papilionacée des botanistes

La fève à l'élégante fleur ailée appartient à la sous-famille des Papilionacées qui ont des fleurs caractéristiques à allure de papillon.

Lorsqu'elle est en bouton, la fleur est enclose dans un calice dont les sépales soudés se dévoilent par cinq dents de taille inégale. A l'éclosion de la fleur, les cinq pétales, disposés de façon irrégulière, se déploient les uns après les autres. Le pétale supérieur, qui dans le bouton recouvre les autres pétales, porte le nom d'étendard. Les deux pétales latéraux, ou ailes, recouvrent à demi deux pétales inférieurs formant la carène, dressée à l'avant de la fleur telle la proue d'une barque.

Les dix étamines, pièces mâles de la fleur, ont une disposition irrégulière. L'étamine supérieure est plus ou moins libre, les neuf autres sont soudées en une gouttière qui s'insère dans la carène. Les anthères contenant le pollen occupent la pointe dressée de la carène, position qui s'avère stratégique au moment de la pollinisation par les insectes. Le pistil, partie femelle de la fleur, est constitué d'un ovaire supère, dressé au-dessus du calice et prolongé par le style coiffé du stigmate qui capte le pollen. Etamines et stigmate, chacun au temps de sa maturité sexuelle, se libèrent des langes de pétales qui les emmaillotent. Après la formation des graines, l'ovaire, devenu charnu, est une gousse conservant à une extrémité les restes du calice et, à l'autre, un petit appendice pointu qui fut le style.

Outre la gousse et la fleur papillon qui les distingue, les Papilionacées ont des feuilles composées à folioles disposées alternativement d'un côté et de l'autre de la tige au niveau de lames vertes de forme caractéristique, les stipules.

Fèves dans leur gousse

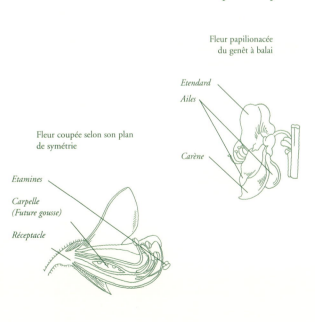

Une fleur de Légumineuse

Vesces des jardins et vesces des champs

La fève appartient à un genre important de la sous-famille des Papilionacées, celui des vesces, en latin *Vicia*, mot évocateur des vrilles et des tiges grimpantes s'entremêlant sournoisement à d'autres tiges, puisqu'il dérive du verbe latin *vicire*, "entrelacer".

L'étendard des vesces est échancré à son sommet, ce qui lui donne une forme de cœur. Les ailes sont soudées à leur base à la carène. Le style, arqué à son extrémité, épouse parfaitement la pointe de la carène.

Les fleurs de vesces attirent les abeilles grâce à un nectar abondant produit par un renflement en anneau à la base du pistil, le nectaire. Le nectaire se développe du côté de l'étamine libre en une sorte de languette qui dépend du tube des étamines. Cette disposition oblige l'insecte butineur à faire basculer les étamines contre son abdomen qui, poudré de pollen, va, de fleur en fleur, assurer la fécondation. Chez de nombreuses vesces, le nectar est aussi excrété par les stipules présentes à la base des feuilles. Ce nectar-là est récolté par les fourmis.

La gousse des vesces, plus longue que large, est aplatie sur les côtés. Leurs feuilles composées comptent de deux à trente folioles, selon l'espèce considérée ; la foliole terminale est une vrille simple ou ramifiée responsable de leur identité entrelaçante.

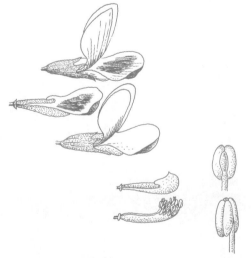

Dissection d'une fleur de fève

Album de famille

Sur 7 150 Papilionacées, on compte 187 espèces de vesces. Voici celles qui retiennent notre attention, pour services rendus, cela va de soi.

• *Reine des vesces : la fève*
Couronnée pour ses qualités gastronomiques, elle est cultivée dans le large pourtour méditerranéen. C'est une plante annuelle de belle taille, ses tiges quadrangulaires à quatre arêtes marquées peuvent atteindre un mètre vingt de haut.

Ses fleurs, regroupées en grappes de deux à cinq s'ouvrant à la base des feuilles, sont grandes, souvent plus de trois centimètres de longueur, blanches ou rosées avec une tache

> "Rien dans la nature n'égale le velours où est couchée la fève. Rien n'est mieux protégé que cette graine, car en plus du capitonnage moelleux de la cosse, elle est entourée au plus juste d'une peau lisse et serrée. Tout a été prévu pour l'esthétique : ce même vert à peine nuancé de la feuille au fruit ; tout a été prévu pour le confort, jusqu'à cette sorte d'amortisseur, la caroncule, par laquelle elle est suspendue. Autant le petit pois est serré à maturité contre ses voisins [...], autant le haricot est petitement logé, autant la fève s'étalera paresseusement dans son abri luxueux, pourra s'y prélasser, s'y dilater paresseusement...
>
> Misère ! La fève est le seul des féculents à devenir carrément laid. Les haricots, les prolétaires haricots qui, eux, ne vivaient pas logés dans du velours, qui étaient étroitement et durement logés, enchantent par leurs coloris, ont d'incroyables grâces, des couleurs tendres, suaves, de délicieux brillants. Ils sont coquille d'œuf, roses, blancs avec un œil cerné de noir de mouette rieuse ou piquetés comme des grives. Le pois chiche a l'air d'un joli bout de sein. Mais la fève, pauvre ! Elle est ridée, tannée, son vert est devenu marron. Elle a tout l'air de vieilles fesses. Cette sybarite grassouillette est devenue une vieille rombière."
>
> Marie Rouanet,
> *Petit traité romanesque de cuisine*,
> Payot, 1990, p. 125-127.

Plant de fève avec gousse et graines

noire sur chacune des ailes. Cas exceptionnel chez les Papilionacées, les dix étamines sont toutes réunies par leur filet formant un tube clos.

Les gousses dressées, pouvant mesurer jusqu'à vingt centimètres de long, sont charnues, et bosselées au niveau de chaque graine. Ces graines, deux à dix selon les variétés, sont au large dans la gousse et reposent sur un endocarpe duveteux. Chaque graine est suspendue au bourrelet de la gousse par un petit appendice charnu, la caroncule, qui se replie au-dessus du hile, point d'insertion des vaisseaux nourriciers de la graine.

La position du hile est particulière chez la fève : ce "nombril", latéral chez les autres Légumineuses, est situé au sommet de la graine. Sous le hile, la plantule robuste laisse apparaître sa radicule triangulaire et trapue qui semble toute prête à déchirer le tégument qu'elle déforme. La partie supérieure de la plantule, fortement courbée, est blottie entre les cotylédons. A maturité, les gousses noires et ridées se dessèchent sur les graines robustes et aplaties. Le tégument de la graine est épais, d'aspect ciré et de couleur variant du jaune pâle au brun en passant

Insertion de la graine de fève dans la gousse

par le brun verdâtre et le chamois. En séchant, la graine de fève subit une déshydratation extrême, elle devient alors très dure et son tégument corné se flétrit.

Le feuillage de la fève est de teinte vert glauque, légèrement argenté. Les feuilles comptent deux à six folioles assez épaisses, ovales et terminées par une toute petite pointe. La foliole terminale est une arête étroite, droite ou courbée, mais jamais enroulée en vrille.

Les variétés de *Vicia faba* sont déterminées d'après la grosseur des graines. Les deux principales variétés sont la *Vicia faba* L. var. *major*, ou fève, dont le poids de récolte varie entre un kilo cinq cents et trois kilos pour mille graines, et la *Vicia faba* L. var. *minor*, ou févette, dont le poids de récolte est inférieur à un kilo pour mille graines. Certains auteurs distinguent parfois une troisième variété intermédiaire, *Vicia faba* L. var. *equina*, la féverole ou fève de cheval.

• *Ses dauphines*

Trois espèces de vesces étaient autrefois cultivées pour leurs graines comestibles. L'une d'entre elles a conservé la faveur des gastronomes ; les deux autres ne paraissent plus guère sur les tables mais sont parfois utilisées comme fourrage.

La vesce lentille ou lentille, *Vicia lens* ou *Lens esculenta*, est cultivée pour ses graines depuis plusieurs millénaires. Elle était considérée comme un mets de choix chez les Perses, les Egyptiens et les Hébreux. Les Romains ont introduit la lentille en Europe, où elle est la légumineuse la plus consommée.

Le pois jarosse, *Vicia sativa*, est une annuelle grimpante à feuilles vrillées, à fleurs blanches, violettes ou rouges. Ses variétés se proclament de Kabylie, de Tanger, du Languedoc, de Toulouse ou de Hongrie. Ses graines, consommées fraîches comme des pois, entrent encore dans la préparation des repas dans certaines régions d'Afrique du Nord. En Europe, elles ne servent plus qu'occasionnellement de nourriture aux volailles.

L'arousse d'Auvergne, *Vicia monantha*, est une annuelle grimpante, spontanée dans l'Ouest du bassin méditerranéen. Graine de table qui fut appréciée dans certaines régions de France, elle n'est plus cultivée que sur des sols pauvres et siliceux où aucune autre fourragère ne fournit un rendement élevé.

• *Les vesces fourragères*
L'ers, *Vicia ervilia*, est une petite annuelle. Ses fleurs, solitaires ou en grappes de deux ou quatre, sont blanches, veinées de violet. Cultivé dans tout le bassin méditerranéen, l'ers, qui ne craint ni froid et gelées ni sécheresse, est récolté pour ses graines qui entrent dans l'alimentation de la volaille et des chevaux.

La fausse gesse, *Vicia lathyroides*, est caractérisée par ses fleurs pourpres solitaires. C'est un bon fourrage à fort rendement dans les régions granitiques.

La vesce de Hongrie, *Vicia pannonica*, est une petite vesce hivernale poussant en prairies rases ou mélangée avec de l'orge qui soutient ses tiges grimpantes. Deux variétés, l'une à fleurs blanches et l'autre à fleurs violettes, sont cultivées au Maroc et en Europe centrale.

Enfin, la vesce hérissée, *Vicia hirsuta*, annuelle montagnarde à fleurs bleuâtres, est récoltée comme fourrage naturel en montagne où elle pousse jusqu'à quinze cents mètres d'altitude.

• *Les vesces mellifères*
La vesce des haies, *Vicia sepium*, annuelle grimpante, envahit volontiers les arbustes des clôtures. Ses courtes grappes de fleurs bleu pâle striées de pourpre sont très visitées par les abeilles et les bourdons.

La vesce à bouquets, *Vicia cracca*, est une annuelle de montagne à lourdes grappes de fleurs violettes. Dans les Alpes, on installe souvent des ruches dans les champs de vesce à bouquets.

La vesce à onglets, *Vicia unguiculata*, est une annuelle grimpante, remarquable par ses belles grappes dressées à fleurs bleu violacé mêlé de jaune ou de rougeâtre. Abondante dans les friches et les bruyères alpines, c'est une mellifère recherchée.

• *Les vesces ornementales*

Les champs de fèves chavirent comme pour renverser leur poids de fleurs dans les canaux et les rigoles.
    Jean Giono, *Le Grand Troupeau*, 1931.

La vesce de Narbonne, *Vicia narbonensis*, est la vesce la plus proche de la fève, dont elle ne diffère que par la présence de vrilles. Toutes deux pourraient dériver d'une forme ancestrale commune. Très répandue dans le bassin méditerranéen, elle est parfois cultivée pour ses grandes fleurs bleu purpurin.

La vesce des forêts, *Vicia silvatica*, est une grande annuelle que son feuillage délicat et ses grappes érigées de fleurs blanches lavées de violet ont désignée au choix des horticulteurs.

Quant à la vesce à bouquets, *Vicia cracca*, cette mellifère champêtre est aussi souvent cultivée comme ornementale.

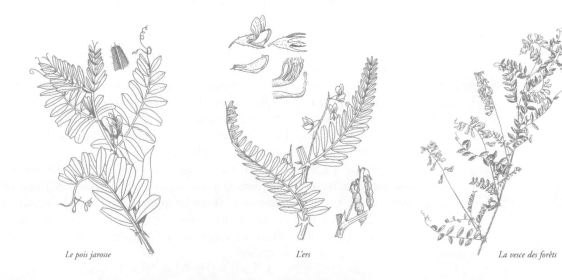

Le pois jarosse   *L'ers*   *La vesce des forêts*

III. L'ART DE CULTIVER LES FÈVES

Il y a bien des raisons de planter la fève, qui aussi bien que la primevère annonce le printemps, dans son potager ou sur son balcon ! Si vous aimez croquer radis et fèves tendres ou mijoter de succulents ragoûts de fèves dans leurs cosses, plantez la fève au jardin. Si la terre de votre carré de légumes s'épuise peu à peu et que vous hésitiez à y répandre quelque engrais chimique, plantez la fève au jardin, elle se chargera de la recharge en azote de votre terrain. Si, enfin, vous souhaitez apporter un brin d'exotisme à une plate-bande printanière, jouez sur le feuillage argenté étoilé de fleurs blanches de la fève, qui sera un faire-valoir pour vos coucous, jacinthes et jonquilles aux couleurs éclatantes.

Rustique et frugale

Tous les sols de jardins, perméables et bien ameublis, sont bons pour la fève qui contribue d'ailleurs à les améliorer. Elle aime la terre argileuse, calcaire, assez riche en humus, et les sols sablonneux pas trop pauvres lui conviennent aussi. Il est bon d'éviter les sols trop riches en azote qui favorisent le développement des parasites de son système racinaire. Seuls les sols lourds et asphyxiants sont défavorables à cette plante qui ne supporte pas l'inondation. L'appellation médiévale de fèves des marais, qui semble nier cette phobie, peut être un avatar de "fève du Marais". Ce quartier de Paris, zone de marécages autrefois hors les murs, assainie et mise en culture par les templiers au XIIe siècle, fournissait des primeurs, et parmi eux des fèves.

Un légume printanier

> *Fèves flories, temps des folies.*
> Le Roux de Lincy,
> *Proverbes.*

Tout à fait à son aise autour de la Méditerranée, la fève pousse encore très bien assez loin dans le Nord. Dans les régions méditerranéennes, elle est semée dès les premières pluies d'automne pour une récolte d'avril à fin mai, sur la rive nord, et de février à fin mars, sur la rive sud. Dans le Nord, on pratique le semis tardif, en mars ou en avril, pour une récolte allant de juin à mi-juillet. La culture hivernale des variétés hâtives tire profit des terres légères, se réchauffant vite, tandis que les variétés tardives préfèrent les terres froides, un peu argileuses.

Fèves au jardin

La fève lève dès les premiers beaux jours et, si pour sa germination elle exige un temps doux, après la levée elle supporte bien les périodes rigoureuses et peut même endurer quelques gelées jusqu'à - 4 °C. En revanche, ce légume précoce a besoin de trois mois de températures printanières pour mener à bien sa floraison et sa fructification. La fève redoute les températures élevées, ce qui stoppe sa culture dès les premières semaines de canicule.

La fève et le planning du jardin

Au champ ou au jardin, il est bon d'alterner les cultures. Pour programmer ces rotations, on tient compte des besoins en éléments minéraux de chaque plante, afin de ne pas laisser une culture gourmande épuiser le sol récolte après récolte. Par ailleurs, la sensibilité aux microbes du sol varie d'un type de plante à l'autre, et l'alternance de culture de légumes sensibles et résistants à tel ou tel agent pathogène du sol empêche l'installation endémique des maladies.

La fève occupe une place de choix dans les plannings de rotation de cultures. Elle possède de fortes racines qui contribuent à ameublir le sol, et, si ses besoins en potasse sont assez élevés, elle utilise peu ou pas l'azote du sol. Dans un grand potager, on intercalera avec succès une année de culture de fèves entre une année de culture de légumes à feuilles, tels que choux, épinards ou blettes, et une année de culture de légumes-racines, tels que navets, carottes ou betteraves. Dans le potager familial, on pourra aussi faire alterner des rangs de fèves, qui pousseront en primeur, et des rangs de choux, carottes et betteraves plus tardifs. On évitera ainsi la concurrence pour l'arrosage et, en décalant l'ordre des rangs chaque année, on pratiquera une mini-rotation des cultures.

Des récoltes enrichissantes

Les bénéfices que tirent les sols d'une culture de fèves ont déjà été évoqués. Cette vertu amélioratrice, que la fève partage avec beaucoup d'autres Légumineuses, permet aux sols d'être plus riches en azote à la fin de la période de culture qu'ils ne l'étaient avant la plantation, malgré la consommation d'azote des pieds de fèves tout au long de leur croissance !

Certaines bactéries du sol sont capables de fixer l'azote atmosphérique. Une fixation loin d'être accessoire, car 175×10^6 milliards de kilogrammes d'azote gagnent ainsi le sol chaque année, sans pourtant être directement accessibles aux plantes qui ne consomment l'azote que sous forme de nitrates ou de sels ammoniacaux. La fève a signé avec le *Rhizobium*, une bactérie du sol capable de fixer l'azote atmosphérique, un contrat à bénéfice réciproque. Le *Rhizobium radicicola*, l'hôte bienfaiteur de la fève, peut vivre dans le sol où il mène une existence banale. Il est alors incapable de fixer l'azote de l'air. Lorsqu'il pénètre dans les racines de fève, il se reproduit intensément et sa prolifération boursoufle les racines qui se couvrent de nodules caractéristiques. Au contact de certaines substances de la fève, la bactérie se transforme en bactéroïde fixateur d'azote.

L'association est alors pleinement bénéfique pour les deux associés. Les bactéroïdes reçoivent de la fève des glucides produits par la photosynthèse et, en retour, lui cèdent des protides et d'autres produits azotés qui couvrent une grande part des besoins azotés de la fève. La fève entame à peine les réserves en azote du sol au moment de la croissance de la plantule, qui précède l'installation des nodules dans ses racines. En revanche, l'excédent de production azotée retourne au sol et peut enrichir le sol d'une culture de quatre cents kilos d'azote par hectare et par an. Un must azoté peut être apporté en fin de saison si l'on utilise de la fève en engrais vert, c'est-à-dire que l'on enfouit par un labour les pieds de fève qui ont cessé de produire.

On comprend désormais tout l'intérêt des rotations sur trois ans entre Légumineuses pourvoyeuses d'azote, légumes à feuilles, choux, épinards, blettes ou salades, tous grands consommateurs d'azote qu'ils accumulent dans leurs parties vertes, et légumes-racines ou tubercules, carottes, navets ou pommes de terre qui, préparant surtout des réserves de sucres, font un usage plus modéré de produits azotés. Après les trois récoltes, le sol a besoin de se refaire un peu d'azote et le retour de la fève lui est une bénédiction.

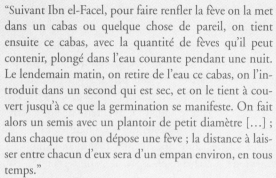

> "Suivant Ibn el-Facel, pour faire renfler la fève on la met dans un cabas ou quelque chose de pareil, on tient ensuite ce cabas, avec la quantité de fèves qu'il peut contenir, plongé dans l'eau courante pendant une nuit. Le lendemain matin, on retire de l'eau ce cabas, on l'introduit dans un second qui est sec, et on le tient à couvert jusqu'à ce que la germination se manifeste. On fait alors un semis avec un plantoir de petit diamètre […] ; dans chaque trou on dépose une fève ; la distance à laisser entre chacun d'eux sera d'un empan environ, en tous temps."
>
> Ibn al-Awwâm, agronome andalou (XIIe siècle), *Le Livre de l'agriculture*.

Faire pousser la fève

Certaines des techniques de culture de la fève sont restées très proches des techniques citées par les textes antiques : manifestement, ce légume nous rattache à notre plus ancien passé, même si tous les conseils agricoles ne sont plus suivis.

• *Choisir la variété de fèves* en tenant compte de l'époque de maturation et de l'usage que l'on veut faire de la fève.

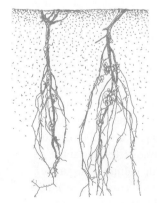

Nodules de Rhizobium *sur une racine de fève*

Fève 'Aguadulce'

Dans les régions à hiver peu rigoureux, les variétés précoces réussissent bien. On peut choisir de grandes fèves comme 'Aguadulce' à longues cosses, souvent cultivée pour la consommation de graines sèches, ou des variétés naines comme 'Brunette', dont les cosses tendres et les petits grains sont appréciés pour la consommation en vert. Parmi les variétés tardives qui conviennent mieux à des régions plus froides, on peut retenir la 'Relon', une très grande plante dont le mètre et demi de hauteur réclame l'aide de tuteurs, et qui fournit de très longues cosses de plus de dix grains, ou encore la 'Jubilee Hysor' à très gros grains blancs.

D'autres variétés sélectionnées par les grainetiers ont des performances particulières, ainsi la naine 'Sutton' peut, si on échelonne les semis, produire tout l'hiver sous tunnel et tout l'été, à condition que le temps ne soit pas trop chaud. On peut aussi choisir pour l'œil et la bouche la 'Red Epicure', à fleurs écarlates et à grains rouges.

• *Semer la fève* quand la météo est favorable, après avoir trempé ses semences une nuit afin que les plantules fragiles se déplient avant que le sol ne sèche. Pour un petit jardin, adopter la technique de prégermination toujours utilisée au Maghreb en conservant les fèves trempées dans un endroit protégé jusqu'à l'apparition de la radicule, déposer alors précautionneusement les fèves germées dans le sillon. A la sortie de la plantule, on peut remarquer leurs cotylédons restant enfouis, sans donner les feuilles cotylédonaires, qui sont les premières feuilles de presque toutes les Papilionacées.

Dans les champs, les fèves se sèment en lignes espacées de soixante centimètres à un mètre. Le semis peut se faire pendant le labour, en suivant la charrue et en déposant cinq à dix graines à chaque pas. Au jardin, déposer tous

La germination de la fève

Fève sèche

Trempage 1 heure

Trempage 6 heures

Une capacité de réhydratation étonnante

les quinze centimètres des poquets de cinq graines dans des sillons profonds de deux à trois doigts, et espacés de quarante centimètres.

• *Soigner les plantations de fèves* en suivant un certain nombre de règles de culture. Ne pas négliger le binage. La binette, cette petite bêche à lame oblique, aère le sol, le travaille en surface sans blesser ou déplacer les plants, elle favorise la pénétration de l'eau, élimine les mauvaises herbes. Quand les jeunes plants de fève atteignent vingt à trente centimètres, il faut biner les lignes et butter chaque pied de façon à assurer sa stabilité. Un léger binage régulier est nécessaire dès que la terre se tasse.

Ecimer les pieds lorsque les dix premières grappes de fleurs sont prêtes à éclore en supprimant, par pincement, l'extrémité des tiges au-dessus du dixième étage floral. On limite ainsi les invasions de pucerons et l'on accélère la croissance des gousses.

Arroser à bon escient. La fève supporte très bien la sécheresse hivernale, mais, à la floraison et à la formation des gousses, elle demande un sol humide.

• *Assurer la récolte* en favorisant le ballet des abeilles qui, assurant la pollinisation et la fécondation des fleurs, permettent le développement de la graine. Le jardinier redoutant les attaques de pucerons doit donc veiller à ne pas user prématurément d'insecticides.

La cueillette se fait tous les jours ou tous les deux jours à un stade de maturité de la gousse choisi en fonction de l'usage culinaire qu'on veut en faire : fève de quelques jours, petite et duveteuse, fève de taille adulte mais à graines vertes et à gousses vertes d'aspect ciré, fève mûre dont la gousse qui a séché sur pied est noire et fripée. Au cours de la récolte, on peut choisir et préparer les futures semences. Le séchage est achevé sur une aire puis les gousses sont dépiquées à la machine ou à la main. Les graines sèches sont engrangées dans des lieux secs et frais.

Halte aux détrousseurs !

Oiseaux, rongeurs, insectes et champignons se délectent des feuilles, des fleurs, des fruits ou des racines de la fève. Voici les principaux amateurs de fève et les moyens de ne pas leur laisser la part trop belle.

• Les gros mangeurs

Les souris mangent les semences dans le sol et les graines mûres dans la gousse. Si votre jardin abrite des nids de souris en si grand nombre que, la saison finie, il ne vous reste plus de fèves, placez quelques pièges. Sinon, partagez vos fèves avec la gent trotte-menu !

Les pigeons, les ramiers et les tourterelles adorent, eux, les jeunes feuilles et les bourgeons qu'ils dévorent, laissant les tiges nues. Ils se réunissent souvent dans les potagers citadins que des épouvantails, parés de pendeloques frétillantes en papier d'aluminium, rendront moins accueillants.

• Les insectes grignoteurs

Les pucerons noirs de l'espèce *Aphis fabae* sont avides de fèves, dont ils apprécient les pieds surtout au moment de la floraison. Ces suceurs de sève injectent dans les blessures une substance toxique qui stoppe l'élongation des tiges, provoque l'avortement des fleurs et freine le développement des gousses déjà formées. Ces pucerons n'effectuent cependant pas tout leur cycle vital sur les fèves. Ils logent d'abord chez un autre hôte, le fusain d'Europe dont on fait des haies ou le seringat aux douces fleurs blanches. Il est sage d'éviter de semer des fèves à proximité de ces réservoirs à pucerons. En mai et juin, cependant, l'invasion peut avoir lieu. Le choix des insecticides chimiques est si radical qu'il ne tient compte ni de la pollution des sols, ni des nuisances mineures ou majeures pour les consommateurs de légumes et les insectes butineurs. Mieux vaut utiliser

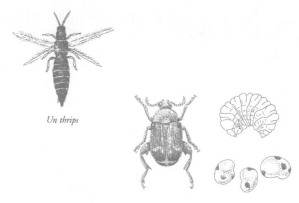

Un thrips

Le bruche, sa larve et ses dégâts

des insecticides d'origine végétale, tels ceux extraits d'une plante proche des chrysanthèmes, le pyrèthre, qui n'ont pas de toxicité pour l'homme ni de rémanence dans le sol, mais qui nuisent cependant aux abeilles qui fréquentent assidûment les fleurs de fèves. On pourra leur préférer des pulvérisations d'eau savonneuse ou d'infusion de feuilles de rhubarbe, ou pratiquer la lutte biologique, en plantant à proximité des rangs de fèves un beau pied de capucine qui fonctionne comme un piège à pucerons, ou en ponctuant les lignes de fèves de quelques plants de sarriette, herbe aromatique qui repousse les pucerons et accompagne avec bonheur les fèves jusque dans la marmite.

Les thrips, autres amateurs de fèves, sont de tout petits insectes au corps allongé et aux ailes membraneuses, frangées de cils. Ce sont des insectes suceurs qui peuvent être porteurs de maladies végétales comme le virus de la mosaïque. Les larves d'un thrips, *Frankliniella robusta*, piquent les très jeunes gousses de fèves qui se déforment, se parsèment de taches blanchâtres et de gouttelettes brunes de miellat. On peut protéger le jardin des thrips grâce à des pulvérisations d'eau savonneuse.

Les bruches apprécient la fève quand elle est sèche. Les femelles de ces tout petits coléoptères, *Bruchus rufimanus*, utilisent la gousse de fève comme nurseries. L'œuf est pondu dans une graine, repérée à travers la gousse. Lorsque la larve se développe à la saison suivante, elle se trouve logée dans un garde-manger qu'elle utilise sans compter. La femelle du bruche, pondeuse véloce, reste discrète au jardin ; en revanche, elle est redoutée des ménagères qui, puisant dans la réserve de fèves, ramènent, déconfites, une vague poussière où pullulent des bestioles poudrées. Quelques grains de poivre semés au milieu des fèves empêchent l'éclosion.

• *Des champignons envahissants*
De très nombreux champignons microscopiques peuplent le sol. Si la plupart y accomplissent les transformations nécessaires au cycle de la matière, certains sont parasites des plantes, pénètrent dans leurs racines et gagnent les parties hautes en circulant dans les vaisseaux du bois. Le fusarium est l'un de ces importuns, il fait flétrir les feuilles de fève et pourrir la base de la tige. Le botrytis provoque l'apparition de rayures chocolat sur la plante et les gousses. On peut se protéger de ces infestations en ne faisant aucun ajout d'azote dans le sol et en pratiquant la rotation des cultures. Après une atteinte, il est sage de brûler la récolte sur pied.

D'autres champignons parasitent les feuilles de fèves, particulièrement sensibles aux attaques du mildiou, de la rouille et de l'oïdium dont la présence est révélée par des taches brunes.

IV. MYTHES ET TRADITIONS DE LA FÈVE

La fève hante l'imaginaire de tous les peuples qui l'ont consommée et cultivée. Fèves d'hiver dans leurs dures robes brunes, elles rassurent aux mois où guette la disette. Fèves en fleur, annonçant les beaux jours, elles égaient quand l'hiver enferme encore les gens. Jeunes gousses duveteuses, elles glissent le printemps dans les assiettes. Fèves futures jetées dans les sillons aux premières pluies d'automne, elles sont promesses des temps qui viennent. "En Méditerranée, écrit Jean Servier, les fèves sont les prémices de la terre, le symbole de tous les bienfaits venus des gens de dessous la terre."

Réserves d'hiver, promesses de vie

Les rythmes anciens de la Méditerranée agricole marquent encore le tempo de toutes les régions montagneuses du pourtour de la grande mer intérieure.

> ### OFFRANDE AUX INVISIBLES
>
> "Le laboureur partant aux champs doit faire une offrande aux invisibles en déposant dans le van, sous la lampe allumée, quatre grenades, quatre œufs, des fèves, des lentilles, du blé, de l'orge, des figues sèches, le peigne à tasser les fils du métier à tisser, l'aiguille à coudre les vêtements et le tampon qui sert à essuyer la meule du moulin à main."
> Jean Servier, *Les Portes de l'année*, 1985.

En Kabylie, par exemple, les maisons traditionnelles gardent la mesure du lien à la terre méditerranéenne, terre accueillante mais fantasque, où rien n'est jamais donné à l'homme sans travail et sans un respect absolu de la terre et du temps. On entre dans ces maisons par la pièce des réserves, vaste pièce où les jarres de terre, les *ikoufen*, modelées et ornées par les femmes, occupent la place d'honneur. Dans chacun des *ikoufen*, fierté et garantie de la famille, s'entassent les graines de subsistance, le blé, l'orge, les pois chiches et les fèves.

Prémices de la terre, les fèves sont tout naturellement offrande aux invisibles, à ceux qui veillent sur le monde et sur ses occupants. En Kabylie et dans le Maghreb berbère, de multiples gestes coutumiers associent les fèves à tous les actes initiateurs : fèves que la jeune mariée kabyle jette dans la fontaine quand, sept jours après ses noces, elle va pour la première fois y puiser de l'eau. Ou fèves servies au repas qui ouvre la saison des labours et rassemble autour du sanctuaire la communauté villageoise pour la bénédiction de la récolte.

Ce sont aussi des fèves qui permettent à la tisserande de consacrer l'ourdissage du métier. L'artisane met sur le feu une grande marmite où vont cuire du blé, de l'orge et des fèves. Les fils de chaîne sont déposés sur une claie de branches de caroubier qui couvre la marmite. Ces fils, charpente du tapis, reçoivent, tandis que la vapeur s'échappe de la marmite, le double bienfait des tannins du caroubier qui les renforcent et de l'offrande de fèves et de céréales, unique nourriture de l'artisane en ce jour où prend place, sur le métier, l'âme du tapis.

Ikoufen

Le *Ka* et le *Ba*, la fève au royaume des morts

Les Egyptiens ne sèment jamais de fèves dans leur pays, et, s'il en pousse, ils ne les mangent ni crues ni cuites. Les prêtres n'en supportent même pas la vue, car ce légume est impur à leurs yeux.
Hérodote, *L'Enquête*, II (37), Ve siècle av. J.-C.

Les prêtres d'Isis, la déesse mère de l'Egypte antique, s'abstenaient de fèves dont ils faisaient l'un des réceptacles de l'âme humaine en attente de résurrection.

Les très anciennes traditions égyptiennes considéraient que l'enveloppe charnelle est l'une des composantes d'un ensemble complexe qui comprend en outre le *Ka*, énergie vitale, le *Ba*, principe immortel qui maintient la cohésion de l'être vivant, l'ombre et le nom. Chacun de ces principes subsiste après la mort et le corps embaumé, muni de son nom inscrit sur un cartouche qui accompagne la dépouille, en compagnie de son *Ka* et de son *Ba* demeure en attente de la résurrection promise pour la fin des temps. La tradition qui appelait "champs de fèves" le séjour temporaire du *Ka* faisait donc peser un tabou majeur sur la consommation de fèves, qui briserait à jamais la réincarnation des âmes.

Pythagore et les fèves taboues

Pythagore et ses disciples avaient, il y a vingt-six siècles, conservé ces tabous et s'abstenaient de consommer les fèves pour se garder d'interrompre le cycle des réincarnations. La mort de Pythagore fut d'ailleurs l'aboutissement d'une fidélité sans faille au respect des principes qu'il professait. Poursuivi par les Crotoniates, Pythagore fuyait quand il se trouva devant un champ de fèves. Ne voulant point fouler les précieuses plantes porteuses d'éternité, il contourna le champ et, rattrapé par ses poursuivants, fut mis à mort. Fénelon se gaussant de l'infortuné Pythagore lui fait dire : "Il vaut mieux mourir ici que de faire périr toutes ces pauvres fèves !"

On peut cependant s'interroger sur l'origine de ce tabou qui n'était pas observé dans toute la Méditerranée. En effet, les peuples latins, et vraisemblablement les Berbères, consommaient et vénéraient la fève comme un bienfait.

Le Ka du roi Thor. Amulettes métaphoriques déposées dans les tombes, le Ka est représenté à la ressemblance du défunt, avec une paire de bras dressée au-dessus de la tête, alors que le Ba est un oiseau à tête humaine. Les offrandes mortuaires leur sont destinées.

Pline l'Ancien pour sa part admettait qu'il y avait quelque chose de l'âme des morts dans la fève, mais il repoussait l'interdit de sa consommation car celle-ci permettait de communiquer avec l'invisible au moment des fêtes de printemps, fêtes de l'éternelle réincarnation.

Cependant, la fève n'est pas toujours bienfaisante : une maladie héréditaire, le favisme, crée, chez les personnes qui en sont atteintes, une réaction parfois mortelle à la consommation de fèves. Le tabou était-il une mesure prophylactique contre le favisme ? Si la Grèce antique avait déjà une population à favisme héréditaire, on peut le supposer.

Symboles de fécondité et de bonheur

Etrange fève, à la graine dure comme un éclat de silex, qui renaît à vue d'œil sitôt plongée dans l'eau et très vite dévoile l'embryon impatient emmailloté dans ses cotylédons. Fève prodige, qui déplie son feuillage aux jours froids de l'hiver et fleurit avant le printemps. Fève fantasme dont la gousse dressée ou ouverte est tour à tour sexe mâle et femelle.

Comment s'étonner qu'elle ait été considérée par les anciens comme le réceptacle de tous les mystères de la vie et de la mort, de la naissance et de la réincarnation ? Pour les Grecs, les fèves étaient porteuses de promesses d'enfants mâles et on en faisait des offrandes rituelles dans les mariages ; chaque fève offerte augurait la naissance d'un garçon qui redonnerait vie à l'âme d'un ancêtre et perpétuerait sa lignée. Chacune des fèves qui couvrent la natte sur laquelle s'assoit la jeune mariée kabyle à son entrée dans la maison conjugale a la même signification, elle représente un vœu pour que le mariage qui va être consommé soit fécond et que la naissance de fils garantisse aux époux prospérité jusque dans leurs vieux jours.

Instruments du destin

La fève investie du pouvoir symbolique de vie et de mort fut aussi instrument de la justice divine. Le criminel grec était soumis au suffrage du peuple, chaque juré tirait une fève d'une urne où l'on avait mêlé graines de fèves noires, une variété aujourd'hui délaissée mais autrefois commune, et graines de fèves blanches. Les fèves tirées étaient ensuite publiquement décomptées. Une majorité de fèves noires condamnait l'accusé tandis que les fèves blanches l'innocentaient. Chez les Hébreux, la fève servait aussi de bulletin de vote, on ne donnait pas sa voix mais sa fève !

La fève est encore considérée comme porteuse des messages de l'au-delà. Ainsi le jeu de la *boqala*, toujours pratiqué par les jeunes filles d'Alger, est un jeu de divination où la fève est intercesseur et donne au moindre fait perçu au moment où la jeune fille pose la question la valeur d'une

Demi-amande sèche avec embryon

Demi-amande avec embryon (12 heures d'hydratation)

Fève de porcelaine avec enfant

La fève porteuse de fécondité

POUR CONNAÎTRE CE QUI SERA

"Venez sœur oublier votre malheur, asseyez-vous auprès de nous sur ce tapis. Dans ce bocal d'eau bénie, de sept puits recueillie, déposez votre fève marquée. Votre sort vous sera dévoilé avant que le jour ne se lève… A présent votre signe est aux nôtres mélangé, votre vie et votre destin sont aux nôtres attachés. […] Que dira *al fal* (la fève) ? La nuit est longue et noire. Attendons pour voir… Lorsque tout se taira et que l'aube se lèvera, sortons ensemble dehors interroger le sort. Montons sur les terrasses et soyons attentives à tout ce qui se passe. Sortons au hasard du bocal, avec un peu d'eau, une à une les fèves de chacune de nous. Lançons le tout, au loin.

O *fal* ! dis-nous ce que nous réserve az zaman (le temps) !"

Aïcha Zaïma, "Boqala",
Femmes et traditions, Algérie littérature action, n° 9,
mars 1997.

réponse. La *boqala* est aussi une occasion de joutes poétiques, car la réponse des invisibles est exprimée en vers par l'une des jeunes filles présentes.

Saturnales

Saturne, dieu des semailles et fils du Ciel et de la Terre, aurait été chassé du séjour divin par Jupiter, son propre fils. Il trouva refuge auprès de Janus, le dieu à deux faces, gardien des portes. Janus protégeait le pays heureux du Latium, où Rome fut plus tard bâtie. En ces temps qui furent l'âge d'or, la nature produisait fruits et nourriture en abondance, travail et propriété y étaient inconnus.

Les saturnales, fête romaine fixée aux calendes d'hiver entre la fin du mois de décembre et le début du mois de janvier, au moment de l'année où les jours commencent à allonger, célébraient le souvenir de ces temps d'innocence.

Au cours de festins égalitaires, les maîtres prenaient la place des esclaves et les serviteurs celle des maîtres, les riches payaient les dettes des moins fortunés, les créanciers faisaient grâce d'une traite et les propriétaires, d'un loyer. Les saturnales se terminaient par un grand banquet où était servi un gâteau rond, symbolisant le soleil qui allait être partagé entre les convives et dans lequel une fève, attribut de Saturne dieu des semailles, était dissimulée. La fève désignait le roi des agapes, qui conservait titre et couronne jusqu'aux prochaines saturnales.

Petite histoire de l'épiphanie

Fête sans retenue, bousculant les hiérarchies, les saturnales devinrent vite suspectes dans la Rome christianisée. A la fin du IVe siècle, les fêtes égalitaires des saturnales sont interdites. L'impopularité de cette interdiction oblige à une manœuvre de calendrier qui permet de maintenir, sous contrôle, les antiques réjouissances païennes sous une tournure plus orthodoxe. En Occident, on célébrait le 25 décembre, en même temps que la Nativité, l'arrivée à Bethléem des mages et l'adoration de l'Enfant Jésus. La suppression des saturnales fut donc l'occasion pour le Vatican d'adopter l'Epiphanie, manifestation de Jésus aux mages venus l'adorer, que l'Eglise d'Orient fixait au 6 janvier. Les mages, qui sentaient encore le soufre des sectateurs mazdéens, devinrent rois deux siècles plus tard quand le pape donna aux trois chercheurs d'étoile les identités couronnées de Melchior, Gaspard et Balthazar. L'Epiphanie devint alors la fête des Rois, mais on continua à y partager la galette solaire qui renfermait toujours la fève de Saturne. Au Moyen Age, le 6 janvier, les corporations d'artisans et de

marchands laissent le sort désigner leur "roi" par le truchement d'une pièce d'or contenue dans un pain. Au XIIe siècle, la pièce d'or étant jugée trop dispendieuse, on retrouve la fève, mais le pain se fait gâteau. Au XVe siècle, la fête des Rois est redevenue une fête populaire : on tire les rois dans les familles aisées, le plus jeune de la famille, instrument du hasard, désignant les bénéficiaires des parts de gâteau.

Le roi Louis XIII fut, bien involontairement, à l'origine des prolongations qui mettent tout au long de janvier des galettes des Rois sur les tables dominicales. Se disant ému par la misère de son peuple, le souverain imposa à la corporation des panetiers l'offre gracieuse d'une galette à chaque famille du royaume à l'occasion du jour des Rois. Bon gré mal gré, les panetiers se soumirent à l'édit royal mais, pour ravoir leur mise, ils lancèrent la coutume de réclamer à qui trouvait la fève l'achat d'un gâteau le dimanche suivant. L'appel à la bourse du "roi" était compensé bien sûr par l'annonce des bienfaits dont il allait être couvert un an durant !

La Révolution française bannissant le principe de royauté, qu'il soit de droit divin ou de droit de fève, tente de détourner la tradition et de supprimer la fête des Rois. Quelques jours avant que ne tombe la tête de Louis XVI, l'arrêt suivant est publié : "Le 6 janvier à dater de 1793… fête des sans-culottes." Les festivités, la galette et la fève survivent pourtant à ces temps régicides.

Peu à peu, les fèves-légumes sont remplacées par des fèves ou sujets de porcelaine, trouvés plus chic dans les salons. Ce sont tout d'abord des bébés serrés dans leurs langes, Jésus de la crèche, si proches de la symbolique des fèves gardiennes de leurs promesses de vie. En Espagne et dans le Midi de la France, l'usage de la fève-légume est conservé, mais on y adjoint le sujet en porcelaine. Le sujet couronne le roi, la graine de fève désigne celui ou celle qui devra offrir le gâteau suivant.

L'Eglise romaine, loin des querelles entre mages et Saturne, transforme l'Epiphanie en fête mobile en 1970. Depuis cette date, elle est célébrée le premier dimanche de janvier. Quant à l'Etat français, mal à l'aise sur la question depuis ce mois de janvier 1793, il s'est déculpabilisé après presque deux siècles et, depuis 1975, on fête les rois à l'Elysée !

DE LA FÈVE AU SUJET DE PORCELAINE

Si les premiers sujets de porcelaine, une innovation britannique, surprirent un peu il y a un siècle, ils sont aujourd'hui l'objet d'une industrie florissante.

"Au dessert, on apporta le gâteau des Rois. Or, chaque année, M. Chantal était roi… Il trouvait invariablement la fève dans sa part de pâtisserie et il proclamait reine Mme Chantal. Aussi fus-je stupéfait en sentant dans une bouchée de brioche quelque chose de très dur qui faillit me casser une dent. J'ôtai doucement cet objet de ma bouche et j'aperçus une petite poupée de porcelaine, pas plus grosse qu'un haricot."
Maupassant, *Contes et nouvelles*, 1886.

"La galette fait toujours recette. Sur l'ensemble du mois de janvier, il s'en vendrait 55 millions d'unités en France. «C'est du moins ce que l'on peut estimer, compte tenu du nombre de fèves vendues chaque année dans notre pays», commente Joseph Perron. Ce Franc-Comtois, ancien ouvrier des usines Peugeot, a fondé il y a dix ans une usine devenue aujourd'hui leader dans l'industrie de la fève (de porcelaine)."
Guillaume Crouzet, *Le Monde*, 5 janvier 2000.

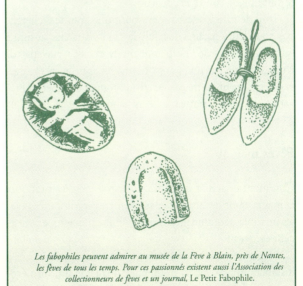

Les fabophiles peuvent admirer au musée de la Fève à Blain, près de Nantes, les fèves de tous les temps. Pour ces passionnés existent aussi l'Association des collectionneurs de fèves et un journal, Le Petit Fabophile.

Yénayer, le mois de Janus

Aux calendes d'hiver, sur la rive sud de la Méditerranée, d'autres fêtes font écho aux saturnales romaines. Dans tout le Maghreb rural, avec plus ou moins de présence selon les régions, le 11 janvier on célèbre Yénayer, la fête des prémices agricoles. Yénayer c'est janvier, mois de Janus, l'alter ego de Saturne, Janus qui ouvre les portes de l'année et qui tourne son double visage à la fois vers l'année qui s'achève et vers celle qui s'annonce.

Au premier soir de la fête, on rend grâce à l'année écoulée, celle que l'on appelle *el 'adjouza*, la Vieille, tout comme on appelle sa mère, avec infiniment de respect et de reconnaissance. Le repas servi pour la Vieille est frugal, ce sera une bouillie de blé et de fèves, un couscous aux fèves ou du très gros couscous cuit dans une sauce contenant un raccourci de la récolte passée, tous ses légumes secs, fèves et haricots, pois chiches et lentilles. Dans le plat pris en commun, une fève encore sèche désignera celui de l'assemblée qui sera favorisé par l'année qui s'ouvre. Une coutume, plus citadine, veut que l'on offre aux enfants un jeune cœur de palmier nain et un mélange de fruits secs, amandes, noisettes, figues, dattes, et de bonbons qui sera versé sur la tête du benjamin des enfants, installé pour l'occasion dans le vaste plat à rouler le couscous.

Trop de rituels se recoupent pour que l'on ne recherche pas sous leurs parures locales des souvenirs des antiques saturnales. Fèves de l'Epiphanie ou de Yénayer, mélange de fruits secs que par un étrange hasard on appelle *trèz* à Alger et qui évoquent les treize desserts du souper de Noël en Provence, souper qui porte d'ailleurs le nom de repas calendal !

Fèves magiques

Comment imaginer que nul n'ait jamais pensé à pratiquer la magie en utilisant la fève, aux si fortes accointances avec les invisibles, comme intercesseur ? Elle est magique la fève, c'est évident !

Magie noire, où la fève est le véhicule des maléfices à distance. En Provence, pour nuire à quelqu'un, on l'évoquait en plaçant des fèves dans la lampe à huile qui brûlait devant la statue de la Vierge. Ou encore, pour punir un voleur, on jetait des fèves dans un puits en pensant très fortement à lui. Lorsque la fève gonflée d'eau se déchirait, la dernière heure du voleur sonnait. Quand ça ne marchait pas, c'est que le puits était à sec.

Magie douce, qui consiste à glisser la fève trouvée dans le gâteau des Rois dans son porte-monnaie, en espérant qu'elle aidera l'année durant à le maintenir bien garni.

Magie moins innocente mais sans maléfices, promettant une nuit d'amour inoubliable à qui mangera cinq fèves crues en les mâchant longuement sous la nouvelle lune.

V. USAGES MÉDICAUX ET RECETTES GOURMANDES

Fèves et diététique

La fève fraîche possède une composition nutritionnelle assez proche de celle du petit pois, où sucres et protéines s'équilibrent. La fève sèche contient pour moitié des glucides, pour un quart des protéines, beaucoup de fibres et des traces de lipides. C'est le légume sec le plus riche en minéraux, en fer et en potassium et, dans des proportions moindres, en phosphore et en calcium.

La fève contient vingt à trente pour cent de protéines brutes, presque entièrement digestes. Cette qualité a été reconnue depuis longtemps, avant même que la notion de protéine ne soit définie, puisqu'on attribua à la fève le nom mi-admiratif, mi-méprisant de "viande du pauvre". On devrait dire "viande pauvre", car les protéines de la fève, comme celles des autres légumes secs, sont moins bien équilibrées que celles des viandes. Il leur manque en effet quelques acides aminés soufrés, méthionine et cystéine, qui jouent un rôle important dans le fonctionnement du corps, la cystéine étant nécessaire au bon état de la peau, des muqueuses, des ongles et des cheveux, la méthionine permettant la formation d'un important transporteur d'oxygène.

Cette carence, détectée de manière sûre depuis les récentes analyses biochimiques, a été pressentie par les diététiques empiriques et, dans toutes les civilisations, les préparations culinaires associent légumes secs et céréales. Les céréales apportent les acides aminés soufrés manquant aux légumes secs, tandis que les légumes secs compensent la carence des céréales en lysine, un autre acide aminé. Ainsi l'Afrique du Nord associe blé et pois chiches dans les couscous, l'Amérique du Sud marie tortillas de maïs et haricots en sauce, tandis que l'Inde mélange riz et lentilles et que l'Extrême-Orient complète le riz avec du soja sous diverses formes. Quant à la fève, elle échappe à cette intimité gastronomique, mais elle est le plus souvent cuisinée en ragoûts qui ne se mangent pas sans pain.

La fève, comme les autres légumes secs, possède une teneur élevée en fibres, substances échappant à la digestion. Ces fibres permettent une circulation progressive des aliments digestes qui sont alors assimilés très lentement par l'organisme, ce qui régule les besoin caloriques et la faim. Un plat de fèves tient au corps, pour s'exprimer de façon plus triviale. Il tient au corps, certes ! mais les fibres flâneuses entraînent des restes de sucres au-delà des limites prévues pour leur digestion et arrivés dans le côlon, ils font le régal des bactéries de la flore intestinale, expertes en fermentations de tout genre.

Il suffit pourtant de bien manger la fève pour qu'elle passe sans rien nous reprocher. Tout d'abord, manger avec modération, en les mastiquant consciencieusement, des fèves bien cuites. Ensuite les assaisonner avec des aromates qui exaltent leur saveur mais sont aussi des médicinales propres à empêcher la fermentation, comme le thym, la sarriette, la menthe ou le basilic, ou aptes à chasser promptement ces flatulences, tels le cumin ou l'anis. L'utilisation de ces herbes aromatiques comme correctifs des aliments est très ancienne, comme en témoigne le *Traité de médecine domestique* anonyme du XVIIe siècle :

"Des causes des vents : les aliments crus et venteux comme viandes séchées et fumées, les fèves et les choux peuvent aggraver ces accidents ; cependant les hommes forts et bien portants y sont rarement sujets. Cette cause est presque toujours un vice des intestins.

Des remèdes des vents : les carminatifs les plus prisés sont les baies de genièvre, les racines de gingembre, les semences d'anis, de carvi, de coriandre, l'assa-fœtida et l'opium."

Fèves et cheptel

Les fèves, les févettes ou encore les féveroles entrent à plusieurs titres dans l'alimentation des animaux domestiques, sous forme de farines, de graines entières, de paille ou de fourrages. Ce sont leurs qualités diététiques, et surtout leur richesse en protéines, qui en font un aliment particulièrement recommandé pour le bétail et les volailles, aussi bien chez les jeunes que chez les reproducteurs.

Fèves et santé

La fève n'a jamais fait l'unanimité parmi les maîtres de l'art médical. Au cours des siècles, la pharmacopée tantôt rend hommage à ses vertus, tantôt l'accuse de bien des maux. Elle a cependant des usages recommandés encore aujourd'hui par les spécialistes des médecines naturelles.

FÈVES : UNE REGRETTABLE DÉPRISE

Dans les régions où la consommation de fèves était traditionnellement forte, elle a chuté au milieu du siècle. Les cultivateurs du bocage vendéen, par exemple, ont consommé cinq fois moins de légumes secs, soit 19 kilos en 1950 (un repas sur quatre environ) et 4 kilos en 1960 (un repas sur dix environ).

Dans les zones urbaines où elle avait déjà diminué, elle reste faible mais stable, comme à Marseille où on en a consommé 1,5 kilo en 1950 et 1,8 kilo en 1960 (une fois par mois environ).

D'après J.-J. Hémardiquier, *Enquête sur la consommation*, 1961.

• *Soins de l'appareil urinaire*
Les fleurs de fève et ses gousses vertes sont utilisées pour leur action diurétique, antispasmodique et sédative de l'appareil urinaire. Ces propriétés, toujours citées par les traités modernes de phytothérapie, sont connues depuis très longtemps. Le médecin grec du IIe siècle Galien, père de la science des médicaments, ou galénique, et Rhazès, médecin arabe du IXe siècle précurseur de la médecine hospitalière, recommandaient déjà leur usage pour empêcher la formation de calculs dans les reins et la vessie. Voici quelques recettes :

Contre l'albuminurie : une décoction avec 100 grammes de gousses fraîches par litre d'eau.

Contre la lithiase rénale : des gousses vertes séchées au four puis pulvérisées au mortier, une pincée dans un verre de vin vieux.

Contre les coliques néphrétiques : une décoction avec 100 grammes de sommités fleuries pour 1 litre d'eau.

Contre la cystite : des fèves fraîches crues ou cuites.

La fève, d'après l'herbier de Clusius, XVIe siècle

• *Soins des névralgies*
La fleur de fève est parfois recommandée pour soigner ou prévenir les névralgies chroniques, migraines, sciatiques ou lumbagos.

Contre la migraine et les névralgies : une infusion avec 40 grammes de fleurs par litre d'eau.

• *Soins des inflammations et infections locales*
Les fèves sèches ont, dans les médecines traditionnelles, deux utilisations apaisantes et maturatives, l'une en traitement interne, et l'autre externe.

Contre l'acidité gastrique et les reflux acides : mâcher longuement avant de les avaler quelques fèves sèches ou absorber, ainsi que le recommande la pharmacopée traditionnelle marocaine, de la farine de fèves moulues associée à des cendres de bois et du cumin moulu.

Pour faire mûrir abcès et furoncles : préparer un cataplasme chaud de farine de fève ou une bouillie épaisse de fèves dérobées.

• *Soins des fatigues sexuelles*
Ce qui empesche toute fille ou femme d'en venir là bien souvent, c'est la crainte qu'elles ont d'enfler du ventre sans manger de febves.

Brantôme, *Vies des dames galantes*, 1580.

La fève, dans les pays où on la consomme abondamment, a la réputation de favoriser l'amour, "elle excite au coït et fait pousser les chairs", écrivait il y a deux siècles le médecin maghrébin Abderrazaq el-Djazaïri. Sans vouloir faire de comparaison irrévérencieuse, les vétérinaires conseillent de substituer les fèves à l'avoine dans la ration des étalons en activité, pour stimuler leur activité sexuelle et leur instinct d'accouplement.

Aphrodisiaque : consommer des ragoûts de fèves sèches aromatisés au gingembre frais.

Le favisme

Le favisme, qui constitue une intolérance grave à la consommation de fèves, est dû à une déficience génétique. Il suffit en effet que la personne atteinte de favisme mange des fèves ou soit simplement en contact avec le pollen des

> ### LA FÈVE ET LE CHROMOSOME X
>
> Le favisme est lié à une petite erreur de codage dans l'ADN du chromosome sexuel X, c'est donc une maladie qui se manifeste plus fréquemment chez les garçons. Cette erreur de codage entraîne la production dans les globules rouges d'une enzyme protectrice comportant une anomalie de conformation qui ne lui permet pas de jouer son rôle de défense.
>
> Cette maladie est toujours très précocement dévoilée, car elle entraîne aussi une sensibilité à quelques médicaments, certains très banals comme l'aspirine, dont l'absorption, au même titre que celle de la fève, déclenche la destruction prématurée des globules rouges. Si vous n'avez jamais mangé de fèves, que la crainte d'être secrètement atteint de favisme ne vous empêche donc pas d'y goûter pour la première fois.

fleurs de fèves pour que certaines substances contenues dans ces plantes, la vicine et la convicine, détruisent très rapidement ses globules rouges, entraînant une anémie parfois mortelle. Le favisme est présent en Afrique et en Méditerranée, où il est plus particulièrement fréquent en Grèce (dix pour cent de la population en est affectée).

Fèves et beauté

Les belles d'autrefois ont bénéficié aussi des bienfaits de la fève. Dans les bains publics, elles se frictionnaient avec l'amidon de fève à grain très fin afin de rendre la peau nette, douce et propre. En ces temps où le bronzage n'était pas de mise, les masques d'amidon de fève faisaient durer les teints de rose et de lys et chassaient taches de rousseur et autres taches brunes.

Les fèves à table

Les légumes telles les lentilles et les grosses fèves sont un aliment ordinaire, peu estimé, une nourriture grossière.
    D'Aussy, *Histoire de la vie privée des Français*, 1815.

Les petites fèves de marais, qu'on appelle fèves anglaises, quand elles sont encore vertes, c'est un manger des dieux.
    Brillat-Savarin, *Physiologie du goût*, 1825.

Décrié ou encensé, le plat de fèves n'a jamais laissé les gastronomes indifférents. Il faut donc oser les cuisiner et ne faire son opinion que fourchette en main. Les quelques recettes qui suivent vous proposent les suggestions de gourmets experts en fèves pour une excursion gourmande, dans le temps et l'espace, à travers la gastronomie méditerranéenne de la fève.

• *Fèves grillées dans la tradition des* tragemata
Cette friandise réservée à des dentures d'exception était déjà servie dans les symposiums de la Grèce antique. Elle continue à se vendre sur les rives orientale et méridionale de la Méditerranée.

Fèves sèches ; sel.

Faire tremper un jour et une nuit les fèves sèches entières dans de l'eau bien salée. Pratiquer une légère incision dans leur robe, puis les étaler sur une plaque. Cuire à four chaud ou dans une poêle sèche placée à feu vif, en remuant constamment les fèves avec une cuillère en bois.

• *Fèves frites de la cuisine juive*
Les repas de fête dans la tradition des juifs d'Afrique du Nord commencent souvent par des nourritures frugales permettant de rappeler à tous la solidarité avec les plus pauvres, qui ne connaîtront pas l'abondance de ce repas.

Fèves sèches ; huile à friture.

Faire tremper les fèves sèches pendant trois jours. Après le premier trempage, enlever le hile et remplacer l'eau chaque jour. Dérober les fèves. Sécher les écailles, les faire frire, saler et servir en apéritif.

D'après le Tacuinum sanitatis, *XIVᵉ siècle*

• **Fèves crues à la croque au sel**
Dans le Midi de la France, les premières fèves sont très souvent placées sur la table avec les radis ou autres crudités. On les grignote en début de repas ou entre deux plats pour se rafraîchir le palais.

Très jeunes fèves dans leur gousse ; sel.

Ecosser les fèves et servir les jeunes graines tendres dans un ravier dans le coin duquel on aura placé, selon les goûts, du sel pas trop fin ou un mélange de sel et de poivre.

• **Salade printanière au foie sec du Roussillon**
Le foie sec est une spécialité du Roussillon. C'est un foie de porc mariné un mois et demi dans une saumure vinaigrée et parfumée avec ail, oignon, thym, laurier, poivre et girofle. Le foie mariné est introduit dans un boyau et serré dans un bandage de grosse toile, puis longuement séché sous le manteau de la cheminée. Cette charcuterie de goût prononcé est parfaite pour relever une salade printanière.

500 g de très jeunes fèves dans leur gousse ; 1 botte de petits radis ; 50 g de foie sec ; huile ; vinaigre vieux ; sel ; poivre.

Ecosser les fèves, laver les radis. Placer les graines de fèves tendres et les radis détaillés en rondelles dans un saladier. Couper de très fines lamelles de foie sec et les faire revenir avec un peu d'huile dans une poêle. Réserver le foie chaud et déglacer la poêle avec un verre de bon vinaigre. Laisser réduire, rectifier l'assaisonnement et verser sur les crudités. Mélanger et servir la salade parsemée de morceaux de foie.

• *Fèves au cumin à l'égyptienne :* m'damess
S'il y a une contrée au monde où la fève a gardé son antique statut de nourricière, c'est bien l'Egypte. Présente sur la table familiale, elle est aussi l'incontournable en-cas que l'on picore tout au long de la journée.

500 g de fèves sèches ; sel ; cumin.

Faire tremper les fèves une journée à grande eau. Oter le hile. Cuire dans de l'eau salée jusqu'à ce que les fèves soient parfaitement tendres. Egoutter les fèves et servir saupoudré de cumin moulu.

• **Soupe de fèves à la niçoise**
Nice, ville italienne de France ou ville française d'Italie, reste une enclave culinaire où se sont conservés des plats qui ne se servent nulle part ailleurs. La soupe de fèves, toujours à l'honneur à Nice, se faisait autrefois partout en Provence, comme à Marseille où elle demeure dans le patrimoine sous la forme de la peu engageante expression : "Va te faire une soupe de fèves !"

1,5 kilo de fèves mûres à égrener ou 300 g de fèves sèches trempées ; huile ; 3 petits oignons frais ; sel, poivre ; bouillon ; beurre.

Faire revenir les oignons frais dans de l'huile. Quand ils sont blonds, ajouter du bouillon, porter à ébullition et ajouter les fèves. Quand les fèves sont bien cuites, passer au moulin à légumes, rectifier l'assaisonnement et servir avec une noix de beurre.

• *Barbouillade de fèves à la gasconne*
Quand la Gascogne met la fève à mijoter, c'est avec du jambon, de Bayonne évidemment, et de la ventrêche grasse. La barbouillade se déguste avec de belles tranches de pain de montagne.

1,5 kilo de fèves fraîches à égrener ; 100 g de jambon de Bayonne ; 100 g de ventrêche grasse ; 1 oignon ; 4 gousses d'ail ; 1 branche de thym ; 3 feuilles de laurier ; huile ; sel ; poivre.

Egrener les fèves. Dans la cocotte, verser un peu d'huile, ajouter ail et oignon émincés, y placer le jambon et la ventrêche, la branche de thym et des feuilles de laurier. Recouvrir le tout de fèves, saler et poivrer. Commencer la cuisson avec un peu d'eau, et laisser mijoter très lentement à couvert.

• *Couscous aux fèves fraîches :* mesfouf
Ce couscous, qui ne s'accompagne ni de viande ni de sauce, mérite un grain très fin, roulé avec soin et parfaitement cuit. Les légumes qui le complètent, des fèves, des petits pois ou un mélange petits pois et fèves, sont cuits à la vapeur. Plat léger qui convient bien aux repas du soir, il est servi avec du lait caillé ou du petit-lait.

500 g de très jeunes fèves en gousses ; 1 branche de menthe ; 500 g de couscous à grain très fin ; sel ; 100 g de beurre.

Laver les jeunes gousses de fèves et les couper en morceaux. Mouiller le grain de couscous, le laisser s'imbiber et le travailler à la main jusqu'à ce qu'il soit bien détaché, souple mais non collant. Passer le grain à la vapeur. Lorsque la vapeur s'échappe largement, retirer le grain, le placer dans un grand plat, verser dessus une rasade d'huile, de l'eau salée, le retravailler puis le laisser reposer. Mettre les fèves dans le couscoussier avec un brin de menthe et laisser cuire à la vapeur. Quand les fèves sont cuites, les saler, retirer le brin de menthe puis les mélanger au grain de couscous. Remettre le tout à la vapeur. Dans un grand plat, beurrer largement le *mesfouf* en le travaillant à la main ou avec une cuillère en bois. Servir très chaud avec du petit-lait frais.

• *Soupe de févettes d'Egypte :* chorba foul masri
La *chorba*, potage complet alliant viande, légumes secs, légumes frais et céréales, est le plat essentiel du repas de rupture du jeûne, tout au long du mois musulman de ramadan. Soir après soir, la *chorba* doit rassasier, plaire et surprendre.

300 g de févettes vendues décortiquées ; 1 tranche de viande d'agneau ; 1 oignon ; 2 tomates ; huile ; sel ; poivre ; 1 cuillerée à soupe de poivre rouge ou de paprika ; 1 botte de coriandre.

Couper la viande en petits dés. Placer dans une marmite, avec l'huile, l'oignon râpé, les tomates pelées et finement coupées, le sel, le poivre, le paprika. Faire revenir longuement à tout petit feu, la marmite couverte. Mouiller avec la quantité d'eau nécessaire pour la soupe, amener à ébullition, jeter les févettes triées et rincées dans le bouillon. Ajouter la coriandre hachée et laisser cuire à feu doux jusqu'à parfaite cuisson des févettes qui fondent en une crème onctueuse.

• *Fèves en sauce à l'algéroise :* ros bratel
Plat typique de la cuisine algéroise, qui aime mettre en valeur les légumes frais, richesse d'une région fière de ses maraîchages irrigués. C'est un plat de printemps dont l'arôme particulier s'échappe des fenêtres s'ouvrant après l'hiver.

1 kg de fèves dans leur cosse encore duveteuse ; 1 tête d'ail ; 1 botte de coriandre ; huile ; sel ; poivre ; 1 cuillerée à soupe de poivre rouge doux ou paprika ; 1 cuillerée à café de poivre rouge fort ; 1 cuillerée à soupe de farine ; 1 cuillerée à soupe de vinaigre.

Couper les cosses en morceaux, les rincer, les placer dans une cocotte. Préparer une pâte d'épices caractéristique de la cuisine algérienne : la *dersa*. Pour cela, piler au mortier ou à défaut dans un mixeur ail, sel, poivres rouges doux et piquant. Diluer la pâte obtenue avec un peu d'eau, verser sur les fèves, ajouter l'huile et la coriandre hachée. Faire revenir à tout petit feu un moment, mouiller et laisser cuire en ajoutant de l'eau si nécessaire. Quand les fèves sont cuites, laisser réduire la sauce et ajouter 1 ou 2 cuillerées de farine diluée dans du vinaigre. Servir parsemé de coriandre verte hachée.

• *Fèves et yaourt à l'arménienne*
Dans ce hors-d'œuvre à consommer froid, le yaourt et l'aneth apporteront sur votre table les saveurs du Moyen-Orient.

1 kg de fèves fraîches à égrener ; huile d'olive ; 1 oignon ; sel ; poivre ; 1/2 cuillerée à soupe de sucre ; 1 yaourt nature goût bulgare ; 1 botte d'aneth.

Egrener les fèves que l'on choisit très tendres. Faire revenir à feu très doux l'oignon haché dans de l'huile d'olive, saler et poivrer et ajouter une demi-cuillerée à soupe de sucre. Laisser encore quelques instants sur le feu pour que le mélange caramélise, sans roussir l'oignon. Ajouter les fèves, mouiller d'un peu d'eau et laisser cuire à feu doux. Incorporer le yaourt dans le plat refroidi et servir parsemé d'aneth haché.

• *Fèves au lait d'amandes à la catalane :*
ffaves amb llet d'ametlles
La table catalane a compté parmi les plus raffinées du Moyen Age. On y pratiquait notamment le *perbullir*, une précuisson à gros bouillons dans du bouillon ou du lait d'amandes douces.

100 g d'amandes mondées ; 1,5 kilo de fèves tendres à égrener ; 3 échalotes ; quelques branches de persil plat ; quelques branches de basilic ; marjolaine ; 1 ou 2 tranches très minces de rhizome de gingembre frais ; huile d'olive ; vinaigre.

Préparer d'abord le lait d'amandes en pilant les amandes et en ajoutant progressivement de l'eau froide dans le mortier. Laisser reposer une demi-journée. Filtrer et utiliser le jour même. Préparer ensuite la base d'assaisonnement, le *sofregit*, dans une marmite de fonte où l'on fait fondre les échalotes hachées dans de l'huile d'olive avant de leur adjoindre persil, basilic et marjolaine ciselés, gingembre en très fines lamelles et un peu de vinaigre. Mêler les fèves égrenées au *sofregit*, les recouvrir de lait d'amandes, saler légèrement et cuire lentement à couvert. Lorsque les fèves sont bien cuites, servir saupoudré de persil, de marjolaine et de basilic frais, et de quelques fins bâtonnets de gingembre.

• *Ragoût médiéval : cretonnée de fèves nouvelles*
La fève primeur, considérée comme un légume raffiné, méritait de figurer sur les meilleures tables. La recette qui suit s'inspire de celle donnée de bien plus piquante façon par *Le Ménagier de Paris*, rédigé à la fin du XIVe siècle par un vieux bourgeois parisien à l'intention de sa jeune épouse.

2 kg de fèves tendres à égrener ; 1 verre de lait ; 1/2 verre de bouillon de viande ; 1 bol de mie de pain ; 1 pincée de safran ; 1 cuillerée à café de gingembre.

Cuire les fèves égrenées jusqu'à consistance d'une purée, puis les passer au moulin à légumes. Mettre de la mie de pain à tremper dans du lait et du bouillon de viande, pétrir le mélange et le passer à l'étamine pour obtenir un liant épais mais homogène. Dans très peu de lait chaud, diluer la poudre de gingembre et le safran. Mêler le liant aux fèves et remettre sur le feu. A consistance satisfaisante, ajouter le lait et les épices. Servir pour accompagner une volaille rôtie.

• *Fèves au poivre d'âne à la languedocienne*
Fèves de printemps à déguster au mazet, la maison de campagne en Languedoc. C'est un plat simple et vite prêt. La fève nouvelle s'y nappe dans le parfum de garrigue du brin de poivre d'âne cueilli derrière la maison.

1,5 kilo de fèves fraîches à égrener ; 1 oignon ; 1 gousse d'ail ; huile d'olive ; sarriette (poivre d'âne) ; 2 œufs.

Egrener les fèves. Mettre dans un poêlon de l'huile d'olive et un oignon haché et laisser suer un moment à feu doux. Ajouter les fèves, saler et poivrer. Remuer, ajouter un brin de sarriette fraîche et une gousse d'ail hachée. Laisser cuire une quinzaine de minutes. Au moment de servir, ajouter 2 jaunes d'œuf et 2 cuillerées d'eau froide.

• *Goûter berbère aux févettes :* zouada
C'est un goûter, un en-cas pour attendre le repas du soir, de la région montagneuse qui domine la côte rocheuse de l'Est algérien. Recette simple qui garde à la fève et au blé leur antique position de nourricières.

1 bol de févettes sèches ; 1 bol de blé ou de gros boulgour ; sel.

Faire tremper les févettes sèches. Tout de suite après le repas de midi, mettre à cuire févettes et blé dans une marmite d'eau. Quand le mélange est cuit, égoutter et saler. Les enfants en emportent une poignée tandis que les adultes le consomment dans un plat en utilisant une lamelle d'oignon en guise de cuillère comestible.

• *Gâteau des Rois du XVIe siècle : gorenflot*
Au XVIe siècle, le gâteau des Rois servi à la cour portait le nom de Gorenflot, un moine habile pâtissier. Le gorenflot, cuit dans un moule octogonal, était servi à sept convives pour qu'il reste la part de Dieu, celle du pauvre.

300 g de farine ; 3 cuillerées à soupe de sucre en poudre ; 10 g de levure de bière ; 1 pincée de sel ; 3 œufs ; 150 g de beurre ; 1/2 verre de lait ; 1 fève sèche.

Délayer la levure dans du lait tiède. Préparer le levain avec un peu de farine travaillée avec le mélange lait et levure, rouler en boule et laisser reposer, jusqu'à ce que la pâte ait doublé de volume. Dans un grand saladier, verser le reste de farine, le sucre, une pincée de sel, les œufs et le beurre en pommade. Pétrir longuement en ajoutant le levain assoupli avec un peu de lait tiède. Placer la pâte où l'on a glissé une fève sèche dans un moule beurré. Laisser lever trois heures, puis cuire à four modéré.

La fraise

Thierry Delahaye et Pascal Vin

INTRODUCTION

La fraise n'est pas un fruit

Que vient faire la fraise dans les "chroniques du potager", dédiées aux légumes et aux plantes condimentaires ? En fait, sauf au sens commun du mot, la fraise n'est pas un fruit : ni d'un point de vue botanique, ni d'un point de vue cultural.

Depuis sa lointaine acclimatation dans les jardins, à la fin du Moyen Age, et davantage encore depuis les variétés à gros fruits obtenues aux XVIIIe et XIXe siècles, le fraisier est cultivé comme un légume.

Cette plante herbacée vivace figure d'ailleurs parmi les plantes potagères dans les catalogues et les guides pratiques, comme elle y figurait déjà au début du siècle, dans l'ouvrage éponyme de Vilmorin-Andrieux – ainsi que dans la liste des légumes cultivés au potager de Versailles à la fin du XVIIe siècle. Fraises, framboises et groseilles y formaient à elles trois une catégorie particulière.

La France est le quatrième producteur européen de fraises, derrière l'Espagne, la Pologne et l'Italie, avec 80 000 tonnes par an. En planches ou en bordures, seuls ou complantés d'ail, d'épinards, de laitues d'hiver, mais toujours éloignés des choux, les fraisiers offrent le contrepoint sucré de bien des potagers. La fraise n'est pas pour autant un "légume-fruit", comme l'aubergine, la tomate, la citrouille, la courge ou encore le melon et la pastèque. Contrairement à ces derniers, également riches en arôme et en eau, la fraise n'est pas issue de l'ovaire de la plante : c'est un "fruit-fleur".

Les fruits du fraisier sont en réalité les petits grains durs (akènes) qui parsèment l'enveloppe charnue de ce faux fruit et véritable délice. Ce qui a fait dire à Picasso : "Le fond d'un fruit est dans son pépin et chez la fraise, les pépins sont à la surface ! Alors où est le fond, où est la forme ?" Quoi qu'il en soit, les six cents variétés de fraises fourniront les premiers fruits du printemps, les desserts de l'été et d'agréables surprises à l'automne.

Fraîche et parfumée, sûre de ses attraits, la fraise est, selon une ancienne devinette wallonne, "une petite dame rouge assise dans un fauteuil vert qui ne bouge pas quand le roi passe". C'est le roi qui se baisse pour la cueillir.

I. LES FRAISES DE M. FRÉZIER

Spontané en Europe, en Asie et en Amérique, le fraisier sauvage est l'une des plantes les plus répandues dans le monde grâce, écrit Alphonse de Candolle, "à la petitesse de ses graines que les oiseaux, attirés par le corps charnu sur lequel elles se trouvent, transportent à de grandes distances" (*Origine des plantes cultivées*, 1883).

Ni les Grecs ni les Romains ne cultivèrent le fraisier. On sait cependant que les Romains faisaient avec les fraises des bois des masques de beauté – et qu'ils ne dédaignaient pas d'en manger. Ovide cite la fraise quand il évoque l'âge d'or, et Virgile met en garde les enfants qui la cueillent contre les serpents cachés dans l'herbe.

Au Moyen Age, on commença à introduire des fraisiers dans les jardins, en repiquant des stolons prélevés sur des pieds sauvages. En 1368, douze mille pieds furent plantés dans les jardins du Louvre, à Paris. Au XVIe siècle, la culture du fraisier était encore récente dans le Nord de la France mais, d'après Candolle, "elle existait déjà dans le Midi et en Angleterre".

A la Renaissance, dit-on, les femmes appréciaient les fraises à la crème et les hommes les fraises au vin, distinguo qui perdurait sous le règne de Louis XIV. Un contemporain, Bruyerin-Champier, relate : "Les petites villageoises cueillent les fraises et les apportent dans les villes où elles font surtout les délices des femmes qui les mangent avec de la crème après les avoir saupoudrées de sucre."

A la table du Roi-Soleil

Le Roi-Soleil adorait les fraises (et aussi les figues, les melons et sans doute tous les fruits) que Jean-Baptiste de La Quintinie (1624-1688), "directeur de tous les jardins fruitiers et potagers du roi", faisait pousser dans le Potager de Versailles et servait à la table royale dès le mois de mars.

A l'époque, quatre variétés sont citées par Nicolas de Bonnefons : "rouge, blanche, jaune fraise des bois et capron" (*Le Jardinier françois*, 1651). Jean Merlet, dans son *Abrégé des bons fruits* (1667), précise : "La fraise blanche, qui est le mâle, vient plus grosse ordinairement que la rouge, mais n'a pas le goût si relevé [...]. Le fraisier nommé Capron ne donne pas de si excellents fruits que les autres, étant fade *(sic !)*, mais très gros et propre à orner un plat de fraises en en mettant quelques-uns autour."

Le *Plan général du jardin potager du roi à Versailles* dressé par La Quintinie montre les quatre "jardins destinez pour les Fraises" sans en nommer les variétés. Situés juste à droite de la "grande entrée du Roy qui est bordée de poiriers de Rousselet et de Robine à haute tige", ces carrés étaient entourés d'espaliers : abricots, cerises précoces et "avant pesches" (pêches hâtives).

Selon Maguelonne Toussaint-Samat, Fagon, médecin de Louis XIV, "interdit en 1709 la consommation de fraises à son royal patient [...]. Le souverain, incapable de se modérer lorsqu'il aimait quelque chose, s'offrait de sérieuses indigestions" (*Histoire naturelle et morale de la nourriture*).

Fragaria vesca

A l'inverse, on dit que le botaniste Linné guérit de sa goutte après une cure de fraises, et que Fontenelle les tenait pour responsables de sa longévité (il vécut cent ans…).

Sans rancune, le Roi-Soleil lança auprès de ses courtisans un concours de poésie sur le thème de la fraise. Furent récompensés ces quelques vers : "Quand de juin, s'éveille le mois / Allez voir les fraises des bois / Qui rougissent dans la verdure, / Plus rouges que le vif corail / Balançant comme un éventail / Leurs feuilles à triple découpure."

Un nouveau venu : le fraisier de Virginie

Dès le XVIe siècle, des fraisiers canadiens arrivèrent en France sur les bateaux de Jacques Cartier. A partir de 1629, le fraisier de Virginie fut rapporté du Nouveau Monde et introduit dans les jardins anglais. La Quintinie, qui séjourna à deux reprises en Angleterre, l'y vit peut-être. Mais c'est par la Provence que le fraisier nord-américain entra plus massivement en France.

Le savant provençal Clos de Fabri de Pereisc (1550-1636) en reçut des plants du Canada. En trouvant les fraises "plus aromatiques que les communes, voire quasi musquées", il conseilla l'espèce au directeur du jardin royal d'Hyères.

Joseph Pitton de Tournefort (1656-1708), natif d'Aix-en-Provence, botaniste et auteur d'une classification des plantes (*Eléments de botanique*, 1694) qui en fait un précurseur de Linné, répandit la culture de ce fraisier de Virginie, d'abord au Jardin des plantes de Paris, puis plus largement dans les potagers du pays où il prit le nom de fraisier écarlate.

Certains historiens affirment que Tournefort rapporta lui-même le fraisier de Virginie. Or, s'il voyagea en Europe et en Asie Mineure, décrivant au passage la flore des Cyclades (où il ne pousse pas de fraises), on ne connaît de lui que cette *Relation d'un voyage au Levant* et aucun écrit relatif au Nouveau Monde.

> ### BAIES DE PAILLE
>
> Les Anglais domestiquèrent la fraise des bois dès avant 1600, acclimatèrent ensuite les fraises de Virginie, améliorèrent la fraise des Alpes dont sont issus les actuels fraisiers des quatre saisons et innovèrent, pour réaliser tout cela, par la systématisation de deux techniques : le fumage et le paillage. La fraise se nomme d'ailleurs en anglais *strawberry*, littéralement "baie de paille". Mais, contrairement aux apparences, "le mot existait bien avant que l'on paille les fraisiers et, sous la forme *straberry*, se réfère à la capacité du fraisier à «disperser» ses rejetons par ses stolons" (Michel Chauvet).
>
> Les Hollandais, sous un climat guère plus clément, perfectionnèrent à la fois les méthodes et les variétés sélectionnées par les Anglais, forçant la culture des fraises sous châssis. A Versailles, La Quintinie utilisait également le fumier chaud, les cloches de verre et les châssis vitrés pour obtenir hors saison fraises, asperges, melons, concombres, petits pois… Sous Louis XV, ses successeurs cultivaient sous serres chauffées des fraises toute l'année.
>
>

Fragaria virginiana

Du Chili à Plougastel

François-Amédée Frézier, ingénieur ordinaire du roi et capitaine du génie, se fait d'abord connaître par ses travaux sur la construction des forts et des tranchées. En janvier 1712, il embarque à Saint-Malo sur un navire de commerce, avec une mission secrète : étudier les moyens de défense des colonies espagnoles alors implantées au Chili et au Pérou.

A Concepción, au Chili, Frézier découvre des plants de… fraisier, domestiqués par les Araucans puis cultivés par les Espagnols à partir du XVIe siècle, et donnant des fruits "gros comme des noix, quelquefois comme des œufs de poule, rouge pâle, avec une chair ferme à l'arôme délicat". Frézier prélève des fraisiers et, après un voyage de retour long de six mois, aborde à Marseille en 1714.

Cinq pieds seulement ont tenu bon, arrosés d'eau douce pendant la traversée. Frézier en offre deux aux armateurs du bateau, un à Antoine de Jussieu, intendant du Jardin du roi, un quatrième au ministre des Fortifications à Brest, n'en conservant qu'un pour lui. Ces plants de *Fragaria chiloensis*, "dont les grandes fleurs étaient très prometteuses, se refusèrent le plus souvent à donner des fruits […]. Par malchance, Frézier avait rapporté du Chili des plantes sans étamines, incapables de fructifier seules, alors que dans les fraiseraies indigènes chiliennes coexistaient sans doute des formes avec et sans étamines" (Georgette Risser).

Candolle assure cependant que "cultivée au Muséum d'histoire naturelle de Paris, l'espèce s'est répandue bientôt en Angleterre et ailleurs. Grâce à ses fruits énormes, d'une saveur excellente, on a obtenu par divers croisements, surtout avec le *F. virginiana*, les fraises *Ananas, Victoria, Troloppe, Rubis*, etc., si recherchées à notre époque" (1883).

Que l'on puisse ou non l'attribuer à Frézier, le fraisier du Chili est cultivé dès 1750 en mélange avec des espèces pollinisatrices dans la région de Plougastel, en Bretagne, dont le climat océanique lui est favorable. Des hybridations fortuites avec le fraisier de Virginie donnent notamment naissance au fraisier ananas *(Fragaria ananassa)*, nommé ainsi par Duchesne en raison du parfum de ses fruits, et dont la culture est attestée depuis 1762.

De ce *Fragaria ananassa*, appelé également fraise bretonne en souvenir de son origine, découlent, par sélections successives, les variétés à gros fruits cultivées dans les jardins d'Europe. Les amateurs de fraises doivent donc beaucoup au capitaine Frézier – et les amateurs de légumes aussi.

En effet, dans sa *Relation de voyage de la mer du Sud aux côtes de Chili et de Pérou* (1716), Frézier désigna sous le nom de "pomme de terre" la patate sud-américaine introduite en France dès 1588 par Charles de l'Ecluse. Ce vocable fut vite adopté, et si Frézier passa à la postérité, ce n'est donc pas en laissant son nom aux fraises mais en définissant celui des patates !

L'*Histoire naturelle* de Duchesne

Antoine Nicolas Duchesne, collectionneur de fraisiers à Versailles, composa à dix-neuf ans en 1766 les textes et les dessins d'une *Histoire naturelle des fraisiers* basée sur l'observation, organisant les connaissances de l'époque sur les origines de la plante et classant les espèces. Ce travail fut repris peu de temps après par Duhamel du Monceau, dans son *Traité des arbres fruitiers* (1768).

Outre le fraisier des bois *(Fragaria vesca)* décrit par Linné, et les fraisiers "américains", les écrits de la fin du

Fragaria chiloensis

XVIIIe siècle (sous des noms botaniques parfois obsolètes et par une classification aujourd'hui modifiée) mentionnent la culture :

– du fraisier des quatre saisons *(F. semperflorens)*, ou fraisier des Alpes, fraisier de tous les mois, fraisier d'Ecosse ;
– du fraisier capron *(F. moschata)*, ou caperonnier, fraise-framboise, fraise-abricot, hautbois ;
– de la breslingue *(F. collina)* ou breslinge, fraisier vert, fraisier-pilon, fraise-marteau ;
– de la fraise vineuse *(F. minor)*, également cultivée sous les noms de fraisier étoilé, craquelin, majaufe de Bargemont (Provence), majaufe de Champagne, vineuse de Châlons ;
– du fraisier de Versailles *(F. monophylla)*, à feuilles simples, obtenu par Duchesne à partir d'un semis de *F. vesca* ;
– du fraisier-buisson *(F. efflagellis)*, ou fraisier sans coulants, fraisier beau soleil, fraisier de l'Amuy "trouvé dans un bois près de Laval, en 1748, par un sieur de Lamuy" selon Le Grand d'Aussy *(Vie privée des Français*, 1815) ;
– d'une variété de *F. efflagellis*, le fraisier fressant, portant le nom "d'un cultivateur, Pierre Fressant, qui l'a fait connaître vers le commencement du XVIIIe siècle." (Eugène Rolland, *Flore populaire)*, également répandue sous les noms de fraisier de Ville du Bois, son lieu d'obtention, fraisier de Villebousin et fraise de Montreuil, son lieu de culture. Le fruit en était surnommé "grosse noire", selon Duhamel, ou "dent de cheval", d'après d'Orbigny.

Fragaria moschata

> ## CHAMPS DE FRAISES
>
> "Transporté dans les jardins des colonies, le fraisier s'est naturalisé dans quelques localités fraîches, loin des habitations. C'est arrivé à la Jamaïque, dans l'île Maurice, et plus encore dans l'île de Bourbon (la Réunion), où des pieds avaient été mis par Commerson dans la plaine élevée dite des Cafres. Bory-Saint-Vincent raconte qu'en 1801 il y avait trouvé des espaces tout rouges de fraises et qu'on ne pouvait les traverser sans se teindre les pieds d'une véritable marmelade, mêlée de fange volcanique."
>
> A. de Candolle, *Origine des plantes cultivées*, 1883.
>
>

Duhamel du Monceau ajoute à cette liste le fraisier de Caroline, l'écarlate de Bath et une espèce singulière, par lui seul décrite : "Lorsqu'on arrache du plant de fraisier dans les bois, on est souvent séduit par la vigueur de certains pieds, qui semblent promettre des fruits beaux et abondants ; on les cultive avec soin, et on n'en recueille rien. C'est un fraisier stérile connu sous le nom de *fraisier coucou*."

De Montreuil à Carpentras

En collaboration avec Elisa de Vilmorin, J. Decaisne publia en 1875 une compilation des travaux antérieurs, "avec d'excellentes planches coloriées" : le *Jardin fruitier du Muséum*, sous-titré *Iconographie des espèces et variétés d'arbres fruitiers avec leur description, histoire et synonymie*, fixe le savoir botanique de l'époque en matière de fraises.

Dans cette seconde moitié du XIXe siècle, de nouvelles variétés sont créées : la 'Marmotte', obtenue en 1860 par semis d'akènes à Saint-Geniez-d'Olt, en Aveyron (baptisée ainsi en l'honneur des habitants de la ville, surnommés les "marmots") ; la 'France', obtenue en 1885 par Lapierre ; la 'Saint-Joseph', fraisier remontant à gros fruits obtenu en 1883 par l'abbé Thivollet…

La 'Saint-Joseph' est la première variété à gros fruits remontante cultivée. Duchesne rapporte que des graines de fraisiers remontants provenant de Turin furent offertes en 1760 au roi d'Angleterre. Ces fraisiers gagnèrent rapidement la Hollande puis la France où ils furent cultivés à partir de 1764 par le jardinier en chef du Trianon.

Plus tard, en 1811, M. Labaude découvrit à Gaillon (Eure) un fraisier des Alpes remontant sans stolons et, vers 1818, M. Morel de Vindé trouva le 'Gaillon à fruits blancs', deux variétés de *Fragaria vesca* cultivées depuis.

A cette époque, il fallait "nourrir la ville". D'abord exploitées aux alentours de Paris, à Montreuil, Rosny-sous-Bois, Fontenay-sous-Bois, Bièvres, Orsay, Marcoussis…, les cultures de fraises s'éloignèrent de la capitale pour s'installer dans l'Orléanais, le Périgord, le Vaucluse… La Bretagne était une région fraisière depuis le siècle précédent, le Lot-et-Garonne le devint au début du suivant.

Les fraises arrivaient à Paris chaque jour en saison grâce au chemin de fer. Parmi elles, celles de Provence : "Avant 1914, six à huit wagons de fraises quittaient la gare d'Hyères journalièrement, au plus fort de la récolte, soit 12 000 à 16 000 corbeilles de 1 kilo" (Louis Monguilan).

Les fraises hyéroises et celles dites de Beaudinard (localité proche d'Aubagne) furent concurrencées à partir de 1883 par celles de Carpentras, "où les terres ferrugineuses conviennent particulièrement bien au fraisier".

Lutter contre l'exode rural

Jusqu'en 1950, la fraisiculture reste limitée en Périgord. Cependant, les fraises produites sur les coteaux y sont de grande qualité grâce aux sols acides et humifères, "ameublis par l'humeur des bois de châtaigniers", notamment dans le canton de Vergt.

Dans cette période d'après-guerre, l'exode rural vide, là comme ailleurs, les campagnes. "La polyculture et l'auto-subsistance conduisent à une grande pauvreté qui chasse les jeunes vers la ville. Les écoles ferment dans les villages. A partir de 1950-1952, la fraise sort des jardins et commence à devenir une grande culture. Elle fait rentrer de l'argent dans ces petites exploitations agricoles et change progressivement les données économiques. Avec 10 hectares en polyculture, on ne peut vivre en suivant le progrès.

Avec 2 hectares de fraisiers, la famille peut vivre et se moderniser" (lettre de M. Robert Delayre, maire de Saint-Amand-de-Vergt, aux auteurs).

Afin de donner aux producteurs un plus grand poids dans leurs relations avec les négociants-expéditeurs, et contre l'avis des organismes agricoles officiels, la municipalité de Vergt crée en 1969 un marché, qui devient marché au cadran (régi par le système d'enchères dégressives) de 1979 à 1998. En 1973, c'est plus du tiers de la production départementale (soit 5 300 tonnes de fraises) qui s'échange sur le marché de Vergt, fréquenté par 250 producteurs.

"A 12 h 45, un coup de sirène annonce l'ouverture : les transactions commencent selon la loi naturelle de l'offre et de la demande. A 13 h 15, nouveau coup de sirène : le marché est terminé, les transactions sont interdites. Au marché du soir, à 20 heures, mêmes règles."

Un concours-exposition de la Fraise de Vergt est créé au printemps 1975, puis une confrérie de la Fraise du Périgord ("Fraise je suis, du Périgord je m'honore"). Cette confrérie organise un jumelage avec la paroisse Saint-Jacques au Québec, "mariage de la fraise de Vergt et du sirop d'érable" (la fraise est décidément une plante polygame, puisque "le vin de Fronsac est l'époux de la fraise de Vergt").

Les Québécois produisent aussi des fraises et connaissent même, en juillet, des récoltes pléthoriques. M. Toussaint-Samat évoque "les vieilles demoiselles ou les petites filles en costume d'autrefois, coiffées de la quichenotte berrichonne, qui proposent à bas prix de pleins paniers de fruits énormes et parfumés, sur le bord de la route circulaire de l'île d'Orléans, au milieu du Saint-Laurent".

A Vergt, on ne connaît pas les bas prix car, comme le disait avec force le maire, M. Moulinier, en 1969, "la ville s'est attachée à créer un instrument (le marché) qui permettra aux cultivateurs de notre région non seulement de bien produire, non seulement de produire bon et beau, mais de bien vendre" (*Périgord actualités*, mai 1971).

'Madame Moutot'

II. *FRAGARIA* : BAIES SAUVAGES, DES MARCHÉS ET DES POTAGERS

Petit portrait botanique

Ordre des Rosales, famille des Rosacées, tribu des Potentillées, genre *Fragaria* : au milieu de cette organisation scientifique, le fraisier affiche quelques curiosités.

A côté des arbrisseaux et arbustes que sont nombre de Rosacées, le fraisier est une herbe en touffe naine. Sa tige vivace tend à lignifier et hésite entre ciel et terre. Elle porte des feuilles trifoliées, de forme arrondie, glabres ou velues, plus ou moins dentées et disposées en rosette (en cercle). A l'aisselle des feuilles peuvent s'allonger des stolons : sur ces rameaux souples et rampants, verts ou rosés, naissent de trois à cinq nœuds qui émettent des radicelles et des rosettes.

Assemblées en hampes simples ou ramifiées, les fleurs présentent une corolle à cinq pétales blancs ou rosés et un calice à cinq sépales verts, lequel est accompagné d'un calicule à cinq ou dix bractéoles vertes.

Les étamines (organes mâles) sont généralement au nombre de vingt par fleur. Les pistils (organes femelles) et leurs carpelles, en nombre indéfini, sont disposés en spirale sur le réceptacle floral, bombé comme un mamelon.

Après la fécondation, pétales et étamines tombent et, au centre du réceptacle, le gynophore gonfle. Il devient charnu, sapide, succulent, sucré, rosé ou rouge : c'est la fraise, mais pas le fruit. Sur le gynophore, les carpelles se transforment en akènes : ce sont les fruits.

Voilà donc de nombreux fruits, minuscules, enchâssés dans de petits alvéoles, et dont l'enveloppe va durcir. Ainsi, en dégustant une fraise, on consomme aussi des fruits secs.

Les *Fragaria* forment une série polyploïde, avec des espèces diploïdes à octoploïdes : c'est-à-dire des organismes qui possèdent de deux à huit lots de chromosomes.

Les diverses espèces de *Fragaria* sont polygames : les fleurs sont soit hermaphrodites, soit mâles ou femelles (exception, *Fragaria vesca* est toujours hermaphrodite). Mais l'un des deux sexes peut être absent sur un pied de fraisier : c'est donc une plante parfois dioïque (comme les *Fragaria chiloensis* introduits en Europe par Frézier).

Espèces européennes

Les trois espèces sauvages de l'aire européenne ont chacune intéressé (et intéressent toujours) la recherche agronomique : *Fragaria vesca* pour des caractères de parfum, d'équeutage et d'adaptation climatique ; *Fragaria viridis* pour l'adaptation à des sols au pH élevé et la résistance à des maladies du feuillage ; *Fragaria moschata* pour l'acceptation d'une faible luminosité. Mais ces trois espèces produisent des petits fruits.

• Fragaria vesca *Linné*
C'est le fraisier des bois classique, toujours très répandu à l'état sauvage en Europe, en Amérique du Nord et en Asie. Cette plante aux folioles toutes sessiles, aux pédicelles à poils appliqués et aux fruits petits, rouges et délicieux, pousse essentiellement dans les bois et au pied des haies. C'est une espèce diploïde.

Première espèce à être cultivée en France, elle a fait d'abord l'objet d'un usage médicinal. La première information sur la consommation du fruit comme aliment date du XIVe siècle.

Fragaria semperflorens Duchesne (ou fraisier des Alpes ou fraisier des quatre saisons), *Fragaria efflagellis* (fraisier-buisson sans stolons), le fraisier fressant et *Fragaria alpina* Steudel se rattachent à *Fragaria vesca* Linné.

• Fragaria viridis *Duchesne*
Espèce sauvage en Europe jusqu'au Caucase et en Sibérie, elle présente une particularité importante : le calice, appliqué sur le fruit, en empêche la coloration et laisse une marque blanche en forme d'étoile, d'où le nom de fraisier étoilé. Elle produit aussi des petits fruits rouges mais ovoïdes-arrondis. C'est une espèce diploïde.

Peu cultivée, elle est décrite pour la première fois en 1588 par Jean Thale qui l'observe en Forêt-Noire. On l'appelle aussi fraisier vert ou craquelin. *Fragaria collina* Ehrhart s'y rattache.

Fragaria viridis

• Fragaria moschata *Duchesne*
C'est le capron, observé jusqu'en Europe centrale et orientale. Sa floraison est érigée au-dessus des feuilles et les poils de ses pédicelles sont étalés. Le fruit est rond à ovoïde, un peu rétréci à la base, rouge pourpre, moyen, à chair ferme et musquée, d'où la dénomination de *moschata*.

Cultivé au moins depuis le XVIe siècle en Allemagne et en Belgique, et en France (près de Bordeaux) à partir du XVIIIe siècle, il est aussi appelé capiton ou hautbois (du fait de ses fleurs érigées). Georgette Risser, ancienne "amélioratrice" des fraisiers à l'INRA, précise l'existence de premières souches à l'origine inconnue moins colorées que *Fragaria vesca*, qui seront ensuite supplantées par des souches mieux colorées, en provenance de Bohême. C'est une espèce hexaploïde.

Fragaria elatior Ehrhart s'y rattache ; Decaisne estime les deux noms synonymes et tranche en écrivant que

F. moschata Duchesne (1766) doit prévaloir sur *F. elatior* Ehrhart (1792) "suivant les lois de l'antériorité".

Nombre de variétés de cette espèce sont en voie de disparition, après avoir connu une grande notoriété au XIXe siècle, comme par exemple 'Belle de Bordeaux' (dénommée aussi 'Belle Bordelaise' ou 'Belle de Pessac').

Deux précieuses espèces américaines

Généticiens et agronomes ont trouvé chez *Fragaria virginiana* des caractères de résistance à la chaleur et à la sécheresse, et chez *Fragaria chiloensis* la résistance à plusieurs maladies et la fermeté du fruit.

• Fragaria virginiana *Duchesne*
C'est le fraisier écarlate ou fraisier de Virginie, présent en Amérique septentrionale. Il est plus vigoureux et plus rustique que les espèces européennes. Ses feuilles sont lisses alors que celles des européennes sont plissées. Le fruit est arrondi, en forme d'"œuf tronqué" selon Duhamel du Monceau, et de grosseur moyenne. Sa chair est légère, fondante et juteuse. C'est une espèce octoploïde.

Dans son *Histoire naturelle des fraisiers*, Antoine Nicolas Duchesne assure que cette espèce est présente à Paris dès le début du XVIIe siècle. Il ajoute qu'elle est très estimée en Angleterre et en Hollande. Les Anglais la cultiveront à grande échelle dès la moitié du XVIIIe siècle et disposeront de vingt-six variétés en 1824.

• Fragaria chiloensis *Duchesne*
Le fraisier dit du Chili est indigène le long de la côte du Pacifique, de l'Alaska au Chili méridional. Il y pousse exposé aux intempéries de l'océan. Ses feuilles sont épaisses et grandes, et plus arrondies, plus charnues et plus velues que celles des espèces européennes, selon les récits de Frézier. Le fruit est moyen, voire gros, et rosé à blanc. C'est une espèce octoploïde.

Les Araucans l'ont les premiers consommée fraîche, mais aussi séchée ou transformée en vin. Ils l'appelaient *quelghen*. Très cultivé au Chili et au Pérou au XVIIIe siècle, ce fraisier ne semblait pas l'être alors en Amérique du Nord, d'après Frézier et Désiré Bois. Il le sera en Bretagne et en Normandie. On peut prétendre que c'est le fraisier à gros fruits le plus anciennement cultivé au monde.

Le fraisier à gros fruits du jardin

Fragaria ananassa Duchesne est un hybride, né de la coexistence en Europe des deux espèces américaines. Il apparaît en 1750, principalement à Amsterdam. En fait, plusieurs hybrides naîtront, en Angleterre et en Hollande, sous les noms de fraisier Ananas, de Bath, de Caroline…

Le célèbre Duchesne, qui a su distinguer les principales espèces avant la découverte des chromosomes, donne à ces premiers hybrides le nom générique de *Quiomio*. De là,

---

LE CONSERVATOIRE DES FRAISIERS

Recherches génétiques, expérimentations agronomiques, information et documentation… sont les services rendus à la fraise et aux fraisiculteurs par le Centre interrégional de recherche et d'expérimentation de la fraise (CIREF), depuis 1978.

Sur les bords de la Dordogne, près de Bergerac, le CIREF crée de nouvelles variétés mais assure aussi la conservation, l'observation, la réintroduction et la valorisation des principales espèces sauvages et d'une cinquantaine de variétés d'intérêt historique ou génétique. Il est labellisé "Conservatoire national spécialisé" et s'intègre dans un conservatoire variétal européen. Gardien du trésor, le CIREF diffuse la liste des variétés conservées aux botanistes et collectionneurs, membres d'une association ou société botanique (CIREF, Lanxade 24130 Prigonrieux).

La conservation de la diversité, organisée en France autour du Bureau des ressources génétiques (BRG), qui a défini des chartes nationales de conservation par espèce, est une mission d'intérêt public à laquelle concourent aussi des particuliers, des entreprises, des associations de sauvegarde…

une succession de variations et d'hybridations va fournir aux fraisiculteurs et aux jardiniers de nombreuses variétés à gros fruits, remontantes ou non. Les fraisiers de votre jardin ont cette ascendance.

Mais l'histoire des espèces ne s'arrête pas là. En effet, une nouvelle espèce vient d'être créée : *Fragaria vescana*, dans le cadre d'une recherche menée en Suède sous la direction de M. Bauer dans les années quatre-vingt et quatre-vingt-dix, et encore en cours. Cette espèce décaploïde allie des caractères de *F. vesca* et de *F. ananassa*. Le fraisier du XXIe siècle... ?

Parmi les stars du marché

A travers l'Europe et l'Amérique, au sein d'instituts publics ou d'entreprises privées, des hommes observent régulièrement des milliers de plants et notent pendant plusieurs années les résultats de nouveaux croisements.

A la recherche d'une meilleure résistance aux maladies, d'une meilleure aptitude au transport... et, depuis quelques années, de saveurs "perdues", ils inventent des variétés dont les noms évoquent des qualités (ou des prétentions), des terroirs, des goûts.

• *Variétés à gros fruits non remontantes*
'Gariguette' : obtention de Georgette Risser de l'Institut national de la recherche agronomique (INRA) à Montfavet (Vaucluse), c'est la plus connue des variétés récentes. Elle a été proposée aux fraisiculteurs en 1977 (l'INRA a aussi obtenu 'Belrubi' – nommée sans doute en écho à 'Rubis' du XIXe siècle – et 'Favette'). Plante dressée, à feuilles claires et à pétioles longs. Fruit biconique, allongé, moyen, rouge orangé à rouge groseille, brillant. Chair juteuse et sucrée, parfois trop acide. Production précoce, culture à réserver aux régions à climat doux.

'Pajaro' : obtenue en Californie (Etats-Unis), elle est inscrite au catalogue français en 1984. De même origine, 'Chandler' le sera en 1987. Plante touffue, à feuilles vert sombre et très crénelées. Fruit conique, assez gros, rouge sang homogène. Chair rouge moyen, faiblement acide.

Calice appliqué *Calice réfléchi*

Akènes saillants *Akènes enchâssés*

Base rétrécie *Base large*

Fruit rond *Fruit tronconique*

Fruit oblong *Fruit régulier*

Fruit côtelé

Production semi-précoce, équeutage difficile, à réserver pour le Midi de la France.

'Darselect' : c'est l'une des récentes obtentions des pépinières Darbonne, à Milly-la-Forêt (Essonne), avec 'Darsival', 'Darsidor', 'Darline', etc. Plante dressée et aérée. Fruit conique, gros, rouge régulier, peu brillant mais pileux. Chair sucrée et aromatique. Production en milieu de saison, bien adaptée au Sud-Ouest de la France.

'Elsanta' : elle figure au catalogue français en 1984, en provenance des Pays-Bas où l'on obtiendra aussi la variété 'Gorella'. Plante à feuilles épaisses, souvent à plus de trois folioles. Fruit conique, volumineux, rouge orangé à rouge brique. Chair rouge clair à rouge moyen, juteuse et moyennement parfumée. Production en pleine saison, à déconseiller en région sèche et chaude.

Parmi les obtentions importantes, 'Cambridge favourite' et 'Redgauntlet', de mi-saison, sont les résultats de recherches anglaises des années soixante et soixante-dix. 'Addie', variété précoce, et 'Cesena', de mi-saison, sont des productions italiennes plus récentes. En France, Delbard a créé pour l'amateur 'Fantastica' et 'Delecta' ; le CIREF a "décliné" pour les fraisiculteurs des variétés rustiques et goûteuses comme 'Ciflorette', 'Cigaline', 'Ciloé', 'Cigoulette' et 'Cireine' ; quant aux pépinières Marionnet, elles ont obtenu 'Marquise' et 'Maraline'… parmi bien d'autres variétés du XXe siècle.

• *Variétés à gros fruits remontantes*
'Mara des bois' : résultat d'une quinzaine d'années de recherche, de 1980 à 1995, cette obtention de la famille Marionnet à Soings-en-Sologne (Loir-et-Cher) fait l'unanimité. Plante dressée, à végétation moyenne. Fruit moyen (ni grosse fraise ni fraise des bois), rouge pourpre. Chair un peu plus claire, acidulée, fondante, à l'arôme légèrement musqué très proche de la fraise des bois. Production importante, à consommer dans les vingt-quatre heures.

'Gento' : d'obtention allemande, c'est une grande classique des jardins depuis près de vingt ans. Elle cherche aussi à se rapprocher du goût "fraise des bois". Fruit conique, allongé, gros voire très gros, rouge vermillon. Chair juteuse, sucrée et musquée. Forte production : près d'un kilogramme par pied.

'Cirano' : obtention du Centre interrégional de recherche et d'expérimentation de la fraise (CIREF) à Lanxade (Dordogne), en 1992, elle est en parenté avec 'Mara des bois' que l'on a croisée avec 'Muir'. Plante au port demi-étalé, à petites feuilles vert foncé. Fruit conique, légèrement allongé, rouge brique à rouge vif, brillant. Chair assez fine, moyennement juteuse, fruitée et légèrement musquée à pleine maturité.

Belles et surprises au potager

Moins présentes aux expositions de plantes traditionnelles et régionales que les fruits à pépins, à noyaux et secs, car difficiles à conserver et à présenter fraîches, des variétés anciennes de fraises sont pourtant disponibles auprès d'associations et de pépiniéristes spécialisés. Voici une sélection de fraisiers qui méritent de (re)prendre place dans le potager d'un curieux.

• *Variétés à gros fruits non remontantes*
'Surprise des Halles' : obtenue en 1929 par M. Guyot, elle a la bonne réputation d'être la première fraise de l'année, de surprendre le consommateur en mal de fruit tendre dès les premiers jours de mai. Végétation moyenne, à hampes florales et stolons abondants. Fruit conique ou tronconique, aplati au sommet et légèrement bosselé au pourtour, assez gros, rouge brillant. Chair saumonée, avec une zone intermédiaire blanche, peu sucrée et acidulée, excellente. Production très précoce, possible en culture hâtée.

'Vicomtesse Héricart de Thury' : variété obtenue par M. Graindorge en 1845 à Bagnolet, elle rend hommage à M. Héricart, premier président de la Société nationale d'horticulture de France (SNHF) en 1827. Commercialisée à partir de 1849, son rendement insuffisant pour les professionnels mène à son abandon, au milieu du XXe siècle, au profit de 'Reine des précoces'. Elle laisse le souvenir de grandes cultures dans le Midi et le Bordelais, en Bretagne (pour le commerce avec l'Angleterre) et en région parisienne jusque

'Vicomtesse Héricart de Thury'

'Belle de Meaux'

dans les années trente. Plante vigoureuse et feuillue, mais basse, à pédoncules très ramifiés. Fruit moyen à gros, légèrement aplati et asymétrique, rouge vif parfois cuivré. Chair rouge cuivré, rosée au centre, fine et juteuse, sucrée et bien parfumée. Production précoce, adaptée au transport, tendance à dégénérer.

'Ville de Paris' : résultat d'un croisement capron x 'Princesse Dagmar' à l'initiative de R. Chapron en 1929, elle est bien connue des collectionneurs et a été récemment réintroduite de Roumanie en France. Plante vigoureuse et rustique. Fruit allongé, assez gros, rouge sombre. Chair très colorée, plutôt ferme, sucrée et acidulée, au goût particulier. Production précoce.

'Royal Sovereign' : réputée en Angleterre où elle a été créée par M. Laxton à la fin du XIXe siècle, elle a parfois été nommée 'Souveraine' en France. Plante de vigueur moyenne, à feuilles petites et à stolons fins et nombreux. Fruit conique, rouge écarlate, gros, à akènes jaunes et saillants. Chair saumon au centre et rose à la périphérie, fondante et délicieuse. Production précoce et de moyenne saison, assez sensible aux maladies et aux virus.

'Madame Moutot' : Charles Moutot l'obtient en 1906 par un croisement 'Docteur Morère' x 'Royal Sovereign', deux variétés de la fin du XIXe siècle. On la nommera aussi 'Tomate' ou 'Chaperon rouge'. Dans les années cinquante, "la rencontre de 'Madame Moutot' avec les défriches de taillis de châtaigniers a été déterminante pour hisser la Dordogne au niveau de premier département producteur de fraises" (R. Delayre). Plante vigoureuse, à feuilles dressées et vert foncé, à hampes florales longues. Fruit marqué de côtes irrégulières, gros à très gros, rouge groseille tendant à foncer. Chair rosée ou saumonée, très juteuse, agréablement parfumée. Production de moyenne saison, épuise vite la terre.

• *Variétés à gros fruits remontantes*
'Talisman' : cette variété anglaise des années cinquante est en fait semi-remontante en septembre, après une première production tardive. Fruit conique et assez pointu, moyen, rouge vif et légèrement orangé par endroits. Chair juteuse et tendre, moyennement sucrée et acidulée, bien goûteuse.

'Sans Rivale' : après 'Ville de Paris' (1929) et 'Fertilité' (1930), R. Chapron l'obtient en 1937 par un croisement 'Général de Castelnau' x 'Madame Raymond Poincaré'. Fruit conique, moyen, rouge vif. Chair rosée, ferme, parfumée. Production importante, déconseillée en zone sèche.

'Saint-Fiacre' : développée par Vilmorin au début du XXe siècle, c'est bien sûr un hommage au patron des jardiniers. Plante de moyenne vigueur, basse, à hampes florales, pétioles et stolons velus. Fruit souvent aplati, assez gros, rouge vif, à petits akènes.

• *Variétés des quatre saisons (à petits fruits, remontantes)*
'Belle de Meaux' : fruit de forme plutôt ovoïde, de la taille d'une noisette. Nombreux stolons. Cette variété présente un type de coloration blanche et un autre rouge. La 'Belle de Meaux' rouge produit des tiges et des filets rouge-brun, des fleurs parfois teintées de rouge et des fruits très foncés, voire presque noirs à maturité.

'Gaillon' : plante vigoureuse, en touffe compacte, sans stolons. Fruit arrondi ou oblong, petit à moyen, au nombre de deux ou trois par hampe florale. Chair fine et fondante, bien parfumée. Présente aussi un type blanc et un autre rouge à chair saumonée.

'Gaillon'

'Gaillon amélioré'

'Gaillon amélioré' : fruit moyen à gros, oblong, notablement plus mince et plus allongé que le 'Gaillon'.

Ces trois variétés de fraisiers des quatre saisons ont en commun de produire régulièrement sur une période de six mois. Ils présentent des akènes plutôt gros et saillants. Ils se reproduisent par semis. D'autres références sont 'Monstrueuse caennaise' et 'Baron Solemacher'.

• *Caprons*

'Capron royal' : variété ancienne, il est réintroduit sur le marché des plantes depuis 1992. A fleurs hermaphrodites, il est très rustique. Comme tous les caprons, sa chair, "excellente selon moi" au dire du comte de Lambertye (*Le Fraisier*, 1864), a un goût très particulier : relevé et musqué. Production de moyenne saison.

Des fraisiers de "déco"

'Mount Everest', création des années soixante-dix, est largement proposée par les pépiniéristes spécialisés dans la vente par correspondance. Plante dite "grimpante" sur 1,50 mètre. Fruit rouge, irrégulièrement bosselé, de qualité très moyenne. Production remontante de juillet aux gelées. A cultiver en pot sur une terrasse ou en pleine terre, à tuteurer ou à palisser le long d'un mur, ou encore à laisser retomber.

Deux variétés font plus ou moins sensation par leur floraison rose :

– 'Pink Panda', résultat d'un croisement entre une fraise des bois et une potentille à fleurs rouges, opéré dans les années soixante en Angleterre. Plante très vigoureuse (à utiliser comme couvre-sol), à fleurs roses sur feuillage foncé. Fruit petit et rouge, de bonne qualité ;

– 'Marajox', obtenue récemment par les pépinières Marionnet et issue de 'Pink Panda', diffusée sous l'appellation complète et protégée de 'Vivarosa ® cov Marajox'. Plante à port retombant, à fleurs roses. Fruit rouge, de taille classique. Production remontante à partir de mai, adaptée pour la culture en pot ou en jardinière.

Sans être la variété exclusive des bordures, 'Bordurella' ne cache pas les intentions de son obtenteur. Plante à feuillage important, sans stolons. Fruit moyen, de forme arrondie, rouge clair. Chair ferme et assez parfumée. Production remontante et en quantité.

III. UNE FRAISERAIE DANS VOTRE POTAGER

Le fraisier s'accommode de la plupart des sols à condition qu'ils soient perméables. En effet, il ne supporte pas La stagnation de l'eau. La terre idéale est meuble, profonde et à tendance acide (pH autour de 6). Les terrains siliceux-argileux donnent de bons résultats. Avant d'installer une fraiseraie, il est préférable d'analyser le sol ou, au moins, de tenter quelques essais.

Une fumure organique de fond est incorporée avant la plantation : du fumier bien décomposé, du compost ou un amendement complet du commerce. Si le sol est trop humide, le fraisier peut être cultivé sur des billons (petits talus) de 6 à 8 centimètres de hauteur. S'il est lourd ou asphyxiant, on enfouit du sable grossier, des matières organiques comme des plantes de type "engrais vert". S'il est calcaire, l'apport de matières organiques nettement acides est conseillé. S'il est trop acide, la chaux est un bon remède.

Auparavant, la terre est minutieusement désherbée des plantes vivaces et très enracinées : à la main, avec un désherbeur thermique… mais en évitant de recourir à un produit chimique. Le sol, que la fraiseraie pénètre sur 15 à 20 centimètres, est ameubli : de préférence par labour un mois et demi avant la plantation, à la rigueur en aérant la terre sans la retourner juste avant de cultiver.

L'emplacement est réfléchi principalement en fonction des gelées. Les fleurs, tout du moins les premières, peuvent en être victimes. Le jardinier évite donc les terrains encaissés, de même que ceux situés au pied d'une haie ou d'un mur, qui retiennent les vents froids. Le fraisier supporte des températures très basses pendant le repos hivernal de sa végétation et peut être cultivé jusqu'à 1 000 mètres d'altitude. La fraiseraie est plantée au soleil.

Des choix à faire pour la plantation

La multiplication traditionnelle consiste à produire des plants issus de stolons (appelés aussi filets, coulants ou gourmands). En été, on sélectionne par pied mère trois ou quatre stolons que l'on limite à deux rosettes. Le jardinier

---

FRAISES DES BOIS

De nombreuses variétés de fraisiers des bois ont découlé de l'espèce *Fragaria vesca*. A la fin du XIXe siècle, J. Decaisne en répertorie une dizaine. Pour une récolte comparable au *Panier de fraises des bois*, huile sur toile peinte par Chardin en 1731, les fraisiers des bois sont plantés en sol bien drainé et légèrement humifère.

'Reine des vallées', la plus multipliée et commercialisée, est une plante sans stolons. Fruit allongé et pointu, petit (1 gramme), rouge vif. Chair blanche, fine et fondante, à l'arôme exceptionnel. Production abondante, de juin aux gelées.

'Blanche des bois' est une plante très proche de 'Reine des vallées'. Fruit allongé mais trapu, blanc et légèrement doré-ambré à maturité. Chair d'une saveur et d'une finesse rares.

'Déesse des vallées', issue d'un semis de 'Reine des vallées', est une récente création des pépinières Marionnet.

'Alpine Yellow' et 'Yellow Wonder' produisent de petits fruits, de couleur jaune d'or, en moins grande quantité que les variétés rouges.

Enfin, il existe des "faux fraisiers", en réalité des potentilles *(Fragaria indica, Potentilla fragariastrum…)*, qui produisent des baies bien rouges, brillantes et sans aucune saveur, et sont d'excellents couvre-sols.

pressé se contente de prélever les rosettes lorsqu'elles sont bien formées, pour les replanter aussitôt.

Une autre méthode garantit davantage la reprise : des pots remplis de terreau sont enterrés autour du pied mère, puis les stolons sont guidés vers eux pour que les rosettes s'y enracinent et, au bout d'un mois et demi, celles-ci sont sevrées du pied mère et dépotées pour être replantées définitivement.

Les variétés sans stolons peuvent être multipliées par division de pieds. Au début de l'automne, on déterre des pieds mères pour les fragmenter en quelques morceaux qui doivent présenter des racines bien développées pour pouvoir être repiqués.

Pour les variétés dites des quatre saisons, le semis est possible. En début d'automne ou en mars, les graines prélevées en août sont mises à germer sous abri. Lorsque les plantules ont deux feuilles, elles sont repiquées en pot. Dès que le gel n'est plus à craindre, les jeunes plants sont mis en terre.

Plus simple est l'utilisation de plants, à racines nues ou en godets, achetés auprès de pépiniéristes. Sensibles au dessèchement, ils sont replantés au plus vite. Deux types de plants sont commercialisés : le plant dit "nature", le plus courant, et le plant dit "frigo", conservé à – 1 °C et vendu gelé ou dégelé. Nombre de plants sont issus d'une micropropagation, c'est-à-dire d'une multiplication in vitro.

Les périodes de mars-avril, de juillet-août et d'octobre sont propices à la plantation des fraisiers remontants. Juillet et août sont les deux meilleurs mois pour planter les fraisiers non remontants.

Règle d'or de la plantation, le collet de la plante est installé juste au niveau du sol, car un enfouissement excessif fait pourrir les bourgeons et un enterrement superficiel provoque un déchaussement puis un dessèchement du fraisier. Le jardinier doit aussi s'assurer que les racines, préalablement raccourcies, sont logées convenablement dans le trou formé avec un plantoir : leur étalement naturel est respecté, elles ne sont pas coudées et ne remontent pas.

Le fraisier est couramment planté en lignes : un fraisier tous les 30 à 50 centimètres, avec 70 à 90 centimètres entre deux lignes. On le cultive aussi en carré (d'un mètre de côté) planté de trois voire quatre pieds.

Après la plantation, chaque fraisier est bien arrosé puis le sol est légèrement griffé. Dans les semaines suivantes, de nouveaux arrosages peuvent être bénéfiques, en évitant de mouiller les jeunes fraises.

Deux exigences : la rotation et le paillage

Même avec une bonne fumure de fond, le fraisier épuise rapidement la terre. Mais il faut quand même attendre le temps nécessaire à une bonne installation des plantes et à un rendement appréciable. Le jardinier cherche un équilibre entre ces deux contraintes, sachant qu'une fraiseraie produit bien durant deux ou quatre ans. Cependant, certains n'hésitent pas à la renouveler après la première production.

Une fraiseraie ne se succède pas à elle-même et ne peut être replantée en fraisiers que quatre ou cinq ans plus tard.

Le paillage est une vieille pratique horticole, fort justement remise au goût du jour. Il est tout bénéfice pour les cultures et pour le jardinier : il empêche la pousse des herbes concurrentes et envahissantes (donc, peu de désherbage), il limite l'évaporation de l'eau (donc, moins

d'arrosage), il évite le tassement du sol (donc, moins de binage) et il préserve les fraises des éclaboussures de terre.

Les matériaux les plus recommandables pour le fraisier sont la paille hachée d'orge (la plus molle) ou de blé et la paillette de lin ou de chanvre. Cette dernière offre un autre avantage : après la récolte des fraises, elle est enfouie et fournit ainsi de la matière organique.

D'autres végétaux conviennent aussi : des aiguilles de conifères, des écorces de pin finement concassées, des tontes de gazon bien aérées. Certes, d'efficaces films de plastique noir et perforé ont été inventés, mais, s'ils sont auto-dégradables, ils ne sont pas biodégradables. Au début du XXe siècle, on signale en plus l'utilisation de fumiers pailleux, de déchets de houblon, de tannées, de mousses sèches ou de fines planches de peuplier. Au plus tard lorsque la formation des fruits débute, le paillage (5 centimètres d'épaisseur au maximum) est étalé autour des pieds et entre les lignes de plantation (cela ne nuit pas au développement des stolons mais empêche l'enracinement des rosettes).

Quelques animaux et maladies à surveiller

Les visiteurs les plus faciles à repérer sont les oiseaux, tout particulièrement le merle noir (espèce protégée). Il est aisé de s'en défendre par un filet spécial, maintenu par des piquets ou un cadre en bois et tendu entre 50 centimètres de hauteur, pour ne pas gêner les fraisiers, et 1 mètre, pour pouvoir récolter sans l'ôter.

Les pucerons sont à craindre, tout comme les nématodes (organismes en forme de ver), pour les virus qu'ils transmettent et qui déclenchent diverses maladies : la mosaïque et la frisolée (décoloration du limbe des feuilles), le nanisme et l'enroulement.

D'autres insectes peuvent visiter la fraiseraie : les otiorrhynques, les tordeuses, les anthonomes... Des acariens peuvent sucer la sève des plantes et ainsi les affaiblir. Les insecticides doivent être utilisés avec grande prudence pour ne pas nuire à la faune associée, dont les abeilles.

En agriculture biologique, des préparations à base de pyrèthre, de roténone, de savon noir ou de purin de fougère détruisent les pucerons. L'introduction d'un auxiliaire biologique est judicieuse : par exemple, la coccinelle dont les larves consomment des pucerons.

La présence de limaces et d'escargots est à surveiller en période pluvieuse. Les granulés chimiques sont efficaces mais empoisonnent aussi les oiseaux. D'autres remèdes peuvent éviter ces dommages : de la cendre de bois déposée autour de la fraiseraie est infranchissable par les gastéropodes ; des tuiles à plat abritent ces visiteurs qu'il suffit de ramasser pour les détruire, les consommer ou les déposer ailleurs.

Humidité et chaleur favorisent le développement de champignons microscopiques. La pourriture grise *(Botrytis)* est la maladie cryptogamique la plus redoutée. L'oïdium *(Sphaeroteca)* ou "mal blanc", les taches pourpres *(Mycosphaerella)*, le pourrissement brun *(Phytophtora)* en sont d'autres que l'on peut traiter par des fongicides. En agriculture biologique, l'oïdium est neutralisé par des pulvérisations de soufre liquide. Un nouveau problème phytosanitaire est posé par l'anthracnose, qui se manifeste par des nécroses sur les différents organes du fraisier ; les responsables en sont des *Colletotrichum*.

Nourrir et entretenir la fraiseraie

Les principaux éléments nutritifs pour le fraisier et la fraise sont l'azote (sans excès pour ne pas privilégier les feuilles au détriment des fruits), le phosphore, le calcium et le potassium. C'est ce dernier que le fraisier assimile en plus grande quantité et qui assure un équilibre avec l'azote.

En complément de la fumure initiale, la fraiseraie (notamment au-delà de la deuxième année) est enrichie par une fumure d'entretien au printemps et/ou à l'automne. Elle peut être confectionnée avec du fumier ou du compost additionnés d'un peu de corne ou d'os broyés (azote et phosphate), de cendre de bois (potasse), de sang desséché (azote) et de magnésie. L'un des engrais biologiques spéciaux pour le fraisier, disponibles sur le marché, est composé d'extraits de vinasse de betterave (potasse), de guano marin (azote), d'arêtes et de plumes (phosphate).

A l'épandage, en période de croissance ou par temps sec, l'arrosage est préconisé. Pour ne pas favoriser la pourriture grise, les fraises en maturation ne sont jamais mouillées et l'arrosage est matinal afin que la végétation sèche avant la nuit.

Le sol est régulièrement nettoyé des autres consommateurs d'eau, d'air, de lumière et d'éléments nutritifs que sont les plantes "sauvages". Elles sont minutieusement arrachées et, s'il n'est pas paillé, le sol est griffé pour stopper leur germination mais aussi pour limiter l'évaporation, favoriser le développement de micro-organismes et faciliter la pénétration de l'eau.

La plante elle-même attend quelques soins. Si l'on ne souhaite pas en faire du plant, les stolons qui se nourrissent du pied mère sont supprimés. Ils sont coupés et non pas arrachés afin de ne pas abîmer ou déterrer le pied mère. Les touffes trop denses et les vieilles feuilles sont cisaillées à 10 centimètres environ du collet, après la dernière récolte. Les feuilles malades ou sèches sont aussi supprimées. En fin de saison, les débris végétaux – dont la paille – sont enlevés de la fraiseraie car ils peuvent alors être une source de maladies.

La protection des fraises contre les "souillures" de la terre est l'un des services rendus par le paillage. Dans les années vingt et trente, d'autres astuces étaient proposées. Ainsi, M. et J. Vercier, auteurs d'ouvrages de référence en arboriculture et en horticulture dont *Le Fraisier* (Hachette, 1933), rapportent l'utilisation de supports en fil de fer (un cercle maintenu par trois pieds fichés en terre) et de collerettes circulaires en métal ondulé. Les collerettes sont aujourd'hui fabriquées en carton fort ou en sciure de bois compressée. Des jardiniers bricoleurs installent quant à eux des petits paillassons ou des morceaux de toile de jute comme un collier autour de chaque pied.

Pour les amateurs de récoltes précoces

Très sensible à la lumière et à la température, le fraisier réagit favorablement à la culture sous abri. La période de repos végétatif, au cours de laquelle la plante satisfait son besoin en froid, est écourtée par le jardinier qui, avec du matériel et des techniques appropriés, provoque un réveil végétatif plus précoce.

La production hâtée, par l'amateur, offre une précocité de trois à quatre semaines grâce à une protection du fraisier de janvier à mi-mars. Les Anglais ont créé les "cloches continues" : deux plaques de verre (ou de plastique translucide) pour les côtés, deux autres facilement amovibles et articulées entre elles pour le couvercle. Placés bout à bout, ces châssis-cloches forment un petit tunnel sur le rang de plantation.

On peut aussi fabriquer facilement un châssis, coffre en planches de bois coiffé de vitres amovibles, qui est couvert la nuit avec des paillassons s'il gèle en période de floraison. Une serre froide permet la culture hâtée en pots : pour une récolte début mai, les plants y sont installés en janvier.

La production forcée au jardin, plus délicate à maîtriser, utilise aussi le châssis mais chauffé grâce à une épaisse couche de compost ou de fumier, voire artificiellement par une résistance électrique ou un circuit d'eau chaude. Les fraisiers y sont mis à l'abri à partir d'octobre et le forçage commence en décembre-janvier. Avec une serre chaude, des fraisiers rentrés en décembre produisent dès avril.

Qu'il s'agisse de cloches, de châssis ou de serres, le jardinier est très attentif à la ventilation des abris. Il veille

Cloche continue anglaise

ainsi à éviter la condensation et le pourrissement, à abaisser une température trop élevée et, en période de floraison, à permettre la circulation des insectes pollinisateurs. Un excès d'aération retarde la maturation des fraises. Chaque soir, les abris sont refermés. Faute de visite de pollinisateurs, le jardinier passe un petit pinceau à travers les fleurs, de cœur en cœur (la proximité de ruches est d'ailleurs recommandée pour obtenir une pollinisation satisfaisante). Sur le modèle des professionnels, le jardinier averti peut aussi cultiver la fraise sous un tunnel en polyéthylène transparent.

Pour l'agrément du jardin ou de la terrasse

Le fraisier sait satisfaire plus que notre palais. Ses fleurs, généralement blanches mais aussi roses pour quelques variétés, nous offrent une fine décoration.

Au jardin, allées, massifs, carrés de culture peuvent être soulignés par des bordures de fraisiers. Au fil des saisons, tons pastel des fleurs et taches vives des fruits se succèdent. A la croisée d'allées, les bordures des carrés du grand potager XVIIe du château de Saint-Jean-de-Beauregard (Essonne) sont ainsi plantées de fraisiers. Ils assurent une transition entre l'herbe rase et d'autres vivaces en massifs.

En mélange avec d'autres vivaces, le fraisier garnit une rocaille à condition de ménager entre les pierres des poches de terre conséquentes. La préférence est donnée aux fraisiers des quatre saisons et aux fraisiers remontants pour assurer une décoration de longue durée. Au verger, le fraisier est un hôte de choix comme culture intercalaire entre les arbres fruitiers : à titre temporaire, le temps que les arbres de plein vent grandissent et, en permanence, le long de cordons ou de palmettes.

Le fraisier peut quitter la pleine terre et prendre place sur la terrasse ou aux fenêtres de la maison. Pour le bonheur du citadin, il supporte la culture en pot ou en balconnière. Des variétés sans stolons sont plantées dans des pots de 20 centimètres de diamètre. Des fraisiers à stolons sont conduits en plantes retombantes dans des balconnières. Bien sûr, les soins sont très fréquents : un arrosage quotidien en période chaude, plusieurs apports d'engrais dans l'année.

Au rang des cultures originales, figure la plantation en tonneau. Si l'effet d'un fût aux parois "hérissées" de fraisiers est spectaculaire, la production de fraises reste faible. Pour transformer le récipient en support de culture, on perce les douves de trous de 20 centimètres de diamètre, on remplit le fond d'une couche de graviers et on dresse en son centre un tuyau de drainage. Le tonneau est rempli d'une terre de jardin très enrichie en terreau. Au fur et à mesure du remplissage, les fraisiers sont plantés depuis l'intérieur du tonneau, face aux trous : leurs feuilles sont guidées vers l'extérieur, leurs racines étalées vers le centre. Le haut du tonneau est lui aussi garni de quelques pieds. Sur le même principe, des potiers ont tourné des jarres percées.

La récolte attendue

Une fraise cultivée en plein air est mûre environ un mois après la floraison. Elle est cueillie à pleine maturité lorsque la coloration rouge est totale. Les fraises à transporter, donc à consommer ultérieurement, sont récoltées lorsque les trois quarts au moins de leur épiderme ont viré du blanc au rouge. Mais, même si la fraise peut achever sa

DES FRAISES EN POTS D'ARGILE

Mentionnée dès le XVIe siècle, la culture des fraises a été très florissante à Aubagne (Bouches-du-Rhône) puis à Hyères (Var). La fraise de Beaudinard y était transportée dans des pots en argile peu cuite, donc poreux. Grâce à l'évaporation de l'eau dont leurs parois étaient humectées, les fruits y restaient frais. Un cornet de gros papier coiffait le large orifice des pots qui étaient rangés dans des *ensarii* (cabas de sparterie nattée) pour être transportés de nuit à dos de mulets.

Pot pour le transport des fraises

La poterie Béranger a tourné de ces pots de différentes contenances (d'un quart à plus d'un litre) jusqu'en 1930 à Aubagne. Des maraîchers locaux parlent de relancer la vente de fraises en pots de terre (d'après Louis Monguilan, Croqueur de Pommes en Provence).

Flein

Les fraises sont déposées dans des récipients peu profonds puis stockées dans un local frais. Pour dresser à table des fruits irréprochables et attrayants, les manipulations entre le jardin et l'assiette sont limitées. Sauf pour une consommation *in situ*, les fraises ne sont pas cueillies mouillées. La fraise peut être conservée par congélation : congeler les fruits dans un récipient rigide et hermétique sous une couche de sucre, les consommer dès la décongélation sans les manipuler.

Aujourd'hui diffusées en barquettes de plastique ou de carton (ou en vrac), les fraises ont bénéficié d'emballages plus élégants. Comme d'autres primeurs, elles étaient transportées dans des fleins : terme générique pour désigner "un petit panier, une corbeille ovale ou rectangulaire" (1907). Aux paniers ovales en osier blanc ont succédé des paniers rectangulaires en bois tranché ou déroulé, voire en roseau fendu, puis en carton. Bien inspirés, des vanniers tressent de nouveau des paniers ovales en osier qu'ils nomment tout simplement "fraisiers".

Pour le commerce des fraises hâtées ou forcées, fruits délicats et alors précieux, on recommandait au début du siècle de les emballer en "un seul lit" dans des "caissettes capitonnées" et "garnies de mousse ou de papier", "avec des folioles séparant les fruits" (M. et J. Vercier, 1933).

maturation après cueillette, ses qualités gustatives en sont alors réduites. Lesdites qualités peuvent aussi s'altérer dans les vingt-quatre heures suivant la maturité.

C'est en dehors des heures chaudes, donc le matin ou le soir, que les fraises sont cueillies. La plupart des espèces et variétés le sont en conservant une partie du pédoncule, saisi entre deux doigts et coupé avec l'ongle (ou aux ciseaux). Cependant, les fraises des quatre saisons sont récoltées sans leur calice ni leur pédoncule. Le geste est léger car le fruit ne supporte pas d'être comprimé entre les doigts.

IV. LE FRUIT DES BEAUX JOURS

Une étymologie poétique du mot français "fraise", de l'italien *fragola* et de l'espagnol *fresa*, les fait dériver du nom scientifique de l'espèce, *Fragaria*, qui évoquerait lui-même la fragrance délicate du fruit. En Allemagne et aux Pays-Bas, *Erdbeere* et *aardbei* signifient plus sobrement "baie de terre".

Le latin médiéval *fragaria* se retrouve dans certains noms régionaux de la fraise des bois : *araga* dans les Pyrénées, *frago* dans les Bouches-du-Rhône, *ragie des costes* à Montbéliard… La fraise cultivée, c'est aussi la *frèche* du Calvados, la *frôze* de l'Ain, la *frazette* d'Eure-et-Loir, la *fréjo* de Dordogne, la *fréjotte* de l'Yonne… En Ardèche, en Aveyron et dans le Gard, les mots *modjoufo*, *madjoufio*, *madijoufo* rappellent la majaufe de Provence.

En Savoie, dans la Tarentaise, Eugène Rolland a recueilli, pour la fraise des jardins, le mot féminin *thrélé*, "avec *th* anglais, d'une forme latine *cerila*, cerise ? On n'aurait rien trouvé de mieux pour distinguer la fraise cultivée de la fraise sauvage que de l'appeler cerise". Dans le Morbihan, en breton de Locminé, on dit *tcheriz doar*, "cerise de terre", et dans la Meuse, *çray'zotte*, "cerisette". En grec moderne, la fraise est aussi surnommée *khamaikerasos*, "cerise de terre". Au Portugal, on la nomme *morango*, dérivé de "mûre".

Les petits fruits rouges entretiennent ainsi de curieux rapports linguistiques. Si la fraise est parfois nommée "cerise", le mot "framboise" vient du francique *brambasia*, signifiant "mûre", transformé en *frambeise* sous l'influence du mot "fraise des bois". *Fraie* est devenu "fraise" et *bramboise* "framboise" : ainsi les deux mots "riment au début et à la fin" (Michel Chauvet).

Un fruit féminin

La fraise, comme la framboise, désigne en argot les apanages du corps féminin : le clitoris et l'aréole des seins. E. Rolland cite dans sa *Flore populaire* une expression béarnaise, "mettre la main aux fraisiers : prendre le sein à une femme". On trouve, dans *Les Muses gaillardes* (1609) : "Chantons ces petits monts de lait / Où l'on voit au sommet assise / Une fraise ou une cerise" ; et un joli quatrain attribué à Bonnefons (*La Pancharis*, 1587) :

Au bout de chaque téton
Rougit un petit bouton
Qui paroist sur la mamelle
Comme la fraize nouvelle.

En langage amoureux, "aller aux fraises" est donc sans équivoque – et les fraises surprises dans un décolleté profond sont parmi les plus douces à cueillir.

Avec des fraises, on préparait un philtre d'amour. Ce qu'ignoraient les vieilles filles, appelées "vieilles fraises" par Aristide Bruant dans son *Dictionnaire français-argot* de 1901. Plus curieux, un proverbe drômois affirme : "Si une jeune fille aime à manger des fraises, elle aura un mari qui la trompera."

Autres vertus traditionnellement présentées comme féminines, dans *Le Langage des fleurs* d'Emma Faucon (1852), la fraise est l'emblème de la bonté parfaite et du dévouement.

Mme Tallien (1773-1835), davantage portée sur la séduction, prenait dit-on des bains de fraises pour entretenir la douceur et l'éclat de sa peau. Le fruit frais est réputé calmer les coups de soleil et faire pâlir taches de rousseur et rougeurs du visage. Pour les peaux grasses, les fraises

Un pied de 'Gaillon'

sont mélangées à un blanc d'œuf et un peu de miel. Pour les peaux sèches, on remplace l'œuf par de l'huile d'amandes douces. Pour les peaux pâles, les fraises sont choisies à chair bien rouge. Appliquez en masque et rincez à l'eau de rose.

Contre la jaunisse

De l'usage cosmétique à l'usage médicinal, il n'y a qu'un pas. Mme Fouquet explique : "Quand vous avez des engelures aux mains, en hyver, mettez dessus, en été, des fraises mûres écrasées, elles ne reviendront plus" (*Suite du recueil de remèdes*, 1701).

Le poète et alchimiste catalan Raymond Lulle (1235-1315) écrivait déjà qu'un "mélange de fraises, de quintessence d'or et de perles pris en breuvage ou appliqué localement est souverain contre la lèpre", et que "l'eau tirée de son fruit par distillation abolit dartres et lentilles qui gastent le visage des femmes".

La première représentation connue du fraisier date de 1484, dans l'*Herbarius latinus moguntiae*. Cet herbier précise que la plante était cultivée pour ses propriétés : elle rafraîchit la peau, agit contre le mal de gorge, les maux de reins, les fractures et les blessures, et certaines maladies internes.

Un docteur Réguis, officiant à Barjac (Gard), préconisait : "Contre la jaunisse portez suspendu au cou pendant neuf jours un sachet renfermant des feuilles de fraisier ; récitez chaque matin cinq *Pater* et cinq *Ave*. La neuvaine finie, retirez ces feuilles et faites-en une infusion dont vous lotionnerez les parties du corps les plus jaunies par la maladie."

En phytothérapie moderne, ces remèdes plus ou moins fantaisistes trouvent un écho scientifique. La fraise est tonique, dépurative et rafraîchissante. Riche en vitamine C et en fer, elle permet de lutter contre le diabète, l'anémie, la goutte (Linné l'avait bien dit), les troubles rénaux et hépatiques et, en boisson, contre la fièvre. De plus, elle détartre et blanchit les dents.

Les feuilles de fraisier, astringentes, sont diurétiques et antirhumatismales. On en fait des tisanes calmantes et une huile tonifiante pour la peau. La racine de fraisier est employée contre les diarrhées et les affections urinaires (en tisanes) et contre les angines (en gargarismes). Enfin, selon la théorie des signatures qui veut que la plante soigne l'organe auquel elle ressemble, la fraise serait bonne pour les affections du cœur.

Revers de la médaille, la fraise est mal supportée par les personnes fragiles de l'estomac ou dyspepsiques, ainsi que par celles qui sont sujettes aux crises d'urticaire. Les substances allergènes seraient contenues dans les akènes. Allergiques, s'abstenir.

Proverbes et dictons

On connaît peu d'expressions péjoratives, à l'exception de "ramener sa fraise" (à l'origine, "fraise" désignait par analogie la tête) et de "sucrer les fraises" qui, au début du siècle, signifiait selon A. Bruant "bénir avec le goupillon" et pas encore "être devenu sénile".

L'ÂME ET LA FRAISE

Chez les Ojibwa, peuple du sud-ouest de l'Ontario, lorsqu'un homme meurt, son âme, restée consciente, s'en va vers le pays des morts, "jusqu'à ce qu'elle parvienne à une énorme fraise. Les fraises sont la nourriture d'été des Indiens et symbolisent la bonne saison. Si l'âme du défunt goûte à ce fruit, elle oubliera le monde des vivants et tout retour à la vie et au pays des vivants lui sera à jamais impossible. Si elle refuse d'y toucher, elle conserve la possibilité de revenir sur terre" (J. Servier, *L'Homme et l'invisible*, Paris, 1964).

En Grande-Bretagne, rapporte Michel Lis dans l'une de ses chroniques, on raconte que c'est avec des feuilles de fraisiers que les rouges-gorges recouvrent le corps des petits enfants morts dans la forêt. En Allemagne, les mères d'enfants mort-nés ne mangent jamais de fraises, croyant que c'est dans ce fruit que l'âme des petits défunts monte au ciel.

La fraise étant un petit fruit, on ne peut se contenter d'une seule : "Je ne suis pas un enfant, je ne me repais pas d'une fraise", "C'est autant qu'une fraise dans la gueule d'un loup", "C'est une fraise dans la gueule d'une truie"… "C'est une fraise dans un vase" (un grand récipient), dit-on dans le Doubs, "C'est une fraise dans un *sar*" (endroit défriché), répond-on dans l'Ardenne belge.

Eugène Rolland cite encore un extrait d'une *Lettre du Père Duchêne* : "Les brigands doivent nous avaler comme une fraise", et deux proverbes : "Faire d'une frèze deux morceaux" (1531) et "Les choses bien partagées font du bien, une fois sept frères se sont partagé une fraise" (1897).

Au fait, qu'est-ce qu'une fraise ? "Une petite fille sur son escabelle / Qu'il pleuve, qu'il vente, / Rien ne l'épouvante" (Loiret) ; "Tout rouge en haut, tout vert en bas et cent yeux qui vous regardent" (Wallonie – les "yeux" sont les akènes).

Variétés plus ou moins hâtives ou remontantes, ou bien influence du climat ? La récolte de la fraise s'échelonne selon les traditions populaires de mai à octobre. Avant, il est trop tôt : "Entre Pâque et Pentecoûte, le dessert n'est que d'une croûte, mais aux fraises bientôt on goûte" *(Le Prévoyant Jardinier pour 1781)*. "A la Pentecôte, fraise en boutons ; à la Saint-Jean (24 juin), fraise cueillant ; à la Saint-Rémy (1er octobre), range tes panyis" (Luxembourg). "A la Pentecôte fraise rougeotte ; à la Trinité remplis ton panier ; à la Fête-Dieu manges-en tant que tu veux" (Haute-Saône).

Vers Besançon, on s'en va "fraiser" dès la Pentecôte. Et s'il ne trouve pas de fruits, "le laboureux s'étonne", puis s'en va "vers son feu pleurer". Ailleurs, mais toujours en Franche-Comté, la sentence est moins sévère : "Si t'en trouves point (à la Pentecôte), t'y r'tournera pour lè Saint-Jean." La fraise des quatre saisons de Beaudinard se récoltait "du solstice à l'équinoxe". Dans le Sud-Ouest, on rappelle que la saison des fruits commence avec les fraises mais ne s'achève qu'avec les nèfles : "de l'arrague à la mesple".

Routes et fêtes de la fraise

On croyait autrefois en Pologne que le fraisier des bois ne poussait que là où un chevalier – valeureux, comme il se doit – avait posé le pied. Plus prosaïquement, les trois mille fraisiculteurs français regroupés dans l'association "Fraises de France" tentent de valoriser les terroirs de culture et multiplient les initiatives conciliant tourisme, gastronomie et traditions.

La fraise est cultivée en Bretagne depuis le XVIIIe siècle, principalement dans la région de Plougastel-Daoulas (Finistère) qui en fut longtemps la capitale, avant d'être supplantée par les contrées méridionales. Cette commune s'enorgueillit d'un musée de la Fraise et du Patrimoine (Tél. : 02 98 40 21 18), et l'on y tient chaque année une grande fête des Fraises le troisième dimanche de juin.

A la grande époque (entre les deux guerres mondiales), les maraîchers exerçaient souvent en complément l'activité de marins-pêcheurs. Les fraises de la presqu'île de Plougastel sont aujourd'hui cultivées par trois cents agriculteurs environ, sous tunnel, en rotation avec l'échalote ou avec les fleurs à bulbe. Les premières récoltes ont lieu début avril, notamment avec la 'Gariguette', variété précoce, quitte à recourir à la… location de bourdons pour garantir une pollinisation plus avancée que celle assurée par les abeilles, davantage frileuses. Dans les environs de Colpo (Morbihan), on produit une liqueur de fraise réputée.

Dès le début du mois de mai, la fraise est fêtée à Beaulieu-sur-Dordogne (Corrèze), où les producteurs locaux animent un marché, présentent un champ de fraises reconstitué et fabriquent une tarte géante (celle confectionnée non loin, à Vergt, mesure 3,20 mètres de diamètre et est découpée en seize portions correspondant à chacune des seize communes du canton). Une "route de la fraise" permet aux visiteurs de se promener, vitres ouvertes, parmi les arômes délicats, tandis qu'une confrérie défend les qualités gustatives de la fraise périgourdine (Office du tourisme, Tél. : 05 55 91 09 94).

En Dordogne, la culture de la fraise fut introduite dans la région de Vergt. D'abord exploitée par de petites fermes, elle a progressivement supplanté les autres cultures au point que la Dordogne est, avec le Lot-et-Garonne, le premier département français pour la production de fraises.

> ### LA PÊCHE AUX POULPES
>
> Au début du siècle, "à Marseille, tous les ans, à partir du 1er avril, les pots de fraises étaient vendus dans une quinzaine d'éventaires peints en vert et surmontés d'un grand parasol, placés sur le terre-plein central des cours Saint-Louis et Belsunce. Les «messieurs» marseillais s'y pressaient pour obtenir un ou plusieurs pots, car il était deux emplettes que jalousement ils ne confiaient pas à leur compagne : le choix des premiers melons et celui des fraises."
>
> Louis Monguilan raconte également que des fraises étaient vendues en pots aux marins des bateaux immobilisés en rade pour cause de quarantaine. Les fraises mangées, les pots étaient jetés à la mer, comme on y jetait à l'époque toutes les ordures ménagères de Marseille (c'est d'ailleurs l'un de ces pots et non une sardine qui boucherait le Vieux-Port). D'où un autre usage des pots à fraises : "La meilleure manière de pêcher les poulpes est d'utiliser une corde de palangre munie de lignes soutenant des pots à fraises que l'on cale sur les fonds. Les poulpes ne tardent pas à se blottir dans les pots (pour en faire leur demeure) et n'en sortent pas lorsqu'on hisse la corde" (1894).
>
>

A Bièvres, le troisième samedi de juin, pour la "fête des Fraises", un gros arbre, chargé de pétards, était brûlé sur une place publique. "Jeunes gens et jeunes filles dansent autour de l'arbre en flammes et le jettent à terre dès que feuilles et branches sont consumées" (C. et J. Seignolle, *Le Folklore du Hurepoix*, Maisonneuve, Paris, 1937). Cette date coïncide à un jour près avec celle de la fête de Plougastel, mais peut-être ne faut-il y voir que le hasard. On fête aussi la fraise dans les Bouches-du-Rhône, à Carros, et en Haute-Vienne.

Le calendrier adopté après la Révolution, s'inspirant de la tradition des almanachs diffusés dans les campagnes françaises, fit comme eux la part belle à "l'économie rurale" : "Les noms de ses vrais trésors sont les arbres, fleurs, fruits, racines, graines, plantes et pâturages, de sorte que la place que chaque production occupe désigne le jour précis que la nature nous en fait présent." Le jour de la fraise y était le 30 mai, ou primedi (premier jour) de la deuxième décade du neuvième mois, prairial.

Plus qu'un seul jour, donc, c'est une longue période que semble revendiquer la fraise pour être fêtée, d'avril à septembre. Une belle période qui invite à "aller aux fraises", c'est-à-dire "à aller dans les bois en galante compagnie".

Plantés au printemps, les fraisiers donnent de mai à septembre, comme ceux du Vaucluse, de la Drôme, du Saumurois, ou de Sologne – berceau de la savoureuse variété 'Mara des bois'.

La région parisienne a bien évidemment perdu de son importance, les jardins se faisant rares. Dans l'Essonne, la culture du fraisier et d'autres primeurs, longtemps dominante, cède aussi… du terrain. A Briis-sous-Forges, Janvry, Saint-Chéron, la "passée des fraises" réunissait les ouvriers agricoles pour un repas marquant la fin de la saison de cueillette. A Vauhallan, on célébrait conjointement la "passée des fraises et des haricots".

V. LE CHARIOT DES DESSERTS

La fraise contient beaucoup d'eau (90 %) et peu de sucre (dix fois moins). Les glucides – fructose et glucose, surtout – lui donnent sa saveur sucrée, les acides organiques – acide acétique, principalement – sa saveur acidulée. Sa texture moelleuse dénote la présence de pectines parmi les fibres du fruit (un avantage pour les confitures). La fraise renferme autant de vitamine C que bien des agrumes (60 mg pour 100 g) et des minéraux (potassium, calcium, fer…) en quantités supérieures à la plupart des autres fruits.

Tout cela est peu énergétique : 40 calories pour 100 g, en tout cas bien moins que le sucre et la crème fraîche que l'on ajoute ! Comme beaucoup d'autres fruits, la fraise a des qualités apéritives : on peut donc aussi la consommer en début de repas.

La fraise est un aliment histamino-libérateur, et l'histamine ainsi libérée provoque des réactions allergiques chez les personnes prédisposées : les fameuses crises d'urticaire. Il faut alors combattre le mal par le mal, si l'on ose dire : habituer l'organisme à consommer de petites quantités de fraises d'abord, puis des quantités augmentées peu à peu.

Salades et soupes, sucré-poivré

Cueillie de bon matin, au jour le jour, ou achetée tôt sur le marché, la fraise mûre est ferme, d'une couleur brillante et franche, son pédoncule et sa collerette vert vif. Les fraises n'aiment pas la chaleur et supportent très mal le temps orageux. Elles perdent de leur arôme au froid, aussi faut-il les sortir du réfrigérateur au moins trente minutes avant de les manger.

L'eau fait également disparaître le parfum de la fraise et ses vitamines : laver rapidement sous un filet d'eau froide, égoutter et faire sécher (avec du papier absorbant, si nécessaire) avant d'équeuter les fruits pour éviter qu'ils ne s'imbibent.

La fraise s'accommode crue, au sucre, au vin, au champagne glacé, au kirsch ou au marasquin, à la crème fraîche ou à la chantilly (Napoléon ne jurait que par les fraises "à

la Cussy", imaginées par son intendant : des fraises à la crème chantilly et au champagne), au vinaigre (de cidre ou balsamique), au jus de citron, seule, mélangée à des framboises, des groseilles, des kiwis, des bananes, de la rhubarbe (dont le goût marqué exige des fraises très fruitées), du melon, des carottes râpées…

Depuis le cuisinier romain Apicius (auteur d'un *Art culinaire*, ancêtre des livres de cuisine, 25 ap. J.-C.), on sait que saupoudrer les fraises de poivre blanc leur donne une saveur piquante et désaltérante. La menthe poivrée, la coriandre, le gingembre, le basilic, la badiane ou la verveine épicent une simple soupe de fraises, transformant ce dessert de tous les (beaux) jours en une entrée fraîche et relevée.

• *Salade de carottes, fraises et persil*

500 g de carottes ; 300 g de fraises ; 1 bouquet de persil ; 1 citron non traité ; 3 cuillères à soupe d'huile d'olive ; sel, poivre.

Découper le zeste de citron en lanières puis presser le citron. Dans un saladier, mélanger le jus de citron, l'huile, le sel et le poivre. Râper les carottes, hacher le persil et les ajouter. Laver, sécher et équeuter les fraises. Les couper en petits morceaux et les ajouter à la salade. Décorer avec les zestes de citron.

• *Soupe de fraises à la verveine*

750 g de fraises ; 150 g de sucre ; 1 orange non traitée ; 1 bouquet de verveine fraîche.

Découper le zeste de l'orange en lanières. Dans une casserole, verser 15 cl d'eau, le sucre et le zeste. Porter à ébullition et laisser frémir pendant 10 minutes. Ajouter la verveine et laisser infuser 5 minutes. Laver, égoutter et équeuter les fraises. Les couper en deux et les disposer dans une jatte ou un saladier. Verser dessus le sirop de verveine tiédi. Placer au réfrigérateur pendant 1 heure avant de servir.

• *Soupe de fraises aux épices*

750 g de fraises ; 50 g de sucre ; 20 cl de vin doux naturel rouge ; 1 gousse de vanille ; 2 clous de girofle ; 2 graines de cardamome ; 1 pincée de cannelle en poudre ; quelques feuilles de menthe.

Dans une casserole, mettre le sucre, la gousse de vanille fendue, les clous de girofle, les graines de cardamome écrasées, la cannelle. Ajouter 30 cl d'eau, porter à ébullition puis laisser cuire 5 minutes à petit feu en remuant. Couvrir et laisser infuser. Quand le sirop est refroidi, le filtrer et le mélanger avec le vin doux. Laver, égoutter et équeuter les fraises. Les disposer dans une jatte ou un saladier. Verser dessus le sirop. Placer au réfrigérateur environ 1 heure. Ajouter les feuilles de menthe et servir frais.

Confitures, gelées, coulis…

La fraise se prépare en confitures et en marmelades, faites avec les fruits entiers ou écrasés, en gelées obtenues à partir du jus des fruits additionné de sucre, en purées pour servir à la préparation de sorbets, de coulis et de mousses, en pâtes de fruits…

Les ustensiles en fer oxydent les fraises ; le cuivre et l'inox sont préférables. Si les fraises sont trop mûres, leur parfum devient volatil et disparaît à la cuisson. En ajoutant

SERVICE A FRAISES

"Le service à fraises comporte une grande cuiller plate ornementée, dite pelle à fraises, qu'accompagne une pelle à sucre en poudre. Il existe aussi de petits services spéciaux comprenant cuillers et fourchettes ; et, pour les fraises des quatre saisons, de petites coupes de porcelaine, groupées et enchâssées dans une monture de métal ; au centre, une autre coupe contient le sucre et la pelle à sucre" (*Larousse ménager*, 1925).

Les potiers fabriquent aussi des assiettes à fraises : il s'agit de coupelles ou de petits saladiers troués dans lesquels on dispose les fruits après lavage : l'eau s'égoutte dans une assiette creuse placée dessous.

quelques fruits verts, plus riches en pectine, les confitures prennent mieux. A défaut, on peut ajouter un jus de citron.

La confiture et la gelée peuvent se faire avec des fraises seules, ou bien avec un mélange de quatre fruits rouges : fraises, framboises, cerises et groseilles. Une cuisson rapide à grand feu préserve l'arôme et les vitamines des fruits. Dès la cuisson terminée, la confiture doit être versée dans les pots.

Pour obtenir des coulis, on commence par réduire les fraises en purée au robot-mixeur ou avec une passoire à coulis. Cette purée est mise à cuire doucement 5 minutes dans un sirop chaud préparé au préalable avec 400 grammes de sucre par kilo de fraises, le jus d'un citron et 50 centilitres d'eau. Après refroidissement, le coulis est mis en pots ou en boîtes hermétiques ; il se conserve six à huit mois au congélateur.

• *Confiture de fraises des quatre saisons*

1 kg de fraises ; 750 g de sucre.

Mettre à mariner les fraises lavées et équeutées avec le sucre dans une terrine pendant 24 heures. Puis retirer les fruits pour recueillir le jus au fond de la terrine. Dans la marmite à confitures, faire bouillir le jus 10 minutes en écumant.

Ajouter les fraises et faire cuire de nouveau 10 minutes environ. Mettre en pots.

• *Crème de fraises*
"Prenez environ plein un demi-septier [environ 1/4 de litre] de fraises épluchées, lavées et égouttées que vous pilez dans un mortier : faites bouillir trois demi-septiers de crème avec un demi-septier de lait et du sucre ; laissez-les bouillir et réduire de moitié ; laissez un peu refroidir et y mettez vos fraises pour les délayer ensemble ; délayez aussi gros comme un grain à café de présure, que vous mettrez dans la crème, quand elle ne sera plus que tiède ; passez-la tout de suite dans un tamis et la mettez dans un compostier qui puisse aller sur de la cendre chaude sans casser ; mettez votre compostier sur de la cendre chaude, couvrez d'un couvercle, et un peu de cendre chaude dessus ; quand elle sera prise, vous la mettrez dans un endroit frais, ou sur de la glace, jusqu'à ce que vous serviez." (Menon, *La Cuisinière bourgeoise suivie de l'office, à l'usage de tous ceux qui se mêlent de dépenses de maisons*, 1774.)

La fraisette et le ratafia

Transformer la fraise en boisson figure au rang des préparations d'office traditionnelles. La plus simple à obtenir est le jus de fraises, en pressant les fruits dans un sac de toile. Décanté et tamisé, le jus est mis en bouteilles chauffées au bain-marie pendant 5 minutes. Il servira à aromatiser glaces et gâteaux.

Pour réaliser un sirop de fraises, on écrase des fraises mûres, puis on laisse reposer 12 à 24 heures dans une terrine couverte. On passe ensuite la marmelade au mixeur ou au presse-purée pour en extraire le jus. Ce jus, additionné de son poids en sucre, est porté lentement à ébullition, filtré et mis en bouteilles. Il se conserve environ trois mois, et un an s'il est stérilisé.

FAUSSES FRAISES

"Le soir, je goûterai un tsipouro fait avec des arbouses. Un goût fort mais parfumé, aussi délicat que celui des letchis chinois et qui, plus que tout autre, est pour moi la quintessence aromatique de la Grèce" (Jacques Lacarrière, *L'Eté grec*, Plon). L'arbouse, ou "fraise de maquis", est le fruit de l'arbousier (*Arbutus unedo*, Ericacées), "arbre aux fraises" de nos maquis et *strawberry tree* des Anglais. Si l'on en fait en Grèce alcool (raki) et liqueur (tsipouro), on peut aussi manger les arbouses fraîches (attention toutefois aux estomacs sensibles), ou en confiture (en la passant pour supprimer les graines).

Les arbouses se cueillent d'octobre à janvier, dans les régions méditerranéennes. Leur goût, sucré, légèrement acidulé, farineux mais agréable, rappelle effectivement celui des "fraises chinoises" (*Myrica rubra*, Myricacées). Les arbouses étant rouges, sphériques et couvertes de protubérances, elles évoquent une fraise plus ou moins exotique. Une variété de pomme nommée 'Fraise', connue en Touraine, présente une chair blanche rosée sous la peau.

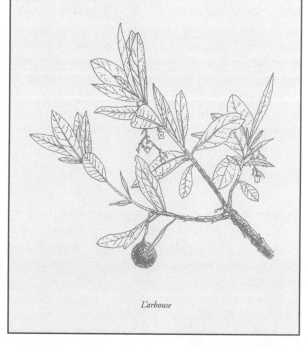

L'arbouse

Pas plus que les autres fruits du jardin, la fraise n'échappe aux boissons alcoolisées. La liqueur s'obtient par macération des fraises dans de l'alcool. Quand elles ont exprimé tout leur parfum, on les enlève pour ne conserver que le jus auquel on peut ajouter du sirop de sucre. Comme le jus des fraises fait baisser le degré d'alcool, la liqueur n'est pas très forte.

Le ratafia se prépare en mélangeant, à parts égales, eau-de-vie et jus de fruit, additionnés de sucre pour en réduire l'âpreté. Bu en digestif, le ratafia restitue l'arôme et la saveur des fraises.

Selon les recettes, les préparations sont intitulées liqueur, alcool ou ratafia de façon assez fantaisiste. Ainsi Louis Monguilan rapporte une "recette de ratafia, au goût de noyau exquis, qui se préparait en faisant macérer trois semaines, dans de l'alcool, les graines de fraises, prélevées par épluchage, macération ensuite filtrée puis sucrée à la demande".

Il existe une troisième "alcoolature", la fraisette chère au Charlus de Marcel Proust, appelée autrefois "vin de fraisette" ou "vin enfraisé".

• *Ratafia de fraises*
"Placer les fraises mûres, écrasées dans de l'eau-de-vie blanche, en bocal bien bouché ; exposer ce dernier au soleil, pour que la chaleur active la macération. Laisser en contact 15 jours, en remuant de temps à autre. Filtrer, ajouter par litre de liquide filtré 300 grammes de sucre, dissous à chaud dans la plus petite quantité d'eau possible. Aromatiser à volonté avec cannelle ou macis [l'enveloppe de la coque de la noix muscade]." (*Larousse ménager*, 1925.)

• *Liqueur de fraises des bois*

500 g de fraises des bois ; 1 l d'eau-de-vie à 40° ; 500 g de sucre en poudre ; 20 cl d'eau ; 1 gousse de vanille ; 1 bocal de 1,5 l.

Laver, sécher et équeuter les fraises, puis les placer dans le bocal. Verser l'eau-de-vie, ajouter la gousse de vanille fendue. Fermer hermétiquement le bocal et laisser macérer un mois. A l'issue de ce délai, recueillir le jus obtenu et le filtrer. Dans une casserole, faire bouillir l'eau et le sucre. Laisser refroidir ce sirop puis l'ajouter au jus. Mélanger. Conserver la liqueur en bouteilles bouchées. Laisser reposer un mois avant de consommer.

• *La fraisette*

1 kg de fraises ; 1 kg de sucre en poudre ; 25 cl d'eau ; 1 l d'eau-de-vie de fruit à 40°.

Dans une casserole, faire un sirop avec le sucre et l'eau. Dans une terrine, écraser les fraises puis verser dessus le sirop bouillant. Laisser refroidir. Recueillir le jus en tamisant puis ajouter l'eau-de-vie. Mélanger. Conserver la fraisette en bouteilles bouchées. Laisser reposer un mois avant de consommer.

• *Milk-shake aux fraises*

300 g de fraises ; 50 cl de lait ; 60 g de sucre en poudre ; 2 sachets de sucre vanillé.

Laver, égoutter et équeuter les fraises. Après les avoir mixées, tamiser la purée obtenue pour enlever les akènes. Mixer de nouveau pendant 1 minute en ajoutant le sucre, le sucre vanillé et le lait froid. Servir dans des verres givrés.

Mousse, sabayon, tarte, fraisier

Il n'y a pas que les rois qui se soient penchés sur la fraise : les grands chefs aussi lui ont consacré une part de leur créativité. Pour n'en citer que quelques-unes, on trouve les recettes de pannequets aux fraises dans *Le Livre d'Olivier Roellinger* (Le Rouergue) ; d'une soupe de fraises à la fleur d'oranger dans *Les Dimanches de Joël Robuchon* (Le Chêne) ; d'un entremets meringué chez Marc Veyrat (*Fou de saveurs*,

Hachette) ; d'un millefeuille au yaourt givré chez Bernard Loiseau (*L'Envolée des saveurs*, Hachette) ; et de "simples" tartelettes aux fraises des bois dans *La Riviera d'Alain Ducasse* (Albin Michel).

Plus communs, ou tout aussi délicats à réaliser, sont : le parfait aux fraises, la bombe glacée en couronne de fraises, le croustillant fraises et romarin, les sablés aux fraises et crème citron, les friandises de riz aux fraises, la givrée aux fraises des bois, les fruits rouges au four, les œufs en neige aux fraises et à la rhubarbe, le gâteau d'amandes à la fraise, le marbré fraise-citron, le soufflé glacé aux fraises, le bavarois aux deux fraises, les feuilletés, la charlotte, les fraises en gelée, le blanc-manger aux fraises…

• *Fraisier*

500 g de fraises ; 25 cl de lait ; 3 œufs et 3 jaunes d'œufs ; 75 g de sucre ; 25 g de farine ; 250 g de beurre ; 1 génoise ; 150 g de gelée de groseilles ; 1 feuille de gélatine.

Faire chauffer le lait dans une casserole. Dans un saladier, mélanger les œufs entiers, les jaunes et le sucre. Ajouter la farine puis verser le lait bouillant. Verser la préparation dans la casserole et faire épaissir à feu doux. Quand la

BONBONS A LA FRAISE

Tirées du sac en papier, ou conservées bien tièdes dans la main poisseuse, les fraises gélifiées sont constituées d'un sirop de sucre coloré, aromatisé (à la fraise, bien sûr) et gélifié puis roulé dans de l'amidon et du sucre.

Le gélifiant qui donne un aspect translucide à ces bonbons était autrefois obtenu à partir de bois de cerf, et aujourd'hui à partir de pommes, d'algues, de maïs, de riz… (tous les détails dans *Voyage au pays des mille et un bonbons*, Actes Sud Junior, 1997).

Quant à la fraise Haribo, célèbre demi-sphère rouge piquetée de sucre au goût chimique incomparable, elle tient la vedette depuis quarante ans.

crème est épaissie, verser dans le saladier et ajouter le beurre préalablement ramolli. Laisser refroidir. Couper la génoise en deux dans le sens de l'épaisseur. Entourer la demi-génoise inférieure d'une bande de papier sulfurisé plus haute destinée à tenir provisoirement la garniture. Garnir de crème la moitié inférieure de la génoise et y disposer les fraises coupées en deux. Recouvrir avec la seconde moitié de la génoise. Dans une casserole, faire fondre la gelée de groseille et la feuille de gélatine. En napper le dessus de la génoise. Décorer avec des fraises. Retirer le papier sulfurisé et placer le tout au réfrigérateur pendant 2 heures avant de servir.

• *Gratin de fraises et sabayon, à la menthe poivrée*

500 g de fraises ; 10 feuilles très fraîches de menthe poivrée ; 4 jaunes d'œufs ; 80 g de sucre semoule ; 200 g de crème fouettée.

Laver et équeuter les fraises. Les couper en fines lamelles et les disposer en rosaces dans des assiettes creuses. Mélanger les jaunes d'œufs avec le sucre et faire chauffer au bain-marie en fouettant jusqu'à obtention d'une mousse onctueuse. Retirer du feu à 40 °C environ et continuer de battre pour refroidir. Ajouter la crème fraîche montée. Ciseler les feuilles de menthe et les parsemer au-dessus des fraises. Recouvrir l'ensemble d'une fine couche de sabayon et passer sous le gril bien chaud pour gratiner légèrement. (Recette de Philippe Deguignet.)

• *Mousse de fraises des bois**
"Pesez 500 g de fraises. Réservez-en 100 g et réduisez le reste en fine purée. Emulsionnez puis ajoutez 5 grains de poivre rose, une pincée de noix muscade, une de cannelle, une de graines de cumin et les fraises mises de côté. Gardez au frais. Au moment de servir, saupoudrez de quelques feuilles de citronnelle ciselées."

* Recette reproduite avec l'aimable autorisation de Martine Calais (*Baies et petits fruits du bord des chemins*, éditions du Chêne, 1998).

• *Tarte aux fraises*

300 g de pâte sablée ; 750 g de fraises ; 25 cl de crème fraîche ; 1 sachet de sucre vanillé ; 2 cuillères à soupe de gelée de groseille ; 2 verres de haricots secs.

Préchauffer le four à 180 °C (th. 6). Etaler la pâte et en garnir un moule à tarte beurré. Piquer le fond à la fourchette, tapisser de papier sulfurisé et couvrir de haricots secs. Laisser cuire 10 minutes, retirer le papier sulfurisé et les haricots, remettre à cuire 10 minutes. Défourner et laisser refroidir 30 minutes. Faire fondre la gelée de groseille dans une casserole. Laver, sécher et équeuter les fraises, et les couper en deux. Battre la crème fraîche au fouet, ajouter le sucre vanillé puis étaler au fond de la tarte. Disposer les fraises et napper de gelée de groseille.

Les fruits rouges

Thierry Delahaye

INTRODUCTION

De quelle couleur sont les framboises ? Rouges ? Il en existe aussi des jaunes et des blanches. Et les groseilles ? Rouges, roses, dorées, vertes. Cassis et mûres sont noirs ou bleu nuit, les myrtilles bleues, les canneberges brunes et les airelles rouges. Voici la palette des baies récoltées dans notre panier de fruits "rouges".

Selon Charles Fourier (1772-1837) et sa théorie de la copulation des astres, les fruits rouges sont nés des amours de la Terre et de Vénus. La mythologie grecque fait apparaître les airelles et les framboises en Crète, où naquit Zeus. Comme les mûres, elles doivent leur coloration rouge au sang des nymphes et des dieux qui a coulé sur elles.

Les premières framboises se récoltent au solstice de juin. "A ce moment, écrit Hésiode, les chèvres sont grasses, le vin excellent, les femmes lascives, mais les hommes ne sont bons à rien." C'est l'été, saison des fruits rouges et du farniente.

Les arbustes à fruits rouges décrits dans ce livre appartiennent à trois genres botaniques : les *Ribes* (groseilliers et cassissiers) venus des contrées septentrionales, les *Rubus* (ronces et framboisiers) et les *Vaccinium* (airelles et myrtilliers). Ces plantes ont pour point commun d'être d'anciens buissons que l'homme, surmontant sa paresse, a transplantés, sélectionnés, croisés jusqu'à obtenir des espèces hybrides et des variétés aux fruits savoureux, plus faciles à conduire : ronces sans épines, groseilles précoces, framboisiers à gros fruits, myrtilliers poussant en hauteur...

La présence des petits fruits s'affirme sur les marchés. Leur culture par les professionnels, souvent comme une activité d'appoint, est cependant freinée par le coût de la cueillette (tous se récoltent à la main) qui se répercute sur le prix de vente. Leur plantation au jardin assure donc une vaste gamme de desserts aux amateurs qui ne répugneront pas à consacrer quelques heures estivales à les cueillir.

I. CASSIS ET GROSEILLES

Des baies frisées venues du froid

Les plantes du genre *Ribes*, mot d'origine scandinave, ont des origines septentrionales et sont davantage présentes dans les régions froides que sous climat méditerranéen. Le groseillier à grappes est spontané en Europe, jusqu'à 2 000 mètres d'altitude. Il fut d'abord cultivé en Suède, au Danemark, en Allemagne (à la fin du XVe siècle) et dans les îles Britanniques.

L'ancien français "groselle" vient du francique *krûsil*, "baie frisée" ou "baie crépue", qui a donné l'allemand moderne *Kräuselbeere* désignant la groseille à maquereau. Le groseillier à grappes est nommé en Allemagne *Johannisbeere* car ses baies mûrissent aux alentours de la Saint-Jean. Dans le midi de la France, on l'appelait au XVIe siècle "groseille d'outre-mer". Mais de quelle mer ? La légende veut qu'il ait été introduit en Normandie par les Vikings.

A. de Candolle écrit cependant : "Les Anglais, qui ont des rapports fréquents avec les Danois, ne le cultivaient pas encore en 1557. En 1597, la culture en était rare et la plante n'avait pas de nom particulier" *(Origine des plantes cultivées)*. Le nom de *redcurrant* serait apparu tardivement, *currant* ayant été construit "par analogie avec les raisins de Corinthe". Cette analogie fut également faite en France. Thory écrit en 1829, à propos du groseillier des rochers : "On cultive beaucoup ce groseillier dans le département du Pas-de-Calais, où on le nomme le groseillier-Corinthe, à cause de ses petits fruits, de leur goût vineux et de l'emploi qu'on en fait dans les puddings, où ils remplacent, quoique imparfaitement, le raisin de Corinthe" *(Monographie du genre Groseillier)*.

Dans son *Dictionnaire des origines de la langue française* (1650), Gilles Ménage cite les noms locaux des groseilles rouges : *gardes* à Rouen, *grades* à Caen, *gradilles* en basse Normandie, *castilles* en Anjou, *kastilez* en Bretagne... Mais, précise Candolle, la plante "ne vient pas de Castille et en breton *gardiz* signifie rude, âpre, piquant, aigre", ce qui laisse penser que les groseilles de l'époque étaient moins savoureuses que les variétés obtenues au XIXe siècle : 'Belle Versaillaise', 'Comète', 'Impériale', 'Prolifique de Fay', 'Chenonceaux', 'Gloire des Sablons'...

A la fin du XVIe siècle, Daléchamp recommande dans son *Histoire générale des plantes* la groseille "pour calmer les fièvres ardentes, refroidir l'estomac trop échauffé, étancher la soif, ôter l'envie de dormir, et faire revenir l'appétit perdu". Elle est diurétique et "bénéfique aux rhumatisants et arthritiques". En Inde, la médecine traditionnelle, dite ayurvédique, emploie une sorte de groseille, l'*amla*, pour préparer une pâte sucrée soulageant les migraines, la *chavana prasa*. A. Frater a rencontré un médecin selon qui "des graines de teck broyées, consommées quotidiennement avec du jus de groseille, du beurre clarifié et du miel, peuvent rendre sa vigueur à un vieillard" (*A la poursuite de la moisson*, Picquier Poche, 2001).

La culture du groseillier rouge se répandit dans la Meuse, le Puy-de-Dôme et la banlieue parisienne. Le groseillier à maquereau était, quant à lui, plutôt cultivé en Normandie et dans le Nord. Son fruit, sans grand arôme, est aujourd'hui peu utilisé en France alors qu'il fournit un dessert très apprécié en Allemagne, en Hollande et en Angleterre. Là-bas, assure le *Larousse ménager* au début du XXe siècle, "on le fait cuire dans de la gelée de groseilles à grappes ; on

Le groseillier, d'après une gravure du XVIe siècle

en fait des confitures ; on en tire une boisson fermentée, et même un mousseux : le *sparkling gooseberry wine*".

Mais la plus grande vertu culinaire du groseillier à maquereau est, comme son nom l'indique, de fournir un assaisonnement pour le poisson, soit comme condiment ou verjus, soit en sauce composée de béchamel et de groseilles préalablement blanchies pour les attendrir.

L'arbuste, spontané en Europe tempérée, dans le Caucase et l'Himalaya occidental, se rencontrait sans doute à l'état sauvage en Grèce et en Italie, mais ni les Grecs ni les Romains ne mentionnent cette espèce "qui est rare dans le Midi et qu'il ne vaut guère la peine de planter là où les raisins mûrissent", selon A. de Candolle.

En Irlande, où sa récolte est, toutes proportions gardées, l'équivalent de nos vendanges, le groseillier à maquereau est indigène depuis la fin de l'ère glaciaire, "avant la séparation de l'île avec le continent". Il existe "un vieux nom anglais tout particulier, *feaberry* ou *feabes*, qui vient à l'appui d'une ancienne existence, de même que deux noms gallois, dont je ne puis cependant pas attester l'originalité", rapporte A. de Candolle.

Le désintérêt dont souffre la groseille à maquereau est assez récent. Au XVIe siècle, cette "fraise verte" était bien connue en France. Antoine Mizaud affirmait dès 1578

ÉPÉPINÉES A LA PLUME D'OIE

Le "caviar français" est préparé dans la Meuse, avec des groseilles : il s'agit d'une confiture vendue en verrines (petits pots de verre), obtenue à partir de baies sélectionnées pour leur qualité gustative, bien sûr, mais aussi et surtout épépinées à la plume d'oie. Marie Stuart en comparait la douceur à "un rayon de soleil dans un pot". Alfred Hitchcock en dégustait chaque matin une verrine de 90 grammes. La reine et le cinéaste ont été remplacés par d'autres clients, moins célèbres mais tout aussi fortunés : cette confiture de groseilles est exportée au Japon et aux Etats-Unis.

La tradition remonte à 1344. A Bar-le-Duc, les épépineuses travaillent avec une plume d'oie taillée en biseau ; elles incisent chaque baie, en ôtent un à un les pépins, rabattent la peau soulevée et passent à la groseille suivante au rythme d'un kilo de fruits toutes les trois heures... Des vingt-cinq confiseurs installés dans la ville avant la guerre de 1914-1918, il n'en reste qu'un aujourd'hui qui emploie une dizaine d'épépineuses. Une route de la groseille mène parmi les vergers plantés dans la vallée de la Saulx.

dans son *Jardin médicinal* qu'elle "adoucit la trop grande chaleur du sang, amortit la violente acrimonie de la colère, soigne la colique et la dysenterie".

Les Anglais, peuple excentrique s'il en fut, commencèrent par cultiver treize variétés de groseilliers à maquereau. En 1800, leurs jardins en possédaient trois cents variétés, en 1810 quatre cents et plus de mille à la fin du XIXe siècle : 'Conquering Hero', 'Britannia', 'Prince Regent', 'White Smith', 'Keepsake', 'Golden Drop', 'Queen Caroline'... Des *gooseberry clubs* furent créés, avec pour objectif d'attribuer des prix aux variétés portant les plus gros fruits.

Un poivrier cultivé en Poitou

Le cassissier, ou groseillier noir, est spontané dans les montagnes d'Europe comme en Sibérie, au Tibet et au Cachemire – où il pousse jusqu'à plus de 3 000 mètres d'altitude. Les Grecs et les Romains ne le connaissaient pas. Les premiers pomologues de la Renaissance et des Temps modernes ne purent donc s'appuyer sur les écrits antiques pour relater l'histoire de la plante et de sa culture. Jean Bauhin précise cependant à la fin du XVIᵉ siècle que deux variétés sont cultivées depuis 1571 dans les jardins de France et d'Italie. Le mot "cassis" apparaît d'ailleurs en 1552, venant du mot poitevin "casse", fruit du cassier (arbuste tropical de la famille des Césalpinées) employé, comme le cassis, en tant que laxatif.

Curieusement, A. de Candolle écrit en 1883 : "Le nom de cassis est assez singulier. Littré dit qu'il n'en connaît pas l'origine. Je ne l'ai pas trouvé dans les livres de botanique avant le milieu du XVIIIᵉ siècle. Mon recueil manuscrit de noms vulgaires ne présente pas, sur plus de quarante noms de cette espèce dans différentes langues ou patois, un seul nom analogue. Buchoz, dans son *Dictionnaire des plantes* (1770), appelle la plante le *cassis* ou *cassetier des Poitevins*."

A cette probable origine poitevine du mot et de l'acclimatation de la plante dans les jardins, Candolle oppose une étymologie fort poétique : "Le *Dictionnaire* de Larousse dit qu'on fabriquait des liqueurs estimées à Cassis, en Provence. Serait-ce l'origine du nom ?"

Un ancien nom français du groseillier noir était "poivrier". Thory explique que les jardiniers du XVIᵉ siècle l'appelaient ainsi "à cause de la couleur noire de ses baies, qu'ils comparaient à celle des grains de poivre noir. Ils lui trouvaient même un peu de sa saveur. Ses feuilles servaient autrefois d'assaisonnement".

La publication par l'abbé Bailly de Montaran en 1749 à Nancy d'un *Traité du cassis et de ses propriétés admirables* stimule la culture de l'arbuste fruitier, en vantant "les effets merveilleux qu'il produit sur une infinité de maux et de maladies, tant pour les hommes que pour les animaux". Le Grand d'Aussy, dans une édition de son *Histoire de la vie privée des Français* (1782), note : "Le cassis n'est guère cultivé que depuis une quarantaine d'années, et il doit cette sorte de fortune à une brochure intitulée *Culture du*

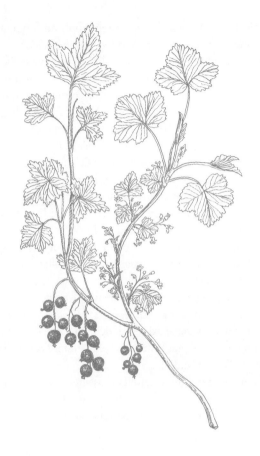

Le cassissier, d'après une gravure du XVIᵉ siècle

cassis, dans laquelle l'auteur attribuait à cet arbuste toutes les vertus imaginables."

Bien plus prudemment, Louis Bosc rapporte dans son *Dictionnaire raisonné d'agriculture* (1809) : "On cultive le cassissier de très ancienne date, pour son fruit, qui a une odeur particulière, agréable aux uns, désagréable aux autres, et passe pour stomachique et diurétique." Même s'il n'a pas toutes les "propriétés admirables" que lui prêtait Bailly de Montaran, le cassis est utilisé en médecine populaire depuis fort longtemps.

Avec les fruits en sirop ou en gelée, les apothicaires soignaient les douleurs d'estomac, la rétention d'urine et les diarrhées, mais aussi les migraines, la fièvre, les rhumatismes et même la goutte. Les bourgeons, cueillis au printemps, se boivent en infusions diurétiques. Les feuilles, prélevées dès le mois de septembre et mises à sécher à l'air et à l'ombre, s'emploient en tisanes digestives. Les feuilles fraîches, frottées sur les piqûres d'insectes, soulagent la douleur et l'inflammation. En teinturerie, on préparait une coloration verte par le mélange de baies de genièvre et de cassis. Les feuilles du cassissier, comme celles du groseillier, donnent une teinture jaune.

A partir du XVIIIe siècle, la culture s'étend en Loir-et-Cher, dans le Rhône, en Vaucluse, dans le Nord, dans l'Oise et aux environs de Paris. Les noms des variétés connues au XIXe siècle confirment cette expansion du cassis : 'Royal de Naples', 'Géant de Boskoop' (Hollande), 'Merveille de la Gironde', 'Noir de Dijon'...

En Côte-d'Or, le cassissier est planté en bout de rang de vigne. Un liquoriste dijonnais, Louis Lagoute, met au point en 1841 la recette de la crème de cassis. Il en produit quatre cents bouteilles la première année, et dix mille hectolitres quinze ans après. C'est ainsi que la culture du cassis, qui apprécie les mêmes sols que la vigne, devient une activité d'appoint pour les vignerons des hautes côtes calcaires de Beaune et de Nuits. On dit même que "certains vins s'incorporent l'arôme des cassis voisins". Une autre façon de l'incorporer est de préparer le célèbre mélange du vin blanc aligoté et du cassis, inventé par le chanoine Kir, maire de Dijon, vers 1950.

De quelques *Ribes*

Le genre *Ribes*, famille des Grossulariacées (latinisation du mot français "groseille"), comprend près de cent cinquante espèces de plantes des rochers dont seules quelques-unes sont cultivées pour leurs fruits.

• *Le groseillier à grappes*
Les groseilliers cultivés sont issus de trois espèces botaniques : *Ribes rubrum*, le groseillier rouge proprement dit, originaire du nord-est de l'Europe (Russie, Scandinavie, pays baltes), qui a fourni l'essentiel des cultivars ; *Ribes vulgare*, originaire d'Europe occidentale, parfois considéré comme une sous-espèce de *R. rubrum* ; *Ribes petraeum*, le groseillier des rochers spontané dans les Alpes et les Pyrénées.

Le groseillier à grappes

Le groseillier à grappes ou castillier est un arbuste sans épines, à rameaux portant des bourgeons saillants et de grandes feuilles caduques, buissonnant jusqu'à 1,20-1,50 mètre de hauteur. Les fleurs hermaphrodites d'un vert jaunâtre sont réunies par grappes pendantes de huit à seize. Elles s'ouvrent en avril et sont autofertiles. Les fruits rouges, roses ou blancs, sont sphériques. A leur sommet subsistent les restes du calice floral. La peau est fine et translucide. La pulpe, très juteuse, contient des pépins ocre doré.

• *Le groseillier à maquereau* (Ribes uva-crispa, Ribes grossularia)
Egalement appelé groseillier épineux car ses rameaux portent des épines, ce buisson touffu fleurit en avril, juste après le débourrement. Il donne de gros fruits isolés, ronds ou ovales, blancs, jaunes ou verts, parfois rouges, à épiderme pubescent (d'où son nom latin de "raisin frisé" et le surnom de "croque-poux" qu'on lui donne dans le Nord), parfois glabres chez certaines variétés. Les fruits sont rêches au toucher et acidulés au goût.

Le groseillier à maquereau

• *Les groseilliers décoratifs*
Ce sont des arbrisseaux qui peuvent cependant, à l'état sauvage, atteindre une taille conséquente. A Pagan, en Birmanie, W. Somerset Maugham logea dans une maison-relais "entièrement entourée de grands arbres, des tamarins, des figuiers banians, des groseilliers sauvages" (*Un gentleman en Asie*, 1924, réed. Le Rocher, 2001). La plupart sont plantés au jardin d'agrément pour la beauté de leur feuillage et de leur floraison.

Le groseillier doré *(Ribes aureum)*, originaire d'Amérique du Nord, a été introduit en France en 1812. Ses fleurs jaunes sont très odorantes. Ses gros fruits noirs ressemblent aux cassis. Il est utilisé comme porte-greffe pour cultiver en haute tige des variétés de groseilles à grappes et à maquereau. Le groseillier à fleurs *(Ribes sanguineum)*, de même origine, est cultivé en Europe depuis 1817. Il en existe plusieurs variétés : 'Atrorubens', à grappes rouges ; 'Pulborough Scarlet', à fleurs roses, 'Brocklebankii', à feuilles jaunes... Le groseillier des Alpes *(Ribes alpinum)* se rencontre assez fréquemment dans les Cévennes et les Pyrénées. Cet arbuste à petites feuilles peut être planté exposé au nord. G. Bonnier mentionne dans sa *Flore complète de France et de Belgique* une variété 'Japonicum' à feuilles persistantes et aux fruits d'un rouge cerise vif.

• *Le cassissier* (Ribes nigrum)
Le cassissier est un arbrisseau sans épines de 1 mètre à 1,50 mètre de haut, à racines superficielles, très ramifié, à grandes feuilles caduques découpées. Leur face inférieure

Le cassissier

FAUSSES GROSEILLES

Plusieurs fruits exotiques ont été baptisés du nom de "groseille", en raison de leur saveur acidulée. La "groseille du Cap" est l'alkékenge du Pérou *(Physalis peruviana)*, ou coqueret, qui était déjà très cultivé en 1800 dans la région du cap de Bonne-Espérance, en Afrique du Sud. La "groseille de Coromandel", du nom de la côte sud-est de l'Inde, désigne le carambole *(Averrhoa carambola)*, qui contient de l'acide oxalique. La "groseille-étoile" est le fruit du "groseillier de Cythère" ou "cerisier de Tahiti" *(Phyllanthus acidus)*. Quant à la "groseille de Chine", c'est le kiwi *(Actinidia sinensis)* ou "souris végétale", qu'il faut beaucoup d'imagination pour rapprocher de la groseille.

porte de petites glandes odoriférantes qui contribuent à dégager l'arôme puissant et très agréable de la plante. On retrouve cette huile essentielle dans les bourgeons, les tiges et les fruits.

Les fleurs, hermaphrodites, sont réunies en grappes pendantes de cinq à dix clochettes vert-jaune et s'ouvrent en mai. Les variétés anciennes de cassissier sont pour la plupart autostériles ; certaines obtentions récentes ('Black Down', 'Black Reward'...) sont autofertiles. Les fruits sont rassemblés en grappes de grains sphériques, à peau noire, tachetée de lenticelles. A leur sommet, les restes des sépales forment une pointe. La pulpe, verdâtre et juteuse, renferme de vingt à quarante pépins bruns très petits.

• *Le caseillier* (Ribes nidigrolaria)
La caseille, ou casseille, est le nom générique d'un ensemble d'hybrides sans épines obtenus en Allemagne, entre des groseilliers à maquereau et des cassissiers. Les premiers hybrides résultaient du croisement d'un cassissier 'Géant de Boskoop' et d'un groseillier épineux, 'Winham's Industry', mais ils étaient stériles. En 1975, un nouvel hybride, fertile, apparut sous l'appellation de Josta (de *Johannisbeere* et *Stachelbeere*, nom allemand du groseillier épineux). Rebaptisé caseillier en France, il donne des fruits glabres ayant la forme et la couleur des cassis, mais plus gros et moins savoureux (ils ont l'acidité de la groseille à maquereau).

Le jardin de groseilles

Le groseillier à grappes vient bien en toute exposition et en tout terrain. Il donne de meilleurs fruits au soleil et dans une terre franche, sous climat tempéré. Son enracinement superficiel lui fait craindre la sécheresse en zone méridionale : on paille les pieds durant la saison de végétation avec du compost bien mûr. La même fumure organique est incorporée superficiellement par griffage à l'automne. Sur sols sablonneux ou calcaires, un amendement humifère favorisera la fructification.

Les hivers trop doux peuvent entraîner la chute des baies avant maturité. Le groseillier est sensible à l'anthracnose qui dessèche les feuilles (traitement à la bouillie bordelaise après la floraison), à l'oïdium (épandage au printemps de soufre sublimé au pied des touffes) et à la rouille (on peut prévenir l'apparition de cette maladie cryptogamique en plantant de l'absinthe à proximité des groseilliers et des cassissiers).

Il se multiplie en hiver par marcottage en butte ou par boutures à talon, prélevées sur des rameaux d'un an bien vigoureux. Pour former rapidement une touffe, on plante en mars trois boutures. On obtient par ailleurs des groseilliers à tige, se ramifiant en quatre branches à partir de 80 à 90 centimètres de hauteur, par greffage en écusson, effectué en juillet, de variétés comestibles sur le groseillier doré *(Ribes aureum)*.

La forme la plus usuelle est cependant la touffe évasée, de dix à quinze tiges, qui produit durant une quinzaine

Former une touffe de groseillier

d'années. Pour former la touffe à partir d'une bouture, on taille la première année en hiver les rameaux à deux yeux, qui donneront les nouvelles pousses. L'année suivante, ces pousses seront taillées en hiver à deux ou trois yeux. Au printemps suivant, elles formeront de huit à douze jeunes tiges.

On peut aussi conduire le groseillier en haie fruitière, notamment les variétés très productives, en le palissant en éventail sur deux fils horizontaux fixés à 60 centimètres et 1,20 mètre du sol, les pieds étant espacés de 1 mètre. Les rameaux de un ou deux ans sont palissés en hiver. L'été suivant, ils donneront des grappes plus longues, faciles à cueillir.

Le groseillier fructifie sur les brindilles de l'année précédente et sur les tiges de trois ans. Les branches âgées de plus de quatre ans sont peu fertiles ; leur bois devient gris-noir. On les taille au pied en automne, puis on rabat en hiver à quatre ou cinq yeux les jeunes branches conservées afin d'augmenter la vigueur des rameaux nouveaux. Mais on ne taille jamais les rameaux d'un an prêts à porter leurs premiers fruits.

S'il s'avère nécessaire d'aérer la touffe pour que l'air et la lumière profitent à tous les rameaux, on taille les branches situées au centre ; cela favorise aussi la pousse de nouveaux bois à la base de la touffe.

Si l'on veut déplacer un groseillier, il est préférable de le faire en automne, en transplantant l'arbuste avec sa motte de terre.

Pour effrayer les oiseaux, on entortille du fil de laine très blanc autour des branches porteuses de fruits. On peut aussi planter ou accrocher des effaroucheurs "à tête de chat" et espérer que les merles et les étourneaux se laisseront abuser. Mais la seule protection certaine est le filet : sa mise en œuvre ne se justifie que dans le cas où toute la récolte serait compromise.

Groseilliers sur tige

Les groseilles sont cueillies en grappes (on cueille d'une main et on tient la branche de l'autre) quand elles sont encore fermes et bien colorées. A maturité, elles deviennent luisantes.

Le groseillier à maquereau se cultive comme le groseillier à grappes. Il aime les sols frais et bien drainés, redoute les gelées tardives mais souffre des excès de chaleur et est, de ce fait, très difficile à cultiver dans le Midi. Ses rameaux étant flexibles, il se multiplie par marcottage par couchage. A la plantation, il faut tenir compte du caractère épineux des rameaux de ce groseillier pour choisir son emplacement. Palissé en éventail, il peut former une haie défensive.

Assez sensible à l'oïdium, il doit être traité à la bouillie bordelaise en début et en fin de végétation. Pour favoriser la venue de beaux fruits, on taille les branches âgées et celles, trop basses, dont les fruits toucheraient le sol. Les groseilles à maquereau se cueillent avec leur pédoncule en juillet-août quand elles sont fermes, brillantes et translucides. Récoltées demi-mûres, elles servent de condiment pour assaisonner les sauces de poisson.

• *Variétés de groseilles à grappes*
'Cerise longue grappe blanche' : résistante aux maladies, à fruits blancs acidulés, juteux, très parfumés, s'étalant sur des grappes faciles à cueillir, mûrs mi-juillet.

'Géant noir' : vigoureuse, en touffe très dense, résistante aux maladies, à très gros fruits noirs comme des cassis, juteux, acidulés, dont l'arôme et la saveur évoquent la myrtille, mûrs fin août.

'Gloire des Sablons' : assez vigoureuse, à floraison tardive, résistante aux maladies cryptogamiques, à fruits roses ou blanc rosé, juteux et assez parfumés, très peu acides, mûrs mi-juillet.

'Jonkheer Van Tets' : à port érigé, très productive, adaptée aux climats froids, à fruits rouges assez acidulés, mûrs fin juin.

'Junifer' : obtention de l'INRA, très vigoureuse et productive, à palisser, s'adapte à tous climats même chauds, à fruits rouge vif brillants, sucrés, excellents, mûrs fin juin-début juillet.

'Première raisin', ou 'Première groseille-raisin' : vigoureuse, à port érigé, à floraison tardive, très productive, à palisser, à fruits rouges savoureux au nombre de trente à trente-cinq par grappe, mûrs fin juillet-début août.

'Red Lake' : de vigueur moyenne, résistante à l'anthracnose mais sensible à l'oïdium, adaptée aux climats humides, à port étalé (nécessitant d'être taillée), à floraison tardive, à gros fruits rouge vif en longues grappes, sucrés, de très bonne qualité, mûrs dans la première quinzaine de juillet.

'Rose de Champagne' : de grande vigueur, assez productive, à fruits roses, sucrés, juteux et parfumés, mûrs fin juillet.

'Stanza' : de vigueur moyenne, adaptée aux climats froids, peu sensible au gel printanier, à fruits rouge foncé brillants, mûrs mi-juillet.

'Versaillaise blanche' : variété ancienne, à fruits dorés, juteux et peu acidulés, de très bonne qualité, mûrs mi-juillet. Il existe également une variété 'Versaillaise rouge'.

• *Variétés de groseilles à maquereau*
'Careless' : rustique, résistant aux maladies, vigoureuse et très productive, à très gros fruits verts de bonne qualité, mûrs fin juillet.

'Freedonia' : variété sans épines, vigoureuse, assez peu productive, aux baies roses excellentes, mûres fin juillet.

'May Duke' : très productive et vigoureuse, à gros fruits rouges à pulpe translucide, juteuse et parfumée, de bonne qualité, mûrs en juillet-août.

Marcotter le groseillier à maquereau

> ## BOUTURAGE ET MARCOTTAGE
>
> Ces deux modes de multiplication végétative permettent d'obtenir de nouveaux plants identiques au pied mère. On mise sur la rapidité de l'espèce à produire des racines. Le bouturage consiste à prélever sur des rameaux des tronçons d'une vingtaine de centimètres que l'on repique aussitôt sur au moins les deux tiers de leur longueur, en sol meuble ou en jauge. Ces derniers sont transplantés en mars-avril en pleine terre. L'été suivant, les yeux donnent des bourgeons et des racines se forment.
>
> Le marcottage consiste à enterrer des rameaux toujours attachés au pied mère afin qu'ils s'enracinent. Avec du bois rigide, comme celui du groseillier à grappes ou du cassissier, on pratique le marcottage en butte. On commence par un recépage : sur le pied mère, rabattu à 15 centimètres du sol en hiver, les bourgeons donnent des rameaux plus forts, hauts d'une cinquantaine de centimètres en juin. On butte alors le pied mère et la base des rameaux en accumulant de la terre sur 30 centimètres. Des racines se forment durant l'été. A l'automne, les rameaux en racines, appelés marcottes, sont détachés du pied mère et repiqués aussitôt.
>
>

'Resistenta' : très résistante aux maladies, à fruits ronds, blanc doré, sans poils, à pulpe sucrée et parfumée, de bonne qualité, mûrs fin juillet-début août.

'Winham's Industry' : vigoureuse, rustique et productive, à baies assez grosses, ovales, rouge violine, à peau duveteuse et à pulpe sucrée et juteuse, mûres en juillet.

Le jardin de cassis

Très robuste et vigoureux, le cassissier affectionne les sols légers, plutôt calcaires, humides en profondeur, mais redoute les argiles compactes et les sous-sols très perméables. Il vient bien dans les terres fertiles, mais ses fruits y ont moins de saveur. Son climat d'élection est continental, à été chaud. Sinon, les cassis sont peu sucrés. L'exposition en coteaux lui est plus favorable que les grosses chaleurs du Sud (on paille le pied l'été en zones arides). Au besoin, des apports d'humus aéreront le sol. Le cassissier est relativement sensible à l'oïdium et à l'anthracnose. Il est rare que les oiseaux l'attaquent, car il se protège par l'odeur puissante de ses bourgeons et de ses fruits.

On multiplie le cassissier par bouturage (rameaux de un an, longs de 20 centimètres et enterrés sur 15 centimètres) ou par marcottage en butte. Il se cultive en touffe ouverte d'une dizaine de rameaux, qui devient vite confuse à son diamètre adulte (environ 1,20 mètre). Sur certains pieds à végétation abondante, appelés "coulards" en Bourgogne, les rameaux du centre sont nettement plus hauts que les autres. Ces pieds sont bien moins fructifères.

On taille en hiver le vieux bois de façon à privilégier les rameaux de un ou deux ans. Ceux-ci ne doivent pas être raccourcis tant qu'ils fructifient. La taille favorise aussi la naissance de jeunes pousses près du sol. La mise à fruits intervient, en principe, à partir de la deuxième année. On cueille les cassis quand leur couleur est devenue très foncée. La fraîcheur des fruits se reconnaît à leur fermeté, à leur adhérence au pédoncule et à la rigidité du bois des grappes.

Le caseillier, vigoureux, met à fruits au bout de trois ans. Il est résistant à l'oïdium et à l'anthracnose. On le cultive comme le cassissier, en exposition bien ensoleillée et abritée du vent. Il supporte bien d'être palissé en éventail sur des fils placés à 0,50 mètre d'intervalle, les pieds étant espacés de 1,20 mètre sur le rang. On taille en hiver, un jour où il ne gèle pas, les branches les plus âgées situées au centre de la touffe. Le caseillier fructifie sur le bois de l'année précédente. Ses fruits sont mûrs presque tous en même temps, début juillet.

La caseille

• *Variétés de cassis*

'Burga' : variété issue de 'Noir de Bourgogne', assez vigoureuse, à floraison précoce, à fruits mûrs début juillet, à polliniser par 'Royal de Naples'.

'Delbard Robusta' : variété résistante à l'oïdium, assez ramifiée, à gros fruits acidulés, sucrés et parfumés, mûrs

LE MULCHING

En Allemagne et dans les pays d'Europe du Nord, où les arbustes à fruits rouges sont beaucoup cultivés, les jardiniers "bio" emploient une technique culturale de plus en plus répandue, le mulching. Il s'agit de conserver une couverture sur le sol, à l'aide de matières organiques sèches et non contaminées par des produits de traitement phytosanitaire : paille, feuilles, fougères… Cette couverture maintient le sol humide, protège les racines, souvent superficielles, et nourrit la plante en se décomposant. Deux apports annuels sont préconisés : le premier, au printemps et le second, en automne. Ils sont complétés si nécessaire par des apports estivaux si le mulch est décomposé et que le sol risque de souffrir de sécheresse.

mi-juillet, à polliniser par 'Géant de Boskoop' ou 'Noir de Bourgogne'.

'Géant de Boskoop' : variété très productive et vigoureuse, à floraison mi-tardive, à longues grappes de très gros fruits, à pulpe juteuse, assez sucrée, parfumée, de bonne qualité, mûrs début juillet, à polliniser par 'Noir de Bourgogne'.

'Noir de Bourgogne' : variété ancienne de vigueur moyenne, à port dressé, à débourrement et floraison tardifs, très résistante, aux gros fruits à la pulpe juteuse, acidulée et parfumée, au jus très coloré apprécié pour confectionner la liqueur, à l'arôme et à la saveur excellents, mûrs début juillet, à polliniser par 'Géant de Boskoop'.

'Rosenthal' : à grosses grappes de fruits très noirs, sucrés, excellents, mûrs mi-juillet, à polliniser par 'Noir de Bourgogne'.

'Royal de Naples' : variété ancienne, vigoureuse, à port retombant, à floraison précoce, à fruits sucrés, très goûteux, mûrs début juillet, à polliniser par 'Burga'.

II. MÛRES ET FRAMBOISES

La ronce qui blessa Ida

Spontané en Europe, principalement en montagne jusqu'à 1 200 mètres d'altitude, le framboisier se rencontre à l'état sauvage dans les Alpes et le Massif central ; il y fait le bonheur des ânes qui le broutent en passant. Pline l'Ancien le dit cependant originaire des pentes du mont Ida, en Crète, où Zeus vécut son enfance.

A cette époque, les framboises étaient blanches, comme les fleurs qui les précédaient sur l'arbuste. Un jour que Zeus pleurait, la nymphe Ida, fille du roi de Crète, voulut calmer l'enfant avec quelques framboises. En cueillant un fruit, Ida s'égratigna le sein aux épines du framboisier. Une goutte de sang perla et, tombant sur la framboise, la colora de rouge.

Le nom latin du framboisier (*Rubus idaeus*, ou "ronce du mont Ida") a gardé le souvenir de cette légende. Quant à son nom français, il apparaît vers 1160 et vient du francique *brambasia*, signifiant "mûre", transformé en *bramboise* puis en *frambeise* sous l'influence du mot "fraise des bois". Cette proximité linguistique a peut-être entretenu la confusion entre les espèces. Ainsi, la framboise a longtemps été considérée comme le fruit d'un très ancien accident génétique qui aurait fait se poser du pollen d'une fleur de ronce sur les stigmates d'une fleur de fraisier.

Le framboisier est cultivé dans les jardins français depuis le Moyen Age. Il faisait traditionnellement partie, avec la ronce, des buissons ornementaux plantés aux coins du "préau", ou petit pré, rassemblant les végétaux décoratifs : buis, myrte, rosier, églantier… Au XVIe siècle, la framboise était recommandée comme un tonique et un fortifiant. Olivier de Serres signala en 1600 la pâte de framboise "recherchée pour son odeur agréable". Les confitures de framboises sont mentionnées dans *Le Jardinier françois* de Nicolas de Bonnefons (1651) et dans *Le Cuisinier françois* de La Varenne (1652).

La framboise étant très digeste, Gaspard Bauhin la conseillait au début du XVIIe siècle "à ceux dont l'estomac ne peut garder les aliments et que tourmentent les vomissements" et prescrivait des cataplasmes confectionnés avec

des feuilles de framboisier écrasées. Le sirop de vinaigre framboisé, préparé avec 250 grammes de framboises pour un litre de vinaigre de vin blanc, a longtemps servi à soigner les angines, en sirop ou en gargarisme.

La culture du framboisier se développa à la fin du XVIIe siècle en Angleterre, en Hollande et en Russie. En France, les vergers de production furent surtout implantés en Savoie, en Alsace et en Côte-d'Or. Au XIXe siècle, on sélectionna de nombreuses variétés : 'Hornet' et 'Pilate', à fruits rouges, non remontantes ; 'Sucrée de Metz', à fruits blancs ; 'Merveille des quatre saisons', 'Belle de Fontenay', 'Perpétuelle de Billiard', 'Surpasse Merveille', 'Surpasse Falstaff', remontantes... Elles ont été rejointes dans les catalogues des pépiniéristes par des variétés d'origine anglaise ou américaine pour la plupart.

En Amérique, le framboisier est également indigène. M. Toussaint-Samat rapporte la recette d'une "pâte exquise, le *miskwimin amo sisi bakwat*, framboises écrasées dans du miel pur et que les tribus amérindiennes du Canada, de toute éternité, ont fabriquée l'été pour leurs provisions d'hiver". En Finlande, on fait une liqueur avec la *messimaria*, framboise sauvage du *Rubus arcticus*.

Dans l'Aisne, on dit que "le framboisier ne voit jamais son grand-père, parce que chaque année, au printemps, on coupe les tiges ayant rapporté l'année précédente", relate Eugène Rolland dans sa *Flore populaire*. En Eure-et-Loir, en offrant n'importe quel fruit, "on dit à un invité, pour l'engager à en manger, qu'il sent la framboise". Dans la Vienne, une tradition affirme que "si de jeunes époux veulent manger des framboises, ils devront préalablement s'embrasser, sans cela il leur arrivera malheur".

Dans le vocabulaire amoureux, la framboise est l'aréole du sein, ou plus exactement le mamelon. Ce tétin semble composé de petits grains agglomérés, comme une framboise érectile qui se dresserait au bout du sein, frissonnant sous la caresse de l'air frais ou sous le contact d'une autre peau. La comparaison a été retenue par les scientifiques : "framboise" et "framboisement" sont des termes d'anatomie qui désignent des tissus mamelonnés comme des framboises. En langue verte, framboise désigne le clitoris, petit fruit qui se gonfle à l'aube de l'amour. Cette framboise-là, comme les autres, se cueille tendrement et se déguste sans délai.

La framboise se nomme *amouro* en Lozère, *amouréou* dans l'Hérault, *fragousto* dans les Cévennes... Dans le Gard, on l'appelle *cabrolo* car les chèvres sont friandes de ses feuilles. Plus pompeusement, selon l'écrivain Joris-Karl Huysmans (1848-1907), "deux tranches de pain d'épice beurrées recouvertes de gelée de framboises et appliquées l'une contre l'autre" symbolisent l'harmonie de la pourpre et de la bure.

Rouge comme le rubis, piquante comme l'oseille

Pourpre ou rubis ? *Rubus* est issu du latin *ruber*, "rouge". "Ronce" dérive du latin *rumicem*, de *rumex*, "dard" mais aussi "oseille", puisque les feuilles de cette plante évoquent des pointes de lance. Les Grecs appelaient la mûre "le sang des Titans", car elle était née du sang répandu par les Titans pendant qu'ils luttaient contre les dieux. Cette fameuse lutte, la Titanomachie, secoua les montagnes de Thessalie et donna au monde un nouveau fruit. Une autre légende attribue au diable la création de la ronce : voulant copier Dieu qui créait l'arbousier et ses fruits rouges, le démon ne réussit qu'à faire un arbuste informe aux fruits noirs.

Malgré son image négative dans la Bible – le désert y est décrit comme un pays d'épines et de ronces –, Dioscoride, au Ier siècle, fait entrer la ronce dans son herbier où il la classe parmi les plantes astringentes. Les feuilles, à condition qu'elles fussent préparées en décoction en nombre impair, servaient aux Grecs et aux Romains de remède contre la toux et les maux de gorge. Les Arabes prétendaient que la plante était aphrodisiaque (pour les hommes) et en diluaient dans l'eau donnée à leurs chevaux pour combattre la diarrhée équine.

Les Celtes nommèrent la ronce *Muin* et l'associèrent au chiffre sacré de leur déesse mère : cinq, comme

> ### "A CUL LES VELRANS !"
>
> Louis Pergaud (1882-1914) publia en 1912 un chef-d'œuvre inégalé de la littérature humoristique, *La Guerre des boutons*, où l'on voit les enfants de deux villages jouer à la guerre, capturant prisonniers et boutons après des attaques burlesques décrites d'une fort belle plume. La déroute d'un des clans n'eût pas été complète sans qu'un roncier y ajoutât un peu de… piquant.
>
> "Les Velrans n'hésitèrent pas à bondir en plein taillis et à se frayer, des pieds et des mains et coûte que coûte, un chemin de retraite. La tenue simplifiée des Longevernes (ils étaient nus) ne leur permettait malheureusement pas de continuer la poursuite dans les ronces et les épines et, du mur de la forêt, ils virent leurs ennemis fuyant, lâchant leurs bâtons, perdant leurs casquettes, semant leurs cailloux, qui s'enfonçaient meurtris, fouettés, égratignés, déchirés parmi les épines et les fourrés de ronces comme des sangliers forcés ou des cerfs aux abois."
>
>

les cinq pétales et les cinq sépales de cet "arbuste indomptable et sauvage comme notre peuple". Roland souffla du cor au col de Roncevaux et le Prince Charmant traversa la forêt de ronces pour éveiller la Belle au Bois dormant. Les moines du Mont-Saint-Michel utilisaient pour enluminer leurs manuscrits du jus de mûres et de prunelles qui leur procurait un bleu très foncé (l'usage de la ronce en teinture est attesté depuis 1548 à Venise). Quant à Pantagruel, il avala tout un chariot de ronces sèches qui devaient servir à chauffer un four (l'utilisation des tiges sèches comme combustible des fours à pain était très répandue autrefois).

Au Moyen Age, on consommait les mûres cueillies sur les ronciers ; les feuilles, mâchées fraîches, étaient réputées soigner les maux de dents. Sainte Hildegarde, abbesse de Bingen, conseillait au XIIe siècle les ronces "contre les hémorragies du fondement". Les décoctions de jeunes pousses dans du vin s'emploient toujours contre les furoncles et les abcès.

Pour écarter les soutireurs de beurre, on cherchait une ronce ayant des racines à chaque extrémité, et on la disposait en arc de cercle au-dessus de la porte de l'étable. Cette utilisation préventive est vraisemblablement une survivance de la vocation défensive de la ronce : elle servit longtemps à couronner les murs et palissades entourant les bâtiments ou les villages fortifiés, et elle est toujours plantée en pays de bocage dans les haies pour dissuader le bétail de sortir de la pâture (on affirmait en outre que la ronce éloigne la foudre, ce qui est moins sûr).

Dans l'Allier, la ronce qui s'accroche à la robe d'une jeune fille est appelée un amoureux ; celle qui s'attache à la jupe d'une personne plus âgée, un veuf. Si la femme entraîne la ronce sans s'en apercevoir, son destin sera très différent d'une région à l'autre : "elle se mariera dans l'année" (Wallonie), "un veuf pense à elle" (Bretagne), "elle épousera un veuf" (Vosges), ou encore "elle attendra sept ans avant d'avoir un époux" (Cher), à moins qu'elle ne soit "délaissée par son amoureux" (Hainaut). Curieusement, dans le langage des fleurs, la ronce est symbole d'amour exclusif et, dans le Midi, "une branche de ronce bien épineuse entrelacée avec une branche de rosier sauvage réunit les amants" (F. Vernet).

Aronce en Charente, *éronde* en Vendée, *éronche* en Normandie, *roumègo* dans le Lot, meurier, renverse-panier, casse-bouteille, arrache-cheville, bricole ou collet de bergère un peu partout, la ronce a la réputation d'être accrocheuse (l'autre nom du fil de fer barbelé est "ronce artificielle"). Paul Sébillot explique d'où vient ce caractère : "Jadis, les ronces tenaient auberge, mais elles firent crédit à tant de monde qu'elles ne purent payer leurs créanciers et furent obligées de chercher leur pain ; depuis, elles accrochent les gens pour tâcher d'être payées" (légende des Côtes-d'Armor).

La ronce fut très utilisée en vannerie car elle fournit des liens faciles à confectionner, nommés clisses ou éclisses, pour attacher la vigne, lier les rameaux des balais de bouleau et de bruyère, coudre les boudins de paille de seigle formant des paniers… Bernard Bertrand signale la fabrication dans la région d'Agen de claies pour sécher les prunes en tiges de ronces et de châtaignier refendues.

Durant les deux guerres mondiales, la ronce participa à l'effort de guerre allemand comme composant de quelques-uns des fameux ersatz destinés à pallier l'absence de produits courants. Ainsi, des feuilles de framboisier, de fraisier et de ronce, savamment fermentées et torréfiées, fournirent le "thé allemand", ou *Ersatztee*. Un tissu à base d'arêtes de poisson et de feuilles de ronce servit à fabriquer la demi-paire de bas et les trois huitièmes de soutien-gorge auxquels les Allemandes avaient droit annuellement.

De quelques *Rubus*

Les *Rubus* appartiennent à la famille des Rosacées. Ronces, framboisiers, fraisiers et potentilles formaient au siècle dernier la tribu des Dryades, du nom des nymphes vivant en compagnie des arbres comme ces plantes des bois. La Société nationale d'horticulture de France a confié sa collection de *Rubus* au jardin de Valloires, à Argoules dans la Somme (tél. : 03 22 23 53 55). Il s'agit de la collection la plus complète existant sur le territoire français.

• *Le framboisier* (Rubus idaeus)
Le framboisier est un arbrisseau semi-ligneux à souche souterraine vivace qui émet des tiges aériennes épineuses à l'extrémité courbée, appelées cannes, se dressant jusqu'à 1,50 mètre ou 2 mètres de hauteur. Il forme des buissons en drageonnant. Les tiges, herbacées la première année, lignifient la seconde année puis dépérissent. Les racines traçantes, très superficielles, sont complétées par quelques racines plus profondes si le sol le permet. Dotées d'un long pétiole, les feuilles, caduques et alternes, sont composées de trois, cinq ou sept folioles larges et ovales, dentées, vert clair dessus, tomenteuses et argentées dessous. Les fleurs blanches, hermaphrodites, s'ouvrent en petits bouquets à partir de mai. Leurs étamines nombreuses ont des anthères blanches. Le fruit est composé d'une quarantaine de grains agglomérés, les drupéoles. Les étamines fanées sont visibles à sa base, au milieu des restes des cinq sépales.

Certaines variétés de framboisier sont dites remontantes, ou bifères, car elles fleurissent et fructifient deux fois : en automne sur les jeunes rameaux apparus au printemps sur les tiges d'un an, puis l'été suivant. Malgré cet ordre de fructification (automne puis été), on considère souvent la première donne comme étant... la seconde. Dans notre perception des saisons, l'automne vient après l'été : aussi une plante qui donne "à nouveau" des fruits en septembre-octobre constitue une bonne surprise pour les gourmands.

• *La ronce des talus* (Rubus fruticosus)
La ronce des talus, ou ronce des buissons, mûrier sauvage, est un arbuste sarmenteux qui rampe et se dresse sur

Rubus idaeus   Rubus fruticosus   Rubus caesius

plusieurs mètres par an et forme rapidement d'épais buissons (comme la ronce donne de très nombreux fruits, son nom d'espèce, *fruticosus* ou "ronce buissonnante", est souvent orthographié *fructicosus* sous l'influence de "fructifiante"). Les tiges à cinq faces, souples, couchées, dressées, arquées, entrelacées, portent des aiguillons recourbés grâce auxquels elles s'accrochent facilement ; elles fructifient uniquement la seconde année. Les feuilles composées de trois à sept folioles sont dentées, caduques ou semi-persistantes, le plus souvent épineuses, tomenteuses en dessous. Leurs nervures, saillantes, et leur pétiole sont également garnis de petits aiguillons. Les fleurs blanches ou roses, hermaphrodites, comprennent environ deux cent cinquante étamines et s'ouvrent tardivement ; elles se développent en bouquets et évoluent en fruits rouges ou noirs, composés de trente à cinquante grains agglomérés.

• *La ronce bleue* (Rubus caesius)
Parmi les quelque cinq cents autres espèces de ronces, qui donnent toutes des fruits consommables à défaut d'être toujours savoureux, la ronce bleue, ou ronce des champs, fausse mûre, est la plus répandue dans nos régions où elle habite prairies, champs et fossés. Ses tiges courtes (de 30 à 80 centimètres) portent des aiguillons moins agressifs et des feuilles à trois folioles persistant l'hiver et renouvelées au printemps. Ses fruits bleu-noir sont couverts d'une pruine bleutée. Ils sont composés d'un bien moins grand nombre de grains que les mûres communes : au maximum une vingtaine de drupéoles, le plus souvent trois ou cinq seulement. Leur goût est acidulé, plus ou moins sucré selon l'ensoleillement. Avec les feuilles de la ronce bleue, on prépare un "thé" à odeur de rose.

• *La ronce odorante* (Rubus odoratus)
Originaire d'Amérique du Nord, introduite en Europe en 1770, très cultivée au Canada pour ses fleurs et ses fruits très parfumés, elle pousse surtout dans les zones humides et fraîches (landes, marais et tourbières). Ses tiges sont courtes et buissonnent à 30 centimètres de hauteur. Les fleurs solitaires roses, parfois blanches, donnent des baies rouges puis orangées à maturité. Une espèce proche porte au Québec le nom de plaquebière ("plat de bièvre") car elle est fort prisée des castors (ou "bièvres", en ancien français).

> ## MÛRE OU FRAMBOISE ?
>
> A l'époque où les framboises étaient rouges et les mûres sauvages (ou mûrons) noires, il était facile de les distinguer. Depuis, de nouveaux fruits sont apparus : framboises jaunes ou noires, mûres bleues, blanches ou rouges, ainsi que des ronces sans épines, des hybrides comme le loganberry… Les botanistes nomment "mûres" tous les *Rubus* dont le fruit adhère au réceptacle. A l'inverse, les framboises se détachent aisément du réceptacle à maturité, laissant apparaître une cavité à la base du fruit. C'est pourquoi elles sont plus fragiles que les mûres.
>
>
> *Loganberry*
>
> D'autres mûres poussent dans les arbres, ce sont les fruits du mûrier noir *(Morus nigra)*, du mûrier rouge *(Morus rubra)* et du mûrier blanc *(Morus alba)*, dont l'aspect évoque celui de la mûre de ronce (ils sont également composés de drupéoles). Le mot grec *moron* désigne d'ailleurs, comme le français "mûre", aussi bien le fruit du mûrier que celui de la ronce, même s'ils n'ont aucune parenté botanique.

• *La ronce naine* (Rubus chamaemorus)
"Ronce à terre", comme le précise son nom latin, ou ronce des tourbières, la ronce naine a des tiges très courtes, de 5 à 20 centimètres, dépourvues d'aiguillons. Ses fruits rouges deviennent orange à maturité. Indigène en Europe du Nord, elle a le même habitat que la ronce odorante. En Scandinavie, ses mûres sont très recherchées pour la confiture.

• *Les ronces cultivées, ou ronces "américaines"*
Elles résultent de multiples croisements et mutations entre espèces et variétés, ce qui rend l'établissement de leur filiation parfois problématique. La plupart sont des ronces inermes (peu ou pas épineuses), à gros fruits noirs.

Les *loganberries* sont de grosses "framboises" allongées d'une couleur variant du rouge clair au noir en passant par le lie-de-vin, à chair très ferme acidulée, issues du croisement entre un framboisier de la variété 'Red Antwerp' (ou 'Rouge d'Anvers') et une ronce (*Rubus ursinus*, variété 'Auginbaugh'). C'est J. H. Logan, juge californien et horticulteur amateur, qui a obtenu en 1881 cette baie (en anglais, *berry*) à laquelle il a laissé son nom. Les *loganberries* sont très cultivées aux Etats-Unis et bien présentes en Allemagne et en Grande-Bretagne. Précoces, elles mûrissent en juin-juillet et leur fermeté leur permet de bien supporter les expéditions.

Les *boysenberries*, ou mûres de Boysen, ont trois parents : un plant de *loganberry* croisé avec un autre *Rubus* et un framboisier. Cultivées aux Etats-Unis, ces ronces sans épines donnent des baies allongées plus grosses que les *loganberries*, rouge foncé à pourpres, au parfum très marqué.

Les *blackberries* de Californie sont issues du *Rubus vitifolius*, "ronce à feuilles de vigne", sous-espèce de *Rubus ursinus*, "ronce des ours" indigène en Amérique et décrite en 1816 par le botaniste allemand A. von Chamisso.

Le jardin de framboises

Peu exigeant sur la nature du sol, le framboisier préfère cependant les terrains humifères ou siliceux, et acides. Il redoute l'asphyxie des racines et la sécheresse ; les sols calcaires risquent de provoquer sa chlorose. Il supporte l'ombre mais donne des fruits plus sucrés en exposition ensoleillée. Originaire des lisières de bois, il n'aime pas les vents trop forts. Enfin, les fleurs des variétés précoces peuvent être détruites par les gelées de printemps.

On paille les pieds en été pour conserver la fraîcheur du sol. Un apport annuel de compost ou de terreau favorise les nouvelles pousses. Maintenir le sol propre et aéré réduit les risques de maladies à virus (mosaïque). Les pousses malades ou parasitées (botrytis, oïdium...) sont brûlées. Outre le puceron, trois "attaquants" font souffrir le jardinier. Le ver des framboises est la larve blanchâtre d'un petit coléoptère dont la femelle pond mi-mai ses œufs dans les fleurs des framboisiers : la présence du ver est révélée à la cueillette, voire à la dégustation du fruit (on peut faire une pulvérisation préventive de tanaisie sur les tiges, curative de roténone ou de pyrèthre sur les fleurs). L'anthonome du framboisier apparaît avant la floraison et pond dans les bourgeons floraux encore fermés. Le crown-gall (*Agrobacterium tumefaciens*) présente la forme d'une tumeur du collet ; c'est une maladie bactérienne qui condamne le pied atteint à l'arrachage.

Deux ou trois pulvérisations de purin d'ortie par an limiteront le développement de ces parasites. En hiver, une pulvérisation de bouillie bordelaise ou de soufre liquide préviendra les maladies cryptogamiques.

Le framboisier se multiplie par drageonnage, par bouturage de racines ou par division de touffe à l'automne. Il

---

LA MÈRE DU CHÊNE ET DES SOURIS

La ronce couvre rapidement les terrains laissés en friche ou les parcelles de forêt mises à nu par une coupe franche. Elle ameublit le sol et protège par ses tiges épineuses graines et plantules de jeunes arbres qui, obligés de pousser en hauteur pour trouver la lumière, marqueront progressivement le retour de la forêt. C'est pourquoi les forestiers l'appellent "la mère du chêne".

La ronce forme des buissons et des haies adoptés par les auxiliaires du jardinier : les abeilles, le merle noir, la fauvette, l'accenteur mouchet (surnommé "traîne-buissons")..., qui attirent et nourrissent les renards friands de mûres. C'est dans le Buisson-aux-Mûres que vivent les petites souris imaginées par Jill Barklem, auteur et illustratrice de livres pour enfants, dont un merveilleux album réunissant *Les Aventures des souris des quatre saisons* (Gautier-Languereau, 2000). Les souris boivent du punch aux groseilles, qu'elles aiment "très corsé". Leur réserve sent bon la confiture de mûres et le pain doré. "Le Buisson-aux-Mûres représente pour moi, explique J. Barklem, le monde idéal. La manière dont y vivent les souris est complètement naturelle, et c'est comme cela que je conçois la vie."

se cultive souvent en haies palissées sur de simples fils de fer horizontaux, orientées nord-sud (afin de faciliter la taille et la cueillette, d'autres formes de palissage sont possibles, cf. p. 389). Les pieds sont alors plantés en ligne à 50 centimètres de distance (les rangs sont espacés de 1 mètre à 1,20 mètre) et limités à 1,50 mètre ou 1,80 mètre de hauteur (ce qui correspond à trois fils espacés de 50 à 60 centimètres). A la plantation, on peut enterrer le collet des framboisiers puisqu'il n'y a pas de variété greffée.

Les drageons de remplacement apparaissent spontanément à chaque pied. On conserve environ dix drageons par mètre linéaire de haie. Pour maintenir les plantes alignées, on cerne les pieds l'hiver en tranchant à la bêche les drageons s'écartant de la ligne de culture. Ces drageons sectionnés peuvent servir au rajeunissement de la framboiseraie en étant plantés sur une nouvelle rangée.

Les variétés non remontantes fructifient sur le bois de l'année précédente. On taille au pied, après la récolte, les cannes ayant fructifié. A défaut, elles se dessèchent et meurent naturellement.

Les variétés remontantes fructifient deux fois sur la même tige : une première fois en automne, sur l'extrémité supérieure des pousses nées au printemps ; une seconde fois l'été suivant sur la partie inférieure de ces mêmes pousses, partie entrée en dormance l'automne précédent, sauf dans les régions très ensoleillées où les framboises apparaissent sur toute la longueur des tiges fructifères. On taille au pied en juillet les cannes ayant fructifié deux fois, et on rabat en automne les jeunes tiges au-dessous de la partie venant de fructifier.

A partir de la mi-juin, on cueille les framboises en plusieurs fois, de préférence le matin avant la chaleur, quand leur couleur et leur arôme sont à leur plénitude et les fruits encore fermes, en les manipulant délicatement. Elles mollissent très vite et ne se conservent guère fraîches. Les punaises se rencontrent souvent sur les framboisiers. Pour se défendre, elles émettent une substance qui communique aux fruits un "goût de punaise" très désagréable et résistant au lavage. Si, en cueillant, on voit une punaise, il est donc préférable de laisser le pied de côté dans l'espoir qu'elle s'envolera bientôt.

• *Variétés de framboises remontantes*
'Bois blanc' : variété ancienne originaire des Alpes, rustique, aux fruits assez gros, arrondis, mous, très aromatiques, au goût excellent, mûrs en juillet puis de septembre à mi-octobre.

'Fallred' : vigoureuse, très productive, résistante aux maladies, à cannes très épineuses, à fruits coniques rouge vif brillant, savoureux, mûrs en juillet puis de septembre à mi-novembre.

'Héritage' : variété américaine, vigoureuse et précoce, très productive en remontée, à cannes épineuses, à fruits rouge brillant, très fermes, très sucrés, mûrs de mi-juin à mi-juillet, puis de mi-août à mi-septembre.

'Merveille des quatre saisons' : variété ancienne, à petits fruits savoureux, rouges ou blancs, mûrs de juillet à septembre.

'September' : vigoureuse et très productive, adaptable à tous sols et tous climats mais pas à la culture en altitude, à cannes peu épineuses, aux fruits arrondis rouge foncé très parfumés, de bonne qualité, plus acides à la remontée, mûrs de mi-juin à mi-juillet, puis de mi-septembre à mi-octobre.

'Surprise d'automne' : gros fruits jaune d'or, savoureux, mûrs en juillet puis en septembre.

'Zeva' : très productive, à cannes rigides peu épineuses pouvant se passer de palissage, à cultiver en sol non calcaire, de remontée précoce, à gros fruits coniques rouge foncé, sucrés, très parfumés et savoureux, mûrs de mi-juin à mi-juillet, puis de mi-août à fin septembre.

• *Variétés de framboises non remontantes*
'Amber' : variété sans épines, à fruits jaunes, sucrés et parfumés, mûrs de mi-juillet à mi-août.

'Hornet' : variété très fertile, à gros fruits rouges, de très bonne qualité, mûrs en juillet.

'Malling Promise': variété anglaise très productive et très vigoureuse, adaptée à la culture en altitude, à planter espacée, à très gros fruits rouges peu sucrés, mûrs de mi-juin à mi-juillet.

LE PALISSAGE DES FRAMBOISIERS ET DES RONCES

Le traditionnel palissage en éventail consiste à attacher les tiges obliques ou verticales à leur point de jonction avec des fils horizontaux. Il demande un espace important entre deux pieds et ne permet pas de visualiser les différences d'âge entre les cannes.

La technique de la touffe fagotée revient à attacher les cannes en haut d'un piquet central, ou échalas. Les pieds peuvent être plantés moins espacés.

Le palissage "à la lyonnaise" consiste à arquer les cannes fructifères et à les attacher horizontalement. Les tiges de l'année sont laissées libres et verticales au centre de la touffe. Après la taille des cannes ayant fructifié, elles seront à leur tour arquées l'année suivante. Les opérations de taille en sont simplifiées.

Le palissage "à la hollandaise" repose sur deux lignes de fil de fer parallèles, au milieu desquelles sont plantés les pieds. Les cannes fructifères sont palissées sur les fils, les tiges de l'année laissées libres au centre de la touffe. Après la suppression des cannes ayant fructifié, les nouvelles pousses seront palissées à leur tour.

Le palissage en "V" est une variante du précédent. Les tiges fructifères sont palissées sur les deux branches du V, les nouvelles tiges laissées libres au centre de la touffe.

Palissage en éventail

Palissage à la lyonnaise

Touffe fagotée

Palissage à la hollandaise

Le jardin de mûres

La ronce accepte le froid et l'exposition au nord (elle préfère le soleil indirect dans les régions méridionales), mais elle ne résiste pas au vent froid. Pour les hybrides de ronce et de framboisier, une protection de la souche contre le gel est nécessaire : feuilles, paille... La ronce peut pousser partout si le sol est frais. Un sol riche en humus est bénéfique à la taille des fruits des variétés d'origine américaine. La ronce des talus peut se contenter d'un sol caillouteux qui favorise le goût et l'arôme des mûres.

C'est une plante très robuste, qui n'est que rarement attaquée par des pucerons (les feuilles piquées s'enroulent) et par des larves de coléoptères qui pondent sur les fleurs. Les variétés horticoles sont sensibles à l'oïdium et à l'anthracnose.

Très naturellement, à l'instar des ronces sauvages, les variétés sarmenteuses de ronce cultivée se multiplient par marcotte couchée : on enterre en mars l'extrémité de nouvelles tiges et l'on sèvre à l'automne, puis l'on garde le nouveau plant en pépinière pour le planter au printemps. Les variétés à port dressé sont plus adaptées au bouturage de racines : on prélève en novembre des tronçons de racines épais et longs de 5 centimètres, que l'on conserve dans un mélange de sable, de terre et de terreau. Les boutures sont repiquées en mars.

Un support (arceau, treillage, clôture...) doit guider le développement de la ronce dont les pieds sont espacés de 2 à 4 mètres selon leur vigueur. Les variétés érigées sont palissées en éventail. Les variétés sarmenteuses sont palissées horizontalement en tenant compte de l'âge des tiges : d'un côté, les pousses en cours de développement, de l'autre côté, les tiges fructifères d'un an. On peut également les palisser "à la hollandaise".

Les branches qui ont porté des fruits meurent. Après la récolte, elles sont taillées au ras du sol. Six tiges d'un an sont sélectionnées par pied pour assurer la nouvelle fructification. Comme pour le framboisier, on cerne à la bêche les drageons avant qu'ils ne deviennent envahissants, sur 30 à 40 centimètres tout autour du pied.

Le palissage et le cernage sont impératifs si l'on maintient ou transplante au jardin une ronce sauvage, dont le développement doit être conduit et limité.

La maturité de chaque variété est échelonnée. Les fruits sont mûrs quand ils commencent à ramollir. La récolte nécessite plusieurs passages, effectués le matin après évaporation de la rosée. Certaines variétés peuvent remonter et produire de juillet à octobre. Les mûres résistent mieux à l'écrasement que les framboises, mais ne se conservent fraîches guère plus longtemps.

• *Variétés de mûres*
'Black Diamond', ou 'Thornless Evergreen', ou 'Mûre géante des jardins' : variété issue d'une mutation de l'espèce européenne *Rubus laciniatus*, très vigoureuse, semi-sarmenteuse, à planter espacée de 3 mètres, sans épines sauf sur les rejets de racines, à feuilles persistantes décoratives, à gros fruits noirs arrondis, savoureux, mûrs fin août.

'Darrow Selection Black Jet', ou 'Blackie', ou 'Framboise noire' : vigoureuse, cultivable jusqu'à 800 mètres d'altitude, à planter espacée de 2 mètres, à port érigé, peu épineuse, hâtive, à gros fruits noirs brillants, fermes, excellents, mûrs début août.

'Loganberry', ou 'Mûre-framboise' : très vigoureuse, à planter espacée de 3 mètres, sensible au froid, épineuse, à gros fruits allongés, mûrs en juin-juillet.

'Smoothstem' : très vigoureuse, à planter espacée de 3 mètres, sans épines, très fructifère, à gros fruits allongés, noirs et brillants, mûrs en septembre-octobre.

'Tayberry' : hybride de ronce et de framboisier d'origine écossaise, sarmenteux, sensible au froid, à planter en terrain bien ensoleillé, espacé de 3 mètres, épineux, très fructifère, à fruits gros voire très gros, acides avant maturité puis devenant mous et parfumés, mûrs en août.

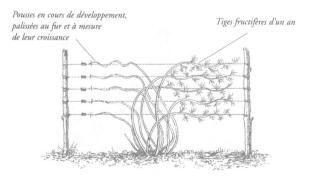

Pousses en cours de développement, palissées au fur et à mesure de leur croissance

Tiges fructifères d'un an

Palissage des ronces

III. AIRELLES ET MYRTILLES

Un chapelet de grains bleu nuit

Le myrtillier et ses fruits ronds et bleus sont nés, dit-on en Bourgogne, des grains du chapelet qu'un saint ermite égrena, avant de mourir, sur la montagne de Saint-Claude, près d'Autun. Mais cette plante croissant spontanément en Europe dans "les lieux montueux, frais et boisés", porte une grande diversité de noms. Dans les régions françaises, on la connaît sous les vocables de cousinier, abrêt noir, raisin des bois, moret, maurette, embrune, gueule noire... Myrtillier et myrtil (mot masculin) viennent de "myrte", les feuilles des deux arbustes ayant quelque ressemblance. On appelait au siècle dernier la plante "vaccinier", du latin *vaccinium*, nom du genre botanique, issu peut-être de *vacca*, "vache". Mais on la nomme encore brimbelle, mot lorrain apparu en 1775 et forgé, comme le mot "framboise", sur le francique *brambasi*, "mûre". Ou "teint-vin", car on l'utilisa longtemps comme teinture.

On a retrouvé en Suisse, lors de fouilles d'une cité lacustre fondée au Néolithique, les plus anciens vestiges textiles connus d'Europe, teints en mauve-violet par du jus de myrtille et en bleu par du jus de sureau. Les peuples celtes employaient les baies pour teindre leurs vêtements. Ainsi, les blouses des paysans et des artisans gaulois étaient teintes à la myrtille. Bien plus tard, au XIXe siècle, on utilisa le jus violet des myrtilles pour colorer le vin et camoufler diverses fraudes.

La myrtille est souvent nommée airelle, ce qui pose un problème de couleur. Airelle (mot attesté depuis 1592) vient de l'occitan *airolo*, ou cévenol *airelo*, dérivés du latin *ater*, "sombre", "noir". Mais il existe l'airelle rouge, ou vigne du mont Ida, qui serait originaire de la même patrie que la framboise, la montagne crétoise où vivaient les divinités grecques. Pour parfaire la confusion, certains dictionnaires donnent airelle comme terme du Midi, myrtille comme celui du Nord. Est-ce pour cela que l'airelle était symbole de trahison dans la culture populaire ?

Airelle ou myrtille, on la consomme depuis toujours. Elle était également utilisée pour soigner la dysenterie, en raison de ses qualités astringentes et antiseptiques. Elle

L'airelle, d'après Dodoens, 1557

développe l'acuité visuelle, comme le cassis, grâce à ses pigments anthocyaniques. La légende veut que l'on en ait donné aux pilotes d'avion durant la dernière guerre pour accroître leur vision nocturne. La feuille de myrtillier a des vertus hypoglycémiantes pour les cas légers de diabète, et anti-inflammatoires : elle réduit les problèmes de microcirculation en cas de fragilité des capillaires ou de couperose.

De quelques *Vaccinium*

Les espèces du genre *Vaccinium* appartiennent à la famille des Ericacées, comme la bruyère dont le nom grec, *eriki*, vient d'un verbe signifiant "briser". Cette étymologie se réfère au caractère cassant des rameaux de bruyère.

• *La myrtille sauvage*
L'airelle myrtille, ou brimbelle, ou myrtillier vrai (*Vaccinium myrtillus*), pousse à l'état spontané à partir de 600 mètres dans les landes, les sous-bois, les pâturages et les tourbières,

partout où elle trouve un sol acide qu'elle protège de l'érosion pluviale grâce à son système racinaire superficiel mais étendu. Ses touffes basses de 20 à 50 centimètres, très ramifiées, portent de nombreuses feuilles caduques, petites et ovales, finement dentées, virant au pourpre et à l'or à l'automne. Ses fleurs hermaphrodites verdâtres ou rosâtres, en forme de grelot pendant, situées à l'aisselle des feuilles, fleurissent en mai-juin puis donnent des baies bleu-gris et mates devenant bleu-noir lorsqu'elles se couvrent de pruine à maturité (juillet à septembre). Les myrtilles ont un jus violet, tachant fortement les mains et les dents, et un goût acidulé. Le myrtillier sauvage aime l'ombre des hêtres et, plus encore, celle des châtaigniers, sous lesquels il revêt une belle robe bleu-nuit. En myrtilleraie, il demande un entretien régulier : genêts, ronces, broussailles sont arrachés à la main. Il se multiplie par marcottage et se cultive aisément au jardin. Les pépiniéristes ne disposent pas de variétés sélectionnées mais vendent des plants obtenus par semis.

• *L'airelle rouge*
L'airelle rouge *(Vaccinium vitis-idaea)*, ou canche, est spontanée en Europe du Nord et très consommée dans les pays scandinaves. C'est un arbrisseau rampant, de 10 à 20 centimètres de hauteur, aux rameaux tordus et grisâtres portant des feuilles persistantes, ovales et vernissées, légèrement échancrées au sommet, coriaces, à bords enroulés. Ses fleurs blanches ou lilas en clochettes (de mai à fin juin) donnent en août-septembre de petites baies acidulées rouge vif et luisantes, à la chair blanche peu juteuse renfermant de

La myrtille sauvage

La canneberge

nombreux petits pépins blancs. Quelques variétés sont commercialisées par les pépiniéristes : 'Cranberry', 'Diana', 'Chloé', 'Saint-Hubert'... Ces variétés se pollinisent mutuellement. Cultivées en plaine, elles sont parfois remontantes, fructifiant en juin puis en octobre.

• *L'airelle des marais*
L'airelle des marais *(Vaccinium uliginosum)*, ou airelle bourbeuse, airelle bleue, grande brimbelle, orcette, pousse comme son nom latin l'indique dans les lieux humides (tourbières et landes de montagne) où elle forme des buissons de 20 à 80 centimètres de hauteur. Ses tiges rondes, dressées et épaisses portent des feuilles caduques très nervurées, vert glauque se colorant de rouge violacé à l'automne. Ses fleurs, blanc-rose, s'ouvrent en mai-juin et donnent des baies bleues pruinées plus petites que celles du myrtillier vrai, à chair blanchâtre et bien moins savoureuse, contenant du jus incolore. Réputée toxique quand elle est consommée en grande quantité, elle provoque chez certaines personnes un état d'ébriété.

• *La canneberge*
La canneberge *(Vaccinium macrocarpon* pour l'espèce nord-américaine utilisée par les Indiens comme plante alimentaire, médicinale et tinctoriale, *V. oxycoccos* pour l'espèce spontanée en Europe), à tiges grêles et rampantes, forme de larges buissons bas fleurissant en juin et donnant de grosses baies acidulées rouges puis brunes à maturité (septembre à novembre), parfois de la taille d'une cerise.

Son feuillage persistant vire du vert au rouge en hiver. Elle pousse spontanément dans les tourbières, les marécages et les sous-bois humides. Très ornementale, la canneberge commence à se répandre dans les jardins. On la multiplie par marcottage ou bouturage. L'espèce américaine a donné quelques variétés disponibles en pépinière : 'Early Black', à fruits rouge très foncé et précoces ; 'Pilgrim', à fruits très gros, pourpres ; 'Howes', à fruits rouge presque noir, très fermes ; 'Crowley', à gros fruits bruns tirant sur le noir...

Le jardin de myrtilles

Le myrtillier géant *(Vaccinium corymbosum)*, ou myrtillier américain, myrtillier à corymbes, bleuet pour les Canadiens, est issu de croisements et de sélections opérés aux Etats-Unis depuis le début du XIXe siècle. Les caractères recherchés étaient la grosseur des fruits, leur résistance à l'éclatement, leur conservation, ainsi que la croissance en hauteur de l'arbrisseau permettant de cueillir les myrtilles debout. Cultivée depuis les années 1920 en Amérique du Nord, l'espèce a donné de nombreuses variétés hybrides répandues ensuite en Europe, notamment en Allemagne et en Pologne. Elles produisent avec régularité de grosses baies bleues pruinées à pulpe claire.

Le myrtillier à corymbes forme librement des touffes ou buissons hauts de 1 à 2 mètres, à feuilles persistantes. Il pousse en terrain pauvre, très acide, comme les espèces sauvages (pH inférieur à 5). Si la terre est trop calcaire, il faut la remplacer par de la terre de bruyère ou du terreau de feuilles bien décomposé, sur 50 centimètres de profondeur environ. On plante à l'automne en laissant 1,50 à 2 mètres en tous sens.

Le myrtillier demande une exposition ensoleillée ou mi-ombragée, et supporte les fortes gelées (jusqu'à - 20 °C pour la plante, - 5 °C pour les fleurs). L'été, le sol doit être maintenu humide par des arrosages ou par irrigation, afin que les racines, très superficielles, ne soient jamais au sec. Le besoin maximum en eau (non calcaire) court sur les cinq semaines précédant la récolte. Un paillage épais (aiguilles ou écorces de pin broyées) conservera l'humidité et fertilisera la plante en se décomposant.

Afin d'assurer une meilleure fructification, il est préférable de planter deux variétés à floraisons simultanées pour une pollinisation croisée (les fleurs sont fécondables pendant huit jours environ). Très rustique, le myrtillier n'est affecté par aucun parasite ni aucune maladie. Le myrtillier se multiplie par bouturage, assez délicat à réaliser (l'enracinement n'intervient en général qu'au bout de deux ans, pendant lesquels il faut conserver la bouture dans un mélange de terre de bruyère et de sable), et par marcottage. On couche un long rameau en terre en septembre et l'on sèvre l'été suivant.

Le myrtillier géant

Le myrtillier porte ses fruits sur les pousses de l'année précédente. Plus ces rameaux partent de la souche, plus ils sont vigoureux et donnent abondamment de grosses baies. On taille donc au printemps les rameaux faibles ou âgés afin de renforcer les rameaux fructifères et de stimuler le développement de nouvelles pousses à partir de la souche. Sur un myrtillier âgé et buissonnant, on ne conserve que six à huit branches charpentières et les rameaux de l'année précédente. Si le buisson est très vieux et ne donne plus, on peut le rabattre en hiver à 30 centimètres du sol. La nouvelle fructification débutera deux ans après.

• *Variétés de myrtilles*
'Atlantic' : arbuste vigoureux et productif, donnant des grappes de gros fruits fermes et parfumés, bleu prune à bleu-noir, mûrs fin juillet-début août.

'Berkeley' : arbuste de vigueur moyenne, à port étalé, assez productif, donnant des fruits bleu clair parfumés, savoureux, mûrs en août.

'Colville' : arbuste très productif, à port érigé, baies d'excellente qualité, mûres en août-septembre.

'Darrow' : de vigueur moyenne, variété très productive, à gros fruits fermes, bleu foncé pruinés, très savoureux, mûrs en août-septembre.

'Ivanhoe' : arbuste poussant en buisson peu ramifié, fruits très gros, bleu foncé, très parfumés, mûrs d'août à mi-septembre.

'Top Hat' : arbuste nain, cultivable en pot, autofertile, à fruits charnus et juteux (juillet-août).

La cueillette

A Braine-l'Alleud (Aisne), les enfants qui allaient aux myrtilles déposaient les deux premières baies qu'ils trouvaient dans la cuvette de la Pierre qui tourne, "persuadés qu'après avoir accompli ce menu sacrifice, ils feraient une récolte fructueuse et ne seraient pas inquiétés par le garde du bois" (Paul Sébillot).

On cueille traditionnellement les myrtilles sauvages avec un peigne long d'une vingtaine de centimètres qui décroche les fruits des rameaux mais qui, mal manié, risque d'effeuiller voire d'arracher la plante. Dans certaines régions où se pratiquaient des prélèvements excessifs, la cueillette est maintenant réglementée. La reconquête ou l'extension des landes à myrtilles figurent parmi les objectifs des parcs naturels régionaux, comme celui des Monts d'Ardèche, département qui produit mille tonnes par an de myrtilles sauvages dans les myrtilleraies des Boutières et des Cévennes (une fête des myrtilles a lieu le dernier week-end de juillet à Péreyres et à Burzet, en Ardèche. Tél. : 04 75 94 50 60).

Les baies n'arrivent pas toutes à maturité en même temps. Les indices de cueillette sont la coloration en bleu soutenu autour du point d'insertion du pédoncule et l'exhalaison de l'arôme. La récolte s'échelonne, selon les variétés et le climat, sur quatre à six semaines, de mi-juillet à fin septembre. Au jardin, chaque pied de myrtillier à corymbes donne 3 à 5 kilos de baies à partir de la quatrième année (l'achat en pépinière de plants âgés de deux ou trois ans permet d'avancer la date des premières récoltes). Les fruits mûrs mais pas trop avancés sont détachés de leur pédoncule avec deux doigts, puis déposés dans un panier. Si les myrtilles sont couvertes de rosée, on attend qu'elles se ressuient. Une fois sèches, elles se conservent une bonne semaine au réfrigérateur, et davantage dans un fruitier frais.

Peigne à myrtille

IV. SUCRÉ, ACIDE : LES SAVEURS DE L'ÉTÉ

Les fruits rouges contiennent beaucoup d'eau (90 %) et peu de sucre (dix à vingt fois moins). Les glucides leur donnent leur saveur sucrée (dominante dans la framboise), les acides organiques leur saveur acidulée (dominante dans la groseille). Les fruits rouges renferment des quantités de vitamine C très variables, mais toujours notables : 25 milligrammes pour 100 grammes dans les framboises ; 35 à 50 milligrammes pour 100 grammes dans les groseilles à maquereau ; 60 milligrammes dans les groseilles ; 100 à 120 milligrammes dans les caseilles et de 90 à 240 milligrammes selon les variétés de cassis. Les pigments anthocyaniques (bleus, pourpres) des fruits dits rouges renforcent l'action de la vitamine C, dont la teneur est déjà élevée.

Tous ces fruits sont peu énergétiques : 38 calories pour 100 grammes, pour la framboise, par exemple. Ils sont bien pourvus en minéraux (potassium, calcium, magnésium, fer) et en fibres douces (notamment dans leurs pépins), bénéfiques au transit intestinal. Rien ne s'oppose donc à une consommation quotidienne, en apéritif pour les fruits cueillis directement sur l'arbuste ou en dessert pour ceux que l'on aura eu la patience de rapporter à la cuisine.

Les fruits rouges se cueillent le matin ; ils n'aiment pas la chaleur et supportent mal le temps orageux. Ils perdent

---

CUEILLIR LES FRUITS SAUVAGES

Comme toutes les autres baies poussant au sol (fraises des bois, mûres des ronces basses...), airelles et myrtilles peuvent contenir des vers parasites appelés échinocoques. Déposés sur les fruits par les crottes de chiens ou de renards contaminés, ces vers transmettent une maladie dangereuse pour l'homme et parfois mortelle, l'échinococcose. La cuisson des baies tue ces parasites... mais aussi le goût des fruits.

de leur arôme au froid, aussi faut-il les sortir du réfrigérateur au moins trente minutes avant de les manger. Si l'on dispose d'une cave ou d'un fruitier frais, ils s'y plairont davantage. L'eau fait également disparaître le parfum des fruits rouges et leurs vitamines : on les lave rapidement sous un filet d'eau froide, puis on les égoutte et on les laisse sécher avant d'ôter les pédoncules des cassis et groseilles. Si les fruits sont sains, il est préférable de dépoussiérer mûres et framboises en les roulant dans un torchon humide plutôt que de les laver. Les groseilles à maquereau, après lavage, sont frottées dans un torchon pour enlever leur duvet.

Les groseilles, desséchées au four, se conservent durant les mois d'hiver où elles fournissent des infusions digestives. Les feuilles de cassissier, de ronce et de framboisier sont également conservées sèches pour préparer des tisanes. Tous les fruits rouges se congèlent facilement : on les dispose entiers sur un plateau au congélateur pendant quelques heures puis on les met en sacs et on les replace au congélateur.

Confitures, gelées et coulis

Les fruits rouges se préparent en confitures et en marmelades, faites avec les fruits entiers ou écrasés, en gelées obtenues à partir du jus des fruits additionné de sucre, en purées pour servir à la préparation de sorbets, de coulis et de mousses, en pâtes de fruits...

La confiture et la gelée sont souvent réalisées avec un mélange des quatre fruits rouges présents simultanément au jardin : fraises, framboises, cerises et groseilles. Si les framboises sont trop mûres, leur parfum devient volatil et disparaît à la cuisson. En outre, elles contiennent une enzyme naturelle, la pectinase, qui diminue à ce stade leur pouvoir gélifiant. En ajoutant quelques fruits verts, des cassis ou des groseilles, plus riches en pectine, les confitures prennent mieux. A défaut, on peut additionner d'un jus de citron. Quelques mûres sauvages ajoutées aux mûres des jardins en rendront la gelée plus savoureuse.

Pour que les groseilles donnent le maximum de jus, on fait crever les fruits quelques minutes à feu doux puis on les passe, tout chauds, au moulin à légumes : ainsi, les pépins sont écrasés en même temps que la pulpe et libèrent leur pectine. La prise de la gelée en sera facilitée (sauf si l'on utilise le procédé mis au point à Bar-le-Duc, pour épépiner chaque grain de groseille). Une cuisson rapide à grand feu préserve l'arôme et les vitamines des fruits. Dès la cuisson terminée, la confiture doit être versée dans les pots.

Pour obtenir des coulis, on réduit d'abord les fruits en purée au robot-mixeur ou avec une passoire à coulis. Cette purée est mise à cuire doucement cinq minutes dans un sirop chaud préparé au préalable avec 400 grammes de sucre par kilo de fruits, le jus d'un citron et 50 centilitres d'eau. Après refroidissement, le coulis est mis en pots ou en boîtes hermétiques ; il se conserve six à huit mois au congélateur. Il servira à napper des pâtisseries ou à accompagner des plats cuisinés.

La confiture d'airelles ou de myrtilles s'harmonise très bien avec le goût des fromages issus du lait de brebis ayant brouté les mêmes alpages que ceux colonisés par la myrtille, comme dans les Pyrénées ou les Cévennes. La gelée de groseilles se sert également avec les fromages de chèvre et de brebis, et avec les fromages frais.

• *Gelée de groseilles sans cuisson*

1 kg de groseilles ; sucre cristallisé.

Cueillir des fruits bien mûrs. Laver et égoutter les grappes de groseilles, puis les égrener. Ecraser les groseilles doucement, avec une fourchette. Tamiser pour ne conserver que le jus. Peser le jus obtenu. Ajouter le même poids de sucre et mélanger. Mettre en pots et couvrir. Consommer dans les jours qui suivent.

Vins, liqueurs et sirops

La transformation des fruits rouges en boissons, alcoolisées ou non, figure au rang des préparations d'office traditionnelles. Les plus simples sont les jus de framboise, de groseille ou de myrtille, obtenus en pressant les fruits dans un sac de toile. Décanté et tamisé, le jus est mis en bouteilles chauffées au bain-marie pendant cinq minutes. Il servira à aromatiser glaces et gâteaux.

Pour réaliser du sirop de fruits rouges, on écrase des fruits mûrs, puis on laisse reposer douze à vingt-quatre heures dans une terrine couverte. On passe ensuite la marmelade au mixeur ou au presse-purée pour en extraire le jus. Ce jus, additionné de son poids en sucre, est porté lentement à ébullition, filtré et mis en bouteilles. Il se conserve environ trois mois, un an s'il est stérilisé.

La liqueur s'obtient par macération des fruits dans de l'alcool. Quand ils ont exprimé tout leur parfum, on les enlève pour ne conserver que le jus auquel on peut ajouter du sirop de sucre. Le jus des fruits faisant baisser le degré d'alcool, la liqueur n'est pas très forte. La liqueur de cassis entre dans la composition du célèbre kir et dans celle de friandises fourrées à la pâte de cassis, appelées cassissines en Bourgogne.

Le ratafia se prépare en mélangeant, à parts égales, eau-de-vie et jus de fruit, additionnés de sucre pour en réduire l'âpreté. Bu en digestif, le ratafia restitue l'arôme et la saveur des fruits, notamment des framboises ou des cassis. On prépare en Alsace une eau-de-vie de framboise au goût délicieux.

• *Moré*

Pour 1 litre de jus de mûre : 1 l d'eau ; 200 à 300 g de sucre ; 1 sachet de levure de bière.

Verser dans une bonbonne le jus de mûre, ajouter l'eau, le sucre et la levure. Laisser quelques centimètres de vide en haut de la bonbonne, couvrir avec un torchon de grosse toile ou fermer avec une bonde hydraulique. Placer à température ambiante (20 à 25 °C) et surveiller le début de la fermentation vers le troisième jour. Si nécessaire, activer la fermentation en ajoutant encore un peu de sucre ou de levure. Laisser fermenter pendant dix à vingt jours, puis soutirer le moré dans des bouteilles champenoises bouchées et ficelées avec un muselet. Si la quantité préparée est faible et si la consommation intervient très rapidement, on peut se contenter de soutirer le moré dans des cruches bien évasées à moitié remplies, couvertes d'un linge.

• *Liqueur de framboise*

500 g de framboises ; 1 l d'eau-de-vie à 40° ; 500 g de sucre en poudre ; 20 cl d'eau ; 1 gousse de vanille ; 1 bocal de 1,5 l.

Laver et sécher les framboises, puis les placer dans le bocal. Verser l'eau-de-vie, ajouter la gousse de vanille fendue. Fermer hermétiquement le bocal et laisser macérer un mois. A l'issue de ce délai, recueillir le jus obtenu et le filtrer. Dans une casserole, faire bouillir l'eau et le sucre. Laisser refroidir ce sirop puis l'ajouter au jus. Mélanger. Conserver la liqueur en bouteilles bouchées. Laisser reposer un mois avant de consommer.

• *Vodka de cassis*

250 g de bourgeons de cassis ; 1 l d'alcool à 50°.

Prélever les bourgeons sur les rameaux taillés, en hiver, ou, si cela ne compromet pas la récolte, cueillir de jeunes bourgeons au printemps. Les mettre à macérer dans de l'alcool à 50° pendant un mois. Filtrer la liqueur obtenue, qui doit être bien parfumée. Utiliser en pâtisserie pour aromatiser les crèmes et les garnitures.

• *Vin de myrtilles*

500 g de myrtilles ; 1 l de vin blanc ; écorce de cannelle ; 2 clous de girofle.

Ecraser les myrtilles dans une terrine. Ajouter le vin blanc (chablis, bourgogne aligoté…), un morceau d'écorce de cannelle et les clous de girofle. Laisser macérer deux à trois jours. Filtrer et mettre en bouteille. Servir frais mais non glacé à l'apéritif.

ARÔMES DE FRUITS ROUGES

Dans le vocabulaire du vin, une grande richesse de mots sert à désigner les arômes. Y figurent en bonne place les fruits rouges : cassis, myrtille, mûre, framboise, groseille, qui qualifient notamment les fragrances des beaujolais. Ces arômes fruités sont produits à la fois par la texture du bois des tonneaux – le chêne – et par l'alchimie de la vinification qui sublime les composants du raisin lui-même (goût, parfum…).

On retrouve aussi les fruits rouges parmi les mots permettant de décrire la robe des vins. Un rose framboise signale un vin jeune et fruité. Un rouge framboise ou un rouge groseille témoignent d'un vin entrant dans sa maturité.

Des fruits rouges tout au long du repas

• *Fruits rouges givrés et glacés*

Des fruits rouges entiers : myrtilles, framboises, mûres, cassis, groseilles ; 2 blancs d'œuf ; sucre cristallisé.

Pour les fruits rouges givrés : tremper les fruits rouges dans le blanc d'œuf puis dans du sucre cristallisé. Pour les fruits rouges glacés : placer les fruits rouges dans les compartiments d'un bac à glaçons puis remplir le bac d'eau et le placer au congélateur. Servir à l'apéritif les glaçons qui libéreront les fruits rouges en fondant et utiliser les fruits rouges givrés pour décorer les verres.

• *Mûres au vinaigre*

500 g de mûres bien fermes ; 3/4 de litre de vinaigre d'alcool ; 500 g de sucre ; clous de girofle ; cannelle.

Porter à ébullition le vinaigre, laisser bouillir quelques instants puis arrêter le feu. Ajouter le sucre, les clous de girofle et une ou deux pincées de cannelle. Disposer les mûres dans un bocal. Verser le mélange chaud sur les mûres. Fermer hermétiquement le bocal et attendre trois semaines avant utilisation.

Les mûres au vinaigre s'emploient comme condiment avec la charcuterie. Le vinaigre de mûres ainsi obtenu sert à l'assaisonnement des salades de roquette ou de pourpier.

• *Marmelade d'airelles et de canneberges au vin et à la cannelle*

En Amérique du Nord, les canneberges entrent dans la confection d'une sauce qui accompagne traditionnellement les volailles, et surtout la dinde servie aux Etats-Unis depuis 1621 lors des fêtes du *Thanksgiving Day*, commémorant l'arrivée des premiers colons. Au XVIIe siècle, en France, la dinde était accompagnée de framboises fraîches. Airelles et canneberges (on remplace parfois les canneberges par des *loganberries*) cuites sont servies avec le gibier (canard, faisan, sanglier).

1 kg d'airelles et/ou de canneberges ; 2 verres de vin rouge (bordeaux) ; 500 g de sucre ; cannelle.

Dans une casserole, faire fondre les airelles et les canneberges. Ajouter le vin et porter à ébullition. Ajouter le sucre et 2 pincées de cannelle, mélanger avec une cuillère en bois en écrasant les fruits puis faire cuire à feu doux pendant une bonne demi-heure. Mettre en pots aussitôt et laisser refroidir. Servir en accompagnement du gibier ou de la viande.

• *Saumon aux baies rouges**

"Dans une sauteuse, faites chauffer un fond d'huile d'olive et déposez côté peau votre filet de saumon coupé en morceaux. Au bout de cinq minutes, retournez-le côté chair et poursuivez la cuisson trois minutes. Salez, poivrez, jetez quelques herbes sèches – sarriette, estragon, citronnelle –, retirez les morceaux de poisson et réservez-les au chaud. A feu vif, déglacez la poêle avec un peu d'eau, baissez le feu et ajoutez la gelée de groseille (1/2 cuillerée par personne), les groseilles et myrtilles égrappées (25 grammes par personne), sel, poivre. Mélangez sans écraser et laissez cuire environ sept minutes. Puis ajoutez sur feu doux la même quantité d'airelles au naturel après les avoir égouttées, juste le temps de les réchauffer. Dressez l'ensemble sur un plat et servez sans attendre."

• *Caprin aux fruits rouges***

500 g de caillé (fromage de chèvre) frais égoutté ; 150 g de fraises ; 150 g de framboises ; le jus d'un citron ; sucre ; quelques feuilles de menthe.

"Battre au mixeur le caillé frais et égoutté pour garnir des coupes. Faire un coulis avec les fraises et les framboises, ajouter le jus de citron et le sucre, le verser sur les coupes

---
* Recette reproduite avec l'aimable autorisation de Martine Calais (*Baies et petits fruits du bord des chemins*, éditions du Chêne, 1998).
** Avec l'aimable autorisation des éditions Equinoxe. Gilbert Fabiani, *Du fromage de chèvre en général et du banon en particulier*, Equinoxe, Barbentane, 1999.

et décorer avec les feuilles de menthe ciselées. Servir très frais pour un dessert de plein été."

• *Tarte aux framboises et aux mûres*

300 g de pâte sablée ; 400 g de framboises ; 400 g de mûres ; 25 cl de crème fraîche ; 1 sachet de sucre vanillé ; 2 cuillères à soupe de gelée de framboises ; 2 verres de haricots secs.

Préchauffer le four à 180 °C (thermostat 6). Etaler la pâte et en garnir un moule à tarte beurré. Piquer le fond à la fourchette, tapisser de papier sulfurisé et couvrir de haricots secs. Laisser cuire dix minutes, retirer le papier sulfurisé et les haricots, remettre à cuire dix minutes.

Défourner et laisser refroidir trente minutes. Faire fondre la gelée de framboise à feu doux dans une casserole. Laver et sécher les framboises et les mûres. Battre la crème fraîche au fouet, ajouter le sucre vanillé puis étaler au fond de la tarte. Disposer par-dessus les framboises et les mûres, bien serrées, et napper de gelée de framboises. Servir frais.

• *Crumble aux fruits rouges*

500 g de fruits rouges (cassis, groseilles, mûres, framboises, myrtilles) ; 125 g de farine ; 75 g de poudre d'amandes ; 75 g de beurre ; 150 g de sucre ; sel ; le jus d'un citron.

Mélanger dans un saladier la farine, un bon tiers de la quantité de sucre, la poudre d'amandes et une pincée de sel. Ajouter le beurre et travailler comme une pâte sablée. Former une boule avec la pâte, couvrir et laisser reposer deux heures.

A la poêle, faire revenir quelques minutes les fruits rouges après les avoir arrosés du jus de citron et saupoudrés des deux tiers restants de sucre. Disposer les fruits rouges dans un plat à gratin puis émietter la pâte sur eux. Faire cuire trente minutes à four chaud (thermostat 6). Servir tiède.

LES FRUITS ROUGES – 399

• *Thé de ronce*

Jeunes pousses et feuilles de ronce ; feuilles de framboisier ; eau.

Prélever des jeunes pousses sur un mûrier sauvage ou sur un mûrier cultivé. Les enfermer pendant une semaine dans un linge humide jusqu'à ce qu'elles noircissent : en fermentant, les pousses de ronce perdront leur astringence et développeront leur arôme (les plus parfumées sont celles de la ronce bleue). En parallèle, piler des feuilles fraîches de ronce et quelques feuilles de framboisier, les asperger d'eau et les laisser fermenter plusieurs jours dans un linge noué. Oter les linges et laisser sécher au soleil pousses et feuilles, puis les conserver comme les autres végétaux destinés aux tisanes. Pour préparer le "thé" de ronce, faire infuser en parts égales les pousses et les feuilles dans de l'eau chaude.

Le haricot

Jérôme Goust

INTRODUCTION

Le haricot est un fidèle ami de l'humanité. Il nous accompagne et nous nourrit depuis des millénaires ; et cela quelle que soit la diététique en vigueur, permettant à nos mannequins longilignes de maintenir leur ligne, tout comme il a été un aliment de base, robuste et nourrissant, pour des générations de travailleurs de force.

Avec ça, capable de raser le sol comme de s'élancer à l'assaut du ciel, de se fondre comme une masse verte dans la végétation comme de faire éclater des coloris audacieux.

Avec les autres membres de sa famille, les Légumineuses, il a conquis le monde et compte parmi les plantes les plus consommées, en concurrence avec les céréales.

Sa renommée mondiale ne l'a pas empêché de se fondre dans les spécificités locales, au point de donner naissance à des centaines de variétés locales qui faisaient la fierté des villages et des bourgs.

Aux quatre coins de la planète ou du jardin, dans les mots ou dans les assiettes, partons donc à la découverte du haricot.

I. NOM D'UN HARICOT

Haricot, que de choses a-t-on dites avec tes noms ! De nombreux textes littéraires, chansons et expressions jouent avec le sens des mots qui désignent les haricots. Jeux de mots, jeux de haricots, pourrait-on dire, tant cette plante du quotidien s'est immiscée dans nos gestes et nos paroles.

Vous avez dit fayot ?

On attribue au sens argotique du mot "fayot" une origine maritime. Au XVIIIe siècle, le "passage du cap Fayot" signifiait qu'on était en mer depuis assez de jours pour que les provisions fraîches soient épuisées. Il était alors temps d'entamer les légumes secs, ces maudits fayots qui évitaient la famine mais étaient durs à digérer, parfois rances.

Et comme ceux qui se montraient les plus serviles étaient servis les premiers, on les baptisa "les fayots". Ce qu'on retrouve à terre au début du XIXe siècle, lorsque le fayot désignait un sous-officier rengagé, qui revient à l'armée comme les fayots reviennent au menu, inévitables et indigestes.

D'où le double sens du mot "fayot" dans l'argot militaire, désignant à la fois le légume et les sous-officiers, les deux faisant souffrir les soldats et les matelots. Ce double sens est très bien exprimé par une chanson anarchiste du début du siècle – *Les Fayots* – qui était chantée par les marins de la mer Noire :

Mon p'tit gars, vois-tu là-bas
C'gros bateau
Tout peint d'frais
Immobile sur l'eau
On y trime et on y pleure
On y rage et on y meurt
C'est l'empire des fayots... oh oh oh oh...

Refrain :
C'est d'la faute aux fayots
Si on est mal sur le bateau...
A Toulon y a des gonzesses, pas d'erreur
Qui n'ont ni tétons ni fesses
Pas d'chaleur
Elles ont des gueules comme des veaux
Et des pieds comme des chameaux
Ce sont les femmes de tous ces maudits fayots.

L'argot des étudiants et des écoliers eut vite fait de reprendre le terme, désignant ainsi ceux qui cherchaient à se faire bien voir des professeurs, et plus généralement des autorités.

La fin des haricots

On connaît beaucoup de versions sur l'origine de cette expression populaire qui désigne la fin des fins, lorsqu'il n'y a plus rien à faire.

Une première version renvoie aux marins, car lorsque même les haricots étaient épuisés, il n'y avait vraiment plus grand-chose à se mettre sous la dent, la famine et la mort approchaient !

Plusieurs auteurs parlent du collège de Montaigu qui, au XVIIIe siècle, se dressait en haut de la montagne Sainte-Geneviève à Paris, et accueillait des étudiants peu fortunés. Soumis à un régime frugal, ils mangeaient force haricots, d'où le surnom d'hôtel des Haricots. Survint la Révolution qui transforma l'établissement scolaire en prison…

Quant à la fin des haricots, elle correspondrait à un aspect plus tragique : le collège de Montaigu transformé en prison était la dernière étape des prisonniers que la Terreur envoyait à la guillotine… leur exécution marquait donc pour eux "la fin des haricots", c'est-à-dire tout bonnement la mort.

Une autre prison a bénéficié, au XIXe siècle, de cette appellation d'hôtel des Haricots ; c'était l'ancien hôtel Bazancourt, sis quai des Bernardins. Il "hébergeait" les gardes nationaux récalcitrants et compta parmi ses hôtes quelques célébrités : Honoré de Balzac, Alfred de Musset, Théophile Gautier. Pour eux, la fin des haricots signifia le retour à la liberté, ce qui était bien plus agréable.

Le *Dictionnaire du français non conventionnel* (aux éditions Hachette) fait remonter l'expression au décès d'Adolphe Thiers, le 3 septembre 1877, dont ce serait les dernières paroles. Son épouse lui aurait dit, à la fin du repas, qu'ils avaient mangé les derniers haricots (verts) de la saison. "Ah oui ! aurait répondu Thiers, c'est la fin des haricots" ; et sur ce, il serait tombé dans le coma.

La dernière version est issue de l'univers du jeu. Les mises étant parfois symbolisées par des haricots, lorsqu'il n'y a plus de haricots, la partie doit s'arrêter. Par sa portée symbolique, cette origine se rattache aux autres : fin du jeu, fin de la vie.

Ces différentes versions recoupent une coutume du Tarn, que l'on retrouve sans doute dans d'autres régions ; d'un mort, on dit qu'on a mangé les haricots pour lui. Et à Escoussens (Tarn), il était de rigueur de servir un plat de haricots aux funérailles. On trouve une curieuse explication de cette coutume chez G. Bouchet (1584), citée par Sébillot dans *Le Folklore de France* :

"Encores en quelques païs aujourdhuy, on mange des fèves aux obsèques des morts : car dessus les feuilles de ses fleurs semblent estre certaines lettres et caractères qui représentent la pleur et sont signes de douleur et de tristesse."

Le parler haricot

Mais la carrière du mot "haricot" ne se termine pas là, et on le rencontre dans de nombreuses autres expressions, avec des significations souvent surprenantes.

On le retrouve ainsi pour désigner des objets très divers : dans les hôpitaux, "haricot" désigne à la fois un ustensile de chirurgie de forme courbe, et le bassin, récipient en forme de haricot dans lequel les malades alités font leurs besoins. En ébénisterie, il désigne un guéridon dont la partie supérieure a la forme d'un haricot.

Dans *Les Mots d'origine gourmande* (éditions Belin), Colette Guillemard le signale dans des versions anatomiques, psychologiques ou sociales variées : le haricot vert est depuis le XIXe siècle symbole de la maigreur. Ainsi dans *Pot-Bouille* de Zola : "On me l'a montrée... un vrai haricot !" – ce n'est pas un compliment mais une réflexion cruelle de Gasparine, maigre détestant les maigres, à propos de Clarisse. On retrouve aussi le haricot (grain cette fois) pour désigner un orteil (forme courte et arrondie du doigt ?).

Il est aussi symbole de maigreur économique : "gagner des haricots" ou "travailler pour des haricots", c'est travailler pour pas grand-chose, vu la faible valeur des haricots secs. Ce qui rejoint le Littré qui signale que "haricoter", c'est "spéculer mesquinement au jeu ou dans les affaires, faire des affaires minimes".

Enfin, en ch'timi, on dit à quelqu'un qui est de mauvaise humeur : "T'as mingé des haricots qu'ont pas voulu cuire."

Et puis le haricot prend un tour grivois dans un certain nombre d'expressions à connotation sexuelle, désignant tout aussi bien le clitoris que le pénis. Première affectation pour parler d'une dame qui court les messieurs :

"Comandule lâcha, mélancolique :
– Il se passe que Prunelle, elle a le haricot à la portière.
Cette expression sibylline, qui eût laissé muets, rêveurs, perplexes, les quarante de l'Académie française, parut apparemment limpide à l'ex-sergent-chef."
René Fallet, *Le beaujolais nouveau est arrivé.*

Version mâle de la chose, le haricot désigne un organe vert (vigoureux) et ferme.

Dans son *Dictionnaire littéraire et érotique des fruits et légumes*, Jean-Luc Hennig accorde une place de choix à ces considérations physiologiques et anatomiques, sous-tendues par le vocabulaire voyou du XIXe siècle qui utilise le flageolet pénis et le soissons (haricot en grains) clitoris. Il cite même Théophile de Viau (1590-1626), poète libertin :

Je voudrais, belle brunette,
Voyant votre sein rondelet,
Jouer dessus de l'épinette,
Et au-dessous du flageolet.

D'aucuns prétendent même que le terme "flageolet" serait issu du croisement entre "fageole" (petite fève) et "flageole" (flûte) du fait de ses effets venteux et musicaux qui l'ont fait aussi surnommer "pétard" ou "piano du pauvre".

Et "tu me cours sur le haricot", pour dire "tu m'emmerdes", ferait référence au morpion courant sur le pénis, ce qui est effectivement fort gênant. Le pénis est aussi désigné comme flageolet, lequel est une flûte à bec mais aussi une variété de haricot…

Matthias Lair (dans *A la fortune du pot*) rattache cette expression à "tu me cours" que l'on retrouve chez Carco. Au XVIIe siècle, "courir quelqu'un" signifiait le poursuivre. Comme on emploie aussi "haricot" pour désigner un voleur jeune et hardi, "courir sur le haricot" revient à poursuivre un voleur à l'étalage.

Comme on le voit, l'apport du haricot à la civilisation a débordé de beaucoup le simple domaine alimentaire !

Une table-haricot, XVIIIe siècle

II. MAIS D'OÙ SORT-IL DONC ?

Pendant longtemps, la controverse a fait rage : pour certains, les haricots étaient de vieux Européens puisqu'ils étaient cités par des auteurs anciens ; pour d'autres, ils nous étaient arrivés d'Amérique, lors de la découverte des Indes occidentales. Cette controverse sur leurs origines géographiques se doublait d'un débat sur l'étymologie du mot "haricot", car les anciennes terminologies recouvrent des réalités diverses. L'écheveau de cette énigme mérite d'être démêlé.

Une longue controverse

• *Fausses pistes antiques*
Le problème fut d'autant plus complexe que le haricot est une des rares plantes cultivées dont on n'a pas trouvé de traces à l'état sauvage, ce qui témoigne soit de l'extinction de ses ancêtres originaux, soit de modifications importantes dues à la sélection humaine.

On commença par lui attribuer une origine indienne, mais comme le fait remarquer Alphonse de Candolle, il n'y a aucun mot pour le désigner en sanscrit.

La fève des marais (Vicia faba), *originaire du bassin méditerranéen*

Puis l'hypothèse d'une origine moyen-orientale fut communément admise. En effet, de nombreux auteurs anciens signalent la présence de Légumineuses susceptibles d'être des haricots : Théophraste, botaniste grec du IVe siècle av. J.-C., Dioscoride, médecin grec du Ier siècle de notre ère, Virgile (qui les nomme *phaseolus*)…

Le *fasiolum* figure dans le capitulaire *De villis* de Charlemagne indiquant les plantes à cultiver dans les domaines de l'empereur, dans l'inventaire des cultures de l'abbaye de Saint-Gall, chez l'abbesse Hildegarde (*De physica*, XIIe siècle) et chez le botaniste arabe de Málaga, Ibn al-Baytâr, qui mourut en 1248 à Damas. On sait aussi que l'usage des fasioles s'est répandu au Moyen Age en France dans l'alimentation en complément des céréales.

Et lorsqu'au XIXe siècle, l'archéologue allemand Schliemann découvre en Asie Mineure sept villes successives qui constituent selon lui le site de Troie, les recherches mettent au jour nombre de graines carbonisées dont certaines sont identifiées comme "le haricot blanc vulgaire" mêlé à d'autres Légumineuses (pois chiche, fève des marais…).

Enfin, comme les terminologies du Moyen Age sont dérivées du mot grec *phaseolos* – *phasioula* des Grecs, *fagiolo* des Italiens, *frisole* des Espagnols, *fayol* des Provençaux, et *fayot* des Français –, tout semblait confirmer l'origine asiatique ou moyen-orientale du haricot.

• *L'hypothèse américaine*
Mais dans le même temps, d'autres érudits défendaient la thèse de l'origine américaine du haricot, qui serait arrivé en Europe au XVIe siècle, lors de la découverte des Indes occidentales par Christophe Colomb.

En 1897, la controverse se développe jusque dans le journal de la Société nationale d'horticulture. L. Wittmack y publie une réponse à Georges Gibault qui y avait défendu la thèse de la présence ancienne du haricot dans l'ancien monde.

Wittmack cite les graines retrouvées dans les anciens tombeaux d'Ancon, près de Lima (Pérou). Il rapporte que le capitaine Burton, en 1869, "en faisant cadeau d'un crâne trouvé à la côte nord d'Ancon", y découvrit des grains de maïs et de haricots. D'autres graines avaient été trouvées en Arizona, à Chicago, en Utah… Il signale aussi qu'il n'y a de traces de haricots ni dans les tombeaux de l'Egypte ancienne, ni dans les sépultures préhistoriques de l'ancien monde, ni dans les habitations lacustres de Suisse, d'Autriche ou d'Italie ; et qu'aucun mot hébreu ne lui correspond. Quant aux graines trouvées sur le site présumé de Troie, il ne s'agit pas de haricot, la confusion étant due à des problèmes de traduction.

Pour lui, les descriptions de *phaseolos*, *faselus* et autres plantes par les auteurs anciens correspondraient au moins autant à l'espèce actuellement dénommée *Dolichos unguiculatus* (= *Vigna sinensis*) qui serait, elle, originaire d'Asie. La balle penchait du côté des américanistes.

Pour tenter de concilier les deux thèses, on proposa l'explication suivante : les haricots seraient effectivement originaires d'Amérique, mais leur présence en Eurasie dans des temps très anciens serait due à des migrations intervenues à une époque où une communication existait entre les continents. Certains ont même prétendu que cette transmission de cultures s'était faite en passant par l'Atlantide, continent disparu mythique qui aurait fait le lien entre le nouveau et l'ancien monde.

• *Départagés par les bruches*
Il fallut attendre 1901 pour que l'hypothèse américaine et la distinction entre le haricot et ses prédécesseurs eurasiens soient confirmées... grâce à un parasite !

C'est en effet à l'entomologiste Jean Henri Fabre que l'on doit la preuve décisive. Provençal, il raffolait des haricots ; scientifique, il s'interrogeait sur leurs origines dans les *Souvenirs entomologiques* : "Quel est ton pays d'origine ? Es-tu venu d'Asie centrale avec la gourgane [fève des marais] et le pois ? Faisais-tu partie de la collection de semences que nous apportèrent de leur jardinet les premiers pionniers de la culture ? L'Antiquité te connaissait-elle ?"

Le bruche du haricot

Tout le monde connaît les bruches, ces charançons qui s'attaquent aux graines de Légumineuses. Or en ce début de siècle, les bruches ne s'attaquaient pas aux haricots alors qu'ils se précipitaient sur les autres Légumineuses dès que les grains étaient formés. Pour Fabre, si le haricot était originaire de nos régions, il y aurait certainement un consommateur parasite. C'est au moment où l'entomologiste fait ces réflexions que le hasard lui donne raison, car les haricots de la région marseillaise se voient tout à coup infestés par un bruche inconnu. Un lot de ces graines parasitées est apporté à Fabre qui reconnaît un bruche différent de celui des autres Légumineuses. Plus tard, on l'identifiera comme une espèce américaine, et les expériences de laboratoire prouveront qu'il refuse de s'attaquer aux lentilles et autres graines originaires d'Europe ou d'Asie.

Cette ultime preuve démontrait l'origine américaine de notre haricot commun, *Phaseolus vulgaris*. Ses prédécesseurs appartenaient quant à eux au genre *Dolichos* (ou *Vigna*).

La véritable histoire du haricot

• *Un parmi trois : haricot, maïs, courge*
Les haricots prirent donc naissance en Amérique du Sud. Ils ont fait partie des premières plantes cultivées repérées dans les sites archéologiques américains, entre 7000 et 6000 avant J.-C. au Pérou, vers - 3000 dans la vallée de Tehuacan au Mexique. Plusieurs espèces ont été retrouvées : outre notre *Phaseolus vulgaris*, il s'agissait de *Phaseolus coccineus* et *P. lunatus*.

Ils faisaient partie du trio de base de l'agriculture de ces régions, avec le maïs et les courges. Alors que dans les autres pays du monde, l'agriculture est la plupart du temps apparue dans de larges plaines fertiles jouissant d'un climat assez homogène, l'Amérique du Sud est une mosaïque de microclimats ; de la mer jusqu'au sommet de la cordillère des Andes, tout varie : altitude, exposition, richesse des sols. Pendant des millénaires, les peuples qui se sont succédé dans ces régions ont affiné leurs systèmes de culture pour s'adapter à l'extrême diversité des situations.

Le haricot de Lima

• *Les conquistadores*
Les premiers explorateurs des Indes occidentales eurent vite fait de repérer ces graines. Christophe Colomb découvrit à Nuevitas (Cuba) des "champs bien cultivés avec fèves et féveroles bien différents des nôtres". On retrouve ce type de description chez nombre d'anciens auteurs espagnols qui racontent la conquête du Nouveau Monde : Oviedo les rencontre à Saint-Domingue et au Nicaragua, Cabeza de Vaca (1555) en Floride, Pedro de Cieza de León en Colombie, de Soto (1539) en Floride et au Mississippi, et Jacques Cartier à l'embouchure du fleuve Saint-Laurent.

Autant d'explorateurs, autant d'occasions de rapporter ces graines en Europe.

• *De bénédiction papale en mets royal*
On les retrouve ainsi à Rome, à la cour du pape Clément VII. Nous sommes en 1528, et le chanoine (et humaniste) Piero Valeriano, à qui le saint-père avait confié ces graines,

se lance dans leur culture et s'émerveille de l'ampleur de leur développement et de leur prolificité. Passant à la cuisine, il les découvre en ragoût et ne se lasse pas d'en chanter les louanges et de les faire connaître autour de lui. Quant au pape, il pensa vite que "ce trésor des jardins pouvait apporter une aide précieuse à la nourriture des peuples".

Et lorsque Catherine de Médicis s'embarqua pour Marseille afin d'épouser le futur Henri II, Valeriano n'eut de cesse qu'elle n'embarque dans ses bagages une provision de ces *fagioli*. Le royal mariage, célébré le 20 octobre 1533, marqua donc l'entrée officielle du fayot au royaume de France. Ainsi les premiers haricots français furent cultivés en Val de Loire, dans les potagers du château de Blois, et réservés à leurs débuts aux tables les plus riches. Leur facilité de multiplication et l'abondance des récoltes entraînèrent vite l'extension des cultures.

C'était une époque de grands changements alimentaires, marquée par la diminution de l'importance des céréales, moins au profit des viandes et des poissons qu'à celui des légumes qui deviennent à la mode au XVIe et au XVIIe siècle. Les comportements changent également, avec l'apparition des assiettes à la place des tranches de pain, et de la fourchette, également apportée par Catherine de Médicis. Et l'on emploie désormais le mot "légumes" à la place d'"herbes à pot" : les herbes de type sauvage évoluent vers nos légumes modernes.

Jusqu'au XIXe siècle, le haricot resta ce légume sec populaire. Et c'est il y a à peine plus de cent ans que la sélection fit notre haricot vert moderne.

• *Que sont les fasioles devenus ?*
Mais si le haricot triomphait, quels étaient donc ces prédécesseurs avec qui on allait le confondre pendant près de trois cents ans ? Et où étaient-ils donc passés ?

Tout le monde est maintenant d'accord, il s'agissait dans presque tous les cas de Légumineuses des genres *Dolichos* ou *Vigna*. Ce sont aussi des plantes volubiles, mais leurs graines sont un peu différentes : blanches, arrondies, avec un œil noir au niveau du hile. Peut-être est-ce le "pois blanc" dont parlent certains manuscrits du Moyen Age ? La description de Dioscoride correspond au *Dolichos melanophtalmus* ; tout comme les *faseoli* décrits par Albert le Grand (1193-1280) comme ayant une tache foncée au hile. Il s'agit d'une variété considérée comme originaire d'Afrique.

Si le succès du haricot fut rapide, les doliques n'ont pas pour autant disparu. Ce sont encore eux qu'on voit sur le tableau du *Mangeur de haricots* du peintre Annibal Carrache, ténor de l'école de Bologne (1560-1609).

Le dolique, ou "coco à l'œil noir"

Leur culture est encore assez répandue en Italie. En France, le dolique subsiste notoirement dans deux régions. Dans l'Ouest – Poitou, Saintonge, Aunis et Vendée –, c'est la mojette, que l'on commence à retrouver grâce au retour de faveur des variétés anciennes. On rencontre aussi en Provence ce dolique sous le nom de mongette, cette fois, mais il semble s'agir du même "coco à l'œil noir".

L'origine des noms

Haricots, fayots, d'où viennent ces mots ? Là aussi, plusieurs hypothèses se sont succédé.

Pendant longtemps, on a cru que le mot "haricot" venait de "halicot" (ou "héricoq"), terme qui désignait dans l'ancien temps un ragoût de mouton. Cela provoquait le scepticisme de certains auteurs car le susdit ragoût était fait de mouton et de navets, mais sans haricots ; certains prétendent qu'il comprenait des fèves, ce qui est vivement contesté.

Ce terme de "halicot" serait une allitération du mot d'origine francique "harigoté" (ou "aligoté") qui signifie "coupé en morceaux", ce qui est le propre des viandes cuisinées en ragoût.

Dans son *Histoire naturelle et morale de la nourriture*, Maguelonne Toussaint-Samat nous apprend que c'est un poète parnassien qui trouva la piste du mot "haricot".

Fabre s'était étonné de la brusque apparition du mot "haricot" au XVIIe siècle, alors que tous les auteurs parlaient précédemment de *fasols*... étonnement qui dura jusqu'à ce qu'il lise un entretien de José-Maria de Heredia, d'origine cubaine. Le poète parnassien y déclarait : "J'ai trouvé des renseignements sur les haricots en faisant des recherches dans le beau livre d'histoire naturelle du XVIe siècle d'Hernandez. Le mot haricot est inconnu en France jusqu'au XVIIe siècle : on disait fèves ou phaséols ; en mexicain, *ayacot*. Trente espèces de haricots étaient cultivées au Mexique avant la conquête. On les nomme encore *ayacot*." Fabre s'en émerveilla : "Comme j'avais raison de soupçonner dans le bizarre terme haricot une locution de Peau-Rouge ! Comme l'insecte [le bruche] était véridique, nous affirmant, à sa manière, que la précieuse graine était venue du Nouveau Monde."

Il est donc vraisemblable que l'adoption du terme "haricot" résulte d'une fusion entre le mot mexicain *ayacot* (ou *ayacotl*), déformé lors de ses pérégrinations, et le vieux mot "harigot", puisque après tout les *ayacot* se cuisinaient en sauce comme les ragoûts-harigots. On trouve d'ailleurs le terme italien *araco* chez Durante en 1585.

Quant aux fayots, leur origine étymologique semble tout simplement se trouver dans le vieux terme *fasol* dérivé en *fayol* puis *fayot*. Les différentes orthographes trouvées au fil des siècles plaident pour cette interprétation : aux XVIe et XVIIe siècles, La Vega parle de *faseuls*, Olivier de Serres de *faziols*, rejoignant les dénominations de *phaseolos* de Dioscoride, de *faseolus* de Pline, et les *fasiolus* de Charlemagne.

Pour terminer cette revue étymologique, il est bon de faire une mise au point générale sur les termes "légume" et "Légumineuses". Le XVIe siècle est lourd de changement dans les habitudes alimentaires puisque c'est à cette époque que le terme "légume" prend le sens qu'il a gardé jusqu'à aujourd'hui. Auparavant on disait herbes, racines ou fruits. Le mot "légume" (*léüm* au Moyen Age) désignait les plantes à gousses : fèves, pois, faséols puis haricots. De ce fait, il fallut trouver un autre vocable et, recourant au terme latin *legumen*, on en fit les Légumineuses que nous connaissons encore.

III. VARIÉTÉ ET SÉLECTION : UN PEU DE BOTANIQUE ET DE PHYSIOLOGIE

On a entrevu à quel point la famille des Légumineuses était vaste et cosmopolite. Les catalogues proposent des centaines de variétés de haricot, et les ouvrages en répertorient des milliers. Au début du siècle, H. Denaiffe a pu écrire un ouvrage de 493 pages *(Les Haricots)* consacré à la description des variétés répertoriées à l'époque ! Pour s'y retrouver plus facilement, il faut d'abord éclaircir les frontières botaniques et le mode de reproduction du haricot, puis voir à quoi ont abouti des siècles de sélection.

Classification abrégée des Phaséolées

Les botanistes classent les plantes en familles. Nos héros appartiennent donc à celle des Fabacées qui rassemble plus de 12 000 espèces de plantes et un nombre impressionnant de sous-espèces et de variétés. Dans cette famille, une sous-famille se distingue, puisqu'elle regroupe à elle seule environ 10 000 espèces, dont de nombreuses agricoles ou alimentaires, les Papilionacées. Elle comprend un certain nombre de tribus : les Viciées (vesce, fève, gesse, pois), les Trifoliées (trèfle, luzerne), les Lotées (lotier), les Génistées (genêt, lupin, cytise, ajonc), les Hédysarées (arachide, sainfoin), et nos Phaséolées.

Ce sont des plantes herbacées, volubiles ou arborescentes à feuilles trifoliées.

Dans nos contrées, trois genres ont été cultivés. Les genres *Dolichos* et *Vigna* (voème) sont très proches, et plusieurs espèces sont passées de l'un à l'autre. Ainsi *Vigna sinensis*, aussi appelé *Dolichos unguiculatus* ou *D. sinensis*, n'est autre pour Désiré Bois que notre dolique mongette : banette des Provençaux, *loubia beledi* des Arabes, voème de la Réunion ; il se caractérise par une grande résistance à la sécheresse et des gousses vert pâle.

Vigna sesquipedalis, le dolique asperge, est très volubile puisqu'il peut atteindre 3 mètres, et ses gousses très longues (50 centimètres à 1 mètre) le font apparaître sous le nom de haricot-kilomètre.

Le dolique asperge, ou haricot-kilomètre

Chez les *Dolichos*, l'espèce la plus connue est le dolique d'Egypte *(Dolichos lablab = Lablab purpureus)*, grande plante volubile pouvant dépasser 3 mètres, dont on dénombre plusieurs variétés ; parmi celles-ci, le dolique pourpre du Soudan, très hâtif et productif, aux gousses rouge vineux ; et le dolique lablab sans parchemin, introduit de Chine, aux gousses vertes, charnues et tendres.

Reste la vedette de la tribu, le genre *Phaseolus*, qui triomphe sous de nombreux climats et comprend plusieurs espèces très répandues.

Connus comme haricot mungo en français, *black gram* ou *mung bean* en anglais, les *Phaseolus mungo* et *P. aureus* sont des espèces très voisines cultivées en Extrême-Orient et dont les graines ne dépassent pas 5 millimètres de long. Les plus courantes sont vertes, et ce sont leurs germes qui sont consommés dans le monde entier sous le nom de "germes de soja".

Phaseolus lunatus est le haricot de Lima, aussi appelé du Cap ou de Madagascar par référence à des régions où il a pu être communément observé en culture. Très cultivé dans les régions tropicales, il compte de nombreuses sous-espèces et variétés, naines ou grimpantes, annuelles ou vivaces, à graines plus ou moins grosses (9 à 25 pour 10 grammes). Si toutes les variétés se consomment en grains frais, seuls les grains secs blancs sont consommés, les colorés contiendraient un glucoside cyanhydrique toxique. On peut le cultiver dans les zones méridionales de notre pays.

Phaseolus coccineus est le haricot d'Espagne si souvent cultivé comme plante ornementale dans nos régions ; ses racines tubéreuses permettent de le cultiver comme vivace, alors qu'on le considère comme une plante annuelle. Les variétés à graines blanches sont comestibles : leurs larges gousses se consomment jeunes comme des mange-tout ; le grain frais est de bonne qualité alors que le grain sec est farineux et a une peau épaisse. Elles peuvent donc à la fois agrémenter les jardins par leurs fleurs multicolores et leur végétation très rapide, et produire de nombreuses gousses.

Phaseolus acutifolius, originaire des Etats-Unis où il est très cultivé sous le nom de *tepary*, est réputé pour son exceptionnelle résistance à la sécheresse permettant sa culture dans des zones arides : sud-ouest des Etats-Unis, Mexique, Guatemala. C'est lui qui fut retrouvé dans les fouilles de Tehuacan au Mexique.

Le haricot d'Espagne

Le haricot commun, *Phaseolus vulgaris*

Nous en arrivons enfin à notre haricot dont la diversité des formes et des variétés nécessite de lui consacrer un chapitre pour lui seul. Les nombreuses variétés se divisent d'une part selon le port, entre variétés naines et grimpantes ; et d'autre part selon le stade de récolte (filet ou grain).

• *Portrait du haricot commun*
Pour bien comprendre ce qui sépare les différents types de variétés de *Phaseolus vulgaris*, arrêtons-nous un moment pour décrire son fruit dont les différences s'articulent autour de la présence ou de l'absence de parchemin et de fil.

Dans son traité sur le haricot, en 1906, Denaiffe décrit la structure des gousses (ou cosses) : "Si on examine au microscope ou avec une forte loupe la coupe transversale d'un haricot, on observe, rapprochée de la paroi interne de la cosse, une couche continue scléreuse constituant le parchemin. […] On reconnaît aussi la présence de deux îlots scléreux sous les lignes médianes dorsale et ventrale ; ces îlots forment une bande s'étendant depuis la base jusqu'à la pointe de la gousse. […] Par la culture on est arrivé à obtenir de nombreuses races complètement dépourvues de ces productions scléreuses ; les cosses qu'elles produisent présentent le grand avantage de pouvoir être consommées en vert."

LES PHASÉOLÉES A TRAVERS LE MONDE

Les *Voanzeia* et les *Kerstingiella* ne comprennent que des espèces tropicales. Le *Voanzeia subterranea*, tout comme l'arachide, développe des fruits souterrains.

Le genre *Psophocarpus* rassemble plusieurs espèces tropicales dont la plus cultivée est *Psophocarpus tetragonolobus* que nous connaissons sous le nom de pois carré, et les Britanniques sous celui de *Goa bean* ; c'est une plante tubéreuse dont on consomme les graines et les jeunes racines avant qu'elles ne deviennent fibreuses.

Le genre *Glycine* comprend le soja *(Glycine hispida)* et non la liane ornementale que nous connaissons et qui appartient au genre *Wisteria*.

Les *Canavalia* comprennent une espèce cultivée en régions tropicales, le *C. ensiformis*, appelé pois sabre à la Réunion, et haricot sabre aux Antilles, dont les jeunes gousses vertes se mangent en vert, excellentes et tendres au dire de Désiré Bois.

Le *Cajanus indicus* ou pois d'Angol est cultivé depuis très longtemps puisqu'on en a retrouvé dans des sépultures égyptiennes antérieures à l'an 2200 avant J.-C.

Les *Pachyrrhizus* forment des tubercules comestibles qui valent à *P. angulatus* le nom de pois manioc ou pois cochon à la Réunion, patate-cochon à la Martinique, baté en Nouvelle-Calédonie.

Le pois sabre

hybridations malencontreuses. (Rappelons qu'il y a allogamie lorsqu'une fleur est fécondée par le pollen d'une autre fleur, et que si ces deux fleurs appartiennent à des variétés différentes d'une même espèce, il y a hybridation.) Pour le haricot, l'autofécondation n'est cependant pas la règle absolue à 100 %, mais les hybridations restent statistiquement négligeables.

Cela entraîne une reproduction fidèle des caractères de la variété, mais n'empêche pas une certaine variabilité. D'une part

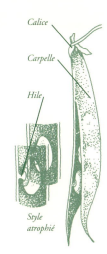

La gousse du haricot

parce que des hybridations peuvent cependant se produire. Et d'autre part parce qu'une certaine variabilité est inscrite dans les gènes – de même que les yeux bleus peuvent apparaître dans une famille alors qu'il n'y en a dans les générations précédentes ni du côté paternel, ni du côté maternel, tout simplement parce que dans les deux lignées le gène "yeux bleus" était récessif (dominé) et qu'il s'est retrouvé à la fois dans l'ovule et dans le spermatozoïde (débarrassé du gène dominant).

Il arrive ainsi qu'un caractère réapparaisse et modifie la variété. On peut découvrir un jour une nouvelle couleur dans une variété apparemment stable, ou un grain plus gros, etc. En mettant de côté les graines issues des gousses ou des plantes présentant ces nouveaux caractères et en poursuivant leur sélection pendant plusieurs générations (de plantes), on peut faire émerger de nouvelles variétés.

Les variétés sélectionnées pour la récolte des graines sont des variétés à parchemin, alors que c'est la sélection de variétés sans parchemin qui a entraîné le développement du haricot vert.

• *Reproduction du haricot*
Il fait partie des plantes autogames, c'est-à-dire que ses fleurs sont bisexuées et s'autofécondent : le pollen d'une fleur féconde les ovules de la même fleur. De ce fait, il est facile à reproduire, ne nécessitant pas d'isolation pour éviter les

• *Evolution et sélection*
Le haricot s'est assez vite répandu en Europe et dans le monde entier, et ses graines sont arrivées de proche en proche dans les villages. Découvrant cette plante facile à cultiver, poussant rapidement et assurant une récolte qui se conservait bien durant la mauvaise saison, la paysannerie l'adopta vite. D'autant plus que cette récolte, provenant des jardins, évitait les prélèvements effectués par les seigneurs, l'Eglise et les agents du fisc. Et qu'elle était à l'abri des attaques des charançons qui ravageaient les réserves

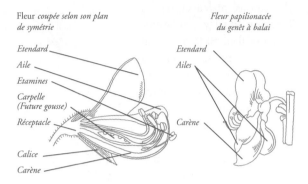

Une fleur de Papilionacée

SÉLECTION ET TERROIR : LE HARICOT DE CARDAILLAC

Dans la commune de Cardaillac (Lot), connue pour son village fortifié du Moyen Age, pour son musée éclaté présentant la vie des habitants d'il y a un siècle, et pour son restaurant fort réputé, il y a une autre gloire qui est en passe de sombrer dans l'oubli, c'est le haricot de Cardaillac. Une belle plante qui peut dépasser les 2 mètres, développant un beau feuillage et une floraison abondante. Un gros grain bien blanc et bien long, tendre à la cuisson, digne d'accompagner le gigot des moutons locaux. Hélas pour lui, il se cultivait sur un espace réduit, dans les jardins du Mercadiol, quelques hectares de terre situés de part et d'autre d'un petit ruisseau qui traverse le village. Ailleurs, il dégénérait vite. Les jardins existent toujours mais le vieillissement de la population, la diminution des cultures de haricots à grains au profit des haricots verts, et la quasi-disparition des agriculteurs du bourg ont fait leur effet. Beaucoup de ces jardins sont désormais des pelouses pour ceux qui sont proches des maisons, ou retournés à l'état de friche. On peut penser qu'il y a par le monde beaucoup de jardins du Mercadiol et de haricots de Cardaillac...

de fèves ou de pois secs. Il s'est ainsi constitué au fil des générations une multitude de variétés locales qui faisaient leur chemin au gré des jardiniers et de l'évolution démographique et technique, se maintenant, s'améliorant ou disparaissant. Les échanges, les apports de variétés extérieures ramenées par un voyageur ou un colporteur contribuaient au renouvellement, à l'amélioration et au brassage génétique.

Pour maintenir une variété, il ne suffit pas simplement de récolter les graines, encore faut-il surveiller leurs caractères, les maintenir et les améliorer. La sélection est aussi affaire de terroir et de techniques de culture, les mêmes graines ne donnant pas les mêmes résultats dans deux situations de sol et de climat différentes.

Pendant des siècles, la sélection a ainsi procédé empiriquement par repérage des hybrides et des mutants naturels, et par sélection des fruits. Les principaux critères qui ont guidé cette sélection sont la taille (naine ou grimpante), la présence de gousses sans fil ou sans parchemin, la couleur des gousses ou des graines, et bien sûr le caractère gustatif et la digestibilité de ces dernières.

Le choix des critères a varié selon les milieux et les époques. La paysannerie qui constituait l'écrasante majorité de la population recherchait au jardin une récolte maximum de grains secs de bonne conservation ; elle préférait donc les haricots grimpants qui donnaient le plus de grains dans le minimum de place. Les haricots à rames sont le symbole d'un jardinage domestique de subsistance, dans une économie où les rapports marchands étaient limités.

Par contre, dès lors que l'économie marchande a pris de l'ampleur et que la mécanisation est apparue, les variétés naines ont vite fait leur chemin : pas de rames à préparer et à installer, possibilité de semer et de cultiver de grandes surfaces, etc.

Quant aux haricots verts, ils ont correspondu à une demande de la bourgeoisie qui ne se satisfaisait pas de consommer en vert des variétés à parchemin et fils plus ou moins coriaces.

C'est à la fin du siècle dernier, sur la côte est des Etats-Unis devenue le centre mondial du développement industriel et urbain, que les premiers vrais travaux d'amélioration ont été menés, permettant d'obtenir des

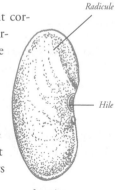

La graine du haricot

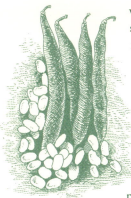

Le 'Soissons blanc à rames'

variétés sans fils. Vers 1920, les sélectionneurs américains vont fixer des résistances au virus du haricot (appelé n° 1). Les souches ainsi obtenues allaient donner les variétés de haricots mange-tout jusque vers 1960.

La fin du XIXe siècle marque l'apogée des variétés locales, décrites par Denaiffe avec force détails dans leur multiplicité, avec en vingt ans un basculement vers les variétés mange-tout et l'ascension du haricot vert. Le moindre manuel de jardinage et d'agriculture de l'époque décrivait des dizaines de variétés. On peut citer quelques-unes des plus connues :

Parmi les variétés grimpantes à parchemin : le 'Soissons blanc à rames', toujours très répandu ; le 'Rouge de Chartres', demi-grimpant ; le 'Grain de riz', aux petits grains recherchés pour la finesse de leur peau et leur tendreté, abandonné car peu productif du fait de la petitesse de ses grains.

Parmi les variétés naines à parchemin : le 'Flageolet blanc', variété de base la plus répandue à l'époque pour ses grains frais ; le flageolet 'Chevrier' ; le flageolet rouge dit 'Rognon de coq', consommé aussi en vert ; le 'Haricot cent pour un', dans l'est de la France, rustique, avec un grain jaune brunâtre ; le haricot 'Comtesse de Chambord', etc.

Cette époque voit aussi un grand développement des variétés sans parchemin, alias mange-tout, issues des variétés mises au point aux Etats-Unis.

Désiré Bois, dans sa gigantesque monographie *Phanérogames légumières* (1927), présente un certain nombre de variétés de mange-tout :

– des variétés à rames : haricot 'Noir d'Alger à rames', le plus ancien des haricots beurre (cosse jaune) ; 'Beurre blanc', 'Beurre du Mont-d'Or' ; 'Haricot de Saint-Fiacre' ("d'une remarquable fécondité") ; 'Zébré gris' (à cosse violette) pour sol aride ; 'Phénomène', etc. ;

– des variétés naines : haricot 'Noir d'Alger nain', variante du précédent ; 'Jaune du Canada', 'Jaune de Chine', 'Beurre noir nain à longue cosse', 'Nain mange-tout phénix', etc.

En Europe, l'amélioration dirigée du haricot démarre au début de ce siècle : il s'agissait surtout de découvrir et de fixer les hybrides naturels. Cela dura jusqu'aux années soixante ; c'est alors que plusieurs facteurs allaient changer profondément la culture du haricot : l'apparition du mange-tout hollandais, différent des souches américaines ; la généralisation de la récolte mécanique dans les grandes cultures ; le développement de la génétique avec d'une part la recherche de résistances aux maladies, et d'autre part la création de variétés spécialisées pour le frais (récolte étalée) ou pour la conserve (récolte groupée, tenue à la surgélation, etc.).

Le haricot 'Noir d'Alger nain'

LA DÉCOUVERTE FORTUITE DE GABRIEL CHEVRIER

C'est celle que fit ce cultivateur sexagénaire en 1872 dans son jardin de Brétigny-sur-Orge. Cette année-là, il avait semé ses haricots à grains tardivement. De peur que les premières gelées ne les détruisent prématurément, il les arracha avant qu'ils ne soient complètement mûrs et les mit à sécher comme de coutume, accrochés la tête en bas dans un hangar.

Lorsqu'il les utilisa quelques semaines plus tard, il s'aperçut qu'ils avaient fini de mûrir mais aussi qu'ils avaient gardé leur couleur verte et que, loin d'être devenus des haricots secs, ils avaient gardé le goût des haricots à grains frais. Le flageolet vert 'Chevrier' était né.

Et depuis ce temps-là, se tient en la bonne ville d'Arpajon (proche de Brétigny) la traditionnelle foire aux haricots, à la gloire du haricot 'Chevrier'.

Le flageolet 'Chevrier'

IV. LE SAVOIR-SEMER DES HARICOTS

*Alors que tout repose encore
Dès le premier cocorico
Ah, qu'il est doux quand vient l'aurore
De voir semer les haricots.*
                    Francis Lopez, *La Route fleurie.*

Que ce soit pour des salades d'été, pour mettre en conserve pour l'hiver, pour consommer les grains frais ou secs, ou au jardin d'ornement, ils sont simples à cultiver ; et si récolte et épluchage sont redoutés de certain(e)s, on verra comment y remédier (partiellement) en choisissant des variétés à rames ou mange-tout.

Le savoir agronomique des Indiens

Les cultures de Légumineuses à graines se sont insérées très tôt dans les assolements, notamment après les feux de brousse. Mais il ne s'agissait pas seulement d'une culture empirique. Les Indiens utilisèrent très vite des techniques de culture élaborées. En découvrant l'Amérique latine, les Européens vont bénéficier non seulement de nouvelles plantes (maïs, haricots, courges, en particulier), mais surtout d'une agronomie de pointe.

L'association du maïs et du haricot

Les Indiens avaient découvert avant nous les règles de l'assolement triennal, faisant se succéder trois cultures complémentaires (ou deux cultures et une jachère) qui permettent de conserver les qualités du sol sans l'appauvrir, et même de l'améliorer constamment.

Les trois plantes de la trilogie indienne (maïs-haricots-courges) étaient cultivées successivement ou ensemble, selon les cas. Leur association représente un assolement à elle seule, et réalise un véritable complexe symbiotique, tant leurs besoins, leurs modes de développement physiologique et spatial se complètent à merveille. Maïs et courges sont gourmands de matières organiques, alors que le haricot est plus frugal et se contente de ce que lui laissent ses compères, tout en fixant l'azote de l'air pour eux. Le maïs s'élance vers le ciel sans aucune aide, et le haricot s'appuie sur lui. Quant aux courges, elles occupent la surface au sol délaissée par ses compagnons plus aériens.

Mais les Indiens avaient aussi découvert les techniques de l'hybridation, réalisant l'insémination artificielle de ces plantes.

Ils avaient même mis au point le stockage en silos en plein air, silos dressés et aérés suivant le même principe que ceux que l'on voit encore dans nos campagnes.

Hélas pour eux, si les Indiens étaient techniquement très en avance, ils n'étaient pas prêts à faire face aux armes à feu des conquistadors. Et la perfection de leur agriculture accéléra leur perte : trouvant sur place de quoi assurer leur subsistance, les envahisseurs purent encore plus facilement se comporter en colons et éliminer les autochtones.

Croyances agricoles

Chez nous, dictons, coutumes et croyances accompagnent bien sûr la culture du haricot. Les plus anciens s'appliquaient sans doute aux prédécesseurs des haricots, mais la *vox populi* les a transférés sans coup férir à notre espèce moderne.

Comme pour la plupart des plantes cultivées, le haricot a ses dictons qui indiquaient quand et comment le cultiver. Ces maximes sont parfois contradictoires d'une région à l'autre, mais cela ne fait que rendre compte des différentes habitudes culturales liées aux sols, au climat et à l'histoire locale.

Pour ce qui concerne le haricot, les dates de semis varient ainsi de la fin d'avril à la fin de juin. Cela correspond aux haricots à grains. Le développement des haricots verts est sans doute trop récent, et longtemps l'apanage des classes les plus riches, pour qu'ils aient donné lieu à des adages populaires.

Ces dates ne sont pas toujours fiables car le calendrier chrétien changea en 1582, lorsque le pape Grégoire XIII décida de faire coïncider le calendrier solaire et le calendrier officiel en supprimant dix jours : le lendemain du 4 octobre 1582 fut le 15 octobre 1582 ! Comme nombre de proverbes sont antérieurs, il en résulte une certaine confusion, d'autant plus que les dates de certains saints ont elles aussi pu être modifiées au fil des siècles.

Ainsi les paysans du pays Bessin (proche du Cotentin) semaient à la Saint-Eutrope : "Sème tes haricots à la Saint-Eutrope / Pour en avoir à trotche [à foison]." Mais la Saint-Eutrope est située par certains au 30 avril (date actuelle) alors qu'on la trouve ailleurs au 21 mai…

En Coutançais et en pays d'Auge, on trouve : "Sème à la Saint-Didier [23 mai], t'auras des haricots plein ton panier" ou dans les Vosges : "Qui sème les haricots à la Saint-Didier les arrachera à poignées."

Les semis, plus tardifs dans les régions plus fraîches, donnaient lieu à une suite de dictons qui les organisaient :

"Sème tes haricots à la Sainte-Croix [3 mai], tu n'en auras guère que pour toi.

Sème-les à la Saint-Gengoult [11 mai], t'en donnera beaucoup.

Sème-les à la Saint-Didier [23 mai], pour un tu en auras un millier."

Dans le Midi, plus précoce, cela donne : "Sème tes haricots à la Sainte-Croix, tu en récolteras plus que pour toi !"

Mais les dictons ne se limitent pas aux semis, ils sont aussi appliqués aux suites de la culture, et en particulier aux rames qui permettent aux haricots de s'élancer vers le ciel, comme en Picardie : "A Saint-Pierre-Saint-Paul [29 juin], rame tes derniers haricots. A Saint-Abraham [27 octobre], sous le hangar les bâtons à rames."

Une culture si simple

• *Les haricots, le sol et le climat*

Comme toutes les Légumineuses, les haricots ont la propriété de fixer l'azote de l'air et de l'apporter au sol. Cette fixation se fait par l'intermédiaire de bactéries : les *Rhizobium*, installés dans des nodosités fixées aux racines des Légumineuses, avec lesquelles ils vivent en symbiose. Ces processus sont particulièrement développés chez les Légumineuses fourragères : trèfle, luzerne, vesce, féverole, etc.

C'est pour cela qu'elles n'ont pas besoin d'apport important d'engrais azotés. Au contraire, si on apporte trop de compost ou de fumier avant une culture de haricots, on va provoquer un développement extraordinaire de la végétation, mais la floraison risque d'être des plus réduites : l'azote favorise la formation du feuillage au détriment de celle des fleurs et des fruits. On peut donc cultiver sans problème le haricot après une culture gourmande dont il utilisera les restes : choux ou poireaux d'hiver, pommes de terre primeurs, épinards de printemps.

Les haricots aiment les sols bien drainés et qui se réchauffent facilement, et bien travaillés pour favoriser le développement des racines. Ils redoutent les terres froides et humides, ainsi que les terres trop calcaires (causse, garrigue). Ils craignent aussi les excès de salinité, ce qui fait exclure l'apport avant semis d'engrais chimiques, de cendres de bois ou de patentkali. C'est dans les sols neutres (pH entre 6,5 et 7) qu'ils fixent le mieux l'azote de l'air. En terre calcaire,

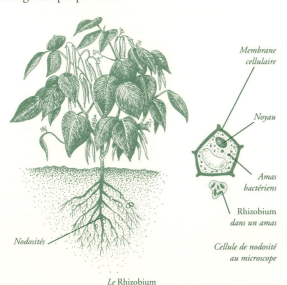

Nodosités

Membrane cellulaire

Noyau

Amas bactériens

Rhizobium dans un amas

Cellule de nodosité au microscope

Le Rhizobium

il faut apporter une poignée de fleur de soufre pour 10 mètres carrés avant le semis ; en terre acide, il faut amender régulièrement avec des matériaux riches en carbonate de chaux : calcaire, dolomies, marne, lithothamne, etc.

Le haricot est une plante frileuse qui ne peut bien se développer que lorsque les derniers froids sont passés. En effet, il ne germe que si la température du sol est supérieure à 10 °C, et il disparaît aux premières gelées. On a vu que les dictons situaient ainsi les dates de semis entre la fin d'avril et la fin de juin.

Pour compenser cette frilosité, il pousse très vite. C'est sans doute une des raisons qui l'ont fait supplanter ses prédécesseurs, dolique et voème, qui étaient moins hâtifs et avaient donc plus de mal à pousser dans les régions les moins chaudes, où la saison d'été est raccourcie.

• *Jardiner le haricot*

Dans la plupart des régions françaises, on le sème donc à partir du 10 mai, une fois tout risque de gelée passé ; cela correspond souvent à la période de floraison de l'aubépine. On peut gagner une quinzaine de jours en le semant sous voile de forçage (en polypropylène non tissé) ou sous plastique.

La levée s'effectue en 5 à 8 jours si la température est suffisante ; pour la hâter, il faut tremper les haricots (de 2 à 12 heures) dans de l'eau à environ 20 °C avant de les semer.

Le semis se fait dans des sillons de 5 centimètres de profondeur. Le haricot supportant mal les arrosages pendant cette phase de germination, il faut arroser le fond du sillon avant d'y installer les graines ; celles-ci y trouveront une réserve d'eau qui leur permettra de tenir jusqu'à ce que leurs racines prennent le relais.

Les variétés naines sont semées en lignes écartées de 40 centimètres, soit en disposant une graine tous les 3-4 centimètres, soit en poquets de 5-6 graines tous les 20 centimètres. Cette seconde technique facilite le désherbage. Les variétés à rames sont semées en lignes écartées de 75 centimètres en

Un jeune plant de haricot

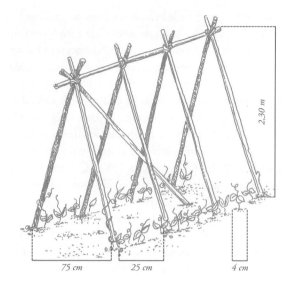

Le ramage des haricots

mettant une graine tous les 3-4 centimètres. Les rames sont installées environ 15 jours après la levée.

Le nombre moyen de jours entre semis et récolte varie de 50-60 jours pour les haricots à filets à 60-80 jours pour les mange-tout, 90-110 jours pour ceux à écosser en grains frais, et 120-130 jours pour récolter en grains secs.

Il faut utiliser des rames de 2 mètres à 2,50 mètres placées à 5 ou 6 centimètres des pieds, tous les 25 centimètres, et que l'on croise à leurs sommets. Les perches de frêne, de noisetier, de châtaignier, de bambou font l'affaire. On peut aussi semer des poquets en quinconce de manière à ramer ensuite en trépied. Cette technique du ramage est la plus ancienne, puisqu'on ne fait ainsi qu'imiter les haricots sauvages qui sont des plantes volubiles profitant de supports végétaux pour grimper.

Lorsque les haricots sont bien sortis et commencent leur développement, il faut désherber, biner soigneusement en prenant garde aux racines superficielles, et ramener la terre au pied. Ce buttage forme une rigole que l'on ferme aux deux extrémités, ce qui permet d'arroser en remplissant la rigole d'eau, tout du moins si le sillon est horizontal et plat.

Pour avoir des haricots verts toute la saison sur sa table, on fait des semis échelonnés, toutes les deux à trois semaines, à partir de mai. Et cela jusqu'à la fin d'août dans le Midi

– début d'août dans les climats doux (atlantique), fin de juillet en région parisienne, et début de juillet dans les climats plus rigoureux.

Pour les haricots à récolter en grains frais, il faut avancer ces dates d'une quinzaine de jours, et pour les grains secs, il faut semer en juin au plus tard, ce qui correspond aux dates perpétuées par les dictons.

• *Les ennemis du haricot*
Sa facilité de culture ne l'empêche pas d'avoir des ennemis. Le plus redoutable est le puceron noir. Il faut le combattre dès son apparition, avec un mélange de roténone et de pyrèthre, si l'on souhaite employer les techniques biologiques, et ne pas laisser les cultures manquer d'eau. Les haricots à grains, quant à eux, sont attaqués par les bruches (voir "Récolte et conservation").

Côté maladies, l'anthracnose et la graisse se présentent sous forme de taches sur les feuilles, puis sur les gousses. Dans les deux cas, on peut faire des pulvérisations de cuivre (bouillie bordelaise ou acétate de cuivre) dès l'apparition des premiers symptômes. Mais les ennemis les plus redoutés actuellement sont les virus, qui se caractérisent par des plantes déformées, voire décolorées, et rabougries : il faut impitoyablement arracher tous les pieds contaminés et les brûler le plus rapidement possible, car il n'existe pour l'instant aucun moyen de lutte.

Mouche des semis

Anthracnose

Graisse

Bruche

Les ennemis du haricot

• *Choisir ses variétés*
Chaque année de nouvelles variétés apparaissent sur les catalogues des grainetiers, qu'on annonce plus prometteuses les unes que les autres. Et les jardiniers ont souvent bien du mal à s'y retrouver. Au moment de faire son choix, il ne faut pas oublier quelques points :

Pour les haricots verts, les haricots à filets sont généralement plus hâtifs, plus minces, mais demandent plus d'arrosages que les haricots mange-tout qui sont aussi tendres et peuvent être récoltés assez tard, presque jusqu'à la formation des grains.

Les variétés vendues pour la conserve ou la congélation ont une production groupée, permettant de limiter la récolte à quelques passages, alors que les variétés classiques ont au contraire une production étalée dans le temps, correspondant mieux à une consommation en frais, de tous les jours.

Pour faciliter la récolte, on peut soit semer des variétés à rames pour éviter de se baisser, soit choisir des variétés colorées pour voir plus vite les gousses ; les plus connues sont les beurre (jaunes) mais il en existe aussi des violettes, voire des panachées.

Pour les haricots à récolter en grains, il ne faut pas confondre ceux que l'on récolte en grains frais à la fin de l'été, et ceux qu'on laisse sécher sur pied pour les provisions d'hiver.

Certains catalogues proposent d'autres haricots : le dolique, le haricot de Lima *(Phaseolus lunatus)* ; sans oublier bien sûr le haricot d'Espagne *(Phaseolus coccineus)*, qui peut être intéressant dans les régions fraîches car il est un peu plus résistant au froid que son cousin ordinaire.

Le haricot est un des légumes qui présentent le plus grand choix variétal… il est donc impossible de tout citer. Car en plus des catalogues, il existe dans de nombreuses régions des variétés locales que les jardiniers du coin reproduisent de génération en génération (surtout pour les haricots à grains). Si de telles variétés existent dans votre village, essayez de vous en procurer pour participer à leur sauvegarde.

• *Faire ses graines de haricots*
Ceux qui souhaitent récolter eux-mêmes leurs graines de haricots pour les ressemer l'année suivante peuvent le faire assez simplement ; les haricots – étant autogames – ne

Le dolique lablab

s'hybrident pas entre eux. Il suffit de quelques mètres entre deux variétés pour pouvoir en récolter les graines ; il faut par contre veiller à ne récolter que sur des pieds sains ; tous les plants attaqués doivent être éliminés : feuilles déformées ou de couleur anormale (virose) ou tachées (anthracnose). Il faut sélectionner des pieds porteurs de belles gousses et laisser celles-ci sécher sur pied.

• *Récolte et conservation*
Lorsque les gousses commencent à être brunes et craquantes, on arrache les pieds et on les suspend dans un endroit sec et aéré. Puis on les écosse et on conserve les graines dans un bocal à l'obscurité ; pour les protéger des bruches (charançons), on peut mettre des gousses d'ail non épluchées dans le bocal – *ou* asphyxier les insectes en faisant brûler dans le bocal fermé un coton imbibé d'alcool qui épuisera les réserves d'oxygène.

V. LE MARCHÉ DU HARICOT

Légume sec, le haricot est un produit facile à transporter et de longue conservation : il a donc fait partie des premières denrées alimentaires échangées entre les hommes. De l'ère du troc à celle de la mondialisation, il a derrière lui une longue carrière, d'abord dans l'économie des marchés, puis dans l'économie de marché. Sur le plan des techniques agro-alimentaires, les haricots furent aussi dans le peloton de tête des plantes innovantes tant au niveau de la production que de la récolte, de la conservation et de la transformation. Son image de légume du marché a tendance à masquer l'importance de ces aspects économique et technique.

Nicolas Appert et le haricot

Jusqu'au XIXᵉ siècle, les procédés disponibles pour conserver les aliments faisaient appel à la cuisson sucrée (confitures et confiseries), au sel (produits salés ou en saumure), à la fermentation lactique pour les légumes (choucroute et autres) ou les produits laitiers. Quant aux graines (céréales et légumes secs), si leur conservation naturelle était moins compliquée, elle n'était pas parfaite. L'alimentation des marins ou des militaires en campagne était souvent défectueuse ou carencée.

C'est le Directoire qui mit les problèmes de conservation des aliments sur le devant de la scène. Nous étions en 1795, le général Bonaparte menait campagne en Italie, et l'intendance avait du mal à suivre. Le gouvernement lança alors un appel d'offres pour la conservation des aliments, doté d'un prix (considérable pour l'époque) de 12 000 francs.

Au même moment, Nicolas Appert est disponible, après une carrière qui a connu des étapes fort diverses : brasseur puis officier de bouche du duc de Deux-Ponts,

Bouilleur Eclair pour stériliser les bocaux

enfin confiseur, il s'est retiré au village d'Ivry-sur-Seine dont il a été nommé maire. La fermentation, l'ancien brasseur la connaît, et aussi la conservation sucrée ; mais cela ne l'empêche pas d'être depuis longtemps préoccupé par la question de la conservation des denrées périssables : lait, viande et légumes.

Il achète un terrain à Massy où il cultive des légumes et se livre à certaines expériences... lesquelles vont donner naissance aux "petites bouteilles de M. Appert". Il remplissait ses flacons de lait, de haricots ou de petits pois et les faisait bouillir plus ou moins longuement, puis en testait le goût et surveillait l'évolution de leur état. Il avait inventé la stérilisation.

Soutenu par Grimod de la Reynière, lauréat du concours du gouvernement, Nicolas Appert fut désigné en 1822 comme "bienfaiteur de l'humanité" par la Société pour l'encouragement de l'industrie nationale. Ce qui ne l'empêcha pas de mourir en 1841 dans l'indigence et de finir à la fosse commune.

Mais sa découverte avait traversé l'Océan et conquis l'Amérique qui la baptisa *appertizing* en hommage à son inventeur, mot qui nous revint sous la forme d'"appertisation", quoique le terme de stérilisation soit utilisé la plupart du temps. Ces bocaux de haricots ont donc bien révolutionné l'alimentation, et la présence des conserves de corned-beef dans les fourgons de l'armée nordiste lors de la guerre de Sécession devait donc beaucoup aux haricots des banlieues parisiennes.

Puis vint la mécanisation

La révolution agricole devait achever de faire triompher les conserves de haricots et permettre l'essor du haricot vert.

Il y eut d'abord la mécanisation de la culture avec l'apparition des semoirs, buttoirs et autres matériels à traction animale puis mécanique qui permirent la mise en culture de parcelles de plus en plus grandes. Mais demeurait l'obstacle de la récolte qui nécessitait une main-d'œuvre abondante, surtout pour les haricots verts.

L'apothéose industrielle des haricots date des années soixante, avec la récolte mécanique qui permettait de

Les premiers pas de la mécanisation : un semoir

traiter rapidement d'importantes surfaces, les filets étant ensuite triés et calibrés de plus en plus automatiquement.

La mécanisation entraîna une évolution importante de la sélection après l'apparition des mange-tout : celle des variétés qui permettent une récolte groupée, et donc encore plus mécanisable. Le développement du marché des surgelés a suscité l'apparition de variétés sélectionnées pour leur bonne tenue à la décongélation, la plupart des variétés classiques devenant molles, voire caoutchouteuses, lorsqu'on les utilise après congélation.

Il s'est ainsi mis en place deux filières très différentes, une pour le produit frais, une pour celui destiné à la conservation.

Le marché du sec

Environ 55 000 tonnes de haricots secs sont commercialisées en France, ce qui fait entre 150 000 et 200 000 tonnes dans nos assiettes une fois réhydratés et cuits. Il faut ajouter à ce chiffre la production des jardins et des maraîchers pratiquant la vente directe.

Le commerce international en la matière est important. Mis à part pour les flageolets qui sont une spécialité française, la majeure partie des haricots secs destinés à la conserve sont importés : près de 40 000 tonnes, alors que les exportations n'en représentent que 6 000.

La région d'Arpajon (terre du flageolet 'Chevrier'), l'Eure-et-Loir, le Val de Loire et la Bretagne produisent du flageolet vert. La Vendée a une production précoce de gros grains – lingots et cocos, traditionnellement dénommés

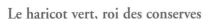

Grains de haricot

"mojettes". Le Nord de la France est la troisième grosse région de production, fournissant des lingots.

Et le cassoulet du Sud-Ouest ? S'il est élaboré en partie avec des petites productions locales, il utilise aussi beaucoup de grains d'autres régions, voire d'importation.

Le haricot vert, roi des conserves

La consommation française en est estimée à 3,5 kilos par an et par habitant, c'est-à-dire 130 000 tonnes pour la conserve et 65 000 tonnes pour la surgélation, produites principalement en France et en Belgique, un peu en Espagne pour certaines variétés plates… avec de petites quantités en provenance du Portugal et du Kenya.

La réforme de la politique agricole européenne a incité nombre de céréaliculteurs à se tourner vers des productions légumières. L'arrivée en force de ce type de gros producteurs sur le marché du haricot de conserve peut entraîner une course à la baisse des prix dont pâtirait la qualité.

Le haricot vert frais

Il s'en vend environ 40 000 tonnes par an, mais il faut y ajouter l'autoconsommation des jardins familiaux et la vente directe qui représentent une quantité au moins équivalente.

Apparue dans les années soixante-dix en Bretagne, la cueillette mécanique se développe aussi dans ce secteur, mais nécessite un tri sévère afin d'éliminer les filets mal coupés qui pourraient faire pourrir l'ensemble. Le Val de Loire, grande région française en la matière, a perdu une partie de ses producteurs avec l'arrivée de la récolte mécanique, mieux adaptée à d'autres régions : un homme récolte de 30 à 50 kilos de haricots verts fins par jour, alors que la machine peut en ramasser des tonnes… La récolte manuelle reste cependant importante pour le marché du frais, en grande majorité sur des petites exploitations familiales.

Une autre concurrence est apparue ces dernières années, celle des productions africaines qui ne se contentent pas d'être présentes sur le marché six mois par an mais arrivent par avion douze mois sur douze.

Les économies émergentes et le haricot

La culture du haricot est en plein développement dans les pays africains avec 37 500 tonnes importées par la Communauté européenne en 1992 en provenance du Kenya, du Sénégal, du Maroc, du Burkina-Faso, de Tanzanie, d'Egypte. Ce qui ne va pas sans poser des problèmes : en France où cette production à main-d'œuvre bon marché concurrence le haricot vert de cueillette manuelle, et fait chuter le prix en étant présente toute l'année ; mais aussi en Afrique où elle pose des problèmes à la fois écologiques et sociaux.

Il s'agit d'une culture d'exportation complémentaire, organisée par le négoce international et régie purement par l'offre et la demande. Elle donne lieu comme les autres (cacao, café, etc.) à une double exploitation : des hommes et de la terre, et fait peu de cas des sociétés villageoises qui ont pourtant besoin de projets de développement, et de la préservation d'une zone sahélienne fragile, aux ressources en eau limitées.

Le haricot vert 'Daisy', facile à cueillir

• *Le haricot, asservissement des femmes africaines ?*
Dans la région du lac de Bam (Burkina-Faso) est installée une zone de culture maraîchère, consacrée au haricot depuis les années soixante-dix. Il est cultivé d'octobre à mars, sans concurrencer le mil et le sorgho, et offrant ainsi un débouché à l'exportation. La main-d'œuvre féminine prédomine, mais une seule femme est coopérateur à titre personnel. Une étude de Guylaine Laurent (du LEDRA de Rouen) a montré à quel point la possibilité d'acquérir un revenu monétaire a perturbé l'économie de la région ; elle a relégué au second plan les cultures vivrières qui sont de plus en plus laissées aux soins des femmes, déjà chargées des tâches familiales et auxquelles le revenu de la culture du haricot échappe en grande partie.

• *... et comme acteur du développement local*
Mais le haricot ne joue pas toujours un rôle négatif dans l'économie locale africaine*. Au Nigeria, une vendeuse de rue a créé un atelier de fabrication d'*akaras* (beignets de haricot très appréciés) qui emploie trente personnes et compte quatre succursales. Au Burkina-Faso, c'est le *gonré*, crêpe-galette de haricot, qui est revenu à l'honneur grâce à la société fondée par une autre femme, Mme Zoundi. Et à Madagascar se déroule, à l'initiative de Simone Randriambeloma, une véritable innovation : la culture biologique de haricots verts pour l'exportation, produits entre octobre et décembre – entre la saison européenne et celle du Maroc ou du Burkina-Faso.

* Exemples donnés par la SYFIA, agence de presse rurale africaine créée en 1988 par le sommet des chefs d'Etat francophones de Québec (http://www.francophonie.org/syfia).

VI. LE HARICOT DANS L'ALIMENTATION DE L'HUMANITÉ

Pendant des millénaires, l'homme a cultivé et consommé les grains de haricots. Il n'en va pas de même des haricots verts qui ne se sont répandus que depuis quelques décennies et n'ont pas eu le temps de créer des habitudes diététiques ancestrales.

Si les Légumineuses sont indigestes crues, elles se sont trouvées liées à l'homme très tôt, dès que celui-ci a domestiqué le feu. Leur apparition date des premières cultures vivrières au Néolithique, lorsque l'homme passa de l'état de cueilleur-chasseur à celui de cultivateur, et du nomadisme aux communautés villageoises.

Les pois, féveroles, gesses et lentilles précédèrent le haricot, dont les différents types ont rapidement conquis le monde au point qu'on le retrouve pratiquement sur toute la planète.

Le tour du monde du haricot

• *En Afrique*
Dans les régions tropicales de bonnes terres arides (Afrique de l'Ouest), on cultive le dolique. Dans les zones tropicales humides, le haricot de Lima ; et dans les zones tropicales d'altitude et les zones subtropicales humides, le haricot commun. Dans certaines régions, la consommation de haricots est très importante : au Rwanda et au Burundi, la ration quotidienne pouvait atteindre 700 grammes par jour au moment de la récolte et la moitié le reste de l'année (Close, 1959). Vingt ans après, on trouve encore des rations de 200 à 400 grammes.

• *En Asie*
Si le soja domine dans les régions tropicales d'Extrême-Orient (Chine, Japon, Corée, Indonésie), les haricots sont présents

Le vrai soja

ailleurs : haricot commun en Asie occidentale et au Pakistan, haricot mungo et dolique en Inde. Dans de nombreux pays de ce continent, les populations d'origine chinoise consomment en majorité du soja, alors que les autres se tournent vers les légumes secs : haricot, mais aussi gesse chiche, fève, pois chiche, lentille, pois d'Angol, etc.

• *En Amérique latine*
Origines obligent, c'est le continent roi du haricot, qui y est l'aliment de base avec le maïs. Dans les régions rurales du Guatemala, il représente jusqu'à 75 % de l'apport énergétique.

Dans les Caraïbes, la consommation est plus irrégulière, concurrencée par l'arachide et la noix de coco (fruits à coques).

En Amérique du Sud, la consommation est faible là où la viande est abondante et bon marché : Argentine, Bolivie, Uruguay. Ailleurs, elle se répartit entre le haricot de Lima (dominant bien sûr au Pérou) et le commun. Si le soja a fait une entrée en force au Brésil, et un peu moins en Argentine, c'est comme culture d'exportation car il n'a guère percé au niveau de l'usage domestique.

• *En Amérique du Nord*
Aux Etats-Unis, le haricot était *le* légume de la conquête de l'Ouest, les pionniers en chargeant leurs chariots. Et l'industrie agro-alimentaire s'est en grande partie développée sur les conserves de haricots. Aujourd'hui il reste attaché à nombre de plats traditionnels, en particulier les *baked beans*. Mais sa consommation quotidienne a considérablement diminué au profit de la viande ; elle ne reste importante que dans les familles rurales ayant les revenus les plus faibles.

Plat de pauvres, son rôle alimentaire et social est décrit avec beaucoup d'humour par John Steinbeck dans *Tortilla Flat*, à travers l'exemple d'une famille de marginaux dont les enfants, nourris de haricots et en parfaite santé, provoquent la stupeur du médecin convaincu du caractère néfaste de ces graines.

La cuisine acadienne emploie encore largement les "gousses vertes" (haricots), le chou, le concombre et les herbes, disposés entre des couches de sel dans de grands pots de grès appelés "croques", réalisant ainsi une conservation par lacto-fermentation comme autrefois.

• *En Europe*
Comme dans les autres parties du monde, la consommation de haricots secs a beaucoup diminué depuis cinquante ans. Elle reste le fait des classes les plus pauvres, rurales en particulier... et trouve un débouché important dans certains plats populaires traditionnels devenus plats de fête à l'image du cassoulet. Mais cela ne ressemble pas toujours à ce que consommaient nos ancêtres ; le cassoulet était d'abord une fabounade, ragoût de haricots auquel on ajoutait dans les grandes occasions un peu de lard, de saucisse ou de confit (de porc, d'oie ou de canard)...

Les habitudes alimentaires

La faim rend tendres les haricots secs.
Adage béarnais.

Certains spécialistes de la nutrition accusent les régimes à base de légumes secs d'assurer un apport insuffisant en protéines. Ce jugement hâtif est contredit par le fait que ces

Des rangs de haricot

pratiques culinaires ont la plupart du temps été acquises au fil de nombreuses générations, et correspondent à l'utilisation optimale des ressources locales. Il y a malnutrition lorsque la pauvreté, les bouleversements écologiques ou sociaux, les circonstances défavorables limitent la quantité et la diversité des aliments. Bien au contraire, dans les régions où sévit la malnutrition, les Légumineuses peuvent aider à améliorer les régimes alimentaires à moindres frais.

Les modes de consommation des haricots varient selon les pays. Dans les alimentations traditionnelles, les haricots sont souvent associés à d'autres aliments, souvent des céréales : riz en Inde et aux Caraïbes ; riz, maïs ou sorgho en Afrique occidentale ; maïs au Kenya ou en Amérique latine. Parfois, ils sont mélangés au gari (farine de tubercules de manioc séchée et fermentée).

Dans nos pays occidentaux et industrialisés, l'alimentation a connu plus de bouleversements au XXe siècle qu'elle n'en avait connu en deux millénaires : les protéines animales ont remplacé les protéines végétales, les sucres simples les glucides complexes, au détriment des fibres, et les lipides ont considérablement augmenté.

Le malheur des uns fait le bonheur des autres, et le haricot vert a prospéré sur le déclin du haricot sec, cette viande du pauvre !

Le haricot vert, star du XXe siècle

Si l'utilisation des jeunes gousses de haricots est mentionnée dès le XVIIe siècle dans les *Délices de la campagne* de Nicolas de Bonnefons (1654), c'est seulement dans les dernières décennies que les haricots verts ont pris leur essor, lorsque leur culture se répandit au jardin et dans les champs en même temps que les canons de la beauté faisaient triompher la minceur. La généralisation de la récolte mécanique des haricots verts dans les années soixante, le développement de l'industrie de la conservation puis celle de la congélation allaient opérer une véritable vulgarisation de ce légume haut de gamme.

Dans le *Guide Clause* de 1930, les variétés à grains sont encore largement dominantes, et on y parle des haricots verts mange-tout mais pas de haricots filet (les extra-fins actuels).

Acteur de cette éclosion de raffinement, Marcel Proust s'emballe dans *La Prisonnière* pour ces légumes verts des marchés parisiens :

Le haricot vert longiligne

"Et dire qu'il faut attendre encore deux mois pour que nous entendions : «Haricots verts et tendres haricots, v'là l'haricot vert.» Comme c'est bien dit : tendres haricots ! Vous savez que je les veux tout fins, tout fins, ruisselants de vinaigrette ; on ne dirait pas qu'on les mange, c'est frais comme une rosée."

Le haricot vert est léger et vitaminé. Riche en eau (90 %), il est deux fois plus riche en protides (2,4 %) que les autres légumes verts, tout en restant faiblement énergétique (30 cal./100 g). Ses glucides (7 %) sont constitués pour moitié d'amidon (ce qui le rend indigeste cru), pour un tiers de verbascose (glucide complexe), et pour le reste de sucres simples (glucose, fructose…). Il ne contient que 1 % de lipides.

C'est une mine de minéraux : dans 100 grammes de produit frais, il y a beaucoup de potassium (248 mg), du calcium (57 mg), du magnésium (25 mg), du phosphore (38 mg), du fer (0,9 mg), et de très nombreux oligo-éléments : zinc, cuivre, sélénium, manganèse, etc. Il est bien pourvu en vitamines : les antioxydantes – vitamine C (20 mg), provitamine A (0,4 mg) et vitamine E –, mais aussi toutes les vitamines du groupe B.

Cet ensemble de minéraux et de vitamines rend les haricots verts précieux pour la protection de notre organisme et pour la prévention du vieillissement et des maladies cardio-vasculaires.

La quantité et la qualité des fibres varient selon le stade de la récolte : de 2 % chez les extra-fins à 4 % chez les gros mange-tout. Cellulose et lignine dominent dans les graines, alors que les filets sont riches en pectine, fibre tendre bien acceptée par les appareils digestifs les plus délicats.

Réhabiliter le haricot sec

Alors qu'ils avaient permis si souvent d'éviter famine et malnutrition, les haricots secs allaient se retrouver au banc des accusés en cette seconde moitié du XXe siècle. Ils méritent largement de reconquérir une place de choix dans notre alimentation, car ils possèdent de sérieux atouts pour notre bien-être.

Ils contiennent peu d'eau (12 %). Riches en protides (23 %), ils sont bien pourvus en acides aminés essentiels, sauf en méthionine (que l'on trouve par contre dans les céréales). Et cette richesse protéique est intéressante car elle est associée à une faible teneur en lipides (1 %), contrairement aux produits animaux. Très riches en glucides (67 %), ils sont énergétiques (337 cal./100 g) mais avec des sucres complexes à mobilisation lente, et une quantité intéressante de fibres (5 %). Si ces glucides sont responsables des reproches faits aux fayots côté digestion, on verra qu'une bonne utilisation en restreint les inconvénients.

Ils représentent une source importante de minéraux : potassium, phosphore, magnésium, calcium, fer, sans oublier de nombreux oligo-éléments (zinc, cuivre, manganèse, iode, etc.), et une quantité intéressante de vitamines.

Des études ont montré qu'ils suscitaient une baisse des taux de cholestérol. Diverses enquêtes sur l'alimentation des végétariens ont établi un lien entre leur forte consommation de légumes secs et la faible prévalence de cancers du côlon, du sein et de la prostate. Ils ont par ailleurs un effet réducteur de l'hyperglycémie et de l'hyperinsulinémie, ce qui peut présenter un intérêt pour les diabétiques.

On leur a reproché de favoriser l'obésité. Or les fayots, comme tous les légumes secs, sont dotés d'un grand pouvoir rassasiant, et 150 grammes de légumes secs n'apportent pas plus de calories que 150 grammes de viande, et pas de graisses. Ce n'est qu'en les associant à des aliments aussi énergétiques qu'eux qu'on peut arriver à des excès, mais qui doit-on alors rendre responsable, dans le cassoulet moderne par exemple : les fayots ou le confit d'oie qui les accompagne ?

Les deux principaux inconvénients des légumes secs résident dans la présence de facteurs antinutritionnels, et dans le problème de digestibilité des glucides.

Présents chez la plupart des végétaux, les facteurs antinutritionnels sont des substances qui assurent la défense de la plante contre les agressions, un peu comme notre système immunitaire. Ils sont donc nécessaires aux végétaux et il serait dangereux qu'une sélection purement nutritionnelle (par manipulation génétique ?) amène l'apparition de variétés peut-être plus digestes, mais plus fragiles.

Heureusement, la plupart sont détruits par un traitement à l'eau chaude... ce que permet la cuisson à laquelle ils sont soumis. Une bonne mastication, en réduisant les grains en bouillie, permet au système digestif de faire le reste.

Les glucides sont composés (pour 100 g de haricot cru) en majeure partie d'amidon (43 g), de galactosides (4 g) et d'un peu de saccharose (2 g) qui donne au haricot son goût sucré, sans compter les fibres glucidiques (cellulose et pectine).

Crus, ils sont indigestes, et même toxiques dans le cas des haricots rouges qui contiennent des lectines pouvant provoquer des lésions graves de l'intestin grêle.

Dans l'eau, les pectines vont gonfler et se dissoudre partiellement, rendant l'eau visqueuse et le haricot mou et collant. La cuisson va transformer une partie de l'amidon, détruire en grande partie la phaséoline (antiamylase) et dissoudre partiellement les galactosides.

Reste le problème des lourdeurs... et de la flatulence. Les gaz sont provoqués par l'arrivée au niveau du côlon de substances fermentescibles à plus de 95 % : résidus d'amidon, galactosides et matières pectiques. Nous verrons en cuisine comment limiter ce problème.

Une plante médicinale ?

La médecine populaire a eu recours aux gousses de haricot séchées utilisées en infusion ou en décoction comme diurétique, dans le traitement des rhumatismes, des œdèmes cardiaques ou du diabète. Plus récemment, le docteur Valnet les préconise en phytothérapie contre certaines albuminuries, le diabète et l'insuffisance hépatique. Il signale que les grains cuits et écrasés peuvent être utilisés contre les brûlures, l'érysipèle et les dartres... et que l'eau de cuisson sert au lavage des cotonnades teintes ou imprimées dont elle n'altère pas la couleur.

Quant au haricot vert, il le conseille comme reconstituant et stimulant du système nerveux, anti-infectieux, pour la convalescence, la croissance et contre le surmenage ; par exemple en cure de jus de gousses vertes à raison d'un demi-verre par jour.

VII. SAVEURS DE HARICOTS

Choisir et préparer les haricots verts

Le haricot doit être consommé le plus vite possible après la cueillette, et les gousses doivent être bien fermes, avec une peau brillante, et non ramollies par un stockage prolongé. Les haricots extra-fins ne sont pas obligatoirement les meilleurs car ils s'abîment plus vite du fait de cette finesse. Les mange-tout (verts ou jaunes), plus rustiques, sont d'une saveur aussi fine, et meilleur marché. Enfin, pour vérifier l'absence de fil, on casse le haricot en deux.

Pour préserver toutes les vertus du haricot, il faut éviter de le cuire à gros bouillons ou dans une cocotte-minute. L'idéal est de le faire cuire à l'étouffée et à la vapeur autour de 100 °C avec juste un peu d'eau pour fournir la vapeur. Les haricots se marient bien avec les céréales, soit en accompagnement, soit en salade composée. Basilic, sarriette annuelle, cerfeuil, persil ou aneth participent à l'assaisonnement. Pour garder leur belle couleur verte, on conseille de les cuire dans beaucoup d'eau bouillante, ce qui est dommage car on élimine ainsi de précieux nutriments... Beaux ou bons, faut-il choisir ?

Quant au degré de cuisson, il dépend des goûts de chacun, mais un haricot *al dente* sait se montrer à la fois ferme, savoureux et moelleux... tout du moins s'il est assez frais.

... et les haricots en grains

Les haricots à écosser se trouvent en fin d'été sur les marchés. Si leurs gousses doivent être un peu jaunies, elles doivent rester tendres et fraîches, être fermes et bien renflées et ne présenter aucune tache brune, premier signe

> ### LA SAISON DES CONSERVES
>
> On profite de l'été pour mettre des haricots en conserve : il ne faut pas les faire cuire, mais les mettre en bocaux après les avoir lavés. Verser au fond du bocal 2 à 3 cuillerées à soupe d'eau bouillante salée (10 à 15 g de sel par litre d'eau), puis fermer soigneusement les bocaux, les placer dans le stérilisateur et couvrir les bocaux d'eau chaude non bouillante ; porter rapidement à ébullition. Stériliser 1 h 30 à ébullition, puis retirer les bocaux de l'eau chaude dès que la température le permet.
>
>

de moisissures. Il faut compter 1,5 kilo de haricots frais pour obtenir 500 grammes de haricots écossés, et les écosser rapidement car il s'agit de produits frais qui peuvent vite s'abîmer.

Les haricots à écosser peuvent se conserver congelés ou en bocaux. On procède comme pour les haricots verts, mais avec une stérilisation de 2 heures.

Le haricot sec cuit mal en eau calcaire, il reste ferme et paraît moins cuit. Il faut le faire cuire dans de l'eau faiblement minéralisée, ou bien ajouter du bicarbonate de soude qui va faire précipiter le carbonate de calcium et rétablir l'équilibre. Claude Aubert propose une vieille technique traditionnelle : en eau calcaire, faire tremper les haricots avec un peu de cendres de bois nouées dans un linge, puis jeter l'eau et faire cuire les haricots ainsi réhydratés.

Il faut noter que le haricot en grains frais (dit "à écosser") produit beaucoup moins de résidus fermentescibles responsables des flatulences que le haricot sec ; et que cuire les haricots avec des algues augmente leur digestibilité et diminue le temps de cuisson.

Enfin, pour les personnes sensibles, il y a lieu de combiner les effets du broyage et de la cuisson sous pression en préparant des purées de haricots et en terminant la cuisson une fois les haricots réduits en purée.

Recettes de haricots verts

• *Haricots de terre et de mer à la mélisse*

Une poignée de haricots de mer (algues) ; 500 g de haricots verts ; 500 g de petites pommes de terre ; huile ; vinaigre ; sel ; mélisse.

Une salade rafraîchissante avec des algues ! Les haricots de mer se présentent sous forme de baguettes longues (20 à 30 centimètres). Mettez-les à tremper une heure dans un peu d'eau tiède pour qu'ils retrouvent leur tendreté. Faites cuire les pommes de terre et les haricots à la vapeur.

Préparez une vinaigrette en y incorporant des feuilles de mélisse hachées. Coupez les algues en petits tronçons, puis mélangez-les avec les pommes de terre et les haricots dans la vinaigrette. Mettez une heure au réfrigérateur avant de servir.

• *Croquettes de haricots*

500 g de haricots mange-tout ; 500 g de pommes de terre ; 1 oignon ; basilic ; sel gris ; 1 cuillerée à café d'huile de tournesol ; eau ; 1/4 litre de lait ; 1 cuillerée à soupe de crème fraîche ; 1 œuf ; chapelure.

Une recette qu'apprécient les enfants, pour qui les purées restent la porte d'entrée privilégiée au royaume des légumes et des saveurs.

Dans une cocotte, faites revenir 3 minutes les haricots, l'oignon et une pincée de basilic dans 1 cuillerée à café d'huile de tournesol. Ajoutez les pommes de terre en petits morceaux et un verre d'eau, salez. Couvrez et faites cuire une dizaine de minutes à l'étouffée. En fin de cuisson, les légumes doivent avoir absorbé l'eau.

Faites chauffer le lait. Passez les légumes au mixeur en ajoutant peu à peu le lait et la crème fraîche pour obtenir une pâte ferme.

Formez des petites galettes que vous passez dans l'œuf battu puis dans la chapelure. Dorez-les à la poêle quelques minutes sur chaque face.

• *Haricots au tofu et à la sarriette*

500 g de haricots verts ; 2 oignons ; 200 g de tofu ; sarriette ; huile de tournesol ; sel.

Faites cuire les haricots à l'étouffée de manière qu'ils restent bien fermes.

Coupez le tofu en petits cubes et hachez les oignons. Mettez-les à revenir environ 10 minutes dans l'huile avec la sarriette. Puis ajoutez les haricots, faites cuire encore 5 minutes et servez.

• *Jardinière de légumes*

Légumes de saison (500 g de chacun) : haricots verts, carottes, pommes de terre ; 2 oignons moyens ; basilic ; 1 cuillerée à café d'huile ; sel ; eau.

Faites revenir à l'huile dans la cocotte, avec la moitié du basilic, oignons et carottes coupés menu. Puis ajoutez les autres légumes, et 2 verres d'eau tiède. Faites cuire à l'étouffée en laissant le liquide réduire.

Au moment de servir, ajoutez dans le plat une cuillerée à soupe de crème fraîche pour donner de l'onctuosité. Et saupoudrez de basilic haché.

Recettes de haricots en grains

• *Soupe campagnarde*

200 g de haricots blancs ; 1 kg de pommes de terre ; 1 talon de jambon de campagne ; 2 à 3 poireaux ; thym ; sel ; pain de campagne au levain (ou pain complet).

Mettez les haricots à tremper la veille, puis jetez l'eau. Epluchez les légumes, et coupez-les en gros morceaux. Faites cuire deux bonnes heures à l'eau frémissante.

Alternez dans une soupière des tranches épaisses de pain et les légumes. Versez dessus le bouillon et servez avec le jambon découpé.

On établit ainsi l'alliance céréales-Légumineuses qui assure l'équilibre nutritionnel. On peut y ajouter tout légume de saison : carottes, panais, chou, etc.

Haricots aux algues

250 g de haricots blancs ; algue (kombu) : 1 belle feuille sèche ; 1 pincée de feuilles de sarriette ; sel ; eau.

Faire tremper à l'eau froide séparément les haricots et le kombu. Mettre les haricots à cuire à l'eau en rajoutant celle où a trempé l'algue. Ajouter le kombu coupé en petits morceaux, la sarriette, saler. Cuire 1 heure 30 à 2 heures selon le degré de cuisson souhaité.

LE CASSOULET

En Occitanie, nombre de cités se disputent leurs cassoulets : Castelnaudary, Carcassonne, Toulouse, Montauban, etc.

D'un endroit à l'autre, on retrouve des ingrédients obligatoires et d'autres variables. En commun, il y a l'utilisation de haricots lingots (de Pamiers, Mazères, Lavelanet, etc.) ou de cocos de Tarbes, et de couennes de porc. La nature des viandes utilisées est très variable : porc (échine, longe, jarret, épaule), saucisse, andouille ou coustellous, confit d'oie ou de canard, collet ou poitrine de mouton. On trouve aussi tomates, ail, oignons, carottes, sel, poivre, clou de girofle, thym, laurier-sauce, persil et chapelure.

Le récipient utilisé est important, au moins pour le passage au four final, puisque c'est la cassole de terre cuite qui lui a donné son nom.

Et tous les cassoulets se rejoignent dans une cuisson lente, douce et prolongée qui attendrit les haricots et permet le mélange de toutes les saveurs..

Recettes des quatre coins du monde*

• *Dhosas (Inde et Sri Lanka)*

Riz étuvé, 3 parties ; dhal de haricots mungo à grains noirs, 1 partie ; sel et fénugrec ; graisse pour friture.

Laver, nettoyer et faire tremper dhal et riz séparément pendant 4 à 6 heures. Moudre le dhal très finement pour former une pâte aérée. Moudre riz et fénugrec très finement. Mélanger le tout, saler, laisser reposer une nuit à température modérée.

Le lendemain matin, la pâte doit avoir gonflé de 2 à 3 centimètres. Bien mélanger. Mettre la quantité nécessaire dans une poêle graissée, à bon feu, et dorer sur les deux faces. Servir chaud avec de la sauce "chutney".

Au Sri Lanka, on ajoute, avant cuisson : cumin, oignons, grains de poivre, curcuma, piments verts ; puis on mélange avec du lait de coco (noix de coco râpée plus eau) jusqu'à obtention d'une pâte fluide. Les dhal sont des graines décortiquées et cassées.

• *Irio (Kenya)*

Maïs, 5 parties ; haricots, 5 parties ; plantains verts, 5 parties ; feuilles vertes (doliques, etc.), 3 parties ; huile ; sel.

Tremper et laver maïs et haricots et faire cuire dans une marmite en terre cuite jusqu'à consistance molle. Peler les plantains et les couper en tranches fines. Laver les feuilles vertes et les découper en petits morceaux. Quand maïs et haricots sont cuits, ajouter plantains et feuilles vertes et laisser mijoter 20 minutes. Ajouter sel et huile.

* D'après des enquêtes réalisées par la FAO (Organisation des Nations unies pour l'alimentation et l'agriculture) et publiées dans *Les Graines de Légumineuses dans l'alimentation humaine*, éditions FAO, 1982.

- *Tutu (Brésil)*

    Haricots noirs, 6 parties ; farine de manioc, 2 parties ; viande de bœuf, 3 parties ; feuilles aromatiques ; poivre ; sel ; graisse de friture.

Faire bouillir les haricots jusqu'à ce qu'ils soient tendres, avec les feuilles et les assaisonnements. Ajouter la farine de manioc et continuer jusqu'à consistance d'une bouillie épaisse. Faire sauter la viande dans la graisse et servir le tout.

- *Lobiö (Caucase)*

    2 verres de haricots secs ; 4 gousses d'ail ; 1 bel oignon ; 250 g de noix décortiquées et broyées ; sel, graines écrasées de coriandre et de fenouil (1 pincée de chacun).

Faire tremper les haricots une nuit à l'eau froide. Les cuire plusieurs heures à l'eau puis les écraser.
  Ecraser l'ail au mortier. Faire sauter l'oignon haché. Ajouter aux haricots écrasés les épices, l'oignon, les noix et l'ail. Bien mélanger.
  Se mange nature ou en chausson dans de la pâte brisée.

- *Doliques frits (Indonésie)*

    Doliques ; noix de coco râpée ; épices ; sucre roux de Java ; huile de friture.

Faire tremper les doliques puis les frire. Frire à part la noix de coco râpée et les assaisonnements. Mélanger le tout et ajouter le sucre, puis réchauffer. Servir pour accompagner le riz.
  Le sucre roux de Java est obtenu à partir du sirop de pétioles du palmier *gomuti (Arenga pinnata)*.

- *Haricots au four à la mode de Boston (Etats-Unis)*

    Haricots blancs, 10 parties ; eau, 40 parties ; porc salé, 3 parties ; mélasse, 2 parties ; moutarde ; sel.

Faire tremper les haricots une nuit à l'eau froide. Ajouter du sel et faire bouillir à petit feu 45 minutes. Conserver le liquide. Couper des morceaux dans le porc salé avec la couenne. Mettre la moitié du porc dans un plat profond allant au four. Ajouter les haricots et le reste du porc, la couenne restant en surface. Mélanger la mélasse et la moutarde à l'eau de cuisson et verser sur le plat. Couvrir et placer à four moyen (120 °C) pendant 6 à 7 heures. Ajouter un peu d'eau chaude de temps en temps. La dernière heure, enlever le couvercle pour dorer le dessus du plat.

Le maïs doux

Aïté Bresson

La découverte d'une plante exceptionnelle

En novembre 1492, Christophe Colomb, qui a fait escale à Cuba, rapporte qu'"il y a là de grandes terres cultivées, avec des racines, une sorte de fève et une sorte de blé appelé maïse qui est très savoureux cuit au four ou bien séché et réduit en farine". Les Européens viennent de découvrir le maïs, que les Indiens cultivaient déjà depuis quelques milliers d'années.

En fait, il semble que le maïs, sous sa forme sauvage, ait été présent en Amérique centrale avant même que les hommes n'y arrivent : on a retrouvé près de Mexico du maïs qui daterait d'il y a 80 000 ans. La domestication du maïs remonterait, elle, à environ 10 000 ans. Des fouilles dans la vallée de Tehuacán ont mis au jour des épis de maïs de quelques centimètres de long, moissonnés entre 5000 et 7000 avant notre ère. Domestiqué au sud du Mexique, le maïs se serait ensuite peu à peu diffusé vers le nord et le sud, d'où son extrême diversité et son adaptation à des milieux très variés. Quand les Européens découvrent le Nouveau Monde, la culture du maïs s'étend déjà du sud du Canada jusqu'au Chili et au sud de l'Argentine, ainsi qu'aux Antilles où Colomb l'observe pour la première fois.

Les Indiens maîtrisaient alors parfaitement la culture de cette céréale, et mettaient en œuvre la prégermination des graines, l'enrichissement du sol par l'apport de cendres, le buttage des pieds, la protection contre les oiseaux ou encore le stockage en silos. Accompagné le plus souvent de légumes, et notamment de haricots, le maïs était l'aliment essentiel des Amérindiens, sous forme de galettes en Amérique centrale et plutôt de bouillies ou d'épis cuits sous la cendre en Amérique du Nord.

Il n'est donc pas étonnant que le maïs, qui a permis l'extraordinaire essor des civilisations précolombiennes, occupe une place centrale dans les mythologies indiennes. Le *Popol vuh*, long poème qui retrace l'origine du monde

Décor de maïs sur une poterie péruvienne pré-inca

selon les Mayas, décrit ainsi la création de l'homme : "Le premier homme était fait d'argile : il fut détruit par une inondation. Le deuxième homme, de bois, fut détruit par une grande pluie. Seul le troisième a survécu : il était fait de maïs." Les anciens Aztèques rendaient un culte à Cinteotl, dieu du maïs qui acceptait d'être enseveli chaque année pour renaître et assurer la survie des hommes, tandis qu'au Pérou, les Incas honoraient le couple divin du maïs, Cintlvatl et Chicomecoatl.

A l'arrivée des Européens, les Indiens leur font découvrir les ressources du maïs et les aident ainsi à s'installer sur cette nouvelle terre. C'est un autre chapitre qui s'ouvre pour l'histoire de l'Amérique, de même que pour l'Europe où les conquistadors n'ont pas tardé à rapporter cette nouvelle céréale.

Le maïs en Europe

Les premières parcelles de maïs de l'ancien monde ont probablement été cultivées dès la fin du XVe siècle aux alentours de Séville. De là, le maïs gagne le Portugal, où il est vite adopté, puis la Galice et la France. En 1570, il est cultivé à Bayonne. Il faudra presque cent ans pour qu'il traverse tout le Languedoc : il n'atteint Béziers et Narbonne que dans les années 1680. Entre-temps, le maïs a été introduit en Italie vers 1530-1540, probablement par des marchands vénitiens, d'où il pénètre peu à peu dans le sud-est de la France et remonte la vallée du Rhône. Olivier de Serres, établi au Pradel, en Ardèche, le mentionne en 1600 dans son *Théâtre d'agriculture* sous le nom de "gros grain de Turquie" : "Sa grosseur, sa couleur et la figure de son espi rendent incertain en quel rang de blés on le doit coucher, n'ayant autre chose de commun avec les autres millets, que le nom et la saison de les semer."

Il n'avait pas fallu longtemps au maïs pour traverser l'Atlantique, mais sa progression à l'intérieur des terres européennes est beaucoup plus lente et n'a pas toujours laissé de traces – jusqu'au milieu du XVIIe siècle, cette culture nouvelle n'est pas soumise à la dîme et ne figure donc pas souvent dans les registres. Dans les régions du sud de l'Europe où l'alimentation était fondée sur le millet ou sur le panic *(Setaria italica)*, le maïs, d'abord adopté comme fourrage, devient assez vite une nourriture pour les hommes – les paysans consomment alors le maïs qu'ils produisent et vendent leur blé. Un peu plus au nord, à la méfiance que le maïs a d'abord suscitée s'ajoute le fait que les premières variétés introduites, en provenance des Antilles, n'étaient guère adaptées. Plante tropicale habituée à fleurir en jours courts, le maïs cultivé en Europe produisait alors un abondant feuillage mais fleurissait trop tard pour permettre aux épis de mûrir. Ce n'est que peu à peu que seront développées des variétés plus précoces.

Le maïs, d'après Fuchs (XVIe siècle)

> ## LES NOMS DU MAÏS
>
> Le mot "maïs" dérive presque directement du nom taino de cette céréale, *mahiz*. Il apparaît en français dès le début du XVIe siècle, sous la forme *maiz*. Cependant, le maïs a connu bien d'autres dénominations, qui retracent son périple dans l'ancien monde (blé de Turquie, d'Espagne, d'Italie ou d'Inde) ou l'assimilent au millet dont il va peu à peu prendre la place : millet d'Espagne, gros millet, millette. De la même manière, le *milhas*, qui désignait à l'origine une préparation à base de millet, a pris peu à peu le sens de "bouillie de maïs".

A partir du XVIIIe siècle, marqué par une forte poussée démographique, les savants s'intéressent de plus près à cette céréale aux rendements extraordinaires. Parmentier, plus connu pour ses travaux sur la pomme de terre, déclare ainsi en 1785 : "On ne peut refuser au maïs d'être, après la pomme de terre, le plus utile présent que le Nouveau Monde ait fait à l'ancien." Et l'abbé Rozier, dans son *Cours complet d'agriculture* de 1790, renchérit : le maïs "a amené, dans les cantons où on le cultive avec intelligence, un commerce, une abondance qu'on n'y connaissait point auparavant".

La réalité est probablement moins belle. S'il est vrai que le maïs a sauvé bien des hommes de la famine, en Galice et au nord du Portugal par exemple, il n'apporte pas que des bienfaits. En effet, il est à l'origine d'une épidémie de pellagre qui touche dès 1730 la région des Asturies, puis s'étend au sud de la France, à l'Italie et aux Balkans. Cette maladie est due à une carence en vitamine PP (ou *pellagra preventive factor*), dont le maïs manque particulièrement et que la préparation en bouillie ou en polenta élimine complètement. La pellagre se traduit par des affections de la peau, des troubles digestifs et intestinaux, puis des crises de démence qui précèdent la mort. Les Indiens d'Amérique avaient su éviter cette carence en associant différents légumes au maïs. Les populations européennes n'y ont pas échappé : en Italie la pellagre va faire au moins 90 000 victimes pour les seules années 1890-1910, et l'épidémie ne sera pas enrayée avant les années 1930.

La révolution des hybrides

C'est à ce moment-là que, de l'autre côté de l'Atlantique, se prépare une révolution dans la culture du maïs avec, entre autres nouveautés, la mise au point de variétés hybrides très productives. Conjuguées à l'essor de la mécanisation en agriculture, elles vont permettre une hausse colossale des rendements, qui vont passer en peu de temps de 15 à 75 quintaux à l'hectare. Désormais, dans les pays riches, le maïs est principalement cultivé pour l'alimentation du bétail et ses utilisations industrielles – mais il demeure une culture vivrière dans de nombreux pays plus pauvres, où les variétés traditionnelles sont encore cultivées. Avec environ 475 millions de tonnes récoltées chaque année, le maïs se place au troisième rang des productions céréalières, après le blé et le riz. Ce sont les Etats-Unis qui dominent le marché, avec 40 % de la production mondiale. Viennent ensuite la Chine, l'Europe, le Brésil, l'Argentine...

Ceci nous entraîne bien loin du maïs tel que le cultivaient les Indiens d'Amérique, respectueux de la plante, de sa diversité et de la terre où elle prospérait. Par un curieux retournement de situation, le maïs est aujourd'hui plutôt emblématique d'une agriculture industrielle et polluante, peu soucieuse de la terre et de ceux qui l'habitent.

Le maïs, céréale du Nouveau Monde

En 1492, quand les Européens découvrent le maïs, ce dernier, transformé par quelques milliers d'années de culture, ressemble plus à la plante que nous connaissons aujourd'hui qu'à l'espèce sauvage dont il est issu. Se pose donc la question de son origine botanique : la recherche de l'ancêtre du maïs va faire couler beaucoup d'encre.

La plupart des spécialistes considèrent aujourd'hui que le maïs résulte de la domestication d'une Graminée mexicaine, le téosinte *(Zea mexicana)*, parfois appelé *madre de maiz*. Le téosinte, plus petit que le maïs cultivé *(Zea mays)*, s'en différencie nettement par son architecture, la taille et la forme de ses épis. Il forme une touffe dont les nombreuses tiges portent plusieurs épis fragiles à seulement deux rangs de grains enveloppés dans des glumes coriaces. Ces épis se désarticulent à maturité, dispersant les graines.

De même que d'autres céréales domestiquées, tels le mil ou le millet, le maïs cultivé ne forme plus une touffe, mais développe une seule tige robuste qui peut atteindre jusqu'à 5 mètres de hauteur. Comme le téosinte, le maïs est une plante monoïque : ses fleurs sont unisexuées, mais un même pied porte à la fois des fleurs femelles et des fleurs mâles. Ces dernières sont groupées en panicule au sommet de la plante, alors que les premières forment un épi à l'aisselle d'une feuille, dans la partie inférieure de la plante. L'épi est protégé par des bractées dont s'échappent, à la floraison, de très longs styles (20 à 30 centimètres). Tout au bout de ces "barbes" ou "soies", les stigmates vont recueillir le pollen des fleurs mâles, transporté par le vent. Après la fécondation, les très nombreux grains, répartis sur 8 à 20 rangées qui en comprennent chacune de 8 à 70, commencent à grossir. Ils sont le plus souvent jaunes dans les variétés cultivées en Europe, mais peuvent être blancs ou prendre toutes les nuances du rouge ou du bleu.

> ## LES MAÏS GÉNÉTIQUEMENT MODIFIÉS
>
> Après l'obtention d'hybrides à haut rendement dès les années 1930 aux Etats-Unis, une seconde "révolution" est intervenue dans les années 1990 avec l'arrivée sur le marché de maïs génétiquement modifiés. Il s'agit principalement de maïs dans lesquels on a introduit des gènes d'une bactérie, *Bacillus thuringiensis*, qui permet à la plante de fabriquer des toxines insecticides et de résister aux attaques de la pyrale. Ces maïs, couramment appelés "maïs Bt", sont actuellement cultivés sur près de 7 millions d'hectares, et suscitent de nombreuses craintes : outre le risque de voir apparaître des souches d'insectes résistantes, on a constaté que les toxines se propagent dans le sol par les sécrétions racinaires et qu'elles s'y fixent pendant quelques semaines, tuant sans discrimination les insectes "nuisibles" ou "utiles". De plus, il existerait des risques de contamination du maïs non transgénique. Au Mexique, réservoir de diversité du maïs où la culture de plants génétiquement modifiés est interdite, des cas de contamination se seraient déjà produits, dus peut-être à l'utilisation comme semences de maïs importé des Etats-Unis pour l'alimentation humaine.

Le téosinte et le maïs

En moyenne, les variétés modernes ne portent qu'un ou deux épis par tige, car la sélection a porté sur l'obtention d'épis moins nombreux mais plus fournis, qui ne se désarticulent pas seuls. Le maïs cultivé aujourd'hui ne pourrait plus survivre sans l'intervention de l'homme. Comme de nombreuses autres plantes cultivées, il est devenu une "monstruosité biologique" (A.-G. Haudricourt).

Le maïs cultivé se caractérise par une immense diversité quant à la taille des plantes, à la forme et à la couleur des épis. Il s'adapte également à des latitudes et des milieux très variés – du bord de la mer à plus de 4 000 mètres d'altitude. Comme d'autres plantes tropicales, il se distingue des végétaux des régions tempérées par un mécanisme photosynthétique légèrement différent qui lui permet, par forte température et lumière intense, des performances exceptionnelles et une croissance beaucoup plus rapide.

On distingue en général sept groupes de maïs, d'après le type d'albumen (ou tissu de réserves) contenu dans le grain : les maïs denté (le plus cultivé), corné (adapté aux régions froides), tuniqué (intermédiaire entre les deux précédents), cireux (dont on tire, entre autres, la maïzena), farineux, à éclater et doux. Ce sont principalement les deux derniers types qui intéresseront le jardinier amateur.

Le maïs à éclater (ou à pop-corn) est un des types les plus anciens et les plus rustiques, que nous devons aux Iroquois. Les grains, petits et durs, explosent à la chaleur, et ce d'autant mieux qu'ils sont parfaitement secs.

Le maïs doux est par contre un type plus récent. Les Indiens distinguaient d'ailleurs le maïs "vert" de quelque type qu'il soit, dont ils consommaient les épis non mûrs, quand les grains sont encore laiteux, et le maïs doux, dont les grains contiennent du sucre à la place de l'amidon. Ce maïs aurait été obtenu au Pérou, où on l'utilise encore pour fabriquer une boisson fermentée, la *chicha*.

Le maïs au potager

Quelles conditions faut-il offrir au maïs, plante tropicale exigeante et performante, pour qu'il prospère au potager ? Principalement, un sol riche et bien réchauffé. On lui réservera donc une planche bien exposée, sur laquelle on aura cultivé précédemment une Légumineuse ou un engrais vert et qu'on enrichira de compost bien mûr (3 kilos par mètre carré, environ), et on attendra au moins la mi-mai pour le semer en pleine terre ou l'installer à demeure. Selon les variétés, il faut compter de 70 à 100 jours entre le semis

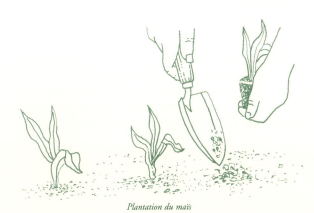

Plantation du maïs

"J'avais planté un carré de maïs sucré précoce, en avril. Il fallait creuser des trous de 12 centimètres de profondeur et couvrir les graines d'une épaisseur de 6 centimètres de terre, en laissant un petit creux au-dessus de la graine, comme une poche, pour saisir les rayons du soleil. […]

Quand des plants avaient poussé, on tassait la terre autour d'eux pour qu'elle soit si dure que les vers n'y pénètrent pas ; c'était aussi une bonne pratique de faire des courses près des champs de maïs, pour encourager les jeunes plants à pousser vite. […] Les anciens se tenaient à la lisière de leur champ, insultaient les nuages et leur ordonnaient d'apporter la pluie, mais moi, je n'y réussissais pas très bien."

Don C. Talayesva, *Soleil hopi*, Plon, 1959.

et la récolte : il ne faudra pas semer trop tard non plus pour que les derniers épis soient mûrs avant les premières gelées, mais il est toujours intéressant de prévoir des semis échelonnés.

En sol bien réchauffé (au moins 15 °C), la germination est rapide. Sinon, mieux vaut opérer sous abri, en godets. Dans un cas comme dans l'autre, l'important est de bien enterrer la graine (3 à 5 centimètres), car les racines du maïs se développent aussi à partir des nœuds situés tout en bas de la tige. Pour garantir à la plante un ancrage solide et une bonne alimentation, il faut donc éviter un semis trop superficiel.

La pollinisation, on l'a vu, est assurée par le vent : un semis (ou une plantation) en ligne n'est donc pas idéal. On adoptera plutôt une disposition en carrés ou en îlots. Selon les variétés, les plants seront espacés de 40 à 60 centimètres. Entre les carrés ou îlots, on peut envisager des cultures associées, en s'inspirant des techniques mises au point par les Indiens. Semés au pied des maïs, des haricots grimpants leur fourniront l'azote qu'ils synthétisent et s'enrouleront sur leur tige robuste ; entre les carrés, des plants de potiron ombrageront le sol et bénéficieront de la protection des plantes plus hautes : association à bénéfices partagés, donc.

Les soins à apporter au maïs consistent principalement en arrosages réguliers, surtout en juillet et août, au moment où les fleurs mâles diffusent leur pollen. On évitera l'aspersion qui abîmerait ce dernier, et l'on aura plutôt recours au goutte-à-goutte ou à l'arrosoir. Un mulch sera le bienvenu pour limiter l'évaporation et les mauvaises herbes. Par contre, les binages ne sont pas recommandés, car le système racinaire du maïs se développe aussi près de la surface. Il peut être nécessaire de butter les pieds, surtout pour les variétés les plus hautes. Enfin, il arrive parfois que des "gourmands" apparaissent au pied des plants. Loin de nuire à la production espérée, ils favorisent l'assimilation des éléments nutritifs : on les conservera donc.

L'été avance, et les soies des épis commencent à brunir. La récolte est proche. A ce stade, les épis de maïs doux évoluent très vite. Il faut les récolter sans attendre (quand l'ongle s'enfonce encore facilement dans le grain), sous peine qu'ils ne deviennent immangeables. On laissera par contre mûrir sur tige le maïs à éclater, puis on coupera celles-ci pour les faire sécher à l'intérieur – on a vu que le maïs n'éclate bien que lorsqu'il est complètement sec, voire âgé de plus d'un an.

Quelle variété cultiver ?

La plupart des grainetiers proposent aujourd'hui des maïs doux hybrides ('F 1 Honey Bantam', 'Early King F 1'…), "supersucrés" et très productifs, mais très exigeants. On peut aussi se procurer des variétés traditionnelles, plus rustiques ou plus originales. Un des avantages des variétés traditionnelles est qu'on peut en reproduire la semence. Cependant, dans le cas du maïs, cette opération est délicate, parce qu'il faut pouvoir isoler les variétés d'au moins trois kilomètres (puisque le pollen est transporté par le vent) ou éviter que les floraisons n'aient lieu en même temps, et cultiver une quantité suffisante de pieds pour assurer une bonne diversité génétique.

Parmi les maïs doux non hybrides, le choix des variétés demeure assez vaste : 'Golden Bantam', obtenue en 1902 et ancêtre de nombreux hybrides, 'Arc-en-ciel inca' aux épis multicolores, 'Aztèque noir' aux grains bleu foncé… Encore assez fréquente aux Etats-Unis, la variété 'Stowell's Evergreen Corn' (ou maïs 'Sucré ridé toujours vert'), obtenue vers 1850, présente la particularité – inscrite dans son nom – de conserver longtemps ses épis frais : on arrache les plants à l'automne, avant que les épis ne soient complètement mûrs (c'est une variété tardive), et on les pend la tête en bas dans une remise ou une cave. Les plants se fanent normalement, mais les épis peuvent être récoltés pendant tout l'hiver, prolongeant ainsi la saison du maïs.

Enfin, ceux qui préfèrent le maïs à éclater pourront choisir 'Strawberry' aux petits épis rouges ou 'Tom Thumb', variété basse et précoce adaptée aux petits jardins et aux régions fraîches.

L'artisanat du maïs

Ce sont bien sûr avant tout les épis qui nous intéressent ici, mais il serait dommage de ne pas citer quelques-uns des innombrables usages du maïs, parfois étonnants.

Les tiges du maïs font un bon combustible. Avant qu'elles ne partent en fumée, on peut les transformer en piquets de clôture ou les utiliser pour construire les murs et le toit d'une cabane. Les feuilles peuvent servir de litière, mais aussi de literie : on en a longtemps rempli les matelas et les paillasses. Avec les bractées et les axes (ou rafles) des épis, on peut fabriquer toutes sortes de jouets et de poupées. Les bractées servent également en cuisine à confectionner les *tamales*, papillotes fourrées d'une sauce à la viande ou aux légumes, ou tiennent lieu de papier à cigarettes. Dans le même registre, on peut fabriquer une pipe

---

LE MAÏS MÉDICINAL

Le maïs est aussi une plante qui soigne, par ses styles (également nommés soies ou barbes) et par son huile. Les styles de maïs, riches en potassium, sont connus pour leurs propriétés diurétiques. Ils stimulent les fonctions urinaires et digestives, et favorisent l'élimination rénale. On peut les utiliser en infusion, préparée avec une poignée de styles secs pour un litre d'eau bouillante, à raison de trois ou quatre tasses par jour. Quant à l'huile extraite du germe de maïs, prise à la dose de deux cuillerées à soupe matin et soir, elle permet de lutter contre l'excès de cholestérol.

avec l'axe des épis. Les non-fumeurs s'en serviront comme d'une râpe, car c'est aussi un excellent abrasif.

Le maïs intéresse également l'industrie : elle utilise ses tiges et ses feuilles pour fabriquer du papier ou en extraire des solvants (le furfural, notamment), et fabrique avec une de ses protéines une fibre synthétique appelée *vicara*. A partir de l'amidon de maïs est produit de l'éthanol incorporé aux carburants. D'autres dérivés de l'amidon (dextroses, glucoses, dextrines) sont couramment utilisés dans l'industrie alimentaire ou servent de liant à différents produits. Par ces dérivés industriels, le maïs se révèle proche d'une autre plante potagère aux multiples usages, la pomme de terre.

Le maïs en cuisine

En tant qu'aliment, le maïs apporte potassium, phosphore et calcium, et se révèle particulièrement riche en glucides (20 grammes pour 100 grammes). Il renferme également des protéines, mais celles-ci sont pauvres en lysine et en tryptophane – d'où l'intérêt d'associer maïs et haricots.

En grains, moulu ou concassé, en semoule ou éclaté à la chaleur, le maïs est à la base de très nombreuses préparations : tortillas mexicaines (galettes qui jouent le rôle du pain), polenta italienne, corn-flakes (et leurs ancêtres plus rustiques), pop-corn... Les anciens Mexicains en confectionnaient des boissons chaudes non alcoolisées, parfumées au cacao et relevées de piment et d'épices, les *atoles*, alors que les Péruviens préféraient (et préfèrent encore) la *chicha*, sorte de bière de maïs. Les colons nord-américains ont, quant à eux, mis au point la fabrication du bourbon, alcool de grains de maïs qui rappelle le whisky européen.

La façon la plus simple – et peut-être la meilleure – d'apprécier le maïs doux consiste à plonger quelques minutes les épis de maïs juste récoltés dans de l'eau bouillante. On peut aussi les faire griller, toujours dans leurs bractées, pendant six à huit minutes ou, comme au Canada, les faire cuire dans du lait salé ou sucré (la cuisson est alors un peu plus longue). Il ne reste plus ensuite qu'à ouvrir l'épi et à en déguster les grains après les avoir salés et agrémentés d'une noix de beurre.

Les grains de maïs se prêtent également à des recettes plus sophistiquées : soupes, salades composées, gratins, beignets ou desserts.

• *Chaudrée de maïs* (Corn chowder)
Dérivé du français "chaudière" – et devenu "chaudrée" au Québec –, le terme *chowder* désigne en Amérique du Nord toute soupe épaisse de légumes, de viande, de poisson ou de fruits de mer, souvent à base de bouillon et de lait.

6 épis de maïs ; 1 demi-poulet ; 1 l d'eau ; 1 oignon ; 1 bouquet garni (poireau, céleri, persil, laurier) ; 4 œufs durs ; 20 cl de crème fraîche ; persil ; sel ; poivre.

Avec les morceaux de poulet, l'oignon, le bouquet garni et l'eau, préparer un bouillon. Saler et poivrer. Quand la viande est bien cuite, la retirer et l'émincer. Par ailleurs, faire cuire quelques minutes les épis de maïs à l'eau bouillante et les égrener. Passer le bouillon, le verser dans une marmite et y ajouter les grains de maïs et la viande, puis les œufs durs hachés et la crème. Vérifier l'assaisonnement, saupoudrer de persil haché et servir très chaud.

• *Maïs à la louisianaise*

4 épis de maïs ; 1 petit oignon ; 1 demi-poivron vert ; 1 tomate ; 1 c. à soupe de crème fraîche ; huile ; piment en poudre ; sel.

Faire cuire les épis à l'eau et les égrener. Faire revenir à l'huile l'oignon et le poivron hachés, puis ajouter les grains de maïs, la poudre de piment et le sel. Laisser cuire une dizaine de minutes avant d'incorporer la tomate coupée en dés et la crème fraîche. Faire mijoter encore une dizaine de minutes avant de servir.

- *Beignets de maïs (Antilles)*

    3 épis de maïs ; 300 g de farine ; 1 œuf ; 0,25 l de lait ; 1 oignon ; 1 demi-poivron rouge ; 1 gousse d'ail ; persil ; levure chimique ; poudre de piment ; sel ; huile de friture.

Faire cuire les épis à l'eau et les égrener. Passer les grains au mixeur en même temps que l'oignon, l'ail, le persil et le poivron hachés. Pimenter selon le goût.

Ajouter ensuite la farine et la levure, puis le lait et l'œuf. Former des boulettes et les faire frire. Egoutter et servir chaud.

- *Che au maïs*

Typiquement vietnamien, le *che* est un dessert dont il existe de nombreuses recettes : on peut par exemple remplacer l'eau par du lait de coco ou le parfumer à la vanille.

    6 épis de maïs ; 50 cl d'eau ; 0,5 c. à s. de tapioca ; 90 g de sucre ; sel.

Râper les épis de maïs crus et recueillir tout le jus qui s'en écoule. Placer le tout dans une casserole. Ajouter l'eau salée et porter à ébullition. Incorporer alors le sucre et le tapioca, et laisser mijoter une demi-heure à feu très doux. Servir chaud ou froid.

Le melon et la pastèque

Thierry Delahaye et Pascal Vin

INTRODUCTION

Le melon a été divisé en tranches par la nature, afin d'être mangé en famille, la citrouille, étant plus grosse, peut être mangée avec les voisins." Cette intéressante opinion fut avancée par Bernardin de Saint-Pierre dans ses *Etudes de la nature* (1784), et relevée par Gustave Flaubert qui l'intégra un siècle plus tard, non sans malice, dans le "Dictionnaire des idées reçues" de *Bouvard et Pécuchet*.

Remarqué pour ses connaissances en histoire naturelle, Bernardin de Saint-Pierre fut nommé, en 1792, intendant du Jardin des plantes où il eut certainement le loisir de poursuivre ses réflexions quant à la destinée des melons et des citrouilles. Pensa-t-il aux pastèques, qui peuvent également être partagées en de nombreuses tranches ?

Melons et pastèques appartiennent, comme la citrouille, à la grande famille des Cucurbitacées. Plantes originaires des régions chaudes du globe, elles donnent des fruits – les péponides – aux formes, aux couleurs et aux saveurs qui réjouissent collectionneurs et jardiniers. Le genre *Cucumis* regroupe notamment le melon, le concombre et le cornichon.

Si leurs variétés plantées aujourd'hui dans nos potagers sont impossibles à confondre, Pline l'Ancien décrivit des concombres "d'un volume considérable" qui étaient peut-être des melons, voire des pastèques. Et l'on cultive toujours sur les bords de la Méditerranée des "concombres", nommés *fakous* au Maghreb et *ajoub* en Turquie, qui sont en fait un type de *Cucumis melo*. Ces melons-serpents se consomment en légumes, contrairement à nos melons fruits, ronds et sucrés.

La pastèque *(Citrullus lanatus)* apparaît dans un poème attribué à Virgile sous les traits et le nom d'une "courge bleue". On l'appelle couramment "melon d'eau", bien qu'elle se distingue de son lointain cousin par plusieurs caractères botaniques. Ni courge ni melon, la pastèque est plus proche de la coloquinte, dont elle diffère fort heureusement par sa chair succulente.

Sachant que la plus grosse pastèque jamais obtenue pesait 125 kilos, imaginez combien de parents, amis et voisins vous auriez pu inviter à la manger avec vous…

I. LA PISTE AFRICAINE

Melons et pastèques sont originaires d'Afrique : de la haute vallée du Nil ou d'Afrique du Sud, où l'on trouve une variété sauvage nommée *kafir*, pour la pastèque *(Citrullus lanatus)* ; du Kenya pour le kiwano *(Cucumis metuliferus)*, ou melon à cornes ; d'Afrique de l'Est pour le melon sauvage *(Cucumis dipsaceus)* et l'espèce dont sont issus nos actuels melons *(Cucumis melo)*. Les premiers melons avaient une chair amère et contenaient beaucoup de pépins ; sans doute l'homme s'intéressa-t-il à ces graines, source d'huile et de protides (il existe encore au Soudan un *Cucumis melo* sélectionné, de la taille d'une petite orange, cultivé pour ses graines).

Le kiwano, appelé "concombre porte-cornes" par les Bochimans du désert du Kalahari, les désaltère depuis des temps immémoriaux. La culture du melon remonterait à 2 500 ans av. J.-C. au Soudan et en Afrique de l'Est. Celle de la pastèque se pratiquerait depuis les temps préhistoriques, ou du moins sa cueillette. "Livingstone a vu des terrains qui en étaient littéralement couverts. L'homme et plusieurs espèces d'animaux recherchaient ces fruits sauvages avec avidité. Ils sont ou ne sont pas amers, sans que rien ne le montre à l'extérieur. Les nègres frappent le fruit avec une hache et goûtent le suc pour savoir s'il est bon ou mauvais", relate A. de Candolle *(Origine des plantes cultivées*, 1883).

Pastèques, melons d'Inde et de Turquie

La pastèque était donc présente en Afrique tropicale comme en Egypte dans l'Antiquité, puis elle passa en Inde d'où les Arabes l'apportèrent dans les régions méditerranéennes et notamment en Espagne. Le nom arabe de la pastèque, *batiha sindîya*, ou "melon d'Inde", témoigne de cette provenance (*sindîya* vient de *Sind*, ancien nom de l'Inde). De ce mot dérive le nom espagnol de la pastèque : *sandia*. Les variétés domestiquées en Inde furent de nouveau améliorées par les jardiniers arabes en Espagne. L'Andalousie musulmane cultivait, outre la pastèque, l'aubergine et l'épinard dans ses plaines fertiles et bien irriguées, les *huertas*. En français, le mot "pastèque" provient aussi du mot arabe *batiha* transformé en latin en *batheca indica* ou *batheca arabica* puis en *pateque*. On la nommait aussi "melon palestin" car des croisés en avaient rapporté de Palestine.

Le parcours suivi par le melon est plus complexe. De son berceau africain, le melon s'est disséminé et diversifié sous trois formes : le melon légume, qui se consomme comme du concombre ou du cornichon ; le melon fruit (sucré) ; et le melon parfum, ou melon dudaïm, cultivé en Turquie et en Ouzbékistan, pauvre en chair mais riche en graines et en arôme. Deux mille ans avant notre ère, le melon légume parvint en Egypte, en Mésopotamie, en Perse et en Chine. En 1000 av. J.-C., le melon fruit gagna l'Inde, et vers 400 av. J.-C., Grecs et Romains le reçurent. Le melon légume, pendant ce temps, s'implanta en Asie Mineure et au Maghreb. Mais tout cela ne se fit sans doute pas de façon aussi linéaire.

Dans *Alexandrie* (Folio, 2000), Daniel Rondeau raconte comment, parti à la recherche de "l'Alexandrie lointaine", ville mythique fondée au IVe siècle av. J.-C. par le roi de Macédoine sur la rive de l'Iaxarte (aujourd'hui Khodjend, en Ouzbékistan), il traversa un village appelé Nurata, situé entre Boukhara et Samarcande. "Alexandre y avait séjourné.

Melon d'Inde, d'après le Tacuinum sanitatis, *XIVe siècle*

Les habitants de Nurata revendiquaient une origine macédonienne, mettant en avant ceux qui avaient des cheveux blonds et des yeux bleus : «Alexandre a fait chez nous des travaux d'irrigation. Il a semé des melons et est resté assez longtemps pour les manger.» A la fin du XIIIe siècle, Marco Polo dégusta à Samarcande des tranches séchées de melon. S'agissait-il des melons d'Alexandre le Grand, ou de melon *ameri* à chair verte très cultivé en Turquie ?

Concombre ou melon ?

La traduction grecque de la Bible qui fait état du concombre et du melon ("Nous nous souvenons des poissons que nous mangions en Egypte, des concombres, des melons, des poireaux, des oignons et des aulx", Nombres, XI, 5) est vraisemblablement erronée : il doit s'agir du melon légume et de la pastèque. "Il n'est pas prouvé que les anciens Egyptiens aient cultivé le melon, écrit Candolle. Si la culture avait été usuelle et ancienne dans ce pays, les Grecs et les Romains en auraient eu connaissance de bonne heure. Or il est douteux que le *sikua* d'Hippocrate et de Théophraste, ou le *pepôn* de Dioscoride, ou le *melopepo* de Pline fussent le melon. Les textes sont brefs et insignifiants."

Au Ier siècle, Pline écrit à propos des concombres : "Les plus productifs sont ceux d'Afrique, les plus gros, ceux de Mésie. Quand ils acquièrent un volume considérable, on les nomme *pepones*" (traduction de Littré). Ce mot signifiant littéralement "mûr", "mûri par le soleil", il est difficile d'en déduire s'il s'agissait bien de concombres, de melons ou encore de pastèques…

Une petite histoire qui a traversé les siècles ajoute à la confusion. Pline rapporte que l'empereur Tibère, qui vécut peu de temps avant lui, aimait avec passion les concombres "et il en avait tous les jours ; car ses jardiniers, les cultivant dans des caisses munies de roues, les exposaient au soleil, et quand venait l'hiver les retiraient sous la protection de pierres spéculaires", c'est-à-dire de minces plaques de mica ou de sélénite tenant lieu de vitres, une forme de culture en serre. Les concombres de Pline étaient-ils des melons ? Sous Louis XV, les jardiniers du Potager de Versailles cultivaient les melons dans des brouettes emplies de terre,

Melon doux, d'après le Tacuinum sanitatis, *XIVe siècle*

qu'ils avaient soin de déplacer selon la position du soleil. L'enjeu était identique : fournir à la table du roi un fruit parfait au jour prévu.

Cantaloups de Cantalupi, charentais de Cavaillon

Cultivé dans l'Antiquité, le melon perd de son importance durant le haut Moyen Age. Il est cependant cité dans le capitulaire *De villis* de Charlemagne et dans l'*Hortulus* de Walfrid Strabus au IXe siècle. Ce dernier décrit "son fruit allongé ou ventru, qui roule sur lui-même comme une noix ou comme un œuf. (…) C'est un délice dont la couleur et la saveur charment la faim du convive, un mets qui n'offusque pas les dents, mais qui se laisse manger facilement et, par ses qualités naturelles, entretient la fraîcheur dans les viscères."

L'Occident redécouvrit le melon dans les écrits des botanistes et des médecins arabes. En occupant l'Espagne au XIIIe siècle, ce peuple y introduisit le melon canari, ovoïde et aqueux, venu d'Asie centrale, et le melon rond – qui deviendra le cantaloup – trouvé à l'est de la Turquie, dans la région du lac de Van.

D'Espagne et de Sicile, le melon rond se répandit en Italie et en France. L'introduction du melon en France est généralement attribuée à Charles VIII, qui l'aurait rapporté en 1495 d'Italie, et plus précisément de Cantalupi où il était cultivé dans le jardin de la villa des papes. Cette année-là, le cantaloup serait arrivé dans le comtat Venaissin.

Or, à Cavaillon, à l'époque terre pontificale, mention était déjà faite de la culture du melon dans les archives de la ville. Un règlement de police prévoyait que "tout habitant, à l'exception des infirmes et des femmes enceintes, trouvé dans le bien d'autrui à cueillir raisins, amandes, concombres, melons, gourdes, paiera pour chaque fruit, 6 deniers". Le mot "melonnière", terrain planté de melons, est attesté en 1534. Dès 1541, le mot "sucrin", bâti sur l'ancien provençal *suquerin* qui désignait une espèce de sucre d'orge, qualifia une variété de melon très sucrée.

Au XVIe siècle, le melon était bien implanté en Touraine, apporté, selon la légende, par Rabelais lui-même, au retour d'une ambassade à Rome. Les melons tourangeaux, appelés pompons, surent plaire à Ronsard : "Achète des abricots / Des pompons et de la crème / C'est en été ce que j'aime / Quand sur le bord d'un ruisseau / Je les mange au bruit de l'eau…" (*Odes*, 1550-1556). Evoquait-il un cantaloup ou bien un melon brodé, tel le 'Sucrin de Tours' ? Moins d'un siècle plus tard, le melon était apprécié en Anjou, comme l'atteste le fameux poème de Saint-Amant (*Le Melon*, 1638) :

> *Ni les baisers d'une maîtresse,*
> *Quand elle-même nous caresse,*
> *Ni le cher abricot que j'aime,*
> *Ni la fraise avecque la crème,*
> *Ni la manne qui vient du ciel,*
> *Ni le pur aliment du miel,*
> *Ni la poire de Tours sacrée,*
> *Ni la verte figue sucrée,*
> *Ni la prune au jus délicat,*
> *Ni même le raisin muscat*
> *Parole pour moi bien étrange*
> *Ne sont qu'amertume et que fange*
> *Au près de ce melon divin*
> *Honneur du climat angevin.*

D'Anjou en Charente, il n'y a qu'un pas. Des variétés du type cantaloup y furent développées, dont le célèbre charentais. Le cantaloup, à l'origine très côtelé, devint presque lisse, mais conserva sa chair orange, sucrée et aromatique. Le charentais poursuivit sa route jusqu'en Vaucluse et donna naissance, mais bien plus tard, à l'actuel 'Melon de Cavaillon'.

'Sucrin de Tours'

Barbarins de Barbarie

Le premier ouvrage spécialisé français semble être le *Traité de la nature et vertu des melons et du moyen de les bien cultiver, & en avoir de bons*, de Jacques Pons, conseiller et médecin du roi Henri IV, de qui le melon était le fruit préféré. Pons explique que les melons "diffèrent en bonté, en grosseur, en figure, en couleur, en saveur, en écorce, en graines et en chair". Il distingue les Barbarins, "fort gros" ; les Cornetons, "ronds et petits" ; les Napolitains, "médiocres" ; les Turquins et les Citrollins, "à chair blafarde"…

Au chapitre III, "D'où sont venus premièrement les melons", Pons avance (à raison sur le fond, mais à tort sur le cheminement) la piste africaine : "Ce qui peut faire croire que la première source des melons a été l'Afrique, c'est qu'encore à présent les meilleurs du monde se trouvent en Barbarie qui est la partie de l'Afrique qui nous est la plus voisine et la plus connue : car ils surpassent tous les autres en bonté, en bon goût et en bonne odeur. Après ceux-là viennent ceux d'Espagne et après ceux de Grèce, de Levant, ceux d'Italie et de Provence."

Tournefort dénombrait sept variétés de melons à la fin du XVIIe siècle. L'émulation entre jardiniers pour offrir le premier melon au roi Louis XIV à Pâques entraîna la création de variétés précoces, cultivées sur couches chaudes. A l'exemple de La Quintinie, l'utilisation du fumier de cheval, des cloches de verre et des châssis vitrés se généralisa. Sur les recommandations de l'agronome Ibn al-Awwâm qui vécut au XIIe siècle (*Le Livre de l'agriculture*, Actes Sud, 2000), les Arabes ajoutaient à l'engrais des fèves pilées,

> ### L'AMÉRIQUE DÉCOUVRE LA PASTÈQUE
>
> Dès son premier séjour à Hispaniola, en 1492, Christophe Colomb fit semer du melon et de la pastèque. Les Indiens adoptèrent ces plantes et les répandirent sur le continent. Lorsque les colons débarquèrent dans la région qui ne se nommait pas encore Louisiane, melons et pastèques les avaient devancés. On les crut donc indigènes en Amérique comme leur cousine, la courge.
>
> La pastèque est très cultivée aux Etats-Unis, grâce à Colomb et à un agronome russe, Niels Ebbesen Hanse. Il apporta en Amérique en 1898 les semences de 287 variétés de pastèques et de melons musqués, recueillies dans la région de Moscou, en Transcaucasie, dans la région de la Volga, au Turkestan russe et même trois variétés très précoces de Sibérie.

connues pour donner de l'embonpoint et donc susceptibles de faire grossir les péponides.

Dans le Potager de Versailles, la "melônière et toutes sortes de couches" occupaient le carré situé juste à côté de "la porte du public où l'on distribue les herbes et autres légumes". Autour des melons étaient plantés des figuiers en espaliers. Le prince de Ligne, dans son *Coup d'œil sur Belœil et sur une grande partie des jardins de l'Europe* (1786), écrit : "Au milieu, un temple à Pomone pour manger du fruit. Les serres chaudes, un jardin de melons, un autre de figues, méritent, dit-on, beaucoup d'éloges." L'alliance gourmande et parfumée du melon et de la figue s'est conservée jusqu'à nous.

Le melon resta un fruit assez rare jusqu'à la fin du XVIIIe siècle, date de parution du *Traité de la culture du melon* de l'abbé Veleau. La réputation du fruit demeurait sulfureuse : il avait causé la mort par indigestion de deux papes (Paul II en 1471 et Clément VII en 1534) et d'un empereur d'Autriche. En outre, on le rendait responsable d'engendrer le choléra car il était censé contenir du *succum pessicum*. Il fallait donc s'en méfier. Pour le médecin italien Dominique Panaroli (1654), le melon était "une humeur putride de la terre".

Une rente pour Alexandre Dumas

Les terres de Cavaillon sont de longue tradition maraîchère. Les eaux de la Durance, dérivées dès le XIIe siècle, irriguent les champs où le melon acquit vite un statut particulier. "Production de haut rapport, produit sinon de luxe, du moins de raffinement et de plaisirs, le melon fut très tôt l'ambassadeur de la cité et, à ce titre, offert aux dignitaires du royaume de France ou des Etats pontificaux de passage dans la ville" (Hélène Chevaldonné-Maignan). On offrit ainsi du melon, des artichauts et du vin au duc de Guise en 1620 ; des melons au seigneur d'Oppède, président du parlement de Provence, en 1626 ; un "présent de quatre douzaines de pesches et cinq melons" au vice-légat Mazarin en 1634.

Le *Dictionnaire raisonné d'histoire naturelle* de Valmont de Bomare (Lyon, 1776) conseille de cultiver le melon "en couches, dans une melonnière exposée au midi, car il faut nécessairement qu'elle soit à l'abri des vents froids, soit par murs hauts, soit par des brise-vent faits de paille avec des perches". Les haies artificielles étaient construites en Provence avec des roseaux, ou cannes. Ces cannisses furent partiellement remplacées au début du XIXe siècle par des haies de cyprès, qui modelèrent le paysage de l'arrière-pays avignonnais.

En 1864, le directeur de la nouvelle bibliothèque de Cavaillon demanda aux écrivains d'offrir un exemplaire de leurs ouvrages pour ses collections. Alexandre Dumas envoya "la totalité de ses ouvrages publiés, 194 volumes, et a promis d'envoyer le restant de ses écrits au fur et à mesure qu'ils seraient publiés. Il annonce 300 ou 400 volumes." Le grand romancier mit une condition à cet envoi : "Si la ville et les autorités de Cavaillon estiment mes livres, j'aime fort leurs melons, et je désire qu'en échange de mes volumes, il me soit constitué, par arrêté municipal, une rente viagère de douze melons par an." Laquelle lui fut servie jusqu'à sa mort, en 1870.

La culture du 'Melon de Cavaillon' bénéficia après 1870 de l'arrêt de la culture de la garance, qui fournissait la teinture rouge vif des pantalons militaires. A la même époque, la liaison ferrée Paris-Lyon-Marseille permit l'essor des expéditions vers Marseille et vers la capitale. Le 'Melon de Cavaillon' était alors un gros fruit vert. En 1880, cette appellation désignait un fruit brodé à chair blanche, puis le 'Cantaloup de Prescott', le 'Cantaloup de Bellegarde' et enfin, à partir de 1925, un charentais proche de celui que nous connaissons. Mais à en croire la chronique locale, ils furent tous bons ; d'ailleurs, Mme de Sévigné écrivait dès 1694 de Grignan, dans le sud de la Drôme : "Si nous voulions, par quelque bizarre fantaisie, trouver un mauvais melon, nous serions obligés de le faire venir de Paris. Il ne s'en trouve point ici."

Le XIXe siècle marque pour le melon, comme pour les autres cultures potagères, une forte augmentation du nombre et de la qualité des variétés, présentes au Nord comme au Sud : 'Sucrin de Provins', 'Melon de Coulommiers', 'Melon de Honfleur', 'Petit gris de Rennes', 'Sucrin de Tours', 'Melon de Langeais', 'Melon de Gardanne', 'Melon blanc d'Hyères', 'Melon d'Antibes blanc d'hiver', 'Melon de Trets'… – et même un 'Melon de Paris' cultivé dans les jardins maraîchers implantés au cœur de la Ville Lumière. Dans les colonies françaises d'Afrique du Nord, on produit des melons précoces comme le 'Cantaloup d'Alger'. Charles Naudin publie en 1859 dans les *Annales de sciences naturelles* une classification des melons en dix groupes : Cantaloups, Melons brodés, Sucrins, Melons d'hiver, serpents, forme de concombre, Chito, Dudaïm, rouges de Perse et sauvages. 65 variétés figurent au catalogue Vilmorin en 1883.

Sur le marché de Cavaillon, le melon "trône, superbe ; il embaume le boulevard, il déborde partout, on en voit

DÉBUT DE L'ÉPIDÉMIE DE CHOLÉRA EN 1838

"Les petites rues autour de la synagogue étaient jonchées d'écorces, de graines et de glaires de melon (…). Pour l'instant, les paysans avaient fait entrer à Carpentras plus de cinquante charretées de gros melons d'eau (…). A une heure de l'après-midi, une trentaine de ces charrettes vides retournèrent aux melonnières juste au-delà des murs (…). Les gens marchaient dans une sorte d'ivresse et leur ivrognerie ne venait pas de leur ventre où gargouillaient la chair verte et l'eau des melons hâtivement mâchés, mais de cette imprécision des formes qui déplaçait les portes."
Jean Giono, *Le Hussard sur le toit*, Gallimard, 1951.

sur de la paille, à terre, dans des paniers ; on l'emballe avec soin ; à chaque instant on le voit partir sur des charrettes à la gare de Cavaillon. (…) Même il donna longtemps un élément de trafic aux bateaux à vapeur du Rhône, la navigation lui évitant les secousses dangereuses" (Ardouin-Dumazet, *Voyage en France*, 1900). Le négoce entre producteurs et expéditeurs se traitait dès cinq heures du matin. La veille au soir, les melons étaient disposés en tas pyramidaux et "les paysans s'installaient sur des ballots de paille et dormaient, couchés près de leurs melons".

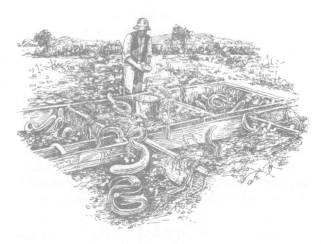

La culture du melon-serpent en Provence, début du XXe siècle

II. LÉGENDES DE MELONS, PASTÈQUES DE TRADITION

Il ne faut pas confondre les melons, les pommes et les moutons. En grec ancien, *mêlon* signifiait "brebis", "chèvre" (à toison d'or, dans l'*Odyssée*), et *mèlon* désignait tous les fruits ronds : pomme, cédrat, abricot, coing, pêche..., sauf le melon que les Grecs nommaient *sikyos pepôn*, "concombre mûr". En latin, ce mot devint *pepo* (d'où le "pépon" ou "pompon" de Touraine), puis *melopepo* ("melon-pomme", qualifiant sans doute des variétés à fruits ronds) et enfin *melo* qui, après tout ce méli-mélo, a donné son nom à nos modernes melons.

"Melon" est employé depuis 1833 au sens de "tête". Plus curieusement, il prit le sens d'"imbécile" (relevé en 1827) puis, ironiquement, désigna par extension un élève de première année à Saint-Cyr. L'emploi raciste du mot "melon" pour "Arabe" est d'origine incertaine ; il apparaît en 1962, époque troublée portant à la xénophobie. Le melon est aussi un chapeau rond comme en portent les Dupont-Dupond, un étui de carton pour transporter les perruques et un oursin ("melon de mer").

La 'Melonnette jaspée de Vendée' est une variété de citrouille au fruit jaune orangé très sucré. Une autre courge porte le nom de 'Melonnée'. Quant au 'Melon de Bourgogne', c'est un cépage originaire de cette région et acclimaté en Anjou puis en pays nantais. Après l'hiver de 1709 durant lequel tous les pieds de vigne gelèrent, le vignoble nantais fut replanté de 'Melon de Bourgogne'. Ce raisin ayant un arôme de muscat, on nomma le vin muscadet et l'on oublia le melon.

Seins de nonne

Dans la région de Cortone (Toscane), les caves voûtées sont appelées *meloni*, "melons", et une variété de pastèque est nommée *minne di monaca*, "seins de nonne". Métaphore relevée aussi dans le souk d'Alep (Syrie), où Paul Theroux (*Les Colonnes d'Hercule. Voyage autour de la Méditerranée*, Le Livre de Poche, 1999) discute avec des marchands :

" – Les femmes sentent l'omelette, déclara Akkad.

– Est-ce que tu aimes les omelettes ?

– Non, cracha-t-il. J'aime les hommes. Ils sentent la pastèque.

– Une femme pour le devoir, un garçon pour le plaisir, une pastèque pour l'extase, citai-je. N'est-ce pas un proverbe arabe ?

– Je ne le connais pas, dit Akkad. Je ne comprends pas.

Mustapha mit ses mains en coupe sur sa poitrine pour suggérer des seins et s'exclama :

– J'aime ces pastèques-là sur une femme !"

Les hommes aimeraient-ils les pastèques, et les femmes les melons ? L'abbé de Bernis, dit-on, dut sa faveur – toute platonique ? – auprès de la Pompadour au fait de lui avoir trouvé au dernier moment pour un dîner des melons mûrs à point. Le *Trésor de Santé* (1607) assure néanmoins que le melon "rafraîchira le corps en l'ardeur de l'été, provoquera

---

LES MELONS PÉTRIFIÉS

"Nom donné très-improprement par quelques voyageurs & naturalistes, à des pierres d'une forme ovale ou sphéroïde, en un mot de la forme des *melons* ; il y en a depuis la grosseur d'un œuf de poule jusqu'à celle des plus gros *melons* ; ces *melons* sont unis à leur surface & d'une couleur qui est ou grisâtre ou brune & ferrugineuse ; on les trouve sur le mont Carmel, dans une couche de grès d'un gris couleur de cendre, dont ils se détachent assez aisément. (…) Les Moines qui habitent le mont Carmel disent aux voyageurs que c'est par miracle que ces pierres ont été formées ; & ils racontent que lorsque le prophète Elie vivoit sur cette montagne, voyant un jour passer un laboureur chargé de *melons* auprès de la grotte, il lui demanda un de ces fruits, mais ayant répondu que ce n'étoit point des *melons*, mais des pierres qu'il portoit, le prophète, pour le punir, changea les *melons* en pierres."

(*Encyclopédie* de Diderot et d'Alembert, tome X, article "Melon".)

l'urine et lâchera le ventre. Il comprimera pareillement les appétits charnels, parce que leur ardeur sera combattue par la frigidité du melon." Cette opinion est rejointe par Jacques Pons quelques années plus tard : "Les melons, bien loin d'exciter à l'amour, et de servir par là la génération, en rabattent au contraire les ardeurs : témoin le proverbe des Grecs dont Athénée fait mention qui dit : « La tisserande doit manger du melon en faisant son ouvrage » et cela est dit sans doute non pas tant en considération de la frugalité que les ouvriers doivent observer, que pour refroidir les chaleurs amoureuses des tisserandes grecques, qu'Aristote tesmoigne être fort sujettes à l'amour, à cause peut-être de l'échauffement de leurs reins, causé par le mouvement et trémoussement de leurs navettes et de leur métier à tisser" *(Traité de la nature et vertu des melons et du moyen de les bien cultiver, & en avoir de bons)*.

Pons précise plus loin comment le melon contribue à la procréation : "A ceux qui pour être d'un tempérament trop bouillant et trop prompt, ne peuvent avoir des enfants, il tempère la chaleur de leurs reins et des autres parties qui y agissent de concert : aussi est-il contraire à ceux qui sont déjà d'eux-mêmes froids et tardifs."

D'après Dalechamp, XVIe siècle

Les courtisans de Bacchus

Si les plaisirs de l'amour et les melons ne font pas bon ménage, il en va bien autrement avec les plaisirs de la vigne. Il faut manger le melon "en buvant le meilleur des vins", dixit le *Trésor de Santé*, car le melon, "au contraire de plusieurs autres fruits, et de tout ce qui est doux, fait trouver le vin meilleur, au lieu d'en affaiblir le goût : ce qui le fait chérir des courtisans de Bacchus. Cela est un effet de sa vertu détersive, par laquelle il nettoie la langue de l'humidité superflue et de la crasse dont elle peut être enveloppée, ne lui laissant ainsi rien dessus qui puisse changer ou diminuer le goût. La chaleur du vin corrige la froideur du melon, fortifie l'estomac et aide à la digestion" (J. Pons).

Les premiers à pratiquer cette heureuse alliance furent les médecins, même s'ils ne la prescrivaient pas avec assez de zèle au goût de Montaigne : "Nos médecins qui mangent le melon et boivent le vin frez, cependant qu'ils tiennent leur patient obligé au syrop et à la panade." Princes et rois y adhérèrent également. Henri IV gagna la bataille d'Arques car le chef des Ligueurs, Mayenne, ne voulut pas interrompre la dégustation de melons accompagnés de deux bouteilles de vin du Rhin.

Si d'aventure vous aviez abusé du vin – fût-ce un excellent vacqueyras vieilles vignes cultivé aux abords de la melonnière –, Jacques Pons connaît des remèdes contre le mal de tête : la chair de melon appliquée en cataplasmes frontaux soigne gueule de bois, "frénésies et rêveries fébriles". Elle est par ailleurs bonne contre l'inflammation des yeux, elle "nettoie le cuir (la peau), ôte le hâle du visage et les taches ou rousseurs causées par le soleil". L'eau distillée de melon "embellit la face". Pour la préparer, "coupez un melon en pièces ; ajoutez-y le quart de racines de couleuvrée blanche (attention : il s'agit de la bryone, plante très toxique !), un quart de racine de pied-de-veau qu'on appelle en latin arum, un sixième de suc de limon, du lait de chèvre, autant qu'il en faut pour nager sur tous les ingrédients. Distillez cela au bain-marie" et frottez-en votre visage le soir.

Avec la chair de melon, on fait également un épais sirop pour soulager la toux ; avec les graines bouillies et pilées, des décoctions et émulsions rafraîchissantes "pour la gravelle (calculs) et les chaleurs de reins". Sachez enfin que le melon "est plus propre aux personnes sèches, colères et mélancholiques qu'aux personnes humides, malsaines, faibles et replètes. Il est plus propre aux jeunes qu'aux vieux, et aussi plus aux hommes qu'aux femmes."

Etait-ce parce qu'ils étaient "secs" ou bien amateurs de bon vin que les plus grands peintres de natures mortes furent sensibles aux couleurs des pépons ? Comme Manet, qualifié d'"excellent portraitiste de melons", Chardin, Cézanne, délaissant un instant ses pommes favorites, Matisse captant les lumières du Sud et Monet, avant ses nymphéas, peignirent des melons dont le parfum et la saveur se devinent à juste regarder la toile. Gino Severini (1883-1966), peintre natif de Cortone, s'est quant à lui souvenu des "seins de nonne" : il a doté sa Vierge allaitant son enfant de "seins gros comme des melons", alors que les *Madonna* classiques ont une poitrine de moindre ampleur : "leurs seins sont souvent ronds comme des balles de tennis" (F. Mayes, *Sous le soleil de Toscane*, Folio, 1999).

Les faïenciers aussi ont retenu l'esthétique du melon. Ainsi, deux terrines du XVIIIe siècle sont exposées au musée de la Faïence de Rouen. Ce sont des plats d'apparat avec un melon de couleur verte, en forme de gros œuf allongé, dont l'un est finement orné de feuilles.

haut-parleur, les pastèques brimbalant sur le plateau à côté de l'antique balance à peson. Francesco Masala évoque dans *Ceux d'Arasolé* (Pocket, 2000) un village sarde d'avant-guerre : "Le vendeur ambulant, surnommé Tric-Trac, déboucha sur la petite place avec son charreton chargé de pastèques : A la pastèque, approchez, approchez, quand on la coupe elle fait tric-trac, quelle merveille, à la pastèque, elle est rouge et ce n'est pas du feu, elle est eau et ce n'est pas le ruisseau, elle est ronde et ce n'est pas le monde, approchez, approchez, tric-trac, tric-trac, tric-trac..."

Le *cocomeraro*, ou marchand de pastèques, tenait sa boutique en plein vent dans les rues de Naples. "Gesticulant et verbeux, il se précipite sur ses melons, leur plonge au sein son long coutelas, en fait ruisseler le jus avec une agilité de mouvement égale à celle de sa langue : il en met des tranches bon gré mal gré dans toutes les mains (…). Un habile *cocomeraro* doit, avant qu'il ne l'ait ouvert, reconnaître la qualité d'un *cocomero* : s'il s'aperçoit, en le soupesant et en le flairant, qu'il ne vaut rien, il se garde de l'avouer ; au contraire, il le présente plus hardiment au peuple, il vante sa chair savoureuse, il exalte son eau glacée : « Vous voudriez bien manger cette chair ! Vous voudriez bien boire cette eau ! s'écrie-t-il. Mais celui-ci

Pastèques des rues

La pastèque renfermant de nombreux pépins, elle est symbole de fécondité : au Viêtnam, on en offre des graines aux jeunes mariés. Bruyerin-Champier (XVIIe siècle) tenait la rapidité avec laquelle le melon se corrompt pour une image de la fragilité des biens de ce monde. A l'inverse, au Japon, le melon est considéré comme un cadeau de prix. En Grèce, c'est la pastèque : on offre à ses invités de la pastèque confite en souhait de bienvenue. Autrefois, la pastèque était symbole de survie, en écho aux fruits que les bergers grecs emportaient en montagne pour disposer d'eau durant leur longue absence. Le melon servait aussi de provision rafraîchissante aux marins des îles grecques.

Dans les pays méditerranéens, les pastèques sont vendues par des commerçants ambulants. Dans les villes de Grèce, partout des paysans ou des familles tsiganes sillonnent les rues en camionnette, de la musique déversée à flots par le

n'est pas pour vous, celui-ci vous passe devant le nez : celui-ci est destiné à des convives autrement nobles que vous : le roi me l'a fait retenir pour la reine. » Et il le fait passer de sa main droite à sa gauche, au grand ébahissement de la multitude qui envie le bonheur de la reine et qui admire la galanterie du roi" (*Le Magasin pittoresque*, 1842).

Pastèque de la reine, reine des pastèques... Aux Etats-Unis, la pastèque s'épanouit en plein champ davantage que dans les rues. En 1925, déjà, au concours de la plus grosse pastèque, gagna un fruit de 60 kilos (quinze à vingt fois le poids d'une honnête pastèque du marché). En 1979, record inscrit au *Livre Guinness* par une pastèque de 91 kilos. En 1985, 118 kilos. En 1987, en Caroline du Nord, un fermier obtint une monstrueuse pastèque pesant 125 kilos et mesurant, dans sa plus grande circonférence, 2,30 mètres. Le plus leste des *cocomerari* napolitains aurait bien du mal à la débiter en tranches devant les badauds.

Fêtons le melon

Le premier week-end d'août, une grande fête des melons organisée avec l'association Fruits oubliés se tient à Sarrians (Vaucluse), entre Avignon et Carpentras, au domaine de l'Oiselet. Intitulée "Melon Passion", elle propose une visite de la ferme melonnière où poussent 45 variétés de melons d'hier et d'aujourd'hui et 30 variétés de pastèques ; des balades botaniques ; des conférences données par des historiens, des agronomes ou le spécialiste de la cuisine du melon : le chef cavaillonnais Jean-Jacques Prévôt ; une dégustation-vente de produits de terroir – dont de délicieux (le mot est faible) melons, bien sûr ; des animations provençales et un grand repas champêtre. Auparavant annuelle, cette fête se tient désormais tous les deux ans (tél. : 04 90 65 57 57).

Plus tôt, à la mi-juillet, le melon est en fête depuis 1993 à Cavaillon (Vaucluse), où se tient en saison un marché quotidien. Un melon de 9 tonnes pointe son pécou sur les passants à l'entrée de la ville. Cette sculpture d'Edmond Gintoli, érigée en juillet 1998, affirme en trois dimensions le credo de la Confrérie des chevaliers de l'Ordre du melon de Cavaillon, créée en 1987 : "Le melon, c'est Cavaillon !" En 1996, la municipalité a renouvelé avec Jean-Marie Pelt

> **LE MIRACLE DES MELONS**
>
> Une légende de la patrologie copte, "le miracle des melons", rapportée par Henri Leclerc, laisse penser que la culture du melon était lucrative en Palestine, du moins après intervention divine : "Le Seigneur Jésus, ayant rencontré un pauvre homme qui se lamente sur la perte de ses melons qu'ont rongés les vers, se fait apporter les trois seules racines qu'ils ont épargnées, les bénit et ordonne de les replanter dans le champ : la récolte dépasse toute espérance et procure au propriétaire du champ, après qu'il a payé ses dettes, un bénéfice de quatre mille drachmes d'or : il les apporte à Jésus qui l'engage à les distribuer en aumône aux pauvres."

le contrat conclu au siècle précédent avec Alexandre Dumas. Au départ de Cavaillon, la route du melon serpente entre Luberon et Durance, au cœur des terroirs réputés les meilleurs. Le parc naturel régional du Luberon propose des circuits de découverte (tél. : 04 90 04 42 00). En septembre, on fête le melon à Jouels (Aveyron) et à Joigny (Yonne) où la foire à l'oignon et au melon est l'héritière de la foire Sainte-Croix fondée en 1127 (date à laquelle les melons devaient être fort rares en Bourgogne).

Mais septembre, c'est déjà la fin pour ce fruit estival, emblématique des beaux jours (dans le calendrier promulgué après la Révolution, où les produits de la nature remplaçaient les saints, le jour du melon était le 21 juillet et celui de la pastèque le 28 août). Les meltems, vents du nord qui s'abattent l'été sur les îles de la mer Egée, sont surnommés par les pêcheurs de Psara "d'après les fruits ou légumes poussant au moment où ils soufflent : le meltem des coloquintes, le meltem des melons, le meltem des raisins ou le meltem des aubergines" (Jacques Lacarrière, *L'Eté grec*, Plon, 1975). Quand le vent est retombé, et les melons mangés, Bacchus peut séduire Pomone en rêvant aux prochains cantaloups à la chair orangée.

III. ESPÈCES ET VARIÉTÉS

Des fruits gorgés d'eau

Originaires des régions sèches, le melon et la pastèque protègent leurs graines et la pulpe qui les contient par une écorce coriace limitant la transpiration. Leurs racines puisent abondamment l'eau du sol et en constituent une réserve dans leurs fruits. La plante signale la présence d'eau à faible profondeur ; c'est ce qui l'a désignée à l'attention des Africains puis des indigènes dans les autres contrées chaudes où elle s'est répandue. Comme les autres Cucurbitacées, melon et pastèque sont de croissance rapide et présentent une curieuse opposition entre l'aspect fragile de leurs tiges herbacées et la taille des pépons.

Le melon est une plante annuelle dont la tige, rameuse, souvent cannelée, plus ou moins velue, mesurant jusqu'à 1,50 mètre, est munie de vrilles simples et porte des feuilles alternes, arrondies, comprenant de trois à sept lobes. Les racines fasciculées s'enfoncent jusqu'à 1 mètre de profondeur et se ramifient en racines traçantes en superficie. Chaque pied possède soit des fleurs mâles et des fleurs femelles (parfois appelées "mailles"), soit des fleurs hermaphrodites allogames (qui doivent être fécondées par du pollen venant d'un autre plant). Les fleurs, jaunes, ont une petite corolle rotacée. L'ovaire de la fleur femelle est infère et présente déjà au moment de la floraison "la grosseur d'une belle noisette" (Vilmorin-Andrieux).

Les fruits, issus des fleurs femelles ou du pistil des fleurs hermaphrodites, sont sphériques ou ovoïdes et leur volume diverge selon les variétés. Leur pulpe charnue, juteuse, plus ou moins parfumée, colorée et sucrée, renferme 200 à 300 graines aplaties, oblongues, blanc jaunâtre, disposées en chapelet dans une cavité centrale.

La pastèque est aussi une plante annuelle, à tige rampante ou grimpante, velue, mesurant jusqu'à 2,50 mètres, portant des vrilles courtes et des feuilles très découpées. Le système racinaire de la pastèque est plus développé que celui du melon ; il lui permet d'"aspirer" facilement l'eau. Des fleurs mâles et des fleurs femelles, dix fois moins nombreuses, sont présentes sur le même pied : la pastèque est monoïque. Ces fleurs sont de couleur jaune pâle. Les fruits, sphériques ou oblongs, ont une peau lisse et brillante. Leur chair, d'abord blanche, devient rouge ou rose à maturité. Il existe des variétés à pulpe jaune vif et plus sucrée, cultivées à Taiwan. Les graines, brunes ou noires, sont incrustées dans la chair, contrairement à celles du melon.

Le melon *La pastèque*

S'y retrouver parmi les melons

Dans les *Annales de sciences naturelles* (1859), Charles Naudin relate le croisement du melon sauvage de l'Inde et du melon sauvage d'Afrique, qui donna à la fois des fruits dix fois plus gros que ceux des plantes "parents" et d'autres fruits de la taille d'une noix. L'histoire ne dit pas s'il s'agissait de *Cucumis melo* ou d'espèces voisines, *Cucumis carolinus* ou *Cucumis dipsaceus*, l'un des melons sauvages africains, proche sans doute de ceux observés par Théodore Monod lors de ses traversées du Sahara : "Entre les buissons, l'*ilif* allonge ses tiges rampantes, qui portent des fleurs jaunes et de petits melons vert clair à bandes vert foncé (...). Vers la mer, de petits melons épineux jaunes à bandes orange" (*Maxence au désert*, 1923, rééd. Actes Sud, "Babel", 2001).

Le véritable melon, nom d'espèce *Cucumis melo*, se présente sous trois grandes formes liées à son utilisation : melon légume, melon parfum, melon fruit (classification établie par Michel Pitrat, station de l'Institut national de la recherche agronomique à Montfavet, Vaucluse).

• Le *melon légume*, récolté immature, se consomme cru comme un concombre, confit ou cuit. Dans ce groupe se rangent le *tibish* du Soudan, première forme domestiquée du melon ; le *chate* toujours cultivé dans le sud de l'Italie et en Turquie et qui était déjà figuré sur les tombes égyptiennes ; le type *flexuosus*, ou "melon-serpent", ou "concombre d'Arménie", mesurant 6 à 8 centimètres de diamètre et jusqu'à 1,80 mètre de longueur, cultivé du Maghreb (où on le nomme *fakous*, ce qui est faussement traduit par "concombre") à l'Inde, en passant par la Turquie (sous le nom d'*ajoub*) ; le *conomon* utilisé en Chine, en Corée et au Japon confit au sel et au vinaigre comme un cornichon ; les types *acidulus* (au fruit très ferme se conservant 1 à 2 mois) et *momordica*, cultivés en Inde...

Melon-serpent

• Le *melon parfum*, ou *dudaïm*, "melon de poche", "pomme de Grenade", est un petit fruit jaune orangé "avec des macules et des bariolures longitudinales d'un rouge terne. Il exhale une odeur de melon extrêmement prononcée ; sa chair, blanc jaunâtre ou rosée, est faiblement sucrée, avec un arrière-goût qui le rend immangeable" (Désiré Bois, *Les Plantes alimentaires...*, 1927). Dans les pays musulmans d'Asie, on place les fruits dans des coupes afin de parfumer les maisons. Alexander Frater raconte qu'à son arrivée à Khasgar, au Turkestan chinois, "nous mangeâmes des melons : ils coûtaient dix centimes la pièce et il y en avait tant que leur parfum embaumait la ville" (*A la poursuite de la mousson*, Picquier, 2001). S'agissait-il de dudaïms plus goûteux que ceux cultivés par Désiré Bois dans son potager de Crosne (Essonne) ?

• Le *melon fruit* offre la plus large palette de types et de variétés. Les modernes melons ronds et musqués sont de type *cantaloup*, à l'origine très côtelés, à la chair orange ou rouge orangé, sucrée, fondante et aromatique ('Cantaloup de Bellegarde', 'Prescott', 'Noir des Carmes', 'Cantaloup de vingt-huit jours' venant en un mois...). En dérivent les *charentais* presque lisses, spécialité française tendant à supplanter les variétés traditionnelles (ils représentent plus de 80 % des ventes). Les *melons brodés* (type *reticulatus*) ont une écorce "comme couverte de caractères arabes ou chinois, on les disait *escrih* (écrits) pour cette particularité" (Jules Belleudy, 1929) ; ils ont une peau réticulée "comme

LE KIWANO

Le *Cucumis metuliferus*, originaire du Kenya, a été acclimaté vers 1930 en Nouvelle-Zélande où il reçut son nom de kiwano, inspiré de celui du kiwi. Ce "concombre à cornes" est un petit melon ovale, hérissé de protubérances piquantes, à la peau allant du vert tendre à l'orange vif et au doré. Sa pulpe verte renferme de nombreuses graines noires ; on la consomme crue ou pressée et tamisée pour obtenir du jus. Sa saveur évoque le melon, le concombre et la banane. On cultive le kiwano comme le melon, en exposition ensoleillée (il est très résistant à la sécheresse). On peut le palisser sur un mur ou un treillage, afin de jouer sur son aspect très décoratif.

si on y avait appliqué une dentelle grossière" (Henri Leclerc). Ce groupe rassemble des variétés très diverses : melon maraîcher 'Gros Morin' ou 'Tête de Maure', 'Sucrin de Tours', 'Melon-Ananas d'Amérique'... Les *semi-brodés* sont des variétés de plein été, intermédiaires entre brodés et charentais ('Gordes', 'Orus'...). Les *melons inodores*, sans parfum (on ne distingue pas extérieurement quand ils sont mûrs), sont des fruits de garde. En font partie les *canaris*, à chair blanche ou verte mais jamais orange, de longue conservation, requérant beaucoup de chaleur ('Melon de Perse', 'Melon d'Espagne'...). Le caractère de longue conservation a été introduit dans des charentais que l'on commence à commercialiser sous le nom de "charentais de longue conservation" (mais qui n'ont plus d'arôme...). Il existait déjà des charentais "de semi-longue conservation", tel 'Luna', variété créée dans les années 1990, à chair ferme. On trouve par ailleurs en Turquie et au

Melon dudaïm

Caucase le melon *ameri*, à chair verte, d'assez bonne conservation ; en Extrême-Orient, les types *makuwa* et *chinensis*, aux fruits peu sucrés, dont la culture est en régression ; en Asie, le *chandalak*...

Melons d'hier et d'aujourd'hui

Voici une sélection de variétés choisies parmi celles qui sont facilement cultivables dans le jardin d'un amateur. Les professionnels privilégient quant à eux les hybrides récents.

'Cantaloup Noir des Carmes' : fruits ronds déprimés au pédoncule, pesant 1 à 1,5 kilo, côtelés, lisses, vert très foncé presque noir devenant orangé à maturité. Chair orange épaisse, sucrée et parfumée, très savoureuse. Variété hâtive, traditionnelle en culture forcée.

'Gordes' : hybride F1 semi-brodé, fruits ronds de 800 grammes, brodés, vert clair à côtes vert plus soutenu. Chair orange clair, très sucrée. Résistant à la fusariose et à l'oïdium, de semi-longue conservation.

'Honeydew' : obtention américaine, fruits ovales blanc crème, lisses, pesant jusqu'à 2 kilos. Chair vert amande, à la coloration plus soutenue près de l'écorce, épaisse, savoureuse.

'Jaune canari', ou 'Jaune des Canaris' : type espagnol, fruits ovales en "ballon de rugby", pesant 1 à 1,5 kilo,

---

MELONS DE GARDE

"Comme il y a des courges qui se peuvent garder l'hiver, aussi y a-t-il des melons, surtout en Syrie et à Constantinople, qui se conservent pour manger en hiver, et de même que nos courges mûrissent pendues au plancher, ainsi est-il des melons" (Jacques Pons, vers 1600).

Le professeur Niels Ebbesen Hanse, introducteur de variétés russes de pastèques aux Etats-Unis, a aussi observé au Turkestan, à la fin du XIXe siècle, des fruits accrochés près des plafonds dans les maisons, continuant à mûrir pendant l'hiver et jusqu'au printemps suivant la cueillette.

Le 'Melon d'Espagne' à chair vert pâle, le 'Melon d'Antibes blanc d'hiver', traditionnellement cultivés en Provence, étaient cueillis à l'automne mais n'apparaissaient sur les tables qu'à partir de Noël. Le 'Melon de Trets' (Bouches-du-Rhône), ou 'Callassen' ou 'Verdau', à l'écorce verte ridée et à la chair blanche, était fort prisé des familles ouvrières de Marseille, Toulon et La Ciotat en raison de sa grosseur et de son aptitude à être conservé jusqu'à Pâques. De nos jours encore, des melons de garde patientent jusqu'à l'hiver, dans des filets accrochés aux poutres de remises provençales.

légèrement côtelés. Chair blanche, croquante, très rafraîchissante, savoureuse.

'Melon-Ananas d'Amérique' : variété ancienne déjà cultivée en 1794, commercialisée en France depuis 1824 dans sa forme à chair verte (il existe aussi une forme à chair rouge), petits fruits brodés de 500 grammes, écorce mince, vert pointillé de vert-noir. Chair ferme, très parfumée et sucrée. La plante, très productive, aime le soleil mais n'exige pas d'être taillée.

'Melon d'Antibes blanc d'hiver' : variété traditionnelle en Provence, fruits ovoïdes à écorce blanc mat, devenant lisse à maturité. Chair verte, aqueuse, très sucrée et très fraîche. A récolter en octobre et à conserver au fruitier jusqu'en février. Plante très vigoureuse.

'Orus' : hybride F1 semi-brodé, fruits ronds pesant près d'1 kilo, écorce vert clair joliment réticulée de filets gris-blanc. Chair orange foncé, ferme, d'excellente qualité. Résistant à la fusariose, vigoureux.

'Prescott de Lunéville' : ancienne variété, cultivée depuis 1850 dans la région de Lunéville, fruits sphériques pesant 2 à 3 kilos, à côtes bien marquées vert foncé marbré de vert plus clair, à sillons vert olive. Chair orange, juteuse et fondante.

'Prescott fond blanc' : ancienne variété autrefois très cultivée en région parisienne, gros fruits plus larges que hauts, très côtelés, à profonds sillons, pesant de 2,5 à 4 kilos, ombilic en "cul de singe", écorce rugueuse et épaisse à fond blanc argenté et panaché de vert foncé et de vert pâle. Chair rouge orangé, juteuse et fondante, très sucrée, d'excellente qualité. Plante vigoureuse, tardive, à éclaircir pour ne garder qu'un fruit par pied.

'Sucrin de Tours' : très ancienne variété dont le nom existe depuis 1541, même si le melon a évolué depuis. Fruits ronds verts, brodés de filets gris-blanc au relief prononcé, côtes peu marquées. Chair rouge orangé, épaisse, ferme, sucrée, de très bonne qualité. Variété semi-hâtive, vigoureuse et rustique, à éclaircir pour ne conserver que 2 à 3 fruits par pied. Peut être cultivé en pleine terre au nord de la Loire.

'Vert grimpant' ou 'Melon à rames' : ancienne variété, à petits fruits oblongs vert foncé ponctué de vert pâle aux côtes peu prononcées, pesant de 500 à 800 grammes. Chair verte, fondante, très juteuse et sucrée, très parfumée. Variété très vigoureuse, à tiges longues, à palisser.

'Jaune canari'   'Gordes'

'Prescott de Lunéville'   'Prescott fond blanc'

'Noir des Carmes'   'Melon d'Antibes blanc d'hiver'

'Melon-Ananas d'Amérique'

Pastèques et anguries

La plupart des variétés de pastèques sont originaires d'Amérique du Nord où la plante est très cultivée. Les anguries sont des variétés anciennes de pastèques utilisées le plus souvent comme fruits d'office.

'Angurie de Belley' ou 'Pastèque à graines rouges' : très gros fruits de 30 à 40 centimètres de diamètre. Ecorce vert clair à bandes grisâtres. Chair assez ferme, verdâtre, graines rouges. A préparer en confiture.

'Charleston Grey' : fruits longs pouvant atteindre 10 à 15 kilos. Ecorce grise. Chair rouge franc, assez savoureuse. Plante très productive.

'Crimson Sweet' : obtention Clause, gros fruits ronds pouvant atteindre de 10 à 14 kilos. Ecorce verte maculée de blanc ou de jaune. Chair rouge, sucrée, savoureuse. Plante productive et hâtive.

'Lune-Etoiles' ou 'Moon and Stars' : très ancienne variété à fruits ovales pesant de 7 à 15 kilos. Ecorce verte tachée de jaune vif, les taches ressemblant à des étoiles. Chair rouge vif, très sucrée. Fruits mûrs en 95 jours. Il en existe un cultivar à fruits ronds.

'Sugar Baby' : d'origine américaine, introduite en France en 1956 et très répandue, cette variété donne des fruits sphériques de petite taille (pour une pastèque) pesant de 3 à 4 kilos. Ecorce très épaisse, vert foncé, devenant presque noire à maturité. Chair rouge orangé, ferme et sucrée, rafraîchissante, graines brun foncé peu nombreuses. La plante est productive et assez précoce, fruits mûrs en 65 à 75 jours. Goût excellent.

'Sweet Wonder' : hybride triploïde sans graines *(seedless)*, fruits de 7 à 8 kilos. Ecorce verte marbrée de bleu foncé ou de vert foncé. Chair rouge rosé, tendre, très juteuse, très rafraîchissante.

'Valentina', gros fruits sphériques pesant 5 à 6 kilos. Ecorce vert foncé. Chair rouge, voire écarlate, juteuse, très sucrée, contenant très peu de graines. Plante hâtive.

'Yellow Belly' ou 'Yellow Belly Black Diamond' : fruits oblongs, pouvant être très gros, voire énormes, jusqu'à 35 kilos. Ecorce bleu nuit, presque noire. Chair rouge, assez sucrée.

'Lune-Etoiles'

'Sugar Baby'

'Angurie de Belley'

'Sweet Wonder'

ENTRE LA POIRE ET LE MELON

Le pépino, ou melon-poire, poire-melon, morelle de Wallis, est le fruit d'une Solanacée d'origine tropicale, *Solanum muricatum*, introduite en Europe par M. Wallis qui la rapporta d'Equateur où on la nomme *guayavo*. Cousin de la tomate et de l'aubergine, le pépino est un fruit rond ou ovoïde de la taille d'une grosse poire ou d'un avocat, jaune doré strié de brun-violet ou de pourpre, à chair jaune, juteuse et rafraîchissante, évoquant le melon.

Très cultivé en Australie et en Nouvelle-Zélande, en Amérique du Sud, en Floride et en Californie, le pépino exige beaucoup de chaleur pour que ses fruits arrivent à maturité. En France, on le cultive comme une annuelle, sous serre ou en pleine terre dans le Midi. Il mûrit en août et se conserve au fruitier jusqu'en février.

Bien que peu répandu, le pépino est connu depuis longtemps. Un amateur niçois, M. Huber, écrivait en 1877 : "Je suis extrêmement satisfait de son bon goût : la chair très fondante, d'une couleur jaune, comme celle d'une prune Reine-Claude, est très douce. Pour que ses fruits aient acquis cette qualité, il faut attendre qu'ils soient d'une consistance tendre, les laisser au repos en évitant de les presser avec la main, ainsi qu'on le fait souvent, ce qui alors nuit au bon goût."

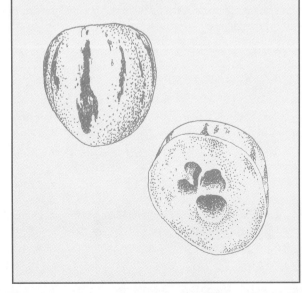

IV. LA MELONNIÈRE AU JARDIN

"Melons endormis dans les champs comme tortues sur les plages." Jean Giono *(Faust au village)* exprime bien que le melon aime la chaleur ; la culture en est plus facile dans le sud de la France qu'au nord de la Loire, où il est plus sensible aux parasites et donne des fruits moins parfumés. Dans le Midi et sous climat doux, on cultive le melon en pleine terre, sans protection ; ailleurs, le jardinier devra souvent le cultiver sous châssis ou sous cloches. La pastèque se cultive comme le melon, mais ne se taille pas.

Semis et plantation

Le melon est une plante gourmande qui demande un sol ameubli, non asphyxiant, ayant une bonne capacité de rétention d'eau, amendé avec une fumure organique suffisamment décomposée (on peut enrichir le sol à l'automne précédant les semis ou en fin d'hiver). Pour choisir l'emplacement de la melonnière, on tiendra compte de l'ensoleillement (exposition au sud), de la présence d'une haie ou d'un mur au nord, afin de couper les vents froids, et de l'absence d'ombres dues à des arbres ou à des bâtiments. Une rotation de 3 ans est souhaitable.

Les graines de melon (30 graines au gramme) ont une durée germinative de 5 à 6 ans. Valmont de Bomare écrivait en 1776 : "Il y a des jardiniers qui prétendent que la graine la plus vieille est la meilleure, et qu'il faut la mettre à tremper dix ou douze heures dans du fort vinaigre, où l'on a délayé un peu de suie de cheminée afin que les souris et les

mulots ne l'aillent point manger." Un petit métier d'autrefois consistait à récupérer sur le marché les melons invendus ou abîmés, à en extraire le chapelet de graines pour séparer, en les faisant macérer dans l'eau, les mauvaises (qui flottent à la surface) des bonnes. Ces graines, séchées puis stockées dans des boîtes en fer, étaient vendues aux petits maraîchers pour qui l'achat de semences au cours officiel aurait été une trop grosse dépense.

Le jardinier amateur peut facilement produire ses semences, hors de tout souci d'économie, pour cultiver les variétés qui lui paraissent les plus goûteuses et qui correspondent bien à son jardin. On prélève le placenta d'un beau melon ou les pépins d'une belle pastèque, arrivés à maturité (pour être sûr de la pureté de la variété, on choisira les graines d'un fruit obtenu par fécondation manuelle), et on les fait tremper dans de l'eau. Au bout de quelques jours, les bonnes graines seront tombées au fond du récipient. On les rince à l'eau claire et on les met à sécher à l'ombre. Elles seront ensuite conservées dans une boîte ou un sachet étiquetés (origine, date, variété).

On ne sème les graines directement en pleine terre, dans des poquets ouverts remplis de compost bien mûr, que dans les régions où le thermomètre ne descendra plus au-dessous de 15 °C, en avril-mai. Sinon, on sème en mars-avril, 4 à 6 semaines avant le repiquage, dans des godets de tourbe garnis de terreau, à raison de deux ou trois graines par godet, faiblement enterrées (1 à 2 centimètres de profondeur). Les godets sont placés sous châssis ou près d'une fenêtre dans une pièce chauffée et aérée. La terre des godets doit être maintenue humide. Les graines lèvent en 8 jours environ. Pour la pastèque, le semis est fait 8 à 10 semaines avant le repiquage.

La plantation a lieu en mai, éventuellement sous châssis ou sous tunnel plastique, à 80 centimètres en tous sens. Quand on enlève la motte du godet, on vérifie qu'elle ne soit pas trop sèche. Pour faciliter la reprise, on arrose doucement mais assez copieusement (la pastèque a davantage besoin d'eau à ce stade). L'arrosage des feuilles favorise le développement de l'oïdium (duvet blanc à traiter au soufre). Il faut donc arroser au pied.

On trouve en jardinerie des plants de melon à repiquer, ce qui épargne le travail du semis mais limite la palette des variétés cultivables.

Pour avoir de beaux fruits

Le melon étant une plante coureuse, le pincement permet de limiter la végétation, de hâter la venue de fleurs femelles qui, après fécondation, donneront les fruits, et d'obtenir de plus gros melons. Si l'on n'intervient pas, la tige principale s'allonge, une tige secondaire apparaît à l'aisselle de chaque feuille, les fleurs mâles s'ouvrent en premier sur les tiges secondaires, suivies des fleurs femelles à hauteur des deux ou trois premiers nœuds. On peut tout à fait respecter ce rythme naturel (le cycle de la végétation demande 4 à 5 mois sous climat favorable) si l'on est assuré de bénéficier d'une période d'ensoleillement suffisamment longue pour que les melons parviennent à maturité. Autrement dit, la taille est quasi impérative au nord de la Loire. Les charentais hybrides ne se taillent pas.

La première taille est effectuée à la plantation : on étête la tige au-dessus de la deuxième feuille. Quand elles portent cinq feuilles, les deux tiges secondaires émises par la plante à la suite de cet étêtage sont coupées au-dessus de la troisième feuille avec des ciseaux ou un sécateur. On obtient ainsi trois nouveaux rameaux sur chaque tige secondaire. Quand ces rameaux s'allongent, ils sont également taillés au-dessus de la troisième feuille. La plante fleurit.

Quand les fleurs femelles sont fécondées, il se forme un renflement derrière les pétales. C'est le début de la nouaison, l'ovaire de la fleur se transforme en fruit. Lorsque les fruits sont bien noués, on coupe sur chacune des tiges les deux nouveaux rameaux au-dessus des fruits. Selon la variété, on éclaircit pour ne laisser que 1, 2, 3 ou 4 fruits par pied, choisis parmi les mieux formés et/ou les mieux exposés (pour la pastèque, on ne conserve qu'un fruit).

Le développement du fruit

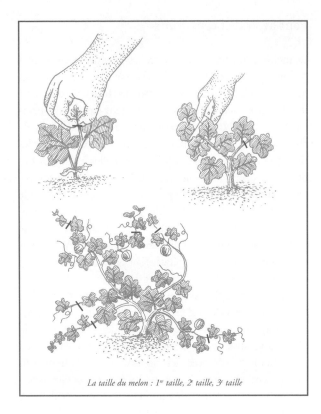

La taille du melon : 1ʳᵉ taille, 2ᵉ taille, 3ᵉ taille

Après la nouaison, les arrosages sont plus fréquents. En fin d'été, on peut supprimer les feuilles qui font de l'ombre aux fruits mûrissants.

La taille et la suppression des feuilles doivent être opérées avec discernement. Trop réduire le feuillage irait à l'encontre du but recherché, puisque ce sont les feuilles qui, par photosynthèse, enrichissent la sève, nourrissent les fruits et font donc monter leur teneur en sucre.

Les manuels de jardinage conseillent de ne pas planter une variété de melon à moins d'un kilomètre d'une autre variété, ce qui est rarement réalisable. Cette distance est rendue nécessaire par l'activité incessante (et incontrôlable) des insectes butineurs qui peuvent déposer le pollen d'une variété sur le pistil d'une fleur étrangère quoique de la même espèce. On peut donc recourir à la pollinisation "artificielle", en ligaturant le soir les fleurs mâles et femelles juste avant leur éclosion, et en secouant le lendemain matin les fleurs mâles cueillies sur un ou plusieurs pieds au-dessus des fleurs femelles (ou mailles) de même variété (les étamines doivent être en contact avec le stigmate). On ligature de nouveau les fleurs femelles et l'on guette l'accroissement du petit renflement...

Protection et traitements

Les nouvelles obtentions (charentais semi-brodés, notamment) sont résistantes au fusarium contenu dans le sol, mais pas les anciennes variétés. Le fusarium est un champignon responsable d'une maladie à virus, la fusariose, qui provoque le jaunissement des feuilles et le brunissement des tiges. Cette maladie n'ayant pas de remède, il faut arracher les pieds atteints. Le melon peut être greffé sur courge (un hybride de *Cucurbita moschata* et de *Cucurbita maxima*), qui est bien plus résistante au fusarium et dont le zéro de végétation est plus bas (10 °C pour la courge, au lieu de 12 à 14 °C pour le melon). Des greffages en fente ont également été tentés sur des variétés de melon résistantes et sur *Benincasa cerifera*, espèce orientale de Cucurbitacée, mais la réussite n'est pas toujours au rendez-vous.

La présence de certaines fleurs dans la melonnière sera bénéfique au melon : la capucine et la tanaisie éloignent les insectes, la valériane stimule l'activité des micro-organismes du sol et des vers de terre. L'œillet d'Inde protège contre les nématodes et les pucerons. En début d'attaque de ces derniers, on pulvérise du purin d'ortie dilué ou de la pyréthrine. Pour lutter contre les thrips qui font jaunir les jeunes pousses et perforent les feuilles, on pulvérise des préparations à base de pyrèthre ou de roténone.

Dès qu'ils commencent à grossir, on isole les melons du sol en les plaçant sur une tuile, une planchette de bois ou un lit de paille (il existait des supports pour melons, fichés en terre, et formant coupelle). La terre cuite a pour avantage, dans les régions où l'été est frais, d'accumuler la chaleur du jour et de la restituer la nuit. Le paillage limite en outre l'évaporation de l'eau et évite le tassement

du sol. On peut également – solution moins heureuse sur les plans esthétique et écologique – couvrir le sol d'un plastique blanc ou noir.

Melons forcés

La culture forcée du melon sous châssis s'est généralisée dans le Vaucluse à la fin du XIXe siècle. Pour des raisons climatiques, le melon était conduit depuis longtemps sous serre, châssis ou cloche au nord de la Loire et le plus souvent sur une couche de fumier dégageant un surplus de chaleur. La cloche permet d'accélérer la maturation des melons ; elle doit être soulevée, sur des fourchettes en bois ou des pierres, pour laisser passage aux jeunes rameaux et pour aérer la plante. La serre doit aussi être périodiquement ventilée, notamment pour permettre une bonne pollinisation quand les fleurs sont apparues, ou après un traitement au soufre qui échauffe l'atmosphère confinée de la serre et dessèche les fleurs. A défaut, il y a risque de "coulure" : les jeunes melons récemment noués se détachent de la tige et meurent.

> ### MELONS SUSPENDUS
>
> Certains jardiniers méticuleux soulèvent les rameaux afin de maintenir le fruit suspendu grâce à de petites fourches en bois. Ainsi, le melon ne touche pas le sol, ne prend pas le goût de terre et est moins sensible à la pourriture et aux parasites. D'autres font grimper le plant de melon en hauteur sur un support constitué verticalement de deux poteaux de 2 mètres réunis horizontalement par un solide fil de fer. Une ficelle est attachée au fil de fer et fixée au sol par un piquet : "On enroule le plant autour de la ficelle, au fur et à mesure de la pousse. Pour la taille, il suffit de ne conserver qu'une tige, de faire tomber toutes les fleurs jusqu'à 80 centimètres de hauteur et de ne laisser, par la suite, qu'un melon par «étage» (chaque melon est suspendu à une ficelle liée au fil de fer). Lorsque la tige atteint le fil de fer, on l'y enroule et on arrête toute taille. La plante assurera d'elle-même la régulation de sa production." (Robert Mottin, *Les Quatre Saisons du jardinage*, n° 122.)

> ### D'ABOMINABLES MULETS
>
> "Alors Pécuchet tenta ce qui lui semblait être le summum de l'art : l'élève du melon.
>
> Il sema les graines de plusieurs variétés dans des assiettes remplies de terreau, qu'il enfouit dans sa couche. Puis, il dressa une autre couche ; et quand elle eut jeté son feu repiqua les plants les plus beaux, avec des cloches par-dessus. Il fit toutes les tailles suivant les préceptes du bon jardinier, respecta les fleurs, laissa se nouer les fruits, en choisit un sur chaque bras, supprima les autres ; et dès qu'ils eurent la grosseur d'une noix, il glissa sous leur écorce une planchette pour les empêcher de pourrir au contact du crottin. Il les bassinait, les aérait, enlevait avec son mouchoir la brume des cloches – et si des nuages paraissaient, il apportait vivement des paillassons. La nuit, il n'en dormait pas. Plusieurs fois même, il se releva ; et pieds nus dans ses bottes, en chemise, grelottant, il traversait tout le jardin pour aller mettre sur les bâches la couverture de son lit.
>
> Les cantaloups mûrirent.
>
> Au premier, Bouvard fit la grimace. Le second ne fut pas meilleur, le troisième non plus ; Pécuchet trouvait pour chacun une excuse nouvelle, jusqu'au dernier qu'il jeta par la fenêtre, déclarant n'y rien comprendre.
>
> En effet, comme il avait cultivé les unes près des autres des espèces différentes, les sucrins s'étaient confondus avec les maraîchers, le gros Portugal avec le grand Mogol – et le voisinage des pommes d'amour complétant l'anarchie, il en était résulté d'abominables mulets qui avaient le goût de citrouilles."
>
> Gustave Flaubert, *Bouvard et Pécuchet*, 1880.

Pour la culture forcée, on sème sur couche chaude dès janvier-février et on repique quatre semaines après sous châssis, toujours sur couche chaude. Les châssis sont régulièrement aérés et les jeunes plants bassinés. Fin mars, ils sont étêtés puis plantés en place sur une nouvelle couche. Si tout s'est bien passé, on a gagné deux mois sur le cycle de végétation, ce qui permettra, en région chaude, d'avoir des fruits avant l'été, et, en région froide, de profiter au maximum de la période d'ensoleillement. L'emploi de cloches et de paillassons, la taille des rameaux fructifères, l'éclaircissage (on ne garde qu'un fruit par pied) hâtent le mûrissement en amplifiant (ou en suppléant) les maigres rayons du soleil. Mais, prudence, car "à force de maltraiter la plante, elle finit par s'épuiser" (Loisel).

Melons de saison

Au XIXe siècle, on réservait l'appellation de culture forcée à celle qui, débutée en janvier, fournissait des melons en mai. La culture dite de primeur permettait d'obtenir des melons en juin et début juillet. Les melons de saison se récoltaient de mi-juillet à octobre.

> ### CLOCHES A MELON
>
> Le recours obligé aux cloches à melon dans les régions peu ensoleillées s'est traduit par la création d'une gamme complète de cloches pour tous les jardiniers, du maraîcher en gros à l'amateur cultivant quelques plants :
> – la *cloche maraîchère* en verre soufflé incolore, arrondie, mesurant 40 centimètres de haut et 40 centimètres de diamètre, le plus souvent munie d'un bouton, boule de verre permettant de l'empoigner aisément mais peu pratique pour le stockage (ce bouton était couramment cassé par les maraîchers pour faciliter l'empilage des cloches) ;
> – la *verrine*, ou *cloche à facettes*, formée d'une petite charpente de fer et vitrée de vitres plates, permettant en cas de casse de remplacer la seule vitre abîmée ;
> – la *cloche économique* en papier huilé ou sulfurisé, posée sur des arcs croisés en coudrier ou en osier piqués en terre. Par ailleurs, la *cloche en paille*, fabriquée dans la grosse paille dont on fait les paillassons, et la *cloche en osier* assurent une bonne protection contre la fraîcheur des nuits.
>
> On trouve aujourd'hui des cloches en verre et en plastique translucide, dont certaines reproduisent les formes anciennes.
>
>

A maturité complète, les melons de type charentais se détachent facilement du pédoncule, mais pas les melons de type inodore pour lesquels le seul indice de maturité est "la dessiccation de la vrille qui accompagne le pédoncule du fruit ou de celle qui est la plus voisine" (Henri Laure, *Guide des cultivateurs du Midi de la France*, 1854). Les autres indices de cueillette, plus ou moins fiables selon la variété, sont l'exhalaison du parfum, l'accroissement du poids, l'apparition de crevasses autour du pédoncule, la souplesse de l'écorce à l'ombilic, le recroquevillement ou le jaunissement de la feuille qui recouvre le melon. Une pastèque mûre n'est pas couverte de rosée le matin.

Les melons sont cueillis le matin, deux ou trois jours avant leur maturité : ils développeront leurs qualités organoleptiques, dont leur arôme, avant consommation. On coupe le pédoncule à 2 ou 3 centimètres au-dessus du fruit et on range les melons sans les blesser dans une cagette ou sur une étagère.

Pour le transport des melons, on utilisait autrefois en Provence des banastes, paniers rectangulaires en osier ou en châtaignier, munis d'une anse sur chacun des petits côtés, et pouvant contenir jusqu'à une cinquantaine de kilos. Pour les expéditions, les melons étaient placés dans des cageots ovales en bois léger (du sapin, serti de branches de cerisier), bien calés dans de la paille et parfois entourés de papier de soie.

V. MELONS ET PASTÈQUES, FRUITS DE SOLEIL

Les Grecs mangent la pastèque de préférence avant le repas, l'accompagnant parfois de pain grillé ou de gâteaux secs, afin de prévenir les problèmes de digestion. "Les Arabes faisaient grand cas de la pastèque, écrit Henri Leclerc. Abderrezzaq l'Algérien rapporte que le Prophète lui avait attribué la propriété de nettoyer le corps et de chasser la maladie lorsqu'on la prend avant le repas." Objets de méfiance, considérés comme des fruits ambigus car poussant à terre, les péponides et surtout les melons furent longtemps déconseillés par les médecins : on ne devait les consommer qu'en été, du fait de leur nature humide et froide, et en début de repas. Aldebrandin de Sienne recommande dans son *Régime du corps* (XIIIe siècle) de "manger cogourdes, melons, limons, abricots, pêches, pommes en été au vin, pour le grand chaud, et pour l'estomac, ou pour le foie chaud refroidir". Le *Trésor de Santé* (1607) signale que certaines personnes mangent les melons en se promenant "pour les faire plus vite descendre au fond de l'estomac".

Le melon contient 90 % d'eau et la pastèque jusqu'à 93 %. C'est bien pour cela qu'on la nomme "melon d'eau" et qu'on l'apprécie sous le soleil, à l'instar des soldats de Bonaparte qui en découvrirent les vertus durant l'expédition d'Egypte. Rafraîchissants, mais assez peu énergétiques (de 30 à 40 calories pour 100 grammes), ces fruits renferment des fibres accélérant le transit intestinal. Leur forte teneur en potassium leur confère en outre des propriétés diurétiques. Voilà pour leur nature "humide et froide".

Le melon à chair orangée est riche en provitamine A, ou carotène. Quand il est mûr à point, le taux de sucre du melon est de 12 % (il peut monter à 18 % pour des melons de plein champ au cœur de l'été). C'est le fruit le plus consommé en été, surtout en juillet. Les Français en mangent plus de 5 kilos par an et par habitant.

Le choix du melon

Les "messieurs" marseillais du début du siècle ne confiaient pas à leurs compagnes l'achat des premières fraises ni celui des premiers melons. Loisel ajouta à son *Traité complet de la culture des melons* (1851) un seizième chapitre de douze pages consacré à cette délicate affaire. C'est que, proverbes et poèmes nous en ont avertis dès le XVIIe siècle, "Bonne femme, bon ami, bon melon, il n'est pas à foison" et "Les amis de l'heure présente / Ont le naturel du melon, / Il faut en fréquenter cinquante / Avant d'en trouver un de bon" (Emile Pavillon).

Afin de réduire les risques, on pouvait au début du XXe siècle acheter à Cavaillon les melons "à la *taste*, c'est-à-dire qu'on pouvait les goûter, moyennant cinq centimes de plus que le prix fixé. Les rebuts étaient vendus aux gamins pour un sou la tranche" (M. Toussaint-Samat). Aujourd'hui, des producteurs et des négociants, tels Plaisir de Cocagne (Sud-Ouest) ou Tonfoni (Vaucluse), procèdent à des tests réguliers pour garantir la qualité des melons commercialisés.

Le melon doit être lourd, bien gonflé, frais d'aspect, sa peau légèrement craquelée autour du pédoncule (nommé le *pécou*, en Provence) mais sans taches marron, et présenter une certaine élasticité quand on en tâte l'ombilic (ou mamelon, ou cul). L'exhalaison de l'arôme devient très intense à complète maturité. On sent le melon sur le dessus (et non à l'ombilic), à la base du pécou, puisque c'est là que le fruit a été le plus exposé au soleil.

D'après G. Brookshaw, Pomona britannica, *XVIIIe siècle*

Jean-Jacques Prévôt ajoute d'autres critères, dont le nombre des tranches séparées par un filet vert bleuté, un melon "de dix" étant selon lui meilleur qu'un melon de neuf ou onze tranches. Autour du pécou, qui doit être épais, vert et brillant au bout, "se dévoile une légère crevasse qui laisse apparaître de la sève transformée en sucre cristallisé et rougi jusqu'à l'extrémité de la queue. C'est la goutte de sang qui confirme un bon signe de maturité, légèrement avancée, une excellente densité et un goût soutenu."

Certains melons, appelés à tort "melons femelles", possèdent un mamelon large et pigmenté, évoquant l'aréole d'un sein. La fleur y est restée accrochée quand le fruit a mûri. "En se desséchant, la fleur se frotte contre la peau sur laquelle se forme une cicatrice, marque de l'ancienne attache du pistil. Ce sont ces melons que je préfère, écrit J.-J. Prévôt, leur teneur en sucre est supérieure et il y a plus de sécurité à choisir ceux-ci."

Choisir une pastèque est plus simple. On tient le fruit d'une main et on le frappe de l'autre : l'intérieur doit sonner creux. Les graines de pastèque, selon certains auteurs, seraient cancérigènes. En Chine, on en fait cependant de l'huile, et un peu partout en Asie, on les mange salées ou grillées. Les Milanais qui, dit-on, inventèrent la meringue, mêlaient dans la recette originale des graines de pastèque aux blancs d'œufs battus dans du sucre de Messine.

L'HEURE DE LA PASTÈQUE

"L'heure de la pastèque – mon moment favori de l'après-midi. On peut défendre que rien au monde n'est aussi goûteux qu'une pastèque, et je dois reconnaître que celles de Toscane ont une saveur comparable aux 'Sugar Babies' que nous cueillions tout chauds, lorsque j'étais enfant, dans les champs de Géorgie du Sud. Je n'ai jamais su les choisir au bruit. Mûres ou pas mûres, les pastèques ne sonnent pour moi ni creux, ni plein (...). Assise sur la murette, le soleil dans les yeux, avec mon quartier de pastèque, j'ai sept ans de nouveau, plus rien n'a d'importance que la force avec laquelle je presse les graines entre mes doigts pour les lancer devant moi, et les dessins que je trace à la cuiller dans la chair juteuse."

Frances Mayes, *Sous le soleil de Toscane*, Folio, 1999.

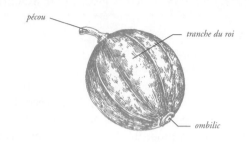

Cru au sucre, cru au sel

Une partie du melon exige d'être mangée crue et nature, afin d'en goûter toute la saveur : c'est la "tranche de la reine", appelée "tranche du roi" par Alain Ducasse et "tranche de miel" par Jean-Jacques Prévôt. C'est la partie qui a été la plus exposée au soleil, la tranche "du haut" commençant à la base du pédoncule. Non seulement elle renferme davantage de sucre et d'arôme, mais elle contient moins de pépins car leur poids les entraîne, par gravité, vers l'autre moitié du melon, celle qui est posée au sol (la partie ayant touché le sol est parfois nommée "couche").

Conservé à température ambiante, un melon continue de mûrir. Avant de le servir, entier ou découpé en tranches, il est conseillé de le réfrigérer quelques heures dans de la glace plutôt qu'au réfrigérateur (si le melon est ouvert ou évidé, l'envelopper dans un torchon pour conserver l'arôme). Le melon bien frais, frappé mais non glacé, est un régal. A Florence, on vend sur la grand-place du melon coupé en petits cubes, conservé sur de la glace et servi dans de hauts gobelets. Sur les comptoirs de cafés toscans, on trouve l'été de grandes coupes de *fragole e melone*, demi-fraises et cubes de melon sur un lit de glace pilée, parfois assortis de morceaux de kiwis.

Dans l'Antiquité, les melons, peu sucrés, étaient dégustés poivrés et vinaigrés, relevés de *garum*, condiment favori des Romains obtenu par macération d'intestins de poissons. Le degré de sucre des melons actuels évitera le recours à ce jus capable de rehausser le plus fade pépon ! Cependant, certains gourmets prudents ajoutent au melon cru une pincée de sel ou de poivre, afin d'en faciliter la digestion (on conseilla même de le saupoudrer de tabac ou de l'assaisonner de bismuth !).

Alexandre Dumas, dans son *Grand dictionnaire de cuisine*, écrit qu'il convient de manger le melon "en tranches" et de le servir "entre le potage et le bœuf ou entre le fromage et le dessert". La Reynière, ancien critique gastronomique du *Monde*, affirmait qu'il ne faut pas manger le melon à la cuillère "car le dos de celle-ci anesthésie les papilles gustatives et lui fait perdre son goût".

• *Cubes de pastèque poivrés*

1 quart de pastèque (environ 800 g) ; poivre.

Eplucher la pastèque. Epépiner (on trouve depuis quelques années des variétés sans pépins). Couper la chair en assez gros dés, les placer dans une coupe. Saupoudrer de poivre du moulin. Servir à l'apéritif avec un vin rouge vieux (un châteauneuf-du-pape bien charpenté et capiteux). Attention au soleil en se levant de table.

• *Prosciutto e melone*

1 melon ; 4 tranches de jambon cuit (prosciutto cotto) ou cru (jambon de Parme) ; 4 figues ; 100 g de roquette ; poivre.

Couper les figues en deux. Couper le melon en quatre. Trancher dans chacune des parts de fines lamelles. Les disposer dans les assiettes avec le jambon et les moitiés de figues. Saupoudrer de poivre du moulin. Décorer avec les feuilles de roquette. On peut remplacer le jambon par de la *bresaola* (viande de bœuf séchée), et ajouter du basilic. Servir frais avec un chianti classico ou un "vin noble" de Montepulciano.

• *Melon au crabe et aux crevettes*

1 melon ; 1 boîte de crabe (ou la chair d'un gros crabe) ; 250 g de crevettes décortiquées ; 20 cl de crème fraîche ; quelques tiges de ciboulette ; sel, poivre.

Rincer et égoutter la chair de crabe et les crevettes. Emietter le crabe dans un saladier, ajouter la crème fraîche, la ciboulette finement hachée, saler, poivrer et mélanger. Couper le melon en fines tranches. Les disposer dans les assiettes avec le crabe préparé. Ajouter les crevettes. Servir frais.

Melon cuit, melon chaud

Louis XIV aimait à faire cuire la pulpe de melon dans du vin de Bordeaux, avant de l'utiliser dans la préparation de compotes et de confitures. Jean-Jacques Prévôt, peintre de melons, collectionneur de barbotines (melons en céramique) et fin connaisseur de l'histoire de son fruit favori, le cuit de toutes les façons dans son restaurant de Cavaillon.

Poêlé, en tranches, en cubes ou en billes, on le fait rissoler rapidement dans de l'huile d'olive et l'on sert assaisonné de poivre (rose, blanc ou noir), de sel, d'épices (anis vert, réglisse, cardamome, cannelle...) ou de vinaigre. Rôti, en fin de cuisson de la viande qu'il accompagne. Poché dans un peu d'eau bouillante salée, sucrée, épicée ou vinaigrée selon le plat auquel on le destine. Cuit à la vapeur, en tranches ou en cubes, dans le panier et assaisonné seulement au moment de servir. Cuit au sucre, enfin, mais c'est alors pour le confire.

Afin de mettre le lecteur en appétit, voici des extraits de la carte. Entrées : beignets de melon à l'anis ; frites de melon à la fleur de sel de Camargue ; gratin de pommes de terre aux anchois et melon poché... Poissons et crustacés : rouget sur cigale de melon ; fricassée de melon aux langoustines et aux moules, parfumée à la coriandre ; fleurs de courgette soufflées au saumon, melon au gingembre et fleur de badiane... Viandes : pot-au-feu de noix de joue de bœuf et melon au vinaigre ; melon d'agneau farci ; filet mignon de porc, melon et rhum... Pour les cuisiniers confirmés, J.-J. Prévôt détaille ses recettes dans sa *Petite anthologie de gastronomie provençale* consacrée au melon.

Les variétés asiatiques de melon légume se consomment souvent cuites. En Chine, on mange un gros melon d'hiver dont la chair blanche et farineuse est cuite dans du bouillon de poulet avec des champignons parfumés et des dés de jambon. "C'est la traditionnelle soupe *Dông gua tang* que l'on aime présenter dans l'écorce même du melon où elle cuit parfois et que les artistes cuisiniers gravent, à la pointe du couteau, d'animaux légendaires ou de fleurs étranges" (M. Toussaint-Samat).

• *Fricassée de melon*
"On prend de sa chair qui est le plus près de l'écorce, de l'épaisseur d'un doigt. On la saupoudre avec de la farine et on la fricasse dans la poile avec du beurre pour servir au sortir de table, ajoutant si l'on veut un peu de sucre par-dessus et du jus de citron ou d'orange." (Jacques Pons, *Traité de la nature et vertu des melons et du moyen de les bien cultiver, & en avoir de bons*, réédition, Lyon, 1680.)

Douceurs de pépons

Le melon se marie bien avec les fruits de l'été : fraises, framboises, groseilles, mais aussi kiwis, pêches… En salade de fruits, servies dans le melon faisant office de compotier, ces préparations peuvent être confiées aux enfants.

• *Melon surprise*

1 melon ; 100 g de fraises ; 200 g de framboises ; 1 demi-citron ; 1 bouquet de menthe.

Tailler le melon aux trois quarts de sa hauteur en dents de loup (ou de scie) afin d'en ôter le "chapeau" et de pouvoir enlever les pépins. Prélever la chair et le jus du melon avec une cuillère. Placer au réfrigérateur le melon vide et son couvercle. Couper la chair en cubes. Laver, sécher et équeuter les fraises. Rincer et sécher les framboises. Mélanger dans un saladier les cubes et le jus de melon, les framboises, les fraises coupées en quatre, la menthe hachée. Ajouter le jus du demi-citron (on peut aussi réduire la quantité de jus de citron et compléter par de l'eau de fleur d'oranger). Verser le mélange dans le melon évidé et remettre le couvercle. Réfrigérer 1 heure avant de servir.

• *Sorbet deux couleurs*

2 melons ; 1 demi-pastèque ; 4 citrons ; 400 g de sucre en poudre.

Couper les melons en deux. Vider les pépins. Prélever la chair et la passer au mixeur avec le jus de 2 citrons et 200 g de sucre. Verser le mélange dans la sorbetière et turbiner. Conserver ensuite au congélateur ou au freezer. Procéder de même pour la pastèque. Sortir du congélateur un quart d'heure avant de consommer. Servir en duo.

Henri Leclerc donne la recette de la "cassette de melon à la Pomone", qui combine les deux précédentes. Le sorbet est préparé avec la chair du melon additionnée d'une demi-livre de raisin muscat, d'autant de fraises des bois, du jus d'une orange, de 4 cuillerées de sucre en poudre et de deux verres de vin de Xérès, puis servi dans le melon évidé.

• *Melon à l'orientale*
"Dépouillez un melon de son écorce et coupez-le par tranches horizontales, comme on fait des oranges en salade. Rejetez les pépins et tout ce qui les entoure. Versez ensuite sur les deux côtés de chaque tranche, préalablement saupoudrés de sucre candi, quelques filets de kirsch ou de rhum. Reconstituez alors entièrement votre melon et mettez-le dans une sarbotière. Je doute que, quand il sera glacé, l'ambroisie de l'Olympe ne vous produise pas, par comparaison, l'effet du brouet de Sparte." (Charles Monselet, *La Cuisinière poétique*, 1859.)

• *Melon séché au four*

1 melon.

Couper le melon en quatre. Vider les pépins. Enlever l'écorce puis trancher la chair de chaque quart de melon en fines lamelles. Les placer au four sur la grille à feu très doux (50 °C) jusqu'à dessiccation (au moins 5 heures). Défourner et laisser refroidir à température ambiante. Servir à l'apéritif avec du pastis ou du porto, ou en dessert avec du muscat (samos, beaumes-de-venise) ou un vin de liqueur (pineau des Charentes, floc de Gascogne).

• *Soupe pastèque-melon*

1 melon ; 1 quart de pastèque ; 400 g de sucre ; un demi-litre d'eau ; 1 demi-citron.

Préparer un sirop avec le sucre et l'eau. Porter à ébullition puis laisser refroidir. Couper le melon en deux. Vider les pépins. Dans une moitié, découper autant de tranches que de convives et les réserver. Prélever la chair de l'autre moitié. Procéder de même pour la pastèque. Passer au mixeur la chair de melon et de pastèque avec le jus d'un demi-citron. Verser le mélange dans un saladier, ajouter le sirop de sucre refroidi. Mélanger. Décorer avec les tranches de melon et de pastèque coupées en gros cubes. Réfrigérer pendant 1 heure. Servir très frais dans des assiettes à potage ou dans des coupes.

Confits et confitures

A Messine (Sicile), la tradition des melons confits au sucre remonte au moins à 1550. Parmi les desserts grecs, la *karpouzenia* est un plat à base de pastèques confites. Aux Etats-Unis, la pastèque confite au vinaigre est utilisée comme condiment. En Afrique du Sud, la recette du melon d'eau confit fut apportée par des colons huguenots venus de France à la fin du XVIIe siècle. Le *Dictionnaire du cultivateur* de 1776 expliquait comment confire au sucre ou au vinaigre les melonnettes (fruits éclaircis sur la plante pour favoriser la croissance des melons conservés), en piquant la chair de clous de girofle et en la parfumant à la cannelle.

Belley, sous-préfecture de l'Ain, a deux raisons de s'enorgueillir : c'est là que naquit Anthelme Brillat-Savarin, auteur de *La Physiologie du goût ou Méditations de gastronomie transcendante* (1825), et que l'on inventa la recette de la confiture d'anguries – nom donné localement à la pastèque à graines rouges. "On en prépare, au début de novembre, une confiture d'un beau vert émeraude, d'une très longue conservation. C'est un mets local très estimé" (*Larousse ménager*, 1924).

• *Confiture d'anguries de Belley*
"Couper la pastèque en tranches ; enlever les graines ; faire cuire les tranches dans l'eau bouillante pendant 10 minutes ; puis les faire égoutter 36 heures sur un linge, et les faire macérer 7 jours dans de bon vinaigre blanc ; égoutter de nouveau pendant 36 heures. Peser les anguries ; jeter dans la bassine à confitures un poids égal de sucre, et un verre d'eau par livre ; chauffer et jeter dans le sucre fondu les tranches d'angurie, en même temps que huit clous de girofle, 1 g de cannelle et 10 g d'écorce de citron, un petit verre de cognac par livre, achever la cuisson et vider dans des pots munis d'un couvercle. Les tranches doivent toujours baigner dans le sirop." (*Larousse ménager*, 1924.)

MELON A BOIRE

Pour les amateurs de boissons "exotiques", il existe plusieurs marques de vodka au melon, de la bière préparée avec de la pastèque en Russie et, au Japon, une boisson alcoolisée à base de melon, le *midori*. En France, on fait du sirop de melon à Bourges (Cher) dans la maison Monin et de la liqueur de melon à Nuits-Saint-Georges (Côte-d'Or) chez Joseph Carton. Le Mélanis est une recette originale de Jean-Jacques Prévôt, mélange de melon et d'anis. Cet apéritif se boit comme un pastis, "additionné de deux ou trois volumes d'eau, accompagné d'une tranche de melon et d'une feuille de coriandre fraîche", dixit le maître.

Une recette plus simple et plus rapide nous vient de Manosque, chef-lieu de canton des Alpes-de-Haute-Provence et patrie de l'écrivain Jean Giono, gourmet s'il en fut.

• *Confiture de pastèque-citron de Jean Giono**

2,5 kg de pastèque ; 1,5 kg de sucre cristallisé ; 1 gousse de vanille ; 2 citrons.

"Epluchez la pastèque. Retirez les graines et coupez la chair en cubes. Mettez les morceaux dans une bassine en cuivre et laissez macérer dans le sucre pendant 2 ou 3 heures. Lavez les citrons et coupez-les en tranches fines. Fendez la gousse de vanille en deux et ajoutez citrons et vanille dans la bassine. Faire cuire à feu moyen pendant 1 h 15, jusqu'à ce que les morceaux de pastèque soient confits. Mettez en pots et couvrez."

• *Ecorces de melon confites*
"Prenez l'escorce d'un gros Melon coupée par tranches de l'épaisseur d'un bon doigt, avec le verd qui luy touche. Ostez la pelure de dessus, mettez cette escorce tremper sept ou huit iours dans du fort vinaigre, en un pot de terre vernissée. Les huit iours passez, ôtez la du vinaigre, & la faites un peu boüillir dans de l'eau iusqu'a ce qu'elle soit attendrie, changeant une fois d'eau pour diminuer son aigreur. Mettez-la ensuite en un lieu panchant pour esgouter l'eau. Cela fait, piquez à chaque tranche deux Girofles, deux branches de Canelle & autant d'orangeat (zestes d'orange confits). Faites du Syrop avec de la Cassonnade dans lequel vous ietterez vôtre escorce de Melon et l'y laisserez jusqu'à ce qu'il soit à une parfaite cuite." (Jacques Pons, *Traité de la nature et vertu des melons et du moyen de les bien cultiver, & en avoir de bons*, réédition, Lyon, 1680.)

La ville d'Apt (Vaucluse), classée "site remarquable du goût" par le ministère de la Culture, est la capitale mondiale du fruit confit. "Gigantesque chaudron" (Mme de Sévigné), Apt fournit dès le XIVe siècle les cuisines des papes

---

* Recette reproduite avec l'aimable autorisation des éditions Albin Michel. Sylvie Giono et André Martin, *Le Goût du bonheur. La Provence gourmande de Jean Giono*, Albin Michel, 1994.

> **LES TREIZE DESSERTS DU NOËL PROVENÇAL**
>
> Sur les trois nappes blanches superposées de la table de Noël (une pour le Père, une pour le Fils et une pour le Saint-Esprit), on disposait en Provence les treize desserts dont la liste varie selon les auteurs et les époques : amandes, pommes, poires, noix, noisettes, figues sèches, oranges ou mandarines, nougat noir et nougat blanc, dattes, confitures et melon vert conservé ou confit. Variété tardive, ce melon toujours vert à Noël est appelé 'Olive de Noël', 'Olive d'hiver' ou verdau. Cueilli à maturité en fin d'automne, il se conserve jusqu'à l'Epiphanie.

d'Avignon. Cavaillon n'étant pas bien loin, c'est à Apt que fut réalisé en 1994 le plus gros melon confit (1 mètre de circonférence), vendu en tranches au bénéfice de la recherche sur la sclérose en plaques. Jean Ceccon, l'un des six artisans confiseurs demeurant en activité à côté de l'usine Aptunion, confit entiers des 'Prescott' "superbement nervurés". Pour avoir des melons de qualité constante, il en donne les graines à un agriculteur "qui les [lui] pousse avec du fumier de pigeon".

Le confisage commence par un blanchissage : on pèle les fruits, on les pique avec une épingle puis, écrivait Olivier de Serres en 1600, "on amollit la chair par un rapide bouillonnement jusqu'au moment où l'épingle enfoncée dans le fruit ne puisse plus le retenir. Et aussitôt mis dans une terrine, vous l'attaquez par un clair sirop, ayant seulement bouilli une onde. Au lendemain matin, rebouillez comme dessus, votre sirop reste dans la terrine avec les fruits. Autant en ferez ensuite six ou sept jours, matin et soir. Par tels réitérés bouillonnements, avance petit à petit le sucre dans le fruit et se concentrent les sirops."

Il s'agit en effet de remplacer progressivement l'eau contenue dans le fruit par du sirop, en laissant un jour d'intervalle entre chaque "frémie" ou "façon", ainsi que l'on nomme la mise des fruits dans leur sirop sur le feu. Quand les fruits sont égouttés, on les glace pour les rendre secs et leur donner cet irrésistible aspect.

Le melon est aussi du goût des chocolatiers. A Marseille, *La Chocolatière du Panier* propose un chocolat au melon.

La menthe et la mélisse

Jérôme Goust

INTRODUCTION

*Que ton vers soit la bonne aventure
Eparse au vent crispé du matin
Qui va fleurant la menthe et le thym...
Et tout le reste est littérature.*
   Paul Verlaine, "Art poétique", *Jadis et naguère*, 1884.

La menthe et la mélisse : deux plantes aux destins presque jumeaux et pourtant, en même temps, inverses. Elles se ressemblent à tel point que la mélisse a parfois été considérée comme une forme de menthe. En termes de notoriété, il n'en va pas de même : la mélisse, plante vedette de la pharmacopée, véritable panacée des campagnes, a longtemps été très populaire, tandis que les menthes étaient parfois parées de vertus sulfureuses. Aujourd'hui, la mélisse n'est plus que rarement employée, tandis que la menthe connaît une vogue nouvelle.

Au-delà de leurs ressemblances et de leurs différences, toutes deux méritent d'être mieux connues, pour que l'une (la mélisse) retrouve le chemin des jardins et des tables, et que l'autre (la menthe), au-delà d'une mode peut-être passagère, soit appréciée dans toute sa diversité. Alors toutes deux nous feront pleinement profiter de leurs vertus, de leurs parfums et de leurs saveurs.

I. AU FIL DES SIÈCLES

Pendant des siècles, voire des millénaires, la menthe et la mélisse ont fait partie des plantes aromatiques et médicinales les plus répandues, à tel point qu'il n'est guère surprenant de trouver leurs traces dans la mythologie gréco-latine.

Des origines mythologiques

La première de nos deux plantes à apparaître dans la mythologie grecque revêt les traits de la nymphe Mélissa (ou Mélissée), qui joua un petit rôle dans un épisode de l'histoire tourmentée de l'origine des dieux : la prime enfance de Zeus.

Ce dernier était le fils de Cronos – le plus jeune fils d'Ouranos (le Ciel) et de Gaia (la Terre) – qui régna sur les Titans et épousa sa sœur Rhéa. Un oracle lui prédit qu'il serait détrôné par un de ses enfants : il décida alors de les dévorer dès leur naissance. Rhéa ne réussit à en sauver qu'un, Zeus. Elle le mit au monde en pleine nuit sur le mont Lycée en Arcadie, là où les créatures n'ont pas d'ombre. Après l'avoir baigné dans la rivière Neda, elle donna son fils à Gaia qui, bonne grand-mère, l'emmena en Crète et le cacha sur le mont Ida. Il y était protégé par les Curètes qui masquaient les cris du nouveau-né en frappant leurs boucliers de leurs lances, afin que Cronos ne les entendît pas de loin. Pour tromper ce dernier, Rhéa enveloppa une grosse pierre dans des langes et la donna à Cronos qui avala le tout, croyant engloutir sa progéniture.

Gaia confia ensuite le bébé aux bons soins de la nymphe Adrasté et de sa sœur Io. Adrasté ("qui ne recule pas") et Io étaient les filles d'Iasos et de Mélissa. Elles donnaient au jeune dieu du miel spécialement élaboré par les abeilles du mont Ida et il partageait le lait de la nymphe-chèvre Amalthée avec Pan. Chargée de distraire le nourrisson quand il pleurait, Adrasté possédait une boule formée de cercles d'or contenant une pierre ciselée ; elle la jetait en l'air, et la boule dessinait dans le ciel de longs sillons dorés, telle une étoile filante. Le petit Zeus, fasciné, se taisait alors. Devenu adulte, Zeus fit régurgiter à son père les frères et sœurs qu'il avait dévorés : Poséidon, Hadès, Hestia, Déméter, Héra ; puis il vainquit les Titans et prit la place de Cronos, devenant ainsi le maître du cosmos.

Pour suivre l'histoire de la nymphe Mintha, nous resterons dans la famille olympienne, puisque la nymphe est liée à un frère et à une fille de Zeus. L'enfant est Perséphone (*alias* Coré ou Proserpine), fille de Déméter, déesse de la fécondité et de l'agriculture, et de Zeus. Ce dernier l'avait promise à son frère Hadès (Pluton), le dieu des ténèbres.

La mélisse officinale

Hadès se transforma en ravisseur : un beau jour la terre s'ouvrit et il jaillit de la crevasse pour emmener la jeune Coré, qui cueillait des fleurs, dans son royaume des enfers. Pour se venger du rapt de sa fille, Déméter quitta l'Olympe et cessa d'entretenir la fertilité de la terre – mettant en danger la vie des mortels. Zeus envoya alors son messager Hermès (Mercure) en "monsieur bons offices". Entre-temps, Hadès avait fait consommer des graines à Perséphone qui, de ce fait, se retrouvait liée au rythme des semences enfouies dans la terre durant l'automne et l'hiver. Un compromis fut enfin obtenu : la jeune femme resterait six mois par an sous terre avec son mari, et les six autres mois auprès de sa mère Déméter.

Cependant, comme tous les dieux, Hadès était volage : il s'éprit de la nymphe Mintha… et déclencha ainsi la colère de Perséphone, qui foudroya la belle. Il ne resta plus à Hadès qu'à transformer la nymphe en une plante parfumée – et réputée aphrodisiaque.

Ovide a chanté cette mésaventure dans ses *Métamorphoses*, comme en témoigne la traduction en rondeaux d'Isaac de Benserade (1676) :

Quoyque Proserpine eust esté enlevee par force,
Et qu'elle n'aimast pas encore Pluton,
Elle ne laissa pas d'estre jalouse de la nimphe Menthe
Pour qui il avoit eu quelque tendresse,
Elle la changea en cette herbe qui porte son nom.
[…]
Proserpine estant entre les bras
Du dieu Pluton, cette tendre pucelle
Pouvoit souffrir que quelqu'autre femelle
Auprès de luy tînt sa place là-bas.
Et cependant cela ne luy plut pas,
Menthe à ses yeux parut pleine d'appas,
Elle eut dépit qu'il aimast cette belle.
Elle ne put soutenir ce tracas,
Et là-dessus elle fit du fracas.
L'honneste femme est enfin toute telle,
Et ne veut point qu'on partage avec elle
Un bien dont mesme elle fait peu de cas.

Des cousines botaniques

Liées dans la mythologie, la menthe et la mélisse le sont aussi (et surtout) par la botanique. Elles appartiennent toutes deux à la famille des Labiées dont elles présentent les principales caractéristiques : plantes odorantes à tige quadrangulaire, feuilles opposées, fleurs à pétales soudés en tube, irrégulières et formant deux "lèvres", etc.

La *Flore complète de France, Suisse et Belgique* de Gaston Bonnier (1948) décrit les espèces et variétés des genres *Melissa* et *Mentha*. Pour le genre *Melissa*, elle signale quatre espèces qui croissent en Europe, en Asie et en Afrique. Mais seul *Melissa officinalis* se trouve parfois, naturalisé, dans nos régions. C'est une plante de 30 à 85 centimètres de hauteur, dont toutes les parties exhalent avant la fructification une forte odeur de citron. Présente dans toutes nos régions, la mélisse pousse dans les bois, les buissons, les haies où s'épanouissent en été ses petites fleurs d'abord jaunâtres, puis blanches et parfois tachées de rose ou d'un blanc un peu violacé. Ses feuilles plutôt grandes, au limbe ovale crénelé, sont parsemées de poils. La mélisse est une plante vivace dont les tiges souterraines rameuses portent des racines qui produisent des bourgeons alternatifs, lesquels servent à perpétuer la plante.

La classification botanique des menthes est autrement complexe, puisqu'on en dénombre un très grand nombre d'espèces et de variétés. Bonnier, d'habitude très précis, écrit à ce sujet qu'"on a décrit environ 25 espèces du premier ordre, habitant les régions tempérées ou subtropicales du globe". D'autres botanistes vont jusqu'à considérer 40 espèces… mais le nombre de variétés et d'hybrides signalés est sans commune mesure, puisqu'on en compte jusqu'à 1 200 !

Parmi les espèces européennes, nous ne retiendrons ici que les principales, sans décrire en détail leurs nombreuses variétés botaniques – les variétés cultivées seront présentées au chapitre suivant.

La fameuse menthe pouliot (*Mentha pulegium*), qui faisait partie de la pharmacopée de très nombreuses régions françaises, affectionne les lieux humides. Plutôt basse (elle atteint de 10 à 55 centimètres), elle porte sur ses tiges rameuses de petites feuilles vert bouteille et des fleurs roses ou lilas de juillet à octobre.

La menthe à feuilles rondes (*Mentha rotundifolia*), souvent appelée à tort "menthe des champs", est probablement la plus connue des menthes. Haute de 25 à 80 centimètres, elle possède des tiges robustes pourvues de feuilles épaisses, velues, d'un vert laiteux. Son odeur forte n'est pas la plus agréable et elle s'avère, de plus, difficile à sécher.

La vraie menthe des champs (*Mentha arvensis*) est une plante d'environ 10 à 60 centimètres, qui pousse dans tous les endroits un peu humides. Ses feuilles sont ovales, d'un

Feuilles de menthes (de g. à dr.) : menthe aquatique, menthe à feuilles rondes, menthe pouliot, menthe verte, menthe sylvestre

vert "gai", selon Bonnier. Ses nombreux rejets en font une mauvaise herbe tenace.

Toujours dans les lieux humides, mais aussi dans l'eau, on rencontre la menthe aquatique *(Mentha aquatica)*, aux feuilles ovales et en dents de scie sur les bords. Elle peut atteindre de 25 à 85 centimètres.

La menthe sylvestre *(Mentha sylvestris)* se reconnaît à ses feuilles vert-gris couvertes d'un duvet. Elles sont ovales-allongées, aiguës au sommet et dentées sur les bords. Affectionnant les lieux humides et poussant jusqu'en altitude, elle forme des touffes hautes de 30 centimètres à plus de 1 mètre. On en signale une sous-espèce et 25 variétés, parmi lesquelles il faut citer la *Mentha viridis*, notre menthe verte, qui serait un hybride de *Mentha sylvestris* et de *Mentha rotundifolia*. A son tour, la menthe verte se serait hybridée avec la menthe aquatique pour donner naissance à la menthe poivrée. Bonnier signale que "*Mentha piperata* (la menthe poivrée) se distingue de *Mentha viridis* par ses feuilles ayant un pétiole de 10 à 15 millimètres et ses inflorescences ellipsoïdes", mais ne précise pas que leur couleur permet aussi de les identifier : feuilles vert franc pour la menthe verte, vert sombre à reflets rougeâtres pour la poivrée.

Non mentionnée par Bonnier, la menthe corse est pourtant remarquable : *Mentha requienii* (ou mousse corse) est la plus petite menthe d'Europe. Elle ne dépasse pas quelques centimètres en pleine floraison, avec des feuilles de 2 à 7 millimètres d'un beau vert translucide et des fleurs roses quasi microscopiques. Son parfum, inversement proportionnel à sa taille, est fort, subtil et pénétrant. Elle pousse dans les zones humides entre 900 et 1 800 mètres d'altitude.

Citronnelles et fausses menthes

La menthe et la mélisse ont toutes deux quelques homonymes ou faux parents. Ainsi, le fait que la mélisse soit souvent appelée citronnelle entraîne quelques confusions, notamment avec la verveine citronnelle bien connue des amateurs de tisanes (*Lippia citriodora* = *Aloysia triphylla* ou *Verbena triphylla*), et qui appartient à la famille des Verbénacées. Originaire d'Amérique du Sud et introduite en Europe au XVIIIe siècle, la verveine citronnelle est un arbrisseau qui peut atteindre plusieurs mètres dans ses contrées

La verveine citronnelle

d'origine, mais elle craint le froid dans nos régions, où elle demeure stérile. La réputation bienfaisante de ses tisanes la fait souvent confondre avec la verveine officinale, plante commune de nos prairies, utilisée depuis des siècles, mais sans aucun parfum.

Le nom "citronnelle" peut aussi désigner des plantes du genre *Cymbopogon*, telle la citronnelle des Indes ou lemongrass *(C. citratus)*, Graminée dont on extrait une essence qui éloigne les moustiques et à laquelle la cuisine orientale a souvent recours. Il s'agit d'une grande herbe aux feuilles rêches et coupantes. Très sensible au froid, elle ne pousse qu'en pot dans nos régions.

Enfin, d'autres plantes aromatiques au parfum citronné, tels le thym citron ou la menthe citron, sont parfois confondues avec la mélisse.

Quelques intruses ont également trouvé moyen de se glisser dans l'exubérante tribu des menthes. Parmi celles-ci, la balsamite ou menthe-coq *(Tanacetum balsamita)*, une Astéracée, ne ressemble en rien à une menthe... si ce n'est par son parfum qui rappelle celui des chewing-gums. On l'appelait autrefois "baume", "menthe de Notre-Dame" ou "menthe de missel" (on en plaçait une branche entre les pages du livre de catéchisme). On cueillait ses grandes feuilles allongées (jusqu'à 10 centimètres), d'un vert laiteux, pour les employer en cuisine ou en tisane.

Le calament népéta, *alias* fausse menthe pouliot, menthe de chaume ou encore mélisse népéta, fut parfois intégré aux genres *Melissa* ou *Mentha*. Quant à la menthe à chats *(Nepeta cataria)*, ou menthe agreste, elle a tout d'une menthe, y compris le parfum qui serait aphrodisiaque pour les matous et repousserait rongeurs et puces... ce qui reste à prouver.

Etymologie et parlers populaires

Le nom grec de la mélisse, *melissophyllon*, est composé de *mélisson*, l'abeille, et de *phyllon*, la feuille : c'est une "feuille qui attire les abeilles". Rien d'étonnant pour cette plante très mellifère. Du grec est tiré le latin *melissa*, puis le mot *melise* qui apparaît en 1256 chez Aldebrandin de Sienne, et enfin notre "mélisse".

L'origine du mot "menthe" apparaît plus lointaine : le latin *mentha* (ou *menta*) dériverait d'une langue non indo-européenne – ce que confirmerait la présence de hiéroglyphes désignant la menthe sur les murs du temple d'Edfou en Egypte. L'ancien français possédait également la forme "mentastre" (du latin *mentastrum*), que l'on verra subsister dans certains parlers régionaux.

Comme toute plante utilisée depuis longtemps par les hommes, la menthe et la mélisse possèdent un grand nombre de noms populaires.

La mélisse, ou citronnelle, est également appelée citronnade, piment des mouches, piment des abeilles, piment des ruches, thé de France ou poincirade. Dans sa *Flore populaire*, Eugène Rolland mentionne d'autres dénominations régionales, qui se rattachent au nom "officiel" de la plante – *mélizette* (Blois), *méli* (Pas-de-Calais), *loumili* (Palaiseau), *mélico* (Var) – ou à son parfum : *citra* (Languedoc), *chitran* (Pas-de-Calais), *limouno* (Avignon), *pounciriana* (Montpellier), *torangina* (Pyrénées-Orientales).

Les menthes bénéficient toutes du même fonds commun : *ment'o* (Var), *mandre* (Guérande), *mantya* (Somme),

---

LA MENTHE FLEURIT-ELLE ?

La menthe a la réputation d'être une plante stérile qui ne donne pas de graines – ce qui est pour le moins étonnant de la part d'une spécialiste de l'hybridation !

Cette croyance se rattache à certaines légendes, dont la plus ancienne est sans doute celle qui raconte la fuite de Marie, portant Jésus dans les bras, devant Hérode. Alors que le basilic et la sauge formaient une gerbe pour les protéger, un pied de menthe, qu'Hérode heureusement n'entendit pas, répétait : "Sous la gerbe !..." Marie maudit la menthe en ces termes : "Tu es menthe et tu mentiras toujours. Tu fleuriras, mais tu n'auras pas de graines."

Cette légende a donné naissance à des dictons populaires et se retrouve dans un conte d'Andersen, *Le Papillon*. C'est l'histoire d'un papillon qui veut se marier avec la plus jolie des fleurs. Il conte successivement fleurette à la pâquerette, au crocus, au perce-neige... L'automne arrive. "Aussi le papillon se tourna-t-il en dernier recours vers la menthe. Cette plante ne fleurit pas, mais on peut dire qu'elle est fleur tout entière, tant elle est parfumée de la tête au pied (...) «C'est ce qu'il me faut, se dit le papillon ; je l'épouse.» Et il fit sa déclaration. La menthe demeura silencieuse et guindée, en l'écoutant. A la fin elle dit : «Je vous offre mon amitié, s'il vous plaît, mais rien de plus.»"

---

mantebel (Vosges)... Mais les diverses espèces et variétés avaient jadis chacune leurs propres appellations : le pouliot était nommé pouilleul vert ou chasse-puces (Normandie) et la menthe verte, baume vert. La menthe poivrée était appelée *mento glaciale* à Apt, menthe bleue dans l'Orne, pastille dans l'Eure ou *pévreta* dans le haut Valais. La menthe aquatique était qualifiée de baume de rivière (Maine-et-Loire), de crête de coq (Oise) ou encore de *mento rougo* (Provence). La menthe à feuilles rondes était connue sous les noms de baume crespu (1557), de menthe ridée (Orléans), de menthe velue (Wallonie) ou encore d'herbe de mort. Quant à la menthe sauvage *(M. arvensis)*, on l'appelait *amentastro* (Var), *mentrast* (Luchon), *chacugne* (Vosges) ou encore, curieusement, *blant'chioux* (Vaud).

Légendes et dits populaires

Sans doute parce qu'elle a perdu sa notoriété depuis belle lurette, les dits concernant la mélisse sont assez rares – on ne rapporte qu'une maxime ardéchoise : "Si la femme connaissait les vertus de la mélisse, elle la serrerait dans sa chemise."

La menthe, par contre, a donné naissance à quelques noms de lieux : ainsi du vallon de la Menthe dans les Bouches-du-Rhône ou du petit village de Mantet (ou Mentet), situé en pays catalan, près de Prats-de-Mollo. Le nom apparaît aux XIe et XIIe siècles sous les formes Villa Mentedo (1011), puis Mented (1022), Mentedi (1102) et enfin Mantet à la fin du Moyen Age. Eugène Rolland signale également un patronyme du Cantal qui rappelle la menthe : celui de la famille de Menthières.

Dans un autre registre, le *Traité curieux des couleurs* (1647) attribue à la menthe un certain nombre de significations : "La menthe blanche signifie : Escrivez-moi ; la mente noire signifie : heureuse alliance ; la menthe aquatique signifie : Laissez tout ; la mentastre signifie : Je vous veux du bien" – et pour le *Dictionnaire du langage de l'amour* (1836), elle représente l'"amour exalté".

Comme nombre de plantes courantes, la menthe et la mélisse figuraient dans le calendrier révolutionnaire de Fabre d'Eglantine : le 6 prairial (vers le 26 mai) était Mélisse, et le 21 messidor (vers le 20 juillet), Menthe.

En littérature et en chansons

La menthe et la mélisse n'ont joué qu'un petit rôle dans la littérature, où les poètes les ont surtout chargées de nous restituer les senteurs naturelles des paysages qu'ils célèbrent :

Le cytise odorant et la belle mélisse
Infusent doucement dans la grande chaleur.
Anna de Noailles, *Le Cœur innombrable*, 1901.

Aux pentes du coteau, sur les roches moussues
L'eau vive en murmurant filtre par mille issues,
Croît, déborde, et remue en son cours diligent
La mélisse odorante et les cailloux d'argent.
Charles-Marie Leconte de Lisle, "Thestylis",
Poèmes antiques, 1852.

Quant à la menthe, Théodore de Banville en fait une herbe funéraire, dans une évocation mythologique qui fait penser au "Dormeur du val" de Rimbaud quelques décennies plus tard :

Sur son beau sein de neige Eros maître du monde
Repose, et les anneaux de sa crinière blonde
Brillent, et cependant qu'un doux zéphyr ami
Caresse la guerrière et son fils endormi,
Près d'eux gisent parmi l'herbe verte et la menthe
Les traits souillés de sang et la torche fumante.
"Vénus couchée", *Les Cariatides*, 1841.

Les chansons du XXe siècle, par contre, ont fait une large place à la menthe. Elle y est bien souvent symbole de la nostalgie de l'adolescence et des premières amours. Le meilleur exemple en est la chanson qu'Yves Simon écrivit pour *Diabolo menthe* (1977), le premier film de Diane Kurys, qui célèbre les jeunes filles du lycée parisien Jules-Ferry dans les années 1950 et 1960...

Dans les cafés du lycée,
Faut que tu bluffes, que tu mentes,
Autour des diabolos menthe
Quand tu racontes tes nuits du dernier été
Et des tout premiers amants
Que tu n'as eus qu'en rêvant.
Dans tes classeurs de lycée,
Y a tes rêves, y a tes secrets...

Quelques années plus tôt, en 1970, Michel Simon évoquait une semblable nostalgie dans *Mémère*, l'histoire d'un vieux couple qui se remémore les débuts de son amour (paroles de Bernard Dimey) :

Mémère, tu t'en souviens des p'tits diabolos menthe,
Des bouteill's de mousseux du quatorze Juillet !

Dans un registre plus gai, en 1906, Dranem chantait *Tu sens la menthe* (paroles d'Eugène Joullot et Félix Mortreuil) :

Le soir même de mon hyménée
Quand l'cérémonial fut fini

*Ma femm' me dit très emballée
Une heure avant de se mettre au lit
Je sens que j't'adore mon gros chéri
C'est pas ça qu'tu sens que j'y dis
Pétronille tu sens la menthe
Tu sens la pastille de menthe
Tu sens la menthe pastillée
Entortillée dans du papier.*

Evoquant les moments de détente des quartiers populaires ou la nostalgie des années passées, la menthe a ainsi traversé le XXe siècle, pour se retrouver sur les lèvres de Michel Jonasz :

*Après la mort, Lola,
Ni baiser, ni soupir
Et plus de menthe à l'eau
Que l'on sert en peignoir*

... ou de Patricia Kaas :

*Les rêves qu'il fait pour deux
C'est comme les bonbons menthe
Ça fait du bien quand il pleut...*

II. CULTURES AROMATIQUES

Herbes de cueillette ou de culture

Avant d'être cultivateurs, les premiers hommes, cueilleurs-chasseurs, ont certainement récolté pendant des millénaires les herbes qui poussaient à l'état sauvage. Les premiers documents écrits mentionnent déjà la cueillette ou la culture de la menthe et de la mélisse.

Sous le nom de *melissophyllon*, la mélisse est citée dans plusieurs traités grecs anciens : dans la *Matière médicale* de Dioscoride, médecin grec du Ier siècle, et dans les œuvres de Théophraste, philosophe péripatéticien athénien (v. - 372-v. - 287) qui s'est consacré à la botanique et dont nous sont parvenus deux ouvrages : l'*Histoire des plantes* et la *Cause des plantes*. C'est lui qui, le premier, a théorisé la séparation entre règne végétal et règne animal, ainsi que la distinction entre Monocotylédones et Dicotylédones.

La menthe, quant à elle, est citée dans la Bible : "Malheur à vous, scribes et pharisiens, qui acquittez la dîme de la menthe, du fenouil et du cumin après avoir négligé les points les plus graves de la Loi, la justice et la bonne foi" (Matthieu, XXIII). Les Grecs la citent également : pour les hippocratiques, disciples d'Hippocrate (v. - 460-v. - 377), la menthe était nommée *blechon*, parce qu'elle provoquait le bêlement des moutons qui en broutaient.

Dans les jardins et monastères médiévaux

Dès le Moyen Age, d'assez nombreux manuscrits donnent des indications sur la culture des herbes. Curieusement, la mélisse est systématiquement absente de ces documents, alors qu'elle est citée par les textes qui décrivent les usages médicinaux des plantes. Par contre, les menthes sont bien représentées : plusieurs espèces sont mentionnées, dont une "fausse menthe", la menthe-coq.

La menthe-coq

Ainsi, vers 800, le capitulaire *De villis imperialibus* de Charlemagne cite la menthe-coq *(costum)*, une menthe indéterminée *(mentam)*, le pouliot *(pulegium)* et la menthe sauvage *(mentastrum)*. Le plan dit "du monastère de Saint-Gall" (en Suisse), qui date à peu près de la même période (IXe siècle), en mentionne trois : *mentha (M. piperata)*, *pulegium* (pouliot) et *sisimbria (M. aquatica)*. Il faut noter que le genre *Sisymbrium*, dans la nomenclature actuelle, désigne une sorte de cresson.

Quatre siècles plus tard, le *Livre des profits champêtres* de Pierre de Crescens (1305) prescrit des semis de "mente" (sans précision) en février et en octobre, tandis que le *Calendrier du courtillage du mesnagier de Paris*, rédigé pendant la guerre de Cent Ans (1393), mentionne le *coq* (menthe-coq) et la *mente* (sans préciser laquelle).

Deux textes recensent, par contre, les usages des plantes, qu'elles soient issues de culture ou de cueillette : au IXe siècle, le *Glossae theotiscae* cite quatre menthes : *mentastro*, *menta nigra (Mentha piperata ?)*, *puleium* (pouliot) et *costo* (menthe-coq). Hildegarde de Bingen (XIIe siècle) se montre plus diserte en en mentionnant sept : *Bachmintza (M. aquatica)*, *Myntze majori (M. sylvestris)*, *minori Myntza (M. arvensis)*, *Rossemintza (M. crispa)*, *Poleya (M. pulegium)*, *Balsamita (Tanacetum balsamita)* et *Nebetta (Calamintha nepeta)*.

D'Ibn al-'Awwâm à Olivier de Serres

C'est peut-être dans le *Livre de l'agriculture (Kitâb al-filâha)* d'Ibn al-'Awwâm, médecin et agronome andalou de la fin du XIIe siècle, que l'on trouve pour la première fois des notices de culture complètes pour nos deux plantes, qui récapitulent le savoir de l'époque et rassemblent les variétés et les règles de culture du Moyen-Orient et de l'Espagne mauresque.

Ibn al-'Awwâm cite ainsi Ibn Hajjâj (né en 1074), selon lequel "les bourgeons de la mélisse, de la menthe, du basilic, de l'origan et de la marjolaine (plantés en bouture) reprennent facilement" – ce qui atteste une connaissance très ancienne de cette technique de multiplication.

Le *Livre de l'agriculture* distingue deux sortes de mélisse *(rayhân)* : celle des jardins et celle des champs. La première comprend elle-même deux espèces qui se différencient par la taille de leurs feuilles (grandes ou petites). Selon Ibn Bassâl, la mélisse aime les terres fumées, fraîches et grasses. Elle se semait en février, puis était repiquée par groupes de trois ou quatre plants espacés d'un empan (0,23 mètre), ou était multipliée "à l'aide des racines restées dans le sol".

Pour la menthe *(na'na')*, Ibn al-'Awwâm énumère les quatre espèces décrites dans l'*Agriculture nabatéenne* (IIIe-IVe siècle), dont trois sont cultivées dans les jardins : la *na'na'* proprement dite, aux feuilles rudes au toucher et rugueuses, la *sisymbre*, appelée aussi *sandal* ou *sanbar*, à feuilles lisses et tiges vert sombre, et le *nammâm*. La *na'na'* correspondrait à une menthe verte marocaine encore appelée ainsi ; la *sisymbre* serait *Mentha aquatica* ou *piperata*. Comme Pierre de Crescens, Ibn al-'Awwâm indique deux périodes de semis ou de plantation – de janvier à mars et en septembre, les plantations de printemps donnant les meilleurs résultats – et précise : "Elle aime beaucoup l'eau ; elle supporte mieux l'engrais que la mélisse."

Quatre siècles plus tard, dans son *Théâtre d'agriculture* (1600), Olivier de Serres ne donne aucune indication sur

La menthe pouliot, d'après Fuchs, XVIe siècle

la mélisse. Par contre, il traite de la "mente" et du pouliot. Ses conseils méritent encore d'être suivis : "D'en semer la graine, ne se faut soucier, puis que la racine et la bouteure sont de si facile reprinse : ce sera seulement à leur défaut, qu'on employera la semence." Il précise, croyance fréquente, que la menthe ne doit pas être coupée avec une lame métallique... et c'est sur ce point seulement qu'il note une différence avec le pouliot : "Que ceste-ci désire d'estre esmundée et souvent retaillée avec cousteaux trancheans, pour la faire profiter."

Les variétés cultivées de menthe

Walafrid Strabo, moine abbé de Reichenau au IXe siècle, affirmait déjà que si l'on voulait énumérer les variétés et les propriétés de la menthe, il faudrait pouvoir préciser combien il y a de poissons dans la mer Rouge, ou combien il y a d'étincelles lorsque l'Etna est en éruption ! C'est dire qu'entre espèces, variétés et hybrides, il est depuis longtemps

La menthe poivrée, plante et fleur

bien difficile de s'y retrouver. Nous nous contenterons ici d'indiquer les principaux types cultivés, sans entrer dans des considérations botaniques. N'en déplaise à certains, la meilleure manière de déterminer les menthes pour un jardinier ou un cuisinier demeure l'odorat.

Les plus importantes sont certainement les menthes vertes, que les cuisines arabes et orientales ont remises à la mode. Il en existe plusieurs types qui partagent la même saveur : leur feuillage est généralement d'un vert franc, mais certains présentent des tiges rougeâtres ; leurs feuilles sont lisses ou velues, fines ou épaisses, plus ou moins rondes ou allongées... Les menthes poivrées sont plus homogènes, avec des tiges et feuilles (allongées) vert foncé, à reflets rougeâtres plus ou moins prononcés.

On trouve également chez les pépiniéristes spécialisés quelques types particuliers, dont la menthe bergamote *(M. citrata)*, aux feuilles rondes vert foncé, au puissant parfum de menthe mêlé de bergamote, et un cultivar nommé "menthe citron", au feuillage panaché vert franc et jaune, au parfum citronné. Citons également des menthes plus ornementales par leur feuillage panaché (vert et blanc), doré ou velouté *(Mentha sylvestris* 'Buddleia', aux fleurs en épis lilas comme l'arbre à papillons), sans oublier bien sûr la menthe corse, déjà présentée, qui a sa place en larges potées au jardin, sur le balcon ou dans la cuisine... pour le simple plaisir de l'effleurer du bout des doigts et de sentir ses effluves pénétrants.

Multiplier la menthe et la mélisse

La menthe et la mélisse peuvent se semer, nous l'avons vu, mais il est beaucoup plus simple et plus sûr de pratiquer la multiplication végétative. En effet, les graines de mélisse lèvent souvent difficilement et lentement. Quant à la menthe, il en existe tant de types différents qui s'hybrident si facilement entre eux qu'on ne peut jamais être certain de l'homogénéité d'un lot de graines : elles lèvent bien, mais présentent une grande variabilité. Reste donc la possibilité de diviser une touffe.

La mélisse développe des souches qui s'accroissent de façon concentrique chaque année. Le plus simple consiste donc, en automne ou en fin d'hiver, à prélever à la périphérie des rejets qui comportent chacun des racines et des tiges. Après en avoir raccourci les parties aériennes et souterraines, on rempote ces rejets que l'on place à l'ombre, en maintenant la terre humide. Une fois que les racines se sont bien développées dans les pots, il ne reste qu'à installer les nouveaux plants en terre.

Les menthes, quant à elles, développent un réseau de rhizomes, tiges souterraines qui courent à fleur de sol et émettent des racines. Le plus simple est d'en prélever un tronçon pourvu de racines : il suffit alors de le mettre en pot, recouvert de 2 à 3 centimètres de terreau, et de maintenir l'ensemble humide jusqu'à ce que la végétation reprenne. On est alors certain que la nouvelle plante sera rigoureusement identique au pied mère.

Multiplier la menthe

Cultiver menthe et mélisse

Nos deux herbes sont heureusement de culture facile, et même difficiles à déloger une fois qu'elles sont bien installées : le moindre bout de racine ou de rhizome laissé en terre peut redonner un nouveau pied.

La menthe et la mélisse aiment bien la lumière, mais il leur faut une terre qui reste humide. Certaines menthes (le pouliot ou l'aquatique) aiment les sols consistants, les autres préfèrent des terres assez meubles et bien fumées. Enfin, pour donner de belles touffes, toutes deux demandent à être coupées régulièrement pour repartir de plus belle.

Comme la menthe et la mélisse se maintiennent pendant des années au même emplacement, on leur apportera chaque année pendant l'hiver, au plus tard lorsque la végétation redémarre, un peu de bon compost au pied. Les soins se limitent à nettoyer les carrés où elles poussent pour éviter qu'ils ne soient envahis d'herbes indésirables.

A l'automne, les tiges de la mélisse sèchent et il ne reste pendant l'hiver que des rosettes serrées les unes contre les autres au ras du sol... qui repartiront l'année suivante. La menthe, quant à elle, passe l'hiver uniquement sous forme souterraine ; elle ménage parfois des surprises en ne réapparaissant pas toujours exactement à la place où elle était cultivée l'année précédente.

Récolte et conservation

La récolte de la menthe et de la mélisse ne pose guère de problèmes. Elle se fait avec un sécateur bien affûté car, contrairement à certaine croyance de jadis, les lames métalliques ne font pas périr les menthes. Il faut seulement veiller à ne récolter que des rameaux sains, sans taches ni souillures de terre.

La conservation de la mélisse est délicate car ses arômes disparaissent vite au séchage. Pour en tirer le meilleur parti, il faut la cueillir au début de la floraison, ne conserver que les feuilles et les faire sécher rapidement dans un endroit sec et bien ventilé ; dès qu'elles sont prêtes, c'est-à-dire juste craquantes, avant qu'elles ne s'émiettent, on les place dans des sacs en papier kraft. Le séchage de la menthe est bien plus facile, car ses arômes sont moins volatils. Dans les deux cas, cependant, comme l'on a affaire à des feuilles assez charnues, mieux vaut les étaler en couches minces et les remuer pour éviter la formation de microzones humides où se développeraient des moisissures.

Pour une conservation plus limitée dans le temps (une semaine au maximum), on peut glisser de petits bouquets dans des sacs plastique de congélation en ménageant une petite aération.

III. POUR LA SANTÉ

La menthe et la mélisse ont des propriétés antispasmodiques reconnues et sont parfois préconisées ensemble. Tel est le cas dans le *Traité de l'épilepsie* (1854) : "Agissant à la fois comme calmants et diffusibles, la mélisse et la menthe nous ont spécialement paru avantageuses pour

La mélisse, d'après Daléchamps, XVIe siècle

dissiper l'engourdissement et l'hébétude dont les attaques s'accompagnent." Il est cependant intéressant d'examiner plus en détail les différentes indications pour lesquelles on les trouve prescrites.

La sereine mélisse

Avicenne, grand médecin arabo-islamique d'origine iranienne (980-1037), disait de la mélisse qu'"elle a une propriété merveilleuse pour réjouir le cœur et le fortifier... elle est salutaire à tous les viscères" *(Traité des médicaments cordiaux)*. Il ajoutait : "Elle est avantageuse contre les affections pituitaires et atrabiliaires" *(Canon,* livre II) – assez curieusement, cette dernière propriété se retrouve dans le langage des fleurs, où la mélisse est l'emblème de la plaisanterie et de la gaieté.

Ibn al-Baytâr (Espagne, 1197-Damas, 1248), dans son *Traité des simples*, cite également un certain nombre de commentaires relatifs à la *badrendjouya* (d'un mot persan qui signifie "odeur de citron") ou *baklat el-atrodjia*. Ainsi, Ibn Massa la dit salutaire "contre les douleurs et la faiblesse du cœur qui empêche le sommeil". Pour le *Livre des expériences*, elle chasse les vents de l'estomac et des intestins, et, selon Rhazès, se montre utile contre les chagrins et la mélancolie. Dans la pharmacopée traditionnelle marocaine, la mélisse est toujours considérée comme une plante stomachique, digestive, rafraîchissante et qui, dit-on à Fès, soulagerait aussi "les cœurs serrés"...

Dans la tradition médicale occidentale, les commentaires de l'école de Salerne (XVe siècle) se contentent de signaler que ses effets sont analogues à ceux de la menthe. Par contre, dans son *Avis au peuple sur sa santé* (1782), M. Tissot se montre plus précis : "Je me suis guéri [d'une forme légère des oreillons] en ne buvant, pendant quatre jours, qu'une infusion de mélisse, à laquelle je joignois un quart de lait et très peu de pain." Il ajoute que "l'on peut donner une forte infusion de mélisse" pour soigner l'apoplexie dans ses formes les moins fortes.

Dans *Plantes, remèdes et maladies* (1891), le docteur Lehamau préconise à son tour la mélisse "dans la migraine, les langueurs et les débilités de l'estomac, les spasmes, les convulsions. Comme stimulant, elle fait disparaître les maux de tête résultant de mauvaises digestions. Dans les catarrhes chroniques et surtout les affections pituiteuses, elle est d'un effet souverain."

La plupart de ces propriétés sont encore reconnues dans les travaux des phytothérapeutes contemporains. Le docteur Valnet décrit ainsi la mélisse comme un antispasmodique et un stimulant physique et intellectuel. Il la conseille en cas de migraine digestive, d'émotivité, de crises nerveuses et de spasmes ou de mélancolie. La mélisse est également recommandée en infusion pendant les dernières semaines de la grossesse, pour faciliter le travail de l'accouchement, puis pour réguler les contractions et la récupération de l'utérus.

Le docteur Serge Rafal, responsable de la consultation d'acupuncture, phytothérapie et homéopathie à l'hôpital Tenon, à Paris, la range parmi "une douzaine de plantes sédatives, c'est-à-dire calmantes, avec l'aubépine, la passiflore, le tilleul, la valériane, etc., qui peuvent être utiles

> **LA CÉLÈBRE EAU DE MÉLISSE**
>
> L'eau de mélisse, stomachique, tonique et vulnéraire, constitue depuis des siècles un remède des plus populaires. Il en existe de multiples recettes – la plus connue est celle dite "des Carmes", mise au point au XVIIIe siècle dans un couvent de carmes déchaux. La recette ci-dessous est donnée par le docteur P.-J. Lehamau (*Plantes, remèdes et maladies*, Wargnies-le-Grand [Nord], 1891).
>
> *Mélisse fraîche et fleurie : 750 g ; zestes de citron frais : 124 g ; cannelle fine concassée : 60 g ; clous de girofle : 60 g ; muscade : 60 g ; coriandre : 30 g ; angélique : 30 g ; alcool à 85° : 4 litres.*
>
> Laisser macérer le tout ensemble pendant 4 jours, puis distiller au bain-marie pour obtenir 4 litres de produit. Cette eau s'emploie à la dose de 4 à 10 grammes par jour.
>
> En voici par ailleurs une recette simplifiée :
> *1 l d'eau-de-vie ; 50 g de sommités fleuries de mélisse ; 5 g de cannelle ; 15 g de graines de coriandre ; 15 g de muscade ; 10 g de tige d'angélique.*
>
> Faire macérer pendant 15 jours, puis filtrer en pressant. Mettre en bouteille et laisser décanter l'eau de mélisse au moins un mois avant de l'utiliser à raison d'1 cuillerée à café avant le repas.

lors de troubles anxieux, mais aussi face aux problèmes de sommeil, souvent liés à l'anxiété". (*Alternative santé*, avril 2001.)

La menthe tonique

Au Ier siècle de notre ère, Pline, dans son *Histoire naturelle*, traite du *mentastrum* (la menthe sauvage) et du pouliot. Il cite le cas d'un lépreux "au temps du grand Pompée, qui se frictionna le visage de mentastre pour se soulager de la puanteur dégagée par son corps putréfié". Il vante également les bienfaits de la mentastre, appliquée en compresses, pour soigner les piqûres. Un sachet de feuilles en poudre écarterait même les scorpions, écrit-il. En décoction, il la dit bonne contre les déchirures musculaires, les coliques et le choléra ; elle provoquerait les règles, serait abortive et son suc empêcherait les rêves érotiques et rendrait les hommes stériles.

Proche parente de la mentastre, le pouliot, appliqué en cataplasme avec de la farine d'orge et du vinaigre, soulagerait, toujours selon Pline, de toutes les douleurs. Cuit avec du miel et du nitre, il calme les douleurs intestinales, tandis que broyé avec du vin, il s'avère diurétique.

Quinze siècles plus tard, les commentaires de l'école de Salerne affirment préférer pour les usages médicinaux la menthe poivrée, dont les vertus, plus énergiques, permettent de "donner du ton à l'estomac, fortifier les nerfs, sinon les calmer légèrement ; tuer les vers et combattre les spasmes dans les maladies nerveuses ; arrêter les vomissements et chasser les flatuosités". Ces indications sont complétées par les vers suivants :

La menthe mentirait si sa tige nouvelle
Ne détruisait les vers que l'intestin recèle.
L'estomac trouve en elle un secours étonnant
Lorsqu'il veut réveiller son appétit dormant.

Récapitulant ces vertus et indications, le docteur Valnet reconnaît à la menthe poivrée des propriétés stimulantes, stomachiques, antispasmodiques et antiseptiques. Il la préconise principalement dans les cas d'atonie, de palpitations

> **MENTHE ET HOMÉOPATHIE**
>
> Le préjugé est tenace : la consommation de menthe, sous quelque forme que ce soit, serait incompatible avec un traitement homéopathique. Selon les laboratoires Boiron, "l'action inhibitrice qui est reprochée à la menthe depuis des décennies ne semble pas encore démontrée" (Dr Picard, *L'Homéopathie du pharmacien*).
>
> Certes, le docteur Christian Friedrich Samuel Hahnemann, fondateur de l'homéopathie, considérait que la menthe était néfaste, comme tous les excitants – et particulièrement ceux qui avaient une réputation aphrodisiaque, sulfureuse pour ce rigoriste ! Mais cette condamnation morale pour incitation à la débauche ne repose sur aucun effet contrariant la loi des semblables.

et de vertiges (le fameux sucre trempé dans l'alcool de menthe !), d'aérophagie et de flatulences. Il signale que "la décoction de mousse de Corse dans laquelle on a fait infuser une pincée de feuilles de menthe est un des meilleurs vermifuges pour enfants" – seule utilisation trouvée pour ce qui doit être la menthe *requienii*.

D'autres traditions médicales reconnaissent également les bienfaits de la menthe. Ainsi, la pharmacopée traditionnelle marocaine emploie le pouliot, en infusion, en inhalation ou en cataplasme thoracique, pour soigner les problèmes respiratoires et digestifs, tandis que la menthe poivrée est recommandée en infusion pour soulager les maux de ventre ou en compresse sur le front et les tempes pour soigner la fièvre et les insolations. La menthe poivrée *(na'na' l-'abdî)*, mêlée à la marjolaine, à la sauge officinale, au géranium rosat, au calament et à la mélisse, servait à préparer un "thé" à la menthe. Aujourd'hui, on emploie plutôt la menthe verte *(na'na')*, carminative, tonique, aphrodisiaque et rafraîchissante, pour confectionner le traditionnel thé à la menthe (à base de thé vert).

La phytothérapie chinoise a également recours aux menthes *piperata*, *arvensis* et surtout *haplocalyx (bo he)*, qu'elle considère comme une plante de saveur âcre et de nature fraîche, qui agit sur les méridiens du foie et du poumon. Elle élimine les vents, dissipe les chaleurs et neutralise les toxines.

IV. EN CUISINE

La gastronomie actuelle ignore les saveurs de la mélisse. Portée par l'intérêt accordé aux cuisines arabes et asiatiques, elle fait la part plus belle à la menthe – mais la considère encore souvent comme un ornement. Puissent ces pages contribuer à rétablir un meilleur équilibre entre leurs parfums.

Goûts antiques

"Faut-il accommoder le ventre d'une truie ? On le garnit de cumin, de vinaigre, de sylphium, de persil et de menthe", affirmait Théophraste. On retrouve en effet la menthe dans un certain nombre de recettes antiques, tandis que la mélisse n'est déjà que rarement citée pour des usages culinaires.

Les anciens Grecs appréciaient les bouillies de céréales *(alica)* aromatisées de cumin, de menthe et de thym, de même que les *ptisanê* (ancêtres de nos tisanes) de thym ou de menthe pouliot. La menthe entrait même dans la composition du *kykeon*, le breuvage sacré d'Eleusis, ville où les Athéniens s'initiaient aux Eleusinies, mystères annuels, restes d'un culte agraire primitif datant du XIVe siècle avant notre ère.

Les Romains employaient également la menthe et le pouliot (frais, secs ou conservés dans du vinaigre) – de même que l'aneth, le basilic, le calament, le persil, la marjolaine… En témoignent ces quelques recettes données par Apicius : *sala cattabia* (sorte de gâteau préparé avec du pain, du fromage, de l'œuf, du poivre, de la menthe, des câpres, de l'oignon et du garum) ; *pisces cum sure* (plat complet composé de poissons bouillis, de crustacés, de légumes assaisonnés d'une sauce au garum, au miel, à la menthe et aux fines herbes) ; ou encore le fameux *moretum virgilianum*, fromage sec salé pilé avec de la menthe, du fenouil, du poivre, du garum et du miel.

Du bon usage des herbes

Menthe et mélisse peuvent être employées crues ou cuites. Comme pour beaucoup d'herbes, si la cuisson est un peu longue, il est préférable de mettre la moitié des herbes au début, et le reste vers la fin de la cuisson. Nous l'avons vu, la menthe sèche conserve bien son parfum, mais la mélisse doit plutôt être utilisée fraîche.

Les feuilles de mélisse deviennent vite un peu rêches ; il est préférable de les choisir jeunes et tendres pour parfumer les crudités. Cuites, elles s'accordent bien avec les poissons ou les potées de légumes.

Les menthes se préparent à toutes les sauces : elles aromatisent aussi bien les salades et les crudités que les poissons ou les viandes, et peuvent même relever de leur saveur une salade de fruits ou des confitures douces.

Saveurs de mélisse

- *Salade fraîche à la mélisse*

    1 salade verte (batavia, frisée ou scarole) ; 2 tomates ; 1 petit oignon ; 1 c. à s. de jeunes feuilles fraîches de mélisse ; huile de tournesol ; vinaigre ; sel.

Préparer la sauce vinaigrette au moins 1 heure à l'avance en y ajoutant les feuilles de mélisse et l'oignon hachés finement. Mélanger au moment de servir à la salade et aux tomates coupées en morceaux. Cette salade fraîche peut accompagner un plat de poisson.

- *Maquereaux en papillote à la mélisse*

    4 maquereaux ; 1 bouquet de mélisse ; sel ; poivre.

Laver et vider les maquereaux, puis les sécher et les envelopper dans du papier d'aluminium après les avoir garnis d'une belle branche de mélisse, salés et poivrés. Placer dans un plat et faire cuire à four chaud environ 30 minutes.

- *Potée de légumes à la mélisse*

    Légumes de saison : carottes, oignons, pommes de terre, panais, petits pois ou haricots verts ; 1 poignée de feuilles de mélisse ; 1 c. à s. d'huile d'olive ; sel ; eau.

Faire revenir à l'huile, dans une cocotte, carottes et panais coupés en petits cubes, puis ajouter les autres légumes et la mélisse hachée. Couvrir d'eau sans noyer. Faire cuire à l'étouffée en laissant le liquide réduire doucement.

Au moment de servir, ajouter une cuillerée à soupe d'huile d'olive (ou de crème fraîche) pour donner de l'onctuosité et saupoudrer de feuilles de mélisse hachées.

- *Salade de pe tsaï au yaourt*

    1 pe tsaï (chou de Chine) bien pommé ; 1 yaourt ; 1 poignée de feuilles de mélisse ; 1 échalote ; 1 c. à c. de tahin (pâte de sésame nature) ; 2 c. à s. d'huile de tournesol ; 1/2 c. à s. de vinaigre doux (de miel ou de cidre) ; sel.

A préparer une ou deux heures à l'avance.

Découper le chou en fines lanières. Dans un saladier, délayer le tahin dans le vinaigre ; ajouter le yaourt, l'échalote et les feuilles de mélisse hachées finement, puis l'huile. Saler. Ajouter les lanières de chou et mélanger bien le tout avant de servir.

- *Crosnes au tofu et à la mélisse*

    500 g de crosnes ; 2 oignons ; 200 g de tofu ; feuilles fraîches de mélisse ; huile de tournesol ; sel.

Les crosnes doivent être très frais et fermes. Les laver dans une eau légèrement vinaigrée, puis en couper les deux extrémités et les frotter dans un torchon avec du gros sel. Les rincer plusieurs fois et les faire cuire 10 minutes à la vapeur.

Couper le tofu en petits cubes et hacher les oignons. Faire revenir l'ensemble environ 10 minutes dans l'huile avec les crosnes et la moitié des feuilles de mélisse. Au dernier moment, ajouter le reste des feuilles de mélisse hachées.

Parfums de menthe

Recette libanaise, le taboulé (voir p. 545) est un des plats emblématiques de la menthe, sans laquelle il ne saurait se concevoir. En Europe de l'Ouest, le gigot bouilli servi avec une sauce à la menthe n'est pas moins traditionnel. Contrairement à ce que l'on croit, cette recette aurait vu le jour à la cour de Gaston Phœbus, comte de Foix et de Béarn – c'est là que les Anglais l'auraient découverte.

• *Gigot de mouton à la menthe*

1 gigot de mouton (viande plus forte et moins tendre que celle des agneaux) ; 1 bouquet de menthe ; ail (8 à 10 caïeux) ; 200 g de carottes ; 200 g de navets ou de panais ; 200 g d'oignons ; sel ; poivre.

Piquer le gigot de gousses d'ail. Dans une cocotte, faire bouillir de l'eau avec les légumes et la moitié de la menthe. Y plonger le gigot avec le reste de la menthe et faire cuire à feu doux (on compte environ 15 minutes de cuisson pour 500 grammes).

Ce gigot peut naturellement se servir avec la sauce paloise ci-dessous.

• *Sauce paloise*
Cette parente de la sauce béarnaise (à l'estragon) est délicieuse pour accompagner les poissons cuits au court-bouillon, les rôtis de porc ou de veau et le gigot bouilli – ou cuit au four.

3 jaunes d'œufs ; 150 g de beurre ; 4 c. à s. de vinaigre de vin ; 4 c. à s. de vin blanc sec (jurançon) ; 1 branche de menthe verte ; 6 échalotes (ou 6 petits oignons) ; sel.

Hacher finement la menthe et les échalotes. Ajouter le vinaigre et le vin, et faire chauffer à feu doux jusqu'à ce qu'il ne reste qu'un peu de liquide (environ 2 cuillerées à soupe). Tamiser le liquide en conservant le hachis.

Placer le liquide et les jaunes d'œufs dans un récipient et faire doucement chauffer au bain-marie en fouettant vigoureusement et en incorporant progressivement le beurre, sans cesser de fouetter. Le résultat final doit avoir la consistance d'une mayonnaise ferme sans jamais bouillir. Ajouter tout à la fin menthe et échalotes tamisées. La sauce paloise se sert soit tiède, soit froide : elle est alors plus épaisse.

• *Pois mange-tout à la menthe*
Pois et menthe se marient délicieusement.

1 kg de pois mange-tout ; 3 carottes nouvelles ; 2 oignons blancs frais ; quelques feuilles de laitue ; 1 branche de menthe fraîche ; 1/2 c. à c. de sucre roux ; sel.

A la sauteuse (ou dans une petite cocotte), faire revenir quelques minutes dans un peu d'huile les pois, la menthe, l'oignon et la laitue émincés. Ajouter les carottes en rondelles, le sucre et le sel, un verre d'eau et faire cuire à l'étouffée 15 à 25 minutes, selon que l'on préfère les légumes fermes ou tendres.

• *Courgettes au fromage blanc*

1 kg de jeunes courgettes bien fermes et brillantes, sans graines ; 150 g de fromage blanc fermier ferme ; 1 c. à c. de moutarde ; feuilles de menthe ; sel.

Laver les courgettes. Les couper en rondelles épaisses et les faire cuire environ 10 minutes à la vapeur. Les passer au moulin à légumes puis égoutter pour obtenir une purée ferme. Y ajouter le fromage blanc, la moutarde, le sel. Hacher les feuilles de menthe et bien mêler le tout. Placer au frais quelques heures avant de servir.

• *Sardines grillées à la menthe*

8 sardines ; 1 bouquet de menthe.

Une recette très simple pour l'été : vider et laver les sardines. Préparer une bonne braise et, avant de faire griller les sardines, glisser une petite branche de menthe dans le ventre de chacune. Pour renforcer le goût de menthe, on peut également entourer les poissons de menthe, puis les envelopper dans du papier d'aluminium et faire cuire ces papillotes sur le gril.

• *Salade de fruits à la menthe*
Selon votre goût, pour parfumer cette salade, vous utiliserez de la menthe citron ou de la menthe verte, pour leur douceur, de la menthe bergamote pour un peu plus d'exotisme, ou de la menthe poivrée pour sa force.

Fruits selon la saison : pommes, poires, pêches, oranges, kiwis, ananas, clémentines, pomelos ; sucre ; menthe.

Eplucher et couper les fruits. Les disposer dans un saladier en sucrant légèrement et régulièrement. Ajouter les feuilles de menthe hachées très fin et bien mélanger le tout. Laisser macérer quelques heures avant de servir.

Liqueurs et boissons

Plus que la mélisse, la menthe a de tout temps été à la base de nombreuses recettes populaires de boissons, sirops, vins ou liqueurs.

• *Sirop de menthe*
Pour retrouver les saveurs des années 1960 chantées par Yves Simon, rien de plus simple que de confectionner un sirop de menthe.

1 kg de sucre ; 1 l d'eau ; 200 g de menthe poivrée.

Hacher la menthe. La mettre dans un bocal à fermeture hermétique. Verser dessus l'eau bouillante et laisser macérer 24 heures. Filtrer le liquide et le faire réchauffer à feu doux en ajoutant le sucre jusqu'à ce que celui-ci soit entièrement dissous. Porter alors rapidement à ébullition, mettre en bouteille et bien fermer celle-ci. Une fois ouverte, la conserver au réfrigérateur.

• *Vin de menthe*
Un apéritif allégé et rafraîchissant, mais d'une durée de conservation limitée.

50 cl d'infusion de menthe refroidie ; 50 cl de bon vin blanc sec ; 50 g de sucre roux.

Mêler les ingrédients et garder au frais.

• *Liqueur de menthe*

1 l de bonne eau-de-vie ; 1 bouquet de menthe fraîche en fleur ; 750 g de sucre roux.

Faire macérer pendant 2 mois la menthe dans l'eau-de-vie. Après ce temps, faire fondre à feu doux le sucre dans un peu d'eau, puis laisser cuire jusqu'à obtenir un sirop. Laisser refroidir, puis mélanger à l'eau-de-vie filtrée et mettre en bouteille.

La moutarde et le raifort

Françoise Decloquement

INTRODUCTION

Moutarde et raifort, deux plantes si communes et combien mystérieuses. Et une curieuse association… Que peut-il bien y avoir de commun entre une toute petite graine noire ou blonde et une grosse racine d'un mètre de long ? entre une plante aérienne qui, selon la Bible, serait presque un arbuste et cette racine qui plonge au plus profond de la terre ? entre une moutarde de culture dérobée, récoltée cent jours après le semis, et ce raifort qui n'en finit pas de grossir et reste en terre au moins dix-huit mois ? A première vue, ces deux plantes n'ont pas l'air d'appartenir à la même famille botanique, et pourtant… Deux Crucifères, presque des cousines. De points communs, elles n'en manquent pas : même type de fleurs à quatre pétales, même piquant en bouche, mêmes propriétés ou presque, mêmes vertus médicinales. Et même méconnaissance : fleur de colza ou de moutarde, c'est jaune… racine de raifort ou radis noir, ça pique… Et parfois, même mépris. Le jardinier qui les a oubliées dans un coin de son jardin les considère parfois comme de mauvaises herbes, bien envahissantes et d'une vitalité extravagante. Les nouveaux jardiniers soucieux d'écologie auraient tort de les reléguer dans cette catégorie. Moutarde et raifort se déclinent dans tous les genres : salade, légume, plante aromatique, épice, condiment ou plante fourragère.

Prenez en main une racine de raifort fraîche ou une poignée de graines de moutarde, sentez : il ne se passe rien, elles ne font pas pleurer, elles n'agressent pas vos narines. Bizarre. Il faut éplucher, blesser la racine du raifort pour que son odeur et son pouvoir lacrymogène se développent. Mâchez quelques graines de moutarde et petit à petit une sensation piquante émoustillera vos papilles. Dernière expérience : plongez votre nez dans un pot de raifort, ouvrez un verre de moutarde forte de Dijon et inspirez. C'est ce qu'on appelle avoir du montant !

Par quelle alchimie est-on parvenu de l'inodore à ce goût puissant ? Raifort et moutardes noire et brune contiennent de la sinigrine, un glucoside inodore. En présence de l'eau pour la moutarde écrasée ou pilée, sous l'action de la râpe ou du couteau pour le raifort, cette sinigrine est décomposée par la myrosine, une enzyme qui se trouve dans la racine et dans la graine. C'est elle qui va produire une essence volatile âcre et rubéfiante, l'isothiocyanate d'allyle, encore appelé allylsénevol – du mot tombé en désuétude qui désignait la moutarde, le sénevé. Cet allyle ne préexiste pas naturellement dans la racine ni dans la graine : une réaction chimique met en contact la sinigrine et la myrosine qui ne se trouvent pas dans les mêmes cellules de la graine ou de la racine. Quand on brise la racine et qu'on la râpe, quand on écrase les graines, on les met en contact et la réaction suit. C'est alors que l'essence pique les papilles, fait larmoyer la cuisinière, monte au nez du gourmand imprudent, brûle la peau du malade qui soupire sous le cataplasme sinapisé, réchauffe les pieds de l'homme transi de froid… Mais c'est qu'elles ont de la chaleur à revendre, ces deux Crucifères ! La moutarde blanche fait bande à part, le glucoside sinalbine ne produit pas d'allylsénevol, ce qui la rend moins agressive au goût.

Paradoxalement, raifort et moutarde, synonymes de feu, n'aiment pas la chaleur qui détruit cette essence. Une purée de raifort se mange sans qu'on pleure à chaudes larmes, on peut enduire de moutarde forte un morceau de palette à la diable sans la rendre immangeable, un sinapisme préparé à l'eau chaude n'aura aucun effet. Diabolique, non ?

Le raifort, d'après Gerard, XVIe siècle

I. MYTHES ET HISTOIRE ANCIENNE

Aux sources du raifort et de la moutarde

Depuis les temps les plus reculés, la moutarde a été employée pour ses qualités gustatives et médicinales. Les graines entières ou pilées servaient d'épice et les feuilles étaient un légume apprécié. Les Chinois furent-ils les premiers à la cultiver ? Ils l'utilisaient dès le Ve millénaire avant J.-C. dans l'alimentation et en médecine ; une antériorité à partager avec les Egyptiens : Pline le Jeune en son temps recommandait la moutarde d'Alexandrie. On a retrouvé des graines dans des tombes près de Thèbes, probablement destinées à des offrandes rituelles aux défunts. Les embaumeurs qui pratiquaient la momification avaient recours, selon Hérodote, au raifort. Pour un embaumement que nous pourrions appeler de troisième classe – la classe pauvre –, ni les viscères ni la cervelle n'étaient retirés du corps. On faisait dans les intestins une injection de suc de raifort avant que le corps ne soit desséché pendant soixante-dix jours dans le natron, une sorte de sel.

Deux plantes bibliques

Combien de navigateurs intrépides ont armé de caravelles pour s'approvisionner en épices de tous genres ? Combien de caravanes se sont chargées à leurs risques et périls de poivre, de cannelle, de girofle ? La moutarde et le raifort n'étaient pas l'objet de tant de convoitise. Point n'était besoin de franchir les déserts et d'affronter les mers déchaînées, ces deux plantes croissaient spontanément et se trouvaient à portée de tous. Elles n'ont certes pas les honneurs des récits épiques de Marco Polo mais elles ont acquis leurs quartiers de noblesse. Ne descendraient-elles pas de la première tranche de bœuf mangée par le premier homme ? Noblesse farfelue que compense leur ancienneté dans les Ecritures.

Quelle revanche pour le petit grain de sénevé d'être transfiguré en l'image du royaume des cieux dans les Evangiles : "Le royaume des cieux est semblable à un grain de sénevé qu'un homme a pris et semé dans son champ."

> **PRÉHISTOIRE ET MOUTARDE**
>
> "Qui sait si la graine de cette plante herbacée, de la famille des Crucifères, le sénevé, aura proclamé son utilité avant même que l'homme lui ait donné son nom ?
>
> Quand nos premiers parents, chassés de l'Eden, durent satisfaire eux-mêmes à leur alimentation, ils prirent d'abord les fruits et les plantes ; mais c'était insuffisant à leur puissante et neuve constitution et ils sacrifièrent les animaux à leur faim. Alors il fallut songer à un condiment dont la saveur excitante pût combattre la fadeur des chairs des victimes. Naturellement encore, l'homme chercha cet auxiliaire dans le règne végétal ; et le sénevé dut faire sa première apparition au premier banquet du premier homme.
>
> Le palais délicat, la bouche vierge de la blonde Eve ne pouvaient que sentir plus vivement le goût fade des viandes que son ignorant compagnon devait faire rôtir en dépit de toutes les règles du *Parfait Cuisinier*. La mer était loin et par conséquent le sel inconnu ; la moutarde apparaissait comme le premier assaisonnement naturel."
>
> *Ce qu'il y a dans un pot de moutarde par un Bourguignon*, Dentu, Paris, 1875.

(Matthieu, XIII, 31.) A deux reprises, l'image du grain de sénevé est associée à l'idée de la puissance de la foi : "Si vous aviez la foi comme un grain de moutarde, vous diriez à ce mûrier : Déracine-toi et replante-toi dans la mer et il vous obéirait." (Luc, XVII, 6.) Sans prendre au pied de la lettre cette parabole, bon nombre de jardiniers connaissent l'incroyable volonté de la moutarde sauvage qui parvient à croître et prospérer dans les terrains les plus incultes.

A la réflexion, cependant, une énigme est posée quant à la variété du sénevé. "C'est bien la plus petite de toutes les graines, mais, quand il a poussé, c'est la plus grande des plantes potagères, il devient même un arbre, au point que les oiseaux du ciel viennent se poser sur ses branches." (Matthieu, XII, 32-33.) Saint Luc (XIII, 19) va même jusqu'à prétendre qu'"il grandit, devint un arbre et les oiseaux du ciel vinrent nicher dans ses branches". Certes, "les oiseaux du ciel peuvent s'abriter sous son ombre" (Marc, IV, 32), car en Orient la moutarde peut atteindre la taille d'un petit arbuste, mais de là à y faire nicher les oiseaux…

Dans *Méharées*, Théodore Monod, à la recherche des plantes de la Bible dans ses pérégrinations au Sahara, reprend l'hypothèse qu'il s'agirait en réalité d'un arbuste *(Salvadora persica)* qui pousse en Afrique et du Moyen-Orient à la Chine, et qu'on trouve en Galilée, terre du Christ. Comment cet arbuste qui fleurit en clochettes verdâtres suivies de fruits pourpres qui ne sont pas comestibles a-t-il pu être appelé "arbre-moutarde" ? Il est en fait riche en huiles essentielles voisines de celles de la moutarde. Il peut atteindre quatre mètres de haut, ses branches font d'excellents perchoirs pour les oiseaux et ses feuilles persistantes offrent une ombre permanente salvatrice.

La place du raifort dans l'Ancien Testament est beaucoup plus modeste. Selon l'Exode (XII, 8), il doit accompagner, avec quatre autres plantes, l'agneau mâle dont on mange la chair "rôtie au feu avec des azymes et des herbes amères" pour la pâque juive.

Silique et graine

Dans l'Antiquité gréco-latine

• *Charivari en Grèce*
La sexualité horticole qui inspire la langue verte distingue les fruits plutôt féminins des légumes plutôt masculins. Point n'est besoin d'explications ! Asperge, carotte, cornichon, poireau, radis noir et autres salsifis… aucune expression ne renvoie au raifort. Cependant, par certaines allusions dans l'œuvre d'Aristophane, un usage rituel du raifort, inscrit dans les nombreux rites du charivari, pourrait venir combler cette lacune. Le charivari, ce rituel collectif de protestation contre les dysfonctionnements de la sexualité qui entravent la bonne suite des générations, est le gardien du bon ordre des choses. Les châtiments rituels infligés à l'homme adultère en Grèce antique démontrent que l'adultère entrave le mariage dans sa fin naturelle : la procréation d'enfants légitimes. Il épuise la virilité de l'homme dans une jouissance stérile. Pour illustrer cette

subversion, le coupable est symboliquement transformé en femme. Si le mari ne l'a pas tué dans un geste de "juste colère", on lui fait subir selon la justice d'Athènes le supplice de la *raphanidosis* : enfoncement d'un raifort dans… le fondement. Cette mutation en femme, classique dans les charivaris, illustre le renversement du statut de l'homme adultère dans la cité dont il a bravé les lois. Et pourtant, n'est-ce pas le philosophe grec Démocrite qui prétendait, comme bien d'autres, que le raifort était aphrodisiaque ? Que dit l'oracle de Delphes sur les mérites respectifs des légumes ? "La rave vaut son pesant de plomb, la bette son pesant d'argent, le raifort son pesant d'or." De ce fait, lors de sacrifices au temple d'Apollon, on offrait du raifort dans de la vaisselle d'or.

• *De Pythagore à Pline*
Pythagore dit que la graine de sénevé augmente la mémoire, talent utile au mathématicien, et qu'elle rend gai, un bon remède pour les élèves qui n'ont pas la bosse des maths ! Hérodote confirme son utilisation dans l'alimentation. En bon médecin disciple d'Asclépios, dieu de la médecine à qui on attribue la découverte des usages ô combien salutaires de la moutarde, Hippocrate ne peut que la recommander. Aristophane agrémente ses ragoûts de grains de moutarde écrasés comme du poivre et emploie ail, ciboule, oignon, cresson, coriandre, persil, thym, sésame et… raifort. Aristote aussi insiste pour qu'on en relève le goût des volailles rôties qu'on lui servait. Théophraste la cultive en son jardin comme plante potagère et Ménandre prépare ses raves avec des graines de sénevé macérées dans du vinaigre. Dioscoride, médecin grec du début de l'ère chrétienne, en fait une panacée et Athénée, son contemporain à Rome, précise que le bon cuisinier doit disposer de cumin, coriandre, thym, sauge, menthe, cresson, ail et, évidemment, de raifort et de moutarde de Chypre. Seul détracteur, Plaute se plaignait d'un défaut commun au raifort et à la moutarde préparée avec du vinaigre, "affreuse drogue qui ne se laisse pas piler sans faire pleurer les yeux de ses pileurs".

Racine de raifort

Quant à Pline, il s'intéresse surtout aux effets thérapeutiques de la moutarde sous toutes ses formes, mais ne concède que quelques lignes au raifort. "Nous avons dit qu'il existait aussi un raifort sauvage, le plus estimé est celui d'Arcadie, bien qu'il vienne aussi ailleurs. En Italie on l'appelle *armoracia*." Plus qu'à Pline qui a beaucoup compilé les auteurs qui l'ont précédé, il faut rendre hommage à Apicius. Grand amateur d'épices, il est le premier avec Columelle à nous donner une recette pour faire de la moutarde (*senapi confecta*) avec de la graine pilée, du miel, du vinaigre et du sel. Elle sert de base à la première vinaigrette moutardée qui accompagne les légumes bouillis servis "convenablement avec de la moutarde, un peu d'huile et du vinaigre". Puis Palladius, un préfet des Gaules auteur d'un traité d'agriculture, ouvre définitivement la porte à notre condiment national. La moutarde suivra les légions romaines en Gaule.

Un pas vers l'histoire moderne

Etonnez-vous qu'ensuite, dans le capitulaire *De villis* qui recommande, sur les conseils de Charlemagne, de cultiver soixante-treize herbes dans les potagers et domaines impériaux– une liste idéale de plantes dont on ne connaît pas les variétés ni l'usage final, alimentaire ou médicinal –, se trouve en bonne position la moutarde noire ou blanche, sous le terme carolingien de *senape*. Sa culture est institutionnalisée. Le raifort est encore absent de cette énumération, à moins qu'il ne soit sous-entendu sous le terme *radices*, racines. Au Moyen Age, avoir une ample provision de poivre était signe extérieur de richesse, et la moutarde est le poivre du pauvre.

Le condiment trône dès lors sur la table des grands de ce monde, celle des seigneurs et des rois, des moines et du pape. A preuve, ce chenapan de Tistet Védène, moutardier du pape en Avignon, qui reçoit les insignes de son grade de la plume d'Alphonse Daudet : cuiller de buis jaune et habit de safran.

Depuis le Moyen Age, Danois, Scandinaves et Allemands considèrent le raifort, feuilles et racines, comme remède, légume et condiment. Il inspire aussi la gastronomie en Alsace où il est d'usage courant.

Une histoire qui ne manque pas de piquant… avec une pointe de magie.

Magie sinapique

• *Symbole de fertilité*
Aujourd'hui, on offre à la mariée un pot à moutarde factice, en bois, d'où s'échappent, une fois le couvercle ôté, une ribambelle de minuscules bébés roses... La moutarde aurait, elle aussi, ses vertus aphrodisiaques, tant pour les hommes que pour lutter "contre les lassitudes des femmes". Si l'on pense qu'une toute petite graine de moutarde noire en deux générations peut avoir 3 400 petits-enfants, on comprend que les peuples de l'Inde en aient fait un symbole de fertilité. Selon le *Kama Sutra*, la femme la plus désirable est la femme-lotus *padmini* : un visage comme la pleine lune, une peau délicate et claire comme le lotus jaune, un corps potelé et doux comme la fleur de moutarde... Le raifort ne semble pas avoir inspiré l'Inde. On le surnomme, à cause de la forme de sa racine, *hastidanta* ou dent d'éléphant. Accordons-lui la force du pachyderme !

• *La chasse aux sorcières*
Selon Gubernatis (*Mythologie des plantes*, 1878), la moutarde est du genre masculin, de ces plantes qui ont des vibrations fortes, qui protègent, purifient, exorcisent, maintiennent en bonne santé et donnent de la force, qui peuvent même fortifier l'esprit et, conséquemment, être aphrodisiaques.

> Un roi de Ceylan avait détruit le temple d'une nymphe, Bakawali, dont il ne restait qu'une statue, celle de la déesse prisonnière et pétrifiée en statue de marbre. Un agriculteur laboura l'emplacement et y sema de la graine de moutarde. Le prince du lieu, Taj-Ulmuluk, sans descendance, allait de temps en temps se promener en cet endroit. Lorsque la moutarde fut en fleur, le prince s'y rendait deux fois par jour pour admirer le champ d'un jaune éclatant. "O fleurs, expliquez-moi comment votre couleur peut produire sur moi l'odeur de l'amour. Vous sortez de terre, c'est pour cela que je vous demande si vous n'avez pas quelque nouvelle à me donner de mon jardin..." La moutarde mûrit, le jardinier la récolta, la mit au pressoir et en tira l'huile. Conformément à l'usage, le prince en goûta d'abord, puis son épouse. Et... la princesse tomba aussitôt enceinte. Neuf mois après, elle mit au monde une fille, belle comme une fée, qu'ils appelèrent Bakawali.

La moutarde est régie par la planète Mars, symbolisant courage, force, puissance sexuelle, fécondité. Son élément feu ajoute à ces pouvoirs protection et santé.

En Inde, l'un de ses surnoms savants est *asuri*, la diablesse, la sorcière, parce que ses graines permettent de découvrir les sorcières. Elles servent aussi à envoûter. Pour détruire un ennemi, dans les traditions hindoues, le magicien pouvait réduire de la moutarde en farine afin d'en fabriquer une figure à l'image de la personne que l'on voulait vaincre. Après avoir prononcé quelques paroles secrètes qui servaient à rendre le rite plus efficace, le sacrificateur décapitait la figurine, la frottait de beurre fondu et la brûlait dans une marmite sacrée. Principe de magie réversible qui, selon les mains qui l'emploient, rend le rite bénéfique ou maléfique. Magie noire, magie blanche... Au Moyen-Orient, un sachet de couleur rouge contenant des graines de moutarde est censé protéger la personne qui le porte sur le cœur. En Afghanistan, porter ce type d'amulette peut aider à réaliser un vœu que l'on a visualisé en le remplissant de graines.

En France, la moutarde entrait dans la composition des "remèdes" destinés à délivrer une personne ensorcelée. Associée au fenouil et placée à la porte, au chevet, elle éloigne le sorcier. "Dans la région des Pyrénées, on suspend le fenouil au toit des maisons après l'avoir fait bénir la veille de la Saint-Jean ; il figurait avec le pavot, le sénevé dans les remèdes que les devins de la Montagne Noire employaient pour guérir les personnes ensorcelées." (A. de Nore, *Coutumes, mythes et traditions des provinces de France*, 1846.) Mais attention, les plantes qui ont subi des préparations industrielles n'ont plus aucun pouvoir magique ! On retrouve ces vertus exorcistes aux Etats-Unis où mettre des graines de moutarde autour de son lit protège des actes de sorcellerie. En Toscane, on répand des graines de moutarde sauvage sur le seuil des maisons pour protéger le foyer. Dans le nord de l'Italie, des fumigations de moutarde dans les étables préservent le bétail des maladies.

La moutarde d'après Fuchs, XVIᵉ siècle

Enfin, il ne faut pas cueillir ou même toucher la moutarde sauvage. A Valence, toute jeune fille qui oublie cette précaution se verra en très mauvais termes avec sa belle-mère. Mais en Allemagne, si une fiancée coud des graines de moutarde dans l'ourlet de sa robe de mariée, c'est elle qui portera la culotte dans le ménage : image du pouvoir accordé par la graine, et sans doute rite de fécondité.

Le raifort n'étant pas inscrit dans nos traditions, il fait figure de parent pauvre en matière de magie. On peut toujours essayer ce talisman : pour une année en pleine forme et préservée de la maladie, consommer trois morceaux de raifort le jour du Nouvel An. "Plaie d'argent n'est pas mortelle", certes, mais mettre un morceau de raifort dans sa bourse fera qu'elle ne sera jamais vide. A ce prix, la culture du raifort devrait prendre de l'extension…

II. *BRASSICA* ET *SINAPIS* : DEUX GENRES POUR QUATRE MOUTARDES

Dites "moutarde" : vous imaginez déjà un verre empli d'une pâte jaune d'or, aromatisée ou en grains, destinée à aiguiser vos papilles. Mais avant d'être ce condiment connu de tous, la moutarde est d'abord une plante.

D'avril à septembre, des champs d'un jaune éclatant illuminent la campagne. Sur les bords des fossés et des chemins, parmi les Ombellifères sauvages, les coquelicots et les herbes folles, quelques fleurs jaunes attirent le regard. Colza pour les uns, moutarde pour les autres, au hasard… Ces deux plantes se parent de grappes de fleurs jaunes, régulières, à quatre sépales et quatre pétales égaux étalés en croix, ce qui les a classées dans la grande famille des Crucifères (ou Brassicacées). La feuille du colza n'a pas le vert franc de la moutarde, mais a une nuance vert bleuâtre caractéristique du chou. Tard en saison, la moutarde blanche sert d'engrais vert sur une parcelle inoccupée. Sur le bord du chemin, la moutarde des champs, considérée comme une "mauvaise" herbe, pousse spontanément.

Nos quatre moutardes

Parmi les 1 371 moutardes recensées dans le monde par le botaniste généticien russe Vavilov (mort en 1943), nous n'évoquerons que les quatre plus connues en France : la moutarde des champs ou moutarde sauvage (*Sinapis arvensis* L.), la moutarde noire (*Brassica nigra* Koch, encore nommée *Sinapis nigra* L.), la moutarde blanche (*Sinapis alba* L.), auxquelles s'ajoute une espèce venue d'Orient, la moutarde brune (*Brassica juncea* Czern. et Cosson), utilisée dans l'industrie condimentaire. A ces noms savants s'ajoutent tous les surnoms vernaculaires et populaires qui s'appliquent à des "moutardes" qui n'en sont pas. A commencer par le raifort surnommé "moutarde des Allemands", le cresson alénois ou "moutarde des Anglais", la bourse-à-pasteur ou "moutarde de Mithridate", le sisymbre officinal ou "moutarde des haies", toutes par ailleurs Crucifères au goût plus ou moins piquant.

- *La moutarde des champs*

Comme toutes les moutardes, elle appartient à la famille des Brassicacées qui comprend choux, raves, navets, radis, roquette… et raifort, et qui est caractérisée par des plantes herbacées ou vivaces à fleurs jaunes ou blanches, dont les fruits sont enfermés dans des siliques.

Le jardinier qui voit fleurir spontanément la moutarde sauvage dans son jardin la redoute car, s'il n'y prend garde, il le verra envahi d'une année sur l'autre par cette mauvaise herbe au pouvoir germinatif très long : elle est capable de lever cinquante ans après le semis ; à raison de quelques centaines de graines par pied, l'envahissement est garanti ! Appelée encore sénevé, sanve, ravenelle, moutardon, rave-luche, cette herbacée annuelle à tige velue, couverte de poils hérissés, mesure de 20 à 80 centimètres. Les feuilles du bas sont divisées, celles de la tige sont sessiles, ovales, dentées. D'avril à septembre, les petites fleurs jaunes donneront de neuf à douze graines globuleuses brunâtres dans des siliques glabres, bosselées, nervurées et terminées par un bec conique.

- *La moutarde noire*

La tige dressée et velue à la base de cette plante annuelle peut atteindre 1,20 mètre. Ses rameaux sont étalés. Ses feuilles forment une touffe à la base de la tige ; toutes pétiolées, d'un beau vert un peu sombre, luisantes, charnues, elles sont couvertes de poils raides. D'avril à octobre, ses petites fleurs jaunes aux veinules bien marquées, en grappes terminales, s'ouvrent une à une en suivant la croissance de la hampe florale. Présentes en même temps que les fleurs, les siliques glabres à pans et à bec court sont appliquées contre la tige. Elles contiennent de petites graines sphériques (1,5 millimètre) brunes, qui deviennent noires à maturité.

La moutarde noire croît à l'état sauvage en Europe, Asie occidentale, Inde, Sibérie, Afrique septentrionale. Elle était cultivée pour sa graine qui entre dans la fabrication du célèbre condiment, mais ses rendements faibles lui ont fait préférer le colza dont on tire de l'huile et des tourteaux pour l'alimentation du bétail. Les jeunes feuilles, de saveur légèrement piquante, sont bonnes en salade. Riches en

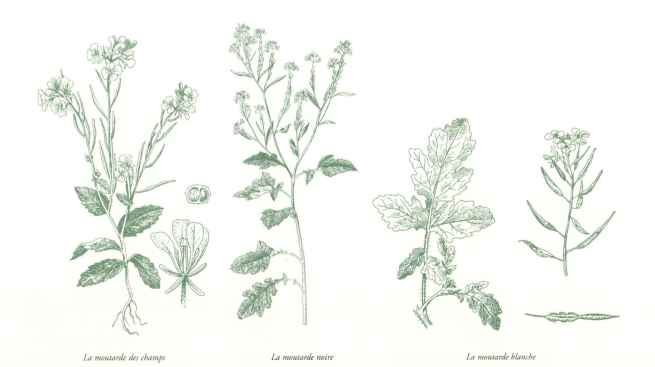

La moutarde des champs   *La moutarde noire*   *La moutarde blanche*

provitamine A, en vitamines B et C et en sels minéraux, elles forment un excellent légume cuit, ainsi que les jeunes inflorescences, car leur goût piquant disparaît à la cuisson.

• *La moutarde blanche*
Haute de 80 centimètres à 1,50 mètre, sa tige velue, hérissée de poils, porte des feuilles pétiolées dont chaque partie est découpée en profondeur jusqu'à la nervure centrale. Ses fleurs jaune pâle au parfum vanillé sont plus grandes que celles des autres moutardes ; elles feront place à des siliques étalées et hérissées de poils blancs particulières à l'espèce. Le bec est plus long que les valves qui contiennent trois ou quatre graines de couleur brun jaunâtre, de 2 millimètres de diamètre, lisses et luisantes, au goût amer. Cette espèce est pollinisée par le vent et les insectes.

Originaire des régions méditerranéennes, elle est cultivée comme engrais vert et comme fourrage destiné avant la floraison aux vaches laitières, ce qui lui vaut le surnom d'herbe à beurre. Ses graines sont utilisées dans la fabrication des moutardes de table américaines et anglaises. En France, seule l'Alsace avait le privilège de pouvoir l'employer dans cette préparation – elle est autorisée dans les autres types de condiments.

• *La moutarde brune*
Introduite en Europe au début du XXe siècle, elle a supplanté la moutarde noire dans la fabrication des moutardes de table. C'est une plante vigoureuse et autofertile, qui peut atteindre 2 mètres.

La tige principale, contre laquelle les tiges secondaires se serrent, porte quelques poils non piquants. Les feuilles lancéolées, assez épaisses, sont d'un vert vif, voire vert-bleu. Les sommités fleuries d'un jaune vif se rapprochent les unes des autres comme le jonc, d'où le nom de moutarde à port de jonc ou junciforme. Les siliques vertes, brillantes, vernissées sont échelonnées sur une grande longueur. Moins déhiscentes que les autres espèces, elles facilitent la récolte mécanique et évitent les pertes. On comprend dès lors les raisons du développement de cette moutarde, si l'on considère les rendements. Ses siliques à bec long, écartées du pédoncule, longues et minces, renferment sur un ou deux rangs douze à quatorze graines de 1,2 à 1,8 millimètre. Leur couleur varie, selon la variété, du jaune au brun rougeâtre.

> ## UN PEU D'ÉTYMOLOGIE
>
> *Brassica* serait le chou du Celte… Latinisé, le mot désigne donc ce légume. En botanique, il englobe de nombreuses plantes de la famille du chou.
>
> *Sinapis* est issu d'une racine grecque, son origine est inconnue ou pour le mieux indo-européenne, ce qui offre à cette plante un champ d'investigation bien vaste. En effet, on a évoqué le sanskrit *sarsapa* – ce qui serait en accord avec les usages tant alimentaires que rituels qu'en font les Indiens, Népalais et Tibétains encore aujourd'hui. *Sinapi* et ses variantes du latin classique *senapis* ou *sinapis* deviennent au XIIe siècle *seneve*. Le sénevé désignera alors plutôt la moutarde cultivée et la graine. Et déjà le jardinier se plaignait d'une plante par trop envahissante : *"Uns grains de seneveil est grans enmi la prée."* ("Un grain de sénevé est grand ennemi du pré.")
>
> Le mot "moutarde" n'apparaît qu'au XIIIe siècle, c'est la *moustarde* qui désigne un produit nouvellement perfectionné : un condiment qui brûle (latin *ardere*) les papilles, préparé à partir de graines de sénevé pilées et de moût de raisin. Ce "moût ardent" va petit à petit confondre sous le même terme "moutarde" le condiment et la plante, *brassica* ou *sinapis*, et remplacera petit à petit le terme "sénevé".

On classe dans les moutardes brunes les moutardes dites de Chine, *chinensis* (à feuilles frisées ou à feuilles de chou) et *pekinensis*, les moutardes orientales, la moutarde indienne *sarepta*, les moutardes du Montana blanche et noire…

Quelle est l'origine de *B. juncea* ? Cette moutarde autofertile est considérée par son nombre chromosomique (2n = 36) comme une hybridogène de *B. rapa* ssp. *oleifera* ou navette (2n = 20) et de *B. nigra* (2n = 16). Les derniers travaux scientifiques suggèrent la Chine, l'Extrême-Orient où elle est surtout utilisée comme légume, l'Inde où elle a le double emploi de plante à huile et d'épice. Une petite énigme reste à élucider. Il y a pratiquement deux "races géographiques" de cette moutarde brune, ce qui pose un problème quant à son origine. Car le *B. juncea* indien ressemble plus à *B. rapa* ssp. *oleifera*, alors que la variété extrême-orientale ressemble plus à *B. nigra*… qui n'existe pas spontanément en Chine ! Les tribus en migration venues du Moyen-Orient y seraient-elles pour quelque chose ? Laissons planer le mystère…

Quid de la moutarde en France ?

Les dernières parcelles de culture de moutarde brune "burgonde" ont disparu de Bourgogne vers 1950 ; quelques années plus tard, les quelques départements qui avaient résisté ont définitivement abandonné cette culture au profit du colza. Actuellement, les graines de moutarde brune proviennent en majorité du Canada. Afin de redonner au condiment bourguignon son caractère régional, une expérimentation lancée en 1991 avec des graines de type canadien a donné des essais concluants quant à la qualité. Juste retour des choses, c'est la variété que les Canadiens avait importée de Bourgogne pour l'adapter à leurs terres qui obtient, réimplantée dans sa terre d'origine, les meilleurs résultats. On attend de la commission de Bruxelles une inscription d'aide communautaire – au même titre que le colza – à cette culture nécessaire aux industries condimentaires.

La moutarde au jardin

La culture de la moutarde pour son huile ou pour sa graine n'offre que peu d'intérêt pour le jardinier, à moins qu'il ne veuille faire sa propre moutarde avec le verjus de sa treille trop acide pour en faire du vin, fût-il une piquette ! Pour ce qui est de ses feuilles en légume cuit, une fois sa curiosité satisfaite, le jardinier reviendra probablement à la culture de l'épinard, de l'arroche ou de la tétragone. De même que les inconditionnels du cataplasme sinapisé seront mieux inspirés de recourir aux farines vendues en herboristerie plutôt que de moudre leurs graines. Même l'illustre Olivier de Serres ne l'inclut pas dans ses cultures potagères ni dans la "fourniture du jardin médicinal". En 1732, N. Chomel dans son *Dictionnaire économique*, à l'article "Moutarde", se contente d'écrire qu'"on la sème dans les champs & dans les jardins, & elle fleurit en juin".

Une douzaine de pieds vigoureux devraient suffire pour confectionner sa propre moutarde et, dans ce cas, mieux vaut employer deux espèces. La noire donnera de la force au condiment, la brune est parfaite seule. La moutarde blanche donnera peu de graines, mais les jeunes feuilles agrémenteront les salades. Le jardinier qui élève ses lapins l'utilisera comme plante fourragère : elle est utile pour ce petit élevage car elle produit du fourrage à la fin de l'été. On la sème en tous terrains à la volée en août, à raison de 200 grammes pour 100 mètres carrés. Quant à la culture de la moutarde blanche comme engrais vert, nous y reviendrons ultérieurement.

La récolte de la moutarde, début XXᵉ siècle

• *Quelques variétés au potager*
Certaines variétés de moutarde brune peuvent cependant offrir quelque intérêt si on les cultive en guise de salades. C'est le cas du *Brassica japonica* 'Mizuna' qu'il faut semer en pleine terre dès que la température atteint 18 °C ; on éclaircit à cinq plants au mètre carré, on arrose, et on récolte entre quatre et six semaines après : elle donne de petites pommes au feuillage fin et découpé. Sa saveur rappelle

La moutarde brune

celle du navet. Elle accompagnera agréablement la chicorée frisée et le crottin de chèvre.

La moutarde frisée d'Asie ou de Chine, *B. chinensis*, sans cœur, a des feuilles dentelées qui, mélangées avec une laitue ou une scarole coupée en petits morceaux, fournissent une salade au goût moutardé. A la chinoise, la moutarde frisée accompagne fort bien les champignons noirs sautés à l'huile et relevés d'un peu de gingembre. On prélève les jeunes feuilles à partir de la sixième semaine de culture. La moutarde de Chine aime les climats frais. On la sème au printemps ou en fin d'été, à la volée ou en rayons espacés de 40 centimètres. Il faut arroser pour assurer une levée rapide. On éclaircit à 25-30 centimètres – la plante atteindra 60 centimètres de haut. Les jeunes feuilles conviennent pour la salade et progressivement, de septembre aux gelées, les feuilles sont consommées cuites au jus ou à la béchamel.

• *La "cressonnette" : un jeu d'enfant*
Votre salade de chou blanc est un peu pâle ? Il manque une petite touche acidulée à votre sandwich ? Pourquoi ne pas semer des graines de moutarde et attendre que les deux premières feuilles soient formées pour les cueillir et en agrémenter, de leur petit goût de cresson, salades et hors-d'œuvre ? A tout moment de l'année, un petit bac de terreau bien humide suffit, à condition de le placer au chaud et à la lumière. Un jeu d'enfant : on sème bien dru, sans recouvrir, et en quelques jours les enfants verront le délicat feuillage riche en vitamines apparaître comme par miracle. Huit à dix jours suffisent pour apprécier cette moutarde devenue herbe aromatique.

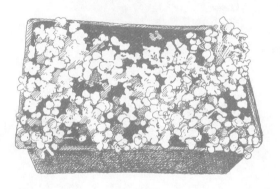

La cressonnette

III. LE RAIFORT, CET INCONNU

Plante mal connue s'il en est, qu'est-ce que le raifort ? Excepté les Alsaciens, quelques jardiniers qui se risquent aux légumes hors du commun et les aventuriers du goût, vous risquez d'obtenir un regard interrogatif ou, au mieux, une réponse dubitative : "Ce n'est pas le radis noir ?" Une erreur botanique et gustative que conforte le dictionnaire *Littré* : "Raifort cultivé, espèce dont la racine est connue sous le nom de radis noir." Même les planches "Légumes et plantes potagères" du *Nouveau Larousse illustré* (1896-1906) ont oublié le raifort. Le radis noir (*Raphanus sativus niger* Mill.) porte quelquefois le surnom de raifort des Parisiens. Rien d'étonnant, les Parisiens, selon la tradition paysanne, ne connaissent rien à l'art du jardin potager ! Avec le "raifort de l'Ardèche" ou le "raifort champêtre amélioré" vendu chez les grainetiers, on peut hésiter… La taxinomie populaire n'est pas forcément celle de la classification botanique moderne !

Portrait du raifort

• *Les noms du raifort*
Le raifort a un air de famille avec la moutarde. Outre qu'on les trouve dans les épiceries au rayon des condiments, botaniquement parlant, les deux plantes sont des Crucifères au goût piquant dont les préparations condimentaires font monter les larmes aux yeux.

Du genre *Armoracia*, le raifort porte un double nom : *Armoracia rusticana* Gaertn. Mey. et Scherb. ou *Armoracia lapathifolia*. Linné l'appelait *Cochlearia armoracia*. C'est le raifort sauvage des grainetiers. On trouve des sachets de "raifort de l'Ardèche" ou "raifort champêtre", qui est en fait le *Raphanus sativus campestris*. Cette plante d'un autre genre est un gros radis blanc à collet rose, rave fourragère qui fournit plus de feuillage que de racine. Tout au plus un morceau de racine peut-il parfumer un bouillon de pot-au-feu.

• *La plante*
A l'état spontané, on trouve le raifort au bord des chemins, dans les décombres, près d'anciennes demeures, au

Le raifort

> ### RAIFORT, LE BIEN NOMMÉ
>
> Les surnoms ne lui manquent pas pour nous rappeler la saveur forte et piquante qu'il partage avec la moutarde : moutarde des Allemands, moutardelle, moutarde des capucins, cran de Bretagne ou cranson. En français, le mot "raifort" n'offre aucun problème de repérage étymologique : les mots *raïz* (latin *radix*, racine) et *fors* (fort) se sont soudés au XVIe siècle. Les langues européennes ne lui contestent pas sa force : le portugais *raiz-forte*, l'italien *barbaforte*, l'espagnol *rábano picante*. D'autres insistent sur son caractère poivré (anglais *pepper*) en y joignant parfois *root* (racine) : le finnois *peparjuuri*, l'islandais *piparròt*, le suédois *pepparrot*, le norvégien *pepperrot*, le danois *peberrod*, alors que le hollandais, le polonais, l'autrichien, le roumain et le russe ont conservé la racine *cran*. Le nom allemand est *Meerrettich* (plus fort que le radis, radis très fort). L'Anglais a confondu la racine *meer* avec *mare* désignant la jument, et le raifort est devenu *horseradish*, ou "radis de cheval", que le portugais a repris à son compte avec *rabano de cavalho*. Quant à savoir le pourquoi de l'*armoracia*... rien à voir avec la Bretagne où il ne pousse pas à l'état sauvage. Et si Pline, appelant *armon* un radis sauvage d'Asie Mineure, était à l'origine du latin *armoracia* ? Laissons au raifort sa part de mystère.
>
>

bord des ruisseaux et dans les prairies humides. C'est une grande plante vivace dont la tige glabre peut atteindre plus de 1 mètre de hauteur. Creuse à l'intérieur, elle est sillonnée à l'extérieur. Le feuillage du raifort est imposant, considéré parfois comme décoratif – il existe une variété à feuilles panachées blanc crème *(variegata)* d'un plus bel effet dans un sous-bois clair. Les feuilles de la base, en touffe dense, se portent sur un long pétiole. Très grandes, d'un beau vert foncé, en forme de fer de lance et finement dentées, elles peuvent atteindre 1 mètre. Les feuilles intermédiaires sont profondément divisées. Les feuilles supérieures sessiles, fines et allongées, sont bordées de petites dents.

De petites fleurs blanches de 8 à 9 millimètres, odorantes, s'épanouissent de mai à juillet en grandes panicules de 70 centimètres. Elles donnent peu de fruits ; les graines arrondies, lisses et rougeâtres dans une petite silique renflée, sont stériles. Tout le pouvoir du raifort se concentre dans sa racine, qui peut atteindre 80 centimètres et un diamètre de 5 à 15 centimètres.

Grosse, charnue, elle se renfle à son extrémité supérieure à la façon d'un gourdin ou d'une massue. Elle avait déjà étonné Olivier de Serres reprenant Pline : "Il dict croistre en Alemagne des raiforts de la grandeur d'un petit enfant, procédant de la froidure du climat propre à telle plante." Sa couleur, d'un blanc crème ou jaunâtre, rappelle celle du panais. Sa chair, blanche à l'intérieur, a une odeur irritante quand on la râpe.

• *Une origine lointaine source de confusion*
Le raifort est originaire de l'Asie occidentale, du sud-est de l'Europe, du sud de la Russie. Son nom de cran lui vient des langues slaves. Il était cultivé dans l'Empire byzantin : un recueil de règles de culture du VIe siècle précise que l'on repique le raifort en septembre. Il a gagné l'Europe occidentale au Moyen Age avec les invasions des peuples slaves et, au bout de sa course vers l'ouest, la France vers le XVIe siècle. Cette apparition tardive explique les errances des descriptions et appellations de nos agronomes et des rédacteurs des dictionnaires jusqu'au XVIIIe en matière d'identification du raifort. *Raphanus, armoracia, radix,* tous trois peuvent être traduits par raifort selon les traducteurs. Au lecteur armé de sa flore complète de faire le tri ! Et que dire du raifort d'Olivier de Serres qui nous donne ce conseil : "En décours de lune, près de son défaut, l'on sème les graines de raifort, une à une" quand on sait que les graines sont stériles ? Il ajoute plus loin : "Les raiforts tardifs surpris de l'hiver se gèlent communément dans la terre." De toute évidence, il s'agit de navets, de radis ou d'autres raves car la racine du raifort passe l'hiver confortablement enterrée au jardin.

La culture du raifort

• *Une tradition alsacienne*
Parmi les légumes-racines cultivés au Potager du roi à Versailles à la fin du XVIIe siècle figuraient les raiforts. Mais le raifort en France se cantonne à un coin du jardin familial, pour la consommation personnelle. C'est surtout dans l'Est que les cuisinières emploient cette racine au goût piquant. De ce fait, l'Alsace, plus spécialement le village de Mietesheim, est actuellement la seule région productrice en France. Pour voir des champs de raifort, il faut se promener entre Wissembourg, Saverne et Strasbourg, où une coopérative d'une vingtaine de producteurs s'est engagée dans cette culture entre tabac, maïs et blé. Un assolement sur quatre ou six ans, 30 000 plants à l'hectare et beaucoup de travail à la main (800 à 1 000 heures de travail par hectare) sont nécessaires pour un rendement de 6 000 à 7 000 kilos à l'hectare. Ebourgeonnage, ramassage, nettoyage et préparation des futurs plants sont affaire

Le raifort, d'après le Tacuinum sanitatis, *XIVe siècle*

de travail manuel, avant que les grosses racines soient livrées à l'entreprise pour des préparations condimentaires.

La plante résiste bien aux maladies si l'on évite de la planter après du trèfle ou une prairie retournée. Certaines années, l'altise donne quelques soucis. Le mildiou peut l'attaquer mais il ne gêne pas son bon développement. Le sol est fumé par le fumier de ferme enfoui avant l'hiver qui précède la plantation.

• *Bonne terre et bons plants*
Le raifort préfère les terres fraîches, bien fumées, riches en potasse et ensoleillées. Cependant cette plante vivace est très robuste et, au potager, nécessite peu de soins. Soleil, sol profond et bien drainé font son bonheur mais elle s'accommode de tout terrain : la grosseur de sa racine et la taille de ses feuilles seront cependant plus ou moins exubérantes. Seuls les sols sableux et argileux ne lui conviennent pas.

Préparez et ameublissez sur 25 à 30 centimètres le terrain enrichi d'un compost maison ou d'un engrais organique bien décomposé, enterré à l'automne. Dans une grande planche, les rangs seront espacés de 60 centimètres. Les besoins d'une famille ne nécessitent que quelques plants installés dans un petit carré au coin du jardin ou à l'extrémité du potager.

A l'automne ou début mars, avec une fourche-bêche, arrachez un pied de raifort ancien sain et bien développé, de la taille d'une très grosse carotte : il faut creuser assez profondément pour ne pas endommager les racines secondaires qui se sont formées à l'extrémité du pied mère. Ces dernières atteignent 40 à 50 centimètres de long, ce qui s'ajoute à la taille de la racine principale ! Il faut ménager ces racines terminales, ce sont elles qui vont servir de plants. Ne retenez que les plants bien formés, droits, de 1 à 2 centimètres de diamètre, et faites-en des tronçons d'une vingtaine de centimètres. Quand l'arrachage a eu lieu à l'automne, les futurs plants passent l'hiver en cave ; comme pour les pommes de terre, des bourgeons latéraux se forment : il faut les éliminer, ainsi que les radicelles, en grattant avec un chiffon rude.

Raifort avec ses racines secondaires

• *Calendrier de plantation et récolte*
Fin mars ou début avril, en lune décroissante, préparez la ligne en faisant une butte d'une dizaine de centimètres de haut. Plantez en biais les tronçons de racines secondaires préparés, à une distance de 20 à 50 centimètres, et recouvrez-les à peine en ayant bien pris soin de mettre la coupe supérieure vers le haut – cela peut prêter à sourire, mais ces plants sont presque cylindriques. L'extrémité inférieure sera enterrée de 10 centimètres environ. En Bavière, dans la région de Nuremberg-Bamberg, on pose les tronçons horizontalement au sommet de la butte, la tête tournée vers l'est. C'est alors que s'exprime la particularité du raifort : le plant va croître en largeur mais peu en longueur. La racine récoltée à partir d'un plant possède la même "physionomie" que ce dernier. S'il est droit, la racine sera droite, s'il est tordu… Et comme les racines secondaires qui se développeront à l'extrémité serviront à leur tour de plant l'année suivante, la terre doit être meuble en profondeur pour que les nouvelles racines secondaires soient bien formées et droites. Sinon, gare aux raiforts tordus !

En mai-juin, la floraison survient en panicules de fleurs blanches. Les graines enfermées dans les siliques globuleuses sont généralement stériles et ne peuvent éventuellement servir qu'en pharmacopée. A la mi-juin, quand les feuilles atteignent une trentaine de centimètres, ne gardez sur chaque tête de raifort qu'un seul bouquet de feuilles : cet "élagage" des pousses secondaires favorise le développement de la racine. Il faut butter à nouveau après cette opération. Un second éclaircissage peut être nécessaire.

En octobre, ou après les premières gelées qui détruisent les feuilles, récoltez le raifort à consommer avec les fines racines secondaires destinées à la plantation de printemps. Coupez la partie inférieure des futurs plants en biseau et la partie supérieure bien droit : plus de confusion possible lors de la transplantation. Racines et plants sont mis en jauge en cave, dans un silo recouvert de paille et d'une bâche. Quand les conditions atmosphériques ne permettent pas un bon arrachage, surtout s'il a trop plu, laissez-les en terre et n'y touchez pas quand il gèle.

• *Culture en limite de potager*
Un ami jardinier vous a donné une racine de raifort sans racines secondaires. La précédente méthode valait pour un grand carré de raifort, mais votre ambition est nettement plus modeste. L'hebdomadaire *Rustica* propose de simplifier la méthode : divisez la racine fraîche en tronçons d'une petite dizaine de centimètres qui devront présenter au moins un bourgeon. A l'aide d'un transplantoir, enterrez-les de 5 ou 6 centimètres, recouvrez de terre, tassez avec la main et arrosez en pluie fine. Seul inconvénient à cette technique simplifiée : la perte de la racine qui aurait pu être consommée. Le développement de la racine est assez long, car il faut lui laisser le temps de grossir. Une astuce : pour éviter que les racines ne descendent trop

La plantation du raifort

Racines de raifort

profondément, avant de les installer, creusez à chaque emplacement un trou de 30 centimètres de profondeur et tapissez-en le fond de vieilles tuiles. La récolte se fait au fur et à mesure des besoins. Plantés en mars, les tronçons donneront de belles racines en… automne de l'année suivante.

En culture annuelle, préparez des morceaux de racines de 15 centimètres en éliminant les bourgeons et les radicelles. En mars-avril, plantez-les en biais à 20 centimètres de distance en tous sens. Ils ne seront pas enterrés à plus de 10 centimètres et le haut sera à peine recouvert de terre. A la fin de l'automne, déterrez le tout. Les grosses racines seront destinées à la consommation et les autres mises en jauge pour attendre une plantation en mars.

Quelle que soit la méthode, n'ayez aucune crainte, il est impossible d'échouer : le moindre fragment se multiplie, à telle enseigne que, si le sol lui convient, la vigueur de la plante la rendra encombrante et indésirable en quelques années, si vous n'y veillez pas. Faites suivre la planche de raifort par de la pomme de terre, car cette dernière oblige à un bon nettoyage en profondeur de la terre et le buttage permettra d'éliminer les morceaux qui repousseraient.

• *Un hôte envahissant*
Bien que l'on puisse arracher les racines à la fin de la première année de culture, on peut attendre pour en obtenir de plus grosses. On conseille de laisser en place dix-huit mois avant la récolte par arrachage. Mais, attention, le raifort en place plus de deux ans s'installe commodément et le déloger n'est pas une mince affaire. Les racines secondaires s'enfoncent de plus en plus, rendant impossible l'extraction complète de la plante. Et après six ou sept ans, il devient impossible d'arracher la racine complète même à la pioche : il en reste une grande partie dans le sol et tel le phénix qui renaît de ses cendres, le raifort renaîtra des profondeurs… Mieux vaut donc enlever la totalité des racines la deuxième année, les conserver dans un local sain et frais et en replanter une petite partie au printemps. Faites cadeau de ce qui vous reste à des amis jardiniers qui découvriront à leur tour les joies, simples, de la culture du raifort.

IV. MOUTARDE ET RAIFORT EN LEURS USAGES

Des Crucifères à tout faire

Commençons par certains usages de la graine de moutarde qui peuvent être assez inattendus. Le bibliophile sait-il que l'ouvrage en chagrin, espèce de cuir grainé, couvert de papilles rondes, lui doit sa qualité ?

Les rats auraient une sainte horreur de l'odeur de moutarde. Ils délaissent donc leur trou quand on l'a bouché avec un mastic de farine sinapisée. Par ailleurs, la graine augmente considérablement le nombre des œufs des poules pondeuses, dit-on.

Enfin, avis aux aventuriers : selon un article de la revue américaine *Geological Survey* de 1960, pour trouver de l'uranium sur le plateau du Colorado, il suffit de regarder attentivement les plants de moutarde sauvage. Là où ils sont plus beaux, vous avez vos chances.

• *L'huile de moutarde*
La moutarde, comme d'autres Crucifères, est une plante oléagineuse sans que pour autant nous en consommions l'huile. La championne est la moutarde blanche qui, par simple expression de la graine, donne 40 % d'huile. L'huile de moutarde possède la propriété de ne pas rancir, même en région tropicale, et de rester fluide à basse température. Son usage culinaire est quotidien en Orient : au Népal, chaque village possède son moulin à moutarde collectif géré par une caste spéciale de presseurs d'huile, les *manandar*. Elle fait office de brillantine pour les cheveux et la pulpe des graines pressées est utilisée en shampooing. Est-ce pour ses pouvoirs antiseptiques qu'on en met une goutte dans l'œil des nouveau-nés afin qu'ils aient une vue perçante ? Il n'est pas rare non plus, dans les rues des villages népalais, de voir une jeune mère masser avec soin son enfant avec cette huile à la fois culinaire et médicinale.

• *Moutarde et raifort en œnologie*
Racine de raifort coupée en tronçons et graine de moutarde concassée peuvent corriger, selon Olivier de Serres, le ranci, le moisi et la puanteur des vins. Ensachées ensemble – l'efficacité serait-elle double ? –, on les met dans le vin

> "Il n'y a point d'animal appelé chagrin, comme quelques-uns l'ont cru : les cuirs qui portent ce nom se font avec les peaux de la croupe des chevaux & des mulets. On les tanne et passe bien ; on les rend le plus minces qu'il est possible ; on les expose à l'air ; on les amollit ensuite ; on les étend fortement ; puis on répand dessus de la graine de moutarde la plus fine ; on les laisse encore exposées à l'air pendant quelque temps ; et on finit par les tenir serrées fortement dans une presse : quand la graine prend bien, les peaux sont belles."
> Diderot et d'Alembert, *Encyclopédie*.

gâté dont on a ôté la lie et qu'on a remis dans un tonneau bien net. Un autre procédé consiste à remettre un plein verre de malvoisie dans le vin "poussé", gâté par la chaleur qui le fait fermenter. Encore faut-il savoir que ce vin n'est ni le vin doux grec ni le muscat cuit mais de la malvoisie artificielle "qui se faict avec du miel, de l'eau ardant (eau-de-vie) et de la graine de moutarde concassée, le tout distillé au bain de marie". Quel nectar ! Cependant, des recherches menées sur la moutarde ont montré qu'elle pouvait stabiliser certains vins blancs. En France, un décret de 1921 autorise l'emploi à dose infime d'huile ou de farine non déshuilée pour "combattre les goûts accidentés des vins". La recette vaudrait aussi pour retarder la fermentation de certains jus de fruits. La lecture d'Olivier de Serres prêtait d'abord à sourire, et pourtant…

Les propriétés anti-oxydantes de la moutarde en poudre sont aussi valables pour les graisses qui ont tendance à rancir. Le fait n'est pas nouveau. On a constaté que la viande saupoudrée de moutarde ne se putréfiait pas, du moins pas aussi vite qu'à l'état naturel. Reste que sa qualité gustative après traitement risque d'être quelque peu modifiée. Apicius, qui s'y connaissait en science de cuisine, utilisait déjà au Ier siècle la moutarde "pour conserver la couenne de porc ou de bœuf et les pieds cuits", à l'époque où le réfrigérateur faisait défaut. Cela valait pour la conservation des légumes-racines. "Pour conserver les raves : mélangez de la moutarde avec du miel, du vinaigre et du sel et versez sur les raves préalablement rangées." (*L'Art culinaire*, livre I, XII, 6.) De même, pulvériser de la farine de moutarde sur des carottes quand on les met dans le sable permet de les conserver tout l'hiver sans dommage.

• *Au salon de beauté*
Fatigué ? Adoptez les effets vivifiants d'un bain dans lequel vous ajoutez deux cuillerées à soupe de farine de moutarde. Très à la mode à l'époque de la reine Victoria, ce bain dans une eau veloutée procure une douce sensation de chaleur revigorante. Stimulant et relaxant à la fois, un miracle ! Respectez la dose, sinon vous risquez d'en sortir rouge comme une écrevisse… et l'effet sera plus thérapeutique qu'apaisant.

Devant le miroir, le teint est-il un peu terne ? Une infusion de tranches de raifort dans du lait à appliquer avec une compresse, et vous voilà avec un teint clair et frais. Quelques taches de rousseur ? Du jus de raifort additionné de vinaigre blanc devrait les atténuer. Selon Hippocrate, le raifort rendrait leur couleur naturelle aux cicatrices. Quelques boutons d'acné ? Une potion magique composée, entre autres ingrédients, de jaune d'œuf, de levure de bière, de zinc et de graines de moutarde a une action bactéricide et antiseptique. Mais le raifort a son mot à dire. Matin et soir, on peut se tamponner le visage humecté avec du vinaigre de raifort et laisser agir quelques minutes.

Un coup reçu, et voilà un hématome ; le raifort en emplâtre sur le mal avec du miel est censé ôter les marques bleues de la meurtrissure. Inutile de chausser une paire de lunettes noires pour l'œil au beurre noir : Pline le Jeune préconisait la moutarde d'Alexandrie avec de la graisse d'oie et du miel. Passons aux dents : le raifort raffermit les gencives et prévient le déchaussement des dents ; à défaut de pouvoir descendre dans son jardin et mâcher chaque jour une jeune feuille de raifort, certains dentifrices l'ont inscrit dans leur composition. "C'est une pratique fort utile contre le relâchement & la pâleur des gencives, que celle de les frotter fréquemment avec des feuilles fraîches de *cochlearia*", précisait l'*Encyclopédie* de Diderot et d'Alembert. Vos cheveux tombent ? Il faut avoir recours à des recettes héritières de la médecine antique. Hippocrate

Farine de moutarde pour le bain

recommande de frotter avec des raiforts la tête des femmes qui perdent leurs cheveux. Selon Olivier de Serres, pour faire revenir "le poil", après avoir frotté le lieu avec un linge un peu rude jusqu'à ce qu'il rougisse, et s'être lavé la tête avec une décoction de sa façon, il faut appliquer dessus un liniment composé de graines de sénevé et de roquette, de jus d'oignons et de miel. Si la recette était efficace, cela se saurait dans le monde des chauves…

Emplois médicinaux du raifort et de la moutarde

Médecine chinoise traditionnelle, médecine ayurvédique de l'Inde, médecine antique ou médecine occidentale moderne, toutes font confiance à la moutarde et au raifort. Il est impossible de citer tous les maux, petits ou grands, que la médecine antique guérissait ou était censée guérir. Les traités regorgent de principes qui nous semblent bien éloignés de nos médecines contemporaines, fussent-elles douces – ce qui, en matière de raifort et de moutarde, risque d'être un euphémisme !

L'abbesse Hildegarde von Bingen (1098-1179), qui n'excellait pas seulement dans la musique sacrée mais veillait en bonne mère supérieure à la santé de ses filles, recommande, dans les cas de maladies de poitrine, des reins, de jaunisse ou d'eczéma, l'emploi de la racine de raifort. L'abbaye d'Aywiers (1246-1789), dans la vallée de la Lasne (Belgique), avait une moniale infirmière, pharmacienne et herboriste. Dans le domaine de l'abbaye, qui ne comptait pas moins de 15 000 hectares de terres, forêts et marécages, elle avait pu trouver à l'état spontané de nombreuses espèces de plantes médicinales, dont la moutarde noire, *sinapis nigrum*, qui figure dans la liste de la pharmacie. *L'Etat des drogues simples qu'il est nécessaire de tenir continuellement dans les pharmacies des hôpitaux du roy*, au milieu du XVIIe siècle, comprend, parmi les racines, le "raifort verd" et, dans les raves et semences, la moutarde.

• *Dans la médecine antique*

Pour Démocrite, la racine de raifort est aphrodisiaque ; déjà dans l'ancienne Egypte, on considérait que cuite avec du miel, elle redonnait des ardeurs inespérées. Hippocrate l'utilise pour le foie, la rate et l'hydropisie, et Pline pour tout ou presque. Une décoction d'écorce dans du vin prise le matin brise et expulse les calculs ; pour la toux, prendre du raifort le matin à jeun avec du miel ; contre l'assoupissement, manger des raiforts aussi âcres que possible, et contre l'ouïe un peu dure, instiller dans l'oreille du suc de raifort. Le raifort diminue le volume de la rate, il est bon pour le foie et les douleurs lombaires, il guérirait même les ulcères des intestins.

Dans le cas de piqûres d'insectes, après avoir extrait l'aiguillon si besoin, les feuilles fraîches froissées sont bienfaisantes. Ceci nous paraît raisonnable. Mais que penser

> "Un soldat hongrois, pendant sa captivité en Turquie, avait reçu la bastonnade sur la plante des pieds ; rentré dans son pays, il éprouva au gros orteil droit des douleurs si cruelles que, ne pouvant plus les supporter, il prit un couteau et s'armant d'un maillet, sépara le doigt du pied : malgré cette mutilation, il ne tarda pas à ressentir les mêmes souffrances dans tous les membres. Il eut alors l'idée de s'envelopper d'un gigantesque cataplasme de raifort pilé et de se faire suer abondamment, ce qui le délivra à jamais de son mal.
>
> Une dame, souffrant depuis plusieurs années de douleurs vagues de rhumatisme, en fut débarrassée grâce à l'usage quotidien d'une décoction de racine de raifort dans du lait de vache."
>
> Henri Leclerc, *Les Epices…*, Masson, 1929

de la tradition antique ? Une décoction d'écorce de la racine dans l'eau vinaigrée s'emploie contre les morsures de serpents, même venimeux. Si seulement vous aviez porté un raifort en amulette, il est probable que vous auriez évité le désagrément de cette morsure. Le raifort est bon contre les venins et combat ceux des cérastes (serpents d'Afrique et d'Arabie), des vipères à cornes et des scorpions. Après vous être frotté les mains avec le raifort ou avec sa graine, vous pourriez prendre impunément les serpents dans les mains. Mieux, placez du raifort sur un scorpion, il meurt. Encore faut-il se promener au milieu du désert avec une racine de raifort fraîche. D'où le port de l'amulette… Il est aussi salutaire contre les champignons vénéneux, le gui, le poison de la jusquiame et, plus étonnant, contre le sang de taureau qui passait pour être un poison, avec lequel d'ailleurs Thémistocle se serait suicidé. On comprend dès lors qu'une décoction de raifort dans du vinaigre avec du miel puisse tout simplement expulser les vers intestinaux.

Nombre des vertus attribuées au raifort peuvent cependant laisser le lecteur perplexe, car elles se confondent avec celles des radis. Rien de très extraordinaire à cela, ces deux racines étant cousines botaniques dans la famille des Crucifères. Les traductions successives du grec au latin et à l'ancien français des noms des "racines fortes" de cette famille ne sont pas exemptes de confusion. *Traduttore, traditore*… De là à confondre radis sauvage, radis noir et raifort, il n'y a qu'un pas. Dans le livre XX (§ 12) de l'*Histoire naturelle* de Pline, le *raphanum sylvestris* est habituellement traduit par "raifort sauvage" ; c'est certainement une racine forte sauvage mais aucune description botanique ni aucun conseil de culture, dans ce passage, ne permettent d'y discerner alors le radis sauvage du raifort. De plus, l'usage du terme *armoraciam* qui suit *(In Italia armoraciam vocant)* conforte cette ambiguïté qui persiste jusqu'au XVIIIe siècle, comme nous l'avons vu au chapitre précédent.

Les multiples usages médicinaux de la moutarde qui apparaissent dans la pharmacopée plus tardivement sont déjà recensés par Pline l'Ancien : de la sciatique à l'enflure des amygdales, de la perte des cheveux au rhume de cerveau, des affections de l'estomac à l'inappétence ou à l'épilepsie, des calculs à la "lassitude des femmes", etc. Employée sous forme de farine, d'huile, de graine et surtout de cataplasmes, la moutarde est censée faire merveille contre l'hydropisie, la rigidité des muscles du tétanos, les sciatiques, la léthargie et les douleurs multiples. Fonctions que l'on accorde aussi en partie au raifort, qui a des propriétés rubéfiantes et révulsives identiques. Au VIe siècle, Paul d'Egine, tout en mettant en garde contre les brûlures qui peuvent résulter de l'usage abusif du cataplasme sinapisé, explique qu'il guérit "par sa causticité, en provoquant des vésicules, les vieilles douleurs de la poitrine, des lombes, des hanches, des épaules et toutes les impuretés qu'il faut faire sortir des profondeurs du corps en quelque endroit que ce soit". Il voyait juste.

La moutarde d'après le Tacuinum sanitatis, *XIVe siècle*

Les mires du Moyen Age et les Diafoirus du Grand Siècle persisteront à mettre la moutarde à toutes les sauces de la pharmacie…

• *Le raifort, une bonne racine*
La racine de raifort est antianémique, anti-goutteuse, antiscorbutique, antiseptique, apéritive, béchique et expectorante, digestive, diurétique, rubéfiante et stimulante. Que de vertus, qu'elle tient des substances qui la composent : antibiotiques (asparagine), acides aminés, sels minéraux, magnésium, fer, phosphore, calcium, sodium, potassium, vitamines B1, B2, B6, PP. Elle est plus riche en vitamine C que l'orange ou le citron (80 milligrammes pour 100 grammes). Son huile essentielle est stimulante, rubéfiante et bactéricide. On conçoit qu'elle ait pu être recommandée dans les cas de maladies respiratoires et rhumatismales ou d'anémie.

La racine de raifort se prépare sous forme d'infusion de 15 à 30 grammes par litre, à raison d'une cuillerée à soupe toutes les heures dans les cas de bronchite. On peut préférer la macération dans du vin blanc ou de la bière (15 à 30 grammes par litre). Les vertus de ce remède étaient connues des médecins du XVIIe siècle, et en particulier de J. B. Chomel, docteur régent de la faculté de médecine, conseiller médecin ordinaire du roi. Coupée en rondelles

La préparation du raifort d'après une gravure ancienne

DU SÉNEVÉ

"La vertu première de la semence est grandement dessiccative et secondement réduit les inflations et tiercement chasse les ventosités. Et quand on en use souvent dessèche le sperme de l'homme et éteint la génération. La feuille de sénevé enlève la chaleur de la tête. Et si les feuilles dudit sénevé, ensemble celle de l'ambroise sont bouillies et puis on lave la tête de cette décoction, ôte les lentes et ce qui rompt les cheveux et vaut à faire les cheveux longs. Il lève la douleur des dents, et avec la graisse des oies vaut aux démangeaisons et ulcères de la teste. Et en tout ceci la moutarde sauvage est de plus grand effet que la domestique.

Elle est utile à l'estomac, aide dans les vices du poumon, lève la toux et fait facilement cracher… elle nettoie la tête par les éternuements, elle amollit le ventre, commet à pisser et les fleurs des femmes. Elle est toutefois nuisante aux yeux à cause de son acuité. Avicenne dit qu'elle exténue et diminue la rate, donne soif et désir d'habiter avec femme. Et son eau distillée est bonne aussi à toutes les douleurs des oreilles, et son huile également. Et aucuns ont dit que si on la boit à jeun, fait bon entendement."

Platine de Crémone (1421-1481)

pour la faire infuser, la racine de raifort "purge par le haut et par le bas surtout lorsqu'on la pile et qu'on en mêle le jus avec le vin où elle a infusé". Dans les cas d'anémie, on l'utilise plutôt à raison de 20 grammes par litre d'eau : on fait bouillir, on laisse refroidir et macérer une nuit puis on en prend deux tasses loin des repas. Fatigue, lassitude ? La décoction de 30 grammes de racine fraîche dans un litre d'eau que l'on fait bouillir cinq minutes, à raison d'une tasse à chaque repas, redonne du punch.

Les semences semblent avoir intéressé la médecine antique qui préconise les graines rôties et mâchées contre la toux ou pilées avec du miel pour les difficultés respiratoires. Ne pas oublier que, pris en quantité exagérée, le raifort devient irritant, surtout pour les estomacs délicats. Actuellement, il est indiqué dans le cas d'insuffisance biliaire par les herboristes.

Le sirop de raifort, comme celui de radis noir, était couramment employé à la campagne contre les toux. Il favorise surtout l'expectoration. La racine coupée en tranches minces est recouverte de sucre, par couches alternées, dans une passoire posée au-dessus d'une terrine ; on laisse macérer quelques heures et le jus recueilli s'administre à raison d'une cuillerée à café trois fois par jour. Calmer la toux est une chose, mais cela n'empêche pas de soigner ce qui la provoque. Enfin, les cataplasmes ne furent pas l'exclusivité de la farine de moutarde. La racine râpée nature ou mélangée avec de la farine était employée pour soulager les douleurs, elle présentait les mêmes propriétés rubéfiantes qui pouvaient se transformer en brûlure de la peau.

• *Les vertus d'une petite graine*
Le raifort et la moutarde doivent à leur teneur en vitamine C un pouvoir antiscorbutique reconnu. Les matelots au long cours ne manquaient pas, en s'embarquant, de faire provision de semence de moutarde pour se prémunir et guérir du scorbut qui les menaçait si le voyage s'éternisait. Pendant le siège de La Rochelle, en 1627-1628, un certain Seignette sauva la vie de nombreux habitants de la ville en proie au scorbut en leur faisant prendre de la semence de moutarde dans du vin blanc, alors que Richelieu avait fermé le port et livré les habitants à la famine. Les marins anglais et allemands emportaient quant à eux du raifort pour éviter les carences en vitamine C. Certains Alsaciens y voient l'explication du terme désignant le raifort en Alsace, *Meeratish*, qu'ils traduisent par "racine de mer"… Moutarde et raifort ont donc des qualités communes, et depuis l'Antiquité ils étaient associés pour conjuguer leurs forces dans les cas de "mélancolie". Le cataplasme de farine de moutarde noire et de pulpe de raifort devait réveiller un mort, un seul des ingrédients suffisant largement.

La moutarde noire est révulsive, rubéfiante, antiscorbutique. L'allylsénevol de la moutarde et du raifort les fait recommander pour soigner les maladies respiratoires banales et les douleurs rhumatismales. La moutarde blanche est diurétique, purgative, vomitive, on l'emploie plutôt contre les dérangements de l'appareil digestif. La moutarde brune, apparue tardivement dans la fabrication de la moutarde de table, a les vertus stimulantes et stomachiques du condiment. La moutarde peut en remontrer au raifort quant aux substances qui font ses qualités médicinales : acides aminés soufrés, calcium, potassium, vitamines A, B1, B2, PP et C (100 milligrammes pour 100 grammes, un taux record), des oligo-éléments comme le manganèse, le nickel, le zinc, le cuivre, le fer. Sans que les auteurs de l'Antiquité aient pu connaître et quantifier ces constituants, ils en avaient escompté de nombreux bienfaits, jusqu'à en faire une panacée.

• *Sinapisme, papier moutarde et enveloppement sinapisé*
Ah ! le cataplasme sinapisé tant redouté des enfants à cause de la brûlure qu'il provoquait sur la peau ! Il est resté longtemps le révulsif classique, à base de moutarde noire, plus agressive que la blanche. Dans les familles, c'était le remède universel, surtout depuis que le docteur Trousseau en avait préconisé l'emploi : douleurs en tous genres, bronchites, toux, sciatiques, lumbagos, états congestifs, simple rhume, rien n'était censé résister au sinapisme. La mère de famille à qui était dévolue sa préparation devait faire une bouillie tiède de farine de lin, la déposer sur une mousseline, saupoudrer un peu de farine de moutarde sur la face à poser sur la peau, dans une proportion de quatre mesures de lin pour une de moutarde. On appliquait sur

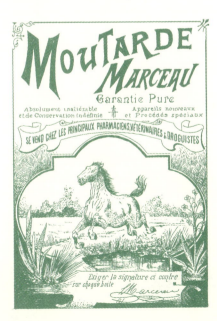

La farine de moutarde noire en usage vétérinaire (début du XXe siècle)

Les bienfaits du sinapisme

la partie malade. Bientôt, la chaleur faisait place à une sensation de brûlure. On surveillait l'emplacement rougi prouvant l'action révulsive, se gardant de le laisser trop longtemps, surtout sur la peau tendre des enfants. Quel est celui qui n'a pas, derrière le regard de sa mère, soulevé l'emplâtre pour apaiser cette cuisante sensation qui devait guérir ?

Mais bientôt Rigollot vint... Le Rigollot de nos grands-mères n'était pas si rigolo. La sensation de brûlure lui enlevait tout charme, mais les bienfaits escomptés faisaient prendre son mal en patience. Prêt à l'emploi, il se présente comme une feuille de papier enduite d'une pellicule constituée de farine de moutarde déshuilée et de farine de lin qui adoucit la rubéfaction. La feuille est baignée pendant une minute dans l'eau tiède, car, à plus de 40 degrés, le pouvoir révulsif de la moutarde serait annihilé. Appliquée sur la peau et maintenue par une serviette ou une bande, on la laisse en contact un quart d'heure. A user avec modération, une ou deux fois par jour, espacées de huit heures au minimum. Puis vinrent les anti-inflammatoires, les antibiotiques, les analgésiques... et le sinapisme est passé de mode, tout comme le pédiluve et le grand bain sinapisé.

La médecine populaire utilise le principe révulsif de la moutarde noire en farine dans les bains de pieds : "On faisait des bains de pieds, par exemple, si on avait le sang à la tête. Ça tirait le sang aux pieds. Vous en mettiez une poignée dans l'eau chaude, mais tout de suite, vos pieds rougissaient. Vous savez, le sang descendait d'un seul coup... ça dégage." (C. Crosnier, *Les Usages du végétal en Morvan et Bourgogne*.) Mieux vaut employer une eau tiède et placer une serviette sur la bassine, pour ne pas larmoyer quand l'essence volatile se dégage. Autre remède, si vous avez les pieds froids : saupoudrez l'intérieur de vos chaussettes de farine de moutarde.

• *Et la graine de moutarde blanche ?*
Elle eut son heure de gloire dans la deuxième partie du XIXe siècle avec la maison Didier, fondée en 1828, qui la vendait dans les pharmacies et... les épiceries. Laissons parler M. Didier : "Le docteur Trousseau dans son *Traité de thérapeutique* la recommande comme ayant obtenu les meilleurs résultats dans la guérison des maladies de l'estomac et celles des intestins et du foie, des dartres, des hémorroïdes, des congestions, des rhumatismes, des constipations opiniâtres, des affections utérines et en particulier celles qui accompagnent l'âge critique. Aucun traitement n'est plus simple et plus sûr lorsque l'on veut purifier le sang, dissoudre les humeurs et rétablir l'équilibre dans les fonctions." Les seize dernières pages de l'ouvrage de Charles Turner Cooke, *Sur l'efficacité de la graine de moutarde blanche*, reproduisaient les lettres de patients miraculeusement affranchis de leurs maux. Elle est toujours vendue dans les officines et les herboristeries médicales.

La moutarde utilisée comme révulsif

- *Le condiment*
  Les médecins déconseillent souvent la moutarde car elle leur enlève trop de clients.
  Aphorisme du *Parfait Moutardier*.

Le pot à moutarde qui trône sur presque toutes les tables, le pot de raifort qui le remplace ou qui l'accompagne ont aussi leur mot à dire. A condition d'en user raisonnablement, moutarde et raifort réveillent l'appétit et aident à la digestion. On a longtemps dit qu'ils servaient à masquer le goût douteux de certaines viandes au Moyen Age : il n'en est rien. En tant que condiments, ils avaient surtout pour mission d'épicer autrement que par des épices à prix d'or. Un dictionnaire pharmaceutique de 1768 nous rassure : "La moutarde est excellente pour corriger le sel acide fixe, volatiliser le levain de l'estomac et cuire plus parfaitement les aliments ; c'est par cette raison qu'on se sert toujours de la moutarde préparée pour servir d'assaisonnement aux poissons et aux chairs salées qui sont de difficile digestion et remplies d'un acide fixe." C'est donc la pierre à aiguiser l'appétit. Même la Fondation des maladies du cœur préconise d'ajouter de la moutarde ou du raifort dans les sandwiches en lieu et place du beurre ou de la mayonnaise. Un repas hâtif sans moutarde est une digestion pénible assurée…

V. LES TRÈS RICHES HEURES D'UN ENGRAIS VERT : LA MOUTARDE

Septembre est fini. Les pommes de terre sont récoltées, laissant un carré libre aux mauvaises herbes avant les plantations et les semis du printemps. C'est le moment de penser aux engrais verts, et surtout à la moutarde blanche *(Sinapis alba)*. Les Crucifères font merveille dans cet emploi. L'engrais vert, bien nommé tant le vert de la moutarde est franc, une fois enfoui se décompose et enrichit en matières organiques la terre que certains légumes ont épuisée. Il va fabriquer de la biomasse, de la matière vivante ; après la mort de la plante, il donnera de l'humus. Et que serait la terre sans humus ? Un vaste désert aride.

Faire pousser les engrais verts est facile, naturel, économique. Sainfoin, trèfle, féverole ou phacélie, tous permettent d'enrichir le sol et d'améliorer sa structure. Ils restituent, sous forme organique, azote et autres éléments minéraux puisés dans l'air ou la terre et offrent leur biomasse aux bactéries et aux vers de terre…

La moutarde dans la rotation des cultures potagères

Après un engrais vert, il vaut mieux planter que semer et éviter la moutarde sur des planches où l'on a l'intention de remettre des cultures de la même famille. Elle sera bienvenue après les Légumineuses (haricots, pois, fèves). Les cultures qui l'apprécieront sont celles qui exigent des terres riches en matières organiques : pomme de terre, courgette, potiron, céleri et tomate. Son intérêt réside dans la rapidité de son cycle végétatif, entre quarante et cinquante jours, dans tous les types de sol, même si elle préfère les terrains calcaires et craint la sécheresse. De plus, le jardinier novice y trouve son compte par la simplicité de son mode de culture. Pour éviter les incompatibilités d'humeur, on peut établir une rotation d'engrais verts sur une même parcelle et semer de la phacélie, par exemple, mellifère à floraison mauve qui ne manquera pas, après le jaune éclatant de la fleur de moutarde, de donner une note esthétique au potager.

• *Préparation de la terre, le semis*
Inutile de travailler la terre en profondeur : on la décompacte au besoin, mais le plus souvent un griffage croisé pour niveler la terre suffit.

La période de semis s'échelonne de mars-avril à novembre. Ainsi, au jardin, dès qu'une parcelle est libre ou avant une culture tardive, si on tente un semis de moutarde blanche, on pourra la faucher à n'importe quel moment de sa croissance pour libérer l'espace. Semée à la fin de l'été, elle peut rester en place tout l'hiver : elle sera partiellement détruite par le froid (elle gèle à - 7 °C).

On sème à la volée de 150 à 200 grammes pour 100 mètres carrés, en deux passages, une première moitié dans un sens, la seconde croisée perpendiculairement. On griffe et tasse fortement avec le dos du râteau dans une petite planche ou au rouleau pour assurer un bon contact, et l'on arrose en pluie fine s'il fait trop sec. Certains préconisent après le semis un mulch aéré constitué de débris végétaux (fanes de pois ou de haricots verts, herbe sèche, paille ou fine couche de compost), dont on recouvre le semis sans avoir à enfouir les graines. Il retient une humidité propice à la germination ; il est dit "aéré" car on voit la terre au travers. Procédé qui répugne cependant aux jardiniers qui veulent conserver un aspect soigné à leur potager.

En six semaines, la moutarde forme une touffe imposante et ses hampes florales portent des grappes de fleurs d'un jaune éclatant.

• *Fauchage et enfouissement*
Au cours de l'année, après quarante jours de végétation, on peut faucher la moutarde encore jeune, à la faux ou à la débroussailleuse. On laisse faner sur place quelques jours, puis on passe la tondeuse pour broyer le tout. On étale uniformément l'engrais vert sur la parcelle avec le râteau à gazon pour éviter les paquets. Il sèche sans pourrir avant d'être enfoui. En ce qui concerne les semis d'automne, le gel grillera la moutarde, les feuilles mortes tombées sur le sol feront les délices des vers de terre, tandis que les tiges formeront un paillis protecteur qui évitera au jardinier la tâche du broyage. Il faudra de toute façon faucher à la floraison, car les siliques qui contiennent les graines sont très déhiscentes quand elles sont mûres. Résultat : la graine envahit

Le croc

le potager de façon incontrôlable et d'engrais vert, la moutarde devient "mauvaise herbe".

Si la moutarde est détruite par le gel, on travaille le sol comme d'habitude en faible profondeur. Sur une grande surface, c'est le motoculteur équipé de griffes rotatives qui se chargera du travail. Fauchée puis incorporée dans la couche superficielle, elle va se décomposer en libérant les éléments nutritifs puisés lors de sa croissance. Mais rien n'empêche le jardinier d'en faire un tas à composter, surtout si l'on considère que le rendement peut atteindre 60 kilos pour 100 mètres carrés. On plante les légumes huit jours plus tard, mais il faudra attendre trois semaines pour semer.

Les qualités phytosanitaires de la moutarde

Outre une fertilisation naturelle, la moutarde offre d'autres avantages. Le feuillage dense de la plante évite que la terre ne se tasse trop sous l'action des pluies répétées, son système radiculaire développé aère le sol. Elle étouffe les mauvaises herbes ; de plus, il semble qu'elle joue un rôle de

Semis de moutarde en engrais vert

désherbant préventif naturel en inhibant la germination des graines sans gêner la culture postérieure. L'essence de moutarde élimine certains parasites comme les nématodes, et détruit le mycélium de la hernie du chou. On dit aussi que la moutarde blanche a la propriété de faire disparaître du sol qu'elle occupe les larves du taupin ; de même que le tourteau de moutarde a la propriété de détruire l'eumolpe de la vigne – il a été utilisé à cet effet en Bourgogne.

Là où le jardinier prévoit de fleurir son jardin de dahlias, la moutarde semée à la mi-février, arrachée à la main et laissée sur le sol après la plantation des tubercules en avril-mai, éloignera les nématodes et évitera que les limaces ne se jettent sur les jeunes pousses. On peut espérer les mêmes résultats pour les delphiniums, les pétunias, les zinnias et les hostas dont raffolent les limaces.

Pour sa croissance rapide, son grand rendement, sa facilité de culture, il ne faut pas hésiter à utiliser la moutarde au potager comme au jardin floral. Au lieu de laisser une partie du jardin en friche, mieux vaut y semer de la moutarde qui, même enfouie avant maturité, ne pourra qu'être bénéfique pour le jardin… et son jardinier.

Et le raifort au jardin écologique ?

Ses emplois phytosanitaires ne peuvent rivaliser avec ceux de la moutarde. Concédons-lui cependant la faculté de lutter contre quelques maladies, comme la moniliose de certains fruitiers. Il s'agit d'un champignon *(Monilia)* qui se développe à l'automne sur les poires, les pommes et les coings. On peut tenter une infusion de raifort employée non diluée, qui sera du meilleur effet fongicide : 300 grammes de feuilles et de racines dans 10 litres d'eau. On peut aussi essayer un extrait de 100 grammes de racine de raifort ramollie pendant vingt-quatre heures pour lutter contre la fonte des semis. Notons que l'emploi de produits naturels contre les maladies fongiques commence au printemps.

En ces temps troublés pour l'alimentation saine, un emploi scientifique du raifort mérite d'être évoqué : un test permet d'identifier en temps réel, sans culture bactérienne, les agents d'intoxication alimentaire comme la listeria, la salmonelle, etc., grâce à une enzyme extraite du raifort, la peroxydase. Le raifort serait-il le garant de nos assiettes ?

La moutarde, piège à nitrates

La moutarde blanche pompe les nitrates du sol et évite qu'ils ne soient lessivés par les pluies et n'aillent polluer les nappes phréatiques. Ces nitrates, des aliments azotés bénéfiques, sont remis en circulation par la plante après son enfouissement. Elle compense ainsi, en partie, le fumier. Les autres éléments nutritifs – potasse, phosphore, oligo-éléments – sont extraits par les racines, ce qui les rend utilisables pour les cultures qui viendront ensuite. A la différence des engrais chimiques dont l'action est passagère, les engrais verts agissent à court terme et à long terme.

Cet effet nettoyant est devenu nécessaire. Dans les plaines céréalières, le taux de nitrates dans les eaux, dû aux engrais apportés pour la culture intensive, a été multiplié par cinq en trente ans, et l'on atteint le seuil limite acceptable. Les usines de traitement des eaux n'éliminent pas les nitrates et certaines eaux du robinet en contiennent un taux qui les rend non potables. Une étude réalisée pour la région Normandie a montré que la moutarde utilisée comme culture intermédiaire a permis de soustraire au lessivage des sols, selon le système de culture du blé qui avait précédé, de 26 à 35 kilos d'azote par hectare. On voit donc dans l'emploi de la moutarde blanche une culture dépolluante bienvenue.

Moutarde et métaux lourds

Et que dire de la présence des métaux lourds (plomb, zinc, cadmium, germanium, fer…) dans les sols pollués ? Ils existent à l'état naturel, dans le cas de poussières d'éruptions volcaniques par exemple, cataclysme qui nous est heureusement épargné. Ceux qui nous préoccupent sont liés à l'activité humaine.

Un laboratoire de l'université Rutgers, dans le New Jersey, travaille sur l'utilisation possible de la moutarde brune indienne pour décontaminer les sols de leurs résidus de métaux lourds et même de certains métaux radioactifs. Ses racines plongent à 60 centimètres dans le sol et elle arrive à maturité en six semaines, ce qui permettrait quatre ou cinq récoltes par an. Les plantes absorbent les substances toxiques avant d'être incinérées.

Citons un exemple de projet de phyto-décontamination des sols autour d'une fonderie du Nord particulièrement polluante, qui a imprégné les sols en profondeur. Que faire pour les rendre à leur utilisation initiale ? Racler les terres contaminées, les stocker en attendant la solution miracle, les incinérer, laver les cailloux ? Des chercheurs de l'université de Lille proposent d'adopter cette nouvelle méthode. Pour dépolluer un sol avec des plantes, il faut réunir deux conditions : d'une part, une forte accumulation de métaux lourds qui seront extraits par les plantes qui les utiliseront comme d'autres nutriments, et d'autre part une plante qui ait une grande biomasse. Compte tenu de l'équation selon laquelle plus la biomasse est forte, plus la quantité de métaux lourds assimilés sera importante, la moutarde répond à cette exigence. Avec un rendement de 18 à 60 tonnes à l'hectare en trois mois, on peut espérer extraire 300 grammes de zinc aux 100 mètres carrés. Mais que fait-on de la plante récoltée ? Et si on brûlait les plantes accumulatrices comme des matières premières à traiter dans les fours ? Quelle compensation de se dire que la fonderie à l'origine de la pollution pourrait être à la fin de la chaîne de dépollution ! Et que les métaux lourds accumulés depuis des dizaines d'années dans le sol pourraient se transformer en lingots ! Utopique ? Un espoir que nous devons à une petite Crucifère… Le jardinier, à ses heures, est un doux rêveur.

VI. DU JARDIN A LA CUISINE

Apprivoiser le raifort

Aromate, légume, condiment, conjuguons le raifort. Ses jeunes feuilles piquantes et légèrement amères servent à agrémenter les salades, les crudités ou le fromage blanc. Cuites, leur saveur s'adoucit, elles se consomment comme des épinards, surtout avec une sauce béchamel pour en adoucir l'amertume résiduelle. La racine de raifort se cuit comme un autre légume dans un pot-au-feu et certains en font de la purée. Aucune crainte, la chaleur lui ôte l'excès de piquant.

- *Purée de raifort*

    200 g de racine de raifort ; 2 œufs ; 50 g de crème épaisse ; farine ; sel.

Faire cuire la racine de raifort, la presser comme pour une purée. Ajouter les œufs, la crème, un peu de farine. Saler. Passer au four 10 à 15 minutes.

Le raifort se décline râpé comme condiment, seul ou en sauce. A l'achat, la racine doit être ferme. On la conserve dans le bac à légumes du réfrigérateur, enveloppée dans un papier absorbant légèrement humide. Il faut la laver et la peler… L'effet lacrymogène de l'oignon est une peccadille à côté de celui du raifort ! On peut y remédier en trempant le morceau de racine deux minutes dans de l'eau bouillante acidulée. En Alsace, les jeunes filles ne jetaient pas cette eau, elles l'utilisaient pour se prémunir du hâle et des taches de rousseur. Si le cœur de la racine est ligneux, on le jette. La chair noircit au contact de l'air : le citron ou le vinaigre la garderont blanche. Utilisez une râpe en inox et râpez le raifort finement juste avant de le consommer, car son essence est volatile. Mis au congélateur râpé, il perd une partie de sa saveur.

Commençons par la recette de base, le condiment que l'on place sur la table au bon plaisir des convives.

- *Raifort à la crème*

    Pour 4 personnes : 400 g de raifort ; 100 g de crème fraîche épaisse ; 1 citron ; sel.

Exprimer le jus du citron. Peler, rincer, sécher et râper le raifort en fins bâtonnets. Les mettre dans une terrine en ajoutant le jus du citron et le sel. Mélanger. Ajouter la crème et servir.

En Allemagne, on mélange souvent le condiment avec du jaune d'œuf cuit dur, de la crème aigre et des pommes surettes.

La racine râpée peut être incorporée à des sauces froides telles la mayonnaise, la vinaigrette, ou à une rémoulade. Dans les sauces chaudes, elle perdra son acrimonie et les parfumera agréablement. Elle gagne à être associée au fromage blanc, à une sauce à la crème fraîche ou au yaourt pour assaisonner des crudités. Elle relève le goût des viandes bouillies, le porc et les poissons fumés, la choucroute, les rôtis froids, les fruits de mer et se marie bien avec la pomme de terre, la betterave rouge, le céleri, le panais. Elle aromatise le vinaigre de cidre.

On lit dans un ouvrage du XVIIIe siècle : "On s'en sert communément en Flandres. On la ratisse et on en mêle avec du beurre que l'on met sur les tartines pour le déjeuner." Aujourd'hui, le beurre au raifort accompagne steaks, escalopes, poissons grillés, crustacés cuits, légumes à la vapeur.

- *Beurre au raifort*

    100 g de beurre ; 2 c. à café de raifort râpé.

Laisser le beurre se ramollir à température ambiante, et le travailler à la cuiller en bois ou à la spatule. Incorporer le raifort râpé jusqu'à obtenir une pâte homogène. Modeler en forme de rouleau et envelopper de film alimentaire. Mettre au réfrigérateur. Quand le beurre est ferme, le couper en fines tranches et garnir selon les besoins.

- *Tartine au raifort*

La mode est à la tartine. Pourquoi ne pas essayer cette tartine de pain de campagne bien large légèrement grillée ?

    1 c. à soupe de fromage blanc ; 1 c. de crème épaisse ; 1 ou 2 c. à café de raifort râpé ; quelques gouttes de jus de citron.

Mélanger les ingrédients en terminant par le jus de citron. Les amateurs compléteront avec un filet de truite fumée ou de saumon coupé en fines lanières.

- *Crème fouettée au raifort*

Elle accompagne poissons fumés, pochés ou grillés. On peut aussi en farcir des tomates cerises pour l'apéritif.

    30 cl de crème fraîche très froide ; 2 c. à soupe de raifort râpé ; sel et poivre.

Mêler les ingrédients et parsemer de baies roses.

- *Sauce tiède au raifort pour pot-au-feu*

    3 louches de bouillon ; 100 g de raifort râpé nature ; 1 c. à soupe de crème fraîche.

Prélever le bouillon, y ajouter le raifort nature et faire mijoter doucement 15 minutes. Avant de servir, ajouter la crème fraîche.

- *Sauce chaude au raifort et à la crème*

Elle accompagne poissons, viandes blanches ou volailles.

    50 g beurre ; 1 c. à soupe de raifort râpé ; 1 jus de citron ; 1 petit pot de crème fraîche épaisse.

Chauffer le beurre avec le jus de citron, le raifort et la crème.

Bien mélanger sur feu doux pour obtenir une crème onctueuse. Servir dans une saucière.

A vos toques, avec quelques idées de menus au raifort : avocat farci aux crevettes et raifort-mayonnaise, steak poêlé coiffé de beurre au raifort, pot-au-feu et sa sauce au raifort tiède, escalope de dinde panée sauce au raifort, filet de turbot poêlé à la sauce au raifort et au riesling… L'inspiration fera le reste.

Une pointe de moutarde

La moutarde est herbe aromatique quand ses feuilles jeunes et tendres remplacent le cresson alénois. Elle est légume quand elle se cuit en épinard. Le grain de moutarde fait place à l'épice quand, écrasé au moulin, il remplace le poivre. Mettez-en quelques-uns dans la choucroute, dans les marinades ou dans les bocaux de conserves au vinaigre, comme les cornichons. La moutarde en pâte est un condiment qui relève le goût des plats fades, des viandes froides ou bouillies. Elle accompagne les viandes grillées, le boudin, les saucisses. Rabelais rappelle à juste titre qu'elle est "baume naturel" d'andouilles et d'andouillettes. Elle va bien avec les lentilles, enrobe le lapin, le porc, le poulet, les poissons gras avant cuisson. Sans compter qu'elle ajoute sa pointe de piquant à de nombreuses sauces froides et chaudes. A défaut, elle atténue un goût qui déplaît. Elie, un vétéran de la Grande Guerre de Long (Somme), se souvient que soldat débarqué dans les Balkans, "les privations continuaient. Les hommes mangeaient des tartines de vieux pain enduites d'une moutarde qui en faisait oublier le goût."

Faire sa moutarde

Jusqu'au XVIIe siècle, on a préparé sa moutarde à la maison. Au miel dans l'Antiquité, épicée au Moyen Age, pimentée à la fin de la Renaissance, aux senteurs florales au XVIIe, on devint plus raisonnable par la suite avec les moutardes aux câpres, à la capucine, au citron, aux anchois… Dès le début du XVIIIe siècle, on trouve chez les épiciers de nombreuses aromatisations, des moutardes de Meaux, de Dijon, de Bordeaux, douces ou fortes.

Pour faire sa moutarde, deux possibilités sont offertes : soit la préparer à partir de moutarde en poudre (spécialité anglaise) à laquelle on ajoute sel, vinaigre, vin blanc ou un autre liquide, soit utiliser des graines de moutarde. Pour les réduire en une farine grossière, on a le choix entre le moulin à poivre ou à café et le pilon dans un mortier. Si la farine n'est pas tamisée, on obtiendra un aspect de moutarde à l'ancienne.

• *Recette de base de la moutarde*
Choisir des graines de moutarde aussi récentes que possible, les laver et les faire tremper dans l'eau pendant une nuit. Les broyer au mortier jusqu'à rendre la pâte très fine. Ajouter le vinaigre en partie égale, saler. Remuer le tout jusqu'à obtention d'une pâte homogène. On peut passer la moutarde à l'étamine ou au chinois très fin en appuyant avec une spatule pour la débarrasser d'une partie des écorces de la graine, qui ressemblent à du son. Laisser reposer avant consommation. Ail ou estragon seront mis à macérer dans le vinaigre ; piment ou paprika seront ajoutés au dernier moment.

• *Un test qui n'engage à rien*
Pour obtenir 4 cuillerées à soupe de moutarde :

3 c. à soupe de poudre de moutarde ; un peu de curcuma, 1 c. de vinaigre ; sel ; eau.

Mélanger les ingrédients, mettre l'eau en dernier, pour obtenir une moutarde qui ne soit pas trop forte et qui fasse une pâte à votre gré.

Pour obtenir un demi-verre de moutarde :

1/4 de verre de moutarde en poudre ; 1/8 de verre d'eau froide ; 1/4 de verre de vin blanc sec ; 1/2 c. à café de sel.

Mélanger la moutarde avec l'eau, puis ajouter le vin et le sel. Bien mélanger pour obtenir une pâte.

Et, pour finir en beauté, une recette ancienne :

- *La moutarde de Lenormand*

    1 kg de farine de moutarde très fine ; persil, céleri, cerfeuil et estragon frais, 30 g chacun ; 2 gousses d'ail ; verjus ou moût ; 60 g de sel.

Le tout est haché et broyé avec la farine jusqu'à ce qu'elle soit bien fine. On y ajoute du verjus ou du moût en quantité suffisante et le sel en poudre. Et l'on continue de broyer en y ajoutant de l'eau. La pâte obtenue est mise en pots. Avant de les boucher, on achève de les remplir de bon vinaigre. On peut remplacer le verjus par du vinaigre de cidre auquel on ajoute un tiers d'eau.

Tout cela manque étrangement de doses précises, me direz-vous. Tout dépend de la qualité et de la variété de la graine, de sa fraîcheur, du degré acétique du vinaigre, et du maître moutardier qui veut garder son secret. A la fin d'une recette, on lit parfois "goûtez et corrigez l'assaisonnement" : il ne vous reste plus qu'à goûter, goûter et goûter encore jusqu'à trouver le secret de *votre* recette.

Le navet et le radis

Aïté Bresson

INTRODUCTION

Les raves ont mauvaise presse. Il suffit de prononcer le mot "navet" pour que surgisse aussitôt l'image d'un légume blanc et anémique, si ce n'est celle d'un niais (un nave, *una rapa* en italien), d'un être qui manque de courage (qui n'a que du sang de navet), ou encore celle d'une œuvre d'art ratée, croûte ou mauvais film. Le radis n'est guère mieux loti, si petit qu'il ne vaut pas un sou (pas un radis).

Pourtant, quelques contes présentent les raves sous un autre jour : Rabelais, dans *Le Quart Livre*, raconte comment un laboureur de Papefiguière s'enrichit en vendant ses raves – et, au passage, ridiculise un diable peu malin qui voulait s'approprier son champ. Grimm, dans un de ses *Contes pour enfants*, rappelle que la possession d'une rave (géante, il est vrai), par la jalousie qu'elle suscite, peut pousser au fratricide.

Même si l'on s'en tient au strict champ de la réalité, on s'aperçoit que les raves n'ont pas toujours été à ce point méprisées : en Occident, les médecins de l'Antiquité leur attribuaient nombre de vertus et en Orient, il ne viendrait à l'idée de personne de déprécier ces racines, qui jouissent d'une grande considération. Les taoïstes considèrent le navet aux multiples graines comme une nourriture d'immortalité et le poète japonais Bashô a laissé un haiku qui dit à peu près :

*Après les chrysanthèmes,
hors le navet,
il n'y a rien.*

Curieux légumes, qui peuvent à la fois susciter tant d'éloges et rencontrer un tel opprobre, alors qu'ils ont nourri des générations entières. Cette dualité mérite qu'on l'étudie plus en détail – en espérant seulement que ce ne soit pas "vouloir tirer du sang d'un navet" (s'atteler à une tâche impossible).

I. GÉNÉALOGIE ET BOTANIQUE

Une famille bien compliquée

Le navet et le radis sont tous deux membres du clan des Crucifères (ou Brassicacées), qui forment une famille botanique très ancienne et cependant très évoluée, relativement homogène bien que chaque espèce soit susceptible d'une grande variabilité.

Cette homogénéité ne frappe pas forcément celui qui voit, à l'étal d'un maraîcher, du cresson, des radis noirs, des navets ronds et des brocolis, mais elle paraît beaucoup plus évidente aux yeux des jardiniers ou des botanistes. En effet, les Crucifères se reconnaissent à leur fleur "porte-croix", formée de 4 sépales alternant avec 4 pétales non soudés et disposés en croix (le plus souvent jaunes, blancs ou rosés), qui entourent 6 étamines, dont 2 plus petites, et un pistil formé de 2 carpelles.

Si la fleur caractérise la famille, c'est le fruit qui permet de distinguer les différents genres ou espèces – mais cette tâche s'avère souvent très ardue. Ce fruit plus ou moins allongé, la plupart du temps déhiscent (sauf, par exemple, chez le radis), est formé de deux loges séparées par une fausse cloison à laquelle sont attachées les graines. Il se nomme silicule lorsque sa longueur et sa largeur sont quasiment égales, et silique lorsqu'il est franchement plus long que large – cette caractéristique est portée à l'extrême chez le radis serpent, *Raphanus sativus* var. *caudatus*, dont les siliques peuvent dépasser 25 centimètres.

La plupart des Crucifères renferment des composés soufrés qui leur donnent une caractéristique "odeur de chou". Ces composés auraient, entre autres fonctions, celle de repousser les insectes herbivores – certains ont pourtant manifestement réussi à s'y adapter. Les fleurs des Crucifères, quant à elles, ont un parfum plus agréable et comportent, entre les étamines, des nectaires particulièrement développés. Elles attirent donc les insectes butineurs qui volettent de l'une à l'autre. Comme les fleurs de la plupart des Crucifères sont auto-incompatibles, la stratégie de la plante se révèle payante : en échange de nectar, la fleur est fécondée au passage par les insectes qui y déposent à leur insu du pollen récolté sur les fleurs ou les pieds voisins.

Cette fécondation, que l'on dit "croisée", contribue à brasser les gènes. Cependant, chez les Crucifères qui ne respectent pas toujours la barrière de l'espèce botanique, la fécondation croisée peut être à l'origine de croisements inopinés (le colza, par exemple, né d'un chou et d'une navette) et explique les difficultés que rencontrent les botanistes lorsqu'ils recherchent les ancêtres sauvages d'une espèce cultivée. Enfin, c'est également en raison de ce mode de fécondation que le jardinier qui souhaite faire ses propres graines ne peut laisser fleurir qu'une seule variété de chaque espèce à la fois, à moins qu'il ne désire, justement, obtenir de nouvelles variétés.

Les Crucifères, qui renferment environ 4 000 espèces, sont présentes dans le monde entier. La classification

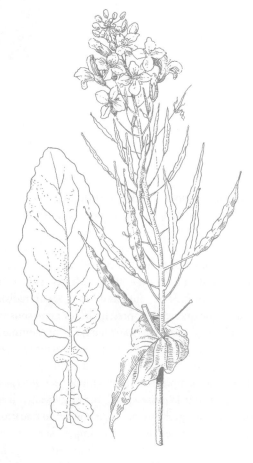

Brassica rapa

les répartit en différentes tribus, dont celle des Brassicées à laquelle sont rattachés, entre autres, des genres assez proches : *Sinapis* (la moutarde), *Brassica* (le chou et le navet) et *Raphanus* (le radis).

Navets et raves

Le navet *(Brassica rapa)*, voisin des choux puisqu'il appartient au même genre botanique, se rencontre à l'état subspontané, échappé des potagers depuis plus ou moins longtemps, dans toute l'Europe, en Asie et même en Amérique du Nord. La plante forme d'abord une rosette de feuilles vert vif à poils rudes et au limbe découpé, ainsi qu'une racine tubérisée de forme et de couleur très variable (sphérique, cylindrique ou piriforme, blanche, rose, jaune, noire ou encore bicolore).

Le navet cultivé est normalement bisannuel, sauf s'il a été semé trop tôt au printemps : dans ce cas, le froid qu'il a subi peut le faire monter en graine dès la première année (ce phénomène se nomme vernalisation). En règle générale, donc, le navet forme au cours de la deuxième année de culture, au printemps, une hampe florale d'environ 1 mètre qui peut porter jusqu'à une centaine de fleurs jaunes disposées en grappes, très mellifères, auxquelles succèdent des siliques contenant 15 à 20 graines.

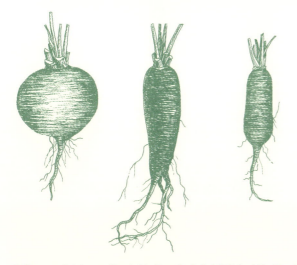

Différentes variétés de navet (de g. à dr.) : 'Jaune boule d'or', 'Noir long', 'Des Vertus'

> ### LE NAVET N'EST PAS UNE RACINE
>
> Sous cette affirmation étonnante se cache une vérité botanique : le navet (de même d'ailleurs que le radis) n'est pas, *stricto sensu*, une racine, mais un tubercule hypocotylaire (de *hypo*, "sous", et *cotylê*, "écuelle", adjectif savant qui désigne la partie de la plantule comprise entre le collet et le point d'insertion des cotylédons). Pendant la période d'activité, la plante y accumule des réserves glucidiques qu'elle consommera au printemps, lors de la reprise de la végétation (si aucun humain ou animal ne l'a dévorée entre-temps). Ainsi s'explique l'hypertrophie de l'hypocotyle. Chez le navet, seule la partie inférieure, effilée, est d'origine racinaire.

Les navets forment des "variétés-populations", moins homogènes que les lignées pures constituées par les légumes autogames telle la tomate – on retrouve ici la variabilité propre aux Crucifères. Plus que tout autre légume peut-être, les variétés de navet sont étroitement liées à un terroir, hors duquel elles semblent perdre leurs qualités. En témoigne le nom de quelques variétés très locales : le navet de Crévoux (petit village des Hautes-Alpes), habitué à pousser entre 1 500 et 1700 mètres d'altitude, la rave d'Oulles-en-Oisans, montagnarde également, ou encore le navet d'Orret, en Côte-d'Or. A la fin du XIXᵉ siècle, Vilmorin présentait une sélection d'une cinquantaine de variétés. Les catalogues de graines de la fin du XXᵉ siècle n'en offrent plus guère qu'une vingtaine, parmi lesquelles quelques hybrides F 1, qui ne sont plus liés à aucun terroir. Ils garantissent aux maraîchers une production homogène, mais se révèlent bien plus exigeants que les anciennes variétés locales.

Outre le navet cultivé, l'espèce *Brassica rapa* compte parmi ses membres de nombreuses plantes utiles aux hommes : les "choux" chinois et d'autres légumes-feuilles cultivés en Asie (les *mizuna* et *komatsuna*), ainsi que la navette (*B. rapa* subsp. *oleifera*), dont l'huile servait "utilement à brusler à la lampe, à l'ouvrage de la laine, aussi à manger, mais c'est pour pauvres gens et grossiers, ne craignans sa senteur un peu extravagante", selon Olivier de Serres.

> ### UN VIEIL HYBRIDE, LE CHOU-NAVET
>
> Le chou-navet *(Brassica napus)* illustre l'aptitude des Crucifères à franchir la barrière de l'espèce. Ce croisement de chou et de navet, très difficile à réaliser artificiellement, serait apparu dans les jardins de l'Antiquité – certains auteurs le jugent plus tardif. Rustique et productif, le chou-navet forme une grosse rave à la chair blanche, presque aussi longue que large.
>
> On le confond souvent avec le rutabaga qui serait, lui, le fruit d'un croisement plus récent (peut-être au XVIe siècle) entre un chou et un chou-navet. Plus résistant au froid que son proche parent, le rutabaga à la chair jaunâtre est surtout cultivé en Grande-Bretagne et en Europe du Nord, où ont été obtenues plusieurs variétés. En France, il n'a pas laissé que de bons souvenirs à ceux qui ont dû en consommer pendant la Seconde Guerre mondiale.

Petits et gros radis

La plus grande incertitude règne quant aux ancêtres du radis potager : il se pourrait qu'au moins quatre radis sauvages soient impliqués dans sa généalogie (*Raphanus raphanistrum, landra, maritimus* et *rostratus*), voire, selon certains auteurs, quelques gènes de membres des genres *Brassica* et *Sinapis*. On distingue aujourd'hui cinq variétés botaniques à l'intérieur de l'espèce *Raphanus sativus*, dont trois nous intéressent ici : *R. sativus* var. *sativus* (le petit radis, ou radis de tous les mois), *R. s.* var. *niger* (le gros radis d'automne et d'hiver) et *R. s.* var. *acanthiformis* (le radis japonais, ou daïkon).

Le radis cultivé est une espèce annuelle (sauf la variété *niger*, qui est bisannuelle). Il forme d'abord une rosette de feuilles à poils rudes, profondément lobées, et une racine tubérisée très variable dans ses dimensions (de quelques centimètres à, paraît-il, un mètre), sa forme (allongée, globuleuse, cylindrique) et sa couleur (blanche, jaune, rose, rouge, violette, noire ou encore panachée). Lorsqu'il fleurit, le radis cultivé forme une tige florale plus de 1 mètre de haut, au sommet de laquelle s'épanouissent des grappes de fleurs blanches souvent veinées de violet ou de pourpre (elles diffèrent légèrement dans chaque variété et permettent donc de distinguer la variété cultivée et d'en reconnaître la pureté). Les siliques des radis sont assez courtes et un peu étranglées entre les graines. Ces dernières, beige rosé, sont plutôt volumineuses par rapport à celles d'autres Crucifères. Elles germent très rapidement (de 3 à 5 jours), d'où le nom que les Grecs avaient donné au radis, *raphanis*, "qui lève tôt".

• *Les radis de tous les mois*
Depuis son introduction dans les potagers au XVIIe siècle, ce groupe rassemble de très nombreuses variétés obtenues puis améliorées dans le but d'étaler la production sur presque toute l'année et de satisfaire les goûts variés des

Raphanus raphanistrum

> **LES COULEURS DES RADIS**
>
> Les petits radis d'aujourd'hui sont presque tous rouges ou rouge et blanc, mais l'on note encore quelques timides préférences selon les régions : les gens du Midi apprécient que le bout blanc soit bien marqué (environ la moitié du radis), alors que les Parisiens l'aiment plus petit (le tiers du radis) et que les gens de l'Ouest le veulent réduit à "une goutte de lait".

amateurs de radis. En 1890, dans *Les Plantes potagères*, Vilmorin en recensait plus d'une trentaine, de toutes couleurs et de formes variées. Aujourd'hui, les jardiniers ont à leur disposition une vingtaine de variétés, mais l'éventail des couleurs et des formes s'est singulièrement restreint. Ont quasiment disparu, par exemple, toutes les "petites raves" longues, parfois appelées "radis glaçons" ('Blanche transparente', 'Rose longue saumonée'…) qui permettaient d'obtenir sans difficulté en été des radis tendres et légèrement piquants. Les maraîchers recherchent aujourd'hui une croissance homogène, des radis fermes et de couleur vive, au pivot très fin. Il s'agit en quelque sorte d'une standardisation du radis, et c'est dans ce but qu'ont été créées, pour les professionnels, les nouvelles variétés hybrides F 1.

• *Les gros radis*
Les radis d'automne et d'hiver, qui étaient jadis les seuls disponibles dès la fin de la belle saison et pendant l'hiver, ont souffert de la concurrence du radis de tous les mois, présent toute l'année sur les marchés. On ne trouve plus guère que le radis noir, long ou rond, mais de nombreuses variétés aux racines volumineuses et au goût un peu piquant pourraient être cultivées par les amateurs, tels les radis 'D'été jaune d'or ovale', 'Münchner Bier' (blanc), 'Violet de Gournay' ou 'Rose de Chine'.

• *Les radis japonais*
Les radis japonais sont rattachés à la variété *acanthiformis*, qui doit son nom à ses feuilles profondément découpées, comme celles des acanthes. Malgré leur croissance rapide et leurs dimensions remarquables (de 50 centimètres à 1 mètre et "jusqu'à un pied de diamètre", selon Auguste Paillieux), les daïkons n'ont pas suscité beaucoup d'enthousiasme lors de leur introduction en France à la fin du XIXᵉ siècle. Ils sont encore peu répandus dans les potagers, bien qu'on trouve facilement d'assez nombreuses variétés chez les grainetiers ('Ilka', 'Okhura'…).

> **UNE PERPÉTUELLE CONFUSION DE NOMS**
>
> A la difficulté de démêler l'arbre généalogique des *Brassica*, *Raphanus* et autres genres voisins s'ajoute une grande confusion quant aux noms employés pour désigner ces plantes depuis l'Antiquité.
>
> Ainsi, par exemple, Pline emploie les mots *napus*, *rapa*, *raphanus* et *armoracia*. Il est probable que l'un des deux premiers termes renvoie au chou-navet. *Raphanus* correspond au radis, qui est à l'époque une racine forte, un "raifort" – c'est ainsi d'ailleurs qu'il sera appelé tout au long du Moyen Age. Cependant, Pline confond souvent deux termes grecs, *raphanis* (le radis) et *raphanos* (le chou), attribuant à son *raphanus* des caractères ou des propriétés qui ne lui appartiennent pas toujours. *Armoracia* désignerait plutôt la ravenelle, un radis sauvage dont les Latins mangeaient les tiges et les feuilles, et non le vrai raifort, *Armoracia rusticana*.
>
> Jusqu'à la fin du XVIIIᵉ siècle, il règne en français une semblable confusion : le mot "rave" rassemble souvent les "raiforts" (c'est-à-dire les radis, le vrai raifort étant aussi appelé "cran"), les vraies raves et les navets. Une distinction assez subtile s'opère entre les raves, qui sont de gros navets ronds, et les petites raves, qui sont de petits radis allongés – le navet désignant, quant à lui, un légume à la racine plutôt effilée. Le terme "petite rave" a peu à peu disparu, mais la distinction de forme entre les raves et les navets (qui sont de la même espèce) est encore valable aujourd'hui.
>
>

II. HISTOIRES DE RAVES

Les hommes ont très tôt remarqué que les réserves que les plantes accumulent pouvaient les nourrir, eux aussi. Bien avant l'invention de l'agriculture, ils ont récolté des racines sauvages, souvent comestibles, parfois non sans dangers, en tous les cas fibreuses, amères et peu nourrissantes.

Il se pourrait cependant que les deux Crucifères qui nous intéressent ici pour leurs racines cultivées, le navet et le radis, aient tout d'abord été domestiquées pour l'huile que l'on pouvait extraire de leurs graines et que leurs "raves" n'aient été améliorées qu'ensuite. On a d'ailleurs observé un processus semblable pour quelques Cucurbitacées – le melon et la courge, notamment.

Une origine incertaine

Même si elle n'est apparue que dans un deuxième stade, la culture du radis et du navet pour leurs racines est si ancienne qu'il est difficile d'en situer précisément le début dans le temps et dans l'espace.

La plupart des chercheurs s'accordent sur le fait que le radis et le navet des potagers sont originaires de l'est de la Méditerranée et du Proche-Orient, d'où ils se seraient très tôt répandus vers l'est et vers l'ouest, où ils ont fait l'objet d'améliorations différentes. Ainsi, le navet a été cultivé en Europe pour sa racine, devenue charnue au fil des générations, tandis qu'il a donné naissance en Asie à des légumes-feuilles très variés dont font partie les "choux chinois". Cependant, on ne peut exclure l'hypothèse selon laquelle le radis et le navet auraient fait l'objet d'une domestication totalement indépendante en Extrême-Orient. Ce pourrait être le cas du daïkon, ce grand radis japonais dont l'un des parents serait le radis à huile asiatique. Beaucoup d'incertitudes demeurent donc quant à l'origine du radis et du navet, mais une chose est sûre : le Proche-Orient, l'Europe et l'Extrême-Orient sont des régions où ces deux racines ont beaucoup compté, même si elles connaissent actuellement à l'Ouest un certain déclin.

Dans l'Antiquité

La très grande diversité des noms du radis à travers l'ancien monde atteste sa diffusion très précoce : *raphanis* en grec et *radix* en latin, *fugla* en hébreu, *fujl* en arabe, *mooluka* en sanscrit, *daïkon* au Japon et *lai fu* en Chine. Les premières mentions écrites de ce légume se trouvent chez Hérodote et Théophraste, aux Ve et IVe siècles avant notre ère, et à la même époque en Chine dans l'*Erya (Approche du sens correct)*, le premier répertoire de mots classés qui ait été conservé. Le navet, quant à lui, s'est répandu très tôt en Europe, bien avant que les sources écrites ne le mentionnent. Il aurait été, avec le chou, l'un des principaux légumes des anciens Celtes.

Il semble qu'Hérodote se soit trompé lorsqu'il affirmait que les ouvriers qui ont bâti les pyramides consommaient des radis en abondance : ils mangeaient bien plus probablement des oignons, de l'ail et des poireaux, largement cultivés dans les potagers égyptiens, tandis que le radis n'aurait été introduit que plus tard, à partir de la Grèce. Il est sûr cependant que les anciens Grecs et Romains ont bien connu le radis et le navet, que leurs médecins, notamment Hippocrate et Dioscoride, tenaient en assez grande estime.

Médicament au moins autant qu'aliment, le radis jouissait d'une certaine considération et Pline, qui ne manque pas une occasion de reprocher aux Grecs leur frivolité, rapporte qu'à Delphes, le raifort était à ce point préféré "qu'il était dédié en or, la bette en argent et la rave en plomb".

Dans la Rome antique, plus sérieuse, les raves étaient une des principales plantes alimentaires (après le blé et la fève), et la troisième production agricole de l'Italie transpadane, après le vin et le blé. On donnait les plus grosses au bétail, et l'on réservait aux hommes les racines plus petites ainsi que les feuilles, très appréciées vertes ou, mieux encore, légèrement flétries et jaunies – le goût pour les *cime di rapa* s'est d'ailleurs conservé en Italie

Cime di rapa

Une nourriture de vilain

En Occident, tout au long du Moyen Age et de la Renaissance, les raves (au sens large) vont être abondamment cultivées, mais ne parviendront pas à se défaire de leur réputation de nourriture grossière.

D'une façon générale, l'Europe médiévale apprécie le radis, racine forte considérée comme diurétique, pectorale et fébrifuge. Cependant, comme il est mangé cru, il est souvent absent des écrits culinaires de l'époque et n'apparaît que dans les livres de médecine.

Comme pendant l'Antiquité, le navet demeure au Moyen Age et à la Renaissance une des bases de l'alimentation paysanne. On le cultive intensivement dans les potagers et même en plein champ aux abords des villes, car il fait l'objet d'un commerce assez important. A l'époque, certains marchands ne vendaient que des raves, et y gagnaient bien leur vie, si l'on en croit ce quatrain des *Cris de Paris* :

Quand je fus mariée rien n'avois
Mais (Dieu merci) j'en ai pour l'heure
Que j'ai gagné à mes navets :
Qui veut vivre, il faut qu'il laboure.

Si l'alimentation des citadins doit alors beaucoup aux navets (ou, selon les régions, au chou), elle est cependant beaucoup plus variée que celle des paysans qui ne consomment que ce qu'ils produisent – céréales, légumineuses et raves –, agrémenté de petites quantités de graisse et de viande fraîche ou salée, et plus souvent de légumes sauvages. Ce qui nous paraît aujourd'hui dû à des impératifs économiques est à l'époque plus ressenti comme une nécessité physiologique, en vertu d'une conception hiérarchisée du monde qui recoupe les divisions sociales. Tout en bas de l'échelle de la création se trouve la terre et les plantes qui y poussent : d'abord les bulbes puis, juste un peu au-dessus, les racines. Viennent ensuite les plantes à feuilles, puis les arbustes et arbres fruitiers. Ces aliments végétaux gagnent un peu de noblesse chaque fois

---

> **UN INCORRUPTIBLE MANGEUR DE RAVES**
>
> La frugalité pouvait engendrer des caractères incorruptibles. En témoigne l'histoire de Curius Dentatus, souvent rapportée par les auteurs latins :
>
> "Qui ne connaît l'anecdote historique de Curius Dentatus, ce caractère antique qui fut trois fois consul et reçut deux fois les honneurs du triomphe ? Après ses victoires, il retournait à sa chaumière vivre sa vie simple et rude de paysan latin. Les Samnites, ennemis de Rome, vinrent un jour lui offrir des présents pour l'amener à soutenir leur cause. A ce moment, l'ancien dictateur faisait cuire sous la cendre les raves de son repas rustique. Un tel homme pouvait dédaigner l'or des Samnites !"
>
> C. Gibault, *Histoire des légumes*, 1912.

---

jusqu'à nos jours. Apicius, dans son *De re coquinaria*, donne deux recettes de raves, l'une assez fade (les raves sont cuites à l'eau et arrosées d'un filet d'huile), l'autre assurément plus relevée, puisqu'elles y sont assaisonnées de cumin, de rue, de laser parthe (peut-être la férule), de miel, de vinaigre, de garum et de *defritum* (un vin cuit). Bien loin des huîtres ou de la tétine de truie dont se régalaient les aristocrates lors des banquets, les raves étaient considérées comme une nourriture quotidienne et frugale, qualité qui n'était pas dépréciée à Rome.

Les radis des anciens Romains ressemblaient peut-être au radis noir – ils étaient en tout cas bien éloignés de nos petits radis roses. Pline les juge âcres et rapporte que "beaucoup ont une écorce plus épaisse même que certains arbres". Aliment d'hiver, ces "raiforts" étaient mangés crus, avec l'inconvénient bien connu de provoquer flatulences et rots – pour atténuer ces derniers, Pline conseillait de manger en même temps quelques olives très mûres. Les Latins appréciaient également les fanes des radis, avec lesquelles ils confectionnaient des soupes. Les radis étaient considérés comme une nourriture frugale, voire pauvre, ainsi que le rappelle l'inscription qui figure sur une lampe d'Apulée, ville de Vénétie : *Pauperis cena : pane vinu radic.* ("Repas de pauvre : du pain, du vin, des radis.")

Le radis, d'après O. Brunfels, XVIe siècle

qu'ils s'élèvent dans l'échelle de la création, mais ne sont rien en comparaison des volatiles qui évoluent dans l'air et sont, en tant qu'aliments, propres à entretenir la légèreté et la vivacité d'esprit de ceux qui les consomment. Dans ce contexte, il paraissait alors "naturel" que la volaille soit réservée aux nobles et malsaine pour les paysans dont l'organisme grossier réclamait bien plutôt légumes et racines. Ceci explique en partie pourquoi les légumes étaient peu prisés de l'élite de la société de l'époque, qui n'y a pris goût qu'un peu plus tard.

Petits radis et navets primeurs

Au XVIIe et surtout au XVIIIe siècle, à l'initiative des Italiens qui cultivaient et consommaient des variétés de légumes plus raffinées, s'amorce une réhabilitation des "racines". C'est à cette époque qu'apparaissent les petits radis roses que nous connaissons aujourd'hui et les navets primeurs – alors que, peu à peu, la pomme de terre va remplacer le navet dans les ragoûts et potées populaires.

Il est assurément difficile d'attribuer au radis noir ou à un radis d'hiver à grosse racine la paternité du petit radis rose, dont l'origine exacte demeure incertaine – il est sans doute le fruit d'hybridations complexes. Il semble qu'ait d'abord été cultivée une "petite rave" blanche et longue, puis des radis rouges, pourpres ou jaunes, longs ou ronds, qui furent tous très rapidement adoptés. En 1600, Olivier de Serres ne les citait pas encore, mais soixante ans plus tard, M. de Combles, dans *L'Ecole du jardin potager*, rapporte qu'"il s'en fait une consommation immense, tant à Paris que dans nos provinces". La Quintinie les considère comme "une manne de nos jardins, une des plantes potagères qui donne le plus de plaisir". Dès lors, tous les efforts des horticulteurs vont viser à obtenir des petits radis "sans discontinuation depuis le mois de février jusqu'aux gelées", à grand renfort de couches chaudes et de protections en été, car ce légume délicat craint "le gros chaud".

Au XIXe siècle, un dernier événement marque l'histoire du radis en Europe : l'introduction des radis asiatiques avec, d'abord, le

Le daïkon

'Rose de Chine' rapporté par des missionnaires en 1840, puis le spectaculaire daïkon. Il connaît un certain retentissement, dont Auguste Pailleux et Désiré Bois se font l'écho dans *Le Potager d'un curieux*. Malgré leur enthousiasme, le daïkon est longtemps resté une simple curiosité. On le trouve aujourd'hui assez souvent sur les étals des maraîchers, sous le nom erroné de "navet blanc italien", et plus rarement dans les potagers.

Même si, à l'époque, le radis tient le devant de la scène potagère, le navet ne reste pas à l'écart du processus d'amélioration dont font alors l'objet de nombreux légumes. Les horticulteurs parisiens se montrent même très actifs à son égard. C'est ainsi qu'apparaissent peu à peu les variétés 'D'Aubervilliers' ou 'Des Vertus' (une plaine maraîchère renommée depuis le XVIe siècle), 'De Croissy', 'De Meaux' ou 'De Freneuse', du nom d'un village proche de Mantes-la-Jolie, réputé dès les années 1650 pour ses navets – cette culture ne sera supplantée que deux cents ans plus tard par celle de l'asperge.

Les Anglais, pourtant grands amateurs de *turnips*, reconnaissent très vite la supériorité des navets français, et surtout parisiens. Les *turnips* sont sans doute plus grossiers,

---

LE NAVET NOIR DE PARDAILHAN

En 1785, l'abbé Rozier cite dans son *Cours complet d'agriculture*, parmi les "cantons les plus renommés" pour leurs navets, Berlin, Freneuse, Saulieu en Bourgogne et Pardailhan dans l'Hérault. Les origines méridionales de l'abbé Rozier ne sont peut-être pas pour rien dans cette dernière préférence. Toujours est-il que le navet de Pardailhan, après avoir connu un grand succès au XIXe siècle, est encore cultivé aujourd'hui sur ce plateau du Languedoc, qui en produit 30 à 40 tonnes par an.

Rustique, le navet de Pardailhan a la peau noire et rugueuse, mais la chair blanche et sucrée. Il est demi-long et plus ou moins cylindrique. Lié comme toutes les variétés de navet au terroir où il pousse, il doit son arôme particulier au sol argilo-calcaire de Pardailhan et aux nombreux brouillards qui favorisent son développement.

mais ils font l'objet en Angleterre, dès le XVIIIe siècle, d'une culture à grande échelle. Il ne s'agissait pas alors de satisfaire les gastronomes, mais bien plutôt de nourrir le bétail qu'on devait auparavant en partie sacrifier en hiver, faute de fourrage disponible. Ce faisant, on s'aperçut vite que les raves fourragères, qui acceptaient de pousser même dans les sols les plus ingrats, contribuaient indirectement, par la plus grande production de fumier animal qui s'ensuivait, à enrichir ces mêmes sols. L'Angleterre leur doit donc la mise en valeur de grandes étendues de terres auparavant improductives, à tel point qu'on a pu parler d'une "ère du navet" *(the age of turnip)*.

Vers une renaissance des raves ?

Après avoir traversé, comme la plupart des légumes, un âge d'or au cours du XIXe siècle, le navet a connu une certaine désaffection : la vie sédentaire ne pousse guère à apprécier les soupes roboratives. On observe depuis peu un petit regain d'intérêt pour le navet en tant que légume primeur, mais sa réhabilitation reste encore largement à faire. De savants calculs montrent que les Français n'en mangent qu'à peine 1 kilo par personne et par an, ce qui est bien peu à côté des quelque 7 kilos de carottes et 60 kilos de pommes de terre consommés annuellement par personne.

Le Royaume-Uni est aujourd'hui le plus gros producteur européen de navets (44 %), suivi d'assez loin par la France (21 %), puis l'Irlande et l'Italie (13 % chacune). Il est impossible de chiffrer la production des potagers, mais il n'est pas sûr que ce légume accommodant s'y soit mieux maintenu que chez les maraîchers professionnels.

Le radis a sans doute moins souffert de la désaffection des consommateurs, mais se trouve souvent ravalé au rang de garniture, comme le persil. Il est un des légumes les plus courants dans les potagers. Comme plante maraîchère, il est principalement cultivé en France (45 000 tonnes, soit près de 40 % de la production européenne) et aux Pays-Bas, où il fait l'objet d'une culture sous serre froide presque entièrement mécanisée. Seuls les maraîchers italiens, qui produisent environ 15 000 tonnes de radis chaque année, ont conservé une certaine diversité variétale et cultivent encore les gros radis d'été et d'automne.

III. AUX BONS SOINS DU JARDINIER

Le navet et le radis figurent certainement parmi les légumes les plus faciles à cultiver au potager. Tout l'art du jardinier consiste en fait à bien échelonner les semis et à choisir des variétés adaptées au lieu et à la saison.

Le navet, champion de modération

Le navet redoute tous les excès. Il n'aime ni la grosse chaleur de l'été ni les grands froids. Rien ne lui convient mieux que les demi-saisons et les climats doux et humides – ou les étés montagnards. D'ailleurs, dans les régions où la chaleur s'installe vite au printemps, mieux vaut le considérer comme une culture d'automne.

Il préfère les sols frais et riches, peu calcaires (un pH trop élevé diminue la qualité des racines et peut induire une carence en bore). Il ne supporte pas une fumure organique récente, qui multiplie les risques de pourriture et d'attaques de ravageurs, mais se satisfait très bien, par contre, des restes d'une ancienne fumure : il succède avec plaisir à toute culture gourmande (des pommes de terre, par exemple) ou enrichissante (il vient bien après une Légumineuse). Pour éviter la transmission de maladies ou l'apparition de carences, on ne le plantera pas après une autre Crucifère, et l'on attendra quatre ans avant d'en resemer au même endroit.

Le navet apprécie une terre fine en surface, mais ferme : inutile donc de bêcher trop profondément, ce qui, soit dit en passant, dément le proverbe normand selon lequel "pour avoir des navets, il faut bêcher". Sans doute faut-il le comprendre au sens figuré – "On n'a rien sans peine" – mais l'exemple semble mal choisi.

Au cours de sa croissance, le navet ne supporte ni excès, ni à-coups – la plante y résiste, mais la qualité de la racine en est irrémédiablement affectée. Il faut notamment veiller à une alimentation en eau régulière sous peine, surtout par temps chaud, que les racines acquièrent un goût trop fort, deviennent creuses ou que se développe sous la peau un réseau de fibres scléreuses que même la cuisson ne peut faire disparaître.

• *Semer, arroser, récolter*
Si le jardinier a veillé à tous ces préalables et choisi une variété *ad hoc*, la suite des opérations est des plus simples : il lui suffit de semer assez clair, en lignes distantes de 30 centimètres et à une profondeur de 1-2 centimètres, et de tenir le sol frais. La levée est rapide (4 ou 5 jours) et les plants ne tardent pas à avoir 2 ou 3 vraies feuilles. Il faut alors les éclaircir pour n'en laisser qu'un tous les 10 centimètres. On peut ensuite pailler le sol ou le laisser nu : dans ce cas, il faudra biner souvent, pour limiter la concurrence des mauvaises herbes et conserver un sol meuble. Reste à arroser régulièrement, surtout les cultures tardives au printemps et en fin de cycle, au moment de la tubérisation. A l'automne, selon la pluviosité, le navet peut souvent se débrouiller tout seul.

Navet 'Blanc dur d'hiver'

> ### DES VARIÉTÉS ADAPTÉES A CHAQUE SAISON
>
> Pour réussir la culture des navets, il faut savoir choisir une variété adaptée. On distingue les variétés précoces (qui germent et tubérisent à des températures relativement basses), celles de printemps et celles d'arrière-saison (plus rustiques, qui germent à une température encore assez élevée et tubérisent en jours courts). En voici quelques exemples, à adapter selon les régions.
>
> Pour une récolte en avril-mai : semer en février-mars sous châssis 'De Milan rouge' ou 'De Milan blanc'.
>
> Pour une récolte à la fin du printemps et au début de l'été : semer en mars-avril 'Demi-long de Croissy' ou 'De Milan rouge'.
>
> En montagne, pour une récolte en août-septembre : semer en mai-juin 'De Nancy' ou 'Des Vertus marteau'.
>
> Pour une récolte d'automne, à conserver pendant l'hiver : semer de mi-juillet à fin août 'Jaune boule d'or', 'Noir long' ou 'Blanc dur d'hiver'.
>
> Pour récolter en automne des "navets nouveaux" : semer en septembre une variété hâtive.
>
>

Les navets primeurs sont récoltés jeunes, ainsi que ceux de printemps que la chaleur rend vite fibreux. Les navets destinés à la conservation, par contre, doivent aller jusqu'au bout de leur développement et sont récoltés de fin octobre à mi-novembre. Ils sont arrachés par temps sec, grossièrement nettoyés à la main, puis laissés à ressuyer sur le sol. Après avoir coupé les fines racines et les feuilles à la base du collet (si elles repoussaient, le navet deviendrait creux), on les place en silo, dans une cave ou tout autre lieu suffisamment humide pour éviter qu'ils ne se dessèchent.

Seules quelques variétés ('Blanc dur d'hiver', 'De Péronne') peuvent passer l'hiver en pleine terre, débarrassées de leur feuillage après les premières gelées et recouvertes d'une bonne litière de feuilles ou de paille. Au printemps, de jeunes feuilles ne tarderont pas à se former sur les plants restés en terre, offrant au jardinier la première verdure de l'année.

Le radis, champion de vitesse

Les exigences du radis sont en tous points comparables à celles de son proche cousin, à quelques détails près : il faut surtout veiller à ce que le sol reste en permanence frais en surface, car le petit radis ne s'enfonce pas beaucoup – s'il manque d'eau, il devient lui aussi creux.

En raison de sa croissance très rapide (30 à 40 jours en moyenne, moins pour le 'Radis de dix-huit jours'), le radis peut être semé en même temps que d'autres légumes qui se développent plus lentement – carottes, laitues ou oignons – ou intercalé entre deux cultures. Il faut cependant veiller, comme pour le navet, à ce qu'il ne revienne pas trop souvent sur la même planche.

DES PETITS RADIS PRESQUE TOUTE L'ANNÉE

Dès février-mars, semer sous châssis les radis 'De dix-huit jours', 'Gaudry', 'Demi-long écarlate à petit bout blanc'…

De mars à fin octobre (avec une interruption entre fin juin et fin août dans le Midi), semer 'Rond écarlate', 'Flamboyant', 'De Sézanne'…

Pendant l'été, essayer les raves longues ('Blanche transparente', 'Rose de Pâques'…), un peu plus fortes, mais qui ne creusent pas. Semer à partir de mai, éclaircir à 10 centimètres et récolter au bout de 6 à 10 semaines.

• *Les petits radis et raves d'été*

On les sème en lignes espacées de 20 centimètres, à 2 centimètres de profondeur pour les radis longs et presque en surface pour les ronds qui se développent au niveau du sol, à raison d'une graine tous les 5 centimètres. Après avoir plombé le sol à l'aide du plat du râteau, il ne reste plus qu'à arroser en pluie fine. La levée est rapide (3 à 5 jours), de même que la croissance, grâce à des arrosages réguliers. Pour prospérer, les radis ne doivent pas manquer d'espace : les semis trop drus seront éclaircis sans tarder. Au bout de quelques semaines, les radis sont prêts à être récoltés. Ils ne se conservent pas longtemps en terre : mieux vaut donc les semer par petites quantités, tous les quinze jours environ.

• *Les gros radis d'automne et d'hiver*

Dès la fin de juin dans les régions à été frais, mais pas avant août dans le Midi, les jardiniers peuvent semer les gros radis en rangs espacés de 35 centimètres, à raison d'une graine tous les 5 centimètres et à une profondeur de 2 centimètres environ. Après la levée (presque aussi rapide que celle des petits radis), ils seront éclaircis de façon à conserver un plant tous les 10 centimètres. Jusqu'aux pluies d'automne, les arrosages doivent être fréquents et abondants – les variétés rondes supportent un peu mieux la sécheresse que les longues. Au bout de trois ou quatre mois, les radis sont prêts à être récoltés. Ils devront l'être en tout cas avant les premières gelées, qu'ils ne supporteraient pas. Ils se conservent en cave, dans du sable ou de la paille, après qu'on leur a coupé les feuilles au ras du collet et la racine effilée.

• *Les radis d'Asie*

Ces radis spectaculaires par leur taille, mais d'une saveur douce, se cultivent comme les précédents. Cependant, comme leur croissance est plus courte (60 jours environ), ils peuvent être semés plus tard, notamment dans les régions sèches. Il existe également quelques variétés qui peuvent être semées au printemps. Les daïkons demandent un éclaircissage sévère (8 plants au mètre au maximum) et un sol meuble en profondeur. Selon leur taille, la récolte peut être délicate : mieux vaut s'aider d'une fourche pour ne pas casser le radis.

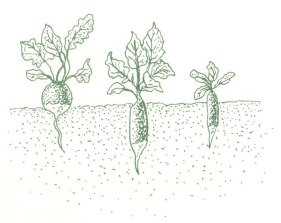

Semer les radis ronds et longs

Les radis asiatiques sont parfois utilisés comme engrais vert. Ils couvrent vite le sol grâce à leur feuillage abondant et leurs racines ameublissent la terre. On les sème dans ce cas en août à la dose de 1,5 gramme par mètre carré. L'enfouissement peut avoir lieu 8 semaines après le semis, ou au printemps suivant dans les régions à hiver doux.

Des amateurs de raves

Quelques insectes et champignons apprécient particulièrement les navets et radis. Il est rare cependant qu'ils mettent en péril la récolte si le jardinier a pu offrir à ses raves de bonnes conditions de culture.

La mouche du chou aime également les navets, et parfois les radis. Elle épargne les semis précoces et tardifs, mais les trois générations qui se succèdent à partir d'avril-mai peuvent faire quelques dégâts. Les adultes pondent près du collet et les jeunes vers n'ont qu'à pénétrer dans la racine pour y trouver un garde-manger. On peut éloigner les adultes en recouvrant la planche d'un voile anti-insectes ou d'un mulch de plantes odorantes.

Les petites et grosses altises affectionnent les Crucifères. Après avoir hiberné sous terre, ces petits coléoptères sauteurs criblent les feuilles des jeunes plants, surtout par temps sec. A l'automne, les grosses altises menacent les cultures tardives. Pour limiter leurs attaques, qui peuvent être virulentes, on conseille d'arroser le matin pour entretenir une certaine humidité et de piquer des branches de sureau ou de genêt entre les jeunes plants. Un traitement à la roténone est envisageable, mais nuisible aux insectes auxiliaires du jardinier.

Les navets sont également sensibles à quelques champignons : *Plasmodiophora brassicae*, responsable de la hernie du chou, déforme les racines dans les sols acides et mal drainés : un apport préventif modéré de calcaire peut résoudre ce problème. *Peronospora parasitica* provoque le mildiou des Crucifères (jaunissement des feuilles, marquées au revers de taches poudreuses blanches). Il se développe surtout à température assez basse doublée d'une forte humidité : en prévention, il faudra veiller à ce que les plants soient suffisamment espacés pour que l'air y circule bien.

En prendre de la graine

Produire des graines de navet ou de radis fidèles à la variété voulue n'est pas facile, en raison des risques d'hybridation multiples. Il faut également savoir choisir de beaux plants, typiques de la variété, qui ne montent pas trop vite en graine (pour le radis annuel) ou qui résistent bien au froid (pour le radis bisannuel et le navet).

Les graines des petits radis se récoltent l'année même du semis. Celles des gros radis ou des navets, l'année suivante.

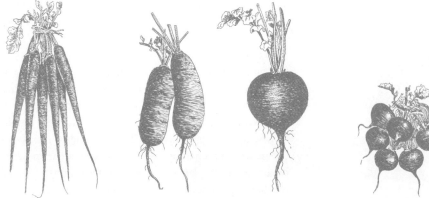

Différentes variétés de radis (de g. à dr.) : 'Rave rose longue', 'Rose de Chine', 'Noir gros rond d'hiver', 'Cerise', 'Demi-long écarlate à bout blanc'

Entre-temps, il faut sélectionner à l'automne une dizaine de racines (pour garantir un bon brassage des gènes) et les conserver dans du sable après avoir coupé leurs feuilles au-dessus du collet, puis les replanter en février-mars. On récolte les siliques au moment où elles virent du vert au brun, puis on les fait sécher à l'abri sur une toile ou un papier avant d'ensacher les graines qui se conserveront 4 ou 5 ans.

IV. DES SAVEURS A REDÉCOUVRIR

Des légumes pleins de vertus

Le radis est l'un des légumes les moins énergétiques, puisqu'il n'apporte que 20 calories environ (pour 100 grammes). Sa véritable richesse vient des vitamines, minéraux et oligoéléments dont il renferme des quantités relativement importantes : 25 milligrammes de vitamine C pour 100 grammes de petits radis, et 105 milligrammes dans ses feuilles ; du potassium (255 milligrammes) qui lui donne des propriétés diurétiques ; du calcium, du magnésium, du phosphore et du fer qui en font un bon reminéralisant ; enfin, 38 milligrammes de composés soufrés (toujours pour 100 grammes), responsables de sa saveur piquante et de ses vertus apéritives. Ces composés sont plus ou moins bien tolérés selon les organismes, d'où la réputation du radis d'être peu digeste et de se rappeler quelque temps à celui qui l'a consommé. Pour éviter cet inconvénient, il est conseillé de ne pas absorber de trop grosses quantités de radis à la fois et de bien les mâcher.

Ces mêmes composés soufrés stimulent le système immunitaire et protégeraient de la grippe. Ils font aussi du radis (et surtout du radis noir) un médicament simple, employé depuis longtemps pour soigner les affections pulmonaires bénignes et les toux rebelles. Il suffit de faire macérer toute une nuit des rondelles de radis noir dans du sucre, puis de recueillir le sirop et de l'absorber à raison de 4 à 6 cuillerées par jour. C'est, au dire de Jean Valnet, un excellent fortifiant, mais Henri Leclerc, qui en avait absorbé dans son enfance, s'en souvient comme du "plus affreux

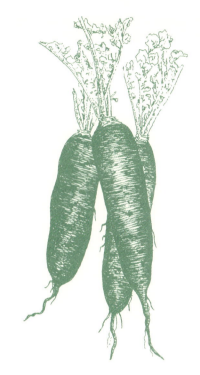

Le radis noir

breuvage qu'on pût imaginer". Enfin, le suc frais de radis noir, pris à la dose de 20 à 50 grammes par jour, voire plus en cas de crise, est un cholagogue efficace, qui contribue à vider la vésicule biliaire.

La composition et les propriétés du navet sont assez proches de celles des radis. Plus nourrissant que ces derniers (30 à 40 calories pour 100 grammes), c'est un aliment digeste s'il est cuisiné sans trop de graisse et suffisamment cuit. La racine renferme des vitamines A, B et C, du calcium, du phosphore et du potassium, mais ses mérites ne sont rien comparés à ceux des fanes de navet qu'aimaient tant les anciens Romains : elles sont plus riches en calcium que le lait, contiennent plus de fer que les épinards et plus de vitamine C que tout autre légume – 180 milligrammes pour 100 grammes, alors que la racine n'en apporte que 25 milligrammes et qu'on estime les besoins journaliers d'un adulte à 80 milligrammes environ.

Le navet est donc, comme son proche parent le radis, un légume reminéralisant, diurétique et pectoral. Pour profiter de cette dernière propriété, Jean Valnet conseille aux malades atteints d'un rhume ou d'une angine d'absorber une décoction de navet dans du lait ou de l'eau (à raison de 100 grammes par litre) et donne également la recette du sirop de navet, très proche de l'"affreux breuvage" du docteur Leclerc.

Des crudités pour ouvrir l'appétit

Les vertus apéritives du petit radis rose ou du radis noir sont bien connues. Le premier se mange à la croque au sel, agrémenté ou non de beurre. Avant d'être consommé, le second doit être épluché, coupé en rondelles et mis à dégorger dans du sel une heure environ. Il en va de même pour les gros radis d'automne et d'hiver. Les daïkons de culture biologique n'ont pas besoin d'être épluchés, car leur peau est fine. Leur saveur est à la fois piquante et un peu sucrée. On les sert crus en salade, râpés ou émincés finement, ou encore macérés dans du shoyu (sauce de soja). On peut également servir en hors-d'œuvre des graines de daïkon germées, pleines de vitamines, ou de jeunes siliques de radis traitées en pickles.

Plus classiquement, il est possible de confectionner un beurre de radis (avec quelques radis hachés et du beurre en pommade) servi sur des tartines, de relever les salades composées de rondelles de radis roses, ou encore de préparer une salade de radis au foie sec, spécialité du Roussillon.

• *Salade de radis au foie sec*

2 bottes de radis ; 80 g de foie de porc salé ; 4 c. à s. d'huile d'olive ; 2 c. à s. de vinaigre ; sel ; poivre.

Détailler les radis en rondelles et les mettre dans un saladier. Couper le foie sec en dés et les faire revenir à l'huile dans une poêle. Réserver au chaud, puis verser le vinaigre dans la poêle pour la déglacer. Mêler délicatement radis et foie sec, verser la sauce, vérifier l'assaisonnement et servir tiède.

Les navets les plus tendres peuvent également se manger crus, râpés comme des carottes ou, suivant une recette libanaise, macérés dans du vinaigre. Ils accompagnent alors l'hoummos (purée de pois chiches) ou d'autres mezzés.

• *Petits navets au vinaigre*

1 kg de navets tendres ; quelques rondelles de betterave crue pelée ; 0,5 l de vinaigre de vin ; 2 c. à s. de sel fin ; 1 ou 2 bocaux à fermeture hermétique.

Laver les navets et les couper en morceaux. Les placer dans le bocal en intercalant les rondelles de betterave qui coloreront les navets en rose. Faire dissoudre le sel dans un peu d'eau et verser le tout sur les navets. Compléter avec de l'eau froide jusqu'aux deux tiers du bocal, puis avec du vinaigre. Bien fermer le bocal et laisser mariner environ une semaine, en remuant de temps en temps, avant de déguster.

RAVIER, RAVIOLI ET NAVARIN

Le radis, la rave et le navet ont tous trois marqué les mots de la cuisine.

On reconnaît l'empreinte du radis (ou plus exactement de la petite rave) dans le mot "ravier", qui désigne depuis le début du XIXe siècle un plat dans lequel on sert les radis et, par extension, d'autres crudités. Il s'agit d'une métonymie, procédé linguistique fréquent, mais ici le contenu a donné son nom au contenant, alors que l'inverse est beaucoup plus courant – par exemple dans l'expression "boire un verre".

Il semble par ailleurs que les raviolis, qui contenaient peut-être des raves à l'origine, doivent leur nom à ce légume.

Enfin, le navet n'est pas en reste puisque, par une curieuse association avec le nom d'une ville grecque, Navarin (aujourd'hui Pylos, au sud-ouest du Péloponnèse), il a donné tout d'abord le nom commun "navarin", synonyme argotique de "navet", qui a pris, par métonymie lui aussi, le sens de "ragoût de mouton" – qu'on appelait auparavant "haricot de mouton", sans qu'il y ait le moindre rapport avec le légume du même nom.

Soupes et plats de résistance

Les petits radis roses ne se font presque jamais cuire – ils y perdraient toute leur saveur. Par contre, les gros radis et les daïkons supportent bien la cuisson sans se désagréger. Les premiers, finement émincés et confits dans une poêle avec du beurre, un peu de sucre et un filet de vinaigre, accompagnent le foie gras ou le magret de canard. Les seconds, qui absorbent les arômes des autres ingrédients tout en conservant leur texture (proches en cela du navet), perdent un peu de leur piquant à la cuisson. Quant au navet qu'on consomme, lui, bien plus souvent cuit que cru, il est conseillé de le blanchir quelques minutes avant de le cuire, sauf si on le prépare à l'étuvée. Il est un ingrédient essentiel du pot-au-feu et de nombreuses soupes ou potées. La soupe de raves, autrefois préparée dans de nombreuses régions, est encore appréciée en Limousin, pays de "mache-rave" qui n'avaient, selon Charles Estienne (1567), "viande plus exquise que les raves, de sorte qu'ils crient à la faim quand, dans leur païs, les raves sont gelées ou ont reçu quelque injure du ciel".

• *Soupe de raves*

> *4 raves ; 4 pommes de terre ; 1 blanc de poireau ; 1 morceau de beurre ; 1 verre de lait ; sel ; poivre.*

Couper les raves et les pommes de terre en rondelles et émincer le poireau. Faire cuire le tout dans 1,5 litre d'eau salée jusqu'à ce que les légumes soient tendres. Ajouter le beurre et le lait, vérifier l'assaisonnement et servir en versant la soupe sur des tranches de pain rassis.

En Extrême-Orient, les radis noirs ou blancs entrent dans la composition de soupes aux parfums variés, telle cette soupe de l'Ouest de la Chine.

• *Soupe au radis noir*

> *300 g de radis noir ; 200 g de filet de porc ; 1 ciboule ou 1 petit oignon ; 1 morceau de gingembre frais (1 cm environ) ; 2 c. à s. de vin de riz (ou de vin blanc sec) ; 1 c. à s. de shoyu ; 1 c. à s. de pâte de haricots de soja piquante ; ciboulette ; 1 c. à c. de sucre ; 1 c. à c. de sel ; poivre.*

Plonger la viande dans 1 litre d'eau, porter à ébullition, écumer, puis ajouter la ciboule et le gingembre émincés, le vin de riz et le sel. Faire mijoter à couvert 30 minutes. Couper le radis pelé en fins bâtonnets. Retirer la viande de la casserole, ainsi que la ciboule et le gingembre. Détailler la viande refroidie en lanières, les replonger dans le bouillon avec les bâtonnets de radis. Faire cuire 10 minutes environ. A part, mélanger la pâte de soja, le sucre, le shoyu et le poivre. Décorer la soupe de brins de ciboulette, et servir la sauce piquante en accompagnement.

Le navet peut-il se passer de la viande ? Oui, bien sûr, car on prépare de très bons flans ou purées de navets, sans oublier les fameux navets glacés. Mais il faut reconnaître qu'il se marie avec bonheur aux viandes (notamment aux volailles) dont il absorbe les graisses tout en s'imprégnant de leurs sucs, comme dans l'incontournable canard aux navets ou le moins connu *q'dra* marocain aux navets.

• *Canard aux navets*

> *1 kg de navets ; 1 canard ; 1 c. à s. de graisse de canard ; 2 c. à s. d'armagnac ; 10 baies de genièvre ; sel ; poivre.*

Placer le canard dans une cocotte et le faire dorer dans la graisse. Verser l'armagnac et faire flamber, puis ajouter le genièvre, le sel et le poivre. Laisser cuire pendant 30 minutes environ. Ajouter alors les navets pelés et coupés en deux. Faire cuire doucement jusqu'à ce que les navets soient bien tendres et la volaille parfaitement rôtie.

• *Q'dra aux navets*

> *1 kg de navets jaunes ; 750 g de viande de bœuf en morceaux ; 2 oignons émincés ; 2 gousses d'ail ; 1 jus de citron ; 1 citron confit ; 1/2 c. à c. de cumin ; 1/2 c. à c.*

de gingembre ; 1/4 c. à c. de curcuma ; 1 c. à c. de piment doux ; sel ; poivre.

Dans une marmite, faire dorer la viande, puis les oignons. Ajouter les épices et l'ail haché. Saler et poivrer. Couvrir d'eau juste à hauteur et faire cuire 45 minutes environ. Ajouter alors les navets en morceaux et prolonger la cuisson d'une bonne demi-heure. Verser le jus de citron dans la sauce et faire réduire doucement une quinzaine de minutes. Vérifier l'assaisonnement et décorer le *q'dra* de rondelles de citron confit.

Fanes de radis et de navets

Souvent dédaignées par les cuisiniers, les feuilles des radis et des navets sont pourtant, on l'a vu, très riches d'un point de vue nutritif et leur goût est agréable. Il serait donc dommage de s'en priver. Crues, elles relèvent les salades composées. On peut aussi les faire cuire quelques instants à l'étuvée, pour accompagner une viande, garnir une quiche ou préparer d'excellentes soupes.

• *Soupe de fanes de radis*

Les fanes de 2 bottes de radis ; 2 pommes de terre ; crème fraîche ou huile d'olive ; sel ; poivre.

Faire étuver quelques instants les fanes grossièrement hachées, puis ajouter les pommes de terre coupées en dés. Mouiller avec 1 litre d'eau, assaisonner et faire cuire 20 minutes environ. Mixer, ajouter un peu de crème fraîche ou d'huile d'olive, selon le goût, et servir bien chaud.

Choucroutes d'Orient et d'Occident

Contrairement à ce que l'on pourrait croire, le mot "choucroute" ne dérive pas du français "chou", mais de l'allemand *Sauerkraut*, "herbe sure". La choucroute ne contient donc pas toujours du chou, mais désigne plus largement un procédé de conservation des légumes relativement simple et fort ancien, jadis très employé dans les régions d'Europe centrale et orientale où les hivers rigoureux ne permettaient pas de disposer de légumes frais. Il s'agit d'une conservation par lactofermentation (l'acide lactique qui se forme empêche tout développement de microbes), qui préserve toutes les vitamines des légumes et les rend même plus digestes.

Si aujourd'hui la choucroute de chou est la plus courante, les Alsaciens, les Francs-Comtois et les Allemands ont longtemps confectionné une choucroute de navet, la naveline, dont la fabrication avait retenu l'attention de Montaigne lors de son voyage à travers l'Allemagne, en 1580.

En Asie, l'autre patrie des navets et des radis, les habitants des régions froides ont eux aussi recours à la lactofermentation pour conserver navets (feuilles ou racines), radis et choux. La plus connue de ces choucroutes est sans doute le *kimchi* coréen, dont la confection revêt, chaque automne, un caractère convivial. Mieux vaut être nombreux pour préparer les monceaux de pe tsaï et de navets qui seront dégustés en hiver. Les légumes sont coupés en lanières ou en dés, puis mis à macérer dans des jarres de terre vernissée avec du sel, de l'ail, de l'oignon, beaucoup de piment et quelques autres épices. De la même façon, les Tibétains préparent des choucroutes de navet ou de radis

Coupe-navet

> "On hache partout en ce païs là [près de Munich] des raves et naveaus, avec même soin et presse com'on bat les bleds ; sept ou huict hommes ayant en chaque mein des grands couteaus y battent avec mesure dans des vesseaus, come nos treuils : cela sert, come leurs chous cabus, à mettre saler pour l'hiver. Ils remplissent de ces deux fruits là non pas leurs jardins, mais leurs terres aus chans, et en font mestives [moissons]."
> Montaigne, *Journal de voyage en Italie*.

aromatisées à l'ail et au gingembre, ainsi qu'une choucroute de feuilles de radis et de moutarde, très proche du *gundruk* népalais qui accompagne, dans les régions de montagne, le millet et les légumineuses.

• *Naveline*

5 kg de légumes ; eau salée (30 g par litre) ; 2 oignons ; 2 c. à s. de graines de cumin ; 2 c. à s. de coriandre en grains ; 1 pot à choucroute en grès (de préférence).

Laver soigneusement les légumes et les couper en dés ou en rondelles. Les placer dans le pot en intercalant les épices et les arroser de l'eau salée, bouillie au préalable puis refroidie, jusqu'à ce que les légumes soient recouverts. (On peut également râper les navets ; dans ce cas, il suffit de les saler sans ajouter d'eau.) Bien tasser et fermer hermétiquement avec le couvercle *ad hoc*.

Placer le pot une semaine à température ambiante (17 à 20 °C), puis 1 mois au frais (dans une cave non chauffée, par exemple) avant de consommer.

Persil, coriandre et cerfeuil

Jérôme Goust

INTRODUCTION

Incontournable persil frisé : pendant des décennies, trônant au sommet des plats pour mieux être écarté par la fourchette, il a symbolisé le triste sort des aromates réduits à un rôle de figuration. Pourtant, il ne méritait ni cet excès d'honneur qui laissait dans l'ombre les autres membres de sa famille, ni cette indignité qui le ravalait au rang de fanfreluche alimentaire.

Car si le persil, la coriandre et le cerfeuil, tous trois membres de la famille des Ombellifères, sont de "petites" herbes, ils ne sont pas pour autant de "simples" herbes. Ils ont même parfois accédé à une reconnaissance divine, qu'il s'agisse du persil qui couronna Hercule, ou de la coriandre comparée à une nourriture céleste : "La maison d'Israël donna à cela le nom de manne. On eût dit de la graine de coriandre, c'était blanc, cela avait un goût de galette au miel." (Exode, XVI.)

Comme souvent, ces valeurs religieuses n'empêchaient pas des retombées plus physiques ; ainsi disait-on de la coriandre au XVIIe siècle :

L'on tient qu'elle rend plus paillards
Les jeunes gens et les vieillards.

Réputation, nous y reviendrons, qu'elle partage avec le persil.

Quant au frêle cerfeuil, s'il participa aux émotions d'Anna de Noailles :

Vois je t'apporte aussi ces herbes odorantes ;
... Et le cerfeuil plus frais aux mains que l'eau courante
                    (Le cœur innombrable, 1901)

les thérapeutes lui ont aussi attribué des pouvoirs bien moins doux :

Le jus de cerfeuil rompt la pierre
Aisément comme on fait du verre
Et la pousse après hors du rein.

Nous allons le voir, il y a bien des choses à découvrir au sujet de ces trois petites herbes…

I. SUR UN AIR DE FAMILLE

Nos trois herbes appartiennent à la famille des Ombellifères. Les changements de la nomenclature botanique internationale ont remplacé ce nom par celui d'Apiacées, en référence au genre désigné comme "chef de famille", *Apium* (le céleri, l'ache). C'est une famille très homogène, dont il est parfois difficile de distinguer les membres les uns des autres. Si ces confusions sont sans conséquence quand il s'agit de plantes comestibles, il n'en va pas de même lorsque la confusion porte sur de dangereuses toxiques comme la petite et la grande ciguë. Pour ajouter à cet imbroglio, les noms savants ou populaires dont ces différentes plantes ont été affublés au fil des âges et au gré des pays dessinent des chassés-croisés parfois bien compliqués.

Un méli-mélo botanique

Commençons donc par apprendre à identifier les Ombellifères. Elles se caractérisent par une racine pivotante, des feuilles engainantes et des fleurs en ombelles – ce sont des inflorescences dans lesquelles les pédicelles, insérés en un même point du pédoncule, se développent en divergeant. Les fleurs sont disposées soit dans un même plan (et forment alors un corymbe), soit sur une même surface sphérique ou ellipsoïdale. Les feuilles des Ombellifères sont isolées, très découpées. Elles s'insèrent sur le collet, puis sur la tige florale, par une gaine plus ou moins dilatée.

Inflorescences en ombelle : corymbe, ombelle simple et ombelle composée

Le persil

C'est sur ce modèle que sont construites nos trois herbes, ainsi que nombre de nos légumes – la carotte, le céleri, le panais… – et de plantes aromatiques et médicinales – le carvi, le fenouil, l'angélique, le cumin…

Le persil est une plante bisannuelle de 20 à 80 centimètres de hauteur, luisante et aromatique. Sa racine principale est allongée. Ses feuilles inférieures sont complètement divisées en deux ou trois lobes assez larges aux contours ovales, eux-mêmes découpés en trois à cinq lobes dentés. Ses feuilles supérieures sont souvent réduites à trois lobes étroits, entiers et allongés. Ses ombelles portent huit à vingt rayons presque égaux entre eux. Le persil est devenu plus ou moins subspontané partout, jusque dans les jardins de montagne.

Le cerfeuil commun est une plante annuelle luisante, de 20 à 80 centimètres de hauteur, aux feuilles inférieures complètement divisées deux fois en segments au contour ovale, eux-mêmes découpés en lobes finement dentelés. Ses fruits sont très allongés et luisants, noirâtres à maturité, et surmontés d'un bec de 3 millimètres. On ne le signale que cultivé ou plus ou moins subspontané, et cela en toutes zones, jusque dans les villages de montagne.

Son cousin le cerfeuil tubéreux croît dans les haies, parmi les buissons et dans les saulaies d'Alsace et de Lorraine. C'est une plante vivace (cultivée en bisannuelle) dont la taille peut varier de 30 centimètres à 2 mètres. Ses feuilles les plus basses sont deux ou trois fois complètement divisées en segments découpés en lobes ovales et très allongés. Sa tige est dépourvue de feuilles à la base, et s'amincit de plus en plus jusqu'à la jonction dans le sol avec le tubercule renflé dont elle est issue. Les semences sont lisses, deux fois plus longues (6 à 7 millimètres) que larges.

Quant au cerfeuil musqué (ou cerfeuil vivace), il croît à l'état spontané dans les prés humides des montagnes, particulièrement dans la zone subalpine. On le trouve dans les Vosges, le Jura, les Alpes, le Massif central, les Corbières et les Pyrénées. C'est une plante vivace buissonnante, de 50 centimètres à 1,25 mètre de haut. Ses feuilles sont deux ou trois fois complètement divisées en segments régulièrement découpés en lobes incisés ou dentés, dont la taille diminue de la base au sommet du segment. Ses semences sont très longues (20 à 30 millimètres), étroites et comme recouvertes d'un vernis noir à maturité.

Enfin, la coriandre est une plante annuelle de 30 à 60 centimètres de hauteur, glabre, d'un vert franc et luisant. A la base, ses feuilles sont découpées deux ou trois fois en lobes larges et dentés, alors que celles de la tige florale sont en lanières, comme celles du fenouil. Sa racine principale est développée et épaisse. Ses semences se présentent comme de petites billes d'un diamètre de 3 à 5 millimètres, composées de deux graines hémisphériques. La coriandre est naturalisée dans de nombreuses régions de France et de Suisse. On utilise ses feuilles et ses graines, plus rarement sa racine.

Au fil des époques, l'identité botanique de nos trois herbes a évolué. Ainsi, le persil a pour nom latin *Petroselinum sativum*, mais s'est aussi appelé *Apium petroselinum* ou *Carum petroselinum*. Ces deux dernières dénominations le rapprochent du céleri (*Apium*) et du carvi (*Carum*), ce que confirmeront un certain nombre de noms populaires. Le *Dictionnaire des sciences naturelles* de 1826 qualifie d'ailleurs le céleri de "persil odorant".

Le cerfeuil commun a pour noms de baptême *Anthriscus cerefolium, Cerefolium sativum, Chaerophyllum sativum* ou encore *Scandix cerefolium*. *Chaerophyllum bulbosum* désigne le cerfeuil tubéreux, qu'on nommait auparavant *Scandix bulbosa*. Quant au cerfeuil vivace, il répond au nom de *Myrrhis odorata*. Cependant, si l'on ajoute qu'un autre cerfeuil, *Scandix australis*, est aussi nommé *Myrrhis australis* et qu'*Anthriscus vulgaris* égale *Myrrhis chaerophyllum*, on réalise combien nos trois cerfeuils sont proches ; les différents genres qui ont servi à les nommer dessinent un savant pas de trois, au gré des botanistes.

Seule la coriandre *(Coriandrum sativum)* apporte un peu de repos dans ce méli-mélo botanique : elle est la seule à avoir de tout temps gardé son nom.

Pour compléter cette série, situons dans la nomenclature botanique les deux faux sosies du persil et du cerfeuil : la grande ciguë se nomme en latin *Conium maculatum* et sa petite sœur, la petite ciguë, *Æthusa cynapium*.

Eviter les confusions dangereuses

Quels sont les caractères qui distinguent les ciguës du cerfeuil commun et surtout du persil simple, souvent confondu avec la petite ciguë ? Dans *Le Livre des bonnes herbes*, Pierre Lieutaghi donne des critères simples d'identification :

Les feuilles des ciguës sont très découpées et glabres : luisantes chez la grande, dont les feuilles de la base atteignent

Le cerfeuil musqué

50 centimètres, elles sont vert foncé et molles chez la petite. Celles du persil sont glabres, les inférieures diffèrent des supérieures. Celles du cerfeuil sont un peu poilues dessous, finement découpées et vert pâle.

A la montée en graine, la tige de la grande ciguë peut atteindre 2 mètres. Elle est robuste, creuse, striée, très rameuse, parfois bleuâtre et comme poussiéreuse, maculée de rouge sombre à la base. Celle de sa petite sœur est grêle, vert sombre, souvent striée de rouge à la base. Celle du persil (1 mètre au maximum) n'est jamais tachée, elle est grêle et glabre, alors que celle du cerfeuil (70 centimètres), grêle et non tachée, est velue sous les nœuds.

Les fleurs des ciguës sont blanches (à pétales en cœur renversé pour la grande, à pétales ovales un peu échancrés avec une tache verte à la base chez la petite). Celles du persil sont verdâtres, petites, à pétales presque ronds, et celles du cerfeuil blanches, petites, à pétales ovales.

Enfin, les fruits de la grande ciguë sont globuleux, à dix côtes saillantes et ondulées, épaisses ; ceux de la petite sont ovoïdes, enflés, à côtes saillantes droites ; ceux du persil sont ovoïdes-globuleux, à côtes filiformes ; ceux du cerfeuil sont allongés, sans côtes.

Les erreurs sont facilitées par le fait que ces plantes croissent, à l'état sauvage, dans les mêmes zones. La petite ciguë est commune dans toutes nos régions, dans les champs, les vergers, les jardins, au pied des murs, parfois même dans les bois. La grande ciguë, qui pousse souvent en nombre dans les décombres, au bord des chemins, sur les berges, au bas des murs, se rencontre aussi dans toutes nos régions. Elle préfère les terrains argileux ou argilo-calcaires.

La confusion est donc particulièrement risquée lorsqu'il s'agit de plantes sauvages : mieux vaut se contenter de cueillir les herbes cultivées et bien identifiées au jardin et, en cas de doute, comme pour les champignons, s'abstenir ou faire identifier sa récolte par un spécialiste.

Les noms populaires

La proximité anatomique de nos Ombellifères se retrouve dans leurs noms populaires, comme en témoigne la compilation réalisée par Eugène Rolland dans sa *Flore populaire*. Il y a recensé toutes les appellations données à chacune de ces plantes, selon les régions et les époques. Certains noms sont spécifiques, d'autres rattachent la plante à une de ses parentes.

Ainsi, la grande ciguë a pour noms populaires ciguë de Socrate, vicaire ou mort-aux-oies. La plupart des dénominations locales restent proches du nom officiel : *cicuto* dans l'Aude, *cyghëro* en Haute-Vienne, *cigiuy'* dans l'Allier, *sghyû* en Mayenne. Dans certaines régions, la proximité avec le persil est reconnue : on nomme la ciguë persil de rivière dans l'Eure, *savadge pierzin* en wallon, *pérchil chaouvadzé* en Corrèze. Enfin, une autre série de noms la désigne (comme d'autres Ombellifères) comme l'"herbe à cocu" : *coucudo* en Midi-Pyrénées, *cokeva* dans l'Ain ou *grande cocuë* en Anjou.

Sa sœur, la petite ciguë, est clairement ralliée au persil : on l'appelle faux persil, persil bâtard, persil des jardins, persil de chat, persil des fous ou des sots, voire cerfeuil d'âne ou ache des chiens ; ou encore *piersu mahê* (persil malsain), *savadge pierzin* à Liège. Dans la Sarthe, les mères disaient à leurs enfants : "Méfiez-vous du faux persil."

La petite ciguë

> ### IL Y A MYRRHE ET MYRRHE…
>
> Il ne faut pas confondre *Myrrhis odorata*, le cerfeuil vivace ou musqué, avec la myrrhe. Celle-ci est le suc résineux qui s'écoule du baumier porte-myrrhe *(Commiphora myrrha)*, petit arbuste de la famille des Burséracées, qui croît en Arabie et en Abyssinie.
>
> Autrefois dénommé *Balsamodendron*, il a rejoint le genre *Commiphora*, qui regroupe plusieurs espèces. La myrrhe proprement dite serait extraite de *Commiphora simplicifolia*, appelé *kaddah* ou *mourr* dans son Abyssinie d'origine. La myrrhe a une odeur caractéristique qui mêle citron et romarin, une saveur âcre et aromatique. Une autre espèce, *Commiphora opobalsamum*, est appelée baume de Giléad ou baume de La Mecque.
>
> La myrrhe est citée dans le Nouveau Testament : elle est offerte par les Rois mages à l'Enfant Jésus (Matthieu, II, 11) ; mêlée à du vin, elle est proposée à Jésus sur la croix, qui la refuse (Marc, XV, 23) ; enfin, Nicodème se sert d'un mélange de myrrhe et d'aloès avant d'entourer de bandelettes le corps du Messie (Jean, XIX, 39). On ne sait pas exactement à quelle espèce se réfèrent les apôtres.
>
>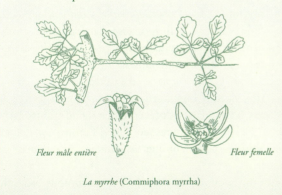
>
> *Fleur mâle entière*   *Fleur femelle*
>
> La myrrhe (Commiphora myrrha)

Le cerfeuil commun

Les appellations populaires du persil et du cerfeuil sont presque toutes dérivées du nom officiel : *perseilh* dans le Dauphinois, *pey'rassilh* dans les Pyrénées-Atlantiques, *pirissé* dans le Lyonnais, *perissel* en provençal ; ou, pour le cerfeuil, *cherfuel* ou *çurfoulette* dans l'Aveyron, *carfouohlé* en Haute-Savoie, *cherfié* dans le Calvados, *cerf* dans les Vosges…

Plus curieusement, ils sont tous les deux rassemblés sous des appellations qui seraient dérivées de "verjus" : *jalbertt* désigne le persil vers Carcassonne, *dzuver* en Ardèche ; quant au cerfeuil, on le nomme *jumbertassa* en Haute-Garonne, *djuver* dans le Var, ou encore *djouverdouss* dans le Gard. Tous ces exemples ont été relevés dans des départements du Midi : ce regroupement s'explique peut-être par la moindre notoriété du cerfeuil dans ces régions, parfois assimilé au persil.

Enfin, la coriandre ne fait pas, là non plus, dans la diversité. Les seules originalités qu'elle se permette sont *graneto de boudin* en cévenol, *anis pudent* ou *muscardin* en provençal.

Cousins, cousines

Les Ombellifères comptent d'autres plantes aromatiques ou condimentaires proches de nos trois herbes. Ne quittons pas ce tableau de famille sans présenter ces cousins et cousines.

Le cumin

L'ache et la livèche sont considérées comme des céleris vivaces. Rappelons qu'au Moyen Age, le persil était souvent appelé "ache verte". L'ache des marais, *alias* céleri ou persil des marais *(Apium graveolens)*, est la forme sauvage du céleri cultivé. C'est une plante bisannuelle de 30 à 60 centimètres de hauteur qui pousse dans les lieux humides et saumâtres, marais ou fossés, parfois près des habitations. Elle a des fleurs verdâtres en ombelles peu fournies. Autrefois, on récoltait ses graines et ses racines avant la floraison, au cours de la deuxième année. Il en existe une forme vivace assez rustique, dont on peut cueillir les branches pour parfumer de nombreux plats.

La livèche *(Levisticum officinale)*, aussi nommée ache des montagnes ou céleri perpétuel, est une vivace très rustique qui peut dépasser 1,50 mètre au moment de la floraison. Au fil des ans, sa souche grossit en formant des racines et de nouveaux pieds à la périphérie. Elle peut constituer ainsi d'énormes touffes. On la multiplie par semis, ou facilement par éclat de souche. Son goût est très fort : on l'emploie à petites doses, pour aromatiser les soupes et les viandes bouillies.

L'aneth *(Anethum graveolens)*, souvent confondu avec le fenouil, est une plante annuelle très utilisée dans les pays scandinaves pour aromatiser les poissons fumés ou marinés, les œufs de poissons ou les sauces. Ses feuilles sont très finement divisées, et ses fleurs jaunâtres. Comme pour la coriandre, les gens du Nord et du Sud n'en utilisent pas les mêmes parties : on emploie plutôt ses feuilles dans le Nord, et ses graines dans le Sud.

Le fenouil *(Fœniculum vulgare)* est pleinement une plante du Sud. A midi, lorsque le soleil est au zénith, il exhale ses parfums dans les coteaux et les rocailles ; mais on le trouve aussi en bord de mer, jusqu'en Bretagne et même au-delà. C'est une vivace qui chaque année élève ses ombelles jusqu'à plus de 2 mètres.

L'anis vert *(Pimpinella anisum)* est chez nous une plante annuelle cultivée, de 20 à 50 centimètres de hauteur. Ses feuilles vert franc sont moins finement divisées que celles de l'aneth. Ses fleurs blanches se déploient en juillet. Ses graines servent à préparer l'anisette, liqueur de ménage dans le Midi, mais aussi (avec d'autres plantes) le vespétro et le rossolis.

L'angélique *(Angelica archangelica)* a fait la gloire de la région de Niort, qui était spécialisée dans sa culture et surtout dans la fabrication de ses tiges confites. Celles-ci sont récoltées à la fin du printemps, avant la floraison.

Le carvi *(Carum carvi)*, *alias* anis des Vosges ou cumin des prés, est une bisannuelle de 30 à 60 centimètres de hauteur. Il croît dans les prés et bois, en zone montagneuse ou de piémont, dans presque toute l'Europe. Ses graines sont utilisées pour fabriquer le kümmel, une liqueur de ménage.

Enfin, le cumin *(Cuminum cyminum)* nous vient du Sud méditerranéen. Très proche du carvi, il est assez délicat à cultiver en France.

II. DES SIÈCLES DE MOTS

Si l'utilisation du persil, du cerfeuil et de la coriandre est avérée depuis des siècles, on ne sait en fait que peu de choses de ces plantes, qui n'ont pas atteint l'importance mythologique ou religieuse du basilic ou du thym. De plus, il est parfois difficile de discerner leur origine géographique, car elles se sont répandues il y a si longtemps qu'elles sont aujourd'hui subspontanées dans de nombreuses contrées.

Le persil est considéré comme originaire de Sardaigne, mais on le trouve à l'état spontané et subspontané dans une bonne partie de l'Europe, de l'Asie occidentale et de l'Afrique septentrionale.

Sans être une des plantes vedettes de la mythologie, il s'y retrouve pourtant en plusieurs occasions. Victorieux du lion de Némée, Hercule fut couronné de persil ; de même, dans l'Antiquité, lors des Jeux isthmiques consacrés à Neptune, le vainqueur était couronné de persil. Est-ce pour les mêmes raisons qu'il était donné comme nourriture aux chevaux de la déesse Junon ?

Ce n'est pas en tant que centaure – mi-homme, mi-cheval – que Chiron l'utilise, mais comme médecin de l'Olympe. Fils de Chronos, Chiron se distingua de ses semblables – réputés brutaux et incultes – en faisant preuve de bonté et de sagesse. C'est pour cela qu'Artémis et Apollon lui apprirent l'art de la médecine (et celui de la chasse…) ; le persil figure parmi les plantes dont Chiron se sert. Plus tard, blessé, il renonça à son immortalité et, sous la forme du Sagittaire, rejoignit les constellations.

Le persil à grosse racine est mentionné pour la première fois en 1576 par Matthias de Lobel sous le nom d'*oreoselinum*. Il semble connu depuis très longtemps en Hollande, en Allemagne et en Pologne. En France, son nom apparaît pour la première fois en 1768 dans le *Dictionnaire des jardiniers* de Miller, qui dit en avoir rapporté des semences de Hollande en 1727.

Le cerfeuil est originaire de l'Europe du Sud-Ouest et de l'Asie occidentale. Il s'est répandu très tôt dans toute l'Europe, jusque dans ses confins septentrionaux. Son nom vient du grec *chairo* (je me réjouis) et *phyllon* (herbe) : c'est donc "l'herbe qui réjouit" ! Enfant de l'amour ou feuille de Cérès, le cerfeuil est un symbole de fertilité.

Le cerfeuil tubéreux serait originaire de l'Est, de la Sibérie à la Perse, en passant par l'Allemagne et l'Autriche. Il semble avoir été utilisé dès l'Antiquité dans toute l'Europe septentrionale. On le trouve mentionné pour la première fois dans le *Rariorum plantarum historia* de Charles de L'Ecluse (1601), qui le remarqua lors d'un séjour en Autriche et lui donna le nom de *cicutaria pannonica*. C'est en 1846 qu'un certain Vivet, jardinier-chef du château de Coubert (Seine-et-Marne) en introduisit la culture en France. On en trouve ensuite une description dans le journal de la Société impériale d'horticulture de France en 1870, mais il n'a jamais été très répandu dans notre pays.

La myrrhe odorante fait partie de la flore spontanée d'Europe occidentale, centrale et méridionale. Pierre Lieutaghi signale que "les peuples du Nord de l'Asie s'en nourrissent et en préparent une liqueur". Selon Désiré Bois, sa culture connut une certaine vogue aux XVIe et XVIIe siècles.

La coriandre, dont le nom est dérivé du mot grec *koriandron* – certains prétendent qu'il signifie "mari de la punaise" –, vient de Méditerranée orientale. Elle s'est répandue très tôt, aussi bien vers les Indes et l'Asie que chez les Hébreux, les Romains et les Grecs. Elle symbolise le mérite caché. Les Grecs la considéraient comme la marque de l'ivresse, de la perte d'équilibre et des notions de réalité. En Inde, elle figurait dans des incantations magiques. Les Hébreux, qui l'appelaient *gad*, la comparaient, nous l'avons vu, à la manne céleste de l'Exode. En fait, cette dernière

Le cerfeuil tubéreux

aurait été formée par la rosée mielleuse qui, en climat désertique, s'échappe de l'écorce du tamaris lorsque les pucerons en exploitent la sève. Précieuse ressource, en effet, pour ces esclaves échappés d'Egypte et parcourant le désert !

Cerfeuils et coriandre ont peu d'histoires : celles-ci se sont concentrées sur le persil, qui allie une réputation de plante maudite à des vertus sulfureuses dont l'argot rend abondamment compte.

Une réputation sulfureuse

La scène se passe sur un marché. Une cliente, furieuse, rapporte le plant de persil qu'elle avait acheté pour l'offrir à sa vieille maman. Le cadeau a déclenché les foudres maternelles : "Tu veux ma mort." En effet, dans de nombreuses régions, planter du persil signifie qu'il y aura un mort dans la maison avant la fin de l'année. On comprend l'émoi de la vieille dame !

La coriandre

On retrouve cette croyance dans de nombreux lieux, sous des formes assez proches que rapporte Paul Sébillot dans *Le Folklore de France*. Ainsi, l'on disait en Gironde que chaque plant de persil portait un malheur ; en Wallonie, dans les Ardennes et en Loir-et-Cher, que celui qui mettait en terre du persil repiquait l'âme de son parent le plus proche (c'est-à-dire : le faisait mourir). En Lorraine, par contre, c'est lui-même qui risquait de périr, ou le chef de famille. Dans la Meuse, on affirmait que "qui plante persil, plante mari" (l'enterre). Interdiction était donc faite aux femmes mariées d'en planter. En Gironde, on prétendait que ne pas sarcler le persil portait malheur, alors que dans le pays de Liège, c'est en bêchant une planche de persil que l'on risquait de perdre un proche. Pour d'autres, c'est le fait de semer le persil en terre qui portait malheur. Pour contourner cette malédiction, il fallait mettre les graines dans un trou de mur, et préparer le sol au pied de ce mur : à la graine de se débrouiller pour réintégrer la terre nourricière. Ailleurs, on confiait les graines de persil à un éboulis ou à un tas de gravats.

Le pouvoir maléfique du persil pouvait s'exercer dans d'autres domaines : Paul Sébillot rapporte qu'en Haute-Bretagne, on prétendait qu'il pouvait casser le verre avec lequel il était mis en contact ; ainsi les domestiques qui avaient cassé un verre lui faisaient porter le chapeau, si l'on peut dire : "J'ai touché du persil." On affirmait aussi que la graine de persil faisait mourir les poux, mais sans préciser comment. D'ailleurs, d'autres traditions affirmaient qu'au contraire, elle favorisait leur multiplication.

Dans ce contexte, on n'est donc pas surpris que la culture du persil ait parfois eu recours à des règles spéciales. Ainsi, au XVIIe siècle, on conseillait de le faire semer par un enfant, un imbécile ou tout autre "innocent" qui n'ait point de chagrin. Dans les Vosges, on disait que "le persil vient après les sottes et le cerfeuil après les sales" : c'est-à-dire qu'ils devaient être semés, l'un par une personne simple, et l'autre par une malpropre. Il était aussi recommandé de jurer et de gesticuler (comme un fou) au moment de le semer.

Le persil est souvent lié à la Semaine sainte, en cuisine mais aussi en culture. On conseillait en de nombreux lieux qu'il soit semé le Vendredi saint par un "honnête homme". L'annuaire historique de l'Yonne de 1886 signale même que pour avoir du persil double, il faut le semer le Vendredi saint après le coucher du soleil. En Gironde, une autre date était retenue : le persil semé le Mardi gras durait deux ans et ne montait pas.

Le persil, d'après un herbier du XVIe siècle

Une autre façon de conjurer le pouvoir malfaisant du persil passait par l'argent ; en Lorraine, on disait que le semeur devait en porter sur lui, alors qu'en Limousin, il ne fallait pas avoir la moindre somme sur soi !

Pourtant, outre ces propriétés maléfiques, le persil a longtemps été chargé de vertus aphrodisiaques et viriles. En Poitou, on disait que si le persil réussit bien au jardin, c'est que le jardinier est un bon étalon ou qu'il n'y a pas de jaloux dans la maison ; en Charente-Maritime, que le persil ne venait bien que dans le jardin des paillards ! Un proverbe du XVIᵉ siècle affirme d'ailleurs que "si femme sçavoit ce que persil vaut à l'homme, elle irait en chercher jusqu'à Rome". Ne nous étonnons donc pas qu'on le charge de redonner vigueur : "Je te donnerai du persil pour te faire reverdir", disait-on dans le Doubs.

Histoires de mots verts

Coriandre et cerfeuil ne sont guère présents dans la littérature. Le persil est, lui, le héros de quelques contes. Angelo de Gubernatis, dans *La Mythologie des plantes*, rapporte que Prezzemollino (Petit Persil) est le nom d'un nain merveilleux dans un conte populaire toscan dont, hélas, il ne nous narre pas l'intrigue. En Piémont, on racontait l'histoire d'une princesse qui recommande à sa fille de manger du persil pour devenir belle.

LE CALENDRIER RÉPUBLICAIN

Nos trois herbes figurent parmi les trois cent soixante-cinq noms du calendrier républicain de Fabre d'Eglantine. Le cerfeuil est le 19 ventôse (9 ou 10 mars), le persil le 22 du même mois (12 ou 13 mars), tandis que la coriandre est le 11 messidor (29 ou 30 juin).

On peut s'interroger sur ces dates lorsqu'on sait que Fabre d'Eglantine se targuait de nommer les jours en harmonie avec les saisons. Si ventôse correspond bien à des dates de semis pour le cerfeuil et le persil, le début de l'été correspond plutôt à la récolte des graines de coriandre.

Cerfeuil et coriandre sont également des plus discrets dans les expressions populaires. Seul le persil a développé une grande diversité d'utilisations, des plus correctes aux plus triviales.

• *Le parler populaire*
Le persil a rarement été en odeur de sainteté ; en témoigne un document de 1429 qui utilise l'expression "sentir la persinée" pour désigner un suspect d'hérésie. Dans un tout autre registre, Furetière (1708) signale qu'"on appelle arracheurs de persil les compagnons de rivière qui remontent les bateaux avec des cordes, ce qui les oblige à se courber comme s'ils arrachaient du persil". Par ailleurs, les peintres persillent lorsqu'ils parsèment un tableau de petits points verdâtres, ce qui rejoint le sens donné par les gourmets au persillage, constitué par les filaments de graisse qui parsèment une viande et lui assurent sa tendreté.

Ces emplois imagés rejoignent donc les habitudes alimentaires. De même, au moment où la cuisine bourgeoise du XIXᵉ siècle reléguait les aromates au rôle de faire-valoir des viandes, le mot "persil" s'est vu assigner nombre de sens qui dérivent de cette fonction ornementale. Ainsi, Jules Renard écrit dans son *Journal*, en 1893 : "Depuis qu'il cherche à ne plus vous imiter, il ne fait rien de bon. En attendant, il met du persil autour d'une douzaine de nouvelles pour faire un livre." On retrouve un sens similaire chez Montherlant, dans *Lépreuses* (1939) : "Fantassin léger, sans impedimenta, on poursuivra plus aisément l'adversaire, guilleret comme ces gens qu'on a quittés à midi sur le paquebot, fripés, hâves et défaits, et qu'on retrouve à trois heures, faisant leur persil dans les ramblas du port, pimpants et farauds." "Faire son persil" signifie baguenauder, se montrer en public pour se faire admirer : "On arrivait au bois de Boulogne, on s'asseyait sur des chaises en fer et on regardait passer les voitures. On appelait ça, à l'époque, faire son persil", écrit Oberlé dans *La Vie d'artiste*.

Cependant, la voix populaire, qui associe le persil à la saleté, vient contredire le sens ornemental attribué au persil. Rolland rapporte que l'on dit d'une personne qui a

Le persil

la peau, les oreilles ou les pieds crasseux, ou encore du tabac à priser sous le nez, qu'on pourrait y semer du persil, ou qu'elle a du persil dans les oreilles, entre les doigts de pied ou sous le nez.

La feuille menue et fine du persil a aussi été associée aux petits revenus : en Limousin, "plier son profit dans une feuille de persil" signifie que les affaires ont mal marché. Vers 1900, on disait d'une cuisinière qu'elle "gagnait son persil" en déclarant à ses maîtres un faux prix sur ce qu'elle avait acheté ; cela restait de la petite fraude.

Toujours associé à l'idée de petitesse, le mot "persil" est utilisé dans une expression encore employée de nos jours : "grêler sur le persil". "Le diableton estoit du nombre de ceux que les bonnes gens du village disent ne sçavoir que faire gresler sur le persil" (XVIᵉ siècle). "Faire grêler sur le persil", c'est faire arbitrairement et injustement sentir sa puissance sur plus faible que soi, écrit Cotgrave en 1635. Dans le Tarn-et-Garonne, on disait d'ailleurs qu'"il pleut toujours sur le persil", c'est-à-dire que le malheur poursuit toujours les pauvres. Georges Brassens a repris cette expression dans *Dieu s'il existe* (1982) :

Au ciel de qui se moque-t-on ?
Quand il grêle sur le persil,
C'est bête et méchant, je suggère
Qu'on en parle au prochain concile.
Dieu, s'il existe, il exagère.

Curieusement, on dit en Provence qu'"il tombe des coriandres" lorsque arrivent grêle ou grésil, sans doute parce que ces punitions célestes ont la même forme que les graines de coriandre. On ne dit pas s'il pleut des coriandres sur le persil...

• *Quand l'argot verdit*
En argot, le persil désigne aussi les cheveux : on dit d'un chauve qu'il n'a "plus de persil sur sa tête de veau" (Delesalle, *Dictionnaire de l'argot*, 1896). Les variétés frisées trouvent aussi à s'employer : "Une petite fille de sept ans [...] avec des yeux brillants, et des cheveux châtains qui frisaient comme du persil" (Druon, *La Chute des corps*, 1950). Des cheveux plus ou moins frisés, on passe au reste du système capillaire, et d'abord à la moustache : "Ça n'a pas encore de persil sous le nez et ça veut faire de la morale à papa" (Bruant, 1901). Nous avons vu plus haut que le persil avait une réputation virile. Il n'est donc pas surprenant qu'il désigne la toison pubienne, et cela jusqu'au registre grivois : "arroser le persil" signifie éjaculer.

Rôle décoratif, système capillaire, gagne-petit : tout cela nous mène à l'expression "aller au persil", qui signifiait au XIXᵉ siècle racoler dans un lieu public, se prostituer : "C'est la grande retape, le persil au clair soleil, le raccrochage des catins illustres", écrit Zola dans *Nana* en 1879. A la même époque, un certain Canler, ancien chef de la Sûreté, distinguait dans ses Mémoires (1862) quatre catégories de prostituées : les honteuses, les travailleuses, les rivettes et enfin les persilleuses.

• *En chansons*
Comme tout se termine par des chansons, nous citerons enfin quelques airs contemporains qui ont fait appel à nos plantes. Dans *Je reviens chez nous*, Jean-Pierre Ferland associe le cerfeuil au souvenir et à la nostalgie :

Ma mie, j'ai le cœur à l'envers
Le temps ravive le cerfeuil
Je ne veux pas être seul
Quand l'hiver tournera de l'œil.

Et, connaissant la vigueur de son langage, nul ne s'étonnera que Pierre Perret satisfasse sa gourmandise des mots en jouant sur les sens attribués au mot "persil" :

Mémé dit chacun prend son persil où il le trouve.
(*Les Proverbes.*)

Elle n'ira jamais au persil
Régaler les touche-à-tout
Tous les bons époux.
(*Ma gosse.*)

Elle aime le Louvre
Et le persil

*Dans cette attente
Une bonne fois
Je vous présente
Ma P'tite Julia
C'est une chevrette
De dix-huit mois
Elle a la tête
Dure comme du bois.
(Ma p'tite Julia.)*

III. AU CARRÉ DES PETITES HERBES

Il y a quelques dizaines de milliers d'années, les hommes devaient ramasser toutes sortes d'herbes et les consommer. Les Ombellifères, qui comptent un si grand nombre de plantes alimentaires, aromatiques ou médicinales, ont sans doute donné lieu à de nombreux essais. Comment firent nos lointains ancêtres pour distinguer les herbes comestibles de celles qui étaient toxiques ? Il est vraisemblable que la ciguë fit alors des ravages, et que nombre d'humains payèrent de leur vie cette recherche expérimentale... Quelles que soient les étapes qui les ont fait passer du statut de la cueillette à celui de la culture, nos herbes ont en tout cas sans doute fait partie des premiers "jardins".

Histoire des cultures

On trouve des références anciennes à la culture du persil, du cerfeuil et de la coriandre. Ainsi, le persil est signalé par Pline, Dioscoride (sous le nom de *courioun*) et Columelle dès le Ier siècle. La coriandre est citée comme condiment par Caton au IIIe siècle avant J.-C. Pline affirmait que la meilleure venait d'Égypte. Le cerfeuil commun, nous l'avons vu, aurait été utilisé dès l'Antiquité dans l'Europe septentrionale, en particulier en Allemagne.

Un peu plus tard, au IVe siècle, le *Livre de l'agriculture nabatéenne*, compilation réalisée en Syrie, classe la coriandre parmi les plantes potagères. Il précise que sa graine se met en terre depuis le *tichrîn* premier (octobre) jusqu'au *kânûn* second (janvier), mais aussi dans le mois de *huzayrân* (juin), et qu'on lui apporte un engrais composé de "bouse de vache, de matière humaine et de feuilles de courges décomposées".

• *Des Carolingiens à la guerre de Cent Ans*
Nos trois cousines figurent ensuite dans le capitulaire *De villis vel curtis imperialibus*, qui concerne les domaines de Charlemagne. Nos trois herbes y sont clairement rangées parmi les plantes condimentaires et/ou médicinales sous les noms de *petresilinum* (persil), *coriandrum* et *cerfolium* (cerfeuil). Il faut noter que le persil est nettement distingué de deux plantes avec lesquelles on le confondait souvent à l'époque : *apium* (l'ache des marais) et *levisticum* (la livèche, ou ache des montagnes).

De nombreuses circulaires du même type ont existé, en particulier dans les ordres monastiques, où elles s'appliquaient dans tous les établissements d'une même confrérie. Ainsi, au VIIe siècle, saint Théodore de Tarse élabora le plan des abbayes bénédictines, connu sous le nom de plan de Canterbury (du monastère éponyme). Il a aujourd'hui disparu, mais avait été reproduit dans un manuscrit du IXe siècle qui est parvenu jusqu'à nous : il s'agit du plan dit "du moine de Saint-Gall" (du nom d'un monastère suisse).

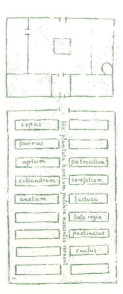

Le plan de Saint-Gall

Ce document mentionne également le persil, le cerfeuil et la coriandre – sous des formes un peu différentes : *coriandrum, petrosilium et cerefolium*. Il faut noter que dans ce plan chaque herbe occupe une planche égale à celles d'autres plantes potagères comme *pastinachus* (le panais), *porros* (le poireau) ou *ascolonias* (l'échalote). On ne sait cependant pas si les planches qui figurent sur le dessin correspondaient à des surfaces réelles.

Les manuscrits de la grande mystique et thérapeute sainte Hildegarde de Bingen (1098-1179) donnent des listes de plantes utilisées, cueillies ou récoltées au jardin – il ne s'agit donc plus là uniquement de cultures. On y trouve encore le persil et le cerfeuil sous les dénominations respectives de *petroselino* (à la rubrique 68) et *kirbele* (à la rubrique 70), mais point la coriandre.

Deux calendriers domestiques nous apportent un autre type de renseignements, et correspondent sans doute mieux aux pratiques de l'époque. Le *Livre des profits champêtres* (ou *Le Rustican*) de Pierre de Crescens (1305) récapitule les usages des domaines agricoles ordinaires ; il mentionne le persil en février et la coriandre en mai. Un siècle plus tard (en 1393), pendant la guerre de Cent Ans, paraît un "traité de morale et d'économie domestique" connu sous le nom de *Ménagier de Paris*. Il recense les cultures pratiquées dans les courtils, petits jardins attenant à l'habitation. On y lit pour le mois de mars : "Percil sème, sarcle, ôte les pierrettes ; et celui qui est semé en aoust est le meilleur, car il n'espie point et se tient en vertu toute l'année", et en septembre : "En ce temps ne convient point de couper le percil, mais effeuiller."

La coriandre n'a donc qu'une place marginale, et l'absence du cerfeuil dans ces deux calendriers semblerait indiquer que sa culture n'était pas très répandue dans les jardins du Moyen Age.

• *L'agronomie arabo-andalouse*
Dans son *Livre de l'agriculture (Kitâb al-filâba)*, Ibn al-'Awwâm, médecin et agronome andalou de la fin du XIIe siècle, consacre par contre deux pleines pages à la coriandre, alors que, s'il mentionne le persil, il n'en décrit pas la culture.

Il cite l'agronome Ibn Bassâl qui donne de très intéressantes indications sur la coriandre – elles correspondent bien

La coriandre, d'après Fuchs, XVIe siècle

au cycle biologique de celle qu'on nomme aussi "persil arabe" : "[…] la coriandre qu'on réserve aux usages alimentaires est celle qui est semée de bonne heure, en octobre. […] On diminue la quantité de graine d'un quart environ, parce que dans cette saison le plant se ramifie et son feuillage est plus fourni. Ce qu'on sème au printemps, en février-mars, est ce qui doit fournir la graine. […] On sème un quart de plus environ car alors le plant s'élève sur une seule tige."

Tous les jardiniers peuvent le constater, avec les décalages de dates qui correspondent aux différences de climat entre le Moyen-Orient et l'Europe : les semis de printemps montent vite en graine et donnent peu de feuilles, alors que ceux de fin d'été fournissent un feuillage abondant.

• *A la fin de la Renaissance*
En Europe, la fin de la Renaissance est marquée par l'introduction de nouvelles plantes alimentaires en provenance d'Amérique (du haricot à la tomate) et par une volonté de codifier les règles techniques de l'agriculture.

Ainsi, le règne d'Henri IV témoigne d'une réelle volonté d'organiser l'agriculture, qui trouve sa traduction dans l'ouvrage d'Olivier de Serres, *Le Théâtre d'agriculture et mesnage des champs* (1600), premier grand traité d'agronomie en langue française.

Ce "théâtre" d'agriculture est divisé en "lieux" parmi lesquels se distinguent le potager (où l'on cultive persil et cerfeuil), et le "bouquetier" où l'on trouve la coriandre. Pour définir ce deuxième "lieu", Olivier de Serres rappelle le conseil de Caton d'enrichir le potager : "Le grand estat que les Antiques faisoient de la bouqueterie, des herbes et des racines de bonne senteur, des perfums [...] monstre qu'ils accontoient pour article notable, ces excellentes matières, comme servantes de l'homme, le tenans joyeusement, le conservans en santé."

Pour Olivier de Serres, le persil ne doit pas être repiqué, mais semé en place : "Semé en croissant [lune croissante], produit l'herbe belle et gaillarde en perfection, toute-fois de peu de durée, car au bout de l'an achève son cours en grainant. En décours [lune décroissante], avec moins d'herbage il se maintient au jardin sans faire tige, trois ou quatre ans." Quant à la coriandre – du genre masculin pour l'auteur –, "ce n'est pas la bonne odeur de la fueille du coriandre qui le faict loger au jardin bouquetier, mais le respect de ses graines, utiles à plusieurs services". L'adjectif "bon" signifie "puissant", puisque l'auteur précise ensuite que lesdites feuilles "puent comme punaises".

Cette même séparation qu'Olivier de Serres opérait entre potager et bouquetier se retrouve dans un traité du moine catalan Miquel Agustí, intitulé *Llibre dels secrets d'agricultura, casa rústica i pastoril*, et imprimé pour la première fois à Barcelone en 1617.

Dans la description des plantes cultivées, le persil se trouve parmi les "herbes", avec les choux, les épinards, les laitues, les bettes et les cardons. Il s'agit là de la vieille catégorie des "herbes à pot", ces légumes-feuilles souvent coriaces que l'on faisait cuire au pot pour les attendrir – d'où le nom de plantes potagères. Par contre, la coriandre fait partie des herbes médicinales qu'Agustí recommande de cultiver près de la maison ; outre la coriandre, on y retrouve, entre beaucoup d'autres plantes, la bourrache, l'absinthe, la sauge, la menthe, la rue, le basilic, le plantain, l'ortie, la mercuriale, l'angélique, la mauve... Cette liste montre qu'à cette époque, la frontière était ténue entre plantes sauvages et plantes cultivées ; et, parmi ces dernières, entre celles que nous considérons à l'heure actuelle comme aromatiques ou comme médicinales.

• *Au Potager du roi*
Jean-Baptiste de La Quintinie, le maître du Potager du roi à Versailles à la fin du XVIIe siècle, y cultivait le cerfeuil (ordinaire et musqué) et le persil (ordinaire, frisé et racine), mais non la coriandre, comme en témoignent ses *Instructions pour les jardins fruitiers et potagers* (1690).

Il faut noter que les auteurs précédents étaient plutôt des Méridionaux, alors que La Quintinie est francilien. La culture de la coriandre était sans doute plus répandue dans le Midi, et celle du cerfeuil dans le Nord.

Espèces et variétés horticoles

Comme pour la plupart des plantes condimentaires, la diversité variétale du persil, de la coriandre et du cerfeuil est limitée, car ces herbes demeurent toujours proches du type originel.

On croit souvent que le persil frisé est une création récente. Il n'en est rien, puisque La Quintinie le mentionnait déjà : "Tant le frisé que l'ordinaire sont d'un grand usage dans les cuisines tout au long de l'année." Le persil frisé est souvent considéré, à tort, comme plus décoratif, et le simple comme plus parfumé. En fait, la saveur du persil tient plus au mode de culture qu'à la variété employée. Au début du XXe siècle, Désiré Bois énumérait un certain nombre de variétés : 'Grand de Naples', 'Nain très frisé', 'A feuilles de fougère', ainsi que des variétés

Le persil 'A feuilles de fougère'

hâtive et tardive pour le persil à grosse racine. Aujourd'hui, les variétés commercialisées sont des sélections des types simple et frisé : 'Géant d'Italie', 'Frisé vert foncé', etc. Sous le terme de *parcel*, qui est un des noms anglais du persil, on trouve une curiosité introduite par le grainetier britannique Thompson & Morgan : le *parcel* a la forme et la couleur du persil frisé, il pousse comme le persil… mais son goût est celui du céleri.

Le cerfeuil frisé

Pour le cerfeuil, nous avons affaire, nous l'avons vu, à trois espèces différentes. A la fin du XIXe siècle, *Le Livre de la ferme* signalait pour le cerfeuil commun, outre la variété simple, une variété double ou frisée, "très précieuse car elle ne peut être confondue avec la petite ciguë ; mais hélas moins robuste que le cerfeuil ordinaire : elle monte plus vite en été et résiste moins aux rigueurs de l'hiver". Les deux autres espèces cultivées, le cerfeuil tubéreux et le cerfeuil musqué, n'ont donné naissance à aucune variété.

La culture des temps modernes

C'est au XIXe siècle qu'ont été décrites les règles de culture qui s'appliquent aujourd'hui encore dans nos jardins et, parmi celles-ci, celles des herbes aromatiques. Si nos trois herbes sont bien cousines, chacune a ses particularités : le persil, bisannuel, est plus rustique, mais sa levée est capricieuse. Le cerfeuil des jardins est fugace, mais il se reproduit facilement. La coriandre a ses saisons pour les feuilles et pour les graines. Voyons ce que chacune a dans le ventre… de la terre.

• *Des techniques et des goûts communs*
En ce qui concerne la nourriture et la boisson, nos trois herbes ont des exigences assez proches : elles aiment les bonnes terres de jardin, ne supportent pas la sécheresse et apprécient des arrosages réguliers… mais il ne faut pas pour autant les gorger d'eau, car cela risquerait de les faire pourrir. Elles aiment les expositions bien éclairées. Cependant,

si elles supportent le plein soleil dans le Nord, elles préfèrent un peu d'ombre – surtout l'après-midi – dans les régions plus chaudes. De plus, elles sont très sensibles, surtout quand elles sont jeunes, aux variations brutales de la météo : il faut donc leur éviter les chocs thermiques et hydriques.

Pour leur assurer un bon départ dans la vie, mieux vaut installer des plants semés en godets sous abri, produits par vos soins ou achetés. Deux périodes de semis sont possibles : le début de l'année, de février (sous abri) à avril (en plein air), et la fin de l'été, de fin août à fin septembre. En règle générale, comme l'indiquait déjà Ibn al-'Awwâm, les semis de la fin d'été donnent des plants plus touffus, plus fournis en feuilles, alors que ceux du printemps sont plus propices à la production de graines.

Pour assurer une levée régulière et rapide, la température optimale est de 12 à 15 °C – au-delà de 20 °C, les jeunes plantules risquent de mourir. Pour éviter la montée en graine prématurée, on conseille de semer pendant la semaine qui précède le changement de lune, c'est-à-dire en fin de lune décroissante. Vous pouvez aussi semer en jour-feuille si vous suivez un calendrier planétaire qui tient compte des mouvements du zodiaque.

Pour les semis sous abri, choisissez des godets en plastique de 7 à 8 centimètres. Arrosez bien après le semis et, pour assurer une température régulière, placez les godets dans un bac ou un cageot profond, puis recouvrez l'ensemble d'un voile non tissé. Dès que les plantules apparaissent, placez le tout en pleine lumière. Si vous avez eu la main lourde ou que les plants sortent très serrés, il vous faudra éclaircir en ne laissant pas plus de quatre plants par godet. Les plants seront installés en pleine terre tous les 20 centimètres.

Maintenez une bonne humidité, sans excès, pour limiter les risques d'une montée en graine prématurée. N'oubliez pas que le binage et le paillage au pied permettent de maintenir la terre fraîche. Enfin, cueillez régulièrement les feuilles et supprimez la tige florale dès son apparition.

• *Le roi persil*

Les semis de persil ont donné lieu, nous l'avons vu, à moult superstitions et usages quasi religieux. On comprend mieux pourquoi quand on sait que le bougre est très capricieux : sa levée est lente (il faut compter trois semaines à environ 15 °C) et très irrégulière. "Persil va sept fois au diable et revient avant de pousser", dit un proverbe. Il suffit d'un excès de chaleur ou de froid, de sécheresse ou d'humidité pour que le semis rate. Et si l'on arrache un pied pour le transplanter, il a toutes chances de monter en graine très rapidement... ou de crever.

Il n'y a pas si longtemps, le persil se semait rarement : il avait son coin au jardin. On nettoyait soigneusement au pied, on le laissait grainer, et il se ressemait tout seul. De vieux jardiniers suivent toujours cette méthode, mais il existe aussi plusieurs "trucs" qui peuvent accélérer sa germination : placer les graines vingt-quatre heures au congélateur ou quelques jours en haut du réfrigérateur ; faire tremper les graines vingt-quatre heures dans de l'eau tiède (de 15 à 20 °C), puis les laisser égoutter et les essuyer avant de semer ; semer en godet et à chaud (15 à 18 °C) quatre à six graines par récipient : on installera les plants lorsque le feuillage sera bien développé, mais avant que les racines n'essaient de sortir du pot.

Le persil à grosse racine se cultive comme le panais. On le sème vers le mois de mars, en lignes distantes de

Le persil à grosse racine

30 centimètres, puis on éclaircit les plants à 10 centimètres. Pour assurer la levée, on peut recouvrir le sol d'un paillis qui le maintient humide, et qu'on enlève dès que les plantules pointent. Il faut ensuite désherber, biner et pailler copieusement, et arroser régulièrement. La récolte commence cinq à six mois après le semis, à partir de l'automne. Rustiques au froid, les racines peuvent rester en terre, sauf si des rongeurs ont établi leurs quartiers d'hiver au potager. Dans ce cas, mieux vaut rentrer les racines en cave, dans du sable sec, en entourant le tout d'un grillage assez fin pour que ces ennemis ne passent pas du jardin à la cave.

• *Le frêle cerfeuil*

Le cerfeuil commun a la réputation – vérifiée – de monter en graine prématurément. Heureusement, il se ressème tout aussi facilement de lui-même. Pour l'installer durablement au jardin, vous pouvez procéder de la façon suivante : faites plusieurs semis à deux ou trois semaines d'intervalle, de février à septembre. Ainsi, lorsque le premier montera en graine, les suivants seront encore en pleine production. Laissez les pieds fleurir puis former leurs graines, en maintenant la terre bien propre. Les graines mûres vont tomber sur le sol. Continuez à arroser... les graines vont germer et vous donner de nouveaux pieds, qui finiront par se renouveler d'eux-mêmes. L'année suivante, les pieds qui ont passé l'hiver se ressèmeront à leur tour, et ainsi de suite. Ce sont d'ailleurs ceux-là qui donneront les meilleures semences.

Le cerfeuil tubéreux *(Chaerophyllum bulbosum)* est plus délicat à cultiver. Il faut utiliser des graines fraîches à l'automne et les semer tout de suite – elles passent l'hiver en terre avant de germer. On peut aussi semer en godets, qu'on laissera dehors tout l'hiver, protégés des animaux par un grillage. Lorsque les plants apparaissent au printemps, il faut les installer sans tarder. La culture se fait en lignes espacées de 30 centimètres, avec un pied tous les 8 à 10 centimètres. Le cerfeuil tubéreux se cultive ensuite comme les carottes courtes. On le récolte à partir de l'automne, dès que ses feuilles sèchent, soit au fur et à mesure de la consommation, soit en une seule fois (dans les régions froides). On conserve alors les racines en silo. Traditionnellement, on disait qu'au bout de quelques semaines, les racines de cerfeuil tubéreux conservées dans du sable sec étaient plus sucrées et plus parfumées.

Le cerfeuil musqué au parfum anisé *(Myrrhis odorata)*, vivace, est beaucoup plus grand que les autres cerfeuils. Il est également plus rustique et se contente de terres maigres. Comme il est difficile à faire germer, mieux vaut en acheter un pied qui durera des années et s'étoffera. On en récolte les feuilles au fur et à mesure des besoins.

La coriandre

• *La fantasque coriandre*

Les conseils d'Ibn al-'Awwâm demeurent toujours valables : les semis printaniers donneront plutôt des graines, et les semis d'été (après le 15 juillet), des feuilles. Les graines de coriandre sont littéralement sœurs siamoises. Chaque petite bille est en fait un fruit formé de deux graines hémisphériques accolées, qui vont lever et croître côte à côte. On les sème en lignes à 25-30 centimètres l'une de l'autre, ou à raison de trois ou quatre graines par godet. Les graines fraîches ont une odeur désagréable. On les récolte lorsqu'elles virent au brun, puis on les fait sécher avant de les utiliser. Quant aux feuilles, elles doivent être cueillies régulièrement.

Le marché des herbes

Du sol à la table, nos petites herbes passent aussi souvent par l'achat, que ce soit sur un marché en plein air ou dans une grande surface. Pendant des décennies, on ne trouvait guère que du persil en bouquets ou donné par le marchand de légumes, le boucher ou le charcutier. Avec le retour aux saveurs naturelles dans les années 1980, et le développement de la grande distribution, la situation a bien changé.

Les bouquets d'herbes sont réapparus en force sur les marchés, mais cela reste marginal quantitativement… à l'exception du traditionnel et immuable bouquet de persil. On a vu se développer des présentations différentes : herbes sèches en poudre, herbes congelées à saupoudrer, et surtout herbes fraîches en sachet.

En 1997, on évaluait le marché des herbes fraîches – hors vente directe – entre 2 000 et 2 500 tonnes. Plus de la moitié en était assurée par une dizaine de producteurs ou de négociants traditionnels. Le premier d'entre eux traitait 500 tonnes d'herbes, soit 6 millions de barquettes de bois ensachées.

Une vingtaine d'espèces sont ainsi commercialisées, mais la moitié d'entre elles représente 90 % des ventes. Nos trois petites herbes en font partie, avec le basilic, la ciboulette, l'estragon, la menthe, l'aneth, le thym et l'oseille.

Pour approvisionner le marché toute l'année, de grosses unités de production ont vu le jour : culture sous serres, lutte intégrée, arrosages automatisés… La plupart sont situées dans le Midi, en particulier dans la région niçoise.

La valorisation de ces herbes fraîches "haut de gamme" a permis de maintenir la production nationale.

Les herbes sèches sont, quant à elles, en grande partie importées ; ainsi le Mexique domine le marché du persil déshydraté, tandis qu'Israël s'est doté d'une véritable filière de production et de déshydratation des herbes.

POTÉES AROMATIQUES

Nos trois herbes peuvent se cultiver en pots, sur un appui de fenêtre, dans une véranda ou à la cuisine. Voici quelques précautions à suivre :

N'achetez pas de potées aromatiques composées, par exemple, de thym, de ciboulette et de persil : le premier redoute l'eau et aime le soleil, alors que les deux autres craignent la sécheresse et jaunissent vite sous les feux de la canicule.

Ces plantes ont besoin de lumière, mais ne sont pas pour autant des plantes de grand soleil : sur un balcon plein sud, placez-les derrière une plante plus grande qui leur apportera un peu d'ombre. A la cuisine, installez-les de manière que les rayons du soleil ne les atteignent pas directement.

Choisissez des récipients assez grands : des pots de 16 centimètres de diamètre pour une seule plante, ou une jardinière. Dans ce dernier cas, comptez au moins 15 centimètres d'écartement entre les plants.

Utilisez un terreau dit "universel" auquel vous ajouterez un peu de sable pour assurer le drainage et éviter le compactage, et donc les pourritures. Ces plantes sont assez gourmandes, surtout si l'on prélève régulièrement des feuilles. Pour leur assurer une croissance régulière sans pour autant les forcer, apportez tous les mois une pincée de compost à chaque pied.

IV. POPULAIRES ET MÉDICINALES

Sans atteindre à la célébrité thérapeutique des Labiées, leurs concurrentes aromatiques, les Ombellifères ont depuis longtemps rejoint la pharmacopée populaire.

Traditions du monde

Lorsque l'on s'intéresse aux médecines anciennes, deux contrées sont incontournables. La Chine, d'abord, avec ses manuels vieux de plusieurs millénaires ; puis le monde méditerranéen qui, des pharaons aux médecins arabo-andalous du Moyen Age, a posé les bases de la médecine moderne.

• *Phytothérapies chinoises*
Les docteurs Guillaume et Mach Chieu, dans leur ouvrage *Pharmacopée et médecine traditionnelle chinoise*, mentionnent le persil et la coriandre, mais non le cerfeuil. Ils classent le persil parmi les plantes hémostatiques à caractère astringent, à la différence de celles qui rafraîchissent le sang, éliminent les stagnations ou réchauffent les méridiens. Pour maximaliser cet effet, les anciens auteurs chinois recommandaient de traiter les remèdes par carbonisation, c'est-à-dire par transformation par la chaleur sans combustion. Le persil agit sur les méridiens du foie, *Zu jue yin*, de l'estomac, *Zu yang ming*, et des reins, *Zu shao yin*. Outre son action hémostatique, il consolide les reins, tonifie la rate, nourrit l'estomac. Il est conseillé dans les cas de diabète, d'hématurie, de céphalée de type vent (selon la classification chinoise), d'hypertension artérielle, d'hémorragie post-partum, de leucorrhées et d'insomnies.

La pharmacopée chinoise emploie aussi les graines séchées de la coriandre, qui agit sur les méridiens du foie, *Zu jue yin,* et de la rate, *Zu tai yin*. Sudorifique, elle favorise l'éclosion dans les maladies éruptives, est eupeptique et abaisse le *Qi* – souvent traduit par le terme "énergie", c'est l'idéogramme des souffles. Les deux auteurs conseillent la coriandre dans le cas d'un retard d'éruption de la rougeole, d'une indigestion, d'un syndrome d'accumulation des aliments, ou même d'une morsure de serpent. Ils signalent

La coriandre : ombelles, fruit et fleur

par contre des contre-indications, telles les périodes post-éruptives de la rougeole. Ils citent à ce propos plusieurs auteurs anciens : Gang Mu, pour qui "l'association de coriandre et de fortifiant est déconseillée" ; Ben Cao Jing Tu, qui affirme que "la coriandre est déconseillée dans les vides et insuffisance de *Qi*" ; Yi Lin Suan Yao, selon lequel "l'abus de coriandre peut donner des troubles oculaires par consommation du *Qi*". Les médecines chinoises accordent une grande importance à la circulation des énergies vitales : ces citations soulignent donc le rôle de la coriandre comme régulateur des excès d'énergie.

• *La médecine arabe et le* Traité des simples
Dans une autre région du monde, autour de la Méditerranée, une riche tradition médicale s'est développée, dont témoigne le *Traité des simples* d'Ibn al-Baytâr, écrit entre 1240 et 1248. Il rassemble, par ordre alphabétique, toutes les substances des règnes minéral, végétal et animal. Pour chacune, il récapitule les connaissances des médecins, pharmacologues, herboristes, botanistes et agronomes. S'ajoute à cette somme le savoir de l'auteur, universaliste musulman, à l'image de ceux qui firent de l'Andalousie médiévale un immense centre de savoir où se mêlaient les cultures juive, arabe, latine et grecque. Né en 1197 en Espagne, Ibn al-Baytâr quitta le royaume almohade en 1220, au moment où s'affirmait la Reconquista. Après avoir parcouru le monde méditerranéen, il mourut à Damas en 1248, année de la chute de Séville qui marqua la fin de la culture qui l'avait vu naître.

A la rubrique 1926 de son traité, il consacre plusieurs pages à la coriandre, sous le nom de *kosbera*. Pour lui, ce sont les éléments amers, terreux et ténus qui prédominent dans cette plante : "Elle contient aussi un peu d'humeur aqueuse tiède, et de plus elle a quelque astringence." Il cite ensuite les propriétés qu'on lui attribuait. Selon Eïssa ibn Massa, la coriandre, prise avec du plantain, arrête les hémorragies. Si on la mâche à l'état frais, elle est efficace contre les tubercules qui surviennent à la bouche (peut-être les aphtes). Cette dernière propriété est reprise par Youhanna ibn Massouïh, qui préconise aussi la coriandre fraîche contre l'effervescence de la bile et, mêlée à du vinaigre et du suc de grenades acides et amères, pour soigner les irritations de l'estomac. Selon Alexandre de Tralles, la coriandre empêche les vapeurs de monter à la tête ; c'est pourquoi l'on en met dans les aliments en cas d'épilepsie provoquée par des vapeurs remontant de l'estomac. Enfin, pour El-Khoüz, la décoction de coriandre sèche sucrée calme les érections excessives et tarit le sperme.

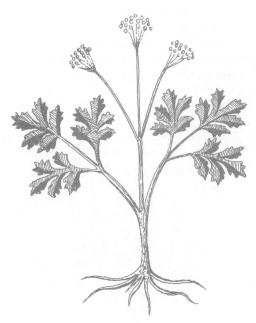

La coriandre, d'après une gravure ancienne

• *Pharmacopée et traditions marocaines*
Certaines de ces préconisations se retrouvent encore dans la pharmacopée marocaine traditionnelle. On pourra les comparer aux informations scientifiques et ethnobotaniques que donne Jamal Bellakhdar dans *La Pharmacopée marocaine traditionnelle*. La coriandre fraîche – *qezbor*, *tabel* (en Tunisie) ou *bahûr el-jnîn* – est considérée comme antiasthénique ; son jus sert à faire des collyres. Mais à haute dose, elle est somnifère et anaphrodisiaque. Ses fruits séchés sont utilisés contre les gastralgies, l'aérophagie, les indigestions. Ils font partie des sept produits rituels utilisés en fumigation contre les "mauvais génies", avec le benjoin, le harmel, la rue, l'encens, l'alun et le sulfate de cuivre.

Le persil *(ma'adnûs)* est employé en décoction : c'est un puissant diurétique et un emménagogue. Son jus est utilisé comme tonique. Les frictions de feuilles fraîches calment les démangeaisons, et les cataplasmes sur les seins arrêtent la montée du lait.

La phytothérapie occidentale

• *Du IXe siècle…*
Sous le titre *L'Ecole de Salerne* sont regroupés, en vers latins, des conseils qui ont constitué un des premiers traités de médecine occidentaux. L'origine de cette école est controversée. On trouve trace de médecins salernitains dès 846 dans les archives du royaume de Naples. Certains attribuent la naissance de l'école à la rencontre de personnages quasi légendaires : un Arabe (Adela), un Juif (Helinus), un Grec (Pontus) et un Latin (Salernus). Même s'il ne s'agit que d'une légende, elle marque le caractère universel (pour l'époque) de cette réunion des connaissances médicales, puisque les quatre grandes cultures méditerranéennes sont réputées y avoir mélangé leurs savoirs.

Deux cent quarante éditions de ces vers ont été publiées entre 1474 et 1846. Nous citons ici la traduction de Meaux de Saint-Marc dans l'édition de 1880 (librairie J.-B. Baillière et fils), et ses commentaires.

Le cerfeuil, plante indigène, y est considéré comme chaud et diurétique, apéritif, fondant, dépuratif et même un peu stomachique. Son usage excite souvent la toux et ne convient pas dans les affections de la poitrine, surtout

---

AU MAROC AU DÉBUT DU XXe SIÈCLE

Un ouvrage de 1925, *Pratiques des harems marocains – sorcellerie, médecine, beauté* (librairie orientale Paul Garthner), cite plusieurs recettes qui emploient la coriandre ou le persil, et lient la médication à des rites ou des pratiques hygiéniques.

Contre les fièvres paludéennes : piler du benjoin blanc, du persil, de la coriandre, en enduire le corps du malade et lui en faire avaler en disant : "Nous transpirons avec le froid et le chaud. Maintenant la sueur froide est en toi jusqu'au *dohor* de demain." (Le *dohor* est la prière du muezzin au moment où le soleil est au point culminant.)

Contre les insomnies : piler de la coriandre verte et en boire le jus. Mettre quelques grains de coriandre sous l'oreiller de son lit. Se lever de très bonne heure, emporter la coriandre sur laquelle on a dormi et la jeter dans une fontaine.

Contre l'impuissance virile : l'homme ira au hammam se purifier. A son retour, il boira un mélange de différentes plantes, puis se verra appliquer une ventouse au bas des reins. Ensuite, il "entourera ce qui doit être entouré" de persil bouilli dans de l'eau, en l'appliquant bien avec un bandage. Il renouvellera ce cataplasme trois jours, et boira le remède.

---

dans l'hémoptysie. En usage externe, sa décoction est un bon détersif et avive les ulcères ; on l'applique en cataplasme sur les ulcères putrides et cancéreux, sur les engorgements laiteux et scrofuleux.

Uni au miel si doux le cerfeuil écrasé
Soulage un cancer ; dans le vin infusé,
Broyé vert, appliqué sur le mal en compresse,
D'un côté douloureux il calme la faiblesse,
Délivre en vomissant l'estomac déchargé
Et maintient lâche et libre un ventre dégagé.

La coriandre a droit a une présentation peu sympathique : cette plante est si puante qu'elle ferait se trouver mal seulement à la flairer. Son odeur est bien plus forte lorsqu'on en écrase les feuilles et, encore plus, les fruits verts… Ses

Le persil, d'après le Tacuinum sanitatis, *XIVᵉ siècle*

semences possèdent une vertu chaude et piquante et sont réputées chasser les vents.

> *Trois grains de coriandre avalés, du malade*
> *Ecarteront la tierce et son retour maussade.*
> *Xénocrate prétend que le sang menstruel*
> *D'autant de jours retarde un cours habituel,*
> *Que la femme aura pris de cette plante.*
> *Bonne pour l'estomac par sa vertu piquante,*
> *Elle dissipe encor les flatuosités*
> *Et calme des humeurs les courants agités.*

Le persil ne figure pas dans ces vers, mais on le retrouve au paragraphe qui concerne les assaisonnements :

> *Ail, sauge et serpolet, sel, persil, poivre unis*
> *Dans le vinaigre à point assemblés et confits*
> *Offrent aux mets divers un condiment utile*
> *Qui réveille et stimule un estomac débile.*

Les commentaires précisent que les lièvres et les lapins aiment beaucoup le persil, mais qu'il est un dangereux poison pour les poules, les perroquets et quelques autres oiseaux. Cette dernière affirmation n'a, à notre connaissance, jamais été vérifiée, même si on la retrouve sous la plume

> **LES OMBELLIFÈRES ET L'ALLAITEMENT**
>
> Les Ombellifères ont un effet contradictoire sur la lactation : le cerfeuil et le persil sont à déconseiller aux femmes qui allaitent, alors que le fenouil, l'aneth et l'anis stimulent au contraire la production lactée. Malheureusement, les menus des maternités comportent plus souvent du persil que des herbes anisées !

moraliste du biologiste Jean Rostand : "L'homme, comme le perroquet du persil, est friand des idées qui le tuent."

• *... à nos jours*

Pour rendre compte des vertus reconnues aujourd'hui à nos trois herbes, on peut recourir à quelques ouvrages de référence : le *Précis de phytothérapie* d'Henri Leclerc (Masson, 1935) et les livres de Jean Valnet.

Ce dernier considère le cerfeuil comme une plante stimulante, diurétique, apéritive, stomachique, antilaiteuse et anti-ophtalmique, alors que Leclerc ne signale que ces deux dernières vertus. On l'utilise à l'état frais. Valnet le prescrit à raison de deux gouttes de jus de cerfeuil filtré par œil contre les ophtalmies, en cataplasme sur les seins pour faire tarir la lactation, mais aussi contre les contusions, engelures, etc. Les feuilles froissées calment les piqûres d'insectes.

Le persil est, quant à lui, considéré comme un stimulant général (avec un taux record de vitamine C). Leclerc

Le cerfeuil, d'après une gravure ancienne

insiste sur les vertus diurétiques du persil, déjà remarquées par Gallien et Averroès, ainsi que sur le pouvoir de l'apiol (un des constituants de l'essence de persil) sur l'appareil circulatoire, source de congestions vasculaires et de contractions musculaires au niveau de la vessie, de l'intestin et de l'utérus. Sans doute est-ce ce dernier effet qui l'a longtemps fait considérer comme un abortif. Valnet le préconise particulièrement contre l'anémie et l'asthénie, les rhumatismes, la goutte et les règles douloureuses.

Leclerc attribue des vertus troubles à la coriandre. Selon lui, l'opinion des Anciens selon laquelle cette plante ferait délirer serait partiellement vérifiée : l'essence de coriandre (ou le suc de plante fraîche) produirait le même effet que l'alcool éthylique – une excitation suivie d'une dépression. C'est pourquoi il ne conseille en usage interne que l'infusion de semences, pour son effet carminatif et stomachique. Valnet préconise également la coriandre en infusion contre l'aérophagie, les digestions pénibles, les flatulences.

Des plantes bien dotées

Les vertus du persil, de la coriandre et du cerfeuil s'expliquent par la richesse de leurs constituants. Comme toutes les herbes vertes et tendres, ils sont riches en minéraux et en oligo-éléments, ainsi qu'en vitamines.

Le persil contient, pour 100 grammes, 3 milligrammes de calcium, 58 milligrammes de phosphore, 6,2 milligrammes de fer, 554 milligrammes de potassium (pour 56 de sodium) et 50 milligrammes de magnésium. Il est très bien pourvu

> ### DE CURIEUSES PRATIQUES
>
> D'Emery, dans son *Recueil de curiosités* (1685) indiquait une recette pour empêcher les cheveux de tomber : "Prenez de la graine de persil que vous mettrez en poudre impalpable, dont vous poudrerez la tête par trois soirs différents, une fois l'année seulement, et il ne tombera jamais aucun cheveu…"
>
> En Sicile, lorsqu'un enfant au sein se mettait à suffoquer, on disait que le lait était trop épais. Les femmes fourraient alors dans le derrière du bébé un bouquet de persil avec du tabac, en disant, tout en crachant trois fois : "Persil, petit persil, fais fondre le lait de ce petit enfant."
>
> Matthieu et Maneville (1952) signalaient qu'à Casablanca, les femmes plaçaient du persil dans le col de l'utérus pour provoquer un avortement. Cette pratique se retrouvait dans de nombreuses régions françaises.
>
> En Languedoc, contre la méningite, on préparait jadis une liqueur de persil haché, dont on buvait une cuillerée le matin pendant trois jours.
>
> Rolland cite un conte du début du XVIII siècle selon lequel le cerfeuil, mâché, fait voir double, et rapporte une tradition parisienne : "Quand un naïf a des morpions, on lui conseille, par farce, de se frotter avec du persil. Au lieu de détruire cette vermine, cette plante a, disait-on, la propriété de la multiplier immédiatement à l'infini."
>
>

en vitamines C (133 mg), B1 (0,1 mg), B2 (0,1 mg), PP (1,3 mg) et en provitamine A (8 500 unités internationales).

Le cerfeuil, un peu moins bien doté que le persil en vitamine C, est par contre plus riche en carotène (provitamine A) que certaines carottes (11 000 UI pour 100 g) ; il a de ce fait une action positive sur la peau et les muqueuses, ainsi que sur l'acuité visuelle, en particulier sur la vision nocturne. Il contient aussi de l'huile essentielle, des coumarines et des flavonoïdes (apioside).

La coriandre contient également des flavonoïdes et jusqu'à 1,5 % d'une huile essentielle, le coriandrol (isomère du bornéol), qui provoque des effets euphorisants.

V. PETITES HERBES ET GRANDS PLATS

Dans le "théâtre de cuisine", nous ne savons pas toujours profiter du parfum et des vertus de nos petites herbes. Le sort tristement glorieux du persil est à cet égard exemplaire : cuit interminablement dans le bouquet garni, il y perd tout son goût, tandis que cru, il est trop souvent cantonné à un rôle purement décoratif.

La gastronomie d'antan

Déjà présente sur la table royale de Mésopotamie, la coriandre est plusieurs fois citée dans l'œuvre d'Apicius, gastronome et mécène romain né vers l'an 25 av. J.-C., dont certaines recettes sont parvenues jusqu'à nous. Il fait grand usage de livèche et d'ache (céleri) – sans que l'on sache s'il les différencie l'une de l'autre, ni d'ailleurs si ces mots ne désignent pas le persil – et emploie la coriandre, par exemple, dans un plat de sole aux œufs, avec des asperges ou dans une sauce qui accompagne le poisson frit : "Broyez poivre, cumin, graines de coriandre, racine de silphium [une Ombellifère non identifiée], origan et rue. Ajoutez vinaigre, dattes, miel, vin cuit, huile et garum. Faites bouillir dans une marmite de terre. On en arrose le poisson frit."

On doit ensuite à Guillaume Tirel (1310-1395), premier cuisinier du roi Charles V, puis premier écuyer de cuisine de Charles VI, plus connu sous le nom de Taillevent, un des plus anciens livres de cuisine en français, le *Viandier*. Ce cuisinier royal emploie beaucoup d'épices d'origine lointaine – gingembre, poivre, cannelle, clou de girofle… Déjà, à cette époque, les tables nobles préféraient les épices exotiques aux herbes locales. Le persil y figure cependant, par exemple dans une soupe, la crétonnée d'Espagne.

A la Renaissance, le maître livre de cuisine est italien : *De honesta voluptate et valetudine*, de Baptiste Platine de Crémone (1474). Ce dernier emploie plus modérément les épices, et met à l'honneur les herbes et légumes. Il énumère ainsi de nombreuses sortes de salades : laitue, buglosse, pourpier, mauve, chicorée, saxifrage, pimprenelle, oseille… Les herbes sont encore regroupées avec les herbes à pot du Moyen Age. Ce traité se pique de diététique, et les recettes sont souvent accompagnées de commentaires hygiénistes : le persil, par exemple, y est utilisé dans une sauce verte, avec serpolet, bettes "et autres herbes odorantes". Ladite sauce "nourrit peu, échauffe l'estomac et le foie, mais donne de l'appétit".

En 1651 paraît *Le Cuisinier français* de Pierre François de La Varenne, écuyer de cuisine du marquis Louis Chalon du Bled. Si le persil figure dans quelques recettes, on trouve par contre nombre d'indications plus vagues : "herbes", "fines herbes" et surtout "bouquet". Peut-être s'agit-il de la première apparition du fameux bouquet garni.

Valet de chambre de Louis XIV, Nicolas de Bonnefons publie la même année *Le Jardinier françois*, consacré au jardinage et aux confiseries, puis en 1654 un livre de cuisine, *Les Délices de la campagne*. Bonnefons ne passait qu'une partie de l'année à la cour, et le reste de son temps sur ses terres, ce qui peut expliquer son goût pour les choses de la nature. Il prône un retour à la simplicité et redonne une place aux légumes en tant que tels, et non comme simples garnitures des viandes. Les herbes retrouvent également leur rôle, thym ou persil, sarriette ou herbes fines…

Un siècle plus tard paraît un best-seller, *La Cuisinière bourgeoise* de Menon, qui sera réédité jusqu'au milieu du XIXe siècle. Comme l'indique son titre, c'est un vrai livre de cuisine destiné aux ménagères, fait nouveau dans un monde dominé par des maîtres queux (du latin *coquus*, cuisinier). Il utilise en abondance les bouquets de persil.

Si, au fil des siècles, le persil est donc resté présent dans les traités de cuisine, la coriandre et le cerfeuil n'y apparaissent guère – modestie de ces plantes ou herbes réservées à des tables plus humbles que celles des grands de ce monde ? On ne sait.

Des traditions d'ailleurs

La coriandre, par ses feuilles mais aussi par sa racine, est en Asie un ingrédient de base qui a sa place dans de nombreux plats, des rouleaux de printemps jusqu'aux viandes sautées aux pousses de bambous. Elle est aussi l'aromate essentiel de la soupe de Hanoï, le *pho*, préparé avec de la viande de bœuf *(pho bo)* ou de poule *(pho gà)*, des nouilles de riz, des épices et d'autres aromates. Le bouillon cuit longuement avant qu'on n'y ajoute les nouilles. La coriandre est placée au fond du bol ou de l'assiette, et le bouillon est versé dessus juste avant de servir.

Le persil est, quant à lui, l'herbe du tabboulé libanais. Il en existe de multiples recettes, mais toutes comprennent des bouquets entiers, et non seulement quelques brins.

- *Le tabboulé ou tabboûla**

> *Pour 4 à 6 personnes : 500 g de boulghour fin ; 2 oignons ; 3 citrons ; 500 g de tomates fraîches ; 1 concombre ; 100 g de raisins secs ; 4 cuillerées à soupe d'huile d'olive ; 4 cuillerées à soupe de menthe hachée ; 1 gros bouquet de persil ; sel ; poivre.*

"Je mets la graine à tremper dans l'eau froide pendant une heure environ afin de lui permettre de gonfler. J'égoutte bien toute l'eau et j'ajoute alors les tomates pelées, épépinées et coupées en petits quartiers, l'oignon haché assez fin, le concombre préalablement mis à dégorger au sel et coupé en demi-rondelles très fines, le persil et la menthe hachés, le jus de citron, l'huile, les raisins préalablement trempés à l'eau froide et hachés grossièrement, sel et poivre. Je mets au frais pendant au moins 2 heures avant de servir."

* Cette recette est extraite du livre d'Odile Godard, *Les Soupers de Schéhérazade*, Actes Sud, 1990.

SAVEURS D'HIER ET D'AUJOURD'HUI

Dans la région de Montauban, au XIVe siècle, on préparait une dragée au coriandre appelée "coriandre préparat".

En Alsace, le persil fait partie d'un plat servi le Jeudi saint, le *Sewekrittermües*, préparé avec sept "herbes" (chou, épinard, persil, poireau, pissenlit, ail sauvage et mâche), ainsi que du *Ninkrittermües* (qui renferme neuf herbes). Kirschleger, dans sa *Flore d'Alsace* (1851), signale que "les bourgeois de Strasbourg avaient une coutume rituelle de manger cérémonieusement, au repas du soir du dernier jour de la semaine, des racines de persil cuites avec de la viande de bœuf".

Au Maroc, les feuilles fraîches et les fruits secs de la coriandre sont les condiments indispensables de la *hrîrâ*, soupe épaisse à base de féculents liée à l'aide de farine, et du *qaddîd*, viande salée et séchée au soleil, dont elle assure l'aromatisation et la conservation. Jamal Bellakhdar souligne son importance : "La coriandre est cultivée partout au Maroc pour la production de la plante entière et des fruits ; elle occupe près de cinq mille hectares dans la région de Had-Kourt (Gharb)."

Le romancier égyptien contemporain Naguib Mahfouz, dans *Le Jour de l'assassinat du leader*, évoque quant à lui la *taamiyya*, petit pâté populaire à base de haricots, d'ail, d'oignon et de persil.

Divers modes de conservation

Pour conserver les saveurs, le séchage est le moyen le plus courant, mais il ne donne souvent que des résultats médiocres avec nos petites herbes. Le parfum du cerfeuil, fugace, ne résiste pas à la durée nécessaire à la dessiccation, tout du moins telle qu'on la pratique à la maison. Et si coriandre et persil gardent un peu plus leur goût, mieux vaut, passé les quelques jours où les herbes peuvent être stockées fraîches, utiliser d'autres moyens de conservation : le sel, le vinaigre, l'huile ou la congélation.

• Les herbes fraîches

Les bouquets, rapportés du marché ou du jardin, peuvent durer une bonne semaine. Pour un usage rapide (un ou deux jours), ils peuvent être placés dans un verre avec un fond d'eau vinaigrée, en veillant à ce qu'aucune feuille ne trempe dans l'eau et à ce qu'ils ne soient pas placés juste derrière une fenêtre – surtout ensoleillée.

Cependant, les bouquets d'herbes méritent mieux qu'un verre d'eau, où ils s'affaissent rapidement avant de jaunir et de moisir. Si vous les rapportez du jardin, c'est dès le transport qu'il faut faciliter leur conservation : enveloppez-les dans un linge sec ou du papier d'aluminium, puis placez-les en bas du réfrigérateur sur le dessus du casier à légumes, sans les écraser. Pour que le bouquet dure quelques jours de plus, placez-le dans un sac plastique ; gonflez celui-ci, fermez-le bien, puis rangez-le dans le réfrigérateur.

• Les bienfaits du sel

La conservation au sel permet de restituer toutes les saveurs des herbes. On utilise pour cela du sel marin non raffiné : du gros sel gris ou, mieux, de la fleur de sel, cette écume des marais qui concentre la quintessence des saveurs océanes.

Il faut procéder rapidement : hachez vos herbes le plus finement possible puis, dans un saladier, mélangez-les au sel en malaxant bien l'ensemble. Remplissez de petits bocaux en tassant bien, et en ajoutant une fine couche de sel sur le dessus pour que l'herbe ne soit pas en contact avec l'air. Placez les bocaux à l'abri de la lumière. Attendez au moins un mois avant de les utiliser, le temps que le sel se soit imprégné des arômes. Ensuite, ils peuvent se conserver des années.

• Les vinaigres

Selon les quantités respectives utilisées, il s'agira d'un vinaigre aromatisé aux herbes, ou bien d'herbes conservées dans le vinaigre. Quelle est la différence ? Dans le premier cas, on utilise le vinaigre, après lui avoir apporté un surplus de saveurs. Dans le second, on prélève les herbes stockées dans le vinaigre.

Dans tous les cas, il faut choisir un vinaigre doux dans lequel les arômes puissent se fixer sans être masqués par l'acide acétique ou un goût originel excessif. Les vinaigres de cidre, de miel ou de vin blanc conviennent bien. Les produits artisanaux, qui ont subi une fermentation acétique lente (des semaines ou des mois), sont moins acides que les produits industriels fabriqués par des passages accélérés dans des cuves.

Préparer un vinaigre aromatisé est simple comme bonjour : il suffit de placer une branche dans une bouteille ; quelques jours plus tard, la transfusion des saveurs se sera effectuée. Pour qu'elle soit complète, vous pouvez au préalable écraser les tiges. A chacun de faire ses expériences et de découvrir la quantité de feuillage qui donnera le vinaigre aromatisé à point.

Pour préparer des herbes au vinaigre, on utilise des bocaux (pots à confiture ou pots en grès), et non des bouteilles. Les herbes propres sont préparées en brins assez grands pour être ensuite faciles à manipuler. Cependant, pour qu'ils ne dépassent pas du liquide, ils seront d'une taille un peu inférieure à la profondeur du récipient. Disposez-les en tassant modérément, à partir du fond, et ce jusqu'aux trois quarts de la hauteur. Recouvrez de vinaigre, fermez, et attendez deux à trois semaines avant d'utiliser ces herbes pour parfumer de nombreux plats cuisinés qu'elles allégeront de leur saveur acidulée. Elles auront aussi leur place dans les préparations vinaigrées et autres chutneys, en compagnie des légumes et des fruits.

• Les huiles

On connaît surtout les huiles d'olive aromatisées aux herbes du soleil : thym, romarin, origan, sarriette, basilic… mais on peut aussi tenter les huiles aux herbes fraîches. Il suffit de placer un bouquet dans une bouteille, puis de couvrir d'huile (d'olive, mais aussi de tournesol, d'arachide, de soja…) et de boucher le tout hermétiquement. On laisse macérer une quinzaine de jours avant de filtrer l'huile et d'y remettre un brin d'herbe fraîche pour l'identifier.

• *La congélation*

Cette technique se révèle très bien adaptée aux herbes tendres, préparées "nature" ou en glaçons.

Pour préparer des herbes à saupoudrer, il faut les hacher finement après les avoir nettoyées, séchées et effeuillées. On les place ensuite – sans tasser – dans des pots en plastique munis d'un couvercle que l'on met au congélateur après les avoir clairement étiquetés.

Pour préparer les glaçons aux herbes, celles-ci sont coupées le plus finement possible, puis placées dans des cubes à glaçons ; on recouvre d'eau en tassant bien, puis l'on place au congélateur. On peut ensuite les démouler et les conserver dans des sacs en plastique, puis s'en servir au fur et à mesure des besoins pour les potages ou les ragoûts.

A chaque herbe selon ses mérites

Nos trois petites herbes ont des saveurs volatiles. Mieux vaut donc les utiliser fraîches ou bien conservées, et connaître les spécificités de chacune.

Le cerfeuil, à l'arôme fugace, perd très vite son goût à la cuisson. C'est pourquoi l'on en garde toujours une partie à ajouter au moment de servir. Son goût léger, frais et discrètement anisé, se marie heureusement avec la plupart des crudités : salades vertes, carottes, betteraves, petits radis, etc., et ses feuilles hachées finement, ajoutées juste avant de servir, viennent relever bien des plats cuisinés, des grillades aux rôtis, des poissons aux céréales. Quant au cerfeuil vivace, son goût est plus fort et plus anisé que celui du cerfeuil des jardins. On peut cependant l'utiliser de la même manière. Dans les pays nordiques, il servait à aromatiser compotes et tartes de fruits acides.

La coriandre connaît deux traditions : les cuisines arabe et asiatique, qui en utilisent les feuilles, et celle de nos régions qui en employait jadis les graines. Les graines s'utilisent entières ou concassées, à la manière du poivre ; à l'époque où ce dernier était une épice onéreuse, la coriandre était une des graines utilisées pour conserver les aliments ; elle est restée un des condiments essentiels des conserves au vinaigre. Comme le cerfeuil, ses feuilles sont utilisées crues ou cuites ; dans ce dernier cas, on en conserve une partie ajoutée juste avant de servir.

Quant aux brins de persil qui décorent les plats, ils sont généralement repoussés dans un coin de l'assiette : mieux vaut donc hacher ou ciseler le persil pour que chacun profite de ses vertus, en particulier de sa teneur exceptionnelle en vitamine C.

Liqueurs d'herbes

La coriandre entre dans la composition de nombreuses liqueurs de ménage. Suzanne Fonteneau, dans *Sirops, liqueurs et boissons ménagères*, en cite près d'une dizaine : crème de céleri, barbade (avec cannelle, muscade et clou de girofle), cherry, génépi, parfait-amour, vespétro ou ratafia des six graines. Elle est aussi présente dans de nombreux alcools : izarra basque, ambroisie, ratafia des quatre graines (avec l'angélique, le céleri et le fenouil)...

Le *Dictionnaire de Trévoux* (1752) signale une liqueur appelée persicot, faite avec de l'esprit de vin, un extrait de persil, du sucre et d'autres ingrédients. Quant au cerfeuil, il sert à préparer un vin dont la recette figure dans de nombreux ouvrages anciens :

• *Vin de cerfeuil*

> 1 gros bouquet de cerfeuil frais (environ 200 g) et 1 de petite centaurée (50 g) ; 1 litre de bon vin blanc (sec ou doux, selon les goûts).

Hachez les herbes et faites-les macérer 48 heures. Filtrez et sucrez au miel.

Quelques recettes

• *Petits légumes au vinaigre et à la coriandre*

> Petits légumes crus ; graines de coriandre : 1 cuillerée à café pour un bocal de 1 litre ; petits oignons blancs ("grelots") ; ail ; échalotes grises ; 1 brin de thym frais.

Cette recette se prépare avec toutes sortes de petits légumes : jeunes carottes, betteraves ou navets éclaircis au jardin,

mais aussi cornichons, haricots verts, jeunes grains de fèves ou petites pommes de chou-fleur…

Après avoir nettoyé et égoutté les légumes, séchez-les soigneusement dans un torchon, puis mettez-les en bocal en les alternant ; ajoutez au fur et à mesure les graines de coriandre, l'ail, l'échalote, les oignons et le thym qui apportera son piquant. Couvrez de vinaigre puis fermez et conservez à l'obscurité.

Les vinaigres de miel ou de cidre donnent une saveur douce, mais il faut alors conserver le bocal au frais. Le vinaigre d'alcool assure une conservation d'un an, mais aussi plus d'acidité.

- *Beurre aux herbes*

Beurre ; persil ou cerfeuil haché ; sel (de préférence non raffiné).

Malaxez le beurre et l'herbe finement ciselée dans un ravier jusqu'à obtenir une pâte homogène. Laissez reposer 1 ou 2 heures avant de servir. Cette préparation peut accompagner des crudités ou des produits de la mer (crustacés, coquillages, saumon…).

- *Potage au cerfeuil*

1 l d'eau salée ; 250 g de pommes de terre ; 1 œuf ; 1 oignon ; 1 gousse d'ail ; 80 g de cerfeuil haché ; sel ; 1 c. à café d'huile de tournesol.

Dans une cocotte, faites revenir l'oignon, l'ail et la moitié du cerfeuil hachés dans l'huile. Ajoutez les pommes de terre coupées en petits morceaux et l'eau bouillante salée. Faites cuire 15 minutes dans l'eau frémissante, puis passez au mixeur. Battez l'œuf dans la soupière avec le reste du cerfeuil haché. Au moment de servir, versez la soupe bien chaude dessus.

On peut ajouter une cuillerée à soupe de crème fraîche au dernier moment pour accroître le velouté. Cette recette peut également se préparer avec du persil.

- *Velouté de persil-racine*

300 g de persil à grosse racine ; 1 bel oignon ; huile d'olive ; sel ; 1 c. à soupe de crème fraîche.

Epluchez les racines de persil et coupez-les en morceaux moyens, ainsi que l'oignon. Faites revenir l'ensemble dans un peu d'huile à la cocotte. Salez et couvrez largement d'eau. Faites cuire à petite ébullition 30 à 40 minutes. Passez au mixeur en ajoutant une cuillerée à soupe de crème fraîche pour obtenir un velouté.

- *Soupe à la coriandre et aux champignons*

300 g de pommes de terre ; 200 g de champignons de Paris ; 1 bel oignon ; 2 gousses d'ail ; 1 bouquet de coriandre ; sel ; 1 c. à soupe de crème fraîche.

Emincez l'oignon et l'ail et détaillez les champignons en lamelles. Faites-les revenir à la cocotte dans un peu d'huile. Ajoutez les pommes de terre coupées menu et la moitié de la coriandre hachée. Recouvrez d'eau salée froide, portez à ébullition, puis laissez cuire 30 minutes à petit feu. Ajoutez la crème et le reste de la coriandre hachée finement au dernier moment.

• *Soufflé au persil-racine*

400 g de persil-racine ; 4 œufs ; 1 pincée de feuilles de thym ; sel ; 1 c. à soupe de crème fraîche ; 100 g de fromage râpé.

Faites cuire les racines de persil à la vapeur avec le thym et écrasez-les en une purée bien ferme. Séparez les jaunes des blancs d'œufs, puis ajoutez à la purée, hors du feu, le fromage, les jaunes d'œufs et la crème fraîche en mélangeant bien. Salez. Battez les blancs d'œufs en neige et intégrez-les doucement à votre préparation. Versez dans un plat à soufflé huilé. Faites cuire à four chaud environ 30 minutes et servez sans attendre quand le soufflé est bien gonflé.

• *Salade aux noisettes et au cerfeuil*

1 chicorée (frisée, scarole ou 'Pain de sucre') ; noisettes broyées ; huile de tournesol ; vinaigre doux ; sel ; cerfeuil haché.

Râpez les noisettes dans un moulin à fromage. Mélangez-les avec l'huile de tournesol, le vinaigre et le sel de façon à obtenir une pâte fluide qui contienne encore de petits morceaux. Ajoutez la salade coupée en lanières. Saupoudrez de cerfeuil haché et mélangez bien.

• *Salade de topinambours aux herbes*

500 g de topinambours ; cerfeuil ; huile de tournesol ; vinaigre doux (de cidre ou de miel) ; sel.

Brossez les topinambours, puis faites-les cuire à la vapeur 15 à 20 minutes (selon leur grosseur). Vérifiez si la cuisson est suffisante en plongeant un couteau pointu dans les tubercules : comme pour les pommes de terre, le couteau doit ressortir facilement. Egouttez les tubercules et laissez-les refroidir. Puis épluchez-les et coupez-les en rondelles.

Préparez une vinaigrette avec le cerfeuil ciselé fin, et versez-la sur les topinambours en mélangeant bien.

• *Artichauts à la coriandre*

1 artichaut par personne ; 1 c. à café de graines de coriandre ; 1 c. à café de vinaigre ; 1 vinaigrette parfumée aux feuilles de coriandre fraîche.

Lavez les artichauts en les trempant dans de l'eau vinaigrée. Remplissez d'eau une cocotte, ajoutez le vinaigre et les graines de coriandre.

Lorsque l'eau bout, jetez-y les artichauts et faites-les cuire jusqu'à ce qu'une lame les pénètre facilement. Egouttez-les, puis servez-les avec une sauce vinaigrette parfumée aux feuilles de coriandre hachées.

• *Tofu à la coriandre*

200 g de tofu ; 1 gousse d'ail ; 1 oignon moyen ; 1 bouquet de coriandre et des graines ; huile d'olive ; sel.

Préparation de base du soja, le tofu au naturel est fade. Le parfum de la coriandre permet d'en relever le goût.

Faites revenir l'oignon et l'ail hachés menu dans un peu d'huile d'olive. Coupez le tofu en petits cubes et saupoudrez-les de graines de coriandre broyées. Faites revenir à feu doux 5 à 10 minutes en remuant de temps en temps. Juste avant servir, saupoudrez de feuilles de coriandre hachées.

• *Escargots à la bourguignonne*

6 à 12 escargots par personne ; 1 verre de vin blanc sec ; persil, laurier et thym ; oignon ; carotte ; sel. Beurre d'escargot (pour 12 escargots) : 60 g de beurre ; 10 g de persil ; 5 g d'échalote ; ail ; sel.

Une grande recette classique, impensable sans persil. Mettez les escargots dans un récipient, recouverts de gros sel, pour les faire dégorger 24 heures. Puis rincez-les à grande eau et brossez-les. Plongez-les dans une marmite d'eau salée vinaigrée portée à gros bouillons, puis sortez chaque escargot de sa coquille et enlevez la partie noire de la queue. Lavez-les à grande eau puis faites-les cuire dans un court-bouillon, à petite ébullition, pendant 2 heures, avec l'oignon, la carotte, les herbes et le sel. Vous pouvez également utiliser des escargots déjà préparés, car si la cuisson est importante, c'est la farce qui fait la saveur du plat.

Pour préparer celle-ci, hachez finement le persil, l'ail et l'échalote et malaxez-les à la fourchette dans du beurre jusqu'à obtention d'une pâte homogène. Placez la farce au réfrigérateur pour la raffermir.

Mettez un peu de farce au fond de chaque coquille, puis l'escargot. Enfin, bouchez le tout avec de la farce en tassant. Il ne reste qu'à disposer les escargots – bien droits – dans un plat et à les passer environ 10 minutes à four chaud.

- *Omelette au cerfeuil*

    7 œufs ; 1/2 verre de lait ; cerfeuil ; 1 c. à café d'huile ; sel.

Battez énergiquement les œufs, le lait et le sel pour obtenir un mélange mousseux.

Versez-le dans une poêle chaude, puis faites cuire quelques minutes en couvrant. Quand l'omelette est presque cuite mais encore bien baveuse, saupoudrez-la de cerfeuil haché puis repliez-la avant de servir.

- *Poulet rôti à la coriandre*

    1 poulet ; 6 à 8 petits oignons ; 2 caïeux d'ail ; 2 belles tomates ; 1,5 kg de petites pommes de terre ; 1 bouquet de coriandre ; sel.

CERFEUIL TUBÉREUX ET PERSIL RACINE

Parmi ces petites herbes se cachent deux racines, le cerfeuil tubéreux à la chair blanche (ou jaune paille), farineuse et sucrée, au léger goût de châtaigne, et le persil-racine à la chair ferme et blanche, qui marie les saveurs du persil, du céleri et de la carotte (blanche).

Les racines du cerfeuil tubéreux doivent être brossées vigoureusement sous un filet d'eau, puis cuites 10 à 15 minutes à la vapeur. On les consomme en garniture de viandes, en purée, en soufflé, en potage velouté… ou en farce :

150 g de cerfeuil tubéreux cuit ; 2 caïeux d'ail écrasés ; 1 œuf ; vin blanc sec.

Après cuisson, réduisez les racines de cerfeuil en purée, en mouillant celle-ci avec un peu de vin blanc sec. Ajoutez l'ail haché et salez. Cette farce peut emplir une épaule d'agneau (voir p. 551), une volaille ou une grosse truite entière.

Le persil-racine se mange râpé en crudité, seul ou mêlé à des carottes, des betteraves rouges ou des radis d'hiver (noirs, violets ou roses). Il se cuit comme les carottes ou les panais, et se prépare comme eux : soupes ou potage velouté (voir p. 548), pot-au-feu, ragoûts, purée ou soufflés (voir p. 549). Ses feuilles s'emploient comme celles des autres persils.

Placez les tiges de coriandre dans le ventre du poulet, et conservez les feuilles. Garnissez le fond d'un plat à four bien huilé avec les tomates coupées grossièrement. Disposez par-dessus le poulet, les oignons émincés et l'ail haché, puis, tout autour, les pommes de terre en cubes. Salez et saupoudrez avec la coriandre hachée. Comptez environ 20 minutes de cuisson par livre à four chaud, en arrosant régulièrement.

• *Epaule d'agneau farcie aux herbes fraîches*

1 épaule d'agneau désossée ; huile de tournesol. Pour la farce : 100 g de mie de pain ; 1 œuf ; 1 oignon ; 1 gousse d'ail ; 1 tasse de cerfeuil haché ; 1/4 de verre de vin blanc sec ; sel.

Mélangez l'oignon et l'ail hachés, le cerfeuil, la mie de pain, le sel, l'œuf et le vin blanc. Farcissez l'épaule, cousez-la et ficelez-la solidement. Badigeonnez-la d'huile de tournesol.

Faites cuire à four moyen 30 à 40 minutes en arrosant souvent avec le jus de cuisson.

L'épaule d'agneau peut également se préparer avec une farce au cerfeuil tubéreux (cf. p. 550).

• *Rôti de bœuf à la coriandre*

1 rôti de bœuf bardé de lard ; 1 oignon moyen ; graines de coriandre ; sel ; huile de tournesol.

Coupez l'oignon en fines tranches. Broyez les graines de coriandre grossièrement au mortier ou dans un moulin à poivre réglé sur une mouture grossière.

Glissez les tranches d'oignon et des graines écrasées sous les bardes de lard. Percez le rôti et introduisez-y de la coriandre broyée. Salez, saupoudrez avec le reste des graines. Faites cuire à four chaud 12 à 20 minutes pour une livre de viande, selon le degré de cuisson désiré. Ce rôti peut se servir aussi bien chaud que froid.

Le petit pois

Antoine Jacobsohn et Dominique Michel

INTRODUCTION

L'autre jour sur le marché, Fabrice, un maraîcher, nous disait que plus personne n'achète de petits pois frais : "Les gens en ont dans leur jardin, les consomment en conserve ou surgelés, ne prennent plus le temps de les écosser."

Pois nain, pois ridé, pois à rames, pois à grains ronds, pois à parchemin, pois sans parchemin, pois à écosser, pois mange-tout, pois des jardins, pois potager… Que de noms pour ce *Pisum* !

En les écossant, cosse après cosse, pois après pois, pourquoi ne pas s'interroger sur l'origine du 'Prince Albert', du 'Sénateur' ? ou voyager avec le 'Dominé de Hollande', le 'Géant suisse', le 'Gros Carré de Normandie', la 'Douce Provence' ? ou visiter la région parisienne avec le 'Marly' ou le pois de Clamart ? Quant au 'Nain couturier', est-ce celui qui a réussi une brillante carrière dans la mode vestimentaire ? N'est-ce pas pour souligner sa supériorité que les obtenteurs de variétés l'ont baptisé 'Roi des Halles', 'Orgueil des marchés', 'Plein le panier', 'Merveilleux', 'Surpasse tout', 'Roi des conserves' et surtout 'Délices des gourmets' ? A ces noms horticoles auxquels les jardiniers restent attachés, les cuisiniers et les gourmets préfèrent ceux de pois nouveau, pois sucrin, pois goulu parce que l'on mange tout, et enfin petit pois.

Pois ou petit pois, qui empêcha une princesse de dormir mais faisait le régal des dames de la cour de Louis XIV. Grimod de La Reynière assurait qu'il était le meilleur et le plus délicat des légumes. Servi avec du lard ou des canards, cuisiné à la française ou à l'anglaise, avant d'être mis en conserve ou congelé, ce pois eut l'honneur de figurer dans le calendrier adopté après la Révolution : le jour du pois était le tridi (troisième) de la deuxième décade du neuvième mois, prairial.

I. HISTOIRE D'UN POIS QUI DEVIENT PETIT

Les premiers travaux sur l'origine des plantes cultivées datent du début du XIXe siècle. Mais il faut attendre les années 1880 pour en trouver une synthèse dans l'ouvrage d'Alphonse de Candolle. Selon lui, les pois (*Pisum sativum* L.) sont présents dès le Néolithique et cette plante est si étroitement liée à l'homme cultivateur qu'elle n'a jamais été trouvée à l'état sauvage ou spontané. Ce n'est qu'au début des années soixante-dix que deux chercheurs, Ben-Ze'ev et Zohary, reconnaîtront les espèces *Pisum elatius* Bieb. et *Pisum humile* Boiss. & Noe comme des variantes interspécifiques de *Pisum sativum*. Toutes deux sont présentes en Turquie et autour de la Méditerranée orientale – c'est-à-dire dans la grande région considérée comme le berceau de la domestication des céréales. Dans des fouilles menées au sud-est de la Turquie, les archéologues ont mis au jour des pois datant de 4400-4200 av. J.-C. Les pois font donc partie des premières plantes cultivées par l'homme.

Domestiqués dans le Croissant fertile, ils sont connus en Inde au début de la période historique, mais ne semblent avoir été introduits en Asie (en Chine) qu'au Moyen Age, comme l'indiquerait leur nom de "pois mahométans". A l'ouest, les Grecs et les Latins les connaissent, comme en témoignent Théophraste, Pline et Columelle. Plus tard, Christophe Colomb, parti avec des pois parmi ses vivres, en fera semer à Saint-Domingue.

Mais ce n'est pas des pois que nous faisons ici l'histoire, seulement des petits pois.

Avant le petit pois : pois nouviaux, pois verds

Les Anciens utilisaient le pois essentiellement comme légume sec, mais lui donnaient une importance bien moindre qu'aux pois chiches, aux différents lupins et gesses et aux fèves.

Un changement semble se produire au cours du Moyen Age. Bien qu'encore largement consommé en sec, le pois à écosser frais devient l'objet d'un intérêt. En Angleterre, les premières mentions de pois verts datent de la fin du XIe et du début du XIIe siècle, après l'invasion normande de

D'après Le Livre des simples médecines, *gravure du XVIe siècle*

Guillaume le Conquérant, donc. En France, ce n'est qu'un demi-siècle plus tard que les pois verts ou nouveaux sont cités. Il s'agit vraisemblablement du même pois qu'en sec, mais vendu frais. Au XIIIe siècle, dans les rues de Paris, ils sont proposés à la criée : "J'ay pois en cosse touz nouviaux", rapporte Guillaume de Villeneuve.

Cet intérêt concerne aussi le pois mange-tout, qui est clairement mentionné et décrit en 1530 par Jean Ruel (*De natura stirpium*). En 1560, Jean Bruyerin-Champier, médecin de François Ier, dans *L'Alimentation de tous les peuples*, semble l'évoquer : "Même si on les prépare le plus souvent débarrassés de leur cosse ou de leur gousse, cuits verts avec leur enveloppe, ils ont assez de succès sur les tables élégantes, mais il faut le faire quand ils sont tout nouveaux, car ils durcissent dès qu'ils vieillissent un peu." Si cette assertion ne permet pas d'affirmer qu'il s'agit de pois sans parchemin, elle renforce l'impression d'un produit grandement apprécié par les élites en tant que premières verdures du printemps. Quoi qu'il en soit, ce pois est bien connu au tournant du XVIIe siècle, comme le souligne Claude Mollet dans le *Théâtre des plans et jardinages* publié en 1652, mais en grande partie rédigé avant 1630 : "Nous avons d'une autre espèce de Pois, lesquels nous ont été apportés depuis quarante ou cinquante ans, ce fut feu M. de Buhy, comme voyageant en Ambassade pour le Roi au pays de Hollande & Irlande [...] qui sont assez communs pour le jour d'hui, lesquels n'ont point de parchemin en l'écosse, ils n'ont que deux petits filets aux deux côtés ; ils sont fort excellents en vert avec l'écosse à faire potages, même pour en manger avec du beurre & de la muscade ; l'écosse se mange aussi bien que les Pois, il ne reste que les deux petits fils, ils ont le goût bien meilleur que n'ont pas les Pois hâtifs."

Du pois au petit pois

Le terme "petit pois" semble apparaître pour la première fois en 1615 dans l'*Histoire générale des plantes* de Jacques Dalechamps – médecin botaniste lyonnais –, rédigée en latin puis traduite en français. "Pline & les autres autheurs latins [le] nomment Erulia, pour raison de la couleur jaune comme d'ochre dont ce fruit est teint au-dedans. Les autheurs modernes & les apothicaires l'appellent petit pois [...]. Ce petit pois a la tige creuse, les feuilles, les fléaux & les gousses comme le pois, plus petit toutefois. Il porte des fleurs qui sont blanches pour la plus part : toutefois il s'en trouve de couleur pourpre-brun, des gousses rondes & longues dans lesquelles les grains sont moindres que les pois communs, de couleur jaune le plus souvent, ou bien verte. Il en croist emmy en champs, & dans les jardins." Avant lui Dodoens, botaniste flamand, traduit en français par Charles

Rembert Dodoens (1517-1585)

> ### L'EUROPE DES PETITS POIS
>
> Toute l'Europe semble connaître les pois verts au XVIe siècle, mais les Hollandais les mettent plus à l'honneur que les autres pays. Pourtant, la réputation des pois français rivalise avec ceux de Hollande sur le marché londonien. Au début du XVIIe siècle, à Londres, les premiers pois de l'année sont une variété produite en Angleterre mais dite *"French pease"*. Par contre, dans la première moitié du XVIIe siècle, parmi les pois les plus cotés de Paris figure une variété venant de Hollande. Les variétés dites "de Hollande" conserveront un prestige particulier encore au XVIIIe siècle.

de l'Ecluse en 1557, a interprété ce légume dans le sens de "petit pois" – interprété seulement, puisqu'à aucun moment il n'utilise l'expression, se contentant d'écrire : "Il y a trois sortes de Pois, Grands, Moyens, & Petits."

En fait, il ne faut pas faire grand cas de l'expression "petit pois". Le pois et le petit pois sont une seule et même espèce. Pas plus hier qu'aujourd'hui on ne trouve de "petits pois" dans les catalogues de graines potagères. Les savants et spécialistes préfèrent "pois à écosser", pois "mange-tout", "gourmand" ou "sans parchemin". Le "petit pois" n'a pas une existence technique reconnue. Usitée par les cuisiniers et les consommateurs à partir de la seconde moitié du XVIIe siècle, selon Diderot, cette locution serait à l'origine parisienne, puis aurait pris une valeur nationale à la fin du XVIIIe siècle.

L'anoblissement du pois

Les pois nouveaux furent donc appréciés bien avant 1660. A tel point que le gazetier Loret, dans la *Muse historique*, insiste sur leur présence dans un repas servi en 1655 et composé :

> *D'un grand nombre de mets divers*
> *Et surtout de fort bons pois verts*
> *Accommodez par excellence.*

Cependant, c'est sous Louis XIV que commence vraiment la mode des pois nouveaux. Si l'on en croit Audiger, l'auteur de la *Maison réglée* publiée en 1692, tout commence en 1660. Espérant obtenir de Louis XIV le monopole des liqueurs fines qu'il avait appris à confectionner en Italie, Audiger rapporte de Gênes des pois en cosse dans une caisse avec des herbes et des boutons de roses. Et le 18 janvier au Louvre : "J'eus l'honneur de la présenter au roi." Sa Majesté et les seigneurs présents "d'une commune voix s'écrièrent que rien n'était plus beau et plus nouveau, et que jamais en France on n'avait rien vu de pareil pour la saison ; M. le comte de Soissons prit même une poignée de pois qu'il écossa en présence de Sa Majesté." Ordre fut donné de les cuisiner. L'étonnement ne vient pas du légume, puisqu'on le connaissait déjà, mais de sa date de présentation à la cour, le 18 janvier.

Le roi ne peut plus s'en passer. Ces pois sont, avec les fraises, les bêtes noires de Fagon, son médecin, qui les accuse d'entretenir un concert de vents. En quelques années, le pois vert devient "le ragoût des riches friands". Manger des pois primeurs est de bon ton à la cour, et bien sûr tout Paris suit. Phénomène dont se moquera Boileau dans sa satire du *Repas ridicule*. Car cette mode devient vite une fureur, mais aussi le centre des conversations versaillaises, selon Mme de Maintenon : "Le chapitre des pois dure toujours, l'impatience d'en manger, le plaisir d'en avoir mangé et la joie d'en manger encore sont les trois points que nos princes traitent depuis quatre jours." Cette gourmandise à l'égard des pois est révélatrice du comportement de la cour.

Cependant, il ne s'agit que de variétés déjà connues et simplement forcées. Il faudra attendre le début du XVIIIe siècle pour trouver des témoignages de sélection volontaire de variétés destinées à être consommées en primeur.

Cette passion traversera les siècles. Au début du XIXe siècle, Grimod de La Reynière dans l'*Almanach des gourmands* leur décerne le titre de "prince des entremets". Opinion que partage le cuisinier Antonin Carême pour qui "les petits pois doivent être mis au rang des légumes les plus précieux".

La distinction par le petit pois

Pour les élites sociales du XVIIe siècle à la recherche de la nouveauté, à l'impératif de suivre la mode s'ajoute l'engouement pour les légumes et les fruits primeurs. L'envie de devancer le cours naturel des productions saisonnières n'est pas nouvelle. Déjà, en 1600, O. de Serres dans le *Théâtre d'agriculture* estimait que l'on pouvait manger des pois vers Pâques et que grâce à la curiosité des jardiniers et à l'usage du fumier, l'on pouvait en produire plus tôt. Cependant, ce désir de pois précoces ou hâtifs (le mot "primeur" ne fut employé qu'à partir de la fin du XVIIe siècle) s'amplifie au Grand Siècle. Cet engouement s'inscrit dans la réflexion de Jean-Louis Flandrin sur la distinction par le goût et la libération de la gourmandise à cette époque. Nous sommes tentés d'ajouter que cet intérêt témoigne d'une nouvelle conception de la nature, considérée comme malléable – l'homme étant alors capable de produire des petits pois plus tôt que la nature seule ne le ferait.

La précocité permet de se distinguer et de prouver son appartenance à une classe sociale. Il s'agit, comme l'évoque un personnage de la *Comédie des Costeaux ou les Friands Marquis*, de manger des pois "avant tous les bourgeois", même si ces pois, qui naissent de la pourriture, risquent dans le corps de pourrir mille fois et "qu'ils valent moins à cent francs qu'à cinq sous". Besoin qui perdure : ainsi, dans *Le Colporteur : histoire morale et critique* de M. de Chevrier (1761), une jeune femme, docile aux volontés de son amant, ne touche point aux mets qui ne sont plus dans leur primeur. Et quand un plat de petits pois n'atteint pas les cinquante francs, mais figure sur la table, elle se voit refuser l'autorisation d'y goûter.

Et qu'importe le prix ! Un litron de premiers petits pois trouve acquéreur à cent écus en 1782, selon Louis-Sébastien Mercier (*Tableau de Paris*), alors qu'un bouquet de violettes vendu deux louis au cœur de l'hiver n'est porté que par quelques femmes. Ce n'est pas le prix en soi qui est important, mais la rareté du produit pour la saison. Cependant, le coût des premiers pois devient aussi un élément de différenciation, de luxe. Luxe qui, pour certains économistes comme Melon, est un bien : celui du jardinier "qui vend les premiers pois à un prix excessif qui fait

LES PETITS POIS EN PEINTURE

Le goût pour les pois nouveaux, avant le Grand Siècle, est perceptible dans la peinture. Dans un tableau peint dans les années 1580, aujourd'hui dénommé *La Vendeuse de fruits*, Vincenzo Campi présente, au premier plan et au centre de l'étalage des marchandises, un tas de pois écossés et de pois en cosse. Cosse de pois entrouverte qui figure la bouche dans *L'Eté*, portrait construit à partir de différents végétaux par Giuseppe Arcimboldo en 1573. Joachim Beuckelaer (1533-1573), l'un des peintres de scènes de marché les plus connus des Pays-Bas, représente, d'une façon proche de celle de Campi, un tas de pois verts à écosser dans son tableau *Vendeuse de marché avec fruits, légumes et volailles* ou dans *Marchande de fruits et de légumes*. Dans ces peintures, d'Italie, de la cour des Habsbourg à Vienne et des Pays-Bas, datant toutes de la seconde moitié du XVIe siècle, ainsi que dans d'autres natures mortes de l'époque, les pois nouveaux sont mis en avant et peut-être même présentés comme un objet de luxe et de prestige.

D'après Arcimboldo, L'Eté

son bien-être de toute l'année" – thèse que reprendra François Quesnay, fondateur de la physiocratie.

Au début du XIXe siècle Etienne de Jouy, convive de sociétés gourmandes, résume le comportement alimentaire des différentes classes sociales : "Aux riches les primeurs ; mais l'année se passe-t-elle sans que tout le monde ait mangé des petits pois ?"

"Faut-il louer les pois ?…"

La passion pour le pois nouveau et son changement de statut se reflètent dans le discours des médecins qui, à cette époque et particulièrement pour les fruits et les légumes, font plus preuve de suivisme que de modernisme. En 1643, Michel Lelong, dans *Le Régime de santé*, est partagé entre approbation et condamnation : "Il faut blâmer les pois et leur donner louange." En fait, tout dépend du pois : si le pois sec est difficile à digérer, charge l'estomac, est fort venteux, le pois nouveau n'est pas si fâcheux. Tout en nourrissant moins que le sec, il donne une nourriture plus humide, estime en 1613 Nicolas Abraham de La Framboisière, médecin ordinaire du roi.

Alors que la passion pour ce légume fait rage, une nouvelle querelle voit le jour. Certains médecins s'en prennent aux légumes poussés artificiellement. "Les légumes et tous

D'après un herbier du XVIe siècle

> **FORCER LES PETITS POIS**
>
> A la fin du XVIe siècle, pour obtenir des petits pois "hâtifs", les jardiniers les faisaient pousser sur des couches chaudes légèrement surélevées et constituées de fumier de cheval en fermentation recouvert d'une couche de terreau. La difficulté était de trouver un bon équilibre entre la vitesse (et donc la chaleur) de fermentation du fumier et l'eau nécessaire pour éviter que le terreau ne se dessèche, et les pois avec. Au milieu du XVIIe siècle, les jardiniers professionnels commencent à utiliser des cloches en verre pour mieux protéger les plantes du froid et éviter le dessèchement. Dans la seconde moitié du XVIIIe siècle, le châssis de verre, sorte de mini-serre amovible qui peut se placer sur une couche chaude, représente un nouveau bond en avant. Mais les châssis ne permettent pas aux pois de pousser en hauteur : certains producteurs sélectionnent alors des variétés de plus en plus petites, ou couchent les plantes à l'aide de crochets. D'autres plantent les petits pois dans des corbeilles à anses, les sortant le matin et les rentrant le soir. Tous pincent à la troisième ou quatrième fleur pour que les premières cosses se développent plus tôt.
>
>
>
> *La production des primeurs au Potager du roi*

ces fruits prématurés sont venteux, de mauvais sucs, et indigestes", note en 1668 Denis Dalicour dans *Le Secret de retarder la vieillesse ou l'Art de rajeunir, et de conserver la santé*. En 1759, le cuisinier Menon condamne aussi ces techniques de forçage pour les pois : "Les plus hâtifs ne sont pas toujours les plus sains ; le fumier, l'artifice dont on use pour les avancer altèrent souvent leur nature." Cependant, au milieu du XVIIIe siècle, l'opposition tend à régresser, comme en témoignent Diderot et d'Alembert dans l'*Encyclopédie* à l'article "Pois verts, Petits pois" : "Ce légume est un des plus salutaires, comme des plus agréables, surtout les pois écossés que l'on mange frais, n'ayant pas atteint leur degré de maturité, ayant la peau très tendre, verte et transparente, la chair succulente, sucrée et point encore farineuse, en un mot dans l'état qui les fait appeler à Paris petits et fins. Avec leur gousse qui est tendre, succulente, grasse et assez sucrée, passent pour moins salutaires." Dès lors, les notions de digestion plus agréable, de nourriture douce et facile deviennent des termes récurrents aussi bien dans les livres de diététique que de cuisine.

Du pois pilé aux asperges en petits pois

A partir de la Renaissance, certains légumes vont devenir caractéristiques d'une alimentation délicate, et donc le fait de l'aristocratie. Les artichauts, les champignons, les laitues, les brocolis, les asperges, etc. font partie des élus. Le pois nouveau rejoint ce cortège. Il est tellement prisé que les cuisiniers vont jusqu'à proposer des recettes permettant de transformer des asperges en… petits pois pour tromper l'impatience d'en retrouver sur les tables. Antonin Carême offrira ce plat célèbre au prince de Talleyrand. Mais cette contrefaçon est aussi un moyen de tromper les convives, comme l'évoque Louis-Sébastien Mercier. Pour son entrée dans une corporation, un avare fastueux devait offrir un repas. Il était d'usage de présenter à ce type de repas deux plats de petits pois. Pour éviter une dépense d'au moins trois cents écus, l'avare recommanda à son maître d'hôtel de n'en faire qu'un avec des petits pois et, pour le second, de déguiser des pointes d'asperges en petits pois. Lorsque le maître d'hôtel serait sur le point de les poser à table, il simulerait un faux pas, et répandrait les pointes d'asperges sur le parquet. Hélas, le maître d'hôtel trompé par la parfaite imitation fit choir le plat… de petits pois et servit les pointes d'asperges. L'avarice du nouveau confrère fut mise au jour. Histoire vraie ou légende ? Ce qui est sûr, c'est qu'en Belgique un avare est devenu un "compteur de pois dans la soupe".

> ### ASPERGES EN POIS VERTS
>
> "Coupez menu tout le vert des asperges, jusqu'à ce que vous y trouviez la moindre résistance, lavez-les d'abord en eau fraîche pour en ôter la plus grosse terre, les blanchissez, après sept ou huit bouillons faites-les égoutter, peu après vous les passerez à la poêle avec bon beurre frais et lard fondu, et à demi-roux, ajoutez-y du sel, épices, thym, vert de ciboulettes hachées menu, retournez-les quelque temps et souvent, et aussitôt les mettrez mitonner un demi quart d'heure au plus en quelque terrine ou casserole avec un peu de votre meilleur bouillon, et pour conserver leur beauté naturelle, qui consiste dans la couleur ordinaire, jetez-y un moment avant de servir gros comme une noix de bon beurre frais."
>
> (L. S. R., *L'Art de bien traiter*, 1674.)

Délices de femmes

Depuis au moins le XVIIe siècle, l'engouement pour les pois nouveaux est associé aux femmes. Guy Patin, médecin parisien, dans son *Traité de la conservation de la santé*, écrit alors : "Les fèves sont venteuses, troublent les sens, de suc grossier, de dure digestion, et de petites nourritures. Les pois leur ressemblent fort, voire même pire." Mais il ajoute : "Je ne veux pas pourtant tout à fait les décrier. Je sais bien que les dames les aiment fort quand ils sont verts, et que cela ne nuit pas aux Médecins de cette ville." Certes, les femmes ne seront pas les seules à les apprécier, mais elles semblent plus concernées. En mai 1696, Mme de Maintenon, dans une lettre écrite au cardinal de Noailles, note : "Il y a des dames qui, après avoir soupé avec le Roi et bien soupé, trouvent des pois chez elles pour en manger avant de se coucher au risque d'une indigestion. C'est une mode, une fureur." Est-ce pour plaire au roi ? pour être à la mode ? Est-ce leur chair sucrée, leur goût sucrin souligné par L. S. R. dans *L'Art de bien traiter* en 1674, qui les fait rechercher plus particulièrement par les femmes ? Est-ce parce que leur véritable place est parmi les entremets qui mêlent les mets salés et sucrés, service qui selon Grimod de La Reynière attire plus particulièrement l'attention des femmes ? Aucun texte ne nous permet d'apporter vraiment une réponse.

Le petit pois est lié à la femme, tout comme la fraise, le mets favori des jolies femmes. Sa présence à un dîner est jugée aussi importante que celle de la gent féminine par le marquis de Cussy, préfet du palais sous l'Empire et gastronome réputé, qui se réjouit d'avoir assisté à une fête magnifique qui réunissait "les premières notabilités de la banque, des femmes charmantes et des petits pois délicieux". Cette association des petits pois et des jeunes femmes est récurrente au cours des siècles. Déjà en 1697, dans une comédie, Pasquin et Marforio prétendaient que les Français préféraient les pois verts aux pois secs comme les filles de quinze ans aux mères plus expérimentées. Au début du XIXe siècle, Grimod de La Reynière l'évoque au sujet des asperges déguisées en petits pois qui dès le mois d'avril ne sont là que "pour tromper notre espoir et calmer notre impatience". Mais dès que les véritables petits pois sont arrivés, elles n'osent plus se présenter sous cette forme : "C'est ainsi qu'une belle sur le retour qui, à l'aide de nombreuses lumières, avait usurpé nos hommages fuit à l'aspect de l'aurore, et n'ose soutenir le parallèle avec une Hébé parée seulement de ses dix-huit printemps." Beauté et jeunesse de Mlle de Fontanges, favorite de Louis XIV, dont la princesse Palatine écrit : "On ne peut rien voir de plus merveilleux", et qui ont peut-être contribué à donner son nom, à la fin du XIXe siècle, à une préparation culinaire.

Des petits pois frais aux petits pois en conserve

Au tournant du XIXe siècle, l'appertisation voit le jour. Mais ce n'est que vers la fin de ce siècle que ce procédé, en conjonction avec d'autres événements, va bouleverser la production et la consommation des petits pois. Après l'introduction et l'adoption de ce nouveau produit qu'est le petit pois en conserve et, plus tard, après la Seconde Guerre mondiale, avec la conservation par congélation, le pois n'est presque plus consommé à partir de son état frais ou sec.

• *Les petits pois de Paris*
Du 15 mai au 30 octobre, rue des Halles à Paris, il existait un marché spécifique pour les petits pois. Pour le seul mois d'août 1883, 12 094 bulletins d'emplacement furent achetés par des vendeurs. Au milieu du XVIIe siècle, les premiers petits pois de la région parisienne vendus aux Halles de Paris étaient ceux de la côte de Charenton. Au XIXe siècle, les premiers venaient de Marly, de Rueil, puis de Mantes. Les coteaux de la Seine, de Suresnes à Mantes en passant par Puteaux, Nanterre, Argenteuil et Triel, produisaient de grandes quantités pour le marché parisien. Au nord et au nord-est de Paris et, de manière un peu plus tardive, de Sarcelles à Saint-Prix (près de la forêt de Montmorency), en passant par Ecouen, Groslay, Deuil et Montmagny, des communautés de producteurs livrèrent à leur tour les Parisiens. Un certain nombre de variétés de petits pois tirent leur nom d'une commune ou d'un obtenteur de la région parisienne : 'Michaux de Paris', 'Trois Gousses de Clamart', 'Quarante-deux de Sarcelles', 'Merveille d'Etampes'…

• *Le triomphe de la conserve*
Nicolas Appert, en publiant en 1810 *L'Art de conserver pendant plusieurs années*, offre au public un système de conservation qui anticipe les idées et découvertes de Pasteur. Il se fonde sur la stérilisation des substances à conserver pour tuer les ferments et leurs germes. Le principe de la conserve est né. Et, parmi les végétaux, Appert s'attache aux petits pois verts placés dans des bouteilles en verre.

L'armée s'intéresse très tôt à l'invention d'Appert. C'est un formidable moyen de diminuer les difficultés liées au stockage et au transport de denrées périssables. Au début, si celles de viande ont un certain succès, les Français n'apprécient que peu "les conserves". Par contre, à l'armée, les hommes sont bien obligés d'en manger et peut-être même apprennent-ils à les aimer. Après la guerre franco-allemande de 1870, les techniques de fabrication sont adaptées à la grande industrie. Les usines de transformation des sardines, en Bretagne, et du sucre, dans le Nord et en Picardie, cherchant à être rentables toute l'année, intègrent différents produits, dont les petits pois. Et sous la pression de la demande et de l'offre des industriels, la consommation de petits pois frais semble diminuer.

Un mouvement de concentration de l'industrie de la conserverie débute ainsi au début du XXe siècle et aboutit à ce qu'aujourd'hui sept départements (Nord, Pas-de-Calais, Somme, Morbihan, Finistère, Aisne et Oise) rassemblent 82 % de la production. Le poids de cette industrie devient évident quand on la compare à la consommation des petits pois frais.

• *Un tour de France des petits pois*
Au début du XXe siècle, les environs d'Hyères, de Tarascon, de Villeneuve-sur-Lot et d'Agen, de Bordeaux, de Brive et d'Objat, de Tours et de Blois, ainsi que ceux de Saint-Brieuc, de Plougastel-Daoulas et de Lorient sont les principaux centres qui expédient par rail leurs petits pois sur le marché parisien. Il ne faut pas oublier l'importance, à l'époque, de l'Algérie qui fournit la métropole en petits pois primeurs. Mais la production obtenue à la périphérie de nombreuses villes a une grande réputation : parmi les plus connues, Bastia, Nice, Antibes, Toulouse, Dax, Perpignan, Sens. Dans les années cinquante, la région d'Ecouflant (en Maine-et-Loire) est connue pour ses cultures de petits pois dont la production (environ 2 000 quintaux) est consommée sur place. Curnonsky et de Croze, dans leur *Trésor gastronomique de France*, en 1933, citent, parmi les régions offrant des préparations culinaires à base de petits pois, l'Ile-de-France, la Normandie, la Touraine, le Nivernais, le Bordelais, la Bourgogne et la Bresse. On peut supposer que non seulement ces mets étaient bons, mais aussi les matières premières et, en premier lieu, les petits pois.

De nos jours, *L'Inventaire du patrimoine culinaire de la France*, dont trois régions manquent pour couvrir le territoire français, recense seulement trois productions : le pois mange-tout provençal, le petit pois de Villeneuve-sur-Lot (en Aquitaine) et le pois en conserve de Picardie. Les deux premières sont un témoignage résiduel de la place que les petits pois ont naguère occupée dans le Midi. La dernière souligne le tournant qu'a représenté l'industrialisation de l'agriculture et la situation actuelle de la production de petits pois en France.

• *Les voyages du petit pois*
L'histoire du petit pois ne se limite pas, bien sûr, à la France. A la fin du XVIIIe siècle, dans les colonies anglaises devenues indépendantes, Jefferson, le troisième président des nouveaux Etats-Unis d'Amérique, cultivait une cinquantaine de variétés de petits pois dans son jardin de Monticello. Parmi celles qui étaient à l'honneur se trouvaient des obtentions de Thomas Knight, un Anglais qui créa de nombreuses variétés et, en particulier, améliora le groupe des pois ridés. Ce groupe a bouleversé le paysage des petits pois et sa multiplication fut un des grands événements de l'histoire de notre légume. A partir du début du XIXe siècle, ce sont les obtentions anglaises, et en particulier les différents pois ridés, qui vont dominer le marché des semences.

La récolte, d'après un catalogue anglais de la fin du XIXe siècle

LE MYSTÈRE DE LA MACÉDOINE

Avant de désigner un mélange de légumes ou de fruits coupés en petits morceaux, servi chaud ou froid, le mot "macédoine" désignait du persil. Persil nommé *Macdoniki* ou *Macedonico*, note Pierre Belon en 1553 lors d'un voyage en Macédoine. En 1662, l'*Ecole parfaite des officiers de bouche* propose une salade de racine de persil Macédoine (ou maceron). La première recette portant ce nom figure dans le *Cuisinier gascon* paru en 1740 : "La macédoine à la paysanne : Vous avez des pois un litron, un demi-litron de fèves de marais que vous aurez coupées en quarré de la grosseur des pois ; vous avez une poignée d'haricots verts que vous coupez en losanges de la grosseur des pois ; vous avez des carottes que vous coupez en filets… vous passez le tout avec bon beurre."

De nos jours, carottes, navets, haricots verts, petits pois en sont la base. Pour une conserve, il faut 35 % de petits pois et de haricots verts et 65 % de carottes, navets et flageolets.

Curieusement, en Europe centrale, la macédoine de légumes froide porte le nom de "salade française".

L'Europe de l'Est et la Russie occidentale sont actuellement de grands producteurs et consommateurs de petits pois. Mais leur histoire nous est encore inconnue. Les quelques informations recueillies font apparaître une image des pois dominée par la consommation en sec, dans des plats consistants et roboratifs. Les pois sont encore associés aux céréales et non pas aux légumes, et encore moins aux légumes fins et délicats. Ce qui n'empêche pas que de nombreux centres de production légumière se sont spécialisés dans les petits pois primeurs, comme à Mohács, au sud-est de la Hongrie, qui a donné son nom à une variété ('Mohácsi cukorborsó').

• *La consommation actuelle*
Chaque Français mange en moyenne, par an, 2,2 kilos de petits pois transformés (dont plus de 1,5 kilo appertisés)

et seulement 250 grammes de petits pois frais. Les petits pois en conserve (seuls ou mélangés à d'autres légumes) représentent 60 % de la consommation et les surgelés, 30 %. Les petits pois frais ne constituent que 10 % de la consommation. Cette répartition entre petits pois frais et petits pois issus de préparations industrielles n'est pas très différente en Belgique, aux Pays-Bas ou en Grande-Bretagne. Toutefois, ces deux derniers pays utilisent bien plus largement les surgelés (jusqu'à 50 %).

• *Plaidoyer pour un retour aux petits pois frais*
L'Italie est le pays européen qui produit et consomme le plus de petits pois frais, mais seulement le troisième ou quatrième pays européen (selon les années) pour la quantité totale produite. L'Italie est aussi le pays d'origine de l'association Slow Food. Et bien que cette association ait essaimé dans le monde, l'Italie reste le pays qui rassemble le plus grand nombre de membres actifs (environ 40 000). Les Français se sentent moins concernés que les Allemands ou les Anglais et cela, bien que les Italiens aient voulu d'emblée les y associer en venant fonder l'association à Paris en 1986.

Slow Food fait l'éloge de la lenteur et du faire soi-même. Elle prône le retour à une place centrale de la consommation alimentaire dans notre quotidien. Elle milite contre l'industrialisation de la production agricole et des produits alimentaires, et pour une culture du goût et la défense des produits de qualité.

II. LA PETITE MUSE DE GREGOR MENDEL

Le petit pois occupe une place à part dans l'histoire de la science : c'est lui qui a permis à Mendel de formuler les lois qui portent son nom et qui fondent la génétique. Mais commençons par replacer le petit pois à l'intérieur de sa famille.

Portrait botanique

• *La famille des Légumineuses*
Tous les êtres vivants peuvent être rangés dans une série d'ensembles : c'est le rôle de la taxonomie. Il existe donc plusieurs taxons ou divisions principales (du plus général au plus spécifique) : règne, phylum ou embranchement, classe (et sous-classe), ordre, famille, genre, espèce. Les pois sont du règne des plantes ou flore, du phylum des Angiospermes, de la classe des Dicotylédones, de l'ordre des Fabales, de la famille des Légumineuses, du genre *Pisum* et de l'espèce *sativum*.

Dans certains cas, les catégories spontanées peuvent correspondre avec la classification scientifique, par exemple en ce qui concerne les "légumes secs". Les fèves (du genre *Vicia*), les haricots (des genres *Phaseolus* ou *Vigna*), les lentilles (du genre *Lens*) sont tous de la famille des Légumineuses (ou *Leguminosæ*). Mais la correspondance entre la classification scientifique et nos catégories quotidiennes est rarement complète : le trèfle (genre *Trifolium*), plante fourragère commune, ou le tamarin (genre *Tamarindus*), arbre dont les fruits sont utilisés grillés, confits ou réduits en poudre, sont aussi membres de la famille des Légumineuses. Outre la forme des fleurs (dites "en papillon") et le fruit en gousse, l'un des caractères communs aux membres de cette famille est le fait de pouvoir fixer l'azote atmosphérique. Cette fixation se fait dans des nodosités qui se forment sur les racines des plantes au contact d'un certain type de bactérie (*Rhizobacterium*). Ces bactéries fixent l'azote et en rendent une partie accessible à la plante, qui forme les nodosités et offre des conditions de croissance favorables aux bactéries.

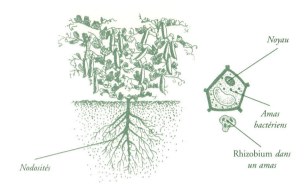

Nodosités à Rhizobacterium

selon ce que nous appelons aujourd'hui la variété. "[La tige est] très légèrement cannelée, cylindrique, creuse, faible, garnie de feuilles alternes, ailées, ou composées de deux à six folioles inégales, presque ovales, attachées, dans un ordre opposé, sur un pédicule commun, terminé par une vrille quelquefois simple, le plus souvent ramifiée en filaments au nombre de deux à neuf." Les vrilles sont des folioles réduites à la nervure centrale. C'est ce que la plante utilise pour se stabiliser ou s'accrocher en hauteur. "A l'insertion du pédicule, deux stipules, beaucoup plus grandes que les folioles, crénelées à leur base, sont articulées sur la tige, et un peu sur le pédicule dont elles couvrent l'insertion, de sorte qu'il paraît placé derrière. De l'aisselle des feuilles et au-dessus des stipules, il sort un œil ou bouton qui, suivant l'espèce [lire : variété] de Pois, produit une branche avec une, deux ou trois fleurs. La fleur est composée d'un calice tubulé d'une seule pièce à cinq découpures, terminées en pointe, dont les deux supérieures

C'est donc une relation symbiotique. Toutefois, si le sol dans lequel pousse une Légumineuse est fortement fumé et contient donc beaucoup d'azote, les nodosités ne se formeront pas, ou très peu, car la plante n'aura pas intérêt à initier la relation symbiotique. Il arrive que les bactéries nécessaires ne soient pas présentes dans le sol. Dans ce cas, il est possible d'inoculer les graines avant de les semer.

• *Le genre* Pisum
Ce très petit genre ne comprend pour le moment que deux espèces, *Pisum sativum* et *Pisum fulvum* Sibth. & Sm. Cela n'a pas toujours été le cas. Comme nous l'avons vu, plusieurs plantes autrefois reconnues comme des espèces à part entière ont été regroupées dans l'espèce *sativum*. Le débat n'est pas clos. Aujourd'hui, si la notion de genre n'est pas mise en cause par les taxinomistes, celle d'espèce l'est parfois. Les scientifiques constatent un nombre croissant de croisements fertiles entre des individus d'espèces différentes. Pourtant, la définition de base de l'espèce est : ensemble d'individus dont les croisements ont une progéniture fertile.

• *L'espèce* sativum *ou, finalement, le petit pois*
En 1775, Le Berryais, collectionneur de variétés légumières et auteur d'un *Traité des jardins*, a formulé une description botanique du pois qui, avec quelques très légères modifications, demeure exacte. "Le Pois est une plante annuelle qui pousse une seule tige, longue de six pouces jusqu'à sept ou huit pieds suivant l'espèce" – c'est-à-dire avec une tige de 15 centimètres environ jusqu'à plus de 2 mètres,

Pisum sativum, *plante entière*

sont plus larges que les trois autres ; de quatre pétales blancs ou rouges, suivant la variété, dont le supérieur ou étendard est large et taillé en cœur." De nos jours, on parle d'un calice oblique à cinq lobes pointus ou obtus et inégaux ; les deux lobes supérieurs (ou ailes) placés sous l'étendard sont plus courts et plus larges. Aujourd'hui comme il y a deux cents ans, le lobe inférieur est toujours appelé "carène". Le Berryais poursuit : "[...] d'un style (et de l'ovaire) [...] qui devient une cosse plus ou moins longue, suivant la variété, bivalve, uniloculaire, contenant de quatre à quatorze grains ronds ou presque cubiques, de couleur, grosseur, etc., suivant la variété, qui sont bons à semer pendant deux ans." Bivalve signifie que la cosse, ou gousse, s'ouvre des deux côtés et uniloculaire, qu'à l'intérieur de la cosse, l'espace n'est pas cloisonné.

Gousse de petit pois

Cependant, cette description botanique de la plante ne nous renseigne pas sur les grandes distinctions intraspécifiques, c'est-à-dire à l'intérieur de l'espèce. Nous aborderons ici seulement les caractéristiques générales des pois cultivés, souvent citées et moins souvent comprises : le caractère "à rames" ou nain de la plante ; le caractère rond ou ridé du pois lui-même ; enfin, le caractère avec ou sans "parchemin" de la cosse.

• *Pois nains ou à rames*
Les qualificatifs de "nain" ou "à rames" décrivent de façon approximative la hauteur communément atteinte par la variété en question. Pour être dite "naine", la variété ne doit pas dépasser 60 centimètres. Si la taille des plantes est comprise entre 60 et 120 centimètres, la variété est dite "demi-naine". Au-delà d'un mètre, les pois sont dits "à rames". En réalité, même les variétés naines et demi-naines peuvent être ramées, c'est-à-dire recevoir un support utile pour qu'elles ne s'étalent ni ne s'enchevêtrent trop. Ces différences ont une origine commune : l'adaptation à un environnement particulier. Il est probable que la forme naine des pois correspond à une adaptation de cette espèce à un environnement de type "prairie". La plante n'avait pas besoin de croître en hauteur pour se faire une place au soleil. La forme "à rames" correspond vraisemblablement à une adaptation de l'espèce à un environnement de type "maquis". En compétition pour la lumière avec des plantes ligneuses, la sélection naturelle a favorisé les plantes capables de grimper.

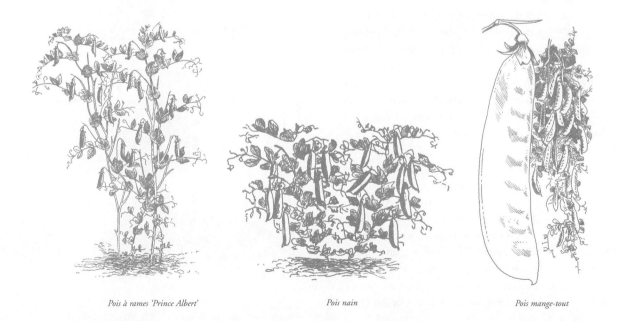

Pois à rames 'Prince Albert'   *Pois nain*   *Pois mange-tout*

Parmi les pois à rames, on peut citer 'Roi des conserves', 'Caractacus' ou 'Téléphone'. 'Sénateur', 'Maxigolt' ou 'Plein le panier' sont des variétés demi-naines. Enfin, 'Petit provençal', 'Hâtif d'Annonay' ou 'Merveille d'Amérique' sont des pois nains.

• *Grains ronds ou ridés*
Pour les non-jardiniers, tous les discours au sujet des grains ronds ou des grains ridés sont incompréhensibles. Sur le marché, les petits pois sont loin d'être toujours ronds et ils ne sont jamais ridés ! L'opposition entre grains ronds et ridés n'est évidente que pour ceux qui ont déjà semé des pois. Et encore : en réalité l'épithète "rond" désigne le caractère lisse des grains. A l'état frais, les petits pois d'une variété où les grains sont serrés dans la cosse peuvent présenter des surfaces plates. Mais, à l'état sec, les grains dits "ronds" sont lisses et les grains dits "ridés" sont, et sans hésitation, ridés. Les petits pois à grains ridés sont plus moelleux, restent tendres plus longtemps, parce qu'ils contiennent plus d'eau et que leur composition chimique est légèrement différente. Ils renferment plus d'amidon et plus de sucre. Les rides se forment lorsque les grains sèchent et que les cotylédons (les deux "moitiés" d'un grain de pois) rétrécissent plus que la peau (ou tégument) qui, elle, ne rétrécit pas autant et donc se plisse. Entre les pois lisses et les pois ridés, il existe une catégorie intermédiaire, dite "bosselée". Pour les jardiniers, il faut préciser qu'en général, les pois ridés sont moins rustiques que les ronds.

On range parmi les pois à grains ronds ou lisses, par exemple, les variétés 'Serpette d'Auvergne', 'Douce Provence' ou 'Phénomène', alors qu''Utrillo', 'Merveille de Kelvedon' ou 'Télévision' sont des pois à grains ridés.

• *Pois mange-tout*
Les pois mange-tout, gourmands ou sans parchemin sont des pois qu'il n'est pas nécessaire d'écosser. On peut les manger comme les haricots verts, c'est-à-dire en enlevant les deux bouts et le fil, s'il existe. C'est un petit pois comme les autres, qui a peut-être même été le premier type de petit pois à la mode parmi les élites françaises du XVIe siècle. Dans les variétés de ce type, les parois de la gousse ne développent pas un "parchemin" coriace, ou le développent tardivement – et, même, certaines présentent des parois particulièrement charnues et sucrées. Les pois sans parchemin peuvent être à rames ('Corne de bélier', 'Sugar Luv'), demi-nains ('Carouby de Maussane') ou nains ('Sugar Gem').

Le petit pois et la génétique

• *Gregor Mendel et Charles Naudin*
Si, depuis des siècles, les jardiniers réussissaient à créer des nouvelles variétés, personne, jusqu'au milieu du XIXe siècle, n'avait encore décrit un système cohérent de transmission des caractères. Mendel et Naudin vont s'y essayer et réussir mieux que leurs prédécesseurs. C'est Mendel, moine discret de Brno, dans l'actuelle République tchèque, qui est entré dans l'histoire car il a énoncé ses propositions sous forme de règles mathématiques. Charles Naudin, personnage marquant de l'horticulture française de la seconde moitié du XIXe siècle et auteur prolifique, n'a pas su donner un appareillage scientifique reproductible à ses observations. On ignore souvent que Naudin travailla à partir des Cucurbitacées (melons et courges) et que les premières formulations de ses idées sont rassemblées dans un court article de 1852, à l'occasion de la publication de l'*Album de légumes* de MM. Vilmorin et Cie. C'est-à-dire que Naudin, comme Mendel, réfléchit à partir de plantes alimentaires.

• *Pourquoi le petit pois ?*
Bornons-nous à Mendel. Voulant travailler sur les hybrides végétaux et leur descendance, Mendel doit donc choisir une plante avec laquelle faire ses expériences. Il décide de se concentrer sur le petit pois (mais pas exclusivement, car il semble avoir obtenu une nouvelle variété de fuchsia et fit des expériences avec le genre *Hieracium*). Plusieurs raisons justifient ce choix : le petit pois est une plante annuelle, et l'on peut donc observer une génération par an. Ce n'est pas aussi rapide que la reproduction des mouches à fruits, mais c'est bien mieux que pour un grand nombre de plantes. Il est autogame : cela permet un contrôle relativement aisé de la reproduction. Une plante autogame n'a pas besoin d'un apport de pollen d'une autre plante pour fructifier. Au moment où la fleur d'un pois s'ouvre, la fécondation est déjà effectuée. Il est assez facile,

pour un horticulteur minutieux, d'ouvrir les boutons de la fleur, d'enlever les étamines (les organes sexuels mâles qui produisent le pollen) et de déposer sur le stigmate (une partie des organes sexuels femelles) du pollen d'une autre variété. Enfin, les variétés de petits pois possèdent un certain nombre de caractéristiques qui s'opposent très simplement. Les différentes variétés ont des fleurs blanches ou violettes, des grains lisses ou ridés, de couleur jaune ou verte, des gousses de forme droite ou courbée, un port nain ou à rames.

Le travail de Mendel consista donc, d'abord, à croiser ces "caractères différentiels constants", puis à replanter d'année en année la progéniture sans intervenir, c'est-à-dire en laissant les plantes s'autoféconder. A chaque culture, il s'astreignait à compter les occurrences des caractères (il avait choisi d'en suivre sept). Mendel travailla à cela huit ans, de 1856 à 1864. Il eut le temps de cultiver individuellement quelque 12 000 plantes et de compter quelque 300 000 graines. En 1865, une invasion de charançons détruisit une partie de ses collections de petits pois secs et il interrompit alors ses expériences. En 1865, il présenta ses premiers résultats, puis, en 1869, la suite de ses découvertes devant l'auditoire de la Société des sciences naturelles de Brno. Les deux conférences furent publiées sous forme d'articles dans le bulletin de la même société. Bien que Mendel en ait envoyé des

Etats-Unis, fin du XIXᵉ siècle

tirés à part à des scientifiques reconnus, aucune suite ne fut donnée à ses expériences. Mendel mourut au début de l'année 1884 et ce n'est qu'au début du XXᵉ siècle que ses travaux sur l'hérédité chez les petits pois seront redécouverts.

• *Les buts de la sélection*
Le premier but qui vient à l'esprit est, bien sûr, la recherche de variétés plus productives, que ce soit par l'augmentation du nombre de cosses, du nombre de grains par cosse, ou encore de la taille des grains. Cependant, du XVIᵉ au XIXᵉ siècle, le but des sélections fut bien souvent lié à l'obtention de pois plus sucrés et plus hâtifs. Avec le triomphe des petits pois en conserve à la fin du XIXᵉ siècle, les objectifs des sélectionneurs ont évolué vers d'autres critères. Au début, il s'agissait de créer des variétés qui gardent une couleur appétissante après appertisation et résistent aux manipulations répétées de la chaîne industrielle. Ensuite, avec la mécanisation de la récolte au début des années 1960, le mûrissement simultané de la plus grande partie des cosses est devenu un critère primordial. Le désir immuable qu'ont

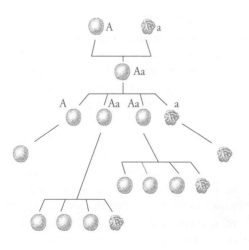

Croisement entre un pois rond et un pois ridé

les Français de manger des petits pois fins a également orienté la recherche vers la création de variétés au calibre moins important. Pourtant, un petit calibre ne garantit pas la tendreté du petit pois. Depuis quelques années, les travaux de sélection de nouvelles variétés portent souvent sur la résistance aux maladies.

• *L'évolution de l'offre variétale*
De la fin du XVIIe siècle à la fin du XIXe, le nombre de variétés de petits pois recensé est passé d'environ 20 à plus de 200. En 1911, Victor Boret, producteur de graines potagères à Saumur, proposait 84 variétés de pois à écosser et 16 variétés de pois mange-tout. Quelques années plus tôt, le marchand-grainier Denaiffe avait publié une monographie du pois dans laquelle il dénombrait plus de 200 variétés et le double de synonymes. Lui-même possédait une collection de plus de 150 variétés. La fin du XIXe et le tout début du XXe siècle semblent marquer l'apogée du nombre de variétés de petits pois en France.

Aujourd'hui, les professionnels français trouvent à leur disposition une vingtaine de variétés (bien que 130 variétés environ soient inscrites au Catalogue officiel). Les professionnels tout comme les amateurs, à l'exception de ceux qui sont liés aux réseaux de collectionneurs, peuvent avoir des difficultés à trouver plus d'une dizaine de variétés chez un seul distributeur. Le catalogue Baumaux (un des catalogues français les mieux fournis) présente en 2000 quelque 20 variétés de pois à écosser et 3 variétés de pois mange-tout. Il est également intéressant de savoir que de grandes sociétés agroalimentaires possèdent des collections de référence d'environ 2 000 variétés, résultant de leurs propres travaux de croisements.

Par ailleurs, vous pouvez créer vos propres variétés en suivant l'exemple des expériences de Mendel, et contribuer ainsi à la biodiversité.

III. DIALOGUE DE JARDINIERS

Nous sommes fin février. Au Salon de l'agriculture, porte de Versailles à Paris, j'attrape au vol, au bout d'un stand, une conversation entre Lucien, sans doute un agriculteur à la retraite, avec un fort accent du Sud-Ouest, et Jean, qui parle avec l'accent parisien. C'est peut-être un cheminot à la retraite. Ils parlent de petit pois : c'est pourquoi je me suis permis d'écouter et finalement, même, de me joindre à leur conversation.

LUCIEN. Jean, tu sais que moi j'ai des 'Caractacus' qui sont bien jolis.
JEAN. C'est quoi ça ?
LUCIEN. Tu ne t'en souviens pas ? Pourtant ce n'est pas bien vieux. C'était le pois à rames qu'on faisait dans les jardins ouvriers avant que je reparte à la ferme. J'en ai retrouvé dans un catalogue, et malgré le fait que je ne fais généralement plus de pois à rames, je me suis dit que j'allais réessayer.
JEAN. Ah oui, celui où il fallait trouver des rames de presque deux mètres et où nos voisins dans les jardins se plaignaient parce qu'on leur coupait la vue. Et en plus, les pois, ils ne poussaient jamais jusqu'au bout. Moi, depuis que j'ai un petit jardin de pavillon, je ne fais plus de pois à rames. Ça ne fait pas propre et ça prend trop de place. Je n'ai pas la place pour remiser les rames et j'ai pas de noisetiers ou de saules autour de chez moi pour en refaire, alors… J'ai des copains qui utilisent du bambou entouré de grillage à moutons, mais bon…
LUCIEN. Eh bien, moi j'aime bien. Ça pousse vite et je n'ai pas besoin de me baisser tout le temps pour les cueillir. Et comme la grand-mère n'y va plus…
JEAN. Pour le moment, je n'ai même pas semé des pois. J'en sèmerai quand le forsythia fleurira. J'en ai quand même acheté l'autre jour. J'ai pris du 'Tézierprim' et de la 'Merveille de Kelvedon'. Le premier, c'est pour en avoir assez rapidement et l'autre, c'est celui qui a le meilleur goût. C'est fin.
LUCIEN. On est d'accord là-dessus. Moi aussi j'en fais. Mais je suis sûr qu'ils sont meilleurs chez toi que chez moi. Moi, les pois ridés, ça marche pas bien parce que les chaleurs

> **LA QUESTION DU CALCAIRE**
>
> Les sols calcaires rendent-ils les petits pois moins tendres ? Ou encore : le sol influence-t-il le goût des petits pois ? A vous de trouver un ami jardinier qui ait un sol différent du vôtre et qui, de plus, accepte de semer la même variété du même semencier. Ensuite, il ne vous reste plus, pour clore l'expérience, qu'à faire cuisiner vos petits pois le même jour, par la même personne et, finalement, à les manger dans des assiettes séparées, mais ensemble.

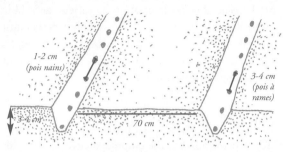

Semis et distances de plantation

arrivent vite au printemps et le 'Kelvedon', même s'il est hâtif, il n'a pas le temps de se faire. Les pois ronds comme le 'Petit provençal' ou 'Douce Provence' s'en sortent mieux. Mais bon, ça dépend aussi de ce qui s'est passé avant et de comment je prépare le sol. Si je les fais après des salades ou après des racines et que ces plantes-là ont vidé le sol, et que là-dessus je fais un bon bêchage, profond et sans fumier, alors les pois poussent moins vite au départ, mais ils résistent mieux à la chaleur et produisent plus à la fin. Je bine un peu au début mais je laisse les mauvaises herbes à la fin pour protéger un peu les pois de la chaleur.

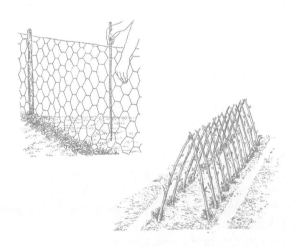

Deux façons de ramer les petits pois : les rames sont installées lorsque les plants ont environ 10 centimètres de haut

JEAN. Moi, la terre, c'est toujours un problème. J'ai une terre un peu lourde, tu sais, une terre de chantier tassée, alors les pois, ils n'aiment pas vraiment. J'ajoute du compost et je fais un bêchage à l'automne. Après, je ne fais qu'attendre quelques bonnes gelées pour que les mottes s'effritent comme il faut. Sinon, je ne peux pas faire une bonne planche de semis, légère et fine. Des fois, quand je veux avoir des pois plus vite, quand la plante est bien sortie de terre, je la couche en arrière et je la maintiens au sol avec une latte. Et pour pouvoir en offrir à mon beau-frère avant que lui puisse m'en offrir, je pince à la quatrième ou cinquième fleur. Alors, les gousses se remplissent plus vite. Il faut toujours biner et sarcler, ça aide aussi pour que la gousse se remplisse comme il faut. C'est vrai qu'après elles s'arrêtent et qu'il faut les arracher et planter quelque chose d'autre, mais bon…

LUCIEN. En avoir avant les autres, ça ne m'intéresse pas tellement. Je veux juste ne pas aller trop souvent à l'épicerie. C'est ce qu'il y a au congélateur qui m'intéresse. Mais bon, quoi qu'en dise ma femme, moi je préfère les conserves, mais elle et sa mère ne veulent plus en faire. Alors, moi je ne plaisante pas avec les pois. Pour être sûr qu'ils produisent comme il faut, même les nains que je fais pousser, je leur mets des petites branches fichées dans la terre pour qu'ils s'y accrochent. Ça me laisse passer plus facilement dans les sentiers et je trouve que c'est plus facile pour les cueillir sans tout bouger.

JEAN. Oui, peut-être, mais t'as qu'à faire des sentiers un peu plus larges. On dirait que ton jardin, il est plus petit que le mien et qu'il ne faut pas que tu perdes de la place. Mais peut-être qu'il faut que j'essaye comme tu dis. Parce

CALENDRIER DE LA CULTURE DU PETIT POIS

Dans le Midi et parfois dans des endroits un peu plus septentrionaux mais bien protégés des vents et du froid, il est possible de faire des semis d'automne (octobre et novembre). Certains pois ronds sont relativement rustiques et poussent bien pendant l'hiver. Ils peuvent servir ainsi de couvre-sol, évitant que des mauvaises herbes ne s'installent. Cependant, les semis de février et mars dans le Midi et de mars et avril au nord de la Loire arrivent parfois à maturité avec seulement dix jours de retard sur ceux d'automne.

Il ne faut pas butter les plantes trop haut ni mettre en place un paillage trop important, car ces pratiques peuvent provoquer une pourriture du pied. Les petits pois sont un légume de printemps : ils préfèrent un temps frais. Un arrosage régulier peut permettre de maintenir provisoirement la production malgré l'arrivée des chaleurs. Le rythme de la récolte (entre 60 et 90 jours après le semis) est parfois très variable : en général deux fois par semaine.

qu'en fin de production, les feuilles du dessous deviennent malades et peut-être, s'il y a un peu plus d'air qui circule entre les feuilles, qu'il y en aura moins. Je traite à la bouillie bordelaise, mais ça ne suffit pas. Tu te souviens comment on faisait contre les pucerons quand on avait le jardin avec les autres gars ?

LUCIEN. Oui, oui *(il rit fort)*, il n'y a pas longtemps que j'ai recommencé à le faire. Moi, j'ai arrêté de fumer, mais mon fils laisse des mégots partout et ma femme les ramasse. Alors j'ai eu l'idée de refaire comme on faisait. Je les laisse dans un peu d'eau, ça pue… Je la verse dans une petite bouteille en plastique comme celles des produits pour les vitres et je pulvérise là où il y a tous les pucerons. Ça marche, oui, il faut le dire, ça marche. Ce n'est pas aussi fort que les produits chimiques, mais ça marche. Mais mon gros problème c'est l'anthracnose et là il n'y a rien à faire.

ANTOINE. Mais *(j'interromps)*, moi j'ai lu que si la semence est saine, si le terrain n'a pas eu de petits pois depuis quelques années, si on sème un peu tard et pas trop profond, peut-être 3 ou 4 centimètres, bien espacé, peut-être de 5 centimètres entre les plantes sur la ligne et 70 centimètres entre les rangs, et avec des variétés modernes, alors il n'y a pas de problème avec les maladies.

LUCIEN. Eh Jean, c'est un rigolo celui-là, une flèche. *(Il se retourne vers moi et continue.)* Ecoute, il n'y a pas de recette. Tu sèmes quand tu veux et comme tu veux, et surtout comme tu peux. Tu fais des essais, et ce qui marche le mieux, c'est ce qu'il fallait faire.

JEAN. Il faut regarder les jardins autour, voilà. Il ne faut pas trop lire les livres, il faut surtout parler avec les autres jardiniers.

La cueillette

OÙ TROUVER DE LA SEMENCE DE PETITS POIS

Pour les variétés qui conviennent à votre région, mieux vaut, comme le dit Jean, demander aux jardiniers des alentours. Mais il ne faut pas s'arrêter là. Si vous voulez essayer quelques variétés que vous ne connaissez pas, vous les trouverez dans les catalogues des maisons dont l'adresse est mentionnée p. 937.

IV. POIS A LIRE, POIS A DIRE

L'évolution du statut du pois se reflète dans les proverbes, les dictons, la littérature enfantine ou adulte. Au fil des siècles, après avoir été jeté dans les cendres, avoir subi la supériorité de la fève, qu'on l'eut traité de pois pouilleux ou de pois à gratter, il est enfin associé à la tendresse, à l'amour, aux princesses et aux princes. Avant de s'endormir, il berce les jeunes enfants. Pois farceur, pois sauteur, pois soldat, il devient un héros qui aide à débrouiller des affaires policières. Il mène une vie agitée dans les pots et les réfrigérateurs. Il s'imprime sur les robes, les mousselines, les cravates. Il égaye la fourrure de petits chiens et n'hésite pas à se montrer à Longchamp ou Deauville lors des grands prix avant de se rendre au caf'conc' entendre un refrain de Dranem : "Ah les p'tits pois, les p'tits pois, les p'tits pois…"

Du pois trié au pois d'amour

Cendrillon, le conte de Perrault écrit en 1698, est significatif de la place du pois sec dans les mentalités. Cendrillon, exclue du cercle familial et condamnée à vivre près de l'âtre, dans les cendres – d'où son nom –, rappelant le rôle d'Esaü réduit à jouer le rôle de "frère de cendres" vis-à-vis de Jacob, doit se livrer aux pires besognes. La méchanceté de sa marâtre et de ses demi-sœurs va jusqu'à lui faire trier des pois et des lentilles répandus volontairement dans les cendres, graines qui remplacent le filage du coton des versions orientales. A cette tâche vaine et avilissante, il lui était bien évidemment impossible de répondre : "J'ai d'autres pois à lier (à trier)", c'est-à-dire : J'ai d'autres choses à faire. Mais le ramassage des pois permet parfois de se donner du temps pour se tirer d'affaire. Selon une légende wallonne, pour échapper à des lutins qui vous veulent du mal, il suffit de renverser une quantité de pois devant eux en leur ordonnant de les ramasser.

Quant à Cendrillon, elle n'a pas la chance de dormir dans un lit confortable comme la princesse du conte d'Andersen (1835), qui prouve sa qualité de vraie princesse en triomphant du test du petit pois imposé par sa future

belle-mère. Petit pois caché sous une vingtaine de matelas qui lui fit passer une nuit fort pénible, mais qui lui permit d'épouser un prince.

Ce conte évoque une expression déjà en vogue au milieu du XVIIe siècle : "Elus et choisis comme beaux pois sur le volet." Par la suite, on dira qu'un homme a été "trié sur le volet" pour signifier qu'on a eu grand soin à le choisir, par allusion aux pois qu'on met sur le volet pour sélectionner les meilleurs.

Au fur et à mesure qu'il voit son image de marque s'améliorer, le pois sert à exprimer des sentiments d'affection. Appeler quelqu'un "mon petit pois" ou, en anglais, *"sweet pea"*, c'est exprimer sa tendresse – c'est d'ailleurs le surnom donné à l'enfant d'Olive dans les histoires de Popeye. Dans le folklore, il est associé au bonheur et au mariage. Même si, à Marseille, neuf pois placés dans un bénitier permettaient au prêtre de reconnaître les sorcières grâce à une lumière sur leur tête, conserver ces neuf grains sur soi portait surtout bonheur. Dans la Vienne, en trouver neuf dans la même gousse était signe de mariage dans l'année. Dans la pièce *Les Petits Pois* de Guillaume Livet (1884), l'évocation de la cueillette dans leur adolescence permet à une jeune fille de reconquérir le cœur de son ex-amoureux parti en ville vivre la grande vie avec une actrice. D'ailleurs, quand on recommence à fréquenter une maison longtemps délaissée, on dit : "Os y laich'rons des poués" dans le Pas-de-Calais.

Dans diverses régions, la pratique du dimanche des "pois frits" ou des "pois piqués" était une obligation pour les mariés de l'année. Dans le Doubs, après la messe, les enfants faisaient le tour des nouveaux mariés pour recevoir des pois frits, cuits avec très peu d'eau et une poignée de sel. Malheur à ceux qui, par oubli ou avarice, n'offraient rien. En Franche-Comté, le dimanche des Brandons, ou dimanche des pois frits, ces mariés donnaient à piquer (manger grain à grain) des pois frits aux garçons de la paroisse.

Dans les Vosges, le pois permettait de mesurer les preuves d'amour données par un conjoint à sa nouvelle épouse. L'on remettait aux jeunes mariés trois sacs dont un rempli de petits pois. Le premier sac vide était destiné à constater, par les petits pois que la femme y déposait chaque matin, le nombre des travaux du "nouvel Hercule" durant le premier mois. Au second mois, on employait le second sac vide, et à la fin de ce mois, les parents et amis se réunissaient pour compter les gages d'amour renfermés dans les deux sacs. Si les tendres exploits de l'époux n'avaient pas diminué, il était complimenté. Si, au contraire, il avait faibli, on le forçait à boire de grands verres d'eau et à régaler de vin les juges.

Mais, attention, prédire à une jeune princesse qu'elle s'étouffera le jour de ses seize ans avec des petits pois ou vouloir l'endormir avec un plat de petits pois aux carottes pour prendre sa place se retourne contre la méchante sorcière de la *Belle aux petits pois dormants* de Régis Hector.

Fleur de pois

La fève et le pois sont souvent unis dans les proverbes, qui reflètent l'évolution de ces deux légumes dans les mentalités. Le dédain pour le pois, du temps où la fève était à l'honneur, se retrouve dans "donner un pois pour une fève", qui signifie donner peu pour obtenir davantage. Pourtant, l'expression "rendre des fèves pour des pois", rendre la pareille, le mal pour le mal, suggère une idée d'égalité. Corneille disait de ses critiques : "S'ils me disent pois, je leur répondrai fèves." Mais parfois, ils semblent ne pas avoir plus de valeur l'un que l'autre : "Que ce soient pois, que ce soient fèves, cela est indifférent." Puis vint la mode de l'expression "fleur de pois" ou "fleur des pois", très en vogue au XIXᵉ siècle, qui en langage familier désigne ce qu'il y a de plus distingué dans un genre quelconque. Ainsi, selon Pierre de Saint-Victor, "l'esprit français a donné en Marivaux sa fleur des pois et son élixir".

Si en Provence, selon Mistral, *"véyr pas la flour de pezé"* ("il ne verra pas la fleur de pois") se dit d'un poitrinaire en danger qui ne verra pas le printemps, il n'y a rien qui ait plus de fraîcheur que la fleur de pois et, par conséquent, une jolie jeune fille, "c'est la fleur de pois", c'est ce qu'il y a de mieux. Surtout quand il s'agit d'une princesse comme dans *Trésor de Fèves et Fleur de Pois* de Charles Nodier. Trésor de Fèves, un garçon de douze ans recueilli par des paysans âgés qui n'ont que des fèves à vendre au marché, va au cours d'un voyage sauver la princesse Fleur de Pois – installée dans une calèche en forme de pois chiche, elle manque d'étouffer car elle a perdu le bouton qui lui permet d'enlever la capote. En remerciement, elle lui offre un porte-manteau en forme de gousse de pois contenant trois pois pour réaliser trois désirs. En plantant le premier, il voit surgir des pâtisseries, des confitures, des fruits glacés, des jattes de purée de pois verts au sucre, marbrée à la surface de raisins de Corinthe et de tranches d'ananas. Quand il enfouit le second, il voit se dresser un palais. Mais dans une glace de ce palais, il découvre qu'il a grandi et qu'une moustache brune ombrage sa lèvre supérieure. En effet,

six ans ont passé. Avant de s'effondrer de douleur, pleurant ses vieux parents adoptifs sûrement morts et la princesse sûrement mariée, il lance le dernier pois. Quand il se relève, il a le bonheur de retrouver ses parents et Fleur de Pois, bien qu'à la première rencontre ils n'aient pas prononcé ce serment provençal enfantin : *"Pézé, pézé vert, la man din l'enfer, tout dubert"* ("Pois, pois vert, la main dans l'enfer, tout ouvert").

Pois Poucet, pois mystère

Les petits pois, disposés côte à côte dans leur gousse en une succession discrète, "alignés et nombrés comme des billes vertes dans un jeu", selon Proust, s'apparentent dans les contes pour enfants à des perles vertes. Ainsi, dans *Zoupette et les petits pois* de Dominique Egleton, une petite princesse reçoit de sa marraine un joli collier de perles vertes de la grosseur des petits pois. Mais, au cours d'une promenade, elle casse son collier. Les perles sont picorées par un coq, chutent dans un chou, sont gobées par une truite. La fermière trouvant que son coq chante bizarrement, le jardinier en cuisinant son chou et le pêcheur en vidant sa truite retrouvent les perles. Tous les trois les rapportent au palais et leur honnêteté est récompensée par un repas de… petits pois. Ces perles prennent la place des cailloux du Petit Poucet dans une histoire policière destinée aux jeunes enfants, *Du houx dans les petits pois*, d'Yvan Pommaux, qui a pour cadre un congrès de maraîchers en Ecosse. Les deux protagonistes français, Jeannot et son oncle Louis, sosie d'un dangereux bandit, sont enlevés par ce dernier dans l'intention de leur faire porter la responsabilité d'un cambriolage. Mais c'est sans compter avec un collier de perles vertes offert à leur descente d'avion par une jeune Ecossaise, et que Jeannot égraine à l'insu des méchants. Heureusement, cette histoire se déroule en Ecosse et non à Londres, ville où le *pea soup*, espèce de brouillard, est l'atmosphère idéale des romans policiers comme dans *Mort dans le brouillard*, publié en 1952 par Christianna Brand. Se trouver dans cette purée de pois, dira P. D. James, "c'était étouffer, désorienté, dans une couverture malodorante, où le temps, la direction et la distance n'avaient plus aucun sens". Atmosphère qui empêcherait peut-être même d'entendre crier ou "gueuler aux petits pois" Paul le Pourri lorsqu'on lui casse un bras dans *Messieurs les hommes* de San Antonio.

Quant à l'assassin du *Mystère des petits pois* de Claude-J. Alain, policier de la série noire de 1942, il signe ses crimes en laissant dans la main de sa victime une cosse remplie d'un petit pois luisant et minuscule. A chaque nouveau crime, un pois supplémentaire. Heureusement, le quai des Orfèvres résout l'énigme avant que la saison des pois n'atteigne son apogée.

Pois héros, pois soldat

Dans sa *Célébration du petit pois*, Michel Claude, comme dans une galerie de portraits, propose une centaine de photographies – par-dessus, par-derrière, par-devant, par-dessous, de profil, en gros plan – qui suggèrent à Jean-Luc Hennig que "le petit pois se ressemble à lui-même, et ce, dans toutes les positions, quelque point de vue qu'on choisisse". Rapports de similitude, à la fois visibles (couleur, forme, dimension) et invisibles (nature, saveur, pesanteur), soulignés par Magritte dans une lettre à Michel Foucault, et non de ressemblance, "car il n'appartient qu'à la pensée d'être ressemblante". Certes, les petits pois n'accéderont jamais à la pensée, mais l'imagination des écrivains leur permet de ne pas être de simples petites billes anonymes et aveugles enfermées dans des cosses. Ainsi, Hélène Tersac dans *Le Petit Pois des villes et le petit pois des champs* évoque l'inquiétude qui les saisit quant à leur devenir lors du voyage vers la ville. Le plus délicat voudrait être cuit à petit feu avec des lardons et quelques feuilles de salade. «Et moi, je voudrais être servi dans une grande assiette bien plate pour que je puisse rouler avant d'être attrapé», dit le farceur, car il existe même des farceurs chez les petits pois." Qu'ils soient vendus sur les marchés et écossés dans la joie par les enfants et les grands-parents, ou mis en boîte, "transbahutés, fatigués, mis sur les rayons, jetés dans des paniers, enfermés dans le noir d'un placard, désespérés", tous se réjouissent de leur sort final : faire le bonheur des gourmets. Mais peut-être pas celui de la petite fille qui, sans verser "des larmes comme des pois", expression usitée en Belgique, se refuse à en manger, considérant l'ouvre-boîte et la grosse cuillère comme des monstres, à l'image du monstre qui attaque le royaume de *Quincampoix, le roi des petits pois*, de Lydie Petit, royaume sauvé grâce à une armée de petits pois sauteurs et bondissants. Les bataillons de petits pois, au garde-à-vous dans leur gousse, ont inspiré d'autres auteurs du XXe siècle. La guerre est même déclarée dans le bac d'un réfrigérateur royal. Les petits pois ont crié sus à la viande et au fromage. Le sergent extra-fin craint pour ses navets tout pâles, mais capture un poulet. Les carottes, en première ligne, mollissent, mais les pommes de terre arrivent en renfort. Bref, la future jardinière de légumes combat sous les ordres d'un jeune prince devenu, par une intervention malencontreuse de sa marraine, "colonel au petit pois" dans l'histoire de Christian Oster.

Le pois proverbial

Le pois n'a pas attendu le XXe siècle pour être considéré comme un agité. Si, en 1893, on prétendait en basse Bretagne que lorsque les pois dansaient dans une balance, c'était un présage de mort dans une maison, l'agitation des pois cuisant dans l'eau bouillante a souvent été comparée à celle des personnes qui ne peuvent demeurer en place : "Un homme qui va et vient comme pois en pot" ; "Il trottoit d'un côté et d'autre comme des pois qui bouillent dans une marmite". *"Aixerit com un pesol"* ("remuant comme un pois"), disait-on encore dans les Pyrénées-Orientales en 1884. Et les religieux enfermés dans leur couvent furent comparés à des pois en gousse, mais sitôt dehors, ils devenaient comme pois en pot.

Avant de "faire le pois véreux" (1640), c'est-à-dire l'hypocrite, ou de se venger – "ceux qui me feront des pois, je leur ferai de la purée" (1752) –, peut-être vaut-il mieux "jeter des pois devant les pigeons" pour sonder le terrain afin de mieux répondre à la question : "Vous ai-je vendu des pois qui n'ont pas voulu cuire ?", qui, au figuré, signifie : "Ai-je mérité vos reproches ? Vous ai-je offensé, trompé, joué ?" Remarque qui peut mettre dans l'embarras, conduire "à manger des pois chauds", trop chauds, causant momentanément une gêne ou une petite douleur, alors qu'on attendait du plaisir.

A moins que l'on ne soit "rond comme un pois" ou "plein comme un pois", c'est-à-dire ivre, situation qui peut conduire à "ne pas tenir plus sur ses jambes que si on marchait sur des pois", voire à chuter : "Quand quelqu'un tombe dans un escalier, on dit : Il y avait donc des pois sur la première marche." Mais être "pois gris" ne signifie pas avoir trop bu. On disait proverbialement "d'un homme qui a bon appétit, et qui mange également de tout, que c'est un avaleur de pois gris", et par extension un homme qui dépense avec profusion, qui mange tout son bien. L'avaleur de pois gris est un goinfre, pour qui tout est bon, même des variétés de pois qui ne sont pas destinées à être sur des tables délicates. Peut-être est-il subjugué par l'amour, comme Lélie dans *L'Etourdi* de Molière, qui sur les aliments touchés ou mordus par Célie se jette :

*Plus brusquement qu'un chat dessus une souris,
Et aval[e] tout ainsi que des pois gris.*

Ebloui, mais pas au point de "manger des pois verds au veau", ce qui, selon le dictionnaire français-anglais de Cotgrave de 1673, signifie qu'une personne a été si bien roulée qu'elle ne l'a pas remarqué.

Un "ventre à pois" (un goulu) peut "souffler des pois" (respirer péniblement, ronfler ou lâcher des vents) car, selon Jean-Luc Hennig, "le pois est un péteux de première". Situation qui ne heurtait pas Erasme puisque "retenir un pet produit par la nature est le fait des imbéciles, qui accordent plus à la politesse qu'à la santé". Quant au pois soigneur, son rôle se limite à faire disparaître des verrues sur les mains, appelées aussi "porreaux" au XVIIe siècle.

V. CUISINER LES POIS

Riches en phosphore, en potassium et en vitamines, les petits pois fournissent 92 kilocalories pour 100 grammes (avec 16 grammes de glucides). Certes, mais le plaisir commence à la cueillette ou sur le marché. Leurs gousses lisses, d'un vert brillant, aux pois pas trop gros et lustrés, tendres, sucrés et non farineux, nous attirent. Une fois disposés dans le panier, l'on commence à rêver de la meilleure manière de les préparer : en potage avec des petits oignons et de la laitue, avec des pigeons ou un canard, à la française, à l'anglaise, à la paysanne, à la croque-au-sel. Le choix est difficile. Mais nous savons que ce plat fera le plaisir de tous. Vite, rentrons, car il ne faut pas les garder plus de douze heures dans leur gousse. Voici venu le moment de l'écossage, parfois solitaire, souvent partagé. Que ce soit dans la cuisine sur une toile cirée ou à l'ombre d'un arbre dans le jardin, il se déroule sur un rythme nonchalant, accompagné de rêveries ou de rires d'enfants provoqués par la chute des pois sauteurs qui roulent dans tous les coins. Gousse après gousse, avec une simple pression du pouce sur la fente de la cosse, les petits pois apparaissent bien alignés avant de rejoindre le saladier. Mais comment résister à chaparder quelques grains, pour vérifier leur tendreté et, surtout, pour tromper l'impatience et en retrouver la saveur ? Comment ne pas prendre le temps de sentir une dernière fois l'odeur laissée sur les doigts avant de passer à la cuisine ?

De la crétonnée aux pois au lard

Au Moyen Age, les pois secs sont une ressource indispensable au moment où les légumes manquent dans les jardins ou les champs. Réduits en purée, ils enrichissent les bouillons de plats de viande, mais sont surtout utilisés pour la cuisine des jours maigres, jours sans viande ni matières grasses animales, pour épaissir, donner du liant. Les maîtres queux en composent des potages, les mêlent à un civet de veau, les associent à des poules ou des poussins, du chevreau, des andouilles, des comminées de poissons, un civet d'huîtres, une soupe à l'oignon, des poireaux, un brouet d'œufs, etc.

Des acides tels le vin ou le verjus, du persil et des épices relèvent pois secs et pois nouveaux, comme dans la crétonnée, potage présent dans tous les ouvrages culinaires du Moyen Age.

• *Crétonnée de pois nouveaux (ou de fèves nouvelles)*
"Faites-les cuire jusqu'à ce qu'ils se défassent, puis égouttez-les. Ensuite il vous faut du lait de vache bien frais. Faites bouillir ce lait avant d'y ajouter quelque chose, autrement il risquerait encore de tourner. Puis broyez d'abord du gingembre pour aiguiser l'appétit et du safran pour jaunir, à moins que vous n'y fassiez filer des jaunes d'œufs en guise de liaison ; ces jaunes d'œufs, outre leur effet épaississant, donnent une belle couleur jaune. Mais le lait tourne plus facilement avec des jaunes d'œufs qu'avec une liaison de pain et de safran pour colorer. Si l'on choisit le pain pour servir de liaison, il faut le prendre non levé et blanc. Le mettre à tremper dans une écuelle avec du lait ou du bouillon de viande, puis le broyer et le passer par l'étamine. Quand votre pain aura été passé mais non point vos épices, mettez le tout à bouillir avec vos pois. Quand tout sera cuit, ajoutez-y alors votre lait et du safran…" (*Le Ménagier de Paris*, 1393.)

Ces pois nouveaux, que Rabelais n'ignorait pas : "S'il baisloit, c'estoient potées de poys pillez, s'il chantoit, c'estoient pois en gousse", sont très tôt associés au porc ou au lard, et vivement appréciés par l'élite. En 1560, le médecin

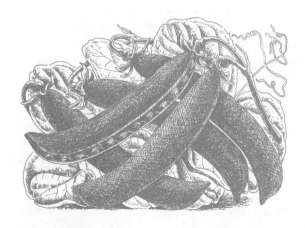

de François Ier, Jean Bruyerin-Champier, affirme que "les rois et les grands hommes en mangent avec grand plaisir, surtout cuits avec du porc : on appelle ce plat pois au lard. On assure que l'échine de porc surtout, conservée au sel, est un mets qui a beaucoup plus de saveur et d'agrément lorsqu'on le fait cuire avec des pois." L'attrait pour ces pois au lard perdure au cours des siècles. Zola, dans *L'Assommoir*, souligne leur caractère d'exception puisqu'ils doivent figurer au repas donné pour la fête de Gervaise le 19 juin, jour où, chez les Coupeau, on met les petits plats dans les grands. La pensée d'un pot-au-feu, d'une oie grasse rôtie, d'une blanquette de veau, d'une épinée de cochon aux pommes de terre épanouit déjà les visages des repasseuses. Mais la proposition d'un plat de petits pois au lard enthousiasme toutes ces dames, l'une d'entre elles déclarant même : "Moi, je ne mangerai que de ça."

• *Petits pois verts au lard*
"Faites fondre du lard et passez vos pois à la poêle, ou dans un plat ou terrine, mettez sur le feu avec un paquet d'assaisonnement, un peu de sel, et y mettez un peu de bouillon, ne les couvrez point, ayez soin de les remuer souvent à petit feu, et les conservez les plus verts que vous pourrez, en servant un peu de beurre frais et les remuez." (Pierre de Lune, *Le Nouveau Cuisinier*, 1656.)

De fines tranches de jambon peuvent décorer ce plat, voire remplacer le lard fondu, comme dans les pois verts à la Rambouillet, avant de devenir un jambon braisé ou glacé aux petits pois à la parisienne.

• *Pois verts à la Rambouillet*
"Lavez-les à l'eau chaude et les faites égoutter. Passez-les au beurre avec une tranche de jambon, bouquet ; mouillez-les de bouillon et d'une cuillerée de réduction à moitié cuisson ; mettez-y une cuillerée de coulis, un peu de sucre et de sel à la fin. Garnissez de croûtons frits." (*Dictionnaire portatif de cuisine*, 1767.)

Dès la seconde moitié du XVIIe siècle, les cuisiniers multiplient les manières de préparer et d'accommoder ce légume. C'est à cette époque que l'expression "pois nouveaux" tend à disparaître au profit de "petits pois", "petits pois fins" ou "pois verts". A partir de 1651, non seulement ces diverses appellations donnent leur nom à des recettes, mais ce légume fait aussi l'objet d'un discours de la part des cuisiniers. Pour eux, les bons pois sont ceux qui ne sont pas ronds, mais longs et pointus vers leur petite queue, dont les deux moitiés ne se séparent pas en les pressant entre les doigts et qui sont pleins de jus. Si l'auteur des *Délices de la campagne*, Nicolas de Bonnefons, déclare en 1654 que leur grosseur n'a pas d'importance, "car tels sont petits, qui ne laissent pourtant d'être durs et mal conditionnés", la plupart, tout en estimant que les pois gros peuvent être tendres, privilégient cependant les petits. La couleur est fondamentale. Il faut non seulement les choisir verts, mais aussi conserver "leur bonne mine", "leur beau vert", un "vert printanier qui les rend appétissants". Et pour cela, deux solutions : renforcer la couleur verte par de l'épinard, de la ciboule, de l'oseille ou adopter une cuisson courte. Mais à l'eau ou à l'étuvée ? C'est-à-dire : à l'anglaise ou à la française ? Pas plus les petits pois que les cuisiniers n'ont tranché. Les deux méthodes continuent à coexister.

A l'anglaise ou à la française ?

Dans le premier cas, il s'agit de faire cuire les pois dans de l'eau salée portée à ébullition, et d'ajouter du beurre à la fin. En 1654, Nicolas de Bonnefons prétend que cette méthode vient d'outre-Manche : "Les Anglais les font cuire avec l'eau et le sel, puis les tirent dans un plat ou une terrine qu'ils couvrent d'un autre, et les égouttent promptement, après ils y mettent du beurre frais sans fondre, avec fort peu d'épices, retournant, mouvant et secouant les plats pour les embeurrer par tout ; cela fait, ils les servent dans le même plat sans chauffer davantage." En 1735, Vincent La Chapelle, auteur du *Cuisinier moderne*, qui travailla en Angleterre, baptise cette préparation "petits pois à l'anglaise", mais les épices ont disparu. Il revient à Antonin Carême d'expliquer les raisons de ce procédé qui permet non seulement de garder plus de goût aux petits pois, mais aussi "de conserver leur couleur printanière, tandis qu'en faisant suer les pois, la verdure s'en altère sensiblement".

• *Pois à l'anglaise*
"Ayez deux litres de pois très fins et fraîchement écossés. [...] Au moment de les servir, vous aurez sur le feu un chaudron d'eau en ébullition, où vous aurez jeté une poignée de sel blanc ; plongez les pois dans cette eau ; soutenez l'ébullition et écumez l'eau continuellement ; aussitôt que les pois céderont facilement sous les dents, ils seront cuits ; versez-les dans une passoire pour égoutter l'eau ; sautez-les dans un plat à sauter avec deux onces de beurre fin, une pincée de sucre et de sel ; dressez-les en pyramide dans une casserole en argent, puis mettez au milieu un quart de beurre le plus fin coupé en brique. En Angleterre, pour ces pois que l'on appelle pois à l'eau *(to boil green peas)*, on ajoute dans l'eau un petit bouquet de menthe, et l'on envoie une partie de cette menthe à part dans l'assiette." (A. Carême, *L'Art de la cuisine française au XIXe siècle*, 1833.)

Dans le second cas, les pois sont cuits à l'étuvée, c'est-à-dire avec un couvercle. Deux méthodes sont possibles. On peut les cuire simplement avec du beurre et parfois des herbes (persil, ciboulette...), mais sans les mouiller d'eau ou de bouillon de viande. Au moment de les servir, ces pois au beurre, à la bourgeoise ou à la crème sont liés avec soit du beurre, soit un beurre manié, soit encore de la crème ou des jaunes d'œufs battus avec celle-ci. Ou bien on ajoute un peu d'eau froide à la cuisson, technique usitée au XVIIIe siècle, et qui sera baptisée en 1814 par Antoine Beauvilliers dans l'*Art du cuisinier* "petits pois à la française".

• *Pois à la française*
"Mettez dans une casserole 800 grammes de petits pois frais écossés, 1 laitue grossièrement taillée en chiffonnade, 12 petits oignons nouveaux, 1 bouquet garni enrichi de cerfeuil, 75 grammes de beurre coupé en petits morceaux, 1 cuillerée à café de sel, 2 cuillerées à café de sucre et 1 demi-verre d'eau froide. Couvrir, porter doucement à ébullition et cuire 15 minutes à petits frémissements. Retirer le bouquet garni et ajouter 1 cuillerée à soupe de beurre frais. Dresser en timbale." (*Larousse gastronomique*, 2000.)

Quel que soit le procédé, un ajout de matière grasse donne aux petits pois un aspect brillant, velouté, et par conséquent "bonne mine". Cependant, le beurre manié, introduit au XVIIIe siècle, ne fait pas non plus l'unanimité des cuisiniers. Si, au XIXe siècle, Antonin Carême ou Jules Gouffé dans *Le Livre de la cuisine* le préconisent, la majorité des cuisiniers actuels, à la suite d'Auguste Escoffier dont *Le Guide culinaire* est l'ouvrage de référence des professionnels, l'omettent. Divergence que l'on retrouve au sujet des herbes. Pour beaucoup, persil, laitue et cerfeuil sont indispensables, alors que d'autres, tel Jules Gouffé, proscrivent totalement le persil : "Il ne sert, suivant nous, qu'à dénaturer le goût des pois, qu'on ne saurait trop conserver dans toute sa pureté."

Mais que les pois soient à l'anglaise ou à la française, et présentés comme une montagne de verdure que chacun brûlera d'entamer (selon Grimod de La Reynière), ces cuissons sont révélatrices d'un courant né au XVIIe siècle. Il a pour but la valorisation du vrai goût des aliments. Il ne s'agit plus de dénaturer les légumes par des cuissons longues ou par des épices comme au Moyen Age. Celles-ci sont exclues des recettes de petits pois "pour ne point détruire leur goût naturel qui paraît comme tout sucrin", note L. S. R. dans *L'Art de bien traiter* en 1674. Cependant, ce n'est qu'au XVIIIe siècle que le goût sucrin va être renforcé par l'adjonction d'une pointe de sucre.

Les alliances du petit pois

Les pois vont être associés à d'autres légumes, tels les concombres, les asperges, les artichauts, à la mode au XVIIe siècle, ou à des herbes : sarriette, oignons ou laitue, comme nous le faisons encore de nos jours.

• *Potage de purée de pois verts*
"Faites fort peu cuire vos pois, battez-les dans un mortier, et les passez avec du bouillon d'herbes bien assaisonné, et

un bouquet, puis prenez ciboules, persil et beurre, le tout passé ensemble, jetez tout dans votre potage, que vous ferez bouillir. Pour garniture nettoyez des laitues, chicorées, concombres, et petits pois passés et cuits avec beurre, sel et peu de poivre ; lorsque vous serez prêt à servir, faites mitonner votre pain avec votre purée, garnissez-le de ce que vous aurez ou même d'artichauts en culs si vous voulez." (La Varenne, *Le Cuisinier françois*, 1651.)

Préparés d'une manière simple et rustique avec du consommé, des petits oignons et du lard, ils prennent le nom de "bonne femme", ou avec de la laitue et des oignons deviennent "à la paysanne". Additionnés à des carottes, on les dit "à la fermière". Dans un pâté de légumes, avec haricots, fèves et carottes nouvelles, ils se transforment en un mets d'autant plus savoureux, affirme Grimod de La Reynière, "que la crème qui fait la base de leur assaisonnement lubrifie délicieusement le palais digne d'apprécier cet heureux mélange". Ils sont admis par Urbain Dubois dans la jardinière de légumes, mélange de légumes à base de carottes, de navets, de haricots verts et de petits pois cuits séparément et liés au beurre. Ils sont aussi la base de la purée Saint-Germain.

• *Purée de pois frais dite Saint-Germain*
"Cuire les petits pois avec juste assez d'eau bouillante additionnée de 10 grammes de sel et d'une pincée de sucre par litre, pour les couvrir. Ajouter une laitue et quelques queues de persil liées ensemble. Lorsque les pois sont cuits, les égoutter ; réduire leur cuisson pendant qu'on les passe au tamis. Travailler la purée avec 125 grammes de beurre frais par litre de purée ; lui ajouter finalement la cuisson réduite presque à glace." (A. Escoffier, *Le Guide culinaire*, 1902.)

La rondeur des pois tranche avec les légumes détaillés en filaments dans les potages Julienne. Leur sucrin pondère l'acidité de l'oseille dans le potage Germiny, évoque une favorite de Louis XIV dans le potage Fontanges réalisé actuellement avec de l'oseille et du cerfeuil, mais parfois avec des haricots verts, voire des tomates.

• *Potage Fontanges*
"Blanchissez ensemble deux litres de gros pois frais et un demi-kilogramme de haricots verts. [...] Mouillez-les alors avec une quantité suffisante de consommé. [...] Mettez dans la soupière une chiffonnade composée d'une dizaine de feuilles d'oseille ciselées." (*Journal de cuisine*, 1891.)

Une fois blanchis à l'eau puis pilés avec le même poids de beurre et passés à l'étamine, Auguste Escoffier les préconise, sous le nom de beurre printanier, pour la mise au point des potages et des sauces. Ils furent tellement liés à Clamart, ville des Hauts-de-Seine dont le petit pois était fort apprécié, que pas une escalope de veau à la Clamart, une selle d'agneau à la Clamart, des œufs à la Clamart – œufs brouillés additionnés d'une cuillerée de pois à la française et d'un peu de laitue – ou une garniture à la Clamart – petits pois à la française emplissant une tartelette ou un fond d'artichaut – ne les omettra.

Alors qu'ils laissent quasi indifférent le monde marin à l'exception des harengs et des seiches, les petits pois garnissent les œufs pochés ou mollets Malmaison. Réduits en purée, ils enrichissent des croustades garnies d'œufs pochés à la Chantilly ou des œufs durs, comme dans les œufs à la tripe.

• *Œufs à la tripe aux petits pois*
"Ayez un ragoût de petits pois fini de bon goût avec une liaison de jaunes d'œufs et de crème ; mettez-y des œufs durs coupés en tranches." (Menon, *Les Soupers de la cour*, 1755.)

En 1804, Grimod de La Reynière estime qu'il n'est point d'animal sur la terre ou dans les airs qui ne se tienne honoré de son alliance avec ce légume. Les petits pois agrémentent donc les têtes d'agneau, les navarins qui, par leur présence aux côtés de petits oignons, de carottes, de navets et de pommes de terre, deviennent printaniers, les lapins, les côtelettes, les noix ou le tendron de veau...

• *Tendron de veau aux petits pois*
"Vous coupez les tendrons que vous faites blanchir et mettez dans une casserole avec des petits pois, un morceau de beurre, passez-les sur le feu et mouillez de bon bouillon ; ajoutez-y un peu de coulis. Quand vous êtes prêt à servir, mettez-y un peu de sel et gros comme une noisette de sucre, servez à courte sauce." (Menon, *La Cuisinière bourgeoise*, 1746.)

Mais, surtout, les petits pois triomphent avec les volailles. Pas une oie grasse, un aileron de dinde, un poulet ou un pigeon, l'oiseau cher à Cypris, ne refuseraient leur présence…

• *Pigeons aux petits pois*
"Plumez trois ou quatre pigeons, et épluchez-les, videz-les et remettez-leur le foie dans le corps ; retroussez les pattes en dedans, laissez les ailerons, flambez-les et épluchez-les, mettez un morceau de beurre dans une casserole, faites-les revenir et retirez-les ; vous aurez coupé du petit lard en gros dés, et fait dessaler près d'une demi-heure ; passez-les dans votre beurre, faites-lui prendre une belle couleur ; égouttez-le, mettez une bonne cuillerée à bouche de farine dans votre beurre, faites un petit roux, qu'il soit bien blond, remettez-y votre petit lard et vos pigeons ; retournez-les dans votre roux, mouillez-les petit à petit avec du bouillon, et mettez le tout à consistance de sauce ; assaisonnez-le de persil et de ciboules, avec une demi-feuille de laurier, la moitié d'une gousse d'ail et un clou de girofle. Retirez votre casserole sur le bord du fourneau pour que vos pigeons mijotent ; au milieu de leur cuisson mettez un litre de pois fins, laissez-les cuire, ayant soin de les remuer souvent ; leur cuisson achevée, goûtez-les, et ajoutez du sel, s'il en est besoin ; dégraissez-les, retirez-les pour faire réduire leur sauce, si elle est trop longue ; la réduction faite, dressez vos pigeons, masquez-les de leur ragoût de pois et de petit lard, et servez." (Alexandre Dumas, *Le Grand Dictionnaire de cuisine*, 1872.)

… Et surtout pas les canards qui poussaient Flaubert, lorsqu'ils devenaient par trop bruyants, à leur crier : "Il me semble qu'il est temps d'écosser les petits pois." Plat auquel Achille Ozanne, poète mais surtout cuisinier, dédia un poème avant de les mettre à la casserole.

• *Canetons aux petits pois*
  Plumés, vidés, flambés et troussés avec art,
  Dans une casserole avec des dés de lard,
  Que chaque caneton tout doucement se dore
  Ainsi que l'horizon au lever de l'aurore.
  Retournez-les souvent. Alors à moitié cuits,
  Mouillez-les à moitié de bon bouillon, et puis
  Ajoutez-y vos pois (en quantité non moindre
  D'un bon litre environ) – auxquels viendront se joindre
  Un bouquet de persil, deux oignons, c'est complet ;
  Et pour que votre plat à point se trouve prêt,
  Que sur un petit feu, la cuisson se termine,
  En légère vapeur parfumant la cuisine.
  Et de conclure après les avoir liés au beurre :
  Tu peux les voir dans les assiettes
  Verts et succulents, s'allier
  Aux délicates aiguillettes !!!

Quant aux pois sans parchemin, "pois goulus" parce qu'on mange tout, ils étaient cuits à l'étuvée ou à l'eau.

• *Pois sans parchemin*
"Faites-les bouillir un quart d'heure, étant égouttés vous les passez sur le feu avec du beurre et un bouquet ; singez et mouillez avec un peu d'eau et un peu de sel, faites cuire et réduire ; qu'il ne reste point de sauce ; en servant mettez-y une liaison de jaunes d'œufs et de crème ; un peu de sucre si vous voulez." (Menon, *Les Soupers de la cour*, 1755.)

Le petit pois contemporain

Le petit pois inspire toujours les chefs qui nous proposent de nouvelles recettes, renouvelant notre plaisir gourmand avec des petits pois à la croque-au-sel, des fondues de petits pois au comté, des purées au thym et aux raisins secs, des brouillades de pois à l'angélique, ou une soupe sucrée de petits pois à la menthe glacée qui feront regretter à plus d'un que le temps des pois soit si court.

- *Soupe sucrée de petits pois à la menthe glacée (Pierre Hermé*)*
Recette pour 10 à 12 petits verres de type tumbler de 10 cm de haut et 4-5 cm de diamètre.

Jus de menthe fraîche :

> *100 g d'eau ; 30 g de sucre semoule ; poivre noir ; 1 botte de menthe.*

Effeuillez la menthe et répartissez en deux parties égales. Faites bouillir l'eau, le poivre et le sucre. Faites infuser une partie de la menthe légèrement ciselée pendant 15 minutes, sans couvrir. Filtrez et versez le liquide dans le bol d'un mixeur avec le restant de menthe pour le broyer finement. Réservez au froid. Vous pouvez congeler l'excédent de jus de menthe et l'utiliser ultérieurement.

Soupe de petits pois à la menthe :

> *500 g de petits pois frais ; 30 cl d'eau ; 60 g de sucre semoule ; poivre gris moulu ; 1 botte de menthe ; 4 gouttes de Tabasco rouge ; 2 g de fleur de sel.*

Dans une cocotte, tapissez le fond de branches de menthe sans couper les feuilles, elles donneraient un goût amer à la soupe. Ajoutez l'eau, sucrez et poivrez, amenez à frémissement puis terminez la cuisson à couvert le temps que les petits pois soient encore tendres. Ecumez parfaitement. Retirez la menthe et passez les légumes au robot-mixeur. Rectifiez l'assaisonnement si nécessaire.

Soupe glacée aux petits pois :

> *300 g de soupe de petits pois à la menthe ; 25 g de jus de menthe.*

Mélangez et versez dans les verres en garnissant à mi-hauteur ; glissez au congélateur pour 2 heures.

Soupe chaude de petits pois à la menthe :

> *500 g de soupe de petits pois à la menthe ; 100 g d'eau.*

Mélangez et faites chauffer très chaud.

Crème fleurette mousseuse :

> *100 g de crème liquide ; 6 g de sucre semoule ; poivre blanc moulu.*

Fouettez la crème pour la rendre mousseuse et assaisonnez-la. Réservez au frais.

Finition :

> *1 petite boîte de maïs égoutté.*

Après avoir égoutté le maïs, passez-le sous l'eau. Au dernier moment, sortez les verres du congélateur, garnissez de quelques grains de maïs et versez la soupe chaude dans les verres en laissant un espace d'un demi-centimètre dans la hauteur. Remplissez de crème mousseuse. Servez aussitôt.

- *Tarte de petits pois et d'échalotes au curry (Thierry Thorens*)*

> *400 g de petits pois frais ; 1 pâte brisée ; 30 cl de crème ; 4 jaunes d'œufs ; 3 blancs d'œufs ; 6 échalotes ; beurre ; muscade ; curry ; sel et poivre.*

Foncez un moule à tarte avec la pâte brisée. Par ailleurs, faites cuire les petits pois à l'eau bouillante salée, puis rafraîchissez-les. Faites compoter au beurre des échalotes émincées avec sel, poivre, muscade et curry. Préparez un appareil avec la crème et les jaunes d'œufs. Ajoutez-y les

* Avec l'aimable autorisation de Pierre Hermé, pâtissier, 72, rue Bonaparte, Paris 6ᵉ. © Pierre Hermé.

* Avec l'aimable autorisation de Thierry Thorens, du restaurant La Chamade à Morzine. Cette recette est parue dans son livre *Etonnants légumes*, Actes Sud, 2001.

échalotes et incorporez pour finir les blancs d'œufs montés en neige. Mélangez le tout aux petits pois, et versez la garniture dans le moule. Faites cuire 30 à 35 minutes dans un four chauffé à 180°.

Le pois friandise

Et pour terminer un menu, voici un pois sucré, signalé dans le *Trésor de santé* en 1607. En fait cette friandise, consommée à la fin du repas pour favoriser la digestion, ne contient aucun pois : il s'agit d'une dragée à l'anis.

• *Pois sucré ou gros Verdun*
"Prenez de l'anis bien doux et en faites des dragées de même que l'anis de Verdun, mais grossissez-les de la grosseur d'un gros pois." (*Traité de confitures*, 1689.)

Le piment et le poivron

Jean-Luc Danneyrolles

INTRODUCTION

Piments ou poivrons ? La question est au bord des lèvres, la réponse aussi ! Pourtant issus d'une même espèce *(Capsicum annuum)* et du même continent américain, piments et poivrons vont connaître des destins différents.

Le piment est devenu une épice universelle, dont les usages témoignent de la diversité des peuples et de leurs cuisines. Le poivron, lui, va s'embourgeoiser, prendre du poids, de l'épaisseur, et même du ventre ! Peu à peu, par la volonté des jardiniers, des sélectionneurs, le poivron a perdu le caractère brûlant de ses ancêtres, tous certainement piments. Il est devenu un bon gros légume débonnaire. Le poivron est un piment rendu sage : plus sa chair est épaisse, plus il est gros et moins sa saveur est brûlante.

A la façon d'un incendie – une image qui colle à la peau du piment –, et seulement quelques décennies après la découverte du nouveau continent américain, l'usage du piment va se généraliser à travers une grande partie de l'Europe du Sud, de l'Asie et de l'Afrique ; en fait, dans les nombreuses régions du monde où le climat rend possible sa culture.

Parti des Caraïbes, le piment débarque d'abord en Méditerranée, qui devient sa première terre d'accueil. Ce ne sera pas la seule : les Portugais et les Turcs vont contribuer à sa diffusion de l'Afrique à l'Inde et des Balkans à l'Europe centrale. Le piment s'impose très vite comme un substitut au poivre, rare et cher. Ses différents noms nous le rappellent : "or rouge", "poivre rouge", "poivre de Cayenne" ou encore "poivron".

Le piment est un conquérant qui a réussi son entreprise. Une grande partie du monde est pimentée. Et ceux qui souhaitent mettre un peu de piment dans leur vie peuvent commencer par en planter dans leur jardin…

I. PIMENTS ET POIVRONS : DE GRANDS VOYAGEURS

Certainement en raison de ses qualités nombreuses, le piment a une histoire riche et mouvementée, qui accompagne assez fidèlement celle des hommes.

Le premier semis de piment

Des fouilles archéologiques ont permis la mise au jour de semences de piment, parmi d'autres graines (courges, amarantes, haricots et maïs), dans la vallée de Tehuacán, au Mexique. On a pu les dater d'environ 5 000 ans avant notre ère.

Au Mexique, où le piment que nous cultivons de nos jours a été domestiqué, comme en Irak ou en Chine, autres centres d'"invention" de l'agriculture, les premières cultures furent expérimentées dans un jardin, avant de donner naissance à des développements agricoles. Tout commence par une lente et longue sélection des plantes par les hommes, et le piment n'a pas dérogé à cette règle.

Quelque part au Mexique, donc, il y a plusieurs millénaires, un homme ou une femme cueille le fruit mûr d'un piment particulier et décide de le cultiver. Ce piment est peut-être déjà modifié génétiquement par des phénomènes de croisements hasardeux, des mutations naturelles accidentelles, lorsque notre futur jardinier en prélève la semence ou en laisse tomber des graines près du logis, qui germeront à leur tour et fructifieront parce qu'un jardinier les soigne. Ainsi peut naître un jardin, forcément près des hommes.

Nous ne connaîtrons jamais les formidables systèmes agricoles qu'avaient mis au point les civilisations précolombiennes, mais on sait qu'un haut niveau de pratiques agricoles avait été atteint. Comme cela a pu être prouvé pour la tomate, dont l'histoire est proche, il est fort probable que le piment, lorsqu'il est découvert par les Européens, est déjà amélioré et diversifié par des jardiniers sélectionneurs. La diversité d'une plante cultivée témoigne de l'ancienneté de sa culture.

Le rôle du piment dans l'alimentation des peuples précolombiens était important : il constituait le "quatrième pilier" d'une alimentation à base de maïs, de haricots et de courges, une association culinaire, mais aussi jardinée, puisque ces plantes étaient et sont encore semées ensemble.

Cependant, la domestication du piment semble avoir précédé celle du maïs, par exemple. Ce fait vient déranger une idée reçue, selon laquelle l'homme se serait lancé dans l'aventure agricole du Néolithique pour cultiver avant tout des plantes alimentaires de base. Pour quelles raisons les hommes ont-ils domestiqué le piment ? On est tenté d'imaginer une combinaison d'usages alimentaires, condimentaires, médicinaux… Une hypothèse intéressante, celle de Jacques Barrau, retient l'idée de la fascination que ces fruits rouges à la saveur brûlante auraient exercée sur les Amérindiens. La couleur du fruit mûr et l'effet de chaleur que procure le fait d'en mastiquer un peu ont pu à l'origine inciter un cueilleur à en extraire la semence pour en tenter la culture après l'avoir longtemps consommé dans la nature, pour en avoir plus près du logis, par exemple. Le terme "fascination" convient bien au piment : la plante est réellement attractive, et appartient à l'univers des légendes et des mythes précolombiens.

Le *Popol Vuh*, épopée maya, raconte par exemple qu'il y a très longtemps, le dieu soleil viola la déesse lune. "Le père de celle-ci se mit immédiatement à la poursuite du scélérat et de sa victime. Mais le dieu soleil avait […] rempli de piment en poudre la sarbacane du vieillard courroucé. Sans se douter du danger, celui-ci tint la sarbacane juste devant sa bouche, la pointa vers le dieu soleil, prit une aspiration très profonde […], et aspira ainsi tout le piment.

Celui-ci lui brûla la bouche, le nez, les poumons. Les supplices furent tels qu'il rugit de douleur et se contorsionna de plus en plus fort. Ses convulsions furent tellement violentes que la terre en trembla." (Cité in *Le Mexique, des plantes pour les hommes*.)

L'instant de la découverte

Au XIVe et au XVe siècle, le chemin de la fortune, c'est la route des épices. Poivre noir, gingembre, cardamome, cannelle, muscade sont particulièrement prisés. De toutes ces plantes qui feront la fortune des marchands, celles qui poivrent sont les plus demandées, et leur recherche incite les navigateurs à entreprendre des expéditions lointaines.

D'après le manuscrit de Sir Francis Drake, XVIᵉ siècle

C'est en essayant de trouver une nouvelle route vers les épices que Christophe Colomb va découvrir l'Amérique.

Le jeudi 11 octobre 1492, à bord de la *Santa Maria*, de la *Niña* et de la *Pinta*, une centaine d'hommes s'apprêtent donc à découvrir un nouveau monde, des milliers de plantes et d'animaux jamais vus. Colomb reste quelque temps à Cuba (Hispaniola). Le 1ᵉʳ janvier 1493, il mentionne dans son journal que les épices y sont "abondantes et valent plus que le poivre et la cannelle". Il recommande de s'en procurer. Quinze jours plus tard, il écrit : "Il y a aussi beaucoup d'*aji*, qui est leur poivre et est bien meilleur que le nôtre. Nul ne mange sans cette épice qu'ils trouvent très saine." L'historien royal Pierre Martyr, qui accompagne Colomb, mentionne deux sortes de poivre nouveau : le doux, appelé *boniato*, et le fort, dénommé *canibal*, petit et brûlant.

Lors de son quatrième voyage, où il découvre le Honduras et le Nicaragua, Colomb remercie Dieu dans son journal de toutes ces nourritures qu'il rencontre et qui sont semblables à celles d'Hispaniola. Parmi ces nourritures, Colomb pense sans doute au piment dont il observe que les Indiens le consomment quotidiennement.

Colomb semble envisager l'importance à venir de cette nouvelle épice et demande qu'on en rassemble le plus possible. Se doute-t-il que le Portugal, qui a à l'époque le monopole presque exclusif du commerce des épices (et des esclaves pour les cultiver), s'apprête à l'implanter dans ses colonies africaines ? Le piment va désormais entrer en concurrence directe avec le poivre.

L'origine des noms

En botanique, une discipline se consacre à l'étude des différentes appellations des plantes dans le temps (anciens noms) et dans l'espace (en différentes langues), on la nomme phytonomie. Elle apporte des informations sur les plantes, sur les hommes, et sur les relations qui les unissent.

LES PLANTES QUI POIVRENT

Le poivre noir *(Piper nigrum)* appartient à la famille des Pipéracées. Originaire d'Inde et de Java, il était déjà connu des Romains. Le poivre vert est un grain non mûr, et le poivre blanc, un grain décortiqué.

La malaguette ou "graine de paradis" *(Aframomum melegueta)*, originaire d'Afrique et moins chère que le poivre, était employée comme substitut de ce dernier en Europe au Moyen Age, avant que le piment ne vienne le concurrencer.

La nigelle aromatique *(Nigella sativa)* ou petit poivre, poivrette, Renonculacée originaire du bassin méditerranéen, remplaçait autrefois le poivre.

Le faux-poivrier *(Schinus molle)*, petit arbre originaire d'Amérique du Sud, produit les "baies roses" à la mode ces dernières années.

Les clavaliers *(Zanthoxylum)*, petits arbres épineux de la famille des Rutacées, originaires d'Asie, fournissent le poivre du Sichuan, à l'arôme de citron et de poivre mêlés.

Enfin, le myrte-piment, ou piment de la Jamaïque, poivre giroflé *(Pimenta officinalis)*, petit arbre de la famille des Myrtacées, produit un fruit au parfum complexe, que les Américains nomment "toute-épice".

La malaguette

Le poivre est omniprésent dans les premiers noms attribués au piment : siliquastre, poivre de Calicut, poivre du Portugal, poivre d'Inde, d'Espagne, de Guinée, du Brésil, poivre long, poivron sont les noms français attribués aux *Capsicum*, que les peuples nahatl nommaient *chili*, et les Mayas *aji*. Les Anglo-Saxons ont choisi *pepper* pour ce nouveau fruit-épice. Les Italiens vont décliner l'appellation *pepperone*, et les Provençaux parlent encore de *pebroun*.

> ### LE SILIQUASTRE DE LEONHART FUCHS
>
> Avec l'herbier du botaniste allemand Leonhart Fuchs (1542), les hommes de la Renaissance découvrent pour la première fois une illustration du piment américain, sous le nom de siliquastre. La planche botanique est très réaliste : on reconnaît le plant adulte d'un piment qui porte un fruit mûr retombant. Jusque-là, le botaniste a fait un travail remarquable d'identification d'une plante nouvelle. Cependant, l'œil exercé remarque vite sur le dessin que le piment mûr s'ouvre comme un haricot, dans la longueur, et laisse s'échapper des graines rondes qui tombent sur le sol… De plus, persuadé d'être en présence d'un poivre, Fuchs donne à la plante l'Inde comme pays d'origine.
>
> L'explication de ces deux erreurs se trouve vraisemblablement chez les agronomes latins, qui décrivaient le poivre asiatique *(siliquastrum)* de manière confuse. Ils ne devaient connaître du poivre que le grain, et non la plante. Lorsque Fuchs dessine pour la première fois le piment arrivé d'Amérique, il *veut* voir le poivre rare et cher. Ces confusions entre poivre et piment seront tenaces et donneront lieu à des appellations qui associent les deux noms, comme le poivre de Cayenne, fruit du piment enragé.
>
>

A Rome, dans l'Antiquité, les *capsa* étaient de petites boîtes à couvercle, dont certaines étaient utilisées pour conserver les fruits. Certains piments, une fois séchés, ressemblent peut-être, par leur forme, à ces petites boîtes. La capselle bourse-à-pasteur et les capsules de la nigelle nous rappellent d'ailleurs que *capsa* s'est plusieurs fois égrené dans la terminologie du monde botanique.

Siliquastrum signifiait en latin "petite corne verte". Pline et d'autres agronomes latins ont appelé ainsi le poivre, qu'ils semblaient connaître. A son arrivée en Europe, le piment s'est vu attribuer ce même nom de siliquastre. La langue française a conservé de cette souche latine le terme botanique "silique" qui désigne le fruit allongé des Crucifères, par exemple. A maturité, ces siliques s'ouvrent pour laisser s'échapper les graines. Ce n'est pas le cas des piments.

En Castille et en Espagne, le *pimiento* l'emporte, et la France opte pour le piment, forme francisée de l'espagnol. La souche commune est ici le latin car piment dérive de *pigmentum*, "matière colorante", puis "aromate". Au Moyen Age, le mot "piment" désignait une boisson forte faite de vin, de miel et d'épices. Jusqu'au XIIe siècle, le pimentier était un parfumeur et l'empimentement consistait à embaumer, parfumer. "Piment" s'est ensuite appliqué aux *Capsicum* et à quelques autres plantes excitantes.

Le terme "poivre" apparaît immédiatement comme la souche du mot "poivron". C'est l'abbé Rozier qui emploie le premier le mot "poivron" en 1785. Ce serait tout simplement la contraction de l'expression "poivre long", qui désignait des variétés anciennes de piment.

Le piment, d'après une illustration du XVIe siècle

Piments et poivrons en Méditerranée

Une Riviera sans orangers, une Toscane sans cyprès, des éventaires sans piments... quoi de plus inconcevable, aujourd'hui, pour nous ?
                                                        Lucien Febvre, *Annales*, XII, 29.

Dans les cales d'un bateau ou dans les poches d'un matelot, le piment arrive en Méditerranée, par l'Espagne, pour la première fois au début de l'année 1493. Dès 1526, Las Casas écrit que le piment est connu dans toute l'Espagne. Les Portugais vont jouer un rôle inattendu dans la diffusion lointaine du piment, mais l'Espagne le fera découvrir, par la Catalogne, à l'Aquitaine, au Languedoc, à la Provence et à l'Italie. En 1600, Olivier de Serres, dans son *Théâtre de l'agriculture*, ne parle pas du piment, alors qu'il fait une première description de la tomate. Un siècle plus tard, Jean-Baptiste de La Quintinie ne le mentionne pas non plus dans son *Instruction pour les jardins fruitiers et potagers*. Pourtant, le piment est en Aquitaine dès le milieu du XVIIe siècle. La Provence l'accueille avec peut-être un peu moins d'enthousiasme. Le poivron sera apprécié un peu plus tard, lorsque la sélection l'aura rendu charnu et non piquant. Dans le Var, au Beausset, un tarif du maximum de 1793 mentionne "des piments verts à confire". A Sisteron, à la même époque, on signale "des poivrons de pays". Un certain Pazzis décrit le piment en 1808 : "corail des jardins, vulgairement poivron". Enfin l'Italie n'est pas en reste pour accueillir le piment : dès le XVIIe siècle, les jardiniers ont créé de nombreuses variétés et les cuisiniers l'ont adopté.

Le relais portugais

Les terres portugaises font face à l'océan Atlantique. Il est aisé d'imaginer que, comme les Espagnols, les Portugais ont un contact privilégié avec les bateaux qui accostent, emplis des premières richesses du Nouveau Monde. Il se peut aussi que les Portugais aient découvert le piment à l'occasion d'échanges commerciaux avec le Nouveau Monde. Ils semblent en tout cas porter une attention particulière aux produits agricoles. Alors que les Espagnols, plus attirés par la découverte d'or ou d'argent, recherchent les richesses minières du nouveau continent, les Portugais vont, dès le début du XVIe siècle, mettre le piment et le maïs en culture aux Açores, à Madère, puis en Guinée et en Angola. De là, les piments atteindront vite les comptoirs portugais de Calicut (Kozhikode) et de Goa, en Inde. La propagation des nouvelles plantes américaines vers l'Afrique puis l'Asie est donc particulièrement rapide. Les haricots, les courges et le maïs suivront les mêmes voies de dispersion que les piments : il y a cinq siècles, *via* les Portugais, l'Amérique transforme et influence déjà les habitudes alimentaires du monde entier. Plus tard viendra la restauration rapide !

Un accueil chaleureux en Asie

Le piment s'est donc propagé en Asie à partir de Calicut, où il arrive après avoir traversé l'océan Indien. D'Inde, par voie de terre, le piment gagne l'Afghanistan, Samarkand, mais aussi la Chine. Par voie de mer, il conquiert les archipels des Philippines, de l'Indonésie, la Malaisie. La diffusion du piment sera si rapide qu'elle troublera des botanistes, convaincus à tort de ses origines indiennes ou chinoises. En raison de conditions climatiques favorables, le piment enragé *(C. frutescens)*, introduit avec succès en Inde, finira même par s'y naturaliser.

En Asie, comme en Afrique, le piment a apporté de la couleur à la cuisine, en plus de sa saveur brûlante.

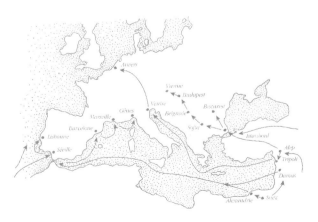

La diffusion des Capsicum *en Europe (d'après Jean Andrews)*

Les Indiens ont créé de nombreuses variétés de piments, parmi les plus fortes qui soient cultivées. On consomme le poivron-légume en Asie, mais surtout le piment-épice. En Inde, comme en Europe centrale ou en Afrique, le piment vient se nicher dans un espace alimentaire disponible. Concurrençant le poivre et le gingembre, il est rapidement adopté, probablement grâce à sa facilité de culture : alors que le poivre ne se cultive que dans le Sud de l'Inde, le piment s'adapte bien à des sols et des climats variés, et produit rapidement.

Le piment en Afrique du Nord

"Piment, fleur de la terre, qui pousse en nos entrailles / le grand feu combattant des amours impitoyables", écrivait un poète arabe du XVIIIe siècle. Le piment a été rapidement adopté et utilisé par les Arabes, et les a accompagnés dans leurs voyages, en chapelets commodes pour le transport et le commerce.

Il est probable que le piment a tout d'abord accompagné les juifs et les Arabes chassés d'Espagne lors de l'effondrement de la civilisation arabo-andalouse. Les Maures trouveront hospitalité au Maroc, dans la région de Fès en particulier. Certains iront jusqu'en Egypte, alors sous occupation ottomane, et contribueront sans doute à propager le piment.

Une diffusion du piment vers l'Afrique noire par les Arabes est très vraisemblable, du fait de contacts commerciaux et culturels séculaires. La Méditerranée a été le jardin d'acclimatation de nombreux végétaux, dont le piment, pour le reste de l'Europe. Les Méditerranéens, dans leur ensemble, en ont été les jardiniers colporteurs.

… et à travers les Balkans

Est-ce en Egypte, qu'ils occupent alors, que les Ottomans rencontrent le piment ? Ou au contact de commerçants arabes ? Il paraît plus probable que les nouvelles plantes américaines aient suivi d'anciennes routes commerçantes à partir de l'Inde, *via* la mer Rouge, puis Alexandrie ou Alep. En tout cas, le rôle des Turcs dans la diffusion du piment en Europe centrale ne fait aucun doute : dès les années 1520, ils l'introduisent en Grèce, puis en Hongrie qu'ils conquièrent en 1526, et à Vienne dont ils font le siège en 1529. Moins de cinquante ans après sa découverte, le piment est en Europe centrale. Il a emprunté la voie des Balkans et va devenir en Hongrie, avec la poudre de paprika, un véritable symbole culinaire national. Les Turcs quitteront les Balkans et l'Europe centrale, mais le piment y est resté.

Une conquête couronnée de succès

Comment expliquer le changement de l'habitude alimentaire qui cimente à sa façon la société ? Au contact d'autres peuples, les aliments s'échangent, mais cela ne suffit pas toujours : on peut rejeter l'autre et son aliment, ne pas vouloir changer. L'usage du piment comme épice semble s'être imposé facilement sur la plupart des continents, parce qu'il y avait un besoin en épices fortes, une niche alimentaire disponible dans laquelle est venu se loger le piment, facile à cultiver au jardin, que ce soit en Asie, en Afrique ou en Europe du Sud.

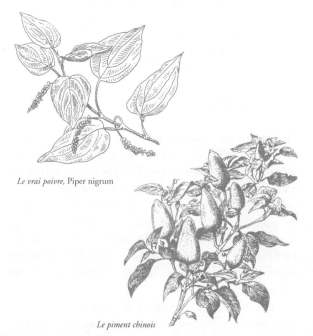

Le vrai poivre, Piper nigrum

Le piment chinois

Entre piments et poivrons, les chemins se sont séparés : le piment a conservé son principe brûlant, la capsaïcine, et le poivron, en le perdant, est devenu un légume charnu et doux. Les Indiens que Colomb rencontra consommaient déjà des piments doux et d'autres plus forts. La mise en culture des *Capsicum* à travers le monde va accentuer cette différenciation. Il convient ici de souligner que ces deux voies de sélection correspondent à des usages et des besoins différents : dans les pays pauvres, le piment s'impose comme épice forte ; dans les pays riches, le poivron-légume est de plus en plus demandé toute l'année.

La production mondiale de poivrons et de piments, toutes espèces et variétés confondues, approchait dans les années quatre-vingt les dix millions de tonnes, réparties sur un million d'hectares, dont la moitié en Asie où les productions familiales, très importantes, n'apparaissent cependant pas dans les statistiques.

En Europe, la production est évaluée à 3 millions de tonnes. Les principaux pays producteurs sont l'Espagne et l'Italie (700 000 tonnes chacune), la Grèce (100 000 tonnes), la Hollande (70 000 tonnes).

La France a produit en 1990 30 000 tonnes de poivrons sur une surface de 1 500 hectares, principalement dans les Bouches-du-Rhône, le Vaucluse et le Lot-et-Garonne. Il est intéressant de noter que la France produit 80 % des semences de gros poivrons hybrides vendues à plusieurs pays méditerranéens (Espagne, Maroc, Tunisie…) qui, à leur tour, réexportent leur production sur le marché européen.

On constate une évolution de la demande ces dernières années : les fruits de type carré, d'origine espagnole ou hollandaise, sont très demandés, au point d'influencer le choix variétal des maraîchers, soumis à la loi des marchés. Pour saisir une opportunité commerciale, sur le marché national et international, le poivron se doit maintenant d'être gros, charnu, carré et régulier. L'uniformité de ces variétés aux fruits compacts et réguliers indique aussi une perte de variabilité génétique, qui n'est jamais un phénomène positif pour le maintien de la biodiversité.

II. OBSERVATIONS BOTANIQUES

Le genre des *Capsicum* ne représente qu'une minorité dans l'extraordinaire règne végétal. Pourtant, ce groupe botanique constitue un des joyaux de la communauté végétale. Les piments sont beaux, brillants, et fragiles comme des bijoux.

Les Solanacées, une famille incontournable

La famille des Solanacées héberge près de deux mille espèces, elles-mêmes réparties en quelque quatre-vingt-dix genres, dont celui des piments et des poivrons, les *Capsicum*. Cette grande famille, répandue dans les régions chaudes et tempérées, compte beaucoup de membres originaires d'Amérique tropicale.

Parmi ces Solanacées, certaines, comestibles, ont conquis les potagers et les cuisines du monde. C'est le cas de la pomme de terre, de la tomate, et des poivrons et piments. Moins connus sont les physalis, que la nature a enveloppés d'une sorte de clochette protectrice. L'aubergine est aussi une Solanacée, mais c'est par l'Inde, et donc plus tôt, qu'elle nous est parvenue. Une autre Solanacée américaine, non comestible, est aujourd'hui trop célèbre : le tabac (*Nicotiana* sp.), dont on suppose qu'il fut la première plante américaine observée par Christophe Colomb. Cette étonnante famille n'a pas oublié de s'inviter au jardin de fleurs où les daturas, les pétunias et les nombreux solanums grimpants sont couramment cultivés. Les Solanacées européennes, comme la mandragore, la jusquiame, la belladone, n'ont pas connu le même destin, mais ont intéressé les hommes pour leurs propriétés médicinales.

Carte d'identité des *Capsicum*

On dénombre aujourd'hui cinq espèces de piments cultivés, après quelques difficultés d'identification qui ont duré plusieurs siècles, et qui étaient dues à la très ancienne domestication des *Capsicum*.

On sait désormais que de l'espèce *Capsicum annuum* dérivent toutes les variétés de poivrons et de piments que

Capsicum frutescens

nous cultivons dans nos jardins – on y rencontre parfois, cependant, une autre espèce, *C. chinense*, dont une variété dénommée 'Rocotillo' a une curieuse forme de fleur aplatie.

Le *Capsicum annuum* fut domestiqué au Mexique il y a 2 500 ans. Son nom latin lui confère un caractère annuel *(annuum)*, mais cette précision ne vaut que pour notre climat d'Europe, car la plupart des piments sont vivaces, mais tués par le gel.

Le piment enragé ou poivre de Cayenne *(Capsicum frutescens)*, originaire du Brésil et des bords de l'Amazone, et très cultivé en Inde et en Chine, est vivace en situation tropicale. Comme son nom latin l'indique, son port est buissonnant : c'est un sous-arbrisseau d'environ 1 mètre de haut. Ses fruits, petits (2-3 centimètres) et oblongs, ont une saveur brûlante. Ce sont les *chilis*, ou *zozios* aux Antilles. Le piment enragé, attractif par sa couleur rouge et brillante, porte bien son nom : sa teneur en capsaïcine est très élevée.

C'est avec cette espèce, découverte dès les premiers voyages des conquistadors, qu'est fabriqué le fameux poivre de Cayenne, ainsi que le tabasco, cette sauce piquante originaire de Louisiane.

Le jardinier qui souhaite cultiver ce piment délicat mais embrasé devra l'installer dans un pot et le traiter comme une plante d'appartement ; cependant, les graines et les plants de ce piment sont rares.

Le *Capsicum chinense*, originaire lui aussi des zones tropicales de l'Amérique, du bassin de l'Amazone, est très cultivé au Brésil et en Afrique de l'Ouest. On l'a longtemps cru, à tort, originaire de Chine, d'où son nom latin. Ses fruits sont extrêmement forts.

Le *Capsicum pubescens*, aux feuilles couvertes d'un léger duvet, originaire de Bolivie, serait le piment le plus anciennement cultivé – depuis 6 000 ans environ. C'était celui qu'employaient les Incas, et que l'on retrouve, en offrande, dans les

Capsicum baccatum

tombes. Sa très ancienne domestication explique qu'on n'en connaisse plus de forme sauvage.

Enfin, une cinquième espèce a été mise en culture il y a environ 2 500 ans : il s'agit de *Capsicum baccatum (pendulum)*, originaire du Pérou. Ses fruits à la saveur brûlante, aux formes souvent curieuses, sont appelés *aji* au Brésil.

Portrait du piment

La plante dans son ensemble a un port presque arborescent. Certaines variétés ne dépassent pas 40 centimètres de hauteur, d'autres atteignent 1 mètre. Souvent, dès la base de la tige se forment des ramifications qui confèrent à la plante un aspect arbustif – alors qu'une forte tige centrale vient renforcer l'allure d'arbre de certaines variétés.

Les tiges du piment sont dressées, ramifiées, et deviennent peu à peu ligneuses. Ses feuilles, vert foncé et brillantes, presque vernissées, sont lancéolées : elles se terminent en pointe et sont rétrécies à la base. Elles sont toujours plus longues que larges. Une étude a montré un lien direct entre la taille des feuilles et celle des fruits.

Les fleurs des piments sont nombreuses et blanches, quelquefois de couleur crème. Elles apparaissent vers la fin de juin lorsque la plante est cultivée en pleine terre, et se succèdent jusqu'en novembre. On observe une corolle blanche rotacée : cela signifie que la fleur a la structure d'une roue avec ses rayons. Les pétales sont soudés et pointus. Leur nombre varie suivant les variétés et les individus de six à huit, voire dix.

La fleur est souvent recourbée, face au sol pour la plupart des variétés. C'est le pédoncule arqué qui décide de l'orientation de la fleur et donc du fruit. Quelques variétés viennent contredire cette observation car leur particularité génétique est de produire des fruits au-dessus du feuillage, de manière érigée, comme le piment 'Bouquet', par exemple.

Il y a du plaisir à observer un plant de piment en pleine fructification, mais un gros livre suffirait à peine pour décrire toutes les variétés de piments : c'est une espèce très polymorphe. Dès la chute des pétales, on peut observer la forme du fruit à venir. Il est toujours vert lorsqu'il est

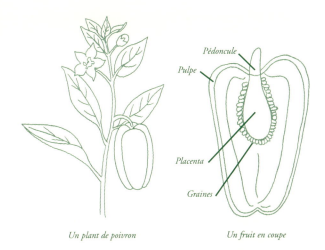

Un plant de poivron — *Un fruit en coupe*

jeune et prend une autre couleur (jaune, orange, rouge, violet, marron ou noir) à maturité. Certaines variétés passent par des colorations intermédiaires qui donnent à la plante un intérêt ornemental non négligeable.

La peau des fruits, lisse et brillante, offre toujours un aspect vif. Les piments donnent l'impression d'être cassants comme du verre, et les fruits lavés par la pluie ressemblent à de délicates porcelaines suspendues.

A l'intérieur des fruits se cachent les graines, petites, mais cependant plus grosses que celles d'une tomate ou d'une aubergine. La graine des *Capsicum* est réniforme, plate, jaune et claire. Son enveloppe est rigide et lisse, sans aspérité. De près, on peut observer un point de rétrécissement, en fait la cicatrice du petit filament qui reliait la graine au placenta situé à l'intérieur du fruit. Ce filament porte le joli nom de funicule.

L'œil averti pourra observer sur ces filaments de minuscules glandes qui sécrètent des petites gouttelettes de capsaïcine, la fameuse substance responsable de la saveur brûlante des piments.

Fragments d'un inventaire variétal

Il est impossible de décrire en quelques pages les variétés de piments et de poivrons dans toute leur diversité, tant elles sont nombreuses : l'INRA en détient, par exemple, plus de mille deux cents.

Toutes les variétés dont la description suit sont issues de l'espèce *Capsicum annuum*. Par commodité, nous appellerons celles qui brûlent "piment" et celles qui sont douces "poivrons". Le choix est forcément partial, et s'attache aux piments et poivrons qui ont su se faire remarquer, et dont nous espérons que des jardiniers curieux rechercheront la semence.

• *Quelques piments*

'Piment du Chili' : fruit minuscule, rouge écarlate et très fort.

'Piment airelle' : petit fruit violacé, comme son feuillage (présence d'anthocyanes dans toute la plante), très décoratif et fort.

'Piment cerise' : proche de la variété précédente, mais fruit rouge, fort.

'Piment de Cayenne' : souvent confondu avec le poivre de Cayenne *(C. frutescens)*. Fruit long, fin, rouge vif et fort.

'Piment sucette de Provence' : ses fruits coniques, réguliers et effilés rappellent nettement la sucette de notre enfance, mais c'est seulement un rappel, car cette variété est forte.

'Piment chinois' : un piment qui passe du vert au violet puis au rouge et dont le fruit est dressé hors du feuillage. Saveur très forte.

Différents types de Capsicum

'Piment Jalapeño' : variété mexicaine très forte assez semblable au piment chinois.

'Piment jaune du Burkina' : petit fruit un peu cabossé à la saveur très forte.

'Piment bouquet' : variété aux fruits rouges érigés au-dessus du feuillage, très ornementale pour une longue période en pleine terre, en vase ou en pot.

'Piment corail' : encore une variété très ornementale, aux petits piments érigés passant de l'ivoire à l'orange puis au rouge sur le même pied. Se cultive bien en pot.

• *Le grand retour du piment d'Espelette*
Grâce à ce piment remarquable, dont l'usage n'a jamais cessé, la petite commune basque d'Espelette connaît un certain renouveau : il est désormais recherché tant localement que hors de la région, pour être consommé frais ou séché, cuit ou cru, en omelette, en accompagnement ou encore à l'apéritif.

A Espelette, ce sont les femmes qui cultivent le piment : trois cent cinquante mille pieds en 1999, quinze fois plus qu'il y a dix ans. Cent soixante-quinze tonnes de piments frais sont récoltées en septembre et séchées en guirlandes sur les façades des maisons. Vers la fin d'octobre, une fête traditionnelle vient littéralement pimenter le village. Toutes les habitations sont couvertes de chapelets de piments aux tons grenat et écarlates, tandis qu'une procession conduit les habitants vers l'église où l'on va bénir les récoltes.

Le piment est réduit en poudre après un ultime séchage au feu de bois. La poudre obtenue servira, entre autres, à épicer la charcuterie. C'est ainsi qu'on a pu retrouver sa trace sur un règlement de 1745 qui validait les quantités légales nécessaires pour la conservation du jambon de Bayonne. Un programme de labellisation (AOC) est à l'étude pour ce piment désormais célèbre.

Le piment d'Espelette

Grâce à un inventaire effectué par Gérard Tiberghien, ingénieur à l'INRA, il est possible d'égrener les noms de quelques variétés basques : 'Piment d'Anglet' (entre Bayonne et Biarritz), au fruit doux, qui se cueille vert ; 'Piment Guindilla' ou 'Langostina de Tolosa' (près de San Sebastian), piquant, à confire ; 'Piment Gernikako' (près de Bilbao), pour les tapas ; 'Piment Piquillo' ou 'Or rouge de Navarre' (au sud de Pampelune), qui bénéficie d'une appellation d'origine contrôlée.

• *Le sauvetage du 'Poivre rouge' de Bresse*
La Bresse est une région agricole située au nord-est de Lyon, connue pour ses éleveurs qui produisent une des meilleures volailles fermières de France. Il y a dans cette région au sol fertile un terroir propice aux cultures comme le maïs, les pommes de terre, les courges, et un petit haricot blanc portait le nom de 'Petit Riz de la Bresse'. Des fermes en pisé, très fleuries, témoignent encore d'un riche passé agricole, où la production laitière était une des activités importantes (elle l'est encore).
Le 'Poivre rouge' de Bresse

Les potagers attenants aux fermes étaient joliment agencés, mélangeant avec harmonie fleurs et légumes. A bien regarder dans un de ces jardins bressans du siècle dernier, on pouvait observer un petit piment dénommé 'Poivre rouge', bien adapté au climat bressan presque limite pour cette espèce de chaleur. Comme son nom l'indique, il était destiné à poivrer (et ainsi conserver) un fromage. En Bresse aussi, le poivre était rare et cher.

Ce remarquable piment précoce fut redécouvert au début des années quatre-vingt. Le jardin-conservatoire du musée du Revermont le cultive dans son potager. Son usage et sa culture restent limités localement, mais la précocité de ce piment intéresse l'INRA qui l'a intégré à sa collection nationale.

L'origine de son introduction reste incertaine. On sait juste que le semis était démarré au coin de la cheminée dans le "poudron" récolté au creux d'un arbre têtard, et que les femmes bressanes, qui géraient la totalité des cultures potagères, laissaient à l'homme celle du 'Poivre rouge' de Bresse…

• *Quelques poivrons*

On classe les poivrons selon leur forme, qui peut être rectangulaire, carrée ou pointue. Généralement, les poivrons sont doux, mais quelques variétés, plus fortes, constituent une sorte de "charnière botanique" entre les piments et les poivrons.

'Poivron doux d'Espagne' ('Doux de Valence') : un grand classique, fruit rectangulaire, qui mûrit rouge.

'Poivron chocolat' : fruit rectangulaire, vert, puis d'un marron très proche du chocolat, dont il n'a pas le goût…

'Petit vert marseillais' : fruit rectangulaire, jaune doré à maturité, à manger en salade.

'Poivron tendre précoce de Châteaurenard' : très polymorphe, ce poivron de terroir se récolte vert.

'Poivron géant de Chine' ('Museau de veau') : variété à fruit rectangulaire, encore inscrite au catalogue officiel en 1994.

'Corne de taureau jaune' : fruit long, effilé et à chair fine. Il en existe une variété rouge.

'Doux long des Landes' : fruit en forme de corne, réputé en Aquitaine, de saveur délicate. Proche de la variété 'Rouge long ordinaire'.

'Piquant d'Algérie' : une des variétés qui constituent une "soudure" entre piments et poivrons. Le fruit, triangulaire, un peu fort, très long, se mange vert ou rouge.

'Sabre rouge' : variété aux fruits très longs (jusqu'à 25 centimètres), pointus, tordus et recourbés.

'Poivron quadratto giallo d'Astie' : fruit carré jaune à la chair épaisse.

'Poivron d'Ampuis' : ancienne variété aux fruits rouges, carrés, petits et nombreux, à la chair fine, fruitée et douce.

'Poivron gros carré doux d'Amérique' : un des parents du 'Lamuyo F1', bien connu des maraîchers. Fruit à la chair épaisse et rouge à maturité.

'Poivron précoce de Langes' : très proche du précédent.

'Poivron antibois' : petit fruit carré de la taille d'une mandarine, à chair épaisse et rouge.

Il existe un quatrième type de poivron, le "poivron-tomate", de forme aplatie et ronde. Quelques variétés de ce

L'HISTOIRE DU POIVRON 'LAMUYO F1'

Il était une fois un joli poivron appelé 'Yolo wonder' de type carré et mûrissant rouge. Cette variété était très proche de celle dénommée 'Gros carré doux' à la fin du siècle dernier. Son caractère charnu, sa productivité, ses gros fruits d'un rouge très attractif en faisaient déjà une variété recherchée au début de ce siècle. C'est sans doute en raison d'une légère amélioration qu'elle fut rebaptisée 'Yolo wonder'. Il y avait par ailleurs dans le pays de Lagnes, en Vaucluse, un poivron de terroir, c'est-à-dire un poivron patiemment sélectionné au cœur d'une région maraîchère au riche passé. C'est de l'hybridation de ces deux parents qu'est née la variété 'Lamuyo F1' en 1973, au service de recherche de l'INRA d'Avignon. Cette variété, qui a remporté un vif succès auprès des maraîchers, traduit l'idée que la conservation du patrimoine génétique végétal est indispensable pour le futur.

Poivron carré doux

type ont été cultivées en France, mais semblent avoir pratiquement disparu. D'autres sont encore cultivées en Hongrie et en Espagne. La chair de ces poivrons est épaisse et parfumée, leur forme très esthétique. Ils sont rouges, ivoire ou jaunes.

• *Dans les catalogues*

Les catalogues anciens sont une bonne source d'informations datées sur la diversité variétale d'une espèce. Ainsi, le catalogue Vilmorin-Andrieux de 1892-1893 comprend dix-sept variétés de *Capsicum* : quatre sont nouvelles ('Cardinal', 'Chinois', 'Ruby King', 'Mammouth jaune d'or'). On y retrouve le 'Carré jaune hâtif', le poivron-tomate, le 'Monstrueux', le 'Cayenne'.

Le catalogue Vilmorin de 1941, sans photos ni illustrations pour raison de guerre, comporte néanmoins plusieurs milliers de plantes que les responsables invitent, en introduction au catalogue et en conséquence de la guerre, à cultiver sur le moindre lopin de terre. Ce catalogue comprend neuf variétés de piments dont un 'Rouge long de Cavaillon' et le 'Géant de Chine' qui se maintiendra. Dans la partie consacrée aux fleurs est proposé un piment miniature pour culture en pot.

Le catalogue officiel français des espèces potagères de 1990 comprend 40 variétés hybrides et 17 variétés fixées. Celui de 1993 contient 79 hybrides et 14 variétés fixées. Celui de 1994, 87 variétés hybrides et 15 variétés fixées. L'obtenteur Royal Sluis crée cette année-là une variété fixée, le piment 'Flamme'. A une époque où la création de variétés hybrides l'emporte largement, ce fait mérite d'être mentionné. Enfin, le catalogue de 1996 dénombre 96 variétés hybrides et 13 fixées.

Le catalogue américain du Seeds Saver Exchange de 1988 décrit plusieurs centaines de piments forts et doux : le réseau des jardiniers américains est efficace. En France, le catalogue de Terre de Semences pour la même année comprend soixante variétés, dont beaucoup sont américaines.

Les piments en peinture

Le peintre Arcimboldo a célébré à sa façon le nouveau venu américain. A priori, piment rime avec été, chaleur : on le cherche sur la toile qui représente l'allégorie de l'été (1573). On y trouve bien l'aubergine, le maïs, les courges et de nombreux fruits du verger, mais pas de piments et encore moins de poivrons. C'est dans le *Vertumne* (dieu des jardins et des récoltes d'automne), peint en 1591 et inventorié en 1911 sous le titre de *Jardinier*, que l'on peut observer notre piment. En fait, ils sont deux, rouge vif, étincelant en boutonnière à côté d'un épi de céréale et d'une fleur de rose trémière. Les deux piments allongés et assez fins (type 'Cayenne') forment comme un pendentif, une broche.

Un intéressant tableau de l'école italienne du XVIIe siècle à la manière arcimboldesque représente le visage de l'Automne : deux champignons font les joues, deux châtaignes, les yeux, et un magnifique piment conique et rouge cerise fait le nez. Une barbe et une moustache de clavaire entourent ce piment trois à quatre fois plus gros que ceux peints par Arcimboldo cent ans auparavant.

En 1915, Félix Vallotton peint une remarquable *Nature morte aux poivrons*. Sur un guéridon blanc, cinq poivrons sont posés à côté d'un couteau dont la lame réfléchit la couleur d'un poivron. On distingue trois formes de poivrons. Leurs couleurs vont duvert à l'orange et au rouge, et tranchent avec le fond blanc. Les effets de lumière sur ces poivrons sont particulièrement réalistes.

Il n'y a malheureusement pas eu d'"intérieur aux poivrons" peint par Matisse, mais il nous a laissé, entre autres, un magnifique *Intérieur aux aubergines*.

Le poivron-tomate

III. LE PIMENT DANS LA PHARMACOPÉE

En abordant ce chapitre qui fait du piment aussi un médicament, on peut se rappeler une pensée d'Hippocrate (460-377 av. J.-C.), fondateur d'une médecine basée sur l'observation clinique : "Que ton aliment soit ton premier remède." Lorsque se diffuse cette pensée en Occident, ailleurs, sur une terre dont on ignore encore l'existence, les Amérindiens consomment le piment au quotidien et, sans doute, s'en portent bien.

Qu'y a-t-il dans un piment ?

La composition biochimique du piment est complexe. Elle a été souvent étudiée, et l'est encore. Peut-être, un jour, de nouvelles propriétés seront-elles découvertes. Ces dernières années, d'ailleurs, les scientifiques ont étudié les pharmacopées traditionnelles pour mieux connaître ou sauvegarder des savoirs liés à l'usage de plantes médicinales.

D'après Jean Valnet, les principaux constituants du piment sont (pour 100 grammes) : 15,5 grammes de substances azotées ; 1,12 grammes d'huiles essentielles ; 12,5 grammes d'huiles fixes ; 35 grammes de substances extractives non azotées ; 20,76 grammes de cellulose (carbone) ; 5,17 grammes de cendres…

A faible dose, on trouve la fameuse capsaïcine (jusqu'à 1 %), de la lécithine, du phosphore (0,17 milligramme pour 100 grammes de poivron frais) et des vitamines A, B1, B2, C et E. C'est à un chercheur hongrois, Szent Gyorgyi, que l'on doit la découverte, en 1933, de la forte teneur en vitamine C (ou acide ascorbique) des poivrons : elle peut aller jusqu'à 0,4 %. D'après Valnet, le poivron contient 120 milligrammes de vitamine C pour 100 grammes, et le piment, environ 100 milligrammes. A titre de comparaison, les teneurs sont de 200 milligrammes pour le persil, 60 pour l'orange et 50 pour l'épinard.

Dans les piments, en particulier, il y a des principes colorants, voisins de ceux que renferment la tomate ou la carotte. On trouve donc du carotène, mais aussi de la capsanthine, de la capsorubine (responsable du rouge feu des piments), de la zéaxanthine, et enfin de la cryptoxanthine. Certains de ces colorants sont des provitamines A, comme le caroténoïde. Ce pigment est anti-inflammatoire et cicatrisant. Certaines variétés de piments ont des couleurs très particulières, comme le piment noir du Mexique ou le piment 'Habanero' (marron foncé). Cette couleur brune résulte de la superposition de pigments caroténoïdes et chlorophylliens. Certains consommateurs l'apprécient, parce qu'elle s'accompagne d'un arôme particulier.

La valeur calorique du poivron est de 22 calories pour 100 grammes de matière fraîche, ce qui est très peu. Il est d'ailleurs conseillé dans les régimes diététiques.

Le principe brûlant du piment est dû à sa faible mais efficace teneur en capsaïcine. C'est cette substance piquante et rubéfiante ("qui rend rouge") qui irrite la peau et y produit une intense irrigation sanguine. Cet acide, appelé amide vanillique, est d'ailleurs utilisé par les médecins spécialistes qui étudient les voies nerveuses.

De récentes études médicales semblent confirmer le caractère bactéricide du piment dans l'organisme. Ce serait une des raisons de son usage important dans les pays

---

L'ÉCHELLE DITE DE SCOVILLE

Lorsque fut isolé le principe brûlant des piments, une échelle de tolérance a été établie, qui porte le nom d'échelle de Scoville et définit, pour chaque variété de piment, son taux de capsaïcine. La présence de 1 % de cette substance équivaut à 150 000 unités-chaleur. C'est une concentration maximale, qui serait difficilement supportable pour le palais d'un Européen. Pour comparaison, le piment d'Espelette "titre" 3 000 à 4 000 sur l'échelle de Scoville : cela reste tout à fait acceptable. En revanche, le piment enragé *(Capsicum frutescens)* peut afficher jusqu'à 60 000, voire 80 000 unités-chaleur. Une variété mexicaine, le 'Habanero', ainsi que des piments sud-africains, peuvent atteindre 130 000 unités-chaleur.

pauvres où il est souvent difficile de conserver les aliments. Le pigment aiderait l'organisme à combattre les attaques bactériennes. D'autres études ont montré l'existence de propriétés antivirales dans les extraits foliaires de *Capsicum annuum* et *C. frutescens*.

Une pharmacopée ancienne

Au Mexique, le piment est une des plantes importantes de la pharmacopée populaire, appréciée pour ses propriétés astringentes, expectorantes, digestives et stimulantes. On l'emploie aussi pour améliorer la circulation sanguine et éliminer la bile trop abondante.

En Europe, la pharmacopée populaire a elle aussi longtemps fait une place au piment, pour des usages externes ou internes. Des onguents, teintures et emplâtres ont ainsi été fabriqués à base de piment fort. Ces applications externes sous forme de pommade "tirent" le mal : leur fonction est révulsive, rubéfiante. En frictions sur la peau, le piment apaise les douleurs rhumatismales et articulaires, et stimule l'irrigation sanguine. Attention, cependant, il peut brûler l'épiderme fragile.

On trouve encore en pharmacie un médicament à base de piment qui connut autrefois un assez grand succès, l'emplâtre de saint Bernard, qui améliore le confort en cas de douleurs dorsales, d'ordre musculaire ou articulaire, et en particulier d'origine rhumatismale. Cet emplâtre, également appelé "emplâtre américain", se présente encollé sur un support élastique perforé et adhésif. Sa composition est, pour 100 grammes, de 1,35 gramme d'extrait de piment et de 0,52 gramme de clou de girofle : le premier chauffe et décongestionne, le second calme la douleur.

Les usages internes du piment sont de moins en moins employés. A petites doses, on utilisait jadis le piment pour stimuler l'appétit et la sécrétion des sucs gastriques. On mentionne aussi des propriétés astringentes, expectorantes, purgatives, stimulantes et excitantes : beaucoup de vertus pour une seule plante ! Sans aucun doute est-ce la raison de l'ancienne popularité du piment dans la pharmacopée traditionnelle.

Jean Valnet, dans son traité de phytothérapie, conseille le piment pour soigner les diarrhées, les dysenteries, les

vomissements, les hémorragies utérines, les rhumatismes, les toux spasmodiques, et, en usage externe, les névralgies et les lombalgies. Il propose d'employer une teinture préparée avec 15 % de piment et le reste d'alcool à 33° (1 à 4 grammes par jour) ou du piment en poudre (au maximum 1 gramme par jour). Il est intéressant de noter qu'en guise de médicament, il conseille tout simplement d'employer le piment en cuisine.

Jean Valnet, comme Henri Leclerc, mettent en garde les individus fragiles contre les risques de vomissements possibles dus à l'ingestion de piments. Cependant, l'action du piment sur les muqueuses digestives ne semble pas aussi dangereuse que les effets sur la langue et dans la bouche pourraient le laisser croire, comme l'explique Hervé This. Une étude récente faite par un médecin américain, le docteur Graham, a démontré que les piments "excitent les fibres nerveuses de la douleur, dans la bouche notamment, mais n'ont pas d'action corrosive réelle [sur l'estomac]. Ils stimulent la salivation, activent le transit intestinal, provoquent des brûlures anales, et procurent une sensation de bien-être après le repas." Hervé This suggère une explication : le piment ingéré stimulerait dans notre organisme la "libération de substances opioïdes endogènes". Des cousines de la morphine, que notre propre corps libérerait à chaque fois que l'on mange du piment ! Et le chercheur de conclure : "Ne craignons donc plus d'utiliser le piment. Son feu ne nous consumera pas."

Les dangers du piment

Si l'ingestion du piment est source de bien-être, on aurait tort cependant de sous-estimer les dangers qu'encourt le manipulateur de piments non averti. Des précautions s'imposent : même si souvent les brûlures s'avèrent anecdotiques, certaines imprudences peuvent devenir dramatiques. La brûlure de la peau par le piment ne semble cependant pas laisser de séquelles persistantes. C'est rassurant !

En tout cas, après avoir manipulé sans protection des piments forts, il faut à tout prix éviter de se frotter les yeux et de manger des aliments avec les mains. De même, il ne faut pas laisser les enfants manipuler des piments.

D'une manière générale, il faut se souvenir que l'on a les mains pleines de capsaïcine. Ce principe actif est libéré au contact de la chair interne du piment (particulièrement des graines et du placenta). Il a des effets brûlants sur la peau lorsque les mains préparent les piments, mais souvent les mains sont peu sensibles, plus résistantes. On finit par oublier, et le rappel à la réalité fait l'effet d'une très mauvaise surprise, sur le visage ou ailleurs… Ceux dont la peau est sensible devront s'abstenir de préparer des piments frais ou séchés. Il est certain que la manipulation de piments frais est plus redoutable que celle de fruits séchés : l'eau contenue dans le piment frais dilue efficacement le produit qui pénètre plus vite dans la peau.

Prendre des gants légers est la parade la plus sûre pour éviter des mésaventures. L'huile passée sur les mains avant la manipulation est également une bonne protection. Se laver abondamment les mains à l'eau fraîche donne l'impression de soulager, mais il n'en est rien : les sensations de brûlure perdurent.

Attention, charlatans !

Récemment, un dermatologue italien réputé s'est fait remarquer en dénonçant une escroquerie au piment. Quelques centaines de chauves s'étaient fait traiter la surface du crâne avec une pommade pimentée, prétendue miraculeuse, et dont le prix s'élevait à 1 000 euros. Il n'y eut point de victimes, seulement quelques crânes irrités ! Pour le dermatologue, ce fut l'occasion de rappeler à ses patients chauves que le piment, c'est bien, mais avec de l'ail et dans l'assiette.

Pourtant, on peut lire dans le *Larousse médical* illustré de 1912 que le piment est conseillé, à raison de 10 grammes de teinture pour 100 grammes d'alcool, comme stimulant contre la chute des cheveux : le piment empêche peut-être les cheveux de tomber, mais ne les fait pas repousser !

Ce même *Larousse* conseille aussi le piment contre l'alcoolisme. Employé dans une boisson amère, à la dose de 2 à 5 grammes de teinture, "il fait disparaître le malaise gastrique qui pousse l'individu à boire".

Capsicum en homéopathie

Le *Capsicum* fait partie des nombreuses Solanacées utilisées par les homéopathes. Il est prescrit, en dilution à des doses infinitésimales, pour soigner des otites douloureuses jusque sous le pavillon de l'oreille, avec inflammation de la mastoïde (partie de l'os temporal située derrière l'oreille). Il est employé également en granules lors de brûlures d'estomac, d'acidité durant la digestion, ou encore en cas de toux, d'asthme, de coqueluche.

Une prescription homéopathique particulière du *Capsicum* concerne le traitement psychologique des personnes qui souffrent du mal du pays. C'est un remède des nostalgies. Il est utilisé à ce titre pour soigner les dépressions, les angoisses, les insomnies, les tristesses persistantes, et, pour les enfants, dans le cas d'une séparation d'avec la famille, de départ en colonie de vacances ou à l'étranger. On se rapproche ici de la pharmacopée chinoise, où le piment est lié à l'élément symbolique métal (entre-saison dans le calendrier chinois), dont il a l'acidité, le piquant. Il est employé pour soigner la dépression, la tristesse, souvent ressenties à l'automne, saison du métal.

Le piment du Chili

IV. LA CULTURE DES POIVRONS ET PIMENTS

Dans le trio des Solanacées potagères réputées (tomate, aubergines et piment), la tomate semble la plus facile à cultiver ; vient ensuite le piment, plus délicat et plus frileux, puis l'aubergine, plus capricieuse et exigeante en chaleur, en eau et en nourriture.

Le choix des variétés

Dans un jardin familial, les poivrons et piments n'occuperont pas beaucoup de place, car les besoins en cuisine sont souvent limités. Entre douze et vingt plants de poivrons et de piments semblent suffisants pour un potager d'amateur, mais il conviendra de diversifier les variétés : piments à sécher et à employer comme épice, quelques jolis poivrons gros, doux ou un peu piquants, rouges, verts, jaunes, et pourquoi pas couleur chocolat ? Il est bon de planter dans son jardin une variété de petit poivron à la chair fine et fruitée, délicate en salade ('Petit vert marseillais', par exemple), ainsi qu'une variété moderne à gros fruits.

Le piment-cerise

Pour permettre la culture du poivron dans les régions septentrionales, pour augmenter sa productivité, agronomes et sélectionneurs l'ont "amélioré". Plus précoces, plus productives et à l'évidence plus charnues, ces variétés modernes ne sont pas sans certains avantages. Elles ont d'ailleurs permis à de nombreux jardiniers de découvrir la culture du poivron.

Semer à l'abri et de bonne heure

On sème en général les piments et les poivrons en février-mars, obligatoirement à l'abri et au chaud. On utilise pour cela de petits godets en fibre de bois ou des caissettes, si les semis sont importants. On enfouit à peine la graine dans un mélange de terre fine et de compost bien décomposé. L'important est de surveiller tous les jours les semis et d'arroser régulièrement, mais avec modération. Des excès d'eau peuvent être fatals aux jeunes plantules : des nécroses apparaissent le long de la tige et font alors mourir les plants.

Avec l'aubergine, les piments et poivrons sont les plantes potagères les plus exigeantes en chaleur. Entreprendre un semis est une opération qui ne sera pas forcément couronnée de succès, si l'on n'a pas pris les précautions nécessaires. Un thermomètre sera bienvenu pour contrôler le minimum de température nécessaire pour la germination (environ 15 °C, l'optimum étant de 24 °C). La différence de température entre le jour et la nuit ne devrait pas excéder 5 à 6 degrés. Le semis s'effectuera donc sous abri chauffé – par exemple sur le rebord d'une fenêtre de cuisine –, où la température constante de 17 à 18 °C fera germer la semence en une douzaine de jours. A 15 °C, vingt-cinq jours seront nécessaires pour la germination. Au bout de trente-cinq jours, toutes les bonnes graines auront germé. Il faudra compter cent trente à cent soixante jours du semis à la récolte des premiers fruits

Un élevage délicat

Les plantules de piments ressemblent à celles des autres Solanacées : on distingue deux petites feuilles pointues et vert tendre au bout d'une tige violacée. A ce stade, les

Un jeune plant

plants sont fragiles, et une faible gelée, quelques limaces ou une nécrose due à un excès d'arrosage peuvent mettre un terme au projet de récolter des piments issus de vos semis. Assez rapidement, si la terre est chaude et si les plantules ont pu surmonter les difficultés de l'existence, il se forme au centre des deux cotylédons une troisième petite feuille, première représentante des feuilles de type adulte. Lorsque celles-ci sont au nombre de trois ou quatre feuilles "vraies", on peut procéder avec délicatesse au rempotage individuel dans un pot plus grand, en manipulant les racines fragiles avec précaution. Elles ne doivent pas remonter ni se replier.

Les petits piments et poivrons vont croître au rythme de la température. Le premier bouton floral apparaît rapidement et indique que l'on peut placer les plants sous châssis froid en vue de leur progressive adaptation au climat extérieur. Nous sommes à la fin du mois d'avril et il faudra attendre les dernières gelées, de mi-mai à mi-juin suivant les régions, pour implanter les piments dans le potager d'été.

La préparation du sol

Les *Capsicum* poussent bien dans les sols argileux ou siliceux, dans toute bonne terre de jardin. Un terrain trop acide pourra être amendé par un apport de calcaire sous la forme de lithothamne ou de calcaire broyé. Le sol aura été préalablement griffé, aéré, voire greliné ou bêché, s'il était trop compact.

Pour cultiver le poivron ou le piment en pleine terre, et où que l'on soit en France, il convient de choisir une planche bien exposée au sud, abritée des vents dominants et du nord. On peut implanter une haie sèche (en cannes de Provence, par exemple) pour la protéger. Cette pratique fut longtemps utilisée par les maraîchers du Vaucluse pour obtenir une production de poivrons précoces.

Au préalable, on aura débarrassé le terrain des déchets mal décomposés que l'on pourra réutiliser comme paillage naturel pendant l'été. Le jardinier bio qui veille en chacun de nous apportera une bonne pelletée de compost bien décomposé au pied de chaque plant, et l'enfouira superficiellement à l'aide d'un croc. Comme toutes les plantes potagères dont on espère une belle production régulière, les poivrons et piments apprécieront un sol bien nourri et le plus naturellement possible, clé de la pratique écologique dans un jardin.

Il est important d'éviter certains précédents culturaux : le piment ne supporte pas bien de prendre la succession des tomates, des pommes de terre, des aubergines, et aussi des courges. On peut remarquer que ces plantes ont des exigences proches de celles des piments. Elles ont aussi en commun des bactéries et des virus qui peuvent se conserver d'une année sur l'autre dans le sol. C'est l'une des raisons de la pratique des rotations culturales. Curieusement, si le piment n'aime pas la trace de ses cousines dans le sol (pomme de terre et tomate), il apprécie celle des ails, des oignons, des poireaux, des haricots et des fèves, qui constituent pour lui un excellent précédent cultural.

La plantation

On repique d'ordinaire les poivrons et piments tous les 40 à 50 centimètres sur la ligne, et on laisse en général 70 à 80 centimètres entre les lignes pour rendre possible le passage d'un jardinier et de son panier. On peut associer des fleurs aux piments entre chaque ligne si elles sont larges, ou bien entre chaque pied si l'on recherche des effets de couleurs, mais aussi parce que certaines cohabitations entre les piments et d'autres végétaux semblent profiter aux uns comme aux autres. C'est le cas des cosmos, des œillets d'Inde, de la bourrache, du basilic.

On peut enfouir un peu la tige à la plantation, la butter en faisant remonter un peu de terre sur le pied. Comme pour la tomate, de la base de la tige pourront naître d'autres racines.

L'entretien des piments et poivrons

Si le terrain n'était pas trop enherbé l'année précédant la culture de piments, quelques sarclages au pied des plants seront suffisants pour limiter la concurrence des herbes indésirables.

Dès les premières fructifications, il est conseillé de faire un apport liquide de purin de consoude ou d'ortie, qui viendra soutenir la production. Le liquide obtenu après la décomposition de ces plantes sera dilué (à 10-20 %) et versé au pied. On pourra reproduire cette opération une seconde fois au milieu de l'été.

Depuis quelques années, on peut trouver dans les jardineries des extraits naturels à base d'algues marines très anciennement employées par les agriculteurs de bord de mer, qui pouvaient en disposer facilement. Ces algues étaient utilisées comme engrais pour leur richesse en minéraux et en molécules biologiques. Des études scientifiques récentes sont venues confirmer les propriétés de ces algues, et l'on a découvert qu'elles agissaient aussi sur la protection générale de la plante, en stimulant ses défenses naturelles. On peut comparer l'action bénéfique et multiple de ces extraits d'algue à celle de la prêle, également employée pour favoriser la résistance des végétaux. Ces préparations, qui sont diluées et pulvérisées sur le feuillage des plantes, semblent un moyen efficace pour combattre le fameux *Phytophtora*, responsable des dégâts sous serre. D'une façon générale, ces découvertes en forme de validation et de confirmation d'anciennes pratiques traduisent une autre approche de la recherche dans le domaine phytosanitaire : prévenir plutôt que guérir, et chercher dans la nature les solutions existantes.

• *L'irrigation*
Les poivrons et piments ont le plus souvent un enracinement superficiel, et sont de ce fait sensible à la sécheresse. On les irrigue donc de façon régulière de juillet à septembre. Le goutte-à-goutte semble la technique d'irrigation la mieux adaptée. Deux ou trois litres tous les deux jours conviendront pour les poivrons. Les piments, plus petits et moins charnus, pourront connaître des arrosages moins abondants.

Les arrosages traditionnels, dits "à la raie", conviennent aussi parfaitement. Par contre, il est déconseillé d'arroser par aspersion ces plantes de chaleur, surtout en plein jour. De temps en temps, le soir, il est possible de procéder à un bassinage qui rafraîchira le feuillage.

Chez les poivrons, des excès d'eau peuvent également être fatals, car cette plante est particulièrement sensible à l'asphyxie racinaire, que l'on reconnaît au flétrissement progressif de la plante et au pourrissement de l'extrémité des fruits.

Au potager, il est intéressant de pailler les cultures estivales, pour éviter des pertes d'eau par évaporation, maintenir un taux d'humidité suffisant dans le sol – que les poivrons apprécient particulièrement – et limiter la croissance des herbes adventices. On utilise de la vieille paille, des tontes de gazon…

• *La taille*
D'ordinaire, le poivron ne se taille pas. Son développement est ramifié de manière régulière et procure une production continue et soutenue. On peut cependant distinguer plusieurs ports chez les poivrons et les piments. Certains sont compacts et courts (les variétés modernes, par exemple), d'autres, élancés et hauts sur tige (piment d'Espelette), d'autres encore, très ramifiés, arborescents et étalés.

Comme pour toutes les plantes de chaleur (tomates, aubergines…), le pic de production intervient vers la mi-août en pleine terre, jusqu'à fin septembre. S'il fait encore froid, le premier fruit qui apparaît peut être pincé, pour accélérer le développement des fruits à venir dans de meilleures conditions climatiques. Au cours de l'été, des repousses peuvent être supprimées à la base de la tige.

• *Le tuteurage*
Certaines variétés de *Capsicum* ont un port ramifié, des fruits légers et une tige forte qui rendent inutile le tuteurage. C'est le cas des nombreuses variétés de petits piments. Cependant, dans les zones exposées aux vents, un tuteur – un simple piquet et deux attaches – garantira aux plants de ne pas verser un jour de grand mistral ou de tempête.

Si le tuteur n'est pas indispensable avec le poivron ou le piment cultivés en pleine terre, il apparaît cependant indispensable sous serre, où la chaleur artificielle influence fortement le développement de la partie aérienne des plantes. Le poids des fruits, leur nombre, particulièrement

> ### D'ANCIENS MODES DE CULTURE
>
> Autrefois, les cultures maraîchères de tomates, d'aubergines et de poivrons nécessitaient des techniques très particulières pour produire la chaleur nécessaire au démarrage des cultures. On distinguait la culture "forcée" de celle de pleine terre. Pour cette dernière, les semis étaient faits sur couche chaude (avec du fumier frais se réchauffant progressivement), puis les plants étaient repiqués sur de vieilles couches pour une récolte estivale.
>
> Plus coûteuse en main-d'œuvre et en soins était la culture forcée, qui exigeait un semis sur couche en hiver, avec une température de 20 à 22 °C. Le choix du fumier était important : le fumier de cheval se réchauffe doucement, celui de vache est plus rapide. Les châssis étaient couverts de paillassons durant la nuit, puis découverts le jour. Des réchauds (des lits de fumier) étaient placés autour des châssis si la température chutait brutalement. Deux mois plus tard, les plants étaient repiqués sur une deuxième couche chaude (à 18 °C), associés à des cultures intercalaires de laitues ou de radis précoces. On récoltait les premiers poivrons et piments en mai.

avec les variétés modernes très productives, sont tels que les plants ont besoin d'être soutenus. Sous serre, l'idéal sera de relier le pied du poivron à la structure de la serre ou à une entretoise par une ficelle, et d'enrouler celle-ci autour de la tige rigide.

Sous serre

De nombreux jardiniers de France ne pourront cultiver les poivrons et piments en pleine terre en raison de climats trop rigoureux. La culture sous serre sera alors l'unique possibilité pour récolter des poivrons au jardin. Cela tombe bien, car le poivron est un hôte idéal pour la serre d'été.

Comme à l'extérieur, il est conseillé d'implanter sous serre une grande diversité de végétaux. Cela constituera une défense en renforçant les interactions entre les végétaux. Les extraits d'algues seront également toujours bienvenus pour renforcer la résistance générale de la plante.

Le jardinier "serriculteur" devra, tous les jours pendant la belle saison, aérer sa terre. En effet, il est très important que l'air circule dans une serre, sous peine de voir brûler certaines cultures, et d'autres devenir fragiles et plus sensibles.

La récolte

La récolte

Elle peut commencer dès le début du mois de juillet avec les variétés modernes de poivrons : c'est un sérieux avantage. Semés tôt dans le mois de février, ils pourront même être sur la table dès la fin de juin.

On détache le fruit, mûr ou non, en cassant le pédoncule au niveau de la tige. Les poivrons sont cueillis au fur et à mesure des besoins jusqu'aux premières gelées. On peut conserver des poivrons verts jusqu'à Noël en les stockant à l'abri du gel et en éliminant ceux qui présenteraient des taches de pourriture.

La récolte des piments peut se faire pendant toute la saison d'été, en vue de les transformer ou de les faire sécher. Chaque année, les derniers pieds encore chargés de fruits sont arrachés et suspendus à l'envers pour sécher naturellement à l'abri de la lumière. On pourra confectionner d'originaux bouquets d'hiver et toutes sortes de guirlandes et de chapelets, aussi utiles dans la cuisine que décoratifs.

Faire sa semence

La semence de piments et de poivrons est d'extraction facile. Il faut cependant veiller à choisir des sujets bien mûrs, indemnes de traces de blessures ou de malformations, et conformes à la variété choisie.

Les piments sont autogames, ils n'ont donc pas besoin d'un autre congénère pour être pollinisés. Ils s'autofécondent. Cette règle naturelle, qui vaut pour de nombreux végétaux, rend plus facile la conservation des différentes variétés. Cependant, pour une pureté variétale maximale, il est conseillé d'isoler les plants porte-graines par un voile de tulle ou d'espacer les variétés d'environ 150 mètres. Une troisième méthode consiste à isoler les variétés par des haies constituées de cannisses ou d'un autre matériau végétal : on a remarqué que les abeilles, une fois pris leur envol, ne redescendaient pas, ignorant ainsi les plants cultivés de l'autre côté de la haie.

Les graines du poivron mûr sont détachées avec les doigts, puis déposés dans une soucoupe en terre cuite sur laquelle elles vont tranquillement sécher. Lorsque la semence est parfaitement sèche, on l'ensache, puis on note le nom de la variété et l'année de production. Le sac en papier rempli de graines rejoint alors les autres Solanacées dans une boîte en fer.

Pour le piment, très facile à sécher, il semble bien que la meilleure façon de procéder soit aussi la plus simple : le piment sec est déjà un sachet de graines préemballé. Il suffira de l'ouvrir au printemps pour en semer le contenu, sans oublier de faire toujours attention au principe brûlant qui reste sur les doigts.

Il y a environ 150 graines de *Capsicum* par gramme. Leur durée germinative est de l'ordre de trois ou quatre ans.

A l'inverse des variétés fixées, on ne peut reproduire fidèlement les variétés hybrides. Ces dernières sont le résultat d'un croisement (par la main de l'homme) entre deux parents de variétés différentes. Si l'on fait l'expérience de semer de la graine d'une variété hybride, il en résulte une sorte de loterie génétique où les caractères des parents demeurent visibles, mais fragmentés et répartis dans toute la population.

Ravageurs et maladies

Les piments et les poivrons sont moins sujets aux attaques diverses que beaucoup d'autres légumes, surtout lorsqu'ils sont cultivés dans des conditions qui leur rappellent leur origine géoclimatique. Sous terre, cependant, les conditions artificielles de réchauffement pourront davantage créer des déséquilibres. Particulièrement sous abri, il faut faire attention aux excès de fumure, même biologique : on a remarqué que le taux de nitrates était plus élevé qu'en plein champ pour la même quantité de fumure. L'excès d'azote dans le sol favorise aussi les attaques parasitaires : les pucerons se délectent des végétaux qui sont dopés. De plus, ces insectes transportent avec eux des bactéries ou des virus qui peuvent à leur tour envahir le plant. Mieux vaut donc agir préventivement plutôt que curativement.

En pépinière, on peut craindre les mauvaises surprises matinales. Une sorte de sauterelle, le centrote cornu, qui mesure de 7 à 8 millimètres de long, sectionne sur son passage tout ce qui est tendre et vert. Elle semble particulièrement apprécier les Solanacées (aubergines, daturas…). La cigale à cornes – tel est son nom populaire – peut être un fléau dans les serres de multiplication. La protection des semis par des filets semble être l'unique parade possible contre cette sauterelle minuscule qui saute avec une énergie hors du commun.

Quelques champignons peuvent réduire la récolte de poivrons. Ainsi, il faut éviter de planter sur d'anciennes cultures de tomates, d'aubergines ou de pommes de terre qui véhiculent par leurs racines et dans le sol le redoutable *Phytophtora capsici*, dont le nom trahit une sympathie malveillante pour les *Capsicum*. Il arrive qu'une mycoplasmose soit transmise par une cicadelle, ou qu'un flétrissement bactérien (*Pseudomonas solanacearum*) fasse parfois quelques dégâts. Sous serre, on pourra craindre aussi les aleurodes (*Trialeurodes vaporarium*), sortes de mouches blanches qui s'envolent quand on remue un pied de tomate ou de poivron. Dans l'ensemble, cependant, les piments et poivrons cultivés dans le respect des saisons sont des plantes robustes et vigoureuses.

L'aleurode

Les piments au jardin de fleurs

Très tôt, le piment a attiré les curieux, qui l'ont cultivé en pot, comme ces herboristes belges que mentionne le botaniste Dodoens vers 1550. En dehors de l'intérêt médicinal ou condimentaire du piment, son caractère ornemental devait être agréable. Son ancienne appellation de "corail des jardins" évoque d'ailleurs plus l'ornement que la plante légumière.

L'inventaire des fleurs de pleine terre de la maison Vilmorin-Andrieux consacrait, au début du XXe siècle, quelques pages aux piments d'ornement, et mentionnait même de gros poivrons pour décorer les massifs d'été. Aujourd'hui, un siècle plus tard, les potagers sont à la mode, on redécouvre le plaisir des semis, des récoltes de fleurs et de légumes. Depuis quelques années, on mélange à nouveau fleurs et légumes dans les potagers, pour le plaisir des yeux, de tous les sens. Certaines fleurs peuvent fréquenter sans honte de jolis légumes : c'est bien le cas des nombreuses variétés très ornementales de piments.

En pot ou en pleine terre, la plante dans son ensemble rappelle une flamme érigée, idéale pour rehausser durablement les couleurs chaudes d'un massif estival. Les variétés 'Bouquet' et 'Corail' ont en commun de porter leurs fruits au-dessus des feuilles : des dizaines de fruits se dressent ainsi, magnifiques, en direction du ciel. On peut imaginer de les associer avec des tritomes, des tournesols, des soleils du Mexique *(Tithonia)* ou encore des rudbeckias et des gaillardes. On prendra soin de les installer devant les grandes

Le piment 'Bouquet'

plantes spectaculaires comme le tournesol. Leur culture est exactement la même que celle des variétés légumières.

Les jardiniers sans jardin pourront toujours cultiver toutes sortes de piments et de poivrons en pots de 30 à 40 centimètres de diamètre, au chaud à l'intérieur et en pleine lumière. Il sera bon de sortir la plante en été, et de ne pas oublier de l'arroser régulièrement.

LE POMMIER D'AMOUR

Une Solanacée très populaire mérite quelques honneurs. Toutes les grand-mères se souviennent de l'avoir cultivée, en pot très souvent. Il s'agit d'une plante au port compact et au délicat feuillage foncé et brillant. Cette plante de chaleur supporte de rester à l'extérieur pendant l'été, mais il faut la rentrer en hiver. Elle peut mesurer de 50 centimètres à un mètre de haut. Chaque année, elle produit de nombreuses petites baies pareilles à des cerises ou à des minuscules pommes d'un rouge pétant. C'est la raison de ses jolis surnoms, pommier d'amour ou cerisier d'amour. Son nom scientifique latin est *Solanum pseudocapsicum,* "Solanacée ressemblant au piment" : encore une plante qui se rapproche par ses caractères du genre des *Capsicum.*

Je garde un souvenir d'enfance de cette plante qu'une grand-mère m'avait fait découvrir à l'entrée de son potager. J'avais aimé la plante ; quand on aime une fois, c'est pour toujours, et cela marche avec le pommier d'amour.

V. CUISINER AVEC LES PIMENTS

Piment, c'est poivre du pauvre ; ou simplement quand les fruits sont verts ou tendres, nourriture forte.
E. Le Roy Ladurie

Une des raisons du départ des trois caravelles de Colomb est l'espoir d'une nouvelle route vers l'Inde et les épices. Mieux qu'une nouvelle route, c'est une nouvelle épice qui est découverte. Très vite, le piment apparaît sous la triple fonction d'épice, de conservateur et de colorant. Ces usages, ajoutés à une culture assez facile, rendue possible par des adaptations et des créations variétales locales, expliquent le succès des piments dans la cuisine de Méditerranée, d'Afrique du Nord, d'Inde, d'Asie…

Le tour du monde des piments

Il y a piment et piment… Nos papilles d'Occidentaux ne supportent pas facilement la force, le caractère brûlant de

certains piments. N'est pas indien ou mexicain qui veut !
L'enfant indien ou mexicain goûte très tôt à la cuisine
pimentée – déjà dans le lait de sa mère. Plus tard, il s'imprégnera des odeurs d'une cuisine relevée et chaude. Il
participera à la cueillette, à la fabrication de la poudre,
aidera à suspendre les piments au plafond pour faire d'une
épice d'abord un décor. Il faut être né dans un pays qui
cultive le piment pour l'apprécier pleinement.

Le piment a marqué la cuisine des pays où il est cultivé.
Il existe bien une cuisine aux piments et une autre sans.
Sans a priori pour l'une comme pour l'autre, partons nous
promener sur la planète d'assiette en assiette, là où les
hommes aiment le piment.

• *En Amérique*
Le Mexique a fait du piment son emblème culinaire. Son
usage s'enracine dans un passé très lointain. On trouve
bien sûr une grande diversité de piments : l'*ancho* en forme
de cœur, doux et aromatique, mais aussi le *chipotle* conique,
rouge brique et très piquant, ou bien encore le *pequine* en
forme de cerise, très brûlant, et le *poblano*, vert, gros et
parfumé.

De nombreuses recettes associent le piment à la courge,
aux haricots et au maïs. Avec la farine de ce dernier, on
confectionne les *tacos*, sortes de crêpes que l'on fourre avec
une préparation à base de piments, d'oignons, d'avocats,
de viande hachée… Les Mexicains apprécient également
une sauce verte *(salsa mexicana verde)* à base de physalis vert
(tomatillo), de piment vert et d'oignons.

Le *chili con carne* signifie littéralement "piment avec
viande". C'est un ragoût de bœuf longuement cuit avec des
oignons, des piments et des haricots rouges. Les pionniers
du Texas ont répandu cette recette à travers l'Amérique du
Nord. Jusqu'aux Etats-Unis, le piment continue de séduire :
le tabasco, composé de piments oiseaux *(C. frutescens)*
rouges macérés dans du vinaigre d'alcool avec du sel, des
épices et du sucre, est originaire de Louisiane. Il relève toutes
sortes de plats, et même certains cocktails.

Les Brésiliens disposent, eux aussi, du piment enragé avec
lequel ils préparent une sauce appelée *carioca*. Elle est faite
de rhum blanc, de persil haché, de sel et de poudre de piment
très fort. On la sert d'ordinaire avec la *feijoada completa*,
un plat à base de haricots rouges.

Un plat bien connu des Français
de la métropole qui ont séjourné
aux Antilles (ou à la Réunion)
s'appelle le rougail. On le prépare
avec des légumes, des crustacés
ou du poisson, que l'on fait
mijoter à l'huile, et beaucoup de
piment. Les Antillais préparent
également, avec de la cive, du thym,
deux variétés de piments antillais très
fortes, de la coriandre, du curcuma,
des graines de moutarde, du
cumin et de l'anis, la poudre de colombo. Elle accompagne
poulet, mouton, poisson ou légumes.

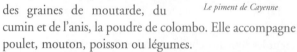

Le piment de Cayenne

D'une manière générale, le piment plane sur la cuisine
antillaise, où une grande diversité d'épices sont utilisées. La
mer des Caraïbes comme la Méditerranée, lieux d'échanges
commerciaux et culturels, propices climatiquement à de
nombreuses adaptations, ont joué un rôle assez similaire
pour diffuser les végétaux, et particulièrement le piment,
qui est passé de l'une à l'autre, après avoir traversé un
immense océan.

• *En Méditerranée*
… *Quant au moindre repas, que de surprises encore
– qu'il s'agisse de la tomate, cette Péruvienne ; de
l'aubergine, cette Indienne ; du piment, ce Guyanais ;
du maïs, ce Mexicain…*

L. Febvre, *Annales*, XII.

Avec l'arrivée des plantes potagères américaines – piment,
tomate, haricots, courges et courgettes, pomme de terre –,
la cuisine de la Méditerranée va assez rapidement se transformer. Elle va prendre de la couleur et s'enrichir de
saveurs nouvelles, en associant judicieusement les légumes
nouveaux à ceux cultivés de longue date (ail, oignon,
choux, poireaux…), dans une cuisine qui valorise déjà la
diversité des produits de la terre et de la mer. Farcis, grillés,
confits ou encore crus en salade, piments et poivrons se
sont parfaitement intégrés à la cuisine méditerranéenne.

Le piment a fortement marqué la cuisine espagnole.
Commun dans les jardins dès le milieu du XVIᵉ siècle, il est
rapidement devenu en cuisine un ingrédient indispensable,

Le piment rouge long

et bien souvent un aliment du quotidien. Il sert à épicer et colorer de nombreuses charcuteries, comme le célèbre chorizo qu'on découpe en tranches dans la paëlla, mais aussi des saucissons rouges comme la *longaniza* et la *sobresada*. En Andalousie comme en Catalogne, on prépare, avec des piments forts coupés en petits dés, des sauces relevées.

Depuis quelques années, les *tapas* se popularisent en Europe. Destinés à l'origine à accompagner, au moment de l'apéritif, le xérès ou le malaga, les *tapas* renferment souvent piments ou poivrons : petits cubes de jambon et de poivrons rouges, piments farcis, anguilles frites aux piments… A l'heure de l'apéritif, il n'est pas rare non plus de se voir proposer des piments à l'huile d'olive.

La cuisine basque a elle aussi adopté le piment, et sa piperade est devenue célèbre, composée d'une pièce de veau et, entre autres, de piments verts, d'oignons blancs et de tomates rouges, les trois couleurs du drapeau basque.

En Aquitaine, en Languedoc et en Provence, le piment figure depuis longtemps déjà au repas quotidien des gens du peuple. Emmanuel Le Roy Ladurie décrit ainsi le repas du matin d'un journalier de la vallée de l'Hérault, vers 1780, qui "au lieu d'ail et d'oignons, mange un poivron pour se mettre en forme". Le paysan de Provence consommait lui aussi le piment comme légume fort. Vers 1821, le comte de Villeneuve observe, dans les Bouches-du-Rhône, que "les gens du peuple, par goût, mangent les piments crus ou cuits sur la braise avec huile et sel, mais [que] la plus grande partie est confite au vinaigre". Ce n'est que vers la fin du XIXe siècle que la consommation du gros poivron épais, charnu et doux, acheminé rapidement jusque dans les grandes villes, s'est généralisée.

C'est avec le safran que le cuisinier prépare la rouille en Provence, pour accompagner le poisson, mais le piment le remplace souvent : on le pile avec de la mie de pain, de l'ail, puis on le mélange à de l'huile d'olive et du bouillon.

• *En Afrique*
Qui ne connaît la harissa qui accompagne le couscous et d'autres plats du Maghreb comme les soupes et les viandes séchées ? La harissa est une purée *(tabal)* composée de piment, de poivre de Cayenne, d'huile, d'ail, de coriandre, de feuilles de menthe ou de verveine et de grains de carvi pilés. La purée ainsi obtenue repose une douzaine d'heures, puis est servie mélangée à du bouillon.

On ajoute à certains couscous de petites saucisses qui portent le nom bien connu de "merguez". Le piment fort en poudre mélangé à la viande hachée colore et apporte la saveur piquante. On retrouve ainsi des saucisses colorées par le piment des deux côtés de la Méditerranée : les musulmans les confectionnent avec du bœuf et ou du mouton, les Espagnols, plus souvent avec du porc.

Au Maroc, on farcit les poivrons rouges de raisins, d'abricots secs, d'amandes, de pistaches, de dattes et d'épices ; on les mange chauds ou froids. Pour parfumer les poissons, on confectionne la chermoula, une marinade où l'on retrouve piment doux et poivre de Cayenne, coriandre, persil, ail, cumin…

Le pili-pili est une variété africaine de *Capsicum frutescens*, très consommée au Sénégal. Sa saveur est très brûlante. On le consomme pilé avec des graines de courge et de la pulpe de tomate, en une sauce condimentaire très particulière. Le pili-pili accompagne la semoule, les galettes, la viande, le *foutou*. On prépare aussi une autre sauce, appelée *dops*, à base de bananes, de piments, de tomates et d'oignons.

En Somalie, c'est avec le fruit acide du tamarin et du piment que l'on prépare une pâte servie comme condiment. En Ethiopie, le piment sert à la confection du *wät*, plat de viande ou de légumes longuement cuits dans une sauce pimentée, servi accompagné de lait caillé pour soulager les palais enflammés.

• *En Europe centrale… le paprika*
La culture du paprika s'est beaucoup développée en Hongrie au siècle dernier, mais son usage en cuisine remonte au séjour prolongé des Turcs. Le mot "paprika", qui signifie "poivron", dérive du sanscrit *pipari*, "poivre". Les Hongrois font grand usage de cette poudre écarlate obtenue après dessiccation de poivrons rouges mûrs à la saveur agréable et piquante. La poudre obtenue sert à épicer les ragoûts, les farces, les soupes et même à aromatiser les fromages frais. La plus réputée des poudres de paprika est produite dans la région de Szeged, au sud de la Hongrie. Les variétés utilisées sont de forme allongée et à chair peu épaisse. Il existe des paprikas roses et doux, de saveur piquante (les meilleurs), et d'autres rouges, plus forts, avec un arrière-goût âcre.

Le paprika entre dans la préparation du très ancien goulasch (au départ sans piment) et de la *paprikache*, sorte de ragoût de viande blanche ou de poisson avec de la crème aigre, des tomates et des poivrons. Pour qu'il développe tout son arôme, on fait revenir le paprika avec les oignons dans du saindoux ou du beurre. Il ne doit surtout pas brûler, car le sucre qu'il contient caraméliserait, et il perdrait alors saveur et couleur.

Les Roumains et les Bulgares emploient aussi les piments et les poivrons en condiment ou comme accompagnement. Sur les tables bulgares, il est courant de trouver une petite assiette de sel mêlé de piment et de sarriette pilés, dont on saupoudre le pain. Les Autrichiens, enfin, consomment les poivrons grillés sur des tranches de pain tartinées de saindoux.

• *En Asie*
En Inde s'est développée une cuisine très épicée, que la découverte du piment est venue enrichir. Le gingembre et le poivre ont un peu souffert de cette concurrence pimentée, mais ont su résister.

La cuisine indienne est célèbre pour un mélange d'épices appelé cari ou curry, que chaque cuisinier prépare à sa manière et où le piment trouve souvent sa place. Il y ajoute sa saveur forte et sa couleur, qui renforce celle de l'indispensable curcuma. En Orient, les caris sont servis avec du riz, des pois chiches, des lentilles et moins souvent avec de la viande. En Chine, des caris sont préparés de façon assez similaire.

Le gingembre

C'est en Inde du Nord que l'on prépare les *achâr*, condiments à base de légumes, de fruits et d'épices préparés à l'huile, qui se conservent facilement. Un des *achâr* les plus réputés est constitué de citrons, de mangues vertes et de piments verts.

En Indonésie, on confectionne un sel, le *sambal ulek*. En voici la recette : piler ensemble 20 piments égrenés et coupés en petits dés et 2 cuillerées à soupe de sel de mer. La pâte obtenue se conserve longtemps au réfrigérateur. Le *sambal* est un autre condiment indonésien à base de piment rouge, d'oignons râpés, de citron vert, d'huile et de vinaigre.

Les Japonais apprécient le poivron pané. En Thaïlande, il est grillé avec de l'ail, de l'échalote et de la coriandre. En Inde, on le sert en brochettes, grillé, avec la salade *tandoori*.

Sécher et préparer les piments

Il est possible de cuisiner le piment frais dès qu'il est disponible au jardin ou sur les marchés. On peut le consommer vert et non mûr comme l'ont consommé des générations de paysans du Sud. Il aura déjà un goût piquant, voire brûlant suivant la variété, mais ne colorera pas le plat en rouge comme le font les piments mûrs. Les "vrais" amateurs de piments les apprécient mûrs, car ils développent alors pleinement leur arôme spécifique.

La facilité de conservation des piments par simple séchage explique aussi leur popularité dans de nombreux

pays. Ce procédé de conservation est unique dans la famille des Solanacées, si ce n'est également pour quelques variétés italiennes de tomates qu'on expose au plein soleil. On sèche les piments si possible à l'abri de la lumière sur une grille dans un endroit chaud, aéré et sec. Un auvent, par exemple, conviendra bien en été ; en une quinzaine de jours, les piments auront séché. Dans certaines régions où le climat n'est pas assez sec, ou parce que la chair de certains piments est un peu épaisse, on les suspend au-dessus d'une source de chaleur (cheminée, poêle ou radiateur) pour accélérer la dessiccation. C'est le cas du piment d'Espelette qui est délicatement séché dans des fours à bois pour lui conserver une belle couleur et faire une poudre de bonne qualité. Les mêmes procédés de séchage sont pratiqués en Hongrie avec le paprika.

Le piment, une fois séché, est très cassant. C'est ainsi qu'il est réduit à l'état de poudre après qu'on en a ôté les graines. Pour l'usage familial, on peut utiliser un moulin à café. La poudre obtenue se conserve à l'abri de la lumière.

La saveur brûlante des piments pourra être atténuée en les accompagnant d'aliments comme le riz, le pain, le yaourt ou la crème aigre.

Préparer et cuisiner les poivrons

Les poivrons doivent être fermes, leur peau, lisse et brillante, indemne de taches ou de meurtrissures. On les cuisine surtout en été, quand le jardin les fournit, mais les productions hivernales nord-africaines et les frigos de stockage font qu'on peut aujourd'hui en acheter toute l'année.

Le poivron se consomme vert ou mûr (les poivrons mûrs ont un goût plus fruité que les verts), cru ou cuit : cru, il est cassant, cuit, il est fondant et plus digeste. Les fruits de certaines variétés ont une chair épaisse, d'autres l'ont plus fine et souvent plus délicate.

Les poivrons charnus, qu'ils soient rouges, verts, violets, marron ou bien encore jaunes ou orange, égaient toutes sortes de salades. Cuit, le poivron est remarquable pour faire des coulis, des veloutés, des sauces et des purées au goût prononcé et aux couleurs variées. On le cuit couramment au gril, au four ou avec d'autres légumes à l'étouffée. On peut le couper en brunoise (en petits dés), en lanières ou en rondelles décoratives.

Le poivron est un légume qui ne s'épluche pas facilement, car sa peau très fine reste attachée à la chair. Une technique, employée aussi pour l'aubergine, consiste à placer les poivrons à four chaud pendant une demi-heure environ pour ensuite les peler facilement une fois refroidis.

Les poivrons sont particulièrement faciles à farcir – ils donnent l'impression d'avoir été conçus pour cet usage ! En effet, il est aisé de découper au couteau un orifice circulaire autour de la queue pour en extraire les graines, tout en conservant le couvercle naturel. Le riz, l'épeautre, la mie de pain associés aux oignons, aux courgettes, aux aubergines et à toutes sortes d'herbes sont par exemple de très bons ingrédients pour la farce.

Quelques recettes

• *Salade de Belzébuth*
Henri Leclerc affirme qu'il faut être "blindé" pour la consommer sans dommages.

6 poivrons verts ; 2 piments de Cayenne ; 500 g de haricots verts ; 100 g d'amandes émondées ; 3 cuillerées à soupe de crème fraîche ; huile d'olive, vinaigre.

Epépiner les poivrons, les couper en lanières et les plonger 30 secondes dans l'eau bouillante. Faire cuire les haricots. Laisser refroidir, mélanger le tout et assaisonner avec l'huile, le vinaigre et la crème. Avant de servir, ajouter à la salade les piments en tout petits morceaux.

• *Petits poivrons confits à la coriandre*

20 poivrons 'Petit vert marseillais' ; 1 cuillerée à soupe de sucre ; poivre ; coriandre en grains ; huile d'olive.

Equeuter et épépiner les poivrons. Les faire revenir à l'huile dans une poêle. Saupoudrer de sucre et laisser cuire à feu doux une demi-heure. A la fin, ajouter le poivre et une poignée de grains de coriandre écrasés au préalable. Servir tiède ou froid.

• *Poivrons confits au vinaigre*

Prendre de petits poivrons encore verts que l'on laisse au soleil pendant un après-midi. Les immerger ensuite dans un bocal rempli de vinaigre pendant huit jours. Eliminer alors le vinaigre dilué par l'eau des poivrons, remettre les poivrons dans le bocal, bien tassés et accompagnés de quelques gousses d'ail, de thym, de sauge… puis remplir à nouveau le bocal de vinaigre. Cette préparation se conserve tout l'hiver et accompagne bien les viandes.

• *Poivrons farcis aux oignons, aux épinards et au riz*

8 poivrons de différentes couleurs ; 500 g d'épinards ; 2 oignons ; 3 verres de riz ; 1 jus de citron ; quelques cuillerées de coulis de tomates.

Faire cuire les épinards, le riz, et faire revenir les oignons émincés. Hacher les épinards, les mélanger au riz et aux oignons, assaisonner. Vider les poivrons et les remplir avec la farce additionnée d'un jus de citron et d'un peu de coulis de tomates, de sel et de poivre. Faire cuire au four pendant 1 heure (thermostat 5-6).

• *Chili con carne*

Pour 6 à 8 personnes : 1 kg de tomates ; 1 kg de bœuf à braiser en petits dés ; 1 kg de haricots rouges ; 2 poivrons rouges ; 2 gousses d'ail ; 2 oignons ; 1 cuillerée à café de piment fort en poudre ; 1 cuillerée à café de tabasco ; 1/2 cuillerée à café de cumin ; origan.

La veille, faire tremper les haricots. Le lendemain, concasser les tomates pelées et épépinées, couper en dés les poivrons pelés au préalable. Faire revenir à l'huile l'ail haché et les oignons émincés avec la viande. Saupoudrer de piment. Ajouter ensuite les tomates, les poivrons, le cumin et l'origan, puis les haricots. Mouiller d'eau à hauteur, couvrir et laisser mijoter 1 heure 30 à 2 heures. Avant de servir, ajouter le tabasco, et vérifier l'assaisonnement.

• *Pizza aux poivrons rouges*

Pâte à pizza ; 4 beaux poivrons rouges ; 1 oignon, ou 1 gousse d'ail ; huile d'olive.

Faire griller les poivrons, les éplucher, puis les couper en lanières. Les déposer, ainsi que les rondelles d'oignon ou l'ail haché, sur la pâte à pizza étalée finement au préalable. Arroser d'un filet d'huile d'olive. Faire cuire 20 minutes à four moyen.

• *Pâtes aux poivrons verts*

500 g de pâtes ; 4 poivrons verts ; 1 oignon ; 2 gousses d'ail ; 4 tomates ; 1 cuillerée à café de paprika doux ; 1 pincée de poivre de Cayenne ; huile d'olive.

Faire revenir dans l'huile l'ail haché et l'oignon émincé, puis les poivrons en dés et les tomates en morceaux. Saler, ajouter le paprika et le poivre de Cayenne, et laisser cuire 1 heure à feu doux. Faire cuire les pâtes, les égoutter, les mettre dans un plat, verser la sauce dessus, et mettre au four 15 minutes avant de servir.

- *Goulasch à la hongroise*

   Pour 6 personnes : 1 kg de bœuf à braiser ; 1 kg de pommes de terre ; 250 g d'oignons ; 125 g de saindoux ; 4 tomates ; 50 g de paprika ; sel.

Faire blondir les oignons émincés dans le saindoux avec les morceaux de bœuf. Saupoudrer de paprika, saler, bien remuer avec une spatule en bois et ajouter 2 verres d'eau. Laisser mijoter une demi-heure puis verser dans la cocotte 8 verres d'eau. Laisser cuire 1 heure, puis ajouter les pommes de terre et les tomates coupées en quatre. Laisser cuire une heure encore avant de servir.

Poivron 'Monstrueux'

VI. EN ÉCHO A ANDRÉ GIDE

Il est rare de glaner dans la littérature des hommages au piment, et lorsqu'on découvre qu'un écrivain a écrit quelques lignes à son sujet, on a l'impression de défricher un peu le jardin littéraire. Merci à André Gide, donc, d'avoir comblé ce vide en écrivant ceci dans son journal, à Arona, le 20 août 1934 : "Le matin de bonne heure, nous parcourons le marché qui s'étale le long des quais, dans les rues, sur les places. Etalage admirable de fruits et de légumes. Aubergines, tomates, pêches et surtout poivrons verts, rouges, dorés, énormes, rutilants, d'aspect si étrange que je reste gêné de ne rien trouver de plus à en dire." L'écrivain des *Nourritures terrestres* et de *La Symphonie pastorale*, en quelques mots, a décrit la diversité de formes et de couleurs des poivrons. Plus étonnante est cette gêne qu'il exprime à l'évocation de leur aspect "étrange". Il est vrai qu'un poivron vert, gros et brillant, observé quelques instants, laisse perplexe. Mais, au bout d'un quart d'heure passé en compagnie de notre *Capsicum*, une espèce de complicité s'installe. Les doigts puis la main tout entière touche et caresse le fruit. Cette impression d'obésité obscène s'estompe pour laisser la place à un sentiment plus charnel, presque "fellinien". Il y a cette pliure à la pointe du fruit, à l'opposé du pédoncule. La peau se replie sur elle-même, épaisse et boursouflée, formant souvent quatre ou cinq lobes. On aperçoit au centre une zone obscure, comme un trou au cœur du repli. C'est si étrange que je reste gêné de ne rien trouver de plus à en dire…

Le poireau

Thierry Delahaye

INTRODUCTION

Comme l'ail, l'oignon, l'échalote, mais aussi comme la tulipe, le lis ou la jacinthe, l'asperge, l'asphodèle et la salsepareille, le poireau appartient à la famille des Liliacées, dont la souche est le plus souvent bulbeuse. Cette famille, on le voit, réunit une grande diversité de plantes d'ornement, de condiments, de légumes – et même de plantes très vénéneuses, comme le colchique.

Les Liliacées sont proches de deux autres familles botaniques, les Amaryllidacées (narcisse, jonquille…) et les Agavacées (agave, dragonnier…). Cette proximité a inspiré à Jules Verne, dans ses *Voyages extraordinaires*, une comparaison audacieuse et presque exacte : "Les arbres, appartenant aux espèces déjà reconnues, étaient magnifiques. Harbert en signala de nouveaux, entre autres des dragonniers, que Pencroft traita de «poireaux prétentieux», car en dépit de leur taille, ils étaient de cette même famille que l'oignon, la civette, l'échalote ou l'asperge."

Des "poireaux prétentieux", il y en a dans tout jardin qui se respecte : ce sont les poireaux longs ('Long d'hiver de Paris', 'Long de Mézières', 'Long d'hiver de Huy'…), gros ('Gros jaune du Poitou', 'Gros court de Rouen'…), gros et longs ('Gros long d'été du Var'), géants ('Géant de Verrières', 'Géant de Provence'…), monstrueux ('Monstrueux de Carentan', 'Monstrueux d'Elbeuf' et, de variété inconnue, un poireau cultivé en 1927 pesant 2,5 kilos) et même… perpétuels.

Il en est aussi de bleus, de verts et de violets, d'été, d'automne et d'hiver, de doux et de craquants, d'anglais et de grecs, de crus et de cuits, bref de toutes sortes. Mais on n'en connaît pas qui corresponde à ce texte, attribué à Platearius : "Le poireau n'est point bon comme nourriture. Il nuit à l'estomac (…). Il a la propriété de provoquer une fumée noire qui donne la mélancolie, laquelle fumée monte à la tête et obscurcit la vue." Cette variété propice aux cauchemars a dû disparaître des catalogues et des potagers.

I. UN LÉGUME NÉ DANS LES VIGNES

"Le porreau, écrit Alphonse de Candolle, ne serait qu'une variété cultivée de l'*Allium ampeloprasum* de Linné, si commun en Orient et dans la région de la mer Méditerranée, spécialement en Algérie, lequel, dans l'Europe centrale, se naturalise quelquefois dans les vignes et autour d'anciennes cultures." (*Origine des plantes cultivées*, 1883.) D'habitude si disert, Candolle a, pour le poireau, fait taire son éloquence. Il se contente de préciser que "la forme du *Porrum* cultivé n'a pas été trouvée sauvage" et que "les ouvrages sur la Cochinchine, la Chine, le Japon n'en parlent pas".

L'*Allium ampeloprasum*, littéralement "poireau de vigne", également appelé "ail d'Orient", "ail de Pourniole", "ail à cheval" ou "carambole", est une plante vivace en Méditerranée où elle croît spontanément, parfois même avec une grande vigueur : certains de ces poireaux, dit-on, atteignent la hauteur d'un homme.

Le poireau de vigne "était particulièrement florissant en Egypte", écrit Henri Leclerc (*Les Légumes de France*, Masson, 1927), qui ajoute : "Il est peu de fresques funéraires qui n'en représentent une botte, à côté d'un bouquet d'oignons, parmi les produits de la terre que le rituel prescrivait d'offrir aux divinités de l'Amenti, séjour du sommeil et des ténèbres."

Poireaux et oignons figuraient donc parmi les mets représentés sur les parois des tombeaux aux côtés du vin, de la bière, du pain, du miel, des radis, de l'ail, du raisin, des pastèques et des melons – et cela, depuis fort longtemps puisque les plus anciennes sépultures découvertes datent de 1500 à 1200 av. J.-C.

De véritables poireaux, et non des images, ont été trouvés en 1886 par l'égyptologue italien Schiaparelli : trois petits paquets contenant des feuilles et des tiges enroulées. Une autre tombe située près de Thèbes renfermait des bottes de poireaux d'une soixantaine de centimètres de long. Des poireaux entraient aussi dans la composition des bouquets de fleurs conservés dans les tombeaux des momies, mais il s'agirait, écrit Trix Barth (*Les Poireaux*, Auzou, 1999), d'une espèce proche, l'*Allium kurrat*, qui "se distingue de notre poireau par des bulbilles distinctes" et qui "est encore cultivée en Egypte, au Yémen et en Israël".

Le poireau de vigne

Les maraîchers de l'époque pratiquaient la culture par irrigation, l'eau du Nil étant dérivée dans des rigoles qui divisaient les jardins en petits carrés où poussaient concombres, poireaux, laitues non pommées… Le *Papyrus des métiers* montre les jardiniers se levant dès l'aube pour arroser (en fait, irriguer) les poireaux, tenus en grande estime. D'ailleurs, selon Henri Leclerc, "lorsque le roi Chéops voulut honorer un magicien dont il avait à se louer, il lui accorda un traitement consistant en mille poires, cent cruches de bière, un bœuf et cent bottes de poireaux" (suivant d'autres auteurs, Chéops offrait des bottes de poireaux, "légume de pharaon", à ses meilleurs guerriers).

Durant la traversée du désert consécutive à l'exode d'Egypte, les Hébreux regrettèrent les poireaux qu'ils consommaient sur les rives du Nil : "Nous nous souvenons des poissons que nous mangions en Egypte, et qui ne nous coûtaient rien, des concombres, des melons, des poireaux, des oignons et des aulx. Maintenant notre âme est desséchée ; plus rien ! Nos yeux ne voient que la manne !" (Nombres, XI, 5). Le Livre des Nombres emploie le mot *hasir*, traduit par "poireau", mais était-ce du carambole, du *porrum*, ou du *kurrat* ?

Sur les marchés d'Athènes et de Rome

Sur le marché d'Athènes, les paysans proposaient gourdes, radis, concombres, roquette, pourpier, choux, carottes sauvages, oignons et poireaux, dont les Grecs avaient fait un légume sacré. Aux Halles centrales de Rome, les maraîchers présentaient aussi des concombres, des carottes, des laitues montées, dites "romaines", et des poireaux qu'ils cultivaient dans des jardins réservés pour cela, les *porrinneae*.

Les Grecs et les Romains en connaissaient deux espèces. Du *porrum capitatum*, ils mangeaient le bulbe ; les Romains appelaient "tête" ce bulbe (comme l'on dit toujours "tête" pour l'ail) et, pour favoriser le développement de ce pied blanc du poireau, plaçaient au-dessus une pierre ou une tuile. Du *porrum sectivum*, ou "poireau à couper", ils mangeaient les feuilles. Cette seconde espèce, moins appréciée, rapporte Henri Leclerc, "semble avoir été réservée à l'alimentation des prolétaires : Juvénal en parle assez dédaigneusement comme d'un régal, digne accompagnement d'une tête de mouton bouillie, fort en honneur chez les savetiers" (le poireau a longtemps été qualifié d'"asperge de savetier" ou d'"asperge du pauvre").

Le poireau était le légume préféré de Néron qui en consommait, écrit Pline le Jeune, "force bouillons pour éclaircir sa voix et séduire son public". Le cruel empereur, qui régna de 54 à 68, était aussi poète et chanteur, et les vertus du poireau pour calmer la toux et adoucir les cordes vocales sont bien réelles. Aristote affirmait déjà que les perdrix en mangeaient pour rendre leur cri plus perçant. Néron en ingurgitait tant qu'il fut surnommé le porrophage (le mangeur de poireaux).

La cuisine romaine employait couramment le poireau. Du poireau émincé entrait dans la recette du *minutal matianum*, ragoût de viande de porc aux pommes, donnée par Apicius dans *L'Art culinaire*. Le jeune empereur fou Héliogabale raffolait du poulet en sauce blanche et au coulis de poireaux, aromatisé à la cardamome et à la rue.

La porée médiévale

Au Moyen Age, les légumes sont moins délicats et moins variés qu'à l'époque gallo-romaine. En Picardie et en Artois, à Arras notamment, on goûte fort un potage préparé avec des feuilles de poireau : la "porée", dans lequel on trempe la "soupe", tranche de pain épaississant le bouillon. Le pain était la véritable base de l'alimentation, les plats de légumes et les rares plats de viande formant le *companicum*, l'accompagnement du pain.

Le poireau, mentionné dans le capitulaire *De villis* de Charlemagne (IXᵉ siècle), est plus consommé par les paysans que par les bourgeois. En Provence, aux XIVᵉ et XVᵉ siècles, les choux et les poireaux étaient encore de première importance pour l'alimentation hivernale des pauvres gens. Le paysan mangeur de fruits commet une transgression sociale : dans une nouvelle de l'écrivain médiéval Sabadino

D'après le Tacuinum sanitatis de sex rebus, *XVᵉ siècle*

Degli Airenti, un riche propriétaire terrien surprend un paysan qui vole des pêches et lui dit : "Une autre fois, laisse les fruits des gens comme moi et mange ceux des tiens, c'est-à-dire : les raves, l'ail, les poireaux, les oignons et les échalotes."

Les classes aisées ne se rallieront à la cuisine des légumes qu'à la Renaissance, sous l'influence de la gastronomie italienne. Mais cette évolution sera lente, y compris dans les régions les plus raffinées d'Italie. En 1372, un noble italien séjournant à Avignon, Francesco Di Marco, écrit à sa belle-mère qu'il va lui rendre visite à Florence mais précise : "Ne me donne pas d'ail, de poireaux ou d'autres racines. Fais que ce soit un paradis pour moi."

La cuisine populaire emploie le poireau dans des mets qui deviendront des classiques : le pot-au-feu, la *flamique al porions* (flamiche aux poireaux) picarde, la potée lorraine cuite avec du lard et de la palette de porc. Le *Ménagier de Paris* donne en 1393 la recette de la "porée blanche". Le poireau acquiert peu à peu meilleure réputation. Au Potager de Versailles, les poireaux sont rangés parmi "les herbes fortes" avec les oignons, les cives d'Angleterre, les ciboules, les ails, les échalotes et les rocamboles. On les préparait aussi en salade, à l'instar du pourpier, de la mauve, de la chicorée, de la pimprenelle, de l'oseille, du pissenlit, du houblon mais, ainsi que le remarquait Montaigne, "quelque variété d'herbe qu'il y ait, tout s'enveloppe dans le nom de salades".

> ### LA PORÉE BLANCHE
>
> "Porée blanche est dite ainsi parce qu'elle est faite du blanc des poireaux ; [elle accompagne] l'échine, l'andouille et le jambon en automne et en hiver, durant les jours de chair. Et sachez que nulle autre graisse que le porc n'y est bonne. Et premièrement, on trie, émince, lave et éverde les poireaux – au moins en été lorsque les poireaux sont jeunes, tandis qu'en hiver, lorsque les poireaux sont plus vieux et plus durs, il faut les parbouillir au lieu de les éverder.
>
> Si c'est un jour de poisson, après ce qui a été dit il faut les mettre en un pot avec de l'eau chaude, et cuire ainsi : faites frire avec des oignons émincés puis frits, et mettez tout à cuire en un pot. En temps de Charnage, utilisez du lait de vache ; les jours de poisson ou de carême, on y met du lait d'amandes.
>
> Si c'est un jour de chair, quand les poireaux d'été auront été éverdés ou les poireaux d'hiver parbouillis, comme il a été dit, on les met cuire en un pot avec le bouillon des salures ou du porc, avec du lard dedans."
> (*Ménagier de Paris*, 1393.)
>
> Les jours de poisson ou de carême étaient les jours maigres, à l'opposé des jours de chair, ou "temps de Charnage", durant lesquels la consommation de viande, de laitages et de graisses animales était permise. Everder signifie enlever les parties vertes ; parbouillir, blanchir, bouillir légèrement.
>
>

Poireau, porridge et clarinette

L'étymologie du mot "poireau" est simple : "poiriauz" (au pluriel, 1260), puis "porreau", transformé en "poireau" sous l'influence probable de "poire", viennent du mot latin *porrum*, lui-même d'origine méditerranéenne. Les noms actuels du poireau ont dans bien des langues cette même filiation. Le poireau se nomme en grec moderne *prason* ; en italien, *porro* ; en espagnol, *porro, puerro* ; en allemand, *Porree* (et déjà, en haut allemand : *pforro*). Le mot anglais *porridge* (1532) est une altération de *porray*, ou *porrey*, "soupe ou bouillie aux légumes", mot emprunté au français "porée", anciennement *por* ("poireau").

Décorer quelqu'un de l'ordre du poireau n'est pas qu'une plaisanterie, c'est lui décerner le Mérite agricole. Etonnant, puisque "poireau" est par ailleurs synonyme de "sot". Ce sens est apparu en 1896 et dérive de l'expression "rester planté comme un poireau", ou "planter son poireau" (1866), qui a donné les verbes "faire le poireau" (1877) puis "poireauter" (1883). De l'immobilité à la bêtise, il n'y a qu'un pas (si l'on ose dire). Le poireau est devenu en argot l'agent de police de planton. "Porion", mot désignant un surveillant des mines qui restait planté comme un poireau, viendrait aussi de là, mais l'étymologie est douteuse.

"Poireau" acquit en 1487 le sens de "verrue", pour qualifier notamment une grosse verrue qui se développait sur le pis de la vache, puis une verrue se formant sur diverses régions de la peau du cheval et plus généralement une excroissance charnue chez un animal. Par analogie de

Le poireau, Allium porrum

forme, "poireau" prit en argot le sens de "pénis" (1867) et devint synonyme de "clarinette" (la clarinette baveuse étant le membre viril en action), d'où les expressions ô combien poétiques "souffler dans le poireau" (pratiquer la fellation) et "faire pleurer le poireau" (uriner). Le poireau rejoint ainsi une longue liste de légumes désignant par ressemblance plus ou moins criante le sexe masculin : asperge, carotte, cornichon, navet, panais, radis noir, salsifis…, le sexe féminin étant quant à lui comparé à des fruits (abricot, figue, framboise, fraise…).

Aphrodisiaque et béchique

Dès l'Antiquité, le poireau était réputé pour ses vertus aphrodisiaques. Dans la mythologie grecque, Latone, enceinte des œuvres d'Apollon, éprouve une urgente envie de poireaux. Dans la Rome antique, un proverbe affirmait que "le poireau multiplie la semence". Cependant, le poète Martial conseillait à ceux qui venaient de manger du poireau "de ne donner de baisers qu'à lèvres closes", à cause de l'odeur forte de ce légume. A l'inverse, Jehan Goeurot, médecin de François Ier, prônait la consommation des feuilles de poireau hachées en porée aux gens "mugueteurs de dames pour leur donner puissante haleine". Néron le porrophage voulait-il seulement raffermir sa voix ?

Le poireau était utilisé en Egypte pour soigner les brûlures. Au IVe siècle avant notre ère, Hippocrate prescrivait le poireau comme diurétique, contre les saignements de nez, pour stimuler la sécrétion de lait, soigner la stérilité et la phtisie. En 60 apr. J.-C., le poireau figurait dans l'herbier médicinal de Dioscoride (la première illustration connue du poireau est tirée d'une copie de cet ouvrage faite à Constantinople vers l'an 500). Hildegarde de Bingen mentionne le poireau dans son *Physica* (XIIe siècle), mais la description correspond davantage à l'oignon ou à la ciboulette qu'au poireau que nous connaissons.

Camerarius, en 1586, et Gerard, en 1597, décrivent des *porrum* au bulbe bien développé comme les *porrum capitatum* des Romains, et en précisent les usages médicinaux : ils calment la soif et dissipent l'ébriété, luttent contre les insuffisances rénales, soulagent les inflammations de la peau et la toux. Ces propriétés béchiques, adoucissement des

> ## TOUTES LES COULEURS DU VERT
>
> Emile Zola, décrivant les Halles dans *Le Ventre de Paris* (1873), évoque sur les étals des marchands de légumes "des paquets ficelés pour le pot-au-feu : quatre poireaux, trois carottes, un panais, deux navets, deux brins de céleri". Peintre de mœurs, mais aussi coloriste, Zola y va de sa plus belle plume pour chanter "les légumes [qui] s'éveillaient davantage" : "Les salades, les laitues, les scaroles, les chicorées, ouvertes et grasses encore de terreau, montraient leurs cœurs éclatants ; les paquets d'épinards, les paquets d'oseille, les bouquets d'artichauts, les entassements de haricots et de pois, les empilements de romaines, liées d'un brin de paille, chantaient toute la gamme du vert, de la laque verte des cosses au gros vert des feuilles : gamme soutenue qui allait en mourant, jusqu'aux panachures des pieds de céleris et des bottes de poireaux."
>
>

muqueuses bronchiques et facilitation de l'expectoration, ainsi que l'emploi du poireau dans le traitement des corps étrangers de l'œsophage "tel que l'a préconisé Mougeot en 1895" sont rapportés avec humour par Henri Leclerc :

"D'après cet auteur, il suffit de cueillir un poireau proportionné dont on arrondit la tête et au moyen duquel on refoule dans l'estomac le morceau de substance alimentaire arrêté. Grâce à ce procédé, Mougeot put débarrasser l'œsophage de divers corps étrangers dont voici la liste : deux fois des os d'alouette, un pruneau tout entier, deux noyaux de pêche, quatre fois des arêtes de poisson, un os de mouton et deux fois des couennes de lard mal barbifié."

Y a-t-il des sorcières ?

La symbolique du poireau est très ambivalente. Il était en Chine synonyme d'intelligence ; on enduisait, paraît-il, le crâne des bambins d'œuf et de jus de poireau. Le révérend père Maurille de Saint-Michel en fit en 1664, dans sa *Physiologie sacrée ou Discours moral sur les plantes de la Sainte Ecriture*, un symbole de la colère "parce qu'il allume la bile et échauffe le corps".

Une coutume campagnarde donnait au poireau un rôle de bienvenue. Si l'on en servait accompagné d'une omelette au prétendant venu faire sa déclaration à la fille de la maison, c'était pour lui signifier l'accord de la famille (en cas de désaccord, on lui servait des betteraves et il rentrait chez lui).

Les Evangiles des quenouilles fournissent un moyen simple de vérifier le risque d'envoûtement et de mauvais sort : "Lorsque les pois ou les poireaux bouillent dans le pot qui est mis hors du feu, sachez alors qu'il n'y a nulle sorcière en la demeure."

Pour plus de sécurité, on faisait bénir à l'église des bouquets de fleurs, de plantes médicinales et de légumes – dont les omniprésents poireaux – et on dédiait ces bouquets à la Vierge Marie contre promesses de récoltes fécondes.

Les Gallois adoptèrent le poireau comme emblème de leur pays après qu'ils eurent gagné une bataille au cours de laquelle ils avaient, pour se reconnaître, planté un poireau dans leur chapeau. Depuis, un poireau flotte fièrement sur leur drapeau et défie sur les terrains de rugby le chardon écossais et la rose anglaise.

Une célèbre romancière britannique créa un personnage de détective belge, suffisant, parfois même odieux, mais perspicace, auquel elle donna le prénom d'un héros grec et le nom du légume : Hercule Poirot *of course*, qui agite dans son bulbe ses précieuses petites cellules grises. Saurait-il retrouver la piste du "poireau à cauchemar" décrit par Platearius ?

II. PAS DE POTAGER SANS POIREAUX

Un "pitre blafard"

La plus belle (et la plus drôle) des descriptions du poireau ne doit rien à Linné. Elle est l'œuvre d'Henri Leclerc quand, dans ses *Légumes de France*, il évoque son aspect de "pitre blafard qui, la tête en bas, dresse en l'air ses jambes pantalonnées de vert" et sa "tignasse blanche qui se hérisse en un toupet grotesque sur son crâne déprimé de crétin microcéphale emmanché d'un cou rigide et démesurément long".

Le poireau n'a pas toujours été microcéphale. La tête (le bulbe) de son ancêtre *Allium ampeloprasum* était arrondie et divisée en plusieurs caïeux, et les poireaux cultivés dans l'Egypte des pharaons sont souvent nommés "poireaux à gousses". L'amélioration de la plante et la sélection des variétés ont privilégié les feuilles, plus précisément "la partie engainante des feuilles réunies en tige que l'on obtient longue et blanche en enterrant profondément le plant au moment de la plantation" (Désiré Bois, *Les Plantes alimentaires chez tous les peuples et à travers les âges*, 1927).

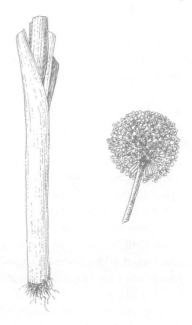

Fût et ombelle de poireau

Cette "fausse tige" s'appelle le fût et sa longueur diffère selon les variétés. Elle se termine sous le sol par un bulbe généralement peu marqué muni de nombreuses racines fines, les radicelles formant le chevelu (c'est donc le pied qui porte les cheveux...). Ce pied charnu se prolonge en hauteur par des feuilles larges, planes, en forme de gouttière et retombantes. Leur coloration vert bleuté, ou franchement verte, ou presque bleue, est rendue plus intense chez les poireaux d'hiver par les froids vifs qui stimulent les pigments végétaux, chlorophylle et anthocyanes.

Le poireau est une plante vivace que l'on cultive le plus souvent comme une bisannuelle. Dans ce cas, il développe au printemps de la deuxième année une grande hampe florale qui peut atteindre 80 centimètres à 1 mètre de hauteur. Les fleurs hermaphrodites, blanches, rosées ou violacées, sont disposées en ombelle sphérique et durent presque tout l'été (longévité intéressante puisque leur odeur attire les insectes pollinisateurs). Avant complète floraison, l'ombelle est recouverte par une spathe, grande bractée herbacée ou scarieuse, qui se fend puis se dessèche et tombe rapidement lorsque les fleurs s'épanouissent.

Poireaux perlés et perpétuels

• *Le poireau perlé*
Le poireau de vigne actuel, ou poireau perlé (*Allium ampeloprasum* var. *holmense*), forme sous terre des bouquets de petits bulbes blancs entourés d'une seule feuille de réserve, qui fournissent en août à la fois la récolte et la descendance. On soulève la touffe avec une fourche-bêche et l'on cueille les plus gros bulbes au goût très fin qui se consomment crus ou confits au vinaigre, à la manière des petits oignons blancs. On peut aussi manger les feuilles élancées comme du poireau. Les bulbilles (petits bulbes) sont aussitôt replantées en terre légère, bien aérée (on ne peut les conserver car elles se dessèchent rapidement), à 15 centimètres les unes des autres.

Vivace, le poireau perlé fleurit assez rarement en dehors des régions méditerranéennes (certains auteurs écrivent même que les pieds qui fleurissent restent stériles, ce qui est difficile à observer) ; mais, en se multipliant par les bulbilles, il tend à envahir le jardin. Il est très cultivé en Italie, l'un de ses territoires d'origine et, de façon plus curieuse, assez fréquemment en Allemagne et au Danemark.

• *Allium* et poireaux
Parmi les "poireaux méditerranéens", restés plus proches de la forme sauvage, on consomme toujours localement l'ail à trois angles (*Allium triquetrum*), originaire d'Europe et d'Afrique du Nord, très recherché pour ses feuilles en Algérie où on l'appelle *bibrous* (qui est également le nom du poireau), et *Allium kurrat*, qui présente plusieurs bulbilles, cultivé en Egypte et au Moyen-Orient.

Témoignage de cette proximité entre les diverses plantes alliacées, la ciboulette porte le nom botanique d'*Allium schoenoprasum*, que l'on peut traduire par "poireau jonc", alors que ses feuilles ont plutôt une saveur légère d'oignon, et le rocambole celui d'*Allium scorodoprasum*, mot signifiant "ail poireau" ! Quant au poireau chinois (*Allium tuberosum*), parfois nommé ciboulette chinoise, il est utilisé comme plante aromatique en Chine où l'on apprécie ses feuilles plates à la saveur... d'ail.

• *Le poireau perpétuel*
Le poireau perpétuel (variété de l'espèce *Allium porrum*), également nommé poireau vivace, poireau à couper, poireau gousse, renouvelle ses larges feuilles après qu'on les a coupées, à l'instar du *porrum sectivum* des Romains. En 1927, Désiré Bois écrivait : "On le cultive encore dans certaines parties de la Normandie, pour préparer la soupe à la porée." Le poireau perpétuel, très rustique, s'est depuis heureusement perpétué. Victor Renaud le présente parmi ses *Légumes rares et oubliés* (Rustica, 1991), en précisant qu'il peut être cultivé comme bisannuel ou comme vivace ("il donne alors des poireaux «baguette»").

Après la montée en graine, le bulbe se divise en caïeux pour former une touffe de poireaux. Pour obtenir de nouveaux plants, Victor Renaud conseille de couper la tige florale dès son apparition puis d'attendre que les feuilles sèchent (vers la mi-juillet) pour récolter les gousses qui seront plantées en août-septembre en terre fraîche et profonde, la pointe vers le haut. On peut aussi semer en pépinière en mars puis repiquer les jeunes plants. La récolte se fait au fur et à mesure des besoins jusqu'à la montée en

Le poireau perpétuel

graine, moment où les feuilles se gondolent et perdent de leur intérêt culinaire.

Poireaux de saisons

Le poireau "classique" *(Allium porrum)*, dans ses formes les plus connues, comprend deux groupes de variétés : les poireaux longs ('Long de Bulgarie', 'Long de Mézières'…) et les poireaux courts, plus rustiques ('Gros du Midi', 'Très gros de Rouen', 'Monstrueux de Carentan'…). On peut aussi les classer selon les saisons, sachant que les décalages de température entre le nord et le sud de la France rendent ce distinguo parfois inopérant.

Les poireaux primeurs récoltés au printemps ont un fût fin et un feuillage de couleur claire. Sensibles au gel et fragiles, ils sont produits dans les régions côtières (Vendée, Loire-Atlantique…) ou méridionales sous abri. Les poireaux d'été sont de croissance rapide ; leurs feuilles vert pâle sont dressées dans le prolongement d'un fût souvent long.

Les poireaux d'hiver ont pour la plupart un fût plutôt court et trapu (mais il en existe de très longs), un blanc charnu et des feuilles plus sombres couvertes d'une pellicule cireuse.

Très rustique, le poireau d'hiver supporte les froids les plus intenses car il peut geler et dégeler sans inconvénient et est pour cela apprécié en régions montagneuses. La couleur des feuilles vire au violet bleuté. Laissé en terre en hiver, le poireau peut encore être récolté au printemps suivant.

Certaines variétés anciennes sont toujours disponibles aux côtés de cultivars plus récents, également intéressants pour le potager familial.

'Bleu de Solaise' : fût blanc, assez gros et assez long, feuilles bleutées ; très résistant au froid, à récolter l'hiver, peut aussi se conserver en jauge pendant l'hiver.

'Malabare', ou 'Malabar' : fût assez gros et même très gros, puisque cette variété a longtemps été considérée comme "le plus volumineux de tous les poireaux" (*Guide Clause*, 1965), feuilles vertes très larges, de croissance assez rapide ; à cultiver comme poireau d'automne ou d'hiver.

'Gros jaune du Poitou' : gros fût, feuillage vert blond à jaunâtre, de croissance rapide ; ne résiste pas au froid, très cultivé dans les régions de l'Ouest, à récolter en automne.

'Long d'hiver de Paris' : fût très long (jusqu'à 30 centimètres) de faible diamètre ; autrefois très cultivé dans les jardins maraîchers autour de Paris, très rustique.

'Long de Mézières' : fût long et assez fin, variété ancienne, très rustique, à récolter en hiver.

Différentes variétés de poireau :
'Long de Mézières', 'Gros de Rouen', 'Monstrueux de Carentan'

Semis et repiquage

Le poireau est une plante de croissance plutôt lente : de cinq à sept mois s'écoulent entre le semis et le début de la récolte. Aussi, afin de ne pas monopoliser si longtemps une planche au potager, on recourt le plus fréquemment au semis sous châssis ou en pépinière suivi d'un repiquage en place. Cette méthode culturale permet en outre de faire se succéder les récoltes de poireaux quasiment toute l'année, alors que les graines de poireau ne peuvent germer que difficilement au-dessous d'une température de 10 °C.

Pour récolter en juin et juillet, on sème sur couche chaude en février et on repique en avril. Des variétés très précoces, telle 'Electra', semées en janvier et repiquées fin mars, donneront dès fin mai. Pour récolter à partir de

> ### TÊTE EN BAS
>
> "Pour obtenir de la semence, il existe un procédé facile : il suffit d'oublier un ou deux poireaux préalablement repiqués et de les laisser monter en graine. La fleur coupée est mise à sécher la tête en bas." (Claude Villers, *La France paysanne*, Scala, 2001.)
>
> Procédé facile, mais qui ne tient pas compte du fait que le poireau est, dans la plupart des cas, cultivé comme une bisannuelle et ne fleurit donc que la deuxième année. Il est préférable de sélectionner quelques poireaux vigoureux de la variété choisie et de les mettre en jauge abritée avant les grandes gelées, en novembre. Ces poireaux sont replantés en fin d'hiver, début mars, et leurs ombelles cueillies en fin de floraison, en septembre au plus tard.
>
> On fait sécher les ombelles à l'ombre, dans un local bien ventilé, et on les conserve entières, avec les graines bien protégées dans leur enveloppe de laquelle on les extrait juste avant le semis. La durée germinative des graines de poireau est de 2 à 3 ans au maximum. On dénombre environ 400 graines au gramme.

'Gros long d'été', ou 'Long de Nice' (deux variétés souvent confondues qui n'en forment certainement qu'une) : fût long, pouvant devenir assez gros, feuillage clair ; d'origine méridionale et sensible au froid, à récolter en juin-juillet, parfois cultivé comme poireau d'automne sous climat chaud.

'Très gros de Rouen', ou 'Gros de Rouen' : fût court atteignant 7 centimètres de diamètre, très rustique, cultivable en toutes saisons.

'Monstrueux de Carentan' : variété dérivée du 'Très gros de Rouen', fût autrefois assez long (Désiré Bois écrit qu'il peut "atteindre jusqu'à 25 centimètres"), aujourd'hui le plus souvent très court et dépassant 8 centimètres de diamètre ; rustique, à récolter en automne ou en hiver.

'De Gennevilliers' : variété ancienne à feuillage dressé, améliorée par Vilmorin ('Essor') et par Clause ('Abel'), fût très long (jusqu'à 25 centimètres) ; à récolter dès le début de l'automne ou en hiver.

septembre et jusqu'en novembre, on sème en pépinière en mars-avril et on repique en mai-juin. Les variétés supportant le froid sont semées en mai en pépinière (ou directement en pleine terre pour éviter le repiquage), repiquées fin juillet et récoltées de novembre à avril. Les "poireaux baguettes" au fût très fin n'excédant pas la grosseur du petit doigt, pour être récoltés au printemps, sont semés mi-août et repiqués en novembre, ou semés en place mi-septembre puis éclaircis et protégés par un paillage.

Le semis sur couche, sous châssis aéré après la levée, peut être remplacé par un simple semis dans une terrine remplie de terreau. Les graines sont enfouies à quelques millimètres et le semis est maintenu humide par des arrosages légers ou des vaporisations d'eau. Le semis en pépinière est effectué dans le potager, dans une planche abritée préalablement labourée à l'aérabêche ou à la grelinette (afin de ne pas retourner les couches de terre) et débarrassée des cailloux, racines ou mauvaises herbes. Les graines sont terreautées (recouvertes superficiellement de terreau) et plombées (enfouies avec le dos du râteau), puis le semis est arrosé en pluie fine. Les arrosages sont renouvelés pour maintenir la terre humide.

Les graines lèvent en 8 à 15 jours selon la température. Les deux premières feuilles qui se développent après la germination sont tubulaires, comme celles de l'oignon. Les feuilles qui apparaissent ensuite sont planes et repliées le long de la nervure centrale, conformation typique du poireau. Le moment où le repiquage devient possible est celui où le plant atteint la grosseur d'un crayon, ou, comme l'on disait autrefois dans le *Larousse ménager* et dans le *Guide Clause*, celle "d'une plume d'oie", deux mesures assez subjectives.

On arrache alors les jeunes poireaux et on les laisse exposés au soleil durant deux ou trois jours. On les "habille", en coupant l'extrémité des feuilles (certains jardiniers se contentent de les épointer, d'autres les raccourcissent carrément de moitié) et des racines. Puis on les plante en pleine terre espacés de 10 à 15 centimètres sur le rang, dans des sillons profonds de 10 centimètres tracés à la serfouette, les rangs étant espacés de 30 centimètres. Les jardiniers paresseux se contentent d'ouvrir un sillon, d'y coucher les poireaux à repiquer et de les recouvrir de terre, en misant sur la capacité des plants à se redresser d'eux-mêmes.

DES POIREAUX TOUT BLANCS

Pendant la croissance des poireaux, on bine et on butte la terre autour des pieds pour faire blanchir les fûts. Ce buttage s'impose davantage pour les plants issus de semis faits directement en place. L'étiolement du fût s'accompagne de son allongement et d'un affinement du goût.

Les jardiniers anglais se sont fait une spécialité des poireaux aux longs fûts blancs, et leur exemple est suivi notamment dans les régions les plus froides, où il est de coutume de butter progressivement les poireaux jusqu'à ne plus laisser de visibles, à l'entrée de l'hiver, que les pointes des feuilles.

La variété 'Mammoth blanch', cultivée selon ce principe, donne un poireau pesant ses deux kilos et demi, au blanc long de près d'un mètre ! En Angleterre, ce géant doit figurer en bonne place dans les traditionnels concours du plus gros poireau.

Dans un sol frais, près des carottes

Le poireau aime les sols frais, humifères et profonds. C'est donc une plante plutôt exigeante, demandant une fumure organique bien décomposée. La rotation conseillée est de trois ans car le poireau épuise le sol en y prélevant les minéraux et l'azote indispensables à sa croissance (les apports azotés éventuels doivent être effectués avant octobre, car ils favorisent la végétation et rendent le poireau plus sensible au froid). Une exposition ensoleillée et protégée du vent ne peut que lui être bénéfique. Des arrosages hebdomadaires, voire plus fréquents en été, sont nécessaires.

Les poireaux d'hiver sont paillés avec des feuilles sèches, de la paille ou de la paillette de lin, ce qui protège le sol du froid et évite le tassement de la terre : l'arrachage en sera facilité. S'il neige, on laisse en place la neige recouvrant le sol, car elle constitue un très bon isolant thermique et empêchera la terre de geler. Les poireaux d'hiver peuvent être laissés en jauge pendant la mauvaise saison, soit paillés sur place, soit arrachés puis replantés serrés les uns contre les autres au pied d'un mur restituant le peu de chaleur solaire et arrêtant les courants d'air froid. On peut encore les arracher et les mettre en jauge dans une tranchée profonde d'une trentaine de centimètres, liés en bottes et recouverts de terre sur la moitié de leur longueur. La récolte en sera simplifiée.

Au jardin, le poireau apprécie le voisinage des fraises, du céleri, des laitues, des épinards et des carottes que l'on peut planter en alternant les rangs : l'odeur de la carotte repousse la teigne du poireau, et celle du poireau éloigne la mouche de la carotte. Mais l'association du poireau avec l'ail, l'oignon, le chou, la betterave, la tomate, les Fabacées (fève, haricot, pois) et le persil est néfaste.

Le papillon appelé teigne du poireau (ou ver du poireau) dépose ses œufs au printemps dans les jeunes feuilles dont, après l'éclosion, les chenilles se nourriront. Elles y creuseront des galeries en descendant vers le centre du fût. Si la présence de carottes ne suffit pas à écarter la teigne, on pulvérise une décoction de prêle et de tanaisie ou de la roténone sur les poireaux atteints dont les feuilles jaunissent et dépérissent. La présence de cet insecte est favorisée par la sécheresse et par une moindre fertilité du sol, corrigeables respectivement par des arrosages fréquents à l'époque de la ponte (deuxième quinzaine de mai, puis mi-juillet à fin août) et par un apport de compost bien mûr ou d'un engrais riche en oligoéléments (algues, poudre d'os...).

Sinon, excepté un apport excessif de fumure fraîche qui rendrait le poireau vulnérable aux parasites et aux maladies, ce légume est suffisamment rustique pour résister à la plupart des attaques qui touchent son cousin l'oignon (mildiou, rouille, mouche de l'oignon…).

L'arrachage des poireaux

POUR RÉCOLTER LES POIREAUX GELÉS

Dans *Le Potager par les méthodes naturelles, un trésor de santé* (Rustica, 1994), Victor Renaud et Christian Dudouet livrent un "truc" qui rendra service à plus d'un jardinier venu au potager avec l'intention d'arracher des poireaux pour préparer une bonne flamiche et confronté à un sol durci par le gel que ne peut pénétrer sa fourche-bêche :

"Prendre un arrosoir d'eau, arroser légèrement chaque poireau choisi ; deux ou trois minutes après, planter une aiguille à tricoter dans le poireau, écarter les deux feuilles extérieures, tirer en tournant ; le poireau viendra facilement en laissant dans le sol son enveloppe extérieure et son chevelu ; renouveler l'opération pour les autres, les laisser dégeler progressivement."

III. LES POIREAUX AU FOURNEAU

Une odeur, mais quelle odeur !

Riche en eau et en fibres, le poireau a une faible valeur calorique. Il contient du fer, du calcium, du potassium, du magnésium, du soufre, du phosphore et, surtout dans ses parties vertes, de la provitamine A ou carotène (1 à 2 milligrammes pour 100 grammes) et de la vitamine C (15 à 20 milligrammes pour 100 grammes). Mais en cas de stockage prolongé, la vitamine C migre des feuilles vers le fût. Le jus de poireau est très diurétique : on l'emploie à cette fin dilué dans de l'eau. Les problèmes intestinaux se résorbent facilement avec une cure de poireaux cuits ou de bouillon de poireau.

Le poireau conserve son goût et sa coloration après séchage ; il est parfois employé comme un aromate, à la saveur moins forte que celle de l'oignon. D'ailleurs, écrit Maguelonne Toussaint-Samat (*Histoire naturelle et morale de la nourriture*, Larousse, 1997), "de l'oignon comme aromate, on ne s'en montre pas fou en Provence, si ce n'est du côté de Nice. On le prend pour ce qu'il est : un légume. Et si l'on a besoin de mettre un semblant de piquant dans un plat, de faire «revenir», on préfère un blanc de poireau : «C'est moins affecteux.»" Mais c'est quand même fort…

L'odeur du poireau provient de substances soufrées, dont la cycloalliine qui se forme quand les cellules végétales sont cassées ou abîmées, par exemple quand on coupe ou on froisse une feuille de poireau. Henri Leclerc juge "infecte" cette odeur "que ne connaissent que trop tous ceux qui ont eu le malheur d'avoir pour voisine, dans un véhicule public, une cuisinière porteuse d'une gerbe de poireaux". Heureusement, la cuisson transforme cette odeur en un arôme "qu'il serait excessif de comparer au parfum des roses" mais qui "stimule puissamment les papilles gustatives. Associé au navet, à la carotte et au panais, il corrige les relents de suif fondu du pot-au-feu qui, sans ce quatuor champêtre, ne serait qu'un écœurant «thé de cadavre»" (*Les Légumes de France*, Masson, 1927).

Cuit, de toutes façons

Un poireau frais a des feuilles qui crissent légèrement sous la pression de la main. Pour l'éplucher, on coupe le chevelu (parfois appelé "barbe"), on ôte les feuilles extérieures et les parties supérieures des feuilles sèches ou jaunies. Dans certaines préparations, on n'utilise que le blanc pour son croquant, son fondant ou sa saveur légèrement sucrée. Dans ce cas, le vert est conservé pour la soupe. On fend le poireau en quatre dans sa longueur, ou on le coupe en rondelles pour le laver plus aisément à l'eau froide.

Le poireau se mijote dans le Bassin méditerranéen, dont il est originaire, aussi bien que dans les contrées plus septentrionales où on l'apprécie tout l'hiver, en tarte ou en potée, en purée ou braisé. Il parfume les cuisines populaires comme celles des chefs étoilés. A *La Côte-d'Or*, le restaurant de Bernard Loiseau à Saulieu, on se régale d'un filet de saumon aux poireaux et aux truffes. Michel Guérard cuisine dans sa Ferme-aux-Grives, à Eugénie-les-Bains, des poireaux grillés au jambon.

Le poireau se prépare aussi en soufflé, en salade, en soupe glacée, et même en confiture avec des poireaux très finement émincés. On le cuit à la vapeur (25 minutes), dans l'eau bouillante (15 minutes), au four comme les endives ou en papillotes, on le fait fondre dans du beurre. Il accompagne les volailles (depuis la poule au pot d'Henri IV) et le poisson : avec des escalopes de saumon, les blancs, parés, sont préparés en julienne ; on chemise les terrines de poisson avec les feuilles bleutées des poireaux d'hiver qui apportent une touche maritime.

• *Poireaux confits*

1 botte de poireaux ; 50 g de beurre ; 2 cuillères à soupe de sucre en poudre.

Laver les poireaux et les couper en lanières. Les faire blanchir une dizaine de minutes dans de l'eau bouillante salée. Egoutter les poireaux, puis les faire revenir en cocotte dans le beurre et le sucre pendant 10 minutes à nouveau. Après ce premier confisage, les poireaux seront passés à four très chaud en fin de cuisson du plat qu'ils accompagnent (poulet rôti, agneau…) pour les caraméliser.

La Picardie, réputée pour ses porées médiévales, est aussi le berceau du soufflé picard, une purée de poireaux passés au tamis additionnée de blancs d'œufs et cuite au four, et de la fameuse flamiche, laquelle était autrefois, selon le *Larousse gastronomique*, "une galette de pâte à pain que l'on dégustait chaude à la sortie du four, arrosée de beurre fondu".

L'actuelle flamiche aux poireaux est plus proche du traditionnel soufflé picard. Les recettes divergent mais toutes se basent sur le mélange de poireaux et de jaunes d'œufs battus.

• *Flamiche aux poireaux*

1 kg de poireaux ; 40 g de beurre ; 2 ou 3 œufs ; 25 cl de lait ; 200 g de crème fraîche ; 400 g de pâte brisée ; sel ; poivre.

> ### DU POIREAU CONFIT DANS LES GÂTEAUX ?
>
> L'angélique (*Angelica archangelica*, Ombellifères) est aussi appelée "herbe aux anges" ou "herbe du Saint-Esprit" car une légende prétend qu'elle fut apportée aux hommes par l'archange Gabriel (ou Raphaël) pour lutter contre la peste. La plante, dotée de pouvoirs magiques, est supposée fleurir le 8 mai, jour de la fête d'un autre archange, saint Michel.
>
> Olivier de Serres écrivait qu'"elle sert à tenir la personne joyeusement". Un habitant de Nice, qui mourut en 1759 "à l'âge de 121 ans et 3 mois", attribuait sa longévité à l'habitude qu'il avait de mâcher de la racine d'angélique quand il cultivait son jardin.
>
> L'angélique sert à la confection de liqueurs (eau de mélisse des Carmes, bénédictine, chartreuse…). Mais elle doit sa célébrité auprès des enfants à ses tiges qui, une fois confites, prennent une belle couleur émeraude. Dans le cake, aux côtés des cerises et des zestes d'orange confits, l'angélique apporte sa note verte, ce qui la fit populairement surnommer "poireau". Dans bien des familles, au moment de servir le cake, on faisait croire aux enfants que ces morceaux de tige verte étaient du poireau.
>
> Le plus curieux de l'histoire est qu'en Finlande et en Islande, où l'angélique croît spontanément, on en consomme les jeunes tiges bouillies ou blanchies dans du lait, à la manière du céleri en branches ou des poireaux.
>
>

Laver les poireaux et les couper en petits morceaux. Les faire cuire lentement dans le beurre fondu pendant une quinzaine de minutes. Réserver une partie de la pâte pour le couvercle de la tarte et étaler le reste dans un moule. Mélanger les œufs, le lait et la crème fraîche, saler et poivrer. Garnir le moule avec les poireaux et le mélange, puis recouvrir avec la pâte réservée. Cuire à four chaud (thermostat 6) pendant 30 à 40 minutes.

La soupe aux poireaux

Cette préparation culinaire si facile et si courante n'en finit cependant pas de diviser les gastronomes et les ménagères. Dans son *Epistre aux maîtres d'hôtel*, Nicolas de Bonnefons recommandait en 1654 qu'"un bon potage de santé soit un bon potage de bourgeois, que celui aux choux, sente entièrement le chou ; aux poireaux, le poireau ; aux navets, le navet, et ainsi des autres". A la campagne, la coutume voulait néanmoins que l'on ajoutât du lait :

*A mes beaux poireaux
Qui se cuisent en eau :
C'est un bon potage
Avec du laictage.*

Pour la soupe aux poireaux et aux pommes de terre, le peintre Claude Monet conseille dans ses *Carnets de cuisine* (Le Chêne, 1989) de faire revenir les poireaux avec "gros comme un œuf" de beurre chaud et, pour faire bonne mesure, d'ajouter une noix de beurre dans la soupière. Résidant à Giverny, aux portes de la Normandie, il eût pu ajouter également de la crème fraîche sans laquelle un potage est dans cette contrée jugé insipide.

Jean Hélion, dans son ouvrage *Peintres aux fourneaux* (cité par Daniel Meiller et Paul Vannier dans *Le Grand Livre des fruits et légumes*, La Manufacture, 1991), donne la recette de la soupe aux poireaux de son enfance normande : "Dans des terrines individuelles (en vieux «rouen» violet sombre à l'extérieur et bleu pâle craquelé à l'intérieur) ou dans une soupière blanche pour tout le monde, on taillait des tranches de pain de campagne rassis qu'on recouvrait ensuite de crème épaisse à raison d'une bonne cuillerée à bouche par personne." Le potage, une fois cuit, est versé sur ces tranches et on laisse reposer un instant. "La tradition de ce temps-là voulait que ce qui restait de soupe trempée soit réchauffé le lendemain matin pour le déjeuner des vieillards, mais les gourmets en réclamaient toujours une part." On le comprend d'autant mieux quand on sait que "la soupe [était] préparée dans une marmite de fonte suspendue au milieu d'un feu de bois et [que], vers la moitié de la cuisson, on dépla[çait] un peu le couvercle pour donner un léger goût de fumée".

Vient ensuite la question du choix des variétés : poireau-poireau ou poireau de vigne ? Et comme pommes de terre, de la 'Bintje', patate des terroirs picards, ou de la 'Belle de Fontenay', patate de Parisien ? L'essentiel est de commencer par cuire les poireaux dans de l'eau salée bouillante, afin qu'ils restent bien verts, et d'ajouter les pommes de terre après cinq bonnes minutes de cuisson, la durée totale ne devant pas excéder un quart d'heure – à moins d'employer la marmite évoquée par Jean Hélion…

Au rayon des curiosités figurent les soupes aux poireaux, aux pommes de terre et aux tripes (cuites), l'ajout d'épices variées : paprika, coriandre, gingembre, et la présence de poireaux dans une tout autre soupe : la garbure du Sud-Ouest, où ils voisinent avec les fèves et le chou. Mais ceci est une autre histoire…

Poireaux à l'huile ou poireaux au beurre ?

Dans les mêmes *Carnets* de Claude Monet, où la cuisine bourgeoise ne se conçoit pas sans beurre, on trouve une recette de bouillabaisse de morue communiquée à Monet par Cézanne et dans laquelle entrent "de fins tronçons de poireaux revenus dans de l'huile d'olive". Cézanne était natif d'Aix-en-Provence, ce qui explique cette infidélité.

En Grèce, où l'on méconnaît l'usage du beurre mais pas celui du poireau, on cuisine de petits feuilletés aux herbes, frits dans l'huile bouillante, qui sont garnis avec des "herbes" (poireaux, épinards, fenouil, persil, menthe et petits oignons frais) préalablement dorées dans de l'huile d'olive pendant une dizaine de minutes. En ajoutant de la feta (fromage de brebis) aux herbes (poireaux, lamier, épinards…) rissolées dans l'huile d'olive, on prépare la garniture d'un pâté aux herbes, sorte de tourte aux poireaux et au fromage.

• *Poireaux et céleri aux olives*

500 g de poireaux ; 500 g de céleri ; 125 ml d'huile d'olive ; 1 oignon ; 2 pommes de terre ; 1 citron ; 200 g d'olives vertes dénoyautées.

Laver les poireaux et le céleri puis les couper en morceaux. Blanchir les olives dans deux eaux successives. Dans un faitout, faire revenir l'oignon haché dans l'huile d'olive, ajouter les morceaux de poireaux et de céleri, les pommes de terre épluchées et coupées en quatre, un verre d'eau chaude et le jus du citron. Laisser mijoter trois quarts d'heure. Ajouter les olives. Cuire encore un quart d'heure.

En Italie, le poireau cuit à la vapeur se sert accompagné de jambon fumé et d'un filet d'huile d'olive. La *porrata* est une classique tarte aux poireaux, préparée avec de la *pancetta*, panse de porc salée, que l'on peut remplacer par du jambon cuit.

• *Porrata*

2 kg de poireaux ; 3 cuillères à soupe d'huile d'olive ; 4 œufs ; 25 g de beurre ; sel ; poivre ; 200 g de pancetta hachée ; pâte à tarte.

Laver les poireaux et les couper en lanières. Dans une cocotte, faire chauffer le beurre et l'huile d'olive, ajouter les poireaux, saler et poivrer. Laisser mijoter à feu doux pendant 30 minutes, puis laisser refroidir pendant 1 heure environ. Pendant ce temps, préparer la pâte à tarte et la laisser reposer.

Battre les œufs et les incorporer à la fondue de poireaux. Etaler la pâte dans un moule et le garnir avec les poireaux et la *pancetta* hachée. Faire cuire à thermostat 6 pendant 45 minutes. Laisser tiédir avant de servir.

Bernard Loiseau, chantre de la "cuisine à l'eau" qui, tout en restituant le goût d'origine des aliments, doit surprendre le client, affichait dans son "menu de légumes" une recette de poireaux nains à la vinaigrette de pommes de terre. "Pourquoi ce mariage ? Cela vient de la traditionnelle association «poireaux-pommes de terre», en potage par exemple. En revanche, dans ma version, je propose des poireaux très parfumés, avec de la purée de pommes de terre, dans laquelle sont incorporés les ingrédients d'une vinaigrette : échalotes, herbes, citron, huile d'olive" (in *Le Grand Livre des fruits et légumes*).

Sur le thème des poireaux vinaigrette, les variations sont multiples. Les poireaux à la lyonnaise sont de gros poireaux servis chauds avec des pommes de terre, du saucisson de Lyon et une vinaigrette à la moutarde, aux échalotes et à la ciboulette. Des poireaux primeurs nantais cuits "à la croquante" et une vinaigrette agrémentée d'aneth et de poivre rose accompagnent un carpaccio de poisson ou de bœuf bien arrosé d'huile d'olive et de jus de citron vert. Des préparations encore plus élaborées traitent le poireau comme si c'était de l'asperge : un coulis de tomates parfumé à l'huile d'olive et à l'estragon, avec une pointe de vinaigre fort, une vinaigrette dans laquelle on ajoute un blanc de poireau cuit passé au mixeur et des anchois…

• *Poireaux vinaigrette et picodons*

1 botte de poireaux "baguettes" ou de poireaux primeurs ; huile d'olive ; vinaigre balsamique ; échalotes ; sel ; poivre ; 2 fromages de chèvre secs (picodons).

Laver les poireaux et les cuire à la vapeur pendant 25 minutes (ils doivent être encore un peu fermes). Laisser refroidir les poireaux mais sans les placer au réfrigérateur. Préparer la vinaigrette et y ajouter les échalotes coupées en petits morceaux. Servir tiède avec les picodons coupés en quatre, accompagné d'un rosé de Tavel bien frais.

Le pois chiche

Robert Bistolfi et Farouk Mardam-Bey

INTRODUCTION

Dans son *Voyage en Espagne*, Théophile Gautier écrit du pois chiche qu'il est "un petit pois qui nourrit l'ambition d'être un haricot et qui, heureusement, y parvient". Jugement qui dénote une certaine sympathie pour le pois chiche tout en le plaçant implicitement derrière les fayots dans la hiérarchie des légumes secs. Comme si, durant ses pérégrinations, le poète exigeant d'*Emaux et Camées* n'avait jamais entendu parler de l'*olla podrida* qui, pourtant, selon Alexandre Dumas, faisait obligatoirement partie du cérémonial officiel chez les grands d'Espagne. Or, il s'agit d'un ragoût de pois chiches, et quel ragoût ! Pour le confectionner il ne fallait pas moins de dix sortes de viandes et d'une bonne douzaine de légumes, dont l'artichaut et l'asperge. De mémoire d'homme aucun haricot n'a connu pareille gloire…

Il reste que tous les mets aux pois chiches ne sont pas des *olla podrida*. Au contraire, notre grain préféré a été considéré la plupart du temps comme une nourriture grossière : on ne s'en servait pas pour faire bombance mais pénitence. Jusqu'à nos jours, peu de gens savent d'ailleurs que son nom en français – qui provient, en fait, du latin *cicer* – n'a rien à voir avec la chicheté et qu'ils peuvent consommer du pois chiche à leur guise sans être obligés de vivre chichement. On se trompe, cependant, si l'on pense que la France est responsable de ces connotations négatives. Un peu partout dans le monde, il suffit que le mot soit prononcé pour que viennent à l'esprit de nombreux dictons populaires qui relient le pois chiche à la frugalité, la balourdise, l'inefficacité, la couardise, et cela même dans des pays comme l'Italie où il figure sans problème sur les meilleures tables. C'est ce qui nous a incités, il y a deux ans, à lui consacrer un gros volume avec l'ambition, plus particulièrement, de le rappeler au bon souvenir des gourmets. Plus d'une centaine de recettes commentées, glanées un peu partout dans le monde, nous ont permis de nous acquitter – nous l'espérons honorablement – de cette tâche.

Le présent ouvrage ne remplace pas le premier mais le complète à l'intention des jardiniers. On y trouvera, en outre, de nouvelles considérations sur l'histoire du pois chiche. Elles prouvent qu'il est inépuisable.

I. HISTOIRE, CHEMINEMENT, NOMS…

Avec ses rondeurs et son petit bec, le pois chiche a une forme reconnaissable au premier coup d'œil. Le qualificatif "chiche" peut tromper : il renvoie simplement à son nom latin. A Rome, on l'appelait *cicer*, et le nom lui a été conservé dans la classification scientifique. Depuis Linné, il est en effet connu comme *Cicer arietinum* ; *cicer* dérivant lui-même de *kickere*, mot qui le désignait chez des peuples vivant au nord de la Grèce. C'est ce que nous dit aussi Alphonse de Candolle, dans son *Origine des plantes cultivées*, lorsqu'il constate que *cicer* "existe chez les Albanais, descendants des Pélasges, sous la forme de *kikerè*". Quant à l'épithète *arietinum*, elle renvoie à *aries*, nom latin du bélier et traduction du grec ancien *krios*, qui désignait lui aussi le bélier et – par analogie avec la forme cornue du grain – le pois chiche.

Nous ne sommes cependant pas redevables à Rome de la domestication de ce dernier. La plupart des scientifiques situent en effet cette domestication dans la Méditerranée orientale, plus précisément aux confins de la Turquie et de la Syrie. Candolle recourait à une jolie formule pour situer l'entrée du pois chiche dans le jardin potager de notre ancêtre du néolithique : quelque part dans "des pays entre la Grèce et l'Himalaya, appelés vaguement l'Orient". Découverts depuis, les plus anciens sites connus sont situés en Turquie, à Hacilar (5500 av. J.-C.), et en Palestine, à Jéricho (6250 av. J.-C.).

De nouvelles découvertes pourraient cependant remettre en cause ce schéma. Une grotte de l'Hérault, celle de l'Abeurador, a révélé des paléo-semences remontant au début du mésolithique, que l'on a pu dater de 6800 environ avant Jésus-Christ : parmi les graines d'espèces cultivées qui ont été trouvées figurent déjà des pois chiches. De l'Aveyron au Var, d'autres grottes occitanes ont livré les mêmes informations. D'où une interrogation : les échanges entre les deux bassins de la Méditerranée, l'oriental et l'occidental, ont-ils eu lieu plus tôt que ce que l'on croyait jusqu'ici ? A moins que la domestication du pois chiche n'ait eu lieu aussi, sinon d'abord, dans ce qui deviendra notre Midi (où on continue à l'apprécier beaucoup) ? Le sujet risquant d'être conflictuel en raison de l'enracinement des auteurs, situés aux deux extrémités de la Méditerranée, ils s'abstiendront de trancher…

Les conquêtes du pois chiche

L'hypothèse généralement admise est que le pois chiche a progressé à partir de la Méditerranée orientale, du plateau anatolien plus précisément où, aujourd'hui encore, il occupe de très grandes surfaces. Cette progression s'est faite dans trois directions : vers l'Orient d'une part, sur les deux rives nord et sud de la Méditerranée d'autre part. Les rythmes de l'avancée ont-ils été les mêmes ? Les informations sont sur ce point fragmentaires, mais pour ce qui est de la période historique, on constate que la diffusion s'est étendue très tôt.

• *La Méditerranée grecque et latine*
Dans son cheminement au nord de la Méditerranée, le pois chiche devait d'abord rencontrer la Grèce. Dès la période homérique, il y est présent. Qu'il s'appelle *krios* ou *erebinthos*, il joue un rôle actif dans les libations qui accompagnent les banquets : associé aux fruits secs, aux biscuits, le tout constituant les *tragemata*, il incitait les convives à boire. Pour ce faire, il était grillé : aujourd'hui encore, sur le pourtour méditerranéen et au-delà, qu'ils soient *torraos* de Murcie, *ciggere arrestute* des Pouilles ou *qudâma* arabes, les pois chiches grillés sont au premier rang des amuse-gueule populaires. Toujours dans la Grèce

Le pois gesse, d'après l'herbier de Gerard, 1631

antique, il est plaisant de constater que Platon rend hommage au pois chiche : associé à la baie de myrte et au gland grillé, notre philosophe lui demandait de restaurer chez ses concitoyens alanguis le goût des mets simples et roboratifs.

Poursuivons le périple vers l'ouest : conquise par Rome et ayant comme on le sait conquis son conquérant, la Grèce a transmis à l'Italie le pois chiche. Plaute et Caton l'Ancien le mentionnaient déjà. On le retrouve pendant des siècles sur la table romaine, avec d'autres légumineuses proches tels le pois gesse, la *cicerchia*, ou encore le pois colombin. Comme aujourd'hui au Proche-Orient, on le consommait parfois vert, et il était alors offert en bottes sur les marchés. Pétrone, dans son *Satiricon*, le fait figurer au banquet de Trimalcion. Apicius conseille de le consommer vert, grains et cosses bouillis, avec du *garum* ou du *carœnum*, un vin doux cuit. Malgré ces références illustres, le pois chiche était à Rome un mets de pauvre : chez Horace dans ses *Satires*, chez Martial dans ses *Epigrammes*, il apparaît dans des repas sans lustre.

La Provence, la Narbonnaise, puis la péninsule Ibérique (où il trouvera une de ses terres d'élection) accueillent sans doute le pois chiche avec les légions de Rome. A-t-il rempli, pour les soldats de l'Empire, le rôle que le haricot jouera ultérieurement pour les bidasses de notre IIIe République ? Rien ne le prouve formellement, mais rien n'interdit de l'imaginer.

Quoi qu'il en soit, des Alpes maritimes à l'Alentejo, le pois chiche fera longtemps partie des cultures alimentaires de base. Le petit pois venu d'Italie, le haricot venu du Nouveau Monde le concurrenceront plus tard ; mais sur les nombreuses terres sèches de ces régions, il continuera longtemps à faire merveille.

• *La Méditerranée arabe et berbère*
Sur la rive sud de la Méditerranée, sans être synchrone, la progression du pois chiche a été parallèle. On a longtemps pensé que l'Egypte ne l'avait découvert qu'au début de l'époque chrétienne, apporté par ses colonisateurs grecs ou romains. En fait, l'introduction a été beaucoup plus ancienne. C'est ce qu'a révélé, à Dâr al-Madîna, une tombe datant de 1300 avant Jésus-Christ, contenant un vase rempli de notre précieuse légumineuse. A quel rythme, par quelles voies – à travers la Cyrénaïque ou par la mer – le pois chiche a-t-il progressé au Maghreb ? A-t-il atteint l'Andalousie musulmane par le nord, ou à partir du Maroc ? Il est difficile de répondre, mais il est aisé en revanche de constater que les cuisines de l'Afrique du Nord, comme la cuisine andalouse classique, l'ont pleinement intégré.

De nombreuses correspondances existent entre les traditions culinaires méditerranéennes. La parenté est ainsi évidente entre la populaire *socca* niçoise et la *karantita* algérienne. On observera cependant que la consommation du pois chiche obéit en règle générale à des principes différents sur les deux rives. Au nord, il est souvent constitutif de plats d'allure paysanne, solides et directs : les conseils platoniciens ont été suivis, mais les associations d'ingrédients et d'aromates aboutissent à un résultat qui est néanmoins succulent. Au sud, en revanche, le pois chiche n'est que rarement le pilier central d'une préparation : il n'intervient que comme l'un des éléments importants, essentiel souvent, de plats où ses bosselures de perle sauvage forment une parure : que seraient certains couscous sans pois chiches ?

• *Vers le lointain Orient...*
Revenons au point de départ du périple, pour nous engager sur la troisième grande voie de diffusion du pois chiche, vers l'est. A-t-il transité par l'Afghanistan ? Comme les très nombreuses variétés de pois chiches se divisent en deux grands groupes – *desi* et *kabuli* –, la dénomination du second semble accréditer cette hypothèse. Mais on notera inversement que ces pois *kabuli* sont surtout présents autour de la Méditerranée... Il demeure que le sous-continent indien a été conquis assez tôt, et la culture du pois chiche s'y est épanouie plus que partout ailleurs. D'immenses surfaces lui sont consacrées, principalement dans les Etats d'Uttar Pradesh, Madhya Pradesh, Pendjab, Haryana, Bihar et Rajasthan. Une bibliographie déjà ancienne n'offre pas

moins de 233 pages de références d'ouvrages ou d'articles sur les *chickpeas*, la plupart d'auteurs indiens ou pakistanais ! Les utilisations sont nombreuses : engrais vert, alimentation animale et, surtout, alimentation humaine. La culture culinaire du pois chiche atteint en effet là-bas un de ses sommets : il suffira de mentionner, auprès des populaires *pakora* et chutneys de pois chiches, le *kabli chana karhi* (pois à la sauce *karhi*), ou encore, dans les desserts, les diverses variétés de *kheer*, sortes de puddings saupoudrés d'amandes grillées et effilées…

• *Essaimages*
Vraisemblablement à partir de ses trois axes de progression, le pois chiche a essaimé profondément dans diverses directions : vers l'Arménie où, depuis au moins un millénaire, les *topig* (sorte de raviolis sophistiqués confectionnés avec de la farine de pois chiches) sont à l'honneur ; vers l'Iran où *châmi pouk* (viande hachée aux pois chiches) et *koufteh tabrizi* (grosses boulettes diversement et subtilement fourrées) témoignent également d'un long apprivoisement gastronomique du "tête de bélier"… L'Afrique au sud du Sahara figure aussi parmi ses terres d'accueil, sans que l'on sache avec certitude comment s'est effectuée son adaptation. Par le commerce, à partir de l'Egypte ou du Maghreb ? Grâce aux Indiens et aux Pakistanais, tôt implantés à l'est du continent ? Toujours est-il qu'il est présent de manière significative dans plusieurs pays : Ouganda, Malawi, Ethiopie… Le géographe arabe Yâqout affirme même, au XIIIe siècle, que le pois chiche et le millet constituent les aliments de base des habitants du Ghana et "d'autres régions plus au nord". Pour ce qui est de l'Ethiopie, où une espèce de pois chiche indigène est présente par ailleurs, la culture demeure très importante : en 1989, dernière année pour laquelle on dispose de statistiques de l'ONU (FAO), les surfaces qui sont consacrées au pois cornu sont supérieures à celles qui lui sont affectées, ensemble, par le Portugal, l'Espagne, l'Italie et la Grèce…

De nouveaux espaces s'ouvriront au pois chiche avec la découverte de l'Amérique. Les Espagnols, dont le goût pour notre pois était déjà fortement affirmé, l'introduiront dans leurs nouvelles possessions. Là où les sols et une pluviométrie sans excès sont favorables, la culture s'étend. Parmi les pays ou régions concernés, la Californie, le Mexique, le Pérou, l'Argentine… Dernier conquis, le Canada, où la population d'origine asiatique est très friande de *chickpeas* : l'Etat du Saskatchewan, qui veut en promouvoir la production, propose même sur Internet huit pages d'informations sur sa valeur nutritionnelle, ses variétés et leur culture, son marché…

Les premiers immigrants européens – Castillans, Catalans, Génois, etc. – avaient emporté en Amérique leurs traditions culinaires, et il n'est pas surprenant que les

Le pois chiche, d'après une gravure ancienne

accommodements du pois chiche doivent beaucoup aux préparations des régions d'émigration. Mais le métissage opère là comme ailleurs et, pour ce qui est des épices et des ingrédients, de nouveaux mariages de saveurs s'inventent. Ainsi, les descendants des Aztèques que sont les Nahuas, vivant dans la Sierra de Puebla, préparent pour la Toussaint des *tamales*, pâtés de maïs fourrés de purée de légumineuses où le pois chiche est présent. Ces pâtés, enveloppés dans les bractées des épis et cuits à la vapeur, sont disposés avec divers autres mets autour du *mole*, qui est la sauce centrale de la nourriture de fête. On verra plus loin qu'en terre chrétienne d'Europe, depuis longtemps déjà, la consommation de pois chiches est souvent liée à des fêtes religieuses, dont celles de la Toussaint et des Morts.

Les noms du pois chiche

Les conquêtes du pois chiche se sont accompagnées d'innombrables dénominations nouvelles. Sa désignation scientifique, elle-même, avait longtemps flotté avant que *Cicer arietinum* s'impose. Qu'on en juge : semblable à une litanie en latin de cuisine, une trentaine de noms savants – parfois plus chantants que celui qui s'est imposé – ont été recensés : *Cereleaticum, Citer italicum, Serphyllum, Cicer erraticum, Lipsianus, Lupinus major, Erba cœta, Cicer album, Chichera, Cicer domesticus, Faselus, Pis albus, Cycer, Citer, Cier, Cisser, Siser, Ciseta, Citrullus, Cicerus, Pisum majus, Pisum minus, Cicer quotidianum, Cicer sativum album, Cicer nigrum, Piseolus, Pisum hortense majus...*

Parmi les noms communs du pois cornu dans les langues des divers pays où il est cultivé, ou tout simplement consommé, le plus commun est l'anglais *chickpea*, apparu pour la première fois en 1388, dans une traduction de la Bible par John Wycliffe. Il était emprunté au français "chiche".

De manière générale, les dénominations de la mouvance anglaise sont les moins imaginatives : *Egyptian pea* et *Bengal gram* renvoient à des lieux de consommation ; quant à *horse gram*, il ne fait que se référer au pois chiche dans l'alimentation animale.

Pour ce qui est des sonorités comme des images, on trouve ailleurs une plus grande diversité : *chhola* et *channa* (en hindi), *garbanzo* en castillan, mais aussi *trompito* en

LA RONDE DU POIS CHICHE EN FRANCE

Dans ce trésor poétique et scientifique qu'est la *Flore populaire* d'Eugène Rolland, sont recensées plus de quatre-vingts dénominations du pois chiche. Elles relèvent des dialectes d'oc comme d'oïl. Pour ces derniers, on peut être surpris : on s'attendrait en effet à ce que seule l'Occitanie, principale zone de production en France, ait intégré le pois chiche dans son vocabulaire. Il n'en a rien été, et des noms qui, tous, fleurent bon le terroir peuvent être recensés dans l'ensemble de l'Hexagone : *garvance, ceseron, cicerolle, ciseron, pisette, pois bécu, pois blanc, pois citron, pois cornu, pois de Malaga, pois turc, tête de bélier, pois pointu, pois gris, garvane...* Une promenade linguistique dans les campagnes du Midi réservera néanmoins bien des trouvailles : du *cèé* niçois au *ciouron* roussillonnais, en passant par le *tchyi* (provençal d'Aups), le *tiché* (limousin) ou le *cézé békin* (gascon de Lectoure), les inventions dialectales ou patoisantes sont infinies. *Titsé* à Tulle, le pois chiche devient *péjél bécu* à Brive, distante d'une vingtaine de kilomètres... Dans le Nord, le climat qui limite la culture n'a pas tari l'inspiration terminologique, et le pois chiche se transforme en *chierre, galoche*, ou encore *codriyò* en Wallonie et en Picardie... Jusqu'au Val-d'Aoste, au creux des grandes vallées alpines, où le pois chiche – *pézé golou*, en franco-provençal – apportera sa note ensoleillée...

Le pois chiche, d'après l'herbier de L. Fuchs (XVIᵉ siècle)

langage populaire, *himmis* ou *himmas* en arabe classique, *hoummos* ou *homs* en dialectal, *cece* en italien, *nochot* en persan, *revithia* en grec, *kikere* en albanais, *nachuda* en géorgien, *ervanço* ou *gráo-de-bico* en portugais… Sans oublier *hyoko-mame* en japonais ou *ovétchy garotchina* en russe.

La forme du pois chiche, différente selon l'angle sous lequel on le regarde, autorise toutes les fantaisies. La terminologie populaire ne s'en est pas privée. Son aspect d'ensemble est celui d'une tête de bélier flanquée de ses cornes enroulées. D'où, comme on l'a vu, ses noms anciens de *krios* et d'*aries*, et aussi plusieurs dénominations paysannes. Sous un autre angle, c'est l'extrémité pointue du grain qui est frappante, avec sa forme en bec qui lui vaut d'être appelé parfois *peze pounchut* (pois pointu) ou *cese bequit* (pois à bec).

Le sillon qui, sur le grain, sépare les deux cotylédons ne pouvait que solliciter l'imagination gauloise. On ne sera pas étonné d'apprendre qu'en Languedoc le pois chiche est familièrement dénommé *petit-cul*, qu'en argot provençal il désigne le clitoris, ou qu'en Espagne il est parfois appelé "derrière de couturière". La convenance amène à abréger la recherche sur ce volet sulfureux de la vie du pois chiche…

Cicera, d'après le Tacuinum sanitatis, XIVe *siècle*

II. MYTHES ET CROYANCES

Le grain de la mortification

Sur le plan symbolique, le pois chiche ne peut se mesurer à d'autres légumineuses, notamment la fève. Il n'en reste pas moins que sa frugalité lui a valu depuis fort longtemps d'être relié aux temps d'affliction, donc aussi bien à la pénitence qu'à la charité. Reprenant en effet un usage des anciens Grecs, qui consommaient des légumes secs au cours des repas funèbres, les chrétiens avaient l'habitude de manger des pois chiches durant le carême, surtout pendant la Semaine sainte, mais aussi début novembre, pour la Toussaint et le jour des Morts. Ainsi, dans le comté de Nice, on préparait pour le mercredi des Cendres, le Vendredi saint et le jour des Morts, un plat de pois chiches juste bouillis, aromatisés à la sauge et parfumés d'un trait d'huile d'olive. En Corse et dans le Languedoc, une soupe, une salade ou un ragoût de pois chiches étaient aussi de rigueur le soir du Jeudi saint, alors qu'en Espagne le *potaje de garbanzo*, alliant pois cornus et morue salée, était le mets rituel du Vendredi saint. Les Andalous, plus particulièrement, mangeaient à la Toussaint leur célèbre *berza de coles* qui, certes, n'a rien de maigre, puisqu'il y est fait appel à plusieurs sortes de viandes, mais elles étaient associées obligatoirement, en signe de deuil, aux pois chiches. Usage qui a traversé l'Atlantique avec les conquistadores et atteint les Nahuas du Mexique…

A l'est de la Méditerranée, en Grèce, en Syrie ou au Liban, les chrétiens d'Orient, toutes familles confondues, se sont ingéniés à inventer pour les jours maigres des mets raffinés à base de légumineuses, avec une prédilection pour le pois chiche. Pleinement justifié du point de vue de la diététique, cet usage est parfois spécifique de certains jours de jeûne, comme le 15 décembre, en Crète, où l'on prépare traditionnellement de la morue aux pois chiches pour fêter la Saint-Eleuthère. Ce qui n'est pas sans rappeler la coutume italienne des Pouilles qui réserve les *massaciceri*, mélange de pois chiches et de nouilles, à la fête de Saint-Joseph, le 19 mars (célébration plus particulièrement destinée à marquer la charité envers les pauvres, chaque famille en recevant quelques-uns la veille, au repas du soir).

On a pu noter dans plusieurs pays méditerranéens, dont la France, une autre tradition qui, à première vue, semble contradictoire avec le rattachement symbolique du pois chiche à la peine et la pénitence : c'est celle qui l'associe aux Rameaux, jour heureux où l'on commémore l'entrée de Jésus à Jérusalem. Un dicton occitan va même jusqu'à affirmer que "les maisons où l'on ne mange pas des pois chiches le jour des Rameaux ne sont pas vraiment chrétiennes". Il renvoie à une vieille croyance, assez répandue jadis dans les Cévennes, tant chez les catholiques que chez les protestants, selon laquelle le Christ, avant d'entrer à Jérusalem, aurait traversé un champ de pois chiches où la rosée aurait mouillé sa cape. C'est pourquoi l'on mangeait aux Rameaux du *garrou*, mets régional typique composé de pieds de porc et de pois chiches.

Mais il est une explication plus hardie de ces pratiques symboliques. "Le dimanche des Rameaux, dit-on en effet dans les Cévennes, le temps change sept fois", ce qui permettrait d'établir un lien entre la "bataille des vents" qui fait rage ce jour-là et la nature "venteuse" du pois chiche. Or durant la Semaine sainte qui suit, période maigre en souvenir de la Passion du Christ, il est d'usage aussi, comme on l'a vu, de manger des légumes secs, et en particulier des pois chiches. Une autre relation venteuse pourrait donc être établie, cette fois-ci entre la flatuosité générée par ces aliments et les "âmes-souffles" qui circulent à ce moment de l'année. Le pois chiche serait par conséquent un intermédiaire privilégié entre les vivants et les morts, et c'est la raison pour laquelle on en consommait à la Toussaint et, plus généralement, au cours des repas de deuil.

Un pouvoir magique

En plus de cette forte charge symbolique, le pois chiche a été gratifié à travers l'Histoire d'étonnantes vertus thérapeutiques. Tonique, selon les médecins grecs et arabes, il agirait dans l'organisme comme le levain dans la pâte. Mais il serait aussi diurétique, vermifuge, décongestionnant des testicules, dissolvant des lithiases, réducteur des lombalgies, calmant des douleurs dentaires, aphrodisiaque… Selon Oribase, qui rassembla au IVe siècle les écrits des anciens médecins, cette dernière vertu s'explique par le fait que "le coït, pour être complet, a besoin de trois choses. La première est un surcroît de chaleur qui se communique à la chaleur naturelle et qui excite l'appétit ; la deuxième est un aliment nutritif doué en même temps d'une humidité qui humecte le corps et accroisse la somme du sperme ; la troisième est de développer des vents et de la tuméfaction qui se transmette aux veines de la verge."

Le pois chiche, d'après une gravure ancienne

> ### UNE PARABOLE DE RÛMÎ
>
> Le grand mystique persan Jalâluddîn Rûmî, qui fonda au XIIe siècle la confrérie des derviches tourneurs, n'hésitait pas à illustrer son enseignement spirituel par des exemples culinaires. Dans un passage du *Mathnawî*, il invite ses disciples à méditer le cas des pois chiches qui, une fois soumis au feu, se précipitent vers la surface comme s'ils voulaient s'échapper de la marmite. La ménagère les tapote alors avec la louche et les assure de son amour. Si elle les fait bouillir, c'est pour qu'ils acquièrent de la saveur et deviennent un aliment. Ils pourront de la sorte se mêler à l'esprit vital et accéder à un degré supérieur dans l'échelle des créatures. Verts et frais, ils ont connu naguère le plaisir sans lequel ils n'auraient pu croître ; ils ont maintenant à subir l'affliction. La miséricorde de Dieu précède Son courroux. Elle le précède pour que nous puissions le supporter. "Et la grâce de Dieu viendra ensuite afin d'excuser cet acte."
>
>

Or, poursuit-il, "toutes ces choses se rencontrent dans le pois chiche". L'eau du trempage servira d'ailleurs longtemps dans le monde arabe à la confection de breuvages "réchauffants", comme en témoigne le célèbre érotologue tunisien Nafzâwî dans sa *Prairie parfumée*.

Tous ces usages se fondaient sur la médecine galénique des humeurs qui a dominé jusqu'à la Renaissance. L'imagination populaire fera le reste en attribuant au pois chiche un pouvoir quasiment magique dans le traitement de certaines maladies de la peau, comme les tumeurs et les verrues. Au Proche-Orient, depuis Dioscoride, on préconisait contre les pustules de poser sur chacune d'elles un pois chiche, la nuit de la nouvelle lune, puis de rassembler les grains sur un chiffon et d'en faire un petit paquet serré avec une ficelle. Il fallait ensuite jeter ledit paquet en arrière, par-dessus les épaules du malade ou entre ses jambes, et attendre la fin du mois lunaire pour voir disparaître les tumeurs. Jusqu'à une période très récente, en Syrie, on prétendait dans certains milieux populaires guérir les boutons juvéniles de la manière suivante : la mère de l'enfant doit dérober une poignée de pois chiches et réunir les grains en collier que l'enfant portera jusqu'à la résorption des boutons. De même, à Marseille, encore au milieu du XIXe siècle, on frottait les verrues avec un pois chiche, puis on le jetait dans un puits après avoir tourné autour sept fois, et on s'en éloignait rapidement de manière à ne pas entendre le bruit de chute dans l'eau. Personne ne devait perturber le rite au risque d'être contaminé à son tour. Croyance qui n'est pas sans rappeler une autre, à vrai dire beaucoup moins ésotérique, rapportée par Frédéric Mistral dans le *Trésor du félibrige*, selon laquelle la consommation du pois chiche le jour des Rameaux préserve des *fleiroun* (furoncles).

D'autres pratiques magiques, fort anciennes, associaient le pois chiche au traitement de la mélancolie. Pour dissiper les idées noires, explique l'auteur de l'*Agriculture nabatéenne* – ouvrage fondamental sur les traditions agraires du Proche-Orient, traduit en arabe au Xe siècle –, on doit exposer toute la nuit, lorsque la lune est au croissant, un quart de mesure de pois chiches, puis les mettre à tremper dans de l'eau douce juste avant l'aube, avant de les faire cuire et de les réduire en purée. Méthode somme toute assez sympathique qui n'a rien à voir avec cet autre emploi du *cicer*, relevant carrément de la magie noire : quand on veut se débarrasser d'une personne qu'on déteste, il suffirait de poser un pois chiche près d'une lampe à huile, à proximité d'une statuette de la Vierge, et ce sera chose faite au moment même où le grain éclate sous l'effet de la chaleur.

Le pois chiche comme métaphore

Il reste que le pois chiche, dans l'entendement commun, n'évoque pas la haine ni la méchanceté, mais des sentiments un peu plus amènes, quoique négatifs, dus à sa proverbiale frugalité. *Proverbiale* est d'ailleurs l'adjectif qui convient car on ne compte pas les dictons qui, à travers le monde, associent le pois cornu à toutes sortes de tares d'ordre physique ou psychique. En Italie, on dit par exemple d'une personne de petite taille qu'elle "ramasse les pois chiches avec la cruche", d'un sourd qu'il a "des pois chiches dans les oreilles", d'un ivrogne qu'il est "comme un pois chiche cuit"… Et, en Provence, l'on moque la peur par l'expression

> ## CHICHELIN ET LE BŒUF
>
> Dans son anthologie de *Contes italiens*, Italo Calvino rapporte cette histoire florentine dont le héros est un intrépide grain de pois chiche.
>
> Ayant refusé à une mendiante une écuelle de pois cornus, une femme vit jaillir de sa marmite une multitude d'enfants minuscules. Elle les ramassa rapidement et les écrasa en purée, mais l'un d'eux, Chichelin, fut épargné par hasard et aussitôt dépêché à la boutique de son père pour lui apporter son manger. Celui-ci le confia à un paysan qui l'employa à surveiller son bœuf avant de le prêter à deux voleurs de chevaux. Chichelin les aida à s'introduire dans les écuries du roi, mais un cheval l'avala par mégarde, et les voleurs, pour le retrouver, durent en vain éventrer les bêtes une à une. Peu après, un loup affamé dévora la charogne dans laquelle se trouvait Chichelin et depuis lors, à chaque fois qu'il s'approchait d'une proie, notre héros le contrariait en se mettant à crier. Si bien que le loup, pensant qu'il avait trop d'air dans son ventre, se décida à l'évacuer par son postérieur. Au bout de trois canonnades, enfin libre, Chichelin tomba sur des brigands en train de compter l'argent qu'ils venaient de voler. Il leur joua un tour, les amenant à se disputer, et rentra chez ses parents avec le butin.
>
> La morale de cette histoire est quelque peu ambiguë. Mais nous en déduirons quand même, outre la nature "venteuse" du pois chiche, qu'il n'est pas impossible d'être à la fois extrêmement modeste et très valeureux.

"on lui a bouché le trou du cul avec un pois chiche". Pour l'agitation, on se réfère aux pois chiches qui montent et descendent dans la marmite ; pour l'irritation, on emprunte à l'Arétin l'image d'un homme dont le cul aurait cuit avec des pois chiches ! De même, toujours en Italie, le goinfre est traité d'"avaleur de pois chiches", celui qu'on méprise "ne vaut pas trois pois chiches" et "savoir distinguer le pois chiche du haricot" est un signe de perspicacité. En Espagne, un *garbanzo nero* (pois chiche noir) est quelqu'un d'excentrique et un *garbancero* (marchand de pois chiches grillés), un grossier personnage. Sur l'autre rive de la Méditerranée, beaucoup de proverbes arabes vont dans le même sens, faisant appel au *hoummos* pour railler tantôt la maladresse et la balourdise, tantôt la vanité et la fatuité, en tout cas l'absence de qualités.

Depuis l'Antiquité, la littérature et parfois l'art ont aussi eu souvent recours au pois chiche comme métaphore de la pauvreté ou de la malchance. Certes, au début de la chaîne, il n'y avait rien de péjoratif chez Platon lorsqu'il conseillait contre la dépravation des mœurs un régime alimentaire à base d'oignons, de glands grillés et de pois chiches. Mais déjà, dans son esprit, le *cicer* était évidemment une nourriture de pauvres, un antidote aux raffinements de la table qu'il dénonçait. De toute façon, cette frugalité ne sera plus de mise à Rome où Horace, dans ses *Satires*, et Martial, dans ses *Epigrammes*, évoqueront le pois chiche avec condescendance, sinon avec mépris. Le temps ne fera rien à l'affaire mais, au contraire, confirmera de plus en plus le *cicer* dans son statut inférieur. Si bien que Boccace, pour décrire un repas peu ragoûtant, dira que les convives n'eurent droit qu'à "des pois chiches et du poisson de l'Arno, sans plus". Et que pourront manger d'autre, sinon des pois chiches, les deux misérables peints par Georges de La Tour dans son célèbre tableau *Les Mangeurs de pois* ? Jusqu'à nos jours, où l'on trouve chez Sartre une phrase très significative, reliant d'une part l'opulence et le tournedos, et d'autre part l'indigence et le pois chiche. Et l'on se souvient peut-être de la scène hilarante à la fin du *Pigeon* de Mario Monicelli, quand Gassman, Mastroianni et Toto, après avoir percé un mur pour s'emparer d'un joli magot, ne se retrouvent pas dans la salle du coffre mais dans une cuisine où – comble du déboire – reposait sur le fourneau une marmite de pâtes aux pois chiches…

III. LES SCIENCES DU POIS CHICHE

La grande famille des Légumineuses

Le nom de Légumineuses est donné à un ensemble de plantes dont l'ovaire, après fécondation, se transforme en gousse à deux valves, ou légume (du latin *legumen* qui signifie "plante à gousse"). Cet ensemble inclut essentiellement les Papilionacées, ainsi appelées parce que la corolle des fleurs, formée de cinq pétales, évoque un papillon. Mais on y range aussi, sur le plan strictement scientifique, des espèces qui ne possèdent pas cette caractéristique, par exemple des arbres comme le caroubier ou le mimosa *(Acacia)*, du fait que leurs fruits sont des gousses.

La propriété fondamentale des Légumineuses réside en leur capacité à fixer l'azote de l'air. Leurs racines, en effet, sont munies de nodosités, autrement dit de granulations, où vivent des micro-organismes qui assimilent cet azote et le stockent sous forme de protéines. Avant donc d'être utilisées comme fourrages (luzerne, sainfoin, trèfle, etc.) ou comme aliments (haricot, lentille, fève, pois chiche, etc.), les Légumineuses fertilisent le sol en lui apportant spontanément de l'azote.

Classé donc parmi les Papilionacées, le pois chiche est considéré comme une Viciée, "tribu" à laquelle se rattachent aussi les genres *Vicia* (fève, vesce), *Lens* (lentille), *Lathyrus* (gesse) et *Pisum* (pois). Chacun de ces genres regroupe de nombreuses espèces. Pour ce qui est du *Cicer*, nous connaissons de nos jours huit espèces annuelles, et trente et une, voire trente-cinq, pérennes, dont certaines

spécifiques de telle ou telle région, comme l'Atlas marocain, le Péloponnèse grec ou le Taurus turc. Mais c'est uniquement le *Cicer arietinum*, notre pois chiche commun, qui nous intéresse ici.

Description botanique

Le *Cicer arietinum* est une plante annuelle de 30 à 100 centimètres de hauteur. Sa taille varie en fonction du climat, de la nature du terrain, de la date du semis et des variétés cultivées. Elle est tout entière velue, ses poils étant parfois glanduleux. Ses racines sont solides, avec un pivot garni de nodosités, atteignant parfois plus d'un mètre de profondeur. Elle a un port érigé et une tige qui se ramifie déjà près du sol, revêtue d'une cuticule assez épaisse.

Composées et pennées, les feuilles ne portent pas de vrilles. Elles sont formées de six à huit paires de folioles ovales dentées en scie. A la base des pétioles, les stipules sont dentées aussi, en forme de fer de lance. Les folioles, de dimensions très variables, mesurent de 8 à 17 millimètres de long et de 5 à 14 millimètres de large.

Les fleurs sont typiques des Papilionacées, avec un grand pétale supérieur (l'étendard), deux latéraux (les ailes) et deux inférieurs qui forment la carène. Elles sont blanches

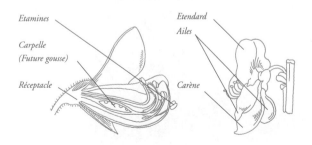

Fleur coupée selon son plan de symétrie   *Fleur papilionacée du genêt à balai*

Une fleur de Légumineuse

Une fleur de pois chiche

ou bleuâtres, solitaires, portées sur des pédoncules axillaires plus courts que la feuille. Leur corolle dépasse à peine le calice. Comme les autres Papilionacées, neuf des dix étamines sont soudées par leurs filets, la dixième étant libre. Le tube des étamines est cependant obliquement tronqué au sommet, à la différence de celui du pois. Le style reliant l'ovaire aux stigmates est filiforme et glabre, sauf à la base.

Les gousses sont courtes, très renflées, ovoïdes, velues, avec des parois dures et parcheminées. Elles contiennent deux grains, mais l'un avorte parfois. Ces grains sont arrondis, quelque peu déprimés et aplatis sur les côtés, et creusés d'un sillon. Ils présentent un bec formé par le relief de la radicelle, ce qui a valu au pois chiche plusieurs des surnoms populaires qui ont été rapportés plus haut.

Variétés cultivées

Il existe dans le monde plus de 20 000 variétés de pois chiches qu'on classe d'ordinaire en deux grands types, *desi* et *kabuli*.

Le premier est surtout cultivé en Inde et représente plus de 80 % de la production mondiale. La plante se distingue par une taille assez courte, de petites feuilles, et par la couleur rose, blanche ou bleue des fleurs. Ses grains, petits à moyens (mille grains pèsent moins de 300 grammes), sont ridés, offrant une palette allant du jaune au noir en passant par le rouge. Deux variétés seulement de *desi* sont inscrites au catalogue officiel français, créé en 1989 : 'Castor', à la graine ocre-marron, et 'Sombrero', à la graine noire. Elles ne semblent pas correspondre aux habitudes alimentaires françaises, mais on pourrait envisager leur utilisation dans l'alimentation des ruminants.

Le second type, le *kabuli*, est cultivé principalement dans le Bassin méditerranéen. La plante est de taille bien plus haute que celle du *desi*, ses feuilles sont larges et ses fleurs, blanches. Les grains ont une couleur claire allant du blanc ivoire au jaune pâle, et sont moyens à assez gros (mille

LES TEMPLES DU POIS CHICHE

Deux institutions dans le monde méritent ce titre : l'ICRISAT (International Crops Research Institute for the Semi-Arid Tropics), dont le siège se trouve en Inde, et l'ICARDA (International Centre for Agricultural Research in the Dry Areas), installé à Tall Hadia, en Syrie.

L'ICRISAT conserve une impressionnante collection de pois chiches totalisant plus de 14 360 variétés. Celle de l'ICARDA, plus concernée par le *kabuli*, n'en compte pas moins de 5 926. L'une et l'autre de ces institutions travaillent à l'amélioration du pois chiche, et nous devons notamment à la seconde le développement de cultivars pour la culture d'hiver dans les pays méditerranéens. La sélection tient compte à la fois de la résistance au froid et de la grosseur des grains. L'ICRISAT, de son côté, a réussi à isoler trois lignées ayant un taux de protéines supérieur à 25 %, alors qu'il ne dépasse généralement pas les 20 % dans les variétés cultivées.

grains pèsent plus de 250 grammes), lisses à légèrement ridés. On en connaît de nombreuses variétés qui, en fait, reflètent la diversité des conditions culturales dans la mesure où ce sont les besoins locaux qui ont orienté la recherche agronomique. Aussi les variétés mises au point en Espagne ('Fardon', 'Puchero', 'Zegri', 'Alcazaba', 'Almena', 'Atalaya', 'Bujeo', 'Blanco-Lechoso', 'Pedrosillano', 'Blanco-andaluz'...) diffèrent-elles de nos 'Flamenco', 'Jazz', 'Cascari', 'Sirtaki' et autres 'Twist' qui, à leur tour, se distinguent des pois chiches turcs ou grecs.

Apport diététique

Bien que le pois chiche soit moins riche en protéines que les autres légumineuses à graines, notamment le soja et le lupin, il n'en renferme pas moins une proportion notable, allant de 18 à 20 % de son poids. Ces protéines sont mal pourvues en acides aminés soufrés – cystine et méthionine – et riches en lysine, en quoi le pois chiche n'est guère différent des autres légumes secs. Il s'en distingue, en revanche, par une teneur élevée en matières grasses. On doit souligner aussi sa richesse en fibres et en minéraux, surtout en calcium dont il est aussi bien doté que le camembert ou le fromage blanc. Et s'il ne contient qu'une quantité négligeable de vitamine C, contrairement à la lentille, il ne manque pas de vitamines B1, B2 et B9 (acide folique).

S'agissant des acides aminés essentiels, ceux qu'on doit obligatoirement rechercher dans les aliments, on sait que l'absence ou l'insuffisance de l'un d'eux constitue un facteur "limitant", c'est-à-dire qu'il freine la synthèse des protéines. La carence du pois chiche en méthionine appelle donc, sur le plan de la diététique, son association soit à une céréale soit à une source de protéines animales, viande ou poisson, réputée contenir les huit acides aminés essentiels. Dans le cas des céréales, qui manquent de lysine, le mélange est d'autant plus satisfaisant que le pois chiche en est assez largement pourvu.

COMPOSITION MOYENNE
(g/kg de matière sèche, grains *kabuli*)

	POIS CHICHE	POIS	BLÉ
MAT.	246	250	129
Lysine	16,8	18,5	3,7
Méthionine	2,8	2,5	2,1
Cystine	3,6	3,7	3,2
Thréonine	8,3	9,6	4
Tryptophane	2	2	1,6
Amidon	464	500	685
Cellulose W. T.	40	61	28
Minéraux	34	40	19
Phosphore	3,9	5	3,8
Calcium	1,7	0,9	0,7
Matière grasse	49	18	24

(Source : *Le Pois chiche, utilisation*, ITCF, UNIP, FNAMS & INRA, Paris, 1991.)

IV. AGRICULTURE ET ÉCONOMIE

Le pois chiche en France

Quelques préparations culinaires qui évoquent le soleil et les vacances ont fait connaître le pois chiche : *hoummos* syro-libanais, *couscous* maghrébin, *socca* niçoise… Mais alors que le haricot ou le petit pois nous est familier, peu nombreux sont ceux qui pourraient décrire un plant de pois chiche. La culture du pois cornu remonte pourtant loin dans le temps. Charlemagne, qui l'appréciait beaucoup, le fait figurer dans la liste des végétaux que le capitulaire *De Villis* conseille de cultiver dans les fermes de l'empire. On peut supposer que la prescription a été suivie d'effets, puisque de nombreux dialectes septentrionaux, dans plusieurs régions, ont doté notre pois de noms spécifiques.

C'est cependant dans le sud de la France qu'il trouvera les terres les plus favorables. Même si l'attrait de la nouveauté a, là aussi, permis au haricot et au petit pois d'empiéter sur son domaine, il a résisté longtemps. Des noms de lieux l'attestent : Roquecézière, en Aveyron, n'est ainsi que la francisation de *Roco-Cesiero* (*Cesiero* désignant en rouergat un champ de pois chiches).

La régression de la culture s'étant cependant poursuivie, le *Larousse gastronomique* de 1938 précise qu'on ne trouvait plus, alors, qu'une seule variété dans les jardins. Depuis un certain temps déjà, le pois chiche n'était plus d'ailleurs qu'une nourriture de pauvres. De nombreux témoignages provençaux l'attestent, et il suffit de rappeler son surnom de *gounflo-guss* en argot marseillais.

On pourrait s'interroger : s'il a ainsi régressé, si des concurrents plus heureux ont conquis le cœur des cuisiniers, pourquoi lui consacrer un livre ? A côté de légumes prestigieux comme la tomate, l'ail, le haricot ou l'artichaut, ne fera-t-il pas piètre figure ?

Deux faits – au-delà de la conviction que la durable défaveur du pois chiche n'était pas méritée – ont incité à risquer un plaidoyer. En premier lieu, si elle est sans commune mesure avec celle de pays méditerranéens comme l'Espagne ou la Turquie, la consommation française – de quelques milliers de tonnes chaque année – tend à remonter. En second lieu, si les besoins continuent à être satisfaits pour l'essentiel par des importations, des efforts ont été déployés par l'Institut national de la recherche agronomique (INRA) et divers organismes professionnels pour donner une impulsion à la culture du pois chiche en France.

La culture du pois chiche

• *Données générales*
A condition que soient réunies quelques conditions de base, le pois chiche présente plusieurs avantages. Pour les agriculteurs, sa culture n'exige pas un outillage particulier, ne demande pas de fumure chimique, n'exige qu'un précédent cultural convenable et un sol propre... Son calendrier cultural s'articule aisément avec celui d'autres productions (céréales, colza ou autres pois). Sa récolte n'impose aucune contrainte de rapidité : les gousses arrivées à maturité restent fermées et ne libèrent pas les pois prématurément ; résistante à la verse, la tige ne se couche pas (ce port permet des cultures en sol caillouteux). Enfin, comparativement aux autres Légumineuses à graines, il supporte mieux sécheresse et températures élevées.

• *Précautions culturales*
Malgré la rusticité du pois chiche, certaines contre-indications de sa culture doivent être prises en compte : il ne supporte pas les sols humides ou mal drainés, de même qu'il s'accommode très mal – principalement en sol profond – des fins de printemps humides. La recherche vise à mettre au point de nouvelles variétés plus résistantes, car la résistance inférieure des meilleures variétés actuelles (- 10 à - 13 °C) limite les semis d'automne ou d'hiver à certaines zones. Parmi les autres contraintes, on peut mentionner encore l'obligation d'espacer de 3 à 4 ans deux plantations de pois chiches dans la même terre, afin de prévenir les attaques de champignons.

Le pois chiche : feuille, fruit et graine

• *Epoque des semis*
Longtemps, les scientifiques eux-mêmes ne se sont pas entendus sur la date des semis. Ainsi, Gustave Henzé *(Les Plantes légumières cultivées en plein champ)* reprochait à un autre auteur (Bosc) de préconiser un semis aussitôt après la récolte des céréales, en négligeant les risques liés aux fortes pluies et aux gelées. Lui-même recommandait de semer aussitôt que possible à la fin de l'hiver, mais il reconnaissait qu'on sème le pois chiche "depuis le mois d'octobre jusqu'à février. En Espagne, en Algérie et en Italie, les semis se font toujours en automne. Dans la Provence et le Languedoc, on les exécute pendant les mois de janvier ou février. Dans la région du Sud-Ouest, on sème le pois chiche en mars ou avril. A Rome, autrefois, on le semait aussi au printemps."

En pratique, sous nos climats, deux contraintes objectives balisent les périodes de semis. Semer tôt (entre le 15 novembre et le 15 décembre) assurera un rendement supérieur en nombre de tiges, mais fait courir le risque de gel si les variétés choisies ne sont pas assez résistantes au froid. Semer tardivement (entre le 15 janvier et fin février) diminue ces risques, mais le potentiel de rendement est diminué ; en outre un manque d'eau au moment de la floraison peut davantage compromettre la récolte. Dans les deux cas, bien que la durée végétative soit inégale, les périodes de maturation des gousses ne sont que faiblement décalées (extrême fin du printemps-début de l'été).

• *Modalités du semis*
Plusieurs éléments sont à prendre en considération – écartement, enfouissement, densité… – qui dépendent à leur tour de plusieurs facteurs : date du semis, faculté germinative, prévisions de déficit hydrique, risques de gel, type de semoir…

S'agissant de ce dernier, les agriculteurs utilisent généralement le semoir à céréales, équipé d'un système de distribution à ergots (pour les grains de taille moyenne), ou encore d'un système à cannelures (pour les grains de petite taille). Pour les variétés à gros grains, le semoir pneumatique assurera une distribution en ligne et un enfouissement plus réguliers.

Pour ce qui est de la densité, c'est-à-dire du nombre optimal de plantes par mètre carré, la profondeur du sol et la date du semis seront déterminants.

En sol profond, le nombre de plantes qu'on cherchera à obtenir à la fin de l'hiver variera de 30 à 40 par mètre carré pour un semis effectué à l'automne, et de 40 à 50 par mètre carré pour un semis de janvier-février. Pour atteindre cet objectif, il faut tenir compte des pertes lors de la levée, qui varient avec le semoir utilisé (le semoir pneumatique étant plus sûr). En outre, la date du semis n'est pas indifférente : les gels sur semis d'automne peuvent parfois toucher de 20 à 30 % des plantes escomptées !

Au total, l'objectif étant par exemple d'obtenir une quarantaine de plantes au mètre carré à la sortie de l'hiver, il faudra prévoir une cinquantaine de graines en semis d'automne. Leur répartition devrait être la suivante (utilisation d'un semoir pneumatique) :
— une petite vingtaine de grains par mètre linéaire ;
— un écartement entre les lignes d'une bonne trentaine de centimètres ;
— un enfouissement des grains compris entre 4 et 6 centimètres.

Nodosités

Les nodosités du Rhizobium

Le jardinier amateur retiendra des écartements différents, nous le verrons plus loin.

Dans les régions méditerranéennes, la présence ordinaire dans le sol de *Rhizobium cicerii* permet au pois chiche de fixer lui-même une partie de son azote. Une insuffisance se traduira par un faible nombre de nodosités sur les racines et un jaunissement des jeunes plantes, ceci dans des sols surexploités en agriculture chimique. Et l'on parvient au paradoxe qui consisterait à fournir de l'azote à une plante capable de le fixer elle-même, et à continuer ainsi à polluer l'environnement. Par ailleurs, le Laboratoire de recherche sur les symbiotes des racines de l'INRA, situé à Montpellier, a sélectionné des souches de *Rhizobium* susceptibles d'être inoculées lors des semis suivants. Dans des sols sains et en culture sèche, le pois chiche est un élément précieux de rotation, qui ne doit pas revenir trop fréquemment sur lui-même. Des rendements de 40 quintaux à l'hectare sont possibles.

• *Soins d'entretien*
Comme tous les végétaux, le pois chiche peut être attaqué par des maladies ou des parasites spécifiques. Ceux-ci varient d'une zone de production à l'autre.

L'anthracnose, due à *Ascochyta rabiei*, est la maladie la plus fréquente dans nos régions, surtout autour de la Méditerranée. Elle est transmise principalement par les semences, et aussi par des détritus de récolte contaminés par le champignon (ils demeurent porteurs nocifs pendant deux ans ou plus). L'anthracnose attaque surtout les semis précoces. Certaines conditions la favorisent : températures douces (entre 10 et 25 °C), pluies continues et forte humidité. Les variétés de pois chiches sont inégalement résistantes, et c'est donc surtout vers le choix des semences que doit s'orienter la lutte.

Si les autres maladies d'origine cryptogamique sont rares en France, elles peuvent ailleurs occasionner de grands ravages. C'est le cas en particulier de *Fusarium oxysporum*, dont les dégâts sont presque aussi importants que ceux d'*Ascochyta rabiei*.

Par rapport à d'autres légumineuses, les pois chiches sont relativement autorésistants aux ravageurs. Cette résistance, variable là aussi en fonction de la variété, est en partie due à l'effet dissuasif de l'acide malique que sécrètent

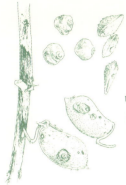

Les symptômes de l'anthracnose

les feuilles. Sous nos climats, les charançons, pucerons et autres bruches ne représentent pas un risque. Peuvent en revanche être citées les noctuelles *(Heliothis armigera)*, qui percent les gousses et mangent les jeunes graines. Et surtout la "mineuse" *(Liriomyza cicerina)* qui – comme son surnom l'indique – creuse des galeries dans les tiges et les feuilles.

Dans différentes régions du monde, d'autres parasites peuvent accroître les pertes : *Agrotis ipsilon, Ochropleura flammatra, Tanymecus indicus…* Ou encore, en Amérique du Nord, *Callosobruchus analis, chinensis* et *maculatus…*

Le semis en ligne

• *Le pois cornu au jardin*

Devenu toujours plus efficace, l'horticulteur d'aujourd'hui a succédé à une génération bénéficiant déjà de connaissances agronomiques et de moyens techniques en net progrès. Mais l'accélération a été telle que des conseils de culture, qui, il y a peu, étaient diffusés, sont maintenant dépassés. Ils méritent cependant d'être évoqués, car ils restituent des modes de faire qui s'estompent, dont les gravures des vieux manuels conserveront seuls, bientôt, le souvenir. Ils permettent – même à propos d'une modeste légumineuse – d'illustrer l'ampleur des changements intervenus. Enfin, pour ceux qui n'envisagent pas une culture industrielle mais voudraient consacrer un lopin de terre au pois chiche, ils conservent l'essentiel de leur valeur.

Peu de jardiniers cultivent le pois chiche. Pourtant, c'est un bon précédent cultural : comme les fèves, les haricots et les autres Légumineuses, le pois chiche laisse la terre du potager plus riche en azote qu'elle ne l'était avant la culture, grâce à son association avec des bactéries fixatrices d'azote. Et seule la culture du pois chiche au potager permet de connaître le goût du pois chiche frais…

On conseillait donc jadis de semer à la volée, en lignes, en poquets ou par touffes. Après avoir rappelé que le pois chiche devait être cultivé sur des terrains secs, graveleux ou pierreux, et profonds, qu'il réussirait mal sur "des terres tenaces et froides", on précisait aussi qu'il lui fallait des sols de bonne qualité et convenablement fumés car, affirmait-on naguère, "la faculté épuisante du pois chiche est telle que beaucoup de baux, dans les provinces méridionales, en défendent complètement la culture".

L'éloignement entre les "raies", pour un semis en lignes, devait être de 0,60 à 0,75 mètre – on éclaircissait après la levée en ne conservant qu'un plant tous les 20 à 25 centimètres. Par ailleurs, "on répandait les graines derrière le laboureur pour les enterrer à l'aide d'un trait de charrue".

On comptait en moyenne 2 kilos de semences à l'are pour des cultures en lignes ou en poquets. Dans les champs semés à la volée, on se bornait ensuite à sarcler les plantes.

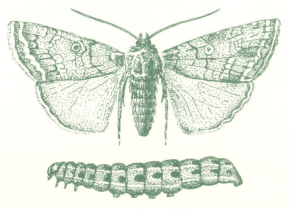

La noctuelle et sa chenille

> **SAGESSES PAYSANNES**
>
> Longtemps, les décisions du paysan n'ont dépendu que d'un savoir-faire fondé sur l'expérience des générations passées. L'apport des connaissances scientifiques est aujourd'hui le bienvenu, mais il serait dommage de négliger le savoir précédemment accumulé. D'autant plus qu'il s'exprimait dans les belles langues du terroir.
>
> "Lorsque les feuilles du figuier seront grandes comme la patte d'un corbeau, va semer tes pois chiches", conseillait ainsi un dicton du Mont-Liban.
>
> A quelques milliers de kilomètres à l'ouest, un autre dicton – dans les Cévennes – affirmait : "Quand il pleut aux Rameaux, sème tes pois chiches sur les rochers." Autrement dit : l'été ne sera pas sec, et les pois croîtront n'importe où.
>
> En Provence, où l'usage voulait qu'on commence les semis plus tôt, un autre dicton conseillait de semer dès février :
>
> *Quau vòu un bon cesié,*
> *Que lou fague en febrié.*
>
> ("Un semis en février assure une bonne venue au champ de pois chiches.")
>
> En Catalogne enfin, c'est de manière poétique qu'un autre dicton rappelait les règles impératives d'un bon semis :
>
> *Pagès, pagès, si et vols salvar,*
> *La fava espessa i el ciuro clar.*
>
> ("Paysan, paysan, si tu veux te sauver, sème la fève dru et le pois chiche espacé.")
>
>

Les pois cultivés en lignes ou en poquets permettaient en revanche un ou deux binages, en avril ou/et en mai. La deuxième fois, on buttait aussi légèrement les plantes.

La récolte – ordinairement en juin-juillet dans le Midi – s'effectuait avant que les gousses soient complètement sèches. Les plantes étaient suspendues en bottes dans un grenier aéré : cette récolte avant complète maturation des grains au soleil était destinée à préserver leur tendreté en vue de la cuisson.

L'économie du pois chiche

De toute façon, ce n'est pas en Europe que le pois chiche a trouvé son terrain de prédilection. Si l'on compare en effet les 88 000 hectares consacrés par nos voisins ibères à la culture du pois chiche aux 6 850 000 hectares qui lui sont réservés en Inde (statistiques de la FAO, 1985), on est bien obligé de constater que c'est surtout là-bas, en Asie méridionale, que le *trompito* a pris une revanche historique sur le petit pois : il l'a tout simplement détrôné, ce que tend à confirmer la cuisine indo-pakistanaise.

Bien qu'approximatives, les statistiques anciennes montrent que le sous-continent indien a concentré très tôt l'essentiel de la production mondiale. Vers 1910, on estimait à près de 5 millions d'hectares les surfaces cultivées. Avec 85 % de la production, les multiples variétés du type *desi* prédominent. Leur consommation est aussi bien humaine qu'animale (certains pois chiches rouges ont d'ailleurs trouvé dans cette dernière utilisation leur surnom de *horse grams*).

Les régions où la culture du pois chiche s'est imposée sont essentiellement celles souffrant de déficits hydriques, manquant d'engrais azotés, et où aucune autre production ne pourrait être envisagée à grande échelle sans un système

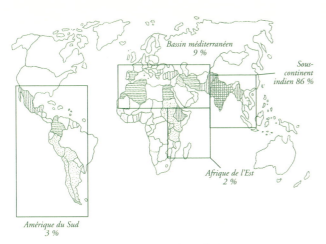

Les pays producteurs de pois chiches

d'irrigation artificielle. Ces caractéristiques permettent de comprendre la géographie de la production mondiale (en hectares cultivés, chiffres de 1985) :
- Inde : 6 857 000 ;
- Pakistan : 1 001 000 ;
- Turquie : 350 000 ;
- Birmanie : 250 000 ;
- Ethiopie : 180 000 ;
- Mexique : 150 000 ;
- Espagne : 88 000 ;
- Tunisie : 65 000 ;
- Portugal : 29 000 ;
- Italie : 9 000.

Les régions de production et de consommation de pois chiches coïncident assez étroitement. Le pois cornu fait cependant l'objet d'échanges internationaux, certains producteurs dégageant des excédents permettant de répondre aux besoins des pays déficitaires. Plusieurs pays européens sont dans cette situation. Mieux connus, les avantages offerts par le pois chiche pour l'alimentation humaine comme pour celle des animaux font que la production s'étend à de nouvelles zones. L'obtention de variétés toujours plus résistantes permet aussi de repousser la frontière septentrionale des cultures. En Amérique du Nord, le sud aride des Etats-Unis et le Mexique sont désormais rejoints par le Canada. Au cœur du pays, avec son climat continental très contrasté, le Saskatchewan développe depuis peu, comme on l'a vu, une politique active d'incitation à la culture du pois chiche. Pour ce qui est de la France, les efforts déployés pour mettre au point des variétés toujours mieux adaptées à ses terroirs devraient restaurer une culture qui fut longtemps très populaire.

LE POIS CHICHE PRIMEUR

Semé en automne, le plus souvent dans la première quinzaine de novembre, le pois chiche peut être récolté encore vert, à la main, dès que la maturité est atteinte. Au Proche-Orient, jusqu'à nos jours, des marchands ambulants en vendent sous forme de bottes, à la fin du printemps, en vantant par des formules rimées la belle couleur printanière de leur *oumm qlaybâné* (ou, en Egypte, de leur *malyâna*) et l'abondance de ses gousses bien remplies. Les villageois aussi bien que les citadins en raffolent, surtout les enfants en raison de sa saveur quelque peu sucrée, mais aussi parce qu'ils s'amusent à faire éclater les gousses, parfois enflées et vides. D'où l'on a tiré l'expression populaire "Ton pois chiche est retentissant", qu'on applique en Syrie aux personnes qui abusent de grands mots pour ne rien dire !

Une fois écossés, les pois chiches verts se prêtent à plusieurs préparations. La plus simple, probablement la meilleure, consiste à les griller à sec sur une plaque en tôle ou dans une poêle. Leur saveur délicate, rehaussée par le feu, se suffit alors à elle-même, sans matière grasse ni aromates. Mais on peut aussi les faire cuire en ragoût, avec un peu de viande d'agneau ou de veau, et l'on ajoutera en fin de cuisson du jus de citron et une pincée de coriandre en poudre. Quand aux recettes consignées par les auteurs arabes du Moyen Age, où nos graines fraîches et croquantes sont tour à tour réduites en purée, intégrées dans une omelette ou mêlées aux autres ingrédients de l'émincé, salé-sucré, de blanc de poulet, on pourrait aller jusqu'à affirmer, lorsqu'on les a essayées, que les pois chiches n'ont rien à envier aux pistaches…

V. LE GOÛT DU POIS CHICHE

À l'exception des lentilles et des pois cassés, tous les légumes secs ont la peau dure. Il faut donc, avant de les faire cuire, les mettre à tremper dans de l'eau pendant au moins huit heures. Dans les recettes suivantes, l'expression "préalablement trempés" indique que les pois chiches ont déjà passé toute une nuit dans une bassine pleine d'eau. Faut-il leur ajouter, comme certains le font au Proche-Orient, du bicarbonate de soude ? Les Européens du Sud ont plutôt l'habitude d'y adjoindre une cuillerée à soupe de gros sel et une poignée de farine. De toute façon, il est nécessaire de les rincer soigneusement avant de les faire bouillir. Si la recette exige qu'on leur ôte la peau, étalez-les entre deux serviettes, passez dessus un rouleau à pâtisserie et plongez-les dans l'eau bouillante. Les téguments détachés montent alors tout seuls à la surface.

Pour être à point, les pois chiches ont besoin de cuire pendant au moins une heure et demie à deux heures. L'eau doit être légèrement salée et, au cas où vous voulez préparer une panade à l'orientale ou un *hoummos*, enrichie d'une cuillerée à café de bicarbonate de soude. Celui-ci, en effet, ramollit les peaux les plus récalcitrantes.

Recettes de pois chiches

• *Salade de pois chiches à la martégale*
La recette des *cese a la maniero dòu Martègue* est ancienne : C. Chanot-Bullier la donnait déjà comme telle dans son

ouvrage *Vieii receto de cousino prouvençalo* publié en 1878. Elle mérite cependant d'être redécouverte car, servie bien fraîche, elle est sans pareille pour agrémenter les repas d'été.

400 g de pois chiches ; 1 oignon ; 3 ou 4 petits poivrons verts doux ; une cuillerée à soupe de poutargue râpée (œufs de muge salés et épicés) ; un citron ; 6 filets d'anchois dessalés ; une poignée d'olives noires de Provence ; huile d'olive, vinaigre, moutarde, sel, poivre, noix muscade, fines herbes, persil.

Cuire les pois chiches à l'eau (après trempage) et les laisser refroidir. Après avoir frotté d'ail un saladier, y mélanger à sec le sel et le poivre, puis joindre l'oignon haché fin, une cuillère à café de moutarde et les fines herbes hachées. Ajouter ensuite l'huile en fin filet et tourner comme pour monter une mayonnaise. Finir avec un jus de citron, puis réserver à part la crème obtenue. Dans le saladier, mettre 4 ou 5 cuillères à soupe d'huile, une de vinaigre, un peu de sel et de poivre. Rajouter les pois chiches, la poutargue, un peu de muscade râpée et, en saison, les poivrons verts coupés fin. Mélanger sans briser les pois chiches. Râper au-dessus un peu de noix muscade et parsemer de persil haché. Déposer au centre la crème qui avait été réservée, et décorer avec les filets d'anchois et les olives.

• *Hoummos*
Indispensable dans les mezzés, le *hoummos* est servi le plus souvent tel quel, dans de petites assiettes rondes en terre cuite, juste arrosé d'un filet d'huile d'olive. Mais on peut le décorer de différentes manières : avec du persil haché, des grains de pois chiche ou quelques fèves, du cumin moulu, de la poudre de piment, des pignons revenus dans du beurre…

250 g de pois chiches secs ; 8 cuillerées à soupe de crème de sésame (tahina) ; 1 citron bien juteux ; 2 gousses d'ail ; 3 cuillerées à soupe d'huile d'olive ; 1/2 cuillerée à café de sel ; 1 cuillerée à café de bicarbonate de soude.

Après avoir mis à tremper les pois chiches dans beaucoup d'eau pendant une nuit, les égoutter et les cuire à feu moyen dans de l'eau bouillante avec une cuillerée de bicarbonate. Egoutter les pois lorsqu'ils sont bien cuits et les passer à la moulinette avec la grille la plus fine. Préparer la crème de sésame en la battant peu à peu avec le jus de citron (si nécessaire, ajouter quelques gouttes d'eau fraîche). Piler l'ail avec le sel jusqu'à obtenir une pâte homogène. Bien mélanger purée de pois chiches, sauce au sésame et ail. Servir le *hoummos* arrosé d'huile d'olive et accompagné d'oignons verts, de radis, de navets au vinaigre…

• *Soupe de pois chiches à la tunisienne*
Le *lablabi* est une soupe populaire en Tunisie. On la consomme souvent le matin. Pour qui connaît l'humidité froide de Tunis, certains jours d'hiver, la soupe chaude, parfumée, revigorante permet de croire au retour prochain du printemps. Elle est proposée dans les tavernes de quartier aux personnes se rendant à leur travail.

400 à 500 g de pois chiches ; 1 dl d'huile d'olive ; 3 ou 4 gousses d'ail ; 1 bonne cuillerée à café d'harissa ; 1 cuillerée à soupe de cumin moulu ; 3 citrons.

Cuire les pois chiches (préalablement trempés) dans 3 litres d'eau légèrement salée. Lorsqu'ils sont cuits, ajouter l'ail écrasé et pilé, l'harissa et le cumin. Saler au goût et laisser cuire encore de 15 à 20 minutes. Prendre un grand bol pour chaque personne, y briser une tranche de pain rassis, puis couvrir d'une louche de pois chiches et de bouillon. Arroser chaque bol de soupe de deux rasades d'huile d'olive et du jus d'un demi-citron.

• *Minestrone à la génoise*
Ce minestrone (*çeixai co-o zemin* en dialecte) était particulièrement populaire à Gênes, mais on le retrouvait ailleurs en Ligurie. Diverses variantes en sont connues. Dans l'une d'elles, la *zuppa di ceci con erbe*, on retrouve tous les ingrédients cités ci-dessous, avec l'ajout d'une poignée de farine délayée dans l'huile de friture du hachis de légumes, et de feuilles de laitue.

400 à 500 g de pois chiches ; 1 branche de céleri ; 6 à 10 feuilles de sauge fraîche (selon le goût) ; 2 ou 3 gousses d'ail ; 20 g de cèpes secs ; quelques feuilles tendres de blette ; 2 ou 3 tomates (ou du concentré en quantité correspondante) ; 10 dl d'huile d'olive ; sel et poivre.

Faire cuire les pois chiches, préalablement trempés, dans 3 litres d'eau. Mettre à tremper les champignons dans de l'eau tiède, avant de les hacher. Hacher également l'ail, la sauge, le céleri. Dans une poêle, faire revenir à l'huile tous les hachis, en ajoutant les tomates, épépinées et coupées en dés. Une demi-heure avant la fin de la cuisson des pois chiches, verser le contenu de la poêle, ajouter les feuilles de blette grossièrement taillées. Mélanger et rectifier l'assaisonnement en sel et poivre. Servir de préférence sur une tranche de pain, mise au fond de chaque assiette.

• *Panisses*
Les panisses ont longtemps constitué "le" plat populaire par excellence en Ligurie, à Nice et en divers points de la Provence côtière. Parfois, comme à Marseille, la bouillie n'est pas coulée dans des soucoupes mais dans des moules hauts et cylindriques, ou encore versée dans un torchon que l'on roule pour obtenir un boudin de plusieurs centimètres de diamètre : refroidie, la pâte est ensuite démoulée et coupée en tranches d'un centimètre que l'on fait rissoler. Si les panisses sont habituellement consommées salées, elles peuvent aussi être traitées comme des sucreries. Dans ce cas, frites, elles sont simplement saupoudrées de sucre cristallisé ou recouvertes de confiture.

300 g de farine de pois chiches ; 1 litre d'eau ou de lait ; huile d'olive ; sel et poivre.

Délayer dans l'eau froide ou le lait la farine de pois chiches, en veillant à ne pas former de grumeaux : l'opération n'est pas simple, et il est recommandé d'utiliser un mixer. Ajouter 2 ou 3 cuillerées à soupe d'huile d'olive et saler légèrement. Porter à ébullition progres-sivement, en tournant sans cesse avec un bâton ou une cuillère en bois. L'ébullition atteinte, verser la bouillie dans diverses soucoupes (à huiler

> ## MÉTHODES DE CONSERVATION TRADITIONNELLES
>
> Constituant un aliment de base des couches populaires dans de nombreuses régions du Proche-Orient (campagnes du Levant arabe et de Turquie), les pois chiches sont stockés après la récolte, entiers, cassés en deux, ou encore sous forme de farine. Après vannage, criblage et triage manuel, il est d'usage d'en décortiquer une partie. A cette fin, on les trempe toute une nuit dans l'eau, puis on les sèche au soleil pendant trois ou quatre jours. On les casse ensuite en deux en utilisant le plus souvent un rouleau à pâtisserie, ce qui élimine en même temps leur peau. Puis, on procède à un nouveau vannage de manière à se débarrasser des téguments secs.
>
> Le trempage est nécessaire aussi pour confectionner de la farine de pois chiches. Dans ce cas, après avoir égoutté les graines, on les frotte avec du bicarbonate de soude et, une heure plus tard, on les rince à l'eau, puis on fait bouillir les pois chiches jusqu'à ce qu'ils deviennent tendres. Ils doivent être ensuite égouttés, séchés au soleil pendant plusieurs jours, décortiqués et vannés. C'est alors seulement qu'on les moud. Très utilisée dans les cuisines indienne et persane, la farine de pois chiches l'est aussi à l'ouest de la Méditerranée : pensons à la *karantita* algérienne, aux *panisses* de Gênes et de Nice, ou encore aux *chichi-frégis* de Marseille...
>
>

préalablement), sur une épaisseur de 1,5 centimètre environ. Couper en minces lamelles les galettes de panisse refroidies, et les faire frire dans de l'huile d'olive jusqu'à ce qu'elles soient dorées et croustillantes. Oter l'excédent d'huile de friture sur un papier absorbant, saler et servir chaud (de préférence avec une salade de mesclun).

• *Falafel*
Si la recette donnée ci-après est syro-libano-palestinienne, il faut cependant rappeler que ce sont les Egyptiens qui ont mis au point ces délicieux beignets, il y a bien longtemps. Aujourd'hui encore, avec le *foul*, *oumm al-falâfel* (la mère des épices) est un des premiers mets populaires : on l'appelle d'ailleurs en Egypte *ta'miyya*, ce qui évoque à la fois le goût *(ta'm)* et la nourriture *(ta'âm)*.

> *200 g de fèves sèches décortiquées ; 200 g de pois chiches ; 2 gros oignons ; 4 gousses d'ail ; 1 bouquet de persil ; 1 bouquet de coriandre ; sel, poivre gris, piment rouge en poudre, cumin et coriandre en poudre ; levure chimique ; bicarbonate de soude ; huile pour friture.*

Laisser tremper les fèves et les pois chiches pendant 24 heures dans beaucoup d'eau additionnée de bicarbonate. Bien les rincer, les passer à la moulinette avec très peu d'eau. Ecraser l'ail et hacher finement oignon, persil et coriandre. Mélanger puis pétrir le tout en y ajoutant levure, épices et quelques gouttes d'eau si besoin. Couvrir d'un torchon et laisser reposer pendant 2 heures au moins. Façonner la pâte en petites galettes quelque peu aplaties et les jeter dans l'huile très chaude. Mettre les galettes à égoutter, puis les présenter avec du pain "libanais", des navets au vinaigre, une sauce à la crème de sésame (tahina) légèrement aillée, des rondelles de tomate, du persil et de l'oignon hachés.

• *Socca*
De Livourne à Marseille, sous des dénominations diverses, Toscans, Liguriens et Provençaux se délectent depuis longtemps de bouillie de pois chiches huilée et dorée au four. Que serait le vieux Nice sans ses marchandes de *socca*, Gênes sans sa *farinata*, La Spezia sans sa *cecina* ? La préparation traditionnelle exige une grande tourtière en fer épais, battu, et à bords bas, ainsi qu'une cuisson au four à bois. On pourra néanmoins s'essayer à une cuisson familiale... Suivant les goûts, la *socca* peut être plus ou moins épaisse et onctueuse, sa croûte plus ou moins croquante : un ou plusieurs essais, en variant légèrement les proportions indiquées, permettront de parvenir à la consistance souhaitée.

200 g de farine de pois chiches ; 1 litre d'eau ; 10 cuillerées à soupe d'huile d'olive ; sel, poivre.

Délayer la farine de pois chiches à l'eau froide avec 2 cuillerées d'huile (pour éviter les grumeaux, utiliser un mixer). Saler et laisser reposer une heure ou deux. Verser le restant de l'huile sur une plaque de métal circulaire à bord bas, de 60 à 70 centimètres (ou sur deux plaques d'une surface d'ensemble identique). Au four, chauffer fortement la plaque avec l'huile. La retirer pour y verser la bouillie de pois chiches préalablement écumée. Mélanger avec l'huile chaude, en veillant à bien étaler en une couche de 2 à 4 millimètres, puis enfourner à feu vif, près du gril. La cuisson prend de 7 à 10 minutes : la *socca* est prête lorsque l'eau et l'huile mêlées ont été absorbées, que cesse le bouillonnement, et que la croûte gratinée est dorée. Découper des lanières irrégulières d'une dizaine de centimètres, et saupoudrer de poivre.

• *Morue bouillie aux pois chiches*
Au Portugal, ce plat – *bacalau cozido com todos* – se prépare traditionnellement la veille de Noël. La morue, l'ail cru et le pois chiche forment une association qu'on retrouve dans le populaire aïoli provençal.

6 tranches de morue salée ; 300 g de pois chiches ; 6 pommes de terre ; 300 g de brocolis ; 6 œufs ; 3 gousses d'ail ; 2 oignons ; 1 gros bouquet de persil ; huile d'olive et vinaigre ; sel et poivre.

Mettre à tremper dans un seau d'eau, pendant une nuit, ensemble, les pois chiches et la morue. Cuire ensuite les pois chiches dans une eau très légèrement salée. Une demi-heure avant la fin de la cuisson, joindre les pommes de terre (coupées en gros morceaux), les brocolis et la morue. Ajouter s'il y a lieu de l'eau bouillante pour assurer un liquide de cuisson suffisant. Plonger les œufs et les retirer lorsqu'ils sont durs. La cuisson achevée, disposer le contenu de la marmite dans un plat, et décorer avec les œufs taillés en quartiers. L'assaisonnement, individuel, s'effectue avec une vinaigrette poivrée, généreuse, ainsi qu'avec l'ail, l'oignon et le persil, hachés fin et présentés séparément.

• *Pois chiches à la catalane*
Cette préparation familiale des têtes de bélier – *cigrons amb xoriço* – est très appréciée en Catalogne, au point d'être désignée à l'étranger sous ce nom. Il n'y a pas de tomates dans la recette ci-après, alors que les "pois chiches à la catalane", surtout dans les restaurants hors d'Espagne, en comportent le plus souvent…

400 g de pois chiches ; 150 g de chorizo ; 150 g de petit salé ; 2 oignons moyens ; 1 feuille de laurier ; 4 gousses d'ail ; huile d'olive ; sel et piment doux.

Après trempage, mettre les pois chiches à cuire dans de l'eau froide très légèrement salée, avec une feuille de laurier, en ne les recouvrant que légèrement d'eau. Parallèlement, préparer un *sofregit* avec les oignons, les gousses d'ail et le petit salé. Pour cela, faire cuire les oignons hachés avec de l'eau et de l'huile, d'abord à feu doux, puis à feu plus vif pour dorer ; rajouter deux gousses d'ail pilé et le petit salé coupé en gros dés ; faire revenir l'ensemble. Verser ce *sofregit* dans la marmite où cuisent déjà les pois chiches, et mélanger. A mi-cuisson des pois chiches, rajouter le chorizo coupé en rondelles et préalablement passé à la poêle pour ôter l'excédent de graisse. Dans un peu d'huile, faire rissoler les 2 dernières gousses d'ail coupées en fines rondelles (en veillant à ce qu'elles ne carbonisent pas). Y ajouter une petite cuillère de piment rouge. Verser l'ensemble dans la marmite, 5 minutes avant la fin de la cuisson. S'il y a lieu, rectifier l'assaisonnement avant de retirer du feu. Laisser reposer une quinzaine de minutes avant de servir (le bouillon, à ce moment, ne doit pas être trop liquide ni noyer le plat).

• *Q'dra aux amandes et aux pois chiches*
Les *q'dra* sont des ragoûts marocains, traditionnellement préparés avec du *smen*, beurre clarifié au goût assez fort. Du beurre frais (comme indiqué ici), ou encore un mélange à parts égales de beurre et d'huile d'arachide peut le remplacer. Dans de nombreux *q'dra*, les pois chiches sont présents. Ils le sont quelquefois seuls, et les amandes sont souvent remplacées par des navets ou des pommes de terre.

1 gros poulet ou 1 kg de viande de mouton (épaule et côtelettes) ; 300 g de pois chiches ; 200 g d'amandes ; 1 kg d'oignons ; 1 bouquet de persil ; 1 citron ; 100 g de beurre ; 1 morceau de cannelle ; 1 pincée de safran ; 1 cuillerée à café de poivre blanc moulu.

Mettre dans une cocotte en fonte émaillée, ou une daubière, les pois chiches, préalablement trempés, et le poulet coupé en deux (ou la viande). Rajouter un oignon émincé, le safran, le poivre moulu, le morceau de cannelle. Saler, couvrir d'eau et laisser cuire à feu doux et à couvert entre 1 heure et 1 heure et demie. Hors du feu, rajouter alors le beurre et les amandes (celles-ci seront préalablement émondées, puis dorées à l'huile dans une poêle). Mélanger et remettre au feu pour une demi-heure. Rajouter alors le restant des oignons émincés, et le persil haché fin. Achever la cuisson à feu doux jusqu'à ce que l'ensemble des ingrédients soient bien tendres, fondants, et la sauce réduite (si nécessaire, sortir les morceaux de poulet avant le reste). Servir très chaud dans un grand plat (d'ordinaire un *tajine slaoui*) : dans la mesure du possible, disposer les pois chiches et les amandes au-dessous, les oignons et la viande dessus. Arroser avec la sauce et le jus du citron.

• *Kofta de Damas*
Il s'agit d'un plat persan, malgré son nom : *châmi pouk*. Les Iraniens situent en effet l'origine de ces *koufteh* à Damas (Châm), où ils sont d'ailleurs totalement inconnus. Les *châmi pouk* doivent en tout cas être parfumés à l'*advieh* (mélange d'épices), qu'affectionnent les riverains du Golfe arabo-persique. Le cumin, le carvi, la cardamome, le poivre noir, le clou de girofle, la coriandre, la cannelle, le curcuma y participent dans des proportions qui varient selon le goût.

500 g de viande hachée ; 500 g de farine de pois chiches grillée ; 2 beaux oignons ; 1 œuf ; 1 cuillerée à café de bicarbonate de soude ; 1 cuillerée à café de mélange d'épices ; 1 pincée de safran délayée dans un peu d'eau ; 1/2 verre d'huile ; sel, poivre ; huile de friture.

Dans une bassine, pétrir soigneusement la viande hachée, les oignons hachés très fin, la farine de pois chiches, l'œuf battu, le bicarbonate de soude dissous dans un peu d'eau, le mélange d'épices, le safran, le sel et le poivre. Former des boulettes ayant la grosseur d'une noix, les aplatir entre les mains en forme de galets et les trouer au centre avec le doigt. Faire frire les *châmi* dans l'huile, 2 à 3 minutes de chaque côté. Décorer de persil haché et de quartiers de citron, et servir avec des légumes au vinaigre.

• *Tajine de pieds de mouton*
Ce plat marocain, dont il existe des variantes, exige une cuisson lente et prolongée. Le blé peut être remplacé par du riz, cuit partiellement à l'eau ou à la vapeur avant d'être joint aux autres ingrédients. Jadis, la cuisson se faisait dans une marmite en terre placée sous des cendres brûlantes. Le plat était présenté ensuite dans un *tajine slaoui*.

6 à 8 pieds de mouton ; 300 g de pois chiches ; 200 g de blé ou de riz ; 2 oignons ; 2 dl d'huile d'olive ; 1 petite cuillerée à café de piment rouge doux ; 1 petite cuillerée à café de gingembre en poudre ; 1 pincée de soudania (piment fort du Sénégal).

Oter la peau des pois chiches (préalablement trempés). Laver le blé avant de le piler sommairement au mortier (on peut remplacer le blé par du borghol). Mettre tous les ingrédients dans une cocotte en fonte émaillée (pois chiches, blé, pieds de mouton coupés en trois, oignons émincés, épices et huile). Bien mélanger, et saler modérément, avant de couvrir d'eau. Cuire très longuement, à couvert et à petit feu (compenser l'évaporation, s'il y a lieu, avec un peu d'eau chaude). Vérifier l'assaisonnement en fin de cuisson.

• *Ciceri e tria*
L'antique Apulie, qui a donné aux empereurs romains leurs meilleurs cuisiniers, nous offre ces *ciceri e tria*, ou encore *massaciceri*. La recette donnée ici est originaire de

la région de Lecce, dans les Pouilles. Les *massaciceri* étaient surtout préparés à l'occasion de la fête de Saint-Joseph, le 19 mars, qui est aussi la fête des pauvres.

300 g de pois chiches ; 500 g de farine de froment ; 1 oignon ; 1 branche de céleri ; 1 carotte ; 1 branche de persil ; 2 tomates pelées et épépinées ; 3 gousses d'ail ; huile d'olive ; sel et poivre.

Préparation des pois chiches :
Faire cuire à l'eau les pois chiches préalablement trempés, et jeter l'eau de cuisson au moment de l'ébullition. Hors du feu, rajouter l'oignon, le céleri et la carotte, coupés en petits morceaux, ainsi que les tomates hachées et une gousse d'ail écrasée. Verser de l'eau bouillante, mettre le persil et saler légèrement (le liquide doit juste recouvrir les ingrédients : en rajouter si nécessaire en cours de cuisson, celle-ci devant se faire à feu doux pendant 2 heures environ). En fin de cuisson, le liquide doit être très réduit.

Préparation des *tria* :
Avec la farine, un peu de sel et de l'eau tiédie, préparer une pâte, et l'étaler le plus finement possible au rouleau à pâtisserie. Découper des lanières de 0,5 à 1 centimètre de largeur, et les tronçonner en morceaux de 5 à 10 centimètres. Les mettre à sécher 2 ou 3 heures sur un papier saupoudré de farine. Cuire à l'eau salée – *al dente* – les trois quarts environ de ces pâtes. Dans une sauteuse, faire frire à l'huile le restant (l'huile doit être en quantité suffisante pour, en fin de préparation, intervenir dans l'assaisonnement de l'ensemble du plat).

Préparation du plat :
Lorsque les pâtes frites ont pris une couleur dorée uniforme, les retirer de l'huile de friture et les joindre aux pois chiches et aux pâtes cuites à l'eau. Faire rissoler l'ail, coupé en fines lamelles, dans l'huile de friture. Verser l'ensemble sur le plat, et corriger s'il y a lieu l'assaisonnement en sel et poivre. Reverser l'ensemble dans la sauteuse et ressaisir brièvement à feu vif, en tournant avec une cuillère en bois.

• *Nivik*
La cuisine arménienne a intégré depuis longtemps le pois chiche : une recette médiévale nous donnait déjà, il y a près de mille ans, le mode de préparation des *topig*, sorte de raviolis où une pâte à base de pois chiches enrobait une farce aux multiples ingrédients. La présente recette, probablement conçue pour la période de carême, est plus facile à réaliser…

1 kg d'épinards ; 500 g de pois chiches ; 2 oignons hachés ; huile d'olive ; 2 cuillerées à soupe de concentré de tomates ; sel, poivre ; 1 cuillerée à café de sucre.

Faire cuire les pois chiches (préalablement trempés) pendant 2 heures dans trois fois leur volume d'eau. Faire revenir les oignons dans l'huile d'olive. Ajouter le concentré de tomates et le sucre, saler, poivrer et verser sur les pois chiches. Nettoyer et hacher grossièrement les épinards avant de les ajouter aux pois chiches. Couvrir la cocotte et laisser cuire à feu doux pendant 20 minutes. Servir, chaud ou froid, en accompagnant de pain et de légumes au vinaigre.

• *Chichi-frégis*
On les appelle aussi "beignets de l'Estaque". Ils doivent leur nom à l'ingrédient de base initial – le pois chiche – et à son mode de cuisson : il signifie tout simplement "chiches frits" en provençal marseillais.

500 g de pois chiches cuits à l'eau ; 6 œufs ; 25 cl de lait ; 10 cl d'eau de fleur d'oranger ; huile de friture ; sucre en poudre et sel.

Cuire les pois chiches, préalablement trempés, dans de l'eau légèrement salée. Oter les peaux des grains, réduire en purée et réserver. Battre séparément les blancs et les jaunes des œufs. Mélanger les jaunes battus à la purée, puis ajouter le lait, l'eau de fleur d'oranger et une centaine de grammes de sucre. Bien mélanger avant de rajouter les blancs, bien battus : la consistance finale de la pâte doit être celle d'une pâte à beignets classique, très souple mais pas trop liquide. Chauffer l'huile de friture et y verser la pâte à grandes louches, d'un mouvement circulaire, afin que les beignets prennent la forme de boudins allongés (mieux : utiliser une poche à douille, ou un piston). Dans tous les cas, partir du centre de la friteuse ou de la poêle, en veillant à ce que le boudin de pâte demeure d'un seul tenant. Une fois cuits et dorés à point, les chichi-frégis seront déposés sur un papier absorbant, avant d'être roulés dans le sucre et servis, toujours fumants, dans un manchon de papier protecteur.

• *Mysore pak*
Spécialité de l'Inde du Sud, ce fondant aux pois chiches est de préparation délicate. Il faut suivre attentivement les instructions pour l'incorporation de la farine dans le sirop de sucre. Pour éviter qu'il s'effrite, il faut également veiller à découper le fondant lorsqu'il est encore tendre. Le *mysore pak* peut se conserver pendant un mois dans une boîte bien fermée.

60 g de farine de pois chiches ; 425 g de sucre ; 240 ml d'eau ; 240 ml de ghee (beurre clarifié) ; 1 cuillerée à café de cardamome ; 2 cuillerées à soupe d'amandes grillées ; 2 cuillerées à soupe de pistaches.

Tamiser la farine et la faire brunir dans une poêle à fond épais. La tamiser de nouveau et la mettre dans un récipient en pyrex. Dans une cocotte, mettre sucre, eau et beurre, et bien remuer sur le feu à basse température jusqu'à dissolution du sucre. Faire ensuite bouillir le mélange sans cesse de tourner. Baisser le feu et, en remuant sans cesse, ajouter peu à peu la farine de pois chiches, puis la poudre de cardamome, et poursuivre la cuisson pendant 5 minutes. Beurrer un moule de 22,5 centimètres de diamètre et y verser la préparation. Egaliser la surface avec une spatule et saupoudrer d'amandes et de pistaches. Laisser refroidir pendant 4 minutes, puis découper en petits cubes de 3,5 centimètres.

• *Tourte à l'ancienne*
Certaines recettes peuvent être suivies à la trace dans le temps. C'est le cas pour cette tourte aux pois chiches et aux amandes. Elle apparaît pour la première fois dans le *Libro de Arte coquinaria* (1450) de Maestro Martino, qui fut le cuisinier personnel d'un haut dignitaire de la curie pontificale, camerlingue et patriarche d'Aquilée. Sa recette inspira Platine de Crémone (dit "Platina"), qui la donne dans son *De honesta voluptate et valetudine*, édité en 1475. L'ouvrage est traduit dès 1505 en français sous le titre de *Livre de l'honnête volupté*...

Mais, comme souvent, la recette ancienne n'indique pas la proportion des ingrédients : les précisions en grammes données ici sont empruntées à C. Aubert *(Fabuleuses légumineuses).*

250 g de pois chiches ; 250 g d'amandes ; 60 g de figues sèches ; 30 g de pignons ; 200 g de sucre ; eau de rose ; cannelle et gingembre ; pâte à tarte.

Cuire à l'eau les pois chiches (préalablement trempés). Une fois cuits, leur ôter la peau avant de les piler finement au mortier. Piler de même les amandes, après les avoir plongées dans l'eau bouillante, puis débarrassées de leur tégument. Broyer grossièrement les pignons. Hacher finement les figues. Mélanger intimement tous ces ingrédients, puis ajouter le sucre, la cannelle et le gingembre (en quantités égales). Malaxer ensuite avec de l'eau de rose, jusqu'à obtention d'une pâte homogène et suffisamment fluide pour pouvoir être étalée. Laisser reposer ce mélange, avant de l'étendre dans une tourtière huilée, sur une pâte à tarte qu'on aura préparée auparavant. Cuire au four. Dorer la surface en fin de cuisson (saupoudrer de sucre et asperger de quelques gouttes d'eau de rose).

• *Beignets du Golfe*
Les beignets en forme de balles, palets, anneaux ou entrelacs... sont connus et appréciés dans tout le monde arabe. Ainsi, au IXe siècle déjà, le poète Ibn al-Roumî décrivait un boulanger en train de frire de la *zalâbiya*, qui désigne une variété de ces beignets. Certaines recettes sont parfois

attribuées à des califes, et de nombreux traités de cuisine, depuis le célèbre Warrâq, en ont diffusé les secrets. En Palestine, on a conservé à la zalâbiya son nom originel. Au Liban et en Syrie, elle s'appelle *awwâma* ("flottante") et en Egypte *luqmat al-qâdi* ("bouchée du juge"). La recette que nous donnons ici, celle des beignets Sabb al-gafcha, populaires dans les pays du Golfe arabo-persique, est originale en ce qu'elle dénote une double influence, iranienne et indienne. D'Iran proviennent la cardamome et le safran ; d'Inde, probablement, le mélange des farines de pois chiches et de blé. L'adjonction d'œufs est par ailleurs inhabituelle.

> *3 dl de farine de pois chiches ; 1,5 dl de farine de blé ; 3 cuillerées à café de crème de riz ; 5 œufs ; 1 sachet de levure ; 1 cuillerée à café de cardamome en poudre ; 1/2 cuillerée à café de safran en poudre ; samn (ou "smen" : beurre clarifié, généralement de brebis) ; huile pour la friture ; 2 verres de sucre ; 2 cuillerées à soupe de jus de citron.*

Tamiser la farine de blé, la farine de pois chiches et la crème de riz dans un grand récipient en verre et creuser au milieu une fontaine. Diluer la levure dans deux cuillerées à soupe d'eau tiède. Bien battre les œufs, les mélanger à la levure et à la moitié de la cardamome et du safran. Verser ce mélange sur la farine, ainsi que le beurre fondu mais froid, et pétrir soigneusement. Laisser reposer à couvert dans un lieu chaud, pendant 4 heures au moins.

Diluer le sucre dans 2 verres d'eau et porter à ébullition dans une casserole à double-fond, en remuant sans cesse. Ajouter ensuite le jus de citron, ce qui reste de safran et de cardamome, et garder sur le feu pendant 1/4 d'heure, puis laisser refroidir.

Chauffer l'huile dans une poêle profonde et, après avoir pétri rapidement la pâte, confectionner des boulettes à l'aide d'une cuillère à café et les plonger dix par dix dans l'huile avec un couteau au bout arrondi. Cuire jusqu'à ce que les beignets soient uniformément dorés. Les ôter avec une écumoire, les couvrir de sirop de sucre et servir aussitôt.

• *Chutney aux pois chiches*
Le sous-continent indien nous a donné différentes sortes de *chutneys*. Parmi les *chutneys* frais, ceux à base de noix de coco, de coriandre ou de gingembre sont relativement connus. Plus inhabituel, le *Kabli chana chatni*, dont la recette est donnée ci-après, fait intervenir avec subtilité le pois chiche.

> *100 g de pois chiches ; 1/2 l d'eau ; 2 piments rouges séchés et épépinés ; 1/4 l de yaourt ; 2 cuillerées à soupe de crème de sésame (tahina) ; 1 cuillerée à café de sel ; 2 cuillerées à soupe d'huile de sésame ; 1 cuillerée à café de grains de moutarde noire ; 6 à 8 feuilles de curry.*

Griller les pois chiches dans une cocotte à double-fond, puis les couvrir d'eau et les laisser tremper toute une nuit. Passer les pois chiches et les malaxer avec les piments dans un mixeur. Ajouter le yaourt, la crème de sésame et le sel, puis réduire en purée fine. Transvaser dans un grand bol. Chauffer l'huile, puis y frire les grains de moutarde. Ajouter hors du feu les feuilles de curry et verser le tout dans le bol. Mélanger soigneusement et couvrir.

La pomme de terre

Jean-Paul Thorez

INTRODUCTION

Une masse confortablement arrondie, comme faite pour tenir dans la main, de chair jaune pâle et homogène emballée dans une peau fine, telle se présente la pomme de terre. "Simple" est le mot qui vient à la bouche quand il s'agit de la qualifier. Simple à cultiver (on plante de petites pommes de terre pour avoir beaucoup de grosses pommes de terre), simple à cuisiner (on la met telle quelle dans l'eau sur le feu), simple à dessiner même…

Mais cette simplicité ne doit pas tromper : la pomme de terre est bien plus qu'un légume. Véritable fondatrice de civilisations, elle est à placer au rang des plantes vivrières primordiales, et plus précisément en quatrième position pour ce qui est de la production mondiale, après le blé, le riz et le maïs. C'est le premier légume, avant la tomate, avec une production annuelle de près de 300 millions de tonnes.

Il n'y a pas de plante vivrière dont la diffusion à l'échelle de la planète ait été aussi récente et rapide. En effet, quatre siècles et demi après sa "découverte" dans les Andes par les conquistadors espagnols, la pomme de terre est présente dans toutes les assiettes sur la Terre entière, et dans tous les potagers d'Europe, toutes les régions de France, du littoral à la montagne.

Réussite planétaire

Après avoir servi de base alimentaire à la civilisation des Incas durant des millénaires, sauvé de la famine les peuples européens aux XVIIIe, XIXe et même XXe siècles, et permis leur révolution industrielle en tant qu'aliment bon marché de la classe ouvrière, elle joue maintenant un rôle croissant dans les pays en voie de développement. Plus du tiers de la production de pommes de terre provient de ces pays, contre seulement 11 % au début des années soixante. Le Centre international de la pomme de terre, basé à Lima au

> ## NOM D'UNE POMME DE TERRE !
>
> C'est Frézier, ingénieur du roi, qui, en 1716, baptise la pomme de terre du nom usuel que nous lui connaissons aujourd'hui. Mais, légume éminemment voyageur depuis plus de quatre siècles, elle aura suscité autant d'appellations différentes que de pays ou de régions conquis, faisant oublier la "morelle tubéreuse" des botanistes d'autrefois.
>
> Si le mot quechua *papa* n'a pas eu de suites de ce côté-ci de l'Atlantique, il n'en est pas de même pour l'espagnol *batata*, emprunté à la langue des Indiens arawaks d'Haïti, et qui désigne à l'origine la patate douce, une plante distincte de la pomme de terre. Par une sorte de confusion entre deux tubercules assez ressemblants, ce mot a donné l'anglais *potato*, devenu notre populaire "patate" dans le courant du XIXe siècle.
>
> La *papa*, introduite très tôt en Italie, y fut désignée sous les noms de *tartufo* ("tubercule de terre", selon une étymologie latine) et *taratufli*. D'où le français *truffe*, la *treuffe* des parlers du Centre et du Centre-Est de la France, la *tartoufle* d'Auvergne, devenue *cartoufle*, d'où dériveront la germanique *Kartoffel* et la russe *kartoschka*. Tartuffe a la même origine. Les Flamands parlent de "poire de terre" (*grondpeer*), tout comme les Lorrains (*gronpire*) et les Alsaciens (*grumper*).
>
>

Vase pomme de terre en céramique, Pérou, civilisation Chimú

Pérou, a su fournir aux paysans pauvres des variétés de pommes de terre et des techniques de culture adaptées à leurs conditions d'existence.

Le secret de cette réussite planétaire ? Une productivité extraordinaire couplée à une certaine facilité de culture, de conservation et d'utilisation, un goût et une consistance qui font l'unanimité et se prêtent à de nombreuses et savoureuses préparations.

La pomme de terre produit plus d'éléments nutritifs en moins de temps, sur moins de terrain et sous de plus mauvais climats que toute autre plante cultivée majeure, tels le blé, le maïs ou le riz. Dans un plant de pomme de terre développé, 85 % sont comestibles, alors que pour les céréales la proportion n'est que de 50 %. Le potentiel d'une culture de pommes de terre est presque le double de celui d'une céréale en termes de valeur nutritive.

La pomme de terre est également une matière première pour un très grand nombre de produits industriels, ce qui en fait une source de revenu et d'emplois pour les agriculteurs et les populations rurales.

Enfin, la pomme de terre est un aliment moderne, qui correspond parfaitement aux besoins du consommateur français de l'an 2000, qu'il soit soucieux de son porte-monnaie, de sa ligne, de sa santé, du temps passé à cuisiner ou de tout cela à la fois !

Comment s'étonner, alors, que Parmentier, promoteur de la pomme de terre en France au XVIIIe siècle, soit considéré comme un grand philanthrope ? Un monument a été érigé en son honneur au cimetière du Père-Lachaise et, longtemps, des fleurs y ont été déposées. Des fleurs de pomme de terre, bien évidemment…

I. UNE PLANTE APPELÉE MORELLE TUBÉREUSE

"Pomme de terre" – une "pomme" que l'on trouve en "terre" –, voilà une appellation utilitaire qui ne parle guère aux scientifiques. C'est pourquoi les botanistes ont tenté d'appeler la plante "morelle tubéreuse", mais seul le nom scientifique correspondant – *Solanum tuberosum* – est resté en usage. "Morelle" renvoie au genre *Solanum*, représenté notamment, dans nos contrées, par la morelle douce-amère et la morelle noire, des herbes courantes. Le qualificatif "tubéreuse" fait, quant à lui, référence à une spécificité de l'espèce : alors que nos morelles indigènes possèdent des tiges classiques, aériennes, le *Solanum tuberosum* présente des tiges souterraines renflées, bourrées de réserves nutritives : les tubercules ; on les dit tubéreuses. Les tubercules servent au renouvellement, à la multiplication et à la propagation de la plante. Chez les autres morelles de notre flore, et la plupart des autres plantes à fleurs, ce sont des graines qui assurent ces fonctions.

La pomme de terre se caractérise par un mode de propagation végétatif, où la semence est un morceau de tige gorgé de réserves, une sorte de bouture. Toute la descendance d'un tubercule donné possède donc le même patrimoine génétique que celui-ci, et lui ressemble donc jusque dans le tréfonds de ses cellules : elle forme ce que l'on appelle un clone. Une variété de pomme de terre est un clone particulier : elle correspond à la descendance des tubercules d'un même pied sélectionné pour ses qualités particulières. Ne perdons pas de vue que la pomme de terre est une plante cultivée, et que l'homme n'a cessé de l'améliorer pour la rendre plus productive et meilleure comme aliment.

Une Solanacée

La pomme de terre appartient à la famille des Solanacées, dont la tomate, le tabac, la jusquiame, la belladone, le datura sont d'autres représentants connus. Ces plantes ont en commun d'être de type 5 : elles possèdent 5 pétales soudés formant une corolle régulière, 5 sépales soudés, 5 étamines soudées à la corolle. Leur ovaire composé de deux loges renferme de nombreuses graines. Mais la plus grande originalité des Solanacées réside sans doute dans leur biochimie. Avec un bel ensemble, elles produisent de véritables poisons, classés parmi les alcaloïdes : nicotine pour le tabac, atropine pour la belladone, solanine pour la pomme de terre, etc.

Chez la pomme de terre, la corolle de la fleur est d'un blanc plus ou moins lavé de mauve suivant les variétés. On dit cette plante autogame, la quasi-totalité des fécondations mettant en jeu les organes mâles et femelles d'une même fleur.

Les fruits, relativement rares, ressemblent à de minuscules tomates de couleur violacée. Les graines qu'ils contiennent ne sont semées que pour l'obtention de nouvelles variétés (par multiplication sexuée).

Les tiges aériennes, au nombre de deux à dix, sont dressées ou rampantes, et en général "ailées". Elles portent des feuilles composées de plusieurs folioles et de folioles intercalaires plus petites. La solanine est surtout concentrée dans les organes verts – feuilles aériennes, tiges, tubercules verdis…

Bien que cela puisse surprendre, le tubercule n'est pas une racine, mais une tige souterraine, et même un rameau feuillé ! Cette tige renflée, arrondie et plus ou moins allongée suivant les variétés, mesure en moyenne 5 à 8 centimètres de diamètre pour un poids – également moyen –

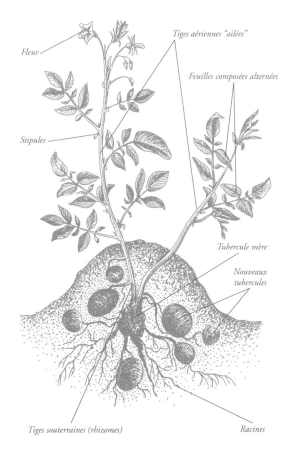

Le plant de pomme de terre

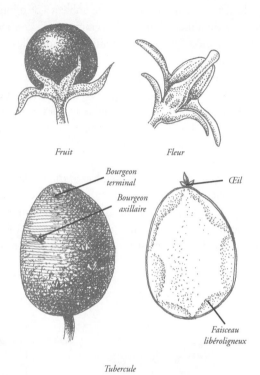
Fruit *Fleur*
Tubercule

de 120 grammes. Elle est gorgée de réserves nutritives (principalement de l'amidon), qui permettront à la plante de repousser en seconde année. Les feuilles qu'elle porte sont réduites à des écailles ; elles forment ce que l'on appelle les "yeux", enfoncés dans de petites dépressions plus ou moins profondes, et leurs bourgeons axillaires (un principal et deux latéraux), en se développant, donnent les "germes", autrement dit les futures tiges aériennes. Au sommet se trouve le bourgeon terminal, le premier à se développer lorsque la pomme de terre germe. Les yeux sont insérés sur le tubercule suivant une spirale, comme ils le seraient sur une tige "normale", avec une divergence de deux cinquièmes de tour.

En coupe, on distingue dans la chair du tubercule – en général jaune pâle – une zone périphérique correspondant à l'écorce de la tige, et une moelle centrale, avec entre les deux des faisceaux dits "libéroligneux", qui rassemblent les vaisseaux assurant la circulation de la sève.

Les racines prenant naissance sur des tiges souterraines, on les dit "adventives".

LA SOLANINE

La solanine, alcaloïde présent chez la pomme de terre comme chez d'autres Solanacées, est un poison violent pour les vertébrés. Sa DL 50 (dose létale 50) est très basse, ce qui signifie qu'il en faut très peu pour tuer 50 % d'un lot de rats de laboratoire : 5 ppm (parties par million, ou mg/kg rapporté au poids des animaux), contre 55 pour la nicotine, 1 200 pour l'aspirine et… 0,022 à 0,045 pour la dioxine, un des composés les plus toxiques qui soient. Du fait d'une sélection millénaire, les pommes de terre cultivées renferment normalement très peu de solanine : 2 à 15 mg pour 100 g de tubercule frais entier, la concentration étant beaucoup plus forte dans la peau (20 mg/100 g) que dans la chair (2 mg/100 g). Certains facteurs provoquent l'augmentation du taux de solanine, le principal étant l'exposition à la lumière, même faible, et donc le verdissement. Il suffit de huit jours de lumière pour faire passer la teneur en solanine de 5-10 mg/100 g à 17-28 mg/100 g de matière fraîche. Or, la saveur se détériore dès 10 mg/100 g (goût amer) et le risque d'intoxication chez l'homme apparaît à 20 mg/100 g (douleurs gastro-intestinales).

La solanine résiste à toutes les formes de cuisson. L'épluchage en élimine le plus souvent une bonne partie.

Une plante bisannuelle

La pomme de terre est une plante bisannuelle. La première année (en fait, pendant la seconde partie de cette année), elle se présente sous la forme d'un tubercule ; durant les premiers mois de la seconde année, ce tubercule va "germer" et donner des pousses aériennes, pourvues de feuilles et de fleurs, et des tiges souterraines qui vont tubériser, c'est-à-dire former de nouveaux tubercules. Après la germination, le tubercule mère (le plant) se vide de ses réserves au profit des nouvelles pousses, se ride, puis se décompose. Le cycle aura duré douze mois, à cheval sur deux années civiles. Sous nos climats, la pomme de terre est plantée en fin d'hiver et au printemps pour être récoltée de la fin du printemps à la fin de l'été. On la conserve ensuite hors de terre, à température relativement basse. La durée de la phase de végétation est, en France, de 90 à 150 jours environ.

Originaire des montagnes d'Amérique du Sud, le *Solanum tuberosum* est une plante de climat frais ou doux. Il végète de manière optimale entre 13 et 24 °C, comme, par exemple, l'ail, le poireau ou le pois chiche. Trop de chaleur lui nuit, ce qui explique que son aire de culture coïncide avec les zones de climat tempéré et les zones tropicales d'altitude.

Les premières pommes de terre introduites en Europe correspondaient à des variétés dites "de jours courts". Cela

L'AMIDON

L'amidon est la substance nutritive la plus commune chez les plantes. Il s'accumule très fréquemment dans certains organes – graines, bulbes, tiges et racines –, qui s'hypertrophient à cet effet et où il constitue des réserves nutritives importantes. Citons les graines de blé ou de haricot, les bulbes d'oignon, les racines de la patate douce et, bien sûr, les tiges souterraines (tubercules) de la pomme de terre. Celles-ci en renferment autour de 20 %.

L'amidon est un glucide, donc un sucre, plus précisément un polysaccharide résultant de la condensation d'un certain nombre de molécules de glucose, avec élimination d'eau. Comme ce nombre est le plus souvent 5, on donne comme formule à l'amidon : $(C_6H_{10}O_5)_5$. Dans un processus inverse, son hydrolyse (décomposition chimique par fixation d'eau) aboutit au glucose.

L'amidon se présente sous la forme de petits grains reconnaissables au microscope à la couleur bleue que leur donne la teinture d'iode. Ceux de la pomme de terre – les plus gros – peuvent atteindre 1 millimètre ; ils sont ovoïdes, avec des bandes alternativement brillantes et foncées, disposées autour d'un point foncé excentrique, le hile. Les différences de teintes sont dues à des différences d'hydratation, les bandes foncées étant les plus hydratées.

L'amidon est insoluble dans l'eau froide ; l'eau bouillante ou les solutions alcalines très étendues de potasse et de soude hydratent les grains d'amidon et les font gonfler au point que leur volume est multiplié par 200 à 300 ; on obtient ainsi de l'empois d'amidon, pseudo-solution visqueuse, opalescente et colloïdale.

L'amidon se forme dans tous les organes verts exposés à la lumière, grâce à l'énergie solaire qu'absorbe la chlorophylle. Il est ensuite transporté par la sève jusque dans les organes souterrains, ou bien il s'y forme à partir de divers sucres eux aussi issus de l'assimilation chlorophyllienne.

L'amidon est, pour la pomme de terre et les autres plantes, comme pour les animaux qui les consomment, une réserve d'énergie. Aux végétaux qui le stockent sous forme de graine, de bulbe, de tubercule, etc., il permet de recommencer à pousser l'année suivante. Il se transforme alors en glucose grâce à différents enzymes. Chez l'homme, la digestion de l'amidon commence dans la bouche par l'action de l'amylase présente dans la salive.

Grains d'amidon vus au microscope

> ### FANTAISIES VÉGÉTATIVES
>
> L'organe grâce auquel la pomme de terre se propage est normalement le tubercule entier. Mais, dans certaines circonstances, les cultivateurs ont eu à faire preuve d'audace, notamment en période de guerre, où les tubercules se faisaient rares. C'est ainsi que, pour économiser la semence, on a coupé les plants en deux dans le sens de la longueur. Parfois même, on a planté des morceaux de pelure munis d'un germe !
>
> Plus curieux encore, dans la *Revue horticole* de 1880, un lecteur relate comment il a greffé avec succès une pomme de terre ramollie sur un pied de morelle douce-amère.
>
>

veut dire qu'une trop grande durée du jour – comme c'est le cas chez nous en été – les empêchait de tubériser. Olivier de Serres précise, vers 1600, que le *cartoufle* (qui ne s'appelait pas encore pomme de terre) se récolte fin septembre. Si nos variétés actuelles tubérisent en plein été, c'est qu'elles sont les héritières d'anciennes variétés acceptant des jours longs. De plus, elles ont bénéficié d'une amélioration génétique grâce à l'apport de variétés issues des hautes latitudes d'Amérique du Sud – notamment le Chili – où, à la belle saison, les jours sont plus longs qu'au Pérou d'où la pomme de terre est originaire.

L'incubation

La chronologie extrêmement précise du cycle de la pomme de terre est sous la dépendance de mécanismes physiologiques complexes où se combinent notamment l'action d'hormones végétales et celle de la température. C'est, pour l'espèce, une question de survie : on imagine ce qui se passerait si le tubercule germait dès le premier automne, ou, au contraire, restait en sommeil jusqu'à l'été suivant…

Donc, en été, au moment où elle est mûre et où on la récolte, la pomme de terre est en repos végétatif : le tubercule ne peut en aucun cas germer. Il va se passer un certain nombre de semaines avant que l'on voie pointer le bourgeon terminal, puis les autres. La durée de ce repos est une caractéristique propre à chaque variété. Certaines germent plus vite que d'autres, et pas forcément les plus précoces. Mais, même si une pomme de terre n'est plus en repos végétatif, elle ne va pas nécessairement germer. Si la température est basse, elle entre en dormance jusqu'à ce que les conditions s'améliorent.

La suite des événements est déjà programmée, inscrite dans la biochimie du tubercule dès qu'il se forme sur le plant mère. Chaque pomme de terre est dotée d'une horloge interne, d'une sorte de compte à rebours qui ne s'arrêtera qu'au moment de la tubérisation. Pendant toute la durée de ce processus, on dit qu'elle est en incubation, comme un œuf. L'éclosion, c'est la tubérisation.

La durée de l'incubation dépend de la variété, mais aussi des températures que subit le tubercule durant sa conservation. On conçoit donc l'importance que revêt la préparation des plants pour la culture de la pomme de terre. Ils doivent avoir le bon âge physiologique au moment prévu pour la plantation, de façon à profiter au mieux des conditions de croissance offertes par la saison. Planter tôt des plants "jeunes" offre des perspectives de rendement soutenu, mais cela se fait au détriment de la précocité et expose à une mauvaise levée s'il fait froid. Planter tard des plants "vieux", c'est assurer une bonne levée doublée d'une bonne précocité de la récolte, mais le rendement sera moins élevé car les pommes de terre auront moins de temps pour se développer avant la date fatidique de la tubérisation. Si le plant n'est pas mis en terre suffisamment tôt, il "boule", que ce soit en terre ou hors de terre : il tubérise sans avoir préalablement développé de pousses feuillées, produisant plusieurs petits tubercules qui ne peuvent évidemment pas grossir.

Records de productivité

Une plante vivrière se caractérise, entre autres, par sa productivité. Celle de la pomme de terre est particulièrement élevée. Des études réalisées à la station agronomique de Wageningen, aux Pays-Bas, ont mis en évidence que la biomasse produite, dans des conditions idéales, par un hectare de pommes de terre s'élève à 37 tonnes de matière sèche, dont 22 rien que pour les tubercules ! Cela représente un rendement en matière fraîche consommable d'environ 100 tonnes par hectare. Un hectare d'excellente terre maraîchère conduite intensivement produit également 100 tonnes de matière fraîche sous forme de légumes, mais sur une année entière. Une récolte record de blé s'établit vers 10 tonnes de grain par hectare, soit 9 tonnes de matière sèche, beaucoup moins que la pomme de terre en dépit d'une durée de végétation beaucoup plus longue. A titre de comparaison, un très bon rendement en pommes de terre "de jardin" (1 kilo par pied) se situe aux environs de 50 tonnes par hectare.

Parmi les plantes cultivées, il n'y a guère que la canne à sucre qui dépasse – et largement – la pomme de terre en termes de productivité, avec 94 tonnes de matière sèche par hectare et par an. Cette plante bénéficie, comme quelques autres, et à la différence de la pomme de terre, d'une photosynthèse particulièrement performante. Certains écosystèmes naturels – forêts tropicales, récifs coralliens, zones humides… – se montrent également plus productifs qu'un champ de pommes de terre.

Ravageurs et pathogènes

Comme toute plante, la pomme de terre est naturellement accompagnée de tout un cortège d'êtres vivants qui dépendent plus ou moins d'elle pour leur survie. Des insectes dévorent ses feuilles ou aspirent sa sève, eux-mêmes ayant leurs propres prédateurs ou parasites. Des champignons et virus vivent en parasites, tout comme certains vers minuscules appelés nématodes. D'un point de vue anthropocentrique, puisque nous cultivons la pomme de terre, il faut bien qualifier les premiers de ravageurs et les seconds de pathogènes, donc de nuisibles.

Plante exotique, le *Solanum tuberosum* prend pied sur le continent européen sans ses insectes et organismes pathogènes associés. Mais après deux bons siècles, les transports devenant plus rapides, les échanges s'intensifiant, la pomme de terre sera rejointe par ses principaux ennemis : d'abord le mildiou – une maladie causée par un champignon –, dans la première moitié du XIXe siècle, puis le doryphore – un insecte –, au siècle suivant.

Plusieurs espèces animales – pour la plupart non spécifiques – s'attaquent à la pomme de terre. Les limaces, les larves du taupin (ver fil de fer) et d'une espèce de teigne creusent des galeries dans les tubercules. Vers blancs et vers gris y mordent aussi à l'occasion, plus rarement les rongeurs. Différents pucerons piquent les feuilles, propageant de plante en plante de dangereux virus, notamment ceux responsables de ce que l'on appelle la dégénérescence de la pomme de terre. Mais l'ennemi animal le plus fameux de notre plante reste le doryphore.

Le doryphore, adulte et larve

• *Le doryphore*
Ce coléoptère de la famille des Chrysomélidés désigne, dans le langage populaire, les envahisseurs allemands lors de la Seconde Guerre mondiale. C'est dire si les uns comme les autres sont mal vus ! A l'origine, le *Leptinotarsa decemlineata*, alias le doryphore, vit dans le Sud-Ouest des Etats-Unis, au pied des montagnes Rocheuses, aux dépens d'une Solanacée sauvage, le *Solanum rostratum*. Il s'empresse d'adopter la pomme de terre comme fourrage lorsque celle-ci arrive avec les colons de la conquête de l'Ouest, à partir de 1845. Le doryphore entreprend alors sa "conquête de l'Est" pour atteindre la côte orientale en 1874. Grâce aux bateaux qui traversent l'Atlantique, il prend pied en Europe à différentes reprises à la fin du XIXe et au tout début du XXe siècle. Mais on réussit à l'empêcher de s'implanter jusqu'à cette année 1922 où l'on découvre du côté de Bordeaux un foyer de 250 kilomètres carrés. A partir de ce territoire trop vaste pour envisager une éradication, la bête gagne le reste de la France, puis les pays voisins.

Comme beaucoup d'espèces introduites, le doryphore se montre redoutable car il trouve le champ (de pommes de terre !) libre. Il ne possède pas, en Europe, d'ennemis naturels suffisamment spécifiques et puissants pour l'empêcher de proliférer. Seuls certains prédateurs "généralistes" comme les carabes chassent ses larves. Des champignons appelés muscardines s'y attaquent. Le faisan peut en faire son ordinaire dans les parcelles jouxtant les forêts.

En avril, les doryphores adultes arrivent sur les tout jeunes plants de pommes de terre. Les femelles y pondent chacune une trentaine d'œufs orangés à la face inférieure des feuilles. Au bout de huit jours, ces œufs éclosent, donnant naissance à des larves orange vif ponctuées de noir. Celles-ci dévorent le limbe des feuilles de pomme de terre, parfois totalement. Au bout de deux à trois semaines, elles s'enterrent et se transforment en nymphes qui, elles-mêmes, donneront des adultes. Il peut y avoir une seconde génération dans l'année. La lutte contre les doryphores est obligatoire.

• *Champignons parasites*
On n'en finirait pas d'énumérer les champignons – tous microscopiques – qui peuvent se développer en parasites aux dépens de la pomme de terre, compromettant parfois les récoltes. Ils attaquent aussi bien les feuilles, les tiges ou les tubercules et sont identifiés par les spécialistes comme le *Rhizoctonia*, l'*Erwinia*, *Sclerotinia*, etc. C'est incontestablement le *Phytophtora infestans* qui tient la (triste) vedette, lui qui est plus connu sous le nom de mildiou. L'histoire nous rapporte que son introduction en Europe a provoqué maintes famines et l'émigration massive des Irlandais vers les Etats-Unis. C'est que cet oomycète (une catégorie parmi les champignons) se montre particulièrement agressif pour la pomme de terre, au point de compromettre les rendements si aucun traitement protecteur n'est appliqué.

Survivant en hiver sur les pommes de terre contaminées oubliées dans le sol, le champignon réapparaît au printemps à l'air libre avec les repousses de pommes de terre. Il produit des spores qui, transportées par le vent, vont aller germer sur d'autres plants pour peu que les conditions soient favorables : humidité élevée et température de 15 à 25 °C. Le développement du mildiou peut alors être fulgurant, se caractérisant par l'apparition sur les feuilles de taches brunâtres accompagnées d'un feutrage blanc à la face inférieure. Le feuillage pourrit ou se dessèche. La maladie peut gagner les tubercules *via* des spores tombant sur le sol. Les taches correspondent aux tissus de la plante où se sont développés les filaments – le mycélium – du champignon.

Les jardiniers craignent souvent que le mildiou qui atteint leurs pommes de terre ne se propage à leurs

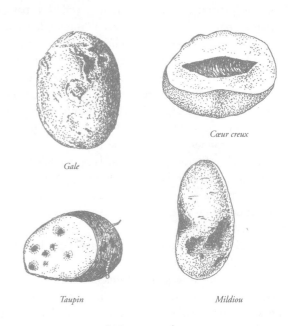

Gale *Cœur creux*

Taupin *Mildiou*

Dégâts sur pomme de terre

tomates. En réalité, les échanges entre les deux cultures seraient relativement limités, la maladie qui atteint la tomate étant causée par une population de phytophtoras différente de celle de la pomme de terre. D'autre part, le mildiou évolue : on considérait autrefois que les germes de la maladie ne pouvaient survivre que dans des tissus vivants (plants de pomme de terre). En fait, certaines souches encore rares peuvent produire des oospores, sortes de semences capables d'attendre dans le sol que les conditions soient favorables à leur germination.

II. PARMENTIER NE L'A PAS DÉCOUVERTE...

Ce que tout bon Français connaît de l'histoire de la pomme de terre, au mieux, c'est l'opération de promotion montée de toutes pièces par l'astucieux Antoine Augustin Parmentier, pharmacien militaire de son état, en 1786. L'anecdote n'est pas pour autant négligeable, car elle marque le véritable lancement en France d'un tubercule qui ne suscite jusque-là, sur l'essentiel de notre territoire, que méfiance, voire hostilité. Parmentier avait été conquis par la pomme de terre lors d'une captivité en Allemagne. Précurseur en matière de communication, il a l'idée de planter des champs de pommes de terre dans un endroit très fréquenté – la plaine des Sablons, maintenant station du métro parisien –, en les faisant garder pendant la journée. Vieux ressort du désir, ce qui est interdit doit être bon. Et c'est ainsi que des tubercules sont dérobés durant la nuit. L'essentiel est fait. Il ne manque plus à la pomme de terre qu'un logo et un sponsor. Parmentier obtient du roi Louis XVI qu'il s'affiche en pleine cour avec un bouquet de fleurs de pomme de terre à la boutonnière ! Ce qui ne dispensera pas le pharmacien de Montdidier de faire, pendant quarante ans, un travail de fond, utilisant tous les supports de l'époque, des ouvrages savants aux instructions populaires, en passant par les journaux et les dictionnaires. Il faut contrer les ennemis de la pomme de terre, qui vont jusqu'à prétendre qu'elle donne la lèpre et stérilise les champs.

Avant Parmentier

Que l'histoire ait retenu le seul nom de Parmentier a quelque chose d'injuste, et certains accuseront plus tard le "bienfaiteur de l'humanité" d'avoir intrigué pour s'approprier l'œuvre de quelques contemporains moins doués que lui pour les relations publiques, et qui resteront méconnus : François-Georges Mustel, retraité de l'armée et botaniste amateur, plus de vingt ans auparavant, avait cultivé la pomme de terre sur un terrain du quartier Saint-Sever, à Rouen, à partir de plants anglais, puis avait distribué la semence aux agriculteurs. Comme pour Parmentier aux Sablons, un de ses champs fut pillé à Sotteville. Sa qualité de précurseur est attestée par la publication d'un mémoire par la Société d'agriculture de Rouen, en 1767. Il semble que le Rouennais soit à l'origine de l'introduction du tubercule non seulement en Normandie, mais aussi en Beauce, en Ile-de-France, et même à Paris. Duhamel du Monceau, agronome et botaniste, avait effectué un travail de vulgarisation analogue – quoique de portée moins grande – cinq ans avant lui. Et Sir John Crèvecœur fera de même dans la région de Caen dix ans après l'initiative de Mustel, soit une dizaine d'années avant la campagne de Parmentier.

Donc, si ce dernier n'a pas introduit la pomme de terre en France – nous en reparlerons plus loin –, on peut dire qu'il l'a lancée auprès d'une certaine élite. Mais, comme dans toute opération de communication, le succès n'aurait été que passager si le produit n'avait pas été bon. Nous ne nous étendrons pas ici sur les qualités de notre tubercule, mais force est d'admettre qu'il a supplanté les racines plus ou moins riches en amidon qui composaient jusque-là soupes, potées, purées, etc. : le panais, le chervis, les raves, et même la carotte.

Aux alentours du lac Titicaca

Mais reprenons l'histoire à son début. Nous en connaissons relativement bien la partie la plus récente, puisque les acteurs en sont des Européens qui ont laissé un nom dans l'histoire. Elle débute avec la conquête du Pérou par Pizarre, conquistador espagnol et fossoyeur de la civilisation des Incas, dans les années 1530, et la découverte de la pomme de terre par les Européens. Un chapitre bien court, cependant, comparé aux dix mille ans qui nous sépareraient de la mise en culture de *Solanum* sauvages aux alentours du lac Titicaca.

Ces tubercules primitifs sont très amers, et il faut attendre le IIe millénaire avant Jésus-Christ pour que se développe la culture de pommes de terre de meilleure qualité gustative, sans alcaloïdes. On ne sait à quelle espèce botanique les attribuer, mais sans doute y en a-t-il eu plusieurs.

Les Incas mettent en œuvre une technologique relativement sophistiquée pour à la fois désamériser et conserver leurs pommes de terre. Elle tient de la lyophilisation : ils mettent à tremper les pommes de terre en plein air, elles

Culture traditionnelle de la pomme de terre au Pérou, XVIe siècle

Les quelques documents dont nous disposons nous laissent imaginer que les Incas cultivent la pomme de terre sans pratiquer de labour. Ils se contentent de soulever une motte de terre à l'aide d'un bâton à fouir appelé *chakitaklla*, de placer le plant, puis de le recouvrir avec la motte. La culture de la *papa* arrive la première après une période de jachère ; c'est donc déjà, comme dans notre agriculture moderne, une "tête de rotation". La *chakitaklla* serait encore utilisée par les paysans des Andes, là où les pentes et la petitesse des parcelles interdisent toute mécanisation.

Les marins espagnols remplissent leurs cales de pommes de terre, une provision facile à conserver et invulnérable aux charançons (à la différence des graines). C'est donc tout naturellement que le tubercule traverse l'Atlantique.

La chakitaklla

gèlent, puis ils les exposent à l'air sec jusqu'à ce qu'elles soient bien déshydratées. Cette préparation s'appelle le *chuño*.

La pomme de terre est alors un des fondements de l'alimentation des Incas, avec le quinoa – une céréale de la famille des chénopodes –, le haricot, etc. Elle se répand à travers toutes les Andes, jusqu'au Chili et à l'île de Chiloé au sud.

La *Chronique espagnole du Pérou* (1550) relate un événement qui allait marquer l'humanité tout entière. Pierre Cieca, compagnon de Pizarre, explorant la vallée du Cauca, en Nouvelle-Grenade (maintenant la Colombie), constate que les habitants des régions élevées, où le maïs ne pouvait croître, cultivent surtout le quinoa, pour ses graines, et une plante à tubercules désignée en langage quechua par le nom de *papa*. La Solanacée quitte alors ses Andes natales pour partir à la conquête du vaste monde, trésor bien plus précieux que tout l'or dérobé aux Incas par les conquistadors.

Filière espagnole, filière anglaise

La date exacte de l'introduction de la pomme de terre en Europe n'est pas connue, mais on sait qu'il y a deux filières, l'une espagnole avec des plantes à fleur violette et tubercule rougeâtre, et l'autre anglaise, un peu plus tardive, avec des plantes à fleur blanche et tubercule jaune. De cette double filiation naîtra la riche diversité variétale de nos pommes de terre.

Il est probable que la pomme de terre est cultivée pour la première fois en Espagne vers 1570. De là, elle gagne l'Italie. En 1586, le légat du pape fournit quelques tubercules au gouverneur de la ville de Mons, en Belgique, qui en adresse à son tour, pour examen, au botaniste français Charles de Lécluse (également connu sous le nom de Clusius), alors en séjour à Vienne. Clusius les reçoit le 26 janvier 1588 et fixe les caractères de la plante sur une planche en couleurs conservée à Anvers, au musée Plantin. Le même auteur décrit la pomme de terre dans son *Histoire des plantes* publiée en 1601.

Charles de Lécluse (1526-1609)

Vers la même époque, à la fin du XVIe siècle, la culture de la pomme de terre est également introduite en Angleterre. Selon une des versions les plus plausibles, vers 1590, le navigateur anglais Sir Francis Drake, après avoir battu les Espagnols dans les Caraïbes, rentre au pays non sans avoir pris à l'ennemi quelques pommes de terre pour la route. Il fait escale en Virginie pour embarquer des colons malades, et c'est un de ces passagers qui montre à l'horticulteur britannique John Gerard un échantillon de tubercules. Il n'en faut pas plus pour que l'homme baptise la plante "patate de Virginie". La vérité historique tient à peu de chose… En réalité, la pomme de terre n'entrera aux Etats-Unis qu'un siècle et demi plus tard, dans le baluchon d'émigrés irlandais débarquant au New Hampshire. Mal accueillie par les autochtones, elle trouvera son Parmentier américain en la personne de Thomas Jefferson, fermier audacieux et accessoirement… président des Etats-Unis.

De *cartoufle* en *Kartoffel*

Les tribulations de la *Virginia potato* dans les îles Britanniques ne manquent pas de piquant : Sir Walter Raleigh – un autre navigateur, favori de la reine Elisabeth Ire – cultiverait la chose en Irlande, mais lorsqu'il s'avise de la présenter à la souveraine, cela tourne au désastre. Le cuisinier jette les tubercules et… sert les fanes. La reine n'est pas contente.

L'itinéraire de la pomme de terre en Europe (d'après M. Labbé)

Les Ecossais, eux, rejettent de prime abord la pomme de terre au prétexte qu'il n'en est pas fait mention dans la Bible et que ce ne peut être qu'une invention diabolique. Sans compter que les horticulteurs lui découvrent un lien de parenté (réel, d'ailleurs) avec la belladone et autres *poisonous* plantes.

L'arrivée en Allemagne, en 1588, de ce qui allait devenir *die Kartoffel* provoque la même défiance. La pomme de terre ne nourrit que cochons et… prisonniers, jusqu'à ce que les rois de Prusse Frédéric Ier, puis Frédéric II, durant la première moitié du XVIIIe siècle, en ordonnent la plantation aux paysans pour les sauver de la famine.

En France, elle suscite très tôt la curiosité, même si l'on ne perçoit pas immédiatement où se situe sa véritable valeur. Olivier de Serres, notre premier agronome moderne, évoque le *cartoufle* au chapitre… des arbustes du jardin bouquetier dans son œuvre maîtresse *Le Théâtre d'agriculture et mesnage des champs* (1600). La plante que décrit le jardinier du Pradel, outre qu'elle possède des tiges gigantesques, présente des fleurs blanches, ce qui la rattacherait à la filière anglaise. Mais il n'est pas impossible que, pour s'introduire en France, la pomme de terre ait emprunté différents itinéraires.

En effet, à partir du XVIIIe siècle, et après un siècle d'incompréhension – sauf peut-être en Irlande –, la culture de la pomme de terre se répand en Europe. Les mouvements de troupes n'y sont pas étrangers, notamment lorsque les troupes espagnoles, alliées à celles d'Autriche, introduisent la *Solanum* jusqu'en Saxe et en Westphalie (1640). Vers 1700, sa culture est assez commune dans les îles Britanniques, et se pratique à grande échelle en Ecosse vers 1728. On la signale en Bohême en 1716, en Alsace en 1770. Ailleurs en France, à cette époque, elle a encore relativement peu de succès. Les classes dirigeantes la considèrent, semble-t-il, comme insipide, indigeste et, pour tout dire, malsaine.

La "révolution de la pomme de terre"

Le tubercule est aussi mal considéré en France que dans la chrétienne Ecosse. Dès 1620, un arrêt rendu en Franche-Comté en interdit même la culture en ces termes : "Attendu que la pomme de terre [on l'appelait en réalité «truffe», à

Antoine Augustin Parmentier (1737-1813)

cette époque] est une substance pernicieuse et que son usage peut donner la lèpre, défense est faite sous peine d'amende de la cultiver dans le territoire des Salins." A la décharge des détracteurs de la pomme de terre, il faut bien avouer que celle-ci contient dans certaines de ses parties un véritable poison – la solanine – qui peut provoquer chez ceux qui en consomment des éruptions cutanées.

Parmentier réussira le tour de force de faire changer d'avis aux élites récalcitrantes, alors que le peuple, lui, par endroits, a déjà adopté un tubercule capable de le sauver de la disette. La culture de la pomme de terre aurait commencé à se généraliser en France avec la famine de 1789, où elle sauve des milliers de personnes. Le fait se reproduit en Europe à de nombreuses reprises. On peut même affirmer que certains peuples ne survivent alors aux disettes que grâce à la pomme de terre. C'est le cas, notamment, des Irlandais, qui s'approprient massivement la pomme de terre, culture extraordinairement adaptée au pays, tandis que les céréales sont confisquées par les propriétaires terriens. Mais en 1846, lorsque le mildiou détruit les récoltes en Irlande, la famine qui s'ensuit fait mourir plus de six cent mille personnes, et contraint nombre d'Irlandais à émigrer vers les Etats-Unis. Sans la pomme de terre, ce pays n'aurait jamais eu un président nommé John Fitzgerald Kennedy. Et sans le mildiou, Millet n'aurait pas peint son célèbre *Angélus*, qui, contrairement à ce que suggère ce titre, ne représente pas la prière de paisibles paysans, mais l'accablement dû à une mauvaise récolte.

Le XVIIIe siècle aura connu, en Europe, une véritable "révolution de la pomme de terre". Dans les Flandres, par exemple, le valeureux tubercule en arrive à remplacer à 40 % les céréales dans l'alimentation durant cette période. Même si, pendant un temps, les précurseurs ne voient en lui qu'un substitut potentiel à la farine de blé pour la fabrication du pain – une fausse piste –, il est très vite reconnu pour ce qu'il est : un légume extraordinaire.

Un si grand succès

Au XIXe siècle, l'expansion se poursuit partout en Europe. La consommation de pommes de terre est multipliée par huit en France. Les nouvelles variétés sélectionnées localement en permettent la production jusque sous des latitudes septentrionales où les jours sont longs, alors que le *Solanum tuberosum* est à l'origine une plante "de jours courts". L'invention de la bouillie bordelaise – remède préventif contre le mildiou à base de sels de cuivre – par le Français Millardet, vers 1882-1885, constitue un autre progrès technique. Le succès est si grand que l'on peut affirmer que la pomme de terre joue un rôle déterminant dans la révolution industrielle, comme aliment abondant et bon marché, idéal pour les ouvriers. A partir de la fin du siècle, ces derniers ont d'ailleurs la possibilité de la cultiver dans des jardins que mettent à leur disposition des organismes caritatifs comme la Ligue du coin de terre et du foyer. La "corvée de pluche" devient incontournable dans les casernes françaises.

Ce n'est pas la pullulation du doryphore, à partir de 1922, qui compromettra l'installation de la pomme de terre au rang des productions françaises majeures. Cet insecte débarqué clandestinement à Bordeaux, en provenance des Etats-Unis, se propage dans tout le pays, puis chez nos voisins. Pendant la Seconde Guerre mondiale, les enfants sont astreints au ramassage manuel des doryphores dans les

---

GRANDES DATES D'UN GRAND ALIMENT

1929 : invention du couteau économe par un artisan de Thiers, capitale de la coutellerie. Un million de pièces vendues chaque année !
1932 : premier moulin à légumes.
1953 : lancement de la cocotte-minute Seb.
1967 : Seb invente la friteuse électrique "sans odeurs".

champs de pommes de terre, car il y a pénurie d'arséniate de plomb. Or, c'est alors l'insecticide le plus efficace. Dans les décennies suivantes, une lutte chimique sans concession aura (presque) raison de celui que les Américains appellent le *Colorado beetle.* Maintenant, il ne sévit plus, en France, que chez des agriculteurs adeptes du bio. On a inventé pour eux une sorte d'aspirateur pour éliminer sans produit chimique le coléoptère et ses larves !

Les périodes difficiles renforcent l'enracinement de la pomme de terre dans la culture populaire. Chaque famille d'Europe a, à un moment ou à un autre de son histoire, bénéficié des services du secourable tubercule. Les disettes ne sont pas si anciennes, puisque les plus âgés d'entre nous en ont été les témoins, voire les victimes.

Sans la pomme de terre, par exemple, un tel n'aurait pas eu de grand-père paternel. Celui-ci, incarcéré pendant six ans dans un oflag, en Autriche, durant la Seconde Guerre mondiale, doit la vie à son ordonnance, un homme de la terre qui a su cultiver dans l'enceinte du camp quelques précieuses pommes de terre. Et la mère du même raconte que, durant l'Occupation, elle et sa famille avaient la chance de recevoir à Paris la production d'un rang de pommes de terre qui était cultivé pour eux quelque part en Normandie.

L'"aliment du pauvre" perd son aura

L'après-guerre voit en Europe l'avènement de l'abondance alimentaire. Les rendements agricoles augmentent comme jamais, celui de la pomme de terre passant d'une quinzaine de tonnes à l'hectare (comme au XVIIIe siècle) à trente ou quarante, voire davantage dans les pays les plus réceptifs à l'intensification agricole comme le Royaume-Uni, les Pays-Bas ou la Belgique. Le prix des denrées pèse de moins en moins lourdement sur la bourse du Français moyen. On vend la pomme de terre par sacs de cinquante kilos sur les parkings des supermarchés, pour trois fois rien. Le bifteck-frites devient le plat national français, détrônant le pain et la soupe. Mais, le niveau de vie s'élevant, la patate "aliment du pauvre" perd son aura. On l'accuse même – à tort, nous le verrons plus loin – de faire grossir. Cela ne pardonne pas à l'ère de la forme à tout prix. La sanction ne se fait pas attendre : la consommation de pommes de terre chute.

COMMENT LA BELGIQUE DEVINT UN DES BASTIONS DE LA POMME DE TERRE

Durant la Première Guerre mondiale, la presse belge encourage la population à consommer des pommes de terre plutôt que des céréales, celles-ci étant envoyées aux troupes sur le front. Cette opération de communication réussit au point que le Belge moyen devient un des plus gros consommateurs de pommes de terre de la planète avec près de cent kilos par personne et par an. D'ailleurs, connaissez-vous la recette de la fondue belge : des frites trempées dans de la purée !

Alors qu'au début du XXe siècle la production s'élevait à près de 13 millions de tonnes, cent ans plus tard elle ne dépasse pas 5 millions de tonnes. Plus concrètement, la consommation moyenne de pommes de terre tombe de 178 kilos par personne et par an en 1925 à une soixantaine en 1997. De plus, on la cultive de moins en moins dans les potagers, eux-mêmes moins nombreux.

La sécheresse historique de 1976 manque de peu le coup de grâce en favorisant la prolifération des pucerons vecteurs de virus, certaines variétés en voie de dégénérescence comme la 'Belle de Fontenay' frôlant l'extinction, faute de plants sains. Seule la micropropagation *in vitro* les sauvera et les régénérera.

Elle sort de l'anonymat

Les années quatre-vingt-dix seront celles du renouveau de la pomme de terre, à la faveur de l'émergence des valeurs du bien-vivre, de la gastronomie conviviale, de la redécouverte des produits de terroir, de la vulgarisation d'une diététique des micronutriments protecteurs face aux maladies de dégénérescence. A la suite des efforts incontestablement efficaces des professionnels de la pomme de terre – notamment les producteurs de semences –, la pomme de

HISTOIRE DE FRITES

On ne sait qui a inventé la pomme de terre frite, plat mythique, devenu emblématique en France, en Belgique et ailleurs. Les Français revendiquent, comme les Belges, la paternité de cette géniale découverte. Quoi qu'il en soit, dans les années 1830, les frites sont entrées dans les mœurs des deux peuples. Mais on dit que Thomas Jefferson, président des Etats-Unis et promoteur de la pomme de terre, aurait servi des frites à ses invités dès 1802. Plus probablement, ce sont les soldats américains stationnés en France et en Belgique durant la Première Guerre qui introduiront le goût des frites outre-Atlantique.

Les frites sont, originellement, du fast-food. En effet, jadis, qui, dans le peuple, aurait eu les moyens de mobiliser des litres de précieuse matière grasse rien que pour frire des pommes de terre ? La fabrication et le commerce des frites sont donc tout naturellement devenus l'affaire des restaurants et des vendeurs des rues. Ne parle-t-on pas, dans nos livres de cuisine, de "pommes de terre Pont-Neuf", en référence au lieu de Paris où l'on vendait traditionnellement des frites ?

Les frères McDonald, restaurateurs à San Bernardino (Californie), mettront des décennies à mettre au point "la" recette des célèbres frites croustillantes servies dans la chaîne de restauration rapide bien connue, et engloutiront des millions de dollars en recherches. Le premier McDo ouvre en 1955 à Des Plaines (Iowa). Aujourd'hui, les frites représentent le quart des pommes de terre vendues aux Etats-Unis et 25 % des enfants de ce pays déclarent les préférer à tout autre légume !

Les spécialistes du marketing parlent de "segmentation" de son marché : il y a la pomme de terre courante, bon marché, et la pomme de terre ennoblie par les grands chefs, un peu plus chère.

La première fait les beaux jours de la restauration rapide, dont elle constitue la matière première primordiale. La seconde ravit les gastronomes du quotidien et les jardiniers, comme en témoignent plusieurs faits marquants. En 1991, la courbe des ventes de plants de pommes de terre aux jardiniers redevient ascendante. La pomme de terre figure dans plus de trois potagers sur quatre, et parmi les six légumes les plus cultivés par les jardiniers français. Et les restaurants dédiés à notre tubercule fleurissent dans de nombreuses grandes villes de France… Tout indique que le *Solanum tuberosum* pourra passer la tête haute le cap du troisième millénaire.

terre sort quelque peu de l'anonymat : elle devient 'Ratte' du Touquet, 'Charlotte' de Noirmoutier, 'Belle de Fontenay' du Loiret, etc. pour une consommation s'apparentant plus à celle d'un légume qu'à celle d'une plante vivrière. En à peine plus d'une dizaine d'années, elle change de statut !

EXPRESSIONS POPULAIRES LIÉES A LA POMME DE TERRE

Où la pomme de terre prend un sens plutôt péjoratif…
"Quelle truffe ! Quel idiot !"
"Quelle patate ! Va donc, eh, patate !"
"En avoir gros sur la patate."
Un "sac à patates" est un vêtement informe.
On appelle "patate", dans le langage scientifique ou technique, un dessin grossier arrondi regroupant un ensemble de points sur un graphique ou une carte.

III. DE 'VITELOTTE' A 'CHARLOTTE'

On a recensé sur la planète environ 5 000 variétés de pomme de terre. Mais peut-on vraiment parler de biodiversité à propos de cette plante cultivée, alors qu'une seule variété – la 'Bintje' – représente les trois quarts de la récolte française, que les supermarchés n'en proposent que trois ou quatre, et que la 'Russet Burbank' est l'unique référence pour les frites d'une certaine chaîne internationale de fast-food ? Assurément, car ces arbres cachent une forêt d'innombrables pommes de terre aux caractéristiques différentes. La tendance actuelle, en France au moins, est à l'élargissement de la gamme variétale proposée aux consommateurs et aux jardiniers. De nouvelles pommes de terre sont créées chaque année, d'autres disparaissent, ou plutôt rejoignent les collections des professionnels, où elles serviront peut-être à de nouvelles obtentions. Cela n'a rien d'inquiétant, au contraire. Cette évolution nous permet de disposer des pommes de terre correspondant à nos besoins à un moment donné. Nul doute que nous n'apprécierions guère la chair blanche et les yeux profondément enfoncés des tubercules en vogue il y a un siècle. Ne parlons pas des premières générations qui furent cultivées en Europe, dont le produit était aqueux, âcre et amer (du fait d'une teneur élevée en solanine), indigeste…

L'apparition de variétés plus productives, couplée au perfectionnement des techniques de culture, a également permis de doubler les rendements en à peine plus d'un siècle. Ceux-ci, à présent, dépassent couramment les 50 tonnes à l'hectare.

Rappelons qu'une variété est, à l'intérieur d'une même espèce végétale cultivée, un groupe d'individus qui se ressemblent très étroitement et que l'on peut reproduire identiquement par voie sexuée (graines) ou végétative. Chez la pomme de terre, il y a, par exemple, la 'Vitelotte', longue, noire, tardive, et la 'Sirtema', ronde, blonde et précoce. Si l'on replante un tubercule de 'Sirtema', on obtiendra des 'Sirtema'. Des 'Sirtema' qui, comme toutes les autres variétés de pomme de terre, sont issues d'un patient travail d'amélioration mené pendant des millénaires par les paysans et, depuis à peine plus d'un siècle, par les techniciens.

La 'Vitelotte'

Solanum commersoni sauvage

La Bolivie ou le Chili ?

A l'origine de notre pomme de terre, il y a diverses espèces du genre *Solanum* cultivées par les paysans des Andes. On connaît plus d'une centaine d'espèces de *Solanum* tubérifères réparties le long de la cordillère des Andes, depuis les régions tempérées de l'Argentine et du Chili, au sud, jusqu'à l'Equateur, la Colombie et le Mexique, au nord. De laquelle dérive l'espèce importée en Europe à la fin du XVIe siècle et baptisée par les botanistes *Solanum tuberosum* ?

Les botanistes en ont longtemps discuté : s'agissait-il du *Solanum andigenum*, trouvé en Bolivie et cultivé dans de vastes régions du nord de la cordillère des Andes, entre 2 000 et 4 500 mètres d'altitude, ou plutôt d'une autre espèce propre à l'île de Chiloé, dans la région tempérée du Chili, tubérisant en jours longs comme notre pomme de terre ?

En fait, les variétés cultivées en Europe peuvent tubériser aussi bien en jours courts (situation de la Bolivie et du Pérou) qu'en jours longs. Rien ne s'oppose donc – mais cela reste une hypothèse – à ce que les formes introduites en Europe dérivent du *Solanum andigenum*. Le centre d'origine des *Solanum* tubérifères serait donc situé dans la région du lac Titicaca, à la frontière du Pérou et de la Bolivie.

Pendant plus d'un siècle, après l'introduction de la pomme de terre en Europe, le nombre de variétés cultivées sur ce continent reste très faible. On en cite cinq, par exemple, pour l'Irlande en 1730. La seconde moitié du XVIIIe siècle voit apparaître de nouvelles variétés issues de semis, et quelques introductions d'Amérique du Nord, ce qui porte le nombre de clones connus en France à quelques dizaines. C'est véritablement au XIXe siècle qu'explose la biodiversité variétale de la pomme de terre. En 1862, la Société impériale d'agriculture de France en cultive 528 variétés, beaucoup plus que les 25 à 40 dont disposent les paysans péruviens d'aujourd'hui. Belle performance pour une plante encore boudée par les élites moins d'un siècle auparavant !

L'ère des obtenteurs

Plus importante encore que le nombre des obtentions est l'apparition de variétés précoces, issues de pommes de terre chiliennes capables de tubériser en jours longs, donc adaptées aux latitudes moyennes de l'Europe. L'‍'Early Rose' en sera longtemps la référence. Jusque vers la fin du XIXe siècle, en effet, la plupart des variétés ne peuvent pas arriver à maturité avant août ou septembre, moment où les jours raccourcissent.

Celles qui sont cultivées à Paris et aux environs, à cette époque, ne sont guère plus d'une demi-douzaine. La plus en vogue est alors la 'Marjolin', encore appelée 'Kidney' ou 'Quarantaine', particulièrement apte à la culture hâtée sous châssis compte tenu du faible développement de ses tiges et de sa précocité. La 'Shaw', la 'Jaune longue de Hollande', la 'Pousse-debout', la 'Vitelotte blanche' et la 'Vitelotte rouge' assurent la production en saison ordinaire.

Mais l'ère des obtenteurs de pommes de terre a déjà commencé. En 1814, la collection de la Société centrale d'agriculture est confiée à Philippe-André de Vilmorin – membre de la célèbre dynastie de marchands grainiers –, qui la plante sur ses terres de Verrières-le-Buisson, au sud de Paris, où elle restera longtemps. Largement plus de 1 000 variétés sont ainsi peu à peu rassemblées, servant de base à de nouvelles obtentions. Vilmorin, un des précurseurs de la création variétale, est également un des premiers à établir une classification des variétés et un catalogue. Bien d'autres se mettront à semer des graines de pommes de terre et à sélectionner les meilleurs produits. Le principe est simple : récolter les graines sur les fruits mûrs, en été, les semer au printemps, éclaircir ou repiquer à 15-20 centimètres. Les premiers tubercules, gros comme des billes, servent de semence l'année suivante, et ce n'est qu'à la troisième année qu'on obtient des tubercules de grosseur normale. Un autre Vilmorin prénommé Louis, vers le milieu du XXe siècle, mettra au point la technique de production de plants indemnes de virus, innovation importante.

Hybridations

Pour obtenir une nouvelle variété, par définition, il faut qu'il y ait recombinaison du matériel génétique, donc reproduction sexuée. Avec la pomme de terre, c'est plutôt difficile, car un plant de pomme de terre donne peu de fleurs, voire pas du tout, et, de plus, certaines variétés présentent une stérilité mâle. L'obtenteur met en culture sous serre des variétés de pommes de terre aux qualités intéressantes, qui serviront de géniteurs (parents). Parfois, il s'agit, non pas de *Solanum tuberosum*, mais d'espèces voisines de *Solanum* porteuses de caractères intéressants, ce qui suppose la mise en œuvre de techniques sophistiquées. A la floraison, il réalise des hybridations en fécondant les organes femelles d'une variété (qu'on aura privée de ses organes mâles) avec le pollen d'une autre. Il sèmera les graines obtenues, puis sélectionnera les meilleurs plants parmi toute cette population issue de multiples recombinaisons génétiques. L'obtenteur peut s'intéresser aussi bien à la productivité qu'à la résistance à telle ou telle maladie, à la présentation du tubercule, à sa teneur en matière sèche, à son aptitude à une longue conservation… S'il détecte un bon sujet, il le multipliera par micropropagation *in vitro* avant de proposer la nouvelle variété sur le marché sous forme de plants (petites pommes de terre). Il est, bien sûr, impératif qu'elle se montre supérieure au "témoin" de sa catégorie.

Il faut de sept à dix ans au minimum pour amener une nouvelle variété de pomme de terre sur le marché, et quelques années de plus pour qu'elle prenne sa place. De nos jours, les nouvelles variétés cultivées en France sont en

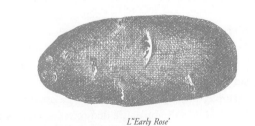

L''Early Rose'

La 'Saucisse'

Pommes de terre du Pérou

grande majorité issues des travaux d'obtenteurs privés, principalement français ou néerlandais, qui entretiennent des collections.

Collections

La plus importante collection française de pommes de terre est celle de l'Institut national de la recherche agronomique, située à la Station d'amélioration de la pomme de terre de Ploudaniel (Finistère). Elle comporte 350 variétés de *Solanum tuberosum*, sans compter une quinzaine d'espèces sauvages, ce qui représente au total plus d'un millier de clones. La station a à son actif la régénération de vieilles variétés auparavant complètement "virosées", c'est-à-dire truffées de virus. Citons la célèbre 'Ratte', remise à l'honneur au début des années quatre-vingt, la 'Belle de Fontenay', la 'Vitelotte noire' (rebaptisée 'Violette'), etc. Depuis 1978, cette collection est en partie maintenue par micropropagation. Le travail est grandement facilité par rapport à la conservation en plein champ, et surtout les plantes sont à l'abri des virus agents de dégénérescence.

Il existe de par le monde – notamment aux Etats-Unis et en Allemagne – plusieurs autres collections de *Solanum* tubéreux, où les espèces sont conservées sous forme de graines, donc par reproduction sexuée. La collection du Centre international de la pomme de terre, à Lima, quant à elle, est fondée sur une multiplication végétative, ce qui fait qu'elle est malheureusement la proie des virus.

Plants certifiés

Grâce au travail des chercheurs, 128 variétés de pomme de terre de consommation sont inscrites au catalogue officiel de 1998, auxquelles il faut ajouter 24 variétés "féculières". Cela signifie qu'on peut en trouver la semence dans le commerce.

La production des plants de pomme de terre est très rigoureuse : elle passe par la mise en culture *in vitro* de germes prélevés sur les tubercules mères indemnes de maladies. Les plantes obtenues, repiquées en serre, à l'abri des insectes et sur substrat désinfecté, donneront de minitubercules, qui seront l'objet d'une sélection en plein champ sur trois ans. Les "plants de base" qui en seront issus serviront à produire des plants certifiés : c'est le travail d'agriculteurs dont les exploitations sont localisées essentiellement dans le Nord de la France et en Bretagne, régions fraîches défavorables à la pullulation des pucerons vecteurs de virus. Il y a environ 70 entreprises en France qui produisent des plants.

Le label SOC (Service officiel de contrôle et de certification) vient sanctionner la qualité des semences obtenues. Il implique un contrôle sanitaire sévère des cultures et des lots de plants, un isolement par rapport à toute autre culture de pommes de terre, et des parcelles de culture exemptes de certains organismes nuisibles. En effet, une directive phytosanitaire européenne a dressé une liste de parasites "de quarantaine", dont les plants commercialisés dans l'Union européenne doivent être indemnes. Elle comprend les agents du flétrissement bactérien, de la galle

verruqueuse, de la bactériose vasculaire et deux nématodes (vers parasites). Des contrôles officiels aboutissent à la délivrance, pour chaque lot de plants, d'une étiquette portant la mention "Passeport phytosanitaire", qui constitue une garantie pour le jardinier ou l'agriculteur.

Un renouvellement complet

En à peine plus d'un siècle, le renouvellement des variétés aura été complet. Ont disparu des listes officielles la 'Chardon', la 'Marjolin', la 'Kidney' ('Quarantaine'), la 'Vitelotte blanche', la 'Rouge ronde de Flandres', la 'Saucisse', etc., toutes les variétés bleues, violettes ou noires (à une seule exception près). La plupart des variétés actuellement cultivées datent de moins de vingt ans. Certaines valeurs sûres offrent cependant une certaine résistance, comme la 'Bintje', la 'Belle de Fontenay', la 'Rosa', la 'Ratte' ou l'Eersteling', vieilles variétés inscrites au catalogue officiel dès l'ouverture de celui-ci en 1935, la 'Viola' (1943), la 'BF 15' (1947), la 'Kerpondy' (1949), la 'Sirtema' (1952), l'"Ostara" (1961)... Mais les planteurs de pommes de terre, qu'ils soient professionnels ou amateurs, ne sont pas insensibles au progrès. Ainsi voit-on la 'Belle de Fontenay' s'effacer quelque peu, après la Seconde Guerre, devant la nouvelle 'BF 15', plus productive tout en conservant une bonne qualité culinaire. Dans les années quatre-vingt s'établira le règne de la 'Charlotte' sur les "chairs fermes", en

> ### L'HISTOIRE DE LA 'BINTJE'
>
> La plus célèbre de nos patates doit son existence – et son nom – à un instituteur hollandais qui avait pour marotte de semer des graines de pommes de terre. Dès qu'il obtenait une nouvelle variété intéressante, maître De Vries la baptisait du nom d'un de ses neuf enfants. A la dixième, il emprunta le prénom d'une de ses élèves : Bintje. Cela se passait au début du XXe siècle.

attendant qu'elle soit détrônée à son tour... (Voir le tableau des variétés de pommes de terre proposées aux jardiniers, p. 670, ainsi que celui des variétés inscrites au catalogue des vieilles variétés, p. 669.)

Terroirs

La biodiversité, c'est aussi la diversité des techniques de culture et des terroirs. Les insulaires de Tristan da Cunha, archipel perdu dans l'Atlantique sud, protègent et fertilisent chaque plant de pomme de terre, lors de la plantation, à l'aide d'un peu de laine de leurs moutons.

Plus près de nous, à Noirmoutier, le goémon ramassé sur les plages de l'île et mis dans les champs de pommes de terre améliorerait l'arôme de celles-ci, tout comme les embruns. La variété locale – la 'Bonnotte' au goût typé rappelant la châtaigne – est devenue un produit recherché. La 'Belle de Fontenay' a trouvé dans le Loiret son terroir d'élection, du fait d'une nature de sol particulière, tout comme la 'Ratte' dans le Lyonnais.

Les recettes de cuisine témoignent d'une véritable culture – au sens large – de la pomme de terre qui fait partie de notre patrimoine. Ainsi en témoigne, par exemple, E. Chaumont, lectrice de la revue *Les Quatre Saisons du jardinage* (n° 22, sept.-oct. 1983) :

"Il y a environ soixante ans, mes parents cultivaient, dans le Sud du Cantal, une variété que nous appelions «la violette». Sa peau était d'un bleu foncé, presque violette. Elle était très grosse, de forme assez allongée, avec des excroissances qui, parfois, la faisaient ressembler à un petit bonhomme.

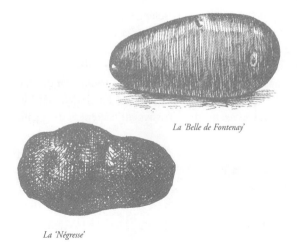

La 'Belle de Fontenay'

La 'Négresse'

Ma mère utilisait surtout ces pommes de terre pour faire une purée délicieuse. Elle les faisait cuire avec leur peau. Puis, une fois épluchées, elle les écrasait, chaudes, avec une fourchette. Elle ajoutait un peu de lait ou de bouillon chaud pour faciliter le travail. A cette purée, après l'avoir salée, elle incorporait un peu d'ail ou d'oignon haché très fin, parfois un ou deux œufs. Elle faisait chauffer un peu d'huile dans une poêle, puis versait la purée, qu'elle faisait bien dorer des deux côtés, et elle la servait saupoudrée de persil. Cette purée était très parfumée, avec un léger goût de violette. Nous étions douze à table, donc il nous fallait des légumes à grand rendement !"

Les années quatre-vingt-dix ont vu se constituer des réseaux de collectionneurs de variétés potagères, au rang desquelles, bien sûr, la pomme de terre tient une bonne place. Un Festival de la pomme de terre a vu le jour à Crevant (Indre). D'innombrables sites Internet, notamment aux Etats-Unis, témoignent de l'intérêt particulier porté par les Terriens à une plante décidément pas comme les autres.

Que sera le futur de cette biodiversité ? Sans cesse en évolution, la pomme de terre nous réserve encore bien des surprises. Les scientifiques qui y travaillent semblent s'orienter résolument vers davantage de qualité. Aux Etats-Unis, par exemple, on a créé des pommes de terre qui absorbent moins d'huile lors de la cuisson, et qui donnent des frites *light* très appréciées !

VARIÉTÉS INSCRITES AU CATALOGUE VV (VIEILLES VARIÉTÉS)*

Variétés	Origine	Catégorie	Maturité
'Bonnotte de Noirmoutier'	Cultivée comme primeur dans l'île de Noirmoutier. Serait originaire du département de la Manche	Consommation	Demi-précoce
'Early Rose' (= 'Early hâtive', 'Carpentière')	Etats-Unis	Consommation	Demi-précoce
'Vitelotte' ? (= 'Négresse', ou 'Violette' ?)	Inconnue	Consommation	Tardive

* D'après le *Catalogue français des variétés*, 1998, FNPPPT.

A LA RECHERCHE DE TRÉSORS PERDUS

Les variétés abandonnées survivent parfois dans un coin de champ à l'abandon, parmi les herbes folles, pendant des décennies, ou dans un petit jardin. Leur redécouverte passionne ethnobotanistes et amateurs à partir des années quatre-vingt.

Ainsi, Alain Dornier et Claudine Roth, lecteurs de la revue *Les Quatre Saisons du jardinage* (n° 20, mai-juin 1983), relatent-ils leur redécouverte de la pomme de terre bleue : "Dans les montagnes ariégeoises, les vallées, les flancs de montagne qui voyaient vivre cent cinquante âmes il y a un siècle, n'abritaient même plus dix personnes dans les années 1970, du fait de l'exode rural. Et puis vinrent les «néoruraux», les «agro-poètes». C'est l'un d'eux qui retrouva, dans un ancien champ non travaillé depuis au moins dix ou quinze ans, un pied de patate bleue, ancienne variété locale. Il nous en a donné un tubercule gros comme l'ongle du pouce. Après deux ans de culture, nous avons obtenu une quarantaine de tubercules de calibre petit ou moyen."

Une des causes de la disparition des variétés dites "locales" est la disparition de ceux qui les utilisaient, jardiniers âgés, agriculteurs de montagne, etc. Les ethnobotanistes de l'équipe de Philippe Marchenay, du Muséum national d'histoire naturelle, ont, avec une patience de Sherlock Holmes, ratissé le département des Hautes-Alpes, fouiné dans les greniers, scruté les petits champs d'altitude. On sait ainsi qu'à Saint-Véran – la plus haute commune d'Europe –, les catholiques plantent une pomme de terre jaune et les protestants une variété rouge. Nul ne sait pourquoi, mais voilà un facteur inattendu de diversité potagère !

Claude-Charles Mathon, autre ethnobotaniste, mais à l'université de Poitiers, s'est lui aussi intéressé à la pomme de terre, et notamment aux variétés noires des groupes 'Vitelotte' et 'Patraque'. Il a entretenu des échanges avec des jardiniers de tous les coins de France.

LES VARIÉTÉS DE POMMES DE TERRE PROPOSÉES AUX JARDINIERS AMATEURS

Variétés	Précocité	Grosseur	Groupe culinaire	Conservation	Sensibilité au mildiou (feuillage)	Sensibilité au mildiou (tubercule)	Sensibilité à la gale	Sensibilité à l'égermage	Indice de rendement
Agata	7-8	6	A-B	5	4	8	5	3	98
Agria	5	8	B	6	4	6	2	6	112
Amandine	8-9	5	A	3	4	4	6	4	89
Apollo	8	7	B	3	7	7	6	3	91
Béa	7-8	8	B	5	3	2	6	2	85
Belle de Fontenay	9	4	A	2	3	1	6	3	70
BF 15	7	4	A	3	4	1	6	7	88
Bintje	7	6	B	5	3	3	3	5	100
Charlotte	7	5	A	5	6	6	5	5	90
Claustar	7	8	B	7	4	6	3	8	111
Désirée	4-5	7	B-C	7	5	7	3	7	104
Délice	8	8-9	A-B	6	3	5	4	6	115
Eersteling	9	4	B	2	2	2	4	2	73
Emeraude	7-8	8	B	5	6	-	3	4	96
Florette	7-8	7	B-C	5	3	8	4	4	102
Francine	5	5	A	6	5	5	6	3	81
Kerpondy	3	6	B	7	5	8	8	4	100
Jaerla	8	8	B	3	6	8	6	3	98
José	7-8	7	B	5	3	7	5	3	101
Linzer Delikatess	8-9	5	A	5	3	-	5	5	85
Lola	7-8	8	B	5	4	3	4	6	110
Manon	7-8	5	B	6	4	5	4	5	96
Marine	8	8	A-B	5	2	5	3	4	103
Mistral	7-8	7	B	4	3	8	4	5	109
Monalisa	7-8	7	A-B	5	6	5	4	1-2	102
Nicola	5-6	4	A	6	4	6	7	6	96
Ostara	8	8	B	5	3	7	7	5	96
Pompadour	4	5	A	6	4	4	4	5	85
Primura	8	8	B	4	3	4	3	3	96
Ratte	6	3	A	5	3	2	7	4	65
Résy	8	8	B	6	7	7	5	6	94
Rosa	3	4	A	9	4	3	7	8	90
Rosabelle	7	6	B	5	3	7	3	5	80
Roseval	4	5	A	6	4	2	6	6	96
Samba	6	6	A-B	6	5	8	5	3	108
Sirtema	8-9	7	B	3	3	5	7	6	89
Spartaan	5	5-6	B-C	6	8	8	6	8	108
Spunta	7	9	B	4	5	5	4	4	111
Starlette	7-8	6	B-A	6	4	6	6	5	85
Stella	6	4	A	5	3	1	3	3	89
Urgenta	6	7	B	3	5	5	3	3	94
Viola	7	5	A	6	4	5	3	3	85

(D'après le *Catalogue français des variétés*, 1998, FNPPPT.)

Précocité
1 à 4 : demi-tardives et tardives (récolte 120-150 jours après la plantation)
5 à 7 : variétés demi-hâtives (récolte 90-120 jours après la plantation)
8 et 9 : variétés précoces et très précoces (récolte 70-90 jours après la plantation)

Grosseur
Proportion de gros tubercules très faible (1) à très forte (9)

Groupe culinaire
A : variétés dites "à chair ferme"
B : variétés dites "à chair tendre"
C : variétés farineuses (riches en fécule)
Les variétés dites "de consommation" appartiennent aux groupes B et C.

Conservation
De 60-90 jours après la récolte (1 et 2) à 90-120 jours (3 et 4), 120-180 jours (5 et 6), 180-240 jours (6 et 7) et plus de 240 jours (8 et 9)

Résistance au mildiou et à la gale commune (maladies courantes)
Très faible (1) à très forte (9)

Sensibilité à l'égermage
Très faible (1) à très forte (9). Chez les variétés sensibles à l'égermage, des égermages successifs en cours de conservation rendent impossible l'apparition de nouveaux germes.

Indice de rendement
Par rapport à la 'Bintje', variété de référence (indice 100)
Moins de 100 : rendement inférieur à la 'Bintje'
Plus de 100 : rendement supérieur à la 'Bintje'

IV. CULTIVER SES POMMES DE TERRE

Comparée à bien d'autres, la culture de la pomme de terre en amateur est plutôt facile. On est largement récompensé, en tout cas, de ses efforts par la récolte, trois ou quatre mois après la plantation, de 15 à 60 kilos de patates pour 10 mètres carrés. On considère que recueillir un kilo et plus sur chaque pied est une excellente performance.

Le rendement dépend, certes, de la variété, de la fertilité du sol et des conditions climatiques, mais plus encore du *timing* de la culture : on l'a vu précédemment, la pomme de terre est soumise à une horloge interne implacable, elle-même réglée sur la température et la longueur du jour (ou photopériode).

Toutes les régions de France sont propices à la croissance de notre tubercule. Grâce à son cycle de végétation rapide et ses faibles exigences en température, il vient très bien en montagne. Amateur de températures modérées, ses climats de prédilection se situent cependant sur la façade ouest, non loin de la mer, et plutôt dans le Nord du pays.

La pomme de terre pousse dans tous les sols, mais la qualité du produit est moins bonne en sol calcaire. Les meilleurs terroirs se situent sur sous-sol de granite ou de schiste, sables alluviaux ou littoraux et autres substrats légers et plutôt acides, notamment pour les primeurs. En revanche, la pomme de terre dite "de conservation" se satisfait fort bien de terres plus consistantes et fraîches. Une variété donnée donne un produit plus farineux en sol argileux qu'en sol léger.

Fumure naturelle

Pour les agronomes, la pomme de terre vient en "tête de rotation" : dans la succession des cultures – qui forme un cycle sur plusieurs années –, elle occupe la première place. Elle bénéficie, en effet, d'un travail du sol intensif (bêchage, binage, buttage, arrachage), apte à "nettoyer" le sol, et de la fumure importante appliquée au début de toute nouvelle rotation.

L'apport d'engrais doit cependant rester modéré si l'on veut obtenir une pomme de terre de première qualité.

UNE DÉFRICHEUSE

La pomme de terre est une des rares cultures idéales à mettre en place au moment où l'on défriche un terrain. On peut, par exemple, la planter dans une prairie labourée six semaines plus tôt, au moins, pour que l'herbe enfouie ait le temps de se décomposer. La culture bénéficie de l'apport d'azote causé par cette décomposition ainsi que par la minéralisation d'une partie de l'humus exposé à l'air par le labour.

De cette défricheuse, on dit qu'"elle nettoie le terrain", mais en fait c'est surtout le jardinier qui nettoie. D'abord en préparant le terrain, puis en binant, en buttant, et enfin en fouissant le sol pour récolter ! Cependant, la plante elle-même, recouvrant rapidement le sol, concurrence efficacement les mauvaises herbes.

L'excès d'azote, par exemple, dope la croissance du feuillage au détriment de la production de tubercules, tout en favorisant les maladies ; trop de phosphore hâte la formation des tubercules, ce qui diminue le rendement, et trop de potasse donne des pommes de terre qui tiennent mal à la cuisson. La fumure idéale est naturelle, et se compose de compost (de fabrication maison ou du commerce) ou de fumier, ou encore d'algues marines, le tout à la dose d'environ 30 kilos (une brouettée) pour 10 mètres carrés. Elle sera apportée au cours de l'automne précédent, avec si possible du lithothamne localisé sur la future ligne de plantation. Cet amendement calcaire d'origine marine est réputé pour sa gamme d'oligoéléments et son magnésium, fort utiles à la santé de la pomme de terre.

Le compost bien "mûr" est toujours préférable au fumier frais, surtout si l'apport fertilisant n'est effectué qu'en fin d'hiver ou, *a fortiori*, juste avant la plantation. Même incorporé au sol l'automne précédent, le fumier non composté rend les pommes de terre plus sensibles au mildiou. Une solution pour limiter les dégâts du mildiou serait de n'apporter la fumure que sur la culture précédente, par exemple, des poireaux, des courges, des choux, etc., et donc que la pomme de terre ne soit plus "tête de rotation". Ce conseil est donné dans un livre d'agriculture datant de l'époque où l'on ne disposait d'aucun moyen de lutte contre cette terrible maladie des pommes de terre.

Dans un jardin manifestement pauvre, un bon engrais biologique complet – malheureusement souvent coûteux – peut être utile pour compléter l'apport de compost ou de fumier : le dosage doit faire la part belle à la potasse (K_2O), devant l'azote (N), le phosphore (P_2O_5) étant minoritaire. Un exemple de bonne formule : 4,5 % d'azote, 3 % de phosphore, 9 % de potasse, et du magnésium.

"Tête de rotation", la pomme de terre peut venir après un engrais vert, ou bien après n'importe quelle autre culture, spécialement si elle a été envahie par les mauvaises herbes. Mais il est bon de laisser passer au minimum trois ans avant de la recultiver au même endroit, afin d'éviter la prolifération de certains ravageurs ou maladies. Les paysans incas, avant la conquête espagnole, avaient l'obligation légale de respecter une rotation de sept ans.

Plants et variétés

Au moment de choisir les variétés que l'on va planter, il est bon de se rappeler qu'il y a plusieurs grandes familles de pommes de terre. On distingue, par exemple, les variétés dites "à chair ferme", qui se tiennent bien à la cuisson, et les pommes de terre "de consommation". Les premières ont un rendement en général inférieur aux secondes, mais leur chair ferme, leur saveur délicate les rendent irremplaçables pour les pommes de terre sautées, en salade ou en robe des champs. En revanche, pour les frites, les soupes, les purées, les pommes de terre de consommation sont tout indiquées (nous y reviendrons au chapitre VI).

D'autre part, il existe des variétés de pommes de terre précoces et d'autres plus tardives. Les premières peuvent être récoltées moins de trois mois après la plantation, tandis que les autres se font attendre pendant parfois plus de quatre mois. La plupart des variétés proposées aux jardiniers amateurs mûrissent en trois mois environ. Le tableau de la page 670 donne les principales caractéristiques des variétés disponibles.

LES PLANTS

Les pommes de terre destinées à la semence sont conservées en dormance à 4 °C, sans variation pour éviter les condensations, sources de moisissures, puis mises en germination à température plus élevée et à la lumière. Cela permet de planter à l'époque idéale des plants au bon stade de germination.

Pour faire soi-même des plants de pomme de terre, choisir au moment de la récolte des tubercules du calibre souhaité et les laisser verdir en plein air, aux intempéries, pendant plusieurs semaines. Les entreposer ensuite au frais. Enlever le premier germe, qui va laisser place à plusieurs autres, puis placer les plants à la lumière et à l'abri du gel.

1 kilo de plants comprend :
– 36 tubercules en calibre 28-35 millimètres ;
– 18 tubercules en calibre 35-45 millimètres ;
– 10 tubercules en calibre 45-55 millimètres.

Un plant de petit calibre donnera peu de tiges et peu de tubercules, mais gros ; un gros plant donnera un grand nombre de petits tubercules (ce qui est intéressant pour la production de plants). Pour le jardinier amateur, l'idéal est donc le calibre moyen, 35-45 millimètres. Il faut en moyenne 30 à 40 plants pour planter 10 mètres carrés.

Le bon sens commande de cultiver au moins deux variétés de pommes de terre, une précoce, à chair ferme, qui assurera les premières récoltes de l'été, alors que les tubercules de la récolte précédente ont été tous consommés ou sont tout ridés, et une variété plus tardive de bonne conservation. Si possible, on diversifiera encore les variétés en tenant compte de la durée de conservation et des utilisations culinaires.

L'obtention de bons plants à partir de sa propre récolte est délicate. La plantation de morceaux de pommes de terre, ou même de pelure, pourvus d'un ou plusieurs yeux, parfois prônée, ne donne que des résultats médiocres. Il est

Plants de pomme de terre — Bon / Mauvais

plus simple et plus sûr d'acheter des plants prégermés en clayettes. Ils permettent un meilleur démarrage de la culture, et donnent en fin de compte un meilleur rendement. Choisir des tubercules bien fermes, aux germes trapus (moins de 2 centimètres de long) et colorés, ce qui est toujours le cas de ceux de la meilleure qualité, présentés "germés-dressés", c'est-à-dire soigneusement rangés sur une seule couche dans les clayettes. Eviter les plants étiolés, aux germes allongés et pâles. L'achat de plants non germés est moins coûteux, mais il nécessite, quatre ou cinq semaines avant la date prévue pour la plantation, un entreposage sur des clayettes, les yeux dirigés vers le haut, dans un local bien éclairé, à température modérée (5-7 °C).

A savoir : les plants germés ne peuvent être mis à la vente avant le 20 janvier dans les départements de production hâtive (Alpes-Maritimes, Var, Bouches-du-Rhône, Vaucluse, Gard, Hérault, Aude, Vendée, Pyrénées-Orientales, Loire-Atlantique), et avant le 1er février dans les autres départements.

Planter

Pour que la levée ait lieu dans de bonnes conditions, il faut que le sol soit à 8 °C minimum, température atteinte dès janvier ou février en certains points du littoral de la Méditerranée et de l'Atlantique, courant mars dans le Grand Ouest, et en avril partout ailleurs. La pose d'un tunnel ou d'un "voile de forçage" en plastique permet de planter un mois plus tôt qu'en plein air.

D'autre part, le sol doit être bien ressuyé, c'est-à-dire suffisamment sec pour ne pas coller aux outils : c'est pratiquement toujours le cas dans les terrains légers et siliceux, mais dans les terrains argileux ou limoneux, il faut savoir attendre le bon moment.

Certaines variétés plantées trop tardivement risquent de mal tubériser, voire de "repousser" en fin de culture. Ce sont, par exemple, la 'Kerpondy', la 'Rosa', la 'Roseval', pour la plupart des variétés tardives. Elles seront plantées dès que les conditions de sol et de climat le permettent. Les autres variétés – hâtives ou demi-hâtives – ne souffrent pas d'une plantation plus tardive.

Avant de planter, bien ameublir la terre sur environ 25 centimètres de profondeur, sans trop l'affiner, à l'aide d'un croc ou d'un outil de type grelinette si la terre est légère. En terre lourde, il est préférable de bêcher à grosses mottes en début d'hiver, pour n'avoir plus qu'à "reprendre" la terre avec un outil à dents au moment de la plantation. S'il y a beaucoup d'herbes, décaper à l'aide d'une houe. La pomme de terre supporte la présence de racines ou de feuilles en cours de décomposition.

Tracer la ligne au cordeau. Déposer chaque plant, germes dirigés vers le haut, dans un trou réalisé au plantoir à bulbes ou dans un sillon fait à la houe, à une profondeur n'excédant pas le double de son calibre. Ne pas tasser la terre qui recouvre les plants. Il est possible aussi, dans les régions humides et fraîches, en terre facile à travailler, de planter dans des sillons peu profonds et de butter légèrement dès la plantation. La récolte s'en trouvera facilitée.

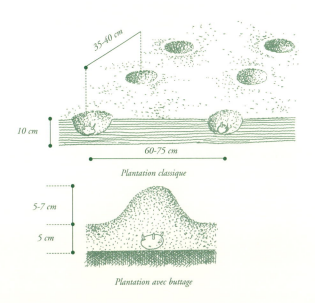
Plantation classique

Plantation avec buttage

> ### DATES DE PLANTATION
>
> Bordure méditerranéenne : à partir de fin janvier pour récolter dès avril-mai.
>
> Littoral atlantique : à partir de février-mars pour récolter en mai-juin et plus tard.
>
> Ailleurs, sous abri : mars, récolte en juin.
>
> Ailleurs, en plein air : avril, et jusqu'à début mai, pour une récolte en juillet-août. Prendre comme repère la floraison des lilas.
>
>

L'espacement entre les plants est théoriquement calculé en fonction d'une densité optimale de tiges. Sur le schéma de la page précédente, les chiffres les plus petits concernent des pommes de terre "primeurs", et les chiffres les plus élevés les pommes de terre "de conservation". Une densité élevée présente l'avantage d'assurer une bonne couverture du sol, mais elle rend la culture plus sensible à la sécheresse et diminue le nombre de tubercules produits par chaque pied.

La levée a lieu en 2 à 3 semaines. Si la gelée menace (ciel clair, température inférieure à 5-6 °C le soir), butter légèrement par-dessus les pousses.

Faire voisiner telle et telle culture peut se révéler favorable ou défavorable sur le plan de la croissance des plantes ou de la protection contre les ravageurs. La pomme de terre, elle, n'est pas facile à associer, du fait des traitements et du buttage qu'elle exige. Toutefois, on a signalé comme bénéfique son association avec l'ail, le céleri, le haricot, le chou, le pois, la fève, le potiron et la tomate. Dans certains pays tropicaux, on associe volontiers à la pomme de terre le maïs, le pois et d'autres légumineuses. L'oignon serait pour elle une mauvaise plante compagne.

Biner, butter, traiter...

Biner après la levée, pendant une période où le gel nocturne n'est pas à craindre. Puis, un peu moins d'un mois après la levée – les tiges ont alors 15 à 25 centimètres de hauteur –, butter à la houe. Cela revient à ramener de la terre de l'interligne au pied des tiges de manière que le plant – ou ce qu'il en reste – se retrouve à peu près au niveau de l'interligne. Le buttage crée un volume de terre meuble pouvant accueillir des stolons plus nombreux et des tubercules plus gros, tout en mettant ces derniers à l'abri de la lumière.

Arroser en cas de sécheresse, en évitant l'aspersion, qui mouille le feuillage et favorise ainsi le développement du mildiou, principale maladie qui menace la pomme de terre. Préférer l'arrosage au goutte-à-goutte ou à l'aide de tuyaux poreux.

Comme traitement préventif contre le mildiou, pulvériser de la bouillie bordelaise (25 grammes par litre) ou de l'oxychlorure de cuivre (10 grammes par litre), dès que le feuillage atteint 30-40 centimètres, tous les 10 jours en cas de pluies abondantes, sinon toutes les 2 à 3 semaines. Ces produits chimiques minéraux à base de sels de cuivre sont admis pour la culture biologique. En cas d'attaque sévère déclarée, le remède est à rechercher du côté des produits chimiques de synthèse : il en existe qui associent plusieurs molécules, préventives et curatives. Certains de ces fongicides étant véhiculés par la sève, ils peuvent se retrouver à l'état de trace dans les tubercules ; bien qu'ils ne soient que faiblement toxiques, il est recommandé de ne pas traiter moins de 30 jours avant la récolte.

Si des doryphores apparaissent – ce qui est rare si l'on applique la fertilisation biologique exposée plus haut –, traiter avec un insecticide à base de roténone, le soir, deux fois à intervalle de 4 à 8 jours. Les pullulations de ces insectes seraient en relation avec des déséquilibres du sol ; elles sont plus fréquentes dans les terres peu profondes, calcaires, carencées.

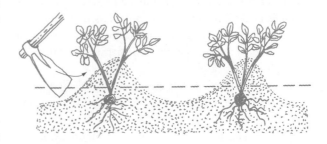

Le buttage

Produire des pommes de terre de qualité

La qualité d'une pomme de terre est le résultat de nombreuses interactions entre la plante (notamment la variété), le sol, le climat et le jardinier : il est difficile de tout maîtriser.

• Fertiliser plutôt avec du compost mûr (aspect de terreau grossier) issu de fumier ou des déchets du jardin plutôt qu'avec du fumier frais (non composté). Ne pas dépasser la dose d'une brouettée pour 10 mètres carrés.

• Ne pas hésiter à arroser s'il fait sec, spécialement en terrain lourd (argileux ou limoneux), afin que les pommes de terre n'accumulent pas trop de matière sèche et ne perdent ainsi leur tenue à la cuisson.

• Pour les variétés à chair ferme, couper les fanes avant la fin de la végétation – en général à partir de la fin du troisième mois – et laisser la récolte en terre deux à quatre semaines. Cela a pour effet de réduire le taux de matière sèche, donc d'améliorer la tenue à la cuisson, tout en favorisant la formation de liège épidermique garant d'une bonne conservation. Les autres variétés peuvent sans inconvénient conserver leur feuillage jusqu'à la récolte.

• Cultiver les pommes de terre à chair ferme si possible dans un sol sableux.

• Chercher à obtenir des pommes de terre petites ou moyennes, plutôt que des grosses, en jouant sur le calibre des plants et la densité de plantation : préférer de gros plants (35-40 ou 40-45 millimètres), et ne pas planter plus serré que ce qui est conseillé.

SOUS LES TROPIQUES

La pomme de terre est peu cultivée aux Antilles, aux Comores et aux Seychelles, où les conditions climatiques ne lui sont guère favorables. En revanche, on la produit à Maurice et, dans une moindre mesure, à la Réunion.

A Maurice, on plante du 1er mai au 15 août pour récolter entre le 1er août et le 15 décembre. A la Réunion, la plantation a lieu de mars à mai et l'arrachage de juin à août. Au-dessus de 600 à 800 mètres d'altitude, la pomme de terre peut être cultivée toute l'année, ce qui évite les problèmes de conservation.

On choisit des variétés peu sensibles aux maladies.

VARIANTES INSOLITES

Certains jardiniers ont cultivé la pomme de terre dans… un tonneau. Celui-ci était rempli de terre au fur et à mesure de l'allongement des tiges. Le rendement fut, paraît-il, extraordinaire.

D'autres sont adeptes de la culture sous "mulch" : les plants de pomme de terre ne sont pas enterrés, mais simplement déposés sur le sol, puis recouverts d'une bonne couche de matériaux végétaux divers (paille, herbes sèches, feuilles, etc.).

Récolter

Deux semaines avant la date de la récolte, au moment où le feuillage jaunit ou s'abîme, couper les fanes à la cisaille ou à la faucille et les mettre sur le tas de compost. Ceci permet d'obtenir des pommes de terre qui se conservent bien.

L'arrachage peut avoir lieu 60 à 80 jours environ après la plantation pour les variétés les plus hâtives, après 90 à 120 jours pour la plupart des autres. On se fiera au critère de maturité : les tubercules se détachent tout seuls du pied. Il est toujours possible de récolter quelques pieds un peu plus tôt pour une consommation immédiate de pommes de terre "nouvelles". Pour que ces primeurs ne deviennent pas farineuses, couper les fanes assez tôt, dès le début de la maturité.

Pour arracher les pommes de terre, il n'y a rien de mieux que cette sorte de pioche pourvue de deux longues dents au bout arrondi. Le croc ordinaire transperce toujours quelques tubercules. Après l'arrachage, qui doit avoir lieu par temps sec, laisser les pommes de terre ressuyer pendant quelques heures au soleil avant de les entreposer. Un préentreposage pendant deux semaines, à 15-18 °C et à l'abri de la lumière pour éviter le verdissement, facilite la cicatrisation des blessures, garante d'une bonne conservation.

Après la récolte des pommes de terre, on peut semer un engrais vert pour protéger et améliorer le sol, concurrencer les mauvaises herbes, éviter que les nitrates (composés fertilisants azotés) ne soient lessivés par les pluies d'automne. Il est également possible de semer des épinards, des navets ou de la mâche, après un simple coup de râteau.

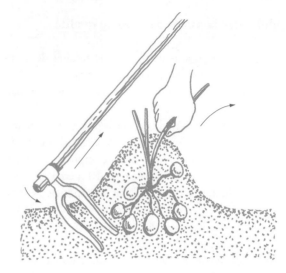

La récolte

DÉFAUTS ET REMÈDES

Mauvais goût : la principale cause est l'entreposage des pommes de terre à proximité de sources d'odeurs (fioul, solvants, etc.).

Chair farineuse, délitement à la cuisson : caractéristique de la variété (choisir éventuellement des variétés à chair ferme), accentuée par un sol lourd et la sécheresse (arroser). Défaner suffisamment tôt. La farinosité n'est pas forcément un défaut ; elle donne de la consistance aux purées et du croustillant aux frites.

Défauts de forme (crevasses, surgeons, tubercules en chapelets) : températures trop élevées, alternance de périodes sèches et humides (arroser éventuellement). Avec certaines variétés, comme la 'BF 15', la cause est un excès d'azote (préventivement, modérer la fumure).

Noircissement interne : taches gris bleuté sous la peau. Ne présente aucune toxicité. Dépend de la variété. Eviter les manipulations à basse température lors du stockage.

Noircissement après cuisson : causé par un temps froid et pluvieux en cours de culture. Certaines variétés ('Viola', 'Roseval'...) y sont plus sensibles que d'autres. Rien à faire, sinon appliquer une fumure équilibrée, suffisamment riche en potasse.

Cœur creux : présence, à l'intérieur du tubercule, d'une cavité aux parois brunes. Peut être lié à des alternances de sécheresse et d'humidité au cours de la croissance, ou à un excès d'azote dans le sol. Modérer les apports d'engrais riches en azote.

Gale commune : taches liégeuses sur la peau, liées à une sécheresse ou à un chaulage récent. Considérée par certains comme un signe extérieur de qualité.

Tubercules verdis : phénomène causé par l'exposition à la lumière, même peu intense. Il se forme alors un alcaloïde toxique et amer, la solanine. Le phénomène est irréversible. Ne pas consommer les pommes de terre verdies.

Goût sucré : peut être causé par une récolte trop précoce, ou bien une exposition des tubercules à des températures trop basses (au-dessous de 6 °C) lors de la conservation. Dans ce dernier cas, il suffit de placer les pommes de terre à température plus élevée pendant plusieurs jours pour voir disparaître le goût sucré. Celui-ci est lié à la transformation (réversible) d'amidon en sucres solubles, et provoque également le brunissement (caramélisation) des frites.

> ### RECORD DU MONDE
>
> C'est un jardinier anglais qui, dans les années soixante-dix, a établi le record du monde du rendement en pommes de terre. Avec six plants, il n'avait pas récolté moins de 270 kilos de tubercules, soit une moyenne de 45 kilos par pied ! Vainqueur du concours quatre années de suite, il avait ensuite abandonné faute de concurrents à sa hauteur, et révélé son secret : toutes les deux semaines, d'octobre à mars, il trempait ses plants de pommes de terre pendant deux heures dans une solution à 25 % d'algues marines solubilisées. De plus, il fertilisait son terrain avec des algues en poudre, du fumier, des cendres de bois, de la poudre d'os, etc., et arrosait ses pieds de pommes de terre avec la mixture évoquée plus haut. Rien que du naturel !

Conserver

Le plus pratique – sinon l'idéal – est de stocker les pommes de terre dans un endroit sain (cave aérée, remise), obscur pour éviter le verdissement, frais (4 à 8 °C) mais hors gel. Toutefois, les pommes de terre à frites se trouvent mieux vers 8 °C et plus, car le froid favorise la transformation de l'amidon en sucres réducteurs responsables du brunissement et du goût sucré.

Placer les pommes de terre sur une plate-forme en bois, de préférence au ciment ou à la terre battue. Le tas ne doit pas dépasser 1 mètre d'épaisseur.

Egermer les tubercules au minimum deux fois au cours de l'hiver, la germination provoquant le ridement prématuré et augmentant le taux de solanine. Mais ne pas égermer trop tôt, car le premier égermage provoque le démarrage rapide de plusieurs yeux. Il serait dommage, après avoir récolté dans son jardin des pommes de terre parfaitement "naturelles", de les traiter avec un antigerme chimique (chlorpropham). Si tel était pourtant le cas, un délai de six semaines est à respecter entre l'application du produit et la consommation. On ne retrouverait aucun résidu dans la chair.

V. L'ALIMENT PARFAIT ?

Ce que l'on attend d'un aliment, au seuil du XXIe siècle dans nos pays "riches", c'est que non seulement il contribue à nous maintenir en vie, mais surtout qu'il nous assure une bonne forme et une bonne santé.

La pomme de terre appartient-elle à cette catégorie des aliments modernes que l'on peut consommer sans arrière-pensées ? On pourrait en douter, compte tenu de l'image déplorable dont elle a longtemps souffert. Aliment de disette, d'abord, puis aliment bon marché, donc "de pauvre", elle est affublée depuis les années soixante – lors du passage de l'ère des restrictions à la "société de consommation" – de la réputation d'être par excellence l'aliment qui fait grossir.

Face à cette désinformation de grande ampleur, certains membres du monde médical viennent à la rescousse de la pomme de terre et du secteur économique important qu'elle représente, tous deux injustement menacés. C'est le cas, notamment, du Dr Patrick Pierre Sabatier qui, depuis 1987, se passionne pour la pomme de terre et participe à sa promotion aux côtés du Comité national interprofessionnel de la pomme de terre. En 1991, lors des fameux Entretiens de Bichat qui réunissent périodiquement les médecins, notre nutritionniste fait l'éloge de l'aliment pomme de terre. Celle-ci présenterait, selon lui, "l'avantage de pallier pour une grande part, et «naturellement», les insuffisances alimentaires de nos contemporains telles qu'on les constate dans les consultations de nutrition et que l'on peut schématiser comme suit : pas assez de glucides complexes et de vitamine C «naturelle», trop de lipides, carences multiples en micronutriments".

Le Dr Sabatier n'est, bien sûr, pas le premier à reconnaître quelques mérites diététiques à la pomme de terre. Précurseur en son temps, le roi d'Espagne Philippe II fait parvenir le premier plant "italien" au pape Pie IV dans l'espoir de soulager celui-ci de la goutte. Mais il était sans doute exagéré de présenter, comme ce fut le cas, le *taratufli* comme un remède universel... Parmentier, quant à lui, voit surtout dans la pomme de terre le produit miracle apte à vaincre les disettes, et loin de lui l'idée qu'elle puisse avoir des vertus plus fines dans l'équilibre alimentaire, concept qui n'est guère développé au XVIIIe siècle.

La diététique moderne, quant à elle, voit d'abord dans la pomme de terre un "féculent", certes utile comme source d'énergie, mais à consommer "avec modération" dans le cadre de l'impérialisme désormais triomphant des régimes amaigrissants.

Calories

La pomme de terre représente, c'est vrai, une bonne source d'énergie, par sa richesse en amidon. Cette molécule glucidique complexe se scinde lors de la cuisson, sous l'effet de la chaleur puis de la mastication, grâce aux enzymes présents dans la salive, en maltose, puis enfin en glucose, des sucres "rapides" directement utilisables par l'organisme. Une ration de 250 grammes de pommes de terre "nature" satisfait ainsi 8 à 10 % des besoins énergétiques moyens d'un homme sédentaire.

La pomme de terre est-elle pour autant contre-indiquée dans le cadre des régimes hypocaloriques ? A l'évidence non, car ses apports énergétiques sont relativement modérés, de l'ordre de 85 calories (en réalité des kilocalories) pour 100 grammes de partie comestible lorsqu'elle est bouillie et épluchée, soit les mêmes apports que des petits pois frais. Les chiffres des autres féculents sont beaucoup plus élevés : 262 calories pour 100 grammes de pain blanc, 148 pour les pâtes cuites et 116 pour le riz blanc cuit, sans assaisonnement.

Du fait de sa richesse en eau, la pomme de terre rassasie davantage, à apport énergétique équivalent, que les autres féculents, ce qui est précieux dans les régimes. En fait, si l'on en croit le Dr Sabatier, si l'on veut ne pas grossir, il faut manger des féculents, spécialement des pommes de terre !

Gare, cependant, aux calories supplémentaires apportées par les matières grasses, compagnes quasi obligées de la pomme de terre tant celle-ci constitue pour elles un bon support. Ainsi, 250 grammes de pommes de terre en robe des champs apportent 212,5 calories. Si on y ajoute une noisette de beurre, disons 10 grammes, on augmente l'apport énergétique de 73,5 calories, ce qui fait un total de 286 calories. Accommodée en salade, ou sautée à la poêle, avec 10 grammes d'huile, la même portion apporte 302,5 calories. Cela reste un apport calorique fort raisonnable si on le compare à celui d'une portion de frites, soit environ 1 000 calories, ou, pire, celui de la même quantité de chips : 1 400 calories !

COMPOSITION DE LA POMME DE TERRE CRUE pour 100 grammes (chair et peau)	
Eau (g)	78,7
Energie (kcal)	79
Glucides (g)	18
Lipides (g)	0,1
Protéines (g)	2
Calcium (mg)	7
Cuivre (mg)	0,26
Fer (mg)	0,76
Magnésium (mg)	21
Phosphore (mg)	46
Potassium (mg)	543
Sodium (mg)	6
Soufre (mg)	30
Zinc (mg)	0,4
Manganèse (mg)	0,26
Sélénium (mg)	0,3
Vitamine A (mg)	0,00
Vit. B1 ou thiamine (mg)	0,09
Vit. B2 ou riboflavine (mg)	0,03
Vit. B3 ou PP ou niacine (mg)	1,48
Vit. B5 ou acide pantothénique (mg)	0,38
Vit. B6 ou pyridoxine (mg)	0,26
Vit. B9 ou folate (mg)	12,8
Vit. B1	20,00
Vit. C (mg)	20
Vit. D	0,00
Vit. E	0,06
Fibres totales (g)	1,6

(Source : USDA Nutrient Database for Standard Reference, mars 1998.)

Sucres "lents", sucres "rapides"

Sa dominante glucidique rend la pomme de terre suspecte aux yeux des diabétiques et des personnes hypoglycémiques, deux catégories qui sont sujettes à des variations anormales de la glycémie (taux de sucre) sanguine. Alors, la pomme de terre est-elle à classer parmi les sucres "lents" ou parmi les sucres "rapides" ?

En fait, tout dépend de la façon dont on la prépare. En effet, si l'on mesure l'"indice glycémique" d'une purée – sa rapidité d'assimilation comparée à celle du glucose (100) –, on obtient le chiffre de 85, supérieur à celui du sucre (70) ! En revanche, si l'on cuit la pomme de terre dans sa peau et pas plus de 20 à 25 minutes, son indice glycémique n'est alors que de 52, donc voisin de celui des pâtes (55) et inférieur à celui du riz (70). Plus la cuisson se prolonge et plus il se forme de maltose (un sucre "rapide") à partir de l'amidon, et la réduction en purée accélère encore l'assimilation des sucres de la pomme de terre. Il faut donc tout simplement éviter de manger de la purée si l'on est diabétique.

La cellulose et les hémicelluloses sont d'autres glucides présents dans la chair de la pomme de terre, mais, à la différence de l'amidon, ils ne sont pas digestibles. On les classe donc parmi les fibres, dont la fonction essentielle est de favoriser le transit intestinal, ce qui constitue un facteur de protection face au risque de cancer du côlon. L'apport de la pomme de terre sur ce plan n'est pas négligeable, surtout si l'on consomme la pelure, mais il reste modeste comparé à celui des légumes proprement dits, tout en restant supérieur à celui des pâtes ou du riz.

Il serait injuste de passer sous silence les protéines contenues dans la pulpe : peu abondantes, elles n'en sont pas moins de remarquable qualité. Leur valeur biologique serait

RATION DE POMMES DE TERRE CONSEILLÉE			
(en grammes)			
Type de consommateur	Potage	Entrée ou hors-d'œuvre	Plat principal
Enfant	100	100	200-250
Adolescent	125	200	400
Adulte	125	150	250-350
Homme très actif	150	200	400
Vieillard	125	125	250-300

(Source : *La Pomme de terre française*, juillet-août 1983.)

égale à celle de l'œuf lui-même ! Une portion de 300 grammes (trois pommes de terre moyennes) couvre 30 à 45 % des besoins de l'individu en acides aminés "essentiels", qu'il faut trouver dans la nourriture puisque l'organisme ne peut les synthétiser.

Micronutriments

La diététique moderne met l'accent sur les micronutriments – oligoéléments et autres minéraux, vitamines, etc. –, qui sont des facteurs protecteurs vis-à-vis du cancer, des maladies cardiovasculaires et nombre d'autres pathologies. Sur ce plan, la pomme de terre se situe globalement à un bon niveau. Une fois avouée sa déficience en calcium, on peut relever ses bonnes teneurs en potassium – davantage que dans la banane –, en fer, et en la plupart des oligoéléments.

Dans l'absolu, la pomme de terre n'a qu'une teneur honorable en vitamine C, de l'ordre de 20 milligrammes pour 100 grammes de partie comestible. Bien des légumes et des fruits en renferment davantage, tels le poivron (120 milligrammes), le cresson (80 milligrammes) ou l'orange (60 milligrammes). Mais, à la différence de ceux-ci, notre tubercule présente l'avantage de faire partie de l'alimentation de base,

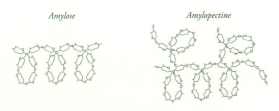

Disposition des molécules de glucose dans deux formes d'amidon

quasi quotidienne, pour une majorité de Français, ce qui fait que sa contribution à l'apport vitaminique C est essentielle. C'est le seul féculent qui apporte de la vitamine C.

Mais attention : la vitamine C est fragile. Sa teneur diminue énormément au cours de la conservation ; pour avoir une idée de ce qui reste, il faut diviser la teneur initiale par le nombre de mois écoulés depuis la récolte. Le mode de préparation joue également un rôle important, la cuisson à l'eau avec la pelure n'occasionnant que 10 % de pertes, contre 40 % environ pour les autres techniques. Dans le meilleur des cas, la ration de pommes de terre peut couvrir 40 % des besoins quotidiens de l'organisme en vitamine C.

En ce qui concerne la vitamine B6 (pyridoxine), qui est indispensable au bon fonctionnement de l'organisme, une ration de 300 grammes comble 20 à 30 % des besoins.

Au vu de ses caractéristiques nutritionnelles, il est évident que tout le monde peut consommer la pomme de terre avec profit : les enfants, les sportifs et autres personnes actives, qui y puisent des sucres lents et du potassium, mais aussi les femmes – spécialement lorsqu'elles sont enceintes –, qui ont particulièrement besoin de fer, de potassium et de magnésium, les personnes âgées, dont elle pallie les carences, et enfin les patients soumis à des traitements diurétiques ou à base de cortisone. Les seules contre-indications de la pomme de terre sont l'insuffisance rénale, du fait de sa teneur élevée en potassium, et certaines colopathies.

Comme la plupart des aliments, la pomme de terre peut se retrouver polluée à la suite de pratiques culturales inappropriées. En ce qui concerne les nitrates – un des sujets de préoccupation actuels –, la pomme de terre en est une source relativement importante. La teneur moyenne des tubercules en nitrates est pourtant modeste : 143 milligrammes par kilo contre 3 000 à 4 000 pour la laitue de serre. Si elle vient en deuxième position pour les apports quotidiens de nitrates, juste après la laitue de serre, c'est que nous en consommons beaucoup, ce qui est par ailleurs une bonne chose. Rappelons que les nitrates sont des composés indispensables à la croissance des plantes, et que seul leur excès – lié aux conditions de culture – peut être préjudiciable à la santé.

POUR BIEN PROFITER DES VERTUS DES POMMES DE TERRE

• Consommer de préférence des pommes de terre du jardin ou provenant de culture biologique, afin d'éviter la présence de résidus de produits de traitement.

• Afin de limiter les pertes de micronutriments dans l'eau de cuisson, privilégier la consommation de pommes de terre non épluchées et non découpées avant cuisson, donc cuites au four ou au diable, en robe des champs (et leurs dérivés : salades, pommes sautées, purée maison). Dans les potées et potages, on récupère les éléments nutritifs, puisque l'on consomme le liquide de cuisson. La cuisson à la vapeur ou à la marmite à pression ne préserve pas particulièrement la vitamine C.

• Limiter la consommation de frites à une fois par semaine.

• Ne consommer des chips qu'exceptionnellement.

• Ne pas faire tremper les pommes de terre épluchées.

• Eplucher les pommes de terre avec un couteau économe plutôt qu'avec un couteau ordinaire, la vitamine C étant concentrée juste sous la pelure.

• Pour préserver les sucres lents de la pomme de terre, éviter de la découper ou de la broyer avant cuisson.

• Ne cuire les pommes de terre que le temps nécessaire.

• Ne pas conserver longtemps au chaud les pommes de terre cuites.

• Ne pas consommer de pommes de terre verdies, riches en solanine.

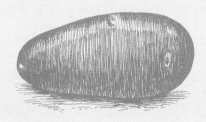

VI. LA POMME DE TERRE EN CUISINE

Le cuisinier, dont l'art est aujourd'hui si délicat, si recherché et si important, trouvera dans les pommes de terre de quoi exercer son génie inventif et meurtrier.
A. A. Parmentier, 1773.

Il serait difficile de cuisiner sans la pomme de terre. Chefs de cuisine et consommateurs la plébiscitent avec un bel ensemble comme légume irremplaçable du patrimoine culinaire français. En dépit d'une saveur proprement indéfinissable, la pomme de terre sait se mettre au service de la gastronomie en captant les saveurs et en les exaltant. Un peu de sel et de matière grasse, et alors quel délice ! Elle sait se montrer simple, dans la cuisine de tous les jours, mais se prête aussi bien à la haute gastronomie. De plus, c'est un produit agréable et facile à travailler.

La pomme de terre entre dans une infinité de préparations. Elle constitue un accompagnement idéal pour toutes les viandes, tous les poissons. Elle se marie volontiers aux œufs (notamment en omelette), au fromage, à la charcuterie, aux coquillages et aux crustacés… Elle sert de base aux soupes et potées diverses. On la mange le plus souvent chaude, mais aussi froide. Faut-il rappeler que la pomme de terre ne se mange jamais crue ?

La règle d'or qu'ont adoptée de nombreux grands chefs pour cuisiner la pomme de terre et tous les produits de qualité, c'est : moins on l'apprête, meilleure elle est.

Ferme, tendre ou farineuse

Rappelons avant toute chose la distinction que l'on doit faire entre pommes de terre à chair ferme, pommes de terre à chair farineuse et pommes de terre à chair tendre, liée à la teneur en matière sèche, et qui détermine le type d'utilisation en cuisine :

– variétés à chair ferme : calibre petit à moyen, forme plutôt allongée. Elles ne se défont pas après cuisson à la vapeur ou à l'eau, peuvent être découpées en rondelles. Pour salades, pommes sautées, ragoûts, raclette, etc. Les plus connues : 'Belle de Fontenay', 'Ratte', 'Charlotte', 'Roseval'… ;

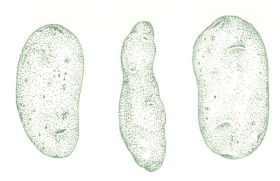

Les meilleures variétés : 'Charlotte', 'Ratte' et 'Bintje'

– variétés à chair tendre : calibre moyen à gros, forme variable selon les variétés. Elles se tiennent plutôt bien à la cuisson, s'écrasent facilement, ont une texture lisse, agréable. Pour cuisson à l'eau ou à la vapeur, gratins, purées, cuisson au four ou au diable. Les plus connues : 'Sirtema', 'Samba', 'Résy', 'Spunta', 'Mistral'… ;

– variétés à chair farineuse : calibre gros, forme courte, grain grossier. Pour les frites, la purée, les soupes. Les plus connues : 'Bintje', 'Désirée'…

En dehors de l'équipement classique, il est utile de disposer d'un coupe-frites, d'un cuit-vapeur et d'un diable. Pour l'épluchage, bien sûr, rien ne remplace le célèbre couteau économe. Cette opération n'est pas indispensable pour les pommes de terre primeurs, dont la peau, très fine, peut être consommée, ou enlevée par un simple brossage ou grattage sous le robinet.

Si la pomme de terre se prête à d'innombrables recettes, celles-ci ne sont souvent que des variantes de préparations de base, de plats classiques ou traditionnels, qui sont présentés ci-après.

Le diable

Les universelles

• *Pommes de terre en robe des champs*
Type de pomme de terre conseillé : à chair ferme.
Laver les pommes de terre sans les peler. Les mettre dans une casserole et les recouvrir largement d'eau froide. Saler, ce qui a pour effet d'accélérer la cuisson en élevant la

température d'ébullition. Au bout de 20 à 30 minutes – en fonction de la taille des tubercules –, vérifier la cuisson en enfonçant la pointe d'un couteau dans une pomme de terre ; si celle-ci ne vient pas quand on retire le couteau, c'est qu'elle est cuite. Ne pas prolonger inutilement la cuisson, car les pommes de terre risqueraient de se "défaire", et leur teneur en vitamine C diminuerait encore.

Au cuit-vapeur, compter 15 à 25 minutes ; à l'autocuiseur, 7 à 8 minutes.

Assaisonner dans l'assiette avec un peu de beurre ou d'huile d'olive, du sel, du poivre.

Cuite ainsi, la pomme de terre accompagne merveilleusement la viande et le poisson grillés, les poissons fumés, les sardines à l'huile, la raclette, les crustacés, les coquilles Saint-Jacques…

• *Salade de pommes de terre*

Pour 6 personnes : 1 kg de pommes de terre à chair ferme ; vinaigrette : 3-4 cuillerées à soupe d'huile, 1-2 cuillerées à soupe de vinaigre de vin, 1 ou 2 échalotes, sel, poivre ; fines herbes à volonté : ciboulette, estragon, cerfeuil, persil.

Faire cuire les pommes de terre en robe des champs (voir plus haut). Les éplucher à chaud, les découper en rondelles dans le saladier, les assaisonner avec de la vinaigrette, du sel et du poivre, mélanger doucement. Les pommes de terre chaudes absorbent mieux l'assaisonnement et sont ainsi plus moelleuses. Saupoudrer avec les fines herbes. Ajouter éventuellement un demi-verre de vin blanc sec. Servir encore tiède.

• *Purée de pommes de terre*

Pour 4 personnes : 1 kg de pommes de terre ; 1/2 l de lait ; 100 g de beurre ; sel, poivre.

Faire cuire à l'eau froide salée, pendant un quart d'heure environ, des pommes de terre épluchées et découpées en gros morceaux. Dès qu'une pointe de couteau s'y enfonce facilement, elles sont cuites. Les égoutter, puis les écraser au pilon ou à la fourchette, en ajoutant le beurre, puis le lait bouillant et, éventuellement, de la crème fraîche. Rectifier l'assaisonnement.

Attention, le mixeur donne une purée collante.

• *Pommes de terre frites*

Pour 4 personnes : 1 kg de pommes de terre spéciales frites de bon calibre ; 2,5 à 3 l d'huile pour friture (arachide, Végétaline, ou à la rigueur tournesol, maïs) ; sel fin et/ou fleur de sel.

Faire chauffer l'huile dans la friteuse électrique ou la bassine à frites jusque vers 160 °C. Eplucher les pommes de terre, les laver. Les découper en bâtonnets d'environ 1 centimètre de côté (le coupe-frites est bien pratique). Essorer les frites à l'aide d'un torchon. Mettre la moitié ou le tiers de la quantité totale dans le panier de la friteuse, et les passer dans la friture une première fois, pendant 5 minutes environ. Recommencer avec le reste. Egoutter les frites et les garder au chaud.

Faire monter la température de la friture à 190 °C, puis y plonger chaque quantité de frites pendant quelques minutes, le temps qu'elles dorent. Egoutter, saupoudrer de sel.

RATION MOYENNE DE POMMES DE TERRE
PAR PERSONNE

En accompagnement : 250 grammes.
Entrée, hors-d'œuvre, potage : 100-150 grammes.
Salade composée : 50 grammes.

• *Chips**

Pour 4 personnes : 1 kg de pommes de terre spéciales frites ; 2,5 à 3 l d'huile pour friture ; sel fin.

Eplucher les pommes de terre et les couper en tranches très minces à l'aide d'un robot, d'une "mandoline" ou de tout autre ustensile approprié. Les faire tremper pendant plusieurs heures dans l'eau froide afin qu'elles perdent une partie de leur fécule. Les sécher sur un linge. Les plonger dans l'huile à 190 °C pendant 4 à 5 minutes. Les égoutter et les sécher sur un papier absorbant. Saler. Les chips peuvent se conserver dans une boîte en fer.

• *Pommes de terre soufflées*
Recette plutôt difficile, découverte par hasard en 1837, à l'occasion d'un banquet donné en l'honneur du roi Louis-Philippe.

Type de pomme de terre : farineuse.

Découper les pommes de terre en rondelles de 3 millimètres d'épaisseur. Les passer dans la friture à 180 °C pendant 7 minutes environ. Laisser refroidir, puis passer dans un second bain, à 190 °C ou plus, pendant quelques dizaines de secondes. Remuer doucement. Dès que les tranches dorent et se soufflent, les retirer de la friture et les égoutter. Saler.

• *Pommes de terre au four*
Précuire les pommes de terre 5 minutes à l'eau bouillante salée, avec leur peau, puis les mettre à four chaud (200 °C) pendant 20 à 30 minutes. Ou bien les mettre à cuire crues sur une plaque (40 à 55 minutes). On peut également envelopper chaque pomme de terre dans une feuille d'aluminium (papillote).

---

* Cette recette est donnée par Max Labbé dans *Cette étonnante pomme de terre. 220 recettes de cuisine simple*, chez l'auteur, 3, rue Emile-Level, Paris (17e), 1988.

• *Pommes de terre au diable*
Le diable est un récipient en terre composé en général de deux parties identiques et superposables en forme de casserole. Le remplir à moitié de pommes de terre pas trop grosses, lavées mais non épluchées. Ne pas mettre d'eau.

Placer le diable tout près des braises dans la cheminée, ou, à défaut de feu de bois, sur la cuisinière à gaz, en intercalant un diffuseur. Retourner de temps en temps. La cuisson dure environ 40 minutes. Les pommes de terre sont alors légèrement colorées en surface, mais pas brûlées.

• *Pommes de terre sautées (à cru)*
Pour que les pommes de terre n'attachent pas au fond de la poêle : une fois découpées en dés ou rondelles, les rincer afin de les débarrasser d'une partie de leur amidon, puis les essuyer.

Les traditionnelles

• *Harengs pommes à l'huile*

Pour 6 personnes : 1 kg de pommes de terre à chair ferme cuites en robe des champs ; 3 oignons moyens ; 4 cuillerées à soupe d'huile ; filets de harengs.

Eplucher les pommes de terre encore tièdes, les découper en rondelles. Emincer les oignons crus. Découper les filets de harengs en carrés. Assaisonner et mélanger.

• *Hachis parmentier*

Pour 4 personnes : 400 g de restes de viande de bœuf bouillie ou braisée ; purée faite avec 800 g de pommes de terre ; 1 oignon ; 1 ou 2 tomates ; beurre ; sel, poivre ; emmenthal râpé.

Hacher la viande au hachoir sur une planche à découper. Hacher également l'oignon et le faire fondre dans une poêle avec un peu de beurre. Ajouter la tomate découpée en petits morceaux et épépinée, puis la viande hachée. Tourner pendant quelques minutes.

Beurrer le fond d'un plat à gratin et y verser le contenu de la poêle. Mettre une couche de purée par-dessus. Saupoudrer d'emmenthal râpé. Faire gratiner à four chaud pendant une demi-heure environ.

• *Brandade de morue*

> *Pour 4 personnes : 800 g de morue salée ; 1 grosse pomme de terre farineuse (ou 2 moyennes) ; 2 gousses d'ail ; poivre ; 2 verres d'huile d'olive.*

Faire dessaler la morue pendant 24 heures dans de l'eau fraîche, en changeant celle-ci deux ou trois fois. La pocher ensuite dans une eau frémissante pendant 10 minutes environ. Faire cuire la pomme de terre à l'eau, dans sa peau, puis la réduire en purée à l'aide d'une fourchette dans une jatte ronde. Y incorporer la morue émiettée et débarrassée des peaux et arêtes, ainsi que l'ail. Piler de façon à obtenir une pâte onctueuse.

Verser le mélange dans une casserole huilée et faire chauffer à feu très doux, tout en incorporant progressivement l'huile avec une cuillère en bois. Servir bien chaud avec des croûtons.

• *Pommes de terre sarladaises*

> *Pour 4 personnes : 1 kg de pommes de terre à chair ferme ; 100 g de graisse d'oie ou de canard ; 1 ou 2 gousses d'ail ; persil plat ; sel.*

Eplucher et laver les pommes de terre. Les découper en fines rondelles et essorer ces dernières sur un torchon.

Faire fondre la graisse dans une poêle, puis faire rissoler les pommes de terre de façon qu'elles soient dorées sur les deux faces. En fin de cuisson, ajouter l'ail et le persil hachés. Saler au moment de servir.

Ces pommes de terre accompagnent traditionnellement le confit d'oie ou de canard.

• *Salade de pommes de terre aux sardines*

Faire cuire dans leur peau des pommes de terre à chair ferme ou tendre. Les éplucher, puis les écraser sommairement, encore tièdes, dans un saladier, avec des sardines en boîte et leur huile. Ajouter un peu de vinaigre, du poivre, des fines herbes.

• *Potage aux poireaux et pommes de terre*

> *Pour 4 personnes : 500 g de pommes de terre à chair tendre ; 4 poireaux ; sel, poivre en grains ; 2 l d'eau.*

Eplucher les pommes de terre et les découper en morceaux. Faire de même avec les poireaux. Mettre le tout à cuire pendant trois quarts d'heure environ dans l'eau froide salée et poivrée. Si les morceaux de poireau sont suffisamment petits, il n'est pas indispensable de passer le potage au moulin à légumes ; le pilon suffit à écraser les pommes de terre.

Les régionales

• *Pommes Darphin**

C'est le nom donné en restauration à une galette de pommes de terre connue sous le nom de "crique" en Ardèche, dans la Drôme et le Dauphiné. Des recettes analogues existent dans d'autres régions sous différents noms.

Pour deux personnes, il faut une grosse pomme de terre à chair ferme. L'éplucher et la râper comme une carotte. Dans une poêle de 18 centimètres de diamètre, genre poêle à blinis (assez épaisse, à bord bas), mettre une noix de beurre et un peu d'huile d'arachide. Faire chauffer. Pendant

---

* Recette de Mme Cécile Ibane, restaurant *Le Monde des chimères*, 69, rue Saint-Louis-en-l'Ile, Paris (4e).

> ### NOUVELLES OU PRIMEURS ?
>
> Les pommes de terre ordinaires sont dites "de consommation". Récoltées à maturité, elles sont conservées pendant des mois dans des bâtiments isothermes, à température fraîche (autour de 7 °C). On les trouve toute l'année sur le marché. Seules des pommes de terre commercialisées avant le 1er août ont droit à l'appellation "primeur". Il s'agit obligatoirement de tubercules récoltés avant pleine maturité, en France. Ils sont reconnaissables au fait que leur peau "peluche" et se détache facilement par frottement ou grattage. La production française de primeurs commence vers le 1er mai. Les pommes de terre primeurs contiennent plus d'eau et moins d'amidon que les pommes de terre de consommation. Elles sont aussi plus fragiles, et doivent être commercialisées rapidement, si possible dans les trois jours suivant leur arrachage.
>
> Les pommes de terre "nouvelles" sont, d'une manière générale, des pommes de terre de la nouvelle récolte. Elles englobent les primeurs françaises, les pommes de terre importées du Maroc, d'Israël, etc. commercialisées en février-mars, avant les primeurs françaises, et les pommes de terre récoltées avant maturité vendues après le 31 juillet.
>
>

ce temps, presser la pomme de terre râpée pour en extraire tout le jus.

Disposer la pomme de terre râpée dans la poêle bien chaude, niveler, tasser, saler et poivrer. Faire cuire à feu vif en prenant garde de ne pas brûler. Avec une fourchette, appuyer sur la galette afin qu'elle soit bien compacte. Au fur et à mesure de la cuisson, elle diminuera d'épaisseur.

Lorsqu'elle semble bien cuite – c'est-à-dire dorée et croustillante – sur une face, retourner. Remettre du beurre et de l'huile, et procéder comme pour la première face.

On peut garder le "darphin" au chaud, à four doux en attendant de le servir. Il accompagne très bien viandes et volailles.

• *Aligot**

Plat traditionnel d'Auvergne que l'on déguste en hiver avec de belles saucisses de Laguiole ou d'Aubenas. L'aligot est en quelque sorte une purée de pommes de terre au fromage.

Pour 4 personnes : 1 kg de purée, sans beurre ni lait ; 500 g de tomme de cantal frais ; 1 petite gousse d'ail ; sel, poivre ; 1 cuillère à entremets de crème.

Prendre des pommes de terre pour purée, les cuire, les passer au moulin.

Dans cette purée, faire fondre, tout en tournant vigoureusement, le fromage découpé en petits morceaux, petit à petit, tout en maintenant au chaud.

Quand tout est fondu, vérifier l'assaisonnement et ajouter l'ail finement ciselé et écrasé, puis la crème. L'aligot doit filer quand on le sert.

La seule difficulté de ce plat réside dans le fromage – du cantal frais –, qui n'est pas toujours facile à trouver.

• *Gratin dauphinois*

Pour 6 personnes : 1,5 kg de pommes de terre farineuses ; 50 g de beurre ; 2 œufs ; 25 cl de crème fraîche ; 1 l de lait ; 1 ou 2 gousses d'ail ; 125 g d'emmenthal râpé ; thym, laurier, poivre, muscade, sel.

Eplucher les pommes de terre et les découper en rondelles de quelques millimètres d'épaisseur. Les faire cuire dans du lait bouillant assaisonné avec l'ail et les aromates, à petit feu et en remuant, pendant un quart d'heure. Pendant ce temps, mélanger dans un grand bol la crème, les œufs entiers, un peu de lait, l'essentiel du fromage râpé, du sel et des aromates. Verser les pommes de terre cuites dans un plat en terre beurré, puis le contenu du bol. Saupoudrer avec le reste du fromage. Mettre à gratiner à four moyen pendant une heure environ. La surface ne doit pas brûler.

* Recette de Mme Cécile Ibane, restaurant *Le Monde des chimères*, 69, rue Saint-Louis-en-l'Ile, Paris (4e).

• *Baeckeofe*

Traditionnellement, ce plat d'Alsace et de Lorraine était cuit dans le four du boulanger.

> *Pour 6 personnes : 500 g d'échine de porc désossée ; 500 g d'épaule de mouton désossée ; 500 g de bœuf à braiser ; 1,5 kg de pommes de terre à chair ferme ; 1 pied de porc (facultatif) ; 250 g d'oignons ; 30 g de saindoux ; sel ; poivre.*
> *Marinade : 1 carotte ; 1 oignon ; 1 bouteille de riesling ou de sylvaner ; thym, laurier, persil, céleri, girofle ; sel ; poivre.*

La veille, mettre la viande découpée en morceaux égaux à mariner dans un récipient avec le vin, des rondelles de carotte et d'oignon, le bouquet garni, du sel, du poivre.

Le lendemain, éplucher les pommes de terre et les découper en fines rondelles, de même que les oignons. Faire revenir ceux-ci dans une cocotte avec le saindoux. Hors du feu, déposer la moitié des pommes de terre sur les oignons, puis la viande (et, éventuellement, le pied coupé en deux). Assaisonner. Mettre le reste des pommes de terre. Assaisonner de nouveau. Couvrir avec le liquide de la marinade.

Souder le couvercle à l'aide d'un cordon de pâte faite de farine et d'eau. Placer à four doux et faire cuire pendant au moins 2 heures.

Servir dans la cocotte, accompagné éventuellement d'une salade. Vin conseillé : tokay.

• *Treuffes à la patte* *

Recette du Morvan et de la Saône-et-Loire.

Faire roussir des lardons dans une cocotte avec des *treuffes* (pommes de terre) pelées. Ensuite, ajouter de l'eau et un bouquet garni.

Lorsque les pommes de terre sont cuites, écraser le tout, de façon à obtenir un mélange qui ne soit ni trop épais, ni trop clair. Ajouter éventuellement un peu de lait. Servir chaud.

---

* Recette de M. J.-C. Cagnion, parue dans *Les Quatre Saisons du jardinage*, n° 83 de nov.-déc. 1983, éditions Terre Vivante, 38710 Mens.

• *Pommes de terre nouvelles sautées**

A faire avec les premières petites pommes de terre arrachées dans le jardin.

Choisir de petites pommes de terre de forme régulière (de préférence des 'Ratte'), ronde ou ovale. Ne pas les laver.

Se contenter de les frotter entre deux torchons pour enlever la peau, et les laisser enveloppées dans le torchon pour qu'elles restent bien sèches et ne se colorent pas.

Dans une poêle ou une sauteuse, glisser un gros morceau de beurre. Dès qu'il commence à fondre, mettre les pommes de terre, en secouant la poêle pour les enrober de beurre.

Faire cuire à petit feu, en secouant souvent pour éviter que les pommes de terre ne brûlent ou n'attachent.

Quand elles sont cuites et régulièrement rissolées, les glisser dans un plat de service chaud, saler et saupoudrer de persil haché.

Les gastronomiques

• *Pommes de terre farcies* ** *(1)*

Mettre à cuire des pommes de terre au four, avec leur peau. Avant qu'elles ne soient complètement cuites, les retirer du four, les couper en deux dans le sens de la longueur. Les creuser à l'aide d'une cuillère ; la pulpe sera mélangée à la farce de viande qui aura été préparée préalablement.

Cette farce peut être faite avec des restes de viande, de volaille. Il est bon de l'enrichir avec un peu de chair à saucisse, légèrement cuite au four. Mêler le jus de cuisson à la préparation. Ajouter de la ciboulette, du cerfeuil.

Farcir les pommes de terre, soit en façonnant une boulette de la taille du creux de la pomme de terre, soit à l'aide d'une petite cuillère. La farce doit être bombée. On peut saupoudrer de chapelure.

Faire cuire au four pendant 15 à 20 minutes. En piquant avec une fourchette, on se rend facilement compte si la pulpe et la farce sont cuites.

---

* Cette recette est extraite du livre de François Auger, *250 bonnes recettes d'une famille cauchoise*, éditions Bertout, 76810 Luneray, 1996.
** Recette de Mme Cécile Ibane, restaurant *Le Monde des chimères*, 69, rue Saint-Louis-en-l'Ile, Paris (4e).

• *Pommes de terre farcies* (2)*

Recette plus délicate, mais plus fine que la précédente.

Éplucher les pommes de terre à cru, les évider en partie et remplir avec une farce (viande, champignons, légumes, poisson, avec ou sans fromage, olives, etc.).

Ne pas oublier de saler les pommes de terre avant de disposer la farce. Les placer dans un plat allant au four, avec un peu d'eau dans le fond et une petite noix de beurre.

Enfourner à four chaud et faire cuire à 180-200 °C.

Ce plat convient parfaitement pour un repas du soir, accompagné d'une salade.

• *Rosace de Charlotte aux filets de sardines fraîches marinés au citron vert***

600 g de pommes de terre 'Charlotte' ; 2 dl d'huile d'olive ; 2 citrons verts ; 400 g de sardines fraîches (faire lever les filets par le poissonnier) ; 80 g de gros sel marin non raffiné ; 1 dl de crème fraîche liquide ; poivre blanc du moulin ; 1 pincée de sel fin.

Recouvrir de gros sel les filets de sardines. Maintenir au frais pendant trois quarts d'heure. Ensuite, rincer à l'eau fraîche.

La veille si possible, mettre les filets dans un plat creux, ajouter un citron découpé en rondelles fines, 2 ou 3 tours de moulin à poivre, l'huile d'olive. Laisser mariner pendant environ 12 heures.

Faire cuire les pommes de terre avec leur peau à l'eau salée. Ensuite, les peler, les découper en rondelles régulières, qui seront disposées en rosace sur l'assiette. Placer au centre les filets de sardines, verser autour quelques cuillerées de crème, assaisonner, acidifier au jus de citron vert.

Vin conseillé : rosé de Bandol servi à 6-9 °C.

---

* Recette de Mme Cécile Ibane, restaurant *Le Monde des chimères*, 69, rue Saint-Louis-en-l'Ile, Paris (4ᵉ).
** Recette de M. Jean-Marc Delacourt, chef de cuisine au *Château de la Chèvre d'Or*, Eze-Village (Alpes-Maritimes).

CONSERVER LES POMMES DE TERRE

A température ambiante : les pommes de terre dites "de consommation" peuvent se conserver en l'état de nombreuses semaines, à température fraîche (idéalement autour de 7 °C) et à l'obscurité complète.

Au réfrigérateur : les pommes de terre primeurs se conservent quelques jours dans le bac à légumes du réfrigérateur, au maximum une semaine. Mieux vaut donc les acheter par petites quantités pour les utiliser le plus rapidement possible.

Au congélateur : la congélation de pommes de terre fraîches est sans objet, car ce produit est disponible toute l'année. Il peut cependant être intéressant de conserver de petites quantités de pommes de terre primeurs. Les blanchir une minute à l'eau bouillante pour en enlever la peau.

Conserver les pommes de terre cuites : éviter de les conserver au-delà d'une journée, sous quelque forme que ce soit, car elles perdent leur valeur gustative. Si possible, conserver les pommes de terre cuites avec leur peau pour éviter l'oxydation, et jamais dans l'eau. Les pommes de terre cuisinées ne supportent guère la congélation.

• *Gâteau de Bintje aux olives noires écrasées**

Pour 6 personnes : 1 kg de pommes de terre 'Bintje' ; 4 œufs entiers ; 6 jaunes ; 300 g de beurre frais ; 150 g d'olives noires dénoyautées blanchies ; cayenne, 1 pincée de sel ; 400 g de sel gros.

Faire cuire les pommes de terre au four avec leur peau, dans une feuille d'aluminium, sur un lit de sel gros. Aussitôt cuites, les ouvrir en deux, enlever la pulpe à l'aide d'une cuillère, la passer au moulin à légumes, ajouter le

---

* Recette de M. Jean-Marc Delacourt, chef de cuisine au *Château de la Chèvre d'Or*, Eze-Village (Alpes-Maritimes).

beurre, bien mélanger, puis incorporer progressivement les œufs et les olives noires hachées.

Assaisonner de sel et de cayenne, beurrer un moule à manqué, le garnir et mettre à four moyen pendant 30 à 35 minutes. Après cuisson, laisser reposer quelques minutes avant de démouler.

Servir en accompagnement d'un poisson rôti ou grillé.
Vin conseillé : blanc de Cassis très jeune, servi à 9-10 °C.

• *Belle de Fontenay confite au romarin**

Pour 4 personnes : 1 kg de pommes de terre 'Belle de Fontenay' ; 250 g de graisse de canard ou d'oie ; 1 gousse d'ail ; 1 branche de romarin ; sel, poivre du moulin.

Éplucher les pommes de terre, les découper en rondelles régulières, les essorer dans un linge. Mettre 50 grammes de graisse dans une poêle antiadhésive chaude, faire sauter les rondelles de pommes de terre pendant 2 ou 3 minutes. Ensuite, verser celles-ci dans un plat creux style sabot, ajouter le romarin, l'ail écrasé. Assaisonner de sel et poivre, recouvrir de graisse fondue, puis faire confire à couvert, à four moyen, pendant 40 à 45 minutes.

Servir avec une volaille rôtie.
Vin conseillé : rouge de Touraine servi à 14-16 °C.

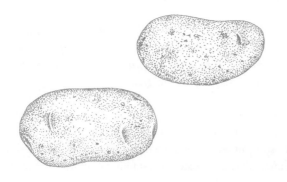

* Recette de M. Jean-Marc Delacourt, chef de cuisine au *Château de la Chèvre d'Or*, Eze-Village (Alpes-Maritimes).

VII. DIVERS ASPECTS, SOUVENT INSOLITES

Il n'est pas de domaine de l'activité humaine où la pomme de terre ne puisse trouver un emploi, de l'industrie la plus sophistiquée à la vie quotidienne. S'il faut protéger une tente de la foudre, par exemple, on pique simplement des pommes de terre au sommet des mâts. Si l'on veut soulager rapidement une brûlure bénigne ou un coup de soleil, rien de tel que d'appliquer de la pulpe de pomme de terre. Pour empêcher des greffons ou des boutures de se dessécher lors du transport, une solution : les piquer dans des pommes de terre. Besoin d'un herbicide ? L'eau de cuisson des pommes de terre remplira cet office, à moins que l'on ne préfère l'affecter à la teinture des étoffes, auxquelles elle donnerait une couleur grise. Le suc des tiges, des feuilles et des fleurs, lorsque la plante est en fleur, colore en jaune le lin et la laine, si on les laisse tremper pendant quarante-huit heures.

On a utilisé la fécule extraite de la pomme de terre pour empeser le linge, bien sûr, mais aussi dans les machines à vapeur, où elle empêchait le dépôt de tartre. L'extraction domestique de cet amidon n'est pas différente dans le principe de l'extraction industrielle : il suffit de râper les pommes de terre bien propres. Laver plusieurs fois la râpure sur un tamis à mailles fines. La fécule tombe avec l'eau dans un récipient. Lorsque l'eau s'écoule bien claire, laisser reposer, décanter, puis faire sécher. La fécule est prête à l'emploi.

On a mélangé la pulpe au plâtre et à la terre crue dans les constructions de campagne pour rendre ces matériaux moins sensibles à l'humidité. Elle entrait autrefois dans des compositions "maison" de cirage ou de colle, etc.

Fourragère et médicinale

La pomme de terre est une plante médicinale à part entière. Cazin, médecin de campagne à Calais au début du XIXe siècle, a bien vu le parti que l'on pouvait tirer du *Solanum tuberosum*, déjà fort répandu chez les paysans pauvres qui constituaient sa clientèle. Outre qu'elle est antiscorbutique – du fait de sa teneur en vitamine C –, la pomme de terre se révèle émolliente et calmante. Dans le

> ### LA POMME DE TERRE
> ### ET LA PHOTOGRAPHIE EN COULEURS
>
> Les frères Lumière mettent au point en 1907 le premier procédé direct de photographie en couleurs : l'autochrome. Dans celui-ci, la plaque est enduite d'une fine couche de grains transparents colorés pour les uns en rouge orangé, pour les autres en vert ou en violet, et recouverte d'une émulsion de gélatinobromure d'argent, qui est donc exposée à travers la couche de grains colorés, servant de filtre de sélection des couleurs. Et la pomme de terre, dans tout cela ? Eh bien, c'est elle qui fournit les grains transparents microscopiques pouvant être colorés : il s'agit, en effet, de grains d'amidon.
>
>

cas de brûlures peu graves, il suffit, par exemple, d'appliquer de la chair crue râpée pour obtenir un soulagement. Cette même chair, "cuite et réduite en bouillie avec des décoctions de plantes mucilagineuses, telles que la mauve, la guimauve, le bouillon-blanc, la tête de pavot, est très utile en cataplasmes qu'on applique comme calmants, adoucissants et maturatifs, sur les phlegmons, les contusions, etc.", écrit ce précurseur de la phytothérapie moderne.

C'est également un fourrage de qualité, propre, notamment, à l'engraissement des porcs et donnant un lard ferme et délicieux. Avant l'avènement des aliments industriels, on mélangeait dans les Flandres des pommes de terre cuites à de l'orge moulue, ou du maïs, ou des féveroles concassées, ou encore du sarrasin, des eaux grasses et du son. La pomme de terre cuite convient également à l'engraissement des poulets et des chapons, en complément ou en substitution du maïs.

Avec la pomme de terre, rien n'est perdu : on valorise dans l'élevage ou dans l'alimentation humaine les pelures, fausses coupes et autres coproduits des industries de transformation – fabrication de purée en flocons, frites surgelées, chips… –, ou les pommes de terre trop petites ou difformes pour être commercialisées.

Dérivés industriels

On tire de la pomme de terre une fécule d'un blanc pur, inodore, aux spécificités intéressantes sur le plan industriel : viscosité élevée, pouvoir adhésif, aptitude à la formation de films, etc. Cette matière première qu'est la pomme de terre "féculière" est cultivée principalement, en France, dans les départements de la Somme et de la Marne.

En papeterie, l'amidon assure la cohésion de la feuille et un bon surfaçage, et les dextrines qui en dérivent servent de colle pour les cartons et les sacs en papier. Le textile l'apprécie comme apprêt. On le retrouve en fonderie, en exploitation minière, dans le bâtiment comme additif des briques, du béton, du placoplâtre…

La fécule de pomme de terre est un aliment très bon marché qui peut remplacer le tapioca, la maïzena ou l'arrow-root en tant qu'ingrédient, agent épaississant ou gélifiant, agent de texture. Elle entre dans la formulation de médicaments comme excipient, dragéifiant, liant, et confère aux couches-culottes des propriétés "super-absorbantes". Elle peut être transformée en faux sucres (polyols) et pseudo-graisses utilisables dans les régimes. Le sirop de glucose qui en dérive est également important dans les industries agro-alimentaires et pharmaceutiques.

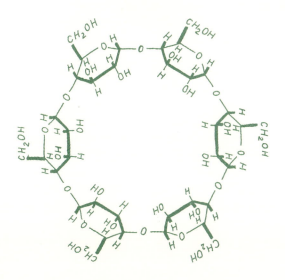

Molécule d'amidon, composée de six molécules de glucose

LA PRODUCTION DE LA POMME DE TERRE DANS LE MONDE		
Pays	Production (en millions de tonnes) 1994	Rendements (en tonnes par hectare*)
Russie	38,0**	12,3***
Pologne	36,2**	12,3***
Chine	35,0**	9,9
Etats-Unis	19,0**	29,1
Inde	15,7**	-
Allemagne	9,3	31,6
Pays-Bas	7,1	41,2
Royaume-Uni	6,0	42,4
France	5,9	35,0
Espagne	4,2	19,5
Belgique	2,3	40,1
Italie	1,9	24,1
Portugal	1,3	14,4
Total (monde entier)	300	-

(D'après Montigny, INRA, 1996.)

*Chiffres pour 1980-1984. **Chiffres de 1993. ***Europe de l'Est.

Fermentée industriellement, la pomme de terre produit de l'alcool ou du vinaigre. L'alcool de pomme de terre est insalubre du fait de la présence d'alcool amylique et de fusel (une huile essentielle).

Les dérivés industriels de la pomme de terre, naturels et facilement biodégradables, ouvrent des perspectives pour le développement de produits respectueux de l'environnement, de plus en plus demandés. Un exemple : les lessives. Les dérivés de l'amidon peuvent remplacer pratiquement tous les composants actuels qui posent des problèmes écologiques – phosphates, agents de blanchiment, tensioactifs, séquestrants. Même chose dans le domaine des plastiques biodégradables, voire comestibles, prometteurs comme matériaux de paillage agricole et d'emballage.

Enfin, on étudie le moyen de lui faire produire des médicaments ou des contraceptifs, notamment par croisement d'autres *Solanum* contenant divers stéroïdes. En Grande-Bretagne, on lui a transféré un gène qui augmente sa capacité de synthèse du glycocolle, un acide aminé.

Un secteur économique

Les "biocarburants" constituent un autre débouché – récent et encore restreint – pour la pomme de terre. Par fermentation, puis distillation (et éventuellement craquage) de produits d'origine agricole riches en sucre, on obtient de l'éthanol (l'alcool courant). Un hectare de pommes de terre peut ainsi donner plus de 4 000 litres d'éthanol, soit moins que la même surface de betteraves, mais plus que le blé. Le bio-éthanol et les éthers qui en sont dérivés peuvent être incorporés aux essences jusqu'à des taux de 5 à 10 % (15 % pour les éthers) sans baisse des performances

LA CONSOMMATION DE POMMES DE TERRE EN EUROPE (1990-1991)	
Pays	Consommation (en kilos par habitant et par an)
Allemagne	74,8
Belgique	96,9
Danemark	56,9
Espagne	106,3
France	71,1
Grèce	88,5
Irlande	142,9
Italie	38,7
Pays-Bas	86,6
Portugal	106,8
Royaume-Uni	98,8

(D'après Montigny, INRA, 1996.)

POMME DE TERRE AMUSANTE ET CRÉATIVE

Avec des pommes de terre, les enfants peuvent confectionner des tampons pour imprimer des lettres ou des motifs décoratifs.
- Prendre une pomme de terre et la couper en deux.
- Dessiner le motif (à l'envers, bien sûr !) à l'aide d'un crayon.
- Sculpter le motif dans la chair de la pomme de terre à l'aide d'un couteau bien affûté ou d'un cutter.
- Pour imprimer, tremper le tampon dans un couvercle ou une soucoupe contenant de la gouache liquide recouverte d'un buvard. Appliquer sur le papier.

Ils peuvent également fabriquer… une pile électrique !

En effet, la pomme de terre, riche en sels minéraux en solution dans l'eau, constitue une parfaite réserve d'électrolyte. En piquant à chaque extrémité une lamelle de zinc et une autre de cuivre (les électrodes), on obtient une pile dont la différence de potentiel est de 0,35 volt environ. Pour alimenter une pendule à quartz, il suffit donc de relier en série quatre de ces piles, ou, mieux encore, deux séries de quatre mises en parallèle.

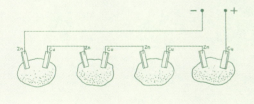

des moteurs, et sans avoir à modifier ceux-ci. Ces "composés oxygénés" remplacent le plomb (polluant) comme antidétonant, élèvent l'indice d'octane, et peuvent donc se substituer au benzène et autres composés aromatiques nocifs dans la composition des essences sans plomb.

A la différence du pétrole, ce sont des carburants renouvelables puisque issus de l'agriculture. Ils sont neutres quant à l'effet de serre : le gaz carbonique émis dans l'atmosphère lors de leur combustion est recyclé par photosynthèse pour les besoins de la croissance des cultures énergétiques.

La pomme de terre constitue à elle seule un véritable secteur économique. Aux débouchés agroalimentaires et industriels déjà évoqués, il faut bien sûr ajouter la consommation "en l'état". En France, la production est localisée essentiellement en Nord-Pas-de-Calais et en Picardie pour les pommes de terre de consommation et celles destinées à la transformation, dans l'Ouest – notamment la Bretagne – pour les primeurs. Elle a diminué de moitié en un siècle. Cette régression concerne également les autres pays européens, à l'exception de ceux du Sud, où la consommation de pommes de terre continue d'augmenter.

Le potiron

Aïté Bresson

INTRODUCTION

En 1573, Arcimboldo peint la série des *Quatre Saisons*, ces têtes qui se révèlent composées, au fur et à mesure qu'on les détaille, d'une profusion de fruits, de fleurs et de légumes habilement assemblés, et emblématiques de la saison représentée.

C'est ainsi que *L'Automne* a le nez en poire, la joue en pomme, les cheveux en grappes de raisin, la bouche en châtaigne, l'oreille en champignon… Et sa tête est coiffée d'un légume arrivé depuis peu dans l'Ancien Monde, mais déjà assez connu pour évoquer l'automne : un beau potiron ivoire aux côtes bien marquées (du moins l'appellerons-nous "potiron" avant d'avoir approfondi la question de son identité).

Ce sont les découvreurs du Nouveau Monde qui l'ont rapporté dans les cales de leurs navires, en compagnie du maïs, du haricot, du piment, de la tomate… En Amérique, il y a déjà plusieurs millénaires qu'on le cultive et, associé au maïs et au haricot, il forme la base de l'alimentation de nombreuses civilisations précolombiennes. En Europe, l'engouement qu'il suscite à son arrivée parmi les classes aisées est de courte durée – on l'apprécie plus pour ses belles couleurs et pour ses formes que pour son goût.

En revanche, il va prendre pied dans les jardins potagers, et ne plus les quitter : facile à cultiver et à conserver, c'est un légume généreux qui se prête à une infinité de préparations. Le XIXe siècle est la grande époque du potiron dans nos pays. Vers 1880, Vilmorin n'en recense pas moins de trente variétés couramment cultivées, sans compter celles de ses proches cousins, la citrouille et la courge musquée.

On redécouvre depuis quelques années cette belle richesse variétale que notre siècle avait reléguée au fond des potagers, où quelques jardiniers passionnés l'avaient heureusement conservée.

Pour mieux connaître la longue histoire qui lie le potiron à l'homme, la façon dont il a nourri son imaginaire, pour savoir le cultiver et le cuisiner, voici donc un portrait du potiron, "géant" du potager et emblème d'une diversité menacée mais encore bien vivante.

I. DES POTIRONS ET DES HOMMES

Nommer le potiron

Quand on parle de tomate, de pomme de terre ou encore de haricot, il n'y a guère de confusion possible, et tout le monde sait à quel légume on fait référence. Ce n'est malheureusement pas si simple en ce qui concerne le potiron : "potiron", "citrouille" et "courge" sont souvent encore synonymes dans la langue des jardiniers ou dans celle des cuisiniers, au grand désespoir des botanistes qui y reconnaissent trois espèces différentes.

Le Français du Nord et du Centre emploie généralement le terme "citrouille" (du latin *citrus*, jaune citron) pour désigner les gros fruits arrondis ou oblongs que l'on récolte dans les potagers à l'automne. Mais le Méridional ne voit là que des courges, ou encore des cougourdes (du latin *cucurbita*, recourbée). Quant au potiron, c'est un mot que l'on emploie depuis le milieu du XVIIe siècle pour désigner "une variété de courge plus grosse que la citrouille" – ce qui demeure assez vague.

L'origine du mot reste mystérieuse. Certains linguistes le rattachent à une racine syriaque, *patûrta*, "champignon" ; d'autres, au latin *posterio* (postérieur) à l'ancien français *boterel* (crapaud) ou encore à l'adjectif *pot* (renflé). Rien n'est sûr dans ce domaine, si ce n'est que l'origine du mot "potiron", quelle qu'elle soit, ne paraît guère flatteuse, et que ces trois termes ont entretenu la confusion quant à la véritable identité du potiron. D'ailleurs, l'anglais n'est pas mieux loti à cet égard, et la distinction entre *pumpkin* et *squash* reste souvent assez imprécise.

Il fallait donc mettre un peu d'ordre dans ce chaos botanique. C'est ce que fit Charles Naudin, naturaliste au Muséum, dans les années 1850. Après avoir longtemps cultivé et observé des "courges", il réussit à définir les trois espèces de *Cucurbita* les plus souvent accueillies dans nos potagers : *Cucurbita maxima*, le potiron, *C. pepo*, la citrouille, et *C. moschata*, la courge musquée. On ajoute aujourd'hui à cette classification la courge de Siam *(C. ficifolia)* et la courge mexicaine *(C. argyrosperma)* – nous en reparlerons.

Mais à l'époque de Naudin régnait également la plus grande confusion quant aux origines du "potiron", et les

Zones d'origine du potiron, de la citrouille et de la courge musquée (d'après B. Defay, Trésors de courges et de potirons, éd. Terre Vivante)

botanistes discutèrent longtemps avant de s'accorder sur son lieu de naissance.

La question des origines

Il est vrai que, s'ajoutant aux incertitudes des botanistes, la présence de "courges" sur le vieux continent avant la découverte de l'Amérique et la facilité d'acclimatation de ces végétaux hors de leurs régions d'origine ont quelque peu brouillé les cartes.

A la fin du XIXe siècle encore, Alphonse de Candolle dans son *Origine des plantes cultivées*, pourtant très documentée, persistait à considérer le potiron comme originaire de l'Ancien Monde : "Les courges cultivées par les Romains et dans le Moyen Age étaient le *Cucurbita maxima*." Pour le *Cucurbita pepo*, il se ralliait par contre aux arguments des botanistes américains : on avait identifié son ancêtre sauvage sur les bords du Guadalupe, et, si l'on trouvait des "pepones" dans les herbiers européens du XVIe siècle, aucun ne figurait dans ceux qui étaient antérieurs à la découverte de l'Amérique. Enfin, quant à l'origine de la courge musquée et de la courge de Siam, que beaucoup situaient alors en Asie, Alphonse de Candolle avouait ses doutes, mais ne pouvait s'appuyer sur aucune preuve déterminante.

On dispose aujourd'hui d'informations archéologiques et botaniques beaucoup plus précises, et l'identification des zones d'origine des végétaux est un exercice moins délicat. On peut donc affirmer que le potiron est originaire de régions plutôt tempérées d'Amérique du Sud (Chili, Argentine, Pérou, Bolivie) ; la citrouille, du Mexique et du Sud-Est des Etats-Unis ; la courge musquée, du Nord-Ouest de la Colombie et du Mexique ; enfin, *Cucurbita ficifolia* et *C. argyrosperma* sont des espèces mexicaines. Et l'on sait aussi que ces cinq espèces figurent parmi les plantes les plus anciennement domestiquées par l'homme outre-Atlantique.

L'un des plus vieux compagnons végétaux de l'homme

Il y a plus de dix mille ans, les peuples d'Amérique centrale et ceux des Andes, qui vivaient de chasse et de cueillette, recherchant peut-être des sources d'huile végétale, ont commencé à s'intéresser aux fruits des *Cucurbita* sauvages, qui ne dépassaient guère la taille d'un poing, mais étaient faciles à cueillir et à conserver.

C'est donc probablement les graines chargées d'huile que les hommes ont d'abord recherchées, et non la chair de ces fruits, qui était maigre et amère – ni non plus la possibilité de les utiliser comme récipients, car ils avaient mieux : les gourdes *(Lagenaria siceraria)*, dont la peau était beaucoup moins fragile.

Comment est-on passé ensuite de la cueillette à la domestication et à la culture ? On ne peut le savoir avec exactitude. Mais ce fut un long processus, et la "docilité" des *Cucurbita*, la facilité avec laquelle ils s'hybrident ont peut-être rendu la tâche moins ardue.

On peut imaginer, connaissant la prédilection des potirons et autres courges pour les tas de compost, que quelques pieds issus de graines rejetées par les hommes aient prospéré sur le sol enrichi de déchets organiques – et que cela ait donné aux hommes l'idée de renouveler l'expérience.

Représentation aztèque d'un plant de courge, Codex de Florence, XVIe siècle

Puis, ayant remarqué des plants aux fruits moins amers, les nouveaux cultivateurs se sont peut-être livrés à une sélection consciente, et ont ainsi créé des variétés à chair plus douce, adaptées à leurs besoins, à leur terre… et dépendant de l'homme pour leur reproduction.

Tout cela n'est que suppositions, mais il est sûr par contre qu'on a trouvé des graines et des fragments d'épicarpe de *Cucurbita pepo* datant de 7 000 av. J.-C. à Taumalipas, au nord-est du Mexique, des restes de *C. moschata* et de *C. mixta* datant de 4 000 ou 5 000 av. J.-C. dans la vallée de Tehuacan, au sud-est du Mexique (en même temps que des graines d'amarante, de piment, de haricot et de maïs, des meules et des mortiers), et des traces de *C. maxima* cultivé au Pérou, dans les Andes, et remontant à 5 000 av. J.-C.

LES TROIS SŒURS DU CHAMP DE MAÏS

L'agriculture des Indiens était fondée sur l'association de trois plantes – le maïs, le haricot et le potiron (ou courge) –, intéressante tant au point de vue agronomique que diététique, et qui a permis l'essor des civilisations précolombiennes.

Le maïs, semé le premier, servait de tuteur aux haricots ; les potirons couvraient rapidement le sol, empêchant les mauvaises herbes de se développer, et profitaient de l'ombrage offert par le maïs ; enfin les haricots, capables comme toute Légumineuse de fixer l'azote de l'air, en fournissaient aux deux autres espèces.

Accompagnés du piment, ces trois végétaux étaient également les piliers de l'alimentation des sociétés précolombiennes, tel ce pain traditionnel chez les Mayas, formé de plusieurs couches superposées de pâte de farine de maïs, de bouillie de haricots et de pâte de graines de courge moulues.

La découverte du potiron

Ainsi donc, au gré des échanges de graines entre les hommes, de leurs voyages, la culture des *Cucurbita* s'est répandue peu à peu sur tout le continent américain. Au moment où Christophe Colomb découvre le Nouveau Monde, le potiron a essaimé en Amérique du Sud, et il va bientôt gagner la Floride, et même atteindre le Saint-Laurent. On cultive la courge musquée en Floride et en Amérique du Sud, et la citrouille dans une grande partie de ce qui est devenu les Etats-Unis.

De ces courges, dont les graines (les "pépites") servent au Mexique à payer les tributs, on apprécie autant les fleurs, servies en soupe, que les fruits : on les fait rôtir directement sur les braises, ou encore on les fait sécher en tranches, pour les conserver, et la chair moulue est alors incorporée au pain. Enfin les graines, broyées et mêlées à de la tomate verte et à du piment, servent à préparer le *pipian verde* qui accompagne la dinde ou les poissons.

Et le spectacle de la diversité et de l'abondance de ces cultures va susciter chez les explorateurs surprise et émerveillement. Ainsi, le 3 décembre 1492, sur l'île de Cuba, Christophe Colomb, empêché de poursuivre son voyage par des vents contraires, décide-t-il d'explorer un peu les terres : "L'Amiral gravit une montagne et en trouva le sommet plat et si bien semé de nombreuses plantes, et en particulier de courges, que c'était une fête pour les yeux."

Charles Gibault, dans son *Histoire des légumes* (1912), rapporte de même l'émerveillement de Cabeza de Vaca découvrant en Floride en 1528 "maïs, fèves et *pumpkins* en abondance" ; et Jacques Cartier, explorant en octobre 1535 la région du Saint-Laurent, lui fait écho : "Ils ont beaucoup de gros melons et concombres, courges, pois et fèves de toutes couleurs, non de la sorte des nôtres."

Un grand voyageur

Commence alors le grand voyage des courges américaines par mer et par terre à la conquête de l'Ancien Monde. C'est peut-être dans les cales des navires de Christophe Colomb que les premiers *Cucurbita* parviennent en Europe, à Naples, d'où ils gagnent Gênes, puis Nice et le Sud de la France. Et

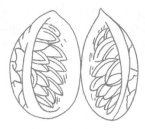

Courges, Codex de Florence

leur bonne capacité de conservation leur a peut-être permis d'arriver au port sans avoir perdu leurs belles couleurs et leurs formes rebondies.

Mais c'est aux Portugais, semble-t-il, que l'on doit la rapide diffusion des "trois sœurs" américaines à travers le monde dans la première moitié du XVIe siècle. Ils les auraient introduites dans leurs colonies de l'océan Atlantique, puis en Angola, au Mozambique, enfin en Inde. De là, l'Indonésie, la Chine étaient accessibles, et ces "civilisations du végétal" eurent tôt fait d'accueillir ces nouveaux végétaux dans leurs jardins et dans leurs cuisines. D'Inde également, par le détroit d'Hormuz, la route vers l'Empire ottoman était relativement facile, et le commerce y était actif. Dès les années 1530, les "trois sœurs", le piment et probablement la dinde étaient connus jusqu'aux Balkans.

Un long voyage, assurément… mais rapide, si l'on considère les moyens de transport de l'époque. En un demi-siècle, les courges américaines ont donc pénétré toutes les régions du globe où on les cultive aujourd'hui – et l'on comprend mieux la difficulté qu'ont eue les botanistes pour désigner leur pays d'origine.

Heurs et malheurs du potiron

Dès le milieu du XVIe siècle, donc, les *Cucurbita* sont décrits dans les herbiers européens. C'est un *Cucurbita pepo* qui apparaît le premier dans l'herbier de Leonhart Fuchs (1542), puis on en découvre d'autres dans ceux de Dodoens (1554), Gerard (1597)… Ils figurent aussi fréquemment dans les natures mortes de peintres flamands des XVIe et XVIIe siècles, pour leurs qualités plastiques, mais peut-être aussi pour l'image de fécondité et d'abondance qu'offrent ces beaux fruits joufflus au ventre rempli de graines.

Mais qu'en est-il dans les jardins et dans les cuisines ? Dès la fin du XVIe siècle, le potiron et ses cousins sont des hôtes fréquents des potagers européens. Olivier de Serres, qui recommande déjà la culture du maïs ou "gros grain de Turquie", mentionne la citrouille (au sens large) dans son *Théâtre d'agriculture et mesnage des champs*, à côté des "courges" et "cougourdes de pays" (*Lagenaria*). Il conseille de cultiver ces légumes frileux "selon les lieux [...] en plaine campagne, ou sur couches de fumier, ou sous couvertures", et de confire au sel les "cougourdes de pays", ou d'en faire du *carbassat* – sorte de confiture dont il donne la recette. "Quant aux citrouilles, elles y sont du tout impropres, leur chair ne pouvant souffrir la chaleur du succre, qui la faict fondre la rendant en brouet." Mais nous n'en saurons pas plus, car il ne suggère pas d'autre utilisation de ce légume.

Près d'un siècle plus tard, La Quintinie, jardinier du Roi Soleil, créateur du Potager du roi, en recommande la culture dans ses *Instructions pour les jardins fruitiers et potagers* (1690). La citrouille et le potiron ("espèce de citrouille plate et jaune") figurent dans la liste de "tout ce qui doit être dans un potager pour le rendre parfaitement bien garni" – mais deux végétaux du Nouveau Monde qui inspirent encore de la méfiance, la tomate et la pomme de terre, n'y trouvent pas leur place.

Côté cuisine, il en va un peu différemment. Le potiron a sans doute bénéficié du relatif engouement pour les légumes qui se fait jour aux XVIe et XVIIe siècles parmi les classes aisées de la société française. Jusque-là, les légumes, aliments liés à la terre, avaient plutôt mauvaise presse, et étaient considérés comme nourriture vulgaire, bonne pour le peuple. L'attrait de la nouveauté, la curiosité ont peut-être joué un rôle dans cette mode, mais plus probablement le préjugé favorable dont jouissait tout ce qui arrivait d'Italie, qui à cette époque, en cuisine comme en peinture ou en architecture, dictait le goût.

Un siècle plus tard, on ne tient plus le potiron et ses cousins en grande estime : ainsi, en 1749, M. de Combles écrit-il dans *L'Ecole du jardin potager* que, si la chair du potiron a plus de goût que celle de la citrouille (mais qu'appelle-t-il potiron ?), "elle tient toujours de la fadeur des autres [...] ; c'est un mets insipide et une mauvaise nourriture". Menon renchérit en 1774 dans *La Cuisinière bourgeoise* : "Du potiron & citrouille : ils ne sont d'autre usage en cuisine que pour faire de la soupe avec du lait."

Mais les livres de cuisine ou d'horticulture de l'époque nous renseignent surtout sur les goûts des classes les plus aisées, et ne disent rien de l'ordinaire des classes plus pauvres. On peut cependant supposer que tout cela n'a pas empêché "le peuple dont le ventre souffre tout" de cultiver des potirons, et même de trouver quelque plaisir à les manger.

Au cours du XIXe siècle, grâce aux échanges et au travail des grainetiers, on voit apparaître une profusion de nouvelles variétés. Ainsi, les maraîchers de la région parisienne donnaient leur préférence aux potirons 'Jaune gros de Paris' et 'Gris de Boulogne', avant que le 'Rouge vif d'Etampes' (vers 1870) et le 'Bronzé de Montlhéry' ne viennent les détrôner. Outre ces potirons, les jardiniers cultivaient déjà des variétés populaires aux Etats-Unis, d'où elles avaient été introduites : le 'Hubbard vert', le potiron 'Courge de l'Ohio'. Il existait également de très nombreuses variétés locales, comme les potirons 'Courge brodée de Thoumain', 'Blanc de Mayet', 'Blanc de Corné', ou encore la citrouille 'Melonnette jaspée de Vendée'. Et l'on pouvait cultiver des courges musquées jusque dans des régions relativement septentrionales grâce aux variétés 'Sucrine du Berry' ou 'de Mirepoix'.

A la fin du XIXe siècle, le potiron figure en bonne place dans l'ouvrage de Vilmorin, *Les Plantes potagères*, qui recense pour l'ensemble des courges américaines une cinquantaine de variétés couramment cultivées. Certaines le sont encore de nos jours, mais on découvre aussi des inconnus : les potirons 'Courge baleine', 'Courge de Valparaíso', 'Courge

La récolte des potirons en Provence, fin du XIXe siècle

des missions', et bien d'autres encore – variétés devenues rarissimes, peut-être disparues ou réfugiées dans les potagers des collectionneurs.

Car on a assisté, depuis le milieu du XXe siècle, à l'érosion de cette belle richesse variétale, qui n'a d'ailleurs pas concerné que le potiron, mais peu ou prou toutes les espèces légumières et fruitières. La recherche de variétés à haut rendement, de productions plus régulières, plus homogènes, s'est souvent faite au détriment de la diversité des formes, des saveurs, et aussi des ressources génétiques.

Le retour du potiron

Et pourtant… depuis quelques années, ce mouvement semble s'inverser, et le potiron en a profité pour faire un retour en force. Sa consommation s'accroît de 30 % par an en France et en Allemagne. Les maraîchers professionnels en produisent environ 25 000 tonnes chaque année. Comparé aux 120 000 tonnes de courgettes produites chaque année sur notre territoire, c'est peu, bien sûr. Mais il ne faudrait pas oublier la production des potagers familiaux, impossible à chiffrer, mais certainement loin d'être négligeable.

On redécouvre aujourd'hui les vieilles variétés de potiron, et les jardiniers disposent aussi, grâce aux réseaux d'échanges de graines, de variétés américaines, japonaises, australiennes ou néo-zélandaises.

Au fond des jardins potagers, dernier refuge de la diversité légumière, le potiron n'avait donc pas dit son dernier mot.

LA VOGUE DE LA COURGETTE

Le mot "courgette" apparaît en français en 1929 pour désigner une courge consommée alors qu'elle est encore immature. De nos jours, il s'agit le plus souvent de variétés de *Cucurbita pepo*, mais en fait toutes les jeunes courges (au sens large) peuvent être mangées de cette façon.

Il semble bien que les "courgettes" ont été appréciées de tout temps : avant la découverte du Nouveau Monde par les Européens, les Indiens de l'est des Etats-Unis cultivaient déjà le pâtisson et la courge 'Cou-tors', dont ils appréciaient les jeunes fruits. Ces variétés n'ont pas tardé à conquérir l'Europe : en 1591, Matthias de l'Obel présente une description du pâtisson dans son herbier, *Plantarum seu stirpium icones*. Dès le début du XVIIIe siècle, les Anglais raffolent de la courge à la moelle ou *vegetable marrow*. Il faudra attendre cependant 1820 pour que les potagers français accueillent la 'Coucourzelle' ou courge d'Italie, plus proche de la courgette que nous consommons aujourd'hui.

Le XXe siècle va marquer un essor sans précédent de la courgette, aujourd'hui souvent préférée au potiron. Dès le début des années 1920, elle est cultivée à grande échelle en Californie et depuis les années 1960, sa production et sa consommation sont en constante augmentation. Au premier rang des pays européens producteurs de courgettes figure l'Italie, suivie par l'Espagne et la France où les maraîchers de Provence et du Sud-Ouest en produisent d'avril à octobre.

Courge à la moelle

II. L'ALBUM DE FAMILLE DU POTIRON

Dans les années 1850, donc, le botaniste Charles Naudin, qui a consacré de longues années à cultiver des "courges" et à observer les résultats des fécondations croisées, parvient à classer les différentes variétés connues en trois espèces botaniques séparées par des barrières de stérilité. Car au-delà de la ressemblance, c'est l'interfécondité qui constitue l'espèce : deux individus d'espèces différentes ne peuvent en principe se féconder, et le fruit de leur croisement (car il y a toujours des exceptions à la règle) est stérile et instable. Il n'en va pas de même pour les variétés d'une même espèce, entre lesquelles tous les croisements sont permis – les Cucurbitacées sont d'ailleurs très fortes dans ce domaine.

Grâce à Naudin, il est donc aujourd'hui assez facile de distinguer les espèces de *Cucurbita* couramment cultivées dans les potagers. Mais avant de mieux pénétrer l'intimité du potiron et de ses proches cousins, il nous faut présenter leur famille, les Cucurbitacées.

La grande famille des Cucurbitacées

Famille nombreuse, en effet, les Cucurbitacées comprennent un millier de membres répartis en une centaine de genres, dont beaucoup ont un intérêt alimentaire et une longue histoire commune avec l'homme : les *Cucurbita* qui nous intéressent ici, le concombre et le cornichon *(Cucumis)*, le melon *(Cucumis melo)*, la pastèque *(Citrullus)* et bien d'autres encore...

Les Cucurbitacées sont des plantes annuelles ou vivaces, le plus souvent sarmenteuses et vigoureuses. Elles se distinguent par leur croissance rapide, qu'explique la présence de larges cribles dans les tissus, où circule la sève élaborée – d'où sans doute la disproportion entre les fruits volumineux et les tiges grêles qui, incapables de supporter tout l'organisme, rampent au sol ou grimpent en s'accrochant grâce à leurs vrilles.

Les fleurs des Cucurbitacées sont en général unisexuées. Certaines espèces sont dioïques (du grec *di,* deux, et *oikia,* maison) : il y a donc alors des pieds mâles et des pieds femelles. D'autres sont monoïques – une seule "maison", ou un seul pied, rassemble les fleurs mâles et les fleurs femelles : c'est le cas des *Cucurbita.* Les Cucurbitacées sont donc allogames – la fleur femelle ne peut être fécondée que par du pollen provenant d'une autre fleur, appartenant ou non au même pied, par l'entremise d'un insecte. La fécondation est le plus souvent croisée : ainsi peuvent apparaître, à l'intérieur de la même espèce, des fruits variés et imprévisibles, pour le meilleur ou pour le pire... à moins que le jardinier ne dirige la pollinisation lui-même, nous y reviendrons.

Le fruit des Cucurbitacées est une baie, généralement indéhiscente et d'une taille qui varie de celle d'une bille à celle d'un (petit) carrosse : le record en la matière semble revenir au potiron 'Atlantic Giant', dont un spécimen a frôlé quatre cent cinquante kilos. Il existe un mot spécifique pour désigner les fruits des Cucurbitacées : on parle de pépons (ou encore de péponides).

Il pousse même en France à l'état spontané deux espèces de Cucurbitacées, mais bien moins spectaculaires que leurs cousins des pays tropicaux : la bryone *(Bryonia dioica),* également appelée fausse coloquinte, est une plante vivace assez commune dans notre pays. On a employé jadis sa racine à la place de celle de la mandragore – car on lui trouvait une vague forme humaine. Elle est par ailleurs violemment purgative, et la plante doit être considérée comme toxique.

La seconde espèce, que l'on rencontre dans les régions les plus douces du littoral méditerranéen ou atlantique, se nomme ecbalie *(Ecballium elaterium),* concombre d'âne ou pistolet des dames. C'est une plante vivace qui aime les friches, les décombres, et dont les fruits verts explosent à maturité, projetant leurs graines enrobées de pulpe gluante à quelque distance du pied mère. De même que la bryone, il s'agit d'une plante vénéneuse.

Le potiron, quant à lui, appartient au genre *Cucurbita,* qui rassemble une dizaine d'espèces, sauvages

La bryone

LE LUFFA OU COURGE-TORCHON

Non contentes de fournir à l'homme de quoi se nourrir, quelques Cucurbitacées se prêtent à des usages domestiques variés : c'est le cas du luffa *(Luffa ægyptiaca, L. acutangula)*, liane annuelle originaire d'Inde, qui produit des fruits verts allongés, comestibles jeunes, dont la chair en mûrissant se transforme en un réseau de fibres coriaces tout à fait impropre à la consommation, mais que l'on a souvent utilisé au siècle dernier comme éponge végétale. De nos jours, on s'intéresse aux propriétés de ces fibres, matériau ultraléger et biodégradable qui pourrait servir d'isolant thermique et phonique.

Le luffa peut se cultiver au potager, pourvu qu'on lui offre un palissage où s'accrocher et une exposition chaude et bien ensoleillée. Pour transformer les fruits mûrs en éponges végétales, il faut, une fois la courge-torchon ouverte par l'opercule, la secouer pour en faire tomber les graines, puis l'éplucher.

---

ou domestiques. Ce sont des lianes monoïques, aux tiges herbacées, souples et vigoureuses, plus ou moins rudes au toucher, pourvues de vrilles ; leurs feuilles, souvent profondément lobées, sont alternes ; leurs fleurs sont remarquables par leur grande corolle jaune campanulée, formée de cinq pétales soudés. Les fleurs mâles, le plus souvent solitaires, se reconnaissent à leurs étamines au nombre de trois, soudées par les anthères ; les fleurs femelles, à l'ovaire infère (situé au-dessous du calice et de la corolle), potiron ou courge miniature qui se développera si la pollinisation réussit... Le fruit, enfin, est une baie à l'épicarpe plus ou moins épais, à la pulpe plus ou moins charnue ou filamenteuse, renfermant une profusion de graines oblongues et aplaties. Chez les espèces sauvages, il reste de taille modeste, mais, chez les variétés cultivées tel le potiron, il a droit sans conteste au titre de géant du potager.

Le potiron, *Cucurbita maxima*

Les botanistes donnent comme ancêtre du potiron *Cucurbita andreana*, une Cucurbitacée des régions tempérées d'Argentine. Il y a certes un air de famille, mais le chemin parcouru entre l'espèce sauvage et le légume cultivé est impressionnant : la plante d'origine est moins vigoureuse, ses fruits sont beaucoup plus petits et moins colorés, et leur chair, amère – les potirons de nos jardins portent l'empreinte de l'homme qui les a domestiqués et améliorés.

Tout est grand dans le potiron : ses tiges rondes et pubescentes, de quatre à cinq mètres de long, rampent vigoureusement ; ses feuilles aux lobes arrondis peuvent atteindre quarante centimètres. Quant à ses fruits, différents par leur forme (ovoïdes, oblongs ou encore en forme de toupie, de turban...), leur couleur (vert, rouge, crème, gris-bleu, orangé...), leur peau (lisse, brodée, verruqueuse, "galeuse"), ils peuvent dépasser chez certaines variétés trois cents kilos, mais se contentent souvent d'un poids plus raisonnable : quelques kilos.

Ce n'est donc pas la forme ni la taille du fruit qui permettent de distinguer à coup sûr le potiron, mais d'autres caractères assez faciles à observer : le pédoncule du fruit, de section plus importante que la tige, est rond et liégeux à maturité, et les lobes des feuilles sont nettement arrondis.

L'homme a au cours des siècles sélectionné des centaines de variétés de potirons : on ne peut donc en présenter qu'une brève sélection, forcément subjective, et souhaiter qu'elle donne l'envie d'en connaître plus encore.

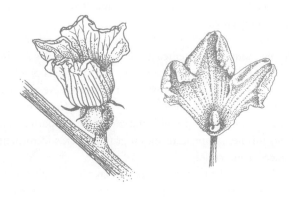

Fleur femelle et fleur mâle de Cucurbita

• *Les potirons couronnés, ou giraumons*
Ils se reconnaissent facilement au turban qui coiffe le fruit, d'où leur autre nom de 'Turban turc'. Cela vient du fait que l'ovaire, habituellement infère chez les *Cucurbita*, ne l'est pas entièrement chez le giraumon, et se retrouve donc étranglé au niveau du calice.

Leur introduction en Europe remonte peut-être à 1645, date à laquelle apparaît leur nom en français (calqué sur l'indien tupi *girumu*). Il semble qu'au début leur utilisation n'ait été qu'ornementale mais, dès le début du XIXe siècle, *Le Bon Jardinier* les mentionne comme dignes de figurer au potager.

Les giraumons peuvent être verts, jaunes, rouges. Il en existe plusieurs variétés très décoratives, toutes précoces, aux fruits miniatures ou de taille plus normale (2 à 3 kilos). Ce sont des potirons de longue garde, grâce à leur peau épaisse, et leur chair jaune orangé, farineuse et bien sucrée, est idéale pour la préparation de potages.

• *Le groupe des 'Hubbard'*
Longtemps confinés à l'Amérique du Sud, les potirons 'Hubbard' auraient été introduits dans le Massachusetts par des marins à la fin du XVIIIe siècle, et sont commercialisés aux Etats-Unis depuis 1840.

En forme de toupie ou plus ou moins oblongs, ils ont une chair jaune, plutôt sèche, d'excellente qualité. Le premier 'Hubbard' est le 'Hubbard vert', puis le croisement avec d'autres variétés a donné naissance au 'Hubbard bleu', qui peut atteindre une dizaine de kilos, au 'Hubbard golden' à l'écorce orangée… Tous se conservent très longtemps et figurent parmi les variétés les plus appréciées aux Etats-Unis.

• *Les potimarrons*
Il s'agit cette fois de variétés japonaises à petits fruits (quelques kilos) de très longue conservation, introduites en Europe à la fin des années cinquante. Leur chair épaisse, farineuse et sucrée, beaucoup moins aqueuse que celle d'autres potirons, est particulièrement réputée pour sa teneur en provitamine A.

Ils auraient été obtenus à partir de la 'Courge marron', dite encore 'Courge pain des pauvres', variété brésilienne propagée par les Portugais dès le XVIIe siècle. On connaît surtout le 'Potiron doux d'Hokkaido', petite toupie rouge vif à la peau fine, mais il en existe d'autres variétés : 'Green Kuri', à l'écorce gris-bleu, ou 'Kabocha', aux fruits sphériques vert foncé.

• *Les potirons géants*
Si les records vous tentent, c'est avec 'Atlantic Giant' que vous aurez le plus de chances d'être récompensé de vos efforts. Les fruits rose orangé d'Atlantic Giant' atteignent facilement cinquante kilos, et, avec un peu plus d'attentions, plus de trois cents kilos ; ils peuvent grossir d'un kilo et demi par jour en fin de végétation – au détriment peut-être de la qualité gustative…

Le giraumon, ou 'Turban turc'

Le 'Hubbard vert'

Le 'Potiron galeux d'Eysines'

• *D'anciennes variétés*
Les potagers recèlent souvent des variétés anciennes, plus ou moins connues : le potiron 'Rouge vif d'Etampes', très commun en France, gros fruit côtelé à la peau fine, à la chair un peu fade ; le 'Galeux d'Eysines', dont l'épicarpe blanc rosé, couvert de bourrelets liégeux, protège une chair jaune orangé, épaisse et bien sucrée ; la 'Courge olive verte', aux fruits ovoïdes vert sombre (3-5 kilos), de très longue conservation, à la chair particulièrement ferme et excellente…

Il faudrait citer encore le 'Potiron bleu de Hongrie', à la chair orange d'un velouté incomparable, le très beau potiron italien 'Marina di Chioggia'… On n'en finirait pas, et la liste est loin d'être close.

Pâtisson

La citrouille, *Cucurbita pepo*

On confond souvent la citrouille et le potiron. Pourtant, elle s'en distingue par ses feuilles aux lobes incisés et pointus, ses tiges plus rudes, plus anguleuses, le pédoncule des fruits, très dur, à cinq côtes bien marquées se prolongeant souvent sur le fruit.

Comme on l'a vu pour le potiron, la citrouille n'a qu'un lointain air de famille avec l'espèce sauvage dont elle est issue, *C. texana*, tant est grande la diversité des fruits de l'espèce cultivée, plus gros, moins amers, moins fibreux, plus colorés que ceux de son ancêtre.

On distingue habituellement trois groupes parmi les *Cucurbita pepo* : les variétés destinées à la décoration, dont il ne sera pas question ici ; celles dont les fruits se consomment jeunes (pâtisson, courgette) ; enfin, les citrouilles proprement dites, dont les fruits se consomment mûrs, comme les potirons, et qui souffrent d'une réputation franchement mauvaise. Et pourtant, il serait dommage de croire qu'elles ne sont bonnes que pour le bétail…

• *Les courgettes*
On regroupera sous ce terme tous les fruits des *C. pepo* qu'on ne laisse pas mûrir et qu'on mange jeunes. Une des plus anciennes variétés est probablement le pâtisson dont les fruits aplatis, jaunes, blancs, orange ou panachés, forment huit à dix lobes saillants qui leur ont valu le surnom de "bonnet d'électeur". On les appelle aussi "artichauts de Jérusalem" car leur chair ferme et fine, au dire de certains amateurs, rappellerait celle des fonds d'artichaut.

Parmi les variétés anciennes, la 'Cou-tors' et la 'Courge à la moelle' ne sont plus que rarement cultivées aujourd'hui. Les fruits bosselés de la première, au "cou" recourbé, se consomment lorsqu'ils sont jaune pâle. Mûrs, ils deviennent orange, mais ne peuvent plus servir qu'à la décoration. La seconde variété, aux fruits allongés et jaune pâle qu'on cueille à mi-développement, très appréciée jadis, doit son nom à sa chair douce et fondante.

La courgette telle que nous la connaissons nous est venue d'Italie au XIXe siècle. On cultive aujourd'hui beaucoup de variétés hybrides, plus productives mais aussi plus exigeantes ('Gold rush', 'Diamant', 'Tarmino'), bien qu'on trouve encore, surtout dans les potagers, la 'Courge blanche de Virginie' à la chair ferme et légèrement sucrée ou la 'Ronde de Nice', idéale pour farcir et très appréciée dans le Midi de la France.

• *Les variétés à graines nues*
C'est sans doute d'abord pour leurs graines oléagineuses que l'homme s'est intéressé aux *Cucurbita* – mais leur écale n'en facilite pas la consommation ; d'où l'intérêt des variétés à graines nues : 'Lady Godiva', 'Styrian Hulless', originaire d'Autriche où l'on apprécie particulièrement l'huile

de pépins de courge. Leurs gros fruits recèlent, au sein d'une chair il est vrai médiocre, une profusion de graines vert foncé sans tégument, que l'on peut consommer directement, crues ou grillées.

• *Les courges-glands ('Acorn')*
On regroupe sous ce terme des variétés américaines très anciennes, coureuses ou non, dont les fruits d'environ un kilo, de forme à peu près semblable, adoptent les couleurs les plus variées : vert foncé, presque noir, ivoire ou encore orange.

Leur chair, fine et sèche, s'améliore encore au cours de la conservation, et rappelle, selon les palais, l'amande, la noix ou encore la noisette.

• *Les citrouilles de Halloween*
Enfin, c'est parmi les *C. pepo* que l'on rencontre les meilleurs fruits pour sculpter des lanternes de Halloween : 'Happy Jack', 'Jack O'Lantern', 'Little Lantern'…

La courge musquée, *Cucurbita moschata*

Elle aussi souvent confondue avec le potiron, la courge musquée est le plus frileux des trois *Cucurbita* couramment cultivés – c'est donc principalement dans les régions chaudes qu'elle prospère.

Comme ses deux cousins, c'est une plante vigoureuse aux longues tiges rampantes et pubescentes. On la reconnaît à ses feuilles vert sombre marbrées de plaques gris argenté – où l'épiderme est décollé – et surtout au pédoncule des fruits, anguleux (5 à 8 côtes) et épaté "en pied de marmite" au point d'insertion sur le fruit.

Chez la courge musquée aussi, la plus grande diversité règne : fruits ronds, en forme d'étui à violon, cylindriques, plus ou moins renflés… jaune paille, vert sombre, rouille…

• *Les courges noix de beurre ('Butternut')*
Parmi les variétés américaines, les 'Butternut' sont les plus populaires chez nous de nos jours – avec raison, car leur chair orange foncé est ferme, sucrée et parfumée à la fois. Les fruits des 'Butternut' (1-3 kilos) sont cylindriques, plus ou moins renflés à la base, d'un bel ocre à maturité, et se prêtent à toutes sortes de préparations culinaires salées ou sucrées.

• *Les courges méditerranéennes*
On pourrait regrouper sous ce terme des variétés italiennes ou françaises cultivées sur le pourtour méditerranéen, elles aussi très parfumées, mais différentes par leurs formes et leurs couleurs : le 'Trombocino di Albenga', long serpent incurvé couleur café au lait, à la saveur musquée ; la volumineuse 'Courge pleine de Naples' (jusqu'à 25 kilos), à l'écorce lisse vert foncé puis ocre, très productive et

La citrouille 'Lady Godiva'   *Une courge-gland*   *La courge musquée 'Butternut'*

savoureuse, mais un peu tardive ; la 'Courge musquée de Provence', que l'on trouve couramment de nos jours, gros fruit côtelé à l'épiderme cuivré et à la chair orange vif.

La courge de Siam, *Cucurbita ficifolia*

Natif des montagnes mexicaines, et non d'Asie du Sud-Est comme son nom le suggère, ce *Cucurbita* très cultivé dans les Andes, mais peu connu chez nous, n'a donné naissance à aucune variété, bien que sa domestication soit ancienne.

La courge de Siam supporte des températures relativement fraîches et se montre vivace à l'abri du gel. Très vigoureuses, ses tiges pourtant grêles grimpent à l'assaut des treilles, des clôtures, ou rampent au sol. Ses feuilles vert foncé sont profondément lobées et rappellent celles du figuier – d'où son nom latin. Ses fruits ronds ou ovoïdes, vert marbré de blanc, ressemblent plutôt à des pastèques. Leurs graines sont noires, et leur chair blanche, filamenteuse et douce, peut se préparer en "choucroute", en salade, en confiture (appelée confiture de cheveux d'ange).

D'une capacité de conservation remarquable (jusqu'à deux ans), très productive, d'une résistance à toute épreuve, elle mériterait sans doute d'être plus souvent cultivée.

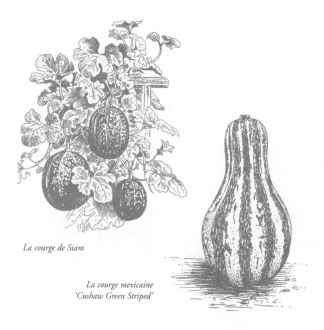

La courge de Siam

La courge mexicaine
'Cushaw Green Striped'

> ### LA COURGE DES LATINS
>
> Avant la découverte du Nouveau Monde, on cultivait pourtant des "courges" sur notre continent. Pline, Columelle, parmi d'autres, les mentionnent, ainsi que plus tard, au IXe siècle, le capitulaire *De villis*. Il ne s'agit pas d'un *Cucurbita*, mais d'une plante voisine, du genre *Lagenaria*, dont les fruits jeunes sont comestibles dans les variétés les moins amères. A maturité, la chair peu épaisse se dessèche, l'écorce se lignifie, et les gourdes se prêtent ainsi à de multiples usages : récipients, louches, tabatières, instruments de musique…
>
> D'origine pantropicale, largement dispersé en Amérique, en Afrique et en Asie depuis des millénaires, et donc très tôt utilisé par les hommes, le *Lagenaria* est une plante annuelle coureuse qui apprécie les fortes chaleurs. Ses feuilles cordiformes dégagent une odeur désagréable lorsqu'on les froisse ; ses fleurs, par contre, sont parfumées – à la différence de celles des *Cucurbita*, elles sont blanches, et ne s'ouvrent qu'en fin de journée. Ses fruits sont de forme variable : amphore, serpent, cou d'oie, poire à poudre, gourde plate… Leur épicarpe vert clair à maturité devient brunâtre en séchant.

La courge mexicaine, *Cucurbita argyrosperma* (ou *C. mixta*)

Cette espèce, cultivée principalement dans le Sud des Etats-Unis, présente des caractères proches de ceux de *C. moschata*, mais le pédoncule de ses fruits rappelle celui du potiron : cylindrique et un peu liégeux, il est cependant épaté au point d'insertion sur le fruit.

Il en existe plusieurs variétés, aux fruits ronds ou piriformes, à la chair épaisse moyennement parfumée. Chez nous, la fructification de cette espèce sensible à la photopériode (elle fleurit en jours courts, donc à la fin d'août) n'est pas toujours facile ; la variété 'Cushaw Green Striped', aux fruits crème finement rayés de vert et à la chair jaune citron, semble la mieux adaptée.

Pour ne plus confondre le potiron et ses cousins

Maintenant que l'identité du potiron et de ses cousins est clairement établie, que faut-il penser du "potiron" qui couronne la tête de *L'Automne* d'Arcimboldo ? L'identification de l'espèce se révèle difficile – sans parler de la variété : le pédoncule est nettement cylindrique, mais certainement pas liégeux, et presque trop côtelé pour être à coup sûr celui d'une citrouille. Un "potiron" d'artiste, en quelque sorte.

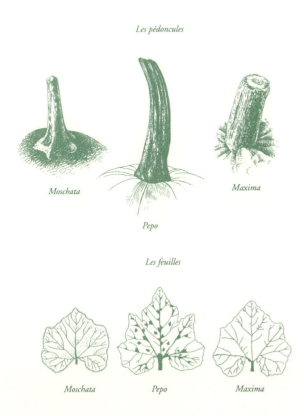

Pédoncule et feuille de la courge musquée, de la citrouille et du potiron

III. L'ART DE CULTIVER LES POTIRONS

Le potiron n'est dans aucun pays du monde une culture d'une importance majeure ; et pourtant il se pourrait bien qu'il soit le légume idéal du jardinier amateur, car le "géant du potager" est un généreux qui récompense au centuple des quelques soins qu'on a bien voulu lui prodiguer.

Un légume frileux et gourmand

Nostalgique des tropiques qui ont vu naître ses ancêtres, le potiron aime la chaleur – modérée toutefois – et l'humidité. C'est entre 18 °C et 24 °C qu'il végète le mieux (la courge musquée, elle, supporte allégrement 30 °C et plus), et sa croissance se bloque au-dessous de 10 °C – le jaunissement des feuilles en est le signe.

Le potiron aime également que le sol soit meuble et riche en matières organiques. D'ailleurs, si on le laisse faire, de tous les endroits du jardin, c'est le tas de compost qu'il choisit pour s'implanter – et il y prospère.

Enfin, comme la plupart des autres légumes, le potiron n'aime vraiment pas que l'eau stagne à son pied et l'asphyxie, mais il apprécie un sol qui a une bonne capacité de rétention en eau et la lui restitue régulièrement.

Le jardinier s'emploiera donc en premier lieu à offrir au potiron des conditions qui lui conviennent : il lui réservera un endroit bien exposé au soleil et abrité des vents froids. Lors des travaux de préparation du sol (en fin d'automne ou en début d'hiver en sol argileux, à la fin de l'hiver en sol léger), il incorporera superficiellement, sur toute la surface explorée par les racines, du fumier bien décomposé (5 à 6 kilos par mètre carré) ou du compost mûr (3 à 4 kilos au mètre carré). Par des engrais verts ou un décompactage en profondeur, il essaiera d'améliorer la structure de son sol. Et il n'oubliera pas qu'une fumure excessive rendrait ses potirons plus sensibles aux attaques des ravageurs, et nuirait à leur capacité de conservation.

Questions de voisinage

Le potiron ne fait pas exception à la règle : il n'est pas conseillé de lui réserver chaque année la même place au potager, ni de le planter à la suite d'autres Cucurbitacées ou de légumes-fruits ; car cela risque d'appauvrir le sol (ce sont toujours les mêmes éléments qui sont consommés) et de renforcer les parasites ou les agents pathogènes, qui trouveraient chaque année une nourriture à leur goût.

Il est en revanche un type de plantes dont le potiron apprécie particulièrement de prendre la place : les engrais verts, qui enrichissent le sol en matières organiques, stimulent la vie du sol et le laissent ameubli, grumeleux, et contribuent à limiter les mauvaises herbes en les étouffant.

Comment procéder ? Dès que le terrain est libre, à la fin de l'été, on sème les engrais verts et, si le ciel n'y pourvoit pas, on maintient une humidité suffisante pour leur permettre de lever. Comme le potiron n'est pas mis en place avant le mois de mai, le jardinier choisira de préférence une plante qui résiste au gel, évitant ainsi de laisser le sol à nu. Le mélange vesce et seigle est particulièrement recommandé (à la dose de 20 grammes par mètre carré), mais on peut également semer du colza d'hiver (en sol lourd et calcaire), du ray-grass italien, de la féverole... Au printemps – juste avant la floraison –, il faudra les faucher, les broyer, et les enfouir superficiellement. Quelques semaines plus tard, la terre ameublie et enrichie sera prête à accueillir le potiron.

Enfin, il est sûr que l'association des "trois sœurs" américaines est favorable au potiron, qui apprécie l'ombrage que lui fournit le maïs. Mais elle ne réussit vraiment qu'en climat chaud. Certains auteurs déconseillent de planter du fenouil à côté du potiron, d'autres, des pommes de terre (ce seraient d'ailleurs les pommes de terre qui en subiraient les conséquences, car les courges les rendraient plus sensibles au mildiou). Au jardinier d'expérimenter, donc, mais avec prudence.

La naissance d'un géant

On disait autrefois que les potirons semés pendant la Semaine sainte – et particulièrement le Vendredi saint – devenaient énormes. Peut-être... mais à condition d'opérer sous abri, si l'on veut éviter que les gelées tardives ne viennent anéantir en une nuit tout espoir de récolte.

Dans le courant d'avril, donc, sous châssis ou près d'une fenêtre, dans un endroit abrité et bien éclairé, on sèmera en godets les graines de potiron, le bout pointu vers le bas ou à plat pour épargner à la radicule l'effort d'un rétablissement. On recouvre d'un centimètre de terreau, on tient humide (sans excès pour ne pas asphyxier l'embryon), et il n'y a plus qu'à patienter – souvent moins d'une semaine – pour voir apparaître les deux cotylédons charnus.

Jeune plant de potiron

Lorsque la première vraie feuille se déploie, on peut commencer à préparer la transplantation en endurcissant peu à peu les plants. Et dès que la terre est assez réchauffée, en tout cas avant que le plant, trop âgé (4-5 vraies feuilles), n'ait du mal à s'adapter à un tel changement, on plante à l'emplacement définitif, dans des poquets de bon compost espacés d'un mètre cinquante en tous sens, en prenant bien soin de ne pas briser la motte, car le potiron ne supporte absolument pas la transplantation à racines nues.

En terrain normalement drainant, on ménagera une cuvette pour recueillir l'eau, alors qu'en terrain lourd, on placera plutôt le plant sur le versant sud d'une petite butte.

Ceux qui préfèrent semer en place laisseront passer la Semaine sainte et attendront la première quinzaine de mai pour installer trois graines par poquet de compost. Quelques semaines plus tard, ils ne conserveront que le plant le mieux venu des trois.

Nous sommes donc à la fin de mai. Les petits plants sont en place, et il va leur falloir mettre les bouchées doubles pour boucler leur cycle de végétation avant les premières gelées d'automne – avec l'aide du jardinier, bien sûr.

Les bons soins du jardinier

• *Donner à boire et à manger*
Si le jardinier avait quelque influence sur le ciel, il lui demanderait de dispenser à ses plants de potiron des pluies régulières, douces et bienfaisantes pendant toute leur

croissance, puis de cesser tout épanchement dès lors que les fruits, ayant atteint leur taille définitive, commencent à mûrir au début de septembre.

Hélas, il n'en est rien, et c'est au jardinier d'adoucir les caprices du ciel : du printemps jusqu'en août, il apportera donc au pied de ses potirons, à l'arrosoir ou par le biais de goutteurs (car l'arrosage aérien accroît les risques de maladies cryptogamiques), assez d'eau pour permettre aux potirons de croître et de fructifier. Et, sous peine de gâcher la qualité de sa récolte et de nuire à la capacité de conservation de ses potirons, il cessera tout arrosage dès la fin d'août – et espérera que le ciel en fasse autant.

Si la terre du potager, au moment de la plantation, est suffisamment riche en matières organiques, point n'est besoin d'une fertilisation supplémentaire, qui risquerait au contraire de diminuer la résistance des plantes aux maladies. Mais le jardinier ne dispose pas toujours d'un sol idéal ; si sa terre est vraiment trop pauvre, il peut alors apporter, deux mois avant la plantation, un engrais organique qui fournira en douceur les éléments nécessaires à la croissance du potiron. La dose à appliquer dépend de la composition de l'engrais choisi, et il ne sert à rien de le forcer.

Enfin, s'il survient quelque accident de parcours (froid tardif, canicule, attaque de ravageurs…), l'apport d'un fertilisant ou d'un stimulant foliaire à base d'algues, de poudre de roches ou d'essences végétales peut s'avérer bénéfique.

• *Eliminer les concurrents*
Tant que les plants de potiron n'ont pas occupé le grand espace qui leur est imparti, il appartient également au jardinier de réduire la concurrence des herbes dites "mauvaises" qui, trouvant un sol meuble, enrichi et disponible, ont tôt fait d'occuper le terrain et d'y prospérer – au détriment du potiron.

Des sarclages répétés s'imposent donc au printemps, à moins que le jardinier n'ait recours à un paillage – panacée qui permet de réduire les arrosages en limitant les pertes par évaporation et de réduire la concurrence des adventices. Le paillage est sans aucun doute un allié précieux du jardinier, qu'il soit plastique (film noir peu esthétique, mais qui réchauffe le sol et que les feuilles dissimulent vite) ou organique (paille, paillettes de lin, broyats…). Il présente de plus dans ce dernier cas l'avantage d'enrichir le sol. Il faut cependant toujours attendre pour couvrir le sol que celui-ci soit assez réchauffé.

GRAVEZ VOTRE POTIRON…

… à votre nom, à vos initiales, à son nom… Faites-lui des yeux, une bouche, donnez-lui un visage… à l'aide d'une pointe fine, lorsque le fruit a atteint environ la moitié de sa taille. En cicatrisant, la plaie formera un bourrelet liégeux, et votre inscription grossira en même temps que votre potiron.

• *L'aider à prendre racine*
Le potiron, on l'a vu, est un légume assoiffé et vorace. Il est donc intéressant de chercher à augmenter l'absorption racinaire en provoquant le marcottage des tiges. Beaucoup de jardiniers l'ont recommandé, dont La Quintinie dans ses *Instructions* : "Quand leurs bras commencent d'être allongez de 5 à 6 pieds […], on les charge vers le milieu de cette longueur de quelques pelletées de terre, tant pour empêcher que les vents ne les rompent en les traînant çà et là, que pour leur faire faire quelque racine à cet endroit chargé, et par ce moyen le fruit qui vient au-delà en est mieux nourri et conséquemment plus gros."

Mais entre paillage et marcottage, le jardinier doit choisir, et expérimenter la technique la mieux adaptée à son jardin et à ses buts.

• *Tailler ou ne pas tailler*
Il n'est pas indispensable de tailler les plants de potiron pour obtenir de belles récoltes – et il faut surtout ne pas oublier que chaque plaie de taille peut être une porte ouverte aux maladies cryptogamiques.

La taille permet cependant d'accélérer la mise à fruits : si le jardinier pince ses plants au-dessus des deux premières vraies feuilles, deux tiges secondaires vont se développer, où les fleurs femelles apparaîtront plus tôt. De même, pincer la tige deux feuilles au-dessus du potiron qui vient de nouer permet de concentrer la sève sur le jeune fruit.

1. Au-dessus des deux premières feuilles

2. Deux feuilles au-dessus du fruit

La taille du potiron

C'est donc surtout dans les régions où le cycle de végétation est court que le jardinier aura intérêt à recourir à la taille pour permettre à ses potirons de se développer plus rapidement – ou s'il veut obtenir des potirons de concours, car il faut dans ce cas n'en garder qu'un par pied, tout en conservant une surface de feuilles suffisante pour permettre au champion de battre des records.

Les maux du potiron

Le potiron est un légume robuste, que peu de ravageurs ou de maladies viennent menacer gravement. Mieux vaut cependant les connaître, afin d'essayer de les limiter, ou de pouvoir les soigner.

Tout juste planté, le jeune plant de potiron est un mets de choix pour les limaces et escargots qui ont pris l'habitude de se ravitailler au potager… Une "barrière" de sciure ou de cendres de bois de la largeur de la main découragera les indésirables, et les hérissons, crapauds, orvets que le jardinier héberge – peut-être à son insu – se feront un plaisir de limiter les populations de mollusques.

Ce premier écueil évité, il arrive que les plants en pleine croissance subissent les attaques de colonies de pucerons suceurs de sève. Outre les dégâts qu'ils infligent à la plante, ils peuvent lui transmettre de redoutables virus (la mosaïque du concombre, par exemple). Le feuillage alors jaunit ou se déforme, la croissance s'arrête, et il n'y a plus qu'à arracher et à brûler les plants atteints.

Avant d'en arriver à cette triste extrémité, on essaiera donc de limiter les attaques des pucerons par des pulvérisations d'insecticides végétaux (roténone…) le soir, des poudrages de lithothamne (qui asphyxient les pucerons). Ou bien l'on se fera aider de quelques coccinelles : leurs larves sont particulièrement voraces, et quelques-unes suffisent à venir à bout d'une colonie importante de pucerons.

> ### UN CHAMPION NOURRI AU LAIT
>
> "Père avait montré à Almanzo comment forcer une citrouille avec du lait. Ils avaient pincé toutes les tiges secondaires et conservé une seule fleur jaune. Entre la racine et la minuscule petite citrouille verte qui s'était ensuite formée, ils avaient pratiqué une petite fente sur la face inférieure de la tige. Sous cette fente, Almanzo avait creusé un trou dans le sol, puis il avait calé un bol de lait. Enfin, il avait plongé une mèche à bougie dans le lait et inséré doucement l'autre extrémité de la mèche dans la fente.
>
> La tige de la citrouille buvait chaque jour son bol de lait par l'intermédiaire de la mèche et le fruit grossissait à vue d'œil."
>
> Laura Ingalls Wilder, *La Petite Maison dans la prairie*, t. IV, 1933, Flammarion, 1978.

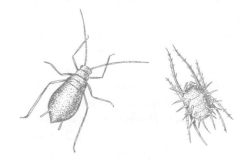

Les ravageurs du potiron : puceron (à gauche) et acarien (à droite)

Les étés chauds et secs sont propices aux acariens, "araignées rouges" dont les piqûres donnent aux feuilles un aspect plombé caractéristique. Quelques précautions devraient permettre de limiter ces attaques : plus de fraîcheur autour des plants, des pulvérisations foliaires qui renforcent la résistance de la plante.

Enfin, à la fin de l'été, il est courant qu'un feutrage blanc vienne recouvrir les feuilles. Ce sont des attaques d'oïdium, peu inquiétantes à ce stade de développement du légume – il convient seulement de brûler après la récolte les plants atteints pour éviter de conserver des spores pour l'année suivante.

Si ces attaques surviennent plus tôt, elles peuvent réduire l'activité du végétal, et donc entraver le bon développement des fruits. On y remédiera par des pulvérisations de soufre en dehors des heures chaudes de la journée, pour ne pas risquer de brûler la plante.

Enfin, on disait en Provence qu'une courge ou un potiron montrés du doigt se desséchaient, et qu'ils craignaient particulièrement les œillades… Mais de ces dangers, peu de jardiniers se soucient aujourd'hui.

La saison des grandes récoltes

Avec l'arrivée de l'automne, le potager perd de sa superbe estivale : les tomates, poivrons et autres légumes frileux commencent à faire grise mine. Le feuillage des potirons jaunit et se dessèche, mais il révèle enfin les fruits qui "illuminent le jardin comme autant de lanternes vénitiennes", comme l'écrit joliment Georges Duhamel.

Tant que les nuits ne sont pas trop froides et que les journées sont bien ensoleillées, le jardinier, qui aura pris soin d'isoler les fruits du sol par de la paille ou une tuile, a tout intérêt à laisser ses potirons continuer doucement leur maturation, tout en guettant les signes des dernières transformations : le pédoncule des fruits sèche et devient liégeux, la peau change de couleur, résiste à l'ongle, le fruit frappé du revers du doigt rend un son mat.

Mais il faut agir avant que les gelées nocturnes ne lancent sérieusement leur offensive (selon les régions, ce peut être en septembre ou au début de novembre). Le jardinier, muni d'un couteau bien aiguisé, va donc trancher le pédoncule

> ### CULTIVER DES POTIRONS A LA VERTICALE
>
> En Floride, les Indiens séminoles plantaient leurs courges *(C. moschata)* au pied d'un arbre mort, que les lianes exubérantes ne tardaient pas à escalader et à habiller. Dans les petits jardins qui manquent d'espace pour accueillir au sol le "géant du potager", ou pour le plaisir d'un "arbre à potirons" ou d'une tonnelle d'où pendent potimarrons et autres potirons de dimensions modestes, pourquoi ne pas s'inspirer de la technique indienne ? Si l'on ne dispose pas d'une souche, il faudra prévoir de solides piquets, un treillis à grosses mailles carrées autour desquelles les lianes puissent s'accrocher et – seulement si le pédoncule des fruits donne des signes de faiblesse – des filets ou tout autre moyen pour prévenir la chute des potirons.
>
>

à son point d'insertion sur la tige ; si le temps a été humide dans les jours précédant la récolte, il vaut mieux garder une portion de tige feuillée qui permettra d'éliminer par transpiration l'excès d'eau. Et il ne faut pas oublier que, tout géant qu'il est, le potiron n'en est pas moins fragile : le pédoncule n'est pas une anse, et risquerait de se briser si l'on s'en servait comme telle ; la peau n'est pas non plus une armure à toute épreuve, et le moindre choc compromet la bonne conservation du potiron.

Une conserve vivante

Aux Etats-Unis, on consomme souvent le potiron "en boîte" ; mais cela ne doit pas nous faire oublier la remarquable aptitude à la conservation du potiron, dont la chair continue à se transformer doucement au cours de l'hiver. Ainsi, la teneur en provitamine A du potimarron augmente au fur et à mesure du stockage, et la chair des courges musquées bonifie après la cueillette.

Parmi les variétés de plus longue garde figurent les potirons 'Hubbard', 'Olive verte', 'Kabocha' et le très particulier

'Triamble', variété australienne à la peau bleu-gris qu'on pourrait conserver, dit-on, près de deux ans. Dans le groupe des courges musquées, les 'Butternut' se défendent bien. Mais la championne dans ce domaine est assurément la courge de Siam, dont D. Bois affirmait que ses "fruits mûrs se conservent indéfiniment".

Le potiron 'Triamble'

La plupart des potirons passent donc l'hiver sans perdre leurs qualités, pourvu qu'on ait suivi quelques règles simples. A la culture, tout d'abord : une fumure excessive ou trop d'eau en période de maturation fragilisent le potiron. A la récolte, ensuite : il est conseillé de placer les potirons quelques jours au soleil pour hâter la cicatrisation. Il faut enfin disposer d'un local sec, bien aéré, à température constante et peu élevée (autour de 10-15 °C), pour éviter des pertes de poids trop importantes : une cave ou un cellier font très bien l'affaire. Et à défaut de filets suspendus au plafond, qui assurent la meilleure circulation d'air et réduisent les risques de chocs, on placera les potirons sur des étagères à claies, en évitant qu'ils ne se touchent.

De temps à autre, il faudra les inspecter : les petits rongeurs, friands en hiver de graines oléagineuses, les apprécient particulièrement ; et des débuts de moisissures peuvent s'étendre rapidement à toute la récolte et provoquer un effondrement total des fruits. A la fin du XVIe siècle, pour éviter cette triste fin, Estienne et Liébault conseillaient d'enduire potirons et citrouilles de jus de joubarbe ; pour les vertus cicatrisantes du suc de cette plante, ou peut-être parce qu'on espérait conférer ainsi au potiron la parcelle d'immortalité que possède la joubarbe, *Sempervivum*, la "toujours vivante".

Quand le jardinier se fait abeille…

"Nous avions une sorte de potiron dont le fruit d'une pâte excellente était petit et de la figure d'une toupie. Il avait la précieuse qualité de ne point se répandre en longues branches traînantes, comme les autres espèces. Nous fîmes la faute de le planter près d'une planche de longues courges, & tous nos potirons furent métamorphosés : il n'y avait point de figure bizarre qu'ils ne représentassent ; mais ce qu'il y avait de plus triste, leur pâte n'était plus moelleuse, & n'avait plus son bon goût." On connaît aujourd'hui les raisons de cette mésaventure relatée dans l'*Encyclopédie* de Diderot, et l'on sait comment l'éviter.

Les insectes butineurs qui transportent le pollen d'une fleur à l'autre ne se soucient guère de distinguer les différentes variétés de potirons, courges ou citrouilles, et sont à l'origine de croisements intempestifs à l'intérieur de ces espèces. Pour le jardinier qui récolte ses propres graines pour les ressemer l'année suivante, il est donc plus sûr de recourir à la pollinisation manuelle – à moins qu'il ne cultive qu'une seule variété de chaque espèce, et qu'aucun jardinier n'en cultive d'autres dans un rayon d'au moins un kilomètre…

La pollinisation manuelle est assez facile à réussir : il faut repérer, le soir, des fleurs mâles et femelles prêtes à s'ouvrir, et les protéger des insectes à l'aide d'une ligature, d'un sac en papier ou en polyéthylène percé de petits trous…

Le lendemain matin, il suffit de cueillir la fleur mâle, d'en retirer les pétales et, en se servant des étamines chargées de pollen comme d'un pinceau, d'en badigeonner le stigmate de la fleur femelle jusqu'à ce qu'il soit bien chargé de pollen. (On peut employer plusieurs fleurs mâles, si possible de pieds différents, pourvu qu'ils soient de lignée pure.)

On protège de nouveau pendant quelques jours la fleur femelle des insectes qui viendraient y ajouter du pollen de provenance inconnue – jusqu'à ce qu'elle soit fanée –, et

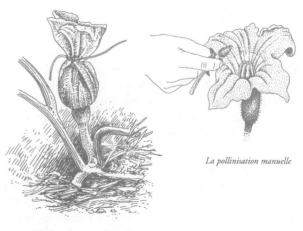

La pollinisation manuelle

Une fleur de potiron ligaturée

l'on attache au pédoncule un fil de couleur assez lâche pour reconnaître le fruit qui a fait l'objet de la pollinisation manuelle.

Si le petit potiron se ratatine et avorte, le jardinier devra de nouveau se substituer à l'insecte… mais si la fécondation a réussi, il n'y a plus qu'à attendre la pleine maturité du fruit. Quelques semaines après la récolte, on ouvre le potiron pour en extraire les graines et les filaments du placenta. On place le tout dans un récipient avec un peu d'eau, et après quelques jours de fermentation – les bonnes graines doivent normalement tomber au fond du récipient –, on rince le tout à l'eau claire, et on fait sécher les graines.

Conservées dans de bonnes conditions, elles devraient permettre au jardinier de retrouver chaque année fidèlement, pendant cinq ans au moins, ses variétés préférées.

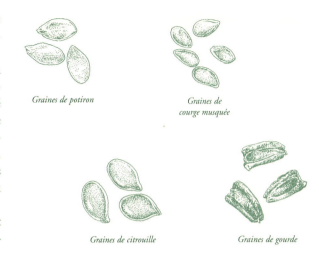

Graines de potiron

Graines de courge musquée

Graines de citrouille

Graines de gourde

LA CHAYOTE, UNE CUCURBITACÉE PROLIFIQUE

Les jardiniers des régions privilégiées (littoral atlantique ou méditerranéen) pourront essayer de cultiver la chayote *(Sechium edule)*, une Cucurbitacée mexicaine qui s'est naturalisée dans toute l'Amérique centrale et aux Antilles où, sous les noms de christophine ou de chouchou, elle est très populaire.

On en consomme les fruits piriformes, blancs ou verts, mais aussi les tubercules (ou chinchayotes), riches en amidon et en vitamine C, et même les jeunes pousses.

La culture de la chayote est facile mais ne sera intéressante que dans les régions où cette plante tropicale, vivace par sa souche, pourra rester en pleine terre en hiver et bénéficier ensuite d'une longue période de chaleur et d'humidité ambiante. On lui réservera un endroit bien exposé où l'on installera un treillage solide (un plant peut couvrir 8 mètres carrés). Mieux vaut d'ailleurs, si possible, prévoir au moins deux plants pour assurer une meilleure fécondation.

Dès février, on placera donc deux chayotes de belle taille dans un endroit chaud jusqu'à ce qu'elles germent – la graine ne germe en effet qu'à l'intérieur du fruit, en consommant les réserves de celui-ci. On couche alors les fruits dans un grand pot plein de compost en les enterrant à moitié, puis on place le tout dans une serre ou tout autre endroit chaud et bien éclairé, en attendant de planter dans un sol meuble et riche dès que tout risque de gelée est passé. Les soins se résument ensuite à arroser, pailler et protéger la souche en hiver d'une bonne épaisseur de feuilles sèches ou de litière.

La première année, il ne faut pas s'attendre à une grosse récolte. Mais si la souche repart au printemps suivant, le jardinier peut espérer, en septembre et octobre, une cueillette exceptionnelle : un seul pied de chayote peut en effet produire quatre-vingts à cent fruits et plus de vingt kilos de tubercules.

Cultiver la courgette

La courgette est un légume très généreux et particulièrement facile à cultiver. Le seul écueil qui guette le jardinier est en fait la surproduction. Mieux vaut donc ne pas en planter trop, et penser à échelonner les semis en tenant compte des données suivantes : il faut compter environ 60 à 70 jours entre le semis et la récolte ; un plant peut produire pendant plus d'un mois jusqu'à une vingtaine de fruits ; enfin, les semis peuvent s'étaler de mi-avril à fin juillet.

La culture de la courgette ou du pâtisson est en beaucoup de points comparable à celle du potiron. On sème en godets, sous abri, dès la mi-avril, ou en pleine terre, dans des poquets de compost bien mûr, lorsque les risques de gelée sont écartés. Comme la plupart des variétés sont buissonnantes, il suffit de réserver à chaque plant un mètre carré. Une fois les plants en place, il faut seulement ne pas oublier de les arroser (en ajoutant régulièrement 10 à 15 % de purin d'ortie à l'eau d'arrosage, car la courgette est particulièrement gourmande) et les pailler pour éviter une trop grande évaporation et la prolifération des adventices. Ensuite, il ne reste pratiquement qu'à récolter les courgettes sans les laisser grossir. On peut en cueillir quelques-unes, avec leur fleur, lorsqu'elles ont la taille d'un petit doigt. La plupart seront récoltées lorsqu'elles atteignent 15 à 20 centimètres. Jusqu'à un certain point, plus on récolte de fruits jeunes et plus la plante en produit – mais, bien sûr, ceci a une fin : au bout de deux mois et demi, la plante s'épuise et la récolte se termine.

IV. MYTHES ET TRADITIONS DU POTIRON

Le potiron, mais aussi les courges, les gourdes, depuis si longtemps cultivés aux quatre coins du monde, n'ont bien sûr pas manqué de nourrir aussi l'imaginaire des hommes – mais les peuples des différents continents sont loin de leur avoir donné la même valeur symbolique.

Un légume à l'image ambivalente

Comment se fait-il que notre imaginaire n'ait retenu du potiron et de ses cousins que la taille imposante et le vide intérieur, et l'associe souvent à la stupidité et à la suffisance ? Les mots sont révélateurs à cet égard : un "potiron", c'est un gros, souvent un peu ridicule ; une "citrouille", une femme lourde et mal faite, qu'on dira aussi "ronde comme une courge". Au figuré, ce n'est guère mieux, et il n'est pas flatteur d'être traité de "tête de courge", ni de s'entendre dire qu'on n'a "qu'un grelot dans la citrouille". Nos voisins anglais ne sont pas en reste à ce sujet : un *pumpkin* est une personne stupide et prétentieuse, de même qu'une *gourd-head* ; et le proverbe italien *vuoto come una zucca* ne dit pas autre chose.

Il est vrai que la citrouille figure dans un de nos contes les plus connus : *Cendrillon*, dans la version qu'en a donnée Charles Perrault en 1697. Mais elle n'y est qu'un accessoire (de taille) entre les mains de la marraine magicienne, au même titre que les souris changées en chevaux ou les lézards en laquais. Et son rôle bien terre à terre se borne à servir de carrosse pour amener Cendrillon au bal.

Pourtant, dans les civilisations où les courges (au sens large) ont joué un rôle civilisateur important – en tant qu'aliment, récipients, instruments de musique, hochets rituels… –, une symbolique beaucoup plus riche leur est attachée. Ce n'est pas l'image d'un gros légume un peu prétentieux mais vide que les peuples d'Afrique, d'Asie ou d'Amérique ont retenue, mais bien plutôt les formes pleines, la rondeur féconde et l'abondance des graines. Les *Cucurbita* évoquent alors la profusion, la fertilité, rappelant le symbolisme rattaché à l'orange, à la pastèque ou même à la grenade – mais sans l'idée de faute rattachée à ce dernier

La courge à la cire

fruit. Elles en viennent même parfois à représenter l'œuf originel dont l'humanité serait issue.

Ainsi, pour les Bambaras, la gourde symbolise à la fois l'œuf cosmique et la matrice féminine, tandis que le cordon ombilical qui relie l'enfant à sa mère est appelé "corde de la gourde". Toujours en Afrique, un mythe du Bénin décrit l'univers comme une gourde sphérique coupée en deux, et que le serpent divin maintient solidement fermée. Au point de rencontre des deux moitiés est l'horizon, le lieu où le ciel et la mer se rejoignent, et à l'intérieur flotte une plus petite gourde, la terre.

Les peuples d'Asie ont également tissé autour des courges une très riche mythologie, et beaucoup de contes chinois ou coréens leur prêtent des pouvoirs magiques. L'Asie n'a connu les *Cucurbita* américains qu'après la découverte du Nouveau Monde, mais on y cultivait déjà depuis des siècles la gourde *(Lagenaria)* et la courge à la cire *(Benincasa cerifera)*.

Comme le potiron, le *Benincasa* est une liane annuelle aux feuilles cordiformes et aux grandes fleurs jaunes dont le fruit à la peau verte est couvert à maturité d'une pruine blanchâtre – d'où son nom. D. Bois rapporte dans *Le Potager d'un curieux* qu'on en voit souvent pousser sur des treilles près des maisons en Chine, où ce végétal jouit d'un respect inspiré par "certaines considérations religieuses". Il est vrai que le rôle que lui attribue la mythologie chinoise n'est pas mince, puisque la courge à la cire aurait donné naissance à l'humanité.

Des récits de Chine méridionale racontent ainsi qu'il y a très longtemps, le déluge, provoqué par la méchanceté des premiers hommes à l'égard d'un dieu, engloutit tout sur son passage. Seuls en réchappèrent un homme et une femme qui avaient trouvé refuge dans une courge – ou, selon d'autres versions, dans un coffre ou dans un tambour. Ils étaient frère et sœur, et se nommaient Fou-hi et Niu-koua. De leur union naquit un monstre sans bras ni jambes, un "enfant-courge" qu'ils coupèrent en morceaux et allèrent disperser dans la campagne. Dès le lendemain, de chacun de ces morceaux naquit un des clans de l'humanité nouvelle.

De même, la mythologie thaïe raconte comment les hommes sont nés d'une courge dont la liane avait surgi des naseaux du buffle sacré. Lorsque le fruit fut mûr, on put entendre une rumeur s'en élever. Les génies y forèrent un trou à l'aide d'un fer rougi, livrant ainsi passage aux humains.

Un autre récit thaï évoque le pont végétal qui reliait jadis le ciel et la terre : la liane d'une courge permettait aux hommes d'accéder au ciel, et aux génies d'en descendre. Elle fut un jour rompue, ce qui mit fin à la libre circulation entre les deux mondes.

Les Indiens d'Amérique ont eux aussi fait du potiron, et notamment de sa fleur, un emblème de fécondité. Les jeunes Indiennes hopi portaient lors des rites de puberté la "coiffure en bourgeon de courge", ainsi que des colliers reprenant ce même motif.

Un collier navajo au motif "en fleur de courge"

> ### LE MARIAGE DU MAÏS
>
> C'est dans les légendes des tribus indiennes du Nord-Est et du Sud-Ouest des Etats-Unis, dont la subsistance dépendait de la culture des "trois sœurs", qu'apparaît parfois le potiron ; mais le beau rôle ne lui est pas toujours réservé, comme en témoigne ce récit iroquois :
> Le maïs, beau jeune homme solitaire, désirait se marier, et attendait devant sa maison celle qui se présenterait. Un jour survint la liane du potiron dans son bel habit vert orné de clochettes jaune d'or. Mais il la repoussa, car il savait qu'il ne pourrait garder auprès de lui une épouse au tempérament vagabond, toujours prête à s'éloigner de la maison. Il resta donc seul à attendre jusqu'au jour où se présenta une jeune femme au manteau vert parsemé de grappes de fleurs rosées. Il sut que c'était celle qu'il attendait, et l'épousa. Et depuis lors, le haricot enlace étroitement le maïs, qui le soutient.
>
>

Mais alors que le maïs est l'élément central de nombreux mythes ou rites indiens – de même que l'était l'agave, ou *maguey*, pour les anciens Mexicains –, le potiron n'a jamais joui d'un tel prestige dans les fêtes, les célébrations, les relations avec les dieux. S'il est souvent présent, il est cependant presque toujours à l'arrière-plan – en accompagnement, en quelque sorte.

Le potiron en fêtes

• *Thanksgiving*
Le potiron n'est donc pas appelé à figurer au panthéon des légumes, mais il accompagne les hommes dans leurs fêtes et leurs réjouissances, dont il est devenu parfois un acteur indispensable.

Il figure ainsi invariablement au menu du repas de Thanksgiving aux Etats-Unis. Célébré pour la première fois à Plymouth en 1621, Thanksgiving exprimait la reconnaissance des nouveaux arrivants, les Pilgrim Fathers, envers la Providence qui leur avait permis d'arriver en Nouvelle-Angleterre et d'y survivre – et envers les Indiens qui avaient adouci leur sort en leur montrant comment cultiver le maïs, le haricot et le potiron.

En 1863, Thanksgiving fut fixé au quatrième jeudi de novembre, qui est depuis lors marqué chaque année par des défilés, des reconstitutions historiques et un repas dont le menu n'a guère changé depuis 1621 : dinde farcie, sauce aux airelles, maïs préparé de différentes façons, haricots et *pumpkin-pie*, la tourte au potiron, aujourd'hui beaucoup plus raffinée que celle des premiers colons : le potiron vidé de ses graines était farci de tranches de pommes, on ajoutait quelques épices, du sucre, un peu de lait, on enfournait le tout, et le tour était joué.

• *Halloween*
Il est une autre fête qu'on ne peut concevoir aujourd'hui sans le potiron, c'est Halloween, la fête des ombres, que l'on célèbre le 31 octobre aux Etats-Unis et au Canada, et depuis quelques années en France aussi.

Au commencement, cependant, le potiron n'y jouait aucun rôle, car Halloween trouve son origine dans une très ancienne fête celte, Samain, qui marquait le nouvel an. L'année celte, en effet, n'était pas basée sur le calendrier solaire, et le 31 octobre ne correspond pas à une position remarquable du soleil : c'est d'un calendrier "terrestre" qu'il s'agit – la fin d'octobre est le moment où les bergers ramènent leurs troupeaux des pâturages d'été, où les récoltes sont engrangées et où débute une période de froid et de lente gestation.

Passage d'une année à l'autre, Samain était aussi le moment où se renouait le contact entre le monde des vivants et celui des morts, qui revenaient cette nuit-là se réchauffer auprès de leurs proches. Pour guider les pas des défunts, on allumait donc des bougies ou des lanternes, et on laissait les portes ouvertes. Mais les morts ne revenaient pas seuls : les sorcières, les fées et autres esprits souvent malfaisants faisaient aussi irruption dans le monde des vivants ; et c'est pour les tenir en respect qu'on allumait de grands feux sur les collines.

Samain donna ainsi lieu à des jeux rituels et à des rassemblements autour des feux. Sans doute y eut-il des débordements que le clergé considéra comme dangereux ; il essaya d'y mettre fin en instaurant au IXe siècle la Toussaint, censée remplacer le culte des morts par celui des saints. Mais on ne déracine pas si facilement d'anciennes traditions : elles se sont perpétuées encore des siècles dans l'Ouest de l'Europe, et c'est dans ce vieux fonds celtique que Halloween a puisé son côté noir, ses sorcières, ses squelettes, et son goût pour l'épouvante.

Tout cela n'empêchait pourtant pas Samain d'être le prétexte à de grands festins, à des beuveries et à des jeux animés. Après la christianisation, Halloween (*All hallow eve*, la veille de tous les saints) a également hérité du côté joyeux et festif de l'ancienne célébration.

Jusqu'au début du XXe siècle, en Irlande, en Ecosse, au pays de Galles et même en Bretagne, la tradition a souvent survécu d'allumer de grands feux le soir du 31 octobre. Dans l'après-midi, les enfants étaient chargés d'édifier de grands tas de ronces, de genêts ou de fougères. Ils allaient ensuite quêter de maison en maison de la tourbe pour le feu, de la nourriture ou des gâteaux pour le festin du soir. La nuit venue, on allumait les feux qui illuminaient les ténèbres. Tous se rassemblaient autour pour festoyer, danser, jouer et se livrer à des rites divinatoires, survivances du temps où l'année débutait avec les fêtes de Samain.

Ainsi, on versait un blanc d'œuf dans un verre pour connaître le nombre d'enfants que l'on aurait. On plaçait deux noisettes dans le feu côte à côte : si elles se consumaient tranquillement, c'était le signe d'un mariage heureux ; mais si l'une sautait hors du feu, le mariage n'aurait pas lieu. De la forme d'un chou et du goût de son trognon, on déduisait les traits du futur époux ; et du sens dans lequel se déroulaient des épluchures de pomme, la date du mariage.

Une autre activité était fort prisée des jeunes en cette veille de Toussaint : effrayer les âmes sensibles en promenant dans l'obscurité des lanternes à visage humain creusées dans des navets, les *Jack o'lanterns*. La légende veut qu'elles aient été nommées ainsi en souvenir d'un certain Jack condamné à errer sans fin, sa lanterne à l'épaule, rejeté du paradis à cause de son avarice, et de l'enfer à cause de ses mauvais tours.

Au XIXe siècle, introduite par les nombreux immigrants irlandais, la fête de Halloween conquiert le Nouveau Monde

LA PLUS BELLE DES JACK O'LANTERNS

Pas de fête de Halloween sans *Jack o'lantern*, la plus effrayante et la plus grimaçante possible. La réalisation en est facile, pourvu qu'on dispose d'une citrouille ou d'un potiron bien rond mais stable. On utilise traditionnellement les variétés 'Happy Jack', 'Jack O'Lantern', 'Ghost Rider' (des *Cucurbita pepo*), et l'on a vu apparaître depuis quelques années un potiron blanc à la chair orange vif, 'Lumina'.

Il faut se munir d'un crayon feutre, d'un cutter, d'une cuiller et d'un saladier. On commence par découper un couvercle (au bord légèrement oblique) qui permettra de vider le potiron de ses graines et de sa chair ; recueillie dans le saladier, celle-ci servira à confectionner la tarte de Halloween. Il faut ensuite dessiner le visage, en lui donnant une expression terrifiante, et ne pas oublier de laisser entre les yeux, la bouche et le nez un espace suffisant pour que l'ensemble ne s'écroule pas.

Il ne reste alors plus qu'à placer la bougie et à l'allumer pour voir s'animer la *Jack o'lantern*.

> ### HALLOWEEN EN BRETAGNE AU DÉBUT DU SIÈCLE
>
> "Nous avons l'habitude, vers l'approche de la Toussaint, de creuser des betteraves, d'y pratiquer des trous en forme d'yeux, de nez et de bouche et de refermer le tout. Ce lampion à tête humaine, posé la nuit sur un talus ou dissimulé dans les broussailles d'un chemin creux, terrifie toujours quelques noctambules. Quelquefois aussi, on le dispose sur la fenêtre d'une vieille fille connue pour son petit courage et son esprit crédule. Quelqu'un frappe du doigt sur la vitre avant d'aller se tapir non loin de là. La vieille [...] tourne la tête vers la fenêtre et [...] pousse un cri terrible."
> Pierre Jakez Hélias, *Le Cheval d'orgueil*, Plon, 1975.
>
>

V. USAGES MÉDICINAUX ET RECETTES GOURMANDES

Qu'y a-t-il dans un potiron ?

Bien sûr, il y a de l'eau, beaucoup d'eau dans le potiron (90 % environ, un peu moins dans le potimarron : 80 %) et on le lui a souvent reproché. Mais il n'y a pas que de l'eau, et sa belle chair orange est riche en vitamines A (surtout), B_1, B_2 et C, en minéraux et en oligo-éléments, dont la proportion varie selon les variétés, le mode de culture et de préparation.

En règle générale, ce sont les potirons les plus colorés qui renferment le plus de vitamine A, facteur de croissance et de résistance aux maladies : plus de 2 milligrammes pour 100 grammes dans les potirons 'Hubbard', soit la dose quotidienne recommandée, et jusqu'à 17,6 milligrammes dans le potimarron – alors que la carotte n'en comprend que 8, et 100 grammes d'huile de foie de morue, 2 seulement –, et pour un plaisir gustatif nettement inférieur.

La teneur en sels minéraux du potiron n'est pas non plus négligeable : de 10 à 50 milligrammes de calcium (toujours pour 100 grammes), du phosphore qui en facilite l'assimilation (30 milligrammes environ), du fer (0,5 milligramme en moyenne).

Les amateurs de graines se réjouiront sans doute de savoir qu'elles sont source de protéines (30 %), d'acides

avec ses cortèges de squelettes et de sorcières, ses farces d'un goût parfois douteux et ses lanternes. L'Amérique va y faire un ajout de taille : le potiron. Assurément, il est plus facile à transformer en lanterne qu'un navet ou une betterave, plus proche de la tête humaine, aussi, et il se trouve être juste récolté à cette époque de l'année.

En Amérique du Nord, Halloween est devenue une des fêtes les plus populaires de l'année, et les enfants en sont les rois. Ce sont eux qui, déguisés, font le tour des maisons au cri de *"trick or treat"* ("des bonbons ou un mauvais tour"). Mais l'épouvante et l'évocation de la mort ne sont jamais très loin : masques terrifiants, décorations macabres, fausses toiles d'araignée, têtes de mort...

Depuis quelques années, la fête de Halloween, ses *Jack o'lanterns* et ses sorcières ont retraversé l'océan Atlantique pour prendre pied en France. Elle y a reçu un accueil enthousiaste, particulièrement dans l'Ouest où l'on se souvient peut-être de ses lointaines origines celtes.

On s'interroge sur les raisons de cet engouement ; certains regrettent la récupération de la fête par de grandes enseignes commerciales. Mais les amateurs de potirons ne peuvent que se réjouir de les voir enfin sur le devant de la scène.

La 'Courge musquée de Provence'

Le potimarron

aminés et d'acides polyinsaturés (acide linoléique). On en extrait une huile verte, qui s'utilise en assaisonnement et qu'on apprécie beaucoup en Europe centrale.

Enfin, à toutes ces substances nécessaires à l'équilibre de l'organisme s'ajoutent encore des fibres très digestes et abondantes (1,3 gramme pour 100 grammes de chair), qui font du potiron un laxatif qui agit tout en douceur.

Et tous ces bienfaits pour seulement 30 calories (toujours pour 100 grammes), il serait vraiment dommage de s'en priver !

Un légume qui soigne en douceur…

Il n'est pas question d'affirmer que le potiron est une panacée, mais il faut cependant reconnaître tant à sa chair qu'à ses graines des vertus régulatrices pour l'organisme, qu'il contribue à rééquilibrer en douceur.

Ainsi, l'infusion de graines broyées dans du lait ou de l'eau atténue les troubles du sommeil et l'hyperexcitabilité ; la même préparation aide à soulager les douleurs des inflammations urinaires ou digestives. Et un verre de jus de potiron le matin à jeun est un laxatif doux mais néanmoins efficace.

On n'a plus recours aujourd'hui aux "quatre semences froides majeures" des anciens (potiron, melon, concombre et citrouille), qui étaient censées "réprimer les ardeurs de la chair". En revanche, on s'accorde toujours à reconnaître aux graines des propriétés antihelminthiques certaines mais relativement douces. La substance active, spécifique du ténia, serait contenue dans les cotylédons. La médication n'est d'ailleurs pas trop désagréable : sept jours de suite, il faut absorber le matin à jeun des graines pilées dans du miel (20 à 80 grammes, selon le poids du patient). On fera suivre cette cure d'un purgatif doux qui provoquera l'expulsion des hôtes indésirables que les graines de potiron auront paralysés.

Cette thérapeutique n'est d'ailleurs pas à réserver aux seuls humains. Les animaux domestiques peuvent en bénéficier, à la seule condition d'adapter la dose à leur poids.

… et qui embellit

Le potiron ne soigne d'ailleurs pas que l'intérieur du corps : on lui reconnaît depuis longtemps la vertu d'atténuer les imperfections de la peau, de la revitaliser… bref, d'embellir.

Au XVIe siècle, en Angleterre, on employait contre les taches de rousseur un masque composé de graines de potiron pilées et de farine d'avoine. Deux siècles plus tard, M. de Combles mentionne encore cette propriété dans *L'Ecole du jardin potager* : "On en tire une huile qui amollit la peau, la rend unie et efface les taches."

De nos jours, on recommande encore des cataplasmes de potiron pour atténuer les effets des brûlures ou les petites inflammations cutanées. Il existe également une gamme complète de produits de beauté à base de potimarron, qui tire parti de ses propriétés hydratantes et revitalisantes. Et rien n'empêche d'essayer la recette très simple qui consiste à se frotter légèrement la peau avec une fine tranche de potimarron, pour la rendre plus douce.

Le potiron en cuisine

Tout cela est bel et bon, diront les gourmets, mais là n'est pas l'intérêt principal du potiron, ce qui pousse les jardiniers à le cultiver et à le conserver avec tant de soins. Car c'est en cuisine que le potiron donne le meilleur de lui-même, et permet de réaliser toute une palette de mets salés ou sucrés.

Tout se mange, ou presque, dans le potiron et ses cousins : les fleurs mâles, les jeunes pousses bouillies (les brèdes),

> ### LE SPAGHETTI VÉGÉTAL
>
> Variété asiatique commercialisée aux Etats-Unis depuis les années trente, et qui connaît aujourd'hui chez nous une certaine popularité, le spaghetti végétal est une curiosité culinaire.
>
> C'est en fait une citrouille *(C. pepo)* à la croissance rapide (70 jours environ), et dont on récolte à maturité les fruits ovoïdes d'un blanc jaunâtre. Leur chair n'est pas remarquable par son goût, mais par sa texture très particulière : à la cuisson, elle se défait en filaments qui rappellent les spaghettis et peuvent s'accommoder comme tels.
>
> On cuit le spaghetti végétal entier 20 à 30 minutes à l'eau bouillante (une exception à la règle), puis on l'ouvre en deux dans le sens de la longueur pour en extraire à la fourchette les "spaghettis".
>
>

les graines et bien sûr la chair. Et l'on peut tout faire, ou presque, avec le potiron : des beignets de fleurs, des veloutés, des soufflés, des gratins, des purées, du pain, des pâtes, des gâteaux, des confitures… Au XIXe siècle, on s'en est même servi pour falsifier des confitures et des pâtes d'abricots. Et de nos jours, on l'emploie parfois pour colorer les soupes de poissons…

Certains apprécient la chair des courges crue (râpée en salade, par exemple ; la courge musquée 'Butternut' s'y prête particulièrement bien). Mais les gourmets savent que la cuisson permet d'accéder à des plaisirs bien supérieurs. On ne cuira pas le potiron à l'eau (il en renferme déjà assez), mais bien plutôt à la vapeur ou au four – la meilleure des cuissons, car elle exalte les arômes, mais aussi celle qui nécessite le plus de temps. Le cuisinier pourra ainsi apprécier, pour chaque variété nouvelle, sa saveur (sucrée ou non, de noisette, de châtaigne…) et sa texture (plus ou moins ferme, farineuse ou non, un peu aqueuse…) ; et il saura ainsi choisir la recette qui lui siéra le mieux.

Le potiron se marie avec bonheur au safran, à la cannelle, à la noix muscade, au mélange dit "des quatre-épices" (poivre, girofle, muscade et gingembre ou cannelle). L'oignon, le poireau, le céleri, une pointe d'ail en relèvent agréablement le goût, notamment dans les soupes et les veloutés. Enfin, on accompagnera d'un vin blanc sec et plutôt fruité (vin d'Alsace, par exemple) les plats à base de potiron, dont la saveur toujours un peu sucrée s'accorde mal aux vins rouges.

Du Mexique, des Etats-Unis, du Liban, d'Italie ou encore de France, les recettes qui suivent (prévues pour quatre convives) nous offrent un aperçu de la diversité des préparations auxquelles se prête le potiron.

• *Risotto au potiron*
La cuisine italienne traditionnelle offre une grande variété de plats à base de potiron. Parmi ceux-ci, le risotto que voici, dont il existe de nombreuses variantes : parfumé de safran, agrémenté de petits lardons, d'un peu de céleri…

> *250 g de riz rond ; 500 g de potiron à chair ferme ; 1 oignon ; 1 l de bouillon de volailles ou de légumes ; 80 g de beurre ; 50 g de parmesan frais râpé ; huile d'olive, persil.*

L'oignon finement émincé est d'abord mis à revenir doucement dans l'huile d'olive (il ne doit pas se colorer) ; puis on ajoute dans la sauteuse les dés de potiron (de la taille d'une noisette), et enfin le riz ; le tout doit cuire environ cinq minutes, jusqu'à ce que les grains de riz soient nacrés. On verse alors la moitié du bouillon brûlant ; le reste sera ajouté au fur et à mesure, louche par louche. La cuisson terminée (au bout d'une vingtaine de minutes), il faut incorporer délicatement le beurre en petits morceaux et le parmesan : le potiron ne doit pas se défaire, et le risotto ne doit pas être trop sec. Ne pas oublier de vérifier l'assaisonnement, parsemer de persil haché, et servir aussitôt : le risotto n'attend pas !

• *Beignets de fleurs de courge*
Les Aztèques appréciaient particulièrement les fleurs de potiron, et il s'en vend encore aujourd'hui de grandes quantités sur les marchés mexicains. Elles se préparent en soupe ou en beignets. Ce sont les fleurs mâles que l'on emploie – en prenant garde toutefois d'en laisser assez sur le plant pour que les fleurs femelles puissent être fécondées.

Fleurs de potiron mâles ; pâte à beignets : 2 œufs, 2 cuillers à soupe d'huile, 2 cuillers à soupe de bière, 150 g de farine, 1 dl d'eau.

On prépare tout d'abord la pâte en battant les jaunes d'œufs avec la bière, l'huile et l'eau. On ajoute peu à peu la farine, le sel, le poivre, et pour finir les blancs battus en neige.

En ouvrant avec délicatesse les fleurs, on en retire les étamines. Il ne reste plus qu'à les plonger dans la pâte, puis dans la friture jusqu'à ce qu'elles soient bien dorées – et enfin à les égoutter sur du papier absorbant avant de servir.

• *Petits feuilletés de potiron*

500 g de potiron ; 300 g de pâte feuilletée ; 1,5 dl de muscat (Beaumes-de-Venise de préférence) ; 2,5 dl de crème fraîche ; 70 g de beurre ; 1 œuf ; cannelle.

Dans la pâte feuilletée étalée assez fin, découper 4 triangles, les dorer à l'œuf et les cuire à four chaud une vingtaine de minutes.

Pendant ce temps, le potiron en dés, parfumé de cannelle, aura cuit dans 30 g de beurre. Au sortir du four, ouvrir les feuilletés et les garnir de potiron. Garder au chaud.

Faire réduire de moitié à feu moyen la crème fraîche et le muscat, ajouter sel, poivre et 40 g de beurre, et, pour finir, napper les feuilletés de sauce.

• *Pain de potiron*
En Europe, l'emploi de potiron ou de courge dans le pain remonte au XVIIe siècle : le pain en était plus appétissant, plus moelleux… et aussi plus volumineux. On fabrique aujourd'hui encore dans le Sud de la Drôme des pains de potiron allongés, torsadés – souvent plus proches de la brioche que du pain.

Pour 2 pains de 400 g environ : 300 g de chair de potiron ; 500 g de farine ; 2 sachets de levure de boulanger lyophilisée.

Passer le potiron cuit à la vapeur et bien égoutté à la grille fine du moulin à légumes. Incorporer à cette purée la farine, la levure et 1 dl d'eau tiède. Il faut alors pétrir avec énergie pendant 5 minutes, pour obtenir une boule de pâte souple et élastique.

Placer la pâte dans une terrine recouverte d'un linge, à température ambiante, et laisser lever jusqu'à ce que la pâte ait doublé de volume.

Remettre alors la pâte sur le plan de travail, et façonner des pâtons de 25 centimètres de long, que l'on peut natter. Les poser sur la plaque du four, et les laisser lever de nouveau une heure environ. Puis enfourner à four chaud une demi-heure, et laisser refroidir avant de déguster.

• *Crème de potiron*
A présenter de préférence dans l'écorce du potiron dont on aura employé la chair, soupière d'une fois que l'on aura pris soin de placer à four doux quelques instants avant de la porter à table.

600 g de chair de potiron ; 200 g de pommes de terre ; 2 blancs de poireau ; 1 oignon ; 1,5 l de bouillon ; noix muscade, cannelle, crème fraîche ou lait, persil, parmesan frais râpé, croûtons.

Le potiron et les pommes de terre en dés, les poireaux et l'oignon émincés finement sont d'abord mis à revenir dans un peu d'huile avec sel, poivre et épices, puis arrosés d'un litre et demi de bouillon.

Après une demi-heure environ de cuisson, le passage du mixeur et l'ajout de crème fraîche ou de lait permettent d'obtenir le velouté recherché. L'assaisonnement vérifié, la crème de potiron est servie très chaude, parsemée de persil ciselé et accompagnée de parmesan et de petits croûtons.

• *Tajine d'agneau au potiron*
Pour ce plat qui nous vient du Maroc, on emploiera de préférence un tajine en terre vernissée, qui permet à la viande de confire en s'imprégnant de l'arôme des épices – et, si l'on a la chance d'en trouver, de la courge musquée du Maroc, à la chair orange vif, ferme et parfumée.

1 kilo d'épaule d'agneau en morceaux ; 1 kilo de chair de potiron ou de courge musquée ; 2 oignons ; 2 cuillerées à soupe de miel ; 50 g de beurre ; cannelle, safran, gingembre en poudre, graines de sésame grillées.

On fait d'abord revenir à feu vif dans de l'huile la viande, les oignons hachés et les épices : cannelle, gingembre, safran, sel et poivre. Quand le tout a pris une belle couleur dorée, le placer sur feu doux dans le tajine, mouiller d'eau, et laisser cuire – en surveillant de temps en temps – jusqu'à ce que la viande soit bien confite.

Pendant ce temps, le potiron en dés sera cuit à la vapeur, puis réduit en une purée bien épaisse. Il ne reste plus qu'à la faire revenir dans le beurre avec le miel et un peu de cannelle, jusqu'à ce qu'elle prenne une belle teinte légèrement caramélisée.

La viande est disposée au milieu d'un plat, la purée de potiron vient l'entourer et la napper, et on saupoudre de graines de sésame avant de porter à table.

• *Gratin de potiron aux épices*
Pas de riz ni de pommes de terre dans ce gratin, mais une béchamel bien crémeuse, et surtout le parfum des quatre-épices et de la cannelle qui vient se marier à celui du potiron ou de la courge musquée.

1 kilo de potiron ; 2 oignons ; 1 gousse d'ail ; 50 g de beurre ; 50 g de farine ; 1/4 l de lait ; 1 dl de crème fraîche ; 2 œufs ; quatre-épices, cannelle, fromage râpé.

Dans une sauteuse où l'on aura mis à revenir les oignons et l'ail haché, on ajoute le potiron en dés, les épices, et on laisse cuire à feu doux jusqu'à obtenir une purée bien sèche – on choisira donc si possible une variété peu aqueuse. On prépare par ailleurs une béchamel bien épaisse avec le beurre, la farine, le lait, sel et poivre.

Sauce et purée de potiron sont alors mêlées, et l'on y ajoute les jaunes d'œufs battus, la crème, le fromage râpé – selon le goût de chacun –, et enfin les blancs en neige. Il ne reste plus qu'à vérifier l'assaisonnement, saupoudrer de fromage râpé, et placer à four chaud une vingtaine de minutes le tout – qui se transforme alors en un gratin parfumé et légèrement soufflé.

• *Raviolis de potiron à l'émilienne*
Servis traditionnellement la veille de Noël dans la région de Modène, ces raviolis demandent un certain tour de main… mais le résultat en vaut la peine.

800 g de potiron ; 200 g de parmesan râpé ; 120 g d'amaretti (biscuits parfumés à l'amande amère) ; 1 œuf ; muscade ; beurre. Pour la pâte : 400 g de farine ; 4 œufs ; 1 filet d'huile.

Cuire au four ou à la vapeur le potiron, bien l'égoutter et en écraser la chair à la fourchette. Dans une terrine, mêler la purée de potiron, l'œuf, la moitié du parmesan, les biscuits pulvérisés, la muscade, sel et poivre. Le mélange doit être bien sec : rajouter s'il faut quelques amaretti en poudre. Laisser reposer.

Avec la farine, les œufs, l'huile et le sel, préparer la pâte : faire un puits au milieu de la farine, y casser les œufs, ajouter le sel et le filet d'huile, travailler du bout des doigts, puis pétrir avec énergie pour obtenir une pâte souple. Laisser reposer.

Sur le plan de travail fariné, étaler la moitié de la pâte en une feuille très fine, l'humidifier très légèrement au pinceau et disposer à intervalles réguliers (5-6 cm) des noix de farce. Recouvrir d'une deuxième feuille de pâte très fine, découper les raviolis à la roulette et en souder les bords en appuyant avec une fourchette ou avec le doigt.

Plonger délicatement les raviolis dans beaucoup d'eau bouillante salée, laisser cuire jusqu'à ce qu'ils remontent à la surface. Bien égoutter, et disposer les raviolis dans un plat tenu au chaud, en assaisonnant chaque couche de beurre en petits morceaux et de parmesan. Servir sans plus attendre.

• *Kebbeh au potiron*
Les kebbeh libanais à la viande ou au poisson sont sans doute plus connus que celui-ci ; et pourtant, cette recette traditionnelle permet de découvrir de nouvelles saveurs : le potiron allié à la menthe et au piment doux.

1 kilo de potiron ; 1 verre 1/2 de boulghour fin, ou blé concassé ; 1 verre de pois chiches cuits ; 1 gros oignon ; menthe verte, piment doux, cannelle, huile, sel.

Il faut d'abord cuire à la vapeur le potiron coupé en dés, bien l'égoutter et le réduire en purée. Le boulghour et du sel y sont alors incorporés, et l'on mélange jusqu'à obtenir une pâte bien homogène, qu'on laisse reposer. Pendant ce temps, on hache très finement l'oignon et la menthe, et les plus courageux débarrasseront les pois chiches de leur peau. Le hachis, les pois chiches et les épices sont mêlés à la pâte, que l'on pétrit une nouvelle fois.

Dans un plat à four huilé, on étale alors la pâte sur 2 centimètres ; sa surface est huilée légèrement au pinceau, puis quadrillée au couteau en formant des losanges. Le plat est alors placé à four chaud pendant une demi-heure environ. On le sert tiède ou froid.

Une variante consiste à insérer entre deux couches de pâte de 1 centimètre environ une farce composée de feuilles de blettes hachées, d'un peu d'oignon et assaisonnée de jus de citron.

• *Confiture de potiron*
Les plus sucrés des potirons permettent de préparer une confiture ambrée, que l'on parfumera à l'orange, aux abricots secs, à la vanille, à la cannelle…

Pour 4 pots environ : 1 kilo de chair de potiron ; 750 g de sucre ; 2 oranges ; 1 gousse de vanille.

Pendant une nuit, faire macérer les dés de potiron, les oranges en tranches fines dans le sucre. Le lendemain, ajouter la gousse de vanille et porter le tout à ébullition. Laisser cuire à petits frémissements trois quarts d'heure environ, vérifier la consistance de la confiture et la verser chaude dans les pots.

• *Gâteau piémontais au potiron*
Ce gâteau, originaire de la région du Montferrat, ne paie pas de mine, mais l'alliance du potiron, du chocolat, des fruits secs et des épices est particulièrement savoureuse.

300 g de pommes à chair ferme ; 300 g de potiron à chair ferme également ; 75 g de sucre en poudre ; 50 g d'amaretti ou de macarons ; 50 g de chocolat noir ; 40 g de figues sèches ; 20 g de raisins secs ; 1 œuf ; 2 cuillerées à soupe de lait ; 1 cuillerée à soupe de rhum ; 1/2 cuillerée à café de cacao amer ; zeste de citron, vanille, cannelle.

Les pommes, pelées et coupées en tranches très fines, sont mises à cuire doucement pendant une quinzaine de minutes dans très peu d'eau et la moitié du sucre (elles ne doivent pas se transformer en compote). Vient ensuite le tour du potiron, en tranches fines et saupoudré du reste de sucre, toujours à feu doux et dans 2 cuillerées à soupe de lait.

Aux pommes et au potiron s'ajoutent alors les biscuits écrasés, puis le chocolat et les figues en petits morceaux, les raisins, le cacao amer, la vanille, la cannelle, un peu de zeste de citron râpé, le rhum et enfin l'œuf battu, en remuant à chaque fois avec délicatesse.

La préparation est alors versée dans un moule beurré et fariné, et mise à four doux pendant environ une heure – elle doit sécher plutôt que cuire. Laisser refroidir avant de démouler.

• *Gâteau glacé au potiron-chocolat*
Ce gâteau associe deux ingrédients que nous devons au Nouveau Monde : le potiron, qui apporte ici un moelleux bien agréable, et le chocolat, que les Mayas et les Aztèques tenaient en haute estime.

750 g de chair de potiron ; 150 g de chocolat noir ; 150 g de beurre ; 125 g de sucre semoule ; 2 cuillerées à soupe de cacao amer ; cannelle.

Avec le potiron en morceaux cuit à la vapeur et longuement égoutté, faire une purée épaisse et lui incorporer le cacao amer et la cannelle. Par ailleurs, on aura fait fondre au bain-marie le chocolat, le beurre en morceaux et le sucre jusqu'à l'obtention d'une pâte bien lisse.
Mêler le tout, verser dans un moule chemisé de papier sulfurisé, et placer toute une nuit au réfrigérateur.

• *Mias au potiron*
Il existe en Provence plusieurs façons de préparer le mias – flan aux œufs et à la farine de maïs –, mais celle qui emploie du potiron (ou de la courge musquée) a ici notre préférence.

500 g de potiron ou de courge musquée ; 100 g de farine de maïs ; 2 dl de lait ; 2 œufs ; 75 g de sucre roux (ou miel) ; rhum.

Il convient tout d'abord de cuire à la vapeur le potiron en dés, de le laisser bien égoutter et de le réduire en purée. Par ailleurs, mélanger au fouet les œufs et la farine de maïs, et délayer petit à petit avec le lait chaud sucré et parfumé au rhum. Bien mêler la crème et le potiron, verser dans un plat à gratin beurré, et enfourner une demi-heure environ à 200 °C.

Le mias se mange froid, avec de la confiture de pastèques ou d'oranges.

• *Tarte de Halloween*
Rien ne se perd : au moment de Halloween, la chair retirée des *Jack o'lanterns* sert à confectionner d'excellents *pumpkin-pies*.

250 g de pâte brisée au beurre (ou, plus traditionnellement, au saindoux) ; 600 g de chair de potiron ; 150 g de cassonade ; 1,5 dl de crème fraîche ; 3 œufs ; un mélange d'épices : 1 cuillerée à café de cannelle, 1/2 cuillerée à café de muscade, autant de gingembre, 3 clous de girofle réduits en poudre.

A la chair du potiron, cuite à la vapeur puis passée à la grille fine du moulin à légumes, il faut d'abord incorporer le mélange d'épices, la cassonade, puis la crème fraîche et enfin les œufs battus.
Le fond de tarte est alors garni de cet appareil ; on glisse le tout à four chaud trois quarts d'heure environ – et l'on attend pour déguster que la tarte soit tiède, ou complètement refroidie.

Quelques recettes de courgettes

A la belle saison, en attendant que ses potirons mûrissent, le jardinier qui a planté quelques pieds de courgettes pourra profiter d'une abondante récolte. Heureusement, celles-ci se prêtent à une grande variété de préparations qui évitent qu'on ne s'en lasse trop vite : on peut les manger en soupe, en salade, en omelette, en gratin, en tarte… La courgette contient beaucoup d'eau, peu de protides, de lipides et de glucides. Elle n'est donc guère nourrissante, mais elle est particulièrement digeste. On lui reproche une certaine fadeur, qu'accentuerait une cuisson à l'eau bouillante : mieux vaut la faire cuire rapidement à l'étouffée ou à la vapeur, sans la peler. Tout l'art du cuisinier va consister à relever la saveur des courgettes en leur associant des légumes plus forts en goût (les tomates, aubergines et poivrons de la ratatouille, par exemple), de l'ail ou de l'oignon, des herbes fraîches (basilic, menthe, persil…) ou encore des épices.

• *Salade de courgettes*
Les jeunes courgettes sont excellentes en salade, cuites à la vapeur ou, comme dans cette recette marocaine, mijotées avec de l'ail et des épices qui en relèvent le goût.

4 courgettes ; 2 gousses d'ail ; 1 cuillerée à café de piment ; 1/2 cuillerée à café de cumin ; 2 cuillerées à soupe de vinaigre ; 4 cuillerées à soupe d'huile d'olive ; sel.

Couper les courgettes en demi-lunes. Les faire revenir dans l'huile d'olive, puis ajouter l'ail haché, le sel, le piment et 15 centilitres d'eau. Porter à ébullition puis laisser mijoter à feu doux une dizaine de minutes. Ajouter alors le vinaigre et le cumin, et faire réduire le liquide de cuisson. Retirer du feu et servir frais.

• *Petites courgettes en gratin*
Pour cette recette, il faut récolter les courgettes encore en fleur, alors que le fruit atteint tout juste la taille d'un petit doigt.

16 mini-courgettes avec la fleur ; 8 filets d'anchois à l'huile d'olive ; 80 g de parmesan ; basilic ; huile d'olive ; sel, poivre.

Retirer délicatement le pistil des fleurs sans abîmer celles-ci. Mélanger le basilic haché et 50 grammes de parmesan.

Couper les filets d'anchois en deux. A l'aide d'une petite cuiller, farcir chaque fleur d'un peu de parmesan au basilic et d'un demi-filet d'anchois. Disposer les fleurs côte à côte dans un plat à four huilé. Arroser d'un filet d'huile d'olive, saler, poivrer et saupoudrer de parmesan.

Faire gratiner à four moyen 15 minutes environ. Servir aussitôt.

• *Courgettes farcies*
Moins connue que les farces à la viande, la farce au riz est typique des cuisines crétoise et grecque. On utilisera de préférence des courgettes rondes, auxquelles on pourra associer quelques tomates, aubergines ou poivrons farcis de la même manière et dont la chair, mêlée à celle des courgettes, relèvera le goût de ces dernières.

8 courgettes ; 150 g de riz rond ; 1 oignon ; huile d'olive ; menthe, basilic, aneth, sel et poivre.

Ouvrir les courgettes par le haut (ou par un bout s'il s'agit de courgettes longues) et prélever leur chair. La hacher très finement. Faire revenir à l'huile d'olive l'oignon émincé, puis le riz, les herbes ciselées et la chair des courgettes. Saler et poivrer. Ajouter un peu d'eau (juste pour recouvrir le riz) et faire cuire jusqu'à ce qu'elle soit absorbée.

Farcir les courgettes de ce mélange et leur remettre leur "chapeau". Les placer côte à côte dans un plat peu profond, verser de l'eau et un peu d'huile d'olive (jusqu'à mi-hauteur environ).

Faire cuire à four moyen une heure environ, en arrosant de temps en temps les courgettes avec le liquide de cuisson.

La rhubarbe

Thierry Delahaye

Une racine barbare

Le mot "rhubarbe", autrefois "reubarbe", dérive du latin médiéval *rheubarbarum* formé de *rheu*, "racine", et de *barbarum*, "qui vient du pays des Barbares". La rhubarbe serait donc une racine barbare. Mais *rheu* se traduit aussi par "tige", ce que confirme l'étymologie du mot… "rhum". Mentionné pour la première fois au XIVe siècle, dans le *Livre des merveilles* de Marco Polo, le "vin de sucre" prit en 1688 le nom de rhum, mot du patois créole de la Barbade issu de l'anglais *rum*, abréviation de *rumbullion*, littéralement "bouillon de tiges" (les tiges étant bien sûr celles de la canne à sucre).

La rhubarbe, dont une espèce porte le nom botanique de *Rheum rhaponticum*, est parfois appelée rhubarbe pontique ou rhapontic, en référence à la région du Pont-Euxin, appellation grecque de la mer Noire. "Rhapontic" pourrait donc signifier "racine (ou tige) venue du Pont", mais *Rha*, dans la Grèce antique, était le nom de la Volga, fleuve qui se jette plus à l'est, dans la mer Caspienne. Que l'on doive la culture de la plante aux peuples riverains de la Volga ou à ceux vivant dans la région du Pont, tous étaient considérés par les Grecs comme barbares. Cet adjectif a ensuite qualifié d'autres peuplades originaires d'Asie, Tartares, Mongols et Huns notamment. Or, certaines espèces de rhubarbe sont indigènes en Sibérie, en Mongolie et au Tibet. Bref, en la traitant de barbare, il y a peu de risques de se tromper.

Utilisée en médecine chinoise

Les Chinois connaissent la rhubarbe depuis très longtemps. Près de trois mille ans avant notre ère, les médecins chinois prescrivaient une "grosse racine jaune": le rhizome séché de la rhubarbe aux vertus purgatives et toniques.

C'était un élément de base de leur pharmacopée, utilisé pour dissoudre les caillots de sang, soigner la jaunisse, la fièvre et les douleurs abdominales, réduire ulcères et furoncles quand il était appliqué en cataplasme, ouvrir l'appétit et aider à la digestion. Il est toujours employé en poudre, en teinture ou en sirop.

A son retour de Chine, en 1273, Jacob d'Ancône rapporte comme il se doit des épices, de la soie, du bois… "Pour ce qui est des médecines, j'avais les meilleurs cubèbes (baies proches du poivre), ainsi que de la bonne rhubarbe, des perles à broyer, des coquillages pour les yeux (broyés et utilisés en onguents), de la chélidoine (ou herbe aux verrues)…" (*La Cité de lumière*, Fayard, 2000.)

Le manuscrit de Jacob d'Ancône n'ayant été découvert et publié que récemment, on a longtemps considéré que la première mention écrite de la rhubarbe était celle qui figure dans la traduction par Charles de Lécluse vers 1570 d'un ouvrage sur les aromates et les plantes médicinales originaires des Indes, où elle voisine avec l'aloès, le benjoin, le camphre, le poivre, le girofle…

L'introduction de la rhubarbe en Europe s'est effectuée progressivement. Selon les auteurs, on estime qu'elle y est cultivée depuis deux à trois cents ans, peut-être arrivée avec les caravanes parcourant l'Asie d'est en ouest. La rhubarbe n'est signalée en Angleterre qu'au XVIIIe siècle, époque où ses vertus laxatives étaient cependant bien établies sur le continent. "Passez-moi la rhubarbe, je vous passerai le séné" : cette réplique tirée de *L'Amour médecin* de Molière, et décrivant deux remèdes à la constipation, a pris en 1788 un sens figuré pour désigner des services de complaisance entre deux personnes. Dans le calendrier révolutionnaire adopté en 1795, un jour est dédié à la rhubarbe : le 30 avril (la plante est réputée pour sa précocité printanière).

Rhubarbes et rumex

Si les traces de la rhubarbe sont difficiles à suivre, c'est qu'il existe une vingtaine d'espèces qui se partagent ce nom. La rhubarbe chinoise, utilisée comme plante médicinale, est la rhubarbe officinale *(Rheum officinale)*, originaire de Chine et du Tibet, sans doute la première arrivée dans nos régions, et qui fut peu à peu supplantée dans les jardins par d'autres espèces choisies pour leurs qualités alimentaires, dont le *Rheum rhabarbarum*.

La rhubarbe groseillier, ou rhubarbe pulpeuse *(Rheum ribes)*, est surtout cultivée en Afghanistan, en Syrie, au Liban, où on l'utilise comme remède dans le cas de maladies inflammatoires, et en Iran, où les pétioles crus, juste confits dans du sucre ou du miel, "sont vendus journellement sur les marchés" (Olivier, *Voyage dans l'Empire ottoman, l'Egypte et la Perse*, fin du XIXe siècle). Introduite en Europe dès 1724, elle présente des tiges et des feuilles couvertes de petites verrues.

La rhubarbe ondulée, ou rhubarbe de Moscovie *(Rheum undulatum)*, acclimatée en Europe à partir de 1734, a donné des variétés cultivées comme plantes potagères, telle la 'Rouge hâtive de Tobolsk', aux pétioles très rouges.

Egalement cultivée pour ses vertus médicinales, la rhubarbe palmée *(Rheum palmatum)*, originaire de Mongolie, a été introduite en Europe en 1763, selon Louis Noisette (*Manuel complet du jardinier*, 1826). *Le Bon Jardinier* la décrit en 1882 comme "une espèce de qualité supérieure, cependant très peu répandue".

Plant de rhubarbe

Originaire lui aussi de Mongolie, le *Rheum hybridum* introduit en 1774 ou 1775 fut nommé et décrit par le botaniste Murray comme un hybride de *Rheum rhaponticum* (ou rhubarbe de Bulgarie) et de *Rheum palmatum*. Cette espèce comporte de nombreuses variétés, dont la célèbre 'Rhubarbe Victoria', fleuron des jardins anglais depuis 1827. L'année suivante, une nouvelle espèce parvint en Angleterre, le *Rheum emodi*, originaire de l'Himalaya.

Désiré Bois (*Les Plantes alimentaires chez tous les peuples et à travers les âges*, 1927) signale une 'Rhubarbe Florentin' portant le nom de son obtenteur, jardinier en chef du jardin de la faculté de médecine de Paris, et issue d'un croisement entre *Rheum officinale* et *Rheum collinianum* réalisé vers 1900. Cet 'Hybride Florentin' (qui ne vient donc pas de Florence), connu pour la beauté de ses fleurs rouge vif et ses pétioles ronds, a côtoyé dans les potagers des variétés oubliées aujourd'hui, obtenues pour la plupart en Hollande ou en Angleterre : 'Timperley Early', 'Frambozen Rood', 'Rouge monarque' ou 'Monarque' aux très gros pétioles charnus, 'Ondulée d'Amérique', 'Royale Albert' et, *last but not least*, 'Victoria'.

François Couplan évoque dans *Les Plantes sauvages comestibles* (Sang de la Terre, 1992) la "rhubarbe des moines", nom vernaculaire du rumex alpin *(Rumex alpinus)* qui appartient à la même famille des Polygonacées que le genre *Rheum*. Les pétioles du rumex alpin peuvent se consommer comme ceux de la rhubarbe, en compote ou en tarte. "Mieux encore, ils sont très bons crus : croquants, juteux, acidulés – beaucoup moins acides que la rhubarbe –, il suffit de les couper en morceaux et de les peler" (signalons aux gourmands que François Couplan donne dans ce livre la recette d'une "tarte des montagnes" au rumex).

Décorative au potager

La rhubarbe est une plante vivace qui peut rester productive à la même place pendant 6 à 10 ans. Son rhizome est charnu. La tige, haute et dressée, est divisée en plusieurs rameaux. Les feuilles, jugées très décoratives par les jardiniers, sont formées de longs pétioles verts, roses, lavés de rouge ou franchement rouges, et de limbes très larges, plus ou moins découpés ou ondulés.

Les fleurs blanches ou blanc verdâtre réunies en panicule sont portées par une hampe qui peut se dresser jusqu'à 2 mètres de hauteur. La floraison a lieu de mai à juin (chaque pied porte à la fois des fleurs mâles, des fleurs femelles et des fleurs hermaphrodites). Les fruits de la rhubarbe sont de petits akènes bruns à trois ailettes.

La rhubarbe se multiplie le plus simplement par division de touffe à l'automne ou au printemps (on peut aussi acheter en jardinerie des plants racinés en godets). Elle affectionne les sols plutôt acides et profonds, et supporte la mi-ombre. Si le sol est trop détrempé, on plante la rhubarbe sur une petite butte car elle redoute l'eau stagnante. Les pieds sont espacés de 1,50 mètre (une touffe adulte occupe jusqu'à 1 mètre carré). On garnit le trou de plantation d'une couche de compost ou de fumier bien décomposés afin de ne pas brûler les racines, puis on rebouche en laissant affleurer les bourgeons. Si l'on plante en mars, la production interviendra au printemps de l'année suivante.

A partir d'avril, la récolte progressive des pétioles fournit la matière des premières compotes fraîches de l'année. On cueille d'abord les feuilles les plus externes, en les détachant de la base par un mouvement tournant, et on en laisse suffisamment pour ne pas affaiblir la plante. La

Récolter la rhubarbe

suppression des tiges florales stimule la végétation. Désiré Bois rapporte l'usage de "cylindres en poterie ou en bois dans lesquels les feuilles poussent en s'étiolant", afin de favoriser la pousse de pétioles plus longs et plus tendres. En mai et juin, si les jours sont chauds et si la rhubarbe est exposée au soleil, on en paille le pied et on arrose régulièrement. A la fin de l'hiver, on apporte du fumier ou du terreau en surface.

En Angleterre, la rhubarbe est traditionnellement soumise à la culture forcée, sur place ou sous abri chauffé. Au jardin, le forçage commence en janvier : on protège les pieds du froid et de la lumière en les recouvrant d'un seau entouré de paille ou de fumier pailleux. Les pétioles pourront être cueillis six semaines après. Pour le forçage sous abri, on arrache à l'automne des pieds vigoureux et on les expose au gel durant une dizaine de jours. Puis on place les racines dans un pot rempli de terre, couvert d'un tissu qui maintienne l'obscurité, et stocké dans une serre ou une pièce chauffées à 12 °C. On arrose pour maintenir la terre humide. La récolte intervient au bout de cinq semaines : on peut donc obtenir ainsi de la rhubarbe dès janvier. Quel que soit le mode utilisé, les plants forcés ne produisent qu'une fois.

La rhubarbe, très rustique, peut cependant être attaquée par les larves des taupins (vers blancs) ou par la pourriture du collet. Les pieds atteints sont arrachés et brûlés.

La rhubarbe des gourmands

Les feuilles de rhubarbe fraîches calment les piqûres d'ortie et sont utilisées contre la gomme des arbres fruitiers ; bouillies, elles fournissent un insecticide. Le rhizome frais donne un colorant jaune, sert à polir le cuivre, à enlever les taches de rouille et à récurer les casseroles. Mais, en cuisine, on n'utilise que les pétioles (ou côtes) pour confectionner des compotes et des confitures (riche en fibres, la rhubarbe facilite voire accélère beaucoup le transit intestinal). Les limbes foliaires ont une trop forte teneur en acide oxalique et sont toxiques, sauf les jeunes feuilles parfois employées comme l'oseille. Les pétioles contiennent également de l'acide oxalique ; on les consommera donc avec modération.

Les gastronomes ont adopté la rhubarbe : escalopes de saumon à la rhubarbe revenue à la poêle dans du beurre, roulades de porc farcies à la rhubarbe, coulis de rhubarbe, échalotes et crème fraîche en accompagnement du poisson, chutney de poires et rhubarbe… et une délicieuse confiture de rhubarbe et de bananes au miel préparée à Provins (Seine-et-Marne) par Carla Renault.

• *Marmelade de rhubarbe*

1 botte de feuilles de rhubarbe ; 500 g de sucre ; 1 demi-gousse de vanille ; 1 orange.

Prélever les pétioles et en enlever les fils. Laver les pétioles puis les couper en morceaux de quelques centimètres. Pour 1 kilo de pétioles préparés, peser 500 grammes de sucre. Dans une casserole, faire cuire les pétioles et le sucre. Ajouter l'orange en quartiers, sans pépins mais avec le zeste, et la demi-gousse de vanille. Laisser cuire 30 minutes environ à feu doux.

• *Tarte à la rhubarbe*

1,5 kg de côtes de rhubarbe ; 250 g de sucre roux en poudre ; 1 petit verre de rhum ; pâte à tarte ; beurre.

Enlever les fils des pétioles, puis les laver et les couper en tranches fines. Placer les tranches dans un saladier, couvrir avec le sucre, ajouter le rhum. Etaler la pâte dans un moule à tarte beurré. Garnir avec les tranches de rhubarbe et le jus. Cuire environ une heure à four doux. Servir tiède, saupoudré de sucre.

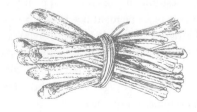

Le safran

Pierre Aucante

INTRODUCTION

Des collines mauves jusqu'à l'horizon, des champs de fleurs à perte de vue à peine entrecoupés de bandes de terre fraîchement labourées. Comme des vendangeurs sous le soleil d'automne, des groupes de cueilleurs courbés en deux moissonnent méthodiquement au ras du sol de petites fleurs roses veinées de violet, qui portent en elles trois précieux stigmates rouge vif, dépassant le bout des pétales. Ils récoltent le safran.

C'est en Grèce, non loin du mont Olympe où la curiosité botanique m'avait mené, que j'ai eu cette hallucinante vision. J'y ai rencontré mon premier *Crocus sativus* et immédiatement j'ai contracté le virus du safran.

Si j'étais né il y a un siècle, je n'aurais pas eu besoin de me déplacer en Grèce, en Iran, en Espagne, au Cachemire, au Maroc pour voir un champ de safran. Tout près de chez moi dans le Gâtinais, le safran couvrait encore des centaines voire des milliers d'hectares. Il était l'objet d'un commerce florissant. Sa renommée était internationale. On le cultivait depuis des siècles et on pensait qu'il en serait ainsi éternellement.

En remontant encore le temps de quelques siècles, j'aurais rencontré du safran dans toute l'Europe. De la Sicile à l'Angleterre, de l'Espagne à la Bavière ; ou en France, du Comtat venaissin à la Normandie, du Lauragais à l'Alsace en passant par l'Albigeois, l'Angoumois, le Gâtinais, le Languedoc et le Lyonnais, le Poitou. Pas une abbaye qui n'eût son carré de crocus dans son jardin de simples, pour les pigments des enluminures, surtout pour des préparations médicinales, et occasionnellement pour la cuisine.

Mais c'est avant tout sa qualité d'épice qui a assuré au safran sa réputation : il est la principale épice autochtone du monde occidental, celle qu'on cultivait chez nous, qu'il n'était pas nécessaire d'aller chercher au-delà des mers, au-delà des déserts, dans ces lointaines contrées au parfum d'Orient qu'on appelait commodément les Indes.

Piment, poivre, cannelle, girofle, muscade, cardamome, gingembre sont clairement identifiés comme exotiques et leur mission dans la cuisine est de relever les mets, sans doute jugés trop fades à notre goût.

La fonction du safran est tout autre. Son introduction se fait sans violence, sans agressivité pour le palais, en finesse. Le safran ne domine pas, il valorise, il exalte, de surcroît il colore les plats en leur donnant un air de fête.

La cuisine au safran ne se limite pas à une série de recettes de base issues de la tradition, qu'elle soit historique ou régionale. Le safran trouve une place à tous les moments d'un repas. Il accompagne les entrées, les viandes, les poissons, les œufs, les légumes, les pâtisseries et les desserts aux fruits. Une fois maîtrisés l'art de la dose et la manière d'infuser, la porte s'ouvre pour toutes les créations personnelles, pour les petits bonheurs des plats quotidiens comme pour les recettes d'apparat des jours de fête.

Le safran est cher. Parce qu'au détail le prix au kilo est bien supérieur à celui du meilleur des caviars ou de la truffe la plus fine, on taille au safran le costume d'une épice pour riches. Soyons clair, le prix du safran n'est pas celui de la rareté, mais celui de la main-d'œuvre. Il faut cueillir et émonder 150 000 fleurs de crocus pour obtenir un kilo de safran sec qui se négocie dans une gamme de prix comparable à celle de l'or. Mais, à moins d'être épicier en gros ou négociant en safran, vous n'aurez jamais à acheter un kilo de safran. La consommation annuelle d'une famille de gastronomes est tout au plus de quelques grammes.

S'il faut un trébuchet d'orfèvre, c'est pour peser la quantité de safran contenue dans une assiette individuelle. Elle n'excède pas 25 milligrammes. Pas de quoi se ruiner, même quand on est gourmand.

Rien que pour la curiosité botanique, le *Crocus sativus*, qui fleurit en octobre et fait tout son cycle végétatif au cours de l'hiver, mérite une place au jardin. Du plaisir des yeux à la production de son propre safran, le pas est vite franchi. La culture présente peu de difficultés, mais elle nécessite beaucoup d'attention, de l'organisation et, il faut bien le dire, un peu de travail. Le safran sait récompenser ceux qui lui prodiguent les meilleurs soins.

Mais au-delà du bonheur de bichonner un petit carré d'épice promis à de savoureuses recettes, la création d'une safranière vous inscrit dans la longue lignée des jardiniers qui, depuis l'Antiquité, ont perpétué avec passion une plante stérile qui meurt rapidement sans les soins des hommes.

Jacques Manreza, qui à partir de six bulbes trouvés en 1965 sur la tombe d'un safranier a réintroduit le safran en Poitou, exprime ce sentiment avec chaleur. "Quand j'ai un bulbe de safran dans la main, je suis ému. Cinquante siècles d'humanité me contemplent."

I. L'ÉPICE DE LÉGENDE

La fleur de safran ne fait rien comme les autres plantes. A l'automne, quand les jardins sont dépouillés, quand le feuillage des arbres vire au roux annonçant la proximité de l'hiver, la fleur de *Crocus sativus* fait insolemment son apparition. La poussée paraît magique comme celle des champignons. Parce qu'elle est brutale et que les facteurs déclenchants sont difficiles à appréhender, elle est propice à la création de légendes.

On raconte qu'Alexandre le Grand fut arrêté dans ses conquêtes vers l'Est par sa méconnaissance de la botanique. Alors que son armée caracolait au-delà de l'Indus sur le plateau du Cachemire, il décida d'installer son campement dans une plaine dénudée qui permettait d'apercevoir un éventuel ennemi à des lieues à la ronde. Le

Un jardin de safran, d'après le Tacuinum sanitatis, *XIVe siècle*

lendemain matin, son armée était encerclée et isolée au milieu d'un océan de fleurs mauves qui avaient poussé également sous sa tente et jusque sous les pieds des chevaux. Il ignorait tout de la culture du safran déjà pratiquée au Cachemire et il crut à un sortilège. Devant ce signe des dieux, il s'inclina, fit demi-tour et mit un terme à sa conquête sans combat.

Le mystère des origines

Toutes les plantes cultivées, même si elles ont fait dix fois le tour du monde, possèdent un berceau, un lieu où leur ancêtre sauvage a été repéré. En ce qui concerne le safran, le mystère est épais. Sa présence est attestée depuis qu'il existe une mémoire écrite ou picturale. Il accompagne

---

CROCUS SATIVUS L. PORTRAIT BOTANIQUE

Le safran est une plante bulbeuse monocotylédone qui dans l'ordre des Liliales appartient à la famille des Iridacées et à la sous-famille des Crocoïdées.
• Le bulbe
La plante passe toute la saison estivale en dormance sous la forme d'un bulbe plein composé de réserves amylacées à la structure homogène. Ce cormus peut être considéré comme un rameau d'arbre qui s'est tassé. On trouve à la surface du bulbe la succession : une attache de feuille, un bourgeon, un entre-nœud, une attache de feuille, etc.

Le cormus père, celui qu'on plante, ne vient à fleur qu'une fois dans sa vie. Il porte les bourgeons qui se développent en cormus fils pendant l'automne et l'hiver.

• Les feuilles
Etroitement linéaires en forme de gouttière, elles appartiennent au cormus fils. Elles se développent dès la floraison et peuvent atteindre 50 centimètres au printemps. Leur base fibreuse et enveloppante forme une fois sèche la tunique du cormus.
• La fleur
Elle sort de terre dans une gaine blanche protectrice elle-même entourée des feuilles engainées dans une spathe fibreuse. La fleur pousse hors du sol pendant la nuit. Elle déchire la gaine et s'épanouit dans la journée qui suit sa pousse nocturne.

Six tépales identiques de forme ovale, d'un joli violet parfois veiné de pourpre ou de blanc, sont rangés en deux verticilles : à l'extérieur trois sépales, à l'intérieur trois pétales.

Trois étamines portent des anthères jaunes de 2 centimètres de long chargées de pollen. Un style grêle, filiforme, incolore et translucide à sa base située sous terre, se divise à l'intérieur du calice en trois stigmates rouge orangé, longs de 3 centimètres.

Le stigmate conique s'évase avec, à son extrémité, des papilles caractéristiques.
• Le fruit
Situé au niveau de l'ovaire sous la terre, il est extrêmement rare. La fécondation ne se fait quasiment jamais car le *Crocus sativus* est triploïde.

La reproduction se fait exclusivement de façon végétative par la production annuelle de cormus fils.

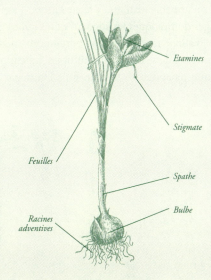

Le safran : plante entière

les premières civilisations en Mésopotamie ou au Cachemire depuis plus de quatre mille ans.

Mais parmi les quatre-vingts espèces de crocus qui existent de la Méditerranée à l'Iran, on ne connaît aucun ancêtre sauvage au *Crocus sativus*. Son propre pollen ne le fécondant pas, il est stérile, alors qu'il possède un appareil reproducteur complet. Immédiatement, on pense à un hybride.

Toutes les recherches sur l'origine du safran datent du XIXe siècle. Un botaniste anglais, George Maw, établit dans une monographie toute une classification du genre *Crocus*. Paul Chappellier, propriétaire terrien en Gâtinais et membre de la Société impériale d'acclimatation, collecte tous les crocus à floraison automnale en provenance du bassin méditerranéen. Il constate que le pollen d'un *Crocus graecus* rapporté de l'île de Syra en Grèce féconde le *Crocus sativus*. Il obtient des graines qu'il met en culture dans le but d'améliorer la productivité des safranières. Après trente ans de recherches, l'hypothèse de Paul Chappellier est la suivante :

"Il y a bien des siècles, quelques milliers d'années peut-être, un insecte aurait opéré une heureuse hybridation et la graine ainsi hybridée aurait produit le type originaire du *Crocus sativus*. La fleur de ce *Crocus sativus*, plus belle, plus grande que celle du *Crocus graecus* et contenant un stigmate plus développé, aurait attiré l'attention de quelque pâtre grec ou arménien habitué à recueillir pour la pourpre ou les usages domestiques les stigmates du Crocus graecus spontané ; il aurait arraché l'oignon portant cette fleur, l'aurait replanté près de sa cabane et multiplié. La culture s'en serait ensuite répandue en Orient. Puis l'invasion tartare

Fresque de Cnossos, 1500 av. J.-C.

aurait porté le safran en Chine et de leur côté, les croisés l'auraient importé en Europe."

Avant cette vision scientiste d'un agronome du XIXe siècle que, faute de recherches en botanique, personne n'a prolongée, le mystère de l'origine du safran ne pouvait être que légendaire ou mythologique. Sans une intercession divine, point de safran sur la terre. Du côté de l'Olympe, l'origine du safran est accidentelle. Philon d'Alexandrie rapporte cette légende : Krokos, un ami d'Hermès, jouait à lancer le disque avec le dieu du commerce et des voleurs. Il fut frappé au front d'une blessure mortelle. Le sang qui s'écoulait fut absorbé par la terre. Sur le lieu de l'accident surgit plus tard une fleur dont les trois stigmates rouge sang symbolisent la résurrection et la puissance vitale.

Crocus est la traduction latine de Krokos. Ovide, dans *Les Métamorphoses*, donne une autre version de la mythologie : *"Et crocum in parvos versum cum smilace flores."* Crocus est un très jeune homme éperdument amoureux de l'inaccessible nymphe Smilax. Par la force de cet amour malheureux, tous deux furent transformés en fleurs. Le crocus rivé au sol ne pourra jamais s'unir à la sauvage *Smilax*. *Smilax aspera* est la salsepareille commune, une liane intrépide des garrigues méditerranéennes. La symbolique latine en rejoint une autre, tout orientale. Safran est synonyme d'allégresse, mais d'une allégresse toute spirituelle qui passe par la porte étroite du renoncement.

La tradition orale du Cachemire, rapportée par Daniel Royer, fonde l'origine du safran sur un apport extérieur. Près de Chandarah, au cours d'une procession qui précède

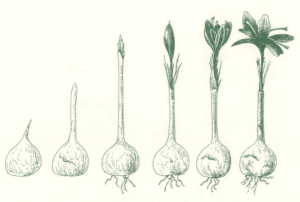

Le safran : du bulbe à la fleur

la floraison, on invoque un vieux sage des temps très anciens qui aurait sauvé la population de la famine. Pendant une période de disette extrême, il rassembla ses forces et quitta le village pour chercher de l'aide. En chemin, il fut fait prisonnier par des nomades dont le chef était malade. La science du vieillard sut guérir cet homme. En remerciement, le chef des nomades lui rendit la liberté et lui offrit ce qu'il avait de plus précieux : du safran et les bulbes qui permettent de le cultiver. Il lui en enseigna le mode de culture et les vertus. De retour dans son village, le vieux sage et son safran redonnèrent à la population force et courage. Depuis ce jour, le safran est l'une des richesses du Cachemire et on fait grand usage de ses propriétés médicinales.

L'énigme reste entière. La légende ne dit pas si les nomades venaient du Tibet, de la Mongolie ou s'ils avaient acquis leurs précieux bulbes dans de lointaines contrées occidentales, entre le Tigre et l'Euphrate, ou du côté de la mer Noire. Aucune recherche en ethnobotanique n'a réussi à dénouer les fils du voile de mystère qui plane sur les origines du safran. Le safran serait-il la première des plantes transgéniques, mise en culture quarante siècles avant l'ère des biotechnologies ?

L'étymologie

Dans leur cheminement linguistique, les mots "safran" et "crocus" ont suivi des voies différentes. L'origine arabo-persane est la plus anciennement attestée. Azupirano est le nom d'un village qui existait il y a 4 300 ans sur les bords de l'Euphrate. Son nom signifie "Ville du safran". En persan d'aujourd'hui, *za'farani* désigne la couleur jaune safran. L'arabe *asfar* (jaune) et notre "safran", qui transite par le latin médiéval *safranum*, ont la même origine qui provient de l'ancien arabo-persan, sous la forme *sahafrân*, *za'farân* et *za'afar*. Dans toutes les langues d'Europe, un dérivé du mot qui désigne la couleur jaune caractérise aujourd'hui l'épice.

En Grèce, c'est le mot *krokos* qui désigne le safran. Mais *krokos* signifie aussi poil, filament, en référence à la forme des stigmates. *Krokos* trouve son origine dans l'hébreu *karkôm*. Sous ce nom, le safran est mentionné dans le Cantique des Cantiques (IV, 13-14) dans la Bible.

Tes jets font un verger de grenadiers
Avec les fruits les plus exquis :
Le nard et le safran
Le roseau odorant et le cinnamome,
Avec tous les arbres à encens ;
La myrrhe et l'aloès
Avec les plus fins arômes.

Par déformation linguistique, le *karkôm* sémitique est devenu *krokos* grec puis *crocus* latin, qu'on retrouve dans l'italien actuel sous la forme *croco fiorito* ou *grogo domestico*. Cette voie étymologique est celle du nom scientifique adopté par Linné en 1754 : *Crocus sativus*. Mais parallèlement, dans la langue arabe classique *al kharkôm* désigne la poudre jaune à usage culinaire qui provient d'une autre plante : le curcuma. Mais il est intéressant de noter que le rhizome du curcuma est désigné en sanscrit par le mot *kûrkûman*.

Les pérégrinations d'un bulbe voyageur

La dissémination du safran se fait à un rythme plus lent que celle des plantes qui se reproduisent par graines. Si l'on prend l'exemple des céréales, la capacité d'extension des surfaces par la multiplication des semences est exponentielle. Au mieux, la quantité de bulbes producteurs de fleurs de safran double tous les deux ans. Il est impossible

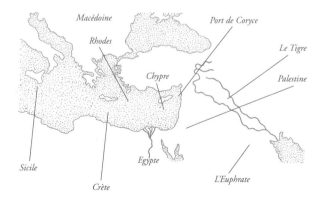

Autour de la Méditerranée antique, l'expansion de la culture du safran se fait d'est en ouest

de stocker au sec la ressource. Le *Crocus sativus* doit impérativement être mis en terre chaque année. Si à cause d'une guerre, d'une famine, d'une épidémie, sa culture est laissée sans soin, il disparaît irrémédiablement en quelques années, ruinant parfois en très peu de temps des siècles d'efforts.

Les analyses génétiques effectuées sur des bulbes de *Crocus sativus* de toutes provenances ne montrent aucune variabilité des chromosomes et du patrimoine génétique ; ce qui plaide en faveur d'une même région d'origine, sans aller jusqu'à l'origine unique des mythologies.

Supposez qu'on vous fasse cadeau d'un unique cormus de safran. Même si vous en prenez grand soin, il vous faudra entre dix et quatorze ans pour être en mesure de produire un gramme de safran sec. Vous comprendrez donc pourquoi, né quelque part entre la Turquie et l'Inde, le safran a mis deux mille ans avant de se répandre tout autour de la Méditerranée.

Avant d'être l'objet d'un commerce à grande échelle au temps des Phéniciens, la diffusion du safran utilise la voie du sacré. La percée magique de la première fleur de safran était l'objet d'un culte. Les grands prêtres assyriens conduisaient dans la nuit une procession où une jeune fille vierge cueillait de ses mains pures la première fleur sortie de terre. Cette symbolique de la pureté s'attache également aux stigmates qui à Tyr et à Sidon teignent les voiles des jeunes mariées.

Les fresques minoennes du palais de Cnossos en Crète, datées de 1500 av. J.-C., représentent un cueilleur de safran, identifié par les stigmates qui dépassent des pétales. Une autre scène mystérieuse montre des singes bleus prélevant délicatement des fleurs de crocus. Une découverte plus récente dans les ruines d'Akrotíri, sur l'île de Santorin, montre des jeunes femmes qui ne récoltent que les stigmates pour les offrir à une déesse.

De l'Egypte des pharaons à la Grèce antique, la caste sacerdotale utilise le safran à la manière de l'encens. Son odeur chaude et agréable purifie les sanctuaires et attire les bons esprits. A l'époque romaine, l'usage en devient public. La poudre de safran est répandue dans les bains publics et les théâtres. D'énormes quantités accompagnent les banquets et les parades militaires, à la fois pour prévenir l'ivresse et inciter à la joie.

Le safran en Occident chrétien

Les Arabes apportent la culture du safran en Afrique du Nord, la répandent dans l'Espagne musulmane au IXe siècle. L'autre voie de pénétration, c'est le retour des croisades au XIe siècle. Aux escales de Chypre, de Rhodes, de Crète, de Sicile, les croisés rencontrent la culture du safran et font provision de bulbes. L'implantation en France commence, semble-t-il, dans l'Albigeois. Ensuite, elle s'étend à l'ouest vers le Quercy et l'Angoumois, à l'est dans le Rouergue, le Comtat venaissin et la Provence, au nord en Poitou et en Touraine. Ce n'est qu'à la fin du XIIIe siècle que le safran apparaît en Gâtinais dans la seigneurie de Boynes. Il se répand rapidement dans les villages voisins au point de créer une véritable fièvre de l'or végétal.

Le XVIe siècle marque l'apogée de la culture du safran en Occident. Il prospère partout où le climat et le terrain le permettent. Il gagne la Normandie, il est largement cultivé dans le sud de l'Angleterre. Le négoce porte sur des quantités énormes et les acheteurs ont le choix des approvisionnements : safran grec, suisse, autrichien, hongrois, safran espagnol de Valence, d'Aragon, de Castille ou de Catalogne, safran italien des Abruzzes, de Toscane, des Marches, d'Apulie, de Sicile. En France, le marché de Boynes exporte la production du Gâtinais, La Rochefoucauld est pour l'Angoumois le centre du commerce de safran. On connaît en Allemagne le safran de Bruniquel, l'albigeois, l'auvergnat, le provençal. Il existe une distinction entre le safran à la mode d'Avignon, séché au soleil selon la coutume orientale, et le safran à la mode d'Orange ou de Carpentras, séché sur un brasero à l'espagnole.

Puis commence la longue litanie du déclin des cultures de safran en Europe. Avant 1789, le safran a disparu d'Angleterre. Les colons de Cornouailles l'implantent aux Etats-Unis. La concurrence des safrans français et espagnols réduit à néant les productions suisses et autrichiennes. En période troublée, les négociants du Gâtinais captent à leur profit le marché des Pays-Bas qui s'approvisionnaient à La Rochefoucauld en Charente. Une invasion de rongeurs serait la cause de la disparition de la production du Comtat venaissin. Au XIXe siècle, seul survit en France le safran du Gâtinais. Mais à partir de 1850 les surfaces régressent. Sous le poids conjugué des maladies cryptogamiques qu'on ne sait pas éradiquer, des hivers rigoureux de 1879-1880 et 1891-1892 qui gèlent deux tiers des bulbes, de la hausse du coût de la main-d'œuvre, de la disparition de la teinture végétale remplacée par la teinture chimique, six siècles de tradition safranière s'écroulent définitivement au début du XXe siècle. La vigne et le safran sont remplacés par la pomme de terre et la betterave.

Dernière victime en date, l'Espagne. En quelques années, sa production est passée de vingt tonnes à moins d'une tonne. Après mille ans de domination du marché du safran, elle garde néanmoins la maîtrise sur le négoce grâce à des importations massives en provenance d'Iran.

Magie du safran

Si le safran n'était qu'un produit agricole destiné à la table, une matière colorante qui fournit un beau jaune, une plante médicinale aux usages variés, il aurait peut-être disparu depuis longtemps de la surface de la terre car aucun de ses usages n'est indispensable à l'homme, ni irremplaçable. Pourquoi, dans ces conditions, le safran est-il la culture légale la plus chère du monde depuis la nuit des temps ?

Le safran n'opère pas par addiction comme les drogues, il agit par la séduction. Portez à votre nez une fleur de *Crocus sativus*, vous serez conquis par la finesse de son parfum, vous saisirez immédiatement toute l'étendue poétique du mot "suave". Humez la chaude odeur qui se dégage quand on ouvre une boîte de safran, vous serez saisi du même vertige qu'un œnologue devant un grand cru. Le safran réjouit l'œil, envoûte le nez, séduit l'esprit. Comme le vin ou le thé, il accompagne les civilisations humaines.

II. L'ÉPICE, LA COULEUR, LA SANTÉ

Chimie ou alchimie

La composition chimique du safran a longtemps intrigué les chercheurs. La matière première était chère, ce qui ne facilitait pas les travaux, et certains composants se sont révélés difficiles à extraire. Derrière cette recherche se profilait l'idée qu'on pourrait, une fois la formule découverte, synthétiser le safran et faire fortune. Rien de tout cela n'est arrivé. La composition du safran est connue, mais sa complexité est telle qu'on a renoncé à la synthèse. Seul l'équilibre naturel de l'usine végétale peut produire un bon safran.

Les substances responsables de l'odeur sont contenues dans une huile essentielle qu'on peut isoler par distillation. Elle ne contient pas moins de trente-cinq fractions identifiables qui participent à l'arôme du safran. Pour moitié, elle est composée de safranal, un aldéhyde utilisé en parfumerie.

La saveur amère qu'on ressent quand on met dans sa bouche un stigmate sec est due à la picrocrocine. En solution dans l'eau, en milieu acide, elle s'hydrolyse pour donner du safranal, qui renforce l'arôme, et du glucose, qui explique qu'on a parfois le sentiment d'une saveur sucrée.

Il est impossible de tester la valeur gustative d'un safran par une dégustation directe. Le cocktail de molécules contenu dans les stigmates recèle des arômes potentiels qui ne se développent que lors de la dissolution du safran dans un milieu aqueux. Sous l'effet de la chaleur et de l'eau, des chaînes moléculaires se rompent, d'autres se recomposent. L'équilibre biochimique n'est pas instantané. Dans l'art d'infuser les stigmates se trouve la clef d'un bon usage du safran en gastronomie.

Le pouvoir colorant du safran est dû à deux pigments principaux, la crocine et la crocétine. La coloration jaune produite par un gramme de safran est encore visible dans mille litres d'eau. Ces deux colorants sont la signature du safran. En spectrophotométrie, ils présentent des pics d'absorption caractéristiques qui permettent de déceler rapidement les fraudes. En outre, le safran contient toute une série de pigments de la famille des caroténoïdes. Selon la manière de dissoudre le safran, selon la température, l'acidité du milieu et les fermentations associées, la teinture au safran permet toutes les nuances dans la gamme des jaunes.

Teintures et peintures

A l'aide des plantes tinctoriales, le jaune est la couleur la plus facile à obtenir. Depuis le Néolithique, l'usage de la gaude *(Reseda luteola)* et de l'ortie *(Urtica dioica)* est connu. Depuis l'Antiquité, on teint avec l'ajonc, le carthame, le genêt, l'épine-vinette, le nerprun, le fenugrec, le cardon et l'artichaut, la prêle des champs, la feuille de pêcher, la fleur de fenouil, la racine de cédratier… Si malgré son prix le safran rivalise avec tous ces concurrents très répandus, c'est que sa couleur est particulièrement chaude et lumineuse.

Teinture au chaudron

Macération à froid, fermentation, macération à chaud, mordançage et fixation, la teinture au safran est un art dont les secrets sont bien gardés. Ceux qui ne les connaissent pas prétendent que le safran est "de petit teint", qu'il ne résiste ni à la lumière, ni au lavage. Pourtant, il était, dans l'Antiquité, aussi précieux que la pourpre. De l'Inde à l'Irlande en passant par Babylone et la Grèce, il teignait les vêtements des rois. Les bandelettes des momies, de très anciens kilims turcs, les châles indiens, la laine des tapis persans, la toge des moines bouddhistes de la Chine au Sri Lanka, le cuir des chaussures des rois de Perse, robes de noces et voiles de mariées au temps de Rome comme au Moyen Age, étaient teints au safran pour célébrer la richesse, le prestige et la noblesse, la magnificence solaire mais aussi la pureté, la sainteté, l'immortalité.

Les pigments du safran sont également utilisés depuis l'Antiquité pour la peinture sur tous les supports : papyrus, parchemin, bois et murs. Le premier exemple connu de fresque peinte avec un mélange de lait et de safran, sur les murs du temple de Minerve à Elis, est rapporté par Pline l'Ancien. Il faut noter l'importance de la "détrempe" du safran, le plus souvent faite avec des produits alimentaires : l'eau, le blanc d'œuf, le lait, le vinaigre ou le vin. Une légende de la Renaissance italienne raconte que le célèbre risotto milanais, traditionnellement coloré au safran, aurait pour origine la chute accidentelle d'une préparation de safran destinée aux fresques d'une église dans la marmite des ouvriers maçons.

Les moines enlumineurs du Moyen Age ont fait grand usage du safran qu'ils cultivaient pour ne pas manquer de matière première. Mais, comme toujours, le safran le plus réputé pour sa couleur devait venir d'Orient, précisément de Cilicie, sous l'appellation marchande de *Coriscos*, venant de Coryce, un port de l'actuelle côte sud de la Turquie.

La recette de l'encre d'or sans or utilise de la poudre d'étain ou de laiton additionnée de gomme arabique, recouverte après polissage d'une couche de safran préparée au blanc d'œuf. Dans les enluminures des manuscrits, cette encre d'or figure la lumière céleste, elle éclaire les auréoles des saints.

Un remède à tous les maux

L'abbé Noël Chomel, curé de la paroisse de Saint-Vincent de Lyon, résume en 1732, dans son *Dictionnaire économique contenant divers moyens d'augmenter son bien, et de conserver sa santé*, tout le savoir traditionnel sur les usages médicinaux du safran :

"Le safran est apéritif, atténuant, résolutif, alexitaire, cordial, stomachique, carminatif, hystérique, anodin, béchique. [...] On le fait infuser dans le lait qu'on donne aux pulmoniques. [...] Le safran est préférable à tous les aromates qu'on mêle avec l'opium, pour le corriger. Il est fort propre dans les coliques venteuses et les indigestions. Il entre dans le cataplasme de lait et de mie de pain qu'on applique sur les humeurs pour apaiser l'inflammation. On fait un collyre très utile pour garantir les yeux des fâcheuses impressions de la petite vérole, en tirant une teinture de safran, avec l'eau de rose et l'eau de plantain. Ce qu'on tire fortifie le cœur, purifie le sang, chasse le venin."

Depuis plus de trois mille ans, les médecines, qu'elles soient chinoises, ayurvédiques, mongoles, égyptiennes, grecques, arabes, s'accordent pour faire du safran une quasi-panacée.

La première compilation d'écrits médicaux, le papyrus Ebers, daté de 1550 av. J.-C., fait déjà l'inventaire de ses vertus. Hippocrate, Dioscoride, Avicenne, l'école de Salerne au Moyen Age ne font que répéter dans leur langage ce que savent d'expérience tous les safraniers et les gastronomes : "Le safran réconforte et dispose à la joie." Mais les vertus réellement thérapeutiques qu'on prête au safran sont liées à quelques recettes fameuses dans lesquelles il est l'ingrédient majeur.

Expérimenté avec succès au Ier siècle av. J.-C. par le roi Mithridate IV en personne, l'antidote qui confère l'invulnérabilité à tous les poisons est un cocktail opiacé de 53 composants. Néron qui conquiert le royaume de Mithridate (de la Turquie à l'Euphrate) demande à son médecin personnel Andromachus d'en fixer la recette. Connue sous le nom de "thériaque d'Andromaque", elle consacre le safran comme ingrédient essentiel. Le royaume du Pont, berceau de cette thériaque d'Andromaque, est le pays qui produit le safran le plus réputé de l'époque romaine, celui du mont Liban, exporté par le port de Coryce.

Le marchand de thériaque

Au cours des siècles, la thériaque, remède universel, passe de 53 à 80 ingrédients, puis à 144. Elle est inscrite au Codex, jusqu'en 1884. Sa préparation se fait en séances publiques solennelles avec exposition préalable de tous les composants afin que chacun puisse vérifier leur authenticité. Pour le safran, la vigilance des médecins et des apothicaires est la principale garantie contre la fraude pratiquée depuis la nuit des temps.

Le laudanum élaboré en 1670 par le médecin anglais Sydenham est une version simplifiée de la thériaque, un médicament liquide opiacé où le safran aromatise, colore et facilite l'absorption par l'estomac. Quant à l'élixir de Garus, ou élixir de longue vie, il a connu son succès à la cour du roi Louis XV. Sa formule est simple : myrrhe, aloès, girofle, muscade, cannelle et safran en macération dans de l'alcool de fruit. Supprimez l'aloès, qui donne l'amertume qui sied à un médicament, et vous comprendrez le succès de cet élixir. On obtient alors une excellente liqueur aux propriétés stomachiques : ce qu'en d'autres termes, on appelle un digestif. A consommer avec modération.

Lors des épidémies de peste, qui se poursuivirent jusqu'au XVIIe siècle, on conseillait de répandre de la poudre de safran pour assainir l'air de ses miasmes.

Dans la pharmacopée d'aujourd'hui, le safran est quasiment absent. Sur les étagères des pharmaciens restent les pots de thériaque, de laudanum de Sydenham, d'élixir de Garus à titre purement décoratif. Le seul usage courant encore en vigueur est un usage externe destiné à calmer les douleurs des premières éruptions dentaires chez les enfants.

Le sirop de dentition, à base de safran pur, élaboré au XIXe siècle par le docteur Delabarre, reprend une habitude des nourrices. Pour ne pas être mordues par les enfants qui avaient des poussées dentaires précoces, elles leur frottaient les gencives avec du safran en stigmates. Tous ceux qui dans leur tendre enfance ont goûté le sirop Delabarre sont malgré eux d'authentiques connaisseurs du goût du safran.

Crocus sativus est aussi un remède homéopathique aux indications multiples. Il est prescrit pour son action sur le système nerveux, la circulation du sang, les douleurs oculaires et les troubles congestifs de l'utérus. La recherche actuelle s'intéresse non à la drogue traditionnelle, mais à tous les métabolites qu'elle contient, et ils sont très nombreux. Les bulbes ont révélé des propriétés antioxydantes qui pourraient un jour être utilisées dans le traitement des cancers.

Toxique, le safran ?

Dans les *Commentaires sur les six livres de Dioscoride*, le médecin Matthiolus, en 1605, sème un doute qui sera repris dans toute la littérature médicale ultérieure : "Aucuns tiennent que si on boit du saffran avec d'eau, au pois de trois dragmes, il fait mourir celuy qui l'a beu."

Une réputation sulfureuse d'abortif clandestin poursuit également le safran, corroborée par de réelles propriétés emménagogues et hystériques. Les récits d'enfants nés colorés en jaune après que les femmes enceintes eurent consommé massivement du safran ont toujours frappé l'imagination. Ce que Denis Diderot rapporte dans l'*Encyclopédie* résume bien les faits : "Les qualités pernicieuses du safran n'ont pas été moins observées ni peut-être moins exagérées que ses vertus. Ce qu'on a dit de plus sage, c'est qu'il fallait user de ce remède modérément et à propos."

Pas de panique ! La toxicité du safran n'est pas démontrée par des essais sur des animaux. Les accidents rapportés peuvent être expliqués par la fraude et les défauts de conservation du produit.

En tout état de cause, la meilleure façon de se soigner au safran est d'en faire usage dans la cuisine. Notre siècle est en train de redécouvrir que la santé commence dans l'assiette.

III. LE JARDIN DE SAFRAN

Même si votre région n'a pas de tradition safranière attestée, sachez qu'il est possible de cultiver du safran dans son jardin à peu près partout en France.

La nature du sol

La principale condition est d'avoir une terre bien drainée qui ressuie rapidement après les fortes pluies. Pas d'eau stagnante l'hiver à une profondeur de bêche, les racines risquent l'asphyxie. Une terre trop fraîche tout l'été entraînerait la pourriture des bulbes.

Les meilleures terres à safran sont les limons, des terres alluviales filtrantes peu argileuses, légèrement calcaires, avec un pH entre 6 et 7. Les sables pauvres trop acides sont à proscrire. Les terres lourdes, trop argileuses conviennent mal, même si elles ne conservent pas trop d'humidité en été. Leur nature compacte peut rendre l'arrachage estival des bulbes et les travaux de plantation très pénibles.

Au jardin, sur de petites surfaces, il est toujours possible de remédier aux défauts du sol naturel. Si le sol est trop humide, créez des caisses qui surélèvent le niveau du jardin de 20 centimètres. Mélangez le sol trop argileux à du sable, de la tourbe et du terreau pour en alléger la structure.

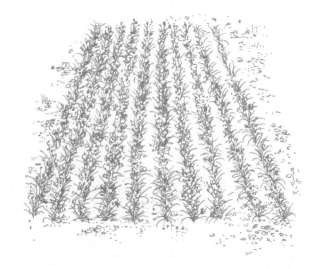

Le climat

Globalement, le safran a les mêmes exigences que la vigne. Il s'accommode aussi bien du climat méditerranéen de la Provence que du climat continental de l'Alsace. Il aime le contraste des étés secs et chauds et des hivers vivifiants. Le climat montagnard ne lui fait pas peur. Il pousse en Suisse et en Autriche jusqu'à 800 mètres d'altitude.

Il faut se mettre en tête qu'il s'agit d'une culture totalement à contre-saison : végétation hivernale, dormance estivale. Les besoins de pluie se situent à l'automne, pour déclencher la floraison, et au mois de mars lors du grossissement des bulbes qui donneront les fleurs de l'automne suivant. La sécheresse des étés n'est pas un handicap. Au contraire, c'est la garantie d'un bon état sanitaire de la culture.

Les fleurs et les feuilles ne craignent pas la gelée blanche du matin. Les bulbes, eux, sont sensibles à un gel prolongé. Une semaine de grand froid à - 20 degrés peut leur être fatale. Si la température atteint - 13 degrés à 15 centimètres sous terre, le bulbe gèle et meurt. Dans un jardin, il suffit d'une couche de paille ou d'une bâche temporaire pour remédier à ce danger.

Les safraniers de Mund, dans le Valais suisse, protègent traditionnellement leur culture par un semis de blé, effectué dès le mois de septembre à la surface des parcelles de safran. Le blé en herbe, levé avant la floraison du safran, profite du piétinement de la récolte pour taller. Quand le froid arrive, il aide à conserver le manteau neigeux qui protège les bulbes des grands froids.

L'exposition

La culture du safran aime le soleil. Il ne faut pas l'en priver. Ce serait une double erreur de planter des bulbes sous un arbre fruitier. D'une part à cause de la concurrence des racines, d'autre part à cause du manque d'ensoleillement à la récolte.

Quand on plante au mois d'août, il faut envisager quelle sera la course du soleil au 15 octobre. Un mur ou un bâtiment ne projettera-t-il pas une ombre sur le sol au moment de l'éclosion des fleurs, retardant l'heure de leur épanouissement et surtout le séchage de la rosée ? Au solstice d'hiver, combien d'heures d'ensoleillement recevront les feuilles qui, par la photosynthèse, assurent le développement des cormus fils ? Surtout au nord du 45e parallèle, n'hésitez pas à choisir le coin le plus ensoleillé du jardin, même s'il a un peu tendance à griller en été. Le safran s'en soucie peu. En été, il est en dormance.

Préparer la terre

La préparation du sol commence à l'automne qui précède l'été de la plantation. Le sol doit être ameubli par un bêchage profond (30 centimètres) qui a pour but de débarrasser la terre du chiendent, des plantes vivaces et des racines en provenance d'arbres parfois lointains, et d'incorporer la fumure pour une culture qui restera en place pendant deux cycles annuels. C'est le moment de procéder à un épierrage. Les cailloux ne gênent pas la pousse du safran, mais à l'arrachage, ils se confondent avec les bulbes.

L'utilisation de fumier frais est à déconseiller, car il se mélange mal au sol et brûle les racines des bulbes. Il vaut mieux incorporer un compost bien décomposé. Sa richesse en minéraux, acide phosphorique, potasse, oligo-éléments est plus importante que la quantité d'azote apportée. Si vous vivez à la campagne, utilisez le compost du jardin : fait des déchets végétaux, des épluchures de la cuisine, de déjections animales (fumier de poules ou de mouton, de préférence à celui des vaches ou des chevaux), de corne broyée et de cendres de feu de bois, le tout dynamisé par du purin d'ortie ou de consoude, il constitue le plus vivant des apports. La richesse du sol ne tient pas seulement à ses minéraux, elle dépend de la vie bactérienne. Dans un sol habité de micro-organismes en équilibre, les maladies se développent difficilement.

Si vous avez conscience d'avoir apporté en hiver un excès d'engrais azoté, sous forme de fumier par exemple, il est possible d'absorber les excédents en cultivant au printemps

La marre, l'outil traditionnel du safranier

des salades et des légumes à feuilles. L'azote n'est pas nuisible en soi. Son excédent superficiel stimule la croissance des adventices et c'est autant de piochage en plus.

Quelque temps avant la plantation, il convient de débarrasser le terrain de ses herbes par un griffage vigoureux, suivi d'un tassement du sol effectué soit au rouleau, soit par piétinement, éventuellement par un bon arrosage. Pourquoi tasser et niveler ? Tout simplement pour avoir une vraie référence du niveau du sol afin d'installer les cormus à la bonne profondeur.

L'organisation d'un jardin de safran

La méthode que je préconise est progressive. Elle permet d'expérimenter sans risque et d'apprendre graduellement les subtilités de l'activité de safranier amateur en démarrant avec 200 bulbes. En quatre années, pour un investissement raisonnable, votre consommation familiale sera assurée pourvu que vous soyez prêt à consacrer une dizaine de mètres carrés de votre jardin à cette culture.

Tous les multiples ou sous-multiples de la quantité de départ sont envisageables. Mais pas assez de bulbes signifie peu de fleurs, d'où la difficulté d'expérimenter un séchage efficace. Trop de cormus d'un seul coup implique un risque de perdre le capital si on ne maîtrise pas tous les paramètres.

Réservez le plus tôt possible (mai ou juin) 200 cormus de *Crocus sativus* d'un diamètre supérieur à 25 millimètres (calibre 8), auprès d'un safranier qui produit un excédent, auprès d'un bulbiculteur ou dans une jardinerie de confiance. Si vous vous mettez en quête de cormus au début septembre, vous risquez de ne plus rien trouver, ou alors seulement de petits bulbes qui ne fleuriront pas. Achetés en juin, les bulbes passeront l'été dans un grenier sec bien ventilé, à l'abri des rongeurs.

La plantation aura lieu dans la deuxième quinzaine d'août (au nord d'une ligne Limoges-Lyon), éventuellement jusqu'à la mi-septembre (au sud de Limoges-Lyon) sur une surface de 2 mètres carrés. Sur une planche de 2 mètres par 1 mètre, faire 8 lignes (espacées de 10 à 12 centimètres) de 25 bulbes (écartement entre les bulbes : 7 à 8 centimètres). La profondeur de plantation sera de 15 à 16 centimètres en pays à hiver froid, de 10 à 12 centimètres si les menaces de gel prolongé sont faibles.

Comment planter ? Il est important d'utiliser un cordeau pour retrouver les rangs ultérieurement au moment de l'arrachage. Tracer le premier rang à 10 centimètres du bord de la planche. Faire une rigole à la profondeur requise. Le plus simple est de marquer à la peinture le fer de la bêche. A partir du sol nu, la profondeur sera régulière. Placer les bulbes au fond de la tranchée, face concave dessous, pointe en haut. Planté tête en bas, le cormus serait incapable de se retourner !

A l'aide du cordeau, tracer la ligne suivante. Avec la bêche, effectuer la seconde tranchée tout en rebouchant la première avec la terre, et ainsi de suite.

Pour retrouver ultérieurement à coup sûr les cormus en état de dormance et ne pas les blesser d'un coup de pioche malencontreux, Jacques Manreza suggère de tendre une ficelle imputrescible (du type ficelle agricole à balles rondes) au-dessus des cormus avant de les enfouir.

Si vous disposez d'un jardin assez grand pour faire des planches de 4 mètres, vous pouvez planter 4 rangées de 50 cormus. Ainsi, la récolte des fleurs pourra se faire "à cheval" en enjambant les rangs et non en cueillant d'un côté puis de l'autre.

Tout de suite après la plantation, nivelez, tassez le sol pour qu'il retrouve son niveau et faites un arrosage de surface. C'est la technique du faux semis. L'arrosage superficiel permet de faire lever les graines d'adventices qu'on pourra détruire bien avant la sortie des fleurs par un binage rapide.

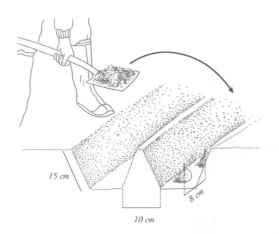

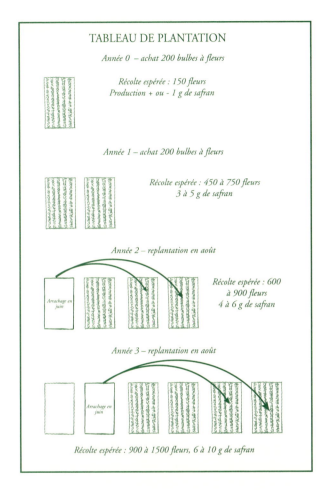

En aucun cas l'arrosage ne doit atteindre la profondeur des bulbes qui n'ont pas encore levé leur dormance.

Le tableau ci-dessus est théorique. Il est soumis aux caprices de la météorologie et à tous les aléas qui font que le jardinage est plus un art qu'une science exacte.

La plantation est prévue sur 2 années consécutives, de manière à mettre tout de suite en place un cycle de 2 ans.

En année 2, l'arrachage de la première plantation fournit de quoi replanter une surface double en cormus à fleurs, plus une quantité de bulbilles (de 5 à 25 millimètres de diamètre) que vous pourrez mettre en pépinière pour les faire grossir pendant un an (profondeur : 5 à 7 centimètres, écartement : 3 à 4 centimètres, un rang tous les 10 centimètres).

Que se passe-t-il au bout de la quatrième année ?

Si les objectifs sont atteints, félicitations, vous avez la main verte. La safranière familiale a atteint sa vitesse de croisière. La rotation des parcelles continue, avec chaque année l'arrachage et la replantation de la moitié de la surface qui est en deuxième année de culture. Vous pouvez désormais vous offrir le luxe de ne replanter que les plus beaux cormus, ceux qui sont susceptibles de donner deux ou trois fleurs la première année. Et en excédent, vous retrouvez le capital-bulbe initial. Vous aurez le choix de doter richement vos enfants d'une safranière potentielle ou bien de céder les cormus à un nouveau safranier amateur.

Rotations et cultures associées

La rotation mise en place conduit à recycler chaque année 4 ou 5 mètres carrés et à trouver la surface équivalente en terre neuve. Dans un jardin familial d'environ 200 mètres carrés, on peut penser que c'est facile. Mathématiquement, chaque parcelle recevra du safran une fois tous les 20 ans. En fait, il faut tenir compte des cultures de plantes vivaces, des arbustes, des lieux inutilisables à cause de l'ombre, des arbres ou des constructions. La partie du jardin qui peut être consacrée à la safranière n'excède en général pas la moitié de la surface totale. Le retour du safran à un emplacement qui en a déjà eu peut être plus fréquent. Pour ne pas avoir de problèmes, il est conseillé de ne pas faire précéder le safran d'une culture de pommes de terre, qui est soumise au même type de maladies.

Quand on arrache les cormus en juin, il n'est pas nécessaire de laisser le terrain inculte. La parcelle qui aura été bien remuée peut recevoir une culture de haricots pour l'été ou des poireaux pour l'hiver.

Que faire des parcelles dans lesquelles les bulbes restent en dormance tout un été ? En agriculture biologique, on n'aime pas laisser la terre nue. Rien n'interdit de pratiquer une culture de surface au-dessus des cormus enfouis à 15 centimètres sous la terre. Mais il faut trouver une culture qui n'ait pas besoin d'eau. En ce qui me concerne, j'utilise ce terrain pour avoir un petit coin de fleurs sauvages. Dès le mois de février, je sème des coquelicots, des bleuets et autres messicoles mélangées à un peu d'avoine. J'ai aussi l'option "plantes médicinales" : souci, bourrache, aneth, hysope. Si le soleil vient à griller mon petit coin sauvage, je fauche tout et laisse un mulch sur place.

Protection contre les ennemis du safran

Le safran est une culture qui suscite les appétits d'une quantité de ravageurs. Les mulots et les campagnols sont des consommateurs de cormus en hiver comme en été. Il faut veiller à ne pas les laisser proliférer en dérangeant régulièrement leurs galeries à la serfouette. En cas d'invasion, on peut utiliser des trappes ou des tapettes sous une tuile large. Pensez à avoir près de votre safranière un ou deux piquets d'environ 1,20 mètre, qui permettront aux chouettes effraies ou hulottes d'avoir un affût pratique pour leur travail de régulation des rongeurs.

Contre les lièvres, les lapins et parfois les chevreuils qui sont gourmands des fleurs et des feuilles, seul le grillage est efficace.

Les taupes, qui sont des carnivores, ne mangent pas les cormus, mais leurs galeries chamboulent l'agencement de la safranière (surtout en pépinière). Une plantation d'euphorbe épurge peut jusqu'à un certain point jouer un rôle de répulsif. Ne les détruisez pas : les taupes mangent les vers blancs des hannetons, qui grignotent les cormus.

Trois champignons parasites s'attaquent au safran : le tacon, ou *Sclerotium crocophilum*, provoque des ulcérations brunes des cormus et une pourriture sèche. Le *Fusarium* attaque aussi le bulbe et laisse une frange orangée en limite de la partie saine. Le *Rhizoctonia violacea* provoque une pourriture molle. C'est une maladie très contagieuse qu'on baptise la "mort du safran".

Toutes ces maladies sont résistantes à la plupart des fongicides. Le seul moyen de lutte est la prévention : ne planter que des bulbes parfaitement réguliers et sains. Au moment de l'arrachage, éliminer tous ceux qui portent des blessures ou des traces suspectes. Si, en décembre, un pied venait à jaunir, il faut immédiatement le déterrer pour voir ce qui se passe. Parfois on s'aperçoit qu'un mulot est passé par là.

Le campagnol, un amateur de bulbes

Avec une rotation biennale et une bonne fertilisation organique, les risques de maladies cryptogamiques sont très faibles. La mort du safran a laissé de très mauvais souvenirs en Gâtinais, où les cultures restaient en place quatre années consécutives et où, faute de terres adaptées à la culture, le safran revenait trop souvent dans le même champ.

La récolte

C'est de loin le meilleur moment de la culture. Les fleurs sortent de terre début octobre en général, avec une variabilité d'une bonne quinzaine de jours pour un même lieu.

D'une année sur l'autre, il y a toujours la même attente, la même impatience. La tentation est grande de gratter pour voir si une pointe blanche se profile sous la terre. Parfois, en terre forte, c'est une fissure dans le sol qui indique que quelque chose de magique se prépare en sous-sol. Rien ne semble pouvoir arrêter la floraison quand le refroidissement des nuits a levé la dormance des cormus. Toute l'énergie accumulée dans les réserves amylacées du bulbe se libère pour donner naissance à la fleur.

Même sans pluie, même sans terre, j'ai constaté que les cormus laissés dans une armoire viennent à fleur à l'abri de la lumière.

"A la troisième pluie d'automne après le 15 août vient le safran", dit-on en Gâtinais. Affirmation à peu près vérifiée, au nord de la Loire, si par pluie d'automne on entend, non pas une simple ondée, mais un bel arrosage d'au moins 30 à 40 millimètres, dans le genre de ceux qui rafraîchissent durablement l'atmosphère et font pousser les champignons.

Panier à safran

Dès votre première récolte, offrez-vous un petit carnet pour noter le nombre de fleurs récoltées chaque jour dans chaque parcelle avec les données météorologiques (températures mini et maxi, ensoleillement, pluviométrie). Le but n'est pas d'établir une comptabilité d'épicier, mais de disposer d'éléments objectifs à mettre en relation d'une année sur l'autre. La mémoire des jardiniers est légendaire, mais il est bon d'avoir des références écrites à consulter. C'est ainsi que l'on se forge une véritable expérience.

La cueillette s'effectue en sectionnant la tige juste sous le galbe de la corolle, d'un geste précis de l'ongle du pouce pressé contre l'index ou le majeur. Le style est coupé tout de suite à la bonne longueur. L'émondage est plus facile car les pétales sont désolidarisés de leur base. Les deux mains peuvent cueillir séparément. Lorsque la paume est pleine, on la vide dans un panier dont la forme évite aux fleurs de s'envoler.

A cause de la rosée, la récolte ne peut commencer avant 10 heures en octobre, parfois 11 heures ou midi quand la floraison se poursuit en novembre. Le Cachemire et l'Iran, par leur climat plus continental, ont rarement ces problèmes d'humidité. Mais la cueillette se fait toujours à fleur ouverte. Seul le Maroc possède une tradition de récolte très matinale de fleurs à peine ouvertes. Autre exception, si la journée menace d'être durablement pluvieuse, il est sage de récolter les corolles entrouvertes avant qu'elles ne s'alourdissent d'eau et ne tombent à terre, salissant les stigmates. Il faut secouer chaque corolle avant de la déposer dans le panier. L'épluchage des fleurs doit commencer le plus tôt possible.

Le séchage

Sans aucun doute, c'est la partie la plus critique du travail du safranier. Ce qui fait la différence entre un bon et un excellent safran dépend plus de la qualité de la dessiccation des stigmates que du terroir.

Traditionnellement, les stigmates sont répartis dans un tamis suspendu au-dessus d'un brasero. Le "rouge" est placé à environ 40 centimètres au-dessus des braises. La température est de 50 à 60 degrés. La main doit pouvoir y tenir plusieurs secondes, avec la sensation d'une forte chaleur.

Au bout d'une demi-heure, on retourne le tamis sur un plateau et on fait glisser la galette de stigmates sur l'autre face pour encore quinze minutes de séchage. La fin de l'opération ne se juge ni à l'œil, ni à l'odeur, mais au toucher. Le safran doit être léger et cassant. Les filaments sont parfaitement raides. Ils ont perdu les quatre cinquièmes de leur poids frais, sans être cuits ou brûlés. Leur couleur ne doit pas virer au brun. Du vermillon, elle passe au rouge sang.

Cette dessiccation n'est pas une simple évaporation de l'eau contenue dans les stigmates. C'est une déshydratation, une réaction chimique qui réorganise les chaînes moléculaires avec libération de molécules d'eau. Les stigmates frais sont peu solubles dans l'eau. A la longue seulement, ils

tachent les doigts. Une fois traités par la chaleur, ils deviennent très solubles dans l'eau ou l'alcool et doivent être impérativement stockés au sec.

A la maison, comment se débrouiller avec les moyens du bord ? Le four, qu'il soit électrique, à gaz ou à bois, est le meilleur moyen de séchage domestique. Placez votre récolte de stigmates dans un chinois ou une passoire à thé à mi-hauteur sur la grille du four laissé porte ouverte. Le réglage de la température ne peut se faire que par l'expérience. D'ingénieux bricoleurs ont réalisé leur appareil de séchage à partir d'un chauffe-plat électrique ou d'un four à raclette. Sur ce principe, un séchoir à pollen est commercialisé par les fabricants de matériel apicole. Au lycée agricole de Beaune-la-Rolande, Jean Jatteau a mis au point une méthode de séchage au four à micro-ondes. L'étalonnage se fait à partir de la dessiccation. Le safran est jugé sec quand il a perdu 80 % de son poids initial. Une fois réglé, le minuteur permet un séchage identique pour tous les lots quotidiens.

Le séchage traditionnel

Conservation et vieillissement

Le safran se conserve au sec et à l'abri de la lumière en boîte métallique ou en bocal de verre fumé à bouchon de liège. On a retrouvé du safran oublié pendant cinquante ans dans un coffret en bois. Son pouvoir colorant était à peu près intact. Mais l'arôme était estompé.

Les huiles essentielles du safran sont faiblement volatiles. Les principes aromatiques s'estompent doucement avec le temps. Pour une cuisine qui valorise l'épice, il est impératif d'utiliser du safran jeune. La vie culinaire du safran commence un mois après le séchage. Les filaments de "rouge" sont alors au plein de leur capacité aromatique. La récolte de l'année doit être utilisée dans les deux ans qui suivent. Il est raisonnable de posséder une année de

L'ÉPLUCHAGE EN GÂTINAIS

"Lorsqu'il fait beau, les tables sont disposées au milieu de la cour ; souvent des voisins viennent aider au travail de l'épluchage. L'aspect de ces tables rustiques, garnies d'une multitude de fleurs violettes, entourées de travailleurs jeunes et vieux des deux sexes, est des plus pittoresques. Certains éplucheurs ont une habileté remarquable. Le travail se continue le soir à la veillée, souvent fort tard, jusqu'à 1 heure ou 2 et même 4 heures du matin. Les fleurs demandent à être épluchées le plus tôt possible, dans les 24 heures après la cueillette ; on tâche de ne pas laisser le «levain», c'est-à-dire des fleurs non épluchées, pour le lendemain, et de ne pas se laisser «englaser», selon l'expression employée dans la région. Les joyeux propos, les récits légendaires de la contrée s'échangent autour des tables, et lorsque la veillée se prolonge, chaque assistant entonne une chanson afin de ne pas céder au sommeil. Un petit réveillon, arrosé de vin blanc nouveau offert par le safranier à tous les assistants, termine invariablement la veillée à la satisfaction générale."

J. Ursat, *Le Safran du Gâtinais*, 1913.

IV. L'ÉPICE EN OR

Herbe, épice ou condiment ?

Où faut-il classer le safran ? Pour la noix muscade ou le clou de girofle, nul ne se pose la question. Ils remplissent tous les critères de l'épice : substance végétale aromatique ou piquante, d'origine orientale. Cette nuance géographique est imposée par l'*Encyclopédie* de Diderot et d'Alembert. Elle témoigne surtout de l'importance historique du commerce des épices. A l'heure de la mondialisation, elle paraît obsolète.

Faut-il rapprocher les stigmates du safran des pétales de souci et des fleurons de carthame ? Ces herbes aromatiques qui poussent en Europe colorent en jaune et sont parmi les fraudes classiques du safran. Peut-on comparer la poudre de safran à celle du curcuma ou bien au gingembre moulu ? Dans ses usages, le safran n'est-il pas dans le même registre que la vanille ou la cannelle ? Faisons-le entrer dans la catégorie des épices douces, loin des archétypes des épices brûlantes, poivre et piment.

Le prix du safran

Sous un faible poids, une valeur élevée : c'est la marchandise idéale. Mais à la différence de l'or et des pierres précieuses, le prix du safran n'est pas celui de la rareté et de l'inaltérabilité. Le prix du safran à la production, depuis toujours, est celui du travail humain. Ensuite, selon le nombre de mains dans lesquelles il passe, ce prix peut être multiplié par 2, par 10 ou par 100. Le travail sur le safran brut – sélection, nettoyage, triage, broyage, tamisage, conditionnement en petits emballages pour le commerce du détail – justifie un modeste coefficient multiplicateur, surtout s'il s'accompagne d'une garantie de pureté, de qualité et d'origine.

La comparaison avec les denrées les plus précieuses au monde est génératrice d'un fantasme, celui de la fortune rapide, relayé par une presse qui fait régulièrement des titres chocs : "A la bourse des épices, le safran fait sauter la banque", "La flambée de l'or rouge", "Spéculation sur un trésor végétal", "L'or végétal au prix de l'or en barre"…

> ### LA RENAISSANCE DES JARDINS DE SAFRAN
>
> La preuve est aujourd'hui faite que partout où le safran a laissé son empreinte à une époque récente ou lointaine, il effectue inéluctablement un retour. Besoin de racines, quête de mémoire, la recherche s'appuie sur des signes discrets. Pourquoi ici une rue du Safran ? Y avait-il dans ce lieu une filature, un atelier de tisserand, une manufacture de soieries ? La toponymie vernaculaire fournit aussi des indices. Des lieux dits la Safranière, le Safranié, le Jaunet, le Rouge témoignent d'une activité qui ne fait aucun doute. Le safran était répandu dans les campagnes comme le chanvre ou la vigne, c'était un produit de première nécessité à usage essentiellement médicinal.
>
> A l'heure où partout dans le monde les grandes étendues agricoles plantées en safran régressent, en raison du coût de la main-d'œuvre, un nouvel essaimage se profile. Le safran réapparaît en petites surfaces dans la plupart des régions où il avait totalement disparu. La taille des plantations ne dépasse pas ce qu'un homme peut récolter. Les safraniers du troisième millénaire seront des jardiniers.
>
>

consommation d'avance au cas où la récolte serait catastrophique. Au-delà, c'est du gaspillage. Un amateur averti sait flairer au premier coup de nez un safran vieilli. Son odeur perd sa chaleur caractéristique. Elle "pique" désagréablement.

Un marché aux épices médiéval

> ## PAYER EN ÉPICES
>
> Le mot "épice" est vague dès son étymologie. En latin, *species*, c'est l'aspect d'une chose et, plus tard, la chose elle-même, une denrée comme le pain et le vin, les saintes espèces. Petit à petit le mot s'est concentré sur des marchandises à forte valeur d'échange, à caractère aromatique et venant d'Orient. Payer en espèces, c'est payer en épices, à l'opposé d'un paiement en nature, en services.
>
> Paradoxalement le safran fait partie des épices qui se payaient en espèces sonnantes et trébuchantes. En dehors du loyer des terres payé, selon les baux, en safran nouveau, les producteurs ne le troquaient que très rarement. Il était systématiquement monnayé. Le courtier en safran était le banquier du producteur.
>
>

Si quelques négociants ont bâti des entreprises solides sur le commerce du safran, aucun paysan n'est hélas devenu riche en se baissant pour cueillir ses fleurs. Pendant les périodes fastes, la culture a honnêtement nourri son homme, à la condition de ne pas mettre tous ses œufs dans le même panier. Dans les régions de production, le revenu tiré du safran dépasse rarement un quart du revenu global, pour un temps de travail inférieur à deux mois par an. La production, très sensible aux aléas climatiques, varie facilement du simple au double pour quelques caprices météorologiques.

Si les cours baissent, les producteurs retiennent spontanément la marchandise, et la pénurie fait remonter la rémunération. Globalement, le marché international est assez stable, les prix de détail aussi. Au cours de l'année, le prix payé à la production sur le marché mondial varie. Le safran récolté en octobre ou novembre est prêt à être commercialisé en décembre ou janvier. C'est là qu'il atteint sa valeur la plus forte. En septembre-octobre, le safran qui a presque un an de stockage ne vaut plus que la moitié du prix du safran nouveau.

Le prix au détail est constant d'un bout de l'année à l'autre. Vous ne trouverez pas d'étiquetage qui mentionne le millésime. On ne peut faire des comparaisons que pour un même conditionnement. Pour le safran en stigmates, vous paierez entre 3 et 28 euros le gramme. Le prix moyen de la dose de safran en poudre de 0,1 gramme est de 0,60 euro, soit 6 euros le gramme.

Si on va chercher les extrêmes, le prix du safran entier à l'importation (provenance : Iran) se situe autour de 230 euros le kilo (à condition d'en acheter des tonnes). Le safran authentiquement issu des terroirs français, du fait de sa confidentialité, peut se vendre en conditionnement de luxe de 0,2 ou 0,3 gramme à des prix qui dépassent allègrement 30 000 euros le kilo. Vous payez beaucoup

Poids à safran

d'emballage et peu de safran, mais c'est joli. A titre indicatif, le coût de production d'un safran artisanal français bien travaillé est de l'ordre de 7 500 euros le kilo. Ne soyez pas surpris de le voir sur le marché entre 15 et 23 euros le gramme. Au bout du compte, la gamme de prix du safran n'est pas plus étendue que celle d'autres produits gastronomiques comme le vin.

La norme et la fraude

Le safran fait l'objet d'une définition légale formulée par l'AFNOR. Le safran en filaments est constitué de stigmates séchés de *Crocus sativus*. Le safran en poudre est obtenu par broyage des filaments. Par définition, il s'agit d'un produit naturel, authentique et pur. Ce qui ne l'empêche pas d'être copieusement fraudé.

Actuellement, les principales fraudes se font par un habile détournement de la norme en vigueur. Il y a parfois adjonction de 20 % à 50 % de style blanc coloré artificiellement. Cette tricherie provient essentiellement d'Iran, où traditionnellement les stigmates sont émondés avec l'intégralité du style, ce qui permet d'en faire des bouquets. Cette partie blanche qui doit être coupée est en fait recyclée et même aussi commercialisée sous le nom de boucles de safran.

L'Espagne, qui est la plaque tournante du commerce du safran européen, ferme les yeux sur la qualité de ses importations. Une fois mélangée à un peu de safran espagnol, on obtient une marchandise intracommunautaire qui circule sans restrictions.

Comment lutter contre la fraude ?

D'où vient ce safran ? Quand a-t-il été récolté ? Quelle est sa date limite d'utilisation optimum ? Soyez un consommateur curieux. Au restaurant, demandez la provenance du safran qui vous est servi. En grande surface, vérifiez que le prix au kilo n'est pas divisé par dix, ce qui est quasi systématique. Réclamez de l'information, de l'étiquetage. Si vous êtes détaillant, exigez des grossistes les certificats de conformité à la norme AFNOR-ISO établis par un laboratoire agréé. Faites part de vos critiques et de vos suspicions à vos fournisseurs et, en cas de fraude avérée, faites remonter à la direction régionale de la Consommation, de la Concurrence et de la Répression des fraudes.

Trois principaux types de fraudes sont répertoriés :
– les *produits de substitution*, qui constituent des fraudes grossières repérables au premier coup d'œil. Souci, carthame, arnica, racines, fibres de bois, barbes de maïs, algues séchées, tout ce qui ressemble à des filaments, même de la viande bouillie ou du plastique, a été utilisé pour la fraude. Pour la poudre, c'est encore pire, parce qu'à un mélange de piment et de curcuma, qui produisent couleur et odeur, on ajoute n'importe quoi : du sable, de la brique pilée, de l'oxyde de fer, et divers minéraux plus ou moins toxiques ;
– les *safrans enrobés* : le safran est léger, tout ce qui permet de lui faire prendre du poids est bon pour les fraudeurs.

TABLEAU DE CLASSIFICATION : SAFRAN EN FILAMENTS

(Norme AFNOR, mai 2000)

Caractéristiques	Catégorie 1	Catégorie 2	Catégorie 3
Restes floraux (maxi)	0,5 %	3 %	5 %
Matières étrangères (maxi)	0,1 %	0,5 %	1 %

Quelle que soit la catégorie, la teneur en eau ne doit pas dépasser :
• Safran en filaments : 12 %
• Safran en poudre : 10 %

Chimiquement la norme définit un seuil minimum :
• pour la teneur en picrocrocine (saveur amère),
• pour la teneur en safranal (parfum),
• pour le pouvoir colorant.

Fleurs de carthame et de souci

Tout d'abord de l'eau, car le safran est très hygroscopique. Il était autrefois coutumier de descendre les sacs de safran à la cave deux jours avant de le livrer. On pouvait gagner jusqu'à 10 %, mais gare à la moisissure ! Enrobé de sucre, d'huile, de miel, puis saupoudré de poudre minérale, de craie, de tartre, toutes les méthodes sont bonnes pourvu qu'elles alourdissent les stigmates ;

– les *fraudes à base de crocus* : des pétales hachés, des étamines, des morceaux de style rajoutés délibérément constituent une fraude, même si les débris proviennent du *Crocus sativus*. Dans cette catégorie entre le safran épuisé. Après extraction des principes actifs du safran à l'alcool, les stigmates sont recolorés chimiquement, parfumés au safranal de synthèse, pour une nouvelle vie commerciale.

Méfiez-vous donc des bonnes affaires : un safran vendu à bas prix doit vous faire ouvrir l'œil. Regardez de près, posez des questions. Sur les marchés pour touristes de Turquie, d'Egypte ou du Maroc, vous avez toutes les chances de vous faire rouler.

Le geste du connaisseur est de prendre une pincée de stigmates entre deux doigts mouillés. Le vrai safran colore les doigts en jaune – et non pas en rouge !

Tous les safrans du monde

95 % de la production mondiale de safran provient aujourd'hui d'Iran, essentiellement de la province du Khorassan où plus de 23 000 hectares sont cultivés par 80 000 familles. La moitié des 130 tonnes produites est exportée, à un prix très bas.

Le safran du Cachemire (environ 10 tonnes) ne suffit pas à la consommation du milliard d'Indiens. La quantité disponible à l'exportation est très limitée, et sous les appellations Mongra et Lacha, on ne trouve pas forcément le meilleur safran indien.

La Grèce est désormais le principal producteur européen. Après une disparition totale, le safran grec a connu une renaissance en Macédoine au XVIIIe siècle, sous l'impulsion de commerçants de Kozani qui rapportèrent des bulbes d'Autriche. Depuis 1971, la coopérative de Krokos a le monopole de la commercialisation du safran grec, avec une appellation d'origine protégée. Sur 1 000 hectares, 1 500 coopérateurs produisent 8 tonnes d'un safran très bien conditionné dont la qualité intrinsèque progresse. Ils s'orientent vers une culture biologique certifiée.

Traditionnellement cultivé au Maroc dans les montagnes de l'Atlas sur de petites parcelles, le safran a été introduit en zone limite de la culture du palmier-dattier à Taliouine, Ouarzazate, Zagora… où il est l'objet d'une culture agricole plus rationnelle. C'est un safran en phase dynamique, encore mal positionné sur le marché international : conditionnement et suivi de qualité laissent encore à désirer. La production oscille entre 1 et 2 tonnes, avec une forte demande intérieure.

Le safran espagnol, le plus réputé au monde, est en régression très sévère (moins d'une tonne) en raison du coût de la main-d'œuvre et du désintérêt de la jeune génération pour cette culture traditionnelle. Depuis avril 1999, la première AOC "Azafrán de la Mancha" a été créée pour enrayer ce déclin catastrophique.

DEUX MILLE ANS DE FRAUDE

"Adulteratur nihil aeque", écrivait Pline au Ier siècle apr. J.-C. : Il n'y a rien de plus falsifié. L'imagination des fraudeurs n'a pour limite que la crédulité, la naïveté et l'ignorance du consommateur.

Pendant tout le Moyen Age, édits, règlements se suivent sans le moindre effet. Lyon, Bâle et Nuremberg sont les plaques tournantes du commerce européen. Un contrôle spécialisé y est mis en place. La Safranschau de Nuremberg est célèbre pour sa sévérité. Les fraudeurs sont lourdement sanctionnés. Entre 1444 et 1456, plusieurs marchands sont brûlés vifs en même temps que le safran frelaté. Une de leurs complices est enterrée vivante, pour l'exemple.

Sur des terres céréalières riches, sous un climat très contrasté, le safran bénéficie de conditions idéales. Le savoir-faire espagnol en matière de conduite de culture et de technicité du séchage est irréprochable. Selon Jean-Marie Thiercelin, expert en safran de père en fils depuis six générations, c'est dans la Mancha qu'on trouve encore le meilleur safran du monde. Pour combien de temps encore ?

Pour goûter les autres safrans du monde, ceux dont la production est insuffisante pour être mise sur le marché mondial, il vous faudra vous transformer en globe-trotter dans la zone tempérée des deux hémisphères : Turquie, Israël, Egypte, Suisse, Autriche, Bavière, Hongrie, pour l'Europe, et Proche-Orient. Aux Etats-Unis, il faut suivre la trace des mineurs de Cornouailles qui ont créé des plantations dans le Connecticut, en Pennsylvanie, dans le Michigan et l'Illinois, dans le Montana, l'Oregon, la Californie.

Dans l'hémisphère sud, les Anglais ont introduit le safran en Nouvelle-Zélande et en Tasmanie, les Hollandais en Afrique du Sud, les Espagnols au Pérou, en Argentine et au Chili.

Le safran étant une épice de terroir, de millésime et surtout de savoir-faire artisanal, il est impossible de conseiller une provenance plutôt qu'une autre. Le pire côtoie souvent le meilleur, et le prix n'est pas une référence. Faites confiance à votre fournisseur si vous le jugez compétent. Sinon, ne croyez que vos papilles !

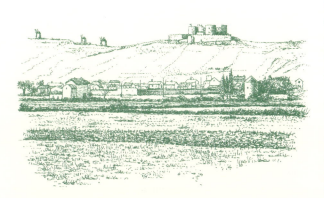

V. L'ART ET LA MANIÈRE D'ACCOMMODER LE SAFRAN

Cuisiner au safran

On ne peut pas dire qu'il existe une cuisine au safran. En compilant les livres de recettes du monde entier, il est possible de collecter des milliers de recettes où le safran joue un rôle : paella espagnole, risotto d'Italie, bouillabaisse de Marseille, pains du Kippour, gâteaux suédois de Sainte-Lucie, koulitch de la Pâque russe.

A partir de la tradition, tout un espace de création s'offre aux artistes de la cuisine pour une utilisation bien contemporaine du safran. La propriété de cette épice magique est de fondre ensemble les goûts des aliments, de les exalter, d'harmoniser les saveurs. Parallèlement au travail des créateurs de haut niveau, une gastronomie au quotidien est à réinventer. Le safran renouvelle avec bonheur quantité de recettes de la cuisine domestique. Il en réveille les saveurs en leur donnant un air de fête.

Safran en stigmates, safran en poudre

Quelle que soit sa destination, il est préférable d'utiliser le safran en stigmates. Si vous avez le coup d'œil, vous ne serez pas trompé sur la marchandise et vous éviterez les désagréments dus à une poudre colorante aux arômes bizarres.

Il est toujours possible de réduire en poudre des stigmates au moment de s'en servir. Vous trouverez également en vente du safran coupé. En théorie, il est exempt de la partie jaune orangé du style du crocus. Il se présente en fragments de stigmates de quelques millimètres de longueur. C'est un bon compromis entre poudre et stigmates.

Le seul intérêt de la poudre est l'homogénéité. Elle se fait plus vite, évite quelques tours de cuiller en bois. Elle vous donne l'illusion de colorer plus intensément, parce que la dissolution est plus rapide. Attention au surdosage : ne jamais saupoudrer directement au-dessus de la casserole, utiliser un intermédiaire qui donne la mesure, cuiller à doser, pointe de couteau, etc.

RÉDUIRE LE SAFRAN EN POUDRE

Si vous avez absolument besoin de poudre, broyez au moment de l'utilisation. Cette méthode présente l'intérêt de "réveiller" le safran par un surséchage de dernière minute.

Même bien conservé dans un bocal hermétique à l'abri de la lumière, le safran en stigmates est rarement assez sec pour être pulvérisé. Offrez-lui un petit coup de chaud. Mesurez la quantité de stigmates nécessaire : 45 filaments correspondent à 0,1 gramme. Placez-les dans une cuiller à soupe. Passez le fond de la cuiller quelques secondes à la flamme ou sur une plaque de cuisson rapide. Laissez revenir à température ambiante, écrasez les stigmates devenus craquants avec le dos d'une cuiller à café.

On peut bien sûr utiliser un mortier, mais il faut préférer le mortier en pierre ou en porcelaine des pharmaciens au mortier en bois ou en cuivre.

Si vous avez peur d'être maladroit, placez les stigmates sur une feuille de papier pendant quelques minutes à l'entrée du four ouvert. Pliez la feuille de papier et écrasez les stigmates en froissant le papier entre vos doigts.

Stigmates de safran

Infuser, le maître mot

Par sa nature chimique, le safran ne fait pas partie des épices instantanées. Une pincée de poudre, je mélange, je goûte : ça ne marche pas. Le safran a besoin de temps pour développer la subtilité de ses saveurs. Par ailleurs, il ne supporte ni l'ébullition prolongée, ni la friture. La chaleur intense détruit les molécules aromatiques et ne laisse que les colorants.

Une seule manière de procéder respecte l'intégrité de l'épice. C'est l'infusion préalable. Elle permet un usage quasi instantané en fin de cuisson. Quand on prépare une recette au safran, le réflexe doit être de penser en premier au safran. Dans quel liquide vais-je l'infuser pour lui permettre d'épanouir son arôme ? A défaut d'imagination, une cuiller à soupe d'eau chaude fait l'affaire. Mais il est bien rare que la recette ne vous permette pas une infusion spécifique. Tout ce qui contient de l'eau fait l'affaire. On optimise le résultat si le liquide est légèrement acide. La couleur se développe plus vite en présence d'alcool. Pour fixer les arômes, un corps gras, une pointe de beurre ou une noisette de crème est utile. Le vin blanc, le champagne, le jus de citron, les jus de fruits, les bouillons, les jus de viande, les fumets de poisson, le vinaigre, le blanc d'œuf, le lait, la crème fraîche, le lait de soja, le yogourt, le thé, les jus et purées de légumes, toutes ces préparations donnent de bonnes infusions.

Quel est le temps d'infusion idéal ? La cuisine n'est pas une science exacte, c'est un compromis artistique. Les puristes offriront vingt-quatre heures d'infusion préalable à leur safran. Si la dilution se fait à chaud, une heure suffit à épanouir les saveurs. Le temps qui compte est celui qui sépare le moment de l'infusion de l'instant de la consommation. Dans la casserole ou l'assiette, l'évolution continue. Vous ferez vous-même le constat qu'un plat à peine safrané atteint son équilibre le lendemain.

L'important c'est la dose

Les livres de cuisine ne sont pas d'une grande aide pour doser le safran. Vous lirez : Ajoutez une pincée de safran, une pointe de couteau, quelques barbes, un petit peu, une dose, un sachet, un soupçon, une demi-cuiller à café. Vous aurez compris qu'il en faut peu et c'est tout. Parfois, par souci de quantifier les recettes, les quantités sont exprimées en poids. On peut lire dans de très sérieux ouvrages : Ajoutez 4 grammes de safran. C'est de la pure folie. Votre plat sera rigoureusement immangeable, ruineux de surcroît.

La dose universelle de référence, celle autour de laquelle vous pourrez broder, faire vos expériences personnelles, c'est 0,1 gramme de safran dans un plat pour 4 personnes. Comment savoir ce que 0,1 gramme de stigmates représentent ? Il suffit, une fois dans sa vie, de compter à l'aide d'une pince à épiler 45 stigmates. Placez-les ensuite dans une cuiller à café. Mémorisez une fois pour toutes, vous pourrez par la suite jongler avec les quantités, corriger en plus ou en moins suivant votre goût ou la nature de la recette.

Si vous consommez régulièrement du safran, il existe une méthode très pratique. Faites bien sécher 1 gramme de stigmates. L'activation par la chaleur est toujours bénéfique au safran. Ajoutez 10 cuillers à soupe d'eau chaude. Laissez infuser. Conservez dans un bocal hermétique au réfrigérateur 10 jours au maximum. A chaque fois que vous aurez besoin de 0,1 gramme de safran, prélevez dans la réserve une cuillerée d'infusion jaune d'or.

Autre astuce : vous pouvez verser l'infusion concentrée dans le bac à glaçons du réfrigérateur. Un petit cube dans le bouillon, la sauce ou la pâte et le tour est joué.

Pour une utilisation plus "homéopathique" ou ponctuelle, je vous conseille quelques préparations simples qui

> Sauces : 0,1 g pour 250 g de crème fraîche
> Riz et pâtes : 0,1 g pour 250 g de riz ou pâtes
> Entremets et desserts : 0,1 g pour 1 litre de lait
> Pains et gâteaux : 0,1 g pour 500 g de farine

L'ÉVOLUTION DES GOÛTS

La diététique médiévale n'a pas du tout les mêmes points de repère que les nôtres. Les goûts sont différents et fortement influencés par la culture grécolatine. Les épices sont utilisées pour tempérer l'équilibre alimentaire selon les codes en usage. Inutile de dire que ces considérations ne concernent que les seigneurs et les riches bourgeois. Les pauvres sont condamnés aux légumes et aux racines sans épices. Dans le *Ménagier de Paris*, un des premiers livres de recettes, le safran est présent dans plus du tiers des recettes, dans les soupes, les viandes en sauce et les entremets, en mélange avec d'autres épices : "Prenez cannelle, giroffle, poivre long et saffran pour donner couleur, détremper de vertjus et vinaigre."

Alors qu'il est cultivé dans de nombreuses régions de France, le safran reste la plus chère des épices. Mais sa modestie fait qu'il est autorisé dans la cuisine de carême et des jours maigres.

Sous l'influence italienne, les goûts évoluent à la Renaissance. Acide et épicé font place à gras et sucré. Les épices brûlantes passent de mode. Le safran se réfugie dans les desserts. Nostradamus en fait usage dans son traité des confitures en 1555. Au XVIIIe siècle, c'est tout juste si on se souvient que le safran a des usages culinaires. Dans *l'Encyclopédie*, Diderot note : "Le safran est employé dans les cuisines à titre d'assaisonnement, chez quelques peuples d'Europe, fort peu en France, du moins dans les bonnes tables."

Exit le safran. Eclipse totale dans la cuisine bourgeoise du XIXe siècle. Le safran subsiste dans quelques plats de tradition rurale régionale, le farçon, le mourtayrol…

Une fois la production française disparue, le safran réapparaît au XXe siècle par le biais de la recherche gastronomique qui s'intéresse aux saveurs rares et invente un nouvel exotisme.

permettent de safraner légèrement n'importe quelle recette à la dernière minute. Avec ces ingrédients, vous êtes armé pour faire face à vos envies de safran les plus urgentes.

• *Vinaigre au safran*

0,5 l de bon vinaigre de vin ; 0,4 g de safran en stigmates.

Pour une vinaigrette aromatique, pour déglacer une poêle.

• *Beurre safrané*

100 g de beurre en pommade pour 0,1 g de safran coupé.

Mélanger. La diffusion des morceaux de stigmates fait un joli beurre marbré de taches orange. Idéal pour parfumer des légumes à la vapeur, une viande grillée... Excellent avec les radis et aussi sur une tartine de pain de seigle avec des huîtres ou des coquillages.

• *Moutarde safranée*

100 g de moutarde ; 0,4 g de safran réduit en poudre ou infusé.

Elle permet une mayonnaise safranée sans effort, des sauces parfumées. Pourquoi pas un lapin à la moutarde et au safran ?

• *Sirop de safran*

75 cl de sirop de sucre de canne ; 0,4 g de safran.

A utiliser dans les desserts, les boissons chaudes ou froides, dans les pâtisseries comme du miel ou du sucre vanillé.

Le safran au quotidien

Du safran dans la cuisine de tous les jours ? Pourquoi pas du caviar au petit déjeuner ? diront les mauvais esprits. Il y a là un tabou à briser. Il est plus facile de le faire si on cultive son propre safran, si on le considère comme l'épice du jardin.

• *L'omelette du safranier*
C'est la récompense de celui qui a pioché le jardin pour tenir la safranière en bon état. Dans tous les pays producteurs de safran, où en général on ignore les usages gastronomiques du safran, on sait que les œufs de la ferme et le safran du jardin font bon ménage.

Faites infuser 0,1 g de stigmates grossièrement broyés dans 10 cl de lait.

Battez 8 œufs en omelette. Mélangez avec le lait safrané, salez, poivrez. Il faut alors avoir la patience d'attendre l'œuvre du safran.

Un dernier coup de fourchette avant de faire cuire.

Servez baveux avec un mesclun riche en roquette, solidement assaisonné et pourquoi pas aillé ?

Les pains faits à la maison peuvent recevoir une infusion de safran. Selon la couleur et le parfum désiré, 0,1 gramme à 0,2 gramme pour 500 grammes de farine, qu'elle soit blanche ou complète.

Le jaune d'or de la mie est appétissant. On peut faire des toasts originaux, préparer des canapés dorés, des croûtons pour une soupe de poisson, ou bien tailler un beau sandwich avec salade, blanc de poulet, œuf dur, crevettes ou langoustines décortiquées. Un pain de mie au safran, délicatement toasté, s'accorde parfaitement avec un foie gras mi-cuit, pour un petit en-cas de fin de soirée.

Les sauces à base de roux blanc, de roux blond, les sauces à base de crème, les sauces liées à l'œuf, les sauces montées au beurre, les vinaigrettes et les mayonnaises, toutes ces sauces de la tradition culinaire française retrouvent une nouvelle jeunesse quand on leur adjoint une petite infusion de safran.

Quelques exemples : une sauce hollandaise au safran accompagne agréablement les asperges. La sauce béchamel, un peu boudée aujourd'hui, reprend des couleurs avec le safran. Si on l'épaissit au jaune d'œuf et si on y incorpore des blancs montés en neige, on obtient un appareil à soufflé. Le safran, infusé dans le lait de la béchamel, ne rallonge pas le temps de préparation des recettes de soufflés, qu'ils soient salés ou sucrés : soufflé au fromage, soufflé de poisson, soufflé à l'orange ou au citron.

Vapeur, grillés, meunière, pochés, les poissons maigres reçoivent avec bonheur une sauce crème au safran. Si vous n'avez pas d'infusion toute prête, pensez à la sauce avant même de faire cuire le poisson.

• *Sauce au safran pour un poisson ou une viande blanche*

Recette de base : 50 g d'échalotes ; 15 cl de crème ; 1 verre de vin blanc ; 100 g de beurre ; 0,1 g de safran infusé, ou infuser préalablement 0,1 g de stigmates broyés dans la crème ; sel, poivre.

Faites blondir dans une casserole les échalotes finement ciselées dans 50 g de beurre. Mouillez d'un verre de vin blanc de préférence liquoreux (coteaux du Layon, muscat de Rivesaltes ou vermouth).

Réduisez à glace. Incorporez alors la crème safranée. Faites chauffer sans ébullition. Salez, poivrez, goûtez.

Avant de napper le poisson, montez la sauce en la fouettant avec 50 g de beurre en pommade.

• *Sauce express pour poisson minute*

250 g de crème épaisse ; 0,1 g de safran infusé ; sel, poivre, aromates du jardin.

Diluez l'infusion dans la crème. Faites chauffer sans bouillir. Assaisonnez à votre goût. Servez sur un poisson à la vapeur. Selon la saison saupoudrez d'herbes du jardin ciselées : aneth, persil, cerfeuil, coriandre, ciboulette.

Le safran aime les légumes qui ont du goût, ce qui est le cas quand ils proviennent de la culture biologique. Il est donc précieux dans la cuisine végétarienne.

Essayez le mariage individuel du safran avec le poireau, le potiron, le céleri, le fenouil, l'asperge, le topinambour, la blette, le petit pois, le panais, l'artichaut, la carotte, l'oignon, l'échalote, la courgette… Le safran ne transforme pas la saveur, il en fait simplement monter les tons. Pour le test, il suffit d'une noisette de beurre safrané sur le légume croquant cuit à la vapeur.

En toute saison, on peut se faire un petit bonheur végétarien avec les légumes du jardin ou du marché.

• *Casserole de légumes du jour safranés*

1 kg de légumes variés ; 1/2 verre de muscat ; huile d'olive ; 100 g d'oignons ou de poireaux.

Faites infuser 0,1 g de safran dans un demi-verre de muscat. Choisissez trois légumes de saison à marier. Taillez-les en brunoise.

Dans une cocotte en fonte, versez 3 cuillers à soupe d'huile d'olive. Faites cuire à l'étouffée en plaçant au fond de la cocotte d'abord les oignons ou les poireaux, puis les légumes les plus longs à cuire (carottes) et ensuite les légumes à cuisson rapide (courgettes). On arrête la cuisson quand les légumes sont juste cuits, c'est-à-dire croquants.

Versez l'infusion quelques minutes avant la fin de cuisson. Remuez et salez seulement lorsque la cuisson est terminée.

Les potages, les soupes, les consommés, les veloutés, les bouillons proposent une infinité de recettes modestes, susceptibles d'être magnifiées par le safran.

Une soupe de poisson ou une bouillabaisse ne se conçoivent pas sans safran. L'alliance avec les produits de la mer, poissons, coquillages, algues ou crustacés, est un plaisir constant. Mais faites l'essai d'un bouillon de poule, d'un velouté de champignons ou d'asperges, d'une soupe aux pois cassés. On introduit le safran en toute fin de cuisson à la dose de 0,1 gramme par litre. Comme on prépare souvent le potage à l'avance, le temps d'infusion peut être respecté sans difficulté. Evitez de faire bouillir en réchauffant.

Pour un soir d'été, vous pouvez préparer à l'avance un potage rafraîchissant, à la fois classique et étonnant.

• *Velouté de poireaux glacé au safran*

75 g de beurre ; 750 g de poireaux ; 1 oignon ; 4 pommes de terre ; 1,5 l d'eau ; 0,1 g de safran, plus quelques stigmates entiers ; 100 g de crème fraîche ; cerfeuil ou ciboulette.

Faites fondre poireaux et oignon hachés dans le beurre. Laisser cuire à découvert 10 minutes sans coloration. Ajoutez les pommes de terre coupées et l'eau froide. Assaisonnez. Faites cuire 30 minutes. Ajoutez 0,1 g de safran.

Mixez, passez au tamis fin. Laissez refroidir et répartissez dans des bols. Placez au réfrigérateur.

Au moment de servir, incorporez une cuiller à soupe de crème fraîche dans chaque bol. Déposez en surface un peu de cerfeuil ou de ciboulette ciselée. Ornez de safran "frangié" : réhydratez des stigmates trifides entiers. Disposez-les harmonieusement à la surface du potage.

Quantité de desserts traditionnels de la cuisine familiale française peuvent être revisités par des notes safranées. Ce qui contient des œufs, du lait, de la farine, du beurre, de la crème, bref la pâtisserie, est concerné. A titre d'exemple, pensez à une brioche, à des crêpes ou des beignets au safran, à la crème anglaise, aux flans, même à un riz au lait safrané. Que diriez-vous d'un clafoutis safrané aux framboises et cassis, d'une crème brûlée au miel et au safran ?

Le mariage avec les pommes et les poires est particulièrement heureux. *"We want saffron in the pear pie"*, dit Shakespeare dans le *Conte d'hiver*. Et il a cent fois raison. Le sirop safrané est alors très utile. Tout simplement avec une poire pochée, dans une salade de fruits. Pour une tarte Tatin safranée, arrosez les pommes de sirop avant de les recouvrir de pâte. Citron et orange amère forment également des couples intéressants avec le safran. A déguster sous forme de crème ou sur des tartelettes.

Faire apprécier le safran aux enfants

Les enfants n'aiment pas ce qu'ils ne connaissent pas. Il est important de les familiariser très tôt avec le goût du safran, et pas seulement par l'intermédiaire du sirop de dentition, associé au mal aux dents !

C'est en faire dès leur plus jeune âge des consommateurs avertis, qui exigeront qualité et pureté d'un produit qu'ils connaissent par leurs sens et non par la littérature. Ils sauront aussi que le safran n'est pas un produit de luxe, une épice réservée à une élite, mais un bonheur qu'on peut s'offrir à la maison au quotidien. Et s'il pousse dans le jardin, c'est une raison de plus pour y goûter.

Il n'y a pas que les recettes sucrées pour séduire les enfants. Mon fils me réclame souvent des œufs en cocotte au safran ; pour lui c'est une récompense inestimable.

• *Œufs en cocotte au safran*

250 g de crème fraîche ; 8 œufs coque ; 0,1 g de safran ; sel.

Réveillez les stigmates à la chaleur. Broyez-les grossièrement. Faites tiédir dans une casserole la crème fraîche.

Mélangez soigneusement crème et safran. Remuez, salez. Laisser chauffer jusqu'à 70 degrés – surtout pas d'ébullition. Laissez reposer une heure. Remuez à nouveau. Goûtez et ajustez l'assaisonnement.

Préparez autant de cocottes en porcelaine, en grès ou en verre à feu que d'œufs. Déposez 2 cuillers à soupe de crème safranée dans chaque cocotte. Cassez un œuf, faites-le glisser doucement dans la cocotte de manière à ce qu'il surnage à la surface de la crème.

Faites cuire à four chaud pendant environ 8 minutes ou au bain-marie pendant 12 minutes, ou dans une marmite à vapeur sans couvercle pendant environ 6 minutes. La cuisson se juge comme celle d'un œuf au plat. Dès que le blanc de l'œuf est pris, on peut servir, car la chaleur de la cocotte prolonge la cuisson jusque dans l'assiette.

Une petite branche d'aneth, de fenouil, de cerfeuil ou de coriandre frais accompagne agréablement cette merveille de simplicité.

L'expérience montre qu'on peut se laisser aller à manger 2 œufs par personne.

• *Une glace au safran*

1 litre de lait entier ; 300 g de sucre ; 10 jaunes d'œufs ; 150 g de crème fraîche ; 0,1 g de safran.

On commence par faire une crème anglaise au safran. Faites infuser les stigmates dans 1 litre de lait chaud. La préparation est longue, donc l'infusion préalable n'est pas nécessaire. Mélangez les jaunes d'œufs et le sucre avec un fouet. Ajoutez progressivement le lait chaud safrané tout en mélangeant. Mettez à feu doux ou au bain-marie sans cesser de remuer. Arrêtez dès que le mélange épaissit et avant tout signe d'ébullition. Laissez refroidir.

Battez 150 g de crème fraîche en chantilly et incorporez dans la crème anglaise. Versez en sorbetière et placez au réfrigérateur pour au moins 6 heures.

Pour une initiation au safran, cette glace peut se déguster seule car elle donne une très bonne expression de ce qu'est le goût safran. Sinon, elle s'accompagne agréablement de fraises fraîches ou d'un coulis de fruits rouges et d'une feuille de menthe.

Selon vos désirs personnels, vous pourrez modifier la dose de safran. Soyez progressif et méticuleux, le surdosage est la pire des choses.

• *Meringues dorées*

S'il vous reste des blancs d'œufs, vous pourrez réaliser cette douceur à laquelle peu de gens résistent.

1/4 de litre de blancs d'œufs ; 500 g de sucre glace (pas de sucre cristallisé) ; 0,1 g de safran.

Pour cette recette, deux manières d'introduire le safran : réveillez et pulvérisez 0,1 g de stigmates. Incorporez la veille aux blancs d'œufs conservés au réfrigérateur. L'introduction peut aussi se faire en fin de préparation sous forme d'une cuiller à soupe d'infusion concentrée représentant 0,1 g, exactement de la même manière qu'on introduit une cuiller de concentré de café ou d'un autre arôme.

Dans un cul-de-poule, mélangez au fouet manuel le sucre glace et les blancs d'œufs. Chauffez le mélange sur un feu doux sans jamais cesser de fouetter. Quand le mélange est tiède, c'est-à-dire quand il commence à prendre sur le fouet, refroidissez en plaçant le cul-de-poule sur de la glace pilée en continuant à battre.

Quand le mélange est refroidi, c'est le moment d'introduire, si ce n'est déjà fait dans le blanc d'œuf, la solution safranée.

Dresser à la poche à douille sur une plaque beurrée et farinée. Cuisson au four préchauffé à 100 degrés pendant environ 1 heure, à moduler selon la taille des meringues et votre volonté de les voir craquantes ou moelleuses.

Les salades

Jean-Paul Thorez

INTRODUCTION

La salade, c'est par excellence le légume du jardin, celui qu'il faut faire pousser soi-même afin de le manger tout frais cueilli, à la saison "normale", indemne de pollution. C'est simple, une salade sur deux consommées en France, toutes sortes confondues, est encore produite dans un potager. Et quand elle n'est pas cultivée, la salade est cueillie à l'état sauvage dans les prés, les chaumes ou les vignes, selon une tradition qui remonte sans doute aux temps d'avant l'agriculture, il y a dix mille ans et plus.

Si l'on ne considère que leur teneur en éléments nutritifs majeurs (glucides, protides, lipides), les salades ne sont pas de bons aliments, et peut-être même pas tout à fait des aliments. Elles ne figurent pas dans la liste des plantes importantes qui nourrissent l'humanité, comme le blé ou le haricot. Elles ne font pas partie des plantes les plus anciennement cultivées par l'homme. Les anciens les classaient parmi les "herbes", autrement dit les plantes médicinales. Que penser de médicaments que l'on consomme quotidiennement lors des repas ? Que ce sont des dons de la nature pour nous conserver en bonne santé tout en nous procurant le plaisir de la dégustation. Notre époque croit découvrir les "alicaments", aliments *et* médicaments, gages de bonne forme, ligne parfaite et longue vie. Vieilles comme le monde, les salades ont sans doute été les premiers "alicaments". Mais elles sont également étonnamment modernes. Compte tenu de leur succès croissant auprès des consommateurs, on peut penser qu'elles resteront longtemps encore les favorites parmi les légumes qui soignent.

L'exception potagère

Les haricots, les tomates, les pommes de terre…, chacun voit tout de suite de quoi il s'agit car chacun de ces légumes possède une identité botanique. Mais les salades, elles, constituent une véritable exception potagère. La

> ### MOTS ET PROVERBES
>
> "Raconter des salades", c'est tenter de "vendre sa salade" comme sur le marché.
>
> "Bon comme la romaine" : dupe, comme celui qui va se faire arrêter ou condamner, emmener dans le "panier à salade" (le fourgon de police, muni de grillage aux fenêtres).
>
> Dans son *Dictionnaire littéraire et érotique des fruits et légumes*, Jean-Luc Hennig résume ainsi le double sens du mot "cresson" : "Qu'on le plante, qu'on le cueille, qu'on l'arrose ou même qu'on le broute, le cresson désigne en tout cas, dans les romans galants comme dans la langue des voyous du siècle dernier, l'herbe intime des femmes."
>
> Le mort mange les pissenlits par la racine (XVIIᵉ s.), la salade par le trognon.
>
> Marcher sur la chicorée sauvage est un présage de mort (proverbe de Touraine et du Maine). On ne la distinguait pas du pissenlit.
>
>

mâche ne ressemble guère à la laitue, et le pissenlit (une Astéracée) n'appartient pas à la même famille botanique que le cresson (Brassicacées). Or, tous sont des salades, ensemble de végétaux caractérisés avant tout par le fait qu'on en consomme les feuilles crues additionnées de sel et d'un assaisonnement à base d'huile et de vinaigre. Le mot "salade", cité pour la première fois dans les textes français au milieu du XIVᵉ siècle, dérive de l'italien *insalata*, "mets salé", via le provençal *salada*.

Après avoir désigné une préparation culinaire, le mot "salade" s'est appliqué par glissement sémantique à la plante servant à cette préparation. Véritable poupée russe, il fait d'abord penser à la seule salade de laitue, ou bien à la laitue elle-même. Mais quand on dit : "J'ai fait une salade", le sens s'élargit. Il peut s'agir aussi bien de frisée, que de mâche ou de pissenlit. Il faut dire alors "salade verte", car la confusion peut être faite avec ce que l'on appelle également salade… et qui peut ne pas comporter de salade au sens strict – salade de riz, salade de maïs, salade de museau –, ni même de sel – salade de fruits ! Ne parlons pas des salades composées ou mixtes, mélanges de salade et de divers autres ingrédients allant de l'œuf dur au melon, en passant par le poisson fumé.

C'est évidemment des salades en tant que plantes potagères qu'il sera d'abord question dans le présent livre, pour ne revenir que mieux, à la fin, à ce qui réunit ces plantes disparates : le saladier.

I. BOTANIQUE DES SALADES

Si l'on observe les fleurs du pissenlit et celles de la mâche, par exemple, on ne trouve guère de point commun. Or, ce sont les ressemblances intimes qui scellent les alliances familiales dans le règne végétal. Les salades constituent un groupe hétéroclite sur le plan de la classification botanique, mais où domine nettement une famille : celle il y a peu encore baptisée Composées et qui a maintenant pour nom scientifique officiel Astéracées. C'est la famille des salades amères (ou à amertume très atténuée). L'autre groupe important est celui des Crucifères, où se retrouvent les salades "fortes". Les autres espèces sont dispersées dans différentes familles botaniques.

Tentons malgré tout un portrait robot de la salade : plante annuelle ou bisannuelle, à rosette de feuilles et à graines petites, d'origine méditerranéenne, issue de milieux "ouverts" – notamment les friches –, compagne de l'homme et de ses cultures. Les espèces qui s'écartent le plus de cet archétype sont le pourpier et, surtout, le cresson.

Les Astéracées (ou Composées)

Laitue, chicorées et pissenlit sont des Astéracées, tout comme de nombreuses salades sauvages. Une des caractéristiques les plus visibles propres à tous les membres de cette famille est l'inflorescence en capitule, groupe serré de petites fleurs qui a l'apparence d'une fleur unique. Alors que certaines espèces – le bleuet, par exemple – ont des fleurs toutes en tube, d'autres ont les fleurs du pourtour du capitule en languette (ou ligule) et celles du cœur en tube (cas de la marguerite) ; d'autres, enfin, n'ont que des fleurs en languette. Chaque languette représente les cinq pétales soudés. Nos salades composées (au sens botanique du terme) appartiennent toutes à cette tribu des Liguliflores, dont une autre caractéristique est le suc laiteux qui s'écoule lorsque l'on casse une tige ou une feuille, et qu'il ne faut pas confondre avec la sève.

Ce latex âcre est un suc blanc contenu dans des cellules dites "laticifères" formant des réseaux. Il constitue une réserve nutritive pour la plante, et ne circule pas comme la sève. D'un point de vue biochimique, il s'agit de différents polymères de l'isoprène (un hydrocarbure) proches du caoutchouc, auxquels se mêlent divers composés.

> ### NOM D'UNE SALADE !
>
> Si l'on en croit les botanistes, l'ancêtre de la laitue cultivée serait la... scarole, qui est une véritable laitue *(Lactuca scariola)*. Or, ce que nous appelons maintenant scarole (la sœur de la frisée) est en fait l'endive *(Cichorium endivia)*, qui n'a évidemment rien à voir avec ce que nous appelons endive, qui est en réalité une forme de chicorée sauvage *(Cichorium intybus)*.
>
> Lactuca scariola

• *La laitue,* Lactuca sativa L.
Son nom français vient du latin *lactuca,* "herbe à lait", allusion à l'abondant latex qu'elle contient. Inutile de décrire cette plante bien connue, aux nombreuses formes cultivées – laitues pommées, laitues romaines, laitues grasses, batavias, laitues à couper – correspondant toutes à la même espèce botanique. Celle-ci dériverait, par amélioration génétique et culture, de *Lactuca scariola* L., une laitue sauvage commune dans la zone tempérée de l'Ancien Monde, en sol rocailleux. *Lactuca scariola,* à la différence de nos laitues cultivées, ne germe pas régulièrement, ne pomme pas, et monte très vite en graine. Des millénaires de culture et de sélection l'ont débarrassée de ses défauts : latex abondant, graines très petites, capitule fragile, pilosité, etc. Les laitues modernes ont même acquis une résistance à certaines maladies, grâce à des hybridations avec d'autres laitues d'espèces différentes. Ainsi, on utilise le gène de résistance au virus de la mosaïque trouvé chez une laitue sauvage d'origine égyptienne. Enfin, la sélection a permis d'obtenir des variétés de laitue capables, à la différence des autres, de pommer en hiver (jours courts).

Le capitule de toutes les *Lactuca* est jaune. Quant aux graines, elles sont noires ou blanches selon les variétés.

La laitue originelle est une bisannuelle, germant en fin d'été, passant l'hiver sous forme de rosette, puis fleurissant au printemps suivant. Les laitues cultivées sont devenues pour la plupart des plantes annuelles, capables de monter en graine l'année même de leur semis.

• *La chicorée sauvage,* Cichorium intybus L.
Le joli capitule bleu clair qui orne en été le bord des chemins, c'est celui de la chicorée sauvage. Cette plante est fort commune par endroits, sur les sols argilo-calcaires. Sélectionnée par les jardiniers depuis des siècles et des siècles, elle a donné des plantes aussi différentes que l'énorme chicorée 'Pain de sucre' (pomme haute et pointue), la 'Barbe de capucin' (non pommée) ou la chicorée 'Rouge de Vérone', à la petite pomme ronde et dure. C'est une vivace, qui commence à fleurir l'année suivant celle du semis, si, du moins, on ne l'a pas récoltée. Cette chicorée, comme la suivante, a la particularité de germer très vite, souvent en à peine deux jours.

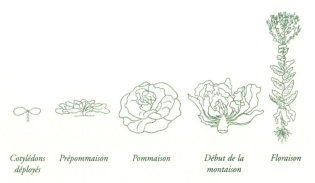

Cotylédons déployés   *Prépommaison*   *Pommaison*   *Début de la montaison*   *Floraison*

Les stades de développement d'une laitue

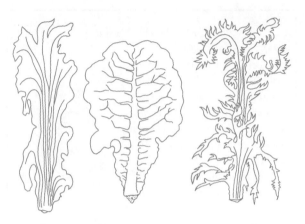
Feuilles de scarole, de laitue et de chicorée frisée

• *La chicorée frisée,* Cichorium endivia *L.*
Les Anciens l'appelaient "escarole", du latin *escarius,* "qui se mange cru", ou bien encore endive. Cette cousine très proche de la chicorée sauvage se rencontrerait à l'état natif sur les sables et les rocailles de notre Midi méditerranéen, mais les avis divergent à ce sujet. La plante est annuelle ou bisannuelle. Ses descendantes sont nos frisées et scaroles, beaucoup plus grosses, aux feuilles larges (scaroles) ou profondément découpées (frisées). Les feuilles du cœur sont tellement serrées qu'elles blanchissent toutes seules.

• *Le pissenlit,* Taraxacum dens leonis *Desf.*
Voilà une plante très polymorphe du fait d'une reproduction fréquente par parthénogenèse (sans fécondation). Certains se sont amusés à diviser l'espèce en une multitude de micro-espèces aux feuilles plus ou moins grandes ou découpées. On a vu apparaître, outre le pissenlit commun, un pissenlit des marais, un pissenlit des Alpes et un pissenlit des pelouses ! C'est assez dire qu'on le trouve partout en France, du bord de la mer jusqu'à plus de 3 000 mètres d'altitude. Pas vraiment indigène, il aurait été introduit chez nous à la suite des Invasions.

Le pissenlit est une espèce prairiale tellement connue qu'il est inutile de le décrire. Chacun de ses capitules jaunes comporte 200 à 300 fleurs ligulées qui, une fois transformées en fruits, deviennent autant de petits parachutes assurant la dissémination de l'espèce. "Je sème à tout vent…" Il est vivace.

UN EXEMPLE D'AMÉLIORATION VÉGÉTALE : L'ENDIVE

L'endive a d'abord été obtenue par sélection massale classique à partir de la chicorée à café (très ancienne, issue de la chicorée sauvage), ce qui a donné des lignées pures (variétés traditionnelles). Puis on a croisé entre elles des lignées pures : 'Zoom F1', en 1974, a été la première des variétés hybrides d'endive. Ce progrès génétique allait révolutionner la culture de l'endive en permettant de se passer d'une couverture de terre, donc d'obtenir un produit moins cher, plus propre, homogène. Les racines de ces endives peuvent être conservées longtemps à - 2 °C afin d'étaler le forçage sur plusieurs mois.

Un programme d'hybridation a été lancé en 1975 pour obtenir des endives rouges par croisement avec des chicorées italiennes rouges. Ce nouveau produit a été mis sur le marché depuis le début des années quatre-vingt-dix, sans trop de succès.

Les Brassicacées (ou Crucifères)

Ces salades ont un air de famille : feuilles petites aux folioles arrondies, d'un vert plutôt foncé, et saveur forte causée par la présence massive de composés soufrés – les thioglucosides – analogues à ceux de la moutarde.

• *Le cresson de fontaine,* Nasturtium officinale *R. Br.*
Il est très différent des autres salades : à l'état sauvage, le cresson est vivace et cosmopolite. C'est une plante aquatique des sources et ruisseaux. Il ne se présente jamais sous la forme d'une rosette de feuilles, mais possède des tiges couchées, sur lesquelles apparaissent des racines adventives.

• *Le cresson de jardin,* Barbarea præcox *R. Br.*
Cette plante bisannuelle se présente sous forme de rosette pendant l'automne ou l'hiver. En avril-mai, elle produit de hautes hampes florales garnies de petites fleurs jaune vif. Il s'agit en fait d'une espèce sauvage, présente surtout dans l'ouest de la France, dans les champs et les prairies.

• *La roquette,* Eruca sativa L.
Il s'agit d'une des nombreuses formes de l'espèce *Eruca vesicaria* L., spontanée dans les cultures et les terrains vagues du sud de la France, subspontanée ailleurs. Son cycle est analogue à celui du cresson de jardin.

Les autres familles

• *La mâche,* Valerianella olitoria L.
La mâche est l'un des rares membres de la famille des Valérianacées qui soient cultivés à des fins alimentaires. Elle est originaire de Sicile et de Sardaigne, mais elle a été répandue très tôt dans toute l'Europe. C'est, en effet, une messicole (ou mauvaise herbe des moissons) compagne du blé. Dans certaines régions, on l'appelle d'ailleurs "salade de blé". Bisannuelle, elle développe ses petites rosettes de feuilles pendant l'automne et l'hiver, et fleurit (très discrètement) en mars-avril. Ses graines entrent ensuite en dormance pour quelques mois, puis germent dans les chaumes en fin d'été. Cette dormance estivale des semences est une adaptation à un climat méditerranéen à été sec ; elle constitue une assurance contre une germination en été, où l'humidité serait insuffisante pour permettre la croissance.

La mâche d'Italie appartient à l'espèce voisine *Valerianella eriocarpa* Desvaux, spontanée dans les vignes et les champs du Midi et de l'Ouest. Ses feuilles sont légèrement velues.

• *Le pourpier,* Portulaca oleracea L.
L'espèce – représentant la petite famille des Portulacacées – se singularise par son aspect charnu de plante grasse et ses tiges couchées. La variété cultivée *sativa* est proche du type sauvage, avec toutefois des feuilles plus larges et des rameaux dressés. De répartition méditerranéenne à l'origine, le pourpier est devenu une mauvaise herbe cosmopolite dans tous les sols chauds et les cultures sarclées.

Le pourpier

II. RACONTONS DES SALADES

Les salades n'ont guère laissé de vestiges au fond des grottes paléolithiques. Il est évident, cependant, que nos plus lointains ancêtres ont cueilli des herbes qu'ils mangeaient crues. Mais ce n'étaient pas encore à proprement parler des salades.

Pour qu'il y ait salade, il faut d'abord qu'il y ait un choix éclairé exercé par le cueilleur parmi la gamme de végétaux disponibles dans la nature. Ensuite, et surtout, il faut qu'il y ait assaisonnement, opération d'ordre alchimique comparable dans une certaine mesure à la cuisson, qui fait d'une nourriture animale un aliment humain.

S'intéresser aux salades, c'est donc se placer en observateur du processus de civilisation. Il est évident, toutefois, qu'elles n'ont jamais eu, dans l'alimentation humaine, l'importance des céréales, des légumineuses, des tubercules ou même des "herbes à pot" comme les chénopodes ou les amarantes.

Issues de milieux steppiques

Où et quand fut semée la première salade ? A défaut de faits historiques, imaginons un jardin quelque part entre le Caucase, l'Asie Mineure et l'Ethiopie. Pourquoi pas au Kurdistan, puisqu'on y aurait trouvé une forme de laitue sauvage proche de nos variétés cultivées ? Nous sommes peut-être cinq ou six mille ans avant Jésus-Christ, ce qui est relativement tard dans l'histoire de l'agriculture. Les céréales, les légumineuses (pois, lentille, fève) et de nombreux légumes sont alors cultivés depuis des millénaires dans cette zone, un des berceaux de l'agriculture. Un jardinier observateur et curieux a l'idée de recueillir et de semer sur son lopin les graines de laitues ou de chicorées sauvages. *Lactuca scariola,* ancêtre présumé de la laitue, et *Cichorium intybus,* chicorée originelle, poussent alors en Orient, où sans doute on les cueille déjà pour les consommer en "salade". A vrai dire, elles hantent toute la zone tempérée et chaude de l'Europe et de l'Asie. D'abord cantonnées aux milieux steppiques, elles accompagnent l'homme dans ses défrichements, colonisant vignes, bords de chemins et terrains vagues, où on les rencontre encore.

La récolte des salades, d'après un bas-relief égyptien, vers 2500 av. J.-C.

La laitue et la chicorée sauvages ont une saveur amère insupportable, des feuilles étroites, dures, filandreuses. Mais cela ne décourage pas les agriculteurs, qui, sélectionneurs talentueux, finissent par produire, au fil des siècles, des salades déjà bien améliorées. Une sorte de romaine, non pommée, est cultivée dans l'Egypte ancienne, de même que le pourpier et le cresson alénois, une petite herbe à saveur forte qu'on ajoute à la salade. La laitue avait d'abord été cultivée comme… plante oléagineuse par les Egyptiens. Les empereurs de Perse la dégustent six siècles au moins avant Jésus-Christ, peut-être assaisonnée d'une des nombreuses huiles que produisait cette contrée – huiles d'olive, de sésame, de roquette, de sénevé, etc. C'est probablement à partir de l'Asie Mineure que cette salade est introduite en Grèce par Alexandre le Grand, pour ensuite se répandre dans l'Empire romain. Il est probable que la laitue aura parallèlement suivi les Arabes jusqu'en Espagne.

Au néolithique ancien

Que se passe-t-il chez nous, en France, en ces temps reculés ? Au néolithique ancien, des peuples d'agriculteurs occupent la bordure méditerranéenne, le centre du Bassin parisien et l'Alsace. Trois mille ans avant Jésus-Christ, l'ensemble du pays est soumis à l'agriculture. Pourquoi les paysans d'alors ignoreraient-ils les bienfaits du cresson sauvage, qui s'offre à eux dans les ruisseaux, ou du pissenlit sans doute commun dans leurs prairies ? Quant à la culture proprement dite des salades, il faudra sans doute attendre la conquête romaine, à partir de - 50. Cependant, l'homme de l'âge des métaux consomme les feuilles de nombreuses plantes sauvages, parmi lesquelles on note la présence de futures "salades", comme la mâche. Celle-ci, comme la roquette, figure parmi les bonnes "mauvaises herbes", arrivées d'Asie avec la culture des céréales. On peut supposer que les Gaulois, qui font pousser nombre de légumes, y incluent des salades.

Une affaire méditerranéenne

A partir de l'Antiquité grecque et romaine, l'histoire de la culture des salades devient une affaire méditerranéenne, du fait des échanges commerciaux ou guerriers. La laitue est introduite en Grèce quatre siècles avant Jésus-Christ, puis dans tout l'Empire romain, qui, rappelons-le, comprend la Gaule. C'est un des mets favoris des Romains, qui terminent leurs repas en en mangeant les feuilles les plus délicates du cœur. Ils aiment ajouter à la laitue – comme au pourpier et à la chicorée – de la roquette au goût relevé.

Selon Pline, les Grecs comptaient trois espèces de laitue : une à large tige (tellement large qu'on en faisait, disait-on, des portes de jardin !), une à tige arrondie, et une sans tige, qu'ils appelaient Laconique, sans doute la plus proche de celle que nous connaissons aujourd'hui. Columelle, écrivain et agronome latin, reconnaît, lui, quatre sortes de laitues.

Dans la liste de Charlemagne

Au Moyen Age, en France, les légumes ne sont guère considérés. Cependant, on cultive le pissenlit et, dans certains établissements religieux, le cresson. Sur les marchés, on crie : "Cresson de fontaine, santé du corps, voilà le cresson !" On en fait de la soupe et… on le donne aux vaches afin de leur faire produire un lait spécialement destiné aux nourrissons. La salade devient un plat de carême. En l'an 800, Charlemagne inclut dans la liste des denrées que doit produire, selon lui, une villa carolingienne, la laitue, la roquette, le cresson de fontaine, le cresson alénois, les chicorées. Ce même capitulaire *De Villis* mentionne

Salades médiévales

l'échalote, la ciboule, l'ail et le cerfeuil, herbes aromatiques qui assaisonnent les salades. La gamme méditerranéenne et moyen-orientale semble alors solidement implantée dans toute l'Europe, puisque l'aire d'influence de l'empereur à la barbe fleurie s'étend alors du Danemark au sud des Pyrénées, et de l'Oder aux marches de Bretagne.

Ce n'est donc pas Rabelais qui, comme on l'a souvent écrit, fait franchir le premier les Alpes à la laitue, au XVIe siècle. Il est vrai, en revanche, qu'à partir de cette époque, les pratiques horticoles et alimentaires des Français – du moins une certaine élite – subissent une forte influence italienne : les salades transalpines, en effet, ont quelques raffinements d'avance sur celles du reste de l'Europe. La laitue, la chicorée, la bourrache, le basilic, le cerfeuil, la pimprenelle, le pourpier apparaissent comme salades dans nos livres de cuisine ou de jardinage. Nous découvrons la laitue "romaine" grâce aux papes qui l'apportent à Avignon dans leurs bagages.

Olivier de Serres, un des fondateurs de l'agronomie moderne, formalise cette avancée dans son *Théâtre d'agriculture* (1600). Vers la même époque, *La Maison rustique*, d'inspiration italienne, ne décrit malgré tout qu'un nombre de variétés très limité par rapport aux centaines que nous connaissons aujourd'hui. "Non différentes de vertu", elles sont toutefois "de goust plus ou moins plaisant". Ce sont la petite, la commune, la crépue et têtue (ou pommée, ou blanche) et la romaine. La diversification est cependant en bonne voie : dans la première moitié du XVIIe siècle, les Anglais, apparemment en avance sur nous, cultivent déjà de nombreuses sortes de laitues.

Fournitures et plantes fortes

Aux XVIe et XVIIe siècles, la laitue se trouve en nombreuse compagnie dans les saladiers. Référence suprême : le potager du roi de France. Outre la reine des salades, on y fait pousser cerfeuil, pourpier, mâche, raiponce, chicorées blanche, verte et frisées. Les "fournitures" à salade sont, elles aussi, fort diverses – baume (menthe-coq), estragon, passe-pierre (criste-marine), cresson alénois, corne-de-cerf (plantain), tripe-madame *(Sedum album)*, roquette, alléluia (oxalis) –, tout comme les "plantes fortes" – oignons, cives d'Angleterre, ciboules, ails, échalotes, rocamboles, poireaux – et "herbes odoriférantes" – basilic, mélisse, sarriette, etc. – servant à l'assaisonnement.

En ce qui concerne précisément ce dernier, il semble avoir varié dans le temps. L'usage de l'huile remonte à la

---

LES SALADES D'OLIVIER DE SERRES

De nos jours, la laitue se cultive en toute saison. Pour Olivier de Serres, c'est une culture d'hiver qui se sème en août-septembre, en lune décroissante. Parmi les trois ou quatre sortes de "laictue" connues de lui, il conseille les plus blanches et les mieux pommées, bien qu'elles soient plus délicates à cultiver, plutôt que les "grosses vertes, propres, pour leur tronc estre confit", mais plus résistantes au froid. Cette variété rappelle notre actuelle "celtuce", dont on consomme le long trognon cuit.

Les indications de culture du jardinier du Pradel sont parfaitement modernes. Cependant, encore inconnus de lui sont pissenlit, mâche, chicorées diverses et autres salades communes aujourd'hui dans nos jardins en hiver.

Pour l'été, le choix donné par Olivier est plus grand : pimprenelle, bourrache, corne-de-cerf, cerfeuil, cresson alénois, estragon, menthe-coq, tripe-madame *(Sedum reflexum)*, basilic et autres "menues herbes", qu'il sème au printemps, en nouvelle lune.

Enfin, Olivier de Serres est un des tout premiers à décrire la culture de l'endive.

La romaine-asperge ou celtuce

plus haute antiquité. Quant au vinaigre, on sait que les Romains désignaient sous le nom d'*acetarium* ("de vinaigre") un plat assaisonné de vinaigre et composé des salades d'alors – cresson, cresson alénois, pourpier, roquette… Jusqu'au XVe siècle, en France, l'assaisonnement consistera, semble-t-il, en une sauce chaude et très salée (d'où le nom de "salade"), puis en huile et vinaigre. En Normandie, l'huile était si chère que les paysans lui préféraient la crème. La salade à l'huile était considérée comme un plat du dimanche.

Pour revenir à ce qu'on appelait les "fournitures à salades", le pourpier mérite une mention à part. En effet, pratiquement oublié aujourd'hui, il est considéré comme une plante potagère de premier ordre par *Le Jardinier français* en 1651. Les Grecs et les Romains le connaissaient, les Arabes l'appréciaient au Moyen Age. De Candolle – botaniste du XIXe siècle ayant travaillé sur l'origine des plantes cultivées – voit son berceau entre Himalaya occidental, Russie méridionale et Grèce. Il est indigène aussi en Amérique.

Chicorées et mâche : quelques détails

Des chicorées frisée et scarole, il n'est guère question avant le XVIe siècle. A cette époque, la "scariole" (laitue aigre ou sauvage) sert, selon Charles Estienne, "plus en médecine qu'autrement, et ne se cultive au jardin parce qu'elle est toujours amère. Pourtant, étant liée et couverte dans le sablon durant l'hiver, peut devenir tendre et blanche et se garde ainsi tout l'hiver". Olivier de Serres donne des détails de culture plus précis, et, au début du XVIIe siècle, un certain Claude Mollet distinguait une chicorée "frisonnée" (la variété la plus ancienne : fine d'Italie) et une "non frisonnée", qui est la scarole. Ces variétés descendraient de *Cichorium pumilum*, annuelle spontanée dans toute la zone méditerranéenne jusqu'au Caucase et au Turkestan.

Nul ne cite la mâche dans un passé lointain, sinon Ronsard qui la cueille sauvage et, alors qu'il est malade, lui consacre un poème publié en 1569 :

D'un vague pied, d'une vue écartée,
Deçà delà jetée et rejetée
Or' sur la rive, ores sur un fossé
Or' sur un champ en paresse laissé
Du laboureur, qui de lui-même apporte
Sans cultiver herbes de toute sorte,
Je m'en irai solitaire à l'écart.
Tu t'en iras, Jamyn, d'une autre part
Chercher soigneux la boursette* touffue,
La pâquerette à la feuille menue,
La pimprenelle heureuse pour le sang
Et pour la rate et pour le mal de flanc ;
[…]
Nous laverons nos herbes à main pleine
Au cours sacré de ma belle fontaine,
La blanchirons de sel en mainte part,
L'arroserons de vinaigre rosart**,
L'engraisserons de l'huile de Provence ;
L'huile qui vient aux oliviers de France
Rompt l'estomac, et ne vaut du tout rien.

La domestication de la "salade de blé" semble des plus récentes et certainement guère antérieure au XIXe siècle.

Le XVIIIe siècle ne voit guère évoluer la gamme des salades au royaume de France. Certaines tendent toutefois à disparaître, comme le plantain corne-de-cerf ou le pourpier. La technique de culture se perfectionne grâce notamment à La Quintinie, qui met au point le forçage de la laitue pour en fournir même en janvier à la table de Louis XIV.

La gamme s'enrichit

Il faut arriver au XIXe siècle pour voir s'établir en France un catalogue de salades préfigurant le nôtre. Des plantes symbolisant le passé, comme la pimprenelle, côtoient des "nouveautés" très appréciées comme l'endive, le cresson, le pissenlit, la mâche… Nouveautés uniquement, bien sûr, par l'importance qu'elles prennent dans les jardins, dans les exploitations maraîchères périurbaines et sur les marchés, ainsi que par les techniques de culture qui se perfectionnent.

En ce siècle, la gamme variétale des laitues s'enrichit nettement grâce au travail de sélectionneurs de métier. La

---
* Mâche.
** Vinaigre à la rose.

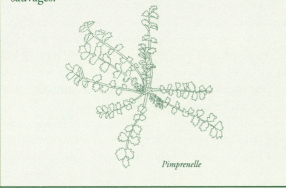

A LA CAMPAGNE, AU XIXᵉ SIÈCLE

La seule salade qui soit cultivée dans les jardins de l'Orne, en 1808, est… la pimprenelle, aujourd'hui quasi disparue. La chicorée, la laitue, l'endive, la mâche, le pissenlit et la scarole sont absents, ce qui semble indiquer que la salade tient peu de place, alors, dans l'alimentation des paysans normands. A l'exception, sans doute, en fin d'hiver, du pissenlit et autres salades sauvages.

Pimprenelle

maison Vilmorin – qui détaille des graines potagères dans son magasin parisien du quai de la Mégisserie depuis 1743 – domine alors ce marché en pleine expansion. Chaque année apparaissent de nouvelles variétés de salades, signalées aux jardiniers par la *Revue horticole,* les catalogues et les manuels de jardinage. *Le Maraîcher bourgeois* (1877) mentionne certaines variétés qui sont parvenues jusqu'à nous comme les laitues 'Gotte' et 'Passion', la romaine 'Verte', les frisées rouennaise et 'de Meaux' ou la mâche d'Italie. En revanche, la laitue 'Georges', le chicon d'Alphange' et la romaine panachée sanguine ont sombré dans l'oubli, comme tant d'autres, pour être remplacés par des vagues successives d'innombrables nouveautés.

A cette époque, les laitues européennes – et notamment françaises – traversent l'Atlantique. La Californie ne tardera pas à devenir un centre mondial pour leur production, basée sur des batavias du type 'Chou de Naples', dont la plus célèbre sera la quasi universelle 'Iceberg'. Dès les années vingt, cette zone sera, grâce aux travaux de généticiens, le berceau des premières variétés résistantes au mildiou et à la rouille, deux graves maladies.

Batavia 'Chou de Naples'

L'innovation en marche s'intéresse au cresson, vieil habitué des fontaines. Nous parlons là de la France, car la plante est cultivée industriellement depuis le XVIIᵉ siècle du côté d'Erfurt, en Allemagne. Dès le début des années 1800, Cardon, surintendant des hôpitaux de Napoléon et maraîcher à Saint-Léonard, près de Senlis, fait venir des ouvriers agricoles prussiens pour installer la première cressonnière moderne. Mais, ce faisant, il n'est pas le premier en France à pratiquer la culture commerciale du cresson. Celle-ci existait dès le XVIIᵉ siècle dans les vallées du Cailly, du Robec, etc., près de Rouen.

Pissenlit et endive : le second souffle

Le XIXᵉ siècle consacre également le pissenlit comme culture maraîchère à part entière. La *Revue horticole* de 1882, dans un grand article, présente des formes considérablement améliorées que l'on sème encore aujourd'hui… et d'autres, comme le "pissenlit chicorée" géant, qui ont disparu. Auparavant, cette plante n'était que rarement cultivée dans les potagers, au point que Vilmorin et Cie ne la citent même pas dans l'édition de 1856 de leurs *Plantes potagères*. C'est à M. Ponsart, de Châlons-sur-Marne, que l'on attribue les premiers essais de culture du pissenlit, vers 1839, même si, dès 1809, Bosc écrit que quelques amateurs en sèment dans leur jardin et couvrent le plant de paille.

En ce siècle d'accélération horticole, l'endive trouve, elle aussi, un second souffle. Nous avons vu que la chicorée

sauvage était déjà forcée au XVIe siècle, mais ce que l'on obtenait n'avait sans doute rien à voir avec la pomme allongée et bien serrée que nous consommons à présent. C'est un certain Brézier, chef de culture au Jardin botanique de Bruxelles, qui, vers 1850, aurait obtenu le premier "chicon", la première vraie endive, à partir de chicorée "à grosse racine de Bruxelles". En 1867, la *witloof* (du flamand "feuille blanche") fait son apparition sur les marchés belges. La France est conquise à partir de 1872, Vilmorin inscrivant l'endive sur son catalogue de graines dès 1875. La nouvelle salade a connu, depuis, la spectaculaire carrière commerciale que l'on sait, puisque le chiffre d'affaires qu'elle produit en France n'est dépassé que par celui de la tomate, et qu'il devance celui de la laitue.

Witloof (endive)

"L'herbe qui renouvelle"

Comment clore une histoire des salades en passant sous silence les salades sauvages, celles que les gens de la campagne vont encore cueillir dans les prés, les champs et les vignes ? Nous avons vu, en effet, que nos salades cultivées ont d'abord été des salades sauvages. Et certaines, présentes dans nos jardins, le sont sous une forme très primitive : c'est le cas de la pimprenelle, du pissenlit, du cresson de jardin, de la roquette.

Les salades sauvages nous relient à un passé antérieur à la naissance de l'agriculture. Leur consommation, qui a lieu le plus souvent en fin d'hiver, a quelque chose d'un rite purificateur. Lieutaghi, ethnobotaniste, parle à leur sujet de "l'herbe qui renouvelle", dont la vertu est de nous faire éliminer les toxines accumulées dans notre corps pendant toute une année.

Chacun connaît le pissenlit, mais l'association Les Ecologistes de l'Euzière n'a pas recensé moins de trente-cinq sortes de salades sauvages, rien que dans le Midi de la France.

Fin de millénaire

Le XXe siècle des salades se caractérise… par l'absence quasi totale de nouveauté dans la liste des espèces cultivées en France. Comme ceux de 1900, les catalogues de l'an 2000 proposent des graines de laitue, chicorée sauvage, endive, chicorées frisée et scarole, mâche, pissenlit, et, de manière anecdotique, pourpier, pimprenelle, roquette, cresson alénois, cresson de jardin. C'est dans le domaine de l'amélioration variétale que se situe la révolution de cette fin de millénaire. Jamais, en effet, nous n'avons disposé d'autant de variétés de salades, et de variétés d'aussi bonne qualité. Il faut le dire et le répéter à une époque où une certaine nostalgie nous fait regretter les "bons légumes d'antan".

La France est aujourd'hui le troisième pays producteur de laitues de l'Union européenne avec 340 000 tonnes. Chaque Français consomme chaque année 3,3 kilos de ce légume, dont 1,2 kilo est produit par les jardins familiaux. L'histoire des salades débouche sur une actualité fort vivace. A suivre.

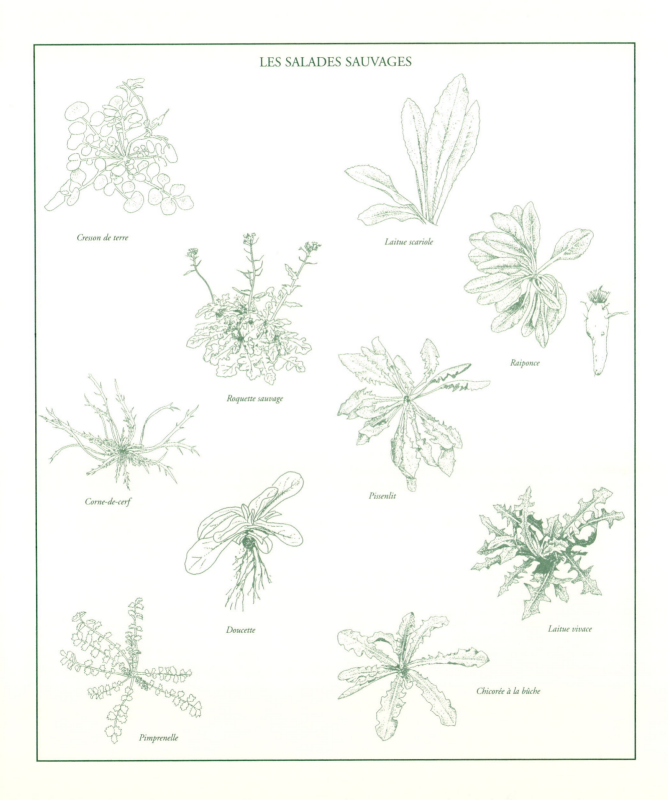

III. ALIMENTS OU PLANTES MÉDICINALES ?

Les salades ne sont pas des aliments comme les autres : ce sont de véritables plantes médicinales. Qui plus est, on les consomme en général avec des aromates frais, eux aussi médicinaux.

Mais, à la différence des autres plantes médicinales, ce sont des aliments à part entière, qu'on absorbe régulièrement et en quantités relativement importantes, de l'ordre de cinquante à cent grammes au cours d'un repas.

Manger de la salade, c'est donc incontestablement se soigner – curativement et préventivement – de la manière la plus naturelle et la plus agréable qui soit.

On ne connaît d'ailleurs guère de contre-indications à la consommation de salade. Un des rares cas où l'on soit amené à modérer – sans toutefois la supprimer – sa ration quotidienne de verdure, c'est la colite, inflammation du côlon.

Des plantes médicinales

Il suffit d'ouvrir un livre de phytothérapie pour se voir confirmer que toutes les salades sont des plantes médicinales, qualité qu'elles partagent avec un certain nombre de légumes et de fruits. Les Anciens, d'ailleurs, les considéraient avant tout comme telles. Cette approche a survécu jusqu'à nos jours dans la pratique populaire de la cueillette des salades sauvages en fin d'hiver. Par empirisme – d'instinct –, nous savons combien est salutaire une cure dépurative et revitalisante à cette période de l'année. Mais les salades – sauvages ou cultivées – exercent leur pouvoir protecteur tout au long de l'année.

• *Dans la sphère digestive*
On raconte dans une île des Antilles qu'un malheureux, gravement malade, n'avait trouvé son salut que dans une retraite prolongée dans la forêt. Il était revenu guéri à la civilisation après s'être nourri pendant des semaines exclusivement… de cresson sauvage poussant dans les torrents. Une aventure sans doute extrême, qu'il n'est guère recommandé de renouveler, mais qui illustre bien les vertus salvatrices que renferment les salades.

Quel que soit le genre botanique auquel elles appartiennent, les salades ont en commun un certain nombre de propriétés thérapeutiques. Elles sont diurétiques, apéritives, digestives, déconstipantes, rafraîchissantes, bref, elles agissent dans la sphère digestive. On pourrait même dire qu'elles nous aident à mieux profiter des autres aliments, en corrigeant leurs éventuels méfaits sur notre santé.

Les Anciens affirmaient que les salades vidaient les corps ! Le savoir populaire distinguait deux catégories d'aliments, opposées quant à leurs effets : ceux qui reconstituent le corps – le pain, le vin, la viande, etc. – et ceux qui aident à digérer, comme les fruits et, bien sûr, les salades. Un proverbe italien affirme ainsi que "la viande produit de la chair, le pain produit du sang, le vin nous maintient […], et les herbes [les salades] produisent de la merde".

• *Amis du foie*
Dioscoride, Pline, Galien, Hippocrate, sainte Hildegarde et bien d'autres se sont exprimés sur les vertus médicinales propres à chaque espèce de salade.

Ils reconnaissaient en la chicorée sauvage et le pissenlit, riches en principes amers, des amis du foie. Les feuilles du second peuvent être considérées comme le type même du médicament-aliment : il augmente la contractilité de la vésicule biliaire, et la quantité de bile formée ; il agit contre différentes dermatoses et la cellulite, souvent en rapport avec une insuffisance hépatique ; enfin, en éclaircissant le teint et nettoyant la langue, il rend plus belle (ou plus beau). La chicorée partage avec le pissenlit ces propriétés dépuratives.

• *Salades rafraîchissantes*
Vient ensuite la famille des salades rafraîchissantes et émollientes, dont l'archétype est la laitue.

Grâce à la laitue sauvage, dit la légende, Junon, reine de l'Olympe, enfanta Hébé sans douleurs. Dans sa

La chicorée scarole en fleur, d'après Daléchamps

version cultivée, hypnotique léger de par la composition de son latex blanc, elle calme les enfants qui dorment mal comme les palpitations des grands, apaise les quintes de toux. L'"herbe des philosophes" (un autre de ses noms) aide à retrouver un sommeil de bébé : Galien, médecin grec du IIe siècle, trouva en elle le remède des insomnies dont il souffrait dans sa vieillesse. A consommer le soir, donc. Mais, revers de la médaille, celle que Pythagore appelait "la plante des eunuques" est un sédatif de l'appareil génital !

Le pourpier, également rafraîchissant et émollient, est recommandé contre les inflammations du tube digestif grâce à ses mucilages (0,9 %). Il est, de plus, laxatif, vermifuge, et il raffermit les gencives.

• *Herbes piquantes*
Roquette et cresson sont les chefs de file des herbes piquantes, chargées en composés soufrés analogues à ceux de la moutarde. Elles sont aussi "chaudes" que la laitue est "froide". La première fut proscrite des jardins monastiques suite aux recommandations de sainte Hildegarde, car aphrodisiaque. Les auteurs grecs et latins confirment ce défaut (ou cette qualité ?). Ils trouvent également à la roquette des vertus excitantes et toniques, apéritives, digestives, diurétiques, antiscorbutiques.

Aphrodisiaque, le cresson l'est aussi si l'on en croit Dioscoride, médecin grec du Ier siècle de notre ère. Hippocrate

L'OPIUM DU PEUPLE JARDINIER

La laitue sauvage ou vireuse *(Lactuca virosa)* pousse dans les lieux arides, les décombres et les vignes dans la moitié sud-ouest de la France. Son suc laiteux, contenu dans les tiges et les feuilles, en durcissant à l'air, devient un véritable opium. On le recueille lorsque le pied commence à monter en graine. On l'extrait, comme l'opium du pavot, par des incisions faites dans la tige. Ce suc laiteux se concrète, brunit, devient sec et cassant. On l'appelle thridace ou lactucarium suivant son mode de préparation. On l'emploie comme l'opium en tant que calmant, narcotique léger et anaphrodisiaque, dans la toux, l'agitation nerveuse, les névralgies, les douleurs goutteuses, la spermatorrhée, les spasmes utérins et vésicaux... Toutes les laitues contiennent plus ou moins ce suc, mais c'est l'espèce sauvage qui en contient le plus.

le juge expectorant. Plus généralement, il est considéré comme stimulant dans l'Antiquité. Thibaut Lespleigney, poète apothicaire tourangeau de la Renaissance, guérit à l'aide du cresson la sciatique et le mal de tête. Récamier, illustre médecin du XIXe siècle, soigne, lui, la phtisie avec deux bottes de cresson à prendre chaque matin, complétées par une tasse de lait.

Les indications du cresson, en tant que plante médicinale, sont innombrables : diabète, affections du poumon, catarrhes chroniques des bronches, atonie générale, maladies des viscères, goutte, rhumatismes. Il est également dépuratif, stimulant, antianémique, antiscorbutique, expectorant, diurétique.

Aujourd'hui, le cresson est considéré comme une des plantes potagères les plus utiles à la santé, tant il contient de composés utiles, notamment vitamines et sels minéraux.

Le cresson alénois possède les propriétés antiscorbutiques, dépuratives et diurétiques du cresson de fontaine.

Cresson de fontaine

Des aliments vivants

En tant qu'aliments, les salades ont fort peu à voir avec les principales catégories que nous reconnaissons. A la différence des produits d'origine animale, elles apportent très peu de protéines. Contrairement aux céréales et aux fruits, elles ne fournissent pratiquement pas d'énergie (sans leur assaisonnement, elles apportent de 10 à 20 kcal pour 100 g selon les cas). Quant aux matières grasses, elles sont quasi inexistantes dans leur composition.

Alors, qu'attendre d'aliments aussi peu riches en éléments nutritifs majeurs ? Justement : tout le reste ! Comme si la nature avait prévu de placer à côté des céréales, des légumineuses, de la viande, des oléagineux, des fruits… "autre chose".

Consommées crues, donc vivantes, les salades ne partagent cette particularité qu'avec les huîtres et quelques rares légumes. Cet état natif préserve, on le sait, les vitamines et les minéraux, dont certains sont détruits ou éliminés par la cuisson.

• *Riches en fibres*
La composition chimique des salades – hormis quelques variations entre espèces – présente de fortes spécificités : faible concentration en nutriments, relative richesse en vitamines, sels minéraux, microconstituants et fibres.

De ces dernières – présentes également dans les autres légumes –, on peut dire qu'elles jouent un rôle déterminant dans la prévention des maladies du tube digestif (appendicite, colite ulcéreuse, maladie de Crohn, diverticulose, constipation, etc.). Si plus d'un Français adulte sur deux

COMPOSITION CHIMIQUE ET BIOCHIMIQUE		
	Laitue (pour 100 g)	Salades les plus riches
Glucides (g)	2	Pissenlit
Lipides (g)	0,5	Cresson de fontaine
Protides (g)	1,2	Cresson de jardin
Fibres (g)	2	Pissenlit
Vitamine C (mg)	13	Cressons
Bêtacarotène (mg)	0,8	Pissenlit, cresson de fontaine
Fer (mg)	1	Pissenlit, cresson de fontaine, pourpier
Calcium (mg)	37	Pissenlit, cresson de fontaine, pourpier
Magnésium (mg)	12	Pourpier
Potassium	300	Mâche, pissenlit, pourpier
Sodium (mg)	15	Pissenlit, cresson de fontaine

souffre aujourd'hui de constipation, c'est vraisemblablement à cause d'une alimentation qui s'est appauvrie en fibres. Celles-ci peuvent également abaisser la production de cholestérol par l'organisme, facteur de risque cardiovasculaire.

Leur faible concentration en nutriments fait des salades des aliments "ballasts", qui, à la différence des aliments concentrés, ne "fatiguent" pas les organes.

• *Contre les "radicaux libres"*
Les scientifiques débattent encore du rôle des oligo-éléments (zinc, sélénium, etc.), microconstituants et vitamines (C et E, carotène, etc.), sur la santé humaine. Quoi qu'il en soit, les nutritionnistes les ont regroupés sous l'appellation d'"antioxydants" ou substances protectrices.

Tous ces composants antioxydants jouent un rôle protecteur contre le vieillissement cellulaire : ils luttent contre les "radicaux libres" en excès, qui agressent nos cellules par oxydation, participant ainsi à la prévention de certaines maladies (cœur et circulation sanguine, cancers, cataracte,

Laitue 'Batavia de Paris'

colites, etc.). Ils agissent "en équipe" : chacun peut épargner un autre antioxydant ou renforcer son action. Les antioxydants (notamment la vitamine C et le bêtacarotène) sont très présents dans les aliments d'origine végétale, dont les salades sont le plus beau fleuron.

Le cresson est le parfait exemple de l'aliment utile pour la prévention des maladies cardiovasculaires et de certains cancers. En effet, il contient :
– des quantités appréciables d'antioxydants ;
– des fibres relativement abondantes, capables d'intervenir de façon bénéfique dans le métabolisme des graisses ;
– des minéraux tels que le calcium et le magnésium (prévention de l'hypertension et de certaines tumeurs) ;
– des substances soufrées spécifiques (thioglucosides), qui possèdent des propriétés anticancérogènes reconnues.

"Alicaments" par excellence

Les salades symbolisent parfaitement une réflexion globale sur la diététique, où le qualitatif prend le pas sur le quantitatif, où le naturel, le frais, le vivant, l'essentiel, le léger, le digeste prennent de l'importance.

Aliments qui soignent, les salades sont les "alicaments" (aliments *et* médicaments) naturels par excellence. Ce nouveau concept inventé par les industriels de l'agroalimentaire correspond à la promesse d'un effet actif sur la santé, ou

> ## APPORTS NUTRITIONNELS
>
> 50 g de salade représentent 250 % de l'apport nutritionnel conseillé pour la vitamine K (vitamine de la coagulation du sang, antihémorragique, qui facilite la fixation du calcium sur l'os au cours de la croissance).
>
> 100 g d'endive représentent 20 % de l'apport nutritionnel conseillé pour le sélénium (antioxydant, permet un bon fonctionnement de nombreux mécanismes vitaux).
>
> 75 g de cresson fournissent 100 % de la quantité quotidienne recommandée pour la provitamine A, 50 % pour la vitamine C et la vitamine B9 (ou acide folique), 15 % pour le calcium, 13 à 23 % pour le fer, et 5 à 7 % pour le magnésium.
>
> Les salades figurent parmi les sources principales de provitamine A et de vitamine C, et parmi les sources secondaires de potassium.
>
>

les performances physiques ou intellectuelles. Les consommateurs se préoccupent de plus en plus de l'impact de l'alimentation sur leur santé. Les salades correspondent à cette demande. Nous avons vu que leur composition chimique et biochimique en faisait tout à la fois de véritables remèdes et des aliments aux vertus incomparables. Mais elles en font plus, de par la façon même dont nous les consommons.

Quelle autre occasion quotidienne que la dégustation d'une salade avons-nous d'absorber des herbes aromatiques fraîches (riches en vitamines C et B9 et en carotène), du vinaigre, de l'huile crue, ou des compléments alimentaires comme la levure, le gomasio… ? Pratiquement aucune. Or, chacune de ces catégories d'aliments est indispensable à une saine alimentation.

• *Les apports de l'huile*
Manger de la salade est la principale occasion de consommer une huile crue de bonne qualité, apportant notamment de la vitamine E. 10 g d'huile de tournesol représentent 75 % des apports nutritionnels conseillés de vitamine E. L'huile de

Romaine
'Blonde maraîchère'

Scarole 'Grosse bouclée'

> ### SALADES SAUVAGES : A SAVOIR
>
> La nature se montre parfois hostile. Et les activités humaines ne sont pas toujours anodines…
> – s'abstenir de cueillir des salades sauvages à proximité des routes à grande circulation, dans les vignes et les vergers intensifs, à cause du risque de pollution. Cela dit, si risque il y a, il est à long terme et seulement dans le cas d'une consommation importante et régulière ;
> – dans les zones d'élevage, ne pas récolter de cresson sauvage ou autre salade sauvage poussant dans un endroit pouvant avoir été inondé : risque de distomatose, une parasitose causée par la grande douve du foie ;
> – dans les régions touchées par l'échinococcose alvéolaire (ou hydatidose multiloculaire), se renseigner sur la présence du parasite cause de cette grave – mais heureusement rare – maladie. Cette sorte de ténia est transmise par le renard, dont les excréments souillent des plantes comestibles (myrtilles ou autres) au ras du sol.
> Dans tous les cas, il faut bien laver les salades sauvages avant de les consommer.
> Le risque de confusion entre une salade sauvage et une plante toxique est quasi nul.
>
>

noix est deux fois plus riche que celle de tournesol en cette vitamine, et celle de germe de blé, quatre fois plus riche.

Il semble que les huiles les meilleures pour la santé soient celles qui ont le moins de graisses saturées, un taux bas d'acide linoléique par rapport à l'acide alpha-linoléique, le meilleur des acides gras. C'est le cas de l'huile de soja, de l'huile de maïs, et, dans une moindre mesure, de l'huile de tournesol. Chaque huile apportant des éléments différents, pourquoi ne pas varier les assaisonnements ?

• *Les compléments alimentaires*
Le vinaigre ne semble pas posséder de propriétés thérapeutiques notables, sauf celui de cidre, considéré par certains comme une panacée.

Quant à l'ail, la ciboulette et l'oignon, souvent présents dans l'assaisonnement, il faut y voir de précieuses sources de sulfites d'allyle. Ces composés peuvent aider l'organisme à transformer de manière plus sûre les "radicaux libres" (encore eux). Même des quantités modestes d'ail dans l'alimentation ont un effet frappant sur le métabolisme. Les sulfites d'allyle ne se forment complètement que si l'ail est haché et a reposé pendant dix minutes.

Dans la série des compléments alimentaires qui utilisent les salades comme cheval de Troie pour pénétrer dans notre organisme et le protéger des agressions, la levure alimentaire est un des plus importants. Composée de levure de bière tuée (parfois additionnée de malt), c'est une source non négligeable de vitamines du groupe B. De plus, sa consommation régulière protège des moustiques !

Certains amateurs de salade la saupoudrent de graines de lin. Ils n'ont pas tort, car les lipides de cet oléagineux prennent la place des mauvaises graisses dans les cellules.

Enfin, et même si c'est anecdotique, les fleurs que l'on peut ajouter dans le saladier sont évidemment bourrées de principes fort bénéfiques. Le souci, par exemple, contient notamment des caroténoïdes et des flavonoïdes (à activité vitamine P, qui renforce la résistance des petits vaisseaux sanguins).

• *Le problème des nitrates !*
Les nitrates sont des composés azotés présents à l'état naturel dans les sols et les végétaux. Cependant, leur consommation en excès comporte des risques pour la santé humaine. Ils se transforment en partie en nitrites (nocifs, notamment pour les nourrissons), puis, dans le corps humain, en nitrosamines cancérogènes.

Toutes les salades contiennent des nitrates, nécessaires à leur croissance. Mais celles qui poussent hors saison, en serre, et celles qui reçoivent beaucoup d'engrais en sont spécialement chargées (3 000 à 4 000 mg de nitrates par kilo pour une laitue de serre, contre 1 500 mg pour une laitue de pleine terre, 100 mg pour le pissenlit, et 35 mg pour l'endive).

Il est donc préférable de ne consommer régulièrement que des salades de saison, cultivées en pleine terre, et "biologiques".

IV. FAIRE POUSSER SES SALADES

La culture des salades – sauf de rares exceptions – se caractérise par sa grande simplicité. En schématisant, il suffit de les semer dans une terre bien ameublie, puis d'attendre la récolte. Elles n'exigent, pour pousser, qu'une bonne terre de jardin, et il est inutile d'épandre de l'engrais : l'humus et l'activité biologique suffisent à les nourrir. Des apports mal mesurés – ou intempestifs – d'engrais riche en azote, même naturel, risqueraient, en effet, de donner des salades excessivement chargées en nitrates nocifs pour la santé. On n'apportera donc qu'un peu de compost (2 kg/m² environ), ou rien du tout si le sol est riche en humus (couleur bien noire) ou s'il a été fertilisé pour la culture précédente.

Le plus important, pour cultiver des salades avec succès, c'est de semer la bonne variété à la bonne période. Dans chaque catégorie de salade, il existe des variétés très différentes. Les différences les plus patentes concernent la forme, la taille, la couleur, la saveur, mais l'essentiel réside dans ce que les spécialistes appellent les caractéristiques agronomiques : précocité (nombre de jours séparant le semis, ou la plantation, de la récolte), résistance au froid ou à la chaleur, résistance à la montaison, résistance à certaines maladies. Ce dernier caractère est relativement secondaire pour les salades. En pratique, on regroupe les variétés selon les périodes de semis et de récolte auxquelles elles correspondent. Par exemple, les laitues dites "d'hiver" sont semées en fin d'été, repiquées en automne et consommées au printemps. Leur spécificité est qu'elles sont capables de passer tout l'hiver en pleine terre.

Semis direct ou repiquage

Le semis dit "en ligne" est plus pratique que le semis "à la volée" pour toutes les sortes de salades. Il consiste à tracer, dans un sol ameubli et nivelé, à l'aide d'une serfouette, un sillon peu profond (0,5-1 cm). Laisser tomber les graines dans ce sillon, le plus régulièrement possible, à raison d'une ou deux environ par centimètre. Reboucher ensuite le sillon avec le plat du râteau, et tasser légèrement.

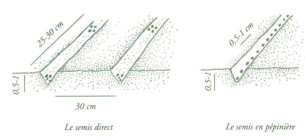

Le semis direct *Le semis en pépinière*

Pour les salades à fort développement (laitue, frisée, scarole, 'Pain de sucre'), on dépose des poquets de quelques graines tous les 30 cm environ. Après la levée, on ne laisse qu'un seul plant par poquet. Cette technique, appelée "semis direct", est peu pratiquée. On utilise le plus souvent la technique du repiquage, qui se fait en deux temps. Premier temps : on sème en ligne sur une très petite longueur (un mètre par exemple). Deuxième temps : lorsque les plants possèdent plusieurs vraies feuilles en plus de leurs cotylédons, on les arrache à l'aide d'un déplantoir, en préservant au mieux les racines. Par temps sec, on fait tremper ces racines dans une bouillie de terre et d'eau (pralinage). Enfin, on repique chaque plant au bon espacement à l'aide d'un plantoir, sans oublier de "borner" d'un second coup de plantoir, et d'arroser en remplissant le trou du plantoir.

La suite de la culture consiste à assurer de bonnes conditions de croissance aux salades, essentiellement en les protégeant contre leurs ennemis naturels et en veillant à leur approvisionnement en eau.

Le repiquage

Gare aux limaces !

En ce qui concerne les ravageurs des salades, seules les limaces posent régulièrement des problèmes. Elles adorent les feuilles tendres ! Les plus dangereuses malgré leur petite taille sont les limaces noires et les limaces grises, souvent très nombreuses lorsque le temps est frais et humide, notamment de l'automne au printemps. Leurs dégâts concernent spécialement les jeunes laitues ou chicorées fraîchement repiquées, ainsi que les semis. Le moyen de lutte le plus écologique consiste à répandre autour des plantes à protéger de la cendre de bois, dont la causticité repousse les mollusques. Il faut toutefois répéter l'opération après chaque pluie. Le traditionnel granulé antilimaces du commerce, à base de métaldéhyde, se révèle plus pratique et efficace. Il est biodégradable, mais a toutefois l'inconvénient d'être également toxique pour les mammifères (hérissons, chats, chiens, etc.) et les oiseaux. Il est possible de disposer les granulés en petits tas sous des tuiles, donc hors de portée des animaux autres que les limaces ; ou bien de les épandre sur le terrain à la dose prescrite sur l'emballage – pas plus –, de manière que les granulés soient éloignés les uns des autres. En fait, il en suffit de très peu.

Certaines larves d'insectes – hépiales ou noctuelles – peuvent ponctuellement sectionner les jeunes plants de salade au niveau du collet. Cela se produit notamment lorsqu'on plante dans un sol fraîchement défriché. Il n'y a pas de quoi entamer une lutte de grande envergure.

Anecdotique, mais parfois spectaculaire : l'attaque en règle du campagnol souterrain – une espèce de rongeur – sur un rang de chicorées ou de pissenlits. Il ne reste plus alors que les rosettes de feuilles fanées, les racines ayant été dévorées par-dessous. On peut essayer, dans ce cas, les granulés répulsifs du commerce à base d'huile d'os.

User de l'arrosoir

En été, il faut arroser les salades, sauf peut-être le rustique pissenlit. Bien sûr, la fréquence et l'importance des arrosages dépendent du temps qu'il fait. Dans les régions à été humide – Nord-Ouest, Morvan, Franche-Comté, montagnes –, l'apport d'eau est parfois inutile. En d'autres circonstances, un arrosage fréquent est indispensable : si le sol est léger et ne retient pas l'eau, de toutes les semaines à tous les jours, selon l'ardeur de la canicule. S'il est lourd, toutes les semaines ou toutes les deux semaines, mais à dose plus importante. Comptons une moyenne d'un litre par plant de laitue et par arrosage en sol léger, le double en sol lourd. Pour les semis : dix litres par mètre carré et par arrosage en sol léger, vingt litres en sol lourd.

Le meilleur arrosage se fait avec deux bons vieux arrosoirs. C'est la seule façon de doser l'apport d'eau. Et quel plaisir d'abreuver ses salades au soleil couchant (la nuit les pertes par évaporation sont moins importantes) ! Pour les semis, il faut munir les arrosoirs de leur pomme afin de ne pas plaquer la terre.

Abuser de la binette

"Un binage vaut deux arrosages", affirme le dicton jardinier. Comme c'est vrai ! La couche de terre meuble créée par le passage de la binette, toujours très superficiel, empêche l'évaporation de l'humidité remontant des profondeurs du sol. Et ce n'est pas le seul avantage de cette façon culturale très bénéfique à toutes les salades en été : le binage, en

---

UNE ANNÉE DE SALADES

Chaque mois de l'année, il est possible de récolter au moins une catégorie de salades.
Janvier, février : endive, mâche, roquette, cresson de jardin, chicorée rouge.
Mars : endive, mâche, pissenlit, chicorée rouge, roquette, cresson de jardin.
Avril : laitue d'hiver.
Mai : laitue 'Gotte', laitue d'hiver.
Juin : laitue de printemps.
Juillet, août : laitue d'été, pourpier.
Septembre, octobre : laitue d'automne, scarole, frisée, mâche.
Novembre, décembre : chicorée 'Pain de sucre', chicorée rouge, mâche, cresson de jardin, roquette.

Quantités à semer ou planter sur une année pour approvisionner une famille de quatre personnes.
Laitue : 4 fois 20.
Frisée, scarole : 1 fois 20.
Endive : 100 à 150 unités, soit 10 à 15 m de rang.
Mâche : 30 m de rang.
Chicorée 'Pain de sucre' : 1 fois 40.
Chicorée rouge : 2 fois 4 m de rang.
Total : 240 à 290 unités équivalant à 220 repas.

aérant la terre, favorise l'activité biologique du sol et donc la nutrition de nos plantes, qui doit être toujours aussi soutenue que possible. Cela vaut tous les engrais "coup de fouet" du monde. Enfin, la lame bien aiguisée de la binette est fatale aux plantules de mauvaises herbes, dont la concurrence est néfaste aux salades.

Et quand la bise sera venue

Certaines salades se rient des froids hivernaux : le pissenlit, le cresson de jardin, la roquette, la mâche (variétés à petite graine). A l'opposé, le pourpier ne passe pas l'hiver, de même que la laitue bien développée. Entre les deux se situent les laitues (jeunes) et chicorées diverses. Rustiques dans les régions côtières et le Midi, elles nécessitent ailleurs une protection contre le froid. La plus naturelle est constituée par une légère couche bien aérée de fougère sèche (glanée en bordure de forêt). A défaut, on emploiera les classiques tunnels, cloches continues ou voiles d'hivernage en plastique.

Faire ses graines

Toutes les salades produisent naturellement des graines, et les variétés se reproduisent fidèlement. Il suffit de sélectionner quelques beaux plants – une belle laitue parmi les dernières à monter, par exemple : c'est un caractère précieux qu'il faut conserver – et de les laisser fleurir puis monter en graine. Cela se produit l'année du semis ou, pour les bisannuelles ou vivaces (chicorée sauvage, mâche, pissenlit), l'année suivante. On récolte les fruits bien secs avant qu'ils ne s'ouvrent ou que les graines ne s'envolent, puis on les stocke sans extraire les graines dans des sacs en papier dans un endroit frais et sec.

A chaque salade ses tours de main

• *La laitue*
La façon la plus simple de la cultiver consiste à acheter – dans une jardinerie, par exemple – une barquette de plants en "mottes" prêts à repiquer. Les variétés proposées sont en général intéressantes, quoique peu diverses. Il suffit alors de mettre en terre les plants dans un sol bien ameubli, à 25-30 cm de distance sur des lignes espacées d'autant, en veillant à ce que la motte dépasse un peu (1 cm) la surface du sol, et d'arroser au goulot. C'est tout.

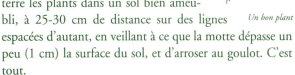

Un bon plant

Pour une production plus économique de variétés choisies, il faut semer en pépinière, sur un bout de rang (un mètre par exemple), et maintenir le sol humide. Dès que les petites laitues ont plusieurs feuilles, au maximum un mois après le semis, on les repique, comme on l'a vu plus haut. La récolte intervient quatre à six semaines après la plantation et peut durer deux à trois semaines.

Il est inscrit dans la nature de la laitue de monter en graine. C'est une question de survie de l'espèce : il lui faut fleurir, donc développer une hampe florale, quitte à faire éclater la magnifique pomme de feuilles. Finalement, ce n'était qu'un bourgeon prêt à s'ouvrir.

Les anciens jardiniers, et maintenant les spécialistes, ont toujours cherché à sélectionner les laitues les plus lentes à monter. La 'Kinemontepas' et la 'Grosse blonde paresseuse' des catalogues de graines témoignent de cette préoccupation. Mais ces variétés traditionnelles sont largement dépassées par les laitues d'obtention plus récente. Celles-ci sont en effet peu sensibles à la montaison et leurs feuilles sont plus croquantes que celles de leurs aînées.

Laitue frisée à couper

La lune n'est sans doute pas innocente dans la montaison prématurée des salades. Certains vieux jardiniers considèrent qu'il faut semer en "décours" – entre pleine lune et nouvelle lune – tout ce qui pomme, donc les laitues. A vérifier… tout en enrichissant son sol en humus. En effet, les spécialistes estiment qu'il faut au minimum 3 à 5 % de matière organique dans la terre pour qu'une laitue pomme bien.

On distingue plusieurs types de laitues :

La laitue beurre est la laitue classique, à pomme bien serrée et feuilles plutôt molles.

Pour en avoir en mai-juin, on sème en février-mars sous châssis une laitue de printemps ('Appia', 'Divina', 'Verpia') ou une petite 'Gotte jaune d'or' ou 'Gotte à graine blanche'.

Pour en avoir de juin à août, on sème en deux fois en avril-mai une laitue d'été ('Kagraner Sommer', 'Divina', 'Du bon jardinier', 'Augusta' ou 'Trocadéro à graine noire').

Pour en avoir en septembre-octobre, on sème en juillet une laitue d'automne ('Appia', 'Verpia', 'Trocadéro à graine noire' ou 'Du bon jardinier').

Enfin, pour en avoir en avril-mai, on sème fin août une laitue d'hiver ('Val d'Orge', 'Passion blonde à graine blanche', 'D'hiver de Verrières'), à repiquer en octobre et abriter à l'aide d'un tunnel.

Dans le Midi (et sous les tropiques !), on choisira parmi les laitues grasses, à petite pomme et feuille très épaisse, résistantes à la chaleur : 'Craquerelle du Midi' ('Craquante d'Avignon').

La batavia met dix à douze jours de plus pour "arriver" que la laitue beurre. Sa pomme est en général peu serrée, sa feuille gaufrée et ondulée.

La romaine, à la pomme haute, aux feuilles lisses et allongées, est plus tardive que la laitue beurre de quinze à vingt jours.

La laitue à couper ne forme pas à proprement parler de pomme, mais offre des feuilles ondulées ou lobées que l'on peut cueillir une à une. Elle est tendre et relativement insipide. Les variétés les plus connues sont 'Feuille de chêne', 'Salad Bowl' (verte ou rouge), 'Lollo Rossa' (très décorative avec ses feuilles frisées, mais… vraiment fade).

Enfin, la celtuce, appelée également laitue-asperge ou romaine-asperge, est cultivée pour… son trognon, que l'on consomme cuit. Elle ne pomme pas, et ses feuilles sont plutôt fermes et amères. Et comme sa semence n'est pas facile à trouver, elle est peu cultivée.

• *La mâche*

La mâche est le type même de la culture d'arrière-saison : on la sème toujours en été pour la récolter en automne ou hiver selon la précocité et la résistance au froid de la variété. Elle pousse à merveille sur un sol un peu ferme, qui lui rappelle peut-être ses champs de blé originels après la moisson. Inutile, donc, de bêcher le sol avant de semer de la mâche. Un coup de râteau suffit pour ameublir les tout premiers centimètres et niveler le terrain, préalablement débarrassé des mauvaises herbes et des résidus de la culture précédente. Semer en sillons espacés de 20 cm. Combler les sillons et tasser légèrement à l'aide du plat du râteau.

Si le temps est sec, la levée peut s'éterniser pendant deux, voire trois semaines ! A moins, bien sûr, que des arrosages réguliers à la pomme fine ne "réveillent" la graine et soutiennent le développement de la plantule.

Les principaux ennemis de la mâche sont les mauvaises herbes, souvent plus vigoureuses qu'elle. Il n'y a pas d'autre solution que de passer régulièrement la binette par temps sec, dès que la levée est accomplie.

Les premiers semis, dès fin juillet, se font avec la mâche à grosse graine. Cette variété à fort développement, précoce, peut être alors récoltée dès les premiers jours de l'automne et jusqu'à ce que de fortes gelées la détruisent.

MÂCHE SUBSPONTANÉE

Pourquoi ne pas exploiter le petit côté sauvage de la mâche ? Il suffit de répandre des graines un peu partout dans le jardin. Entre les rangs de choux ou de tomates, par exemple, ou dans les massifs de fleurs. Ce sera une surprise, au cœur de l'hiver, de découvrir de-ci de-là des rosettes de mâche prêtes à mettre dans le saladier ! Et celles qui auront été oubliées pousseront la bonne volonté jusqu'à faire des graines et se ressemer, devenant ce que les botanistes appellent des plantes subspontanées.

Il existe d'autres variétés à croissance rapide qui sont résistantes au froid. Ces obtentions récentes de mâche à petite graine présentent un feuillage moins développé mais plus dense que la mâche à grosse graine ('Vit' et 'Verella'). Les variétés traditionnelles de mâche à petite graine n'ont pas leur précocité, mais elles survivent pour la plupart aux froids les plus vifs, et peuvent donc être récoltées jusqu'en mars. Ensuite, la mâche monte en graine. Citons 'Verte à cœur plein', 'Verte d'Etampes', 'Coquille de Louviers'…

Pour la consommation d'hiver, on fera plusieurs semis successifs jusqu'à la mi-septembre, et même octobre dans les régions à hiver doux (Midi, littoral).

Dans le Midi, on cultive une autre sorte, peu rustique, appelée mâche d'Italie à feuille de laitue.

• *La chicorée sauvage*
En voilà une qui est injustement méconnue au jardin ! On ne sait trop où la situer entre l'endive, la frisée, la scarole… La chicorée sauvage 'Pain de sucre', pourtant, est une merveille qui fournit pendant tout l'automne – et même une partie de l'hiver s'il ne gèle pas trop fort – de grosses pommes allongées bourrées de feuilles jaune tendre, dont la légère amertume est corrigée par un subtil goût de noisette. Ses cousines les chicorées rouges sont précieuses dans la confection du mesclun, par leur couleur attrayante et leur amertume. Les différentes variétés permettent d'être approvisionné sans interruption pendant l'automne et l'hiver.

Citons pour mémoire la chicorée 'Améliorée blonde', peut-être pas assez améliorée, justement, par rapport à la chicorée vraiment sauvage. A réserver éventuellement aux salades mélangées, où son amertume sera équilibrée par d'autres saveurs.

On sème la chicorée d'avril à août (juin-juillet pour la 'Pain de sucre'), directement en place, à 1 cm de profondeur environ, dans des sillons espacés de 35 cm. Peu de temps après la levée, éclaircir la 'Pain de sucre' en ne laissant qu'un beau plant tous les 30 cm. La chicorée 'Améliorée blonde' n'a pas besoin d'être éclaircie, et on la récolte pratiquement toute l'année.

Chez les chicorées rouges, d'origine italienne, on distingue deux familles : celles qu'on sème en juin-juillet pour les récolter à l'automne : 'Rouge de Trévise' (pomme lâche et allongée), 'Palla Rossa' et 'Rouge de Chioggia' (pomme ronde et dure) ; celle qu'on sème en juillet pour la récolter plutôt vers la fin de l'hiver… si le gel l'a épargnée : 'Rouge de Vérone'. On les sème comme la 'Pain de sucre', en éclaircissant à 10 cm seulement.

Parmi les variétés de chicorée sauvage, on trouve également la 'Barbe de capucin', salade devenue fort rare dont le mode de production ressemble à celui de l'endive. On commence par la semer en pleine terre, en mai-juin. Après la levée, on l'éclaircit en ne laissant qu'un plant tous les 5 cm. Les racines peuvent être arrachées de novembre à février, en prenant soin d'étaler la production : c'est leur repousse qui va produire la salade. Il faut les planter en bottes dans un grand récipient rempli de terreau maintenu humide, lui-même placé dans un local obscur et frais. On récolte quatre semaines plus tard ; les feuilles font alors 25 cm de long environ.

• *Les chicorées frisée et scarole*
Une chicorée doit lever vite, si possible en deux jours, si l'on ne veut pas la voir monter en graine prématurément. Voilà pourquoi il faut la semer en sol chaud (20 °C minimum), éventuellement sous abri. A cette nuance près, la culture est identique à celle de la laitue. Ne pas hésiter, cependant, à adopter des écartements un peu plus grands

Mâche 'Verte de Rouen'

Chicorée 'Barbe de capucin'

Chicorée frisée 'Fine de Rouen'

> ### MOINS AMER ET PLUS TENDRE
>
> En la privant partiellement de lumière, on obtient d'une salade plus de feuilles de cœur, jaune pâle, presque blanches. Le blanchiment est une façon de rendre plus attrayante la consommation des salades les plus coriaces ou les plus amères.
>
> En ce qui concerne la frisée et la scarole, il faut procéder par temps sec, lorsqu'elles ont atteint leur plein développement. On les lie une par une, au fur et à mesure des besoins, à l'aide d'un brin de raphia. On récolte une semaine plus tard, s'il fait chaud, et au bout de dix jours s'il fait frais. Une technique plus moderne consiste à poser une cloche opaque munie de trous pour l'aération, ou, à défaut, un pot à fleurs large.
>
> Pour le pissenlit, on se contente de butter la ligne en fin d'automne et d'attendre qu'il pointe le bout de ses feuilles, à partir de février, pour le cueillir. Cette technique s'inspire sans doute de ce que peuvent observer les cueilleurs de pissenlits sauvages dans les champs labourés : le pissenlit, enterré par le versoir, pousse à travers les grosses mottes et n'en devient que plus tendre.
>
>
>
> *Le blanchiment des scaroles*

(30 x 40 cm par exemple) afin de prévenir les pourritures, fréquentes si les plantes, trop tassées, manquent d'air.

Frisée et scarole sont plutôt, pour le jardinier amateur, des salades d'arrière-saison. Certaines se sèment de mi-avril à fin juin pour une récolte entre août et octobre. Les plus classiques sont les frisées 'Fine de Louviers', 'Très fine maraîchère', 'Grosse pommant seule', 'D'été à cœur jaune', et les scaroles 'Blonde à cœur plein', 'Grosse bouclée', 'Grosse pancalière'. Une autre catégorie, plus résistante au froid, est semée fin juillet ou en août pour une production en octobre-novembre : les frisées 'De Ruffec', 'Wallonne', 'D'hiver de Provence', et les scaroles 'En cornet d'Anjou', 'En cornet de Bordeaux' et 'Géante maraîchère'.

La frisée 'De Meaux' et la scarole 'Ronde verte à cœur plein' se satisfont des deux calendriers.

• *L'endive*

Voici une plante dont la culture réclame plusieurs manipulations, mais qui n'a pas son égale pour produire pendant toute la mauvaise saison des quantités considérables d'une salade, qui plus est, facile à récolter et à éplucher.

La culture se fait en deux temps. Il faut d'abord obtenir de belles racines gorgées de substances nutritives, qui permettront la repousse d'un gros bourgeon : l'endive. On sème en mai, sans épandage préalable de fumier ni de compost, une variété comme 'Zoom F1' ou 'Béa F1'. Ces hybrides (dont le nom se termine par "F1") sont préférables aux variétés traditionnelles, car elles donnent de belles pommes sans avoir besoin d'être recouvertes de terre, ce qui, nous le verrons plus loin, est un avantage. Il faut espacer les lignes de semis de 35 cm, et, lorsque les plants ont trois vraies feuilles, éclaircir à 10-15 cm.

En octobre-novembre, arracher les plantes entières et les laisser faner à l'abri du soleil et du gel pendant dix jours au moins. Raccourcir les racines à 15-20 cm en éliminant les fourches et petites ramifications. Couper le feuillage à 2-3 cm du collet.

Deuxième temps : le forçage, qui produit l'endive proprement dite. Il peut avoir lieu en pleine terre : creuser une tranchée bien droite, profonde d'un fer de bêche, et y aligner les racines, presque à touche touche. Si possible, saupoudrer de la cendre de bois sur les collets, pour lutter contre la pourriture. Recouvrir d'une butte de terre de 20 cm de hauteur, puis d'une couche de 10 cm de feuilles sèches ou de paille, et enfin d'une protection étanche comme un film plastique ou des planches. Cette technique présente de gros inconvénients : il faut attendre de deux à quatre mois, selon la température, avant de récolter, et la cueillette n'est pas très pratique. Aussi on la remplace de plus en plus par le forçage en cave, plus facile à contrôler et plus rapide (parfois seulement un mois) : après avoir préparé les racines comme expliqué plus haut, les placer debout dans une caisse ou tout récipient étanche d'au moins 20 cm de profondeur. Remplir de terreau jusqu'au niveau du collet. Maintenir humide. Couvrir le récipient avec un plastique noir et le placer dans un endroit tempéré (cave, cellier…).

• *Le pissenlit*
Pour savoir quand semer le pissenlit, il suffit d'observer les pissenlits sauvages : dès qu'ils forment leurs boules plumeuses éclatant en minuscules "parachutes" supportant chacun une graine, c'est bon. En général, cela se produit en mai-juin. On sème en place, donc sans repiquage par la suite, et on éclaircit après la levée en laissant un plant tous les 20 cm environ. Ensuite, il n'y a pratiquement plus à s'occuper des pissenlits tant la plante est rustique, sinon, éventuellement, les blanchir. La récolte a lieu en février-mars.

Pissenlit cultivé

Une plantation de pissenlits peut durer plusieurs années, car les racines redonnent de nouvelles rosettes de feuilles. D'ailleurs, on peut planter à 20 cm de distance les uns des autres, et au ras du sol, de petits tronçons de racines de pissenlits.

Il existe dans le commerce des graines deux ou trois variétés de pissenlit, améliorées par rapport au type sauvage : 'Amélioré à cœur plein', 'Vert de Montmagny amélioré'…

• *Le pourpier*
Ce qui est intéressant avec le pourpier, c'est qu'il repousse après chaque récolte pendant toute la belle saison. On cueille feuilles et jeunes pousses. Mais auparavant il aura fallu semer, de mai à juillet, pratiquement sans les recouvrir de terre, les graines du pourpier 'Doré à large feuille', puis éclaircir en ne laissant qu'un plant tous les 15 cm. La récolte commence deux mois environ après le semis. Une chance : le pourpier fait facilement des graines, qui tombent par terre et… germent l'année suivante.

• *Le cresson de jardin*
Une fois semé au potager (de préférence en août-septembre), ce cresson s'y débrouille tout seul : après avoir produit une jolie rosette à l'automne, il monte en graine tôt au printemps et se ressème spontanément. On le cueille feuille à feuille selon les besoins. Le cresson de jardin, très proche du type sauvage indigène de notre pays, résiste aux froids les plus vifs.

• *Le cresson de fontaine*
Le cresson – celui que l'on achète en botte – est une plante aquatique spontanée dans nos ruisseaux. Pour le cultiver, il faut disposer d'une eau fraîche (11-13 °C), de bonne qualité, et si possible ferrugineuse. Ce qui n'est pas le cas de la plupart des jardiniers !

Le cressiculteur sème le cresson au printemps dans une fosse de 20 cm de profondeur environ. Après la levée, et au rythme de la croissance du cresson, il inonde progressivement la fosse avec de l'eau courante jusqu'à avoir une hauteur d'eau de 10-12 cm. La récolte a lieu un peu moins de deux mois après le semis. On coupe le cresson au ras de l'eau, deux ou trois fois au printemps et autant à l'automne.

En août, on peut planter dans des fosses des boutures de cresson, ce qui permet de récolter un mois plus tard.

En raison de la présence possible de parasites (douves du foie) sur le cresson, celui-ci est soumis à un contrôle sanitaire. Toute fumure organique est interdite.

Chaque cressiculteur sélectionne son cresson et produit ses semences, ce qui représente d'innombrables variétés.

On peut aussi faire pousser du cresson dans une simple bassine placée, par exemple, sur un balcon, à mi-ombre : poser un grillage à mailles plutôt fines sur la bassine. Piquer des tiges de cresson au travers des mailles ; ces boutures ne tarderont pas à s'enraciner et à pousser. Maintenir le niveau d'eau. Ajouter dans celle-ci une pincée de sulfate d'ammoniaque et 0,5 g de sulfate de fer pour 10 litres.

• *La roquette*
Aussi facile à faire pousser que son cousin le radis, la roquette ! On la sème un peu tous les mois à la belle saison, en ligne, on arrose régulièrement, et on récolte les petites rosettes au bout deux mois. La roquette résiste au gel hivernal.

Il n'y a qu'une seule variété, très proche du type sauvage.

V. DANS LE SALADIER

La salade, c'est d'abord un plat, que l'on sert traditionnellement vers la fin du repas, après le plat de résistance, juste avant le fromage. Le mode de vie moderne, qui déstructure le repas, tend à faire de la salade le centre d'un repas léger, comme accompagnement d'une viande froide ou sous forme de salade composée.

Préparation et conservation

L'épluchage des salades, quelles qu'elles soient, est en général facile et rapide. Principale exception : la mâche lorsqu'elle a été abîmée par le gel. Il est alors préférable de la laver une première fois avant de l'éplucher, et une seconde fois après pour éliminer toute la terre qui aurait pu subsister au cœur des feuilles.

Le lavage ne doit pas se transformer en trempage de longue durée, sous peine de voir s'envoler les vitamines. L'essorage sera doux. Gare à la brutalité du panier à salade ! L'essoreuse à salade, qui sèche sans abîmer, est fort utile.

La salade se conserve plusieurs jours dans le bac du réfrigérateur, après épluchage (sans casser les feuilles), lavage et essorage partiel, dans une boîte hermétique. Ne pas dépasser un ou deux jours pour le mesclun, plus fragile.

Toutes les salades perdent leur tenue et leur goût à la congélation, sauf si elles sont cuites.

L'assaisonnement

Ce qui fait la salade, au sens culinaire du terme, c'est l'assaisonnement. Et l'assaisonnement comprend nécessairement – sauf rares exceptions – de l'huile, du vinaigre, du sel, du poivre. On ajoute souvent des herbes aromatiques fraîches, de l'ail ou de l'échalote. Le secret d'une salade réussie réside dans l'équilibre entre les différents ingrédients.

• *L'huile, le vinaigre, le sel et le poivre*
L'amateur de salade doit toujours avoir plusieurs huiles à sa disposition. Celles dites "de première pression à froid"

> ### PRÉCIEUSES FEUILLES DU POURTOUR
>
> Ne jetez pas les feuilles extérieures et les plus colorées des salades. Chez la laitue, ce sont les plus riches en pigments caroténoïdes (donc en provitamine A) et en chlorophylle (donc en fer et en cuivre). Elles sont globalement plus concentrées en minéraux, oligo-éléments et vitamines. La concentration de la vitamine C, par exemple, qui est en moyenne de 13 mg aux 100 g, peut être multipliée par trois pour les feuilles les plus vertes de la laitue fraîchement récoltée. Il en va de même pour la vitamine B9.
>
>
>
> *Laitue 'Reine de mai'*

sont un peu plus chères que les huiles raffinées, mais elles sont plus "goûteuses" que celles-ci, et de qualité nutritionnelle supérieure.

Toutes les huiles peuvent être utilisées avec toutes les salades sans faute de goût, mais il y a des mariages particulièrement réussis, comme l'huile de noix avec la mâche ou l'huile d'olive avec le mesclun. Une huile jugée un peu forte en goût peut très bien être mélangée avec une huile neutre.

Parmi les huiles neutres, on trouve les huiles raffinées, les huiles d'arachide, de pépin de raisin, de maïs, de soja, de colza. Les huiles de première pression à froid (tournesol, colza, etc.), d'olive, de noix, de noisette, de sésame, de carthame ont un goût plus prononcé.

Certains gourmets emploient du jus de viande comme matière grasse. En Normandie, on utilise traditionnellement la crème fraîche à la place de l'huile pour assaisonner la laitue, le pissenlit et la mâche.

Pour le vinaigre, il existe sur le marché tout un choix de produits qu'il faut savoir exploiter. L'amateur de salade bannira par-dessus tout l'horrible vinaigre d'alcool, coloré ou non, dépourvu d'arôme pour la bonne raison que c'est de l'acide acétique pur dilué. Le vrai vinaigre n'est pas cher, alors pourquoi s'en priver ?

Le plus connu est le vinaigre de vin, de couleur rouge sombre et plutôt fort. Le vinaigre de cidre, au parfum de pomme et de couleur orange, est plus doux. Citons encore le vinaigre balsamique, qui entre à merveille dans la composition des vinaigrettes méditerranéennes à l'huile d'olive.

Quant aux vinaigres aromatisés, ils sont maintenant très nombreux dans le commerce. Un des plus intéressants est le vinaigre de framboise, parfait avec la mâche ou le mesclun. Il est aussi particulièrement facile d'introduire dans une bouteille de vinaigre une branche d'une plante aromatique fraîche, par exemple de l'estragon.

Le jus de citron peut remplacer le vinaigre, notamment dans les salades d'été ou d'inspiration méditerranéenne, de même que le jus d'orange ou de pamplemousse, ou encore le vin rosé. Quant à la moutarde, elle peut être de temps à autre ajoutée à l'assaisonnement, mais seulement en présence d'une huile sans saveur.

Le sel, qui a donné son nom à la salade, n'est malgré tout pas indispensable, tout comme le poivre, d'ailleurs !

• *Fines herbes, ail et échalote*
Les fines herbes sont précieuses dans l'assaisonnement de la laitue, des chicorées et du pissenlit, inutiles pour le cresson, l'endive et la mâche. Les plus classiques sont le cerfeuil, le persil, la ciboulette et l'estragon. Mais on peut diversifier les saveurs avec de jeunes pousses de sarriette ciselées, ou de la menthe verte, ou du cerfeuil vivace au goût anisé.

La présence de l'ail et de l'échalote, "plantes fortes", s'impose, sauf intolérance notoire, plus fréquente avec l'ail. Attention, l'échalote grise est beaucoup plus piquante que les autres. L'ail peut être simplement frotté sur le fond du saladier.

• *Le mélange de tout cela*
L'ordre dans lequel on met les ingrédients dans le saladier n'a aucune importance. Comme on doit "tourner" (ou "fatiguer") longtemps la salade, tout se retrouve intimement mélangé. Il est d'usage, cependant, de préparer la sauce vinaigrette au fond du saladier. On peut également préparer

> **D'AUTRES ASSAISONNEMENTS :**
>
> • *Sauce à l'orange*
>
> *2 c. à s. d'huile de noix ; le jus d'une demi-orange ; 1 c. à s. de vinaigre ; 1 c. à c. de persil haché ; sel, poivre.*
>
> Mélanger les ingrédients dans le saladier.
>
> • *Sauce au roquefort*
>
> *50 g de roquefort ; 1 dl d'huile d'olive ; 3,5 dl de yaourt nature ; 2 c. à s. de persil haché ; sel, poivre.*
>
> Emietter le roquefort à la fourchette dans le saladier, le délayer avec l'huile d'olive. Saler modérément à cause du roquefort, poivrer et incorporer le yaourt. Ajouter le persil haché.

une assez grande quantité de sauce et la conserver dans une bouteille, au frais mais pas au réfrigérateur pour que l'huile ne fige pas. Bien agiter le flacon avant chaque utilisation pour reformer l'émulsion de l'huile dans le vinaigre.

Le dosage des différents éléments, lui, est crucial pour la réussite du plat. La *vox populi* assure fort justement que, lorsqu'on fait une salade, celui qui met le sel doit être un sage, celui qui met le vinaigre un avare, et celui qui met l'huile un prodigue. Certains ajoutent même qu'il faut aussi un fou pour tourner la salade. Concrètement, pour un saladier moyen (salade pour quatre personnes), il faut quatre pincées de sel, une petite cuillerée à soupe de vinaigre, et deux ou trois cuillerées à soupe d'huile. Quant au reste, c'est à volonté selon le goût de chacun.

Et la salade cuite…

La recette de base – qui convient à toutes les salades pommées, même un peu "montées" – consiste à les faire cuire en cocotte (à l'étuvée), avec un peu de beurre, pendant vingt minutes environ. Cette garniture s'accorde parfaitement avec le rôti de veau. Mais on peut également poêler des cœurs de salade rapidement (5 mn) à feu vif avec un peu de beurre, pour accompagner un poisson poché ou grillé.

LE MESCLUN

Le mot vient du latin *misculare*, "mélanger", par le provençal *mesclum*. C'est donc un mélange de salades, composé autrefois par les Provençaux à partir de plantes, pour la plupart sauvages, cueillies dans les champs, les garrigues et les jardins. Sa composition n'est pas fixe. Le secret d'un mesclun réussi réside dans la réunion dans un même saladier de saveurs, couleurs et consistances variées. Parmi les plantes qui y trouvent le plus souvent leur place :
- la laitue à couper type 'Feuille de chêne' : douceur et croquant ;
- la chicorée rouge 'de Vérone' ou 'de Trévise' : couleur et amertume ;
- la chicorée frisée : feuillage découpé et amertume ;
- le pourpier : feuille épaisse, acidulée ;
- le cerfeuil : finesse et parfum ;
- la roquette : saveur et piquant ;
- et puis : jeunes feuilles d'épinard ou de tétragone, ficoïde glaciale, pissenlit, endive, persil, coriandre, cresson de terre, etc.

Assaisonner avec de l'huile d'olive, du jus de citron ou du vinaigre de vin, du sel, du poivre, et éventuellement de l'ail écrasé.

A chaque salade ses recettes*

• *Salade de mâche*

Pour 4 personnes : 200 g de mâche ; 1 betterave rouge cuite (150 g environ) ; 10 noix décortiquées ; 1 pomme (facultatif) ; huile ; vinaigre ; sel, poivre.
Préparation : 20 mn.

* Les recettes de Laitue aux fruits, Laitue à l'italienne, Laitues, carottes et oignons braisés, Salade d'endives aux oranges, Salade dorée de pourpier, Scarole à la méridionale, Sauce à l'orange et Sauce au roquefort sont reproduites ici avec l'aimable autorisation de l'APRIFEL. Les recettes de Salade de cresson aux pommes, d'Endives braisées et de Hachis de chicorée à l'huile, extraites des *Fruits de la vie* (1996), sont reproduites avec l'autorisation des éditions Oda.

Eplucher, laver et essorer la mâche. Eplucher la betterave et la découper en dés. Faire de même, éventuellement, pour la pomme. Faire la vinaigrette. Mélanger le tout dans le saladier.

• *Salade de cresson aux pommes*

Pour 4 personnes : 1 botte de cresson ; 2 pommes croquantes et acidulées ; 100 g d'olives noires ; cerfeuil, ciboulette, persil ; huile d'olive ; vinaigre balsamique ; sel, poivre.
Préparation : 20 mn.

Eplucher le cresson, le laver à grande eau, l'essorer. Peler les pommes et les découper en petits morceaux. Mélanger dans un bol l'huile, le vinaigre et les herbes, puis tous les ingrédients dans un saladier.

• *Potage au cresson*

Pour 4 personnes : 1 botte de cresson ; 20 g de beurre ; 20 g de farine ; 1 l d'eau ; 1 c. à c. de sel ; poivre ; 1 jaune d'œuf ou 2 c. à s. de crème fraîche.
Préparation : 10 mn. Cuisson : 40 mn (15 mn à l'autocuiseur).

Laver le cresson et le hacher grossièrement. Le faire revenir doucement dans le beurre au fond d'une cocotte. Saupoudrer de farine. Tourner avec une cuillère en bois jusqu'à ce que le mélange soit mousseux. Verser l'eau froide. Tourner sans cesse jusqu'à ébullition. Saler, poivrer. Couvrir et laisser bouillir doucement. Au moment de servir, lier avec de la crème ou le jaune d'œuf. Mettre celui-ci dans un bol et le délayer avec un peu de potage tiède, puis incorporer le tout.

• *Laitue aux fruits*

Pour 4 personnes : 1 laitue ; 2 oranges ; 200 g de cerises ; 80 g de noisettes décortiquées.
Assaisonnement : 1 c. à s. de vinaigre de Xérès ; 1 c. à s. d'huile de noisette ; 3 c. à s. d'huile de tournesol ; sel, poivre.
Préparation : 15 mn.

Laver la laitue et l'essorer. Peler les oranges et les découper en tranches fines. Laver les cerises, les essuyer, les dénoyauter. Hacher grossièrement les noisettes et les ajouter à la vinaigrette. Bien mélanger le tout. Servir très frais.

• *Laitue à l'italienne*

Pour 4 personnes : 1 laitue romaine ; 1 melon ; 150 g de jambon de Parme ; 150 g de mozzarella.
Assaisonnement : 1 c. à s. de vinaigre ; 4 c. à s. d'huile d'olive ; 1 pincée de marjolaine ; sel, poivre.
Préparation : 15 mn.

Laver la romaine et l'essorer. Retirer les graines et l'écorce du melon. Découper le melon et la mozzarella en petits cubes et le jambon en lamelles minces.

Préparer la vinaigrette dans le fond du saladier, ajouter la marjolaine et tous les éléments de la salade. Mélanger et servir accompagné de gressins (pains biscottés).

• *Laitues, carottes et oignons braisés*

Pour 4 personnes : 4 laitues ; 1 livre de carottes nouvelles ; 1 livre d'oignons blancs ; 120 g de beurre ; 6 morceaux de sucre ; sel, poivre.
Préparation : 15 mn. Cuisson : 20 mn.

Eplucher les oignons, les carottes et les laitues, puis les laver. Cuire séparément les légumes à l'eau bouillante salée (10 mn pour les carottes et les oignons, 3 mn pour les laitues), puis les égoutter. Les faire revenir séparément avec 40 g de beurre, 2 morceaux de sucre, du sel et du poivre. Laisser cuire doucement jusqu'à ce que les légumes soient caramélisés, en évitant de remuer trop souvent.

• *Scarole à la méridionale*

Pour 4 personnes : 1 scarole ; 1 c. à s. de vinaigre de vin ; 4 c. à s. d'huile d'olive ; 1 c. à s. bombée de câpres ; 8 filets d'anchois allongés à l'huile d'olive ; peu de sel, poivre.
Préparation : 15 mn. Cuisson : 15 mn.

Effeuiller la scarole, laver les feuilles à grande eau. Les essorer, puis les plonger 3 minutes dans une marmite d'eau bouillante salée. Les égoutter. Les passer sous un jet d'eau froide pour les rafraîchir, puis les égoutter à nouveau très soigneusement avant de les faire revenir en cocotte (ou en sauteuse) avec le vinaigre, l'huile d'olive, les filets d'anchois découpés en petits morceaux.

Couvrir et laisser cuire à petit feu pendant 15 mn. Assaisonner. Disposer cette salade cuite sur un plat de service, et la servir très chaude en entrée, parsemée de câpres, avec des toasts de pain de campagne.

• *Hachis de chicorée à l'huile*
Recette florentine du XVIe siècle, adaptée.

Pour 4 personnes : 1 kg de chicorée (frisée, scarole ou 'Pain de sucre') ; 150 g d'huile de sésame ; 200 g d'oignons ; 1 gousse d'ail ; 1 citron ; sel.
Préparation : 30 mn.

Eplucher et laver la chicorée. La faire cuire à l'eau bouillante salée pendant 10 à 15 mn. L'égoutter, la rafraîchir en l'arrosant d'eau froide, la presser et la hacher. Faire revenir dans une poêle les oignons et l'ail grossièrement hachés. En retirer une partie et mettre la chicorée hachée avec le sel. Faire cuire à feu moyen une dizaine de minutes en retournant le mélange. Mettre dans un plat et présenter froid recouvert de ce qui reste des oignons frits et de morceaux de citron.

• *Salade d'endives aux oranges*

Pour 4 personnes : 3 belles endives ; 2 oranges ; le jus d'un citron ; 1 dizaine de cerneaux de noix ; 5 c. à s. d'huile d'olive ; ciboulette hachée ; sel, poivre.
Préparation : 10 mn.

Peler les oranges en retirant bien leur peau blanche. Découper la pulpe en lamelles, la faire macérer dans un assaisonnement d'huile d'olive, jus de citron, sel et poivre. Ajouter les cerneaux de noix grossièrement hachés.

Retirer les feuilles flétries ou tachées des endives. Laver celles-ci, bien les essorer, puis les découper en grosses rondelles avant de les mélanger délicatement aux oranges dans le saladier de service. Saupoudrer de ciboulette et servir.

• *Endives braisées*

Pour 4 personnes : 4 belles endives ; 1 citron ; 2 oignons ; 1 c. à s. de sucre ; huile ; sel.
Préparation : 10 mn. Cuisson : 1 h.

Laver et essuyer les endives en les laissant entières. Éplucher et émincer les oignons. Les déposer au fond d'une cocotte huilée. Ajouter les endives. Faire cuire à feu doux et en couvrant bien pendant 30 mn. Ajouter le sucre et le jus de citron. Laisser cuire encore 30 mn en retournant les endives de temps en temps. Saler.

• *Pissenlit aux lardons*

Pour 4 personnes : 200 g de pissenlits ; 50 à 100 g de poitrine fumée découpée en bâtonnets ; 1 échalote (ou 1 gousse d'ail) ; 2 œufs durs ; huile d'olive ; vinaigre ; sel, poivre.
Préparation : 15 mn. Cuisson : 12 mn pour les œufs durs.

Faire durcir les œufs à l'eau bouillante. Éplucher, laver, essorer les pissenlits. Hacher l'échalote et l'ajouter à la salade, de même que les œufs durs découpés en quartiers. Faire revenir les lardons dans l'huile, puis verser l'ensemble bien chaud sur la salade. Remettre la poêle sur le feu avec le vinaigre et verser presque aussitôt sur la salade. Saler, poivrer. Mêler.

• *Salade dorée de pourpier*

Pour 8 personnes : 1 laitue feuille de chêne ; 1 romaine ; 1 laitue ; 1 botte de pourpier ; 1 petite botte de radis ; 4 petits artichauts très tendres ; 1 concombre ; 4 tomates ; 1 petite botte d'oignons blancs ; huile d'olive.
Assaisonnement : 250 g de fromage blanc ; persil, menthe fraîche ; sel, poivre.
Préparation : 20 mn.

Éplucher, laver les salades et les légumes. Couper les radis en éventail, les tomates en quartiers, les artichauts (crus) en moitiés, le concombre (non pelé) en rondelles, et les plus gros oignons en lamelles.

Disposer salades et légumes dans un grand plat de service. Les arroser avec un filet d'huile d'olive.

Battre le fromage blanc avec du sel et du poivre. Incorporer le persil et la menthe hachés. Servir frais.

Le salsifis et la scorsonère

Aïté Bresson

Du bord des chemins aux jardins potagers

Le salsifis et la scorsonère, tous deux originaires du bassin méditerranéen, poussent au bord des chemins, dans les lieux herbeux et les friches, où ils ont longtemps été cueillis pour leurs feuilles, agréables en salade, ou pour leur racine douce. Au début de notre ère, Pline, reprenant les propos de Dioscoride et de Théophraste, cite au livre XXVII de son *Histoire naturelle* le salsifis "aux feuilles de safran et à la racine longue, douceâtre". Il le dit "comestible, mais sans autre utilité" et signale seulement que les Egyptiens le consomment, probablement en salade. Le salsifis ne fait pas, en tout cas, l'objet d'une culture.

Les textes du Moyen Age ignorent le salsifis et la scorsonère, que les hommes ont cependant dû continuer à ramasser là où ils poussaient à l'état sauvage. En France, c'est Olivier de Serres qui, en 1600, mentionne pour la première fois le *sercifi* parmi les plantes potagères : "Une autre racine de valeur est aussi arrivée en notre cognoissance depuis peu de temps en çà, tenant rang honorable au jardin." Le salsifis des potagers *(Tragopogon porrifolius)* vient probablement d'Italie, qui était à l'époque un grand centre de diversification des légumes. Le botaniste Cesalpino l'avait d'ailleurs mentionné quelques années plus tôt sous le nom de *sassefrica*, dont l'origine demeure obscure. Il serait à rapprocher de *saxifraga*, "plante qui brise les rochers", mais ce sens, comme l'écrivait Candolle en 1883, "n'a rien de raisonnable". En français, le nom du salsifis va connaître de nombreuses variantes *(sassefrique, salsefie, sassefy…)* et ne sera vraiment fixé qu'à la fin du XVIIe siècle.

La scorsonère *(Scorzonera hispanica)*, introduite en France depuis la Catalogne, a suivi un tout autre chemin, puisqu'elle fut d'abord reconnue comme plante médicinale. Au XVIe siècle, Matthiole la cite comme "nouvellement trouvée". Les grands botanistes de l'époque (Dodoens, Gerard, Clusius…) la mentionnent tous pour ses vertus parfois

> **LA SCORSONÈRE ET LA VIPÈRE**
>
> Le mot "scorsonère", qui apparaît en français en 1583 sous la forme *scorzonere*, dériverait du catalan *escurçonera* ou de l'italien *scorzonera*, qui sont tous deux issus du nom d'un serpent venimeux, l'*escurço* ou le *scorzone*.
>
> La scorsonère a d'abord été considérée comme un antidote à la morsure des serpents, mais le traitement n'était pas des plus simples, comme le rappelle Henri Leclerc (*Les Légumes de France*, 1927) : "Il suffisait d'asperger l'*escurço* du suc de la plante pour le plonger dans la torpeur et de lui en introduire dans la gueule pour le faire mourir, manœuvres qui ne devaient pas exiger moins d'habileté de la part de l'opérateur que de complaisance de celle du reptile."

étonnantes : elle était censée protéger des poisons et de la peste, augmenter le lait des nourrices, chasser la tristesse et le chagrin…

Olivier de Serres ne cite pas la scorsonère, mais Nicolas de Bonnefons, dans *Le Jardinier françois* (1651), prétend avoir été un des premiers à la cultiver. On peut supposer que son introduction dans les potagers a été facilitée par la ressemblance qu'elle offre avec le salsifis. Très vite, ses mérites sont reconnus : ses racines sont plus sucrées que celles du salsifis et ne deviennent jamais filandreuses. La Quintinie affirme ainsi en 1690 que c'est "une de nos principales racines", "admirable cuite", tandis que le salsifis n'est "pas d'un mérite tout à fait si considérable". Salsifis et scorsonères bénéficient alors de la vogue des légumes en cuisine, qui vient d'Italie et touche les classes aisées de la société. Ils sont de plus considérés comme d'excellents aliments de carême – c'est précisément un moment où ils sont disponibles.

Au cours des XVIIIe et XIXe siècles, la culture de la scorsonère remplace peu à peu celle du salsifis. Quelques variétés sont obtenues, le salsifis 'Mammouth', plus gros et plus court, ou la scorsonère 'Géante noire de Russie', mais ces deux racines délicates n'occupent vraiment pas le devant de la scène.

De nos jours, seule la scorsonère fait encore l'objet de cultures maraîchères, principalement en Belgique, aux Pays-Bas et dans le nord de la France, dont les sols légers lui conviennent mieux que ceux de sa Méditerranée natale. Le salsifis n'est plus cultivé que dans quelques potagers d'amateurs – les "salsifis" des boîtes de conserve sont en fait des scorsonères.

Salsifis blanc et écorce noire

S'il est vrai qu'il est assez difficile de reconnaître un salsifis d'une scorsonère quand ces deux racines sont cuisinées, le jardinier qui les cultive ne risque pas de les confondre – ne serait-ce que parce que les racines du premier sont lisses et d'un blanc jaunâtre, alors que celles de la seconde sont enveloppées d'une "écorce" brun-noir.

Salsifis et scorsonères appartiennent tous deux à la grande famille des Composées, qui comprend d'autres légumes (laitues et chicorées, artichaut, topinambour…) et de nombreuses plantes ornementales, et qu'on reconnaît, entre autres caractères, à leurs inflorescences en capitule, telles celles des marguerites ou des pissenlits. Les fleurs sont jaunes chez la scorsonère, bleu-violet ou roses chez le salsifis. Ce dernier, bisannuel, fleurit au printemps, un an après le semis – il arrive parfois, s'il a été exposé à de basses températures, qu'il fleurisse dès la première année. A la floraison, sa racine devient fibreuse et donc inconsommable, alors que celle de la scorsonère, une vivace qui fleurit parfois dès la première année du semis, n'est que provisoirement affectée par la floraison et redevient charnue dès que celle-ci est passée ou que les tiges florales ont été supprimées.

Fleur de salsifis

Les feuilles permettent également de distinguer les deux plantes. Celles du salsifis sont assez bien décrites par le nom d'espèce *porrifolius* ("à feuilles de poireau") : elles sont étroites, repliées en gouttière, vert glauque avec une nervure centrale blanchâtre, alors que celles de la scorsonère sont plus larges, lancéolées et d'un vert franc.

Un légume pour jardiniers patients et délicats

Les exigences des salsifis et scorsonères expliquent en grande partie la désaffection des jardiniers à leur égard – la longueur

LES RACINES DOUCES DES COMPOSÉES

Les Composées accumulent dans leurs tiges ou leurs racines des réserves glucidiques sous forme d'inuline, auxquelles elles doivent leur goût sucré et délicat. Cela explique sans doute que de nombreuses Composées aient été ramassées ou cultivées pour leurs racines douces : le salsifis et la scorsonère, mais aussi le chardon-marie, le scolyme ou encore la bardane *(Arctium lappa)*. Cette dernière, originaire d'Europe, n'y est que rarement consommée de nos jours. Cependant, introduite au Japon et mise en culture avec succès, elle y est devenue un légume populaire, le *gobo*, qui est apprécié mariné dans du vinaigre de riz, en beignets ou cuisiné de différentes façons.

de leur préparation en cuisine a fait le reste. Ce n'est pourtant pas que ces racines soient particulièrement difficiles quant au climat : toutes deux supportent les gelées, et ne réclament d'arrosages réguliers que dans le Midi de la France. Elles se satisfont d'un sol moyennement riche et craignent seulement une fumure organique trop récente qui, laissant des éléments grossiers dans le sol, ferait fourcher les racines. Elles n'ont pas vraiment non plus d'ennemis qui les menacent. Mais… elles ne sauraient se passer d'une minutieuse préparation du sol, qui doit être meuble, léger et débarrassé de tout obstacle minéral ou végétal sur plus de 40 centimètres. Tous les jardiniers ne pourront obtenir une telle terre : il reste cependant la possibilité de cultiver ces racines sur des planches surélevées, garnies d'un mélange de terre et de sable, où elles pourront se développer sans encombre.

Salsifis et scorsonères se sèment en lignes espacées de 25 à 30 centimètres et à une profondeur de 2 centimètres environ, le plus souvent en avril pour être récoltés dès l'automne. Cependant, plusieurs théories s'affrontent à ce sujet. En effet, un semis trop précoce, qui expose la plante à des températures fraîches, peut accélérer la mise à fleur – ce qui, on l'a vu, nuit gravement à la qualité des salsifis –, mais permet à la culture de profiter des pluies de printemps pour bien s'établir. Il s'agit donc de trouver un bon compromis entre ces deux éléments, auxquels vient s'ajouter une troisième donnée : la germination des salsifis et des scorsonères est lente et capricieuse, car les graines qu'on sème au printemps sont entrées en dormance. C'est pourquoi certains jardiniers avisés mais peu pressés préfèrent semer les graines de scorsonères toutes fraîches en été, puisque la qualité des racines n'est pas affectée par la floraison. Ils ne récolteront qu'un an plus tard, mais sont assurés d'une levée plus régulière.

Quelle que soit la période choisie pour le semis, il faut encore compter avec les oiseaux, friands des graines des deux plantes, et tenir le sol bien frais. Lorsque les plants ont deux feuilles vraies, on les éclaircit à 10 centimètres environ pour "à l'aise faire croistre le restant sans importun voisinage", comme l'écrit joliment Olivier de Serres. Les soins consistent principalement en binages et en arrosages – abondants s'il fait chaud et sec, car le sol doit être maintenu humide dans toute la zone où se développent ces longues racines. Si des tiges apparaissent, il faut les couper aussitôt à la base, même sur les scorsonères : autant concentrer l'énergie de la plante sur la production d'une belle racine.

La récolte peut commencer dès l'automne. C'est une opération assez délicate, car les racines sont longues et fragiles. Le mieux est de creuser une tranchée parallèle à la ligne que forment les plants, puis d'y basculer, à l'aide de la bêche, la motte qui entoure la racine. On récolte ainsi, au fur et à mesure des besoins, jusqu'au début du printemps. Il suffit de bien protéger les racines sous une épaisse

La récolte des scorsonères

couche de feuilles ou de paille. Il est aussi possible de tout récolter avant les grands froids, et de stocker les racines dans du sable humide, mais elles se conservent moins bien ainsi. Il faudra de toute façon récolter les derniers salsifis avant le printemps alors que les scorsonères peuvent rester en terre une année de plus, pendant laquelle leurs racines vont grossir tout en restant tendres et charnues.

Du côté des gastronomes

Les salsifis et scorsonères récoltés, il ne reste plus qu'à les cuisiner – ce n'est malheureusement pas une petite affaire. Il faut avant toute chose les laver à l'eau tiède, puis en couper les deux extrémités et gratter les racines à l'aide d'un couteau économe. Ce faisant, si l'on ne s'est pas muni de gants, on ne peut manquer de se noircir les doigts avec le latex qu'elles sécrètent : un peu de vinaigre fera disparaître ces taches. Dès que les racines sont épluchées, il faut les placer dans un saladier rempli d'eau vinaigrée, pour éviter qu'elles ne s'oxydent, puis les plonger dans de l'eau bouillante jusqu'à ce qu'elles soient tendres (ou, mieux, dans un blanc confectionné en délayant un peu de farine et d'huile dans l'eau de cuisson). Ces différentes opérations effectuées, toute latitude est laissée au cuisinier pour accommoder sans attendre salsifis et scorsonères en soupe, en gratin, à la béchamel, au jus…

Les racines les plus tendres peuvent également se manger crues, en salade, de même que les jeunes feuilles, de saveur douce et agréable. Les jardiniers qui ont rabattu les touffes de scorsonères ou de salsifis après leur floraison pourront également essayer, à l'automne, les jeunes pousses qu'elles produisent. Cuites à l'étouffée, elles seraient, paraît-il, supérieures aux asperges. Candolle mentionne dans *Origine des plantes cultivées* (1883) le *Scorzonera deliciosa* avec lequel on confectionnait alors en Sicile bonbons et sorbets, et s'étonne qu'il ne soit pas plus largement cultivé. En 1927, Désiré Bois signale par ailleurs une plante américaine proche de la scorsonère, le *Scorzonella maxima*, dont le latex, exposé quelques heures au soleil, formerait une sorte de chewing-gum recherché à l'époque par les écoliers californiens. Mais ces curieux usages des scorsonères nous entraînent loin de leurs utilisations traditionnelles en cuisine, dont témoignent les deux recettes suivantes.

• *Tourtière quercynoise aux salsifis*

800 g de salsifis cuits ; 2 cuisses de canard confites ; 500 g de pâte brisée ou feuilletée ; 3 échalotes ; 1 carotte ; 2 gousses d'ail ; 1 c. à soupe de concentré de tomates ; 2 dl de vin blanc sec ; 1 bouquet garni (thym, laurier, persil) ; farine ; 1 œuf ; sel ; poivre.

Faire dorer dans un peu de graisse de canard la carotte et les échalotes émincées, puis les salsifis coupés en tronçons. Saupoudrer d'un peu de farine, puis mouiller avec le vin blanc. Ajouter le concentré, l'ail haché, le bouquet garni. Saler et poivrer, puis laisser réduire. Pendant ce temps, dégraisser les cuisses de canard et les couper en lamelles. Étaler la pâte au fond du moule, disposer par-dessus les salsifis revenus et le canard. Poser le couvercle de pâte, souder les bords et ménager une cheminée au centre. Dorer à l'œuf et faire cuire à four chaud 35 minutes environ.

• *Beignets de salsifis*

1 kg de salsifis. Pour la pâte à beignets : 150 g de farine ; 1 jaune d'œuf plus 1 blanc ; 1 verre de bière ; 1 c. à soupe d'huile ; sel ; huile de friture.

Confectionner la pâte en mélangeant bien la farine, le jaune d'œuf et la bière, puis ajouter la cuillerée d'huile et le sel. Laisser reposer. Préparer les salsifis et les faire cuire à l'eau ou à la vapeur jusqu'à ce qu'ils soient tendres. Battre le blanc en neige et l'ajouter à la pâte. Tremper les tronçons de salsifis dans la pâte et les plonger dans une friture bien chaude. Saler et servir aussitôt.

La sauge

Thierry Delahaye

A Olivia,
pour la sauge de Palombaggia
qui, engraissée au fumier de chèvre,
sentit la biquette pendant six bonnes années.

La bonne herbe

La sauge, originaire d'Asie occidentale et naturalisée dans les pays méditerranéens, était désignée comme *Salvia salvatrix* par l'école de Salerne. Membre de cette école, Trotula, la première femme médecin, qui vécut au XIIe siècle, écrivit un célèbre ouvrage : *Les Maladies des femmes avant, pendant et après l'accouchement*. On lui attribue la fameuse question : "Homme, pourquoi meurs-tu, quand il y a de la sauge dans ton jardin ?" En Provence, un proverbe affirme pareillement : "Qui a de la sauge dans son jardin, n'a pas besoin du médecin."

"Sauge", anciennement "salje" (XIe siècle) puis "saulje" (XIIIe siècle) et *salvia* viennent du latin *salvare*, "guérir", "sauver", de même que les noms anglais *sage* ou *garden sage*. A Rome, on la nommait "herbe sacrée" ; en Espagne, on l'appelle sobrement *ierba buena* (la bonne herbe) et dans nos campagnes, la sauge sclarée porte le nom de "toute-bonne". Henri Leclerc, père de la phytothérapie moderne, la considère comme "diurétique, emménagogue, stomachique, vulnéraire, hémostatique, aphrodisiaque, utile dans la léthargie, la paralysie, l'épilepsie, propre à favoriser la conception et à faciliter l'accouchement".

C'est dire si elle mérite sa place au potager, parmi les condimentaires dont Pierre Lieutaghi rappelle qu'elles sont "à la fois filles de Lucullus et d'Hippocrate" (*Le Livre des bonnes herbes*, Actes Sud, 1996).

Fille d'Hippocrate

Cueillie le jour de la Saint-Jean, dès l'aube, lorsque la rosée s'est dissipée, la sauge possède au mieux ses qualités thérapeutiques. Cette ancienne pratique ne repose pas seulement sur une conception magique du monde. En effet, les parties aériennes des plantes sont plus irriguées de sève le matin, et l'époque de la floraison est celle où la plante a développé le maximum de ses forces. La sauge fleurissant en juin et juillet, la récolter le jour le plus long de l'année est donc un choix judicieux.

A l'exemple du médecin grec Hippocrate et des Arabes qui la tenaient pour facteur de longévité, voire d'immortalité, les médecins "simplistes" (qui prescrivaient des remèdes simples, c'est-à-dire ne comprenant qu'une seule substance) et les apothicaires plaçaient la sauge au premier rang. Les moines médiévaux usaient abondamment de la sauge pour soigner tous les maux et la cultivaient dans les jardins de simples (plantes fournissant les remèdes simples) des monastères. Le botaniste William Turner disait au XVIe siècle de la sauge sclarée : "Elle restaure la chaleur naturelle, réconforte les esprits vitaux, assiste la mémoire et ranime les sens." Les exemples abondent dans l'histoire (la grande et la petite) pour expliquer cet engouement.

La sauge officinale

Au siècle dernier, V. Lespy, dans son recueil des *Proverbes du Béarn*, conseillait pour guérir le fic (verrue) de prendre trois paquets de sauge, de faire la croix sur le mal et de dire : "Cancer maudit, aujourd'hui puisses-tu perdre la tête et demain la racine !" Au Moyen Age, *Les Evangiles des quenouilles* assuraient déjà : "Pour guérir les fièvres continues, il faut écrire les trois premiers mots du *Pater Noster* sur une feuille de sauge du pays, en manger trois matinées de suite et la fièvre s'en ira."

Les tisanes de sauge ou de saule blanc font tomber la fièvre car ces plantes contiennent de la salicine, substance recomposée artificiellement en 1853 et servant à préparer l'acide acétylsalicylique commercialisé en 1899 par les laboratoires Bayer sous le nom d'aspirine. Les saules "croissant les pieds dans l'eau sans souffrir", on en déduisit qu'ils pouvaient soigner les maladies dues "aux pieds mouillés". L'assimilation phonique saule/sauge a dû jouer pour que nos ancêtres aient l'idée d'utiliser ces deux plantes, renfermant les mêmes principes mais si différentes, aux mêmes fins.

La salicine naturelle a un autre avantage : elle défend la plante elle-même contre virus, bactéries et champignons indésirables.

Fille de Lucullus

Dans le *Brevis pimentorum*, datant du VIIIe siècle, la sauge figure parmi les "substances sèches" *(de siccis hoc)*, avec les racines de laser (férule), la menthe, le cyprès, l'origan, le genévrier, l'oignon, le thym, la coriandre, les feuilles de pyrèthre et de cédrat, le panais, l'oignon d'Escalon (l'échalote), l'aneth, le pouliot, l'ail, la cardamome...

A Versailles, dans le potager du Roi, la sauge était classée parmi les "herbes odoriférantes", avec le basilic, l'anis, l'hysope, le thym, la lavande, le fenouil, la marjolaine, le romarin, la camomille, la rue, l'absinthe, le laurier, la mélisse, la sarriette et la violette.

Traditionnellement cuisinée avec les viandes, dont elle aide à digérer les graisses, la sauge servait également à préparer des boissons. Comme la cervoise médiévale ne se conservait guère longtemps, on y ajoutait des aromates pour la "tenir" et camoufler son goût de moisi : de la sauge, de la marjolaine, du laurier, du myrte, du raifort, de la menthe, de l'absinthe ou du miel, qui la parfumaient, l'adoucissaient ou la renforçaient. La sauge sclarée, à la saveur de muscat, était employée par les brasseurs au XVIe siècle pour exhausser le goût de la bière et même comme succédané du houblon.

Au XIVe siècle, le saugé était une boisson dans laquelle avait infusé de la sauge. Devenu adjectif, "saugé" qualifia à partir de 1532 un vin contenant de la sauge. Les dictionnaires conservent la trace de la "saugie", breuvage fait avec de la sauge, mais n'en précisent pas la recette. La sauge officinale est aussi nommée "thé de Provence", "thé de France", "thé de Grèce" et "thé d'Europe". Les Chinois découvrirent ce thé de sauge au XVIIIe siècle. Ils l'appréciaient tant, écrit Valmont de Bomare, qu'ils troquaient deux caisses de leur meilleur thé contre une caisse de sauge aux commerçants hollandais.

Une dernière préparation classique consiste en une eau bouillie, l'*aïgo boulido* provençale, qui tient le milieu entre la soupe parfumée et l'infusion d'herbes médicinales : aux côtés de l'ail et de l'huile d'olive, la sauge y joue un des rôles principaux.

Fille précieuse

Poursuivons le recours à l'anecdote pour ne pas endurer le reproche d'écrire une chronique où il n'y aurait "ni sel ni sauge" : c'est ainsi que l'on désigne depuis 1549 un ouvrage insipide. Les expressions "ne sentir ni sel ni sauge" (1640) et "n'avoir ni sel ni sauge" (1690) n'apparurent qu'ensuite pour qualifier des mets mal assaisonnés.

Le sel fut longtemps une richesse et un moyen de paiement (le moderne "salaire" vient de là). Y associer la sauge montre en quelle estime elle était tenue. Quand le calendrier révolutionnaire fut adopté en 1795, novateur certes mais non oublieux du passé, il consacra un jour à la sauge, et pas n'importe quel jour : le 14 juillet.

D'après Paul Sébillot (*Le Folklore de France*), en Saône-et-Loire, quand une jeune fille avait été délaissée par son amant, ses camarades allaient placer clandestinement des branches de saule ou de sauge (encore cette proximité entre les deux plantes) devant la porte de l'abandonnée. Au XVIIᵉ siècle, rapporte Tallement des Réaux, "le sens emblématique de la sauge était compris même dans la haute société : lorsque Lambert le riche eut été évincé par une dame à laquelle il voulait se marier, toutes les dames de l'île Saint-Louis lui envoyèrent des bouquets de sauge." (*Historiettes*, 1861.) Réconfort ou moquerie ? En tout cas, cela ne manquait pas… de sel.

A Toulouse, quatre malandrins furent surpris en train de détrousser des cadavres de victimes de l'épidémie de peste qui sévit de 1628 à 1631, sans paraître incommodés par les miasmes de cette si contagieuse maladie. On leur promit la vie sauve en échange de leur secret, lequel consistait en un remède appliqué sur les mains et sur le visage, passé à la postérité sous le nom de "vinaigre des quatre voleurs". Il résultait de la macération dans du vinaigre durant une dizaine de jours de plusieurs plantes : sauge, absinthe, romarin, lavande, rue…

Ces aromates, jadis associés aux antiques rituels de purification, devinrent alors de communes (et parfumées) protections contre les odeurs délétères et les maladies infectieuses : peste, typhus, choléra… L'usage perdura et au XIXᵉ siècle les bouquets aromatiques, associés à des fleurs comme les roses ou les œillets, prirent une valeur bien plus mondaine. Outre de la sauge (symbole de sagesse et de longue vie), on mettait du basilic (emblème de l'amour), du thym (symbole d'audace), du cerfeuil (symbole de sincérité), des écorces d'agrumes et des pelures de coing dans ces sachets portés sur soi, nommés en Angleterre et dans la bonne société française *tussie-mussie* ou *nose-gay*. Moins poétiquement, ils furent appelés pots-pourris, lorsqu'on les disposa à l'intérieur des maisons.

Elégante et officinale

La sauge officinale est un arbrisseau vivace qui forme un buisson haut de 50 centimètres à plus de 1 mètre. Ses tiges de section carrée, ligneuses à la base, et ses rameaux tomenteux portent des feuilles persistantes ovales et finement dentées, duveteuses en dessous, d'un "gris de sauge", ainsi

La sauge sclarée, d'après Fuchs (XVIᵉ siècle)

que l'on nomme cette nuance de gris-vert cendré. Ses fleurs hermaphrodites bleues, parfois blanches ou violettes, ont deux lèvres, signe de son appartenance à la famille des Labiées. Les fruits sont de petits tétrakènes ovales, bruns et lisses.

La sauge sauvage, très fréquente dans les maquis et les garrigues, se naturalise souvent dans les cultures, surtout dans les vignes. Elle est plus odoriférante que ses formes cultivées qui développent leur végétation au détriment de leur parfum. Les arômes sont citronnés, camphrés, parfois légèrement amers. Plus de six cents espèces de sauge sont répertoriées de par le monde.

• *La sauge officinale* (Salvia officinalis)
C'est l'espèce la plus courante dans les jardins, sous sa forme botanique (appelée sauge franche, grande sauge, salel, serve…) ou représentée par l'un de ses cultivars : 'Prostratus', dont les feuilles ont une nette senteur balsamique ; 'Panachée' ou 'Icterina', aux feuilles mouchetées de vert pâle et de jaune doré, à la saveur douce ; 'Aurea', aux feuilles jaune d'or ; 'Tricolor', aux feuilles vertes bordées de rose-pourpre et de blanc ; 'Purpurascens', à feuilles pourpres ou lavées de rouge, et 'Purpurascens variegata', à fleurs et à feuilles bigarrées de pourpre, de pêche et de rose ; 'Feuille large', variété qui fleurit rarement quand elle quitte les rivages de la Méditerranée ; 'Jaune de Cherbourg', cultivar plus résistant aux climats frais…

• *La sauge sclarée* (Salvia sclarea)
Originaire du bassin méditerranéen et du Moyen-Orient, spontanée en Corse et dans le Midi de la France, appelée localement "orvale", "herbe aux plaies" ou "toute-bonne", elle est parfois bisannuelle, plus souvent vivace. Ses grandes feuilles cordiformes et pointues, velues et rugueuses, dégagent un parfum plus musqué que celui de la sauge officinale (son huile essentielle sert de fixatif en parfumerie). Très mellifère, elle porte en épis de juin à septembre ses fleurs blanches lavées de bleu pâle sur des tiges dressées jusqu'à 1,20, voire 1,50 mètre de hauteur.

• *D'autres sauges méditerranéennes*
La sauge à feuilles de lavande *(Salvia lavandulaefolia)*, originaire d'Espagne, serait la plus ancienne sauge utilisée en cuisine. Bien plus petite que la sauge officinale, la plante est très ramifiée et fleurit de mai à août. Elle est très résistante au froid (jusqu'à -15 °C).

La sauge argentée (*Salvia argentea*, anciennement *Salvia candidissima*), est une plante acaule (sans tige) dont les rameaux et les feuilles disposées en rosette sont couverts d'un épais duvet gris argent, évolution naturelle destinée à filtrer la lumière et la chaleur. Elle donne en juin-juillet des fleurs blanches et se révèle très décorative au jardin d'agrément.

La sauge des prés *(Salvia pratensis)* est très commune en sol calcaire dans les prairies et au bord des chemins ; on en utilise en mai-juin les grandes fleurs d'un bleu foncé presque violacé pour décorer les salades.

Salvia triloba, présente en Sicile et en Crète, possède comme son nom l'indique des feuilles à trois lobes.

Salvia pomifera, indigène dans le sud de la Grèce et dans les Cyclades, a des fleurs bleu violacé dont le calice continue de s'accroître à la fructification. Elle forme des touffes arbustives et dégage un parfum pénétrant. Ses feuilles accompagnent les fèves et les brochettes d'agneau.

• *La sauge élégante, ou sauge ananas*
(Salvia elegans, Salvia rutilans)
Originaire de l'Amérique centrale (Mexique, Guatemala), elle craint le froid. Ses tiges et ses fleurs rouges se dressent jusqu'à 1 mètre de hauteur de septembre à novembre. Ses feuilles pointues et vert foncé, bordées de rouge, ont un parfum marqué d'ananas. Elles aromatisent les salades de fruits, les fromages et la volaille, se servent frites avec de la crème et, en brûlant, désodorisent la maison.

La sauge ananas

• *D'autres sauges "américaines"*
R. L. Stevenson remarqua les prairies américaines "couvertes de sauges" lors de son voyage vers la Californie en 1879 (*La Route de Silverado*, Phébus, 1987). Les buissons de sauge sont un élément essentiel du décor des westerns. Originaires plus précisément du Mexique, ces sauges "américaines" fleurissent à l'automne et en hiver, en décalage

> **FAUSSES SAUGES**
>
> La sauge de Jérusalem *(Phlomis fruticosa)* appartient à la famille des Labiées, qui réunit des herbes riches en arômes comme l'origan, le romarin, le thym et la véritable sauge. Ses feuilles ressemblent à celles de la sauge mais ses fleurs sont très différentes.
>
> La tanaisie *(Tanacetum vulgare,* famille des Composées) était employée en remplacement de la sauge (les deux s'associent bien en tisane). Elle faisait partie des herbes amères consommées pour rompre le jeûne du carême. Le *Ménagier de Paris* (fin du XIVe siècle) donne une recette d'œufs durs à la tanaisie, broyée avec du gingembre dans du vinaigre. On croyait autrefois que "pour rendre un enfant gai et beau" (Platearius), il fallait brûler un faisceau de tanaisie sous son lit.

avec les espèces européennes. La sauge à petites feuilles *(Salvia microphylla, Salvia grahamii)* donne de nombreuses fleurs rose cerise qui se renouvellent de mai à octobre. *Salvia gesnerioefolia,* ou *Salvia fulgens,* porte de grandes fleurs rouge vermillon tout l'hiver. *Salvia iodanta,* aux fleurs couleur fuchsia, et *Salvia sessei,* aux fleurs rouge mat, forment de petits arbres atteignant 2 à 3 mètres de hauteur.

La sauge au jardin

La sauge aime les sols calcaires et les expositions bien ensoleillées et abritées du vent ; elle tolère les terrains caillouteux, mais bien drainés car elle supporte difficilement les excès d'humidité.

Au jardin, la sauge officinale peut voisiner avec le romarin mais ne doit pas être plantée trop près du thym et de la sarriette, qu'elle ferait dépérir. En revanche, sa proximité sera favorable aux rosiers qu'elle protégera contre les insectes et les maladies (la sauge repousse les limaces, les aoûtats, les chenilles, les pucerons et les fourmis). Le mariage sauge-légumes d'été (tomates, concombres, courgettes, aubergines…) profitera à ces derniers car la sauge attire les insectes pollinisateurs. On plante à 50 centimètres en tous sens pour composer un massif ou une bordure, à 70-80 centimètres des autres cultures pour un pied isolé.

La façon la plus simple d'obtenir un nouveau pied de sauge est le marcottage naturel d'une tige. Le sevrage du pied mère se fait en mars-avril et les feuilles du jeune plant peuvent être cueillies en fin d'été. Les sauges européennes se multiplient aussi par division de touffe au printemps, ou par bouturage : on coupe au printemps sur les tiges de l'année des tronçons d'une dizaine de centimètres, on les plante en jauge pour qu'ils racinent et on les transplante en pleine terre à l'automne. Pour les espèces américaines, les boutures sont prélevées en fin d'été, stockées à l'abri pendant l'hiver, puis installées en pleine terre au printemps suivant.

La sauge peut encore être multipliée par semis de graines recueillies à maturité, en août-septembre. Les graines ont une durée germinative de trois à quatre ans. On sème en pots en avril et on repique trois mois plus tard les plants levés au bout de trois semaines. La sauge sclarée peut être repiquée plus vite, dès la fin mai, car elle lève en une à deux semaines. On attend la deuxième année pour commencer la récolte des feuilles qui, auparavant, n'ont pas encore développé tout leur parfum (la première floraison a lieu en cette deuxième année).

La plupart des sauges nécessitent peu de soins : une fumure annuelle apportée au pied et enfouie par griffage superficiel, un binage de-ci de là. On ne leur connaît ni parasite, ni maladie. Les sauges américaines ont besoin d'être arrosées, alors que les sauges méditerranéennes, plus rustiques sous nos climats, supportent bien la sécheresse, excepté les très jeunes plants.

Les sauges américaines, la sauge sclarée et certaines variétés méridionales ('Purpurascens', 'Icterina'…) craignant le froid doivent être rabattues à 10 ou 15 centimètres du sol avant les gelées et leur pied protégé l'hiver avec un lit de feuilles sèches, de la paille ou du compost. La tige et les feuilles de la sauge sclarée se dessèchent en hiver ; la végétation repart normalement au printemps, sauf sous certains climats où elle meurt la deuxième année après la floraison.

La sauge officinale dite "franche" (type botanique non amélioré) conserve son feuillage l'hiver. S'il fait très froid, elle gèle jusqu'au bois mais repart au printemps. Elle repart tellement bien, d'ailleurs, qu'il est conseillé de la tailler en fin d'hiver afin de limiter le développement de la touffe, qui devient vite envahissante (c'est l'occasion de planter de nouveaux pieds à un autre endroit du jardin). Cette taille favorise la venue de feuilles : les tiges plus âgées, en se lignifiant, ne renouvellent plus leur feuillage.

La sauge sclarée peut rester en place deux à trois ans (avec une rotation de trois ou quatre ans), la sauge officinale cinq à six ans et jusqu'à dix ou douze ans quand l'emplacement lui convient (rotation de cinq années). On la cultive aisément sur un balcon, dans une caissette ou une jardinière suffisamment grandes pour qu'elle puisse déployer ses racines pendant plusieurs années. Elle apportera un parfum de garrigue au plus urbain des appartements.

La sauge à la maison

La sauge renferme une huile essentielle, des acides, des vitamines et des sels minéraux. Elle soigne les rhumatismes, facilite la digestion, stimule les capacités intellectuelles. Elle est en outre antiseptique, antisudorale, insecticide, fortifiante, antidépressive, apéritive… Séchées sur des claies ou en bouquets suspendus tête en bas, à l'ombre, à basse température et à l'air libre (la lumière et la chaleur leur feraient perdre la majeure partie de leurs principes), ses feuilles se conservent une année en bocal fermé. Fraîches, les feuilles sont parfois trop amères. Sèches, elles sont plus fortes en goût.

La sauge convient aux personnes diabétiques, et les asthmatiques peuvent en fumer (les non-asthmatiques aussi, quand ils manquent de tabac et qu'ils ne sont pas trop regardants sur le pétun…). Mais son usage est fortement déconseillé aux tempéraments sanguins, aux nourrissons, aux femmes enceintes ou allaitant car elle contient une substance à effet œstrogénique qui mérite un suivi médical. Pierre Lieutaghi rappelle que "l'essence de sauge est très toxique : deux cuillerées à café peuvent tuer un homme" *(Le Livre des bonnes herbes)*. La sauge officinale renferme, comme l'absinthe, de la thuyone, "redoutable poison du système nerveux" ; la sauge sclarée n'en contient pas.

Au jardin ou en promenade, une feuille de sauge frottée sur une piqûre d'insecte en atténue rapidement les effets (on l'employait autrefois contre les morsures de serpent et pour panser les plaies de toute nature). Dans la salle de bains, la sauge règne. Les feuilles séchées, réduites en poudre et appliquées sur la peau, ou bues en vin ou en infusion, limitent la transpiration. On peut aussi s'en servir en lotion comme d'un déodorant – il y a de la sauge dans les dentifrices dits "à l'argile".

Jean-Claude Lamontagne (*Les Plantes aromatiques*, Rustica, 2001) explique comment préparer un bain stimulant avec une infusion ou une décoction de sauge, de menthe, d'aiguilles de pin et de fleurs de jasmin ajoutée à l'eau du bain réglée à bonne température ; une lotion après-shampooing à la sauge et au romarin, pour les cheveux bruns ; et un "after-shave campagnard" obtenu à partir de fleurs d'achillée (une part), de fleurs de lavande (une part), de feuilles de sauge (trois parts) et de feuilles de menthe poivrée (une part) mises à macérer dans de l'alcool de fruits à 45 degrés, avec, "pour les peaux sèches ou irritées, une ou deux cuillerées de glycérine ou d'huile d'amandes douces".

La sauge à la cuisine

Sur ses terres d'origine, la sauge est omniprésente. En Provence, en Languedoc, en Espagne, ses feuilles parfument les plats riches en graisses, notamment la viande de porc, qui se digère ainsi très facilement. En Italie, la sauge aromatise l'eau de cuisson des pâtes, entre dans la préparation du minestrone et de plats à base de veau, comme l'*osso buco* (jarret de veau, os à moelle et riz à la tomate) et les *saltimbocca alla romana*. En Grèce, en Turquie, en Albanie et dans les Balkans, la sauge est la compagne du mouton rôti.

La sauge a également été adoptée par les cuisines d'Europe du Nord. En Angleterre, elle aromatise un fromage : le *sage derby*, et, comme en Flandre, les sauces et la farce des volailles en complément de l'oignon. En Allemagne, elle parfume les saucisses et les jambons, les poissons gras et la marinade des anguilles. Au XIIIe siècle, le Catalan Arnaud de Villeneuve recommandait déjà "de bourrer de sauge l'oie rôtie et le cochon de lait à la broche".

Pour les plats en sauce, on conseille parfois de n'ajouter les feuilles de sauge qu'en fin de cuisson, car le goût en est fort et peut déplaire. Pour les légumes secs (haricots, fèves…), les topinambours et les châtaignes bouillies, on ajoute d'emblée les feuilles à l'eau de cuisson, la sauge ayant le pouvoir de diminuer les gaz intestinaux liés à la consommation de ces aliments.

Les fleurs se consomment en condiment des salades et en infusion. Les feuilles se préparent en beignets, parfument la confiture de pastèque. Les plus jeunes et les plus tendres, ciselées comme on le fait du persil ou du cerfeuil, relèvent les pâtes, les purées de pommes de terre et les assiettes de crudités. Les feuilles de sauge ananas communiquent leur saveur aux salades de fruits et aux compotes de pommes.

• *Minestrone*

> *2 poireaux ; 3 tomates ; 2 carottes ; 1 oignon ; 1 cœur de céleri ; 2 gousses d'ail ; 100 g de riz ; 2 tablettes de bouillon de poule ; 2 cuillères à soupe d'huile d'olive ; 2 feuilles de sauge ; 1 brin de thym ; 1 brin de romarin ; 10 feuilles de basilic ; 250 g de parmesan râpé ; sel ; poivre.*

Laver les poireaux, conserver le blanc et le premier tiers du vert, couper en petits tronçons. Plonger les tomates dans de l'eau bouillante, les peler et les écraser en purée. Éplucher les carottes et l'oignon, les couper en rondelles. Laver le cœur de céleri et le couper en petits morceaux. Faire chauffer l'huile d'olive dans un faitout. Y jeter les poireaux, les carottes, l'oignon et le céleri et faire dorer une dizaine de minutes à feu doux. Ajouter la purée de tomates et l'ail pilé. Verser 1,5 litre d'eau. Ajouter le bouillon de poule, la sauge, le thym, le romarin et le basilic. Saler, poivrer. Couvrir et faire cuire 20 minutes. Ajouter le riz et laisser cuire encore 25 minutes. Servir chaud accompagné du parmesan.

• *Rôti de veau à l'ananas et à la sauge ananas*

> *1 rôti de veau de 1,2 kg ; 4 rondelles d'ananas (environ 1 demi-boîte) et le jus ; 1 petit piment ; 35 cl de vin blanc sec ; 1 petit verre de rhum ; 6 feuilles de sauge ananas ; 6 cuillères à soupe d'huile d'olive ; sel ; poivre.*

Dans un plat creux, placer le rôti avec l'ananas et le piment, mouiller avec le jus d'ananas, le rhum et 3 cuillères d'huile d'olive. Laisser mariner pendant 1 à 2 heures (tourner le rôti plusieurs fois pour qu'il s'imprègne bien). Dans une cocotte, faire chauffer le reste d'huile d'olive, mettre le rôti à dorer, saler et poivrer. Verser la marinade sur le rôti, ajouter le vin blanc et les feuilles de sauge ananas. Couvrir et laisser cuire 1 heure. Enlever le couvercle et cuire encore un quart d'heure pour que la sauce réduise. Servir avec un chablis ou un bourgogne aligoté.

• *Vin de sauge*

> *80 g de feuilles de sauge ; 1 l de vin rouge ; sucre en poudre.*

Choisir un vin rouge "de garrigue" bien aromatique : patrimonio de Corse, gigondas ou vacqueyras de Vaucluse. Mettre les feuilles de sauge dans le vin et laisser macérer pendant une semaine. Filtrer. Ajouter éventuellement du sucre, selon le goût désiré. Boire chambré l'été, chaud l'hiver, mais avec modération (c'est un tonique). On peut remplacer le vin rouge par du porto ou un vin doux naturel (banyuls, rasteau…).

Le thym et la sarriette

Jérôme Goust

INTRODUCTION

*Mais, puisqu'au lieu de lire un livre de crétin,
J'aime à sentir au bois les muguets et le thym.*

Le thym a su inspirer ces vers à un poète aussi prolixe que Théodore de Banville (dans ses *Odes funambulesques* de 1857), c'est que depuis des millénaires il a toujours été un fidèle compagnon de l'homme.

Un compagnon simple et bien frugal, comme sa cousine la sarriette. Et si l'omniprésence du premier dans la cuisine et la médecine a maintenu la seconde dans l'ombre, leurs origines respectives sont toutes deux divines. Ce n'est pas le moindre paradoxe que de voir le thym faire le vertueux alors que sa modeste cousine n'a gardé comme image que celle d'une débaucheuse... Le thym des purs contre la sarriette des satyres ? Nous allons découvrir ensemble que ce n'est pas aussi simple, que la longue histoire de leurs rapports avec les hommes (et les dieux) leur a largement fait mériter une bonne place dans nos cultures – fussent-elles de simples potées sur l'appui des fenêtres – et que nos tables et nos cuisines méritent de sortir la sarriette de l'oubli et le thym des chemins battus d'un triste bouquet garni.

Avant de vous plonger dans cette histoire, rassurez-vous : l'écriture de ces pages n'a pas plongé leur auteur dans le cruel dilemme du poète, accroché au thym comme à une bouée :

*Au lieu de respirer au bois l'odeur du thym
Comme un noyé blême à qui nul ne tend la perche,
Enfoncé dans sa nuit, l'homme de lettres cherche
Les traits spirituels et la transition.*
        Théodore de Banville, "L'Année cruelle",
        Dans la fournaise, 1878.

Foin de tout cela... Pour le bonheur de la plume et des sens, allons tous lire et écrire dans le thym (et la sarriette) !

I. HERBES DES DIEUX ET DES HOMMES

Les mythes fondateurs

Dans la mythologie grecque, sarriette et thym puisent tous deux leurs origines dans les histoires très emmêlées de la famille olympienne. Et leurs liens de parenté sont aussi étroits et compliqués que ceux des dieux qui ont présidé à leurs naissances. En attendant de les confronter à la botanique et à l'étymologie, contentons-nous pour commencer de raconter ces mythes originels.

A tout seigneur tout honneur, le thym est le mieux nanti en la matière, riche de plusieurs légendes.

La plus connue nous raconte que les pieds de thym seraient nés des larmes versées par la belle Hélène ; ce serait l'*helenium* dont parle Pline au livre XXI de son *Histoire naturelle*. On connaît cependant plusieurs versions de cette origine, qui se recoupent et que nous allons essayer de démêler ensemble.

Une première version raconte qu'après que Phèdre s'est pendue, Thésée se rend à Sparte et enlève Hélène, fille de Zeus et sœur des Dioscures (Castor et Pollux). Ces derniers, après moult aventures, retrouvent leur sœur, la délivrent et ravagent l'Attique. Ce sont les larmes versées par Hélène devant son pays dévasté qui auraient donné naissance au thym. C'est plus tard, de retour à Sparte, qu'Hélène épousa Ménélas puis fut enlevée (consentante) par Pâris, ce qui déclencha la guerre de Troie.

Une seconde version prétend qu'après la destruction de Troie, Hélène, avec ou sans Ménélas selon les sources, connut de nombreuses péripéties avant de retrouver ses foyers *(sic)*. Elle se serait ainsi retrouvée en Egypte à la cour du roi Thon (ou Thomis) qui ne manqua pas, bien sûr, de courtiser la belle. Voyant cela, l'épouse du monarque, Polydamna, relégua Hélène sur l'île de Pharos, à l'embouchure du Nil. Or l'île était infestée de serpents. Pour certains, Hélène, lorsqu'elle se serait retrouvée sur cette île bien peu hospitalière, aurait versé les larmes dont naquit le thym ; pour d'autres, le thym lui aurait été donné pour se protéger des serpents – soit par Polydamna, soit par le roi. Tous deux, dans cette légende, sont réputés avoir ainsi enseigné la médecine à Hélène.

Les auteurs grecs – Euripide, Hérodote – donnent encore d'autres versions des aventures d'Hélène.

Un autre mythe est parfois mis en avant pour expliquer les origines du thym : celui de la gigantomachie, la guerre des Géants contre les dieux. Les Géants (du grec *gegeneis*, nés de la Terre) ont été enfantés par Gaïa (la Terre), fécondée par le sang qui coulait des organes génitaux de son époux Ouranos, tranchés par leur fils Cronos, lui-même père de Zeus. Lorsque Zeus eut vaincu les Titans (également fils de Gaïa), il les enferma dans le Tartare, abîme souterrain. Voyant cela, Gaïa décida de dresser ses autres fils, les Géants, contre Zeus et sa cour olympienne. Ceux-ci partent donc en campagne contre l'Olympe, et depuis la côte thrace, ils projettent vers les cieux rochers et arbres enflammés. Du fait de leur origine divine, les Géants, même s'ils n'étaient pas des dieux, ne pouvaient mourir de la main d'un dieu, mais devaient être tués par la conjonction des dieux et des hommes. Pour résoudre ce problème, Zeus s'unit (une fois de plus !) à une mortelle pour engendrer Héraclès (ce bon vieil Hercule)... L'action du héros et des dieux causa la mort d'un certain nombre de Géants, et la débandade des autres, dont le Géant Encelade, sur lequel la déesse Athéna (la Minerve des Romains) lança une roche qui l'ensevelit sans le tuer. Cette roche devint la Sicile sous laquelle a disparu Encelade... et c'est son haleine de feu qui fournit régulièrement les flammes de l'Etna. Mais une autre version signale qu'Athéna écrasa Encelade et le transforma en une plante : le thym. Les querelles des familles modernes sont bien peu de chose face à ces démêlés sanglants.

Quant à la sarriette, son principal mythe originel est assez simple : il est lié aux satyres. Comme chacun sait, ces derniers étaient (sont ?) des démons de la nature, pourvus d'une longue queue. Le haut de leur corps était celui d'un homme barbu (et souvent cornu) et le bas, celui d'un cheval ou d'un bouc... et leur membre viril était perpétuellement dressé – phallus aussi imposant que ceux des ânes, montures des satyres dans le cortège de Dionysos. Les satyres passaient une bonne partie de leur temps à pourchasser les nymphes. C'est ainsi qu'apparut la sarriette. La nymphe Laura se plaignait des performances insuffisantes du satyre

> **PETIT AVERTISSEMENT**
>
> Il est un vocable antique dont on ne sait toujours pas, des dizaines de siècles plus tard, si on doit le rattacher à la sarriette ou au thym : c'est le *thymbra* des Grecs, dont parlent Dioscoride et Pline. Il semblerait s'agir d'une plante pourvue de deux noms botaniques (*Satureia capitata* L. et *Thymus capitatus* Hoffm. Link.), et appelée sarriette en tête, thym en tête, ou encore thym crétois. Il nous faut donc être très prudent pour parler des usages antiques : nous n'attribuerons avec certitude tel usage, tel effet ou telle prescription à l'une ou à l'autre plante qu'à partir des époques postromaines. Pour la partie antique, nous reprenons donc, au bénéfice du doute, les noms habituellement utilisés par les historiens.

Anos qui officiait au bois sacré du mont Olympe. Celui-ci se lamentait de ses manques... Dionysos lui offrit "l'herbe du bonheur". Anos en consomma, et retrouva toute sa puissance sexuelle. Et si les satyres n'avaient d'abord été que des êtres difformes et impuissants, que narguaient les nymphes, et que le don de cette herbe par Dionysos aurait transformés en objets sexuels antiques... Certains disent même que la couronne qui orne le front du dieu est faite de sarriette, et non de myrte comme on l'admet habituellement.

Avec les satyres, les origines de la sarriette rejoignent celles du thym. Pour le vérifier, reprenons l'histoire de Dionysos, fruit d'une des nombreuses faiblesses de Zeus pour une belle mortelle, et victime de l'épouse ô combien outragée du roi des dieux. Fuyant la vengeance d'Héra, Dionysos fut transformé par son père en chevreau ; plus tard, ayant repris son apparence, il gagne l'Inde qu'il conquiert. Et c'est à ce moment de ses aventures qu'apparaît le cortège de Dionysos, avec le dieu sur son char traîné par des panthères (ou des léopards) et entouré des satyres et des bacchantes. Comme les autres dieux, Dionysos fut mis à contribution par Zeus lors de la gigantomachie, et tua (avec l'aide d'Héraclès) le Géant Eurytos. La fuite des Géants rescapés fut provoquée par le braiment des ânes que chevauchaient les satyres... et c'est ainsi qu'Athéna transforma Encelade... en thym.

A travers ces mythes entrelacés, nous retrouvons toute l'histoire de nos deux plantes, histoire d'autant plus emmêlée que l'on ne sait pas toujours de quelles plantes appartenant aux genres botaniques actuels *Thymus* et *Satureia* parlent les ouvrages anciens, telle espèce de sarriette étant parfois considérée comme un thym, et vice versa.

Il faut d'ailleurs remarquer que ces problèmes d'identification sont bien plus larges puisque dans sa traduction de Pline, Jacques André accompagne l'assimilation courante de l'*helenium* de Pline au thym de commentaires : il reprend un article de S. Amigues, dans le *Journal des savants*, qui aurait montré qu'il ne pouvait s'agir du thym mais plus probablement de l'ivette musquée, de la santoline ou de l'aunée. Quant aux liens entre la sarriette et la puissance sexuelle, nous aurons l'occasion de les explorer plus en détail ultérieurement.

Quoi qu'il en soit, ces mythes fondateurs jouent pleinement leur rôle, et on y reconnaît tous les attributs dont l'histoire, la religion et la médecine dotèrent chacune de ces herbes au fil des siècles. On y retrouve ainsi la hiérarchie entre un thym qui joue les premiers rôles et une sarriette effacée... et l'on pourrait même émettre l'hypothèse que cela rend compte d'un destin à deux niveaux : celui, divin, du thym fort, puissant et reconnu ; et celui, plus humain, de la sarriette des satyres, qui ne serait que la version humble d'une herbe à double face.

Des dieux aux hommes

Ainsi données aux hommes, ces plantes allaient vivre leur(s) histoire(s) terrestre(s).

L'usage du thym est attesté en Mésopotamie deux mille ans avant Jésus-Christ : des tablettes du grand chef de la cuisine royale du palais font état de l'utilisation de condiments tels que la moutarde, le cumin, le thym, la coriandre, le fenouil ou encore le gingembre. Le thym figure ainsi parmi les deux cent cinquante substances végétales, animales ou minérales présentes dans le livre de Campbell Thomson (1924) sur la pharmacopée et les plantes médicinales mésopotamiennes.

A Rome, le thym faisait partie des offrandes que les prêtres dédiaient aux nymphes et à Vénus, et seules les vierges avaient le droit de le cueillir à cet effet.

Les manuscrits du Moyen Age donnent des indications variables sur la culture et l'utilisation des plantes aromatiques, remarquablement décryptées et mises au clair par les travaux de Claude-Charles Mathon et son équipe du laboratoire d'écologie et de biogéographie de l'université de Poitiers. La plus ancienne référence est le plan établi par saint Théodore de Tarse au VIIe siècle pour les monastères bénédictins, dit "plan de Canterbury". La liste des plantes

> ### LE LIT DE LA VIERGE
>
> Dans les Flandres, on appelle le serpolet *onze-lieve-vrouw-bedstroo*, c'est-à-dire "paille du lit de Notre-Dame". Cela correspond à la légende suivante : sainte Anne, mère de Marie, n'avait qu'une couche dure pour installer son enfant. Ayant trouvé du serpolet, elle décida donc de coucher Marie sur ce lit végétal doux, moelleux et odorant… où l'on peut espérer que la future mère du Christ s'endormit d'un sommeil d'ange…

figurant sur ce plan n'a pas été conservée, mais on sait qu'un tel plan était conçu quasiment comme une règle à reproduire dans les monastères de même juridiction. C'est ainsi qu'on a retrouvé sa composition dans le plan de l'abbaye de Saint-Gall en Suisse (IXe siècle), qui l'avait recopié. Seule y figure la sarriette *(Santa regia)*. Elle est également seule dans le capitulaire *De villis imperialibus* de Charlemagne. On considère souvent à tort ce capitulaire comme un texte de loi ; or il ne s'agit que d'une ordonnance aux intendants des domaines impériaux quant aux plantes qu'ils devaient y cultiver. Les quatre-vingt-huit plantes qui y figurent sont représentatives des cultures de l'époque, à usage alimentaire, médicinal ou domestique (textile, hygiénique…). Mais le fait de figurer dans le capitulaire ne constitue en aucun cas une distinction honorifique, comme pourraient le faire croire certaines affirmations.

La sarriette est encore seule dans le calendrier du *Courtil du Ménagier parisien*, écrit vers 1393. La grande peste avait décimé l'Europe quarante-cinq ans plus tôt, et le "bourgeois parisien" auteur de ce *Ménagier* l'écrit lors d'une relative accalmie de la guerre de Cent Ans, alors que la folie de Charles VI se révèle.

Pourtant, dès le XIIe siècle, nos trois plantes – sarriette, serpolet et thym – avaient été réunies dans les textes de sainte Hildegarde de Bingen, mystique et bénédictine. Elle fonda les monastères de Rupertsberg (en 1147) et d'Eibingen (en 1165), dont elle fut l'abbesse, et fut, avec saint Albert le Grand, une grande rédactrice. Ses textes, qui recensent des plantes utilisées mais pas forcément cultivées, nous donnent une bonne idée des pratiques alimentaires et médicinales de son époque. On y retrouve donc *Quenula* (le

La sarriette, d'après une gravure ancienne

serpolet), *Satereia* (peut-être la sarriette des jardins ?) et *Thymo* (le thym).

Une autre référence commune aux trois plantes est le *Liber ruralium commodorum* de Pierre de Crescens (1305), connu en français sous le titre de *Livre des profits champêtres*. La sarriette, le serpolet et le thym y figurent respectivement en février, en avril et en octobre.

Mais les herbes aromatiques ont aussi marqué leur place dans l'histoire de diverses façons – tel le thym, par exemple, dans la chevalerie : "Au Moyen Age, les dames avaient l'habitude de broder, sur l'écharpe d'un chevalier, une abeille bourdonnant autour d'une branche de thym. Cet emblème avait pour objet de recommander à celui qui le portait l'activité jointe à la douceur, et la dame qui octroyait le don de l'écharpe demeurait bien convaincue que le chevalier ne serait point parjure à l'engagement qui lui était imposé de cette manière." (A. de Chesnel.) Le port de l'écharpe de sa dame était une tradition chevaleresque lors des tournois : chaque combattant faisait ainsi publiquement l'offrande de son courage ; et c'est bien naturellement que cette tradition s'est perpétuée lors des départs en croisade.

En Provence, le thym est une plante des collines et des montagnes... En 1848, les démocrates provençaux l'adoptèrent comme emblème de la République démocratique, en référence à la Montagne et aux incorruptibles de la grande révolution.

La poésie du thym

Si les herbes aromatiques sont réputées pour parfumer à l'envi les plats les plus simples, les poètes et écrivains de tous les temps ont également eu souvent recours à elles.

Le thym, le serpolet, la sarriette, sous leur nom officiel ou sous leurs différents noms populaires ou locaux, sont tous en littérature synonymes de campagne, de fraîcheur et de légèreté. Et dans ce domaine comme dans tous les autres, le thym l'emporte largement, alors que les références à la sarriette demeurent beaucoup plus rares.

La littérature enfantine associe bien évidemment le thym aux lapins, comme cette histoire de *Serpolet Cornillon, lapin de garenne* qui raconte avec tendresse aux tout-petits la vie d'un lapereau dans son milieu naturel, ou cette comptine de Maurice Carême :

Le thym, d'après une gravure ancienne

Mon petit lapin
N'a plus de chagrin.
Il parle aux oiseaux
Et il vit tout haut
dans l'ache et le thym.

ou encore cette ronde enfantine de Provence :

Planton la farigoulo
Su la mountagno... Appara !
Fasen la farendoulo
E la mountagno flourira !

Les auteurs se sont abondamment servis du thym pour dépeindre une nature aimable tout autant que sauvage. De cette nature, le thym symbolise bien des plaisirs : calme, fraîcheur, chant des oiseaux... Ainsi Théophile de Viau (1590-1626), qui à la fin de la Renaissance connut le succès par ses élégies au ton précieux :

La ruche de la "diligente avette"

> *Déjà la diligente avette*
> *Boit la marjolaine et le thym*
> *Et revient riche du butin*
> *Qu'elle a pris sur le mont Hymette.*

Metteur en scène d'une nature où les plantes et les animaux parlent "humain", La Fontaine ne pouvait les éviter, comme dans la fable "Le Jardinier et son Seigneur" :

> *Là croissait à plaisir l'oseille et la laitue,*
> *De quoi faire à Margot pour sa fête un bouquet,*
> *Peu de jasmin d'Espagne, et force serpolet.*

Rousseau, chantre d'une nature fantasmée, n'a pas manqué lui non plus de citer le thym dans ses *Rêveries d'un promeneur solitaire* :

> "Mais une de mes navigations les plus fréquentes était d'aller de la grande à la petite île [...], tantôt m'établissant au sommet d'un tertre sablonneux couvert de gazon, de serpolet, et très propre à loger des lapins."

Les poètes romantiques et leurs successeurs lui ont emboîté le pas :

> *Dans les sentiers pierreux qui mènent à la mer,*
> *Rassasiés de thym et de cytise amer,*
> *L'indocile troupeau de chèvres aux poils lisses*
> *De son lait parfumé va remplir les éclisses.*
>   Leconte de Lisle, "Thestylis", *Poèmes antiques*, 1862.

> *Nous reposerons, la course assouvie,*
> *Dans le serpolet, le baume et le thym.*
>   Emile Augier, *Départ*, musique de Charles Gounod.

Verlaine en fait le symbole de l'aube dans *La Bonne Chanson* :

> *Avant que tu ne t'en ailles,*
> *Pâle étoile du matin,*
> *Mille cailles chantent, chantent dans le thym.*

Plus près de nous, le thym et la sarriette symbolisent la Provence, ses garrigues et ses troupeaux... tout l'univers de Jean Giono :

> "On avait étendu la litière des enfants : une craquante épaisseur d'herbes sèches ; ils étaient là dessus tout nus,

---

LA SARRIETTE D'ÉMILE ZOLA

1843 : Emile Zola a trois ans, son ingénieur de père passe un traité avec la municipalité d'Aix-en-Provence pour la construction d'un canal destiné à alimenter la ville en eau. La famille quitte alors Paris, et c'est le début d'une enfance provençale puisque Zola ne retournera à Paris qu'à l'âge de dix-huit ans. Est-ce dans la campagne aixoise qu'il s'imprégnera des images et des odeurs de terre et de corps que l'on retrouve dans son œuvre ? En tout cas, c'est sans doute en souvenir de son enfance qu'il baptisera Sarriette une petite vendeuse de fruits du *Ventre de Paris* (1873) :

"La Sarriette était adorable, au milieu de ses fruits avec son débraillé de belle fille. Ses cheveux frisottants lui tombaient sur le front, comme des pampres. Ses bras nus, son cou nu, tout ce qu'elle montrait de nu et de rose, avait une fraîcheur de pêche et de cerise. [...] Elle sentait aussi la tête lui tourner, en juillet, par les après-midi brûlantes, lorsque les melons l'entouraient d'une puissante odeur de musc. Alors, ivre, montrant plus de chair sous son fichu, à peine mûre et toute fraîche de printemps, elle tendait la bouche, elle inspirait des envies de maraude. C'était elle, c'étaient ses bras, c'était son cou, qui donnaient à ses fruits cette vie amoureuse, cette tiédeur satinée de femme."

La sarriette

à se vautrer [...] et, sous le poids de leurs gestes, jaillissaient des odeurs de sarriette et de citronnelle."
Le Serpent d'étoiles, 1934.

Toute cette atmosphère sensorielle et sensuelle est concentrée dans la chanson de Guy Béart *L'Eau vive*, qui accompagne un film tiré d'un autre roman de Giono :

Venez, venez,
Mes chevreaux, mes agnelets,
Dans le laurier
Le thym et le serpolet.

A travers tous ces textes, nos herbes se révèlent profondément liées aux cinq sens : spectacle de la nature, senteurs matinales, saveurs du butinage, toucher d'un corps allongé dans le thym, musique des insectes ou du feuillage...

II. POUR MIEUX CONNAÎTRE LE THYM ET LA SARRIETTE

Thym et sarriette sont de proches cousins. Si les types actuellement cultivés sous nos cieux sont faciles à déterminer et à reconnaître, les confusions portent plus sur les temps anciens, au point qu'on ne sait pas si certaines appellations antiques s'appliquent aux ancêtres de l'un ou de l'autre.

Nous réserverons bien sûr au chapitre consacré à leur culture la description des espèces, variétés et types actuellement disponibles pour les jardins et les balcons.

La reconnaissance des espèces

La première étape de notre enquête sera la description des espèces courantes dans notre pays. Comme il s'agit de plantes présentes depuis des millénaires sous nos climats, nous prendrons pour référence la grande flore de Gaston Bonnier, dans son édition de 1934.

Le thym et la sarriette appartiennent tous deux à la famille des Labiées, dont on a décrit 2 700 espèces, réparties sous tous les cieux et tous les climats. Elle constitue un des gros bataillons des plantes aromatiques : basilic, hysope, lavande, mélisse, menthe, romarin, sauge sont les cousins les plus connus des thyms et des sarriettes.

Les Labiées se caractérisent par des fleurs irrégulières, à pétales soudés entre eux, sauf vers le haut où ils forment des lèvres qui ont donné leur nom à cette famille botanique. Leurs feuilles sont souvent couvertes de poils glanduleux, plus ou moins visibles, qui contiennent les essences aromatiques.

Feuille de sarriette

Le genre *Thymus* regroupe 42 espèces poussant dans les régions tempérées de l'hémisphère nord. Ce sont des plantes vivaces très rameuses, à petites feuilles entières et parfumées, avec de petites fleurs pourpres, roses, ou plus rarement blanches. On compte en France deux espèces indigènes.

Thymus vulgaris est notre bon vieux thym des garrigues ou des jardins. Il pousse spontanément sur les coteaux secs et arides du Midi. C'est un sous-arbrisseau de 30 à 50 centimètres de haut, touffu, aux tiges très ligneuses, aux feuilles petites, sans pétiole. Les tiges ne produisent que rarement de façon naturelle des racines adventives. A l'état sauvage, on rencontre le thym sur les terres calcaires. Bonnier ne décrit qu'une seule sous-espèce pour la France.

Thymus serpyllum est le serpolet, sous-arbrisseau à rameaux couchés et presque toujours pourvus de racines adventives pouvant prendre naissance en tout point des tiges. On le trouve sur tous les terrains. Les serpolets se

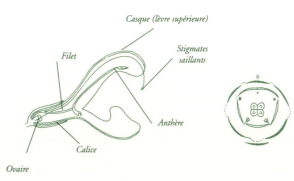

Une fleur de Labiée

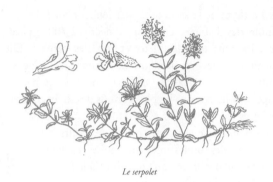
Le serpolet

répartissent en deux races (ou sous-espèces) et quinze variétés, dont Bonnier cite les plus intéressantes : *chamaedrys* (thym petit chêne) ; *ovatus* (à feuilles ovales), *pannonicus* (thym de Hongrie, entièrement velu et blanchâtre) ; *dolomiticus* (des Causses et des Cévennes) ; *lanuginosus* (thym laineux) ; et *angustifolius* (à feuilles étroites).

Ainsi, nombre de plantes que nous appelons "thym" appartiennent en fait à l'espèce "serpolet", comme le thym citron qui est en fait une variété horticole de serpolet, formant des boules de petites feuilles rondes et odorantes.

Mais l'on retrouve aussi d'autres plantes dans la littérature botanique sous le nom de "thyms". Les anciens distinguaient souvent un thym blanc et un thym noir ; or l'on retrouve sous le nom de thym blanc la germandrée des montagnes, une autre Labiée. Et certains appellent "thym de crapaud" l'orpin d'Angleterre *(Sedum anglicum)*.

Le genre *Satureia* (sarriette) comprend quinze espèces localisées dans le Sud de l'Europe, le Sud-Ouest de l'Asie et le Nord de l'Afrique. Deux d'entre elles, aux différences bien marquées, sont communes chez nous.

Satureia hortensis est la sarriette des jardins. C'est une plante annuelle qui peut atteindre 40 centimètres (25 centimètres à l'état sauvage), aux feuilles étroites, non luisantes et non coriaces, vert grisâtre ou rougeâtre. Elle croît spontanément dans les endroits secs et sablonneux ou dans les terrains pierreux du Midi. C'est une plante à tige non ligneuse, dressée, à rameaux nombreux et allongés, couverts de petits poils.

Satureia montana est la sarriette des montagnes (ou sarriette vivace). Elle forme de petites touffes vivaces très rustiques, à tige ligneuse, à petites feuilles ovales-allongées, pointues à leur extrémité, coriaces et luisantes. Elle pousse spontanément sur les coteaux arides et les rochers du Midi de la France, préférant les terrains calcaires.

Mais on rencontre aussi dans nos régions d'autres espèces de sarriette rattachées selon les auteurs au genre *Satureia* ou à l'un de ses voisins – *Thymus* et *Calamintha* en particulier : *S. acinos, S. alpina, S. graeca (angustifolia)*…

De l'origine des noms aux formes populaires

A travers les siècles et les lieux, les noms des plantes jouent un ballet parfois compliqué, dont rendent compte d'érudits ouvrages comme le *Dictionnaire historique de la langue française*. La *Flore populaire* d'Eugène Rolland, sous-titrée *Histoire naturelle des plantes dans leurs rapports avec la linguistique et le folklore* (1896-1914), nous permet de faire pour chacune de nos herbes le tour des appellations, dictons et expressions où elles figurent. Comme ce sont des plantes populaires, leurs appellations sont nombreuses : certaines dérivent du nom officiel, d'autres en sont fort éloignées ; on peut généralement les regrouper en plusieurs catégories.

• *La sarriette, ou poivre d'âne*
Le mot "sarriette" est un diminutif des formes de l'ancien français *sarriee* (XIIe siècle), *sarrie* ou *serrie* (vers 1290), dérivées du latin *satureia*.

On a vu que l'origine légendaire de la sarriette faisait référence aux satyres, d'où proviendrait ce mot *satureia*. Cette origine étymologique est controversée : P. Fournier rattache *satureia* à *satura* qui désigne un ragoût – ce qui serait cohérent avec l'usage alimentaire très ancien de la plante et ses propriétés digestives.

On retrouve aussi les formes *saturee* (XIIIe siècle) et *saturige* (1611), très proche de l'italien *santoreggia*, et même "cendrée sauvage" (1551). Au Nord de la Loire, on trouve le mot "saveur" (Pelletier, 1752), qui aurait désigné au Moyen Age un assaisonnement en général.

Les mots s'égarent parfois, comme le rapporte la Société d'études du

> ## LA SARRIETTE ET LA SARRETTE
>
> La sarriette ne doit pas être confondue avec la sarrette ou serrette, définie par le dictionnaire Littré comme une "plante vivace à fleurs composées qui fournit une couleur jaune assez solide". Il s'agit de *Serratula tinctoria* (la serratule des teinturiers, encore appelée sarelle ou serelle), qui appartient à la famille des Composées ou Astéracées. L'article 2 du règlement sur les manufactures d'août 1669, concernant les teinturiers en soie et fil, énonce que "les verts bruns seront alunés, gaudés avec la gaude ou sarrette, et passés sur une bonne cuve d'inde" ; et les instructions générales sur la teinture des laines du 18 mars 1671 (art. 25) rappellent qu'"il se fait encore une troisième sorte de jaune avec la sarrette et genestrolle". La confusion entre sarriette et sarrette se retrouve à cette époque dans le tarif du 18 septembre 1664 (erreur de rédaction ou d'impression ?) : "Herbes de sarriette servant à la teinture, le cent paiera..."
>
> Quant au dictionnaire de l'Académie de 1762, il parle de "serette" : "Plante qui se plaît dans les prés. [...] La décoction de cette plante est propre à nettoyer et fermer les ulcères. Du latin *seira*, scie, à cause de la forme dentée des feuilles." La confusion entre les deux plantes est ici évidente.
>
>
> *Fleur de sarriette*

thym citron ?), garde-robe (contre les mites ?), petit cyprès, herbe de Saint-Julien...

Cette multitude de variantes populaires se retrouve dans des noms de lieux comme La Sarriette (Eure-et-Loir), Le Savourey (Eure), ou diverses localités suisses – Le Savoret, La Saveure, Plan Savouyreux... Les patronymes sont aussi concernés : Savourey, Savouré rappellent la sarriette.

• *Le thym, ou farigoule*
Le mot "thym" apparaît en vieux français sous la forme *tym* au XIIIe siècle, puis sous la forme actuelle en 1538. Le mot est emprunté au latin *thymus*, lui-même issu du grec *thumon*.

On trouve dans ce mot grec une double origine : d'une part *thuos*, parfum, bois qui répand une odeur agréable quand on le brûle, d'où dérivera le mot "thuya" ; d'autre part *thuô (thuein)*, "offrir un sacrifice aux dieux". Ces deux origines viendraient de la racine indo-européenne *dhu-*, "faire brûler, fumer". A un accent près, c'est le même mot qui désigne en grec l'âme, le souffle, le cœur ; comme si la fumée odorante était assimilée à l'âme montant vers les dieux.

Les noms populaires locaux se regroupent en plusieurs familles : les "légitimistes", autour de "thym" : thimi, tim, tênne (Ribécourt), tègn (Nord), tinns (Rennes), ta (Somme), athon (Saintonge) ; les méridionaux, autour de "farigoule" : ferigola (Nice), ferigolo, faligro, frigoleta, frizeto (Gers), tous localisés sur des terres de langue d'oc ; les "condimentaires", où l'on retrouve l'idée d'une parenté avec le poivre, comme pour la sarriette – pébérine (Béarn), pimêtt (Aveyron), pimbou, pimon – ou encore la notion d'herbe aromatique : èrbos finos, èrbos primos (Gers), mignotise (Suisse), feyottes (Nièvre), santibon (Lorraine, Franche-Comté), sintabon (Berry), ouez vad ("bonne odeur", Guingamp)... Le *Livre de la ferme* (vers 1880) signale qu'en Bourgogne, on ne connaît le thym que sous le nom de piment ; enfin, les "originaux" : branou, branete en Béarn, dérivés de brane (la bruyère), parce que les branches de thym lui ressemblent ; munedic ("petit, menu") dans les Côtes-d'Armor.

En Provence, un terrain où pousse le thym est appelé ferigoulié, ferigouliero, frigoulouss, frioulass – ce que l'on retrouve dans divers noms de hameaux ou de localités : Le

Lot en 1891 avec la forme *salotréjo* ou *salotrétyo* – "sale-truie", parce que l'herbe sert à saler la truie ! – ou cette surprenante Sainte-Henriette relevée dans l'Orne à Francheville.

Mais la sarriette a encore bien d'autres noms. Ainsi certains nous renvoient à son goût poivré : "poivre d'âne", dit-on en provençal – *pebre d'aze*, *péouré d'aze* –, *pevrèl* ou *pourèl* plus au nord, dans les Vosges. Dans d'autres régions, on fait référence à son usage : herbe aux pois ou aux fèves, herbe à pé (dans le canton de Vaud). On relève encore aurone femelle, citronnelle (par confusion avec le

Le serpolet, d'après une gravure ancienne

Frigolet, Le Frigoulet, Les Fergoulets, Cap Frisolet, Frigoulon, Ferrigola, La Friguière…

• *Le serpolet, ou herbe rampante*
Le mot "serpolet" est attesté avant 1525 en provençal. C'est un diminutif du nom *serpol* (XIIIe siècle), qui provient du latin classique *serpullum* (ou *serpillum*), lui-même emprunté au grec, et dérivé de *herpein*, "ramper, glisser". Ces mots se rattachent à la racine indo-européenne *ser-*, "aller, couler", qui a donné "sérum", présente en sanscrit avec *sarpati* ("il rampe, se glisse") et en latin avec *serpere*, d'où vient "serpent".

Rolland ne consacre pas moins de sept pages à sa compilation des noms du serpolet : les "classiques" tournent autour du mot "serpolet", adapté localement – sarpol, cherpoulètt (Aveyron), serpoualô (Rennes), tsarpouyé (Allier), sércouyou (Maine-et-Loire), spouler (Seine-et-Oise)… D'autres sont plus troublants, puisqu'ils sont construits autour de "polet", et qu'on peut aussi y voir un rapprochement avec la menthe pouliot, qui a certains caractères communs avec le serpolet (morphologie, goût pour les sols tassés ou rocailleux...), mais qui aime l'humidité alors que le serpolet préfère le sec. On trouve ainsi thym pouilleux (Wallonie), poulyeu (Vosges), pouleto (Corrèze), poliot sauvage, poujeu de bique, pouillot femelle, pulegi-ferigoulo (chez Mistral). Les noms "poivrés" existent aussi, comme pour le thym et la sarriette : pébriano (Cévennes), pévréla (Nice), pébrilhou (Corrèze), piman (Côtes-d'Or)… Et l'on retrouve toujours les rattachements au thym : thym sauvage, thym rouge, faux thym, thym de berger, farigouleto ou frigouro, tin-lann ("thym des landes" en breton), ou à la sarriette avec saourea – mais aussi marjolaine au loup, marjolaine bâtarde.

Un lieu couvert de serpolet est appelé serpolière (Dauphiné), serpouretègne dans les Pyrénées, où l'on trouve des lieux nommés Le Sarpouret ou Sarpourenx, comme ailleurs La Baraque-de-Serpouil (Puy-de-Dôme).

Le thym citron, dont on a vu qu'il s'agissait en fait d'une variété de serpolet, est aussi appelé marjolaine citronnée (1689), citron (Genève), citrouneto (Haute-Garonne).

Toutes ces formes populaires attestent l'importance qu'ont eue nos trois plantes depuis des générations.

Méli-mélo chez Pline

Certains la nomment [la livèche] panax. Chez les Grecs, Cratevas désigne par ce nom la sarriette des vaches, et les autres la conyza, c'est-à-dire la cunilago, tandis qu'ils donnent le nom de thymbra à la cunila. Cette dernière porte encore chez nous un autre nom ; on l'appelle satureia.
Pline, *Histoire naturelle*, XIX, 165.

Quel méli-mélo ! Car ces différents noms désignent des plantes très différentes. Les commentaires de Jacques André au livre de Pline éclairent un peu cet enchevêtrement : *Cunila bubula*, la "sarriette des vaches", serait sans doute un origan sauvage à graines de pouliot, bon en application sur les blessures et sur les morsures de serpents… *Conyza* est l'inule visqueuse qui ne ressemble en rien à la livèche.

Quant au *thymbra* des Grecs dont nous avons parlé auparavant, il entretient la confusion sur les espèces antiques par sa double identité (*Satureia capitata* L. et *Thymus capitatus* Hoffm. Link.). Enfin, pour le thym, Pline distingue une espèce sauvage qui serait rampante (notre serpolet) d'une espèce cultivée qui "s'élève à la hauteur d'une palme environ", ce qui correspondrait plus à notre thym commun.

Noms, folklore et symbolisme

En Creuse, on relève que le serpolet empêche le lait de crémer, et on peut gâter ainsi un vase en le frottant de serpolet : il ne peut plus alors contenir de lait. Dans l'Aveyron, on dit que lorsque le serpolet fleurit, la brebis tarit, ce qui correspond aux rythmes agricoles. Et l'on affirmait dans certaines régions que les bébés se trouvaient sous la farigoule.

Un texte provençal du XVIIe siècle utilise l'interrogation *"as dansat sus lou serpolet ?"* ("as-tu dansé sur du serpolet ?") pour signifier : "Es-tu fou ?" Dans le même ordre d'idée, on dit d'un fanfaron que c'est un Samson qui arrache le thym après la pluie, c'est-à-dire lorsque c'est le plus facile.

Rolland décrit la valeur symbolique des plantes. Ainsi, d'après le *Traité curieux des couleurs* (1647), le thym non coupé signifie "persévérance" ; le thym coupé, "vous parviendrez" ; le thym fleuri, "à vous je me donne" ; et le serpolet, "empêchement et retardement". Quant à la sarriette, elle signifie "nul n'est trop bon".

Pour Leneveux (1837), le thym symbolise l'activité, laquelle nécessite en effet de la persévérance. Le serpolet évoquerait en France l'étourderie et en Wallonie le danger de se perdre. En Egypte, le thym est symbole de tempérance. La sarriette quant à elle représenterait l'innocence et préfigurerait la vie monacale – alliance cocasse pour une réputée libertine.

Enfin, comme de nombreuses plantes, nos aromates se sont illustrés dans des proverbes populaires : "Avoir dansé sur le serpolet" signifie revenir à la santé après une maladie. Et, pour les amoureux, "dans la sarriette, égarez-vous ensemble", "à la farigoule, l'amour du corps déborde".

III. LA CULTURE ET LA RÉCOLTE

Le thym et la sarriette sont-ils des plantes de cueillette ou des plantes de culture ? Ils sont en fait les deux à la fois. Et si nous les associons au soleil, à l'été, aux balades dans les garrigues du Midi dont nous rêvons toute l'année en attendant les vacances, mieux vaut ne pas cueillir les pieds sauvages, parce que c'est ainsi que nombre d'espèces disparaissent : si chaque promeneur rapporte avec lui un bouquet de thym, une poignée de serpolet, un pied de sarriette, les plus beaux sites seront un jour vidés de leurs herbes parfumées. Car cette petite touffe de thym de trente centimètres de haut, aux petites feuilles sèches et grisâtres, qui pousse dans l'anfractuosité d'une roche, savez-vous qu'il lui a fallu des années pour atteindre cette taille ? Cela n'a rien d'étonnant, puisqu'elle a bien peu de terre à sa disposition pour se nourrir, peu de pluie pour s'abreuver, et qu'elle a quasiment poussé de l'air du temps.

Alors, plutôt que d'appauvrir les milieux naturels, cultivons nous-mêmes nos herbes : c'est facile, pas cher, et cela peut nous rapporter gros de plaisirs.

Les cultures des anciens

Même si les anciens pratiquaient beaucoup la cueillette, cela fait très longtemps que les herbes ont été intégrées au jardin. Et on les retrouve dans tous les textes traitant de culture et de jardinage.

• *Les conseils de Pline*
L'*Histoire naturelle* de Pline est la grande référence de l'Antiquité en matière de plantes, puisque cette œuvre est la compilation de tout ce qui avait été écrit jusque-là dans ce domaine. Mais nous avons vu à propos du nom des plantes qu'il ne fallait pas prendre les écrits de Pline pour paroles d'évangile. Ses indications sont néanmoins intéressantes et méritent d'être citées... et commentées.

"On recommande de semer les oignons dans un terrain bêché trois fois et débarrassé des racines d'herbes, d'en semer dix livres pour un arpent, d'intercaler de la sarriette, parce que l'oignon pousse mieux, et en outre de biner et désherber quatre fois sinon plus." Il s'agit ici, bien sûr, de la sarriette annuelle, dont les besoins ne sont pas contradictoires avec ceux de l'oignon.

"L'âge des semences a aussi son importance car les semences nouvelles lèvent plus tôt dans le poireau, la ciboulette, le concombre, la gourde ; au contraire le céleri, la bette, le cresson alénois, la sarriette, l'origan, la coriandre viennent plus vite de vieilles semences." Si les Alliacées (poireau, ciboulette) ont une durée germinative limitée à deux ans, celle de la sarriette n'est pourtant que de trois ans, alors que celle des bettes est de cinq à six ans et celle du céleri, de six ans.

"On la sème au mois de février *(satreia)*. Comme l'origan rivalise avec elle, on n'emploie nulle part ces deux herbes ensemble, puisque l'effet en est identique. Il n'y a que l'origan d'Egypte qu'on préfère à la sarriette. [...] La plupart des montagnes sont couvertes de serpolet, comme par exemple celles de Thrace. Aussi en rapporte-t-on des dragons arrachés qu'on plante ; de même les gens de Sicyone en ramènent de leurs montagnes et les Athéniens de l'Hymette."

"Le basilic en vieillissant dégénère en serpolet" : cette idée mystérieuse et un peu saugrenue peut être due au fait que le basilic à petites feuilles et le serpolet (à petites feuilles également) cohabitaient en Grèce : comme le basilic disparaît après la floraison alors que le serpolet demeure, peut-être a-t-on cru qu'ils se succédaient.

"Un remède particulier au raifort, à la bette, à la rue et à la sarriette est dans les eaux salées, qui du reste les rendent aussi extrêmement agréables et productifs" : cette information semble reprise de Théophraste (372-287 av. J.-C.), disciple de Platon puis d'Aristote, mais la sarriette serait ici mentionnée à la place de la roquette.

Enfin, "le serpolet, la santoline fleurissent en une seule fois".

• *Cultures du Moyen Age*
Nous avons vu précédemment que la sarriette a été la première à figurer dans les manuscrits et instructions du Moyen Age. Et c'est dans le *Livre des profits champêtres* de Pierre de Crescens (1305) que l'on trouve les premières indications de culture : "Février : c'est alors qu'on sème ou plante toutes les variétés d'herbes qu'on mange ou utilise au printemps : arroche, anis, aneth, ache, absinthe, chou, oignon, [...] sarriette. [...] Les herbes médicinales sauvages peuvent être semées au jardin et ailleurs ce mois-là." Cela voudrait-il dire qu'il s'agit ici de la sarriette annuelle, par opposition à la sarriette vivace considérée comme sauvage ?

"Avril : on sème aussi les cucurbitacées, basilic, serpolet, [...] si on peut les arroser." Le fait que des plantes frileuses soient ainsi semées, avec une protection des plus limitées, dès le mois d'avril, et que l'arrosage soit aussi nécessaire, dénote un climat assez chaud et sec, qui correspond plus aux régions méridionales de Crescens qu'à l'ensemble de la France.

La sarriette, d'après une gravure ancienne

Enfin, en "octobre : on sème aussi dans les jardins l'aneth, l'épinard, le thym".

• *Les instructions d'Olivier de Serres*
La Renaissance va voir naître l'agronomie moderne, marquée en particulier par le traité d'Olivier de Serres, *Le Théâtre d'agriculture et mesnage des champs* (1600), qui consacre un chapitre aux "Herbes pour Bordures et Compartimens du Parterre", où l'on retrouve le thym, la sarriette et le serpolet.

Voici ce que conseille Olivier de Serres : "Par plant enraciné et par bouteures l'on se meuble de thym. L'un et l'autre défaillans, l'on recourra à la semence : laquelle mise en terre en la lune du mois de février, satisfera à vostre désir. Le thym se plante commodément en l'automne et au printemps, au croissant de la lune, pourveu que la terre ne soit trop humide."

La sarriette, "par d'aucuns appellée sadrée, est fort approchante du thym. Elle s'accroist aisément aux lieux sablonneux et maigres, parmi les cailloux des ruisseaux. Tirée de là par ses rejects, et cultivée en jardin, reprendra très-bien et se rendra bonne."

Enfin, en ce qui concerne le "serpoulet", "comme les précédentes herbes, il est eslevé".

• *Il y a cent ans,* Le Livre de la ferme
Paru à la fin du siècle dernier aux éditions La Maison rustique, ce traité d'agriculture pratique donne aux aromates une place dans le jardin : "La sarriette des jardins, très aromatique, est employée surtout pour l'assaisonnement des fèves et des pois ; elle ne demande pas de soins particuliers [...], elle se reproduit d'elle-même. Le thym sert aux assaisonnements de la cuisine. On peut semer le thym en avril, mais on prend rarement cette peine ; on se contente d'éclater la touffe au printemps, de le replanter en bordure et d'arroser de temps en temps jusqu'à la reprise."

La division d'une touffe

Nous découvrons à cette occasion une autre utilisation du thym en culture, plus décorative : "Dans les jardins sablonneux de Bois-Colombes et de Colombes, toutes les allées sont bordées de thym. C'est pour ainsi dire le buis de la contrée. On lui reconnaît le mérite de soutenir les terres et de rapporter un peu d'argent."

Une allusion à l'utilisation du thym en bordure se trouve, à la même époque, dans une nouvelle de Maupassant, *Le Crime au père Boniface,* qui se situe dans un milieu plus rural. Le naïf facteur Boniface, trouvant close la maison du percepteur Chapatis, enjambe la bordure de thym pour aller écouter à la fenêtre des bruits suspects, et va crier au meurtre à la gendarmerie qui accourt ; enjambant à son tour le thym, le brigadier identifie les bruits puis éclate de rire : "Ah ! je le retiendrai le crime au père Boniface ! Et ta femme, c'est-il ainsi que tu l'assassines, hein, vieux farceur ?"

Toutes ces indications contiennent effectivement des conseils valables, mais nous verrons plus méthodiquement comment réussir la culture du thym et de la sarriette, non sans avoir auparavant fait le tour des variétés cultivables.

Quelles variétés choisir ?

Pour qui veut semer, les grainetiers ne proposent qu'un éventail limité : thym commun, serpolet, sarriette annuelle et sarriette vivace.

On trouve par contre un plus grand choix sous forme de plants chez les pépiniéristes, par correspondance ou dans les foires aux végétaux rares. Selon les catalogues, le serpolet est placé parmi les thyms ou séparé d'eux. Dans tous les cas, seul le nom botanique en latin représente une référence sûre quant au type de plante proposé.

Thymus serpyllum (le serpolet) est un petit sous-arbrisseau (10 centimètres), tapissant et persistant. Il pousse sur des terrains secs, pierreux, ensoleillés. Son feuillage est vert sombre, ses fleurs mauve rosé. Ses tiges rampent sur le sol et s'enracinent à intervalles réguliers.

Parmi les variétés de serpolet, il en existe à fleurs blanches et à feuillage vert clair, ou encore à feuillage panaché, de couleur verte mélangée à du jaune doré.

Le thym citron (*Thymus citriodorus*) est une variété horticole de serpolet, qui fleurit sans donner de graines fertiles. Il se multiplie donc uniquement par bouture et par marcotte. Il forme des boules de 40 centimètres de haut, aux toutes petites feuilles rondes, vert bouteille, et aux fleurs roses minuscules. Il en existe une variété panachée de jaune et à fleurs pourpres.

Le *Thymus vulgaris* (thym ordinaire) est un sous-arbrisseau touffu. On distingue plusieurs types : le thym d'hiver (ou thym allemand), au feuillage vert sombre à reflets rougeâtres, pouvant atteindre 50 centimètres. Ses feuilles sont plus tendres que celles du thym ordinaire. Il croît assez rapidement en tous sols peu argileux. Le thym d'été (ou de Provence) a un feuillage gris verdâtre, de petites feuilles sèches. Il est proche du type sauvage, sa croissance est lente, il préfère les sols maigres, secs et filtrants.

Enfin, il existe des thyms panachés, variétés plus décoratives mais néanmoins utilisables aussi bien en cuisine qu'en tisane : thym argenté à feuillage tricolore argent, crème et rosé, ou thym panaché vert et jaune, etc.

La sarriette des montagnes ou sarriette vivace (*Satureia montana*) forme des touffes arrondies de 25 à 30 centimètres de haut. Ses feuilles vert sombre, luisantes, d'aspect coriace, sont ovales et pointues. Ses fleurs, selon les souches, sont roses, bleu pâle ou blanches.

Un plant de thym

La sarriette annuelle

La sarriette fleurie *(Satureia alternipilosa)*, sous-espèce de la précédente, se couvre de milliers de petites fleurs blanches en automne. Elle est très rustique, et sa croissance est assez rapide.

La sarriette des jardins, ou sarriette annuelle *(Satureia hortensis)*, est la seule espèce annuelle du groupe. C'est une plante plus haute (jusqu'à 40 centimètres), avec des tiges plus frêles et des feuilles plus espacées, étroites et longues. Ses feuilles tendres peuvent même se consommer crues.

Réussir ses cultures

Le thym, la sarriette et le serpolet peuvent tous trois se cultiver en pleine terre comme en pot. Leurs exigences sont assez proches : ils aiment la lumière et le soleil, et redoutent les terres lourdes et asphyxiantes.

• *La sarriette annuelle*
Seule plante annuelle du groupe, elle se cultive différemment des autres. Un peu moins frileuse que le basilic, elle craint quand même les gelées. Le plus simple est de semer à la chaleur (15 à 20 °C), en petits pots, sans recouvrir les graines qui ont besoin de lumière pour germer. Comme elles sont très fines (1 500 graines au gramme), il faut essayer de semer le moins serré possible, et éclaircir dès que les plantules ont développé leurs premières feuilles, de manière à ne laisser que deux ou trois plants dans chaque pot au maximum. Lorsqu'ils sont assez développés, on peut les rempoter en pots d'au moins 13 centimètres de diamètre. Pour les installer en pleine terre au jardin, on attendra impérativement que les dernières gelées aient fait briller leurs cristaux.

La sarriette annuelle a bien sûr une croissance beaucoup plus rapide que les vivaces. On peut la cueillir régulièrement tout le long de la saison, ce qui stimulera aussi son développement et entraînera la formation de nouveaux rameaux.

A l'automne, lorsque les froids approchent, on peut en rentrer une potée que l'on installera dans un endroit recevant un maximum de lumière solaire, et moyennement chauffé (10 à 15 °C). Cela permettra de prolonger la récolte jusqu'à la fin de l'année, voire même jusqu'au cœur de l'hiver.

• *La culture des vivaces*
Les vivaces – sarriette des montagnes, serpolet et thym – sont des plantes très rustiques qui tolèrent bien la sécheresse et le froid une fois qu'elles sont bien enracinées. Elles peuvent résister jusque vers - 10 °C pour le serpolet, - 15 °C pour le thym et pratiquement - 20 °C pour la sarriette... sauf dans les sols humides. Lors des grandes gelées de 1985 (où la température est descendue jusqu'à - 25 °C en Languedoc), certaines ont péri non du froid mais par éclatement des racines sous l'action de la glace dans des sols gorgés d'eau.

Il faut donc leur assurer un sol bien drainé. En sol argileux, la plantation se fera sur butte, reconstituant des rocailles : on mélange à la terre beaucoup de pierres, mais surtout pas de sable ni de graviers fins qui, agglomérés à l'argile, pourraient constituer un vrai ciment asphyxiant.

On peut les semer en fin d'hiver ou en fin d'été, puis les repiquer en godets avant de les planter. Il faut alors opérer comme pour la sarriette annuelle. Mais il est bien plus simple d'acheter une potée, puis de la multiplier – nous y reviendrons.

Comme nous l'avons vu, on constituait traditionnellement dans certaines régions de véritables bordures de thym ; il en était sans doute de même pour la sarriette dans d'autres contrées. Il faut alors les planter à 30 centimètres d'écart au minimum. Si la bordure semble trop espacée la première année, on peut intercaler des plantes annuelles nécessitant peu d'arrosages.

On peut aussi les planter en cercle autour des rosiers ou des arbustes vivaces, en veillant toutefois à leur garder un ensoleillement maximum.

Il y a des voisinages à éviter : d'abord, bien sûr, toutes les plantes acidophiles (qui aiment les sols acides, la terre de bruyère) : rhododendrons, azalées, bruyères et fougères. Il semble également qu'elles n'apprécient guère le voisinage des sauges, lesquelles se révèlent d'ailleurs souvent très individualistes et mauvaises voisines.

Il s'agit certes de plantes frugales, mais on a vu qu'il fallait des années pour qu'un pied sauvage atteigne 20 centimètres. Sans les gaver ni les noyer, on peut les nourrir un peu plus abondamment que la nature ne le fait dans les garrigues, et ce afin de pouvoir les cueillir régulièrement. Côté alimentation, le thym et la sarriette apprécient un

peu de bon compost tous les ans, et un binage autour du pied. Et pour le boire, il faut bien sûr les arroser régulièrement à la plantation, le temps qu'ils aient émis de nouvelles racines pour s'approvisionner tout seuls dans le sol. Ensuite, on peut se contenter de les abreuver en période sèche.

Potées parfumées

Pour ceux qui n'ont pas de jardin, ou qui veulent toujours avoir à portée de la main thym et sarriette, ce sont des plantes faciles à faire pousser en pot. Comme elles redoutent les excès d'humidité, il n'est pas question de les installer dans des bacs à réserve d'eau : il faut bien au contraire des pots bien percés et un terreau très filtrant.

Pour tester le terreau et s'assurer qu'il ne va pas devenir compact dès le premier arrosage, on peut d'abord manipuler le sac de terreau. Celui-ci doit paraître souple et ne pas former de blocs et de mottes ; et quand le sac est ouvert, une poignée de terreau mouillée et pressée dans la main ne doit pas former une boule compacte.

Le thym et la sarriette sont des plantes qui redoutent l'acidité, il faut donc bannir les tourbes et terres de bruyère, se méfier des terreaux pour potées fleuries (qui aiment un peu d'acidité), et préférer les terreaux de rempotage ou terreaux dits "universels". Dans tous les cas, on choisira un

La sauge sclarée, une "mauvaise voisine"

terreau au pH proche de 7, voire légèrement supérieur. Pour éviter tout excès d'humidité, il est préférable d'ajouter au moins 10 % de sable grossier au terreau. Enfin, si l'on cultive en bac ou en jardinière, il faut laisser entre les pieds un écartement d'au moins 20 centimètres.

Multiplication

Le bouturage

Bouturage et marcottage se pratiquent sur les espèces vivaces dont les tiges sont lignifiées. Une technique simple consiste à butter assez haut la base des plantes, de manière à enterrer le départ des rameaux boisés. Pour faciliter l'émission de racines à ce niveau et leur division ultérieure, on enlève les feuilles sur la partie à enterrer, et on écarte au maximum les tiges. On peut, pour cela, avant de butter, intercaler entre les tiges de petites pierres plates qui les maintiendront écartées. Si le terrain est argileux, on constituera la butte avec un mélange de terre et de cailloux pour éviter d'asphyxier les plantes – cela facilitera d'ailleurs un bel enracinement. Ayant pratiqué cette opération entre novembre et mars, on pourra défaire doucement la butte à partir de la fin de l'été, couper les nouveaux plants racinés – les sevrer du plant mère – et les replanter en automne ou à la fin de l'hiver.

La cueillette et la taille

Tout l'art de la récolte consiste à cueillir assez pour stimuler le développement des plants, sans pour autant les épuiser ni les transformer en balai-brosse. En effet, l'erreur la plus commune est de prélever régulièrement des petits brins sur le haut de la touffe : on réalise ainsi une magnifique coupe en brosse. Comme à chaque prélèvement on stimule les bourgeons sous-jacents qui émettent de nouveaux rameaux, au bout d'un certain temps cela donne un pied trop touffu où les feuilles du dessus sont si serrées qu'elles captent tout l'éclairement, entraînant le dépérissement des feuilles inférieures… et l'on se retrouve avec une espèce de plumeau fort peu esthétique.

Le séchage des bouquets d'herbes

Pour éviter ce désagrément, il faut tailler régulièrement et, lorsque le pied devient dense, couper les rameaux au cœur de la touffe de manière à éclaircir celle-ci et à ce que l'ensemble du feuillage soit régulièrement éclairé. Une taille ainsi équilibrée permet de cueillir régulièrement de quoi faire la cuisine et les tisanes.

On peut cueillir des feuilles fraîches toute l'année, sauf en période de gelée. Pour les provisions d'hiver, la meilleure période de cueillette se situe en été, juste avant la floraison. On choisit une belle journée ensoleillée, en fin de matinée de préférence, lorsque les feuilles sont déjà bien sèches. Passé le mois de septembre, il ne faut pas faire de coupe importante car les jeunes pousses qui apparaîtraient alors résisteraient mal au froid.

On cueille de beaux rameaux qu'on étale sur des clayettes pour les faire sécher ; celles-ci peuvent être constituées de cageots en bois sur lesquels on met une feuille de papier fin ou un linge. Elles doivent être placées dans un endroit très aéré, protégé de la lumière du jour, à température douce (au maximum 30 à 35 °C). L'air doit circuler entre les feuilles pour assurer un séchage régulier, en particulier pour le serpolet et la sarriette annuelle qui ont des feuilles plus chargées en eau que le thym ou la sarriette vivace.

Une fois sèches, les feuilles sont conservées dans des sacs en papier kraft, sur lesquels on aura pris soin de marquer le nom de la plante et la date de récolte.

IV. LA MÉDECINE DES HERBES

Entre religion et cuisine, la médecine a toujours utilisé les herbes. Aujourd'hui, thérapies et diététique modernes leur reconnaissent des pouvoirs certains. Si l'ancienneté de leurs usages médicinaux plaide effectivement en leur faveur, elle ne saurait constituer une parole d'évangile, tant les appellations sont – nous l'avons vu – floues, et aussi parce que les préconisations sont souvent très larges. Comme pour la botanique ou la culture, Pline va nous en donner la meilleure illustration. Cela nous permettra de faire le tri et de voir dans les usages populaires ou médicinaux ceux qui sont encore reconnus à l'heure actuelle.

Pline et d'autres anciens

Comme pour tout ce qui concerne les plantes, Pline donne un bon résumé des vertus que les médecins de l'Antiquité attribuaient à ces plantes et des usages qu'on en faisait à l'époque. Il ne parle pas du thym, mais du serpolet à qui il attribue un pouvoir préventif et curatif contre les animaux venimeux : l'odeur du serpolet brûlé les ferait fuir, tandis que sa végétation bouillie (en décoction ?), appliquée sur les morsures et les piqûres, serait efficace contre le venin des serpents, des scolopendres et des scorpions, et même contre celui des animaux marins (pieuvres ?). Contre les maux de tête, la frénésie et la léthargie, Pline préconise le serpolet en friction, bouilli dans du vinaigre. Il ajoute : "On prend 4 drachmes de serpolet bouilli dans l'eau pour soigner les coliques, la dysurie, les angines, et pour arrêter les vomissements, et 4 oboles de feuilles de serpolet broyé contre le mal de foie." Les indications thérapeutiques sont effectivement très variées.

Il conseille aussi la sarriette (dans du vin) contre les animaux venimeux, vertu supposée que l'on retrouve encore à la Renaissance puisque Ambroise Paré, le médecin de François Ier, écrit : "La tortue mange de la sarriette pour se guérir des morsures de la vipère" (cité par Rolland). La graine de la "véritable sarriette des vaches" doit être mâchée, puis appliquée sur les blessures et ôtée après le cinquième jour pour les cicatriser. Comme la sarriette est réputée pour

Fleur et feuille de thym

ses vertus génésiques, Pline signale qu'on l'utilise pour guérir "les tumeurs des testicules et toutes les affections des parties génitales de l'homme".

Il indique enfin que sarriette et serpolet stimulent l'appétit et facilitent la digestion, et même qu'il suffit d'en mêler quelques feuilles à une boisson avant un repas copieux pour éviter l'indigestion. Cela rejoint une légende grecque : Trygée, qui avait mangé trop de fruits, vit son ventre gonfler, au point d'en souffrir énormément. Ce que voyant, le dieu Hermès lui aurait enseigné la recette du *kykéon* qui l'aurait soulagé : un gruau d'orge aromatisé au thym, à la menthe et au pouliot (serpolet ou menthe ?).

D'autres usages antiques sont arrivés à notre connaissance : les anciens Égyptiens importaient du *thymbra* de Crète (sarriette ou thym ?) à des fins médicinales. Comme les cocktails d'herbes qu'ils utilisaient pour embaumer leurs morts étaient très élaborés et très compliqués, peut-être contenaient-ils à la fois du thym et de la sarriette.

Dans l'Antiquité, le miel du mont Hymette était réputé, et on considérait qu'il devait une bonne part de ses vertus au thym qui couvrait cette éminence située en Attique, au sud d'Athènes.

Les bains étaient également très prisés dans l'Antiquité ; ensuite on se faisait enduire le corps d'huiles et d'onguents parfumés. Le nec plus ultra était d'utiliser une lotion différente pour chaque partie du corps, comme le décrit le poète comique Antiphane (405-330 av. J.-C.) :

Dans un grand bassin doré il prend d'abord un bain,
Puis on enduit ses pieds d'un onguent égyptien,
son sein d'huile de la palme odorante,
ses deux bras et son dos d'une essence de menthe,
avec la marjolaine pour cheveux et sourcils,
et le thym rend vigueur aux genoux affaiblis.

Remèdes populaires

Rolland, dans sa *Flore populaire*, rapporte plusieurs traditions glanées dans diverses régions. Ainsi, "l'infusion de thym est un remède pour les vapeurs des hommes appelées *maou masclun*, maladie qui a une grande analogie avec l'hystérie ou *mérasso*" (Toulon), mais "l'abus de tisane de serpolet rend fou à la longue" (dans la Vienne).

En usage domestique, il cite la propriété insecticide du serpolet : "Prens pollieul fleuri et le brusle là où il y a des puces et mourront toutes de l'odeur." (*Secrets d'Alexis Piémontois*, 1573.) "Le pouliot fait mourir les pulces et les bêtes venimeuses." (Liébault, *La Maison rustique*, XVIe siècle.) On retrouve cet usage cité dans un roman de Duhamel, *Suzanne et les jeunes hommes* (1941) : "Les mites ! dit-il. Jamais les mites ne viennent ici. Nous glissons partout des plantes odoriférantes. Vous sentez bien le thym et la sarriette."

Le Livre de la ferme (vers 1880) signale que le thym est un stimulant pour les organes affaiblis ; aussi "les enfants débiles se trouvent-ils très bien de l'usage d'un bain où l'on associe le thym à la sauge, à la menthe, à la mélisse et au romarin. Pour préparer cela, on prend un mélange de 500 grammes de ces diverses plantes par parties égales et 8 seaux d'eau. Après cela on laisse infuser les plantes pendant une heure dans 2 seaux d'eau bouillante, en vase couvert, et on ajoute l'infusion au bain entier."

La sarriette avait la réputation d'être efficace contre les maux d'oreilles : il fallait faire couler dans l'oreille trois gouttes de suc de plante fraîche. On prétendait même que c'était le remède souverain contre la surdité... dommage qu'il n'en soit rien !

Par contre, l'utilisation d'infusion en compresses désinfectantes correspondrait plus à une propriété antiseptique reconnue pour les petites plaies et les piqûres d'insectes.

Entre les deux, cette "recette de bonne femme" (certains disent : de sorcier) : verser du suc de sarriette dans une dent creuse qui devient douloureuse et faire de même dans l'oreille la plus proche.

Le thym est quant à lui censé rendre intelligent, et être utilisé à cette fin par les intellectuels. Il est vrai que j'en fais un abondant usage...

Les essences des plantes

Les vertus médicinales des Labiées sont dues à leur richesse en huiles essentielles, que l'on extrait traditionnellement par distillation. Les teneurs en principes essentiels varient selon les variétés, le sol, les conditions de développement (plante sauvage ou cultivée), l'ensoleillement et la quantité d'eau reçue (pluviométrie ou arrosage).

Le thym ordinaire contient en moyenne 0,4 % d'essence constituée pour près de 60 % de deux phénols – thymol et carvacrol –, mais aussi de terpènes (terpinène, cymène) et d'alcools (bornéol, linéol). Le thymol fut découvert en 1725 par Neuman qui le baptisa "camphre de thym". Les proportions respectives de thymol et de carvacrol sont très variables : c'est pourquoi on utilise de préférence des variétés plus stables pour la distillation industrielle, en particulier du thym d'Espagne. Le serpolet donne une essence proche.

Thymol et carvacrol sont deux isomères : leurs deux molécules ont la même formule chimique, leur différence portant sur l'emplacement d'un radical OH (deux atomes : oxygène et hydrogène).

Le tri des herbes, d'après une gravure ancienne

Un alambic

Un vase florentin, pour recueillir les essences

La sarriette vivace donne une essence contenant environ 49 % de carvacrol, 26 % de cymène, 7 % de terpinène, 4 % de terpinéol, 3 % de linalol. La distillation de sarriette annuelle fraîche et fleurie donne environ 0,1 % d'une essence qui renferme environ 30 % de carvacrol et 20 % de cymène, mais aussi du thymol. La présence de principes essentiels identiques dans les thyms et les sarriettes explique que leurs propriétés se recoupent.

Le professeur Pellecuer de la faculté de pharmacie de Montpellier a démontré en 1974 les propriétés antiseptiques et fongicides de l'essence de sarriette. Il a aussi montré son efficacité sur des bactéries pathogènes résistantes aux antibiotiques – ce qui nous permettra peut-être de nous en protéger dans l'avenir. En comparant les essences de sarriette, de thym et de lavande, il a établi la supériorité de la première, active à des concentrations inférieures aux autres, et qui s'est révélée la plus efficace contre dix souches de staphylocoques, quatorze autres germes et dix champignons (*candida, tropicalis,* etc.) ; mais le thym donnait également de bons résultats.

Pharmacie moderne

Les extraits et essences de plantes ont toujours été utilisés dans des préparations magistrales, et maintenant dans nombre de médicaments courants. C'est ainsi que le traité *Les Plantes dans la thérapeutique moderne* (Maloine, 1986) cite un nombre impressionnant de spécialités vendues en officine : une cinquantaine pour *Thymus vulgaris*, et tout autant pour *Thymus serpyllum*.

Ainsi les Cures végétales de l'abbé Hamon connurent une longue carrière qui ne s'est achevée qu'en 1997. Ce mélange de plantes pour tisane, à base de serpolet, coquelicot, sureau, noisetier et séné, était préconisé dans les cas de coqueluche, d'affections respiratoires de l'enfant, de toux nerveuse, de rhume de dentition et d'angine simple.

Parmi les spécialités encore commercialisées, on trouve la Nazinette du docteur Gilbert, pommade nasale contenant des essences de thym et de serpolet, ou encore les suppositoires de Bronchorectine au citral, qui renferment de l'essence de serpolet.

L'art d'aimer

La sarriette constituait-elle le Viagra de nos ancêtres ? Si elle est peu connue du grand public, la plupart de nos contemporains ont retenu d'elle sa réputation aphrodisiaque : "Ah... l'herbe des satyres", dit-on avec des sourires entendus et égrillards. Il en a toujours été ainsi, mais les auteurs ont eu à ce sujet des opinions diverses.

Ainsi Ovide, souvent cité en renfort, n'est pas loin de considérer que la sarriette relève du dopage : "Il en est qui te conseilleraient de prendre pour stimulants des plantes malfaisantes : la sarriette, le poivre mêlé à la graine mordante de l'ortie, ou le pyrèthre jaune infusé dans du vin vieux. A mon avis ce sont de vrais poisons. La déesse qui habite les collines ombreuses du mont Eryx ne souffre pas pour l'usage de ses plaisirs ces moyens forcés et violents." (*L'Art d'aimer*, livre II.)

Des recettes antiques préconisaient d'associer angélique et sarriette avec du poivre pour accomplir des prouesses sexuelles dignes des dieux. En Grèce, les femmes enceintes devaient éviter absolument tout contact avec de la sarriette, faute de quoi elles auraient risqué de faire une fausse couche. Cette croyance en rejoint d'autres qui prônent l'abstinence

> **HUILES ESSENTIELLES : AVEC PRÉCAUTION**
>
> Les plantes médicinales sont de plus en plus souvent conseillées sous forme d'huiles essentielles. Mais leur concentration en fait des produits dangereux dont l'emploi nécessite certaines précautions.
>
> Il faut ne jamais les utiliser pures, éviter tout contact avec les yeux ou les oreilles, les garder hors de portée des enfants ou des personnes manquant de discernement.
>
> On les dilue dans un émulsifiant naturel tel que l'alcool (70 à 90°), des huiles végétales, du miel ou du yaourt. En inhalation, on met 2 ou 3 gouttes d'essence dans un bol d'eau très chaude mais non bouillante. On peut intégrer les essences dans des compresses ou des masques à l'argile, mais il faut ensuite bien laver l'épiderme. On peut de même les incorporer aux huiles de massage, à raison de 1 à 3 % pour celles destinées au visage, et 5 % pour le reste du corps.
>
> Pour un bain, on utilisera 5 à 10 gouttes d'huiles essentielles, en brassant énergiquement car elles se mélangent mal, mais en évitant les essences de *Citrus* et les huiles phénolées (notamment celles du thym et de la sarriette), pour lesquelles on préfère les décoctions.
>
> Les huiles essentielles ont un grand pouvoir assainissant dont on peut profiter par évaporation : quelques gouttes dans un humidificateur, sur l'oreiller, le mouchoir ou même sur le tapis, ou encore sur un diffuseur en terre.
>
>

Montalbán, dans ses *Recettes immorales*, propose un plat de fèves à la sarriette : "Par les fèves et par la sarriette il échauffe doublement le sang dans toutes les extrémités du corps [...]. Quiconque en aura mangé éprouvera le besoin urgent que le plus beau des convives s'asseye sur ses genoux."

Il faut remarquer que les thyms eux aussi se sont vu parfois attribuer des propriétés comparables ; ainsi dans le traité du médecin Hikésios (fin du Ier siècle) : "Les parfums au serpolet conviennent à une beuverie."

Voyons ce qu'en disent les auteurs modernes : le docteur Valnet, parmi les propriétés à usage interne de la sarriette, prévient d'emblée : "Aphrodisiaque (sans trop d'illusions...)." Ce scepticisme est partagé par Pierre Lieutaghi, et se trouve très bien résumé par Leclerc, dans *Les Epices* : "Sur la foi de telles assertions, on s'attendrait à voir une plante redoutable, proche parente de la mandragore, gorgée de sucs véhéments et parée de teintes troublantes, comme une sorcière prête à affronter les orgies du sabbat : on est tout étonné, voire un peu déconcerté, de se trouver en face de la plus décente des herbes."

Les effets de la sarriette sur les performances sexuelles tiennent sans doute bien plus à ses vertus toniques, comme ceux du thym ou du serpolet d'ailleurs.

Ces plantes figurent néanmoins dans des traitements de l'impuissance. Ainsi, les docteurs Graffeille et Arnal-Schnebellen ont écrit un texte intéressant[*] à ce sujet, énumérant les plantes favorables ou défavorables : anis, fenouil et houblon sont susceptibles de perturber l'érection – avis aux mâles amateurs de pastis et de bière... Et elles mentionnent l'utilisation d'huiles essentielles, en complément d'une prise en charge globale de l'individu. Parmi ces huiles essentielles, à manier avec précaution, celles de sarriette et de thym du Maroc, indiquées pour leurs effets sur la fonction corticosurrénale, et sur le tonus général.

pendant la grossesse, toute activité sexuelle devant être rigoureusement exclue pendant ces mois de gestation...

Au Moyen Age, la culture de la sarriette était même interdite dans certains monastères. Cette proscription vient contredire sa nécessaire présence dans les jardins d'herbes à usages médicinaux, que les moines entretenaient soigneusement puisque les monastères constituaient souvent les dispensaires où l'on soignait les populations locales.

On raconte que Sade, le Divin Marquis, offrait à ses hôtes des friandises fourrées de sarriette pour stimuler leurs appétits orgiaques. De nos jours, l'écrivain Manuel Vázquez

Phytothérapie d'aujourd'hui

En fait, bien loin de leurs vertus fantasmatiques, le thym et la sarriette ont des propriétés qui font d'eux de précieux auxiliaires de notre vie quotidienne.

[*] Sur Internet : http : //jizo. com /arttvvs.

• *La sarriette*

Les auteurs sont d'accord pour lui reconnaître des vertus toniques, antiseptiques, carminatives et stomachiques.

Antiseptique et fongicide, elle peut venir à bout de bien des infections : on l'utilise donc en collutoire (décoction dans du vin ou de l'alcool) contre les ulcères et les infections de la bouche et de la gorge, en lotion, en compresses à usage externe pour désinfecter les plaies.

L'association de ses vertus antiseptiques et expectorantes justifie son utilisation pour aider à résoudre les problèmes respiratoires. Mais sa principale spécificité est d'aider à la digestion en chassant les flatulences et en facilitant l'évacuation des gaz. On l'emploie en infusion de sommités fleuries trois fois par jour, ou à raison de 1 à 3 gouttes d'essence dans du miel. La plupart des usages du thym pourraient lui être étendus.

• *Le thym*

Stimulant général, antiseptique, antispasmodique, antirhumatismal, le thym a de multiples usages. Le docteur Valnet le préconise dans les cas d'asthénie physique et psychique, de toux convulsives, d'affections pulmonaires et d'asthme, et le considère comme un des meilleurs remèdes dans les affections dues au refroidissement (grippe, rhume de cerveau, courbatures, angines...).

Mâcher un brin de thym à jeun rafraîchit l'haleine, combat l'enrouement, les maux de gorge et les angines naissantes.

La sarriette vivace

ÉLIXIRS ÉNERGÉTIQUES

Les médecines orientales considèrent que nous faisons partie d'un tout, et relient nos organes aux cinq éléments traditionnels : végétal (bois), feu, terre, métal, eau. Tout ce qui existe dans la nature peut se définir par sa morphologie, son caractère, en rapport avec ces cinq éléments. On définit ainsi des tempéraments qui déterminent des profils *yin* (passif) et *yang* (actif). En reliant ces caractères aux cinq éléments, on définit ceux qui sont en excès ou en carence. Chaque personne a ainsi des fonctions fragiles.

En partant de ces principes, on a mis au point des élixirs énergétiques à base de plantes correspondant à dix profils. En suivant l'analyse de la médecine traditionnelle chinoise, ils agissent sur les organes à travers les méridiens d'acupuncture.

Ainsi le serpolet *(di jiao)* est classé en pharmacopée chinoise parmi les plantes qui éliminent l'humidité. Il constitue l'élixir n° 7, *yang* du poumon, aux effets toniques et rafraîchissants, correspondant à l'élément métal et à un tempérament apathique. Il est élaboré pour renforcer l'énergie des méridiens du poumon et du gros intestin.

L'infusion est tonique et désinfectante. L'essence de thym, très forte, doit être utilisée avec précaution. Contre les douleurs articulaires ou musculaires, on peut faire chauffer du thym à sec dans une poêle et l'appliquer bien chaud entre deux épaisseurs de gaze sur la zone douloureuse. Le bain de thym, préparé avec une décoction, est fortifiant et analgésique – ce qui est bien agréable par exemple lorsqu'on se retrouve moulu après une journée d'exercices physiques inhabituels.

Les décoctions concentrées de thym, bien filtrées, peuvent servir de lotion désinfectante ou de lotion capillaire.

• *Le serpolet*

Très proche du thym, il a les mêmes indications. Sa spécificité serait une action diurétique un peu supérieure. On ne connaît aucune propriété particulière au thym citron, qui est une variété horticole de serpolet.

V. A TABLE

> ... *Je citais le cas de mon cousin Timoléon, régulièrement enrhumé et bronchiteux aussitôt qu'il mettait les pieds à Paris en hiver, et qui se traitait efficacement avec un simple aïgo-boulido (eau, ail, huile, thym et pain bien dosés) dont il avalait trois assiettes. Aucune piqûre sous-cutanée ne vaut cela.*
>
> Léon Daudet, *A boire et à manger.*

Comme le rapporte ici Léon Daudet, l'utilisation populaire des herbes aromatiques a de tout temps associé les usages culinaires et thérapeutiques.

Herbes millénaires

En remontant bien loin, on peut dire qu'au commencement de la cuisine étaient les herbes. En effet, leur usage en cuisine date de l'époque où nos très lointains ancêtres domestiquèrent le feu et se mirent à faire cuire autre chose que des morceaux de viande et des épis de grains, lorsqu'en un mot ils inventèrent la notion de plat, ensemble d'aliments cuisant ensemble dans un récipient. Et dans ce pot cuisaient des "herbes à pot", dont la plupart devaient être assez coriaces. Seule une longue cuisson permettait de les attendrir un peu. Si on a longtemps consommé des plantes que nous considérons maintenant uniquement comme des mauvaises herbes, c'est que chénopode, pimprenelle, pourpier, buglosse, mauve et autres saxifrages étaient peut-être plus tendres que les ancêtres des carottes ou des chicorées actuelles !

Parmi ces plantes, certaines se révélèrent plus nourrissantes, d'autres plus chargées de goûts : les premières ont donné nos légumes, les secondes, nos aromates. Et jusqu'au XXe siècle, elles sont restées ensemble dans les chaudrons et marmites de la planète, chaque contrée perpétuant et améliorant peu à peu des plantes autochtones ou acclimatant des plantes étrangères.

Mais il s'agissait là du manger populaire. La cuisine des grands de ce monde, celle que les livres de cuisine nous ont transmise, a été beaucoup plus tributaire des modes, car si pour le vulgaire il s'agissait d'abord d'éviter les famines et de survivre, pour les classes supérieures, la cuisine avait une fonction d'apparat parfois plus importante que sa fonction nutritive.

On peut ainsi comprendre que nos aromates familiers occupent une place si modeste dans les livres de cuisine, où ils sont la plupart du temps supplantés par des épices, plus rares et plus chères que les plantes locales, et donc permettant mieux de tenir son rang social.

De la Mésopotamie jusqu'à Rome

Nous avons vu la présence du thym dans les cuisines royales de Mésopotamie ; puis que les Grecs utilisaient plutôt le *thymbra*, rattaché par Pline au *satureia* alors qu'il pourrait s'agir d'un thym sauvage.

En abordant l'Empire romain du Ier siècle de notre ère, nous découvrons bien sûr le livre de cuisine d'Apicius, qui représente le summum du raffinement – d'aucuns disent de la décadence. Il fait appel comme principal condiment au garum : il s'agit d'un mélange d'intestins de poisson macérés dans du sel puis fermentés au soleil, le tout s'approchant sans doute des sauces fermentées au soja qu'on trouve en Asie (tamari, shoyu, nuoc-mâm). Les herbes sont peu présentes ; on trouve par exemple une recette de lièvre farci accompagné d'une sauce utilisant de la rue, de la sarriette, du poivre, de l'oignon, des dattes et du garum.

La gastronomie française

La première cuisine que l'on peut qualifier de française apparaît au Moyen Age, avec le *Viandier* (vers 1380), ouvrage de Guillaume Tirel (dit Taillevent), premier queux de Charles V, puis écuyer de cuisine de Charles VI. Les épices y occupent une place de choix : gingembre, cannelle, clou de girofle, noix muscade, poivre ; mais on y trouve quand même parfois des herbes comme dans cette recette d'œufs rôtis à la broche, avec du thym, de la marjolaine, de la sauge, de la menthe "et toutes sortes de bonnes herbes".

La Renaissance est bien représentée par l'ouvrage de Baptiste Platine de Crémone (*De honesta voluptate et*

*valetudine*, traduit en français en 1505), où la cuisine est présentée comme l'art de rester en bonne santé. On y trouve cette recette de sauce verte : "Pilez persil, serpolet, bettes et autres herbes odorantes avec gingembre, cinnamome, sel, ail plus ou moins selon le goût. Versez dans du vinaigre fort. Passez à l'étamine. Cette sauce nourrit peu, mais échauffe foie et estomac et donne appétit."

C'est au XVIIe siècle que la cuisine des végétaux va connaître le plus de changements : la Renaissance avait apporté nombre de plantes nouvelles, la plupart venues du Nouveau Monde (haricots, courges, maïs...). Le siècle de Louis XIV va voir triompher les premiers légumes modernes. Contrairement à l'idée reçue qui représente le Roi-Soleil en monarque carnivore, celui-ci adorait les légumes, et nous lui devons les petits pois bien verts et tendres, les melons, les premières laitues, les carottes nouvelles... C'est La Quintinie qui va les promouvoir au Potager du Roi à Versailles. En cuisine, le mouvement de mise en valeur des légumes va s'amorcer avec La Varenne, qui publie en 1651 *Le Cuisinier français*, et s'imposer avec la parution en 1654 des *Délices de la campagne* de Nicolas de Bonnefons, valet de chambre de Louis XIV. La Varenne utilise des termes génériques pour parler des aromates : herbes, fines herbes, et un bouquet qui est peut-être l'ancêtre du bouquet garni. Bonnefons prône la simplicité et réduit un peu les longues listes d'épices de ses prédécesseurs, pour conseiller un usage plus simple, comme cette cuisson du jambon qui ne requiert "que" poivre, cannelle, clou de girofle, persil, thym et laurier.

Cette grande évolution, confirmée aux siècles suivants, vise à sortir de la démesure de menus pantagruéliques et ruineux. Comme l'écrit Menon dans *La Cuisinière bourgeoise* (1746) : "Je me suis servi de mets simples [...]. Je me suis attaché à éviter la dépense [...], à simplifier la méthode et à réduire en quelque sorte au niveau des cuisines bourgeoises ce qui me semblait devoir n'être réservé qu'aux cuisines opulentes." Il s'agit bel et bien d'accompagner la montée en puissance de la bourgeoisie et d'offrir une cuisine qui marque raisonnablement sa réussite sociale.

Alors, parce qu'il fallait bien tenir son rang, les végétaux vont régresser au profit des viandes et des épices. Cette fonction du paraître faillit même être fatale aux herbes aromatiques pendant les deux derniers siècles : l'urbanisation et la régression des jardins familiaux d'autosubsistance en firent disparaître la culture, l'alimentation de base (achetée et non plus produite) se limitait aux produits dits justement de première nécessité pour la majorité des populations des pays industrialisés... et dès que le niveau de vie permettait de faire de la cuisine et non de se contenter de faire à manger, les épices en provenance des colonies, dont le prix s'était relativement démocratisé depuis le Moyen Age, occupaient le terrain. Le *Dictionnaire de gastronomie* d'Alexandre Dumas ignore les aromates, tout comme Brillat-Savarin d'ailleurs. Et le mouvement s'est poursuivi jusqu'à une date récente, au point que les livres de cuisine du XXe siècle avaient banni le terme d'aromates au profit de celui d'épices... et que ne survivaient de nos herbes qu'un persil à fonction décorative et un bouquet garni à faire bouillir. Les best-sellers culinaires de Ginette Mathiot en apportent le témoignage.

Cela ne fait guère plus de vingt ans que les herbes sont revenues sur nos tables, à la faveur du retour au naturel ; et la multiplication des livres de cuisine qui leur sont consacrés ne date que de la dernière décennie.

La cuisine aux herbes

Le thym et la sarriette sont relativement interchangeables dans la plupart des recettes : leurs seules spécificités tiennent d'une part aux vertus digestives de la sarriette, qui accompagne les légumes secs, et d'autre part au goût de chacun(e) qui fait préférer la saveur de telle herbe pour telle recette.

La seule herbe dont on puisse donner une utilisation vraiment unique est la sarriette annuelle, puisque c'est la seule qui ait des feuilles tendres, et qui puisse donc être consommée crue.

Si l'on considère souvent, par exemple, qu'il faut préférer le thym citron avec le poisson, la sarriette avec les volailles et le gibier, et le thym avec les grillades, toutes les combinaisons sont possibles, à chacun(e) d'en décider selon l'humeur du moment...

> ### HERBES DE TRADITION
> ### POUR PLAT DE BASE
>
> Le thym et le persil sont les seules herbes à traverser les siècles car ils participent à beaucoup de solides plats traditionnels, comme par exemple la garbure. C'est une sorte de potée à base de légumes et de pain, décrite dès 1380 dans le *Viandier* de Taillevent. Composée de chou coupé en lanières (ou de légumes de saison), de pain de seigle frotté d'ail, de thym et de persil, cuits (selon les moyens) avec du lard, de la saucisse, voire des cuisses d'oie ou de canard, la garbure constituait autrefois le plat de base des Béarnais qui terminaient leur assiettée par la goulade (le chabrol des Auvergnats).
>
> "Je croyais refaire mon ventre d'une bonne garbure, et m'en voilà sevré." (Molière, *Le Médecin volant*.)
>
>

• *Sels et huiles*

En dehors des recettes, il est un usage des herbes qui permet d'élargir la palette de la cuisine, ce sont les préparations condimentaires, particulièrement simples et de bonne conservation.

Pour préparer des sels aromatisés, on utilise des brins d'herbes frais effeuillés et, pour avoir le meilleur rapport entre la texture et la saveur, de la fleur de sel des paludiers de l'Atlantique (Guérande, Ré ou Noirmoutier). Dans un saladier, on malaxe les feuilles d'herbes et la fleur de sel pour les mélanger intimement. On remplit ensuite des petits bocaux et l'on attend quelques semaines avant de les consommer. Le sel doit être largement majoritaire pour bien enrober les herbes et empêcher le développement de moisissures.

Avec le thym et la sarriette, que l'on utilise souvent pour les grillades et les rôtis, cela vaut la peine de préparer des huiles parfumées : il suffit d'introduire dans une bouteille d'huile quelques brins d'herbe fraîche, et d'attendre quelques jours que l'huile s'imprègne du parfum. On choisit pour cela des huiles douces et assez neutres ; si on utilise de l'huile d'olive, il faut pour une fois choisir la moins fruitée. Pour éviter que l'huile ne rancisse, mieux vaut préparer de petites quantités, et les renouveler.

• *Des herbes pour découvrir les céréales*

En l'espace d'à peine un siècle, l'alimentation a été bouleversée : alors qu'elle était dominée par les céréales et les légumes secs, qui apportaient 75 % des protéines consommées et des glucides à assimilation lente, le tout avec peu de lipides, nous sommes arrivés à 75 % de protéines d'origine animale, à une disparition des glucides complexes au profit des sucres simples, et à une surconsommation de lipides animaux, qui couvrent jusqu'à 40 % de la ration énergétique.

Face aux "maladies de civilisation" engendrées par ces excès, les nutritionnistes recommandent un retour vers le végétal : légumes, mais aussi céréales et légumes secs (comme le haricot). Nos herbes ont une grande place à prendre dans cette reconquête diététique, en particulier pour redécouvrir les céréales.

Pour un repas du soir nutritif et diététique, quoi de plus simple que de faire revenir à la cocotte oignon et ail avec un peu de thym ou de sarriette, et une céréale ; une fois que tout cela est bien blond, on rajoute de l'eau, on sale et on fait cuire doucement jusqu'à obtenir la tendreté désirée, avant de déguster ce plat accompagné d'une salade ou d'une crudité. A partir de cette version de base, les variantes sont innombrables, car on peut y introduire toutes sortes de légumes émincés.

Les sarriettes

Leurs vertus digestives en font bien sûr les herbes par excellence des plats dont la digestion peut s'avérer venteuse, au premier rang desquels figurent les légumes secs, ainsi que les choux et navets.

Mais en dehors de ces usages diététiques, il ne faut pas oublier les plaisirs que procure leur saveur, et si les Provençaux l'appellent *pebre d'aze* (poivre d'âne), c'est aussi parce que le susdit animal sait être fin gastronome.

En tout cas, les sarriettes méritent largement de trouver sur nos tables une place que leur a jusqu'à présent interdite la suprématie du thym.

• *Quinoa aux carottes*

4 verres de quinoa ("le riz des Incas") ; 2,5 fois leur volume d'eau ; 1 gros oignon ; 250 g de carottes ; sarriette ; sel ; 1 cuillerée à café d'huile.

Faites revenir avec la sarriette dans un peu d'huile l'oignon et les carottes coupés très fin. Ajoutez le quinoa et faites blondir, puis versez l'eau. Amenez à ébullition, et faites cuire 10 à 15 minutes.

• *Salade de harengs aux haricots de mer*

1 paquet de harengs fumés doux à l'huile ; 500 g de pommes de terre ; 2 oignons ; haricots de mer (algues) secs (20 g) ou frais (100 g) ; 1 citron ; sarriette annuelle fraîche.

Faites tremper les haricots de mer secs pendant 30 minutes dans l'eau chaude pour qu'ils retrouvent leur tendreté.
Faites cuire les pommes de terre à la vapeur. Coupez les oignons en tranches fines et les harengs en gros dés. Disposez-les dans un plat avec les algues, saupoudrez de sarriette hachée et arrosez du jus de citron. Ajoutez les pommes de terre coupées en tranches, et mélangez bien.

• *Soufflé aux choux de Bruxelles*

500 g de choux de Bruxelles ; 250 g de pommes de terre ; 1 oignon ; 1 cuillerée à café de feuilles de sarriette ; lait ; 1 cuillerée à soupe de crème fraîche ; 100 g de fromage râpé ; 4 œufs ; fleur de sel ; huile de tournesol ; eau.

Préparez une purée bien ferme avec les pommes de terre, l'oignon, les choux de Bruxelles, la sarriette, le lait, la crème fraîche, puis ajoutez hors du feu le fromage et les jaunes d'œufs en mélangeant bien. Battez les blancs d'œufs en neige et intégrez-les doucement à votre préparation. Versez dans un plat à soufflé huilé, et laissez cuire à four chaud 20 à 30 minutes. Servez très vite quand le soufflé est bien gonflé. Ce plat constituera une belle entrée pour étonner vos amis... et initier les enfants aux saveurs des légumes.

GELÉES DE THYM

La région de Lautrec, dans le Tarn, est célèbre pour son ail rose très parfumé et d'excellente conservation. Mais c'est aussi sur ces terres calcaires qu'une jardinière a inventé pour nous les gelées d'herbes aromatiques. Il y a quelques années, Corine Heine a décidé de cultiver des plantes aromatiques et médicinales. Dans son jardin, un terrain abandonné des humains depuis plusieurs décennies, poussaient des herbes sauvages. Audacieuse, elle décide de lui donner le nom du jardin de la reine des elfes dans *Le Seigneur des anneaux* de Tolkien : la voilà donc fée du jardin de la Lorien.

Tombée par hasard sur une recette de gelée de menthe qu'elle trouve à son goût, elle décide de la tester avec les différentes plantes de son jardin... et elle propose maintenant aux gourmets huit gelées d'aromates : sauge, basilic, badiane, laurier, menthe, romarin, verveine, et bien sûr thym et thym citron – et peut-être bientôt sarriette ?

Elle conseille à chacun d'exercer sa curiosité en utilisant ces douceurs pour accompagner des plats variés. Ainsi, elle recommande la gelée de thym avec les viandes grillées ou rôties, et celle de thym citron avec les poissons (en papillote, par exemple)... et de marier indifféremment l'une ou l'autre avec les fromages de chèvre ou de brebis, ou même les fromages blancs battus. Voilà une preuve supplémentaire que la cuisine des aromates réserve encore bien des découvertes !

• *Feuilletés de cabécou*

Une pâte feuilletée roulée de 30 cm de diamètre ; 4 petits fromages de chèvre frais (cabécous) ; 1 œuf ; feuilles de sarriette.

Déroulez la pâte feuilletée et coupez-la en quatre. Saupoudrez chaque morceau de sarriette, posez le cabécou dessus et saupoudrez à nouveau de sarriette. Repliez la pâte pour enfermer le cabécou et badigeonnez avec du jaune d'œuf légèrement délayé à l'eau.

Passez au four 15 à 20 minutes. Servez ces feuilletés accompagnés d'une salade de saison.

Le serpolet

Son goût est un peu moins fort que celui du thym.

• *Lapin au serpolet*

1 lapin coupé en morceaux (1,2 à 1,5 kg) ; 3 belles gousses d'ail ; 4 à 5 oignons moyens ; 1 bouquet de serpolet ; 1 kg de carottes ; 1/2 verre d'eau (ou de vin blanc sec) ; 1 cuillerée à soupe d'huile d'olive ; sel.

Dans une cocotte, faites dorer les morceaux de lapin dans l'huile d'olive avec l'ail, l'oignon et le serpolet. Ajoutez l'eau (ou le vin) puis les carottes coupées en petits morceaux, salez. Laissez mijoter à l'étouffée 1 h à 1 h 30, selon la taille du lapin.

• *Artichauts braisés au cidre*

Artichauts ; huile ; oignon ; serpolet ; cidre.

Il faut pour ce plat des artichauts moyens et bien frais. Lavez-les puis coupez la tige et la partie supérieure des feuilles. Tranchez les artichauts en deux dans leur hauteur.

Faites revenir à la cocotte oignon, artichauts et serpolet, puis arrosez de cidre, couvrez et faites mijoter 20 à 30 minutes, jusqu'à ce que les artichauts soient facilement pénétrés par une lame de couteau.

• *Thon grillé au serpolet*

1 belle tranche de thon ; sel ; huile d'olive ; serpolet.

Badigeonnez le thon d'huile d'olive et saupoudrez-le copieusement de feuilles de serpolet. Faites griller au feu de bois… ou à la poêle dans un peu d'huile d'olive.

Le thym

Il mérite que nous fassions preuve de plus d'imagination à son égard.

• *Boulghour poêlé à la tomate*

Boulghour (1 verre par personne) ; 3 fois son volume d'eau ; 1 belle tomate ; 1 cuillère à café d'huile d'olive ; 1 gros oignon ; thym ; sel.

Faites blondir le boulghour, l'oignon et le thym, puis ajoutez la tomate coupée en morceaux et l'eau, salez.

Portez à ébullition, couvrez et terminez la cuisson à feu doux.

• *Epaule de chevreau au thym*

1 épaule de chevreau ; ail ; huile d'olive ; sel ; thym.

Badigeonnez un plat à four et l'épaule avec l'huile d'olive. Incisez les endroits les plus charnus et glissez-y thym et ail. Saupoudrez de thym et faites cuire à four chaud, 15 minutes par livre pour une viande rosée et 20 à 25 minutes pour une épaule bien cuite – c'est-à-dire quand le jus qui sort lorsqu'on enfonce un couteau pointu n'est plus rosé.

• *Filets de sardines marinés*

Il fut un temps où le poisson frais était rare et où il fallait lui trouver des formes de conservation : séché-salé ou en saumure, mais aussi mariné à l'huile et aux herbes.

Sardines ; vinaigre ; huile d'olive ; fleur de sel ; thym ; ail.

Prélevez les filets des sardines et disposez-les dans un plat creux en les recouvrant de vinaigre. Après les avoir bien égouttés et essuyés, placez-les dans une terrine en intercalant des feuilles de thym et de l'ail haché fin, et tassez bien. Puis recouvrez d'huile et fermez la terrine que l'on conserve au frais et à l'obscurité. A consommer quand même assez rapidement avant que cela ne rancisse.

• *Omelette aux oignons*

2 oignons moyens ; 6 œufs ; 10 cl de lait ; thym ; sel ; huile.

Epluchez les oignons et émincez-les. Faites-les blondir à la poêle dans de l'huile d'olive avec une bonne pincée de thym.
Battez énergiquement les œufs avec le lait jusqu'à ce que le mélange mousse. Versez sur les oignons, couvrez et faites cuire 5 minutes.

Le thym citron

Sa saveur délicatement citronnée fait merveille avec les poissons, les courts-bouillons, la sauce blanche ou les blanquettes… mais aussi avec les côtes d'agneau grillées au feu de bois.

• *Tarte aux poireaux*

250 g de pâte brisée ; 1 kg de poireaux ; 1 fromage blanc frais bien ferme (environ 200 g) ; 1 cuillère à soupe de crème fraîche ; 2 œufs ; thym citron ; sel ; huile.

Coupez les poireaux bien fin. Faites-les revenir dans un peu d'huile avec une pincée de thym citron ; couvrez et faites réduire à feu doux 20 à 30 minutes. Ajoutez le fromage blanc, la crème puis les œufs et mélangez bien. Garnissez votre fond de tarte et faites cuire environ trois quarts d'heure à four moyen.

• *Pommes de terre farcies au fromage blanc*

4 belles pommes de terre ; 250 g de fromage de chèvre frais et bien ferme ; 1 œuf ; sel ; thym citron.

Epluchez les pommes de terre et faites-les cuire 5 à 10 minutes à la vapeur (mais pas en cocotte-minute) : elles doivent commencer à cuire mais rester fermes. Enlevez-leur un "chapeau" et évidez-les délicatement. Hachez la chair et mélangez-la avec l'œuf, le fromage et le thym citron. Garnissez les pommes de terre, remettez les chapeaux et placez-les dans un plat à four badigeonné d'huile d'olive. Faites cuire à four chaud jusqu'à ce que la pointe d'un couteau pénètre facilement. Surveillez et mouillez si besoin est.

La tomate

Jean-Luc Danneyrolles

INTRODUCTION

Lorsque la tomate, cette belle Américaine, débarque en Europe au début du XVIe siècle, c'est la traversée d'un désert qui l'attend après celle d'un océan. Son tort est d'appartenir à la famille de la mandragore, une autre Solanée européenne chargée d'une puissante symbolique magique qui la rend suspecte.

Il y a bien deux mondes qui accueillent la tomate : celui des savants, et celui des paysans méditerranéens. Les premiers ne sont pas encore des scientifiques, et ne poussent pas la curiosité jusqu'à goûter la tomate : ils vont la reléguer parmi les plantes ornementales. Les seconds la goûtent, et lui font un triomphe, Italie et Espagne en tête. Il faut reconnaître que l'adoption est précoce. La tomate semblait attendue.

Plus tard, au XIXe siècle, elle va simultanément conquérir l'Afrique, l'Europe du Nord, l'Asie. Elle est devenue populaire. Une lente adaptation dans les terres du Sud a été nécessaire. Car la tomate est une fille du Sud, de tous les Sud. Elle est tellement désirée par le Nord qu'elle finit par s'y adapter, lentement sélectionnée par des jardiniers. Puis vient la course aux primeurs, à celui qui amènera la tomate le plus tôt sur le marché.

Il y avait un risque à jouer à ce jeu du primeur. Peu à peu, au savoir-faire des jardiniers va se substituer une technologie de plus en plus poussée, des découvertes agronomiques immédiatement mises en application. En moins d'un siècle, la tomate va être l'objet de fortes modifications qualifiées d'"améliorations", dont certaines sont remises en question aujourd'hui. Car dans le même temps, la tomate va perdre son goût – ce qui, pour un aliment, constitue un non-sens. La jolie petite pomme d'amour est devenue une matière première dénaturée, liquide, rouge et acide. Autant l'écrire sans détour : il y a de l'avenir à cultiver ses tomates. Puisse ce petit ouvrage donner aux jardiniers, aux cuisiniers, aux promeneurs, solitaires ou non, de cette fin de siècle, l'envie de prendre le chemin du jardin, celui qui abrite les meilleures tomates qu'on ait jamais mangées.

I. LES AVENTURES DE LA POMME D'AMOUR

Dans le jardin précolombien

A l'origine, les tomates sont sauvages : une dizaine d'espèces de tomates poussent spontanément dans les vallées des Andes, au Pérou, au Chili, en Equateur. L'une d'entre elles, *Lycopersicum esculentum cerasiforme*, au fruit de la taille d'une bille, serait l'ancêtre sauvage de notre tomate cultivée.

Aucune trace archéologique (fresque, poterie, sculpture) ne mentionne la culture et l'usage de la tomate chez les Aztèques au Mexique ou chez les Incas au Pérou. Seul un manuscrit d'un chroniqueur de la conquête, l'*Histoire naturelle des Indes*, mentionne que les Indiens la consomment à l'état sauvage : "Fruit croissant au bois fort exquis & se cuit avec poisson et viande."

Pourtant, lorsque les conquistadors mettent à sac les empires précolombiens, réduisant à néant plusieurs millénaires de pratiques agricoles et jardinées d'un haut niveau de civilisation et de diversification, ils y découvrent, entre autres cultures, la tomate, mais aussi le haricot, le maïs, les courges…

Il semble bien que la tomate, d'origine andine, ait été transportée par les Aztèques hors de son aire de répartition naturelle pour être domestiquée au Mexique. Les premiers fruits de la tomate qui arrivent en Italie au début du XVIe siècle ont donc déjà connu la culture : "La tomate avait atteint au Mexique un degré de domestication élevé, les premières introductions en Europe consistaient déjà en fruits diversifiés tant par leur taille, leur forme, leur couleur", écrit un agronome américain en 1980.

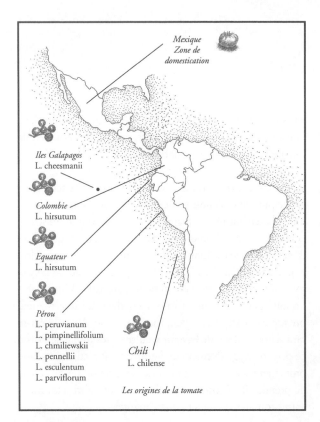

Les origines de la tomate

Les noms de la tomate

"*Nomina si nescis, perit et cognito rerum*" : si tu ne sais pas les noms, c'est la connaissance des choses elle-même qui disparaît. Nous devons à Linné cette pensée, extraite de sa *Philosophie botanique*, et nous allons voir qu'à travers l'histoire des noms se profile déjà celle de la tomate.

Le naturaliste Cesalpino (1550) semble être le premier à avoir nommé la tomate *Mala insana*, "pomme malsaine". Quelques années plus tard, Matthioli (vers 1554) peint et décrit la *Mala peruviana*, "pomme du Pérou". Il mentionne aussi le nom *pomo d'oro*, qui vaut toujours pour l'Italie, et désigne clairement l'aspect doré de ce nouveau fruit. La précision de son origine péruvienne sera pendant plusieurs siècles une source de confusion, car c'est au Mexique que les conquistadors ont découvert la tomate. (Cette hypothèse a été confirmée par des recherches agronomiques qui ont prouvé le voisinage entre des variétés mexicaines et européennes anciennes.)

Dès 1572, dans un traité d'agriculture, le botaniste Guilandinus de Padoue nomme la Solanée mexicaine *Tumatle amoricanum*. Le continent d'origine est désormais précisé, et le nom *tumatle* est très vraisemblablement emprunté à la langue nahuatl, que parlait un peuple de l'Empire aztèque, dans l'actuel Mexique.

Un autre nom se répand peu à peu en Provence, qui associe la tomate à des pouvoirs aphrodisiaques : *pomo d'amore*. Il naît en Italie, et les Provençaux l'adoptent : "pomme d'amour" sera très employé jusque vers 1900.

Les Italiens semblent très attachés à la couleur du fruit, et Olivier de Serres décrit une "pomme dorée" – la *pomo d'oro* de Matthioli, la *Mala aurea* de Bauhin (1651). Pomme de merveille, d'amour, du paradis sont autant d'anciens noms vernaculaires, peu employés de nos jours, mais que l'on retrouve en anglais ou en allemand.

Les Espagnols et les Portugais seront les premiers à nommer le fruit "tomate". Les Russes suivront, ainsi que les Flamands *(tomaat)* et les Français du Nord.

Les scientifiques succèdent aux naturalistes et aux botanistes de la Renaissance, et s'éloignent des croyances. Vers 1750, Linné donne à la tomate le joli nom de *Solanum lycopersicum* : la "pomme malsaine" de la Renaissance devient une "pêche de loup" au XVIII siècle (de *lucos*, loup, et *persica*, pêche). Miller Gardner va affiner la classification de Linné, et la tomate porte désormais le nom latin de *Lycopersicon esculentum*. C'est une reconnaissance et aussi une consécration comme plante alimentaire, puisque *esculentum* désigne le caractère comestible : la tomate est officiellement – et tardivement – devenue un légume.

Une ultime modification de la classification est apparue il y a quelques années : la pomme d'amour est devenue *Lycopersicon lycopersicum esculentum*. On précise ainsi par trois noms la présence d'une sous-espèce. Aucune classification n'est stable : chacune peut toujours être affinée, voire modifiée, à la lumière de découvertes nouvelles ou d'interprétations différentes.

La pomme d'amour, d'après une gravure de 1633

Du jardin de curiosités au jardin potager

L'Europe sort juste du Moyen Age lorsqu'elle accueille la tomate – une époque très religieuse, mystique, symbolique. La tomate va en faire les frais. Son tort est d'appartenir à la famille des Solanées, et de ressembler à la mandragore, une plante magique à laquelle on prête des propriétés aphrodisiaques. Les savants, méfiants, peu curieux de la goûter ou peu téméraires, vont la reléguer au jardin de curiosités, où elle trouve sa place comme plante ornementale, suspecte, vaguement médicinale. C'est à Dodoens (1518-1585) que l'on doit une des premières descriptions sévères des caractères de la tomate ("aussi dangereuse [que la mandragore] pour en user"). Matthias de L'Obel, botaniste lillois, renchérit en 1581 : "Son odeur forte et nauséabonde nous signale combien il est malsain et dangereux d'en consommer." Le doute est désormais jeté sur la tomate.

Une autre Solanée suspecte : la belladone, d'après une gravure de 1583

Olivier de Serres, dans son *Théâtre de l'agriculture* (1600), la conseille pour garnir les tonnelles et traduit en quelques lignes ses doutes sur un fruit qu'il sait malsain, mais qu'il trouve plaisant : "Leurs fruits ne sont bons à manger : seulement sont-ils utiles en la médecine, et plaisans à manier et flairer."

Il est intéressant de remarquer qu'Arcimboldo ne peint pas la tomate dans ses compositions végétales de la fin du XVI siècle. Cela paraît surprenant lorsqu'on sait que ce peintre – presque l'inventeur du concept de biodiversité – était très ouvert à toutes les formes que la nature offre. D'autres plantes américaines fraîchement découvertes figurent dans ses compositions, mais l'absence de la tomate montre bien la suspicion dont elle fait l'objet.

La Quintinie ne la cultive pas au Potager du Roi où il accueille pourtant les courges et les topinambours récemment introduits d'Amérique. Jusqu'en 1760, c'est comme plante ornementale que la tomate figure dans le catalogue de semences de la maison Vilmorin-Andrieux. La pêche de loup n'est donc pas encore officiellement comestible, et il faut attendre 1778 pour qu'elle apparaisse dans la catégorie des légumes sur le catalogue des Vilmorin. Deux cent cinquante ans auront été nécessaires pour voir l'usage culinaire de la tomate officiellement reconnu.

En marge de cette histoire, il ne faut pourtant pas oublier que la tomate est très sûrement cultivée et consommée peu après son arrivée en Méditerranée.

Méditerranée, terre d'asile

Lorsque le botaniste Matthioli édite son herbier en 1554 – il traduit et commente Dioscoride, et ajoute les plantes de la Découverte –, il trouve la tomate suspecte, mais n'a pourtant pas que des mots sévères à son égard : il cite une recette à base de tomates préparée par des paysans italiens, où elles sont frites dans de l'huile d'olive, assaisonnées de sel et d'épices.

Il y a bien deux mondes qui accueillent la tomate : celui des savants, méfiants, et celui des paysans méditerranéens : ces derniers goûtent la tomate, et lui font un triomphe. La Méditerranée accueille la tomate comme elle l'a déjà fait pour d'autres plantes : l'ail, l'oignon, l'aubergine… mais aussi pour les hommes.

Les paysans italiens et espagnols sont sans l'ombre d'un doute parmi les premiers à jardiner la tomate, avant tout pour une raison écologique : les variétés introduites en Europe ont des exigences de soleil que seul le pourtour méditerranéen offre. Seule la durée du jour et de la nuit diffère du milieu d'origine de la tomate, et la fait fructifier plus tard : c'est ce que les jardiniers méditerranéens vont s'attacher à améliorer.

La Provence est sous une double influence lorsqu'elle développe les premières cultures de tomates au tout début du XVIIe siècle : à l'est, l'Italie qui en fait déjà grand cas, à l'ouest, le Languedoc et le Roussillon eux-mêmes sous influence espagnole. Le succès de la tomate sur la table provençale est tel qu'il lui vaut quelques attaques de critiques gastronomiques. En 1830, un article paru dans *Le Gastronome* dénonce "une cuisine qui abuse de la tomate, reproduite cent fois, de cent manières diverses".

La ratatouille apparaît en Provence vers 1900, de même que la pizza. Il semble bien que toutes les recettes classiques qui utilisent la tomate datent du XIXe siècle. A cette époque, le développement des transports marchands joue un rôle important : rapidement acheminée, la production hâtive de Provence sera dès 1860 sur les tables et les étals parisiens, qui ont adopté la tomate.

La conquête du Nord

En 1785, l'abbé Rozier écrit dans son *Cours d'agriculture* que la tomate "n'est pas connue des jardiniers du Nord, alors qu'en Italie, Espagne, Provence, Languedoc, ce fruit est recherché". En 1803, Grimaud de la Reynière, dans son almanach, la dit introuvable à Paris quinze ans plus tôt. La petite histoire a retenu que c'est pendant la Révolution que Paris découvre la tomate. Elle accompagne les fédérés de Marseille en 1793. Arrivés dans la capitale, ils réclament à cor et à cri des tomates dans les auberges où ils font étape. On finit par leur en trouver, hors de prix. C'est le début d'une histoire nordique pour la tomate. Elle va devoir pousser à Paris et plus au nord encore, car elle gagne en estime auprès des cuisiniers.

En 1800, *Le Bon Jardinier* mentionne deux variétés de tomate : la "grosse" et la "petite"… Vers 1805, le grainetier Tollard constate l'augmentation des cultures de tomates dans les jardins. Dans le Nord, il faut user de procédés coûteux et laborieux pour avoir des tomates de bonne heure. Rapidement, certains pays au passé maraîcher important

La tomate cerise

M. JOHNSON, LE PARMENTIER DE LA TOMATE

Il y a du monde sur les marches du palais de justice de l'Etat du New Jersey. Nous sommes en 1820, et M. Johnson a décidé de frapper fort – plus exactement, de croquer dedans et devant les autres. Probablement habité par le syndrome de Parmentier (précoce utilisateur du coup médiatique), Johnson, debout sur les marches, sort de sa poche une tomate et la croque à pleines dents. Il veut de la sorte inciter ses concitoyens à découvrir la belle Mexicaine (et Européenne, puisque les premières tomates nord-américaines arrivent dans les bagages d'immigrants européens), qui est encore considérée par les colons comme une petite sœur suspecte de la dangereuse mandragore. M. Johnson veut changer l'image de la tomate pour en développer l'usage.

M. Johnson est un visionnaire, et l'histoire américaine de la tomate va lui donner raison. Où qu'il repose aujourd'hui, on peut imaginer que près de sa tombe pousse un plant de tomate.

(Pays-Bas, Belgique) vont maîtriser la culture de la tomate et la proposer aux cuisiniers.

En 1812, un observateur décrit les grandes cultures de tomates qui se développent dans les ceintures maraîchères de Rome, de Naples. Elles alimentent un marché en pleine expansion. Car les transports rendent désormais possibles des expéditions de légumes frais. Les chevaux fournissent en quantité le fumier qui réchauffe les couches chaudes. Les châssis qui protègent les plantations de pommes d'amour sont couverts toute la nuit. Une lente amélioration dans la précocité se poursuit, indiquant le chemin des grandes cultures maraîchères, le développement des techniques de production. La course aux primeurs commence, elle ne s'arrêtera plus.

La tomate au Maghreb et au Proche-Orient

De même que leurs confrères européens, les jardiniers et botanistes arabes du Moyen Age, dont le savoir s'est répandu à travers l'Europe, n'ont jamais connu le maïs, le tournesol, le dahlia, la pomme de terre, et la tomate. Il faudra même attendre le milieu du XIXe siècle pour que le Maghreb accueille la Solanée péruvienne.

Ce sont les colons français qui l'introduisent en Algérie, en Tunisie, au Maroc : ils arrivent avec leurs jardins dans la poche et, entre autres, de la semence de tomate. Dès 1880, l'Egypte exporte à destination de l'Europe des tomates hors saison. Cela n'a rien d'étonnant, puisque cette culture est bien adaptée au climat.

Naturellement, la ressemblance de la tomate avec la mandragore est oubliée. Pourtant, un autre phénomène de méfiance va s'abattre sur elle. C'est un "légume franc". On transfère sur la tomate les craintes qu'inspirent ceux qui l'amènent. Finalement, la tomate est restée et les Français sont repartis… Les cuisines de Syrie, d'Egypte, de tous les pays du Maghreb en font un grand usage. Si l'introduction de la tomate y fut tardive, son ascension n'en est que plus spectaculaire.

La pomme d'amour en quelques chiffres

En 1995, les Français consommaient 12 kilos de tomates par personne : la consommation d'été tendait à diminuer, alors que celle d'hiver augmentait (avec des tomates originaires du Maroc, du Bénélux). En 1998, chaque Français a consommé 18 kilos de tomates – mais les Italiens et les Espagnols atteignent 38 kilos par personne, et les Grecs, 72 kilos…

La récolte mondiale est de 75 millions de tonnes, dont 15 millions pour l'Europe, et presque 1 million pour la France, dont le tiers pour le Vaucluse et les Bouches-du-Rhône. Seulement la moitié de la récolte française se fait dans le Sud – ce chiffre témoigne de l'adaptation rapide de la tomate au Nord, qui en produit désormais autant que dans le Midi.

> ### CARSOTTI, LE MARTYR DE LA TOMATE
>
> Comique troupier de son état, Carsotti se produisait sur scène dans un établissement populaire du boulevard Sébastopol, à Paris, dans les années vingt. On avait alors l'habitude de jeter toutes sortes d'objets et d'aliments sur les mauvais comédiens et chansonniers.
>
> Ce soir-là, Carsotti inaugure le premier jet de tomates de l'histoire de la comédie humaine. Têtu et héroïque, il résiste et revient le lendemain sur la scène. Les jets de tomates se font plus nombreux, plus efficaces. Le surlendemain, Carsotti retourne dans l'arène, bravoure ou masochisme : il reçoit un déluge de tomates. Il se retire précipitamment dans sa loge, sa résistance a cédé, mais la nuit porte mauvais conseil, et le lendemain notre chansonnier retourne au combat, muni d'un cageot de tomates. Les gendarmes devront intervenir. L'établissement fut exceptionnellement fermé et un écriteau à la réouverture indiquait qu'il était interdit d'entrer avec des tomates ou tout autre fruit ou légume agressif.
>
> L'usage lapidaire de la tomate indique en premier lieu la saison de surproduction où le spectacle doit se dérouler : l'été. Mais cette tradition n'a rien de très respectueux pour la tomate, les lieux et les comédiens : n'en jetez plus !
>
>

Il serait dommage de passer sous silence les 115 000 tonnes qui sont cueillies chaque année dans les potagers familiaux. Ce chiffre traduit l'attraction que suscite la culture de la tomate au jardin : il n'y a pas de meilleures tomates que celles que l'on cultive soi-même…

II. D'UN POINT DE VUE BOTANIQUE

Fiche d'identité de la tomate

La tomate est une plante annuelle dont les fruits sont des baies de forme, de taille et de couleur très diverses selon les variétés. Ils sont disposés en grappes, le long d'une tige principale qu'il est nécessaire de tuteurer pour supporter le poids des fruits.

La tige est couverte d'un système pileux protégeant l'épiderme, violacé à la base du pied. La plante paraît ligneuse, elle forme des nœuds marqués et saillants. Une peau verte recouvre une sorte de bois, une ossature ligneuse que l'on retrouve encore suspendue au tuteur dans le potager à la fin de l'hiver.

Le feuillage de la tomate est caractéristique et ne ressemble à celui d'aucune autre plante, à l'exception de celui de ses cousines, les morelles ; la feuille est découpée, quelquefois profondément suivant les variétés (la tomate cerise a un feuillage très finement et profondément découpé) ; la face inférieure est grisâtre, légèrement velue ; le port des feuilles est horizontal et souvent la feuille est incurvée, repliée sur elle-même.

Le feuillage a une odeur très particulière que nul jardinier n'ignore, et qui rend les analogies difficiles tant elle est puissante. Le jardinier qui "pince" ou "taille" ses tomates, si tant est qu'il en ait quelques dizaines de pieds, observe

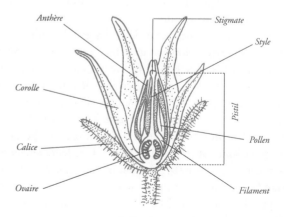

La fleur de tomate

Un plant de tomate

sur ses mains un curieux dépôt noir, qui s'accumule et qui colore l'eau de rinçage des mains en un jaune étonnant, proche de celui de la fleur.

Cette dernière est comme une coupe largement évasée sur la fin, laissant entrevoir au centre un joli pistil. Les fleurs sont disposées de façon opposée sur la grappe où elles prennent naissance. Une fleur termine le bouquet dans son axe. Cette fleur a souvent un caractère double et elle donne un gros fruit double ou quelquefois difforme. On a coutume de le supprimer avant sa formation pour mieux répartir le flux d'énergie vers les autres fruits, mais ce procédé n'a rien d'obligatoire.

Il arrive quelquefois que la plante émette au bout du bouquet une pousse verte, susceptible de produire de nouveaux bouquets si on ne la supprime pas.

La graine de la tomate ressemble à un tout petit grain de haricot, plat et dont les extrémités se rejoignent. Ses faces sont "chagrinées", non qu'il se dégage de la tristesse à les observer, mais parce que la surface de la graine a un aspect grenu. Quelques variétés se reconnaissent à leurs graines, particulièrement la tomate cerise, à la graine minuscule, et la variété 'Green Grape' qui semble être issue d'une espèce différente.

Il y a environ 350 graines par gramme, un litre en contient 300 grammes, soit 100 000 graines par litre ! Leur faculté germinative est de l'ordre de 4 à 6 ans et chute avec les années de conservation.

La tomate est une plante très vigoureuse, et tout l'art du jardinier va consister à contrôler cette vigueur. La tomate est annuelle sous notre climat, mais si la température était maintenue à 20 °C (rythme d'été), elle continuerait de produire, au bout d'une "liane"

Graines
Loges
Coupe d'une tomate

> ### FRUIT OU LÉGUME ?
>
> En 1893, la tomate va connaître en Amérique un procès étonnant qui la place au cœur d'un enjeu économique de taille. La question est de savoir s'il s'agit d'un fruit ou d'un légume. Les règlements douaniers du port de New York prévoient une taxe de 10 % sur "les légumes à l'état naturel en provenance des Antilles". Les tomates en font les frais. Les mêmes règlements prévoient l'exonération des taxes pour "les fruits verts, mûrs, secs". Les importateurs affirment (avec raison, d'un point de vue botanique) que la tomate est un fruit.
>
> Le procureur de la Cour suprême tranchera ainsi le débat : "D'un point de vue botanique, c'est un fruit comme les courges, concombres, haricots, pois ; cependant pour les marchands comme pour les consommateurs, la tomate est un légume qui est consommé cru ou cuit dans la partie principale du repas et non pas au dessert comme les fruits."
>
> La tomate est donc un légume-fruit que son usage actuel destine essentiellement à des mets salés, à l'exception d'une populaire confiture préparée avec des fruits verts.

de quelques mètres, des grappes de fruits jusqu'à ce que le sol et la plante s'épuisent. Les producteurs hors sol de la tomate l'ont bien compris.

Qu'y a-t-il dans une tomate ?

La tomate est essentiellement constituée d'eau (94 %) ; dans les 6 % restants, on trouve tout de même de la provitamine A, des vitamines B1, B2, C, des sels minéraux, du phosphore, de la pectine, du calcium, du magnésium et plusieurs acides. Elle libère de 15 à 20 calories pour 100 grammes.

La tomate renferme également du lycopène, où l'on retrouve le nom latin de la tomate *(Lycopersicum)*. Cette substance spécifique à la tomate joue un rôle antioxydant. Elle lutte contre le vieillissement prématuré de nos cellules oxydées par des résidus métaboliques. Le lycopène, administré sous forme de gélules, semble promis à un avenir certain.

Solanées, une étrange famille

Il existe environ 1 700 espèces de Solanées, réparties sur la planète. Parmi elles, deux plantes d'usage très différent, américaines toutes les deux, méritent d'être ici citées : le pétunia et le tabac !

Cette famille revêt des caractères très particuliers et multiples qui ont su séduire les hommes. Que serait le nord de l'Europe sans la pomme de terre, le Sud sans la tomate, l'Inde sans le piment et l'aubergine, les balcons alsaciens sans les pétunias (et les géraniums), et les fumeurs sans le tabac ?

Il ne pousse pas en Europe à l'état sauvage de Solanées comestibles. Curieusement, cette famille dont certaines espèces américaines sont devenues incontournables (poivron, piment, tomate bien sûr, pomme de terre) a plutôt mauvaise réputation, en raison d'une teneur élevée en alcaloïdes dangereux. Parmi ces plantes, il en est une dont le rôle est majeur dans l'histoire de la tomate : la mandragore officinale.

Des cousins pas toujours fréquentables

• *La mandragore* (Mandragora officinarum)
Elle est la plus mystérieuse de nos Solanées européennes. On ne la trouve pas à l'état sauvage en France ; dans son habitat naturel (Yougoslavie, Italie), elle est rare. Il convient de s'attarder un peu sur cette plante au passé exceptionnel, qui explique en grande partie la méfiance que va rencontrer la tomate.

La mandragore est une plante en rosette, plaquée au sol, sans tige. Plusieurs baies jaune orangé de la taille d'une petite tomate se détachent de la plante en mûrissant. A maturité totale des fruits, la plante a disparu – ce qui peut procurer au promeneur une impression d'immaculée conception. La couleur du fruit rappelle celle de la *pomodoro* qui traverse l'Atlantique vers 1500.

La mandragore, d'après une gravure de 1694

Le Moyen Age appelle la mandragore "pomme terrestre" *(mala terrestria)*, "pomme canine" *(m. canina)*. Selon P. Lieuthagi, elle serait la pomme d'amour de la Genèse, que Léa échange avec Rachel contre une nuit avec Jacob. Les fruits de la mandragore seraient comestibles, et sont réputés aphrodisiaques.

Au Moyen Age, on croyait que la mandragore naissait du sperme des pendus au pied des arbres et des potences. Ses racines charnues rappellent les jambes, le bassin et quelquefois le sexe d'un homme ou d'une femme, ce qui peut expliquer les pouvoirs magiques que l'on attribuait à cette plante de sorcières.

La tomate et la mandragore vont être perçues comme très proches par les Européens de la Renaissance. La tomate prendra d'ailleurs les noms de la mandragore : pomme d'amour, pomme du paradis, et héritera dans le même temps de sa réputation un peu inquiétante. C'est vers 1750 que la tomate est reconnue "officiellement" comestible, et entreprend alors une épopée presque planétaire. La mandragore, quant à elle, est retombée dans l'oubli. Certains jardiniers curieux l'ont adoptée dans leur potager.

• *La douce-amère* (Solanum dulcamara)
L'"herbe à la fièvre" est une jolie liane qui pousse dans les lieux frais et possède de belles fleurs violacées avec un pistil jaune. Toxique à forte dose mais utilisée en homéopathie, la douce-amère peut avoir sa place dans une haie, un massif, car elle est vivace. Ses fruits minuscules rappellent de petites tomates, mais ne sont absolument pas comestibles.

• *La morelle noire* (Solanum nigrum)
C'est une familière des jardins où elle aime croître abondamment. Il en existe une variété à baies rougeâtres dans la nature. Son développement – elle est annuelle – rappelle celui de la tomate. Dans certains pays chauds où elle croît spontanément, on fait du feuillage un potage, fortement déconseillé en raison des alcaloïdes toxiques que renferme la morelle.

• *La jusquiame noire* (Hyoscyamus niger)
Annuelle ou bisannuelle, la jusquiame apparaît çà et là, près des décombres, au bord des routes. Elle semble capricieuse, et peut disparaître comme elle est apparue. Sa fleur est très belle – c'est une clochette jaune ponctuée de noir –, mais la plante contient des alcaloïdes dangereux. Les animaux l'ont bien compris, puisqu'ils n'y touchent pas.

• *Le datura stramoine* (Datura stramonium)
Le datura stramoine, ou pomme épineuse (encore une pomme !), est une Solanée aux fleurs blanches en trompette caractéristiques ; il colonise les terres de remblai, les sols riches. La plante développe une croissance symétrique qui lui confère une allure d'arbre. On prétend que le datura éloigne les rongeurs. Il est en tout cas dangereux.

• *La belladone* (Atropa belladona)
C'est une plante vivace de forte taille, possédant sous terre un rhizome charnu. Ses fleurs en clochettes violacées, retombantes, donnent des baies purpurines très toxiques, qui occasionnent chaque année des empoisonnements chez les enfants : ce ne sont pas des myrtilles.

La belladone

> Ces six membres européens de la famille des Solanées sont tous des poisons dangereux, parfois mortels. Valnet écrit que leur usage médicinal doit être extrêmement contrôlé et précis. On ne peut pas envisager de se soigner avec ces plantes, expérience hasardeuse et dangereuse. Les homéopathes le savent, qui en prescrivent quelquefois certaines sous forme de granules, à dose infinitésimale.

• *Le coqueret* (Physalis alkekengii)
Le coqueret est une petite plante vivace aux rhizomes frêles et traçants. Elle atteint 60 centimètres environ, et produit sur sa tige une douzaine de lampions suspendus d'un rouge orangé vif splendide. Le calice qui protège la baie a donné à la plante son joli nom populaire d'"amour en cage".

Cette Solanée était autrefois répandue dans les potagers, tant pour son caractère ornemental que pour des usages alimentaires occasionnels (les fruits sont riches en vitamines, mais pleins de graines). Des variétés de ce physalis ont même été créées. L'une d'entre elles possédait un calice de 8 centimètres de diamètre. Des témoignages archéologiques attestent sa consommation au Néolithique en Suisse. On le croit spontané en Europe du Sud, mais l'origine persane du mot "alkékenge" pourrait laisser imaginer une plante qui a voyagé très tôt avec les hommes.

De l'autre côté de l'Atlantique, quelques Solanées proches de la tomate, bien moins connues que les piments et les poivrons, ont intéressé les hommes. Parmi celles-ci, des physalis annuels sous notre climat et qui méritent une place dans les potagers de curiosités comestibles.

• *Les physalis*
Le physalis du Pérou (*Physalis peruviana*) est une plante de fort développement, très ramifiée, noueuse, qui produit plusieurs dizaines de baies enveloppées dans un calice de couleur papier kraft, lorsque le fruit est mûr. La maturité n'intervient sous notre climat que tardivement (en août ou septembre), et cela explique qu'il soit difficile d'en obtenir en pleine terre dans le nord de la France. La culture du physalis est comparable à celle de la tomate.

La baie, une fois détachée de son calice, est un petit moment de plaisir inoubliable pour le palais. Les bonbons du jardin d'automne sont acidulés, juteux et laissent un goût exotique en bouche. Le physalis du Mexique *(Physalis mexicana)*, que les Mexicains nomment *tomatillo*, entre dans la préparation d'une sauce verte traditionnelle, avec du piment, du sel et de l'huile. Ce physalis a la particularité d'être très gros, au point de faire éclater son calice lorsqu'il atteint la taille d'une petite tomate. Il est consommé vert (non mûr) mais devient blanc crème en mûrissant. Il se cultive et se prépare en cuisine de la même façon que la tomate.

Enfin, le physalis à goût de prune *(Physalis pruinosa)* est une plante qui se développe au ras du sol, et produit d'innombrables petites baies (beaucoup plus petites que les autres physalis) qui, comme ses cousines, tombent au sol à maturité. Le goût est très original, sans réelle référence ; la culture, identique à celle de la tomate.

Le physalis du Pérou

• *La morelle de Balbis*
(Solanum sisymbriifolium)
C'est une étrange plante qui semble faire la "soudure" botanique entre tomate et physalis. Toutes ses caractéristiques (port, feuillage, fructification) sont semblables à celles de la tomate. De fortes épines (2 centimètres de long) protègent la tige et les feuilles sont très découpées ; le fruit de la taille d'une cerise rouge vif est entouré d'un calice comme les physalis ; la fleur blanche ou violette, d'aspect chiffonné, rappelle en plus grande celle de la pomme de terre. La culture de la "tomate litchi" est délicate : la plante exige de la chaleur et un automne doux. Le fruit est comestible, mais l'on renonce souvent à le déguster en raison des épines – le système de protection du végétal fonctionne bien.

• *La poire melon* (Solanum muricatum)
Originaire de l'Equateur, la poire melon ou pépino est une plante vigoureuse qui émet de nombreuses tiges se garnissant des petites grappes de fleurs propres aux Solanées. Un gros fruit de la taille et de la forme d'une tomate 'Cœur de bœuf' se développe, prenant à maturité une couleur nacrée avec des stries violacées ; le fruit est juteux, fondant, sucré. Il rappelle un peu le melon par le goût, la poire par le fondant. La poire melon est gélive sous notre climat, il faut donc protéger les pieds du froid. Elle est exigeante en chaleur et demande de copieux arrosages.

• *La tomate en arbre de La Paz*
(Cyphomandra betacea)
Cette "tomate" arbustive mexicaine est vivace et ne supporte pas le gel. Elle est consommée traditionnellement par les Péruviens et les Mexicains, préparée comme la tomate (crue ou cuite). Des introductions ont pu être réalisées en Europe du Sud. Il faut deux ans de culture de la graine au fruit. Dommage, car l'arbre est spectaculaire, et les fruits rouges ou jaunes sont très beaux, suspendus à hauteur d'homme – l'arbre peut atteindre de 3 à 5 mètres. Il se cultive comme une plante d'orangerie.

• *D'autres espèces de tomates*
La "tomate à feuilles de boucage", *Lycopersicon pimpinellifolium*, d'origine péruvienne, produit de longues grappes de petits fruits de la taille d'une groseille, jaunes ou rouges.

Au Potager d'un curieux, nous cultivons une autre espèce qui semble bien être une tomate

La tomate groseille

sauvage d'origine andine. La plante buissonnante rappelle les "touffes" des pieds de tomate poire ou cerise. Son développement traduit une certaine vigueur. Cette tomate a pour particularité d'avoir un feuillage très découpé et coloré d'un vert-bleu presque glauque ; toute la plante montre un voisinage, sans conteste, avec la tomate classique ; mais à bien observer, tout est différent : les fleurs semblent doubles, jaunes, intenses. Elles donnent à la plante un aspect ornemental intéressant. Après cette floraison spectaculaire se forment de petites baies vertes, puis violacées qui, à maturité, ont un goût de tomate sucrée, peu acide. Elle se cultive comme la tomate et se ressème spontanément.

III. PETITE HISTOIRE GÉNÉTIQUE DE LA TOMATE

L'histoire de la tomate, comme celle de presque toutes les plantes cultivées, commence dans la nature. Sa mise en culture va accélérer un processus génétique de modification. L'homme est indissociable de l'histoire de ces végétaux, dont il est pour une bonne part le créateur.

Le hasard d'une fécondation croisée

Lorsqu'en Amérique du Sud (au Chili, au Mexique), un homme met pour la première fois en bouche une tomate, c'est un petit fruit sauvage. La présence dans le même milieu écologique de plusieurs espèces de tomates rend vraisemblable l'hypothèse de croisements spontanés entraînant des mutations au sein des premières populations sauvages. Certains de ces croisements, trop instables, ne se maintiennent pas, les individus mutants étant soumis aux lois de la nature. Seuls quelques-uns survivront, s'adapteront ; la tomate est née d'un accident génétique, d'un croisement imprévisible.

Domestication et sélection

Par la suite, la nature semblant ébaucher une sorte de jardin, l'homme cueilleur devient peu à peu jardinier. De l'observation à l'intervention, la mise en culture de la nature va débuter, et la sélection s'amorce. Il en va ainsi pour toutes les plantes alimentaires d'usage millénaire. Au regard des documents connus, la tomate, d'origine sud-américaine, va être domestiquée pour la première fois au Mexique – on parle de "primodomestication". Il y a peut-être deux mille ou trois mille ans – impossible de le dire avec précision –, une lente sélection basée sur toutes sortes de critères (visuels, gustatifs, culturels…) va être réalisée sur la tomate.

L'arrivée de la tomate dans l'Europe de la Renaissance constitue le départ d'une seconde "dérive" génétique, coïncidant ici avec la réalité d'une traversée océanique, improbable sans l'intervention de l'homme. A chaque étape de son voyage, la tomate se diversifie et son potentiel génétique s'enrichit en s'adaptant à de nouvelles conditions d'existence : ce processus se nomme "transdomestication".

Les jardiniers italiens, espagnols, portugais peut-être, sont les premiers sélectionneurs européens de la tomate. La précocité semble bien être l'un de leurs premiers objectifs (elle l'est encore aujourd'hui, sous une forme plus inquiétante). Car la tomate mûrit tardivement sous le climat européen. Elle a besoin pour se développer d'un minimum de température (18 °C) et d'un ensoleillement abondant.

Durant deux siècles, une sélection empirique va s'élaborer dans les potagers, véritable lieu de "brassage" des plantes. Puis, les gens du Nord découvrant peu à peu la pomme d'amour et ses intérêts alimentaires, les jardiniers poursuivent la sélection de variétés précoces.

> ### DE L'ALLOGAMIE A L'AUTOGAMIE : LA MAIN DE L'HOMME
>
> La nature a pourvu les tomates sauvages d'un système de fécondation croisée. Les scientifiques qualifient d'allogames les plantes qui sont fécondées par le pollen d'une autre fleur. C'est ce type de reproduction qui a pu permettre à la tomate (dans la nature, par accident) de se croiser avec une autre espèce du même genre botanique.
>
> Des études très pointues ont montré que la taille du style, qui véhicule les grains de pollen au cœur de la fleur, va peu à peu être réduite au gré des sélections. Ce phénomène, loin d'être anodin, traduit une modification du système de reproduction. Si le style ne dépasse plus largement de la fleur, il ne pourra plus recevoir les grains de pollen d'une autre fleur, que les insectes transportent. Réduit à sa plus simple fonction, le pistil recueille le pollen de sa propre fleur. La tomate est devenue autogame par la main de l'homme. La probabilité pour voir apparaître une mutation dans une variété de tomate fixée serait de un pour mille.
>
>

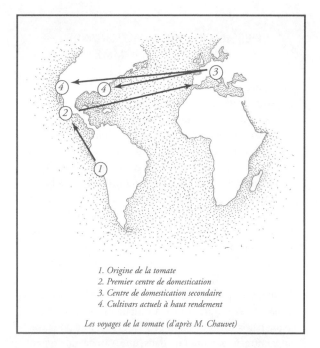

1. Origine de la tomate
2. Premier centre de domestication
3. Centre de domestication secondaire
4. Cultivars actuels à haut rendement

Les voyages de la tomate (d'après M. Chauvet)

et même un vert d'une luminosité étonnante. Souvenons-nous que c'est très sûrement sous une forme jaune orangé que la tomate arrive en Europe occidentale *(pomodoro)*. Les progrès agronomiques de ce siècle permettent de mettre en évidence que ces caractères (ici la couleur de l'épiderme) sont véhiculés par des gènes qui, assemblés, constituent un code génétique spécifique et complexe, lui-même installé au cœur de la cellule, sur une structure hélicoïdale originale. Il n'y a pas que la couleur qui soit génétique chez la tomate : la détermination de son port, la forme de ses feuilles (découpées ou dites "de pomme de terre"), le nanisme, la compacité de la plante, et bien sûr, la forme très variable chez la tomate : aplatie et déprimée comme une 'Marmande', côtelée profondément comme la tomate 'Rose de Valence' (Espagne), piriforme comme les tomates poires, cordiforme comme l'excellente 'Cœur de bœuf', ou se rapprochant curieusement du piment par sa forme allongée, comme la 'Tomate des Andes'.

Tomate 'Reine des hâtives', 'Rouge pomme hâtive', 'Très hâtive de pleine terre' : la simple évocation de ces variétés inscrites au catalogue Vilmorin de 1892 traduit sans équivoque les objectifs de la sélection : obtenir la maturité du fruit le plus tôt possible.

De l'autre côté de l'Atlantique, le nord de l'Amérique ignore l'usage et la culture de la tomate jusqu'en 1800, alors que le Mexique la consomme depuis des siècles. Des colons européens s'implantent en Amérique du Nord, accompagnés dans leur voyage par leurs graines, compagnons indispensables de l'espèce humaine. Ainsi, la tomate va vivre une nouvelle "dérive" génétique en traversant l'Atlantique, cette fois-ci dans l'autre sens. Et là encore, le voyage enrichit la diversité génétique de l'espèce. D'une certaine manière, c'est un retour de la tomate au nord du pays d'origine, mais imprégnée, modifiée par trois siècles de culture en Europe du Sud.

• *Une Péruvienne de toutes les couleurs*
Une palette d'artiste peintre ou bien un arc-en-ciel illustrent sans exagérer la gamme riche de couleurs qu'offre l'épiderme de la tomate : du blanc nacré (ivoire) au violet pourpre en passant par le jaune, l'orange, le rose, le rouge

Premières découvertes génétiques et hybridation

C'est en hybridant à la main toutes sortes de petits pois que Johann Mendel, botaniste et religieux morave, découvre en 1865 les lois fondamentales de l'hybridation. C'est seulement en 1900 que seront redécouverts ses travaux qui

La tomate 'Rouge naine hâtive'

La tomate poire

constituent les fondements d'une science nouvelle promue à un avenir certain : la génétique.

La sélection, l'échange, le brassage avaient conduit à diversifier d'une manière extraordinaire le potentiel génétique des plantes domestiques, dont la tomate. Des centaines de variétés avaient ainsi été créées puis fixées, dont le jardinier pouvait récupérer les graines. Les plants obtenus en les ressemant reproduisaient fidèlement les caractères de la variété.

L'hybridation va peu à peu, au cours du XXe siècle, remplacer la sélection. A l'inverse des variétés fixées, les graines des hybrides ne peuvent être ressemées l'année suivante. Non pas qu'elles soient stériles, mais une loi génétique fondamentale s'applique : le semis des graines du fruit d'un hybride de première génération (ou F1) donne dans un certain désordre les caractères des parents. On ne retrouve pas les qualités supposées de l'hybride, mais une multitude d'individus. Le jardinier, dépossédé de ses graines, abandonne peu à peu des savoirs qui souvent leur sont associés ; cela constitue une forme de "déculturation".

L'hybridation est une pratique moderne et maintenant sophistiquée : elle est pratiquée à la main avec un pinceau qui va prélever le pollen d'une fleur d'un parent et le déposer sur le stigmate pour féconder la fleur d'un autre parent.

Les premières tomates hybrides font leur apparition en Europe dans les années cinquante. Pour répondre à une forte recherche de productivité, à une culture de plus en plus mécanisée, le potentiel génétique de la tomate est exploité dans des laboratoires de recherche agronomique.

Un chercheur californien crée ainsi dans les années cinquante une variété de tomate dans laquelle il va introduire les caractères suivants : le nanisme, la compacité de la plante, le mûrissement simultané des fruits, une forme, une taille adaptées à la cueillette mécanique ainsi que des caractères de résistance aux maladies et de productivité. En une trentaine d'années, le rendement d'un pied de tomate est multiplié par quatre. En 1996, le catalogue officiel français de semences comprend 280 variétés hybrides de tomates et seulement 17 qu'un jardinier peut reproduire dans son potager.

Devenue fragile, la tomate est l'objet d'attaques de nombreux ravageurs, qui s'adaptent très vite aux traitements toujours plus violents. Les chercheurs pratiquent alors des rétrocroisements. Cela signifie qu'ils croisent une variété moderne productive mais peu résistante avec une espèce sauvage détenant des caractères de résistance. Cela nous rappelle à quel point la nature constitue un trésor potentiel. Et c'est la raison pour laquelle les écosystèmes où vivent les tomates sauvages en Amérique du Sud sont classés "réserve mondiale de biosphère". Car, depuis les rencontres du sommet de Rio en 1992, une prise de conscience est née pour défendre la biodiversité sauvage et cultivée, perçue comme un patrimoine de l'humanité.

PORT INDÉTERMINÉ OU DÉTERMINÉ

Les jardiniers passionnés par les différentes variétés de tomates ont sans doute observé que certaines variétés semblent stopper leur croissance après la fructification de quatre ou cinq bouquets. Cette particularité botanique est génétique ; elle a été identifiée et quelquefois introduite dans certaines variétés pour éviter une fructification tardive et hasardeuse. Le gène responsable de ce caractère porte le nom de SP (*self-pruning*, qui "s'auto-émonde"). Il est apparu par "hasard" en 1914 en Floride.

On peut observer ce phénomène, par exemple, sur une variété de tomate à épiderme orange ('Kaki'), d'excellente qualité, qui stoppe son développement après la maturité du quatrième bouquet.

Aujourd'hui, sans ses parents sauvages, la tomate moderne n'existerait guère. Elle est ainsi croisée avec *Lycopersicon chilense* pour sa résistance à la sécheresse, *L. hirsutum* pour sa résistance aux attaques des ravageurs et aux maladies, *L. parviflorum* pour la coloration de son fruit, enfin *L. peruvianum* pour sa résistance aux maladies et sa teneur en vitamine C – mais les croisements avec cette dernière espèce s'avèrent encore difficiles à réaliser.

L'avenir de la tomate

Deux chemins semblent se distinguer pour l'avenir de la culture de la tomate : d'une part, celui qui a conduit la tomate moderne (rouge, ronde, ferme, calibrée) dans un tunnel où elle est cultivée hors sol dans des gouttières aménagées ; les plantes reçoivent par le goutte-à-goutte leur dose quotidienne de chimie, triste spectacle d'un être vivant modifié, poussé à bout pour produire toute l'année toujours plus de fruits inodores, insipides et coûteux, qui font la colère des consommateurs gastronomes. Et d'autre part, celui des jardins où diversité variétale et méthode culturale écologique se combineront dans le potager du XXIe siècle pour fournir des légumes-fruits de grande qualité, du plaisir à tous les instants de la culture.

• *Du saumon dans la tomate ?*
On voudrait en rire et imaginer une tomate qu'on pêche et qu'on écaille !

Plus sérieusement, c'est au cœur du chromosome de la cellule végétale que les généticiens des années quatre-vingt sont intervenus ; le bricolage des codes génétiques est désormais possible, et cette technologie rend faisable l'impensable : des "croisements", une rencontre génétique entre les règnes animal et végétal. Une vingtaine de plantes alimentaires d'importance capitale sont en cours de manipulation génétique pour les rendre résistantes à des virus, à des insectes, au froid…

Comment vendre de la tomate tout l'hiver avec des coûts de production moindres ? Car elle coûte cher à produire, la tomate sans goût et sans odeur que le consommateur désorienté achète hors saison depuis une dizaine d'années. Des chercheurs ont trouvé une réponse : il faut que la tomate résiste au froid ; on pourrait lui transférer un gène de résistance au froid, identifié chez le saumon, qui fait lui-même l'objet d'une forte recherche génétique.

• *Renaissance des anciennes variétés*
Il existe toujours une histoire en marge de l'histoire officielle : l'hybridation avait dépossédé le jardinier de ses graines, mais quelques-uns avaient sauvegardé les innombrables variétés de tomates et de bien d'autres légumes. Dans les années soixante-dix, en de multiples endroits de la planète, des réseaux de jardiniers collectionneurs vont se regrouper pour, peu à peu, constituer le puzzle déjà incomplet d'une arche de Noé botanique.

Le potager-conservatoire de Victor Renaud abrite quatre cents variétés de tomates. Terre de Semences n'en propose pas moins de deux cents dans son catalogue de graines. Au Potager d'un curieux, nous cultivons quarante variétés depuis une douzaine d'années. Un conservatoire de la tomate vient d'être créé à Montlouis, dans l'Indre-et-Loire.

De l'autre côté de l'Atlantique, le Seed Savers Exchange maintient plusieurs centaines de variétés de tomates à travers l'Amérique. Une dynamique s'organise, le passé semble avoir un peu d'avenir.

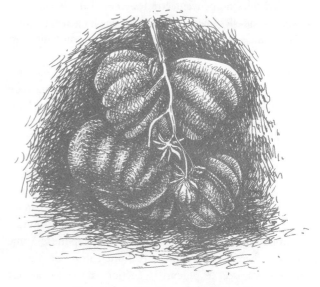

Une ancienne variété mexicaine, la tomate 'Zapotec'

IV. JARDINER LA TOMATE

La culture de la tomate a connu au cours du XXe siècle de profonds changements : toujours plus précoce, du primeur au hors saison. Le jardinier amateur de qualité, où qu'il soit en France à l'exception des zones montagneuses*, devrait trouver entière satisfaction à la culture de la tomate de saison en pleine terre, et laissera aux professionnels le soin de planter des tomates hors sol, sous perfusion, jusqu'au bout du tunnel...

Calendrier de culture de la tomate

• Mars : un sol préparé
Le repiquage des jeunes plants de tomate en pleine terre intervient après les dernières gelées de printemps, en mai-juin. Mais la terre doit être prête à accueillir les plants bien plus tôt.

Dans le courant de mars, on débarrasse la surface du sol des herbes qui la recouvrent. A l'aide d'une grelinette ou d'une bêche, on aère le sol sans le retourner mais en brisant les blocs. Puis, avec le croc, on affine la terre, on brise les mottes pour obtenir une terre légère et aérée. Il convient de ne plus marcher sur un sol prêt à être planté ou semé.

Un enfouissement partiel de 2 à 4 kilos de compost au mètre carré sera la phase finale avant la plantation.

La tomate pousse dans tout type de sol. Elle affectionne les terres un peu argileuses qui retiennent l'eau et la matière organique. Il est toujours possible en cours de végétation d'apporter un supplément de compost au pied de la plante si le besoin s'en fait sentir.

• L'indispensable compost
La tomate aime les sols riches. Le promeneur saura la repérer là où l'homme moderne abandonne ses déchets organiques (aux sorties des fosses septiques, sur des remblais riches en matière organique, au bord des cours d'eau où viennent se déverser les eaux usées). La tomate est une voyageuse et elle nous le rappelle à chaque instant. Je l'ai même rencontrée installée à l'abri sur le quai d'un port de la Méditerranée. Ses fruits faisaient face à la mer. La graine avait su trouver l'espace et l'énergie pour germer et croître entre les pierres mal jointoyées.

La tomate est une gourmande et le jardinier qui utilise et fabrique du compost peut l'observer lorsque (presque) spontanément naissent quelques plants de tomate au pied du tas de compost. De fort développement, ces plantes installées les pieds dans le compost (où ils trouvent matière organique et fraîcheur) seront de forte production. La tomate aime le compost, qu'il soit d'origine végétale ou animale. Lorsque le jardinier lui en apporte, elle retrouve très probablement le substrat sur lequel à l'origine elle se développe : une terre riche et fertile d'Amérique du Sud.

• La pépinière abritée de jeunes plants
Le jardinier choisira dans un calendrier biodynamique un jour fruit vers la mi-mars. A cette époque, les projets de semis sont nombreux mais celui des tomates constitue un peu un rituel dans l'année du jardinier.

La germination des semences de tomates se déclenche à 18 °C environ. En deçà, la plantule de tomate ne croît plus. Pour démarrer un semis de tomates, il faut donc un châssis vitré exposé au sud, une petite serre de jardin, un rebord intérieur de fenêtre... On admet une période de 35 à 40 jours entre le semis et le repiquage en pleine terre, mais cette période est souvent prolongée en raison de la baisse de la température nocturne.

Quand on est "collectionneur" de variétés de tomates, le semis se transforme peu à peu en un atelier d'écriture lorsqu'il s'agit d'indiquer sur une étiquette le nom de la variété et la date du semis. Mais le jardinier ne déteste pas d'échanger pour quelque temps le râteau pour un stylo.

Le "semeur" de tomates aura pris soin de se munir d'une série de godets, terrines ou autres récipients percés pour faciliter le drainage. La caisse à poissons en polystyrène, une fois lavée, est un matériau de recyclage qui convient parfaitement à cet usage. On sème à raison d'une dizaine de graines par godet préalablement rempli d'un mélange de terre de jardin et de compost très décomposé. On peut enfouir superficiellement les graines avec la main

---

* Les montagnards amateurs de tomates pourront toujours les cultiver sous serre ou dans une véranda.

ou rajouter sur les graines une fine couche de compost (3 ou 4 millimètres). On arrose légèrement pour humidifier le substrat et, la chaleur aidant, déclencher la germination.

Les premières tomates qui germent mettent une semaine pour apparaître. Au bout d'une dizaine de jours, le spectacle qu'offre une caissette remplie de plantules de tomates qui démarrent leur existence est un petit bonheur de jardinier. Des dizaines de petits fers à cheval sortent de terre, on dirait un microscopique jeu de croquet.

La plantule issue du germe se déroule en se développant pour laisser apparaître au cœur des deux cotylédons une feuille découpée, première feuille rappelant la forme adulte. Les plantules de tomates poursuivront leur croissance. Il faudra prendre soin de la pépinière en faisant un micro-désherbage des semis, et veiller à une aération régulière.

• *Avril : le premier repiquage*
La seconde phase de l'élevage des jeunes plants consiste à les repiquer chacun isolément dans un godet lorsqu'ils ont une ou deux vraies feuilles (autres que les cotylédons). L'opération est délicate car on extrait avec les doigts la plantule déracinée. On la repique tout aussi délicatement dans le godet rempli aux trois quarts de terreau et de terre mélangée. On peut utiliser la pointe d'un stylo, d'un petit bâton pour faire le trou de plantation et accompagner la racine. Il est conseillé d'enterrer un peu la tige. Un ombrage est nécessaire dès que le repiquage a eu lieu.

Un jeune plant de tomate

Il suffira ensuite de désherber la pépinière de tomates et de l'arroser, mais attention aux excès d'humidité qui entraîneraient des nécroses à la base des plants, responsables de ce que l'on appelle la fonte des semis.

Les plants devront être trapus, vigoureux, d'un port équilibré – on aura pris soin d'éliminer tout plant mal formé.

• *Mai-juin : la transplantation en pleine terre*
Au stade du premier bouquet de fleurs visible, le plant mesure en général 30 centimètres : il est temps de le transplanter, les dernières gelées de printemps n'étant plus à craindre.

La plantation a lieu en jour fruit si le cosmos nous intéresse. On plante tous les 40 ou 50 centimètres en lignes ou en îlots. Il est à nouveau vivement conseillé d'enfouir profondément une partie de la tige. Souvent cette pratique permet de rendre vigoureux des plants étiolés, fragiles ou trop développés. La tige peut être couchée sur 20 centimètres et recouverte de terre. Le plant se redressera naturellement. Un arrosage au pied après la transplantation est nécessaire. On peut aussi butter le pied pour provoquer l'apparition de racines secondaires.

La plantation

• *Le purin magique*
Le jardinier écologique n'achète pas d'engrais liquide, car il a la chance de pouvoir le fabriquer : le purin d'ortie ou de consoude est comme une potion magique, une simple et naturelle décomposition liquide de plantes riches en azote, en potasse, en oligo-éléments et en fer. Il faudra le diluer, tant il est riche. On le dépose à l'arrosoir au pied des plantes, des tomates en particulier. A la transplantation en pleine terre, il aura l'effet d'un coup de fouet et apportera à la plante les éléments directement assimilables dont elle a besoin. On peut apporter ainsi régulièrement (une fois par mois) une nourriture liquide aux tomates, pour soutenir la production et renforcer les résistances.

En voici la recette : prendre un kilo de feuilles d'ortie ou de consoude fraîches, cinq litres d'eau, un seau en plastique se protège avec son feuillage, les fruits mûrissent difficilement à l'ombre et pourrissent au contact de la terre. Certaines variétés existent, comme la classique et productive 'Roma', dont le port trapu ne nécessite pas de tuteurage.

Les variétés à petits fruits peuvent être tuteurées et pincées, mais la vigueur de ces variétés proches des formes originelles est telle que la plante prend rapidement l'allure

> ## QUELQUES TRUCS ET CONSEILS EN COURS DE CULTURE
>
> Malgré une fausse idée très répandue, une rotation de deux ou trois ans est absolument nécessaire, comme pour toutes les cultures annuelles.
>
> Le premier bouquet qui se forme en mai-juin peut geler ou fondre. Ce n'est pas grave.
>
> On peut bouturer les gourmands de tomate (opération tout de même délicate, exigeante en attention).
>
> Les drageons qui poussent au pied peuvent être délicatement détachés avec quelques racines et redonner rapidement un plant adulte si on les plante.
>
> Dans la moitié sud, on peut réaliser un deuxième semis vers la fin mai pour une production décalée fin août, lorsque les premiers plants s'épuisent déjà.
>
> Dans le Gard, on mettait une poignée de feuilles de buis au fond du trou de plantation, qui enrichissait progressivement la terre, fournissant ainsi une sorte d'engrais longue durée.
>
> Au 15 août, dans la moitié nord de la France, on étête les plants de tomate pour hâter la dernière fructification.
>
>

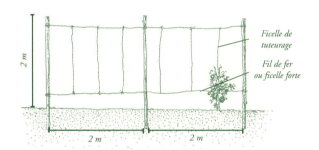

Tuteurs en palissade

Tuteurs par quatre *Tuteur simple*

(le fer est oxydé par le purin). Laisser macérer une semaine à dix jours au soleil, remuer, filtrer pour retirer les fibres – on peut le faire en tournant au bâton dans le seau, il accroche les fibres (odorat sensible, s'abstenir). Diluer de 10 % à 50 %.

On peut aussi à la plantation, broyer une poignée d'orties ou de consoude et la mettre au fond du trou. L'action sera plus longue.

• *Juin : l'art du tuteurage*
D'une façon générale les tomates doivent être tuteurées pour organiser la production et soutenir la tige centrale, car la tomate sélectionnée pour la taille de ses fruits ne peut supporter le poids de sa progéniture. Au sol, le plant

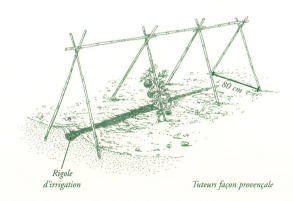

Tuteurs façon provençale

L'art du tuteurage

d'un bosquet de 1,30 mètre de haut. Ces variétés peuvent se passer de tuteurage, mais la cueillette sera plus basse. Car c'est un avantage que le tuteurage offre aux jardiniers : plus la fructification avance dans la saison et plus la cueillette se fait en hauteur. Il faut toujours penser au dos du jardinier.

La méthode la plus simple consiste à utiliser des tuteurs individuels en acacia, en châtaignier, en bambou... que l'on dispose à chaque pied. En Provence, où des haies de cannes de Provence protègent les cultures maraîchères, on en tire aussi les tuteurs à tomates. Le principe s'est développé en grande culture, jusqu'à ce que l'on abandonne la tomate de plein champ. Cette méthode, qui exploite une ressource naturelle disponible, est reprise par les jardiniers du Sud qui perpétuent la tradition. Sur deux lignes parallèles, on plante les tomates les unes en face des autres. On creuse un sillon profond entre les lignes : ce sera le canal d'irrigation. Et l'on fiche dans la terre les tuteurs, croisés à 1,80 mètre de hauteur. Les pieds de tomates seront progressivement attachés à l'aide d'un lien d'origine naturelle (raphia, ficelle de chanvre...).

On peut aussi mettre en œuvre une palissade à l'aide de piquets, plantés tous les 2 mètres, et de fils transversaux tendus en haut et en bas. Les tomates sont guidées sur des ficelles verticales pas trop tendues. Cette façon de tuteurer permet un effet de haie.

Le tuteurage par trois ou quatre pieds est souvent pratiqué dans les potagers où le souci de faire beau accompagne celui de faire bon. Cette façon est très esthétique, et offre au visiteur une structure pyramidale dans le jardin.

Enfin, il existe dans le commerce des tuteurs en spirale assez originaux, intéressants pour celui qui n'a que quelques pieds à soutenir.

• *Juin-juillet : taille et ébourgeonnage*

Depuis la plantation vers la mi-mai, le jardinier avait laissé ses plants en paix. Nous sommes à la mi-juin : le tuteurage est installé. Les plants ont pris un vert intense, signe d'une excellente reprise. Il est temps d'observer de plus près la croissance de chaque pied afin de conduire la plante sur une seule tige centrale. Il arrive qu'un plant étêté donne deux tiges : on peut les conserver. A l'aide de deux doigts, on pince les pousses tendres (les gourmands) qui naissent à l'aisselle des feuilles. D'une certaine manière, cette pratique permet de diriger les flux énergétiques de la plante.

D'autres types de pousses font leur apparition au pied de la plante : des drageons qu'il est utile d'éliminer par pincement car ils prennent rapidement de l'importance et entrent en concurrence directe avec la tige principale. Cette opération peut se reproduire plusieurs fois dans la saison, tant la vigueur de la tomate est grande.

La taille de la tomate : suppression des gourmands

• *Juin-août : arrosage et paillage*

Comme elle aime le compost, la tomate aime l'eau – et pour cause, elle en est constituée à 94 %. Dès le grossissement des premiers fruits jusqu'à la fin d'août et même en septembre s'il fait chaud et sec, la tomate a besoin d'arrosages copieux qui lui rafraîchissent le pied sans l'inonder pour autant. On arrosera donc peu et souvent, avec régularité, car la tomate déteste les accidents, les excès ou les manques d'eau, et toujours au pied – la plante résistera davantage au mildiou. Un sol frais et humifère, de l'eau régulièrement, beaucoup de soleil sont les clefs de la réussite d'une culture de tomate.

On peut apporter l'eau à l'arrosoir, ou bien à la façon méditerranéenne, en traçant et en remplissant un petit canal fermé aux extrémités : la terre boit l'eau doucement.

La taille de la tomate sur une et deux tiges

La bouteille en plastique dont le fond est coupé, renversée et enfoncée dans la terre est un bon système de recyclage – il faut la remplir régulièrement. Enfin, une technique nouvelle, écologique, s'est particulièrement développée avec la tomate : le goutte-à-goutte qui, à raison de deux litres par heure une fois par jour ou tous les deux jours amène à nos tomates l'eau qu'elles exigent pour croître.

Le paillage est très pratiqué sur la tomate. Il faut le déposer lorsque le sol est déjà réchauffé. Le paillage plastique dans un jardin n'a pas d'intérêt : l'idéal est de la paille assez âgée, un peu décomposée, des tontes de gazon, ou toute autre matière végétale se décomposant facilement.

Le paillage présente de nombreux avantages, dont ceux de faire des économies d'arrosage, de maintenir le sol frais, humide, de favoriser une activité microbienne riche entre la paille et la terre, de réduire l'évaporation du sol, de redonner une couverture écologique au sol dénudé, qui dans un potager constitue en fait une aberration.

Enfin, le paillage nourrit le sol par le produit de sa décomposition, structure et assouplit les sols argileux et lourds. Alors paillons, paillons, paillons !

• *Juillet-octobre : cueillette, récolte et conservation*
Il importe de cueillir la tomate avec respect, et avec un couteau ou, mieux, un sécateur. Le jardinier délicat pourra user de ses doigts, car il existe sur le pédoncule des fruits une sorte de nœud qui cède lorsque le fruit est soulevé jusqu'au point de rupture.

Pendant les fortes chaleurs d'été, la fructification peut être rapide et déborder le jardinier. Il y a les amis à qui les surplus feront plaisir, les coulis pour l'hiver, les graines…

Quelques procédés traditionnels ont été pratiqués pour prolonger la consommation de tomates fraîches : il était coutume d'arracher les pieds de tomates à petits fruits en novembre et de les suspendre au chaud à l'intérieur. Une variété espagnole à peau rose ('Selma'), de fructification très tardive, pouvait ainsi mûrir vers Noël. Ce procédé méditerranéen se rapproche de celui

La récolte

pratiqué avec certaines variétés de melons d'hiver, qui une fois cueillis mûrissaient vers Noël.

Les dernières tomates du jardin sont souvent farineuses. C'est naturel, car l'ensoleillement et les températures chutent : le mûrissement est plus lent. Les fruits peu à peu s'abîment, se tachent. Ils ne font plus envie. On attendra juillet pour retrouver le goût de la tomate.

Maladies, ravageurs : restons calmes

Les plants de tomate d'un potager rempli de toute sorte de légumes et de fleurs sont rarement affaiblis par une maladie ou un ravageur au point de ne plus produire. Cependant il existe différents parasites et quelques virus susceptibles d'être observés.

Sur le fruit, quelques taches jaunes circulaires indiquent une carence en magnésie, on y remédiera en apportant un peu de patentkali.

De petites "mouches" blanches au joli nom d'aleurodes viennent sucer la sève des feuilles de la tomate, sous serre.

QUELQUES TRUCS ET CONSEILS EN COURS DE CULTURE (SUITE)

L'extrait de valériane officinale dilué favorise la fructification et peut protéger des gelées.

On transperçait parfois le pied de tomate d'une tige de cuivre pour empêcher l'installation du mildiou (empirique, certes, mais barbare…).

L'odeur dégagée par le frottement des feuilles de tomate serait répulsive pour les insectes.

Une infusion d'ail ou d'oignon, de même qu'une décoction de prêle diluée, protège et renforce la plante.

La tomate aime pousser associée à d'autres plantes : œillet d'Inde aux vertus insecticides, mais aussi basilic, céleri, capucine avec qui la tomate s'entend bien.

On peut éventuellement lutter contre elles par des pulvérisations de roténone, ou se procurer leur prédateur naturel.

Des feuilles qui s'enroulent trop (elles ont un peu cette tendance naturellement) signalent souvent un problème de croissance dû à une alimentation irrégulière.

Si le fruit se marque d'une tache noire à l'extrémité opposée au pédoncule, pendant les fortes chaleurs de l'été, c'est souvent un arrosage irrégulier qui en est responsable : arroser peu mais régulièrement pour éviter cet accident de croissance.

Enfin, un fruit qui se tache en gris-vert pendant la maturation indique l'installation du mildiou, qui se développe en milieu chaud et humide – l'arrosage du feuillage ou l'humidité locale sont à l'origine du développement de ce champignon. La bouillie bordelaise peut être efficace à titre préventif ou en tout début d'attaque.

LA 'TOMATE DE BERAO'

Hubert Beier est un jardinier allemand perspicace et curieux, qui s'est mis en tête de sélectionner une variété de tomate très rustique et vigoureuse. Sa démarche est originale. Le nord de l'Europe est de plus en plus amateur de tomates fraîches de qualité, mais le climat rend la saison de récolte des tomates de pleine terre assez courte. En 1985, M. Beier entreprend sur une tomate une sélection à l'envers, une rétrosélection. Au bout de dix ans il a obtenu ainsi une plante qui peut mesurer jusqu'à 4 mètres de hauteur (une liane) et produit jusqu'à 200 fruits par pied – de jolies tomates de la taille d'un abricot rouge, en grappes exubérantes, dont le poids atteint environ 100 grammes. Une vigueur, une productivité, une résistance et même une qualité gustative particulières ont popularisé cette variété de tomate dont le succès a dépassé les frontières de l'Allemagne. La 'Tomate de Berao' s'échange aujourd'hui dans les réseaux de jardiniers. Et Hubert Beier pourrait bien être le créateur le plus nordique d'une variété de tomate intéressante.

Choisir une variété de tomate

Il serait recensé deux mille variétés de tomate à travers le monde. Comment faire son choix ? De nombreux critères peuvent être pris en compte. Il existe des variétés à haute teneur en vitamines ou en sucres ; des variétés productives pour le coulis, d'autres à sécher, la 'Tomate des Andes' pour confire, les tomates creuses (type 'Poivron') pour farcir, la 'Marmande' idéale pour les tomates à la provençale, la 'Délice du jardinier' pour les apéritifs d'été, la 'Rose de Berne' qui ouvre fin juillet la saison des tomates… D'autres variétés sont très précoces et conviennent mieux au Nord. D'autres enfin sont résistantes aux maladies.

Parmi les variétés décrites ci-dessous, aucune ne déçoit gustativement, certaines étant supérieures à d'autres. Mais le bon goût d'une tomate se joue davantage sur la méthode culturale et l'ensoleillement minimal que sur le choix de la variété.

La 'Tomate des Andes'

• *Tomates à gros fruits rouges*
'Cœur de bœuf' : une des meilleures. Gros fruit en forme de cœur, très rouge, volumineux, charnu, avec très peu de graines.

'Géante' ('Américaine', 'Russe') : variété produisant d'énormes fruits charnus, de bonne qualité gustative.

'Tomate des Andes' : fruit allongé (jusqu'à 20 centimètres) comme un gros piment, très ferme, avec peu de graines. Variété très goûteuse, intéressante en cuisine, ornementale au potager.

'Marmande hâtive' : fruit petit à moyen, aplati, côtelé, rouge, ferme et goûteux. A redécouvrir.

'Merveille des marchés' : gros fruit rond, de bonne tenue, ferme, goûteux, productif. A connu son heure de gloire au début du siècle, mais on la retrouve aujourd'hui.

'Saint-Pierre' : fruit rond de taille moyenne, goûteux, charnu, productif. Comme une amélioration de 'Merveille des marchés', mais de plus en plus rare.

• *Tomates à gros fruits roses*
'Rose de Berne' : fruit rond moyen, rose violacé à maturité, variété hâtive de très bonne qualité gustative.

'Rose de Valence' : variété esthétiquement remarquable, car elle est munie de nombreuses côtes saillantes. Elle est consommée en Espagne presque verte. Bonne qualité gustative. Peut-être identique à 'Zapotec'.

'Brandywine' : proche de la 'Rose de Valence'.

'Pêche' : tomate originale dont l'épiderme ne brille pas, mais est mat et granuleux. La variété à fruit rose ressemble, mûre, à s'y méprendre à une pêche (de loup !). Existe en jaune, très décorative, mais ce n'est pas la meilleure pour le goût.

• *Tomates à gros fruits jaunes*
'Grosse jaune lisse' ('Jaune Saint-Vincent') : gros fruit aplati, côtelé, d'un jaune citron inégalé. Tomate très douce, productive.

'Golden Sunrise' : tomate ronde, comme une 'Saint-Pierre' jaune, douce.

'Poivron jaune' : grosse tomate un peu carrée comme un poivron. Les graines sont rassemblées sur un réceptacle au cœur du fruit à l'image des poivrons, mais il s'agit bien d'une tomate ! Il en existe aussi une variété rouge.

'Rayon de soleil' : tomate de type 'Poivron', avec de belles traînées jaunes sur fond rouge.

• *Tomates à gros fruits orange*
'Kaki' : comme son nom l'indique, elle ressemble au fruit du plaqueminier. Elle est ronde, orange vif et très ferme, de bonne conservation. Cela explique qu'elle ait été cultivée et expédiée vers Paris par les maraîchers du Vaucluse encore dans les années cinquante.

'Cœur de bœuf orange' : on aurait envie de la baptiser "tomate mangue". Fruit cordiforme orange pâle, d'une extraordinaire qualité gustative. Comme toutes les 'Cœur de bœuf' (rose, rouge, orange), elle contient très peu de graines.

• *Tomates à gros fruits blanc ivoire*
'Blanche du Québec' ('Merveille du Québec') : elle semble dépigmentée. Sa couleur ivoire est très intéressante pour des effets contrastés dans une salade. Alterner par exemple

---

LA GREFFE DE LA TOMATE

La tomate est une plante potagère dont la vigueur et la relative rusticité permettent la greffe avec une autre espèce de la famille des Solanées. Ainsi, un jardinier a greffé sur un plant de pommes de terre une tomate. Cela fonctionne assez bien, avec des pommes de terre dessous et des tomates dessus. Reste le problème des récoltes contrariées...

On a coutume ces dernières années de planter des pieds d'aubergines greffés, promis à de meilleurs rendements. Le porte-greffe est une tomate sauvage, qui confère vigueur, productivité et rusticité à la plante.

Pour combattre des vers nématodes, des scientifiques eurent l'idée surprenante dans les années soixante-dix de greffer la tomate sur un datura : la résistance aux nématodes fut bien transmise, mais en même temps que les alcaloïdes très toxiques du porte-greffe... Le procédé fut abandonné.

---

tomates blanches et pourpres, c'est très beau. Cette variété est très douce, peu acide, productive. Mais ce n'est pas la meilleure.

• *Tomates à gros fruits pourpre violacé*
'Noire de Cosebœuf', 'Purple Calabash', 'Noire de Crimée' : étonnante couleur, qui rappelle celle de l'aubergine... La 'Noire de Cosebœuf' a des côtes saillantes et prend de curieuses formes. La 'Noire de Crimée' est presque ronde. Goût prononcé, peut-être lié aux pigments.

• *Tomates à gros fruits verts*
'Green Zebra' ('Zébrée verte') : très belle tomate verte, rayée de jaune à maturité, productive, chair verte sucrée et ferme.

'Evergreen Emerald' ('Toujours verte') : encore une couleur spectaculaire pour un fruit plat, assez gros et une plante productive. Un effet fluorescent étonnant.

• *Tomates à petits fruits*

'Délice du jardinier' : elle porte bien son nom. Plus grosse qu'une tomate cerise, de la taille d'un nez de clown, et très goûteuse.

La 'Délice du jardinier'

'Tomate cerise' : jaune, rouge ou orange. Goût concentré, variété décorative, très productive, proche du type sauvage. Se ressème spontanément dans le jardin.

'Tomate poire' : jaune ou rouge, piriforme, originale, productive, buissonnante. Enchante les enfants.

'Groseille jaune' ('Mirabelle jaune') : rappelle par la taille et la couleur la mirabelle. Grappe en éventail, qui peut porter plusieurs dizaines de fruits. Spectaculaire, décorative sur la table et dans le jardin.

'Green Grape' ('Raisin vert') : délicieuse tomate de la taille d'un gros raisin, en grappes denses. Fruit de couleur vert soutenu, très sucré. Elle ne se taille pas, et semble provenir d'une espèce différente.

'Dix Doigts de Naples' : les grappes rappellent une main avec les doigts qui tombent. Variété très ferme, de longue conservation, goûteuse.

'Principe Borghese' : fruit ovoïde pointu au bout, de la taille d'une prune. Se cueille en grappes que les Italiens du Sud suspendent contre les façades abritées de leurs maisons, et qu'ils consomment séchées tout l'hiver.

En prendre de la graine

Voici comment on procède : aller au jardin muni d'un panier et choisir sur les tomates les plus beaux fruits des variétés que l'on veut reproduire. Deux ou trois tomates d'une même variété conviendront au jardinier qui n'en a pas fait son métier.

Une fois le panier garni, s'équiper d'un couteau denté, d'un chinois, d'un récipient pour éventuellement récupérer la chair et d'une soucoupe en terre cuite, d'une plaque de bois ou de toute autre matière lisse qui "respire" et permettra à la semence de tomate de sécher.

A l'aide d'un couteau et au-dessus du chinois, trancher la tomate au collet, comme on décapite un œuf à la coque.

Presser le fruit délicatement : les graines suspendues à une gelée translucide tombent peu à peu mêlées de pulpe au fond du chinois. Rincer les loges de la tomate pour extraire les dernières graines. Faire pression et frotter avec le dos de la main le fond du chinois. Rincer abondamment sous le robinet. Laisser égoutter les graines puis les déposer dans la soucoupe en terre cuite.

Prévoir une étiquette pour inscrire le nom de la variété, la date. La semence séchera très vite pendant l'été. Quelques jours plus tard, décoller la plaque de graines avec un couteau, puis avec les doigts, briser et malaxer le tout. Il suffira d'un souffle léger et maîtrisé pour voir apparaître de belles graines débarrassées d'une gelée réduite en poudre. L'idéal pour les conserver est une boîte métallique dans un local sec, frais, protégé de la lumière.

V. LE GOÛT DE LA TOMATE

Un curieux débat est apparu ces dernières années. A l'origine de la discussion : le goût perdu de la tomate. Celle que l'on portait au nez avec délectation, celle dont l'odeur déjà provoquait le plaisir des sens avant même qu'elle ne soit dégustée. Celle-là a disparu. Que s'est-il passé ?

Il peut être utile de se souvenir d'une certaine madeleine... mais un élément de réponse plus scientifique nous est fourni par un sondage paru il y a quelques années dans une revue de jardin populaire. Son objectif était la dégustation et la notation de variétés de tomate, dont une quinzaine de variétés modernes aux noms fort peu poétiques.

C'est la tomate cerise qui a gagné, et ce résultat témoigne de la qualité gustative d'une tomate très proche d'une forme originelle – qualité particulièrement concentrée chez la tomate cerise en raison de sa petite taille. Tous les goûts sont dans la nature, lorsqu'on cultive, on dénature un peu, lorsqu'on industrialise, mécanise une culture, on dénature beaucoup.

Les variétés modernes ont perdu leur goût car ce sont d'autres caractères génétiques que l'on a recherchés durant ce siècle : d'abord la précocité, ensuite la productivité et la résistance aux maladies. Le goût n'était pas un critère de sélection.

Il serait injuste de passer sous silence le fait que les chercheurs agronomes sont en train d'essayer de redonner du goût aux tomates. Une tomate en grappes assez odorante (elle rappelle, en plus gros, la tomate cerise) connaît un certain succès. Produite en Europe du Sud ou en Afrique du Nord, elle peut être de qualité si sa culture n'est pas dénaturée.

Crue ou cuite ?

"Le cru est naturel, le cuit est culturel", a écrit en substance Lévi-Strauss. Cela convient bien à la tomate, et presque à tous les légumes. La cuisson transforme le goût d'un aliment, le cru est naturel, et les tomates qui poussent de la même manière s'offrent aux crudivores avec sensualité.

Pourquoi les cuire tant qu'elles sont là, en pleine saison ? Le légume cru a l'avantage d'offrir à l'organisme ce qui le constitue (les vitamines, par exemple) et que la cuisson détruit ou modifie. C'est peut-être d'un excès de tomates au jardin qu'est née la sauce qui accompagne les plats d'hiver (stérilisée hier, aujourd'hui congelée).

Avec la forte teneur en eau de la tomate, en manger une, c'est aussi boire un verre d'eau. Le caractère rafraîchissant distingue la tomate et la rapproche du concombre, hors des familles botaniques. Associés crus, ces deux légumes-fruits constituent une entrée dans de nombreuses cuisines populaires. La tomate du jardin est disponible d'août à octobre : trois mois où l'on dispose de la pomme d'amour. Croquons à pleines dents celle que le potager oublie ensuite pendant neuf mois.

Verte ou mûre ?

Le poivron, la courgette, la févette, le petit pois, le haricot vert, souvent le concombre sont des légumes qui se mangent verts, non mûrs. On les mange dans la fleur de l'âge – même s'ils sont tous de jeunes fruits, d'un point de vue botanique. Alors la tomate verte, pourquoi pas ? Des informations attestent une consommation de la tomate verte en Syrie, lors de son introduction. Crue ou cuite, elle décore les plats en Inde, où elle peut être consommée. Et il ne faut pas oublier qu'en Provence, en Espagne, on aime la tomate pas encore mûre. Les agronomes ont d'ailleurs établi une échelle de maturité (vert-mûr, point rose, tournant rose, rouge clair, rouge intense) dont le stade initial,

> **RECETTE DE JARDINIER**
>
> Se trouver dans son jardin vers 11 heures un matin d'été. Repérer une tomate qui soit parfaite. Celle-là et pas une autre. Aujourd'hui, c'est une tomate orange. Elle est ferme. Il commence à faire chaud et un peu faim. Détacher avec doigté le joli fruit mûr à point. Regarder la montagne, écouter le silence de la campagne, puis mettre la tomate à la bouche et la dévorer. Ensuite aller manger. (Il existe une autre version où le jardinier est muni de sa salière.)
>
>

"vert-mûr", traduit déjà l'idée qu'avant d'être totalement colorée, la tomate est déjà mûre.

Pourtant, un inconvénient sérieux vient troubler les projets de cuisiner la tomate verte. Elle contient de la solanine, substance dangereuse. Cela n'empêche pas des expériences culinaires que certains chefs renommés ont déjà entreprises.

Enfin, un des rares mets sucrés à base de tomates est la confiture de tomates vertes, sans doute née d'un excédent de tomates qui ne mûrissaient plus à l'approche de l'hiver.

A toutes les sauces

"C'est la sauce tomate qui fait la bonne viande" : le dicton provençal indique à lui seul le succès des coulis et autres concentrés. Brillat-Savarin confirme vers 1810 qu'"on fait de la tomate d'excellentes sauces qui s'allient à toute espèce de viande". Sur les viandes, sur la pâte à pizza, accompagnant le riz, les pâtes et toute autre céréale, de toutes les manières, la sauce tomate a su trouver une place de choix dans les menus les plus simples, ceux du quotidien.

Un autre intérêt culinaire semble à l'origine de la grande popularité de la tomate. Avant le XVIe siècle, l'Occident, qui aimait les sauces acides, employait des vinaigres, du jus de poissons fermentés, du verjus (tiré du raisin vert ou de groseilles). La tomate, avec son acidité, va en quelque sorte voler la vedette au verjus, et trouver sa place d'abord comme condiment.

Puis, tranquillement, la sauce tomate devient universelle, et son usage intensif va transformer la culture de la tomate en un vaste complexe agro-industriel.

Le ketchup, cette sauce chinoise

Selon Misette Godard, l'origine du mot "ketchup" est vague, mais plusieurs éléments mettent en évidence la racine chinoise du mot : *koe chiap* signifie en chinois "sauce de poisson", qui se dit en malais *kêchap*. Les sauces à base de poisson fermenté sont très populaires en Asie, en Chine particulièrement. L'Occident a lui aussi longtemps apprécié ces sauces héritées de l'Antiquité *(garum)* et encore en usage au Moyen Age.

Les Anglo-Saxons, eux, apprécient les petits légumes (oignons, cornichons...) conservés au vinaigre, ils les nomment *pickles*. Il existe toutes sortes de *pickles*. L'une de ces préparations comprend des noix et des champignons. Le vinaigre prend alors une coloration brune rappelant le nuoc-mâm des Vietnamiens. C'est de ce vinaigre brun et aromatique, cuit avec des tomates mûres, qu'est sans doute né le premier ketchup de l'histoire culinaire. Aujourd'hui, inutile de préciser ce qu'est devenue cette sauce que de nombreux gastronomes boycottent. Mais le ketchup fut d'abord artisanal et peut encore l'être, comme en témoigne cette recette, extraite d'un manuel de cuisine de Louisiane du XVIIIe siècle* (il convient de préciser que sa mise en œuvre est considérable) :

> *5 kg de tomates bien mûres ; 5 kg d'oignons ; 500 g de sucre de canne roux ; 2 cuillerées de gros sel ; 1 cuillerée de paprika ; une pincée de piment de Cayenne ; 6 dl de vinaigre épicé préparé à l'avance avec 6 dl de vinaigre de vin blanc, 3 bâtons de cannelle, 1 cuillerée à soupe de piment de la Jamaïque, 4 écorces entières de macis (arille de la noix muscade), 1 cuillerée de clous de girofle.*

* L'auteur remercie Misette Godard pour sa contribution.

Porter à ébullition le vinaigre additionné des épices, laisser infuser deux heures après avoir arrêté la cuisson. Faire cuire les tomates en morceaux et les oignons émincés. Lorsque la première peau des tomates se détache, passer le tout dans un moulin à légumes (grille fine). Filtrer le vinaigre épicé et le mélanger au coulis de tomates. Cuire à feu doux jusqu'à l'obtention d'une crème. On peut mettre en flacons et stériliser.

Quelques recettes

• *Salade de tomates du jardin d'un curieux*

1 tomate 'Cœur de bœuf', 1 'Evergreen', 1 'Jaune grosse', 1 'Orange kaki', une 'Rose de Berne', quelques tomates cerises ou poires ; sel de Guérande ; huile d'olive ; poivre ; quelques feuilles de basilic ; vinaigre balsamique ; 1 gousse d'ail.

Couper en tranches les tomates et les déposer sur un plat en formant des jeux de couleurs, décorer les bordures, le centre, de petites tomates cerises et poires. Saler, poivrer, ajouter un peu de vinaigre, l'huile d'olive, l'ail haché et le basilic. Servir à température ambiante.

• *Tomates farcies au fromage blanc et aux herbes*

L'idéal pour cette recette est d'utiliser des variétés aux allures de poivron, certaines sont déjà presque creuses (tomate 'Poivron rouge', 'Poivron jaune', 'Rayon de soleil', 'Rose de Valence').

4 tomates ; herbes (aneth, ciboulette, roquette : une seule peut convenir) ; 500 g de fromage blanc ; 1 gousse d'ail.

Couper finement les herbes, éplucher et écraser la gousse d'ail. Mélanger l'ensemble avec le fromage blanc, saler, poivrer. Décalotter le haut de la tomate, et conserver le couvercle. Creuser la tomate et la remplir de fromage blanc, remettre les couvercles. C'est prêt.

• *Salade de tomates au pourpier et à la roquette*

4 belles tomates ; 1 botte de roquette ; 1 poignée de "têtes" de pourpier sauvage ou doré ; 1 oignon blanc ; 1 gousse d'ail ; 50 g de feta ; sel, poivre ; huile d'olive ; jus de citron.

Procéder comme pour la salade de tomates du jardin d'un curieux. Le pourpier et la roquette peuvent être déposés sur un lit de tomates, ou le contraire. L'acidité et la fraîcheur du pourpier s'harmonisent avec celles de la tomate, et la roquette au goût un peu piquant relève l'ensemble. Pour finir, parsemer de petits morceaux de feta.

• *Tomates aux poivrons*

1 kg de tomates ; 3 ou 4 poivrons rouges ; 3 oignons ; 3 cuillerées à soupe d'huile d'olive ; 2 gousses d'ail ; thym, laurier, sel, poivre.

Cuire à la vapeur ou au four les poivrons coupés en deux pour faciliter l'arrachage de la peau, et les couper en lanières. Faire fondre les oignons dans l'huile, puis les tomates avec les herbes. Laisser cuire 20 minutes, ajouter les poivrons, l'ail haché, une cuillerée d'huile d'olive. Ce plat peut se manger chaud (accompagné de riz ou de pâtes) ou froid, et peut servir de garniture à une tarte.

• *Tomates à la provençale*

8 tomates ('Marmande' de préférence) ; 4 cuillerées à soupe d'huile d'olive ; 2 gousses d'ail ; chapelure ; persil, thym, sel, poivre.

Mettre les tomates coupées en deux dans un plat à four. Les recouvrir avec l'ail haché, le thym, la chapelure et l'huile d'olive. Saler, poivrer. Cuire une demi-heure à four chaud. Parsemer de persil haché. Ce plat peut également se servir froid.

• *Tomates farcies aux courgettes*

8 tomates ; 2 ou 3 courgettes ; 1 oignon ; 250 g de viande hachée ; chapelure ; huile d'olive, thym, sel, poivre.

Prélever un couvercle aux tomates et les creuser. Faire revenir la pulpe avec l'oignon émincé, les courgettes en petits morceaux et la viande hachée. Saler, poivrer, et ajouter un peu de thym. Garnir les tomates de cette farce, et laisser cuire une heure à four moyen. Servir tiède avec une salade verte.

• *Chutney de tomates*

Pour 250 g de chutney : 500 g de tomates ; 1 piment 1 pincée d'asa fœtida (gomme extraite de la racine d'une ombellifère au goût prononcé) ; 1 pincée de fenugrec ; 2 feuilles de laurier ; 1/2 bâton de cannelle ; 50 g de sucre roux ; 5 cl de vinaigre ; sel.

Peler les tomates après les avoir plongées une minute dans l'eau bouillante, les épépiner et les concasser. Laver et équeuter le piment, le couper en deux pour lui retirer ses graines, puis le hacher. Faire fondre dans l'huile les tomates, le piment avec le gingembre. Ajouter le vinaigre, la cannelle, le laurier, les clous de girofle, l'asa fœtida, le fenugrec et le sel. Laisser cuire à feu doux 20 minutes en remuant de temps en temps, jusqu'à l'obtention d'un coulis. Ajouter le sucre. Augmenter le feu et laisser cuire 15 minutes jusqu'à ce que le chutney épaississe. Retirer alors la cannelle, les clous de girofle, le laurier. Servir froid. Ce chutney accompagne toute sorte de plats, indiens ou non. Dans un bocal hermétiquement fermé, il se conserve une quinzaine de jours au réfrigérateur.

• *Confiture de tomates vertes*

1 kg de tomates vertes ; 500 g de sucre ; 2 citrons coupés en rondelles.

Peler et épépiner les tomates, si l'on veut. Les couper en tranches, ajouter le sucre et laisser reposer une nuit. Recueillir le jus et le porter à ébullition, y jeter les morceaux et faire cuire une heure. Verser la confiture dans des pots ébouillantés au préalable.

• *Tomates vertes en conserve*

Elles s'utilisent pendant l'hiver en salade ou, une fois cuites, en garniture. L'idéal pour cette recette oubliée est de disposer de tomates vertes de taille moyenne ('Principe Borghese', tomate poire…). On les jette dans de l'eau salée bouillante, puis on les égoutte au bout d'une minute sur un linge. Lorsqu'elles sont refroidies, on les range dans un pot en grès (exclusivement) et l'on recouvre de saumure.

Cette recette, sans passer par l'ébullition, peut se préparer avec des tomates mûres mais très fermes que l'on range crues dans un pot et que l'on recouvre entièrement de saumure.

• *Pommade de tomates lacto-fermentées*

Sur un principe similaire, on peut préparer une sauce lacto-fermentée, dont la recette vient de Pologne. La lacto-fermentation est un moyen de conservation nordique très intéressant, car il préserve les qualités des légumes crus. On obtient ainsi une pâte rouge qui s'utilise pour donner le goût (et la couleur) de la tomate crue à toutes sortes de plats.

5 kg de tomates ; 150 g de sel ; un pot en terre cuite ou en grès.

Déposer des couches de tomates coupées en deux, et recouvrir chaque couche de sel. Laisser fermenter pendant trois jours en ayant soin que le contenu soit couvert et tassé par un poids. Passer ensuite l'ensemble au moulin à légumes pour enlever peaux et graines. Se munir d'un grand seau en plastique dans lequel on étend un linge propre. Y verser le liquide et rassembler les extrémités du linge pour créer une sorte de panse, que l'on suspend.

L'eau va s'écouler pendant un ou deux jours. Finir d'exprimer avec les mains l'eau encore emprisonnée. Il ne restera qu'une pâte rouge très salée. La conserver au frais en petits pots bien fermés.

• *Coulis de tomates*

5 kg de tomates ; 1 kg d'oignons ; deux têtes d'ail ; un bouquet garni (thym, laurier, romarin, origan, basilic, sarriette) ; 5 cuillerées à soupe d'huile d'olive, sel, poivre.

Laver les tomates. Les couper en quatre et les faire réduire à feu moyen. Faire fondre les oignons émincés dans l'huile d'olive et mélanger le tout, en ajoutant l'ail et le bouquet garni. Laisser cuire 1 h 30 environ. Ce coulis peut se conserver au réfrigérateur, être stérilisé 1 heure à 100 °C, ou congelé.

• *Concentré de tomate*

A partir du coulis de tomates, on préparait autrefois un concentré très parfumé. En voici la recette : lorsque le coulis est prêt, le faire égoutter dans des cônes de toile suspendus en plein air. Le passer ensuite au tamis, saler, et étendre la pâte ainsi obtenue sur des linges, au soleil. Lorsqu'elle est suffisamment desséchée, en remplir des bocaux que l'on recouvre largement d'huile d'olive. Il suffira de prélever de très petites quantités de ce concentré pour parfumer pendant toute la mauvaise saison ragoûts et plats en sauce.

VI. LA SENSUALITÉ DE LA TOMATE

Taire la sensualité de la tomate serait se faire censure. La tomate est séduisante, attirante par ses rondeurs, son aspect pulpeux, charnu, charnel. Sa peau est lisse, douce, délicate, colorée, chaude. Son odeur est un peu suave, pénétrante, intense. Une variété exprime bien ses "atouts", elle se dénomme 'Téton de Vénus'. Elle offre des fruits bien fermes que la main caresse tout en les cueillant et dont la forme rappelle les seins nourriciers de la petite enfance, ou ceux des premiers plaisirs de l'adolescence. La tomate est un peu comme une femme dont la sensualité serait à fleur de peau. Certaines variétés comme la 'Rose de Valence' ou la tomate 'Pêche' ont des côtes saillantes, des plis profonds, des courbures galbées comme autant de fesses.

Une expression met en scène le jardinier et ses tomates. Il doit se mettre nu pour les faire rougir. Il y a de la naïveté dans cette petite histoire populaire, mais incontestablement aussi de la malice. Il s'installe comme une relation amoureuse entre le jardinier et ses tomates. Que voient-elles qui les ferait rougir ?

Priape, dieu des jardins et de la fécondité, rôde autour de cette histoire... Et pourquoi donc au siècle dernier ces femmes syriennes se voilaient-elles la face devant le fruit encore méconnu de la tomate ?

Mais laissons à Joseph Delteil le soin de conclure, puisque le poète montpelliérain a évoqué avec beaucoup de talent l'aura sensuelle de la pomme d'amour :

"La chair des tomates est énorme et sensuelle. [...] O tomates mûres, vous êtes la joie du monde [...]. Votre chair âcre et molle est nourrissante comme des seins, rose comme les pubis. [...] Vous êtes des systèmes solaires et des ventres de femmes, des ventres de femmes et les cervelles de la Terre."

Joseph Delteil, *Choléra*, Grasset, 1978.

Un jardin extraordinaire

Jean-Luc Danneyrolles

INTRODUCTION

C'est un jardin extraordinaire. Tous les continents y sont présents. Tous les goûts, les formes les plus inattendues y ont droit de cité. La gracieuse claytone de Cuba tient compagnie à l'épineux scolyme d'Espagne, pendant que l'artichaut de Jérusalem converse avec le crosne du Japon. La cyclanthère est fière, plus haute que l'œnothère, et toutes les deux côtoient la glaciale ficoïde, la margose à piquants et le radis serpent.

S'agit-il de l'excellence de la nature mise en culture ? Ou, simplement, de quelques représentants d'une diversité légumière éprouvée par un inquiétant appauvrissement variétal ?

Ce petit ouvrage invite le lecteur à une promenade dans les jardins de curiosités. Des jardins qu'ont aimés nos arrière-grands-parents, et qu'aimeront sans doute nos petits-enfants. Car l'histoire se répète et l'art des potagers est renaissant. Pratique écologique et diversité végétale seront, nous l'espérons, au cœur du potager de demain, celui que chacun d'entre nous rêve de réaliser, celui qui est à portée de la main, du râteau.

Oubliés, méconnus, anciens sont autant de qualificatifs utilisés pour nommer les curiosités potagères que raconte ce livre. Certes, certaines de ces plantes témoignent surtout d'un riche passé cultivé, mais qui peut savoir si elles ne seront pas les légumes de demain ? D'autres peuples, sur d'autres continents, les consomment couramment.

On a pu ressentir comme une mode autour des légumes rares. Mais la prise de conscience de l'érosion de la diversité végétale semble heureusement plus profonde. Les potagers ressemblent de plus en plus à de petits conservatoires, des lieux de diversité où ces légumes rares prennent toute leur valeur, et les tables s'enrichissent de goûts nouveaux. Au-delà des raisons économiques, c'est un véritable patrimoine vivant que décrit ce livre. Les jardiniers seraient ainsi porteurs d'un héritage qu'ils auraient l'agréable charge de transmettre. Dont acte.

I. QUELQUES LÉGUMES-RACINES

C'est au cœur de l'hiver et au cœur de la terre qu'on récolte la plupart des légumes-racines. Le végétal a pris ses quartiers d'hiver. Il a fait ses réserves qu'il protège du froid dans une racine, un rhizome ou un tubercule, toujours sous la terre, à l'abri de la lumière. Pour cueillir les légumes-racines dans l'hiver, c'est au printemps que le jardinier devra semer car, avant que ces plantes potagères ne se transforment en délicieux repas, il leur faudra accomplir tout un cycle de végétation dans les meilleures conditions.

La campanule raiponce

Les potagers accueillaient autrefois une petite campanule comestible, et même délicieuse, au joli nom de raiponce (*Campanula rapunculus*). Disparue des jardins au siècle dernier, c'est dans les talus ou au bord des champs et des haies que l'on aura le plus de chances de la retrouver.
En hiver, c'est souvent protégée du nord, au pied d'un vieux mur, que quelques rosettes de feuilles d'un vert soutenu trahissent la présence de la raiponce. C'est une plante bisannuelle discrète dans la nature. Au printemps, elle n'est visible que par sa petite tige qui supporte de nombreuses clochettes retombantes et légères, d'une couleur bleue caractéristique des Campanulacées, si bien représentées au jardin des fleurs. Celle qui pousse quelquefois spontanément à la lisière du jardin est très capricieuse lorsqu'elle est mise en culture.

Son nom français dériverait du nom latin *rapunculus*, signifiant "petite rave" (*rapa*), étymologie qui indique le caractère charnu de sa racine. Il n'y a pas de documents qui attestent sa culture dans l'Antiquité ni même au Moyen Age, mais vers le XVe siècle, la raiponce est citée dans différents poèmes, comme celui où Ronsard, laissant le soin à son valet de cueillir mâche, pimprenelle et pâquerette, se réserve la récolte de la raiponce : "Je cueilleray, compagne de la mousse, la responsette à la racine douce." Olivier de Serres, vers 1600, la décrit dans son *Théâtre d'agriculture*. L'agronome invite le jardinier à s'en procurer la graine là où elle se trouve naturellement. Quatre siècles plus tard, l'invitation tient toujours !

En effet, la semence de raiponce est très rare dans les catalogues grainetiers. Sa récolte dans la nature est délicate, car il faut repérer sa présence au printemps, et marquer d'un piquet les porte-semences ; après la floraison printanière, des capsules déhiscentes succèdent aux petites campanules. On récolte les graines en cueillant l'ensemble de la tige florale, ou en glissant les doigts le long de la tige pour récupérer les capsules dans le creux de la main. Le produit de la cueillette devra être immédiatement déposé dans un récipient pour ne pas perdre la semence, si petite que l'œil, même averti, a beaucoup de mal à déceler sa présence. Car la raiponce est prolifique, et ne produit pas moins de 25 000 graines par gramme. La petite campanule raiponce est armée pour survivre, pour garantir son éternel recommencement qui accompagne les saisons. A la loupe, on peut observer les minuscules grains arrondis, d'une couleur ambrée, comme du miel. Ensachées délicatement, les graines seront semées au printemps suivant. Leur faculté germinative est de quatre années.

La culture de la raiponce nécessite quelques précautions et, autant le dire sans détour, sa réussite est très difficile. En avril ou en mai, on aura pris soin de préparer en profondeur une planche sur laquelle on déposera une fine couche de terreau léger et noir. Dans une soucoupe, on mélange un peu de sable fin à la semence invisible, et l'on sème d'un geste léger en parcourant de la main la surface de la planche. Un simple arrosage régulier, en utilisant la pomme la plus fine de l'arrosoir, doit faire germer cette semence à la levée si délicate. Inutile d'enfouir la graine, elle se contentera de s'appuyer sur un grain de terre et d'en être enrobée au premier arrosage. Au bout d'un mois, on peut distinguer les plants de raiponce des herbes indésirables qu'il faudra enlever à la main pour permettre à la culture de mieux se développer ; mais il faudra de très bons yeux pour reconnaître la très petite plantule : deux minuscules cotylédons à peine visibles.

Racine de raiponce

A l'état de rosette, la campanule raiponce constitue une douce salade, bien connue des paysans du Sud qui la cueillent dans la nature depuis des générations. Mais si c'est la racine que le jardinier espère récolter, il devra laisser en paix le feuillage pour permettre à celle-ci de grossir. Si l'arrosage est irrégulier, le semis de printemps peut être compromis par une montée à graine prématurée. On peut semer la raiponce jusqu'en juillet, période de récolte des graines sauvages, et la racine comme la rosette seront disponibles d'octobre jusqu'au printemps.

La racine de la raiponce peut atteindre la taille d'un doigt. Blanche, effilée, elle est cassante et tendre. La mise en culture la rend plus grosse, moins fourchue, plus longue aussi car elle ne rencontre pas d'obstacle. D'anciens manuels à l'attention des jardiniers conseillaient de l'arracher et de la mettre en cave l'hiver, pendant les grands froids.

Olivier de Serres la décrit comme "bonne viande" qu'il faut "apprivoiser" au potager, tant elle est généreuse de toutes ses parties en hiver. Il dit la cuire comme la consommer crue, ce qui est la première des expériences à faire pour en apprécier la délicatesse et le léger goût de noisette, un peu sucré. La feuille rappelle par son goût la mâche. En hiver, elle entre dans la composition des mesclins de salades sauvages. A la croque-au-sel, à la manière des radis, la raiponce saura se distinguer à table tant par sa finesse et sa délicatesse que par sa rareté.

Réussir sa culture est un fait d'art potager, et il ne faudra pas en vouloir à la raiponce si elle est présente en bordure du jardin et, malgré tous les soins apportés, absente de la culture qu'on lui a consacrée. Rebelle à la domestication, c'est la raison pour laquelle nous l'aimons. Il arrive qu'elle sous-estime cependant l'obstination des jardiniers qui usent de tous les artifices pour en récolter la racine. A force d'échecs, nous avons imaginé de laisser grainer un pied, de gratter et désherber le sol juste avant la chute des graines sur environ un mètre, de secouer le porte-graine et d'arroser délicatement, si nécessaire. C'est un semis spontané, mais contrôlé. La méthode marche particulièrement bien si l'on vient régulièrement observer la levée et les jeunes plantes. La Palice dans un jardin n'aurait pas dit mieux.

Le scolyme

Quelques personnes âgées s'en souviennent, surtout dans le Sud : on mangeait la racine d'un chardon très piquant, qu'on appelait cardouille, cardousse ou encore épine jaune. Le scolyme d'Espagne *(Scolymus hispanicus)* était consommé dans les pays méditerranéens ; il y a quelques années, un jardinier algérien m'en a fourni de la semence.

Au printemps ou en hiver, le scolyme se distingue par une touffe de feuilles piquantes marbrées de blanc, qui indique la présence sous terre d'une racine parfois très longue, d'une couleur jaune paille et à la chair blanche. Elle peut atteindre 20 à 30 centimètres de longueur ; quelquefois, son axe central est ligneux. A la fin du printemps, la tige, qui portera la future inflorescence, se développe en s'armant de piquants, et rend difficile l'approche pacifique du jardinier. C'est donc à distance qu'on observera la fleur jaune qui classe ce chardon dans la grande famille des

La campanule raiponce, d'après Gerard, XVIe siècle

Le scolyme d'Espagne

Composées. En fleur, la plante atteint jusqu'à 1 mètre de hauteur. Les feuilles oblongues, rétrécies à la base jusqu'au pétiole, se terminent par des piquants qui durcissent avec l'arrivée de l'été. Les fleurs jaune vif sont groupées par deux ou trois et entourées de bractées épineuses plutôt agressives.

La graine est mûre vers le mois d'août. Pour la recueillir, on récolte avec des gants les sommités où sont rassemblées les graines un peu à la manière des écailles sur les poissons. Si la partie aérienne de la plante est sèche, on peut tout de suite mettre l'ensemble de la récolte dans un sac en tissu que l'on piétine pour séparer les semences de leur réceptacle. Ensuite on élimine les parties ligneuses, les morceaux de tige pour ne garder que le fond du sac plein de graines. Dans une bassine ou tout autre récipient, on souffle sur la semence avec mesure pour séparer "l'ivraie du grain". La semence, de couleur jaune pâle, est aplatie ; une sorte d'ailette l'entoure et l'aide peut-être à se déplacer avec le vent. Il suffira d'un pied au jardin pour faire un porte-graine. La plante est bisannuelle ou trisannuelle, voire vivace. De cette manière, on pourra toujours conserver un pied mère en bordure au fond du potager, qui fera une jolie brassée de fleurs jaunes.

L'Almanach du bon jardinier de 1848 cite le scolyme comme un légume sauvage que la culture améliore. Un autre manuel de jardinage affirme qu'il faut recueillir les semences d'un scolyme qui n'est pas monté à graine la première année. Ce conseil vaut d'ailleurs pour de nombreuses plantes, comme si l'information d'une mise en culture (qui produit une grosse racine charnue) passait dans les gènes, et était reproduite ensuite par la graine.

On sème le scolyme en juin ou en juillet, assez tardivement pour éviter une montée à graine, dans une terre ameublie, aérée et engraissée d'un vieux compost, en lignes espacées de 30 centimètres et à 4 ou 5 centimètres de profondeur. La levée est capricieuse, souvent incomplète. Il est conseillé, à cette période sèche de l'année, de semer dans une terre mouillée ou d'arroser copieusement le fond du sillon. On éclaircit ensuite en laissant un pied tous les 20 centimètres. Mis à part les habituels sarclages et binages, le scolyme ne demande pas de soins particuliers. A l'automne, on peut rabattre les tiges florales. La récolte se fait à l'aide d'une fourche-bêche, en prenant soin de ne pas blesser les racines. On apprend par un vieux manuel que le scolyme supporte les hivers froids, comme celui de 1837-1838. Mais l'auteur conseille tout de même de rentrer pour l'hiver les racines en serre, et de les placer dans du sable où elles seront plus faciles d'accès.

La racine du scolyme se cuit à l'eau et c'est après la cuisson qu'on en enlève facilement le centre, en coupant la racine en deux dans le sens de la longueur. Son goût est particulier, proche selon certains du salsifis et de la scorsonère, de qualité supérieure selon d'autres. Une note de 1852 dans la *Revue horticole* fait état d'un usage particulier du scolyme en Espagne : les pétioles de printemps, rassemblés en botte et cuits, agrémentaient pot-au-feu, viandes diverses ou omelettes. La ville de Madrid en consommait beaucoup et il y était cultivé ; ailleurs en Espagne, on le cueillait dans la nature.

Le scolyme, comme bien d'autres légumes-racines, a été délaissé par les jardiniers, sans doute supplanté par les salsifis ou les scorsonères moins épineux, peut-être plus généreux, mais qui eux aussi connaissent aujourd'hui un début d'oubli. Paillieux et Bois en disaient beaucoup de bien il y a un siècle, et ne comprenaient pas que sa culture soit abandonnée. La difficulté qu'il y a à cueillir les graines, la levée capricieuse, la corde ligneuse au cœur de la racine ont sans doute contribué à la disparition du scolyme. On peut tout de même rester optimiste, car les hommes ont souvent un penchant à redécouvrir ce qu'ils ont oublié.

Le crosne du Japon, ou perle de jade

Convaincu que les mots Stachys affinis *ne pouvaient être prononcés par nos cuisinières, j'ai donné aux tubercules le nom de Crosne, qui est celui de mon village.*
Auguste Paillieux, 1892.

Une Labiée au potager ? On pense à la menthe, au romarin, à la sauge. Celles-là vont au jardin d'herbes. Au potager, on plante le crosne du Japon (*Stachys affinis*), une Labiée dont on consomme la partie souterraine, le rhizome tubéreux, une de ces petites merveilles visuelles et gustatives qui poussent facilement dans nos jardins et dont on a un peu oublié les intérêts et les usages. Son nom donne le point de départ d'un voyage (le Japon) et l'une de ses principales destinations, puisqu'il fut implanté dans un jardin expérimental à Crosne, petite commune de l'Essonne.

Le tubercule du crosne a l'apparence du jade, de la nacre. Il est petit et semble assemblé en anneaux multiples dont la taille se réduit vers les extrémités. On comprend les botanistes chinois qui, poétiquement, voient en lui "la douce rosée", "des perles unies", ou le "légume d'anneaux de jade". D'une manière plus contemporaine, et moins poétique, l'image du bibendum Michelin vient à l'esprit si l'on observe un crosne : de petits boudins accrochés les uns aux autres ! Leur peau est comme inexistante, d'où leur rapide dessèchement à l'air libre. Les crosnes sont fragiles, cassants, délicats. Un pied peut en fournir une centaine, voire plus. Ils se forment en fin de saison au bout des nombreuses tiges souterraines qui tracent dans le sol, à l'horizontale.

La partie aérienne de la plante rappelle la menthe par son feuillage et sa vigueur. Le botaniste amateur observera la section carrée de la tige, signe d'appartenance à la famille des Labiées. Le plant de crosne s'élève à 40 centimètres de hauteur. Un pied de stachys cultivé en bonne condition prend un développement considérable. La plante se développe en une touffe dense, ramifiée dès la base et buissonnante. Elle recouvre ainsi dans la saison jusqu'à un mètre carré, signe certain d'une belle récolte. Le crosne ne fleurit pas sous notre climat et il est donc impossible d'en récolter la semence.

Le crosne est une plante vivace, quelquefois même envahissante. Je l'observe dans un coin ombragé et sauvage de mon jardin où, depuis quelques années, il croît sans arrosage ni entretien sérieux. Je n'attends pas de production de cette station de crosnes "subspontanée", mais elle m'indique que la plante est décidément bien rustique, résistante à toutes les saisons et même aux campagnols qui l'apprécient beaucoup en hiver.

C'est au mois de mars qu'on plante les crosnes par trois ou quatre dans une terre travaillée, aérée, abondamment fumée avec du compost ou du vieux fumier. Plus la terre sera légère et fine, plus belle sera la récolte. Plus facile aussi, car la cueillette des crosnes en sol argileux et collant en hiver est laborieuse, et on en oublie beaucoup, camouflés dans une gangue d'argile. Après la pluie, les perles de jade oubliées, parfaitement lavées, jonchent le sol. La distance de plantation des poquets est de 40 centimètres sur la ligne, et de 80 centimètres entre les lignes. Recouverts de quelques centimètres de terre, les crosnes ne tardent pas à montrer leurs premières pousses. De copieux arrosages seront nécessaires tout au long du développement foliaire, particulièrement en été. Sarclages et désherbages s'imposeront au début de la culture. Mais en juillet et août, on évitera de passer un outil qui risquerait de trancher les stolons en formation. En octobre commence la tubérisation des extrémités et, dès la fin du mois, les tubercules sont disponibles. Ils entrent alors en état de dormance. Le feuillage sèche assez brutalement et semble indiquer la maturité des tubercules.

La cueillette est longue, minutieuse. Il y a environ six cents crosnes par kilogramme. Une dizaine de pieds peuvent les fournir facilement. On récolte les crosnes au fur et à mesure des besoins, car ils se conservent difficilement à l'air libre. Rustiques, ils ne craignent pas les grands froids sous la terre. Dans les régions à hiver très froid, on peut pailler la culture, la récolte en sera plus aisée. Une autre méthode consiste à entreposer les crosnes dans du sable sec dans un lieu froid, en cave par exemple. Il est conseillé de laver les tubercules après la récolte, car la terre sèche abîme leur peau très fine.

De récentes études ont montré que les crosnes sont sujets à des nécroses au bout de quelques années de culture intensive. Au fil des années, les rendements chutent et sur les tubercules apparaissent des taches brunes provoquées par un virus. Des chercheurs ont procédé à l'assainissement des souches par culture de méristèmes *in vitro*. Ces tubercules peuvent être cultivés trois ou quatre années consécutives. On se les procure, difficilement, dans les jardineries.

En cuisine, le crosne est un légume de choix. On ne l'épluche pas, on le frotte dans un linge. Croquer un crosne cru est un petit plaisir de bouche qui n'est pas sans rappeler l'amande fraîche. Cuit ou cru, le crosne enrichira les salades d'hiver. Pour associer le bon au beau, on préservera la forme du crosne : on réservera la purée au topinambour et l'on cuira les crosnes à l'étouffée, à la vapeur, sautés avec un peu d'huile et quelques herbes. Leur cuisson est rapide, tout au plus quinze à vingt minutes. *La Table du végétarien*, recueil édité en 1910 par la Société végétarienne de France, consacrait quatre recettes au crosne : en gratin, sauté, frit ou nappé de béchamel. Aujourd'hui, des restaurants le proposent tout l'hiver en accompagnement de la viande. Il est souvent présent sur les étals des épiceries de luxe. Dans la région lyonnaise, on le trouve encore sur les marchés de producteurs. Certaines localités en ont fait une spécialité, et une entreprise le commercialise en pots stérilisés, comme le maïs doux ou les petits pois.

Auguste Paillieux s'est beaucoup dépensé pour faire connaître son nouveau légume. Il est un peu le M. Parmentier du crosne, sans avoir usé des mêmes procédés pour en faire la publicité. A son époque, un réel engouement pour la perle de jade s'était emparé des milieux bourgeois. Le crosne était à la mode. Alexandre Dumas y a sans doute contribué en mettant en scène le crosne dans une pièce de théâtre où est décrite une salade japonaise faite de pommes de terre, de truffes, de crosnes et de fines herbes. A l'autre bout du monde, Chinois et Japonais cultivent et consomment encore ce stachys indigène. A bien observer la perle de jade, un des plus beaux tubercules comestibles, elle nous fait déjà voyager.

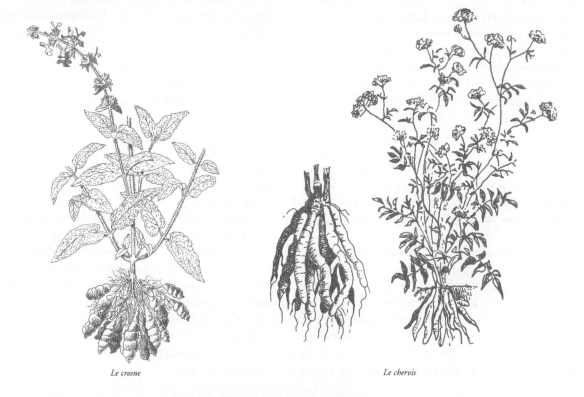

Le crosne   *Le chervis*

Le chervis

Avec les carottes, le persil, le panais ou encore le céleri et le cerfeuil, la famille des Ombellifères est représentée au potager par des légumes dont on consomme les racines, les feuilles ou les côtes charnues. Une autre Ombellifère, le chervis *(Sium sisarum)*, a presque totalement disparu aujourd'hui des jardins vivriers, après avoir connu, dans les potagers du Moyen Age et de la Renaissance, une grande renommée. C'est bien souvent dans les jardins conservatoires ou chez des collectionneurs que l'on pourra aujourd'hui observer cette plante dont l'histoire accompagne celle des hommes.

La partie aérienne du chervis peut atteindre, en plein développement, jusqu'à 1,5 mètre de hauteur, mais c'est sa partie souterraine qui était recherchée autrefois. Au premier regard, on peut confondre la racine du chervis avec une jeune griffe d'asperge. C'est une racine tubéreuse aux longs renflements cylindriques, bosselés, arrondis au bout, d'un blanc cassé, voire d'un marron très clair. Sa chair est parfaitement blanche. Les nombreuses racines qu'un seul pied produit pénètrent jusqu'à 25 ou 30 centimètres de profondeur. Elles sont cassantes, et la récolte en hiver doit être faite avec le plus grand soin. Car, comme de nombreux légumes-racines, le chervis est disponible tout l'hiver dans le jardin où ses jeunes pousses comme ses tendres racines étonneront les gastronomes.

L'origine du chervis est incertaine ; il nous est probablement venu d'Europe orientale. Il a sûrement connu des tentatives de sélection empirique, mais efficace, car la forme cultivée du chervis *(Sium sisarum)* diffère par la taille et la forme de ses feuilles du chervis sauvage *(Sium lancifolium* ou *Sium sisaroidium)*. Vers 1900, Vilmorin conseillait de sélectionner visuellement de jeunes plants qui ne font pas de mèche ligneuse, gênante pour la consommation.

L'évocation des noms anciens du chervis laisse imaginer un riche passé. Où est passée la berle des potagers, le chirouis, la girole ou encore l'eschervys ? Pourquoi une plante perd-elle la faveur des hommes ? Perdre le goût d'une plante, sa culture, son usage, c'est aussi appauvrir sa langue.

"Jam siser, Assyrioque venit quae semine radix…" : on doit à Columelle une citation assez précise concernant la culture du chervis dans l'Antiquité ("Semer le chervis, cette racine produite par une graine d'Assyrie que l'on sert coupée en morceaux avec des lupins détrempés, pour exciter à boire la bière de Pélusium"). L'agronome latin nous propose une recette originale à base de chervis, et la boisson qui doit l'accompagner. Ce n'est plus de l'agronomie, c'est de la gastronomie, ou l'art de mêler les disciplines.

A la fin du XIe siècle, l'agronome arabe Ibn Bassâl de Tolède cite le chervis dans son traité d'agriculture. Un doute persiste quant à l'identification du chervis dans le capitulaire *De villis* (vers 800), où est cité le *silum*. *Le Ménagier de Paris* (1393) mentionne le chervis et ses usages culinaires. Rabelais le cite, parmi d'autres offrandes gastronomiques, dans le *Quart Livre* (1552). Enfin, Olivier de Serres ne manque pas d'en décrire la culture et les qualités gustatives : "Sa douce délicatesse le rend recercheable", dit-il. La culture du chervis semble s'être perdue au XVIIIe siècle.

L'idéal est de semer le chervis. Ses petites graines, proches de celles de la carotte, sont d'une teinte marron foncé et striées de sillons. Leur durée germinative est de trois ans. On sème le chervis, en lignes distantes de 30 centimètres, vers le mois d'avril. La levée est lente, comme souvent

---

UNE RECETTE DU XVIe SIÈCLE

Comme pour confirmer une gloire ancienne, de nombreuses recettes témoignent de l'usage du chervis. En voici une, extraite des *Délices de la campagne*, ouvrage daté de 1656 : "Cette racine est si délicate qu'elle ne veut presque qu'entrer dans l'eau chaude pour ôter sa peau ; puis on la frit, l'ayant poudrée de farine et trempée dans la pâte comme la scorsonère. Le jus d'orange est sa vraie sauce. Si étant cuite et pelée, vous la voulez manger au beurre, à la sauce tournée ou d'Allemagne, ou bien à l'huile, en salade avec du cerfeuil d'Espagne, au temps qu'il commence à pousser ses feuilles, c'est un manger délicat et friand."

pour les Ombellifères. Pour hâter la germination, on peut mettre à tremper la semence dans une soucoupe pour une nuit, la veille du semis. On gagnera une semaine sur les 15 à 21 jours que prend le chervis pour germer. On pourra aussi semer quelques graines en godets, à l'abri, en mars pour les repiquer en mai, ou encore semer dès septembre à l'abri ou sur une parcelle bien exposée : les plants seront en avance au printemps suivant.

La plante étant vivace, il est aussi possible de diviser un pied en plusieurs plants au début du printemps. Ces plants donneront dans l'année de quoi découvrir le goût et la culture de cette Ombellifère oubliée. Pour cela, on prélève les pousses qui dominent le plant au printemps. Elles sont d'ordinaire rougeâtres et l'on peut observer à leur naissance de petites racines blanches qui doivent être prélevées en même temps que la partie aérienne. Ces plants se développeront assez rapidement pour donner à leur tour d'autres "griffes" de chervis à l'automne. Ces racines seront d'autant plus grosses et charnues qu'on aura profondément travaillé le sol et que l'on aura apporté des soins à leur culture – pour l'essentiel arrosages et binages.

Les jeunes pousses du chervis ont été consommées blanchies ou crues en salade. Cela n'a rien de surprenant, de nombreux légumes-racines d'autrefois (la raiponce, le macéron, le scolyme, la scorsonère sauvage…) offraient leurs feuillages printaniers et précoces comme salades d'appoint quand le jardin n'en produisait plus. Cela s'explique par le fait que la racine charnue, bisannuelle ou vivace, constitue une réserve d'énergie qui permet de produire plus tôt au printemps une rosette de feuilles tendres et souvent goûteuses.

L'évocation des noms étrangers du chervis – en allemand *Zuckerwurzel*, en danois *sukerrod*, en suédois *aleta socker rot* – rappelle le goût sucré caractéristique de la racine. C'est cette particularité qui a dû faire sa popularité. Le chervis, riche en glucides, devient au cours de l'hiver de plus en plus sucré, le froid transformant peu à peu des substances féculentes en sucre. On retrouve ce phénomène avec le panais et la pomme de terre, qui sont très sucrés lorsqu'ils ont eu froid.

Le chervis fait partie de notre patrimoine culinaire et jardiné. Il mérite mieux que l'oubli. On peut souhaiter qu'il soit, un jour, l'objet d'une sélection variétale.

Le topinambour

Cinquante ans auront été nécessaires pour réhabiliter le topinambour *(Helianthus tuberosus)*, un des meilleurs légumes-racines des potagers d'hiver, banni des étals légumiers et des potagers pour avoir trop incarné les mauvais souvenirs de la Seconde Guerre mondiale. Celui qui a nourri les hommes en période de disette méritait pourtant plus la reconnaissance que la mise en quarantaine.

Le lieu d'origine du topinambour sauvage est inconnu, mais l'Amérique du Nord, le Canada en particulier, semble être sa terre natale. Il fut découvert par le voyageur Champlain, gouverneur du Canada, au début du XVIIe siècle, sur la terre des Indiens hurons et algonquins qui le consommaient. Dès son retour, l'explorateur montre sa découverte. Le topinambour connaît alors un succès rapide auprès des jardiniers et des cuisiniers, au point qu'il concurrence le fond d'artichaut. En 1609, le voyageur Lescarbot écrit à son sujet, dans l'*Histoire de la Nouvelle France* : "Il y a encore en cette terre [d'Acadie] certaine sorte de racines grosses comme naveaux ou truffes […], lesquels plantés se multiplient comme par dépit de telle façon que c'est merveille."

Cependant, quelques années plus tard, en 1648, un certain Philibert Guybert écrit que le topinambour "donne des vertiges, douleurs de teste, altération, cruditez et vents à ceux qui en usent : à cause de quoy je suis ravi que l'on laisse cette viande barbare à ceux qui sont si fols qu'ils n'aiment que ce qui est estranger". Dès lors, le topinambour devient l'objet d'un rejet souvent radical, et semble cristalliser tous les vieux démons : sa mauvaise réputation depuis la Seconde Guerre mondiale ne fait que le confirmer.

L'origine américaine du topinambour semble confirmée par le nom d'un peuple amérindien de l'estuaire de l'Amazonie, les Tupinambus. Mais le topinambour est-il canadien ou amazonien ? Une anecdote expliquerait cette confusion : au moment où Champlain revient en France avec, entre autres, ses topinambours, arrivent du Nouveau Monde des Indiens captifs de la tribu des Tupinambus, qui seront exposés en divers lieux de la capitale comme attraction populaire. Ils en mourront, mais l'on attribuera leur nom (francisé au passage) au tubercule canadien : le topinambour.

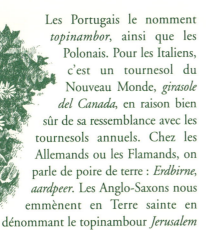

Topinambours en fleur

Les Portugais le nomment *topinambor*, ainsi que les Polonais. Pour les Italiens, c'est un tournesol du Nouveau Monde, *girasole del Canada*, en raison bien sûr de sa ressemblance avec les tournesols annuels. Chez les Allemands ou les Flamands, on parle de poire de terre : *Erdbirne*, *aardpeer*. Les Anglo-Saxons nous emmènent en Terre sainte en dénommant le topinambour *Jerusalem artichoke* en raison de son goût qui rappelle l'artichaut. Selon Jean-Marie Pelt, *girasole* se serait transformé en *Jerusalem*. Nos aïeux l'appelaient quelquefois artichaut du Canada ou de Jérusalem, poire de terre, soleil vivace, soleil de pourceau (à Fribourg), truffe bambou (en Isère), bordon du Canada (en Wallonie), *crompire*… et, en Provence, *patanoun* et *giganto*.

Les topinambours appartiennent à la grande famille des Composées ou Astéracées, aux fleurs étoilées. L'amateur de fleurs découvrira dans cette famille les tournesols, les asters, les hélianthèmes…, et, parmi les légumes, scorsonères, salsifis, laitues et chicorées, entre autres. C'est en général par son tubercule que l'on rencontre pour la première fois le topinambour : souvent gros, boursouflé, difforme ou divisé, il est de couleur jaune, rose ou violacée. Sur la peau se succèdent des zébrures claires et foncées. On devine aux extrémités du tubercule des bourgeons blancs porteurs de petites racines. De ces futures pousses, une fois le tubercule en terre, s'élèveront des tiges puissantes et ramifiées capables d'atteindre 3 à 4 mètres de hauteur en pleine saison, et 4 centimètres de diamètre.

Suivant le climat et les variétés employées, on peut voir fleurir les topinambours. Certaines variétés, alimentaires ou non, sont plus florifères que d'autres. Il n'est pas rare de voir certains pieds ramifiés porter des dizaines de boutons floraux. Vers le mois d'octobre, de jolies marguerites aux longs pétales jaune soleil se dressent vers le ciel. Le mois de novembre voit la partie aérienne de la plante se dessécher, toute la tige jaunit et annonce la maturité des tubercules sous la terre. A l'inverse de la pomme de terre, le topinambour (comme le crosne ou l'oca) a besoin de jours courts pour tubériser.

Muni d'un croc ou d'une bêche et d'un panier, le jardinier peut alors récolter jusqu'à plusieurs kilos par pied. L'un des avantages du topinambour est de pouvoir rester en terre tout l'hiver, car il supporte le froid. Un paillage sera nécessaire dans les régions à fortes gelées pour faciliter les récoltes de janvier et de février.

C'est au plus tard en avril (avant que les bourgeons ne repartent en végétation) que l'on (re)plante, tous les 40 centimètres, un tubercule entier et sain. Il est préférable de replanter le topinambour chaque année, et donc de déterrer tous les tubercules de la culture précédente. Sa rusticité n'a d'égale que sa vivacité, et le moindre éclat ou tubercule oublié en terre repousse avec vigueur, venant perturber l'agencement des cultures. Du fait de son caractère envahissant, il est d'ailleurs préférable de planter le topinambour en bordure du potager. De cette manière, les tiges fortes et les nombreuses feuilles qui les garnissent joueront le rôle d'une haie annuelle exceptionnelle, douée d'une sonorité agréable les jours de grand vent.

Le topinambour s'accommode de toutes sortes de terres. C'est une plante qui consomme les éléments nutritifs disponibles dans le sol. Jean-Paul Thorez a cette jolie formule à son sujet : "Il n'est pas exigeant, mais épuisant." Les arrosages d'été au goutte-à-goutte lui conviennent parfaitement,

---

LE TOPINAMBOUR, "ALIMENT MODERNE" ?

La composition du topinambour a souvent été étudiée car sa teneur en sucres naturels (inuline, fructose) en fait un aliment conseillé pour les diabétiques. Ces sucres sont une réserve souterraine pour la plante. Une étude comparée de sa composition avec celle de la pomme de terre et de la carotte permet de constater un taux record de fer, de vitamine B1, PP, de phosphore et de potassium, ainsi qu'une faible valeur énergétique. Autant d'avantages pour un aliment moderne.

Tubercules de topinambours

à raison de deux litres par semaine sur un sol paillé. La hauteur et la vigueur des tiges indiqueront une production quelquefois spectaculaire. Un abus de compost peut rendre les tubercules difformes. Le topinambour devient alors œuvre d'art "naturelle", mais inutilisable en cuisine.

Le topinambour ne connaît pas de ravageurs qui compromettraient la récolte. Toutefois, en sol trop humide, un champignon peut abîmer les tubercules. En été, l'oïdium donne une impression de poussière blanche sur le feuillage, mais ne nécessite pas un traitement spécial. Le cultivateur de topinambours devra seulement accepter de nourrir en hiver quelques campagnols friands de son tubercule.

La culture du topinambour a connu un important développement vers 1850, pour nourrir le bétail et aussi distiller son alcool. Pour rendre les tubercules moins difformes que les variétés de l'époque, des croisements ont été entrepris par la maison Vilmorin à partir de semences récoltées en Corse. Ainsi est apparue la variété connue sous le nom de 'Patate', plus uniforme et sans aspérités, donc plus facile à cuisiner. Un siècle plus tôt, Parmentier, perspicace et volontaire, avait publié un traité sur la culture et les usages de la pomme de terre, de la patate et du topinambour. Malheureusement, il n'a pas réussi à élever le topinambour au rang de la pomme de terre.

Le rejet dont fait l'objet ce tubercule ne doit pas faire oublier qu'il fut beaucoup cultivé dans les campagnes, et pas uniquement pour les bêtes. L'évocation du 'Violet de Rennes', du 'Rouge du Limousin' ou encore du 'Patate' de Vilmorin le confirme. Au Potager d'un curieux, nous en cultivons plusieurs variétés. Celui qui a notre préférence est le 'Patate rouge', au tubercule régulier et très esthétique – il en existe une version jaune. On trouve aussi des variétés allongées, comme le topinambour 'Fuseau'. Son goût est plus fin. Enfin, une variété nous surprend chaque année à la récolte : sur une plante fortement ramifiée et florifère, nous déterrons des tubercules très longs (jusqu'à 30 centimètres), d'une couleur blanc nacré avec une peau très fine et lisse. Ils ressemblent à d'énormes griffes. Leur cuisson est extrêmement rapide.

Dès les années trente, on a cru possible de produire du pétrole vert à partir du topinambour. La crise pétrolière des années soixante-dix a incité la recherche à s'intéresser à nouveau aux possibles carburants de substitution, au topinambour en particulier. Parce qu'il contient un taux de sucres transformables, par distillation, en alcool, parce qu'il s'adapte en sol pauvre et sec, on a vu en lui l'essence verte produite par les régions pauvres. Le "Plan carburol" n'a pas vu le jour. Quand on n'a pas de pétrole, on a des idées, mais pas forcément les moyens de les mettre en œuvre. Dommage !

Du pétrole aux gaz, il n'y a qu'un pas… puisque notre tubercule délicieux a l'inconvénient de provoquer chez certains des flatulences excessives. Des études ont montré qu'elles ont pour origine notre flore intestinale, diversement constituée selon les individus. Certains le digèrent, d'autres non, qu'il soit cru ou cuit, et quelle que soit la manière de le préparer. Il faut admettre qu'il peut mettre l'estomac en bataille.

Le goût du topinambour est particulier, assez fort. Il a connu le succès d'un légume de substitution : il rappelle la saveur de l'artichaut et son côté fondant. Ce légume qui s'offre à la cuisine d'hiver a su conquérir les tables de quelques grands restaurants qui l'apprêtent de nombreuses façons. Cru, râpé en salade, frit et transformé en chips étonnantes, cuit et préparé en crème onctueuse, en gratin, en potage, il ne manquera pas de surprendre. Il cuit plus rapidement que la pomme de terre, dont il a tous les usages. Il faut balayer la mauvaise image du topinambour. La grande cuisine semble travailler dans ce sens. Cela annonce peut-être sa réhabilitation.

L'oca du Pérou

L'oca du Pérou, ou oxalide crénelée *(Oxalis crenata)*, séduit par la beauté de son tubercule. D'une surprenante couleur rouge grenat, le tubercule ovale, de la taille d'un abricot, est formé de plis profonds qui rappellent des créneaux – d'où son nom latin. La plante ressemble à une grosse touffe de trèfle au feuillage épais et dense. L'oca du Pérou appartient à la famille des Oxalidacées, plus connue par de nombreuses espèces ornementales cultivées au jardin des fleurs ou en pot. Le plus connu est l'*Oxalis inops*, originaire d'Afrique du Sud, aux fleurs rose vif. La surelle *(Oxalis acetosella)*, une espèce indigène de sous-bois, est quelquefois cultivée, alors qu'un tout petit oxalis au feuillage pourpre et aux fleurs jaunes était autrefois employé en mosaïculture.

Feuilles d'oxalide crénelée

L'oca du Pérou a une croissance étonnante et vigoureuse. Il est vivace dans sa région d'origine, mais annuel sous notre climat. Ses tiges rouges et épaisses s'étalent sur le sol et peuvent mesurer en fin de saison jusqu'à 60 centimètres de longueur. Leurs feuilles charnues et trifoliées, qui rappellent celles du trèfle, ont tendance à se plaquer de façon élégante autour de la tige en se pliant en deux. Le climat de notre pays ne permet pas d'observer la floraison de l'oxalis : dommage, car la fleur, composée de cinq pétales, est jaune, veinée de rouge à la base.

Dans son ensemble, la plante étonne au jardin potager. On soupçonne une originalité botanique que la partie souterraine, une fois récoltée, vient confirmer. La tige souterraine qui relie le tubercule à la partie aérienne de la plante résiste à la récolte. Jusqu'à quarante tubercules peuvent être récoltés sur un même pied. Une fois lavée, la peau apparaît lisse, brillante et un peu translucide. La coupe d'un tubercule révèle une couleur rosée beaucoup moins vive que la peau.

C'est l'Amérique qui nous a fait découvrir cette étonnante plante alimentaire qu'est l'oca. Les peuples du Pérou et de la Bolivie l'ont extrait de la nature et en ont fait une plante réputée et populaire, toujours consommée actuellement. Des variétés cultivées sont apparues, enrichissant le tubercule d'autres pigmentations. Il y a ainsi des ocas rouges, roses, jaunes ou blancs, des tubercules aux formes rondes ou longues.

C'est vers 1800 que l'on a commencé, en Europe, à s'intéresser à ce petit tubercule. De nombreux articles seront ensuite publiés vers 1850, période faste pour la diversité légumière. La production de pommes de terre s'est intensifiée et étendue à toute l'Europe, et de nouvelles maladies apparaissent. Tous les tubercules exploitables sont alors étudiés et les plus riches en féculents, comme l'oca ou la patate d'Afrique *(Boussingaultia baselloides)*, intéressent les agronomes en tant que plantes de substitution.

Au regard du siècle écoulé, la pomme de terre a continué à séduire, tandis que l'oca du Pérou a été relégué au rayon des légumes peu connus et peu estimés. Pourtant, une anecdote raconte qu'un jardinier anglais du XIXe siècle avait inventé une méthode pour produire dès l'été ce tubercule tant prisé par ses compatriotes. On ne sait aujourd'hui plus rien de ce procédé. Dommage !

La culture de l'oca n'est pas difficile, mais une belle récolte n'est jamais garantie, car l'oca a besoin d'un automne doux pour former ses tubercules. Il sera donc plus facile de réussir sa culture dans la moitié sud de la France. L'oca aime les sols légers, frais, riches en matières nutritives, où il se développe avec vigueur. Il y a souvent une relation proportionnelle entre le volume de la partie aérienne de la plante, et le calibre et le nombre des tubercules – cette règle s'applique d'ailleurs à beaucoup de racines ou de tubercules potagers.

A partir de mars, on peut planter les tubercules en pots, à l'abri, par deux ou trois – une vingtaine de tubercules suffisent pour découvrir la plante. Dès le mois d'avril apparaissent de petites pousses érigées et blanches (plusieurs tiges partent d'un tubercule), et rapidement les premières feuilles se forment. Sous serre, les jeunes pousses acides et succulentes sont quelquefois mangées par les escargots, mais la plante n'en meurt pas et les dégâts sont limités. Les jeunes plants seront transplantés au potager après les dernières gelées, car leur feuillage est très sensible au froid.

On les installe en ligne tous les 35 centimètres et l'on arrose abondamment après le repiquage. Il est conseillé de butter régulièrement les tiges au fur et à mesure de leur développement. Des sarclages réguliers seront nécessaires au début pour désherber la plantation, mais rapidement l'oca prend de l'ampleur et gagne du terrain. Les ocas aiment être arrosés en été pendant les fortes chaleurs. Leur feuillage se rétracte pour lutter contre la forte évaporation.

Les premières gelées détruisent le feuillage qui paraît brûlé, mais les tubercules ne sont pas atteints si la gelée est légère. Il est tout de même temps de les récolter, souvent dans un sol humide. La cueillette demande d'être attentif et de bien gratter autour du pied. Les tubercules sont situés au bout des tiges souterraines, dans un rayon de 30 centimètres autour de la plante. Quelquefois, on peut observer de petits tubercules ronds qui se sont développés hors de terre. Au lavage, la couleur rouge des ocas apparaît, qui donne à la cueillette l'apparence d'un joli panier de bonbons.

L'oca présente une particularité biochimique que son nom annonce : une forte teneur en acide oxalique, qui se présente sous la forme de cristaux étoilés (oxalates) qui encombrent parfois nos articulations et provoquent rhumatismes et douleurs articulaires. Cet acide est responsable, par exemple, de la sensation que laisse dans la bouche une feuille d'oseille mâchée. Cette acidité se retrouve lorsqu'on consomme la feuille de l'oca ou son tubercule frais. Son joli nom de "surelle tubéreuse" rappelle d'ailleurs l'appellation ancienne de l'oseille : les premiers cultivateurs européens avaient naturellement remarqué l'acidité de son feuillage qu'au Pérou on consomme pourtant parfois en salade.

Les peuples andins, qui font grand usage du tubercule de l'oca, ont dû mettre au point un procédé qui fasse disparaître sa forte teneur en acide oxalique. C'est pourquoi ils laissent la récolte sécher en plein soleil pendant plusieurs semaines. Les tubercules se flétrissent et prennent alors l'allure de pruneaux séchés ; ils se conservent ainsi plusieurs mois. Les journées ensoleillées de novembre sont parfois rares sous notre latitude : il faudra user d'artifices pour sécher les ocas. On pourra les déposer près d'une source de chaleur, à l'abri sous une serre aérée, contre un mur bien exposé, dans un lieu sec. Les tubercules à replanter l'année suivante seront, eux, entreposés dans du sable.

Ces tubercules si beaux sont-ils aussi bons ? La première expérience consiste à les consommer crus. Plus ils sont secs, moins ils sont acides. Leur saveur est sucrée, encore un peu acidulée. La teneur en acide oxalique diffère suivant les variétés : plus le tubercule est rouge, plus il est acide. Il existe un oca blanc, consommé dans les Andes, qui serait presque exempt d'acidité.

Cuit, l'oca prend toute sa valeur gastronomique. De cinq à dix minutes suffiront à attendrir ce petit tubercule que l'eau de cuisson décolore un peu. Dans la bouche, l'impression est agréable. Fondant, un peu acidulé, l'oca cuit rappelle la pomme de terre qu'on aurait mêlée à du beurre. Il la concurrence d'ailleurs dans ses usages et son goût particulier et original lui destine une place de choix sur la table d'hiver.

L'onagre, ou jambon des jardiniers

L'onagre ou œnothère bisannuelle (*Œnothera biennis*) est une plante déjà singulière par ses noms, qui évoquent de multiples usages : jambon des jardiniers, jambon de saint Antoine, mâche rouge, herbe aux ânes…

La plante, bisannuelle, produit la première année une racine grosse et charnue, et une rosette parfaite, plaquée au sol. Elle appartient à la famille des Onagracées ou Œnothéracées, et son genre, celui des *Œnothera*, voisine avec celui des épilobes. Son nom scientifique vient du grec *oïnos*, qui signifie vin, et *ther*, bête sauvage. Une légende attribuait à cette plante, infusée dans du vin, la propriété d'apprivoiser les bêtes sauvages. Plus crédible, un usage indien conseillait de se frotter avec la plante avant de partir à la chasse, pour masquer les odeurs humaines.

L'œnothère ne s'est répandue dans les jardins d'Europe qu'à partir du XVIIIᵉ siècle. Elle fut découverte en Amérique du Nord, chez des populations indiennes qui l'utilisaient pour ses vertus médicinales. En cataplasme, elle soulageait

Tubercules d'oca

les blessures, les abcès et, en infusion de racines, elle calmait la toux. Ces mêmes Indiens employaient la racine charnue comme légume.

L'onagre fut introduite en Europe de façon inattendue, car la plante était présente, à l'état de graines, dans la terre qui servait à ballaster les bateaux juste avant le départ. A l'arrivée, les ballasts étaient défaits, et la terre dispersée avec les graines. C'est donc un peu par accident que l'onagre s'est répandue dans tous les ports, profitant de la moindre parcelle de terre pour se développer, croître et faire ses premières graines en Europe. *L'Almanach du bon jardinier* de 1848 mentionne l'œnothère, encore peu connue comme légume en France, mais déjà utilisée par les Allemands qui en consommaient la racine cuite. La plante s'est rapidement disséminée, transportée par les cours d'eau ou introduite çà et là sur les talus, au bord des voies ferrées, où elle a pu être semée comme plante ornementale rustique et florifère.

En effet, si l'on observe les fleurs jaunes de l'onagre, on comprend que sa place est aussi au jardin des fleurs. Tout l'été, et souvent jusqu'à l'automne, se succèdent des fleurs simples de 3 à 4 centimètres de diamètre, d'un jaune tendre doux et profond à la fois. La tige centrale qui se forme la deuxième année peut atteindre 2 mètres de hauteur. C'est à son extrémité que se forment les boutons des fleurs, ainsi que sur les ramifications secondaires. L'onagre convient parfaitement pour enrichir les zones sauvages d'un jardin potager, en compagnie des bouillons-blancs, des cardères et d'autres Ombellifères de belle allure. Les fleurs possèdent la particularité de s'épanouir le soir, pour le plaisir du promeneur nocturne et des papillons de nuit.

On récolte en été et en automne les graines brunes, à plusieurs facettes, contenues dans de petites capsules qui s'ouvrent dans la longueur. Il y en a quelques centaines par capsule. Leur durée germinative est de cinq années. On les sème au printemps en ligne, comme des carottes ; il faudra les éclaircir à la main par la suite en laissant un plant tous les 30 centimètres.

La germination puis la croissance sont rapides, surtout si l'on prend soin des plants en les sarclant, en les désherbant et en les arrosant. L'onagre produit un abondant feuillage qui va nourrir et faire grossir la racine. Ses feuilles sont longues et arrondies, avec une nervure centrale marquée de couleur blanche. En hiver, la rosette se teinte, en bordure des feuilles, d'une couleur rose-rouge qui lui vaut sans doute son nom ancien de "mâche rouge" – cette appellation rappelle peut-être l'utilisation des feuilles en salade. Sa racine, de couleur claire, longue et charnue, est disponible dès la fin de l'été. La bêche a quelquefois du mal à l'arracher, tant elle est profondément ancrée dans la terre.

La racine d'onagre se mange en hiver et vient ainsi accompagner les nombreux légumes-racines que procure le potager. On peut la stocker en cave, dans du sable, en cas de grands froids, ou la conserver au jardin. Seuls quelques campagnols pourront réduire la récolte en hiver : il faut bien que tout le monde vive. On peut cueillir jusqu'en mars ; au-delà, la racine de l'œnothère devient filandreuse et inconsommable.

En cuisine, on rapproche souvent l'onagre du salsifis et du scolyme. Une fois la peau marron-jaune épluchée, la chair apparaît, blanche. Mais juste sous la peau se trouve comme une fine pellicule presque rouge. Après une cuisson rapide à la vapeur, cette substance semble déteindre et la chair prend une couleur rosée qui explique sans doute

L'onagre en fleur

L'œnothère

l'appellation ancienne de "jambon des jardiniers". Il est quelquefois utile d'enlever la partie ligneuse, au cœur de la racine. L'opération, si nécessaire, se fait après avoir coupé la racine dans le sens de la longueur ; après la cuisson, cette partie filandreuse se détache facilement.

Le goût de la racine est doux et particulier. Seule espèce de sa famille à être consommée chez nous, l'onagre doit se distinguer par une composition biochimique un peu différente des Ombellifères, des Composées ou des Crucifères que nous consommons habituellement comme légumes-racines.

Le souchet comestible, ou amande de terre

Avec cette étonnante Cypéracée, le potager accueille une nouvelle famille, et un cousin du papyrus *(Cyperus papyrus)* et du cypérus couramment cultivé en appartement *(C. alternifolius)*.

D'origine méditerranéenne, le souchet comestible *(Cyperus esculentus)* est une plante des sols humides et fertiles, connue depuis la plus haute antiquité. Comme son nom latin l'indique, le souchet est un tubercule comestible *(esculentus)*, consommé autour du bassin méditerranéen, en Afrique et en Orient. En certains endroits, les jardiniers l'ont adopté, comme dans la région de Valence, en Espagne, où un breuvage rafraîchissant en est extrait, l'*horchata de chufa*.

Avec ses nombreuses tiges triquètres (à trois côtés), un pied de souchet ressemble peu à peu à une grosse touffe de chiendent qui aurait trouvé un bon sol pour prospérer. Le tubercule se présente toujours sous une forme séchée, à peine plus gros qu'un raisin sec dont il a l'apparence ridée. Il est difficile d'imaginer des pousses à venir dans ce petit grain marron clair, dur comme un caillou.

Les tubercules du souchet se plantent en pleine terre après les dernières gelées, au moment où l'on installe au jardin les plantes potagères exigeantes en chaleur. On peut procéder de deux façons, mais dans les deux cas, il faudra faire tremper les tubercules dans l'eau pendant une nuit ou une journée. On réveille ainsi les mécanismes biochimiques qui, associés à la chaleur, vont déclencher le développement des bourgeons.

La première méthode consiste à planter les tubercules sous abri, dès avril, en godets. On enfonce trois ou quatre petits tubercules par pot, dans une terre fine. Une fois recouverts de leur épaisseur de terre, on les arrose régulièrement. Au premier coup de chaleur du soleil printanier, accentué sous la serre, on distingue plusieurs petites pousses drues qui sortent de la terre. Lorsque la plante ressemble à une petite touffe d'herbes, vers la fin de mai, il est temps de la repiquer en pleine terre, à demeure. Le souchet va croître et se développer jusqu'aux gelées automnales. La seconde méthode est plus naturelle, car elle consiste à planter les tubercules, gonflés dans l'eau, directement en pleine terre, au début du mois de juin.

Dans les deux cas, on plante tous les 30 centimètres sur la ligne et entre les lignes. La plantation, sous l'effet conjugué de la chaleur et des arrosages, croît vite pour finir par ressembler, en plein été, à une jolie culture de Graminées. Pour obtenir une production intéressante, le souchet exige de fréquents arrosages. La mise en place d'un système de goutte-à-goutte lui convient particulièrement bien – on apporte deux ou trois litres par pied tous les deux jours.

Quelques désherbages à la main ou au sarcloir seront nécessaires. Au milieu de l'été, la plantation a recouvert la surface du sol. Les jours de violent mistral, la culture s'anime d'un mouvement ondulé digne de la rizière camarguaise. Le plant émet sans arrêt de nouvelles tiges, mais, sous notre latitude, ce cypérus ne fleurit pas.

Dans la région de Valence, en Espagne, où la culture de la *chufa* a pris une dimension conséquente, les cultivateurs ont pour habitude de couper le feuillage à la fin de l'été. Cette opération facilite le gonflement des tubercules. On récolte en général les souchets au début du mois de novembre. Le feuillage, gelé ou non, est devenu marron et ressemble à une crinière de cheval. La végétation du souchet est particulièrement résistante, même lorsqu'elle est sèche. Elle semble imputrescible et convient parfaitement pour pailler des plantes fragiles ou couvrir des cultures de légumes durant l'hiver.

On déterre la touffe à l'aide d'une fourche-bêche : la plante vient facilement et des dizaines de tubercules pendent au bout de petits fils, bien accrochés. Lorsqu'on

> ### POUR PRÉPARER L'*HORCHATA DE CHUFA*
>
> Prendre 250 grammes de souchets séchés et les faire tremper une journée dans l'eau. A l'aide d'un broyeur électrique, les réduire en pâte. Ajouter 150 grammes de sucre et 1 litre d'eau. Le liquide obtenu en mélangeant est tamisé avec une grille fine qui ne retient que les particules fibreuses. Le sirop est prêt. Il doit être servi très frais. On en boit d'énormes quantités dans la région de Valence, et ailleurs en Espagne. La production de l'horchata y est devenue industrielle, et on la trouve désormais en brique dans les supermarchés.
>
>

manipule la plante, il s'en dégage une odeur suave et forte. Les souchets viennent en toutes terres dès lors qu'ils ont de la chaleur et de l'eau, mais un sol sablonneux rendra la cueillette plus aisée. Dans les terres argileuses et collantes, l'opération de nettoyage est plus laborieuse. On fait tremper les touffes quelques instants dans une brouette remplie d'eau, puis on les bat sur une grille. Les tubercules se détachent alors facilement. Il ne reste qu'à les laver à grande eau, et à trier les débris végétaux et les cailloux. Si on veut conserver les tubercules pour l'année suivante, il faudra les faire sécher au soleil.

C'est une fois lavé et débarrassé des petits filaments qui se trouvent sur la peau qu'on pourra croquer un souchet à pleines dents : c'est frais, tendre et craquant. On retrouve le goût de l'amande, bien sûr, mais aussi celui de la châtaigne ou de la noisette. La structure fibreuse rappelle un peu la noix de coco, dont le souchet a quelquefois aussi le goût : cela fait beaucoup d'analogies à des fruits secs, bien qu'il s'agisse d'un tubercule.

En cuisine, le souchet sert à préparer un sirop au goût d'orgeat (*horchata* en espagnol) utilisé pour confectionner des pâtisseries, des glaces, des boissons.

Le souchet connaît également d'autres usages : quelques bouilleurs de cru occasionnels ont fait, au siècle dernier, une eau-de-vie en distillant le souchet. A. Pailleux mentionne,

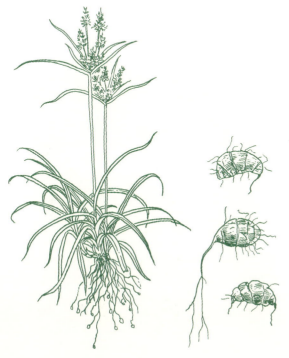

Le souchet, plante entière et tubercules

vers 1890, un gâteau de souchet préparé par les Juifs d'Oran. On peut imaginer que le souchet convient à toute pâtisserie qui utilise l'amande broyée. Les Italiens du Sud, ainsi que les Egyptiens, tirent du tubercule, qui contient 28 % de matières grasses, une huile de table réputée, anciennement connue. L'Afrique connaît aussi le souchet et le cultive. Il est consommé frais ou grillé au Mali, au Sénégal. Au Burkina Faso, on peut acheter à l'entrée des cinémas un cornet en papier rempli de souchets à grignoter devant l'écran. A chacun son pop-corn.

Le maceron

C'est très tôt au printemps que l'on voit apparaître les premières pousses du maceron *(Smyrnium olusatrum)*. Ses feuilles d'un vert foncé luisant, trilobées, arrondies et encore enroulées, sont portées par un pétiole blanchâtre et strié. Ce feuillage trahit la présence dans le sol d'une racine pivotante, quelquefois très grosse si le pied est âgé.

Au début de l'été, la plante développe une tige centrale ramifiée qui portera les nombreuses ombelles de fleurs. A une floraison jaune et mellifère succèdent des graines noires et brillantes qui, une fois bien mûres, pourront être semées en ligne tous les 5 à 10 centimètres, au mois de septembre ou au printemps suivant. La germination est rapide et au bout de quelques mois, on peut déterrer une petite racine conique et charnue, à l'épiderme marron foncé et à la chair blanche si prisée par nos aïeux. Tout leur semblait bon dans le maceron : la racine crue ou cuite, le pétiole et les feuilles blanchis ou en salade, les fleurs, et même la graine qui servait de condiment.

Le goût de la tige est un peu citronné, mais sans acidité. Elle a l'odeur caractéristique de certaines Ombellifères. On en fait des rondelles qui agrémentent une salade. On peut les confire comme celles de l'angélique, cousine du maceron. La racine, une fois pelée, se mange crue ou cuite. Elle détient une certaine amertume que les anciens ne détestaient certainement pas. On la rentrait en cave l'hiver pour l'adoucir, et peut-être pour blanchir les pétioles à la manière de la chicorée-endive.

C'est près de la plage que l'on a le plus de chances de rencontrer le maceron sauvage, répandu sur tous les littoraux français mais rare en France continentale. Il est naturalisé sur les côtes de Grande-Bretagne et de Hollande. On peut aussi le trouver à l'état subspontané, c'est-à-dire introduit par l'homme et naturalisé çà et là près des villages ou des vieilles ruines.

Rien de surprenant à cette présence, "relique" de culture qui peut attester un usage ancien, car le maceron connut son heure de gloire dans les potagers carolingiens. On retrouve sa trace (sous le nom d'*olisatum*) dans une ordonnance de Charlemagne, le capitulaire *De villis* destiné aux fermes impériales, qui mentionne environ quatre-vingts plantes qui devaient y être cultivées. L'histoire

Le maceron, d'après Gerard, XVIe siècle

raconte que Charlemagne raffolait de la racine crue du maceron, mais il ne fut pas le seul car déjà, dans l'Antiquité, cette racine était connue et consommée. Ainsi l'atteste Columelle, agronome latin du Ier siècle qui encourage "à mettre en terre ce petit légume" *("atque oleris pulli radix...")*. Jacques André, dans son étude sur l'alimentation à Rome, mentionne le maceron sous le nom d'*olus atrum*, consommé tant pour sa racine charnue et aromatique que pour son feuillage.

Si l'on ajoute, à ces anciens usages du maceron, la cueillette dans son aire de répartition naturelle, qui a perduré dans certaines régions de la Méditerranée – comme en Corse où sa racine était encore consommée il y a peu –, on comprend que le maceron fut bien un légume apprécié, dont la légère amertume n'a pas convenu au goût de notre siècle.

L'arrivée de nouveautés végétales venues d'Amérique a pu contribuer à l'abandon de sa culture. Olivier de Serres en Ardèche, vers 1600, et Jean-Baptiste de La Quintinie à Versailles, vers 1690, ne cultivent pas le maceron. Plus tard, à l'aube du XXe siècle, Paillieux et Bois ne le cultivent pas non plus dans leur potager expérimental de Crosne. L'établissement Vilmorin invoque, vers 1900, le succès du céleri amélioré *(Apium graveolens)* pour expliquer la disparition des cultures de maceron. D'autres Ombellifères alimentaires, comme la livèche, le chervis, le panais, ont connu le destin de ceux qu'on oublie et que l'on semble depuis quelques années redécouvrir à la faveur d'un engouement nouveau pour le jardin potager. Le maceron sera-t-il à nouveau dans les potagers de demain ? A semer, puis à suivre...

II. QUELQUES LÉGUMES-FEUILLES

Depuis des millénaires, l'homme grignote des feuilles. Il les a longtemps cueillies dans la nature et continue encore à le faire ; mais il n'a pu s'empêcher d'en mettre de nombreuses en culture. Certaines ont été "améliorées", et ont essaimé à travers le monde en d'innombrables variétés, comme les chicorées, les laitues ou les choux. D'autres sont restées des plantes peu utilisées et peu cultivées, comme la claytone de Cuba ou la ficoïde glaciale, ou ont perdu la place qu'elles occupaient autrefois, telle l'oseille. Ce chapitre décrit quelques plantes du jardin des feuilles.

La ficoïde glaciale

Parmi les plantes au joli feuillage qui ont su attirer l'attention des jardiniers, on remarque la ficoïde glaciale *(Mesembryanthemum cristallinum)* au nom évocateur.

La famille des ficoïdes, dont le nom signifie "fleurs de midi" en grec, comprend 250 espèces dont certaines ont leur place au jardin des fleurs. Une espèce vivace de bord de mer est connue sous le nom de "doigts de sorcière". Elle tapisse des surfaces entières de ses fleurs rose-rouge. La plupart des ficoïdes proviennent de la région du Cap – cela explique leur adaptation au climat méditerranéen. Elles peuvent quelquefois s'y naturaliser : la ficoïde glaciale a été observée en Corse et en Provence.

Notre ficoïde potagère se nomme aussi glaciale, herbe à la glace ou cristalline, parce que toute la plante a l'aspect du givre, comme si elle était recouverte de milliers de petits cristaux. A les regarder de très près, ces cristaux sont de minuscules vésicules translucides gorgées d'eau. Vilmorin nous apprend qu'elle fut employée en potées suspendues pour son caractère ornemental. Au début de son cycle, la plante ressemble à une salade ; dans l'été, des tiges ligneuses se développent, qui portent les fleurs. Ces dernières ressemblent à de petits soleils blanc rosé.

Au jardin, la ficoïde, du fait de ses origines, est assez exigeante en chaleur. On sèmera donc en avril, sous serre, ses minuscules graines noires, difficiles à récolter. Elles ont besoin de chaleur pour lever. Le jeune plant se distingue par deux très petites feuilles opposées, ovales et déjà grasses. On repique d'ordinaire les jeunes plants en mottes au mois de mai. On pourra en cultiver une dizaine de pieds, installés à 25 centimètres en tous sens. La récolte commence en juin, si les arrosages et les sarclages ont été régulièrement effectués. Dans le Sud, on peut la rentrer en serre au début de l'hiver en la transplantant avec sa motte. S'il ne gèle pas trop fort ni trop souvent, on pourra ainsi en récolter pour la fin de l'année, période propice aux plaisirs de la bouche.

La ficoïde est une excellente plante potagère au goût acidulé et étonnamment salé. On la cueille feuille à feuille, pour enrichir un mesclun. On peut en prélever des têtes lorsque les fleurs ne sont pas encore formées. Plus encore que le pourpier, elle provoque une agréable sensation de fraîcheur dans la bouche. La plante surprend au jardin : au cœur de l'été, elle semble de glace et l'idée vient vite d'en déguster les feuilles rafraîchissantes.

La claytone de Cuba

Il est des plantes qui portent en elles la féminité, la délicatesse. Avec la claytone de Cuba *(Claytonia perfoliata)*, les jardiniers sont comblés. Le mesclun aussi, qui se voit paré d'un original feuillage en forme d'entonnoir.

La claytone est une plante herbacée annuelle de la famille des Portulacacées. Elle ne doit pas son joli nom au pays qu'elle évoque, mais pousse en fait sur la côte Pacifique, entre le Mexique et la Colombie-Britannique. En revanche, "claytone" reste inexpliqué. Elle fut rapportée en Europe par Humboldt en 1804 et s'est naturalisée en différents endroits du Jardin des plantes, à Paris. Un Lyonnais, M. Madiot, responsable des pépinières nationales vers 1850, en vanta les mérites en cuisine. Selon lui, la claytone peut remplacer l'oseille ou l'épinard.

On l'appelle aussi claytone perfoliée, parce que ses tiges florales semblent traverser les feuilles en cornet. La fleur de la claytone, petite grappe blanche retombante, se trouve ainsi au centre d'un entonnoir vert. La claytone produit des graines petites et noires, qu'on sème au printemps à la volée, ou à l'abri en mars, en terrines. La germination est discrète. On peut ne pas l'apercevoir tant les cotylédons sont fins et allongés. Au bout de deux semaines, les feuilles adultes apparaissent. Elles ont une jolie forme d'écusson, de coquille ou d'oreille. Les tiges sont longues, charnues, aqueuses et cassantes.

La plante peut développer une grande quantité de feuilles et ressemble alors à une curieuse salade. On peut la couper deux ou trois fois. Elle repoussera en fin de printemps si elle est fortement arrosée. A l'automne, elle s'installe parfois en germant à bonne situation, et donne de belles salades tard dans la saison, s'il ne gèle pas. Sous serre, elle pousse tout l'hiver. La production de ses graines n'est pas toujours aisée : la claytone n'est pas facile à cultver, car elle est sensible aux excès de toutes sortes, elle s'amuse plutôt à apparaître çà et là au jardin.

La ficoïde glaciale

La claytone de Cuba

Le pourpier

En cuisine, elle égaie toutes sortes de salades. Elle se mange aussi cuite : son goût se rapproche de celui du pourpier. Vers 1892, Paillieux voulut réhabiliter la claytone qu'il trouvait délaissée. Il décrivit ainsi "l'innocence" de la claytone qui n'a "ni vices, ni vertus"… Quoi qu'il en soit, elle a sa place au potager, dans la famille des élégantes et des gracieuses.

Les pourpiers vert et doré

Dans mon enfance, j'ai passé des jours à désherber le pourpier vert qui avait envahi la pelouse de mon oncle. Je prenais plaisir à arracher cette plante rampante et très développée. Depuis, j'ai appris à m'en régaler, et à l'accepter partout dans mon jardin.

Le pourpier vert (*Portulaca oleracea*), de la famille des Portulacacées, est une plante naturalisée en Europe probablement depuis l'Antiquité. Il serait venu d'Inde, mais son origine exacte reste incertaine. Le genre *Portulaca* comprend 200 espèces ; l'une d'elles est appréciée au jardin des fleurs. Il s'agit du pourpier à grandes fleurs (*P. grandiflora*), qui a donné quelques variétés.

Les pourpiers sont des plantes herbacées annuelles, au feuillage succulent. La feuille du pourpier vert, épaisse, charnue et spatulée, est gorgée d'eau. Ses tiges sont souvent rampantes, un peu rouges, et ses feuilles semblent plaquées au sol. La plante, ramifiée, progresse rapidement, surtout si elle est isolée. Sa floraison est discrète. A l'aisselle de chaque feuille s'épanouissent une succession de petites fleurs jaunes qui se transforment peu à peu en de petites capsules remplies de minuscules graines noires et brillantes.

Les noms du pourpier nous renseignent par analogie : les hommes ont souvent nommé en comparant au règne animal. Le pourpier n'a pas dérogé à la règle, puisqu'il signifie littéralement "pied de poule". Au XIe siècle, on l'appelait *polpied*, au XIIIe, pourpier, mais on trouve un "pied poul" au XVIe. On le dit encore *piépou* en Anjou, alors qu'en Occitanie on parlait du *bortolaiga* ou *portolaga*. On l'a aussi appelé *porcelin*, *porcellane* ou *porchailles*, en raison peut-être de sa ressemblance avec une porcelaine verte et brillante.

Au jardin, le pourpier est une plante qu'il faut maîtriser, car elle peut devenir envahissante. Le pourpier aime l'azote : que les maraîchers ne s'étonnent pas de le voir coloniser leur terre, il indique des excès d'engrais, organiques ou chimiques. En fait, le pourpier est coriace, rustique, résistant à la sécheresse. Il fait dans un potager ce qu'il a entrepris à l'échelle de la planète : une conquête du territoire. Il est donc conseillé de ne pas trop en laisser monter en graine. Le spectacle de la germination, minuscule mais bien répartie sur le sol, est étonnant : un tapis brillant qui peu à peu recouvre tout.

On le sème à la volée en avril, en pleine terre, bien compostée et aérée. Dès juin, on peut couper les jeunes pousses tendres et gorgées de suc. On pourra le couper ainsi six à huit fois dans la saison, si le sol reste assez frais. Lorsque le pourpier est isolé, il se développe au ras du sol et peut recouvrir une grande surface. Lorsqu'il est semé serré en sol riche, il se développe en hauteur et devient plus facile à cueillir.

Les botanistes distinguent le pourpier sauvage (*P. oleracea*) et le pourpier cultivé (*P. sativa*), ainsi qu'un pourpier rouge et très rampant (*P. sylvestris*) qu'on rencontre parfois. On ne sait pas trop s'il s'agit de variétés ou de sous-espèces. Un pourpier fut très en vogue et l'est à nouveau : il s'agit du pourpier doré à large feuille. On pourrait y voir une espèce tant la plante, d'un aspect blond, est plus forte dans toutes ses parties. Ses feuilles sont larges et épaisses, très décoratives. Ses graines sont plus grosses que celles du pourpier sauvage. Ce pourpier est indispensable à l'amateur d'herbes à mesclun.

Le pourpier est aussi une plante facile à semer en pot ou en jardinière sur un balcon. On peut en faire plusieurs semis échelonnés d'avril à août. Il peut aussi être hâté sous serre.

L'histoire du pourpier est riche. Il fut connu d'abord comme médicament chez les Egyptiens, pour soigner les intestins malades. Les médecins grecs, dont Hippocrate, le conseillèrent contre les maux de tête, les hémorroïdes, les calculs, les inflammations des yeux… Un certain Apollonios croyait sa présence utile près du lit pour éloigner les songes érotiques. Chez les Arabes, le pourpier fut béni par le Prophète qui, en marchant sur une touffe, avait guéri d'une blessure au pied : "Béni sois-tu de Dieu, mon cher enfant, mon cher pourpier, partout où tu seras." Jusqu'au XVIIIe siècle, l'usage du pourpier en médecine fut répandu. On lui attribuait de nombreuses vertus, dont certaines se verront confirmées par la science du XXe siècle – ses propriétés émollientes en particulier : il joue le rôle d'un cataplasme interne dans le cas d'inflammations de l'appareil digestif.

Cela n'empêche pas Rabelais de ne pas beaucoup apprécier le pourpier qui colle aux dents. Jean-Baptiste de La Quintinie cultivait pour le Roi-Soleil pourpiers vert et doré. Les Anglais et les Hollandais l'apprécient en cuisine depuis le Moyen Age. Mais Boileau dans *Le Repas ridicule* ne fait pas de cadeau au pourpier jaune qui nage dans des flots de vinaigre rosat.

En cuisine, le pourpier se mange cru ou cuit. Son goût est doux, un peu acidulé, rafraîchissant, consistant. On peut effeuiller le pourpier ou utiliser les têtes entières. Simplement assaisonné, le pourpier est déjà très goûteux. Avec des tomates, il se produit une délicieuse harmonie.

Le pourpier participe à toutes les salades d'été. En Arménie et en France autrefois, on en faisait un potage. Il entrait aussi dans la composition d'un verjus aux saveurs acides. Ses feuilles ont été utilisées pour remplacer les câpres. Enfin, il enrichit les omelettes de son goût et de sa couleur.

On doit à Henri Leclerc un hymne au pourpier : il "éprouve autant de surprise que de charme à le sentir se liquéfier sous la dent en un suc d'une abondance et d'une douceur incomparables". Il est difficile de le contredire.

La baselle

Imaginons un épinard qu'on récolterait sans plier le dos. La baselle est une plante potagère originaire d'Asie et d'Afrique tropicales, dont on consommait le feuillage au siècle dernier, et qu'on consomme encore dans son aire d'origine. On la redécouvre aujourd'hui autant pour son intérêt ornemental que culinaire.

La baselle est une plante grimpante vigoureuse, qui peut atteindre 2 mètres de hauteur si un support lui permet de s'accrocher. Elle produit un feuillage épais et charnu. Les botanistes semblent avoir eu des difficultés pour rattacher cette espèce à une famille : ce fut successivement les Chénopodiacées, les Salsolacées, les Basellées et enfin les Basellacées. Il existe une baselle rouge *(Basella rubra)* et une baselle blanche *(Basella rubra* var. *alba)*, mais là encore il est difficile de déterminer si la forme à feuilles rouges est une variété de la forme blanche ou une espèce distincte. La baselle était aussi appelée épinard de Malabar ou brède d'Angola. De nombreuses appellations étrangères confirment son utilisation ancienne comme "épinard".

La baselle se sème en mars à l'abri en pots, par trois ou quatre graines. Celles-ci sont rondes, marron clair, de la taille d'un grain de coriandre. On repique en mai les plants fortifiés en pleine terre. Ils poussent volontiers s'il fait chaud. La baselle est exigeante en eau et aime les sols riches. On la cultive en général en la palissant sur des rames fichées en terre par trois et ficelées entre elles. Elle aura tôt fait de recouvrir la structure. A sa floraison en grappes de fleurs blanches succèdent des baies noires qui tombent à maturité. La graine se trouve à l'intérieur, entourée d'une pulpe violacée qui rappelle les baies mûres du sureau. A ce stade de développement, la baselle a un aspect très ornemental et l'on ne sait plus très bien s'il faut la planter au jardin des fleurs ou des légumes.

La baselle

Ce sont les feuilles de la baselle qu'on cueille pour les consommer. Une plante en produit beaucoup et comme elle se ramifie, on peut cueillir des têtes entières, tendres et charnues. L'édition de 1848 de *L'Almanach du bon jardinier* lui consacre une petite notice et voit en elle un épinard pour l'été, à planter en situation bien exposée.

En 1839, une baselle fut ramenée d'Inde par un certain capitaine Geoffroy. Elle présentait des feuilles aussi grosses que celles des laitues. Elle fut expérimentée à Avignon, dans les pépinières départementales. Certains voyaient en elle une source de revenus pour les maraîchers provençaux. Mais l'histoire resta sans suite…

Cent cinquante ans plus tard, la baselle aspire à davantage de reconnaissance. Très ornementale et excellente crue ou cuite, elle a sa place dans tous les potagers.

Les oseilles

Un peu à la manière de la madeleine de Proust, l'oseille est dans la mémoire gustative de tous ceux qui, enfants, l'ont rencontrée et goûtée dans les champs. La saveur acide de cette herbe potagère ne laisse pas indifférent le palais de celui qui en mâche quelques feuilles crues.

L'oseille est membre de la famille des Polygonacées, dont le nom rappelle leurs graines à plusieurs faces. La rhubarbe et toutes les renouées évoluent dans cette famille. Plus précisément, l'oseille appartient au genre des *Rumex* dont on a recensé plusieurs dizaines d'espèces. Aujourd'hui, seules l'oseille des jardins ou oseille commune (*Rumex acetosa*) et l'oseille-patience ou oseille-épinard (*Rumex patientia*) sont consommées. Toutes deux méritent, pour leur qualité gustative, une place de choix au jardin potager.

L'oseille est une plante vivace herbacée qui disparaît en hiver pour croître à nouveau dès les premiers signes du printemps. Le système racinaire de cette plante est dit pivotant : une longue racine renflée, à la chair jaune, s'enfonce dans la terre droit comme un pivot, si elle ne rencontre pas d'obstacle. L'oseille se distingue par une abondante production de feuilles au printemps. Celles-ci sont dressées, oblongues et sagittées (en forme de flèche). Deux espèces d'oreillettes longues et recourbées, parallèles au pétiole, sont toujours visibles à la naissance de la feuille

L'oseille large de Belleville

et constituent un critère de détermination. La nervure centrale est épaisse et charnue, filamenteuse quand la feuille est adulte. Souvent, le pétiole et la tige sont rougeâtres.

A la fin du printemps, l'oseille émet de longues tiges qui portent l'inflorescence. L'oseille est une espèce dioïque qui produit des plants à floraison femelle, et d'autres mâles, stériles. C'est ceux-là que l'on choisit pour la culture. La tige florale atteint 1 mètre de haut, alors que les feuilles ne dépassent pas 30 centimètres de hauteur. On conseille d'ailleurs de couper cette inflorescence pour que la plante continue de produire du feuillage. La fleur de l'oseille, charmante et légère, vient enrichir les bouquets printaniers. Une fois l'inflorescence fanée, les graines en grappes nombreuses s'accrochent le long des tiges florales cannelées. Une membrane les recouvre et leur donne l'apparence de petits cœurs suspendus. Trois ailettes constituent cet akène protecteur au centre duquel se trouve la semence : une graine à trois côtés, noire et brillante. Sa durée germinative serait de deux ans.

L'oseille est particulièrement riche d'appellations : elle fut nommée *acetosa, surelle, vinnete, osille, ozaille, surette, aigrette*… Autant d'appellations qui précisent l'acidité de la plante. Le nom d'oseille serait apparu au XIe siècle et serait une altération d'*oxalis*, qui désigne une autre plante au feuillage acide.

Les jardiniers de l'Antiquité ne semblent pas avoir fait grand cas de cette plante qu'ils cueillaient souvent dans la nature et installaient parfois dans leur jardin. Le poète comique latin Plaute met en scène l'oseille pour dire combien de cuisiniers malhabiles en usent à outrance. Plus tard, Horace, ami de Virgile, en recommande la consommation avec du vin blanc de Cos pour ceux qui ont le ventre serré : on imagine facilement que l'acidité de l'oseille en fait un laxatif. L'oseille fut donc d'abord plus un remède qu'un aliment.

A partir du Moyen Age, elle entra dans la préparation de jus acides appelés "verjus". Ces vinaigres naturels, confectionnés aussi avec du raisin vert non mûr ou des groseilles à maquereau, étaient très appréciés pour accompagner les viandes et de nombreux plats.

L'usage de l'oseille en cuisine s'est popularisé en France à partir du XIVe siècle. Elle devint alors une des herbes les plus utilisées par les cuisiniers. Un certain M. Lister, en voyage à Paris en 1698, confirme la renommée de notre Polygonacée : "On a un tel goût pour l'oseille que j'en vis des arpents tout entiers."

Au jardin, la plante est rustique et pousse facilement dans toutes les régions. L'oseille aime les sols riches et frais ; elle peut se développer à l'ombre une partie de la journée. Elle produit de bonne heure au printemps un feuillage rare chez les autres plantes potagères. Cette précocité a certainement contribué à sa popularité.

Pour la planter, on peut se procurer quelques pieds chez un pépiniériste, en prenant soin de se faire préciser la variété. On peut également demander à un ami jardinier quelques éclats fraîchement déterrés, au printemps ou à l'automne, périodes favorables pour la transplantation. Il est possible de procéder par semis, mais on aura souvent la surprise d'une légère diversité, car la plante s'hybride facilement avec certains *Rumex* sauvages fréquents dans la France entière.

On sème en mars à l'abri ou en avril en pleine terre, en pépinière ; on installe en juin les plants à leur place définitive. Pour une transplantation, on divise proprement les éclats en conservant deux ou trois pousses. On habille le plant en coupant les racines et les feuilles adultes et on l'enfouit dans la terre tous les 25 à 30 centimètres. En été, des arrosages copieux seront bénéfiques si l'on veut récolter de belles feuilles.

Souvent, aujourd'hui, il n'y a qu'un pied d'oseille au potager. Dans les potagers d'autrefois, il y en avait des lignes entières, renouvelées tous les trois ou quatre ans. On pratiquait la culture hâtée sous couche tiède, à l'abri. Tout l'hiver, l'oseille poussait. On cueillait feuille à feuille sans couper le cœur : la plantation ressemblait à des planches de salades.

La sélection a peu produit de variétés d'oseille, en regard de sa popularité ancienne. C'est une plante alimentaire peu modifiée par l'homme. Cela expliquerait sa grande rusticité et le fait qu'elle ne soit pas menacée par des maladies et des parasites. La littérature potagère témoigne tout de même de quelques variétés au nom évocateur, apparues au début du XIXe siècle : 'Large de Belleville', 'Blonde à larges feuilles', 'Blonde de Sarcelles', 'A feuilles de laitue'…

La grande patience d'après Fuchs, XVIe siècle

> ### AVOIR DE L'OSEILLE
>
> L'histoire raconte qu'une auberge parisienne était réputée pour son omelette à l'oseille. Mais un soir, un client habitué aurait déclaré : "Ah ! cette fois tu nous la fais trop à l'oseille !" Tu cherches à nous impressionner, voulait-il dire. Ainsi serait née une expression qui n'a plus cours : "la faire à l'oseille".
>
> En Bretagne, on envoyait quelqu'un "cueillir de l'oseille" pour qu'il aille ailleurs. Dans un argot plus proche, "avoir de l'oseille", c'était avoir de l'argent, du blé, des radis, du trèfle ! On en avait, ou pas. Un titre de film a consacré cette expression, aujourd'hui un peu désuète : *Prends l'oseille et tire-toi !*
>
> Peut-être a-t-elle pour origine la réussite de quelques jardiniers qui surent tirer profit de l'oseille au moment où elle était très demandée…
>
>

remarquable. Sa faible acidité lui a valu la réputation justifiée d'être un excellent épinard de printemps – après cuisson, aucune acidité n'est repérable. En Dauphiné, elle portait même le nom d'épinard immortel.

On trouve dans l'oseille du fer, du magnésium, des caroténoïdes (provitamine A) et de la vitamine C. L'acidité des oseilles est due à la présence de plusieurs acides organiques, dont de l'acide oxalique. Cet acide se présente sous la forme de cristaux d'oxalate à la structure étoilée, qui se bloqueraient dans les articulations. On a reproché à l'oseille de provoquer rhumatismes ou arthrite, mais son usage est tellement limité que cela semble exagéré. On déconseille tout de même aux arthritiques, aux goutteux et aux rhumatisants d'en consommer régulièrement.

En cuisine, l'oseille apporte sa fraîcheur acidulée à de nombreux plats. L'oseille se mange crue, mélangée aux salades. On aura soin de prendre, dans ce cas, de jeunes pousses. En chiffonnade, elle se marie particulièrement bien avec le poisson et les pommes de terre. En omelette, son acidité contraste agréablement avec les œufs – on la fait fondre au préalable à feu doux. On peut également en faire des veloutés, des flans, des purées. La crème ou le beurre adoucissent son acidité.

On peut conserver l'oseille en la préparant en chiffonnade et en l'entassant dans un bocal que l'on stérilise. Ainsi, on pourra en consommer en hiver, dans l'attente des premières feuilles printanières de l'oseille fraîche.

Une autre oseille est parfois cultivée : l'oseille vierge (*Rumex montanus*). Comme son nom l'indique, elle ne donne pas de graines ou, plutôt, on ne cultive que les pieds mâles de cette espèce dioïque. Cette oseille est idéale pour créer des bordures potagères courtes, compactes et (presque) sans floraison. Il en existe également une variété pourpre (*Rumex montanus* var. *purpurea*), très décorative. La feuille est pourpre intense, de même que les nervures et tiges. La plante a un faible développement, mais son feuillage cloqué lui confère une allure de fleur de pivoine épanouie. On peut ainsi alterner le vert et le pourpre dans la plantation pour obtenir des effets de couleur.

L'oseille-épinard (*Rumex patientia*) est une espèce très différente des deux précédentes. La plante est plus forte dans toutes ses parties. En sol riche, ses feuilles peuvent mesurer jusqu'à 50 centimètres. Elles sont lancéolées, pointues, longues et dressées. A la fin du printemps, une forte tige se développe : la grande inflorescence de la patience a sa place au jardin des fleurs. Elle est la première des oseilles à produire au printemps, et sa productivité est

III. QUELQUES LÉGUMES-FRUITS

C'est au cœur de l'été que les fruits du jardin potager s'offrent au jardinier. Rien que de très normal : le fruit a besoin pour mûrir de chaleur, de soleil, et d'eau aussi, pour grossir. Ainsi tomates, aubergines ou poivrons mûrissent dans la plupart des jardins d'août jusqu'aux premières gelées. Les légumes-fruits décrits dans ce chapitre ne dérogent pas à la règle. Ils proviennent d'autres continents. C'est la curiosité des hommes qui les a fait connaître, pour notre plus grand plaisir de jardiniers.

Les physalis

S'il fallait désigner une curiosité potagère qui incarne ce que la nature porte en elle d'ingéniosité, d'originalité et de beauté, mon choix se porterait sur les physalis. Comment ne pas être séduit par ce genre botanique, membre d'honneur de la famille des Solanacées ? Il regroupe une centaine d'espèces qui ont toutes en commun un calice qui entoure et protège la baie, donnant au fruit une allure de clochette légère. Le physalis doit son nom au grec *phusan* qui signifie "gonfler", par allusion à la forme du calice. Trois physalis à usage culinaire méritent une place au jardin des curiosités : le coqueret du Pérou, ou prune des Incas, le physalis pubescent, ou alkékenge jaune doux, et enfin le physalis du Mexique, ou tomatillo.

Ces physalis américains ont un cousin indo-européen bien connu des amateurs de fleurs séchées, que l'on nomme joliment "amour en cage" ou "lanterne chinoise" *(Physalis alkekengi)*. Son calice est d'un rouge orangé soutenu. La plante est vivace par un système racinaire traçant et produit très régulièrement, sur une tige dressée, des calices retombants. Au jardin, l'endroit qu'elle occupe, dans un coin souvent délaissé, ressemble à l'automne à une tache flamboyante, quelquefois envahissante… En hiver, il ne subsiste que la structure du calice et la baie rouge orangé à l'intérieur.

Vilmorin signale l'existence d'une espèce plus grosse dans toutes ses parties *(Physalis franchettii)*, dont le calice de 25 centimètres de circonférence est idéal pour remplacer les lampions de la fête. Des découvertes archéologiques attestent la consommation du *Physalis alkekengi* dès le Néolithique en Europe : on a retrouvé ses graines par milliers dans des habitats lacustres du Jura suisse. On peut s'interroger sur les raisons de cette consommation – richesse nutritive, conservation hivernale ? – car, d'un point de vue gustatif, ce physalis n'a pas grand-chose à voir avec ses cousins américains.

Les physalis ne laissent pas indifférent l'amateur d'art. Des artistes du début du siècle se sont inspirés de sa forme pour des luminaires Art déco qui ne se démodent pas. En 1999, le plasticien japonais Katsuhito Nishikawa a installé une sculpture-physalis à Paris, sur les Champs-Elysées ; d'autres physalis d'extérieur, en béton, recouverts de peinture blanche, sont en cours d'installation dans le parc national de l'île de Kirishima, au Japon. L'intention de l'artiste est de tisser des liens entre l'homme et la nature.

• *Le physalis du Pérou*
La brume d'octobre a envahi le potager. Les légumes d'été ont triste mine, les courgettes sèchent, les tomates et les aubergines ont flétri sur pied. Pourtant, une curieuse

Solanacée *(Physalis peruviana)* étonne par sa vigueur : une plante vert tendre, très ramifiée, d'où pendent d'innombrables petites clochettes fermées, d'une texture et d'une couleur proches du papier kraft. Une fois mûrs, ces calices tombent au sol. On ne soupçonne pas forcément que ce calice protège une baie orangée qui se révèle lorsqu'on ouvre son papier d'emballage naturel. Il est tout aussi inattendu de croquer une de ces baies de la taille d'une cerise, et dont le goût rappelle à la fois la mangue ou la groseille, quelquefois la tomate, ou encore les agrumes.

Un pied de physalis du Pérou peut recouvrir un mètre carré et atteindre la hauteur d'1 mètre. La plante est très ramifiée et les branches latérales, en été, finissent par se coucher sur le sol si l'on n'a pas pris le soin de tuteurer la plante en l'entourant d'une ficelle. Sur les tiges, tous les 10 centimètres, les baies sont maintenues par un pédoncule recourbé en direction du sol, et donnent à l'ensemble une allure de guirlande végétale. La feuille du physalis est cordiforme, un peu velue, agréable au toucher. La fleur, solitaire, est comme une vasque renversée de couleur jaune, avec un cœur foncé. Elle indique déjà le calice vésiculaire qui va se développer.

C'est dans le courant de l'été, souvent vers la deuxième quinzaine d'août, que les premières baies mûrissent. Leur calice prend alors une couleur de carton qui indique sa maturité, et quelques-uns, par forte chaleur, se décrochent et tombent au sol, rendant la cueillette plus facile. Car le physalis aime bien se cacher derrière son feuillage et un pied peut porter une bonne centaine de baies sans qu'on soupçonne leur présence. De juillet jusqu'aux premières gelées, la plante fleurit sans interruption et produit ainsi d'innombrables calices. A l'automne, la plupart restent accrochés : pour cueillir le physalis sans peine, il faut le soulever à l'inverse de sa courbure vers le sol ; ainsi il se décrochera très facilement sans qu'on blesse le fruit ou déchire le calice.

La culture des physalis s'apparente à celle de la tomate. Ils ont en commun la même exigence en chaleur pour fructifier, mais le coqueret mûrit plus tardivement. Le physalis du Pérou se sème donc en mars, à l'abri, sous un châssis bien exposé ou sous serre, dans des terrines remplies de substrat fin. On dépose quelques graines que l'on recouvre d'un peu de terre fine. La semence de physalis est minuscule et lenticulaire : un gramme en contient environ 1 000. Au bout d'une dizaine de jours, les plantules apparaissent, avec deux feuilles de quelques millimètres de long où l'œil exercé remarquera déjà de petits poils. A ce stade, la plantule est tellement fragile qu'on n'ose la manipuler ; pourtant il faut le faire, avec délicatesse. Avec un petit bout de bois, on déterre chaque pied lorsqu'il présente sa première feuille adulte, puis on le repique séparément dans un godet. Il faudra attendre le début du mois de mai pour placer les plants fortifiés en pleine terre.

Le physalis se ramifie très rapidement et occupe vite la place qu'on lui consacre. Vu son grand développement, il est bon de laisser 2 mètres entre les lignes et 1 mètre sur la ligne entre chaque plant. La plantation prend bientôt l'allure d'une haie luxuriante et dense. A l'automne, durant la récolte, des branches fragiles peuvent casser. On pourra les suspendre à l'abri, où les baies les plus avancées mûriront sans difficulté. On peut faire l'expérience de rentrer à l'intérieur, avant les grands froids, un pied de physalis. Comme de nombreuses Solanacées, la plante, qui ne gèle pas, devient vivace et démarre plus précocement au printemps. Il est tout de même préférable d'en ressemer chaque année.

Une qualité remarquable distingue le physalis, c'est sa très longue conservation une fois cueilli. Y a-t-il plus grand plaisir de jardinier que de déguster au mois de mars des physalis du Pérou conservés tout l'hiver ? Grâce au calice qui l'entoure, véritable emballage longue conservation, le physalis peut se garder l'hiver au froid modéré et au sec, dans une pièce peu chauffée de la maison par exemple. On aura soin d'éliminer les baies présentant des taches de moisissure.

On ne peut omettre de préciser que la culture du physalis du Pérou en pleine terre ne donnera de bons résultats que dans la moitié sud de la France. Le jardinier de la moitié nord sera obligé d'user d'artifices pour voir les fruits mûrir. Les plants devront être forcés et cultivés en serre froide pour compenser le manque d'ensoleillement.

Il est apparu chez un grainetier, il y a quelques années, une variété sélectionnée à la fructification plus précoce, à gros calice, et donc à grosse baie. La pauvreté variétale du physalis du Pérou traduit cependant une quasi-absence de sélection : on cultive aujourd'hui dans nos jardins la même plante qui pousse à l'état sauvage en terre américaine. Elle n'a pas été améliorée, ni adaptée au climat et à la durée du jour et de la nuit en Europe. Par comparaison, les premières tomates cultivées en Europe ne produisaient pas assez tôt dans l'été, alors qu'on trouve aujourd'hui des variétés de tomates pour tout le printemps, et même pour l'hiver.

Pourtant, quelques supporters inconditionnels du coqueret se sont manifestés à la fin du siècle dernier, comme Auguste Paillieux qui écrivait à son sujet en 1894 : "Lorsque la concurrence aura abaissé les prix, la population ouvrière, toujours avide de fruits, s'en emparera à son tour." Paillieux le passionné ne voit pas ce que le siècle nouveau amène : les agrumes ont relégué le physalis au rang des curiosités, malgré l'engouement de la fin du XIXe siècle. Cent ans plus tard, on le redécouvre, mais cette fois-ci sur les tables des chefs de cuisine. Souvent, il accompagne une assiette de desserts, délicatement déballé comme une fleur offerte, et parfois il repart en cuisine, confondu avec un objet de décor, délaissé par absence de curiosité.

"Il n'est peut-être pas au monde un fruit qui fournisse une plus exquise confiture" : l'auteur de ces mots, écrits vers 1880, était certainement sous le charme du physalis, de même que les confiseurs parisiens qui achetaient toute la production provençale à la même époque. Aujourd'hui, de vieilles recettes sont expérimentées et certains chefs commencent à inventer avec le physalis, signe d'une probable renaissance.

La meilleure façon de goûter le physalis pour la première fois, c'est dans le jardin. Les physalis sont les bonbons du potager : c'est sucré, acide, et après on jette le papier. Après cette dégustation nature, on pourra imaginer une tarte, une compote, une confiture, un sirop, ou de les servir crus dans une salade de fruits d'automne. Cuit, le coqueret se transforme en une compote orangée, brillante, où flottent des milliers de graines et la peau. Après un passage au tamis, on obtient un coulis qui rappelle la mandarine par son goût comme par son apparence. Une vieille recette conseille de conserver le calice ouvert comme une fleur, et de tremper la baie dans un sirop de sucre puis de chocolat. Refroidis, le chocolat noir et le sucre craquent sous la dent, tandis que la pulpe acidulée fond dans la bouche. Les confiseurs du XIXe siècle avaient de l'imagination.

• *Le physalis pubescent*
C'est d'un jardin bressan que me sont parvenues des graines de ce petit physalis *(Physalis pubescens)*. Le vieux jardinier qui me les a confiées l'appelait "cerise de terre", et en laissait croître quelques pieds au fond de son jardin chaque année, sans trop s'en préoccuper.

Originaire d'Amérique, il s'est acclimaté en Asie et dans toutes les régions tropicales. On le trouve aujourd'hui, comme ses cousins, sur tous les continents. *La Nouvelle maison rustique* de 1762 le mentionnait déjà.

Ce physalis, plus précoce que son cousin péruvien, produit dès l'été, au ras du sol, de toutes petites baies plus douces que celles du coqueret, et dont le goût rappelle la prune. A maturité, le calice passe du vert tendre au gris-blanc et les arêtes qui le séparent en cinq ou six parties sont saillantes, bien marquées. La baie qui s'y cache est jaune pâle. Elle se détache très facilement du pied et il n'est pas rare d'en ramasser une quarantaine dessous, après avoir dégagé le feuillage qui les recouvre. Ce physalis, qui porte aussi le nom d'alkékenge jaune doux, est vraiment rampant, particulièrement en conditions sèches ou peu arrosées. Son feuillage est pubescent. Il se ressème aisément chaque année, si l'on a laissé quelques baies sur le sol.

Sa culture ne diffère en rien de celle du physalis du Pérou, et on ne lui connaît pas de maladies. Les pluies d'automne ont tendance à faire éclater les baies, il faut les cueillir régulièrement et les conserver au sec, de la même manière que celles du physalis péruvien. En raison de sa petite taille, c'est uniquement comme bonbon végétal qu'on le mangera, sans restriction. Il faudrait du courage pour entreprendre une confiture, sans doute exceptionnelle.

• *Le physalis du Mexique, ou tomatillo*
Avec le physalis du Mexique *(Physalis ixocarpa)*, on perd un peu du raffinement des deux premières espèces décrites, mais la cuisine s'enrichit d'un fruit-légume assez proche de la tomate pour que les Mexicains lui aient donné le nom de "tomate verte". C'est un peu le géant du genre, dont la baie jaunâtre à maturité fait éclater le calice vert tendre et fragile.

Sa culture est simple et identique à celle du coqueret du Pérou, mais il faut moins de temps pour en récolter les fruits. On cueille dès juillet les nombreuses baies, qui se décrochent aussi à maturité. Elles ont la taille d'une petite tomate 'Marmande'. La plante ressemble d'abord à un parasol chargé de boules vertes, puis les baies grossissent et provoquent par leur poids le couchage des tiges. Des branches peuvent quelquefois s'enraciner en marcottant.

Ce n'est pas en goûtant cru ce physalis qu'on l'appréciera : il est moelleux, acide et peu attractif. Très mûr, on peut lui trouver une certaine valeur gustative, mais loin de celle de son cousin péruvien. C'est cuit que le tomatillo prend toute sa valeur et que sa faible saveur semble s'exalter. On en fait une sauce verte, très populaire au Mexique. Après en avoir ôté le calice, on coupe les tomatillos en tranches et on les fait fondre avec des oignons émincés et du piment. Ce coulis, la *salsa mexicana verde*, peut accompagner toutes sortes de plats à base de légumes, de viande ou de poisson – avec ce dernier, il convient particulièrement bien. On peut aussi l'ajouter aux ingrédients habituels de la ratatouille, que son acidité vient enrichir.

On appréciera également le tomatillo en compote, qu'on aura pris soin de sucrer, ou en confiture, dont la couleur vert translucide change de celle de la vraie tomate verte. On peut y joindre zeste de citron ou copeaux de gingembre. C'est un fruit d'autant plus intéressant qu'il se conserve jusqu'en janvier ou février sans aucun artifice. Trois ou quatre pieds conviendront pour un jardin familial aimant la curiosité végétale.

Il existe d'autres espèces de physalis très proches du tomatillo. Le physalis violet présente, comme son nom l'indique, une forte teneur en anthocyanes responsables de la couleur pourpre des baies et des tiges. Il est très ornemental, et sa baie ressemble à une petite aubergine ronde et aplatie. On l'utilise en cuisine de la même manière que le physalis du Mexique. Les anciens Mexicains en faisaient un sirop utilisé pour soigner les maladies des voies respiratoires.

La morelle de Balbis, ou tomate litchi

Les plantes potagères épineuses sont rares. Avec la morelle de Balbis *(Solanum sisymbriifolium)*, les jardiniers curieux sont servis, car le spectacle de sa floraison et de sa fructification est extraordinaire. Malgré les fortes épines dressées qui couvrent toute la plante, on n'hésite pas à y plonger la main pour cueillir ces cerises si rouges et si attirantes. Naturellement, qui s'y frotte s'y pique. Paillieux rappelle d'ailleurs l'anecdote suivante : "Près des serres du Muséum poussait un pied de morelle de Balbis qui était dépouillé de ses fruits au fur et à mesure de leur maturation ; mais, assurément, cet innocent larcin ne s'accomplissait pas sans qu'il y eût du sang répandu." Lorsqu'on déguste la baie rouge écarlate, on oublie les égratignures pour découvrir un fruit rafraîchissant au goût parfois proche de la cerise ou du litchi.

La morelle de Balbis est d'origine méso-américaine. Sa culture s'apparente à celle des physalis ou des tomates. On repique en pleine terre, après les gelées, de jeunes plants pourvus de feuilles adultes. Le petit plant est assez fragile ; en pépinière, il faut le protéger des escargots qui semblent l'aimer.

Le tomatillo

Les épines apparaissent déjà sur le jeune plant. Les feuilles, profondément découpées en cinq ou six lobes, portent également des épines dures. Si la plante rappelle la tomate dans son développement, il faut rapprocher sa fleur de celle de l'aubergine et son fruit de ceux des physalis. La fleur justifie à elle seule la présence de la plante au jardin des curiosités. On dirait une énorme fleur de pomme de terre ou d'aubergine, de 5 centimètres de diamètre et d'une teinte bleutée, lilacée ou blanche. Elle donne l'impression d'être en papier crépon.

La morelle de Balbis

Comme les tomates-cerises, les baies sont portées par une grappe rigide, au port horizontal, et qui peut atteindre 30 centimètres de long. Chaque grappe porte une douzaine de fruits de la taille d'une grosse cerise. Ceux-ci sont entourés, comme les physalis, d'un calice qui s'ouvre à maturité, et dont toutes les parties sont aussi couvertes d'épines plus petites, mais drues. Pour cueillir la baie, il faut la faire tourner pour qu'elle se décroche facilement. Celui qui essaierait de la cueillir en la tirant simplement s'en souviendrait…

La morelle de Balbis produit assez tard dans l'été, mais est une des dernières Solanacées à résister au mois de novembre. Ses branches sont ligneuses et des pousses tendres se forment tant qu'il n'a pas fortement gelé. On peut conserver chaque année quelques-unes de ces pousses munies d'un talon ligneux, qui seront bouturées au printemps.

La morelle du Canada, ou myrtille des jardins

Cela fait quelques années déjà que j'ai rencontré cette plante en feuilletant un catalogue de semences potagères canadiennes. Quelle surprise d'y trouver une Solanacée que sa réputation en Europe range parmi les plantes dangereuses ! Quel étonnement aussi de découvrir que la baie issue des semences canadiennes est très grosse en comparaison de la forme européenne. En fait, seules les parties vertes de la plante renfermeraient de la solanine, hautement toxique, et il n'y a pas de risque à consommer les fruits mûrs de cette morelle.

La morelle noire européenne est reconnaissable surtout lorsqu'elle fructifie, au début de l'été. La plante rappelle la tomate, en miniature. Elle aime pousser dans les décombres, les sols argileux, riches en matière organique, et résiste très bien à la sécheresse. Sa tige est dressée, puis fortement ramifiée. Elle peut atteindre 80 centimètres. Ses fleurs sont de petites étoiles blanches rassemblées en bouquets. Au Potager d'un curieux, nous observons chaque année deux formes de la plante sauvage : l'une aux baies noires comme celles du sureau, l'autre aux baies rouge orangé, quelquefois jaunes – les plantes sont par ailleurs similaires. Cette observation traduit la diversité qui règne au sein de la même espèce sauvage de *Solanum nigrum*. Rien de surprenant, alors, à ce que cette morelle noire ait essaimé, au gré des continents, en sous-espèces ou en variétés.

Ainsi, certains botanistes pensent que la morelle du Canada est une variété du *Solanum nigrum* de nos jardins (*Solanum nigrum* var. *guineense*) ; d'autres y voient une espèce, *Solanum melanocerasum* – qui signifie "cerise noire". Originaire d'Afrique de l'Ouest, elle aurait suivi les

La morelle du Canada

esclaves noirs jusqu'en Amérique du Nord où elle serait arrivée à la fin du XVIIe siècle.

Les Canadiens, qui en consomment le fruit, la baptisent "myrtille des jardins". La morelle du Canada ressemble bien à la myrtille par son aspect et ses usages, mais elle ne peut la remplacer : il faut reconnaître qu'elle est fade. En tarte, en compote ou en confiture, il faut la sucrer généreusement.

Pourtant, on peut lui réserver une place de choix au potager des curiosités, car le spectacle de sa fructification est remarquable : de grosses baies noires groupées en grappes régulièrement disposées sur la tige. On peut compter trente grappes par pied. La baie atteint la taille d'une cerise. Son ancien nom de "raisin de loup" lui convient bien, et il rappelle la "pêche de loup", traduction du nom latin de la tomate *(Lycopersicon)*.

Dès le mois de juin, la plante, moins exigeante en chaleur que ses cousines la tomate ou l'aubergine, se couvre de fruits, alors que le feuillage se raréfie, tombant ou séchant sur pied. La plante est rigide, elle ne remue pas avec le vent et ressemble à un petit arbre de Noël couvert de drôles de boules noires et brillantes. Celle qu'on appelle aussi "herbe des magiciens" porte bien son nom.

Les jardiniers curieux la sèmeront en mars à l'abri, pour la repiquer en avril en pleine terre tous les 40 centimètres. Pour son caractère ornemental, la morelle du Canada trouvera sa place dans des massifs composés aux feuillages pourpres, aux fleurs rouge vif et orangées. Dans le jardin des légumes d'été, on pourra en implanter trois ou quatre pieds aux côtés des physalis et des piments.

Il est surprenant que cette morelle n'ait pas trouvé d'amateurs en Europe. Dans le jardin, sa présence rappelle tout à la fois le phytolaque, le raisin, la myrtille ou encore le sureau noir. Ainsi, elle s'ajoute à la jolie et intrigante famille des baies noires.

Le radis serpent

La grande famille des Crucifères est bien représentée au jardin potager. Que serait ce dernier sans les choux, les navets et les radis, mais aussi la roquette et les cressons ? On mange le bouton floral du chou-fleur, la racine du navet, la feuille de la roquette, la graine de la moutarde et, comme pour combler un vide, le fruit du radis serpent *(Raphanus caudatus)*. Ce drôle de radis produit un fruit comestible, une silique très longue qui rappelle visuellement à la fois le haricot, l'asperge ou la pousse de houblon. Le radis serpent doit d'ailleurs son nom au fait que les gousses sont quelquefois si longues que, touchant le sol, elles ressemblent à des serpents.

La plante est annuelle, originaire de l'Inde où elle pousse spontanément. Elle était cultivée et consommée traditionnellement à Java vers 1850, et l'est sans doute encore, ainsi qu'en Inde occidentale et septentrionale. Cela explique l'introduction en Angleterre de cette espèce nouvelle dès le début du XIXe siècle. Vers 1860, quelques publications françaises spécialisées confirment l'intérêt de cette Crucifère aux siliques comestibles, qui a aujourd'hui pratiquement disparu des jardins potagers.

Le radis serpent

D'un point de vue cultural, le radis serpent ne présente aucune difficulté. Sa culture s'apparente à celle de tous les radis que nous connaissons. On sème ses graines au printemps en ligne ou en poquets de deux ou trois graines, dans un sol aéré et composté. On garde un plant tous les 30 centimètres. La plante est à peu près identique à d'autres radis et ne confirme son originalité que lorsqu'elle commence à fructifier.

A l'inverse des autres radis dont on consomme la racine charnue, le radis serpent déploie toute son énergie à fleurir et à fructifier, et sa racine n'a pas d'intérêt alimentaire. Le radis serpent en végétation ressemble à un robuste plant de moutarde. Il produit une tige centrale assez forte et se ramifie à la floraison. Celle-ci a lieu au début de l'été. Les fleurs, en grappes, sont blanches, veinées de pourpre et rappellent celle de la roquette cultivée. Rapidement, de jeunes siliques se forment et s'allongent en quelques jours de 10, 20, 30 centimètres ! Au début, les siliques sont dressées, mais leur poids les fait peu à peu se coucher sur le sol. Linné, qui a décrit le radis serpent, indique que les siliques peuvent dépasser, en longueur, la plante tout entière.

Elles sont renflées à la base et se rétrécissent en pointe au bout du fruit.

On cueille les "gousses" encore vertes, tendres et cassantes. Crues, elles ont le goût piquant de la roquette, voire de la moutarde, et sont très agréables à croquer en été. On peut aussi les cuire à la vapeur ou les confire, comme le font les habitants de Java. Il ne faudra pas manquer de laisser monter à graine quelques longues siliques pour récolter la semence, plus grosse que celle des radis ordinaires. Souvent, la longueur des siliques diminue au fil des années. De nombreuses Crucifères sauvages et cultivées sont sans doute responsables de cette perte de caractère spécifique. Le radis serpent s'hybriderait avec des "cousins" sauvages. La semence de cette plante est devenue très rare. Faudra-t-il aller à Java pour s'en procurer ?

La margose à piquants

Avec cette petite Cucurbitacée grimpante, le potager des curiosités accueille une plante à la fructification fascinante. Originaire d'Inde et d'Afrique où on la consomme communément à l'état jeune, la margose (*Momordica charantia*) pousse aussi aujourd'hui dans les régions tropicales d'Amérique. En Europe, elle est restée une curiosité peu prisée. Seuls quelques restaurants indiens ou chinois de grandes villes la proposent parfois, ou les marchés des quartiers chinois, antillais ou africains. Son amertume explique sans doute le peu d'engouement des Européens.

La margose doit son nom de "momordique" aux morsures qu'on aperçoit sur le pourtour de la graine. Celle-ci, épaisse et marron, tachetée, a la forme d'un blason. La plante est une liane herbacée annuelle, monoïque : un pied porte des fleurs mâles et des fleurs femelles séparées, comme chez toutes les Cucurbitacées. La margose a besoin d'un support pour se développer. Sinon, elle rampe et le spectacle de sa fructification sera moins visible. Ses tiges frêles, velues et ligneuses, émettent régulièrement des vrilles pour s'accrocher. Ses feuilles vert foncé, plus claires sur la face inférieure, sont découpées profondément en cinq ou sept lobes. Elles rappellent celles de la vigne ou du houblon. Un long pédoncule porte les fleurs des deux sexes, formées de cinq faux pétales jaune pâle.

Le fruit, oblong, mesure de 5 à 10 centimètres de long. Sa peau est recouverte d'aspérités verruqueuses. Quand le fruit passe du vert au jaune orangé, la maturité s'annonce. Alors, par un phénomène de tension, l'écorce se disloque en trois parties qui s'écartent en s'ouvrant. A l'intérieur apparaissent les semences recouvertes d'une pulpe épaisse, d'un rouge intense qui colle à la paroi du fruit écartelé. Le spectacle est exceptionnel, et la tentation est forte de goûter à cette pulpe rouge.

C'est en fait très jeune que la margose est appréciée, car elle présente une forte amertume qui s'accentue lorsqu'elle mûrit et s'explique par la présence de quinine dans l'écorce du fruit. Le nom de la margose viendrait d'ailleurs de l'espagnol *amargo* (amer). On la cueille donc dès qu'elle atteint la taille d'un gros cornichon. A la Réunion, elle entre dans la confection des achards, des caris et des rougails. Débarrassée de ses graines, elle peut être cuite à la vapeur, frite, sautée et mélangée à d'autres légumes en salade ou en soupe. Elle peut aussi être confite ou préparée en chutney. Une première cuisson à l'eau est souvent effectuée pour

Fruit et branche fleurie de margose

atténuer son amertume. Mao raffolait, paraît-il, des margoses farcies au gingembre et au poisson.

Au jardin potager, il est assez délicat de réussir la culture de la jolie margose. Autant l'écrire sans détour, le jardinier du nord de la France en sera privé par manque d'ensoleillement. On sème une ou deux graines par godet en avril, à l'abri. Les jeunes plants sont fragiles : il faut attendre le début du mois de juin pour les repiquer. On les installe par trois et on enfonce à leur pied de longues rames liées ensemble à leur extrémité. La plante peut grimper jusqu'à 1,5 mètre de hauteur. Plus on cueille les fruits jeunes, plus la plante sera productive, offrant une floraison et une fructification continues.

Des variétés sont apparues en Asie, dont le fruit et la plante en général sont plus développés. Certaines margoses peuvent atteindre la taille d'une courgette. Une autre margose très petite et ovale est répandue en Asie. On la nomme pomme de merveille *(Momordica balsamina)*. On lui attribuait des vertus balsamiques et vulnéraires.

La margose fait partie des plantes qui révèlent, à maturité, leurs graines enrobées d'une pulpe rouge. Dans le règne végétal, elles sont nombreuses à avoir développé cette fructification attractive, largement offerte. Certaines sont toxiques, comme les fusains ou les pittosporums, d'autres sont comestibles, comme la figue, la margose ou la grenade.

La cyclanthère pédiaire

D'une grande vigueur et d'une grande productivité, la cyclanthère *(Cyclanthera pedata)* est une Cucurbitacée mexicaine que de nombreux potagers pourraient accueillir sans difficulté. Son fruit jeune, consommé surtout en Amérique du Sud, ressemble à un cornichon lisse et creux. La plante, grimpante, émet de nombreuses vrilles qui s'accrochent au moindre support. C'est d'ailleurs un des grands atouts de cette plante que de pouvoir grimper en une saison jusqu'à 4 mètres de hauteur, rendant quelquefois la cueillette difficile !

La croissance de cette Cucurbitacée est surprenante : dès le mois de juillet, sa végétation est luxuriante. Fleurs mâles et femelles, jaune pâle, se côtoient sur le même pied, portées par des pédoncules assez longs. Les feuilles, divisées en sept lobes dentés, rappellent celles de la vigne vierge. La plante fleurit rapidement et produit en nombre de curieux fruits de 5 à 8 centimètres de long, vert pâle, lisses et effilés aux extrémités. Au toucher, ces fruits pendants sont mous. Des aiguillons légers se devinent sur la peau. Mûrs, ils deviennent vert-jaune. Si on coupe un spécimen en deux, il apparaît des graines accrochées à la paroi interne, semblables à un morceau de charbon de bois.

Fruit de la cyclanthère

La culture de la cyclanthère est facile, car elle est moins exigeante en chaleur que la margose. On sème deux ou trois graines en godet, à l'abri, en mars-avril. La germination est un joli spectacle : deux jeunes feuilles repliées pointent vers le soleil et les cotylédons gros et charnus font comme deux oreilles. L'un d'entre eux porte ce qu'il reste de la graine, un morceau de charbon qui pince le bout de la feuille.

Dès le mois de juillet, on pourra cueillir le jeune fruit de la cyclanthère, jusqu'aux premières gelées qui le détruisent. On emploie ces fruits, encore tendres et cassants, en les coupant en deux. Après avoir ôté les graines (si elles sont formées), on peut couper en lanières fines les fruits de la cyclanthère qui font une salade rafraîchissante. Leur goût et leur odeur sont proches de ceux du concombre. Ils peuvent être farcis et cuits. Ils sont aussi utilisés dans les pickles d'origine anglo-saxonne, en compagnie des cornarets, des boutons de capucine, des petits oignons et autres cornichons.

Deux espèces semblent distinctes. L'une est plus forte dans toutes ses parties *(C. edulis)*, tandis que l'autre possède des fruits plus petits *(C. pedata)*. Il existe également une cyclanthère aux curieuses propriétés explosives, comme son nom l'indique *(C. explodens)*. Il s'agit d'une toute petite cyclanthère qui éclate lorsqu'on touche son fruit mûr, et projette ses graines assez loin, pour qu'elles s'y implantent l'année suivante. Elle rappelle le cornichon sauvage connu en Provence *(Ecballium elaterium)*. On n'utilise pas cette cyclanthère en cuisine, mais ce n'est pas une raison pour se priver d'un tel spectacle au potager…

Le cornaret à trompe

Dans la catégorie des plantes vraiment étranges, le cornaret *(Martynia lutea)* occupe une place de choix. Cette plante semble s'amuser des règnes et intrigue les hommes. Par sa graine, son fruit, sa fleur ou encore son odeur, le *Martynia* n'en finit pas de surprendre et de plaire – ou déplaire. Son usage en cuisine est assez anecdotique, mais sa présence au jardin est extraordinaire.

La martynie, autre nom du cornaret, est originaire d'Amérique centrale. Une vingtaine d'espèces constituent le genre des *Martynia*, nommé en hommage au botaniste anglais John Martyn vers 1763. Leur famille a connu différentes appellations : Sésamées, puis Pédalinées et aujourd'hui, semble-t-il, Martyniacées.

Bicorne, corne du diable ou encore ongles du diable sont les qualificatifs peu charmants que l'on a attribués à cette curieuse plante. Ces analogies prennent du sens lorsqu'on observe le fruit séché du cornaret : une espèce de griffe noire fortement recourbée, qui se sépare en deux parties parfaitement symétriques qui donnent naissance à deux cornes. Les pointes de ces fruits sont dangereuses, car le crochet qu'elles forment à leur extrémité est digne de la griffe du chat. A ce stade, le *Martynia* semble plus proche de l'insecte que de la plante. Le fruit séché laisse apparaître, au point d'écartement, un orifice sombre d'où s'échappent des graines tout aussi étonnantes, noires et brillantes, semblables à du charbon de bois ou à du minerai de fer.

> ### PICKLES DE CORNARET
>
> Faites macérer les jeunes fruits du cornaret dans une saumure pendant une semaine. Retirez-les et égouttez-les.
>
> Prenez 2 litres de vinaigre. Ajoutez 350 g de sucre brun, 1 cuiller à soupe de graines de céleri, 2 petits piments, des clous de girofle, du poivre et de la toute-épice (ou poivre de la Jamaïque), et faites bouillir le tout.
>
> Versez sur les fruits du cornaret. Placez dans une jarre bien fermée, et conservez dans un endroit sec.
>
>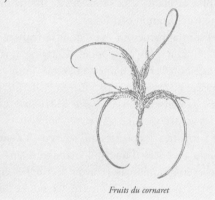
>
> *Fruits du cornaret*

Le cornaret est une plante de chaleur. Ses besoins en soleil sont proches de ceux des Solanacées (tomates, poivrons…). On sème deux ou trois graines dans des petits pots à l'abri, en avril. La germination est capricieuse, mais de très vieilles graines peuvent lever. Deux ou trois pieds de cornaret conviendront pour un potager familial. On les repique, par exemple, aux extrémités d'un triangle de 60 à 80 centimètres de côté. La plante se développe considérablement en produisant de grandes feuilles en forme de cœur, couvertes, comme le reste de la plante, d'une sorte de duvet collant à l'odeur peu agréable. Pendant les journées chaudes, la plante se repère à cette odeur forte, presque animale, qui se transmet à plusieurs dizaines de mètres.

Le cornaret entretient de curieuses relations avec le règne animal. Cette impression se confirme lorsqu'on

Le cornaret

observe que les feuilles collantes et malodorantes sont couvertes de petits moucherons qui ne donnent plus signe de vie. Le cornaret serait donc une plante potagère insectivore. Au dire des spécialistes, il serait pourvu, sur toute la surface de son feuillage, de glandes sécrétant une substance biochimique qui décompose l'insecte piégé en éléments directement assimilés par la feuille. On comprend alors les raisons de l'odeur que certains qualifient de stercoraire (qui a rapport aux excréments) : elle attire les insectes qui se retrouvent piégés. Une fois encore, notre cornaret s'amuse et profite directement du règne animal.

Mais cette étrange plante est également belle par ses fleurs en grappes. Elles ressemblent à s'y méprendre à des fleurs d'orchidée. Un camaïeu de marron-pourpre dessine de jolis motifs sur le fond blanc de la fleur. Après la floraison, des fruits au long bec se développent. C'est à ce stade, encore verts et tendres, qu'ils sont cueillis pour être consommés. Une plante peut recouvrir un mètre carré et porter plusieurs dizaines de fruits.

Plus tard, au début de l'automne, les fruits du cornaret mûrissent. Souvent, un fruit oublié s'accroche aux vêtements et permet de comprendre le mode de dissémination que la plante a choisi : elle profite des animaux pour voyager et aller germer ailleurs. On pense aux grands herbivores d'Amérique et à leurs fourrures où s'accrochent les fruits du cornaret.

En cuisine, les jeunes fruits du cornaret peuvent se manger jeunes comme les gombos, ou être conservés au vinaigre et s'utiliser comme un condiment. Les Anglo-Saxons appellent cela des pickles, et en font une grande utilisation pour accompagner toutes sortes de viandes cuites. Le cornaret continue d'accompagner l'animal jusque dans l'assiette…

IV. DES FLEURS A MANGER

On a toujours planté des fleurs au jardin potager. Elles y mettent de la couleur, attirent les papillons, et font de jolis bouquets en toutes saisons. Quelques légumes sont en fait des fleurs en bouton : le chou brocoli, le chou-fleur ou encore l'artichaut. Mais de petites fleurs aux jolies couleurs se mangent aussi comme des légumes. Elles sont nombreuses : fleurs de ciboulette, de sauge, de romarin, d'origan, de mauve, de trèfle, de violette, d'acacia, de sureau, de bégonia et bien d'autres encore qui peuvent, sans aucune crainte, être consommées. On se prend à rêver d'une salade aux cent fleurs accompagnée d'une sauce qui respecterait les goûts de ce bouquet culinaire. Trois fleurs à manger méritent une place de choix au potager des curiosités : la bourrache, le souci et la capucine. Toutes trois ont une riche histoire et sont d'une culture facile. Par leur floraison colorée, elles contribueront à faire du potager un bel endroit impressionniste.

La bourrache

La plante ne passe pas inaperçue au jardin : ses grandes feuilles velues attirent l'œil. Son port est élégant et puissant. De magnifiques fleurs bleues se dressent au bout des tiges comme de petites étoiles d'un bleu profond. La bourrache *(Borago officinalis)* appartient à la famille des Borraginacées, qui compte, parmi ses membres les plus connus, le myosotis, la consoude, la buglosse ou encore la vipérine, la pulmonaire et l'héliotrope.

La bourrache est annuelle ou bisannuelle si elle s'est ressemée à l'automne. Elle développe alors une rosette en hiver et fleurit de bonne heure au printemps. La plante est ramifiée et porte des feuilles alternes pourvues d'un long pétiole épais et charnu. On la trouve souvent naturalisée dans les décombres, aux abords de certains villages, échappée sans doute de quelque potager. Elle aime les sols frais et profonds dans lesquels elle développe une forte racine-pivot. Dans de bonnes conditions de culture, elle peut atteindre 1 mètre de haut et rivaliser, pour la surface recouverte, avec un pied de rhubarbe. Pendant tout le printemps et l'été, elle produit plusieurs centaines de petites fleurs bleues – il en existe également une forme aux fleurs d'un blanc laiteux. La bourrache est mellifère : il suffit d'observer le ballet incessant des insectes autour d'un plant fleuri pour s'en convaincre.

La semence de bourrache est grosse, ovale et noire. Elle ressemble à un minuscule noyau d'olive, avec une excroissance blanche qui indique le point de germination. Ces grosses graines tombent au sol, et il semble bien qu'elles intéressent certains insectes qui les transportent et les égarent quelquefois à plusieurs mètres du pied mère.

La bourrache s'implante très facilement au jardin. Souvent, on l'introduit une fois et elle s'installe pour de nombreuses années. Un dicton précise qu'elle ne quitte plus l'endroit où elle s'est implantée. Olivier de Serres l'exprime autrement quand il écrit qu'"elle endure patiemment la négligence du jardinier".

On peut transplanter de jeunes pieds de bourrache ou semer ses graines en terre de mars à août. Quelques jours suffisent pour voir apparaître deux gros cotylédons plaqués au sol. La première vraie feuille est couverte de poils. Toutes les autres feuilles seront pourvues de ce système pileux qui protège sans doute la plante de la sécheresse, et dont le contact irrite parfois, mais sans gravité.

La bourrache devrait son nom à une expression arabe contractée et déformée : *abu rach*, qui signifie "père de la sueur" et fait allusion à ses propriétés sudorifiques. Une autre piste évoque la bure (*burra* en latin) et le côté "bourru" de la plante.

La bourrache serait originaire de Méditerranée orientale, et se serait naturalisée çà et là en accompagnant les commerçants arabes. Elle était cultivée en Espagne au Moyen Age, et Olivier de Serres la mentionne en 1600 comme plante alimentaire. Aujourd'hui, elle est connue et cultivée ou naturalisée sur tous les continents, souvent pour son aspect décoratif. Un dicton anglais prétend qu'elle donne du courage à ceux qui en consomment : *"Borage brings courage"*, tandis que les Allemands lui donnent le nom de *Gurkenkraut* qui rappelle son goût de concombre.

La fleur de bourrache peut avoir un goût caractéristique proche de l'huître. Suivant l'heure de la journée, cela ne se manifeste pas toujours. On mange la fleur avec son réceptacle, et l'impression est éphémère, mais bien réelle. On a aussi utilisé ces fleurs pour colorer en bleu l'alcool ou certains vinaigres.

Mais on ne consomme pas que les fleurs dans la bourrache : les jeunes feuilles se servent en salade, finement ciselées – avec de l'aneth et de l'oignon – ou, hachées crues, sur des tartines beurrées. La bourrache a un peu le goût rafraîchissant du concombre. Les feuilles plus grandes et plus âgées se consomment cuites comme les épinards. Elles peuvent servir à confectionner des farces ou des omelettes. En Ligurie, elles participent à la farce des raviolis. En Espagne, près de Valence, on en mange les côtes comme celles des blettes. On en fait aussi de délicieux potages qu'on décore au dernier moment de quelques fleurs bleues.

Comme son nom latin l'indique, la bourrache est une plante officinale, connue pour ses nombreuses qualités depuis le Moyen Age. Elle contient des mucilages, de la saponine, des minéraux et des tanins. Les jeunes feuilles sont particulièrement riches en vitamine C.

C'est toute la plante en fleur qui est séchée et utilisée en infusion ou en décoction. On lui reconnaît des propriétés sudorifiques, diurétiques, adoucissantes et dépuratives. Elle est utilisée dans le cas de troubles nerveux et cardiaques.

La bourrache officinale

En cataplasme de feuilles, on la conseille contre les éruptions et inflammations cutanées. Les fleurs séchées, elles, sont émollientes.

Le souci des jardins

Le souci des jardins *(Calendula officinalis)* n'est pas à proprement parler une curiosité potagère – il est très connu et facile à cultiver – mais sa fleur a connu des usages culinaires originaux.

Calendula dériverait de *calendae*, les calendes ou premiers jours du mois, et signifierait peut-être qu'il fleurit chaque mois – ce qui se vérifie s'il ne gèle pas fortement l'hiver. Vers 1540 est apparu le nom "souci", du latin *solsequia*, "qui suit le soleil".

Il existe une vingtaine d'espèces sauvages de *Calendula*, toutes originaires de la Méditerranée. En Provence, le promeneur remarquera la délicate floraison du souci sauvage *(Calendula arvensis)* qui peut quelquefois recouvrir une parcelle entière. Cette espèce aime les sols secs, calcaires et argileux des vignes et autres cultures sèches.

Le souci des jardins, d'après Gerard, XVIe siècle

Le souci des jardins appartient à la grande famille des Composées : on le reconnaît à sa fleur orange vif ou jaune qui rappelle un petit tournesol ou une marguerite. Il a donné naissance à de très nombreuses variétés horticoles. Certaines sont hautes, d'autres naines, à floraison double, à cœur plein (souci 'd'Ollioules'), à fleurs jaunes ou orange vif.

La plante mesure 40 centimètres de haut et développe un feuillage allongé et arrondi à l'extrémité. Pendant les fortes chaleurs de l'été, ce feuillage colle aux doigts et dégage une odeur forte caractéristique. Les tiges sont ramifiées et émettent à leur extrémité des capitules floraux composés de petits fleurons. Un pied peut fleurir pendant plusieurs mois. Le souci est cultivé comme une plante annuelle, mais présente un caractère vivace s'il ne gèle pas. Il affectionne les terres calcaires et peut même fleurir à l'ombre.

La semence des soucis est originale, recourbée comme une lune et hérissée de tout petits crochets ligneux à l'intérieur. On la sème en pleine terre en mars ou en avril. Deux feuilles apparaissent, longues et d'un vert tendre ; on peut alors éclaircir et repiquer à 20 ou 30 centimètres en tous sens. La plante se développe vite et sans soins particuliers. Sa floraison est généreuse. Elle ne connaît pas vraiment de ravageurs ni de maladies. Elle supporte les petites gelées et peut fleurir en pleine terre en janvier. Autant de bonnes raisons d'en semer au jardin. Si le souci s'y sent bien, il s'y ressèmera chaque année. Les fleurs se récoltent au printemps, en été, parfois jusqu'en décembre. On pince le bout du pédoncule floral : cela stimule la production d'autres fleurs.

En cuisine, le souci décore les salades vertes, et toutes les autres. On utilise alors les pétales qu'on dépose en pluie sur la salade. Ils ne sont pas très goûteux mais, par leur couleur vive, ils enrichissent les mets. Le cœur des fleurs est en revanche assez fort. Ces pétales coloraient aussi autrefois le beurre d'hiver trop clair. Comme ceux du carthame, ils furent employés en guise de safran dont ils n'ont pas la saveur épicée. Ils sont néanmoins un excellent colorant. Le pigment qu'ils contiennent, la calenduline, sert à colorer les pâtisseries et les potages. La matière grasse fixe la calenduline : on faisait bouillir les soucis dans le lait pour piéger la couleur. Autrefois, les fleurs encore en bouton étaient aussi confites au vinaigre.

Au Moyen Age, on attribuait des vertus médicinales à un potage coloré aux fleurs de soucis et on affirmait que "la seule vue du souci chasse les humeurs de la tête et fortifie la vue".

Les propriétés médicinales du souci sont aussi populaires que ses qualités horticoles. Le *Calendula officinalis* est utilisé en teinture mère et en pommade par les homéopathes. Par voie interne, il stimule les fonctions hépatiques et biliaires. En cataplasme externe, c'est un bon désinfectant, un antiseptique et un anti-inflammatoire qui soigne les plaies et les irritations, les éruptions cutanées. En cosmétique, son lait adoucit la peau. Il sert à colorer de nombreux produits pharmaceutiques – c'est la variété à fleurs doubles orange vif qui a la préférence des laboratoires.

La capucine

Des feuilles en forme d'assiettes délicatement nervurées et, régulièrement, au bout de longs pédoncules, des fleurs couleur de feu qui dominent le feuillage : voici la grande capucine *(Tropaeolum majus)*, originaire d'Amérique et appréciée au jardin des fleurs.

Elle appartient à la famille des Tropæolacées, curieux nom qui vient de "trophée", car la feuille ressemble à un bouclier et la fleur, à un casque. La plante aurait été introduite en Hollande pour la première fois en 1684. En 1694, le botaniste Tournefort vit dans la fleur un capucin et la nomma ainsi – "capucine", féminisation de "capucin", rappelle la capuche des moines.

Il existe 90 espèces de capucines sauvages, qu'on rencontre essentiellement au Pérou, au Chili et au Mexique. La plupart sont grimpantes. De très nombreuses variétés ont été créées pour l'ornement. La capucine tubéreuse *(Tropaeolum tuberosum)*, vivace par les tubercules comestibles qu'elle produit, s'apparente par son usage aux oxalis étudiés dans ce livre. Sa floraison est d'une grande beauté, sa culture, difficile.

Les capucines sont annuelles sous notre climat. La plante rampante, ou grimpante si elle trouve un support, dégage une odeur poivrée originale. Ses feuilles sont rondes, vert tendre, et peuvent atteindre une circonférence de 30 centimètres. Les fleurs apparaissent en boutons gracieux et éperonnés au-dessus des feuilles. La floraison produit un très bel effet. A cette dernière succède une fructification

La capucine

originale. Puis les fruits, gros comme des câpres, sèchent et tombent au sol.

On sème la grosse graine de capucine au printemps – à l'abri en mars ou en pleine terre en avril-mai –, en pots ou en poquets distants d'1 mètre. Avec de la chaleur et de l'eau, la plante peut prendre des proportions importantes. Elle peut garnir des potées suspendues si on l'arrose régulièrement. Elle peut aussi pousser à l'ombre, mais n'y fleurit guère. Au soleil, elle peut souffrir de la chaleur et réduire son développement et la taille de ses feuilles. En fait, elle craint les excès d'eau et de sécheresse. Elle aime les sols bien drainés et légèrement fertilisés. On la cite souvent comme plante qui attire les pucerons, et évite ainsi qu'ils n'aillent sur les autres légumes. Elle fleurit de l'été aux premières gelées.

Son ancienne appellation de cresson d'Inde nous rappelle que ses feuilles sont comestibles, et agréables à croquer dans une salade. Leur goût est piquant, poivré, parfumé. Elles peuvent constituer de très beaux décors d'assiettes, ou bien servir à entourer des rouleaux de printemps.

Le bouton de fleur peut être confit au sucre comme les fleurs de violette ou conservé au vinaigre comme condiment original. Les fleurs épanouies, poivrées et piquantes comme la feuille, mais plus sucrées, étonneront en salade

V. UN BANQUET POTAGER

La table avait été dressée pour huit convives. En guise de nappe, un grand drap vert descendait jusqu'au sol irrégulièrement. Toutes sortes de baies et de petites Cucurbitacées ornaient la table. Des fleurs de rose trémière, de souci, d'œillet d'Inde étaient parsemées entre couverts et assiettes. Ces dernières étaient de fidèles reproductions de feuilles de chou, de capucine et de nénuphar. Les verres ressemblaient à de grosses clochettes de campanule. Un fumet de légumes en cours de cuisson flottait dans la salle à manger. On pouvait ressentir une ambiance particulière, très végétale.

Je savais à quel point mon ami jardinier tenait à ce repas potager, à l'idée de mêler l'art du jardin et celui de la table. Heureux de nous retrouver autour d'un verre apéritif, nous n'avons pas vu venir le plateau de pickles : des crosnes crus et des ocas à peine cuits accompagnaient des légumes cueillis dans leur jeune âge et conservés avec des herbes dans un vinaigre un peu sucré. Dans ce concert aigre-doux, on reconnaissait l'angourie des Antilles, de tout petits épis de maïs, les fruits verts de la cyclanthère pédiaire et ceux du cornaret, des bulbilles d'ail rocambole et de ciboule à étages.

Installées depuis peu sur la table qui ressemblait à un jardin, d'incroyables assiettes garnies de feuilles de toutes formes composaient un mesclun hors du commun. Une pluie de pétales de souci et de fleurs de bourrache bleues et blanches semblait s'être abattue sur l'assiette. Délicatement agencées, les feuilles charnues de la baselle et de la ficoïde répondaient à celles de la pimprenelle et du plantain corne-de-cerf. Une grande feuille de capucine élégante jouait au nénuphar au milieu de l'assiette. Dans un coin, une racine blanche de raiponce avec son feuillage attendait d'être croquée. Quelques petites feuilles en forme d'entonnoir avaient une saveur un peu acide, proche de celle des pourpiers dorés et verts. C'était la claytone de Cuba. Une minuscule feuille comme celle de la fougère trahissait la présence du cerfeuil, et la roquette cultivée

Le souchet

DES BOTANISTES, AGRONOMES ET JARDINIERS BIEN INSPIRÉS

En 1883, le botaniste suisse Alphonse de Candolle publie un ouvrage capital sur l'origine des plantes cultivées. En 1892, Auguste Paillieux et Désiré Bois écrivent ensemble *Le Potager d'un curieux*, qui détaille l'histoire, la culture et l'usage de deux cents plantes alimentaires qu'ils ont expérimentées dans un grand jardin implanté à Crosne, en région parisienne. A la même époque, un remarquable inventaire des plantes potagères et d'ornement est réalisé par la maison grainetière Vilmorin. Enfin, Désiré Bois publiera seul, dans les années vingt et trente, un inventaire en quatre volumes des plantes alimentaires de "tous les peuples, et à travers les âges".

Un siècle s'est écoulé : ces ouvrages témoignent d'un riche passé potager où la diversité végétale était à son apogée. Ils constituent aujourd'hui un héritage exceptionnel, un legs pour des jardiniers en herbe. Car si un fort esprit de curiosité, de collection et d'inventaire marque l'histoire potagère du XIXe siècle, nous mesurons aujourd'hui, avec l'érosion de la diversité qui a marqué notre siècle, combien les recherches de ces agronomes sont précieuses.

---

où elles mettent comme du feu dans l'assiette. Les très jeunes fruits ont été et sont encore utilisés pour remplacer les câpres – ils sont plus fermes et plus aromatiques.

Pour joindre l'utile à l'agréable, la capucine possède des vertus médicinales reconnues : la graine écrasée ou le suc frais servent pour des préparations antibiotiques. On conseille par ailleurs à ceux qui souffrent d'avitaminose de consommer feuilles et fleurs de capucine en une salade revitalisante.

Une assiette garnie de fleurs et de feuilles de capucine donnera à la table une note exotique. En bouquet, les longues tiges fleuries sont gracieuses, légères et colorées. Henri Matisse les a souvent peintes ainsi. On peut aussi rester longtemps à contempler le spectacle d'une goutte d'eau sur une feuille de capucine : ce sont les privilèges du jardinier.

n'avait pas été oubliée. Dans cette symphonie végétale, nous trouvions au vin des allures de grand cru.

La suite fut amenée sur la table sous la forme de multiples plats en terre cuite garnis de légumes encore fumants. Je comprenais soudain qu'un pot-au-feu peu banal s'offrait à nous. Autant le dire simplement, la viande n'était qu'un prétexte à se régaler de légumes que je n'avais jamais vus. Tous étaient présentés entiers, parfois même avec leur feuillage, comme le maceron, et si habilement épluchés qu'on aurait dit qu'ils étaient déshabillés. Seul le topinambour avait été transformé en une pommade onctueuse. Les griffes du chervis avaient une allure de monstre marin. Elles fondaient dans la bouche, sucrées, entre panais et carottes. L'onagre paraissait comme viande avec sa couleur rosée. Une coupe garnie d'ocas jaunes et rouges mélangés à des crosnes et à de petites pommes de terre violettes composait une salade très colorée. Une sauce persillée était à disposition, mais ni elle ni la moutarde n'eurent réellement de succès. Tous ces goûts étaient étonnants et se suffisaient à eux-mêmes.

Le repas prit fin avec une tarte aux physalis, que personne ne reconnut, et une glace au souchet, décorée des dernières feuilles de verveine du jardin. Il était minuit lorsque nous sommes partis. Le ciel était couleur de pomme de terre violette et rempli d'étoiles comme un champ immense de soucis en fleur.

Feuille de maceron

Les mots du potager

La botanique

Acide malique : acide organique, découvert dans la pomme *(malum)* qui lui a donné son nom. Il est présent, par exemple, dans l'appareil végétatif du pois chiche et contribue à limiter le nombre de ses insectes ravageurs.

Akène : fruit sec indéhiscent (qui ne s'ouvre pas spontanément à maturité). Les petits "grains" qui parsèment l'enveloppe charnue de la fraise sont des akènes.

Alcaloïde : substance organique azotée et alcaline, d'origine végétale, tirant son nom de l'ancienne appellation d'alcali végétal. Les alcaloïdes ont une action physiologique importante, soit toxique, soit thérapeutique.

Allogame : désigne un végétal dont les fleurs sont fécondées par du pollen provenant d'une autre fleur – le plus souvent portée par un autre individu de la même espèce : il y a dans ce cas fécondation croisée.

Alterne : se dit de feuilles insérées sur la tige à des hauteurs différentes.

Annuelle : se dit d'une plante dont le cycle de vie complet se déroule en une seule année.

Anthère : partie renflée de l'étamine (organe mâle de la fleur) surmontant le filet, comprenant généralement deux loges polliniques où s'élabore le pollen.

Anthocyanes : pigments de couleur variable (rouges, mauves, violets ou bleus) présents dans la plupart des fleurs et des fruits.

Autogame : se dit d'une plante dont les fleurs sont fécondées par leur propre pollen.

Autogamie : mode de reproduction des fleurs hermaphrodites par fécondation des ovules par le pollen de la même fleur.

Autostérile : se dit d'une plante pour laquelle l'autofécondation est impossible.

Axillaire : se dit par exemple de fleurs apparaissant à l'aisselle de la tige et des feuilles.

Baie : fruit mou ou charnu contenant des graines incluses dans la chair (ou pulpe).

Bisannuel : se dit d'une plante dont le cycle s'étale sur deux ans (parfois davantage) et qui fleurit l'année qui suit celle de son semis.

Boulage : chez la pomme de terre, tubérisation des germes sans développement préalable des pousses feuillées. Le boulage peut avoir lieu hors de terre, ou en terre en cas de plantation trop tardive.

Bractée : feuille modifiée à la base de laquelle se développe l'inflorescence. Chez l'artichaut, les bractées sont souvent appelées "écailles" ou, par erreur, "feuilles".

Bractéole : petite bractée.

Bulbe : partie souterraine et renflée, composée d'une tige courte et d'écailles ou de tuniques (feuilles) et qui constitue une réserve pour le végétal.

Bulbille : petit bulbe qui se forme à l'aisselle d'une écaille ou dans une inflorescence ; il va se détacher de la plante et produire un nouveau plant (c'est une forme de multiplication végétative).

Cabus : sorte de chou pommé à feuilles lisses, par opposition aux choux de Milan.

Caïeu : d'un ancien mot picard signifiant "rejeton". Désigne les bulbilles qui se développent dans le bulbe à l'aisselle d'une écaille. Souvent nommé "gousse".

Calice : enveloppe externe de la fleur, généralement verte et formée des sépales libres ou soudés qui recouvrent la corolle avant son épanouissement.

Calicule : deuxième calice formé de bractées, sépales supplémentaires.

Canne : tige, rameau lignifié de framboisier.

Capitule : inflorescence réunissant des fleurons groupés sur un réceptacle et mimant une fleur.

Capsaïcine : alcaloïde responsable de la saveur brûlante des piments.

Capsule : fruit sec formé de plusieurs éléments du pistil soudés entre eux et ménageant une ou plusieurs loges remplies de graines.

Caroncule : petite excroissance en bourrelet située près du hile d'une graine.

Carpelle : élément de la fleur qui constitue l'ovaire et porte les ovules.

Chapelet : ensemble formé par les graines du melon, la pulpe aqueuse et les filaments qui les entourent (ou placenta).

Cladode : rameau aplati, mimant une feuille, et qui en assure la fonction.

Collet : partie d'une plante qui fait la transition entre la racine et les parties aériennes (tige et feuillage).

Cormus : du grec *kormos*, tronc. Bulbe souterrain solide constitué par une tige renflée plus ou moins sphérique, protégé par des écailles minces (glaïeul, crocus, muscari).

Cosse : mot populaire qui correspond au terme botanique "gousse". Désigne l'enveloppe des graines (donc techniquement le "fruit"), qui s'ouvre selon deux lignes de fente.

Cotylédon : lobe de réserve fixé sur l'axe de l'embryon d'une plante et assurant sa nutrition avant et au début de la germination. Les réserves sont constituées essentiellement par de l'amidon et parfois par des protéines ou des lipides.

Coulant : voir "stolon".

Crible (ou tube criblé) : élément conducteur de la sève élaborée, constitué de cellules vivantes superposées communiquant par des cloisons percées de multiples pores (particulièrement grands chez les Cucurbitacées).

Cultivar : variété de plante cultivée (culti*vated* var*iety*) obtenue par hybridation.

Cuticule : pellicule qui recouvre la tige et les feuilles des plantes.

Cyme : inflorescence formée d'un axe principal terminé par une fleur et portant latéralement un ou plusieurs axes secondaires qui se ramifient de la même façon.

Déhiscent : se dit d'un fruit qui s'ouvre naturellement.

Dioïque : plante dont les fleurs mâles et les fleurs femelles sont portées par des pieds distincts. Opposé à "monoïque".

Dormance : état naturel de suspension des activités physiologiques et biologiques des plantes ou des graines, induit par des conditions extérieures défavorables (températures trop basses, par exemple). La réactivation ne se fait que par une modification des facteurs du milieu extérieur : température, humidité, durée du jour.

Drageon : pousse aérienne émise par une racine, et que l'on peut diviser et replanter.

Drupéoles : petits "grains" qui, agglomérés, constituent la mûre ou la framboise.

Ecaille : feuille réduite, parfois charnue, rarement verte, accompagnant ou protégeant certains organes (rhizome, bourgeon).

Endocarpe : partie interne du fruit en contact avec la graine.

Entre-nœud : partie d'une tige située entre deux attaches de feuilles.

Epicarpe : du grec *épi* (sur) et *carpos* (fruit) ; désigne dans la langue des botanistes la "peau" du fruit.

Epiderme : couche superficielle des parties aériennes d'une plante.
Espèce : unité botanique, subdivision du genre. L'espèce regroupe des individus végétaux se ressemblant entre eux et capables d'engendrer des individus féconds.

Famille : unité de classification des êtres vivants, regroupant des espèces possédant des caractères morphologiques ou physiologiques communs.
Fasciculé : disposé en faisceau. Se dit des racines sans pivot formées de nombreuses petites racines plus ou moins fines.
Feuille composée : feuille formée de plusieurs petites feuilles ou folioles reliées à un pétiole commun.
Feuille pennée : feuille composée dont les folioles sont disposées comme les barbes d'une plume.
Fil : fibre qui maintient ensemble les deux moitiés de la cosse ou gousse.
Filet : partie mince et allongée de l'étamine qui porte les sacs polliniques. Voir aussi "stolon".
Flavonoïdes : du latin *flavus*, jaune. Composés phénoliques constituant de grandes familles de pigments végétaux de couleur jaune.
Fleuron : fleur unitaire d'un capitule.
Foliole : petite feuille faisant généralement partie d'une feuille composée.
Funicule : petit cordon qui relie la graine au placenta.

Gemmule : partie de l'embryon de la plante constituant les rudiments des feuilles.
Gène : séquence d'ADN portée par un chromosome et exprimant un caractère héréditaire.
Genre : subdivision dans la classification, située au-dessous de la famille et rassemblant des espèces voisines.
Glomérule : inflorescence où les fleurs, portées par des axes très courts, semblent insérées au même niveau et donnent une "semence" regroupant de 2 à 4 akènes.
Gourmand : rejet, pousse émise par une plante (par exemple, à l'aisselle d'une feuille), qui détourne la sève à son profit et que l'on supprime pour cette raison.
Glume : petite bractée qui enveloppe l'épillet des Graminées.
Gousse : voir "cosse". Nom également donné aux divisions de la tête d'ail, qui sont en fait des caïeux (voir ce mot).
Graine : partie des plantes à fleurs (Phanérogames) qui assure leur reproduction. Elle se constitue à partir de l'ovule de la fleur fécondé et comprend l'embryon composé de la radicule, de la tigelle et de la gemmule, le ou les cotylédons chargés de réserves et une enveloppe protectrice ou tégument.
Gynophore : du grec *gunê*, "femme", et *phorein*, "porter". Partie de la fleur qui porte les carpelles et s'accroît en formant un support à l'ovaire puis au fruit.

Hermaphrodite : fleur comportant des organes mâles (étamines composées d'un filet et d'une anthère) et des organes femelles (pistil comprenant un ovaire, le style et les stigmates). Les fleurs mâles n'ont que des étamines, les fleurs femelles n'en ont pas.
Hile : cicatrice laissée sur la graine par la rupture du filament qui la reliait au fruit.
Hybridation : croisement entre espèces ou variétés effectué naturellement ou par introduction artificielle de pollen. Les caractères des hybrides sont stables ou non suivant le type d'hybridation effectué.
Hybride : plante résultant d'un croisement entre espèces ou variétés effectué naturellement ou par introduction artificielle de pollen. Les hybrides F1 (ou première génération fille) correspondent au croisement de deux lignées pures possédant les caractères recherchés par les sélectionneurs. A la deuxième génération, on ne retrouve pas les caractères désirés.

Incubation : évolution des plants de pomme de terre, de la germination à la tubérisation.
Inerme : dépourvu d'aiguillons ou d'épines.
Infère : se dit de l'ovaire quand il est situé au-dessous du calice et de la corolle de la fleur.
Inflorescence : mode de groupement des fleurs propre à telle ou telle plante (capitule, ombelle, grappe, etc.).

Lancéolé : en forme de fer de lance.
Lenticulaire : qui a la forme d'une lentille.
Lignée pure : groupe homogène à l'intérieur d'une même espèce conservant ses caractères de génération en génération. La plupart des variétés traditionnelles sont des lignées pures (ou variétés fixées).

Maille : fleur femelle du melon.
Mamelon, ombilic, œil : "cul" du melon (situé à l'opposé du pédoncule), ancienne partie supérieure de l'ovaire où était attaché le pistil de la fleur.

Méristème : tissu végétal constitué de cellules embryonnaires à division très rapide, qui produit les tissus spécialisés des organes adultes.
Messicole : se dit des plantes qui poussent dans les champs de céréales.
Microconstituants : substances végétales protectrices, souvent spécifiques d'un groupe botanique : flavonoïdes, anthocyanes, tanins, caroténoïdes, composés soufrés, etc. Chaque type de microconstituant exerce des effets protecteurs spécifiques.
Monoïque : plante dont les fleurs mâles et les fleurs femelles sont sur un même pied.
Mutation : modification brusque et permanente des caractères héréditaires par modification d'une partie du génome. Les mutations peuvent être spontanées ou provoquées par l'action d'agents mutagènes, des radiations ou des produits chimiques, par exemple.

Nécrose : altération du tissu végétal dû à la mort des cellules.
Nectaire : glande produisant le nectar.
Nodosité : renflement de forme sphérique se formant sur les racines des Légumineuses et dans lequel vivent des bactéries qui fixent de l'azote atmosphérique.
Non remontantes : se dit des variétés à production limitée dans le temps. Pour les petits fruits, par exemple : précoce : de fin avril à début juin ; de moyenne saison : de juin à mi-juillet ; tardive : de juillet à début août (indications pour une culture en pleine terre).
Nouaison : stade où l'ovaire des fleurs fécondées se transforme en fruit.
Nouer : se dit des fleurs fécondées, au moment où l'ovaire se transforme en fruit.

Ombelle : inflorescence caractéristique des plantes de la famille des Apiacées, "dans laquelle les pédicelles, insérés en un même point du pédoncule, s'élèvent en divergeant pour disposer les fleurs dans un même plan, sur une même surface sphérique ou ellipsoïdale", selon le Robert.
Ovaire : partie du pistil qui est close et renferme le ou les ovules. Lorsque le pistil est formé de plusieurs éléments ou carpelles soudés entre eux, l'ovaire peut être formé, selon l'organisation de la soudure, d'une ou de plusieurs loges.

Panicule : ensemble de forme pyramidale constitué de grappes composées de fleurs à longs pédoncules inégaux.

Parchemin : couche de tissu à l'intérieur de la gousse, pouvant devenir ligneuse ou dure.
Parthénocarpe : dont le fruit se développe sans que l'ovaire ait été fécondé (sans graines, donc).
Parthénogenèse : phénomène de reproduction sans fécondation (sans mâle).
Pécou : en Provence, nom donné à la queue (ou pédoncule) du melon.
Pectine : substance glucidique participant, avec la cellulose, à la constitution des parois des cellules végétales.
Pédicelle : ramification du pédoncule terminée par une fleur.
Pédoncule : rameau qui porte une fleur ou une inflorescence, et devient donc la "queue" du fruit. Le terme vient du mot latin *pes, pedis*, "pied", et signifie "support". On employait aussi, autrefois, le terme "pédicule".
Pentamère : se dit des pièces florales formées de cinq éléments de même nature, comme par exemple une corolle formée de cinq pétales, ou un androcée de cinq étamines.
Pépon, péponide : fruit des Cucurbitacées.
Pétiole : partie rétrécie de la feuille qui rattache le limbe (partie principale de la feuille) à la tige.
Piriforme : en forme de poire.
Placenta : partie nourricière du carpelle où sont insérées les graines. Les placentas peuvent être réunis en un axe au centre de l'ovaire ; la placentation est alors dite axile, comme c'est le cas chez les Solanacées.
Plantule : jeune plante, entre la germination et le moment où elle peut vivre seule.
Polyploïde : qui possède plusieurs lots de chromosomes. Pour le fraisier : de deux lots (espèces diploïdes) à huit lots (espèces octoploïdes) et même dix lots (*F. vescana*).
Pruine : cire végétale qui recouvre l'épiderme des feuilles ou des fruits de certaines plantes.
Pruiné : couvert de pruine.

Race : se réfère à un ensemble de traits physiques (taille, couleur, aspect des feuilles…) particuliers à une ou plusieurs variétés régionales.
Réceptacle : sommet élargi du pédoncule de la fleur, sur lequel s'insèrent les pièces florales (sépales, pétales, pistil, étamines…). C'est le "fond" de l'artichaut, par exemple.
Régulière : se dit d'une fleur qui possède une symétrie rayonnante. On dit aussi actinomorphe.

Remontante : plante qui fleurit deux fois dans l'année (on dit aussi bifère).
Réniforme : en forme de rein.
Rétrocroisement : croisement d'une variété contemporaine avec une espèce d'origine sauvage ou une variété ancienne.
Rétrosélection : sélection qui consiste à retourner dans la mémoire génétique de la plante pour en retrouver des caractères originels.
Rhizome : tige souterraine qui constitue la réserve de la plante, à partir de laquelle se développent les bourgeons qui monteront vers la lumière et les racines adventives. Pour l'asperge, on parle aussi de griffe ou de patte.
Rosette : ensemble de feuilles serrées au niveau du collet d'une plante, et disposées de façon circulaire.
Rotacé : qui a la forme d'une roue.

Sagitté : se dit d'une feuille qui a la forme d'un fer de flèche ou de lance.
Sarmenteux : qui émet des tiges longues et grêles, à la manière de la vigne.
Scarieux : se dit d'une membrane mince, sèche et plus ou moins translucide.
Sélection massale : sélection comme porte-graines, sur plusieurs générations, des plantes les plus belles, les plus grosses ou correspondant le mieux au type recherché.
Sessile : se dit d'une feuille rattachée directement à la tige, sans pétiole.
Silique : fruit sec en forme de gousse avec une lamelle centrale portant les graines.
Solanine : substance toxique (alcaloïde) présente dans la peau verte des tomates et dans leur feuillage, par exemple.
Spathe : enveloppe en cornet qui entoure une inflorescence.
Stigmate : partie supérieure terminale du pistil qui contient les récepteurs de pollen.
Stipule : excroissance située de part et d'autre du point d'insertion de la feuille sur la tige. Sur les pois, les stipules ressemblent à des feuilles, mais sur d'autres plantes, elles peuvent ressembler à des épines ou à des écailles.
Stolon : rameau rampant qui émet quelques rosettes et radicelles.
Style : partie rétrécie du pistil surmontant l'ovaire et terminée par le stigmate qui reçoit le pollen. La longueur du style joue un rôle important dans la sélection des pollens germant sur le stigmate.

Subspontané : se dit d'une plante qui, sans être originaire d'une région, s'est intégrée à la flore locale.
Symbiose : association entre deux organismes vivants bénéfique aux deux partenaires, comme c'est le cas entre les Légumineuses et les bactéries qui se développent dans les nodosités de leurs racines.

Tégument : peau du petit pois, par exemple, et, plus généralement, enveloppe d'un organe.
Tépale : anagramme de pétale. S'emploie lorsque les pièces du calice et de la corolle paraissent identiques.
Tétrakène : akène (voir ce mot) formé de deux carpelles contenant chacun deux graines.
Tomenteux : couvert de poils ou de duvet.
Tribu : subdivision d'une famille regroupant plusieurs genres botaniques, comme les Phaséolées.
Triploïde : état d'une plante possédant trois lots de chromosomes alors que le nombre normal est $2n$. Généralement stérile.
Tubercule : excroissance arrondie et bourrée de réserves d'une racine ou d'une tige souterraine.
Tubérisation : transformation totale ou partielle en tubercule.
Tunique : feuille transformée, charnue, insérée sur une tige très courte (ou plateau). L'ensemble des tuniques superposées constitue le bulbe de l'oignon, par exemple.
Turgescence : état d'une cellule gonflée d'eau, et dont le cytoplasme exerce une pression sur les parois.
Turion : jeune tige de l'asperge.

Uniovulé : pistil à un seul ovule.

Variété : subdivision de l'espèce, marquée par la variation de certains caractères morphologiques ou biochimiques (forme, taille, couleur, goût, précocité du fruit, vigueur de la plante...). Les variétés des plantes cultivées (des cultivars, abréviation de *cultivated variety*) peuvent être des hybrides obtenus par croisements successifs ou involontaires, ou des plantes issues d'une brusque mutation...
Vivace : se dit d'une plante qui vit plusieurs années.

Le jardinage

Aspergeraie : parcelle réservée à la culture des asperges. On dit aussi aspergière ou aspergerie.
Assolement : succession des cultures sur un même terrain.

Bouture : morceau de végétal capable de reformer une plante entière en reconstituant les organes manquants.
Butter : amonceler de la terre autour d'une plante, de façon que la base de la tige soit recouverte d'un petit monticule. Le buttage sert à protéger les plantes du froid, du vent… ou encore à les blanchir.

Cerner : bêcher tout autour du pied (framboisiers et ronces, par exemple) pour supprimer les drageons et limiter l'extension de la plante.
Cryptogamique : se dit des maladies des végétaux provoquées par des champignons, ou plantes cryptogames.

Démariage : opération visant à supprimer des plantules surnuméraires pour ne conserver qu'un seul pied.
Division : méthode de multiplication végétative des plantes vivaces, qui consiste à diviser une touffe en plusieurs plants possédant tous bourgeons et racines. Cette opération se pratique pendant le repos ou au tout début de la reprise de la végétation.

Engrais vert : culture réalisée pour améliorer et protéger le sol. La végétation est en général enfouie après broyage. Les principaux engrais verts utilisés au jardin sont la moutarde, la phacélie, le trèfle incarnat, le seigle…

Fonte : attaque des semis par divers champignons présents dans le sol.
Forcer : faire pousser un feuillage à l'obscurité pour qu'il s'étiole et soit moins coriace et moins amer.
Fosse, tranchée, sillon : noms donnés, selon la profondeur, à l'excavation faite dans la terre afin de lui confier les plants.

Gouge : instrument semblable à celui du menuisier, plus long et plus incurvé, pour aller chercher le turion d'asperge jusqu'au rhizome.

Grelinette : outil de jardinage à dents mis au point en 1948 par André Grelin, grainetier à Arbin (Savoie), et permettant d'ameublir le sol sans le retourner, tout en ménageant son dos. Remplace la bêche chez de nombreux adeptes du jardinage biologique.

Lithothamne : squelette d'une algue calcaire broyé finement, utilisé comme engrais. Contient du carbonate de chaux, du magnésium et des oligoéléments.

Marcottage : technique consistant à enterrer une tige aérienne pour provoquer l'émission de racines. On sépare ensuite le nouveau plant du pied mère (sevrage).
Marcotte : partie aérienne d'une plante qui a développé des racines au contact de la terre.
Micropropagation : technique de multiplication des végétaux consistant à bouturer *in vitro* (en laboratoire, en milieu nutritif) de minuscules fragments de plantes (germes, méristèmes, etc.).
Mulch : sorte de paillis constitué de matières organiques végétales ou animales, qu'on laisse se décomposer.

Nématodes : petits parasites du sol qui provoquent des accidents de semis et trouent les racines des légumes.

Oignonière : parcelle plantée d'oignons.

pH : mesure de l'acidité du sol, qui varie en gros entre 4 (sol acide) et 9 (sol basique). Un sol neutre a un pH égal à 7.
Pincer : tailler l'extrémité d'un jeune rameau (en la pinçant entre le pouce et l'index) pour provoquer le développement de pousses latérales.
Plomber : tasser la terre avant ou après un semis pour que les graines adhèrent bien.
Poquet : petit trou dans lequel on sème ensemble plusieurs graines.

Rame : branche d'arbre (noisetier, par exemple) servant de support à des plantes grimpantes.
Repos végétatif : phase durant laquelle un tubercule est incapable de germer, même si les conditions sont favorables.
Ressuyage : opération consistant, après leur arrachage, à laisser sécher la terre adhérant aux légumes-racines.

Ressuyer : laisser les racines à l'air pour qu'elles sèchent partiellement.

Sarclage : opération qui consiste à supprimer les "mauvaises herbes" à l'aide d'une binette ou d'une houe, et ameublit dans le même temps la couche superficielle du sol.
Sentier, ados, allée, billon : ces noms désignent les monticules formés à droite et à gauche de la tranchée (voir fosse) par les rejets de terre.

Talon : fragment de tige conservé au bas de certaines boutures ou des œilletons d'artichaut, par exemple.
Taupin : insecte dont la larve est connue sous le nom de ver blanc. Elle ronge le collet des jeunes plants (entre la tige et la racine) et provoque la mort de la plante.

Zéro de végétation : température au-dessous de laquelle une plante ne peut se développer.

Les propriétés des plantes potagères

Alexitaire : se disait des médicaments employés pour prévenir les effets d'un poison.
Amylase : enzyme qui provoque l'hydrolyse de l'amidon en maltose, puis en glucose. Le haricot contient une anti-amylase, la phaséoline, qui le rend indigeste cru, mais qui est inactivée à la cuisson.
Anodin : qui apaise la douleur.
Antihelminthique : se dit d'une substance active contre les vers parasites.
Antiseptique : qui empêche l'infection en tuant les microbes.
Aphrodisiaque : propre à exciter et faciliter le désir sexuel.

Béchique : qui calme la toux et les irritations du pharynx.

Carminatif : propre à dissiper ou expulser les gaz digestifs.

Emménagogue : qui favorise l'apparition des règles.
Eupeptique : qui facilite la digestion.

Fécule : amidon des tubercules.

Glucosides : sucres complexes dont l'hydrolyse donne d'une part du glucose et d'autre part une partie non glucidique.

Héminique : se dit du fer des animaux, lié à l'hémoglobine et à la myoglobine (des muscles).
Hémostatique : qui peut arrêter une hémorragie.
Hydrolat : eau chargée par distillation de principes végétaux volatils.

Inuline : glucide proche de l'amidon, stocké par les Composées.

Méthémoglobine : dérivé toxique de l'hémoglobine, dans lequel les nitrites prennent la place de l'oxygène, ce qui peut entraîner une asphyxie.
Micronutriments : éléments ou composés nutritifs présents à faibles doses dans les aliments, mais dont le rôle est essentiel dans l'organisme. Exemples : vitamines, oligo-éléments, fibres, minéraux.

Oxalates : sels de l'acide oxalique, qui fixe certains minéraux (calcium, sodium, potassium) sous forme de cristaux et les élimine, ayant ainsi un effet déminéralisant, dangereux pour l'organisme.

Résolutif : qui fait disparaître une inflammation.
Révulsif : un révulsif provoque une irritation locale pour drainer le sang. Grâce à la dilatation des vaisseaux sanguins vers la région malade, il soulage les inflammations et les congestions.
Rubéfiant : se dit d'une substance qui, appliquée sur la peau, provoque une rougeur passagère par dérivation du sang.

Stomachique : qui facilite la digestion gastrique.

Les livres du potager

Altaf, N. & A. S. Ahmad : "Chickpea (*Cicer arietinum* L.)", in *Biotechnology in Agriculture and Forestry, Legumes and Oilseed Crop* I, sous la dir. d'Y. P. S. Bajaj, Springer, Heidelberg, 1990, p. 100-113.

André, J. : *L'Alimentation et la cuisine à Rome*, Librairie C. Klincksieck, Paris, 1961.

– *Les Noms des plantes dans la Rome antique*, Les Belles-Lettres, Paris, 1985.

Asparagus, asparagus, Museum Van Bommel Van Dam, Venlo, 1988.

Association Kokopelli : *Plantes potagères*, revue de l'association, 1999.

Aubert, C. : *Les Aliments fermentés traditionnels. Une richesse méconnue*, Terre vivante, Paris, 1985.

– *Fabuleuses légumineuses*, Terre vivante, Paris, 1989.

Aubler, C. E. : "Sobre la berenjena", *Al Andalus*, vol. VII, Madrid-Grenade, 1942.

Aufrey, M. & M. Perret : *Cuisine d'Orient et d'ailleurs. Traditions culinaires des peuples du monde*, Glénat, Paris, 1992.

Aykroyd, W. R. & J. Doughty : *Les Graines de légumineuses dans l'alimentation humaine*, FAO, Rome, 1982.

Bacher, R. & C. Dowding : "Verte ou blanche, plantez l'asperge", *Les Quatre Saisons du jardinage*, n° 103, mars-avril 1997.

Badoux, S. : "Ces bettes qui montent à graine", *Revue suisse de viticulture, arboriculture et horticulture*, vol. XV (4), 1983, p. 219-221.

Barot, A. : *Nos moutardes et leur rôle en agriculture*, Mendel, Paris, s. d. (vers 1900).

Barrau, J. : *Les Hommes et leurs aliments*, Temps actuels, Paris, 1983.

Barth, T. : *Les Poireaux*, Auzou, Paris, 1999.

Batman, N. : *Ma cuisine d'Iran*, Grancher, Paris, 1984.

Bellakhdar, J. : *La Pharmacopée marocaine traditionnelle*, Ibis Press, Paris, 1997.

Bertrand, B. : *Pour l'amour d'une ronce*, collection "Le compagnon végétal", vol. V, Sengouagnet (31160), 1997.

– *Au pays des sauges*, coll. "Le Compagnon végétal", vol. VI, Sengouagnet (31160), 1998.

– *Parfum de menthe*, coll. "Le Compagnon végétal", vol. IX, Sengouagnet (31160), 1998.

– *Divine angélique*, coll. "Le Compagnon végétal", vol. XIII, Sengouagnet (31160), 2002.

Bianchi, P. G. : *Guide complet de la culture des fraises*, De Vecchi, Paris, 1987.
Bistolfi, R. : "La Blea", in *Lou Sourgentin,* n° 135, mars 1999, Nice.
Bistolfi, R. & F. Mardam-Bey : *Traité du pois chiche*, Actes Sud-Sindbad, Arles, 1998.
Bois, D. : *Les Plantes alimentaires chez tous les peuples et à travers les âges : histoire, utilisation, culture,* vol. I : *Les Légumes,* chez Lechevalier, Paris, 1927 ; reprint, éd. Comédit, Paris, 1995.
– *Les Plantes alimentaires…,* vol. II : *Phanérogames fruitières,* Paris, 1928 ; reprint, éditions Comédit, Paris, 1996.
– *Les Plantes alimentaires…,* vol. III : *Plantes à épices, à aromates, à condiments,* Paul Lechevalier éd., Paris, 1934 ; reprint, éditions Comédit, Paris, 1995.
Bois, D. & A. Paillieux : *Le Potager d'un curieux,* La Maison Rustique, Paris, 1892 ; reprint, éditions Jeanne Laffitte, Marseille, 1993.
Boisvert, C. & P. Aucante : *Saveurs du safran,* Albin Michel, Paris, 1993.
Bolens, L. : *La Cuisine andalouse, un art de vivre : XIe-XIIIe siècle,* Albin Michel, Paris, 1990.
Bosi, R. : *Senape e mostarda,* Nardini Editore, Fiesole, 1996.
Bouchez, C. : *Perspectives de développement de la culture du pois chiche dans le Bassin méditerranéen,* DEA Economie méditerranéenne, ENSA, Montpellier, 1985.
Bourget, D. : *Le Grand Livre des variétés de pommes de terre,* éditions Ad Hoc, Paris, 1998.
Boyat, A. : "Le destin exceptionnel du maïs", *La Garance voyageuse,* n° 26, été 1994.
Brice, R. & C. et D. Millet : *L'Aventure de la pomme de terre,* "Découverte Benjamin", Gallimard Jeunesse, Paris, 1984.
Brossard, D. : *Mémento des fruits et légumes,* Centre technique interprofessionnel des fruits et légumes, Paris, 1997.
Bruns, A. et H. : *Le Jardin de groseilles, framboises et autres petits fruits,* Terre vivante, Mens, 1999.

Calais, M. : *Baies et petits fruits du bord des chemins,* éditions du Chêne, Paris, 1998.
Candolle, A. de : *Origine des plantes cultivées,* Paris, 1883 ; reprint, éditions Jeanne Laffitte, Marseille, 1984.

Catoire, C. : "D'où vient la fraise ?", *Fruits oubliés,* Saint-Jean-du-Gard, n° 2/96.
– "Groseillier, cassis et groseille à maquereau… leurs parents sauvages et leurs cousins", *Fruits oubliés,* Saint-Jean-du-Gard, n° 3/99.
Ce qu'il y a dans un pot de moutarde par un Bourguignon, Dentu, Paris, 1875.
Chabrol, D. : *Les Plantes de la Découverte,* Agropolis Museum, Montpellier, 1996.
Chaknakian, P. : *100 recettes de cuisine arménienne,* Société générale d'éditions, Paris, 1986.
Chang : *Food in Chinese Culture,* Yale University Press, 1977.
Chauvet, M. & L. Olivier : *Biodiversité, enjeu planétaire,* Sang de la terre, Paris, 1993.
Chaux, C. & C. Foury : *Productions légumières.* t. III : *Légumineuses potagères, légumes-fruits,* Lavoisier Tec & Doc, Paris, 1994.
Chevaldonné-Maignan, H. & S. Grange : "Cavaillon… melon : une tradition ?", *Espèces de courges,* Alpes de Lumière-Equinoxe-musée de Cavaillon, Mane-Barbentane-Cavaillon, 2000.
Clébert, J.-P. : *Le Livre de l'ail,* A. Barthélemy, Avignon, 1987.
CNAC, Hallard J. (coordination) : *Provence-Alpes-Côte d'Azur : produits du terroir et recettes traditionnelles,* Albin Michel, Paris, 1995.
Cohen-Azuelos, J. : *Fleur de safran,* Edisud, Aix-en-Provence, 1999.
Collectif : *Généreuse pomme de terre. 100 recettes originales,* Terre vivante, Mens, 1997.
– *Au bon chou,* Terre vivante, Mens, 1998.
Cooperative Extension College of Agriculture (Washington State University) : *Description and Culture of Chickpeas,* Pullman, Washington, 1982.
Coquet, J. de : *Propos de table,* Albin Michel, Paris, 1990.
Couplan, F. : *Encyclopédie des plantes comestibles de l'Europe,* vol. I et II, Equilibres, 14110 Condé-sur-Noireau, 1989.
– *Les Plantes sauvages comestibles,* Sang de la terre, Paris, 1992.
– *Guide des plantes sauvages et comestibles,* Delachaux & Niestlé, Lausanne, 1994.

Decaisne, J. : *Le Jardin fruitier du Muséum ou Iconographie de toutes les espèces et variétés d'arbres fruitiers cultivés dans cet établissement avec leur description, leur histoire, leur synonymie,* etc., t. IX, Paris, Librairie de Firmin-Didot et Cie, 1862-1875.

Decloquement, F. : *Moutardes et moutardiers,* Bréa, Paris, 1983.

– "La longue postérité d'une petite graine : la moutarde", in *Echothérapie* n° 3, 1987.

– *Moutarde de Dijon. Fables et anecdotes,* Européenne de condiments, Couchey, 2000.

– *Moutarde en Bourgogne,* Alan Sutton, Saint-Cyr-sur-Loire, 2002.

Defay, B. : *Trésors de courges et de potirons,* Terre vivante, Paris, 1993.

Delahaye, T. & P. Vin : *Le Jardin fruitier,* Nathan, Paris, 1994.

Delaveau, P. : *Les Epices. Histoire, description et usages des différentes épices, aromates et condiments,* Albin Michel, Paris, 1987.

Delcart, A. : *Mosterd, Stichting Mens en Kultuur,* Gand, 1997.

Denaiffe, H. : *Les Pois potagers,* 2ᵉ édition, Libraire horticole, Baillière et fils, Denaiffe et fils, Paris et Carignan (Ardennes), 1906.

– *Les Haricots,* Librairie horticole et éditions Baillière, Paris, 1906.

Dextreit, R. : *Comment utiliser le chou pour se guérir,* Vivre en harmonie, Paris, 1960.

Dodoens, R. : *Histoire des plantes, en laquelle est contenue la description entière des herbes,* Jean Loë, Anvers, 1557.

Duchesne, A. N. : *Histoire naturelle des fraisiers,* Paris, 1766.

Duneton, C. : *La Puce à l'oreille,* Stock, Paris, 1978.

Engler, K. : *Asparagus : von Zauber des Spargels,* q-Verlag-GmbH, Berlin, 1993.

Fabre, L. : *Le Bon Jardinier du Midi de la France,* Gras éditeur, Montpellier, 1865.

Falleur, A. & P. Fischer : *Cent recettes de pommes de terre,* éditions SAEP, Ingersheim, Colmar, 1985.

Fédensieu, A. : "Pois chiche et châtaigne : nourriture des vivants et des morts", in *Les Plantes et les saisons, calendriers et représentations,* coll. "Ethnologies d'Europe", ULB, Bruxelles, s. d., p. 279-308.

Fédération nationale des producteurs de plants de pomme de terre : *Catalogue français des variétés,* éditions du Billon, Paris, 1998.

Ferniot, J. & J. Robuchon : *Chère pomme de terre. 100 histoires et 100 recettes du monde entier,* éditions First, Paris, 1996.

Fillassier, M. : *Culture de la grosse asperge dite de Hollande,* Amsterdam, 1783.

Flandrin, J.-L. & M. Montanari : *Histoire de l'alimentation,* Fayard, Paris, 1996.

Fonteneau, S. : *Sirops, liqueurs et boissons ménagères,* Dargaud, Paris, 1979.

Fontenelle, J. de, Malepeyre : *Nouveau manuel complet du vinaigrier-moutardier,* Roret, Paris, 1887.

Foulkes, M. : *Le Goût de l'Asie. Les délices du potager,* Philippe Picquier, Arles, 1998.

Fourmont, R. : *Les Variétés de pois (*Pisum sativum *L.) cultivées en France,* INRA, Paris, 1956.

Foury, C. : "Propos sur l'origine de l'artichaut et du cardon", *Journal d'agriculture traditionnelle et de botanique appliquée,* vol. XXXIX, 1997, p. 133-147.

Galas, J. : "Le melon, une histoire complexe et colorée", *Fruits oubliés,* Saint-Jean-du-Gard, n° 2/96.

Garcia, M. : *De la garance au pastel : le jardin des teinturiers,* Edisud, Aix-en-Provence, 1998.

[Garnier] : *Essai sur l'histoire de la moutarde de Dijon,* Jobard, Dijon, 1860.

Gibault, C. : *Histoire des légumes,* Librairie horticole, Paris, 1912.

Giordano, L. : *Réussissez les fraisiers,* Dargaud, Paris, 1988.

Godard, M. : *Le Goût de l'aigre,* Quai Voltaire Histoire, Paris, 1991.

Goust, J. : *Vos plantes aromatiques,* Terre vivante, Paris, 1993.

– *La Cuisine des aromates,* Utovie, 40320 Bats, 1998.

Gubernatis, A. de : *La Mythologie des plantes* (1878), rééd. Comédit, Paris, 1996.

Gueidan, E. : *Le Jardinier provençal,* Tacussel, Marseille, 1982.

Guillaume, G. & Mach Chieu : *Pharmacopée et médecine traditionnelle chinoise,* Désiris, Paris, 1995.

Harlan, J. R. : *Les Plantes cultivées et l'homme,* PUF, Paris, 1987.

Haudricourt, A. G. & L. Hédin : *L'Homme et les plantes cultivées*, A.-M. Métailié, Paris, 1987.
Heiser, C. B. : *Of Plants and People*, University of Oklahoma Press, Norman, Oklahoma, 1985.
Hennig, A. : *Frais'Elisa*, "Le Petit Maraîcher", Gallimard Jeunesse, Paris, 1997.
– *Me'Léon*, "Le Petit Maraîcher", Gallimard Jeunesse, Paris, 1997.
Hennig, J.-L. : *Dictionnaire littéraire et érotique des fruits et légumes*, Albin Michel, Paris, 1994.
– *Le Topinambour et autres merveilles*, Zulma, Paris, 2000.
Henzé, G. : *Les Plantes légumières cultivées en plein champ*, La Maison rustique, Paris, 1898.
Hiltgen, C., V. Le Quéré & J. Cady : *Le Mystère de l'élipsovirus*, INRA éditions, Paris, 1996.
Histoires de safran (actes de colloque), lycée professionnel agricole, Beaune-la-Rolande, 1997.
Hodiamont, Dr : *La Matière médicale et les remèdes végétaux*, Similia, 1985.
Holder, C. & G. Duff : *La Magie de l'ail*, Soline, Paris, 1997.

Ibn al-'Awwâm : *Le Livre de l'agriculture* (fin du XIIe siècle), trad. de J.-J. Clément-Mullet revue et corrigée, Actes Sud, Arles, 2000.
Ibn al-Baytâr : *Traité des simples* (XIIIe siècle), trad. de Lucien Leclerc, 3 vol., reprint, Institut du monde arabe, Paris, s. d.
ITCF (Institut technique des céréales et des fourrages) : *Le Pois chiche, culture et utilisation*, ITCF, Paris, 1991.

Jambunathan, R. & U. Singh : "Studies on Desi and Kabuli Chickpea (*Cicer arietinum* L.) Cultivars, Chemical Composition", in *Proc. Int. Workshop Chickpea Improv.*, ICRISAT, Hyderabad, 1979, p. 61-65.
Joret, C. : *Les Plantes dans l'Antiquité et le Moyen Age*, t. I : *Egypte, Chaldée, Assyrie, Judée et Phénicie*, Bouillon éditeur, Paris, 1897.
Jossen, E. : *Mund. Das Safrandorf im Wallis*, Rotten Verlag, Brig (Suisse), 1989.

Kehayan, N. : *Voyages de l'aubergine*, éd. de l'Aube, La Tour-d'Aigues, 1988.
Kybal, J. : *Plantes aromatiques et culinaires*, Gründ, Paris, 1981.

L'ABCdaire des légumes, Flammarion, Paris, 1997.
Labbé, M. : *Cette étonnante pomme de terre. 220 recettes de cuisine simple*, chez l'auteur, 3, rue Emile-Level, Paris, 1988.
La Diversité des plantes légumières, actes du symposium AFCEV/BRG, JATBA/BRG, Paris, 1985.
La Quintinie, J.-B. de : *Instruction pour les jardins fruitiers et potagers*, "Thesaurus", Actes Sud, Arles, 1999 (1re éd., 1690).
Lagriffe, L. : *Le Livre des épices, condiments et aromates*, Robert Morel, Paris, 1968.
Laitues, CTIFL, 22, rue Bergère, 75009 Paris, 1997.
Lambertye, L. de : *Le Fraisier. Sa culture en pleine terre et à l'air libre* précédé de *Notes botaniques et historiques*, Auguste Goin éditeur, Paris, 1864.
Lanrioux, B. : *Le Moyen Age à table*, Adam Biro, Paris, 1989.
Larousse gastronomique, éditions Larousse, Paris, 1996.
Laurendon, G. & L. : *Six siècles de confitures*, Payot, Paris, 1997.
Le Bon Jardinier, 153e éd., La Maison rustique, Paris, 1992.
Leclerc, H. : *Les Légumes de France*, Masson, Paris, 1984 (1re éd., 1927).
– *Les Fruits de France et les principaux fruits des colonies. Historique, diététique et thérapeutique*, 2e édition, A. Legrand & Cie éditeurs, Paris, s. d.
– *Les Epices. Plantes condimentaires de la France et des colonies*, Masson, Paris, 1993 (1re éd., 1929).
Ledrole, R. : *L'Huile d'olive au menu*, Edisud, Aix-en-Provence, 1977.
Le Mexique : des plantes pour les hommes, Jardin botanique national de Belgique, Meise et éditions Hayez, Bruxelles, 1993.
Lenanos, F. : *Como se cultivan las hortalezas de hoja*, éd. de Vecchi, Barcelone, 1973.
Le Roy Ladurie, E. : *Les Paysans de Languedoc*, SEVPEN, Paris, 1966.
Les Fruits de la vie. Recettes traditionnelles, Oda éditions, 7, avenue de la Cristallerie, 92317 Sèvres, 1996.
Les Plantes potagères. L'album Vilmorin. Préface de J. Barrau, Bibliothèque de l'Image, Paris, 1996.
Les Salades sauvages, Les Ecologistes de l'Euzière, domaine de Restinclières, 34730 Prades-le-Lez, 1998.
Lieutaghi, P. : *Jardin des savoirs, jardin d'histoire*, Alpes de Lumière, Mane, 1992.
– *Le Livre des bonnes herbes*, Actes Sud, Arles, 1996.

— *La Plante compagne. Pratique et imaginaire de la flore sauvage en Europe occidentale*, Actes Sud, Arles, 1998.
Lis, M. & J. Goust : *Le Coin potager*, Bordas, Paris, 1996.
Loisel : *Traité complet de la culture des melons. Nouvelle méthode de cultiver ces plantes sous cloches, sur buttes et sur couches*, 3e éd., Librairie agricole de la Maison rustique, Paris, 1851.

Man, R. & R. Weir : *The Compleat Mustard*, Constable, Londres, 1988.
Mathon, J.-C. : *Calendriers agro-horticoles du Moyen Age ouest-européen et chez les Incas*, CNRS Ethnobotanique, Poitiers, 1988.
Maunier, F. : *Le Bon Jardinier du Midi*, H. Aubertin et Cie, Marseille, 1894.
Maurizio, A. : *Histoire de l'alimentation végétale depuis la préhistoire jusqu'à nos jours*, Payot, Paris, 1932.
Meiller, D. & P. Vannier : *Le Grand Livre des fruits et légumes*, La Manufacture, Besançon, 1991.
Mendel, comment naquit la génétique, "Les Cahiers de Science & Vie", hors-série n° 15, juin 1993.
Messiaen, C. M. : *Le Potager tropical*, PUF, Paris, 1998.
Messiaen, C. M., Blancard, Rouxelet & Lafon : *Maladies des plantes maraîchères*, INRA, 1991.
Miguel Gordillo, E. de : *El Garbanzo, una alternativa para el secano*, Mundi Prensa, Madrid, 1991.
Monguilan, L. : "A pro... pots de fraises", *Bulletin des Croqueurs de pommes*, n° 71 et 72, Belfort.
Monographie de la moutarde, Dentu, Paris, s. d.
Montagard, J. : *Le Meilleur de la cuisine végétarienne*, Hachette, Paris, 1999.
Moulin, L. : *Les Liturgies de la table, une histoire universelle du manger et du boire*, Albin Michel, Paris, 1989.
Musset, D. : *Les Plantes alimentaires de la vallée de la Roya*, ministère de la Culture, Parc national du Mercantour, Ateliers méditerranéens expérimentaux, 1983.
Mutualité sociale agricole de Vaucluse : *L'Alimentation provençale et la santé*, A. Barthélemy, Avignon, 1989.

Negreet, A. & M. Folco : *La Cuisine antillaise*, Hachette, Paris, 1982.

Pelt, J.-M. : *Des légumes*, Fayard, Paris, 1993.
Philips, R. & M. Rix : *Légumes*, La Maison rustique, Paris, 1994.

Piccioni, M. : *Dictionnaire des aliments pour animaux*, Editions agricoles, Bologne, 1965.
Pline : *Histoire naturelle*, trad. de Jacques André, Les Belles-Lettres, Paris, 1970.
Pons, J. : *Traité de la nature et vertu des melons et du moyen de les bien cultiver, & en avoir de bons*, réédition, Lyon, 1680.
Prades, J.-B. & N., V. Renaud : *Le Grand Livre des courges*, éditions Rustica, Paris, 1985.
Prat, J.-Y. : *Comment cultiver les petits fruits*, La Maison rustique, Paris, 2001.
Prévôt, J.-J. : *Le Melon, petite anthologie de gastronomie provençale*, "Carrés gourmands", Equinoxe, Barbentane, 1999.

Racine, B. : *Les recettes secrètes des jardiniers de Normandie*, éditions Ouest-France, Rennes, 2000.
Reboul, J.-B. : *La Cuisinière provençale*, Tacussel, 1998 (1re éd., 1897).
Renaud, S. : *Le Régime santé*, Odile Jacob, Paris, 1995.
Renaud, V. : *Les Secrets de mon jardin potager*, Le Chêne, Paris, 1997.
Renaud, V. & C. Dudouet : *Le Potager par les méthodes naturelles*, Rustica, Paris, 1994.
Risser, G. : "Histoire du fraisier cultivé", *INRA mensuel*, n° 92, mars-mai 1997.
Robuchon, J. & P. P. Sabatier : *Le Meilleur et le plus simple de la pomme de terre. 100 recettes*, Robert Laffont, Paris, 1994.
Roger, J.-M. : "Asperges et tours de main", *Les Quatre Saisons du jardinage*, n° 56, mai-juin 1989.
Roi, J. : *Traité des plantes médicinales chinoises*, Lechevalier, Paris, 1955.
Rolland, E. : *Flore populaire, ou Histoire naturelle des plantes dans leurs rapports avec la linguistique et le folklore*, rééd. Maisonneuve et Larose, Paris, 1967 (1re éd. : 1896-1914).
Rosenzweig, E. : *Les Fèves*, Syros Alternatives, Paris, 1991.
Ross, T. : *Jack et le haricot magique*, "Folio benjamin", Gallimard, Paris, 1982.
Roudeillac, P. & D. Veschambre : *La Fraise : techniques de production*, CTIFL et CIREF, 1987.
Rousselle, P., Y. Robert & J.-C. Crosnier (éd.) : *La Pomme de terre*, INRA éditions, Paris, 1996.
Rozier, abbé : *Cours complet d'agriculture*, éd. Hôtel Serpente, Paris, 1785.

Sabatier, P. P. : *La Pomme de terre, c'est aussi un produit diététique*, Robert Laffont, Paris, 1993.
Saxena, M. C. & K. B. Singh : *The Chickpea*, CAB International, Waltingford, 1987.
Schmid, O. & S. Henggeler : *Ravageurs et maladies au jardin : les solutions biologiques*, Terre vivante, Paris, 1982.
Schöneck, A. : *Des crudités toute l'année (légumes lactofermentés)*, Terre vivante, Paris, 1988.
Scribe, C. : "Le fraisier", *Bulletin des Croqueurs de pommes*, n° 71, Belfort.
Sébillot, P. : *Le Folklore de France. La Flore*, éditions Imago, Paris, 1985 (1re éd. 1904).
Séchan, E. : *Le Haricot*, "Joie de lire", L'Ecole des loisirs, Paris, 1985.
Secrets et vertus des plantes médicinales, Sélection du Reader's Digest, 1985.
Serres, O. de : *Le Théâtre d'agriculture et mesnage des champs* (1600), rééd. Actes Sud, Arles, 1996 et 2001.
Servier, J. : *L'Homme et l'invisible*, Robert Laffont, Paris, 1964.
Shaohua, L. & M. Jouanny, *Phytothérapie alimentaire chinoise*, Masson, Paris, 1994.
Singh, K. B. & L. J. G. Van der Maesen : *Chickpea Bibliography 1930 to 1974*, ICRISAT (International Crops Research Institute for the Semi-Arid Tropics), Patancheru (Hyderabad), 1977.
Slinkard, A. E. & A. Vanderenburg : *Evaluation of Desi Chickpea as a New Crop for Saskatchewan*, Saskatchewan Agriculture Development Fund publication, Saskatchewan, 1992.
Solomon, C. : *L'Art culinaire asiatique* (trad. française), Flammarion, Paris, 1980.
Szita, E. : *Wild about Saffron*, Saffron Rose (Californie), 1987.

Tesi, R. : "Bietola da costa (*B. vulgaris* L. var. *vulgaris*)", in *Orticultura*, p. 479-489, V. Branco, F. Pimpini (coord.), Patron, Bologne, 1990.
Thibaut-Comelade, E. : *La Table médiévale des Catalans*, Les Presses du Languedoc, Montpellier, 1995.
Thicoipe, J.-P. : *La Bette ou poirée sous serre. Culture d'automne*, CTIFL-SDIT Sud-Est, C. R. d'essais, 1979.
Thorez, J.-P. : "Poivrons et autres piments", *Les Quatre Saisons du jardinage*, n° 117, juill.-août 1999.

– *Le Guide du jardinage biologique*, Terre vivante, Mens, 1998.
Toussaint-Samat, M. : *Histoire naturelle et morale de la nourriture*, Bordas, Paris, 1987 ; réédition, "In Extenso", Larousse, Paris, 1997.
Tronickova, E. : *Plantes potagères*, Gründ, Paris, 1986.
Turner Cooke, C. : *Sur l'efficacité de la graine de moutarde blanche*, Desprez-Parent, Bruxelles, 1833 [New York, 1827].

Ursat, J. : *Le Safran du Gâtinais*, Gautier, 1913. Réédition Connaissance et Mémoires européennes, Paris, 1997.

Valnet, J. : *Aromathérapie* (1964), Le Livre de poche n° 7736.
– *Se soigner par les légumes, les fruits et les céréales* (1967), Le Livre de poche n° 7888.
– *Phytothérapie*, Maloine, Paris, 1979 ; Le Livre de poche n° 7889.
– *Traitement des maladies par les légumes, les fruits et les céréales*, Maloine, Paris, 1985.
Varille, M. & M. Audin : *La Mustardographie*, Aux Deux-Collines, Lyon, 1935.
Vercier, M. et J. : *Le Fraisier*, Hachette, Paris, 1933.
Vilmorin & Andrieux : *Les Plantes potagères. Description et culture des principaux légumes des climats tempérés*, Paris, 1882 ; reprint, Les Editions 1900, Paris, 1989.
– *Les Fleurs de pleine terre*, Les Editions 1900, Paris, 1989 (reprint).
Vilmorin, J. Lévêque de : *L'Hérédité chez la betterave cultivée*, thèse de doctorat, faculté des sciences, Paris, 1923.

Weber, A.-P. : *L'Asperge sans frontières*, éd. Ronald Hirlé, Strasbourg, 1998.
Wéry, J. : "Un pois pas si chiche que cela", in *Bulletin FNAMS*, p. 32-35, automne 1986.
Woys Weaver, W. : *Heirloom Vegetable Gardening: A Master Gardener's Guide to Planting, Seed Saving, and Cultural History*, Henry Holt and Company, New York, 1997.
Wrobel, M. & G. Greber : *Elsevier's Dictionary of Plant Names*, éd. Elsevier, Amsterdam, 1996.

Zuang, H. : *Mémento des espèces légumières*, CTIFL, Paris, 1991.

Le calendrier du potager

PLANTE	SEMIS / PLANTATION	RÉCOLTE
Ail	oct.-déc. & fév.-mars	juin-juil.
Amarante (à feuilles)	mai	juil.-sept.
Aneth	avril & sept.	juin-juil. & oct.-nov.
Arroche	fév.-juil.	avril-oct.
Artichaut	mars & automne	mai-oct.
Asperge	mars-avril	avril-juin
Aubergine	fév.-mars*/mai-juin	juil.-sept.
Baselle	mars*-mai	juil.-oct.
Basilic	avril*-juin	juin-oct.
Betterave	mars-juin	juin-oct.
Blette	mars*-juin	juin-déc.
Bourrache	mars-août	mai-oct.
Capucine	mars*-mai	juin-nov.
Cardon	avril*-mai	nov.
Carotte	mars-juil.	juin-déc.
Caseille	automne & mars	juil.
Cassis	automne & mars	juil.
Céleri en branches	mars-avril*/juin	août-oct.

* Sous abri.

PLANTE	SEMIS / PLANTATION	RÉCOLTE
Céleri-rave	mars-avril*/juin	sept.-oct.
Cerfeuil	fév.-sept.	avril-nov.
Cerfeuil tubéreux	oct.-nov.	oct.-nov.
Chayote	fév.-mars*	sept.-oct.
Chervis	avril & sept.	nov.-mars
Chicorée sauvage	avril-août	juin-avril
Chicorées frisée et scarole	avril-juin & août	août-nov.
Chou brocoli	mars-juin	juin-nov.
Chou de Bruxelles	avril-mai	oct.-mars
Chou de Chine	juin-août	oct.-déc.
Chou-fleur	fév.-avril & mai-juin	juin-sept. & sept.-avril
Chou frisé	avril-mai	nov.-mars
Chou-navet	mai-juin	oct.-mars
Chou pommé	sept. & mars-juin	avril-juin & juil.-mars
Chou-rave	mars-juil.	juin-sept.
Ciboule	mars-mai	toute l'année
Ciboulette	mars-mai	avril-nov.
Claytone de Cuba	mars*-juin	mai-oct.
Concombre	avril*-juin	juin-sept.
Coriandre	mars-avril & août-sept.	juin-juil. & sept.-oct.
Cornaret à trompe	avril*	août-sept.
Cornichon	avril*-juin	juil.-sept.
Courgette	avril*-juil.	juil.-oct.
Cresson de jardin	mars-sept.	juil.-fév.
Crosne	mars	nov.-déc.
Cyclanthère pédiaire	mars-avril*	juil.-oct.
Echalote	oct.-déc. & mars-avril	juin-juil.
Endive	mai	déc.-mars
Epinard	fév.-mai & août-sept.	avril-août & oct.-déc.
Estragon	mars-avril	avril-oct.
Fenouil aromatique	mars-avril	mai-nov.
Fenouil doux	avril-mai & août	août-oct. & nov.-mars
Fève	oct.-déc. & fév.-mars	avril-juil.
Ficoïde glaciale	avril*-mai	juin-sept.
Fraise	mars-avril & juil.-oct.	juin-oct.
Framboise	automne-hiver	juil.-oct.
Groseille	automne & mars	juin-juil.
Haricot à écosser	mai-juin	août-oct.
Haricot mange-tout et filet	mai-juil.	juil.-oct.
Laitue	fév.*-sept.	mai-oct. & avril-mai
Maceron	sept. & mars-avril	oct.-nov.

PLANTE	SEMIS / PLANTATION	RÉCOLTE
Mâche	mi-juil.-sept.	oct.-mars
Maïs doux	avril*-juin	juil.-oct.
Margose à piquants	avril*/juin	juil.-sept.
Marjolaine	mars-avril*/mai	juin-oct.
Melon	avril-mai*/juin	août-sept.
Morelle de Balbis	mars*/mai	oct.-nov.
Morelle du Canada	mars*/avril-mai	juin-août
Moutarde d'Asie	mai & sept.	juin-juil. & oct.-nov.
Mûre	mars	juil.-oct.
Myrtille	automne	juil.-sept.
Navet	fév.*-août	avril-nov.
Oca	mars-avril*/mai-juin	nov.
Oignon de conservation	fév.-mars	juil.-août
Oignon frais	sept.	avril-juil.
Onagre	mars-avril	nov.-fév.
Origan	mars-avril	mai-nov.
Oseille	mars-avril	mai-oct.
Panais	fév.-avril	nov.-fév.
Pastèque	avril-mai*/juin	août-sept.
Persil	fév.-avril & sept.	avril-nov.
Persil à grosse racine	mars	oct.-nov.
Physalis	mars*/mai	août-oct.
Piment	mars*/juin	août-oct.
Pissenlit	mai-juin	fév.-mars
Poireau	fév.*-mai/avril-juil.	juil.-avril
Pois à écosser	oct.-nov. & fév.-avril	avril-juil.
Pois chiche	nov. & mi-janv.-fév.	juin-juil.
Pois mange-tout	oct.-nov. & fév.-avril	avril-juil.
Poivron	mars*/juin	juil.-oct.
Pomme de terre	fév.-avril	mai-août
Potiron et courges	avril*-mai	sept.-oct.
Pourpier	avril-juin	juin-sept.
Radis d'hiver	juin-août	oct.-nov.
Radis de tous les mois	fév.*-oct.	mars-nov.
Radis serpent	avril-mai	juil.-août
Raifort	mars-avril	oct.-nov.
Raiponce	avril-juin	oct.-mars
Rhubarbe	automne & mars	avril-juin
Romarin	mars-avril	toute l'année
Roquette	mars-sept.	mai-nov.
Safran	mi-août-mi-sept.	oct.

PLANTE	SEMIS / PLANTATION	RÉCOLTE
Salsifis	avril	nov.-fév.
Sarriette annuelle	avril-mai	juin-sept.
Sarriette vivace	mars-mai	avril-nov.
Sauge	mars-avril	toute l'année
Scolyme	juin-juil.	nov.
Scorsonère	avril & juil.	nov.-fév.
Souchet	avril*-juin	nov.
Souci des jardins	mars-avril	mai-nov.
Tétragone	mai	juin-oct.
Thym	mars-mai	toute l'année
Tomate	mars-avril*/mai-juin	juil.-oct.
Topinambour	mars-avril	nov.-fév.

Index des plantes potagères

Absinthe, 142, 144, 195, 311, 535, 790, 791, 794, 808
Ache des marais, 19, 91, 207, 208, 209, 210, 211, 212, 213, 214, 217, 528, 533, 808
Ache des montagnes, 178, 212
Achillée, 794
Ail à fleurs comestibles, *voir* Ciboulette chinoise.
Ail à trois angles, 615
Ail commun, 17-42, 45, 47, 63, 72, 152, 170, 171, 201, 252, 262, 263, 265, 268, 290, 298, 338, 343, 480, 510, 520, 521, 542, 545, 597, 602-604, 605, 609, 610, 611, 615, 619, 645, 655, 674, 718, 763, 772, 780, 781, 790, 791, 818, 819, 820, 821, 828, 843 ; 'Blanc argenté', 32 ; 'Blanc de Lomagne', 32 ; 'D'Arleux', 32 ; 'D'Italie', 32 ; 'De Beaumont', 32 ; 'Rose de Lautrec', 32 ; 'Rose hâtif', 32 ; 'Rouge d'Alger', 32 ; 'Rouge de Provence', 32 ; 'Rouge de Vendée', 32 ; 'Violet de Cadours', 32
Ail d'Orient, 19, 28, 29, 610
Ail des ours, 16, 29
Ail doré, 24
Ail rocambole, 28, 611, 615, 763, 889
Airelle, 373, 391-394, 395, 714 ; 'Chloé', 392 ; 'Cranberry', 392 ; 'Diana', 392 ; 'Saint-Hubert', 392

Airelle des marais, 392
Airelle rouge (ou canche), *voir* Airelle.
Akkoub, 44, 46
Alléluia, *voir* Oxalis.
Alliaria petiolata, 29
Alliaire officinale, 29
Allium ampeloprasum, 28, 29, 610, 614 ; var. *holmense*, 615
Allium ascalonicum, 27
Allium cepa, 26 ; var. *proliferum*, 26
Allium fistulosum, 28
Allium kurrat, 610, 615
Allium moly, 24
Allium porrum, 612, 615, 616
Allium sativum, 18, 26
Allium schœnoprasum, 615
Allium scorodoprasum, 615
Allium triquetrum, 615
Allium tuberosum, 28, 615
Allium ursinum, 29
Aloysia triphylla, voir *Lippia citriodora*.
Amaracus dictamnus, 132

Amarante, 15, 269, 280, 286, 289, 695, 761
Amarante réfléchie, 14, 286
Amarantus gangeticus (ou *A. oleraceus*, *A. spinosus*), 15, 269, 272
Amarantus palmeri, 269
Amarantus spinosus, voir *A. gangeticus.*
Amour en cage, 103, 833, 876
Aneth, 129, 130, 153, 178, 201, 209, 254, 262, 265, 299-314, 340, 423, 473, 528, 538, 542, 623, 742, 790, 808, 886
Aneth des moissons, 300
Anethum graveolens, 300, 528
Anethum segetum, 300
Angelica archangelica, 299, 300, 528, 621
Angelica heterocarpa, 300
Angelica pyrenaea, 300
Angelica razulli, 300
Angelica sylvestris, 300
Angélique, 142, 178, 217, 220, 299-314, 524, 528, 535, 579, 621, 815, 868
Angélique sylvestre, 300
Angourie, *voir* Concombre des Antilles.
Angurie, 449
Anis, *voir* Anis vert.
Anis vert, 134, 168, 178, 208, 303, 307, 311, 335, 528, 542, 602, 790, 808, 816
Ansérine, 285
Anthriscus cerefolium, 525
Apium graveolens, 211, 528 ; var. *dulce*, 213 ; var. *rapaceum*, 212 ; var. *secalinum*, 212
Arachide, 407, 420
Arctium lappa, 787
Armoracia rusticana, 486, 509
Armoise, 311
Arousse d'Auvergne, 323
Arroche, 19, 157, 267-293, 485, 808 ; blonde, 277, 279 ; rouge, 277, 279
Artemisia dracunculus, 296
Artichaut, 15, 40, 43-69, 78, 89, 167, 182, 209, 439, 558, 576, 577, 613, 625, 702, 736, 753, 786, 860, 861, 862, 885 ; 'Camus de Bretagne', 53 ; 'Capitoul', 53 ; 'Catanesi', 53 ; 'Cuivré de Bretagne', 53 ; 'Gros vert de Laon', 52, 53 ; 'Liscio sardo', 53 ; 'Mazzaferata', 53 ; 'Noir d'Angleterre', 53 ; 'Ogni mese', 53 ; 'Romaneschi', 53 ; 'Sucré de Gênes', 53 ; 'Vert de Provence', 53 ; 'Violet de Camargue', 53 ; 'Violet de Provence', 53, 66 ; 'Violet de Saint-Laud', 53 ; 'Violet de Venise', 64
Arum esculentum, 272
Asparagus acutifolius, 75
Asparagus officinalis, 72, 73, 75, 77
Asparagus tenuifolius, 75
Asperge à feuilles aiguës, 75
Asperge à feuilles ténues, 75
Asperge, 44, 48, 63, 71-95, 217, 268, 345, 479, 512, 544, 558, 559, 576, 609, 611, 613, 623, 625, 753, 788, 859 ; asperge verte, 73, 80, 86, 88, 92, 93 ; 'Alexandra', 74 ; 'Alexandre Marionnet', 74 ; 'Anéto', 73 ; 'Argenteuil', 73, 80 ; 'Argenteuil améliorée tardive', 74 ; 'Blanche d'Allemagne', 74 ; 'Cito', 73 ; 'Conover's Colossal Asparagus', 74 ; 'Darbonne', 73 ; 'Desto', 73 ; 'Erfurt', 80 ; 'Francullus', 74 ; 'Hollande', 74, 79 ; 'Jacq. ma pourpre', 73 ; 'Jacq. ma verte', 73 ; 'Junon', 73 ; 'Larac', 73, 74 ; 'Lorella', 73 ; 'Lucullus', 74 ; 'Mary Washington', 73 ; 'Minerve', 73 ; 'Mira', 73 ; 'Orella', 74 ; 'Oyster Bay Asparagus', 74 ; 'Superprolifique', 74 ; 'Violette hâtive d'Argenteuil', 74
Aspérule odorante, 15
Asphodèle, 19
Atriplex bengalensis, 272
Atriplex halimus, 284
Atriplex hortensis, 268
Aubergine amère, 106
Aubergine, 46, 78, 97-122, 152, 264, 298, 343, 436, 444, 450, 587, 592, 596, 597, 598, 599, 600, 602, 605, 722, 723, 793, 828, 832, 845, 876, 879, 880, 881 ; 'Aomaru', 105 ; 'Barbentane' (ou 'Violette de Barbentane'), 105, 106, 111 ; 'Brinjal Round', 105 ; 'Dourga', 105 ; 'Gélivée à chair verte', 105 ; 'Giniac', 105, 106 ; 'Listada da Gandia', 105 ; 'Longue d'Argos', 105 ; 'Ping Tung', 105, 106 ; plante aux œufs, 102, 105 ; 'Ronde d'Avignon', 105 ; 'Sian Tsi', 105 ; 'Sinanpiro', 105 ; 'Yamato', 105, 106

Balsamite, *voir* Menthe-coq.
Barbarea præcox, 760
Barbe de capucin, *voir* Chicorée.

Bardane, 63, 787
Basella rubra, 272, 872 ; var. *alba*, 872
Baselle, 269, 280, 872-873, 889 ; blanche, 269, 280, 872 ; rouge, 269, 272, 872
Basilic, 123-150, 201, 262, 289, 304, 335, 366, 423, 465, 468, 473, 529, 535, 538, 546, 597, 723, 763, 790, 791, 803, 808, 810, 821, 843 ; 'Fin vert', 129, 136 ; 'Grand vert', 125, 136 ; 'Nain compact', 136 ; 'Purple Ruffles', 135
Basilic à grandes fleurs, 135
Basilic de Ceylan, 131, 135
Basilic en arbre, *voir* Basilic de Ceylan.
Basilic sacré, 124, 131, 136, 140
Baume, *voir* Menthe-coq.
Baumier, *voir* Basilic de Ceylan.
Benincasa cerifera, 452, 713
Beta bengalensis, 156
Beta vulgaris subsp. *cicla*, 152, 157
Beta vulgaris subsp. *esculenta* (ou *hortensis*), 157
Beta vulgaris subsp. *maritima*, 152, 156, 157
Bette du Bengale, 156
Bette, *voir* Blette.
Betterave, 47, 58, 151-176, 208, 209, 223, 239, 325, 326, 501, 547, 550, 614, 619, 716, 735 ; 'Albina Vereduna', 161 ; 'Barbabietola di Chioggia' (ou 'Chioggia'), 159 ; blanche à sucre, 155 ; 'Boltardy', 160 ; 'Burpee's Golden', 161 ; 'Crapaudine' (ou 'Ecorce de chêne', 'Noire écorce de sapin'), 160, 166 ; 'Cylindra', 161 ; 'Deacon Dan's', 156 ; 'Disette mammouth', 155 ; 'Faro', 160 ; 'Jaune ronde sucrée', 161 ; 'Mac Gregor's Favorite', 161 ; 'Noire d'Egypte', 160 ; 'Noire ronde hâtive' (ou 'De Détroit améliorée', 'Globe'), 160 ; 'Petite Rouge de Castelnaudary', 160 ; 'Préco', 160 ; 'Ronde précoce', 155 ; 'Rouge grosse', 160 ; 'Rouge longue', 160 ; 'Rouge naine', 155 ; 'Rouge-noir plate d'Egypte', 160 ; 'Short Top', 160 ; *turnip beet*, 156 ; 'Warrior', 160
Blackberry de Californie, 387
Blette, 54, 58, 87, 151-176, 223, 252, 276, 283, 289, 325, 326, 480, 510, 535, 544, 753, 808, 819, 886 ; 'Blonde à cardes blanches', 158, 162 ; 'Blonde à couper', 158 ; 'Burgundy Chard', 159 ; 'Lucullus', 159 ; 'Paros', 158 ; 'Rainbow Chard', 159 ; 'Rhubarb Chard', 159 ; 'Verte à cardes blanches', 158, 162, 164 ; 'Verte à couper', 158

Blette maritime, 152, 153
Borago officinalis, 885
Borodina, 106
Bourrache, 170, 268, 535, 597, 742, 763, 885-887, 889
Boussingaultia baselloides, 863
Boysenberry (ou mûre de Boysen), 387
Brassica campestris, voir *Brassica rapa*.
Brassica chinensis, 227, 230, 484, 486
Brassica japonica 'Mizuna', 485, 507
Brassica juncea, 482, 484
Brassica napus, 226, 508
Brassica nigra, 482, 484
Brassica oleracea, 223 ; subsp. *acephala*, 225 ; subsp. *acephala* var. *gongyloides*, 15, 226 ; subsp. *botrytis* var. *botrytis*, 226 ; subsp. *botrytis* var. *cymosa*, 226 ; subsp. *botrytis* var. *italica*, 226 ; subsp. *capitata*, 225 ; subsp. *capitata* var. *capitata*, 226 ; subsp. *capitata* var. *costata*, 225 ; subsp. *capitata* var. *sabauda*, 225 ; subsp. *oleracea* var. *gemmifera*, 225
Brassica pekinensis, 227, 230, 484
Brassica rapa, 225, 226, 227, 506, 507 ; subsp. *oleifera*, 225, 484, 507
Brède d'Angola, *voir* Baselle rouge.
Brède bengale, 272
Brède chevrette, 272
Brède chou caraïbe, 272
Brède cresson, 272
Brède de Malabar, 269
Brède Gandole, *voir* Baselle rouge.
Brède giraumon, 72
Brède malabarre, 272
Brède malgache, 272
Brède morelle, *voir* Morelle.
Brède moutarde, 272
Brède puante, 272
Bringellier marron, 106, 109
Brocoli, *voir* Chou brocoli.
Buglosse, 544, 818, 885

Cajanus indicus, 409
Calament, 131, 473
Calament népéta, 133, 465
Calamintha nepeta, 133, 468

Calendula arvensis, 887
Calendula officinalis, 887, 888
Camomille, 790
Campanula rapunculus, 854
Campanule raiponce, 763, 767, 854-855, 860, 889
Canavalia ensiformis, 409
Canneberge, 373, 392-393 ; 'Crowley', 393 ; 'Early Black', 393 ; 'Howes', 393 ; 'Pilgrim', 393
Câpre, 170, 254, 502
Capsicum annuum, 581, 587, 588, 594
Capsicum baccatum (= pendulum), 588
Capsicum chinense, 588 ; 'Rocotillo', 588
Capsicum frutescens, 585, 588, 589, 593, 594, 602
Capsicum pubescens, 588
Capucine, 254, 452, 502, 843, 883, 885, 888-889
Capucine tubéreuse, 888
Cardon, 19, 43-69, 218, 535, 736 ; 'Blanc ivoire', 65 ; 'Cardon d'Alger', 51 ; 'Cardon d'Espagne', 51 ; 'Cardon de Chieri' (ou 'Gigante di Romagna'), 51 ; 'Cardon de Tours', 48, 51 ; 'Cardon plein inerme', 51 ; 'Épineux argenté de Plainpalais', 49, 51 ; 'Cardon Puvis', 51
Carline, 44, 49, 54, 63
Carotte, 32, 40, 120, 177-205, 211, 232, 252, 325, 326, 366, 479, 491, 513, 515, 518, 524, 543, 547, 550, 561, 571, 573, 577, 593, 610, 613, 618, 619, 620, 659, 716, 753, 818, 819, 859, 865, 890 ; 'A collet vert', 183, 191 ; 'Blanche des Vosges', 191 ; 'Colmar', 196 ; 'D'Altringham', 191 ; 'D'Amsterdam à forcer', 195 ; 'De Carentan', 191, 195 ; 'De Chantenay', 191, 196 ; 'De Colmar', 196 ; de Créances, 184 ; 'De Croissy' (ou 'De Toulouse'), 191 ; 'De Danvers', 191 ; 'De Luc', 191 ; de Santec, 184 ; 'Intermédiaire de James', 191 ; 'Jaune longue', 191 ; 'Jaune obtuse du Doubs', 191 ; 'Lisse de Meaux', 189, 191 ; 'Longue orange', 182 ; 'Nantaise', 191, 196 ; 'Nantaise à forcer', 195 ; 'Obtuse', 191 ; 'Obtuse sans cœur' (ou 'Des Ardennes'), 191 ; 'Pâle de Flandre', 191 ; 'Ronde de Paris', 184 ; 'Rouge à forcer parisienne', 191 ; 'Rouge courte hâtive' (ou 'De Hollande', 'Bellot', 'De Crécy', 'Queue de souris'…), 191 ; 'Rouge demi-courte obtuse de Guérande', 191 ; 'Rouge demi-longue de Danvers', 188 ; 'Rouge sang', 191, 198 ; 'Rouge très courte à châssis' (ou 'Carline', 'Grelot'), 191 ; 'Saint-Valéry', 196

Carthame, 44, 49, 736, 745, 747, 748
Carum carvi, 528
Carvi, 134, 178, 200, 208, 303, 524, 525, 528, 603, 646
Caseille (ou casseille), 378, 381, 394
Cassis, 254, 265, 373, 374-382, 394, 395, 397, 754 ; 'Black Down', 378 ; 'Black Reward', 378 ; 'Burga', 381, 382 ; 'Delbard Robusta', 381 ; 'Géant de Boskoop', 377, 378, 382 ; 'Merveille de la Gironde', 377 ; 'Noir de Bourgogne', 381, 382 ; 'Noir de Dijon', 377 ; 'Rosenthal', 382 ; 'Royal de Naples', 377, 381, 382
Cèbe de Lézignan, 20, 21 ; de Toulonges, 22
Cébette, 35
Céleri, 63, 195, 207-220, 223, 239, 497, 501, 524, 525, 528, 536, 550, 613, 619, 621, 674, 718, 753, 808, 843, 859, 869
Céleri à couper, 210, 212, 213-214, 216
Céleri chinois, 213
Céleri en branches, 61, 63, 67, 178, 207-220 ; 'Corne de cerf', 210 ; 'Géant doré amélioré', 213 ; 'Pascal', 210, 220 ; 'Plein blanc doré Chemin', 210, 213 ; 'Scarole', 210 ; 'Tall Utah', 213 ; 'Vert d'Elne', 211, 213
Céleri perpétuel, *voir* Livèche.
Céleri-rave, 120, 178, 207-220 ; 'Boule de marbre', 216 ; 'D'Erfurt', 209 ; 'D'Erfurt Tom Thumb', 210 ; 'De Paris', 212 ; 'Géant de Prague', 210 ; 'Monarch', 216
Celtuce, *voir* Laitue.
Centaurée, 49
Cerfeuil commun, 129, 178, 201, 210, 262, 304, 423, 523-551, 576, 577, 763, 781 ; frisé, 536, 782, 791, 795, 859, 889
Cerfeuil musqué (ou vivace), 178, 525, 527, 529, 536, 538, 781
Cerfeuil tubéreux, 524-525, 529, 535, 536, 538, 550
Chaerophyllum bulbosum, 538
Chardon béni, 44, 54, 63
Chardon-marie, 49, 54, 63, 787
Chayote, 711
Chénopode, 268-269, 272, 273, 276, 284, 286, 761, 818
Chénopode bon-henri, 157, 268, 272, 273, 286, 288
Chenopodium album, 268, 284
Chenopodium ambrosioides, 284

Chenopodium atriplex, 272
Chenopodium bonus-henricus, 157
Chenopodium capitatum (ou *virginatum*), 272
Chenopodium murale, 273, 284
Chenopodium polyspermum, 268
Chenopodium vulvaria, 284, 285
Chervis, 180, 659, 858, 859-860, 869, 890
Chicon d'Alphange', 765
Chicorée, 49, 63, 239, 544, 611, 613, 757-784, 786, 818, 861, 869 ; à café, 760 ; à la bûche, 767 ; frisée, 210, 486, 758, 759, 760, 763, 764, 766, 773, 774, 777, 778, 782 ; 'D'été à cœur jaune', 778 ; 'D'hiver de Provence', 778 ; 'De Rouen', 765 ; 'De Meaux', 765, 778 ; 'De Ruffec', 778 ; 'Fine d'Italie', 764 ; 'Fine de Louviers', 778 ; 'Fine de Rouen', 777, 'Grosse pommant seule', 778 ; 'Très fine maraîchère', 778 ; 'Wallonne', 778. Rouge, 774, 777 ; 'Palla Rossa', 777 ; 'Rouge de Chioggia', 777 ; 'Rouge de Trévise', 777, 782 ; 'Rouge de Vérone', 759, 777, 782. Sauvage, 758, 759, 766, 768, 775, 777 ; 'Améliorée blonde', 777 ; 'Barbe de capucin', 170, 759, 777 ; 'Pain de sucre', 15, 759, 773, 774, 777. Scarole, 60, 61, 486, 613, 759, 760, 765, 766, 768, 773, 774, 777, 778 ; 'Blonde à cœur plein', 778 ; 'En cornet d'Anjou', 778 ; 'En cornet de Bordeaux', 778 ; 'Géante maraîchère', 778 ; 'Grosse bouclée', 771, 778 ; 'Grosse pancalière', 778 ; 'Ronde verte à cœur plein', 778
Chou, 14, 19, 20, 29, 45, 47, 82, 87, 120, 153, 157, 169, 183, 208, 213, 221-250, 252, 254, 260, 278, 325, 326, 343, 413, 420, 482, 483, 484, 506, 507, 508, 509, 510, 511, 516, 520, 535, 545, 572, 602, 610, 611, 619, 622, 672, 674, 715, 776, 808, 820, 869, 881, 885, 889
Chou à grosses côtes (ou beurre, portugais, de Beauvais), 225, 226
Chou à plusieurs têtes, 226
Chou bouquet brocoli, 226
Chou branchu, 225, 226, 229 ; 'Branchu du Poitou', 225, 235, 242
Chou brocoli, 16, 221, 222, 226, 229, 230, 231, 232, 233, 235, 244, 248-249, 506, 558, 885
Chou brocoli à jets, 226, 230, 240 ; 'Green Valiant F1', 240 ; 'Shogun F1', 240
Chou brocoli branchu, 226 ; 'Late Purple Sprouting', 226
Chou cabus, 224, 226, 230, 232, 244, 249 ; 'Acre d'or', 241 ; 'Bacalan de Rennes', 241 ; 'Bacalan hâtif de Saint-Brieuc', 241 ; 'Brando F1', 241 ; 'Cœur de bœuf des Vertus', 241 ; 'Cœur de bœuf moyen de la Halle', 241 ; 'De Brunswick', 241 ; 'De Noël', 242 ; 'De Saint-Saëns', 232 ; 'De Vaugirard', 242 ; 'Express', 241 ; 'Hidena F1', 242 ; 'Marché de Copenhague', 241 ; 'Minicole F1', 241 ; 'Nantais hâtif Colas', 241 ; 'Pointu de Châteaurenard', 241 ; 'Précoce de Louviers', 241 ; 'Quintal d'Alsace', 241, 242, 249 ; 'Rébus F1', 241 ; 'Rodon', 242 ; 'Rotan F1', 241 ; 'Ruby Ball F1', 241 ; 'Tête de pierre F1', 241, 249 ; 'Tête noire', 242
Chou cavalier (ou vert commun), 225, 226, 228, 242 ; 'Caulet de Flandre', 225 ; 'Cavalier vert', 225, 242 ; 'Prover', 242
Chou de Brême, 225, 243
Chou de Bruxelles, 221, 223, 225, 226, 230, 232, 233, 234, 235, 236, 240, 244, 245, 248 ; 'Oliver F1', 240
Chou de Chine, 178, 221, 231, 232, 235, 236, 238, 242-243, 244, 250, 507, 510. *Voir aussi* Pe tsaï *et* Pak choï.
Chou de Jersey, 222, 225, 226
Chou de Kerguelen, 228
Chou de Milan, 225, 226, 230, 231, 244 ; 'Alaska F1', 242 ; 'De la Saint-Jean', 241 ; 'De Pontoise', 241, 242 ; 'Gros des Vertus', 241 ; 'Hâtif d'Aubervilliers', 225, 241 ; 'Hiversa F1', 242 ; 'Icequeen F1', 242 ; 'Pancalier de Touraine', 226 ; 'Roi de l'hiver', 241, 242 ; 'Tasmania F1', 242 ; 'Wintessa F1', 242
Chou-fleur, 16, 177, 183, 221, 222, 223, 224, 226, 227, 228, 229, 230, 231, 232, 233, 234, 235, 236, 238, 239, 240-241, 244, 248-249, 254, 278, 881 ; 'Alpha race succès', 240, 241 ; 'Armado', 241 ; 'Demi-hâtif d'Angers', 241 ; 'Erfurt nain très hâtif', 240, 241 ; 'Extra hâtif d'Angers', 241 ; 'Flora Blanca', 241 ; 'Géant d'Automne', 241 ; 'Hormade', 240, 241 ; 'Igea', 241 ; 'Merveille de toutes saisons', 240, 241 ; 'Minaret', 241 ; 'Romanesco', 226, 227, 241 ; 'Stella F1', 241 ; Tardif d'Angers', 241 ; 'Walcheren Winter', 241
Chou fourrager, 229, 230, 231, 234, 242. *Voir aussi* Chou branchu, Chou cavalier, Chou de Jersey, Chou moellier.
Chou frisé, 225, 229, 230, 235, 241
Chou marin, 228

Chou moellier, 226, 242 ; 'Protéor', 242
Chou-navet, 226, 231, 235, 243, 244, 249, 508, 509 ; 'Blanc d'Aubigny à collet vert', 243 ; 'Champion jaune à collet rouge', 243 ; 'Jaune à collet vert', 243
Chou non pommé (ou vert), 225
Chou ornemental, 233, 234, 243
Chou palmier (ou noir), 225, 243 ; 'Noir de Toscane', 243
Chou plume, 225
Chou pointu, 244
Chou pommé, 201, 221, 223, 228, 229, 230, 231, 233, 234, 235, 236, 237, 238, 239, 241-242, 243, 244-248, 278. *Voir aussi* Chou cabus.
Chou-rave, 223, 226, 233, 235, 236, 242, 244, 249 ; 'Blanc hâtif de Vienne', 242 ; 'Blaro', 242 ; 'Lanro', 242 ; 'Super-Schmeltz', 242 ; 'Violet hâtif de Vienne', 242
Chou rouge, 224, 230, 234, 235, 237, 244. *Voir aussi* Chou cabus.
Chou vert commun, *voir* Chou cavalier.
Chou vivace de Daubenton, 225, 243
Ciboule (ou ciboule de Saint-Jacques, cive), 22, 25, 27, 28, 201, 304, 480, 575, 602, 611, 763
Ciboule Catawissa, *voir* Oignon perpétuel.
Ciboulette (ou civette), 25, 27-28, 129, 130, 144, 201, 262, 538, 539, 576, 609, 613, 615, 623, 772, 781, 808, 885
Ciboulette chinoise, 28, 615
Cicer arietinum, 629
Cichorium endivia, 759, 760
Cichorium intybus, 759, 761
Cichorium pumilum, 764
Cime di rapa, 510
Cirse, 44, 49
Cirse maraîcher (ou chardon des potagers), 54
Cirsium oleraceum, 54
Citronnelle des Indes, *voir* Lemon-grass.
Citrouille, 185, 186, 187, 343, 435, 453, 693-723 ; 'Acorn', 703 ; 'Ghost Rider', 715 ; 'Happy Jack', 703, 715 ; 'Jack O'Lantern', 703, 715 ; 'Lady Godiva', 702, 703 ; 'Little Lantern', 703 ; 'Melonnette jaspée de Vendée', 441, 697 ; pâtisson, 702, 712 ; 'Spaghetti végétal', 718 ; 'Styrian Hulless', 702
Citrullus lanatus, 435, 436

Cive, *voir* Ciboule.
Civette, *voir* Ciboulette.
Claytone de Cuba, 853, 869, 870-871, 889
Claytonia perfoliata, 870
Cleome pentaphylla, 272
Cnicus benedictus, 54
Cochlearia armoracia, 228
Colza, 226, 227, 477, 482, 483, 485, 506
Concombre amer, *voir* Margose.
Concombre d'Arménie, *voir* Melon-serpent.
Concombre des Antilles, 251, 252, 255, 258, 262, 889
Concombre du Sikkim, 258-259
Concombre musqué, 259
Concombre, 18, 45, 102, 145, 239, 251-265, 345, 420, 435, 436, 437, 438, 576, 610, 699, 717, 793, 808, 831, 847, 886 ; 'Blanc de Bonneuil', 257 ; 'Blanc long parisien', 257 ; 'Concombre brodé de Russie', 257 ; 'Jaune hâtif de Hollande', 257 ; 'Marketer', 257 ; 'Raider', 257 ; 'Vert long', 257 ; 'Vert long de Chine' (ou 'Yamato three feet', ou 'Concombre serpent'), 257 ; 'Vert long géant', 257 ; 'Vert long Télégraphe', 254, 257
Conopode, 14
Consoude, 60, 297, 598, 739, 840, 841,
Coqueret, 378, 833. *Voir aussi* Physalis.
Coqueret du Pérou, *voir* Physalis du Pérou.
Corchorus olitorius, 272
Coriandre, 19, 45, 129, 134, 144, 153, 156, 170, 178, 201, 208, 209, 303, 366, 480, 523-551, 602, 603, 604, 622, 646, 649, 782, 790, 800, 808
Coriandrum sativum, 525
Cornaret à trompe, 883, 884-885, 889
Cornichon, 251-265, 295, 435, 436, 479, 502, 613, 698, 848, 883 ; 'Cornichon amélioré de Bourbonne', 260 ; 'Cornichon de Meaux' (ou 'Fin de Meaux'), 260 ; 'Fortos', 260 ; 'Nib', 260 ; 'Régal', 260 ; 'Vert petit de Paris', 260
Courge, 47, 102, 113, 200, 256, 277, 343, 405, 412, 435, 452, 510, 533, 565, 582, 585, 592, 597, 602, 603, 672, 693-723, 819, 826, 827, 831. *Voir aussi* Citrouille, Courge à la cire, Courge mexicaine, Courge musquée, Courge de Siam, Potiron.
Courge à la cire, 713

Courge de Siam, 694, 695, 704, 710
Courge mexicaine, 694, 704-705 ; 'Cushaw Green Striped', 704, 705
Courge musquée, 693-723 ; 'Butternut', 703, 710, 718 ; 'Courge musquée de Provence', 704, 716 ; 'Courge pleine de Naples', 703 ; 'De Mirepoix', 697 ; 'Sucrine du Berry', 697 ; 'Trombocino di Albenga', 703
Courge-torchon, *voir* Luffa.
Courgette, 16, 113, 263, 264, 497, 602, 605, 698, 701-702, 712, 753, 793, 847, 883 ; 'Coucourzelle' (ou courge d'Italie), 698 ; 'Courge à la moelle', 698 ; 'Courge blanche de Virginie', 702 ; 'Cou-tors', 698 ; 'Diamant', 702 ; 'Gold rush', 702 ; 'Ronde de Nice', 702 ; 'Tarmino', 702
Crambé, 228, 243
Crambe maritima, 228
Cresson (de fontaine), 19, 153, 468, 480, 486, 506, 679, 758, 760, 762, 764, 765, 768, 769, 770, 771, 772, 779, 781, 881
Cresson alénois, 210, 303, 482, 502, 762, 763, 764, 766, 769, 808
Cresson de jardin, 760, 766, 770, 774, 775, 779, 782
Cresson de terre, *voir* Cresson de jardin.
Criste-marine, 254, 304, 763
Crocus graecus, 732
Crocus sativus, 729, 731, 732, 733, 734, 735, 738, 748
Crosne du Japon, 853, 857-858, 861, 889, 890
Cucumis anguria, 251, 258
Cucumis carolinus, 446
Cucumis dipsaceus, 436, 446
Cucumis hardwickii, 252
Cucumis melo, 251, 436, 446, 699 ; type *acidulus*, 446 ; type *flexuosus*, 446 ; type *momordica*, 446 ; type *reticulatus*, 446
Cucumis metuliferus, 251, 436, 446
Cucumis sativus, 251, 252, 253, 259
Cucurbita andreana, 700
Cucurbita argyrosperma (ou *C. mixta*), 694, 695, 704-705
Cucurbita ficifolia, 694, 695, 704
Cucurbita maxima, 452, 694, 700, 705
Cucurbita mixta, voir *C. argyrosperma*.
Cucurbita moschata, 452, 694, 695, 703, 705, 709

Cucurbita pepo, 272, 694, 696, 698, 702, 705
Cucurbita texana, 702
Cumin, 91, 144, 170, 171, 178, 200, 201, 208, 236, 300, 303, 335, 336, 467, 473, 480, 511, 524, 528, 544, 602, 603, 642, 646, 800
Cuminum cyminum, 528
Cyclanthera edulis, 883
Cyclanthera pedata, 883
Cyclanthère pédiaire, 853, 883, 889
Cymbopogon citratus, 464
Cynara cardunculus subsp. *sylvestris*, 50, 63
Cyperus esculentus, 866
Cyphomandra betacea, 834

Daïkon, *voir* Radis.
Daucus carota, 178, 179
Daucus maximus, 178
Daucus gingidium, 178
Dictame de Crète, 126, 132, 133, 134, 135, 136, 141
Dolichos lablab, 408
Dolichos melanophtalmus, 406
Dolichos unguiculatus, 404, 407
Dolique, 200, 316, 406, 414, 415, 419, 420
Dolique asperge, 407, 408
Dolique d'Egypte (ou lablab), 408, 416 ; pourpre, 408 ; sans parchemin, 408
Dolique mongette, 406, 407
Doucette, *voir* Mâche.

Echalote, 25, 26, 27, 94, 201, 254, 263, 364, 534, 604, 609, 611, 623, 728, 753, 763, 780, 781, 790 ; 'Cuisse de poulet', 27 ; 'De Jersey', 27 ; 'Grise', 27, 781
Endive, 14, 61, 621, 759, 760, 763, 764, 765, 766, 771, 772, 774, 778, 868 ; 'Béa F1', 778 ; 'Zoom F1', 760, 778, 781, 782
Epinard, 46, 61, 78, 151, 153, 161, 167, 170, 213, 243, 267-293, 325, 326, 343, 413, 436, 485, 517, 535, 545, 575, 593, 613, 619, 622, 782, 808, 870, 872, 886 ; d'Angleterre, 277 ; de Hollande, 277, 282 ; 'Epinard d'été vert foncé', 277 ; 'Epinard de Flandre', 277 ; 'Epinard lent à monter', 277, 281 ; 'Epinard vert de Massy', 277 ; 'F1 Bengal', 282 ; 'Galan', 277 ; 'Gaudry', 277 ; 'Géant d'hiver', 277, 282, 283 ; 'Impérial', 277 ; 'Junius', 277 ;

'Lagos', 277 ; 'Monstrueux de Viroflay', 277, 283 ; 'Samos', 277 ; 'Space', 277 ; 'Symphonie', 277 ; 'Triomphe d'été de Rueil', 277 ; 'Viking' (ou 'Matador'), 277
Epinard de Chine, *voir* Baselle blanche.
Epinard de Malabar, *voir* Baselle rouge.
Epinard doux, 272
Epinard-fraise, 272
Epinard piquant (ou épinard cochon), 269
Ers, 324
Eruca sativa, 761
Eruca vesicaria, 761
Estragon, 129, 210, 262, 265, 295-298, 304, 475, 538, 623, 763, 781
Estragon de Russie, 298
Eupatoire, 63

Fausse gesse, 324
Fenouil, 45, 91, 178, 208, 209, 211, 217, 299-314, 467, 473, 481, 482, 524, 525, 528, 542, 622, 706, 736, 753, 790, 795, 800, 816 ; 'Purpurascens', 305. Fenouil doux de Florence, 301, 305, 306-307, 310 ; 'Amigo', 306 ; 'Carmo', 306 ; 'Doux précoce d'été', 306 ; 'Fino race Selma', 306 ; 'Géant mammouth perfection', 306
Fève d'Egypte, *voir* Nélumbo.
Fève, 65, 78, 170, 178, 200, 260, 315-341, 402, 404, 405, 407, 420, 427, 438, 497, 510, 554, 561, 562, 571, 577, 597, 619, 622, 630, 634, 639, 640, 642, 674, 696, 761, 805, 809, 816, 847 ; 'Aguadulce', 327 ; 'Brunette', 327 ; 'Jubilee Hysor', 327 ; 'Red Epicure', 327 ; 'Relon', 327 ; 'Sutton', 327
Féverole, 316, 323, 405, 413, 419, 497, 689, 706
Févette, 316, 323
Ficoïde glaciale, 15, 271, 782, 853, 869-870, 889
Flageolet, *voir* Haricot.
Foeniculum vulgare, 300, 528
Fragaria alpina, 350
Fragaria ananassa, 346, 351, 352
Fragaria chiloensis, 346, 349, 351
Fragaria collina, 347, 350
Fragaria efflagellis, 347, 350
Fragaria elatior, 350, 351
Fragaria moschata, 347, 350, 351
Fragaria semperflorens, 347, 350

Fragaria vesca, 344, 346, 349, 350, 352, 356
Fragaria vescana, 352
Fragaria virginiana, 345, 346, 351
Fragaria viridis, 350
Fragon, 75, 91, 217
Fraise, 79, 343-371, 385, 395, 438, 456, 458, 556, 559, 613, 619 ; 'Addie', 353 ; 'Alpine Yellow', 356 ; 'Baron Solemacher', 355 ; 'Belle de Bordeaux' (ou 'Belle Bordelaise', 'Belle de Pessac'), 351 ; 'Belle de Meaux', 354, 355 ; 'Belrubi', 352 ; 'Blanche des bois', 356 ; 'Bordurella', 355 ; 'Cambridge favourite', 353 ; 'Capron royal', 355 ; 'Cesena', 353 ; 'Chandler', 352 ; 'Ciflorette', 353 ; 'Cigaline', 353 ; 'Cigoulette', 353 ; 'Ciloé', 353 ; 'Cirano', 353 ; 'Cireine', 353 ; 'Darline', 353 ; 'Darselect', 353 ; 'Darsidor', 353 ; 'Darsival', 353 ; 'Déesse des vallées', 356 ; 'Delecta', 353 ; 'Docteur Morère', 354 ; 'Elsanta', 353 ; 'Fantastica', 353 ; 'Favette', ; 'Fertilité', 354 ; 'France', 347 ; 'Gaillon', 354, 355, 362 ; 'Gaillon à fruits blancs', 348 ; 'Gaillon amélioré', 355 ; 'Gariguette', 352, 364 ; 'Général de Castelnau', 354 ; 'Gento', 353 ; 'Gorella', 353 ; 'Madame Moutot' (ou 'Tomate', 'Chaperon rouge'), 349, 354 ; 'Madame Raymond Poincaré', 354 ; 'Mara des bois', 353, 365 ; 'Marajox', 355 ; 'Maraline', 353 ; 'Marmotte', 347 ; 'Marquise', 353 ; 'Monstrueuse caennaise', 355 ; 'Mount Everest', 355 ; 'Muir', 353 ; 'Pajaro', ; 'Pink Panda', 355 ; 'Princesse Dagmar', 354 ; 'Redgauntlet', 353 ; 'Reine des précoces', 353 ; 'Reine des vallées', 356 ; 'Royal Sovereign', 354 ; 'Rubis', 352 ; 'Saint-Fiacre', 354 ; 'Saint-Joseph', 347, 348 ; 'Sans Rivale', 354 ; 'Surprise des Halles', 353 ; 'Talisman', 354 ; 'Vicomtesse Héricart de Thury', 353 ; 'Ville de Paris', 354 ; 'Yellow Wonder', 356
Fraisier, 239
Fraisier ananas, 346, 351
Fraisier-buisson, 347, 350
Fraisier capron, 344, 347, 350, 354
Fraisier de Bath, *voir* Fraisier ananas.
Fraisier de Caroline, *voir* Fraisier ananas.
Fraisier des Alpes, 345, 347, 350
Fraisier des bois, 344, 345, 346, 362, 394
Fraisier des quatre saisons, *voir* Fraisier des Alpes.
Fraisier du Chili, 351
Fraisier écarlate (ou de Virginie), 345, 346, 351

Fraisier fressant, 347, 350
Fraisier vert (ou craquelin), 347, 350
Framboise, 362, 366, 367, 373, 382-390, 391, 394, 395, 396, 397, 458, 613, 754 ; 'Amber', 388 ; 'Belle de Fontenay', 383 ; 'Bois blanc', 388 ; 'Fallred', 388 ; 'Héritage', 388 ; 'Hornet', 383, 388 ; 'Malling Promise', 388 ; 'Merveille des quatre saisons', 383, 388 ; 'Perpétuelle de Billiard', 383 ; 'Pilate', 383 ; 'Red Antwerp' (ou 'Rouge d'Anvers'), 387 ; 'September', 388 ; 'Sucrée de Metz', 383 ; 'Surpasse Falstaff', 383 ; 'Surpasse Merveille', 383 ; 'Surprise d'automne', 388 ; 'Zeva', 388
Fumeterre, 304

Galium odoratum, 15
Gesse, 318, 407, 419, 554, 634
Gesse chiche, 420
Giraumon, *voir* Potiron.
Glaïeul, 19
Glycine hispida, 409
Gombo, 885
Gobo, 787
Gourde, 252, 253, 438, 610, 695, 704, 711, 712, 713, 808
Groseille à grappes, 366, 367, 373, 374-382, 394, 395, 396, 397, 458, 848, 877 ; 'Belle Versaillaise', 374 ; 'Cerise longue grappe blanche', 380 ; 'Chenonceaux', 374 ; 'Comète', 374 ; 'Géant noir', 380 ; 'Gloire des Sablons', 374, 380 ; 'Impériale', 374 ; 'Jonkheer Van Tets', 380 ; 'Junifer', 380 ; 'Première raisin' (ou 'Première groseille-raisin'), 380 ; 'Prolifique de Fay', 374 ; 'Red Lake', 380 ; 'Rose de Champagne', 380 ; 'Stanza', 380 ; 'Versaillaise blanche', 380 ; 'Versaillaise rouge', 380
Groseille à maquereau, 373, 374-382, 394, 395, 874 ; 'Britannia', 375 ; 'Careless', 380 ; 'Conquering Hero', 375 ; 'Freedonia', 380 ; 'Golden Drop', 375 ; 'Keepsake', 375 ; 'May Duke', 380 ; 'Prince Regent', 375 ; 'Queen Caroline', 375 ; 'Resistenta', 381 ; 'White Smith', 375 ; 'Winham's Industry', 378, 381
Groseillier des Alpes, 378
Groseillier des rochers, 377
Groseillier doré, 378, 379
Grosse anguine, 106
Gundelia tournefortii, 44

Haricot, 14, 47, 48, 82, 101, 144, 175, 182, 200, 239, 254, 260, 269, 277, 280, 315, 318, 334, 335, 401-426, 427, 431, 433, 497, 534, 545, 562, 577, 582, 585, 597, 602, 613, 619, 625, 627, 633, 634, 636, 639, 655, 660, 674, 693, 694, 695, 714, 741, 757, 795, 819, 826, 831.
Haricot en grains : coco, 417 ; 'Comtesse de Chambord', 411 ; de Cardaillac, 410 ; flageolet, 403, 417, 561 ; 'Flageolet blanc', 411 ; 'Flageolet Chevrier', 411, 417 ; 'Grain de riz', 411 ; 'Haricot cent pour un', 411 ; lingot, 417, 418 ; 'Petit riz de la Bresse', 590 ; 'Rognon de coq', 411 ; 'Rouge de Chartres', 411 ; soissons, 403 ; 'Soissons blanc à rames', 411. Haricot mange-tout : 'Beurre blanc', 411 ; 'Beurre du Mont-d'Or', 411 ; 'Beurre noir nain à longue cosse', 411 ; 'Haricot de Saint-Fiacre', 15, 411 ; 'Jaune de Chine', 411 ; 'Jaune du Canada', 411 ; 'Nain mange-tout phénix', 411 ; 'Noir d'Alger à rames', 411 ; 'Noir d'Alger nain', 411 ; 'Phénomène', 411 ; 'Zébré gris', 411
Haricot d'Espagne, 408, 415
Haricot de Lima, 406, 408, 415, 419, 420
Haricot mungo, 408, 420
Haricot sabre, 409
Haricot vert, 15, 40, 232, 403, 409, 410, 411, 413, 415, 418, 421, 423, 498, 561, 577, 847 ; 'Daisy', 418, 565
Helianthus tuberosus, 860
Helichrysum italicum, 15
Herbe à curry, 15
Houblon, 48, 75, 76, 611, 790, 816
Humulus lupulus, 75
Hysope, 126, 130, 156, 742, 790, 803

Illecebrum sessile, 272

Kiwano, 251, 436, 446
Komatsuna, 507

Lablab purpureus, voir *Dolichos lablab*.
Lactuca sativa, 759 ; var. *augustana*, 16
Lactuca scariola, 759, 761, 767
Lactuca virosa, 769
Lagenaria siceraria, 695, 697, 704, 713
Laitue, 15, 49, 60, 87, 113, 143, 153, 169, 172, 182, 209, 239, 252, 253, 260, 268, 289, 343, 486, 515, 535,

544, 558, 574, 576, 577, 599, 610, 613, 619, 680, 757-784, 786, 802, 819, 861, 869. A couper, 759, 775, 776 ; 'Feuille de chêne', 776, 782 ; 'Lollo Rossa', 776 ; 'Salad Bowl', 776. Batavia, 759, 765, 776. Beurre, 776. Celtuce (ou laitue-asperge), 16, 763, 776. Grasse, 759. Pommée, 759. Romaine, 262, 613, 759, 762, 763, 776 ; romaine panachée sanguine, 765 ; 'Verte', 765. Sauvage (ou vireuse), 769. Vivace, 767. 'Appia', 776 ; 'Augusta', 776 ; 'Batavia de Paris', 770 ; 'Blonde maraîchère', 771 ; 'Chou de Naples', 765 ; 'Craquerelle du Midi' ('Craquante d'Avignon'), 776 ; 'D'hiver de Verrières', 776 ; 'Divina', 776 ; 'Du bon jardinier', 776 ; 'Georges', 765 ; 'Gotte', 765, 774 ; 'Gotte à graine blanche', 776 ; 'Gotte jaune d'or', 776 ; 'Grosse blonde paresseuse', 775 ; 'Iceberg', 765 ; 'Kagraner Sommer', 776 ; 'Kinemontepas', 775 ; 'Passion', 765 ; 'Passion blonde à graine blanche', 776 ; 'Reine de mai', 781 ; 'Trocadéro à graine noire', 776 ; 'Val d'Orge', 776 ; 'Verpia', 776

Lamier, 622
Lavande, 130, 296, 297, 790, 791, 794, 803, 815
Lemon-grass, 464
Lens esculenta, 323
Lentille, 14, 169, 252, 319, 323, 334, 335, 419, 420, 502, 562, 570, 604, 634, 642, 761
Levisticum officinale, 212, 528
Lippia citriodora, 464
Livèche, 45, 178, 208, 209, 212, 216, 217, 220, 528, 533, 806, 869
Loganberry, 386, 387
Luffa (ou courge-torchon), 700
Luffa acutangula, 700
Luffa aegyptiaca, 700
Lupin, 318, 554
Lycopersicon chesmanii, 826
Lycopersicon chilense, 826, 838
Lycopersicon chmiliewskii, 826
Lycopersicon esculentum, 826, 827 ; *L. esculentum cerasiforme*, 826
Lycopersicon hirsutum, 826, 838
Lycopersicon parviflorum, 826, 838
Lycopersicon pennellii, 826
Lycopersicon peruvianum, 826, 838
Lycopersicon pimpinellifolium, 826, 834

Maceron, 208, 209, 860, 868-869, 890
Mâche, 170, 545, 758, 761, 762, 763, 764, 765, 766, 767, 770, 774, 775, 776-777, 780, 781, 854, 855 ; à grosse graine, 777 ; 'Coquille de Louviers', 777 ; 'D'Italie', 761, 765, 777 ; 'Verella', 777 ; 'Verte à cœur plein', 777 ; 'Verte d'Etampes', 777 ; 'Verte de Rouen', 777 ; 'Vit', 777
Maïs, 404, 405, 412, 421, 427-434, 582, 585, 592, 602, 629, 651, 652, 660, 674, 689, 693, 695, 696, 697, 706, 714, 747, 772, 819, 826, 829, 889 ; à éclater, 431, 432 ; cireux, 431 ; corné, 431 ; denté, 431 ; doux, 427-434 ; farineux, 431 ; tuniqué, 431 ; 'Arc-en-ciel inca', 432 ; 'Aztèque noir', 432 ; 'Early King F 1', 432 ; 'F 1 Honey Bantam', 432 ; 'Golden Bantam', 432 ; 'Stowell's Evergreen Corn' (ou 'Sucré ridé toujours vert'), 432 ; 'Strawberry', 432 ; 'Tom Thumb', 432
Majorana hortensis, 132
Majorana syriaca, 126
Margose, 15, 251, 258, 853, 882-883
Margose à piquants, *voir* Margose.
Marjolaine (ou marjolaine à coquilles), 19, 123-150, 201, 289, 468, 473, 790, 802, 813, 818
Marrube, 142
Martynie, *voir* Cornaret à trompe.
Martynia lutea, 884
Mauve, 44, 168, 170, 268, 535, 544, 611, 689, 818, 885
Melissa officinalis, 463
Mélisse, 130, 297, 461-476, 763, 790, 803, 814
Melon à cornes, *voir* Kiwano.
Melon dudaïm, 436, 440, 446, 447
Melon parfum, *voir* Melon dudaïm.
Melon, 18, 47, 99, 102, 182, 209, 251, 252, 253, 254, 256, 258, 259, 260, 262, 343, 344, 345, 366, 435-460, 510, 565, 610, 696, 699, 717, 819, 834 ; *ameri*, 437, 447 ; brodé, 440, 446, 447 ; canari, 437, 447 ; cantaloup, 437-438, 440, 444, 446 ; *chandalak*, ; charentais, 438, 440, 446, 447, 452 ; *chinensis*, 447 ; *makuwa*, 447 ; semi-brodé, ; 'Callassen', 447 ; 'Cantaloup d'Alger', 440 ; 'Cantaloup de Bellegarde', 440, 446 ; 'Cantaloup de Prescott', 440, 446 ; 'Cantaloup de vingt-huit jours', 446 ; 'Cantaloup Noir des Carmes', 446, 447, 448 ; 'Gordes', 447, 448 ; 'Gros Morin', 447 ; 'Honeydew',

447 ; 'Jaune canari' (ou 'Jaune des Canaris'), 447, 448 ; 'Luna', 447 ; 'Melon-Ananas d'Amérique', 447, 448 ; 'Melon blanc d'Hyères', 440 ; 'Melon d'Antibes blanc d'hiver', 440, 447, 448 ; 'Melon d'Espagne', 447 ; 'Melon de Cavaillon', 438, 440 ; 'Melon de Coulommiers', 440 ; 'Melon de Gardanne', 440 ; 'Melon de Honfleur', 440 ; 'Melon de Langeais', 440 ; 'Melon de Paris', 440 ; 'Melon de Perse', 447 ; 'Melon de Trets', 440, 447 ; 'Olive de Noël' (ou 'Olive d'hiver'), 460 ; 'Orus', 447, 448 ; 'Petit gris de Rennes', 440 ; 'Prescott', 446 ; 'Prescott de Lunéville', 448 ; 'Prescott fond blanc', 448 ; 'Sucrin de Provins', 440 ; 'Sucrin de Tours', 438, 440, 447, 448 ; 'Tête de Maure', 447 ; 'Verdau', 447 ; 'Vert grimpant' (ou 'Melon à rames'), 448
Melon-poire, *voir* Pépino.
Melon-serpent, 251, 435, 440, 446
Mentha aquatica, 464, 468
Mentha arvensis, 463, 465, 468, 473
Mentha citrata, 469
Mentha crispa, 468
Mentha haplocalyx, 473
Mentha piperata, 464, 468, 473
Mentha pulegium, 463, 468
Mentha requienii, 464, 473
Mentha rotundifolia, 463, 464
Mentha sylvestris, 464, 468 ; 'Buddleia', 469
Mentha viridis, 464
Menthe, 45, 129, 130, 134, 136, 144, 262, 289, 297, 300, 335, 461-476, 480, 535, 538, 579, 603, 622, 721, 723, 790, 794, 803, 813, 814, 818, 821, 857
Menthe à chats, 465
Menthe à feuilles rondes, 463, 465
Menthe aquatique, 463, 464, 465, 466, 470
Menthe bergamote, 469, 476
Menthe citron, 464, 469, 476
Menthe-coq, 210, 304, 464, 467, 468, 763, 802
Menthe corse, 464, 469, 473
Menthe des champs, 463, 465, 468, 472
Menthe gabonaise, *voir* Thé de Gambie.
Menthe poivrée, 366, 464, 465, 469, 472, 473, 476, 794
Menthe pouliot, 134, 144, 463, 465, 468, 469, 470, 472, 473, 790, 806, 813

Menthe sauvage, *voir* Menthe des champs.
Menthe sylvestre, 463, 464
Menthe verte, 463, 464, 465, 469, 473, 781 ; *na'na'*, 468, 473
Mercuriale, 535
Mesembryanthemum cristallinum, 15, 271, 869
Mizuna, voir *Brassica japonica* 'Mizuna'.
Momordica balsamina, 251, 883
Momordica charantia, 15, 251, 258, 882
Momordique, *voir* Margose.
Morelle de Balbis (ou tomate litchi), 834, 879-880
Morelle de Wallis, *voir* Pépino.
Morelle du Canada, 880-881
Morelle noire, 268, 270, 272, 653, 656, 833
Moutarde, 153, 213, 227, 236, 268, 288, 303, 477-503, 507, 521, 602, 762, 800, 881
Moutarde blanche, 82, 482, 483, 484, 485, 490, 495, 496, 497, 498, 499
Moutarde brune, 477, 482, 484, 485, 495, 499 ; de Chine, 484, 486 ; *sarepta*, 484
Moutarde des champs (ou moutarde sauvage), 479
Moutarde noire, 477, 482, 483, 484, 485, 492, 495
Mûre, 255, 373, 382-390, 394, 395, 399 ; 'Black Diamond' (ou 'Thornless Evergreen', 'Mûre géante des jardins'), 390 ; 'Darrow Selection Black Jet' (ou 'Blackie', 'Framboise noire'), 390 ; 'Loganberry' (ou 'Mûre-framboise'), 390 ; 'Smoothstem', 390 ; 'Tayberry', 390
Muscari à toupet, 19
Myrrhe odorante, *voir* Cerfeuil musqué.
Myrrhis odorata, 525, 527, 538
Myrtille, 373, 391-394, 395, 396, 397, 772, 881 ; 'Atlantic', 393 ; 'Berkeley', 393 ; 'Colville', 393 ; 'Darrow', 393 ; 'Ivanhoe', 393 ; 'Top Hat', 393

Nasturtium officinale, 760
Navet (ou rave), 19, 99, 152, 154, 183, 187, 201, 226, 227, 230, 325, 326, 480, 483, 486, 488, 491, 505-521, 561, 573, 577, 611, 613, 620, 622, 645, 659, 715, 716, 881 ; 'Blanc dur d'hiver', 514 ; 'D'Aubervilliers' (ou 'Des Vertus), 512 ; 'D'Orret', 507 ; 'De Crévoux', 507 ; 'De Croissy', 512 ; 'De Freneuse', 512 ; 'De Meaux', 512 ; 'De Milan blanc', 514 ; 'De Milan rouge', 514 ; 'De Nancy', 514 ; 'De Péronne', 514 ; 'Demi-long de Croissy',

514 ; 'Des Vertus marteau', 507, 514 ; 'Jaune boule d'or', 507, 514 ; 'Noir de Pardailhan', 512 ; 'Noir long', 507, 514 ; rave d'Oulles-en-Oisans, 507
Navette, 225, 226, 227, 484, 506, 507
N'dole, 290
Nélumbo, 316, 317
Nelumbum speciosum, 317
Nepeta cataria, 465
Niébé, 316
Nigella sativa, 583
Nigelle, 208, 303, 309, 583, 584

Oca du Pérou, 861, 862-864, 889, 890
Ocimum basilicum, 131, 132, 140, 142, 143 ; var. *americanum*, 136 ; var. *citriodorum*, 136 ; 'Cinnamon', 136 ; 'Suave', 136
Ocimum canum, 131
Ocimum grandiflorum, 135
Ocimum gratissimum, 131, 135, 136, 142
Ocimum minimum, 131, 132, 142
Ocimum pilosum, 142
Ocimum sanctum, 124, 131, 140, 142
Ocimum viride, 131, 140, 142
Œillet d'Inde, 49, 296, 452, 597, 843, 889
Œnanthe stolonifera, 213
Œnothera biennis, 864
Œnothère bisannuelle, *voir* Onagre.
Oignon perpétuel, 26-27, 889
Oignon, 17-42, 45, 47, 58, 61, 72, 78, 112, 183, 187, 198, 201, 209, 252, 254, 260, 262, 263, 264, 265, 319, 320, 338, 473, 480, 492, 510, 515, 520, 545, 574, 576, 577, 597, 602, 603, 604, 605, 609, 610, 611, 612, 613, 615, 618, 619, 620, 622, 633, 655, 674, 718, 723, 753, 763, 772, 795, 807, 808, 818, 820, 828, 843, 848, 883, 886 ; 'Blanc de Naples', 35 ; 'Blanc de Pompéi', 19, 33 ; 'Blanc de Vaugirard', 33 ; 'Blanc gros de Rebouillon', 34, 35 ; 'Blanc gros plat d'Italie', 33 ; 'Blanc hâtif de Paris', 33-35; 'Blanc très hâtif de Vaugirard', 33-35 ; 'Bronzé d'Amposta', 35 ; 'D'Abbeville rouge', 33 ; 'De Bâle gros paille', 33 ; 'De Barletta', 33 ; 'De Bergerac jaune', 33 ; 'De Mazé', 35 ; 'Doré de Parme', 33-35 ; 'Doux des Cévennes', 20, 21, 33 ; 'Jaune de Citou', 22 ; 'Jaune de Mulhouse', 33-35 ; 'Jaune paille des Vertus', 33 ; 'Rosé de Roscoff', 20, 35 ; 'Rouge de Florence' (ou 'Simiane'), 33, 34, 35 ; 'Rouge de Villemagne', 22
Olivaire du Congo, 106
Olombé du Gabon, 106
Onagre (ou œnothère bisannuelle), 864-866, 890
Onopordium acanthium, 54
Onopordon (ou pet-d'âne), 54
Origan commun, 123-150, 209, 234, 468, 544, 546, 790, 793, 806, 808, 885
Origan de Crète, *voir* Dictame de Crète.
Origan de Trieste, 133
Origan doré, 136
Origanum compactum, 128, 133, 142
Origanum dictamnus, 132, 136
Origanum elongatum, 133, 142
Origanum glandulosum, 133
Origanum grosii, 133, 142
Origanum hirtum, 133
Origanum majorana, 132, 136 ; var. *aurea*, 136
Origanum majoranoides, 133
Origanum maru, 126, 133, 135
Origanum onites, 132, 133
Origanum smyrnaeum, 133
Origanum tomentosum, 133
Origanum vulgare, 132, 136
Ornithogale, 19
Ortie, 86, 161, 268, 270, 289, 453, 535, 598, 712, 728, 736, 739, 815, 840, 841
Oseille des jardins (ou oseille commune), 14, 129, 151, 170, 252, 538, 544, 575, 577, 611, 613, 802, 864, 869, 870, 873-875 ; 'A feuilles de laitue', 874 ; 'Blonde à larges feuilles', 874 ; 'Blonde de Sarcelles', 874 ; 'Large de Belleville', 873, 874 ; vierge, 875
Oseille-patience (ou oseille-épinard), 153, 268, 269, 273, 873, 875
Oxalis, 15, 763
Oxalide crénelée, *voir* Oca.
Oxalis acetosella, 15, 863
Oxalis crenata, 862

Pachyrrhizus angulatus, 409
Pak choï, 227, 243, 244
Panais, 19, 177-205, 211, 217, 230, 305, 501, 524,

534, 537, 550, 613, 620, 659, 753, 790, 859, 860, 869, 890 ; 'Amélioré de Brest', 190 ; 'De Montesson à courtes feuilles', 190 ; 'Demi-long de Guernesey', 190, 191 ; 'Long' (ou 'D'Aubervilliers'), 186, 190 ; 'Long à couronne creuse', 184, 190 ; 'Rond hâtif', 190, 197
Pâquerette, 854
Parcel, 536
Passe-pierre, *voir* Criste-marine.
Pastèque, 18, 46, 253, 255, 343, 435-460, 610, 699, 795 ; 'Angurie de Belley' (ou 'Pastèque à graines rouges'), 449 ; 'Charleston Grey', 449 ; 'Crimson Sweet', 449 ; 'Lune-Etoiles' (ou 'Moon and Stars'), 449 ; 'Sugar Baby', 449 ; 'Sweet Wonder', 449 ; 'Valentina', 449 ; 'Yellow Belly' (ou 'Yellow Belly Black Diamond'), 449
Pastinaca sativa, 179
Patate douce, 180, 652, 655, 862
Patate d'Afrique, 863
Patience, *voir* Oseille-patience.
Pâtisson, *voir* Citrouille.
Pe tsaï, 227, 231, 232, 233, 242-243, 244, 520 ; 'Granaat F1', 243 ; 'Kido F1', 243 ; 'Spectrum F1', 243 ; 'Tip top F1', 243 ; 'Tonkin F1', 243
Pépino, 450, 834
Persil, 91, 120, 134, 144, 178, 201, 208, 209, 211, 212, 217, 262, 289, 298, 339, 423, 473, 480, 513, 523-551, 561, 574, 576, 593, 602, 603, 619, 622, 642, 723, 781, 782, 795, 819, 820, 859 ; 'A feuilles de fougère', 535 ; frisé, 535, 536, 537 ; 'Frisé vert foncé', 536 ; 'Géant d'Italie', 536 ; 'Grand de Naples', 535 ; 'Nain très frisé', 535 ; simple, 535, 536, 537
Persil à grosse racine, 178, 529, 535, 536, 537, 550
Persil Macédoine, 561. *Voir aussi* Maceron.
Petit-houx, *voir* Fragon.
Petit pois, 15, 78, 182, 268, 334, 345, 417, 553-580, 627, 636, 640, 753, 819, 847 ; 'Caractacus', 565, 567 ; 'Carouby de Maussane', 565 ; 'Corne de bélier', 565 ; 'De Clamart', 553 ; 'Délices des gourmets', 553 ; 'Dominé de Hollande', 553 ; 'Douce Provence', 553, 565, 568 ; 'Géant suisse', 553 ; 'Gros Carré de Normandie', 553 ; 'Hâtif d'Annonay', 565 ; mangetout, 15, 553, 555, 560, 564, 565, 578 ; 'Marly', 553 ; 'Maxigolt', 565 ; 'Merveille d'Amérique', 565 ; 'Merveille d'Etampes', 560 ; 'Merveille de Kelvedon', 565, 567, 568 ; 'Merveilleux', 553 ; 'Michaux de Paris', 560 ; 'Mohácsi cukorborsó', 561 ; 'Nain couturier', 553 ; 'Orgueil des marchés', 553 ; 'Petit provençal', 565, 568 ; 'Phénomène', 565 ; 'Plein le panier', 553, 565 ; 'Prince Albert', 553, 554 ; 'Quarante-deux de Sarcelles', 560 ; 'Roi des conserves', 553, 565 ; 'Roi des Halles', 553 ; 'Sénateur', 553, 565 ; 'Serpette d'Auvergne', 565 ; 'Sugar Gem', 565 ; 'Sugar Luv', 565 ; 'Surpasse tout', 553 ; 'Téléphone', 565 ; 'Télévision', 565 ; 'Tézierprim', 567 ; 'Trois Gousses de Clamart', 560 ; 'Utrillo', 565
Petroselinum sativum, 525
Phaseolus acutifolius, 408
Phaseolus aureus, 408
Phaseolus coccineus, 405, 408, 415
Phaseolus lunatus, 405, 408, 415
Phaseolus mungo, 408
Phaseolus vulgaris, 405
Physalis, 178, 587, 833-834, 876-879, 880, 881, 890
Physalis à goût de prune, 834
Physalis alkekengi, 103, 833, 876
Physalis du Mexique (ou tomatillo), 602, 834, 876, 878-879
Physalis du Pérou (ou prune des Incas), 378, 833, 834, 876-878
Physalis franchettii, 876
Physalis ixocarpa, 878
Physalis mexicana, 834
Physalis peruviana, 378, 833, 877
Physalis pruinosa, 834
Physalis pubescens, 878
Physalis pubescent (ou alkékenge jaune doux), 876, 878
Physalis violet, 879
Phytolacca decandra, 272
Piment, 47, 97, 101, 103, 108, 116, 264, 433, 520, 581-607, 642, 693, 695, 696, 721, 745, 747, 832, 833, 834, 836 ; 'Airelle', 589 ; 'Bouquet', 588, 590, 601 ; 'Cerise', 589, 596 ; 'Chinois', 586, 589, 592 ; 'Corail', 590, 601 ; 'D'Anglet', 590 ; 'D'Espelette', 590, 593, 598, 605 ; 'De Cayenne', 589, 592, 602 ; 'Du Chili', 589, 595 ; 'Géant de Chine', 592 ; 'Gernikako', 590 ; 'Guindilla' (ou 'Langostina de Tolosa'), 590 ; 'Habanero', 593 ; 'Jalapeno', 590 ; 'Jaune du Burkina', 590 ; 'Noir du Mexique', 593 ; 'Piquillo' (ou 'Or rouge

de Navarre'), 590 ; 'Poivre rouge de Bresse', 590-591 ; 'Rouge long', 603 ; 'Rouge long de Cavaillon', 592 ; 'Sucette de Provence', 589
Piment enragé, 584, 585, 588, 589, 593, 603
Pimpinella anisum, 528
Pimprenelle, 262, 304, 544, 611, 763, 764, 766, 767, 818, 854, 889
Pissenlit, 13, 14, 49, 63, 171, 302, 545, 611, 758, 760, 762, 763, 764, 765, 766, 767, 768, 770, 772, 774, 775, 778, 779, 780, 781, 782, 786 ; 'Amélioré à cœur plein', 779 ; pissenlit chicorée géant, 765 ; 'Vert de Montmagny amélioré', 779
Pisum elatius, 554
Pisum fulvum, 563
Pisum humile, 554
Pisum sativum, 554, 563
Plantain, 535
Plantain corne-de-cerf, 16, 210, 763, 764, 767, 889
Plante aux œufs, *voir* Aubergine.
Poire-melon, *voir* Pépino.
Poireau, 18, 19, 20, 25, 29, 47, 72, 82, 153, 183, 198, 201, 209, 232, 239, 278, 413, 479, 510, 534, 545, 574, 597, 602, 609-623, 655, 672, 718, 741, 753, 763, 808 ; 'Abel', 617 ; 'Bleu de Solaise', 616 ; 'De Gennevilliers', 617 ; 'Electra', 617 ; 'Essor', 617 ; 'Géant de Provence', 609 ; 'Géant de Verrières', 609 ; 'Gros court de Rouen', 609 ; 'Gros du Midi', 616 ; 'Gros jaune du Poitou', 609, 616 ; 'Gros long d'été' (ou 'Long de Nice'), 617 ; 'Gros long d'été du Var', 609 ; 'Long d'hiver de Huy', 609 ; 'Long d'hiver de Paris', 609, 616 ; 'Long de Bulgarie', 616 ; 'Long de Mézières', 609, 616 ; 'Malabare' (ou 'Malabar'), 616 ; 'Mammoth blanch', 618 ; 'Monstrueux d'Elbeuf', 609 ; 'Monstrueux de Carentan', 609, 616, 617 ; 'Très gros de Rouen' (ou 'Gros de Rouen'), 616, 617
Poireau chinois, *voir* Ciboulette chinoise.
Poireau de vigne, 610, 615, 622
Poireau perlé, *voir* Poireau de vigne.
Poireau perpétuel, 29, 615-616
Poirée, *voir* Blette.
Pois, 82, 200, 231, 405, 407, 419, 497, 498, 554, 555, 557, 558, 559, 570, 571, 574, 613, 614, 619, 625, 634, 637, 642, 674, 696, 761, 804, 809, 831

Pois carré, 409
Pois chiche, 65, 91, 166, 175, 200, 252, 319, 329, 334, 335, 404, 420, 518, 554, 571, 604, 625-649, 655. *Desi*, 627, 635, 640 ; 'Castor', 635 ; 'Sombrero', 635. *Kabuli*, 627, 635 ; 'Alcazaba', 635 ; 'Almena', 635 ; 'Atalaya', 635 ; 'Blanco-andaluz', 635 ; 'Blanco-Lechoso', 635 ; 'Bujeo', 635 ; 'Cascari', 635 ; 'Fardon', 635 ; 'Flamenco', 635 ; 'Jazz', 635 ; 'Puchero', 635 ; 'Pedrosillano', 635 ; 'Sirtaki', 635 ; 'Twist', 635 ; 'Zegri', 635
Pois cochon, 409
Pois colombin, 627
Pois d'Angol, 409, 420
Pois gesse, 627, 629
Pois gourmand, *voir* Pois mange-tout.
Pois jarosse, 323, 324
Pois mange-tout, *voir* Petit pois.
Pois manioc, 409
Pois sabre, 409
Poivre de Cayenne, *voir* Piment enragé.
Poivron, 101, 120, 145, 263, 264, 581-607, 679, 723, 832, 833, 847, 876 ; 'Antibois', 591 ; 'Cardinal', 592 ; 'Carré jaune hâtif', 592 ; 'Chocolat', 591 ; 'Corne de taureau jaune', 591 ; 'D'Ampuis', 591 ; 'Doux d'Espagne' ('Doux de Valence'), 591 ; 'Doux long des Landes', 591 ; 'Géant de Chine' ('Museau de veau'), 591 ; 'Gros carré doux', 591 ; 'Lamuyo F 1', 591 ; 'Mammouth jaune d'or', 592 ; 'Monstrueux', 592, 607 ; 'Petit vert marseillais', 591, 596 ; 'Piquant d'Algérie', 591 ; poivron-tomate, 591, 592 ; 'Précoce de Lagnes', 591 ; 'Quadratto giallo d'Astie', 591 ; 'Rouge long ordinaire', 591 ; 'Ruby King', 592 ; 'Sabre rouge', 591 ; 'Tendre précoce de Châteaurenard', 591 ; 'Yolo Wonder', 591
Pomme de merveille, *voir* Momordica balsamina.
Pomme de terre, 40, 47, 97, 101, 103, 111, 171, 177, 183, 184, 187, 198, 201, 214, 232, 239, 260, 264, 288, 298, 326, 346, 413, 429, 433, 490, 497, 501, 512, 513, 573, 577, 587, 597, 602, 622, 623, 645, 651-691, 694, 697, 706, 735, 741, 757, 795, 829, 832, 845, 858, 860, 861, 862, 863, 864, 880, 890. 'Agata', 670 ; 'Agria', 670 ; 'Amandine', 670 ; 'Apollo', 670 ; 'Béa', 670 ; 'Belle de Fontenay', 622, 663, 664, 667, 668, 670, 681 ; 'BF 15', 668, 670, 676 ; 'Bintje', 622, 665, 668, 670, 681 ; 'Bonnotte de Noirmoutier', 668, 669 ; 'Chardon', 668 ;

'Charlotte', 664, 668, 670, 681 ; 'Claustar', 670 ; 'Délice', 670 ; 'Désirée', 670, 681 ; 'Early Rose' (ou 'Early hâtive', 'Carpentière'), 666, 669 ; 'Eersteling', 668, 670 ; 'Emeraude', 670 ; 'Florette', 670 ; 'Francine', 670 ; 'Jaerla', 670 ; 'Jaune longue de Hollande', 666 ; 'José', 670 ; 'Kerpondy', 668, 670, 673 ; 'Linker Delikatess', 670 ; 'Lola', 670 ; 'Manon', 670 ; 'Marine', 670 ; 'Marjolin' (ou 'Kidney', 'Quarantaine'), 666, 668 ; 'Mistral', 670, 681 ; 'Monalisa', 670 ; 'Nicola', 670 ; 'Ostara', 668, 670 ; 'Patraque', 669 ; 'Pompadour', 670 ; 'Poussedebout', 666 ; 'Primura', 670 ; 'Ratte', 664, 667, 668, 670, 681, 686 ; 'Résy', 670, 681 ; 'Rosa', 668, 670, 673 ; 'Rosabelle', 670 ; 'Roseval', 670, 673, 676 ; 'Rouge ronde de Flandres', 668 ; 'Russet Burbank', 665 ; 'Samba', 670, 681 ; 'Saucisse', 666, 668 ; 'Shaw', 666 ; 'Sirtema', 665, 668, 670, 681 ; 'Spartaan', 670 ; 'Spunta', 670, 681 ; 'Starlette', 670 ; 'Stella', 670 ; 'Urgenta', 670 ; 'Viola', 668, 670, 676 ; 'Vitelotte blanche', 666, 668 ; 'Vitelotte noire' (ou 'Négresse', 'Violette'), 665, 667, 668, 669 ; 'Vitelotte rouge', 666
Portulaca oleracea, 761, 871
Portulaca sativa, 761, 871
Portulaca sylvestris, 871
Potimarron, *voir* Potiron.
Potiron, 58, 152, 431, 497, 674, 693-723, 753 ; 'Atlantic Giant', 699, 701 ; 'Blanc de Corné', 697 ; 'Blanc de Mayet', 697 ; 'Bronzé de Montlhéry', 697 ; 'Courge baleine', 697 ; 'Courge brodée de Thoumain', 697 ; 'Courge de l'Ohio', 697 ; 'Courge de Valparaíso', 697 ; 'Courge des missions', 697-698 ; 'Courge marron' (ou 'Courge pain des pauvres'), 701 ; 'Courge olive verte', 702, 709 ; 'Galeux d'Eysines', 702 ; giraumon, 701 ; 'Green Kuri', 701 ; 'Gris de Boulogne', 697 ; 'Hubbard bleu', 709, 716 ; 'Hubbard golden', 701, 709, 716 ; 'Hubbard vert', 697, 701, 709, 716 ; 'Jaune gros de Paris', 697 ; 'Kabocha', 701, 709 ; 'Lumina', 715 ; 'Marina di Chioggia', 702 ; potimarron, 178, 700, 709, 716, 717 ; 'Potiron bleu de Hongrie', 702 ; 'Potiron doux d'Hokkaido', 701 ; 'Rouge vif d'Etampes', 697, 702 ; 'Triamble', 710 ; 'Turban turc', 701
Pouliot, *voir* Menthe pouliot.
Pourpier, 19, 170, 544, 610, 611, 758, 761, 762, 763, 764, 766, 769, 770, 774, 775, 779, 782, 818, 870, 871-872, 889 ; doré à large feuille, 779, 871 ; sauvage, 871 ; vert, 871
Pringlea antiscorbutica, 228
Psophocarpus tetragonolobus, 409

Quinoa, 269, 660

Radis, 13, 14, 18, 29, 58, 61, 144, 169, 193, 260, 325, 338, 483, 487, 488, 493, 505-521, 779, 855, 875, 881. Gros radis d'automne et d'hiver, 508, 509, 515, 519, 547, 550, 599, 610 ; 'D'été jaune d'or ovale', 509 ; 'Münchner Bier', 509 ; noir, 219, 239, 252, 479, 486, 493, 495, 506, 509, 511, 512, 517, 518, 613 ; 'Noir gros rond d'hiver', 516 ; 'Rose de Chine', 509, 512, 516 ; 'Violet de Gournay', 509 . Petit radis (ou radis de tous les mois), 508-509, 511, 512, 515, 518, 519 ; 'De Sézanne', 515 ; 'Demi-long écarlate à petit bout blanc', 515, 516 ; 'Flamboyant', 515 ; 'Gaudry', 515 ; 'Radis de dix-huit jours', 515 ; 'Rond écarlate', 515. Radis-glaçon (ou petite rave longue), 509 ; 'Blanche transparente', 509, 515 ; 'Rose de Pâques', 515 ; 'Rose longue saumonée', 509, 516. Radis japonais (ou daïkon), 508, 509, 510, 512, 515-516, 518, 519 ; 'Ilka', 509 ; 'Okhura', 509
Radis serpent, 506, 853, 881-882
Raifort, 144, 152, 234, 246, 477-503, 509, 790, 808
Raifort de l'Ardèche (ou raifort champêtre), 486
Raiponce, *voir* Campanule raiponce.
Raphanus caudatus, voir *Raphanus sativus*.
Raphanus landra, 508
Raphanus maritimus, 508
Raphanus raphanistrum, 508
Raphanus rostratus, 508
Raphanus sativus, 508 ; var. *acanthiformis*, 508, 509 ; var. *campestris*, 486 ; var. *caudatus*, 506, 881 ; var. *niger*, 486, 508 ; var. *sativus*, 508
Rave, *voir* Navet.
Ravenelle, 227, 268, 509
Reine-des-prés, 142
Rheum collinianum, 727
Rheum emodi, 727
Rheum hybridum, 727 ; 'Rhubarbe Victoria', 727
Rheum officinale, 726, 727

Rheum palmatum, 726, 727
Rheum rhabarbarum, 726
Rheum rhaponticum, 725, 727
Rheum ribes, 726
Rheum undulatum, 726 ; 'Rouge hâtive de Tobolsk', 726
Rhubarbe, 328, 366, 725-728, 885 ; 'Frambozen Rood', 727 ; 'Ondulée d'Amérique', 727 ; 'Rhubarbe Florentin', 727 ; 'Rouge monarque' (ou 'Monarque'), 727 ; 'Royale Albert', 727 ; 'Timperley Early', 727
Rhubarbe de Bulgarie, 727
Rhubarbe groseillier (ou rhubarbe pulpeuse), 726
Rhubarbe officinale, 726
Rhubarbe ondulée (ou rhubarbe de Moscovie), 726
Rhubarbe palmée, 726
Ribes alpinum, 378 ; 'Japonicum', 378
Ribes aureum, 378, 379
Ribes grossularia, 378
Ribes nidigrolaria, 378
Ribes nigrum, 378
Ribes petraeum, 377
Ribes rubrum, 377
Ribes sanguineum, 378 ; 'Atrorubens', 378 ; 'Brocklebankii', 378 ; 'Pulborough Scarlet', 378
Ribes uva-crispa, 377
Ribes vulgare, 377
Rocambole, *voir* Ail rocambole.
Romarin, 130, 142, 201, 240, 295-298, 546, 790, 791, 793, 794, 803, 814, 821, 857, 885 ; prostré, 298 : 'Albus', 298 ; 'Aureus', 298 ; 'Corsican Blue', 298 ; 'Punta di Canelle', 298 ; 'Pyramidalis', 298 ; 'Rose de Majorque', 298
Ronce, 373
Ronce bleue, 386
Ronce des talus (mûrier sauvage), 385-386
Ronce naine, 386
Ronce odorante, 386
Roquette, 94, 153, 172, 227, 483, 492, 610, 761, 762, 763, 764, 766, 767, 774, 775, 779, 782, 808, 881, 889
Rosmarinus officinalis, 296
Rubus arcticus, 383
Rubus caesius, 385, 386
Rubus chamaemorus, 386
Rubus fruticosus, 385-386

Rubus idaeus, 385
Rubus laciniatus, 390
Rubus odoratus, 386
Rubus ursinus, 387 ; 'Auginbaugh', 387
Rubus vitifolius, 387
Rue, 19, 45, 144, 234, 511, 535, 544, 611, 790, 791, 808, 818
Rumex acetosa, 14, 873
Rumex alpin, 727
Rumex alpinus, 727
Rumex montanus, 875 ; var. *purpurea*, 875
Rumex patientia, 873, 875
Ruscus aculeatus, 75
Rutabaga, 221, 226, 231, 243, 508

Safran, 603, 649, 718, 729-755, 785, 887
Salicorne, 268, 276
Salsifis, 49, 65, 209, 479, 613, 785-788, 856, 861, 865 ; 'Mammouth', 786
Salvia argentea, 792
Salvia elegans, 792
Salvia gesnerioefolia (ou *Salvia fulgens*), 793
Salvia grahamii, 793
Salvia iodanta, 793
Salvia lavandulaefolia, 792
Salvia microphylla, 793
Salvia officinalis, 792
Salvia pomifera, 792
Salvia pratensis, 792
Salvia rutilans, voir *S. elegans*.
Salvia sclarea, 792
Salvia sessei, 793
Salvia triloba, 792
Sarriette, 130, 131, 134, 135, 201, 328, 335, 544, 546, 576, 604, 763, 790, 793, 797-823
Sarriette des jardins (ou annuelle), 423, 800, 804, 808, 809, 810, 819
Sarriette des montagnes, *voir* Sarriette.
Sarriette en tête (ou Thym en tête), 799
Sarriette fleurie, 810
Satureia acinos, 804
Satureia alpina, 804
Satureia alternipilosa, 810

Satureia capitata, 799, 806
Satureia graeca (angustifolia), 804
Satureia hortensis, 804, 810
Satureia montana, 804, 809
Sauge, 125, 130, 134, 142, 144, 465, 480, 535, 542, 789-795, 803, 811, 814, 818, 821, 857, 885
Sauge à feuilles de lavande, 792
Sauge à petites feuilles, 793
Sauge ananas, 792, 795
Sauge argentée, 792
Sauge sclarée, 789, 790, 791, 792, 793, 794, 811
Sauge des prés, 792
Sauge élégante, *voir* Sauge ananas.
Sauge officinale, 790, 791, 792, 793, 794 ; 'Aurea', 792 ; 'Feuille large', 792 ; 'Jaune de Cherbourg', 792 ; 'Panachée' (ou 'Icterina'), 792, 794 ; 'Prostratus', 792 ; 'Purpurascens', 792, 794 ; 'Purpurascens variegata', 792 ; 'Tricolor', 792
Scarole, *voir* Chicorée scarole.
Scolyme d'Espagne, 44, 787, 853, 855-857, 860, 865
Scolymus hispanicus, 785, 855
Scorsonère, 49, 65, 785-788, 856, 859, 860, 861 ; 'Géante noire de Russie', 786
Scorzonella maxima, 788
Scorzonera deliciosa, 788
Scorzonera hispanica, 785
Sechium edule, 711
Sedum album, 763
Sedum reflexum, 763
Sénevé, *voir* Moutarde.
Seri, 213
Serpolet, 127, 131, 135, 542, 544, 797-823
Sicana odorifera, 259
Silène enflé, 14
Silybum marianum, 54
Sinapis alba, 482, 497
Sinapis arvensis, 482
Sinapis india, 272
Sisymbrium nasturnium, 272
Sium lancifolium, 859
Sium sisaroidium, 859
Sium sisarum, 180, 859
Smyrnium olusatrum, 208, 868

Soja, 29, 335, 409, 419, 420
Solanum æthiopicum, 98, 106
Solanum andigenum, 665
Solanum anthropophagorum, 106
Solanum commersoni, 665
Solanum gilo, 103, 106
Solanum incanumi, 98, 105, 106, 109
Solanum insanum, 98
Solanum macrocarpum, 98, 103, 106
Solanum melanocerasum, 880
Solanum melongena, 98, 103, 104
Solanum muricatum, 450, 834
Solanum nigrum, 833, 880 ; var. *guineense*, 880
Solanum olivare, 106
Solanum pierrearum, 106
Solanum sisymbriifolium, 834, 879
Solanum torvum, 106, 109
Solanum tuberosum, 652, 653, 655, 657, 662, 665, 666, 667, 688
Souchet comestible, 866-868, 889, 890
Souci des jardins, 302, 742, 745, 747, 748, 772, 885, 887-888, 889, 890 ; 'd'Ollioules', 887
Souci sauvage, 887
Spilanthes moringa, 272
Spinacia oleracea, 270, 276
Stachys affinis, 857
Surelle, 863

Tadelaght, 316
Tagetes lucida, 296
Tamier, 13, 75, 76
Tamus communis, 75
Tanacetum balsamita, 464, 468
Tanacetum vulgare, 793
Tanaisie, 195, 452, 619, 793
Taraxacum dens leonis, 760
Téosinte, 429, 430
Tétragone, 267-293, 485, 782
Tetragonia expansa, 271
Thé de Gambie (ou menthe gabonaise), 131, 140
Thym, 19, 129, 130, 135, 136, 201, 297, 303, 335, 338, 461, 473, 480, 529, 538, 539, 544, 546, 579, 602, 790, 791, 793, 797-823 ; à feuilles étroites, 803 ;

à feuilles ovales, 803 ; citron, 464, 805, 806, 809, 816, 819, 821, 823 ; d'été (ou de Provence), 809 ; d'hiver (ou allemand), 809 ; de Hongrie, 803 ; des Causses, 803 ; laineux, 803 ; petit chêne, 803
Thym en tête, *voir* Sarriette en tête.
Thymus capitatus, voir *Satureia capitata*.
Thymus citriodorus, 809
Thymus serpyllum, 803, 809, 815 ; var. *angustifolius*, 804 ; var. *chamaedrys*, 804 ; var. *dolomiticus*, 804 ; var. *lanuginosus*, 804 ; var. *ovatus*, 804 ; var. *pannonicus*, 804
Thymus vulgaris, 803, 815
Tomate des juifs de Constantinople, 106
Tomate en arbre de La Paz, 834
Tomate, 13, 14, 47, 63, 65, 97, 101, 103, 108, 112, 116, 145, 152, 213, 232, 239, 240, 260, 263, 264, 265, 270, 277, 298, 343, 450, 497, 507, 534, 585, 587, 593, 596, 597, 598, 599, 602, 603, 604, 605, 619, 623, 645, 651, 653, 658, 674, 693, 694, 696, 697, 722, 723, 757, 766, 776, 793, 825-851, 876, 877, 878, 879, 880, 881 ; 'Blanche du Québec' ('Merveille du Québec'), 845 ; 'Brandywine', 845 ; 'Cœur de bœuf', 834, 836, 844, 845 ; 'Cœur de bœuf orange', 845 ; 'Délice du jardinier', 844, 846 ; 'Dix doigts de Naples', 846 ; 'Evergreen Emerald' ('Toujours verte'), 845 ; 'Géante' ('Américaine', 'Russe'), 844 ; 'Golden Sunrise', 845 ; 'Green Grape' ('Raisin vert'), 831, 846 ; 'Green Zebra' ('Zébrée verte'), 845 ; 'Groseille jaune' ('Mirabelle jaune'), 834, 846 ; 'Grosse jaune lisse' ('Jaune Saint-Vincent'), 845 ; 'Kaki', 837, 845 ; 'Marmande', 836, 844, 879 ; 'Marmande hâtive', 844 ; 'Merveille des marchés', 844 ; 'Noire de Cosebœuf', 845 ; 'Noire de Crimée', 845 ; 'Olivette', 145 ; 'Pêche', 845, 851 ; 'Poivron', 844, 845 ; 'Poivron jaune', 845 ; 'Principe Borghese', 846 ; 'Purple Calabash', 845 ; 'Rayon de soleil', 845 ; 'Reine des hâtives', 836 ; 'Roma', 145, 841 ; 'Rose de Berne', 844, 845 ; 'Rose de Valence', 836, 845, 851 ; 'Rouge pomme hâtive', 836 ; 'Saint-Pierre', 145, 844, 845 ; 'Selma', 843 ; 'Téton de Vénus', 851 ; 'Tomate cerise', 828, 831, 834, 846, 847, 880 ; 'Tomate de Berao', 844 ; 'Tomate des Andes', 145, 836, 844 ; 'Tomate poire', 834, 837, 846 ; 'Très hâtive de pleine terre', 836 ; 'Zapotec', 838, 845
Tomate litchi, *voir* Morelle de Balbis.

Tomatillo, *voir* Physalis du Mexique.
Topinambour, 48, 49, 65, 753, 786, 795, 827, 858, 860-862, 890 ; 'Fuseau', 862 ; 'Patate', 862 ; 'Patate rouge', 862 ; 'Rouge du Limousin', 862 ; 'Violet de Rennes', 862
Tournesol, 49, 50, 260, 829, 861, 887
Tragopogon porrifolius, 785
Tripe-madame, 763
Tropaeolum majus, 888
Tropaeolum tuberosum, 888

Urtica dioica, 736

Vaccinium corymbosum, 393
Vaccinium macrocarpon, 392
Vaccinium myrtillus, 391
Vaccinium oxycoccos, 392
Vaccinium uliginosum, 392
Vaccinium vitis-idaea, 392
Valériane, 143, 452, 471
Valerianella eriocarpa, 761
Valerianella olitoria, 761
Verbena triphylla, voir *Lippia citriodora*.
Verveine citronnelle, 366, 464, 821, 890
Verveine officinale, 464
Vesce, 315, 316, 318, 407, 413, 634
Vesce à bouquets, 324
Vesce à onglets, 324
Vesce de Hongrie, 324
Vesce de Narbonne, 324
Vesce des forêts, 324
Vesce des haies, 324
Vesce hérissée, 324
Vicia cracca, 324
Vicia ervilia, 324
Vicia faba, 317, 404 ; var. *equina*, 323 ; var. *major*, 323 ; var. *minor*, 323
Vicia hirsuta, 324
Vicia lathyroides, 324
Vicia lens, voir *Lens esculenta*.
Vicia monantha, 323
Vicia narbonensis, 324
Vicia pannonica, 324

Vicia sativa, 323
Vicia sepium, 324
Vicia silvatica, 324
Vicia unguiculata, 324
Vigna sesquipedalis, 407
Vigna sinensis, voir *Dolichos unguiculatus.*
Violette, 790, 885

Voanzeia subterranea, 409
Voème, 407, 414

Witloof, *voir* Endive.

Zea mays, 429
Zea mexicana, 429

Table des recettes

L'AIL
Aigo boulido, 40
Aïoli, 40
Anchoïade, 40
Crème d'ail, 41
Poulet aux quarante gousses d'ail, 40

L'AIRELLE ET LA CANNEBERGE
Marmelade d'airelles et de canneberges au vin et à la cannelle, 397

L'ANETH
Eau carminative, 313
Œufs à la coque à l'aneth, 313
Petits légumes au vinaigre et à l'aneth, 313
Purée de carottes à l'aneth, 313
Salade d'automne à l'aneth, 313

L'ANGÉLIQUE
Crudités au fromage blanc et à l'angélique, 312
Eau miraculeuse, 311
Recette pour confire l'angélique, 312
Salade de riz à l'angélique, 312
Vin d'angélique, 311

L'ARROCHE
Côtelettes de mouton à l'arroche, 292
Potage à l'arroche, 291

L'ARTICHAUT
Artichauts à la barigoule, 68, 148
Artichauts à la coriandre, 549
Artichauts braisés au cidre, 822
Artichauts farcis au brocciu, 69
Carciofini sott'olio, 67
Lasagnes aux artichauts, 69
Salade d'artichauts aux oranges, 68
Seiches aux artichauts, 69
Soupe aux artichauts, 68
Tajine d'agneau aux artichauts et aux fèves, 69
Vin d'artichaut, 64

L'ASPERGE
Asperges à la façon de M. de Jarente, 95
Asperges farcies aux œufs brouillés, 95
Asperges vertes en friture, 95
Beignets d'asperges, 95
Crème d'asperges, 94
Foie gras frais poêlé aux asperges caramélisées, 95
Purée d'asperges vertes, 94
Salade de pointes d'asperges vertes, 95
Tajine d'agneau aux têtes d'asperges, 95

L'AUBERGINE
Aubergines à la morue (bringelle morue), 122
Aubergines à la sauce pimentée *(dow bun kei ji)*, 118
Aubergines au feu provençales, 122
Aubergines au fromage blanc *(kachke badjemon)*, 119
Aubergines confites, 119
Aubergines en saumure *(magdous)*, 120
Aubergines épicées au yaourt *(baigan pachchadi)*, 117
Aubergines farcies au poulet *(nasu hasami-age)*, 118
Aubergines sautées *(ca tim xao)*, 119
Caponata, 121, 148
Caviar d'aubergines, 121
Crêpes d'aubergines *(isfiriya)*, 122
Curry de poisson aux aubergines *(karavadu vambotu curry)*, 117
Gratin d'aubergines *(baraniya batendjel)*, 122
L'imam évanoui *(imam bayeldi)*, 120
Moussaka d'aubergines violettes *(musaka de patlagele vinete)*, 121
Purée d'aubergines *(baigan bharta)*, 116
Soupe d'aubergine aux crevettes *(terung lodeh)*, 118

LE BASILIC
Artichauts à la barigoule, 148
Basilic à l'huile d'olive, 147
Caponata, 148
Coulis de tomates aux herbes, 146
Dorade au basilic, 149
Pesto de Ligurie, 146
Poivrons farcis au quinoa et au basilic, 147
Rôti de veau au basilic, 149
Soupe au pistou, 146

LA BETTERAVE
Betteraves à la scordalia, 171
Bortch d'été, 173
Salade de betteraves à la marocaine, 172
Sauce orientale à la betterave, 172

LA BLETTE
Blettes aux cornilles, 175
Blettes sautées aux pignons, 171
Côtes de blettes à la mode de Voiron, 173
Far de jottes, 174
Feuilles de blettes farcies, 172
Galettes vertes, 171
Pounti, 175
Soupe aux blettes, 173
Tebikha de blettes, 175
Tourte de blettes, 175
Troucha, 174

LE CARDON
Cardons à l'anchois, 67
Cardons à la catalane, 67
Cardons au cumin, 67

LA CAROTTE
Boulghour aux carottes, 204
Carottes au cumin, 204
Carottes au yaourt à l'échalote, 204
Gâteau de carottes et de noix, 205
Lapin à la sarriette, 205
Purée de carottes à l'aneth, 313
Quinoa aux carottes, 821
Tofu aux carottes, 203
Tourte à la carotte et à la marjolaine, 147

LE CASSIS
Crumble aux fruits rouges, 398
Fruits rouges givrés et glacés, 397
Vodka de cassis, 397

LE CÉLERI EN BRANCHES
Côtes de céleri au gorgonzola, 219
Liqueur de céleri, 220

Poireaux et céleri aux olives, 622
Ragoût d'agneau au céleri, 219
Salade de céleri à l'anchoïade, 218
Soupe aux céleris, 219

LE CÉLERI-RAVE
Céleri-rave sauce rémoulade, 219
Céleris-raves farcis à la roumaine, 220
Soupe aux céleris, 219

LE CERFEUIL
Beurre aux herbes, 548
Epaule d'agneau farcie aux herbes fraîches, 551
Farce au cerfeuil tubéreux, 550
Omelette au cerfeuil, 550
Potage au cerfeuil, 548
Salade aux noisettes et au cerfeuil, 549
Salade de topinambours aux herbes, 549
Vin de cerfeuil, 547

LES CHICORÉES
Hachis de chicorée à l'huile, 783
Scarole à la méridionale, 783

LES CHOUX
Chou à la vapeur, 246
Chou braisé, 148
Chou cru râpé, 246
Chou de Chine à la vietnamienne, 250
Chou farci, 245
Chou mijoté aux céréales, 246
Chou rouge aux pommes et aux marrons, 247
Chou rouge de Noël au vin rouge, 247
Choucroute, 248
Crème de brocoli, 249
Darnes de cabillaud au chou et à la crème de cidre, 247
Embeurrée de chou, 246
Feuilles de chou farcies, 245
Gratin de chou-fleur, 248
Pintade au chou, 245
Potée ou soupe aux choux, 244
Salade de pe tsaï au yaourt, 474
Soufflé aux choux de Bruxelles, 821

LE CONCOMBRE
Concombre à l'antillaise, 263
Concombre à la poulette, 264
Concombre farci, 264
Potage glacé, 263
Tzatziki, 262

LA CORIANDRE
Artichauts à la coriandre, 549
Panais à la coriandre, 204
Petits légumes au vinaigre et à la coriandre, 547
Poulet rôti à la coriandre, 550
Rôti de bœuf à la coriandre, 551
Soupe à la coriandre et aux champignons, 548
Tofu à la coriandre, 549

LE CORNARET A TROMPE
Pickles de cornaret, 884

LA COURGE, LA CITROUILLE ET LE POTIRON
Beignets de fleurs de courge, 719
Confiture de potiron, 721
Crème de potiron, 719
Gâteau glacé au potiron-chocolat, 722
Gâteau piémontais au potiron, 721
Gratin de potiron aux épices, 720
Kebbeh au potiron, 721
Mias au potiron, 722
Pain de potiron, 719
Petits feuilletés de potiron, 719
Raviolis de potiron à l'émilienne, 720
Risotto au potiron, 718
Tajine d'agneau au potiron, 720
Tarte de Halloween, 722

LA COURGETTE
Courgettes au fromage blanc, 475
Courgettes farcies, 723
Petites courgettes en gratin, 723
Salade de courgettes, 723
Tomates farcies aux courgettes, 850

LE CRESSON
Potage au cresson, 782
Salade de cresson aux pommes, 782

L'ENDIVE
Endives braisées, 784
Salade d'endives aux oranges, 784

L'ÉPINARD
Borek con espinaka, 293
Boulettes de viande aux épinards, 292
Filets de poisson à la fondue d'épinards, 292
Kacha aux épinards, 292
Ravikos, 293
Salade paysanne, 291
Tarte aux épinards et à l'origan, 147
Tourte aux épinards, 291

LE FENOUIL
Eau carminative, 311
Loubia, 314
Loup grillé au fenouil, 314

LE FENOUIL DOUX
Compote de fenouil aux tomates, 314
Consommé de fenouil, 314
Fenouil braisé, 314
Salade anisée, 314

LA FÈVE
Barbouillade de fèves, 339
Couscous aux fèves fraîches, 339
Cretonnée de fèves nouvelles, 340
Fèves à la croque au sel, 338
Fèves à la languedocienne, 341
Fèves au cumin à l'égyptienne, 338
Fèves au lait d'amandes à la catalane, 340
Fèves en sauce à l'algéroise, 339
Fèves et yaourt à l'arménienne, 340
Fèves frites de la cuisine juive, 337
Fèves grillées *(tragemata)*, 337
Fèves mange-tout à l'origan, 148
Gâteau des rois du XVIe siècle, 341
Goûter berbère aux févettes, 341
Salade printanière au foie sec, 338
Soupe de fèves à la niçoise, 338
Soupe de févettes d'Egypte, 339

LA FRAISE
Caprin aux fruits rouges, 398
Confiture de fraises des quatre saisons, 367
Crème de fraises, 368
Fraisette, 369
Fraisier, 370
Gratin de fraises et sabayon, à la menthe poivrée, 370
Liqueur de fraises des bois, 369
Milk-shake aux fraises, 369
Mousse de fraises des bois, 371
Ratafia de fraises, 369
Salade de carottes, fraises et persil, 366
Soupe de fraises à la verveine, 367
Soupe de fraises aux épices, 367
Tarte aux fraises, 371

LA FRAMBOISE
Caprin aux fruits rouges, 398
Crumble aux fruits rouges, 398
Fruits rouges givrés et glacés, 397
Liqueur de framboise, 396
Tarte aux framboises et aux mûres, 398

LA GROSEILLE
Crumble aux fruits rouges, 398
Fruits rouges givrés et glacés, 397
Gelée de groseille sans cuisson, 396
Saumon aux baies rouges, 398

LE HARICOT VERT
Croquettes de haricots, 424
Haricots au tofu et à la sarriette, 424
Haricots de terre et de mer à la mélisse, 424
Jardinière de légumes, 424

LES HARICOTS EN GRAINS
Dhosas, 425
Doliques frits, 426
Haricots au four à la mode de Boston, 426
Haricots aux algues, 425
Irio, 425
Lobiö, 426

Soupe campagnarde, 424
Tutu, 426

LA LAITUE
Laitue à l'italienne, 783
Laitue aux fruits, 783
Laitues, carottes et oignons braisés, 783

LA MÂCHE
Salade de mâche, 782

LE MAÏS
Beignets de maïs, 434
Chaudrée de maïs *(corn chowder)*, 433
Che au maïs, 434
Maïs à la louisianaise, 433

LA MARJOLAINE ET L'ORIGAN
Chou braisé, 148
Fèves mange-tout à l'origan, 148
Filets de poisson à l'origan en papillote, 149
Gigot d'agneau à l'origan, 149
Morue à la marjolaine, 149
Osso buco, 150
Petits navets sautés à la marjolaine, 148
Spaghetti carbonara à la marjolaine, 147
Tarte aux épinards et à l'origan, 147
Tourte à la carotte et à la marjolaine, 147

LA MÉLISSE
Crosnes au tofu et à la mélisse, 474
Eau de mélisse, 472
Haricots de terre et de mer à la mélisse, 424
Maquereaux en papillote à la mélisse, 474
Potée de légumes à la mélisse, 474
Salade de pe tsaï au yaourt, 474
Salade fraîche à la mélisse, 474

LE MELON
Ecorces de melon confites, 460
Fricassée de melon, 458
Melon à l'orientale, 458
Melon au crabe et aux crevettes, 457

Melon séché au four, 459
Melon surprise, 458
Prosciutto e melone, 457
Sorbet deux couleurs, 458
Soupe pastèque-melon, 459

LA MENTHE
Courgettes au fromage blanc, 475
Gigot de mouton à la menthe, 475
Liqueur de menthe, 476
Pois mange-tout à la menthe, 475
Salade de fruits à la menthe, 476
Sardines grillées à la menthe, 476
Sauce paloise, 475
Sirop de menthe, 476
Tabboulé, 545
Vin de menthe, 476

LA MOUTARDE
La moutarde de Lenormand, 503
Recette de base de la moutarde, 502

LA MÛRE
Crumble aux fruits rouges, 398
Fruits rouges givrés et glacés, 397
Moré, 396
Mûres au vinaigre, 397
Tarte aux framboises et aux mûres, 398
Thé de ronce, 399

LA MYRTILLE
Crumble aux fruits rouges, 398
Fruits rouges givrés et glacés, 397
Saumon aux baies rouges, 398
Vin de myrtilles, 397

LE NAVET
Canard aux navets, 519
Naveline, 521
Petits navets au vinaigre, 518
Petits navets sautés à la marjolaine, 148
Q'dra aux navets, 519
Soupe de raves, 519

L'OIGNON
Chutney aux oignons d'Espagne, 42
Jardinière de primeurs, 42
Oignons farcis à l'ail, 41
Omelette aux oignons, 823
Petits oignons au vinaigre, 42
Salade d'oignons, 41
Soupe à l'oignon, 41
Tarte à l'oignon doux, 42

LE PANAIS
Croquettes de panais aux noisettes, 203
Panais à la coriandre, 204
Potage au panais et à l'estragon, 202
Soufflé de panais, 203
Tourte aux panais, 203

LA PASTÈQUE
Confiture d'anguries de Belley, 459
Confiture de pastèque-citron de Jean Giono, 460
Cubes de pastèque poivrés, 457
Sorbet deux couleurs, 458
Soupe pastèque-melon, 459

LE PERSIL
Beurre aux herbes, 548
Escargots à la bourguignonne, 549
Soufflé au persil-racine, 549
Tabboulé , 545
Velouté de persil-racine, 548

LE PETIT POIS
Canetons aux petits pois, 578
Crétonnée de pois nouveaux, 574
Œufs à la tripe aux petits pois, 577
Petits pois verts au lard, 575
Pigeons aux petits pois, 578
Pois à l'anglaise, 576
Pois à la française, 576
Pois mange-tout à la menthe, 475
Pois sans parchemin, 578
Pois sucré ou gros Verdun, 580
Pois verts à la Rambouillet, 575

Potage de purée de pois verts, 576
Potage Fontanges, 577
Purée de pois frais dite Saint-Germain, 577
Soupe sucrée de petits pois à la menthe glacée, 579
Tarte de petits pois et d'échalotes au curry, 579
Tendron de veau aux petits pois, 577

LE PIMENT
Chili con carne, 606
Goulasch à la hongroise, 607
Salade de Belzébuth, 606

LE PISSENLIT
Pissenlit aux lardons, 784

LE POIREAU
Flamiche aux poireaux, 621
Poireaux et céleri aux olives, 622
Poireaux confits, 621
Poireaux vinaigrette et picodons, 623
Porrata, 623
Potage aux poireaux et aux pommes de terre, 684
Tarte aux poireaux, 823
Velouté de poireaux glacé au safran, 754

LE POIS CHICHE
Beignets du Golfe, 648
Chichi-frégis, 647
Chutney aux pois chiches, 649
Ciceri e tria, 646
Falafel, 644
Hoummos, 642
Kofta de Damas, 646
Minestrone à la génoise, 643
Morue bouillie aux pois chiches, 645
Mysore pak, 648
Nivik, 647
Panisses, 643
Pois chiches à la catalane, 645
Q'dra aux amandes et aux pois chiches, 645
Salade de pois chiches à la martégale, 642
Socca, 644
Soupe de pois chiches à la tunisienne, 643

Tajine de pieds de mouton, 646
Tourte à l'ancienne, 648

LE POIVRON
Chili con carne, 606
Pâtes aux poivrons verts, 607
Petits poivrons confits à la coriandre, 606
Pizza aux poivrons rouges, 606
Poivrons confits au vinaigre, 606
Poivrons farcis au quinoa et au basilic, 147
Poivrons farcis aux oignons, aux épinards
et au riz, 606
Tomates aux poivrons, 849

LA POMME DE TERRE
Aligot, 685
Baeckeofe, 686
Belle de Fontenay confite au romarin, 688
Brandade de morue, 684
Chips, 683
Gâteau de Bintje aux olives noires écrasées, 687
Gratin dauphinois, 685
Hachis parmentier, 683
Harengs pommes à l'huile, 683
Pommes Darphin, 684
Pommes de terre au diable, 683
Pommes de terre au four, 683
Pommes de terre en robe des champs, 681
Pommes de terre farcies (1), 686
Pommes de terre farcies (2), 687
Pommes de terre farcies au fromage blanc, 823
Pommes de terre frites, 682
Pommes de terre nouvelles sautées, 686
Pommes de terre sarladaises, 684
Pommes de terre sautées (à cru), 683
Pommes de terre soufflées, 683
Potage aux poireaux et pommes de terre, 684
Purée de pommes de terre, 682
Rosace de Charlotte aux filets de sardines fraîches
marinés au citron vert, 687
Salade de pommes de terre, 682
Salade de pommes de terre aux sardines, 684
Treuffes à la patte, 686

LE POURPIER
Salade dorée de pourpier, 784
Salade de tomates au pourpier et à la roquette, 849

LE RADIS
Salade de radis au foie sec, 518
Soupe au radis noir, 519
Soupe de fanes de radis, 520

LE RAIFORT
Beurre au raifort, 501
Crème fouettée au raifort, 501
Purée de raifort, 500
Raifort à la crème, 501
Sauce chaude au raifort et à la crème, 501
Sauce tiède au raifort pour pot-au-feu, 501
Tartine au raifort, 501

LA RHUBARBE
Marmelade de rhubarbe, 728
Tarte à la rhubarbe, 728

LE ROMARIN
Olives parfumées au romarin, 298

LE SAFRAN
Beurre safrané, 752
Casserole de légumes du jour safranés, 753
Glace au safran, 755
Meringues dorées, 755
Moutarde safranée, 752
Œufs en cocotte au safran, 754
Omelette du safranier, 752
Sauce au safran pour un poisson
ou une viande blanche, 753
Sauce express pour poisson minute, 753
Sirop de safran, 752
Velouté de poireaux glacé au safran, 754
Vinaigre au safran, 752

LE SALSIFIS ET LA SCORSONÈRE
Beignets de salsifis, 788
Tourtière quercynoise aux salsifis, 788

LA SARRIETTE
Feuilletés de cabécou, 822
Lapin à la sarriette, 205
Quinoa aux carottes, 821
Salade de harengs aux haricots de mer, 821
Soufflé aux choux de Bruxelles, 821

LA SAUGE
Minestrone, 785
Rôti de veau à l'ananas et à la sauge ananas, 785
Vin de sauge, 785

LE SOUCHET
Horchata de chufa, 867

LA TÉTRAGONE
Omelette à la tétragone, 291
Tofu à la tétragone, 292

LE THYM ET LE SERPOLET
Artichauts braisés au cidre, 822
Boulghour poêlé à la tomate, 822
Epaule de chevreau au thym, 822
Filets de sardines marinés, 823

Lapin au serpolet, 822
Omelette aux oignons, 823
Pommes de terre farcies au fromage blanc, 823
Tarte aux poireaux, 823
Thon grillé au serpolet, 822

LA TOMATE
Chutney de tomates, 850
Concentré de tomate, 851
Confiture de tomates vertes, 850
Coulis de tomates, 851
Coulis de tomates aux herbes, 146
Ketchup, 848
Pommade de tomates lacto-fermentées, 850
Salade de tomates au pourpier et à la roquette, 849
Salade de tomates du jardin d'un curieux, 849
Tomates à la provençale, 849
Tomates aux poivrons, 849
Tomates farcies au fromage blanc et aux herbes, 849
Tomates farcies aux courgettes, 850
Tomates vertes en conserve, 850

LE TOPINAMBOUR
Salade de topinambours aux herbes, 549

Les adresses du potager

GRAINETIERS
- Association Kokopelli, 131, impasse des Palmiers, 30100 Alès. Tél. : 04 66 30 64 91.
- Germinance, Les Rétifs, 49150 Saint-Martin-d'Arcé. Tél. : 02 41 82 73 23.
- Graines Baumaux, BP 100, 54062 Nancy cedex. Tél. : 03 83 15 86 86.
- La Ferme de Sainte-Marthe, 36, route de Fougères, 41120 Cormeray. Tél. : 02 54 44 23 15.
- Le Biau Germe, 47360 Montpezat. Tél. : 05 53 95 95 04.
- Le Potager d'un curieux, la Molière, 84400 Saignon. Tél. : 04 90 74 44 68.

L'ASPERGE
- Musée européen de l'Asperge (Europäisches Spargelmuseum) : Am Hofgraben 1a. 86529 Schrobenhausen (Allemagne). Tél. : 08252/919-25.
- Museum De Locht : Koppertweg 5, 5962 AL Horst-Melderslo (Pays-Bas). Tél. : 077-3987320. Dans les environs de Melderslo se trouve un fabuleux restaurant d'asperges : Restaurant-hostellerie de Hamert, Hamert 2, Wellerlooi. Tél. : 077-4731260.
- Musée du Vieil Argenteuil, 5, rue Paul-Guieure, 95100 Argenteuil. Tél. : 01 39 47 64 97.
- En Alsace, le "chemin de l'asperge" conduit dans une succession de restaurants, ambassadeurs de la gastronomie régionale à base d'asperges. La liste en est communiquée par l'Association pour la promotion de l'asperge d'Alsace, Chambre d'agriculture du Bas-Rhin, 103, route de Hausbergen, 67300 Schiltigheim.

Enfin, dans quatre grandes régions françaises de production, en plein cœur des aspergeraies, les producteurs ouvrent leurs portes. Les visiteurs peuvent goûter et cueillir "le plus printanier des légumes" :
Dans le Lot-et-Garonne, à Fargues-sur-Oubise.
Tél. : 05 53 65 55 03.
En Provence, à Mormoiron.
Tél. : 04 90 61 85 72.
Dans les Landes, à Pontonx-sur-l'Adour.
Tél. : 05 58 57 20 69.

En Languedoc, à Aimargues.
Tél. : 04 66 73 12 11.

BASILIC, MARJOLAINE, ORIGAN, THYM ET SARRIETTE

• Conservatoire national des plantes médicinales, aromatiques, industrielles et à parfum (jardin à visiter, graines et plants) : route de Nemours, 91490 Milly-la-Forêt. Tél. : 01 64 98 83 77.
Pépiniéristes :
• Béatrice Esselin et Bruno Tisserand,
30500 Saint-Ambroix (VPC).
Tél. : 04 66 24 82 82.
• Christine et Philippe Latour,
46340 Degagnac (VPC). Tél. : 05 65 41 55 81.

LA FRAISE
Les associations spécialisées dans la conservation de fruits et de légumes sont de bons relais pour le jardinier amateur. Elles peuvent fournir directement la plante recherchée, renvoyer vers l'un de leurs adhérents ou vers un pépiniériste. Par exemple :
• Les Croqueurs de pommes (siège national à Belfort, tél. : 03 84 21 41 70).
• Fruits oubliés (à Saint-Jean-du-Gard,
tél. : 04 66 85 33 37).
L'une ou l'autre variété ancienne peut exceptionnellement figurer au catalogue d'un grand pépiniériste, mais des entreprises plus modestes ont le souci de contribuer à la diffusion du patrimoine fruitier. Par exemple : B. Coulon à Alençon (Orne), Schoch à Mulhouse (Haut-Rhin), Bourdin à Couddes (Loir-et-Cher), Ribanjou à Tiercé (Maine-et-Loire)…

LES FRUITS ROUGES
Les catalogues des pépiniéristes de grande diffusion (Delbard, Clause, Baumaux…) contiennent quelques références de fruits rouges, les groseilles et les framboises y étant les mieux représentées en nombre de variétés. Des pépinières se sont spécialisées dans les variétés méconnues, tels Ribanjou (Zone horticole du Rocher, Briollay, 49125 Tiercé) qui commercialise plusieurs espèces de ronces, Marionnet (Soings-en-Sologne, 41230 Mur-de-Sologne), notamment pour les framboisiers, ou Fruits de saison (Le Theillaud, 87440 Marval).
Les associations spécialisées dans la conservation des variétés de fruits et de légumes et dans la valorisation du patrimoine peuvent orienter le jardinier amateur vers un collectionneur possédant la plante recherchée :
• Les Croqueurs de pommes (siège national à Belfort,
tél. : 03 84 21 41 70),
• Fruits oubliés (à Saint-Jean-du-Gard,
tél. : 04 66 85 33 37),
• Savoirs de terroirs (à Saint-Julien-du-Serre,
tél : 04 75 37 65 37).

LE MELON ET LA PASTÈQUE
Il n'y a pas de conservatoire des melons et des pastèques, comme cela existe pour la fraise, par exemple. Ce rôle est tenu officieusement – et sans subvention – par Rose et Claude Combe, à Sarrians (tél. : 04 90 65 57 57). Les associations spécialisées dans la conservation des variétés de fruits ou de légumes sont de bons relais pour le jardinier amateur. Elles peuvent fournir directement la plante recherchée, renvoyer vers l'un de leurs adhérents ou vers un pépiniériste. Par exemple :
• Les Croqueurs de pommes, qui croquent aussi les melons (siège national à Belfort, tél. : 03 84 21 41 70),
• Fruits oubliés (à Saint-Jean-du-Gard,
tél. : 04 66 85 33 37),
• Fruits oubliés Provence (à Villars, tél. : 04 90 75 53 24).
La plupart des variétés anciennes décrites dans le texte figurent au catalogue d'un grand grainetier, Baumaux à Nancy, et chez d'autres en culture bio : le Biau Germe, à Montpezat (Lot-et-Garonne), Germinance, à Saint-Martin-d'Arcé (Maine-et-Loire), ou Kokopelli, à Alès (Gard).

LA MOUTARDE ET LE RAIFORT
Musées
• Musée Amora, quai Nicolas-Rollin, 21000 Dijon (sur rendez-vous).

- Musée de la moutarderie Fallot, 21200 Beaune.
- Pour les collectionneurs de pots à moutarde : Musée de la Vie bourguignonne, rue Sainte-Anne, 21000 Dijon.
- Musée du Raifort à Baiersdorf, créé en 1996 à l'initiative de la Société d'histoire locale et de la famille Schamel, à l'occasion du 150e anniversaire de la création de la maison. La ville vit à l'heure du raifort, les hôtels-restaurants de Baiersdorf mettent un point d'honneur à offrir des menus avec des plats au raifort : Meerrettich Museum, Judengasse 11, Baiersdorf D-91081.

Où trouver une gamme de produits au raifort ?
Une trentaine d'agriculteurs du département du Bas-Rhin ont constitué la coopérative Alsaraifort en 1992, pour optimiser la qualité de la racine. La société Raifalsa commercialise ce produit. Elle est installée à Mietesheim (67580). Visite possible sur rendez-vous.
Le village sert de cadre à une fête annuelle du raifort (dernier dimanche de septembre) : découverte du raifort, vente de raifort sous toutes ses formes, repas à base de raifort dans les cours des fermes alsaciennes décorées pour l'occasion.
Un festival international du raifort a lieu à Collinsville dans l'Illinois, au mois de mai.

Où se procurer des plants de raifort ?
- Ferme Sainte-Marthe, 36, route de Fougères, 41120 Cormeray.
Tél. : 02 54 44 23 15.
- Béatrice Esselin et Bruno Tisserand, 30500 Saint-Ambroix (VPC).
Tél. : 04 66 24 82 82.
- Vilmorin, quai de la Mégisserie, 75001 Paris (au printemps et à l'automne).

Sites Internet
www.raifort.free.fr
www.webcd.fr/raifalsa
www.schamel.de
www.medecalherbalistcentre.com
(grande herboristerie médicale de la place Clichy, 75008 Paris).

LA POMME DE TERRE
- Association nationale pour la défense et le maintien des vieilles variétés de pommes de terre, 9, rue d'Athènes, 75009 Paris.
- Association pour la promotion et la défense des vieilles variétés françaises de pommes de terre, chez M. Croguennec, Bottrein, 29460 Irvillac.
- Centre national interprofessionnel de la pomme de terre, 9, rue d'Athènes, 75009 Paris.
- Groupement national interprofessionnel des semences (GNIS), 44, rue du Louvre, 75001 Paris.
Tél. : 01 42 33 85 04.
(Documents de vulgarisation et pédagogiques.)
- International Potato Center (CIP), La Molina, Lima, Pérou.
- Station d'amélioration de la pomme de terre et des plantes à bulbes (INRA), Keraïber, 29260 Ploudaniel.

Sur l'Internet
Site du CIP : http://www.cipotato.org

Manifestation
Festival de la pomme de terre à Crevant (Indre) chaque année au 15 août.

LE POTIRON
De nombreuses fêtes et foires célèbrent le potiron chaque automne. L'une des plus anciennes et des plus connues est celle de Tranzault, dans l'Indre.

LE SAFRAN
Acheter du safran en stigmates chez le producteur
(Selon les disponibilités, ces safraniers sont susceptibles de fournir des bulbes.)
- Aquitaine : André et Monique Pierronnet, Franc Safran, le Petit Musset, 33660 Porchères.
- Gâtinais : Les Safraniers du Gâtinais, 45490 Corbeilles-en-Gâtinais.
- Loiret : Safran de Saint-Hilaire, Thierry Pardé, la Bourdinerie, 45220 Chuelles.
- Poitou : Jacques Manreza, 86330 Frontenay-sur-Dive.
- Quercy : Les Safraniers du Quercy, 209, avenue Germain-Canet, 46160 Cajarc.

• Rouergue : Gilles Souchon, la Safraniera, 12550 Martrin.
• Touraine : Alain et Yannick Monnier, Château Noiré, 37120 Marigny-Marmande.

Acheter du safran en boutique
• Goumanyat et son royaume, 7, rue de la Michodière, 75002 Paris.
– La sélection personnelle de Jean-Marie Thiercelin, un safran espagnol garanti pur à un prix raisonnable.
– Des produits au safran : moutarde, vinaigre, liqueur, thé.
– Des bulbes en provenance de la Mancha, sur commande, par correspondance.

Safran en culture biologique certifiée
• Provence : Les Safraniers de Provence, Le Payanet, 04800 Saint-Martin-de-Brômes. (Contrôle Ecocert.)
• Maroc : Coopérative Souktana de Taliouine, province de Taroudant.
• Grèce : Coopérative de safran, GR-500 10, Krokos Kozani.

Voir du safran en culture (floraison en octobre)
Chez les producteurs sur rendez-vous.

Au Conservatoire des plantes tinctoriales et aromatiques, prieuré de Manzay, 18120 Limeux.
Au château de Talcy, 41370 Talcy.
Au lycée professionnel agricole, rue des Déportés, 45340 Beaune-la-Rolande.

Folklore et musées
• Musée du Safran, 21, route de Pithiviers, 45300 Boynes.
• Confrérie des chevaliers du safran, lycée professionnel agricole, 45340 Beaune-la-Rolande.
• Marché au safran : résurrection du marché annuel traditionnel de la Saint-Luc à Preuilly-sur-Claise (Indre-et-Loire).
Renseignements à l'Office du tourisme, 37350 Le Grand-Pressigny.
Fiesta de la Rosa del Azafran, le dernier dimanche d'octobre à Consuegra (Espagne), au sud de Tolède.

LA TOMATE
Conservatoire de la tomate (plus de quatre cents variétés) au château de la Bourdaisière, 37270 Montlouis-sur-Loire.
Tél. : 02 47 45 16 31.

Les auteurs

PIERRE AUCANTE est reporter photographe spécialisé dans le monde rural. Un goût pour la botanique, un intérêt pour les fragiles équilibres du monde paysan, des détours du côté de la gastronomie : la rencontre avec le safran était inévitable. Au cours d'un voyage en Grèce, il reçoit le choc d'un champ de safran fleuri à perte de vue. C'est le début d'une quête de tous les lieux de production du safran, et des usages de cette épice. Depuis 1988, il cultive le safran dans son jardin, dans une clairière de la forêt de Sologne. Il a déjà publié *Le Livre du braconnier* (Albin Michel, 1989), *Saveurs du safran* (Albin Michel, 1993) et *Epouvantails, le carnaval des champs* (Subervie, 1998).

Niçois, directeur honoraire à la Commission européenne, ROBERT BISTOLFI a publié plusieurs ouvrages sur les relations entre l'Europe et le monde arabo-musulman. Avec Farouk Mardam-Bey, il est l'auteur, chez Actes Sud-Sindbad, du *Traité du pois chiche* paru en 1998. Il cultive son jardin dans la région de Nice.

Depuis longtemps curieuse du monde végétal, AÏTÉ BRESSON en a étudié au fil des années les différentes facettes : la botanique, mais aussi les rapports qu'il entretient avec le monde des humains, et l'art des jardins. Après des études dans le domaine du paysage, elle travaille maintenant dans l'édition et cultive son jardin dans la garrigue gardoise.

JEAN-LUC DANNEYROLLES jardine la plupart du temps dans son grand potager au pied du Luberon, en formant d'autres jardiniers. Créateur du Potager d'un curieux, il réalise quelquefois des potagers pour les autres (pour le chef de cuisine Ducasse, par exemple) et des jardins artistiques éphémères (il a participé au Festival de Chaumont en 1999). Il enseigne le jardin à l'école primaire et secondaire, et collabore à la revue de la Société nationale d'horticulture, *Jardins de France*. Chez Actes Sud, il est aussi l'auteur de *Créer son potager* (2001).

FRANÇOISE DECLOQUEMENT, qui cultive un grand jardin en Picardie, est passionnée par la moutarde et les moutardiers. Elle a participé à la création d'expositions et de musées sur ce thème. Régulièrement sollicitée pour des émissions de radio ou des articles, elle est notamment l'auteur de l'unique ouvrage paru à ce jour sur le sujet,

Moutardes et moutardiers (Bréa, 1983), épuisé et fort recherché par les amateurs de moutarde.

THIERRY DELAHAYE, conseil en communication, est l'auteur d'une vingtaine d'ouvrages pratiques et documentaires (cuisine, jardinage, histoire…).
Avec Pascal Vin, il a mené des animations nature auprès d'enfants et formé des animateurs à l'encadrement d'activités de découverte et de sauvegarde du patrimoine naturel. Ils ont publié chez Nathan *Les Pommes, une passion* (1991) et *Le Jardin fruitier* (1994), et chez Actes Sud, *Le Pommier* ("Le nom de l'arbre", 1997).

JÉRÔME GOUST a pendant longtemps produit des plants d'herbes aromatiques et de légumes. Depuis quelques années, il se consacre au journalisme et à l'écriture, dans les domaines qui lui tiennent à cœur : l'écologie et le jardinage, entre autres. Il collabore à de nombreuses revues et a publié récemment *Vos plantes aromatiques* (Terre Vivante, 1993), *Le Coin potager* (Bordas, 1996), *Les Graines du jardin* (Nathan, 1997).

ANTOINE JACOBSOHN a été chercheur à l'écomusée de La Courneuve et au musée des Cultures légumières avant d'occuper le poste de responsable de la bibliothèque de la Société nationale d'horticulture de France.

Damascène, conseiller à l'Institut du monde arabe, FAROUK MARDAM-BEY dirige la collection Sindbad chez Actes Sud. Il est, entre autres livres, l'auteur de *La Cuisine de Ziryâb* (Actes Sud, 1998) et, avec Robert Bistolfi, du *Traité du pois chiche* (Actes Sud, 1998).

Historienne de l'alimentation, DOMINIQUE MICHEL est l'auteur de *Vatel et la naissance de la gastronomie* (Fayard, 1999) et coauteur de *L'ABCdaire des fruits* (Flammarion, 1997). Elle se passionne aussi pour la mise en œuvre de recettes anciennes et cultive son potager dans la région parisienne.

Méditerranéenne des deux rives, CLAUDINE RABAA a partagé sa vie entre terrain, jardin et cuisine. Botaniste et écologiste, elle a travaillé trente ans sur les hauts plateaux steppiques d'Algérie, à l'Institut national agronomique puis à l'université. L'histoire des plantes et de leur place sur les tables se situe exactement au point de rencontre de toutes ses passions. Elle est également l'auteur du *Chêne-liège* (Edisud, 1995) et, chez Actes Sud, en compagnie de Thierry Thorens, du *Riz dans tous ses états* (2001).

Journaliste, et de ce fait vagabonde, CHANTAL DE ROSAMEL voue un amour profond à la terre qui l'enracine et la rappelle toujours à elle entre deux reportages. L'histoire des végétaux alimentaires, leur circulation et leur adaptation au cours des siècles l'ont toujours fascinée. Elle tente à son tour d'en apprivoiser quelques-uns, rapportés de ses voyages, dans son potager du nord de la France, auquel elle consacre une grande part de ses loisirs.

Ingénieur agronome de formation et jardinier passionné, JEAN-PAUL THOREZ s'est très vite spécialisé, comme journaliste, auteur et conférencier, dans l'environnement et le jardinage. Outre de nombreuses collaborations, il a participé à la fondation des magazines *Les Quatre Saisons du jardinage* et *Nature & jardin*, dont il a été le rédacteur en chef, et des éditions Terre Vivante. Il est actuellement directeur adjoint de l'Agence régionale de l'environnement de Haute-Normandie.

PASCAL VIN, chargé de mission au Celavar, a travaillé au Centre d'initiation à la nature "La Futaie" et participé à la création d'un verger conservatoire de pommiers du plateau briard. Avec Thierry Delahaye, il a mené des animations nature auprès d'enfants et formé des animateurs à l'encadrement d'activités de découverte et de sauvegarde du patrimoine naturel. Ils ont publié chez Nathan *Les Pommes, une passion* (1991) et *Le Jardin fruitier* (1994), et chez Actes Sud, *Le Pommier* ("Le nom de l'arbre", 1997).

Ouvrage reproduit et achevé d'imprimer en juillet 2007
par l'imprimerie Normandie Roto Impression s.a.s. à Lonrai
pour le compte des éditions Actes Sud
Le Méjan, place Nina-Berberova 13200 Arles

Dépôt légal
1re édition : novembre 2003
N° impr. : 07-1878
(Imprimé en France)